DAS GROSSE LEXIKON DER BUNDESLIGATORHÜTER

B.F. Hoffmann

DAS GROSSE LEXIKON DER BUNDESLIGATORHÜTER

Über 300 Biographien von den Anfängen bis zur Gegenwart

Schwarzkopf & Schwarzkopf

VORWORT VON SEPP MAIER

Ich freue mich, dass nach 40 Jahren Bundesligageschichte jetzt erstmalig ein Buch vorliegt, das einer besonderen Position im Mannschaftssport Fußball endlich die gebührende Anerkennung erweist – den Torhütern! Diese fliegenden »Akrobaten« haben in der Bundesliga immer wieder für Schlagzeilen gesorgt – in diesem Buch sind sie nun alle versammelt: Die großen Nationaltorhüter, die tragischen Helden, die ewigen Ersatztorhüter, die gescheiterten Talente, und natürlich die soliden Vertreter ihres Fachs, welche über Jahre hinweg für ihre Mannschaft einen zuverlässigen Rückhalt bildeten. Die Fußball-WM 2002 hat wieder bewiesen, wie schnell der Torwart in den Blickpunkt des Interesses rückt, mit tollen Paraden zum Matchwinner avanciert, aber durch eine Unaufmerksamkeit von einer Sekunde zur anderen auch zur tragischen Figur werden kann.

Bei einem Torwart kann jeder Fehler unbarmherzig bestraft werden und nur ein gesundes Selbstbewusstsein lässt diese sprunggewaltigen Reaktionskünstler auch schwere Stunden unbeschadet überstehen. Ich wünsche Ihnen nun viel Vergnügen bei den spannenden Biografien *aller* bisherigen Bundesligatorhüter, die den Fußballsport mit ihren spektakulären Paraden so unnachahmlich bereichert haben.

Sepp Maier
Europameister 1972, Weltmeister 1974, 3 x Fußballer des Jahres, »Deutschlands Torhüter des Jahrhunderts«, 3. Welttorhüter des Jahrhunderts und aktueller Torwart-Trainer der Deutschen Fußball-Nationalmannschaft.

EINLEITUNG

»Der Torhüter ist der einzige Spieler einer Mannschaft, der ein Treffen verlieren kann. Er kann es aber niemals durch eigene Anstrengung gewinnen.«
(Fritz Hack)

*

»Der Torwart soll etwas verhindern und zwar nicht etwas ganz Beliebiges, sondern das Schönste. Dass er reingeht. Der Ball«
(Horst Bosetzky)

*

»Also wurde ich Torwart ...«
(Harald Schumacher)

*

»Mit Begeisterung war ich Torwart. In den romanischen Ländern ist jene edle Kunst immer von der Aura eines beispiellosen Glanzes umgeben gewesen.«
(Vladimir Nabokov)

*

»... und da habe ich zum ersten Mal gemerkt ... wie einsam im Grunde ein Torwart ist.«
(Jean-Marie Pfaff)

*

»Da steh ich nun, ich armer Tor ...«
(Johann Wolfgang von Goethe)

*

»Aus dem Mund eines Torhüters ist selten ein vernünftiger Satz gekommen.«
(Franz Beckenbauer)

Tore sind das Salz in der Suppe jedes Fußballspiels – doch was wären Tore ohne den Torhüter? Erst durch die Aktion des Torhüters – ob er nun in vollendeter Flughaltung an einem »Unhaltbaren« vorbeisegelt, bei einem verpassten Flankenball »unglücklich« wirkt oder nach dem Durchlassen eines vermeidbaren Kullerballs zur Spottfigur mutiert – erhalten Tore ihre optische Würze. Aber natürlich soll der Torhüter – auch mit den Bezeichnungen Torwächter, Torsteher, Keeper, Goalie, Schlussmann und Zerberus bedacht – in erster Linie solche Einschläge vermeiden. Diese heroische Aufgabe verpflichtet und beflügelt ihn zu den spektakulären Aktionen, die Zuschauer in Bundesligastadien und am heimatlichen Fernsehschirm seit jeher miterleben. Eine gelungene Glanzparade, der grandiose Blitzreflex oder das beherzte Eingreifen bei brenzligen Strafraumsituationen sind in einem Fußballspiel stets das optische Sahnehäubchen, welches beim Betrachter Beifall und Bewunderung hervorruft.

Torhüter waren Thema von populären Schlagern (»Der Theodor steht bei uns im Fußballtor«, »Er steht im Tor«) oder sie betätigten sich, wie Petar Radenkovič und Norbert Nigbur, selbst vor dem Sangesmikrofon. Der Torwart ist in einem Kinderbuch des berühmten brasilianischen Romanciers Jorge Amado (»Bola und der Torhüter«) verewigt und erhielt dank des österreichischen Schriftstellers Peter Handke (»Die Angst des Tormanns beim Elfmeter«) auch Einzug in die Theaterlandschaft.

In einer Folge seiner früheren TV-Serie »Nonstop Nonsens« karikierte Komiker Dieter Hallervorden einen Torhüter, während der frühere Zerberus Adolf Dell, 1910 Deutscher Meister mit dem Karlsruher FV, von 1965 bis 1966 den »Großvater Buchner« in der TV-Serie »Forellenhof« mimte.

Seit dem Zeitpunkt, als ich am 23. Juni 1973 das legendäre DFB-Pokalfinale zwischen Borussia Mönchengladbach und dem 1. FC Köln miterleben und die in diesem Spiel überragenden Keeper Gerhard Welz und Wolfgang Kleff bewundern konnte, war meine Begeisterung für die fliegenden Artisten des Fußballs entfacht. Selbst jahrelang Fußball-Torwart, erlebte ich von den Bolzplatz-Anfängen über die 1. Jugendmannschaft des SC Viktoria Köln jahrelang die ewige Gratwanderung zwischen Lob und Verdammnis am eigenen Leib mit. Im persönlichen Rückblick wie auch in Gesprächen mit ehemaligen Vertretern ihrer Zunft wird offensichtlich, dass der Torhüter neben überdurchschnittlichem Reaktionsvermögen auch über eine gehörige Portion innerer Stabilität und unerschütterlichen Selbstbewusstseins verfügen muss, um an der undankbaren Position des prädestinierten Sündenbocks nicht zu zerbrechen.

Im Gegensatz zum Mittelstürmer, der im ungünstigsten Fall zahlreiche Torchancen »versemmelt« oder einem Verteidiger, der sich von seinem Gegenspieler »austanzen« lässt, bildet der Torhüter im Fußballspiel die letzte Instanz. Weil bei ihm die Schuld an einem Gegentor am erkennbarsten erscheint, sieht er sich oftmals dem rüden Zorn von Mitspielern, Trainer und Zuschauern ausgesetzt. Von den Journalisten dann schnell zum »Pannen-Keeper« oder »Fliegenfänger« deklariert, muss der kritisierte Torhüter die Nerven behalten und bei der nächsten Bewährungsprobe auf mehr Fortune hoffen.

Auch nach 40 Jahren Bundesligageschichte ist die Faszination über diese Einzelkämpfer des Fußballs ungebrochen und dennoch nie entsprechend gewürdigt worden. Obwohl die »Hüter des Tores« im ständigen Wechselbad zwischen Triumph und Tragik mit ihren akrobatischen Flugeinlagen für pures Entertainment sorgen, erreichte kein Torhüter der Bundesligageschichte – ausgenommen Oliver Kahn – jemals die Anerkennung früherer Feldspieler-Idole wie Uwe Seeler, Franz Beckenbauer oder Rudi Völler. Nach ausführlicher Recherche im Verbund mit zahlreichen Interviews aktueller und ehemaliger Keeper präsentiert »Das Große Lexikon der Bundesligatorhüter« die längst fällige Hommage an alle fliegenden Artisten des Fußballs, die seit Bestehen der deutschen Eliteklasse eingesetzt wurden.

Nicht jeder der vorgestellten Vertreter ihres Fachs konnte sich im »Haifischbecken« Bundesliga durchsetzen. Manch verheißungsvolles Talent scheiterte frühzeitig an den eigenen Nerven oder an mangelnder Rückendeckung, manch begabter Schlussmann gelangte über den Status des ewigen Ersatzhüters nicht hinaus oder wurde Opfer einer einzigen Fehlleistung, welche die Bundesligalaufbahn mit einem Schlag beendete. Wenn sich mancher Fußballfan in Zukunft über Pleiten, Pech und Pannen der haltenden Zunft belustigen oder ärgern sollte, bleibt dennoch an dieser Stelle festzuhalten, welch enorme Anstrengung es kostet, in Deutschlands höchster Spielklasse überhaupt vertreten zu sein.

B. F. Hoffmann,
Frühjahr 2003

ANMERKUNGEN ZUR STATISTIK:

Spiele, Tore, Vereine und Vereinstitel beziehen sich auf den Zeitraum der Bundesligazugehörigkeit. Einzige Ausnahme bildet beim Vereinstitel Jörg Sievers, der 1992 als Torwart mit dem damaligen Zweitligisten Hannover 96 den DFB-Pokal gewann. Die Abkürzung BL steht für Bundesliga.

Vom Wollhandschuh zum X-Condition-Grip

DIE HISTORISCHE ENTWICKLUNG DER PROFESSIONELLEN TORWARTAUSRÜSTUNG

Im Jahre 1871 legte die englische »Football Association« in ihrem Regelwerk fest, dass dem Torhüter ab sofort als einzigem Spieler das Abwehren des Balles mit der Hand gestattet ist. Zudem wurde er dazu verpflichtet, sich in seiner Kleidung von seinen Mitspielern wie auch den Schiedsrichtern optisch zu unterscheiden. Viele Möglichkeiten bestanden für den Zerberus der fußballerischen Frühzeit zu diesem Zeitpunkt noch nicht. In der Regel trugen die Schlussmänner neben andersfarbigen Trikots oder Wollpullovern zumeist die damals noch obligatorische Schlägerkappe.

Obwohl des Torhüters wichtigstes Handwerkszeug seit jeher aus seinen zupackenden Pranken besteht, existierte über mehrere Jahrzehnte für die Fangkünstler – im Gegensatz zu den ständigen Weiterentwicklungen in der Fußballstiefeltechnologie – keinerlei adäquate Ausrüstung. Barhändig mit Baumwollpullovern und Wattehosen (»Sibirische Röhren«) bekleidet, die sich bei Regenwetter förmlich mit Näs-

Fritz Ewert vom 1. FC Köln in der typischen 60er-Jahre-Torwartmontur: handelsüblicher Baumwollpullover und Wollhandschuhe – hier aber bereits mit Tischtennisnoppen versehen.

se voll sogen, verfuhren die Torleute annähernd hundert lange Jahre nach dem Motto des einstigen Nationaltorhüters Hans Tilkowski: »Hose hochziehen und Ball halten.«

Auch Anfang der sechziger Jahre zählten Handschuhe noch nicht zur Standardausrüstung des Torhüters. Nahezu jeder Keeper von der Oberliga bis zur Kreisklasse agierte mit freien Fingern, um allenfalls bei Regenwetter auf handelsübliche Wollhandschuhe zurückzugreifen. Klaus Basikow, der frühere Torhüter von Tasmania 1900 Berlin, behalf sich bei kalten Temperaturen mit schlichten Wollfäustlingen, die er zum Ballfangen natürlich nicht nutzen konnte und deshalb bei gegnerischen Angriffen abstreifte und hinter sich ins Netz warf.

Horst-Dieter Strich, Bundesligatorwart beim 1. FC Kaiserslautern und 1. FC Nürnberg, erzählte von dem englischen Nationalkeeper Ron Springett, welcher 1963 mit seinem Klub Sheffield Wednesday in Deutschland gastierte und bei den Freundschaftsspielen mit Wollhandschuhen agierte, die bereits mit einem Tischtennisschlägerbelag beklebt waren. Insgesamt stieß eine regelmäßige »Ummantelung« der Hände bei den Torhütern aber weiterhin auf Skepsis, was der frühere Berliner Torwart Hanns Apfel noch im Jahre 1972 in einem »Kicker«-Artikel auf den persönlichen Punkt brachte: »In Gummihandschuhen geht das Ballgefühl verloren, das bei Bodenrutschern und angeschnittenen Bällen so eminent wichtig ist.«

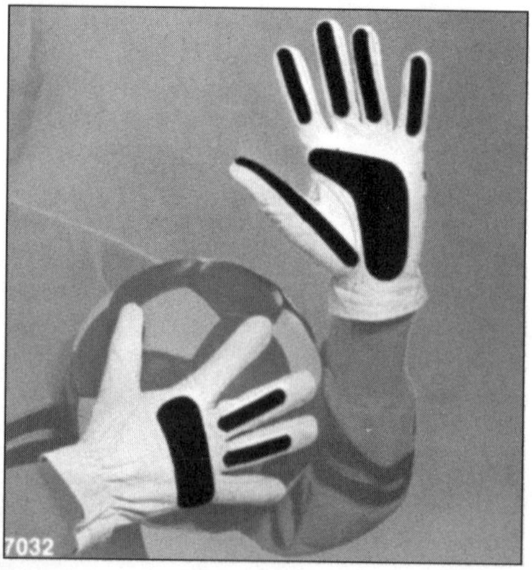

Ein Torwarthandschuh mit »Speckbrett«-Auflage – Urahne aller Fanghilfen.

Als die Bundesliga 1963 in ihre erste Spielzeit startete, trugen die Torhüter zunächst weiterhin die zumeist schwarzen Baumwolltrikots und verzichteten auf die Benutzung der beim Packen des Balles eher als hinderlich empfundenen Handschuhe. Petar Radenkovič (1860 München) bemühte sich zwar bereits um eine Vermarktung seiner Gumminoppen-Entwicklung, ein erster Durchbruch gelang jedoch erst Nationaltorhüter Wolfgang Fahrian, der zusammen mit der Gummistrickwarenfabrik Kurt Kränzle KG im Jahre 1966 die ersten »richtigen« Torwarthandschuhe in den Handel brachte. Fahrian verwendete für sein Gummihandschuhprodukt ebenfalls den Belag von Tischtennisschlägern, der im Fachjargon unter der Bezeichnung »Speckbrett« kursiert. Obwohl nur geringfügig modifiziert, war dieser Handschuhtyp noch bis Ende der siebziger Jahre in vielen Sportgeschäften erhältlich.

Ein anderes Experiment wagte zur gleichen Zeit Adidas-Boss Adi Dassler, der für Hans Tilkowski 1965 das Modell »Til« entwickelte. Die Handschuhe waren mit Schmirgelpapier beklebt und auf die schwierigen Bodenverhältnisse im zypriotischen Nikosia abgestimmt, wo die deutsche Nationalmannschaft gegen Zypern ein WM-Qualifikationsspiel bestritt. Marktreife erreichte dieser Prototyp jedoch nicht. Tilkowski verzichtete anschließend auf einen weiteren Einsatz dieser kratzbürstigen Fanghilfe, die sich wohl in erster Linie für eine masochistische Vollrasur eignete und vertraute im WM-Finale 66 wieder auf die altbewährten Wollhandschuhe.

Nachdem der Gumminoppen-Fanghandschuh das Licht der Fußballwelt erblickte, fand er unter den Keepern von der Bundesliga- bis zur Schülermannschaft zunehmende Verbreitung. Dennoch wurden seine eklatanten Nachteile schnell ersichtlich. Neben der insgesamt eher mäßigen bis schlechten Griffigkeit verloren die »Speckbrett«-Greifer nach mehrmaligem Gebrauch zunehmend an Geschmeidigkeit und vermittelten dem Keeper fälschlicherweise eine erhöhte Sicherheit. In dieser ersten Torwarthandschuh-Ära zwischen 1968–1973 sah der eingangs erwähnte Hanns Apfel (»An den Handschuhen sollt ihr sie erkennen.«) einen entscheidenden Grund für die damals erhöhte Fehlerquote unter den Bundesliga-Schlussleuten.

Dem schon zu Beginn seiner Vertragsspielerlaufbahn stets geschäftstüchtigen Wolfgang Fahrian war es auch vorbehalten, Mitte der sechziger Jahre die erste komplette Torwartkollektion auf den Markt zu bringen. Fahrian entwarf, zusammen mit dem damaligen Puma-Außendienstmitarbeiter Josef von den Borch, das Design des Sweaters, der in Brusthöhe und im Unterarmbereich mit zwei kontrastierenden Querstreifen versehen war. Das von der Firma Kränzle vertriebene »Original-Modell Wolfgang Fahrian« besaß zudem Ellenbogenpolster und war anfänglich nur im konservativen Schwarz erhältlich. Analog zu den aufkommenden Modetrends der »Swinging Sixties« gelangten 1968 – mit dem Werbeslogan »Keeper, jetzt wird's farbig« – auch Modelle in den Farben Rot, Grün, Blau, Kornblau und Gelb auf den Markt, die unter den damaligen Torhütern aus dem Bundesliga- und Amateurbereich noch bis Mitte der siebziger Jahre viele Freunde fanden. Zu dieser Kollektionsreihe zählten zudem gepolsterte Mützen, Trainingshosen mit austauschbaren Hüftpolstern sowie der 1968 entwickelte, legendäre »Strampelanzug«. Hierbei handelte es sich um einen einteiligen »Torwart-Trainingsanzug«, der um die Taille als Dehnungsausgleich mit einem handbreiten Bund versehen war und deshalb auch bei nasser Witterung nicht verrutschte. Das Werbemotto »Da steckt ihr drin wie Astronauten« schien auch den legendären Willi Ertz (Borussia Neunkirchen) überzeugt zu haben, der diese Kluft noch bis Anfang der achtziger Jahre bei Zweitligaspielen verwendete. Anhänger fand dieser »Traum des Sportfotografen« zudem im Trainingsalltag von Boxern, Radrennfahrern und Eisläufern.

Aus den rührigen Frühversuchen von Torhütern, die ohne Unterstützung der Sportartikelindustrie bei den Handschuhen in ihrer Freizeit als Hobby-Alchimisten noch mit Pattex oder Klebeband experimentierten, entwickelte sich jetzt ein allmählich expandierender Markt. Die Firma Kränzle vereinbarte in den kommenden Jahren u.a. Lizenzverträge mit den damals populären Torhüterstars Wolfgang Kleff, Norbert Nigbur, Wolfgang Kneib und Gerhard Heinze, um deren individuelle Entwürfe – bestehend aus Pulli, Hose, Trainingshose und Handschuhen – bundesweit für den Fachhandel zu vermarkten. Auch die Nationaltorhüter Sepp Maier, Horst Wolter, Volkmar Groß und Manfred Manglitz betätigten sich Anfang der siebziger Jahre als Pulli-Designer, um bei den Bundesligaspielen als Werbeträger in eigener Sache zu agieren. Neben Maier und Fahrian erwies sich insbesondere Bundesligatorhüter Gerhard Heinze vom VfB Stuttgart als findiger Pionier auf dem Sektor der professionellen Torwartausrüstung.

Heinze, der zusammen mit seinem Vater schon immer eifrig an speziellen Sportpatenten

Mit der kunterbunten »Wolfgang-Fahrian«-Kollektion machte das Torhüterdasein ab 1968 erst richtig Spaß. Die Dressmänner (v.l.) Reinhold Franz (Bayern Hof), Wolfgang Fahrian (mit »Strampelanzug«) und Horst-Dieter Strich scheinen dies freudig zu bestätigen.

herumgetüftelt hatte, lernte Anfang der siebziger Jahre beim VfB Stuttgart deren damaligen Geschäftsführer Dieter Scheiffele kennen. Primär um Heinzes berufliche Zukunft abzusichern, gründeten beide im Jahr 1972 die »Heinze Sportartikel GmbH«. Im Teamwork mit Partner Scheiffele verwendete Heinze für seinen Torwarthandschuh als Griffoberfläche erstmals das so genannte »Waben-Gummi«, welches man sich kurz darauf als Gebrauchsmuster patentieren ließ und ab 1973 auf den Markt brachte.

Der emsige Heinze übernahm höchstpersönlich den Löwenanteil der Akquise, indem er nach den Bundesligaspielen seine Torwartkollegen ansprach und einige davon als Vertragspartner gewinnen konnte. Dank der Auslandskontakte zu dem ab 1974 bei Real Madrid spielenden Paul Breitner gelangte die »Heinze Sportartikel GmbH« auch zu Ausrüsterkontrakten mit Madrids Torwart Miguel Angel sowie Ubaldo Fillol, dem argentinischen Weltmeistertorwart von 1978. Das komplette »Heinze-Torwart-Set«, anfangs ebenfalls von der Kränzle KG vertrieben, wartete mit einer revolutionären Neuheit auf, die sich in der Torwart-Praxis als sehr praktisch erweisen sollte. Aufgrund der leuchtenden Pastellfarben, die auf der rechten Seite ein schmaler Längsstreifen kontrastierte, auch optisch ansprechend, fiel der Pullover extrem lang aus. Hinten endete er in zwei Gurten, die zwischen die Beine gezogen, vorne wieder

Unten: Bundesligatorwart Gerhard Heinze (VfB Stuttgart) erwies sich als wahrer Pionier im Bereich der professionellen Torwartausstattung.

Rechts: Der legendäre und erfolgreiche »Heinze-Pulli« – extralang und mit zwei Beingurten versehen, die das lästige Herausrutschen verhinderten.

am Pulli festgeknöpft wurden und durch diesen Schrittverschluss das lästige Herausrutschen bei den Flugparaden effektiv verhinderten. Diese ebenso pfiffige wie von Heinze patentamtlich geschützte Idee machten sich später die Nationaltorhüter Bernd Franke und Norbert Nigbur bei ihren Garnituren ebenfalls zunutze, wobei Franke statt der Knopflöcher einen Klettverschluss verwendete. Komplettiert wurde das – in den Farben Grün, Schwarz, Gelb, Orange und Blau erhältliche – »Heinze-Set« durch die farblich komplementären Hosen in kurzer und langer Ausführung, die mit wasserdicht verschweißten Hüftpolstern versehen waren.

Das Motto der Kollektion: »Mit der neuen Torwartausrüstung von Gerhard Heinze macht das Fliegen zwischen den Pfosten noch mehr Spaß. Weil nichts verrutscht. Weil die Hüften unsichtbar gepolstert sind. Weil dieses Set rassiger aussieht als ein Maßanzug« traf voll ins Schwarze. Ab 1974 trugen u.a. Bundesligatorhüter wie Harald Schumacher, Werner Scholz, Helmut Roleder, Kurt Büns, Wilfried Woyke und Dieter Ferner wie auch zahlreiche Schlussmänner aus den unterklassigen Ligen diese »rassigen« Produkte. Anfang der achtziger Jahre wurde die Kollektion in Optik und Material überarbeitet, ehe man die Produktion im Jahre 1994 schließlich einstellte.

Im Jahre 1973 entwickelte Sepp Maier in enger Zusammenarbeit mit Gebhard Reusch, dem Inhaber der gleichnamigen Sportartikelmanufaktur, auf der Basis eines medizinischen Gummihandschuhs das erste offizielle »Reusch«-Handschuhmodell. Als Grundmaterial verwendeten beide schwarzes Nappaleder, welches, ähnlich dem Heinze-Modell, mit rotem Wabengummi beklebt war. Im Vergleich zum Tischtennisnoppenbelag entpuppte sich diese Entwicklung schon als erheblicher Fortschritt. Nachdem Maier 1974 im siegreichen WM-Finale, nicht zuletzt dank seiner Fanghilfe, die Angriffsbemühungen der Holländer erfolgreich vereitelte, erlangte der Handschuh unter den Torhütern mit einem Schlag weltweite Popularität und entwickelte sich zu einem beachtlichen Verkaufsschlager. Eher zufällig entdeckte »Deutschlands Welttorhüter des Jahrhunderts« bei der Reinigung eines Lederballes auch die

Ein Heinze-Torwarthandschuh mit Waben-Gummi-Auflage.

Rutschfestigkeit von Frottee und kreierte daraus, nach unbefriedigenden Versuchen mit Schaumstoffstreifen, einen speziellen Regenwetterhandschuh, der ebenfalls in den Handel gelangte.

In den folgenden Jahren experimentierten Maier und Nationalmannschaftskollege Bernd Franke vor Länderspielen in ihren Hotelzimmern mit dem Salbenverband des damaligen DFB-Masseurs Erich Deuser. Aus diesen gemeinsamen Tüftelstunden entstand der Prototyp des Haftschaumprofils, der bei den Torwarthandschuhen die entscheidende Revolution einläutete. Von den Firmen Uhlsport und Reusch zur Marktreife gebracht, verwies der enorm griffige, aber auch abnutzungsintensive Haftschaum-Handschuh die »Speckbrett«-Dynastie Anfang der achtziger Jahre endgültig in die Museums-Abteilung. Trotz dieses Quantensprungs waren bei den Torhütern weiterhin Improvisationskünste gefragt. Weil die Firmen ihre Haftschaumauflagen zum Teil für jeden Finger einzeln lieferten, mussten die Keeper immer noch zur Selbsthilfe greifen. Der Bundesligatorhüter Werner Scholz (Alemannia Aachen, VfL Bochum) zweckentfremdete seinen Wohnzimmersessel, um durch dessen Gewicht die eigenhän-

Wenn die »Katze« mit dem »Adler« ... Die Nationaltorhüter Sepp Maier und Bernd Franke machten sich um die Entwicklung der Torwartausrüstung ebenfalls verdient.

dig mit Pattex auf den Handschuh geklebten Schaumstoff-Fragmente »festzupappen«.

Im zähen Ringen um Marktanteile zeigten sich die Firmen Reusch und Uhlsport den Profi-Torhütern anfangs gegenüber äußerst generös. Eine vormals sträflich vernachlässigte Spezies, die ihre Klamotten früher aus eigener Tasche bezahlen musste oder, wie beispielsweise Thomas Zander (Hertha BSC) im Verein das Vorgänger-Trikot übernahmen, erhielten jetzt von den Handschuhfabrikanten lukrative Ausrüstungsverträge. Weil sich beide Marktführer zunächst mit Zahlungsangeboten an die Torhüter gegenseitig überboten, ergab sich für die haltende Zunft, die mittlerweile kaum noch unbehandschuht agierte, neben dem normalen Spielergehalt zusätzlich ein hübscher Nebenverdienst. Zwar mussten die Keeper bei den Bundesligaspielen fortan immer kräftig in die Handschuhe spucken, um den erhöhten Haftschaumabrieb zu kompensieren, aber das auf den Handschuhstulpen aufgedruckte Signum machte den jeweiligen Träger zugleich unverwechselbar.

Während Uhlsport im bundesdeutschen Raum für seine Torwartkollektionen in den kommenden Jahren prominente Keeper wie Dieter Burdenski, Ulrich Stein oder Werner Vollack als Werbeträger einsetzte, kooperierte Reusch unter anderem mit den Nationaltorhütern Eike Immel, Harald Schumacher und Andreas Köpke.

In den letzten Jahren ist es für die »klassischen« Handschuhfirmen im professionellen Bereich allerdings zunehmend problematischer geworden, in der Bundesliga ihre Klientel zu versorgen, weil die großen Sportfirmen mit den Vereinen exklusive Ausrüstungsverträge aushandeln, die auch die Versorgung der Torhüter mit einbezieht. Notgedrungen musste sich mancher Keeper von seinem alten Ausrüstungsvertrag trennen, ohne für die einstigen Privilegien eine finanzielle Entschädigung zu erhalten.

Während man in den siebziger Jahren als armer Nachwuchs-Torhüter noch mühselig durch zahllose Geschäfte latschen musste, ehe man mit Glück und Ausdauer die gewünschten Torwarthandschuhe von Sepp Maier oder einen Original-Torwartpulli von Norbert Nigbur erhaschen konnte, so lässt die umfangreiche Palette an Torhüter-Accessoires heutzutage kaum noch Wünsche offen. Die einstigen Baumwollpullis sind durch hochfunktionelle Hightech-Modelle abgelöst, die atmungsaktive Werkstoffe benutzen und über »Windstopper-Membram« oder »abriebfestes Obermaterial« verfügen. Erstaunlicherweise ist bei den heutigen Pullovern die damals wahrlich nützliche »Anti-Rutsch-Vorrichtung« der einstigen Gerhard-Heinze-Modelle nirgendwo mehr berücksichtigt.

Im Handschuhsektor sind in punkto Haftschaum, Passform und Schutztechnologie in den vergangenen Jahren ständige Innovationen erfolgt, die individuelle Wünsche berücksichtigen, neben nützlichen Ideen allerdings auch manchen praxisuntauglichen Flop fabrizierten.

Das ermüdende Latschen durch die Sportgeschäfte hatte ab 1977 für die Nachwuchstorhüter ein zwischenzeitliches Ende, denn der »Goalkeeper«-Versand des Großhändlers Röpke lieferte die Original-Modelle der Bundesliga-Stars frei Haus.

Für jeden denkbaren Anwendungszweck existieren mittlerweile die unterschiedlichsten TW-Handschuhe, die im Gegensatz zu ihren ledernen Urahnen für Regen, Hartplatz, Training, Halle und Rasen mit den verschiedensten Eigenschaften ausgestattet sind. Die vier wichtigsten Marktführer haben sich zudem mittlerweile auch um den Schutz der zarten Torhüterfinger gekümmert und jeweils eigene Protektionssysteme entwickelt. Während Reusch bei seiner »Ortho-Thec-Protection« eine Struktur aus einzelnen Rippenkonstruktionen verwendet, besteht der »Supportframe« von »Uhlsport« aus einer 3-lagigen »Sandwich-Bauweise« und das »Fingersave«-System von Adidas aus flexiblen Kunststoffstäbchen. Durch die Synthese aus Praxiserfahrungen der Torhüter und Forschungen der Entwicklungsabteilungen sind auch für die Zukunft neue Evolutionsstufen wie der »X-Condition-Grip« gesichert. Die heutigen TW-Handschuhe bieten eine dermaßen extreme Griffigkeit, dass man sich als wissender Zuschauer eigentlich nur noch wundern kann, dass der Ball einem Torhüter gelegentlich immer noch aus den Fingern flutscht.

Der Markt für Torhüter-Accessoires expandierte in den achtziger Jahren und Nationaltorhüter Dieter Burdenski machte den Keepern einen Torwart-Handschuh namens »Big Mac« schmackhaft.

Der moderne Handschuh bietet Ergonomie, Flexibilität und ein Höchstmaß an »Grip«.

A

Albracht, Jörg

Geboren: 30.11.1963 (Deutschland)
BL-Verein: Schalke 04 (1994–1996)
BL-Spiele: 2

Geboren in Hilden gelangte Jörg Albracht über die Jugendmannschaften von VfB Hilden, VfL Benrath und 1. FC Köln 1980 als Amateur zum Kader des Zweitligisten Union Solingen. Zumeist im Schatten von Helmut → Pabst und Volker → Diergardt, absolvierte der in Düsseldorf zum Finanzbeamten ausgebildete Schlussmann bis 1987 lediglich 13 Zweitligaeinsätze.

Erst ab der Saison 87/88, nach seinem Wechsel zum Oberligisten Wuppertaler SV, avancierte der 1,86 m große Keeper zum Stammtorwart. Drei Jahre später konnte sich der ambitionierte Ex-Bundesligist endlich wieder für die Aufstiegsrunde zur 2. Bundesliga qualifizieren. Ausgerechnet Albracht, der während der gesamten Oberliga-Saison hervorragend gehalten hatte, sorgte mit seiner Roten Karte im Aufstiegsspiel bei VfB Oldenburg für die entscheidende Schwächung. Nach einer Rangelei mit einem Gegenspieler vom Platz gestellt und für zwei Wochen gesperrt, besaß der Wuppertaler SV keinen adäquaten Ersatz für seinen Zerberus und landete in der Aufstiegsrunde Nord letztendlich unter ferner liefen.

Zwei Jahre später wurde der verpasste Aufstieg nachgeholt, und während der Saison 92/93 zählte Albracht zu den herausragenden Zweitligakeepern, um mit seinem Klub am Ende im gesicherten Mittelfeld zu landen. In der nächsten Spielzeit zählte der bergische Verein jedoch bereits wieder zu den Absteigern. Noch zu den besseren Spielern seiner Mannschaft zählend, blieb Brillenträger Albracht dennoch nicht fehlerfrei und kassierte bei der 0:5-Heimpleite gegen Carl Zeiss Jena ein kurioses Tor von der Außenlinie.

Nach der Rückkehr ins Amateurlager setzte beim Wuppertaler SV wieder der Sparkurs ein, dem sich Albracht verweigerte. Gleich im Anschluss folgte vor der Saison 93/94 ein Zweijahresvertrag beim Bundesligisten Schalke 04, wo er während dieser Spielzeit, aufgrund eines Kreuzbandrisses, jedoch selten zur Verfügung stand. Auch vor der Saison 95/96 plagte den Pechvogel wochenlang eine Meniskusquetschung, und auf der Bank vertrat ihn Nachwuchsmann Matthias → Schober. Als Stammtorwart Jens Lehmann vor dem 8. Spieltag wegen einer Meniskusoperation auszufallen drohte, balgten sich beide Ersatzleute verbal um den möglichen Einsatz gegen den 1. FC Kaiserslautern.

Aufgrund seiner Erfahrung sollte der mittlerweile 31-jährige Zerberus den Vorzug erhalten, wobei der frisch operierte Lehmann dennoch mit seinem Einsatz liebäugelte. Erst durch ein Einzelgespräch gelang es Albracht, die Nummer 1 zu überzeugen, ihm doch wenigstens dieses eine Spiel zu überlassen. Nach 16 Monaten Reservistenzeit und im Alter von 31 Jahren konnte die Nummer 2 dann das Bundesligadebüt feiern. Beim einzigen Gegentreffer durch Olaf Marschall hatte der »Frischling« Pech, dass dessen Kopfball vom Schalker Abwehrspieler Thomas Linke abgefälscht wurde und über die Schulter des Keepers ins Netz sprang. In der anschließenden Begegnung bei Bayer Leverkusen blieb Albracht ohne Gegentreffer, wurde allerdings auch kaum geprüft.

Weitere Einsätze ergaben sich nach Lehmanns Genesung nicht mehr und aufgrund einer erneuten Verletzung im bereits lädierten Knie endete Albrachts aktive Laufbahn nach dieser Spielzeit als Sportinvalide. Anschließend setzte der Ex-Keeper, der »alle Höhen und Tiefen des Fußballgeschäfts aus eigenem Erleben kennt«, sein bereits 1992 begonnenes Studium der Betriebswirtschaft fort und wurde dabei als erster deutscher Fußballprofi von der Berufsgenossenschaft gefördert. Nach seiner Promotion mit dem Schwerpunkt Finanz- und Steuerwesen ist er heute als Geschäftsführer bei der »Vereinigung der Vertragsfußballspieler« tätig.

Albustin, Thorsten

Geboren: 04.01.1974 (Deutschland)
BL-Vereine: MSV Duisburg (1996–1997), Borussia Mönchengladbach (1998–1999)
BL-Spiele: 3

Seine Vereinslaufbahn begann der gebürtige Duisburger Thorsten Albustin als Sechsjähriger bei DJK Vierlinden, um vier Jahre später in die C-Jugend von SuS Dinslaken 09 zu wechseln. 1992 rückte der Abiturient in die 2. Mannschaft von Dinslaken auf, um zunächst Einsätze in der Kreisliga A zu absolvieren. Bereits ein Jahr später schaffte der 1,83 m große Schlussmann den Sprung in die 1. Mannschaft, mit der er in der Saison 93/94 den Aufstieg in die Oberliga Nordrhein schaffte. Nach einer weiteren Spielzeit und guten Leistungen verpflichtete ihn die Amateurabteilung des MSV Duisburg.

Als dritter Torhüter hinter Holger → Gehrke und Thomas → Gill konnte der stämmige Zerberus während der Saison 96/97 den fingerverletzten Gill, ab dem 5. Spieltag, erstmals auf der Bank vertreten. Der Ernstfall ergab sich bereits drei Wochen später, als Gehrke im Auswärtsspiel beim Hamburger SV in der 87. Minute eine Rote Karte erhielt. Debütant Albustin erlebte eine denkbar unglückliche Feuertaufe, weil der aus Gehrkes Notbremse resultierende Freistoß vom Hamburger Harald Spörl postwendend zum 1:1-Ausgleich ins Netz versenkt wurde. Nach diesem Kurzeinsatz ohne Ballberührung musste der Pechvogel aufgrund seiner mangelnden Erfahrung zurück auf die Bank, während für den gesperrten Gehrke der wieder genesene Gill spielte. Bis zum Sommer 1998 blieb der Goalie beim MSV Duisburg, um in der Bundesliga die verletzten Kollegen auf der Bank zu vertreten und Pflichtspieleinsätze in Verbandsliga oder UI-Cup zu absolvieren.

Mittlerweile Student der Theologie, aber dennoch von sportlichem Ehrgeiz beseelt, wechselte er anschließend in den Oberligakader des Bundesligisten Borussia Mönchengladbach. Wieder waren mehrere Umstände ausschlaggebend, dass der Keeper mit dem »kompromisslosen Auftreten und den guten Reflexen« auch während dieser Station Erstligaluft schnuppern konnte. Bereits vor dem Saisonstart war der langjährige Stammtorwart Uwe → Kamps aufgrund eines Achillessehnenabrisses praktisch die gesamte Spielzeit außer Gefecht gesetzt. Sein etatmäßiger Vertreter Robert → Enke hütete das Tor, während sich auf der Bank Aushilfskeeper Jörg → Schmadtke für den Notfall bereithielt. Schmadtke verließ den Verein zur Winterpause, so dass Oberligamann Albustin in der Rückrunde zur nominellen Nummer 2 aufrückte. Vor dem 31. Spieltag erwischte es dann Enke, der mit einer Darmgrippe flach lag. Zu diesem Zeitpunkt stand Mönchengladbach als Absteiger fest und befand sich bereits auf Bundesliga-Abschiedstournee. In seinem zweiten Einsatz bekam Albustin endlich Gelegenheit sich auszuzeichnen. Beim 1:2 gegen den SC Freiburg zeigte er eine gute Leistung und konnte in der 80. Minute sogar einen Elfmeter abwehren. Zwei Wochen später waren aufgrund einer Erkrankung Enkes seine Dienste erneut gefordert. Wieder mit langer Hose spielend (Albustin: »Ich wollte damit robuster wirken.«), agierte er bei Werder Bremen jedoch glücklos und brachte sein Team durch ein Eigentor frühzeitig auf die Verliererstraße. Differenzen mit Trainer Rainer Bonhof waren dann ausschlaggebend, dass Albustin bei dem Klub keine sportliche Perspektiven mehr besaß.

Nach dieser Spielzeit wechselte er deshalb zum Oberligisten 1. FC Bocholt, um parallel eine Ausbildung zum Industriekaufmann zu starten. Nach der Zwischenstation Hamborn 07 ist Albustin seit 2002 wieder für Dinslaken 09 in der Bezirksoberliga aktiv.

Alter, André

Geboren: 20.08.1973 (Deutschland)
BL-Verein: SG Wattenscheid 09 (1993–1994)
BL-Spiele: 10

Bundesligist SG Wattenscheid 09 befand sich vor dem 25. Spieltag der Saison 93/94 als Tabellensiebzehnter – mit fünf Punkten Rückstand auf einen Nichtabstiegs-Platz – bereits in einer relativ hoffnungslosen Position. Aufgrund schwerer Verletzungen von Ralf → Eilenberger und Udo → Mai musste sich, ausgerechnet gegen Tabellenführer Bayern München, erstmals der 20-jährige Bundeswehrsoldat André Alter zwischen die Wattenscheider Pfosten begeben.

Alter, aus Wattenscheids Jugend stammend, hatte zuvor Einsätze in der Oberliga-Elf absolviert und aufgrund seiner guten Leistungen eine Berufung für die Westfalen-Auswahl erhalten.

Vor seinem Bundesligadebüt gegen die übermächtigen Bayern träumte der 1,85 m große Nachwuchsmann im Hotel noch von einem 1:0-Sieg. Doch sein Abklatscher in der 51. Minute, den Bayerns Adolfo Valencia zum Führungstreffer nutzen konnte, bildete den Auftakt zu einer 1:3-Heimniederlage. Trotz dieses Patzers zeigte der Debütant (»Für mich ist heute ein Kindheitstraum in Erfüllung gegangen.«) insgesamt eine zufrieden stellende Leistung.

Bis zum Saisonende mühte sich der Frischling nach Kräften, produzierte am 30. Spieltag gegen Borussia Mönchengladbach zwar ein Eigentor, agierte aber zumeist nicht schlechter als die etablierten Kollegen Eilenberger und Mai.

Nach Wattenscheids Bundesligaabstieg hielt Alter seinem Verein als Torwart der Amateurmannschaft bis 1996 die Treue, gelangte weiterhin zu Einsätzen in der Westfalen-Auswahl und schloss sich anschließend dem Oberligisten SpVgg Beckum an.

Ananiev, Antonio

Geboren: 08.05.1965 (Bulgarien)
BL-Verein: 1. FC Köln (1996–1997)
BL-Spiele: 4
A-Länderspiele für Bulgarien: 15

In seiner Heimat Bulgarien durch gute Leistungen bei Lok und Slavia Sofia zum Nationaltorhüter seines Landes avanciert, wechselte Antonio Ananiev 1991 zu Energie Cottbus, um nach der politischen Wende mit dem Klub das letzte Jahr in der DDR-Oberliga zu bestreiten. Als Tabellenvorletzter verpasste der Verein die anvisierte Qualifikation für die 2. Bundesliga und wurde deshalb ab 1992 in die Amateur-Oberliga eingegliedert.

In der Saison 96/97 stand der 1,87 m große Schlussmann mit seiner Elf ungeschlagen an der Tabellenspitze der Regionalliga Nordost, als ihn das Angebot des Bundesligisten 1. FC Köln ereilte. Der Klub befand sich nach dem Wechsel von Bodo → Illgner zu Real Madrid auf der Suche nach einem neuen Ersatzkeeper und für 300 000 DM Ablösesumme wechselte der zweifache Familienvater dann von der Lausitz an den Rhein.

Am 8. Spieltag erstmals auf der Bank, musste er vier Wochen später den verletzten Stammtorhüter Michael → Kraft erstmals vertreten. Beim 3:1-Sieg gegen Schalke 04 wenig beschäftigt (»Ich habe fast 30 Jahre Torwarterfahrung, da bin ich nicht mehr nervös.«) folgte eine 1:4-Niederlage beim Karlsruher SC verbunden mit anschließender Rückkehr auf die Ersatzbank. Ein Muskelfaserriss von Kraft ermöglichte dem Bulgaren schon am 15. Spieltag gegen den Hamburger SV einen erneuten Einsatz, der jedoch ein unvorhergesehenes Ende nahm. Kurz vor Spielschluss grätschte er, nach einer missglückten Abwehraktion, 30 Meter vor seinem Tor den Hamburger Karsten Bäron ab, um für dieses grobe Foul postwendend die Rote Karte zu kassieren.

Nach Ablauf der zweiwöchigen Sperre war Ananiev ab der Rückrunde nur noch Bankdrücker. Am 34. Spieltag erhielt er von Trainer Peter Neururer, als Dankeschön für loyale Dienste, noch ein Abschiedsspiel geschenkt, um danach zum Zweitligisten VfB Leipzig zu wechseln. Aufgrund von Verletzungen und Formschwächen nur sporadisch eingesetzt, startete »Toni« ab der Saison 98/99 einen Neuanfang beim Regionalligisten Chemnitzer FC.

Auf Anhieb entwickelte sich der 33-jährige Routinier zum Erfolgsgaranten, der mit seinem Klub in die 2. Bundesliga aufstieg und durch tolle Reflexe während der Saison 99/00 auch entscheidend am Klassenerhalt beteiligt war. Verletzungen und private Probleme ließen ihn dann sportlich allmählich kürzer treten. Nach dem Abstieg in die Regionalliga von Chemnitz ist Ananiev dort seit 2001 als Torwarttrainer tätig.

Aumann, Raimond

Geboren: 12.10.1963 (Deutschland)
BL-Verein: Bayern München (1982–1994)
BL-Spiele: 216
Vereinstitel: 6 x Meister (1985, 1986, 1987, 1989, 1990, 1994), 6 x DFB-Pokal (1984, 1986)
A-Länderspiele für Deutschland: 4

Bereits im Alter von sechs Jahren soll Raimond Aumann seinen Freunden in Augsburg erzählt haben, dass er einmal bei Bayern München Sepp → Maier im Kasten ablösen würde. Als Sohn eines fußballverrückten Vaters, der selber jahrelang das Tor hütete, spielte Aumann zunächst ab 1970 bei SV Stadtwerke Augsburg, ehe er 1976 zum FC Augsburg wechselte. Mit der B-Jugend von Augsburg deutscher Vizemeister, schlossen sich erste Berufungen in die Schülernationalelf sowie ein B-Jugend-Länderspiel an. 1980 in die A-Jugend des FC Bayern München gewechselt, setzte sich hier für den talentierten Nachwuchskeeper die Erfolgssträhne fort. Nach 13 A-Jugendländerspielen und der Teilnahme an der Jugend-Europameisterschaft in Finnland unterschrieb der gelernte Versicherungskaufmann bei seinem Verein 1982 einen Profivertrag.

In seiner ersten Saison hockte Aumann auf dem Mannschaftsfoto noch schüchtern und schmächtig neben den erfahrenen Goalies Jean-Marie Pfaff, Manfred → Müller und Walter → Junghans. In dem üppigen Torhüteraufgebot zunächst die nominelle Nummer 4, musste der Benjamin aufgrund eines Handbruchs zudem eine mehrmonatige Pause einlegen.

Auch während der Saison 83/84 ohne Einsatz, ergab sich für den 1,82 m großen Zerberus vor dem Saisonstart 84/85 die erhoffte Chance. Pfaff musste sich einer Leistenoperation unterziehen, während Bayern München mit Frischling Aumann im Tor nach elf Spielen einen Rekordstart von 18:4 Punkten verzeichnete. Als »hervorragender Stellvertreter« für den mehrfach verletzten Pfaff glänzte »Balou« in der Bundesliga sowie im Europapokal, absolvierte 20 BL-Einsätze und wurde von DFB-Trainer Hans-Hubert Vogts mehrfach in die U21-Auswahl berufen.

Das erbittert geführte Duell zwischen dem renommierten Pfaff und dem ehrgeizigen Aumann (»Mit 24 Jahren will ich Stammtorwart sein.«) nahm in der folgenden Zeit an Brisanz zu. In der U21 mittlerweile Stammkeeper, hockte Aumann zum Start der Saison 85/86 dennoch auf der Bank. Erst durch Pfaffs Adduktorenverletzung ergab sich ab dem 17. Spieltag eine längere Einsatzperiode, die der »ideale Ersatzmann« eindrucksvoll zu nutzen wusste. In den kommenden Wochen hechtete, faustete und flog der enorm reaktionsschnelle Keeper auch den aussichtslosesten Bällen erfolgreich entgegen und erwies sich in Spielen gegen den Hamburger SV sowie 1. FC Nürnberg trotz Dauerbeschuss als unbezwingbar. Pfaff schien bereits endgültig verdrängt, als Aumann am 26. Spieltag gegen Fortuna Düsseldorf in der 45. Minute einen Kreuz- und Innenbandriss sowie einen schweren Meniskusschaden erlitt. Anschließend mehrfach operiert, folgte eine elfmonatige, schmerzhafte Genesungspause, während Konkurrent Pfaff in den kommenden anderthalb Jahren Meisterschaft und Pokalgewinn feiern konnte.

Zur Saison 87/88 meldete sich der Reaktionskünstler zwar wieder fit, musste sich hinter dem Kontrahenten jedoch wieder mit der Ersatzbank begnügen. Beide Keeper, mittlerweile völlig verfeindet, bekämpften sich bis aufs Blut. Während Aumann (»Brutal, wie schlecht der Pfaff seit Wochen hält.«) die Leistungen des Belgiers mehrfach öffentlich kritisierte, antwortete der Kontrahent mit Handgreiflichkeiten im Training, die in der Verabreichung einer Ohrfeige gipfelten. Zum Saisonende einige Male für den verletzten Pfaff eingesetzt, war Aumann die lange Spielpause zunächst deutlich anzumerken, ehe er am 33. Spieltag bei Bayer Uerdingen wieder glänzen und zudem einen Strafstoß parieren konnte.

Nach dieser Spielzeit wurde Pfaffs Vertrag nicht verlängert und Aumann von Trainer Josef Heynckes zur Nummer 1 gekürt. Jetzt blühte der langjährige Reservist endgültig auf und avancierte in der Saison 88/89 mit tollen Leistungen und souveräner Sicherheit zu einem der wichtigsten Garanten für Bayern Münchens erneute Bundesligameisterschaft. In der Bundesliga die wenigsten Saisontore kassiert, zeigte der Michael Jackson- und Phil Collins-Fan am 7. Dezember 88, beim 3:1-Sieg im UEFA-Cup-Spiel gegen Inter Mailand, eine absolute Weltklasseleistung. Von den Lesern des »Kicker« 89 und 90 zudem zum »Torhüter des Jahres« gewählt, bewies Aumann auch während der Saison 89/90 seine Bärenruhe, um am 6. September 89 gegen Irland sein Länderspieldebüt zu

Eine seiner größten Stunden – Raimond Aumann nach dem Europapokalhinspiel am 4. April 1990 beim AC Mailand.

feiern. Als »Held von Mailand« bewies der »Publikumsliebling« in den Europapokalspielen gegen AC Mailand wiederum Weltklasseformat, gewann mit Bayern München erneut die Meisterschaft, um in der Nationalelf vor der Weltmeisterschaft 1990 in Italien vehement Ansprüche auf einen Stammplatz zu fordern. Von vielen Experten höher als Konkurrent Bodo → Illgner eingestuft, musste er seine Ambitionen, nach einem verpatzten Halbzeiteinsatz im Länderspiel gegen Dänemark jedoch ad acta legen.

Bei der WM nur Bankdrücker, folgte auch in der anschließenden BL-Saison ein Leistungsabfall. Zusehends unsicherer, mutierte Aumann im Europapokal-Halbfinale gegen Roter Stern Belgrad zur »tragischen Figur«, als er sich kurz vor Spielende bei einer Bogenlampe von Klaus Augenthaler verschätzte und das Ausscheiden verschuldete. In der Saison 91/92 folgte ein erneuter Kreuzbandriss, der eine fünfmonatige Zwangspause erforderte. In der Nationalelf hinter Illgner und Andreas → Köpke mittlerweile chancenlos, geriet Aumann auch innerhalb seines Klubs aufgrund wechselhafter Vorstellungen immer stärker in die Kritik. 1994 feierte er mit Bayern München zwar erneut den Meistertitel, Gerüchte um eine Verpflichtung von Andreas Köpke sorgten allerdings für erhebliche Verärgerung bei dem mittlerweile umstrittenen Keeper. Der viermalige Nationaltorhüter hatte seine Schuldigkeit getan und musste nach der Saison 93/94 dem neu verpflichteten Oliver → Kahn weichen. Anschließend wechselte die »Katze aus Augsburg« zum türkischen Erstligisten Besiktas Istanbul, mit dem er 1995 unter Trainer Christoph Daum die türkische Meisterschaft erringen konnte. Nach Beendigung der aktiven Karriere ist Raimond Aumann seit April 1996 bei Bayern München als Fanbeauftragter beschäftigt.

B

Bade, Alexander

Geboren: 25.8.1970 (Deutschland)
BL-Vereine: 1. FC Köln (1991–1994; 2000–2002), KFC Uerdingen 05 (1994–1996), (Hamburger SV (1998–2000)
BL-Spiele: 25

Während seiner Bundesligazugehörigkeit stets ein »ewiger Zweiter«, begann der gebürtiger Berliner seine Vereinslaufbahn im Alter von 5 Jahren bei Tennis Borussia Berlin. Zunächst Feldspieler, wechselte Bade ein Jahr später zwischen die Pfosten, wo er sich schnell als viel versprechendes Torwarttalent entpuppte. Im Sommer 88 wechselte der Abiturient zum Oberligakader des 1. FC Köln, um parallel Nominierungen in die U18-Auswahl zu erhalten. Durch gute Leistungen in der Oberligaelf empfahl sich der 1,96-m-Riese während der Saison 90/91 für den Profikader, um ein Jahr später hinter Nationaltorwart Bodo → Illgner als Vertragsamateur zur offiziellen Nummer 2 aufzurücken.

Die relativ aussichtlose Position wollte »Alex« als Lehrzeit nutzen, um am 30. Spieltag der Saison 91/92 für den verletzten Stammtorhüter erstmals einzuspringen. Beim 2:1-Sieg über Wattenscheid 09 entpuppte sich Bade als vollwertiger Illgner-Ersatz, der mit hervorragenden Paraden beste Einschussmöglichkeiten des Gegners eliminierte. Anschließend durfte der Germanistik-Student sein Können wieder ausschließlich in der Oberliga Nordrhein oder bei Hallenturnieren unter Beweis stellen. Gestählt durch zahlreiche Sonderschichten mit Kölns Torwarttrainer Rolf Herings konnte Bade insbesondere bei den Indoor-Veranstaltungen glänzen, um sich hierdurch für manchen Beobachter als mögliche Alternative für den zeitweilig umstrittenen Illgner zu empfehlen. Als am 21. Spieltag der Saison 92/93, aufgrund Illgners Platzverweises, der erneute Ernstfall eintrat, lieferte der vormals gelobte Stellvertreter bei den anschließenden Niederlagen gegen Bayern München und Borussia Dortmund jedoch bestenfalls durchwachsene Vorstellungen ab, womit sich höhere Ansprüche auf einen Schlag erledigten.

Nach einer weiteren Spielzeit mit Berufungen in die Mittelrhein-Auswahl, aber ohne BL-Einsatz, heuerte er anschließend beim Bundesligaaufsteiger Bayer 05 Uerdingen an. Weil sich Trainer Friedhelm Funkel nach den Vorbereitungsspielen auf den bewährten Bernd → Dreher festlegte, musste Bade erneut die ungeliebte Rolle des »Kronprinzen« übernehmen. Auch Funkels Statement, zwei erstklassige Torhüter zu besitzen, die »ich bedenkenlos einsetzen kann«, bildeten nur einen schwachen Trost für den passionierten Leser von Biografien und historischen Romanen, der während der Saison 94/95 ohne jeden Pflichtspieleinsatz blieb. Erst als Uerdingens erneuter Abstieg in der Saison 95/96 definitiv feststand, erhielt der »positive Typ« ab dem 27. Spieltag einige Bewährungsproben, die er allesamt zufrieden stellend erledigte.

Für den geschassten Funkel kam bei Uerdingen zur Saison 96/97 mit Hans-Ulrich Thomale ein neuer Coach, der Bades Ambitionen erheblich trübte. Bereits nach zwei Spieltagen stempelte Thomale seinen Keeper zum Sündenbock (»Wenn der noch länger in der Kiste steht, bekommen wir jedes Mal den Arsch voll.«), um ihn nach der Winterpause kurzerhand gegen Achim → Hollerieth auszutauschen. Erst durch Hollerieths Platzverweis beim VfB Lübeck kehrte Bade kurz vor Saisonschluss zurück, lag mit Thomale aber weiterhin im Clinch und musste sich sogar den Vorwurf gefallen lassen, den ungeliebten Übungsleiter durch absichtliches Danebengreifen »absägen« zu wollen.

Unter Uerdingens neuem Trainer Jürgen Gelsdorf avancierte der »feine Kerl« vor der Saison 97/98 dann erstmals zur unumstrittenen Nummer 1. Von Gelsdorf hochgelobt (»Bade gehört die Zukunft. Er hat keine schwache Ecke und besitzt tolle Reflexe.«) stufte ihn der »Kicker« nach der Hinrunde in seiner Rangliste gleich hinter dem polnischen Nationaltorhüter Adam → Matysek auf Platz 2 ein. In der Saison 98/99 unternahm die »echte Persönlichkeit« dann beim Hamburger SV den zweiten Anlauf in Richtung Bundesliga, um sich hinter Hans-Jörg → Butt zwei Spielzeiten mit der Ersatzbank begnügen zu müssen.

Aus der schier hoffnungslosen Existenz als Dauerreservist kehrte Bade (»Das war die einzige kurze Phase, in der ich beinahe die Brocken hingeschmissen hätte.«) vor der Saison 00/01 zum 1. FC Köln zurück. Beim Bundesligaaufsteiger hinter U21-Auswahltorhüter Markus → Pröll erneut der »ideale Bankdrücker«, ergab sich nach der Rückrunde aufgrund Prölls Magen-Darm-Grippe eine längere Einsatzperiode, die Bade bestens zu nutzen wusste. Besonders am 21. Spieltag brillierte er gegen den SC Freiburg mehrfach mit hervorragenden Rettungstaten. Dennoch verpflanzte ihn Trainer Ewald Lienen, mit dem Hinweis auf Prölls bessere Perspektiven, zwei Wochen später wieder auf die Bank. Der auf dem Spielfeld lautstark dirigierende, privat eher zurückhaltende Zerberus (»Früher als junger Spieler habe ich immer zu hören bekommen: Der Erfahrene spielt. Jetzt soll der Jüngere spielen. Das kann nicht in meinem Sinne sein.«) schien für die Bundesliga endgültig zur tragischen Figur mutiert.

Unerwartet ergab sich für den allseits beliebten Bade schon vor dem Saisonstart 01/02 durch Prölls Knieverletzung die zweite Chance. Nach dem 6. Spieltag und guten Leistungen erklärte ihn Lienen erstmals zum Stammkeeper, um ihn vier Wochen später, obwohl schuldlos nach der 0:3-Niederlage bei Hansa Rostock, wieder aus dem Tor zu nehmen. Kölns desaströsen Wiederabstieg erlebte die »typische Nummer 2« – mit über 300 Bankeinsätzen mittlerweile ein Bundesliga-Rekordhalter – nur noch als Zuschauer mit. Auch für die 2. Bundesliga schien sich ein Reservistenschicksal anzubahnen. Umso überraschender, dass ihn vor dem Saisonstart 02/03 Kölns neuer Trainer Friedhelm Funkel (»Aufgrund des Alters und der Erfahrung habe ich mich für Alex entschieden.«) zur neuen Nummer 1 bestimmte. Obwohl die FC-Fans bei den Heimspielen öfters Prölls Namen riefen, konnte Bade seine ungewohnte Position beim überlegenen Tabellenführer bis zur Winterpause behaupten.

Bäger, Mario

Geboren: 25.06.1964 (Deutschland)
BL-Verein: Bayer 05 Uerdingen (1985–1988)
BL-Spiele: 4

Platzverweise sowie Verletzungen der Torwartkollegen verhalfen dem Amateurkeeper Mario Bäger in einem Zeitraum von drei Jahren zu vier Einsätzen. Zunächst erwischte es den ungestümen Werner → Vollack, der am 9. Spieltag der Saison 85/86, im Spiel gegen den 1. FC Saarbrücken, den alleine auf sein Tor zustürmenden Norbert Hönnscheidt (Vollack: »Was sollte ich denn machen? Ich kann den doch nicht einfach laufen lassen.«) umrannte und dafür die Rote Karte kassierte. Von dem 18-jährigen Ersatzmann Manfred → Kubik zunächst gut vertreten, war Vollacks Sperre vor dem 17. Spieltag abgelaufen, doch jetzt plagte die Nummer 1 eine Oberschenkelzerrung. Weil Kubik ebenfalls nicht zur Verfügung stand, schlug jetzt die Stunde von Amateur Bäger, der normalerweise das Tor der Verbandsligamannschaft hütete.

Nach seinem Debüt beim 1:1 gegen Fortuna Düsseldorf gab es für den 21-jährigen Polizisten ein Lob von Mannschaftskollege Rudi Bommer: »Er war ein sicherer und ruhiger Schlussmann.« Nach der anschließenden 1:5-Niederlage bei Bayern München hatte die Nummer 3 ihre Schuldigkeit getan und wurde wieder von Vollack abgelöst.

In der Saison 86/87 musste sich Bäger einer Knieoperation unterziehen, die eine längere Pause erforderte. Die ständig schwelenden Konflikte zwischen Vollack und dem neuen Trainer Horst Köppel führten im November 87 zur Entlassung des langjährigen Stammtorwarts. Nun war Kubik die Nummer 1 und Bäger durfte es sich wieder auf der Reservebank bequem machen.

Am 18. Spieltag der Saison 87/88 räumte Kubik für Bäger unfreiwillig den Platz, weil er beim Spiel gegen den 1. FC Nürnberg in der 61. Minute außerhalb des Strafraums ein Foul beging und vom Platz flog. Kaum beschäftigt in der letzten halben Stunde, wartete auf Bäger die nächste Bewährungsprobe beim Heimspiel gegen Borussia Mönchengladbach. In einer verunsicherten Uerdinger Mannschaft, die mitten im Abstiegskampf steckte, konnte auch der Amateurgoalie die 2:4-Niederlage nicht verhindern. Nach Kubiks Rückkehr saß Bäger wieder auf der Bank, um als Ersatzmann in der nächsten Saison durch Siegfried → Grüninger abgelöst zu werden und wieder vorwiegend in Uerdingens Amateurmannschaft aktiv zu sein. Ab der Saison 91/92 war er dann im Kader des Oberligisten Rheydter SV zu finden.

Bahr, Nils

Geboren: 16.12.1969 (Deutschland)
BL-Verein: Hamburger SV (1990–1994)
BL-Spiele: 10

1986 vom SV Siebeneichen gekommen, spielte Nils Bahr zunächst in der A-Jugend des Hamburger SV und rückte zwei Jahre später in den Amateurkader auf. Ab der Saison 90/91 gelangte er als Vertragsamateur in die Bundesligamannschaft, um hinter Richard → Golz die Ersatzbank zu besetzen. Eine Beckenprellung der Nummer 1 ermöglichte dem 21-jährigen »Nobody« am 16. Spieltag den ersten Bundesligaeinsatz. Als er bei seinem Debüt gegen den VfB Stuttgart die Angriffe seiner Mannschaft weit vor der Strafraumgrenze beobachtete und bei gegnerischen Schüssen äußerst gelassen reagierte, lobten ihn die Experten bereits als »Mann mit Auge und starken Nerven«.

Danach ergaben sich durch Krankheiten, Verletzungen und einen Autounfall mehrere Zwangspausen, ehe im Dezember 92 dann für Bahr die internationale Bewährungsprobe erfolgte. Im UEFA-Cupspiel gegen Sigma Olmütz musste er nach einer Roten Karte für Golz ab der 37. Minute einspringen und konnte dabei einen Elfmeter parieren. In der Bundesliga vertrat er den verletzten Golz ab dem 26. Spieltag ebenfalls für mehrere Wochen. Beim 2:1-Sieg gegen Eintracht Frankfurt glänzte die Nummer 2 durch glänzende Reaktionen und sicheres Stellungsspiel, ehe er in den folgenden Begegnungen deutlich schwächer agierte.

Mit der Saison 92/93 kam mit dem exzentrischen Egon Coordes ein neuer Trainer, der sich schnell mit dem gesamten Kader verkrachte. Vor dem DFB-Pokalspiel beim Karlsruher SC nominierte der Coach überraschend Ersatzmann Bahr. Die kurzzeitige Nummer 1 hinterließ bei der 2:4-Niederlage einen unsicheren Eindruck, durfte aber dennoch auch in der nächsten Bundesligapartie das Tor hüten. Coordes' Nachfolger Gerd-Volker Schock rückte die alte Torwarthierarchie dann wieder zurecht. Bahr, der Keeper mit »Ohrring, Dreitagebart und Strubbelhaar« absolvierte am 33. Spieltag gegen Werder Bremen seinen letzten Bundesligaeinsatz und wirkte bei der 0:6-Niederlage vollkommen indisponiert.

Vor der Saison 93/94 zog sich der verletzungsanfällige »Pechvogel« im Trainingslager einen Leistenbruch zu und wurde dann zum Ende der Spielzeit aussortiert. Bahr kehrte ins Amateurlager zurück, spielte in den nächsten Jahren bei TuS Hoisdorf, SV Lurup und SC Vorwärts Wacker Hamburg, ehe er ab der Saison 01/02 seine Dienste dem Bezirksoberligisten TSV Bargteheide zur Verfügung stellte.

Basikow, Klaus

Geboren: 12.06.1937 (Deutschland)
BL-Verein: Tasmania 1900 Berlin (1965–1966)
BL-Spiele: 14

Nach der Saison 64/65 wurde der Berliner Traditionsklub Hertha BSC nachträglich aus der Bundesliga ausgeschlossen, weil der DFB nach Prüfung der Kassenbücher die Zahlung unerlaubter Spielergelder entdeckte. Die vermeintlichen Absteiger Schalke 04 und Karlsruher SC blieben der Liga erhalten, die deswegen auf 18 Vereine aufgestockt wurde.

Um der Metropole Berlin – nicht zuletzt aus politischen Gründen – trotzdem einen Bundesligisten zu ermöglichen, wurde per DFB-Beschluss Regionalligist Tasmania 1900 Berlin in die Eliteklasse gehievt. Der Verein aus dem Stadtbezirk Neukölln nahm zwar 1964 an den Aufstiegsspielen zur Bundesliga teil, war aber ein Jahr später in der Regionalliga Berlin hinter Tennis Borussia und dem Spandauer SV nur Dritter geworden. Nachdem sich Tasmania und der Konkurrent Tennis Borussia eine Zeit lang juristisch um den vermeintlichen Platz an der Sonne beharkten, erhielten schließlich die Neuköllner den Zuschlag. Der Klub hatte mit Heinz

Fischer gerade seinen besten Stürmer an Eintracht Gelsenkirchen verkauft und war auch sonst in keiner Weise auf die Bundesliga vorbereitet.

Zumindest besaßen sie mit Klaus Basikow einen Torwart, der noch bei seinem früheren Verein BBC Südring zwischen 1957 und 1958 zwei Amateurländerspiele bestritten hatte. Basikow kam 1959 zu Tasmania, weil deren etatmäßiger Keeper Hans Joachim → Posinski ursprünglich nach Kanada auswandern wollte. Dessen Pläne zerschlugen sich zwar, aber Basikow konnte sich dennoch einen Stammplatz erobern. In den Aufstiegsspielen zur Bundesliga 1964 überzeugte er insbesondere beim 1:1 gegen Bayern München, wo er »mutige Paraden« zeigte. Der »famose« Basikow brillierte zudem immer wieder durch seine wuchtige Faustabwehr und wurde von dem Fachmagazin »Kicker« in der Regionalliga-Rangliste über die Jahre immer konstant im »Blickfeld« eingestuft.

Der Bundesligaauftakt zur Saison 65/66 begann für Tasmania verheißungsvoll: Im Heimspiel feierte der Neuling vor 81 000 Zuschauern einen 2:0-Erfolg über den Karlsruher SC und Basikow wurde von der lokalen Presse mit guten Kritiken bedacht. Während der Aufwärmphase vor dem zweiten Spiel bei Mönchengladbach zog sich Basikow eine Rückenverletzung zu und musste kurzfristig durch den Neueinkauf Heinz → Rohloff ersetzt werden. Das Spiel, welches mit 0:5 verloren ging, bildete den Auftakt zu einer beispiellosen Niederlagenserie. Bei Basikow wurde indes ein ver-

Klaus Basikows (Tasmania Berlin) vergebliche Bemühungen in der größten »Schießbude« der Bundesligageschichte.

schobener Rückenwirbel diagnostiziert, der ihn zu einer mehrwöchigen Spielpause zwang. Als er am 5. Spieltag gegen Bayern München zwischen die Pfosten zurückkehrte, war Tasmania bereits auf den 16. Tabellenplatz abgerutscht. Auch dieses Spiel verlor der Verein mit 0:2 und hatte nun endgültig die Position des Schlusslichtes eingenommen. Am nächsten Spieltag setzte es beim 1. FC Nürnberg eine 2:7-Schlappe, an der auch Basikow, nach Meinung von Trainer Franz Linken, mit mindestens drei Fehlern entscheidend beteiligt war. Der vermeintliche Sündenbock hatte jedoch weiterhin mit chronischen Rückenschmerzen zu kämpfen und sich für dieses Spiel mit Spritzen und Tabletten präpariert. Wieder folgte für Basikow eine längere Auszeit, in der Tasmania seine Rolle als Punktelieferant munter fortsetzte.

Nachdem sein Vertreter Rohloff am 11. Spieltag gegen den 1. FC Köln einen schwarzen Tag erwischt und sechs Tore kassiert hatte, stellte der »Kicker« anschließend den Tasmania-Keepern ein vernichtendes Zeugnis aus: »Die Torwart-Misere von Tasmania hält an. Drei Männer stehen zur Verfügung – Rohloff, Basikow und Posinski – aber nicht einer hat bisher gehalten, was man von einem Bundesliga-Torwart erwarten muss.« Am nächsten Spieltag durfte die ursprüngliche Nummer 1, halbtags als Sportartikelverkäufer beschäftigt, bei Werder Bremen fünf Bälle aus dem Netz holen. Eine Woche später zeigte der »Grundlinien-Torwart« beim 0:5 gegen 1860 München »zahllose schöne Paraden«, war aber immer noch durch seine Bandscheibenprobleme gehandikapt und musste bald darauf wieder durch Rohloff ersetzt werden.

Am 23. Spieltag kehrte das »Urgestein« zurück und erhielt eine Woche später – beim 0:5 bei Hannover 96 – für seine gute Leistung noch einmal das Lob der Fachpresse. Doch der Tiefpunkt folgte am 27. Spieltag im Heimspiel gegen den Meidericher SV. Bei der katastrophalen 0:9-Pleite kassierte Basikow im Durchschnitt alle zehn Minuten ein Tor und »das schlechteste Bundesliga-Team aller Zeiten« präsentierte sich »ganz in der Rolle eines konfusen Trainingspartners.« Diese vernichtende Packung war unwiderruflicher Schlusspunkt für den 29-jährigen Basikow, der auf weitere Einsätze verzichtete und am Ende der Saison seine Karriere gesundheitsbedingt beenden musste. Sein Verein hatte am Ende dieser Saison der Leiden die bis heute gültige Negativbilanz von 15:108 Toren und 8:60 Punkten vorzuweisen. 1971 und 72 nahm Tasmania Berlin noch einmal an den Aufstiegsspielen zur Bundesliga teil, um ein Jahr später, nach dem Konkurs, in der untersten Liga zu landen. Nach der Umbenennung in »SV Tasmania Neukölln 1973« konnte der Klub einige Jahre in der Oberliga mitmischen, um im Jahr 2001, unter der Bezeichnung »SV Tasmania-Gropiusstadt«, in der Landesliga einen Neuanfang zu starten. Klaus Basikow wirkte nach seiner aktiven Laufbahn als Trainer bei BBC Südost Berlin, Wacker 04, SV Meppen, Tennis Borussia und Wacker/Alemannia 90, wo er gegenwärtig als 1. Vorsitzender fungiert.

Beneking, Stefan

Geboren: 24.05.1969 (Deutschland)
BL-Verein: SC Freiburg (1993–1997)
BL-Spiele: 5

Der gebürtige Hannoveraner Stefan Beneking begann seine Vereinslaufbahn bei den Sportfreunden aus Ricklingen, produzierte aber erst nach dem Wechsel zum Oberligisten TSV Havelse die ersten sportlichen Schlagzeilen. In der Saison 89/90 schaffte der Vorstadtklub den viel umjubelten Aufstieg in die 2. Bundesliga. Hinter Stammtorwart Holm Mauritz blieb der Verwaltungsangestellte jedoch die Nummer 2 und absolvierte in der Zweitligasaison 90/91 lediglich sechs Pflichtspieleinsätze

Nach dem sofortigen Wiederabstieg avancierte der 1,93 m große Beneking während der Saison 91/92 im DFB-Pokalspiel gegen Bundesligist 1. FC Nürnberg zum Helden, als er im Elfmeterschießen mehrere Strafstöße parieren konnte und damit das sensationelle Weiterkommen sicherte. In der nächsten Runde flog Havelse gegen den SC Bamberg 08 sang- und klanglos aus dem Wettbewerb und auch der anvisierte Wiederaufstieg scheiterte in der Relegationsrunde an 1860 München und Fortuna Köln. Doch Volker Finke, Benekings früherer Trainer aus der Havelser Aufstiegszeit, hatte den überragenden Torhüter der Amateuroberliga Nord nicht vergessen und lotste ihn anschließend zum Zweitligisten SC Freiburg.

Hinter Stammkeeper Carsten Eisenmenger begnügte sich »King Beneking« zunächst mit der Rolle des Ersatztorwarts. Als die Nummer 1 mit vielen Schnitzern jedoch den anvisierten Bundesligaaufstieg ernsthaft gefährdete, durfte sein Vertreter während der Saison 92/93 – am 32. Spieltag bei Mainz 05 – erstmals das Freiburger Gehäuse hüten. Der blonde Hüne feierte beim 2:0-Sieg ein glänzendes Saisondebüt, um anschließend von Trainer Finke ein dickes Lob zu kassieren: »Stefan kann sich ganz auf den Punkt konzentrieren.« Doch zehn Spieltage später kassierte der Shootingstar bei Fortuna Köln aus über 20 Metern Entfernung ein wahres »Eier-Tor« und wurde zur Halbzeit wieder gegen Eisenmenger ausgetauscht. Damit waren die möglichen Stammplatzambitionen des 24-jährigen Niedersachsen geplatzt, denn sein Klub verpflichtete nach geglücktem Bundesligaaufstieg den erfahrenen Jörg → Schmadtke.

In den nächsten vier Erstligajahren kam Beneking nur zum Einsatz, wenn Schmadtke an Verletzungen laborierte, vom Platz flog oder – wie in der Saison 95/96 – kurz vor Spielende als Stürmer eingesetzt wurde. In der Saison 96/97 kam die Nummer 2 bei der 0:4-Niederlage bei 1860 München ein letztes Mal zum Einsatz, ohne sich ansatzweise als gleichwertiger Ersatz zu präsentieren. Als Schmadtke vier Wochen später ein Hexenschuss plagte, erhielt Amateurtorwart Dietmar → Hummel den Vorzug. Perspektivlos zur Nummer 3 degradiert, wechselte Beneking, der als Bundesliga-Torwart bei seinen fünf Einsätzen kein einziges Spiel gewinnen konnte, nach Freiburgs Bundesligaabstieg im Sommer 97 zum Amateurligisten BSV Kickers Emden.

Berg, Rainer

Geboren: 21.08.1965 (Deutschland)
BL-Verein: TSV 1860 München (1994–1997)
BL-Spiele: 33

Mit dem Vereinsfußball startete der gebürtige Münchener Rainer Berg 1972 beim TSV Neubiberg, um über die Stationen TSV 1860 München und SpVgg Unterhaching 1985 zum Zweitligisten Darmstadt 98 zu wechseln. Umgehend konnte sich der 1,94 m große Torwarthüne einen Stammplatz erkämpfen, um neben Bodo → Illgner in die U21-Auswahl aufzurücken.

In der Saison 87/88 zählte der reaktionsschnelle Keeper bereits zu Darmstadts großen Stützen. Weiterhin für die Juniorennationalmannschaft aktiv, kämpfte der gelernte Bankkaufmann mit seinem Klub unter Trainer Klaus Schlappner um den Bundesligaaufstieg. Als Tabellendritter der 2. Bundesliga traf die Mannschaft in den Relegationsspielen auf Bundesligist Waldhof Mannheim. Erst im dritten Spiel und nach Elfmeterschießen mussten sich die Lilien geschlagen geben, die sich fortan auf sportliche magere Zeiten einstellen mussten. Auch der zuvor unumstrittene Zerberus geriet während der Saison 88/89 zunehmend in die Kritik. Nach mehreren Fehlern bei der 1:6-Pokalpleite gegen den 1. FC Köln wurde der blonde Torwartriese von Wilhelm Huxhorn abgelöst. Weil er sich zudem mit anstehenden Gehaltskürzungen nicht einverstanden erklärte, kündigte er nach der Rückrunde fristlos.

Ein zweiwöchiges Probetraining beim schottischen Erstligisten Hearts of Midlothian blieb erfolglos, so dass Berg zum Bayernligisten 1860 München zurückkehrte. Nach der Saison 90/91 durch den Aufstieg in die 2. Bundesliga gekrönt, bewies er wieder sein außergewöhnliches Können, ohne den sofortigen Wiederabstieg verhindern zu können. Unter dem neuen Trainer Werner Lorant erlebte der Traditionsverein dann die große Renaissance. Nach dem geglückten Wiederaufstieg peilten die »Löwen« den direkten Durchmarsch in die Bundesliga an. Bei diesem Vorhaben erwies sich der Mannschaftskapitän in brenzligen Situationen immer wieder als gleichermaßen sicherer wie reaktionsschneller Rückhalt. 1860 München schaffte als erster Zweitliga-Aufsteiger den direkten Durchmarsch in die Bundesliga. Mit 29 Jahren hatte sich Berg den Traum von der Bundesliga erfüllt und zählte vor der Saison 94/95 zu den unumstrittenen Stammspielern.

Doch in der Bundesliga wurde aus dem einstigen »Sieg-Garanten« unerwartet ein wahrer »Seuchenvogel«. Bereits am 1. Spieltag ließ er sich durch einen Flankenball von Karl-Heinz Riedle gehörig verladen, um bei der 0:4-Niederlage noch weitere Gegentore zu verschulden. Verunsichert und durch eine Schulterverletzung gehandikapt, erlebte der selbstständige Versicherungsfachmann dann vier Wochen darauf ein wahres Torwart-Waterloo.

Bei der 0:1-Heimniederlage gegen Schalke 04 bekam er einen harmlosen Schuss nicht unter Kontrolle und ermöglichte dem Gegner dadurch das Siegtor. Nach diesem verpatzten Auftritt musste er wegen einer Venenentzündung in der linken Wade pausieren, die aufgrund einer Thrombose schließlich operativ behandelt werden musste. Obwohl Vertreter Bernd → Meier die Abwesenheit zu einigen Galavorstellungen nutzen konnte, erhielt Berg, aufgrund seiner größeren Erfahrung, zum Rückrundenstart gegen Borussia Dortmund eine erneute Chance.

Die Bewährungsprobe endete mit fünf Gegentreffern und einen Monat später war der wenig souverän wirkende Zerberus endgültig zum Bankdrücker degradiert. In den nächsten anderthalb Jahren gab es für den langjährigen Stammtorwart nur vereinzelte Einsätze, während sich Kontrahent Meier zeitweise in den Kreis der Länderspielaspiranten hechtete.

Erst in der Saison 96/97 begann sich das Blatt zu wenden, als der zuvor hochgelobte Meier zu schwächeln begann. Nach dem 5. Spieltag erhielt Berg, der zwischenzeitlich schon zum englischen Zweitdivisionär Wolverhampton Wanderers wechseln wollte, die Gelegenheit zum Comeback. Der Rückkehrer zeigte zunächst neben seinen gewohnt guten Reaktionen aber gehörige Schwächen in der Strafraumbeherrschung und ließ es auch an fußballerischen Qualitäten mangeln. Dennoch bekam er von Trainer Lorant weiterhin das Vertrauen geschenkt, was nach dem 11. Spieltag erst durch einen Muskelfaserriss unterbrochen wurde.

Doch der Dauer-Pechvogel avancierte jetzt zum Glückskind, denn vor dem Rückrundenstart lag Konkurrent Meier mit einer Grippe flach. Im vierten Anlauf gelang es Berg jetzt endlich, auch in der Bundesliga seine Klasse unter Beweis zu stellen. Am 22. Spieltag wehrte der Tennis- und Trabrennfan beim 3:0-Sieg gegen Bayer Leverkusen einen Elfmeter ab und in den kommenden Wochen legten zahlreiche Glanzparaden den Grundstein für einen Platz nahe den UEFA-Cup-Rängen. Nach diesem versöhnlichen Abschluss wechselte der Goalie zum Zweitligisten 1. FC Nürnberg. Die Hoffnung für einen erneuten Anlauf auf die Bundesliga war allerdings rasch beendet. Nach fünf Spieltagen stand der Club auf dem letzten Tabellenplatz und weil sich der Club anschließend von Trainer Willi Entenmann trennte, ging Berg aus Loyalität gleich mit. Stationen als Trainer beim Landesligisten TSV Ampfing und Manager bei Jahn Regensburg folgten ab Juli 2002 bei der SpVgg Unterhaching das Amt des Torwarttrainers.

Berlepp, Frank

Geboren: 22.02.1959 (Deutschland)
BL-Verein: SV Darmstadt 98 (1981–1982)
BL-Spiele: 11

Vor der Saison 80/81 vollzog Zweitligist Darmstadt 98 in seinem Lizenzspielerkader einen Neuaufbau, um sich mit jungen und »hungrigen« Spielern für die geplante, eingleisige 2. Bundesliga zu qualifizieren. Zu dieser Blutauffrischung zählte auch Frank Berlepp, der zuvor bei den Amateuren von Eintracht Braunschweig das Tor gehütet und während der Saison 79/80 für den verletzten Bernd → Franke einige Mal auf der Bundesliga-Reservebank gesessen hatte.

Nur wenige Spiele blieben ihm in seiner ersten Saison für Darmstadt hinter dem langjährigen Stammkeeper Dieter → Rudolf vergönnt, am Ende gab es aber immerhin den unerwarteten Bundesligaaufstieg zu feiern. Kein Experte hatte den 22-jährigen Berlepp auf der Rechnung, als die Darmstädter »Lilien« in ihr zweites Erstligaabenteuer starteten.

Weil Rudolf jedoch unerwartet schwächelte, gab Trainer Werner Olk dem Reservisten am 9. Spieltag gegen den 1. FC Kaiserslautern die erste Bewährungsprobe. Der sprungstarke Schnauzbartträger löste seine Aufgabe beim torlosen Remis solide, musste jedoch, wegen einer im Training erlittenen Hüftprellung, bereits für den nächsten Spieltag passen. Weil sich Rudolf am 14. Spieltag gegen den Hamburger SV ebenfalls verletzte, war der Weg für Berlepp frei, sich jetzt längerfristig einen Stammplatz zu erkämpfen. Gehandikapt durch eine Bänderdehnung am Ringfinger hielt sich der Keeper, der nach eigenen Worten »mitspielt und versucht Flanken abzufangen«, wacker und zeichnete sich bis zur Winterpause mit einigen Paraden aus, die seine Mannschaft vor dem akuten Abstiegskampf bewahrten. Auch in der Rückrunde erwies sich Berlepp mehrfach als »Meister seines Fachs« und hatte seinen Kontrahenten auf die Bank verbannt. Doch nach einigen unglücklichen Spielen und sieben Spielen ohne Sieg wurde er nach dem 23. Spieltag wieder von Rudolf abgelöst.

Alle Torwartwechsel erwiesen sich als untauglich, um ein Abrutschen an das Tabellenende zu verhindern. Ab der Saison 82/83 war Darmstadt 98 wieder Zweitligist. Sportlich und finanziell ging es die nächsten Jahre mit dem Verein immer weiter bergab. Berlepp, der hinter Rudolf und später Wilhelm Huxhorn weiterhin zumeist die zweite Geige spielte, wurde nach der Saison 84/85 von Trainer Manfred Krafft unbarmherzig aussortiert.

Bernard, Günter

Geboren: 04.11.1939 (Deutschland)
BL-Verein: SV Werder Bremen (1963–1974)
BL-Spiele: 287
Vereinstitel: 1 x Meister (1965)
A-Länderspiele für Deutschland: 5

Als Sohn des zweifachen Nationalspielers Robert Bernard begann der junge Günter Bernard 1954 zunächst als Feldspieler bei Schweinfurt 05, um zwei Jahre später ins Torwartfach zu wechseln. Nach Beendigung seiner Maschinenbauschlosserlehre gab er mit 18 Jahren sein Debüt in der Oberliga Süd. 1961 wurde er in die Juniorennationalmannschaft berufen und absolvierte, trotz starker Konkurrenz von Manfred → Manglitz und Wolfgang → Fahrian, bis 1962 insgesamt vier Einsätze. Am 24. Oktober 1962 folgte vor 75 000 Zuschauern im Stuttgarter Neckarstadion, ab der 2. Halbzeit gegen Frankreich das Länderspieldebüt. Weil Schweinfurt 05 nicht für die neu gegründete Bundesliga qualifiziert war, wechselte Bernard, der auch mit dem 1. FC Nürnberg in Verhandlung stand, vor der Saison 63/64 zu Werder Bremen.

Während der ersten Bundesligasaison verfolgte den Keeper zunächst das Verletzungspech. Einem Bänderriss zum Start folgte kurz darauf eine Meniskusoperation. Am 19. Spieltag feierte Bernard beim 2:0-Sieg über den 1. FC Kaiserslautern sein Comeback. Eine Woche später ließ er sich gegen den 1. FC Köln von einem 40-m-Schuss düpieren und auch bei der 0:7-Scharte am 26. Spieltag gegen Eintracht Frankfurt patzte er mehrfach. Dennoch beeindruckte er in den meisten Spielen durch sachliches Torwartspiel und enorme Reaktionsschnelligkeit.

In der Saison 64/65 kamen als Neuzugänge Horst-Dieter Höttges sowie Heinz Steinmann, mit denen Bernard in der Abwehr den »Bremer Beton« anrührte, um in zwölf Spielen kein Gegentor zu kassieren. Am Ende der Saison hatte er als einziger Werderaner alle Saisonspiele absolviert und der große Außenseiter feierte mit dem letzten Spiel beim 1. FC Nürnberg den sensationellen Meisterschaftsgewinn.

Auch während der Saison 65/66 erwies sich Bernard als großer Rückhalt und wusste auch in Europapokalspielen zu überzeugen. Somit blieben weitere Länderspiele nicht aus, obwohl Bernard in annähernd 25 Spielen nur auf der Bank saß. Auch bei der Weltmeisterschaft 1966 in England blieb der »kluge Schweiger« ohne Einsatz. Zunächst »ewiger Reservist« hinter Hans → Tilkowski hatte Bernard erneut das Nachsehen, als nach der WM der Stern von Sepp → Maier aufging.

1968 schaffte er mit seinem Klub die Vizemeisterschaft und absolvierte am 8. Mai des gleichen Jahres in Cardiff gegen Wales sein letztes Länderspiel. Danach erklärte er verärgert seinen Rücktritt, weil er sich gegenüber Maier, Manglitz und Horst → Wolter benachteiligt sah. Vereinsintern war Bernard in den kommenden Jahren ebenfalls nicht immer unumstritten. Durch das fehlende Gardemaß haperte es mit seiner Strafraumbeherrschung, doch stets konnte er sich gegen die Konkurrenten Klaus → Lambertz, Karl → Loweg oder Fritz → Stefens mit perfektem Stellungsspiel und einer »unerschütterlichen Ruhe« durchsetzen.

Während der Saison 70/71 stand der »Torwart-Hecht« am 27. Spieltag gegen Borussia

Mönchengladbach erneut im Brennpunkt des Geschehens. Am Gladbacher Bökelberg brachte er die anstürmende und um den Meistertitel kämpfende Borussia beim Stand von 1:1 mit seinen Flugparaden schier zur Verzweiflung. In der 88. Minute sprang Gladbachs Herbert Laumen bei einem Kopfball ins Tornetz, worauf das gesamte Holzgebälk in sich zusammenbrach. Dieser in der Bundesligageschichte einmalige Vorfall hatte den Spielabbruch zur Folge und sorgte in den kommenden Jahren für die Installation von Aluminiumtoren.

In der Saison 72/73 sollte der 33-jährige Routinier eigentlich durch den jungen Dieter → Burdenski abgelöst werden. Der Juniorenauswahlkeeper jedoch erlitt einen Wadenbeinbruch und somit musste Bernard nochmals in die Bresche springen. Als »Torwart-Methusalem« mittlerweile ein Rekordspieler in der Bundesliga und zu diesem Zeitpunkt der meisteingesetzte Tor-

Bremens Günter Bernard zählte in den 60er Jahren zu Deutschlands Top-Torhütern.

hüter, blieb er weiterhin ein Leistungsträger. Der stets trainingsfleißige Schlussmann (»Torhüter sind wie Wein, sie müssen reifen und werden immer besser. Auf keinem anderen Posten zählt die Erfahrung so viel.«) zog sich dann im nächsten Jahr freiwillig ins zweite Glied zurück. Nach einem Abschiedsspiel gegen eine Internationale Auswahl, in der im Sommer 74 unter anderem Nationalspieler wie Franz Beckenbauer, Uwe Seeler, Uli Hoeneß und Enver → Marič mitspielten, ließ Bernard seine Laufbahn beim Amateurligisten Atlas Delmenhorst ausklingen und übernahm anschließend die Generalvertretung für eine Sportartikelfirma.

Bertram, Horst

Geboren: 16.11.1948 (Deutschland)
BL-Vereine: Kickers Offenbach (1970–1971), Borussia Dortmund (1971–1983)
BL-Spiele: 96

Bei der Jugendnationalmannschaft brachte es der gebürtige Münsteraner Horst Bertram, als Nachfolger von Norbert → Nigbur, auf insgesamt 15 Auswahlspiele. 1967 wechselte er von seinem Stammverein SV Münster 08 zum Lizenzspielerkader des Regionalligisten Preußen Münster. Die Aufstiegsambitionen des Ex-Bundesligisten mündeten während der Saison 68/69 in akute Abstiegsgefahr. In dieser prekären Situation avancierte der junge Schlussmann zum Helden mancher Abwehrschlacht. Bertram, für den sich auch einige Bundesligisten interessierten, entschied sich für das Angebot des Regionalligisten Kickers Offenbach, der ebenfalls die Erstklassigkeit anvisierte. Doch eine schwere Bandscheibenverletzung zwang den Neuzugang zu einer langen Pause. Während Offenbach mit Karl-Heinz → Volz im Tor in der gleichen Saison sein Vorhaben realisierte, deklarierten die Kritiker Bertram bereits zum Fehleinkauf.

Im Verlauf der Bundesligasaison 70/71 reichte es nur zu zwei Einsätzen für den verletzten Volz, wobei der 22-jährige Westfale am 27. Spieltag gegen Hertha BSC in beeindruckender Manier seine Bundesligatauglichkeit demonstrierte. Für seinen Klub ging der Fahrstuhl dennoch wieder eine Etage tiefer und Bertram wechselte anschließend als Nummer 2 hinter Jürgen → Rynio zu Borussia Dortmund. Am 8. Spieltag musste Rynio gegen Hertha BSC wegen einer Wirbelsäulenverletzung kurz vor Spielende ausgetauscht werden. Der eingewechselte Bertram stand kaum zwischen den Pfosten, als er gleich »kalt erwischt« wurde und das 1:2 kassierte.

Der Klub zehrte vom Ruhm vergangener Tage und befand sich bereits in akuter Abstiegsnot. In den nächsten fünf Begegnungen zeigte Bertram insgesamt zufrieden stellende Leistungen und obwohl in dieser Phase nur ein Spiel verlor ging, war danach wieder Rynio an der Reihe. Dortmunds missratene »Verjüngungskur« der Mannschaft führte schließlich zum Abstieg und als Bertram am letzten Spieltag bei Hannover 96 den 3:2-Sieg rettete, war die Entscheidung längst gefallen.

Der junge Zerberus folgte dem bitteren Gang in die Regionalliga West, wo auf den einstigen Europapokalsieger Borussia Dortmund jetzt Gegner wie Lüner SV oder Eintracht Gelsenkirchen warteten. Weil Rynio mit Bandscheibenproblemen lange Zeit an das Krankenbett gefesselt war, konnte sich sein Stellvertreter zum Stammtorwart etablieren. Bald zählte der reaktionsschnelle Schlussmann zu den besten Regionalligatorhütern, die Hoffnungen auf den direkten Wiederaufstieg scheiterten jedoch frühzeitig.

Während der Saison 73/74 erlebte Bertram, im DFB-Pokal gegen Hannover 96, dann seine schwärzeste Stunde. Auf schneebedecktem Boden verschuldete er bei der 1:4-Heimpleite drei Tore und machte insbesondere beim letzten Treffer, als er einen harmlosen Aufsetzer unter seinem Körper durchflutschen ließ, eine miserable Figur. Der wieder genesene Rynio löste ihn ab und hütete bis zum Saisonschluss das Tor, wobei der Verein in der Aufstiegsfrage keinerlei Rolle spielte. Zumindest qualifizierte man sich für die neu gegründete 2. Bundesliga und Bertram wurde, nach Rynios Abgang zu Rot-Weiß Essen, wieder die unangefochtene Nummer 1. Während der gesamten Spielzeit zählte der Mannschaftskapitän zu den besten Dortmundern, doch auch unter dem neuen Trainer Otto Knefler blieben die Aufstiegsbemühungen vergeblich.

Horst »Man in Black« Bertram – Elegant und zuverlässig.

In der Saison 75/76 kehrte endlich die Wende zum Besseren ein. Bis zu 27 000 Zuschauer strömten im Schnitt zu den Zweitligabegegnungen und die vollbesetzten Ränge des neuen Westfalenstadions weckten Erinnerungen an glorreiche Zeiten. Bertram zählte zu den absoluten Leistungsträgern, den einige Beobachter sogar für die B-Auswahl empfahlen. Obwohl man in der Tabelle dem Außenseiter Tennis Borussia Berlin den Vorzug lassen musste, gelang die lang ersehnte Rückkehr in das Oberhaus.

Schon am 1. Spieltag der Saison 76/77 sorgte die Dortmunder Elf mit dem 4:3 im Auswärtsspiel gegen den Hamburger SV für einen Paukenschlag, an dem Bertram erheblichen Anteil besaß. Der »Klassemann« zeigte auch in den nächsten Spielen hervorragende Leistungen. Mit seinem blau-schwarzen Torwartdress, einer imposanten Sprungkraft und der sachlich geprägten Spielweise zählte Dortmunds dienstältester Stammspieler optisch zu den Elegantesten seiner Zunft. Sein Verein schwamm mit Trainer Otto Rehhagel und prominenten Neuverpflichtungen wie Willi Lippens und Erwin Kostende auf einer wahren Euphoriewelle. In der Rückrunde ließen alle Beteiligten spürbar nach und auch Bertram konnte nicht mehr an seine vorherigen Leistungen anknüpfen.

Während der Saison 77/78 offenbarte der Ruhrpott-Klub graues Bundesliga-Mittelmaß, in das sich Bertram nahtlos einfügte. Der Schlussmann verriet zunehmende Schwächen in der Strafraumbeherrschung, segelte speziell bei Eckbällen an den gegnerischen Flanken vorbei und verschuldete dadurch einige Tore. Selbst ein von Rehhagel verordnetes »Bett-Training«, bei dem sich Bertram vor dem Einschlafen geistig auf die gegnerischen Angriffe einstellen sollte, vermochte dieses Manko nicht entscheidend zu beheben. Vor den letzten Saisonspielen setzte ihn eine schwere Grippe schachmatt und dadurch blieb ihm am letzten Spieltag die legendäre 0:12-Schlappe gegen Borussia Mönchengladbach erspart. Sein Vertreter Peter → Endrulat wurde nach dieser Horror-Pleite in die Wüste geschickt und statt seiner mit Eike → Immel ein 17-jähriger Jugendnationaltorwart in den Kader übernommen. Weil Bertram vor dem ersten Spiel der Saison 78/79 mit einer Fleischwunde ausfiel, nutzte Immel die Chance, um sich anfänglich mit spektakulären Paraden in die Schlagzeilen zu hechten. Doch am 6. Spieltag war das Jungtalent gegen Hertha BSC völlig von der Rolle und ab der 60. Minute übernahm der erfahrene Bertram wieder seinen Platz. Der 30-jährige Kämpe hielt in den weiteren Begegnungen zumeist solide, erwischte beim 2:0-Sieg gegen den 1. FC Nürnberg einen Glanztag, wurde aber auch des Öfteren für sein schwaches Nervenkostüm getadelt. Im letzten Spiel kam noch einmal Immel zum Einsatz, der sich von diesem Zeitpunkt endgültig als Nummer 1 etablierte. In den nächsten vier Jahren musste Bertram stets dem Jüngeren den Vortritt lassen und saß bei den Pflichtspielen nur noch auf der Bank. Nach der Saison 82/83 wechselte er zum Amateurligisten 1. FC Bocholt. Weil ein irreparabler Knorpelschaden die Fortsetzung seiner aktiven Karriere verhinderte, blieb er hier ausschließlich als Co-Trainer tätig. 1983 startete er seine offizielle Trainerlaufbahn beim Oberligisten SuS Hüsten 09.

Birkenmeier, Hubert

Geboren: 24.05.1949 (Deutschland)
BL-Verein: Tennis Borussia Berlin (1974–1977)
BL-Spiele: 50

Erste Aufmerksamkeit erlangte der vom FC Hattenheim gekommene Hubert Birkenmeier ab 1970 beim Regionalligisten FC Freiburg. Seine starken Reaktionen auf der Linie beeindruckten auch Jupp Derwall, der ihn 1971 für die Amateurnationalmannschaft nominierte. Der Einsatz gegen Tunesien blieb jedoch ein einmaliges Erlebnis, weil sich die Konkurrenten Günter → Wienhold und Hans-Jürgen → Bradler als stärker erwiesen.

Der »reaktionsgewandte« Birkenmeier wechselte 1972 zu Tennis Borussia Berlin und entwickelte sich in der Regionalliga Berlin auf Anhieb zum überragenden Torhüter. Seine Bundesligatauglichkeit stellte er im DFB-Pokalspiel gegen Eintracht Frankfurt unter Beweis, wo er trotz der 1:8-Niederlage großartige Paraden zeigte. In der Saison 73/74 dominierte Tennis Borussia die schwache Berliner Liga und »Birke« kassierte in 33 Spielen lediglich 19 Tore. Der Klub startete als krasser Außenseiter in die Aufstiegsspiele, konnte sich aber überraschend durchsetzen. Auch hier erwies sich ihr Torwart als sicherer Rückhalt, der mit einem gehaltenen Elfmeter gegen Borussia Neunkirchen einen wichtigen Punkt sicherte. Die Berliner »Veilchen« waren der Sensationsaufsteiger und ihr früheres Keeper-Idol Karl-Heinz »Bubi« Steinbeck hatte für den Schlussmann ein dickes Kompliment parat: »Großartig, der Junge, ein hervorragender Torwart.« Doch trotz aktiver Unterstützung von prominenten Berlinern wie Komponist Jack White, Quizmaster Hans Rosenthal und Kabarettist Wolfgang Gruner sowie der Verpflichtung des ehemaligen Nationalspielers Karl-Heinz Schnellinger mutierte die unerfahrene Mannschaft schnell zum Mauerblümchen der Bundesliga. Schon am 1. Spieltag setzte es eine deftige 0:5-Pleite beim Mitaufsteiger Eintracht Braunschweig. Zwei Wochen später agierte Birkenmeier in Mönchengladbach »mit Fäusten und Füßen risikoreich, aber reflexsicher«, konnte aber trotz der glänzenden Leistung den 0:2-Endstand nicht verhindern. Auch wenn der Schlussmann Schwächen in der Strafraumbeherrschung offenbarte und bei seiner Faustabwehr manchmal wie ein »blutiger Anfänger« wirkte, zählte er auch im weiteren Verlauf der Saison meist zu den besseren Berlinern. Nach Abschluss der Hinrunde belegte sein Klub den vorletzten Tabellenplatz, aber Birkenmeier bei der »Kicker«-Leserwahl zum »Torhüter des Jahres« als bester Nicht-Nationaltorwart immerhin Platz 6. Trotz eines kurzen Aufbäumens in der Rückrunde konnte Tennis Borussia bis zum Schluss die Abstiegsplätze nicht verlassen und dabei nur den desaströsen Wuppertaler SV auf Distanz halten.

Überraschend gelang der sofortige Wiederaufstieg und Birkenmeier zählte in dieser Saison, mit einer Serie von 600 Minuten ohne Gegentor, weiterhin zu den Aktivposten. Der zweite Anlauf in der Saison 76/77 startete erfolgversprechend und Birkenmeier hielt in der Hinrunde, trotz der 55 Gegentreffer, was zu halten war. Dennoch war sein Klub auf der Suche nach einem gleichwertigen Konkurrenten. Verschiedene Torhüter aus dem Ausland wurden getestet, die sich aber als untauglich erwiesen. Nach dem zweifelhaften Vergnügen, mit Schlagerkomponist Jack White als Verteidiger im DFB-Pokal 1:5 gegen den 1. FC Köln zu verlieren, erfuhr die langjährige Nummer 1 während des Urlaubs von der Verpflichtung des früheren Nationaltorhüters Volkmar → Groß.

Zunächst plante Trainer Rudi Gutendorf, beide Torhüter je nach Beschaffenheit der Bodenverhältnisse einzusetzen, doch das erwies sich schnell als Makulatur. Groß stand die komplette Rückrunde im Kasten und Birkenmeier erlebte den erneuten Abstieg auf der Ersatzbank mit. Nach dieser Saison kehrte er zum FC Freiburg zurück, für den er bis 1979 in der 2. Bundesliga aktiv war. Danach ereilte ihn, dank der geschäftlichen Kontakte des Freiburg-Präsidenten Rolf Jankovski zu Franz Beckenbauer und Robert Schwan, ein Angebot des US-Soccer-Ligisten New York Cosmos. Im Verbund mit namhaften Superstars wie Beckenbauer, Johan Neeskens, Pelé und Carlos Alberto sowie unter Leitung von Trainer Hennes Weisweiler avancierte der, bis dato eher unauffällige, Ex-Bundesligatorhüter Birkenmeier in der amerikanischen Fußball-Szene zu einem »Rock in Goal«. Der »Cosmonaut aus Hattenheim« bewährte sich vor allem als »Shout-out-Killer« (vergleichbar mit dem Penalty beim Eishockey) und konnte mit dem »Dream Team« 80 und 82 den Titelgewinn feiern. Weil Cosmos 1985 den Fußballbetrieb aus finanziellen Gründen einstellte, beendete der Rekordhalter unter den damaligen US-Keepern seine aktive Karriere. Heute ist er mittlerweile amerikanischer Staatsbürger und als Video-Produzent sowie Trainer in amerikanischen Nachwuchscamps für die Torhüterausbildung tätig.

Birkhölzer, Rolf

Geboren: 29.09.1949 (Deutschland)
BL-Verein: 1. FC Köln (1968–1970)
BL-Spiele: 12

Mit besten Referenzen als siebenfacher Jugendnationalspieler erhielt das knapp 19-jährige Eigengewächs Rolf Birkenhölzer vor der Saison 68/69 einen Profivertrag beim 1. FC Köln. Dem 1,76 m großen Schlussmann verblieb jedoch nicht allzu viel Zeit, um sich in das raue Bundesligaklima einzugewöhnen. Stammkeeper Milutin → Soskič zog sich kurz vor Saisonbeginn 68/69 einen Beinbruch zu und daraus entwickelte sich ein Konkurrenzkampf der Ersatztorhüter. Gegenüber Paul → Heyeres besaß Birkhölzer zunächst die besseren Karten und durfte sich zum Saisonstart zwischen die Pfosten stellen. Nach dem 2:1-Sieg gegen Kickers Offenbach lobte ihn die »Kölnische Rundschau« in höchsten Tönen: »Ein Bravo für Deutschlands jüngsten Bundesligatorwart. Reaktionsschnell, sicher und ausgezeichnet bei Abstößen.« Drei Wochen später flog das viel versprechende Talent jedoch im Flutlichtspiel beim 1. FC Kaiserslautern an zwei Flanken vorbei, was den Ausgangspunkt einer 0:4-Niederlage bildete. Trainer Georg Knöpfle beorderte daraufhin Heyeres ins Tor, der sich, trotz einiger Schwächen, zunächst nicht mehr verdrängen ließ. Im April 69 patzte der Kontrahent jedoch im Eurocuphalbfinale gegen den FC Barcelona, um in der 80. Minute gegen Birkhölzer ausgetauscht zu werden. Weil Soskič immer noch verletzt war, musste der 1. FC Köln nun zusehen, wie er mit dem noch relativ unerfahrenen Birkhölzer im Bundesliga-Alltag einen drohenden Abstieg vermeiden konnte. Am 28. Spieltag zeigte der Zerberus einige »prachtvolle Abwehrparaden« und half dadurch, den 5:2-Sieg gegen den VfB Stuttgart zu sichern. Auch am letzten Spieltag, im Abstiegsfinale gegen den 1. FC Nürnberg, bewahrte der Nachwuchskeeper in brenzligen Situationen kühlen Kopf und sein Verein konnte mit einem klaren Sieg den Kopf aus der Abstiegsschlinge ziehen. Köln feierte ausgelassen, doch für Birkhölzer verhieß die nächste Spielzeit nichts Gutes. Nationaltorwart Manfred → Manglitz vom MSV Duisburg hatte bereits einen Vertrag unterzeichnet und es war beschlossene Sache, dass der WM-Anwärter den Vorzug erhalten würde.

Birkhölzer saß die Saison 69/70 ohne Einsatz auf der Bank ab und wechselte anschließend zum Regionalligisten Hessen Kassel. Vier Jahre später hütete er noch einige Jahre das Tor des Oberligisten VfB Gießen, wo er auch mehrfach in die Hessen-Auswahl berufen wurde. Anschließend war er Trainer für verschiedene Amateurvereine, schaffte 1981 mit dem FSV Frankfurt den Aufstieg in die 2. Bundesliga und ist heute als Sportjournalist bei einer hessischen Tageszeitung beschäftigt.

Blasey, Heinz

Geboren: 01.01.1948 (Deutschland)
BL-Verein: Rot-Weiß Essen (1969–1977)
BL-Spiele: 90

Der jahrelang stets unterschätzte Heinz »Bolle« Blasey kam 1969 mit 20 Jahren vom Essener Vorstadtklub TSG Karnap 07 zu Rot-Weiß Essen. Zunächst musste sich der 1,78m große kaufmännische Angestellte dort dem etablierten Fred-Werner → Bockholt unterordnen. Seine erste Bundesligasaison verbrachte er auf der Ersatzbank, und auch die zweite Spielzeit drohte zur Geduldsprobe zu werden. Der junge Nachwuchsmann machte das Beste aus seiner Situation und lernte von Bockholt fleißig die Geheimnisse der hohen Torwartkunst. Am 23. Spieltag der Saison 70/71 musste sein Lehrmeister gegen Schalke 04 in der 62. Minute verletzt aufgeben. Auf schneebedecktem Boden hatte sich sein Vertreter den zweiten Torwarthandschuh noch nicht übergezogen, als er prompt den 1:1-Ausgleich kassierte. Trotz weiterer Treffer hatte er für die Beobachter – nicht nur aufgrund eines abgewehrten Elfmeters – sein potentielles Talent unter Beweis gestellt. Drei weitere Spiele durfte Blasey für den schwächelnden Bockholt das Tor hüten und verdiente sich jedes Mal gute Noten. Als er am vorletzten Spieltag, beim 3:4 in Mönchengladbach, ein weiteres Mal groß auftrumpfte, war Essens zweiter Bundesliga-Abstieg bereits besiegelt.

Weil Bockholt anschließend zu Kickers Offenbach wechselte, ergab sich jetzt für seinen Ersatzmann die große Chance auf den Stammposten. Essen peilte den sofortigen Wiederaufstieg an und setzte sich schnell an die Tabellenspitze der Regionalliga West, aber ihr junger Schlussmann wurde schnell als Unsicherheitsfaktor ausgemacht. Trotz manch guter Leistung erntete er oft harsche Kritik von Presse und Verein. Schwächen in der Strafraumbeherrschung und chronische Unbeständigkeit wurden als Hauptmängel attestiert. Nach dem Scheitern in der Aufstiegsrunde äußerten hämische Beobachter, dass RWE mit einem »unausgereiften« Blasey für die Bundesliga sowieso ungeeignet

Heinz »Bolle« Blasey (Rot-Weiß Essen) – Langer Kampf um die Nummer 1.

sei. Der Verein reagierte mit der Verpflichtung des Meppener Fritz → Stefens.

Blasey behielt in der Saison 72/73 zumeist die Oberhand, blieb aber weiterhin umstritten. In der Aufstiegsrunde spielte Stefens, der jedoch stetig mit seinem schwachen Nervenkostüm kämpfte. Obwohl sich RWE souverän durchsetze, forderten nicht wenige die Verpflichtung eines neuen Torhüters. Der Leverkusener Dieter → Ferner kursierte bereits an der Essener Wechselbörse, dennoch vertraute Trainer Horst Witzler zunächst auf das bisherige Torwartgespann.

Zum Saisonstart 73/74 verletzte sich Blasey und nach Stefens' desaströser Vorstellung bei der 2:6-Heimschlappe gegen Borussia Mönchengladbach erschien das Torwartproblem wieder akut. Blasey hielt am 3. Spieltag gegen Bayern München mehr als ordentlich, aber Kritiker waren schon längst der Ansicht, dass der Aufsteiger über die schwächsten Torhüter der Bundesliga verfüge. Sogleich startete der Verein erneut eine hektische Suche nach dem geforderten »erstklassigen Mann« und wurde bei Austria Wien vermeintlich fündig. Udo → Böhs, vor Austria jahrelang beim FC St. Pauli aktiv, galt als reaktionsstarker Keeper und wurde unter Vertrag genommen. Essens neuer Trainer Diethelm Ferner vertraute jedoch weiterhin auf Blasey, der zumeist nur wegen diverser Verletzungen von Böhs abgelöst wurde. Zwei schwächere Spiele gegen Eintracht Frankfurt und den MSV Duisburg genügten allerdings, um wieder die Rufe nach einem neuen Torwart laut werden zu lassen. In dem Ex-Dortmunder und früheren Juniorennationaltorhüter Jürgen → Rynio sah der Verein endlich die Lösung aller Torwartprobleme.

In den Vorbereitungsspielen zur Saison 73/74 stach Blasey zur Überraschung seinen Konkurrenten klar aus, um sich am 2. Spieltag gegen den Wuppertaler SV in hervorragender Form zu präsentieren. Als er beim 2:2 gegen Bayern München einen Elfmeter von Gerd Müller abwehren konnte und auch sonst fehlerfrei agierte, schien der Durchbruch geschafft. Aber »kapitale Fehler« gegen Schalke 04 und am darauf folgenden Wochenende in Braunschweig genügten, um den Zerberus, nach dem 21. Spieltag, wieder hartes Reservistenholz spüren zu lassen. Bis zum Saisonende blieb Rynio im Kasten und war auch für die Saison 74/75 bei Trainer Irvica Horváth gesetzt. Als auch dieser beständig zu patzen begann, reagierte Horváth auf das Sicherheitsrisiko Rynio und beorderte am 11. Spieltag wieder sein zweites Sorgenkind in den Kasten. Blasey überzeugte gegen den VfL Bochum und bestach bis zum Saisonende mit »ausgezeichneten Reflexen« und »stoischer Ruhe«. Beim sensationellen 2:1-Sieg gegen Tabellenführer Mönchengladbach avancierte er zum Matchwinner und Präsident Willi Naunheim hegte plötzlich eine ganz andere Meinung von seinem Torhüter: »Blasey zählt für mich bereits zur Topliste aller deutschen Torhüter.« Am Ende hatte RW Essen mit Platz 8 die beste Platzierung in seiner Bundesligageschichte erreicht.

Der Klub entschloss sich jedoch zu einem rigorosen Sparkurs und verkaufte mit Willi Lippens und Manfred Bugsmüller seine besten Stürmer. Dem kurzen Höhenflug folgte ein Totalabsturz: Trotz Horst Hrubesch und Frank Mill war der Klub in der Saison 76/77 schnell im Tabellenkeller angelangt. Blasey hatte wegen eines Mittelhandbruchs nach dem 4. Spieltag lange pausieren müssen und konnte durch die Stellvertreter Roland → Spott und Ulrich → Granzow nur unzureichend ersetzt werden. Als er am 16. Spieltag gegen Fortuna Düsseldorf zurückkehrte und beim 4:4 zum »Held im Rheinstadion« wurde, befand sich seine Mannschaft bereits in aussichtsloser Position. Der Klub kassierte hohe Niederlagen in Serie und am 32. Spieltag war mit der 1:8-Heimniederlage gegen Eintracht Frankfurt ein absoluter Tiefpunkt erreicht. Blasey, zumeist schuldlos an den insgesamt 103 Gegentreffern, blieb auch nach dem Abstieg unter Vertrag.

Die Aufstiegsbemühungen scheiterten jedoch in der Qualifikation gegen den Süd-Vertreter 1. FC Nürnberg durch einen verschossenen Elfmeter von Horst Hrubesch. Nach der Saison 77/78 verließ Blasey den Verein nach gescheiterten Vertragsverhandlungen, um sich nach kurzer Arbeitslosigkeit dem Zweitligisten Hannover 96 anzuschließen. Ein Jahr später kehrte der routinierte Torsteher in den Westen zurück, wo er beim DSC Wanne-Eickel seine Profilaufbahn ausklingen ließ.

Bockholt, Fred-Werner

Geboren: 24.06.1943 (Deutschland)
BL-Vereine: Rot-Weiß Essen (1966–1971), Kickers Offenbach (1972–1975), Bayer 04 Leverkusen (1979–1981)
BL-Spiele: 220

Seine fußballerische Vereinslaufbahn startete der gebürtige Bottroper Fred-Werner Bockholt 1955 beim ansässigen VfB, mit dem er 1963 als Niederrheinmeister den Aufstieg in die Regionalliga feiern konnte. Zugleich gelangte der talentierte Zerberus als Torwart der Niederrhein-Auswahl bis in das Halbfinale des Länderpokals. Die Zugehörigkeit zur Regionalliga West währte für den VfB Bottrop nur ein kurzes Jahr, dann musste der Traditionsverein wieder den Gang in die Verbandsliga antreten.

Durch die Kontakte eines Bottroper Gastwirtes wechselte der 1,78 m große Keeper 1966 zum frisch gebackenen Bundesliga-Aufsteiger Rot-Weiß Essen. Hinter Hermann → Roß war er zunächst nur die Nummer 2, galt aber als ernsthafte Konkurrenz für den Torwartposten. Wegen einer schweren Angina von Roß feierte der Ersatzmann, 24 Stunden nach seiner Vermählung, gegen Schalke 04 am 19. Spieltag eine ausgezeichnete Bundesligapremiere. Essen steckte bereits mitten im Abstiegskampf, doch der 24-jährige Frischling zeigte keine Nerven und sicherte sich im Schlussspurt bereits einen Stammplatz. Aber auch seine mutigen Paraden konnten Essens sofortigen Wiederabstieg nicht verhindern.

In der Regionalliga avancierte der »furchtlose Torwart« dann schnell zu einem der »besten Keeper des Westens«. In den ersten 10 Heimspielen der Saison 68/69 kassierte er nur vier Gegentreffer und konnte insgesamt nur 25-mal von den gegnerischen Stürmern bezwungen werden. Denkbar knapp sicherte sich Essen vor dem VfL Bochum die Vizemeisterschaft in der Regionalliga, was zur Teilnahme an der Aufstiegsrunde berechtigte. Mit der bis dato besten Aufstiegsbilanz von 14:2 Punkten setzte sich der Verein gegen die Konkurrenten VfL Osnabrück, Karlsruher SC, Tasmania Berlin sowie TuS Neuendorf durch und Bockholt rettete mit einer Reihe »phantastischer Paraden« manchen Sieg.

Unter dem neuen Trainer Herbert Burdenski und mit Spielern wie Willi Lippens, Erich Beer sowie Günter »Nobby« Fürhoff hielt Essen in der Saison 69/70 Distanz zu den Abstiegsrängen. Bockholt zeigte dabei so ausgezeichnete Leistungen, dass er von Mannschaftskameraden für die Nationalelf gefordert wurde. Unter der Aufsicht von Burdenski schulte er neben seinen instinktiven Reflexen auch das Stellungsspiel und kassierte in der Hinrunde die wenigsten Gegentreffer. Die Essener Institution Werner Kik äußerte sich enthusiastisch über den »Mann aus Bergeborbeck«: »So schnell und explosiv wie Bockholt taucht kaum ein anderer Torwart und hält selbst flache Bälle fest. Meiner Meinung nach kann er sich mit Sepp → Maier und Horst → Wolter in jeder Beziehung messen.« Dieses hohe Niveau konnte der Vielgepriesene jedoch nicht über die gesamte Saison halten. Nach einer Serie schwächerer Leistungen verlangte er für sich sogar eine Spielpause, dem Burdenski aber nicht nachkam.

Das verflixte zweite Jahr als Aufsteiger wurde in der Saison 70/71 auch für Essen zur bitteren Realität. Nach dem 4. Spieltag war man noch Tabellenführer, ehe der Abwärtstrend einsetzte. Auch Bockholt zeigte einige durchwachsene Vorstellungen und noch immer kreideten ihm die Kritiker Defizite in der Strafraumbeherrschung sowie bei Abschlägen an. Am 22. Spieltag avancierte er beim torlosen Remis in Oberhausen zwar zum »Helden des Tages«, dennoch sackte der zeitweilige Tabellenachte in der Tabelle immer tiefer ab. Bockholt, bereits bei 1860 München im Gespräch, geriet ebenfalls immer tiefer in eine Formkrise. Nach einem 2:7 in München und einer 2:3-Heimniederlage gegen Kickers Offenbach wurde der verdiente Schlussmann, nach dem 31. Spieltag, durch den jungen Heinz → Blasey ersetzt. Zuvor stürzte bereits Trainer Burdenski, und verschiedene Querelen verhinderten ein notwendiges Aufbäumen der Mannschaft, was am Ende der Saison in Essens zweiten Abstieg mündete.

Bockholt wechselte, als Nachfolger von Karl-Heinz → Volz, zum Mitabsteiger Kickers Offenbach, was bei einigen Essenern einen schlechten Beigeschmack hinterließ. Der sofortige Wiederaufstieg mit den Hessen bestätigte aber seine Entscheidung und der Keeper sollte sich in der Bundesliga eindrucksvoll zurückmelden. Mit Stars wie Siegfried Held, Erwin Kostedde und Manfred Ritschel war der Klub nach vier Spieltagen Tabellenzweiter und sorgte am heimischen Bieberer Berg für eine neue Fußballeuphorie. Bockholt, der am 9. Spieltag in Duisburg durch einen verschossenen Foulelfmeter den Eintrag in die Torschützenliste verpasste, erhielt durchweg blendende Kritiken, denen sich auch Mannschaftskollege Amand Theis anschloss: »Zu den drei besten Torhütern der Bundesliga zählt er auf jeden Fall, das sieht man Woche für Woche.«

Auch Trainer Gyula Lorant ordnete seinen Schlussmann unter die erste Riege der Topkeeper ein und empfahl ihn für die Nationalelf. Doch diese Plätze waren von Maier, Wolfgang → Kleff sowie Bernd → Franke fest besetzt und Bockholt zählte nicht einmal zum erweiterten Kreis. Am Ende wurde Offenbach Siebter und ihr Zerberus zählte für die Experten zu den aktuell besten Bundesligatorhütern. Die Vorbereitungen für die Saison 73/74 endeten für den zuverlässigen Goalie in einem schweren Knöchelbruch, der ihn bereits vor dem 1. Spieltag längere Zeit außer Gefecht setzte. Weil die Offenbacher nicht auf die Künste von Ersatzmann Josef Steinmetz vertrauen wollten, liehen sie von Regionalligist 1860 München in einer Blitzaktion den bundesligaerfahrenen Bernd → Helmschrot aus. Der Ex-Hannoveraner erwies sich als guter Stellvertreter, während Bockholt an seiner Verletzung länger als erwartet laborierte. Erst im Januar 74 stand er in einem Freundschaftsspiel gegen 1860 München wieder im Tor. Bedingt durch die lange Pause und

Im Tor, da steht Fred-Werner Bockholt – und zwar stets zuverlässig.

stockende Vertragsverhandlungen zeigte sich der Schlussmann bei der 1:6-Niederlage völlig indisponiert und musste seinem Konkurrenten auch zum Rückrundenstart den Stammplatz überlassen.

Aber der gelernte Sportlehrer fand wieder Anschluss und im DFB-Pokalviertelfinale gegen den 1. FC Kaiserslautern erhielt er von Lorant die Chance zum Comeback, dem sich auch Spiele in der Bundesliga anschlossen. Seine Leistungen konnten allerdings nicht immer an die Vorjahressaison anknüpfen, wobei er insbesondere gegen Frankfurt, Duisburg und Stuttgart nicht fehlerfrei blieb. Nach Lorants Entlassung Anfang April übernahm ab dem 2. April Trainerassistent Otto Rehhagel das Zepter. Dank Rehhagel wurde der sportliche Absturz vermieden und Bockholts Rivale Helmschrot wechselte nach dieser Saison zum Zweitligisten Olympia Wilhelmshaven.

Der 31-jährige Bockholt ließ sich vor der Saison 74/75 die Haare stutzen, einen dicken Schnauzbart stehen, um mit Offenbach anschließend das erfolgreichste Bundesligajahr zu erleben. Am 1. Spieltag sorgten die Hessen mit einen 6:0 über Meister und Europapokalsieger Bayern München für einen Paukenschlag. Dieser Kantersieg bildete den Auftakt für einen ungeahnten Höhenflug, zu dem Bockholt – als dritter Keeper nach Petar → Radenkovič und Franz-Josef → Pauly – mit zwei gehaltenen Elfmetern, am 5. Spieltag beim 1:0-Sieg in Köln, sein kräftiges Scherflein beitrug. Am 14. Spieltag konnte Offenbach auf eine dreiwöchige Tabellenführung zurückblicken, ehe es bei Rot-Weiß Essen eine finstere 1:5-Schlappe setzte. Und auch der »stabile Rückhalt« erlebte seine schwarze Stunde. Am 17. Spieltag ließ er in Düsseldorf zwei haltbare Weitschüsse passieren, was seinen Trainer, trotz eines gehaltenen Elfmeters, auf die Palme brachte: »Da schmeiße selbst ich die Kappe hin und halte den Ball.« Bis zum 31. Spieltag stand sein Klub auf dem 4. Tabellenplatz und hatte damit einen UEFA-Cup-Platz fast sicher. Dann folgten jedoch während der letzten drei Spieltage drei Niederlagen, was Offenbach in der Schlussabrechnung bis auf Platz 8 abrutschen ließ. Bockholt, bei Rehhagel nicht mehr unumstritten, kehrte in den Westen zurück, um beim Zweitliga-Neuling Bayer Leverkusen anzuheuern.

In den kommenden vier Jahren verdrängte ihn zeitweise der schwächer eingeschätzte Hubert → Makel, doch in der Saison 78/79 lief Bockholt noch einmal zu ganz großer Form auf. Der 35-jährige Torwartsenior avancierte mit Glanzparaden am Fließband zum entscheidenden Faktor für Leverkusens Bundesligaaufstieg und stand oftmals im Mittelpunkt zahlreicher Ovationen. Auch in Leverkusens erstem Bundesligajahr knüpfte der beim Bayer-Werk offiziell halbtags als Hausmeister angestellte »Torwart-Stratege« zumeist an die sicheren Leistungen des Vorjahres an. Am 15. Spieltag war der Routinier das »Glanzlicht« beim 2:0-Sieg in Braunschweig. Kleinere Schwächen fielen nicht weiter ins Gewicht und für Trainer Willibald Kremer war er immer noch ein »großartiger Torwart«.

Während der Saison 80/81 häuften sich jedoch seine Fehler und auch beim Publikum geriet er immer stärker in die Kritik. Kremer hielt Bockholt – mit nahezu 38 Jahren jetzt der älteste Bundesligatorwart – jedoch weiterhin die Treue und wollte auf dessen Erfahrung bis zum Saisonende nicht verzichten. Der Keeper mit dem »geschulten Auge« hatte zuvor bereits in der Winterpause seinen Rücktritt angekündigt und das 1:1 gegen den 1. FC Nürnberg am 34. Spieltag war sein letzter Bundesligaeinsatz.

Anschließend war der »verdiente Profi« bis 1983 bei Bayer Leverkusen als Amateurtrainer und Spielerbeobachter beschäftigt, ehe ein fünfjähriges Engagement beim Amateurligisten SW Essen folgte. Über die Stationen Preußen Krefeld, Rot-Weiß Oberhausen war Bockholt ab 1996 fünf Jahre Torwarttrainer beim MSV Duisburg. Nach einem Intermezzo beim Verbandsligisten FC Remscheid ist er gegenwärtig Trainer des Fusionsklubs 1. FC Kleve 63/03.

Böhs, Udo

Geboren: 15.08.1943 (Deutschland)
BL-Verein: Rot-Weiß Essen (1973–1974)
BL-Spiele: 12

Der »katzengewandte Torhüter« begann seine Vereinslaufbahn beim ansässigen Eintracht Osnabrück, spielte von 1963 bis 66 bei der SpVgg

Ibbenbüren und wechselte 1966 zum heimatlichen VfL Osnabrück. Bis 1968 absolvierte der gebürtige Osnabrücker für diesen Verein 62 Spiele in der Regionalliga Nord und wurde anschließend vom SSV Reutlingen verpflichtet. Ein Jahr später erfolgte der Wechsel zum FC St. Pauli, wo er drei Jahre lang zu den Leistungsträgern zählte und mit seinem Klub mehrfach die Aufstiegsrunde zur Bundesliga erreichte. Zu den Stärken des Autoverkäufers zählten »reflexartige Reaktionen auch bei Schüssen aus geringster Entfernung«. Kritisiert hingegen wurde die Unsicherheit bei hohen Bällen, eine mangelnde körperliche Robustheit und der angeblich unsolide Lebenswandel.

1972 verpflichtete ihn der österreichische Erstligist Vienna Wien, wo Böhs so gut einschlug, dass ihn die ÖFV-Funktioniere dazu überreden wollten, die österreichische Staatsbürgerschaft anzunehmen, um das Torwartproblem der Nationalelf zu lösen. Stattdessen erfüllte sich der »Wandervogel«, für eine Ablösesumme von 40 000 DM und ein fünfstelliges Handgeld, bei Rot-Weiß Essen noch den späten »Traum von der Bundesliga«.

Als Nachfolger für den enttäuschenden Fritz → Stefens und hinter einem unbeständigen Heinz → Blasey rechnete sich Böhs in der Saison 73/74 realistische Chancen auf einen möglichen Stammplatz aus. Für den verletzten Blasey hütete er erstmals am 12. Spieltag gegen den 1 FC Köln das Essener Gehäuse und zeigte dabei eine zufrieden stellende Leistung. In den nächsten Wochen blieb er auf durchschnittlichem Niveau. Beim 2:1-Sieg gegen den VfL Bochum bemängelte der »Kicker« an dem Keeper eine ausgesprochene »Zappeligkeit« und die gebotenen Darbietungen reichten nicht aus, um Blasey entscheidend zu verdrängen. Böhs, der sich zu Unrecht kritisiert fühlte, musste nach dem 16. Spieltag wieder weichen. Weil sich sein Konkurrent den Daumen verstauchte, stand er am 20. Spieltag wieder im Brennpunkt. Gegen Bayern München und Fortuna Köln hielt er mit Auszeichnung und avancierte kurzzeitig zur Nummer 1. Zwei Wochen später verschuldete der frühere Niedersachsen-Auswahltorwart beim 0:2 gegen den Wuppertaler SV einen Treffer und auch bei der 2:5-Heimpleite gegen Schalke 04 gab es »böse Fehler von Böhs«. Wieder war Bankdrücken angesagt, durch Patzer des Rivalen erhielt er jedoch am 31. Spieltag beim 1. FC Kaiserslautern eine erneute Chance. Am Ende schlugen wieder zwei Schnitzer zu Buche und was folgte, waren Verrisse seitens der Fachpresse und die Kündigung zum Saisonende.

Anschließend wechselte er zum Zweitligisten Wormatia Worms und musste mit dem Verein die 2. Liga nach einjährigem Gastspiel bereits wieder verlassen. Gleiches widerfuhr ihm zwei Jahre später beim Aufsteiger VfR Oli Bürstadt. Heute lebt Böhs in der Nähe von Frankfurt und kickt ab und zu noch in verschiedenen Prominentenmannschaften.

Böse, Frank

Geboren: 14.02.1969 (Deutschland)
BL-Verein: FC St. Pauli (1995–1997)
BL-Spiele: 8

Während der Saison 94/95 vom Regionalligisten VfL Hamburg 93 zum Zweitligisten FC St. Pauli gewechselt, stellte sich der gelernte Bautechniker Frank Böse (»Am Anfang muss ich kleine Brötchen backen.«) hinter dem langjährigen Stammtorwart Klaus → Thomforde vorsorglich auf ein Reservistendasein ein. Einmal bei einem Pflichtspiel eingesetzt, erlebte der 1,93 m große Vertragsamateur den Bundesligaaufstieg vornehmlich auf der Ersatzbank mit.

In der Bundesligasaison 95/96 ergab sich am 7. Spieltag gegen Hansa Rostock für Böse der erste Kurzeinsatz. Thomforde hatte in der 73. Minute den Platz verlassen müssen, weil er durch Rauchbomben der Rostocker Anhänger Sehstörungen bekommen hatte. In den verbleibenden siebzehn Minuten konnte sich der Ersatzmann kaum noch auszeichnen.

In der nächsten Spielzeit war der Torwarthüne bereits am 1. Spieltag gefordert. Thomforde verletzte sich gegen Bayern München bei einem verunglückten Abwehrversuch den Finger und Böse hütete nach anderthalb Jahren Pause wieder das Paulianer Tor. Er kassierte keinen Treffer und rettete beim folgenden 2:1-Auswärtserfolg gegen Arminia Bielefeld mit einer Glanzparade kurz vor Schluss sogar den Sieg. Nach diesem hoffnungsvollen Start erlebte die Nummer 2 jedoch in den folgenden Wochen den Alptraum eines Torhüters. 28 Gegentore in fünf Bundesligaspielen sowie ein übernervöses Agieren im DFB-Pokalspiel gegen Oberligist Borussia Neunkirchen ließen Stammplatzansprüche schnell wieder in der Versenkung verschwinden.

Ab dem 8. Spieltag musste »Frankie-Boy« seinen Platz für den wieder genesenen Thomforde räumen, um nach dem Bundesliga-Abstieg beim Amateurligisten VfB Lübeck anzuheuern. Dort stand er zumeist im Schatten des talentierten Raphael → Schäfer. Nach einer unbefriedigenden Zeit als Dauerreservist wechselte der Tennis- und Billardfan vor der Saison 2001/02 zum saarländischen Regionalligisten SpVgg Elversberg. Ein Jahr später beendete er seine aktive Laufbahn.

Bohrmann, Harry

Geboren: 26.03.1952 (Deutschland)
BL-Verein: VfL Bochum (1971–1974)
BL-Spiele: 1

50 Spielminuten in der Bundesliga und dabei einen Elfmeter von Gerd Müller abgewehrt – so lautet die ebenso kurze wie prägnante Visitenkarte von Ersatztorwart Harry Bohrmann.
Der langhaarige Blondschopf, zuvor beim Rasensport Holthausen aktiv, avancierte in der Saison 70/71 beim Verbandsligisten TB Eickel zu einem würdigen Nachfolger von Amateurnationaltorwart Hans-Jürgen → Bradler. Auch Trainer Hermann Eppenhoff vom VfL Bochum war auf die Leistungen des 1,82 m großen Twens aufmerksam geworden und engagierte ihn 1971 für den Bundesliga-Kader. Bei dem Klub traf Bohrmann seinen Vorgänger Bradler wieder, um sich hinter dem Amateurnationaltorwart als klare Nummer 2 einzureihen. Am 8. Spieltag der Saison 71/72 musste Bradler in der 40. Minute wegen einer Schulterverletzung aufgeben. Ford Capri-Fahrer Bohrmann erlebte nun ausgerechnet gegen den Tabellenzweiten Bayern München seine Saisonpremiere. An dem 0:2 nicht ganz unschuldig, konnte der junge Zerberus gegen Gerd Müller immerhin per Fuß einen Strafstoß abwehren.

Bradler wurde vor dem nächsten Spieltag wieder rechtzeitig fit und Hermann Eppenhoff vertraute bei Bohrmann für die Zukunft auf eine Leistungssteigerung. Doch der »Elfmeter-Töter« geriet spätestens mit der Verpflichtung von Werner → Scholz endgültig ins sportliche Abseits. In den nächsten zwei Jahren bekam er als Nummer 3 hinter Scholz und Bradler keine Gelegenheit mehr, sein Können unter Beweis zu stellen. Nach der Saison 73/74 kehrte er zu seinem Stammverein RSV Herne-Holthausen zurück.

Borel, Pascal

Geboren: 26.09.1978 (Deutschland)
BL-Verein: Werder Bremen (seit 1998)
BL-Spiele: 17 (zum Ende der Hinrunde 02/03)

Seine Fußballerlaufbahn startete der gebürtige Mannheimer Pascal Borel bereits mit 5 Jahren bei Germania Friedrichstal, wo er zunächst häufig im Feld spielte und dabei einmal sogar Torschützenkönig wurde. Ab 1989 in die Karlsruher Kreisauswahl berufen, folgten ab 1993 mehrere DFB-Lehrgänge sowie ein Jahr zuvor eine Nominierung für die nordbadische Verbandsauswahlmannschaft. 1995 schloss sich in Konstanz gegen die Schweiz ein Einsatz in der Süddeutschen Auswahl an, ehe das viel versprechende Torwart-Talent, vor der Saison, 96/97 zur A-Jugend von Waldhof Mannheim wechselte. Von Trainern wie Walter → Pradt und Uwe Rapolder gefördert, rückte Borel ein Jahr später in die Verbandsligaelf auf, ehe er vor der Saison 98/99 von Bundesligist Werder Bremen verpflichtet wurde.

Als Nummer 3 hinter Frank → Rost und Stefan → Brasas absolvierte der 1,91 m große Hüne seine Einsätze in den nächsten Jahren bei den Werder-Amateuren und erhielt regelmäßige Nominierungen in die U21-Auswahl. Dennoch zeigte sich Werders Profi-Trainer Thomas Schaaf insgesamt unzufrieden mit der sportlichen Entwicklung des Nachwuchsmannes, dem in der Regionalligaelf immer wieder Leichtsinnsfehler unterliefen. Infolgedessen sollte Borel vor der Saison 01/02 zunächst abgeschoben werden, um dann aufgrund der Schwächen seines Nachfolgers Alexander Walke nach einigen Wochen im Amateurteam ein ebenso unerwartetes wie erfolgreiches Comeback zu feiern. Während dieser Spielzeit verringerte der dreimalige U21-Keeper endlich seine oftmals hektischen Aktionen und konnte sich zugleich auch in der Strafraumbeherrschung verbessern. Dank dieses Lernprozesses avancierte der passionierte Golfspieler vor der Saison 02/03 auch zu einem Kandidaten für die Nachfolge des zu Schalke 04 abgewanderten Rost. Obwohl Borel in einigen Vorbereitungsspielen patzte, erhielt er aufgrund seines kompletteren Torwartspiels überraschend den Vorzug vor dem stärker eingeschätzten polnischen Nationaltorwart Jakub Wierzchowski.

Zunächst gab sich der »Frischling« trotz einiger – nicht spielentscheidender – Schnitzer keine Blöße und strahlte in den ersten Saisonspielen die Souveränität eines Routiniers aus. Am 9. Spieltag verursachte er bei Hannover 96 mit einem verunglückten Befreiungsschlag den frühzeitigen Rückstand. Als er eine Woche später auch bei der 1:4-Heimniederlage gegen Borussia Dortmund einmal schwer patzte, begannen sich die Kritiker auf ihn einzuschießen. Nachdem er in der 2. Runde des UEFA-Pokals im Rückspiel gegen Vitesse Arnheim einen haltbaren Weitschuss kassierte und damit das Ausscheiden mitverschuldete, kippte die Stimmung gegen den »Buhmann« endgültig. Während jedoch die Bremer Zuschauer wie auch die lokale Presse vehement seine Ablösung forderten, hielten Trainer und Mannschaft weiter zu ihrem »Pannen-Pascal«. Weitere Aussetzer am 13. Spieltag beim 5:3-Sieg über den 1. FC Kaiserslautern setzten den Keeper einer neuerlichen Belastungsprobe aus, denn jede seiner Aktionen beantworteten die Fans mit Pfeifkonzerten. In dieser Situation bewies der 24-jährige Zerberus Nervenstärke, um sich bis zum Ende der Hinrunde wieder auf zufrieden stellendem Niveau zu stabilisieren. Am 17. Dezember 2002 feierte Borel gegen Schottland zudem sein Debüt im Team 2006.

Bradler, Hans-Jürgen

Geboren: 12.08.1948 (Deutschland)
BL-Verein: VfL Bochum (1971–1975)
BL-Spiele: 44

Der 1,86 m große und spindeldürre Hans-Jürgen Bradler sammelte erste sportliche Meriten beim Amateurligisten TB Eickel und wechselte 1970, als Nachfolger von Horst Christopeit, zum Regionalligisten VfL Bochum, wo er durch seine Reaktionsschnelligkeit den etatmäßigen Theo Diegelmann bald verdrängen konnte. Parallel avancierte Bradler, unter Leitung von Jupp Derwall, zum Stammkeeper der Olympia-Auswahlmannschaft. Speziell bei einer DFB-Reise durch Afrika wusste Bradler zu überzeugen und eroberte durch seine Flugparaden die Herzen der afrikanischen Zuschauer, die ihm den Ehrentitel »Flying Keeper« gaben.

Beim VfL Bochum mittlerweile eine große Stütze, klopfte er mit seinem Klub an das Tor zur Bundesliga und leistete mit »phantastischen Reaktionen« auf der Linie seinen persönlichen Beitrag zum Erfolg. Gleichzeitig monierten die Experten jedoch mangelnde Strafraumbeherrschung und bemängelten Schwächen bei der Faustabwehr. Am Ende der Saison gelang den Bochumern unter der Regie des erfahrenen Hermann Eppenhoff und mit Top-Spielern wie Werner Krämer und Hans Walitza der lang ersehnte Aufstieg ins Oberhaus des deutschen Fußballs.

Nach mittelprächtigem Start sackte der VfL Bochum in der Saison 71/72 kontinuierlich gen Tabellenkeller. Bradler, anfänglich mit soliden Leistungen, wurde immer nervöser und begann in schöner Regelmäßigkeit zu patzen. Als sich auch nach Wochen keine Besserung bei dem »Linienkleber« einstellte, gesellte sich zum Ungeschick auch noch beißende Häme der Mannschaftskameraden. Bradler möge doch »nach dem Gehör halten« und ein Teil der Kollegen forderte für den Schlussmann eine »Klingel im Ball«.

Als Ingenieursstudent mitten im Examen und zudem zur Bundeswehr einberufen, schien Bradler von der Mehrfach-Belastung überfordert. Kurz vor Hinrundenschluss diagnostizierten die Ärzte bei einer Routineuntersuchung eine Kurzsichtigkeit, die Bradler von nun an durch Kontaktlinsen behob. Während der Rückrunde konnte er seine Leistungen wieder stabilisieren, wehrte beim 1:1 gegen den VfB Stuttgart einen Elfmeter ab und konnte insbesondere bei den DFB-Pokalspielen glänzen. In der Olympia-Auswahl hatte ihn jedoch mittlerweile Günter → Wienhold verdrängt und das Münchener Endturnier erlebte Bradler – außer im unbedeutenden letzten Spiel gegen die DDR – nur von der Ersatzbank. Der VfL Bochum engagierte zugleich von Alemannia Aachen den selbstbewussten Werner → Scholz als Konkurrent für die Torwartposition.

Zum Saisonstart 72/73 stand Bradler zwar noch in der Stammformation, doch am 2. Spieltag zog sich der sprunggewaltige Schlussmann eine Schulterprellung zu und wurde in der 11. Minute durch Scholz ausgetauscht. Schnell konnte sich der Neuzugang etablieren und in den Folgejahren gelangte Bradler nur noch durch die Verletzungen seines, souveräner wirkenden, Kontrahenten zu vereinzelten Einsätzen.

1975 flüchtete er aus dem unbefriedigenden Reservistendasein zum Zweitligisten Westfalia Herne. Drei Jahre hielt er dort mit wechselhaften Leistungen seinen Kasten sauber, bis er kurz nach Saisonstart 78/79, aufgrund des Konkurses von Hauptsponsor Goldbach, mit seinem Verein in die Amateurliga zwangsabsteigen musste.

Bräutigam, Perry

Geboren: 28.03.1963 (DDR)
BL-Verein: Hansa Rostock (1995–2002)
BL-Spiele: 104
A-Länderspiele für die DDR: 3

Einer der letzten DDR-Auswahltorhüter erhielt in der Bundesliga erst spät die Gelegenheit, seine Klasse unter Beweis zu stellen. Geboren im thüringischen Altenburg, verdankt Perry Bräutigam seinen Vornamen der Mutter, die seit frühester Jugend für Perry O'Brian, den Kugelstoß-Olympiasieger von 1952 und 1956, schwärmte. 1970 begann der junge Perry bei Motor Altenburg mit dem Vereinsfußball, um 1976 in die Jugendmannschaft von Lokomotive Leipzig zu wechseln. Bereits ein Jahr später kehrte er zu seinem Stammverein zurück, um mit 17 Jahren das Tor der ersten Mannschaft zu hüten. Nach fünf Jahren Bezirks- und DDR-Liga sollte das viel versprechende Torwarttalent, auf Anordnung der DDR-Sportfunktionäre, zu Lokomotive Leipzig delegiert werden. Doch Bräutigam wollte zu seinem Lieblingsverein Carl Zeiss Jena und nahm dafür sogar eine sechsmonatige Spielsperre in Kauf.

Anschließend musste der gelernte Kfz-Schlosser zwei Jahre warten, um bei Jena endlich den langjährigen Stammtorhüter Hans-Ulrich Grapenthin ablösen zu können. Im April 1985 debütierte er dann als 22-Jähriger in der DDR-Oberliga und avancierte sofort zum unumstrittenen Stammtorwart. Mit dem Klub erreichte der 1,89 m große Thüringer 1988 das DDR-Pokalfinale, bestritt zahlreiche Europacup-Spiele und feierte im Oktober 1989 auf Malta – in der letzten Viertelstunde für Dirk → Heyne eingesetzt – die Länderspielpremiere. In seinem dritten Auswahlspiel, am 13. Mai 1990 gegen Brasilien, zeigte der athletische Keeper vor 100 000 Zuschauern im »Hexenkessel« des Maracena-Stadions beim 3:3 eine überragende Leistung.

Nach der politischen Wende ab 1990 auch von Westklubs wie dem 1. FC Kaiserslautern oder Borussia Mönchengladbach umworben, erhielt der »Torwart, der die Haltbaren hält und die Unhaltbaren reinläßt« (Jena-Trainer Bernd Stange) noch zu DDR-Oberligazeiten von Bundestrainer Hans-Hubert Vogts im Dezember 90 – zum ersten und einzigen Mal eine Nominierung – in das gesamtdeutsche Länderspielaufgebot.

Um seine Chancen auf weitere Berufungen zu wahren, wollte Bräutigam, der zu diesem Zeitpunkt schon seit sieben Jahren auf seinen Telefon-Anschluss warten musste, in die Bundesliga wechseln. Der geplante Transfer zum 1. FC Kaiserslautern scheiterte aber an der geforderten Ablösesumme von Carl Zeiss Jena, so dass der »sehr nette und lockere Typ« (Bodo → Illgner), ab der Saison 91/92 mit seinem Klub in der 2. Bundesliga spielte.

Reaktionsschnell, fangsicher und dabei immer die »Ruhe in Person« setzte er in den folgenden Jahren auch in der erzwungenen Zweitklassigkeit seine hervorragenden Leistungen fort. Von seinen Trainern wie Klaus Schlappner (»... besitzt internationales Format, ist das Rückgrat des Carl Zeiss Jena.«) und Eduard Geyer (»Ein mutiger Mann, der ohne große Show-Einlagen auskommt.) hochgelobt, konnte der »geborene Torwart« während der Saison 93/94 auch mehrfach im DFB-Pokal gegen favorisierte Bundesligisten glänzen und seiner Mannschaft bis zum Viertelfinale verhelfen.

Nach dem Abstieg von Carl Zeiss Jena wechselte der »beste Torhüter der 2. Liga« (ZDF-Reporter Rolf Töpperwien), als Nachfolger von Nationaltorwart Andreas → Köpke, zum Zweitligisten 1. FC Nürnberg. Ein Jahr später holte ihn Trainer Frank Pagelsdorf zum Bundesliga-aufsteiger Hansa Rostock. Überraschend konnte er vor der Saison 94/95 relativ mühelos den Aufstiegshelden Daniel → Hoffmann verdrängen, was ihm die Rostocker Anhänger anfangs verübelten.

Nach längerem Kampf vom einheimischen Publikum akzeptiert, avancierte Bräutigam für die nächsten Jahre zum wesentlichen Rückhalt seiner Mannschaft. Vor der Saison 97/98 zum Mannschaftskapitän bestimmt, erlebte der oftmalige Rostocker »Sieggarant« in dieser Spielzeit dann seine entscheidende Zäsur. Nach 83 BL-Spielen in Folge erlitt er am 15. Spieltag gegen VfB Stuttgart, nach dem Zusammenprall mit Gegenspieler Jonathan Akpoborie, einen Schulterblattbruch. Monatelang außer Gefecht gesetzt, nutzte Kontrahent Martin → Pieckenhagen die Gelegenheit, um sich für die nächsten anderthalb Jahre einen Stammplatz zu sichern. Am 6. Spieltag der Saison 99/00 feierte der 36-jährige »Torwart-Oldie« aufgrund Pieckenhagens Krise noch einmal ein Comeback, um nach der Rückrunde wieder nur die Nummer 2 zu sein.

Letztmalig kam die Thüringer Torwartlegende ab dem 22. Spieltag der Saison 01/02 durch die schwere Schulterverletzung von Neuzugang Matthias → Schober zum Einsatz. Sechs Spiele zeigte er ordentliche Leistungen, wehrte beim 1:1 gegen den VfB Stuttgart einen Elfmeter ab, ehe er durch seinen Feldverweis im Spiel gegen den 1. FC Köln am 27. Spieltag seinen Platz an Amateurkeeper Daniel → Klewer abgeben musste. Seit der Saison 02/03 ist der zweifache Familienvater bei Hansa Rostock Torwarttrainer, um sich hinter Schober, Klewer und Vertragsamateur Carsten Busch noch für den Notfall bereitzuhalten.

Brasas, Stefan

Geboren: 31.08.1967 (Deutschland)
BL-Vereine: Stuttgarter Kickers (1991– 1992), 1. FC Saarbrücken (1992–1993), SV Werder Bremen (1998–2001)
BL-Spiele: 44
Vereinstitel: 1 x DFB-Pokal (SV Werder Bremen: 1999)

Der mit 2,02 m bis heute längste Bundesligatorwart aller Zeiten wollte schon im Alter von fünf Jahren Fußballprofi werden. Seine Vereinslaufbahn begann er als Stürmer bei Preußen Münster. Weil der gebürtige Münsteraner jedoch nach eigenen Angaben »keinen Bock mehr« auf die Rennerei hatte, stellte er sich mit 15 Jahren zwischen die Pfosten. Nach Repräsentativspielen für die Westfalen-Auswahl wechselte er in die B-Jugend des VfL Bochum und entwickelte sich schnell zu einer »festen Größe« innerhalb der Jugendnationalmannschaft, für die er insgesamt acht Länderspiele absolvierte.

Mit 17 Jahren vorzeitig in den Amateurkader aufgerückt, wäre Brasas durch die Verletzung von Ralf → Zumdick und dem Platzverweis von Markus → Croonen beinahe zu seinem ersten BL-Einsatz gekommen. Doch aufgrund seines Amateurstatus erhielt er vom DFB für die Profi-Mannschaft keine Freigabe.

1986 engagierte ihn Werder Bremen für den Amateurkader und der talentierte »Hungerhaken« büffelte parallel auf der Höheren Handelsschule für sein Fachabitur. Weil sein sportlicher Plan, bei Bremen hinter Oliver → Reck die Nummer 2 zu werden, nicht in Erfüllung ging, wechselte der »Lange« 1988 zum Amateurligisten FC Mahndorf. Weiterhin von sportlichem Ehrgeiz gepackt, absolvierte er beim Zweitligisten Stuttgarter Kickers ein Probetraining, und wurde für die Saison 89/90 unter Vertrag genommen. Zunächst Reservist hinter dem finnischen Nationaltorwart Kari → Laukkanen, bekam der Hüne nach dessen Fortgang zur Saison 90/91 seine Chance, die er resolut nutzen konnte. Mit lediglich 32 Gegentreffern in 38 Spielen etablierte sich der »Siegertyp« zu einem der »besten Torhüter der 2. Liga« und schaffte mit seinem Klub den Aufstieg in die Bundesliga.

Vor dem Saisonstart 91/92 erhielt der Hobbygitarrist von Trainer Rainer Zobel noch ein Extra-Lob: »Wenn er sich kontinuierlich weiterentwickelt, kann er mal in die (internationale)

Stefan Brasas – mit 202 Zentimetern der längste Bundesligatorwart aller Zeiten.

Auswahl kommen«. In den ersten Spielen gegen Wattenscheid 09 und dem 1. FC Köln blieb der Zwei-Meter-Mann ohne Gegentor und erhielt gute Kritiken. Bei der 1:6-Niederlage gegen Eintracht Frankfurt am 8. Spieltag schon von Leistenproblemen geplagt, musste er anschließend wochenlang pausieren. Nach seiner Genesung hinter Claus → Reitmaier nur noch die Nummer 2, wechselte er nach dem Abstieg seines Klubs zum Bundesligaaufsteiger 1. FC Saarbrücken, wo sich Trainer Peter Neururer nicht allein auf die Fangkünste des 34-jährigen Alfred Wahlen verlassen wollte.

Vom Coach zur neuen Nummer 1 bestimmt, konnte Brasas das Vertrauen durch zumeist solide Leistungen rechtfertigen. Die langen Krakenarme des reaktionsschnellen Keepers besaßen erheblichen Anteil daran, dass sich der saarländische Verein in der Aufstiegssaison lange Zeit im Mittelfeld der Bundesliga behaupten konnte. Zum Matchwinner avancierte der Torwartriese am 18. Spieltag gegen Bayer Leverkusen, als er beim 3:1-Sieg einen Elfmeter parieren konnte. Am 25. Spieltag erfolgte für Klub und Keeper jedoch der entscheidende Knackpunkt. Gegen Abstiegskonkurrent 1. FC Köln setzte es eine 0:3-Heimpleite, der sich eine Woche später das 0:6-Debakel bei Bayern München anschloss. Obwohl an beiden Niederlagen schuldlos, verbannte ihn Trainer Neururer für den Rest der Saison auf die Bank, ohne durch diese zweifelhafte Maßnahme den Abstieg verhindern zu können. Mit seiner anschließenden Rückkehr zu den Stuttgarter Kickers hoffte Brasas auf einen Neuanfang, um nach einigen Spielen seinen Stammplatz an Marco Langner zu verlieren. Trotz dieser sportlichen Durststrecke besaß der Sonnyboy im Profifußball nach wie vor einen guten Ruf.

Für die Saison 94/95 von Zweitligist SV Meppen als Nachfolger für Manfred → Kubik verpflichtet, mauserte sich der »Adler« nach kurzen Anlaufschwierigkeiten zum sicheren Rückhalt. Mit glänzenden Reaktionen und sicherem Stellungsspiel sorgte Brasas mit dem oft belächelten Provinzklub in den Jahren 94-97 mehrfach für Furore und schnupperte einige Male an den Aufstiegsplätzen. Während der Saison 97/98 konnten jedoch die imposanten Blitzreflexe der »menschlichen sowie sportlichen Leitfigur« den Meppener Abstieg nicht verhindern.

Der »Fußballer mit dem Gardemaß eines Basketballers« kehrte anschließend zu Werder Bremen zurück und fand nach Recks Weggang dessen bisherigen Stellvertreter Frank → Rost als Konkurrenten vor. Der Individualist mit Humor und Intellekt befand sich zunächst wieder in der Wartestellung, erhielt aufgrund Rosts häufiger Patzer von Trainer Felix Magath im UEFA-Cup-Spiel gegen Olympique Marseille eine Bewährungsprobe. Seinen ersten Europapokaleinsatz erledigte er mit Bravour, um in den folgenden Bundesligaspielen eher glücklos zu agieren. Nach einer mäßigen Leistung am 13. Spieltag gegen den 1. FC Kaiserslautern saß Brasas anschließend wieder draußen, kehrte aber durch eine Verletzung des Kontrahenten am 18. Spieltag gegen Hertha BSC zurück. Durch eindrucksvolle Darbietungen in den Vorbereitungsspielen zur Winterpause behielt er zunächst seinen Platz. Bei den ersten Begegnungen konnte er jedoch nicht vollends überzeugen und wieder kam Rost an die Reihe. Eine erneute Verletzung des Rivalen ermöglichte Brasas am 22. Spieltag gegen den VfL Wolfsburg seinen 44. BL-Einsatz. Der Carlos Santana-Fan meisterte bei der 0:1-Niederlage einige Schüsse aus kürzester Distanz und der »Kicker« bescheinigte ihm, »mehr als ein Ersatz« zu sein. Trotz dieser Prachtparaden absolvierte Brasas damit sein letztes Bundesligaspiel. Rost gab sich fortan keine Blöße mehr, sondern avancierte vielmehr zu einem Nationalmannschaftskandidaten. Nach zwei Jahren trennte sich Werder Bremen zum Ende der Saison 00/01 von dem mittlerweile 33-jährigen Brasas, der zunächst keinen neuen Verein fand. Nach einigen Monaten verpflichtete ihn Zweitligist MSV Duisburg als Vertreter für den verletzten Tomasz Bobel und durch gute Leistungen hechtete er sich wieder in den Blickpunkt zurück. Aus finanziellen Gründen erhielt er keine Vertragsverlängerung und wechselte zur Saison 02/03 zum zypriotischen Erstligisten Omonioia Nikosia.

Broden, Josef

Geboren: 02.04.1927 (Deutschland)
BL-Verein: Schalke 04 (1963–1964)

BL-Spiele: 5

Anfang der fünfziger Jahre erwarb sich der wackere »Jupp« beim westdeutschen Oberligisten Duisburger SV einen Ruf als »vorzüglicher« Torwart und stand mit dem Klub 1957 in der Endrunde zur Deutschen Meisterschaft. Zwei Jahre später wechselte der technische Angestellte, als Nachfolger von Manfred → Orzessek, zum Reviernachbarn Schalke 04, schaffte mit dem Klub 1962 erneut die Meisterschaftsendrunde, ehe ihn anschließend Horst → Mühlmann verdrängte.

Kurz vor Abschluss der letzten Oberligasaison 62/63 verletzte sich Broden im Training und zeitweilig drohte ihm sogar die Sportinvalidität. Der »Duisburger Junge« schaffte jedoch die Rückkehr in den Kader und gelangte in der ersten Bundesligasaison 63/64, aufgrund einer Meniskusverletzung von Mühlmann, am 5. Spieltag zum ersten Einsatz. Schalke 04 siegte beim 1. FC Nürnberg mit 2:0 und der bereits 36-jährige Broden bekam anschließend anerkennende Schulterklopfer. In der anschließenden Heimbegegnung gegen Werder Bremen gab es nachher weniger Komplimente, denn der Schlussmann musste beim 2:3 das entscheidende Gegentor auf seine Kappe nehmen. Schon kursierten Gerüchte, dass Broden, jahrelang »einer der bekanntesten und populärsten Torhüter der alten Oberliga West«, durch den Torwart der Amateurabteilung abgelöst werden sollte, doch wider Erwarten wurde Mühlmann rechtzeitig fit.

Der Stammkeeper erwies sich jedoch ebenfalls nicht immer als fehlerloser Vertreter seines Fachs und patzte mehr, als es den Schalker Verantwortlichen lieb sein konnte. Als Mühlmann am 20. Spieltag das 1:3 beim Hamburger SV praktisch im Alleingang verschuldete, sah sich Trainer Georg Gawliczek erneut zu einem Torwartwechsel genötigt. Beim 2:0-Sieg gegen Eintracht Braunschweig wurde Broden kaum beschäftigt und machte danach das Gehäuse wieder für die Nummer 1 frei.

Vor der Saison 64/65 wurde neben Mühlmann mit dem Fürther Gyula → Toth ein neuer Torwart geholt. Broden, der Altmeister mit dem sicheren Stellungsspiel, fand einen neuen Aufgabenbereich als Trainer der Schalker Amateure und stand nur noch für den absoluten Notfall bereit. Dieser ergab sich ein Jahr später, als vor dem 3. Spieltag der Saison 65/66 sowohl Mühlmann als auch Josef → Elting verletzt ausfielen. Der »vorbildliche Sportsmann« kehrte somit im Alter von 38,5 Jahren gegen den Meidericher SV noch einmal zwischen die Bundesliga-Pfosten zurück. Bei der 1:5-Niederlage verschuldete der Senior ein Gegentor, konnte aber als erster Torhüter der Bundesliga einen Elfmeter des bis dato immer treffsicheren Ludwig Nolden parieren. Weil aber zwei Schalker vorzeitig in den Strafraum gestürmt waren, wurde der Strafstoß wiederholt, den Nolden dann im zweiten Versuch verwandeln konnte.

Nach diesem letzten Einsatz bedachten die Duisburger Zuschauer Broden mit Ovationen, denn viele hatten seine erfolgreiche Oberliga-Zeit mit dem Duisburger SV nicht vergessen. Bis 1969 blieb er bei Schalke 04 als Amateurtrainer tätig, um danach auch noch erfolgreich bei anderen Amateurklubs zu wirken.

Brunn, Uwe

Geboren: 20.11.1967 (Deutschland)
BL-Verein: Borussia Mönchengladbach (1988–1991)
BL-Spiele: 6

Weil er wenig Lust an der Lauferei verspürte, entschied sich Uwe Brunn, der als achtjähriger Knirps seine ersten fußballerischen Gehversuche 1975 zunächst als Feldspieler beim SSC Südwest Berlin startete, bald für den Torwartposten. Nach seinem Wechsel 1981 zum BFC Preußen Berlin wurde er aufgrund seiner guten Leistungen mehrfach zu Jugendländerspielen eingeladen. Mit dieser Empfehlung wechselte der gelernte Bankkaufmann 1985 für ein Jahr in die Jugendmannschaft und anschließend in den Oberligakader des 1. FC Köln. Trotz Einsätzen in der Mittelrhein-Auswahl nicht immer unumstritten, folgten dennoch weitere Nominierungen in der Jugendnationalmannschaft. 1987 avancierte der 1,94 m große Schlussmann bei der U 20-WM in Chile zum Helden, als er im Elfmeterschießen der Viertelfinalpartie gegen Schottland zwei Strafstöße parieren konnte. Beim Endspiel in Santiago verlor die deutsche Auswahl erst im Elfmeterschießen und wurde ungeschlagen Vizeweltmeister. Beim 1. FC Köln drohte der WM-Held dennoch zu versauern, denn hinter den etatmäßigen Torleuten Bodo → Illgner und Rudolf → Kargus erschien die Aussicht auf Erstliga-Einsätze äußerst gering.

Aus dieser unbefriedigenden Situation erfolgte vor der Saison 88/89 der Wechsel zu Borussia Mönchengladbach. Brunns Stammplatzambitionen stand jetzt allerdings Publikumsliebling Uwe → Kamps im Weg. In der Juniorennationalmannschaft weiterhin gefragt, musste Brunn zwei weitere Spielzeiten auf der Reservebank absitzen. Während der Saison 90/91 durchlebte Kamps jedoch seine erste große Krise und nach dessen fortwährenden Patzern dachte Trainer Gerd vom Bruch bereits nach dem 9. Spieltag über einen Torwartwechsel nach. Zwar erhielt die Nummer 1 noch einmal das Vertrauen, doch nach der Hinrunde war die Geduld des Trainers endgültig erschöpft.

Brunns Debüt folgte am 18. Spieltag gegen den VfL Bochum. An der 0:3-Niederlage traf ihn keine Schuld, dennoch hinterließ er einen unsicheren Eindruck. Drei Wochen später feierte er bei seinem Ex-Verein 1. FC Köln einen 3:1-Sieg; die Freude darüber währte für den Torwarthünen jedoch nur kurz. Am 21. Spieltag kassierte der 30-fache Junioren-Nationaltorhüter gegen Eintracht Frankfurt fünf Treffer. Danach war die kurzzeitige Stammposition bereits wieder verloren und zum Saisonende erhielt Brunn die Kündigung.

Nach dieser Saison wechselte er zum Zweitligisten VfL Osnabrück. Seit 1994 als Sparkassenfachwirt teilzeitbeschäftigt, konnte er anfangs nicht immer seinen Stammplatz behaupten, geht aber als mittlerweile dienstältester Spieler mit diesem Verein seit über zehn Jahren durch dick und dünn. Während der Saison 96/97 blieb er in der Regionalliga Nord 717 Minuten ohne Gegentor und wurde im Mai 2000 zu »Niedersachsens Fußballer des Jahres« gewählt.

Bücher, Oliver

Geboren: 06.05.1961 (Deutschland)
BL-Verein: Fortuna Düsseldorf (1979–1983)
BL-Spiele: 22
Vereinstitel: 1 x DFB-Pokal

Über BV 04 Düsseldorf sowie der A-Jugend von Fortuna Düsseldorf rückte Oliver Bücher vor der Saison 79/80 in den Seniorenkader des Bundesligisten auf. Zunächst Reservist der Amateurmannschaft hinter Jörg → Daniel, Horst → Dreher sowie Volker → Diergardt die nominelle Nummer 4, gelangte das 18-jährige »Milchgesicht« noch in dieser Spielzeit zu den ersten BL-Einsätzen.

Zunächst löste der gelernte Kürschner, am 23. Spieltag gegen Bayern München, in der 69. Minute Jörg Daniel ab, der seinen Kasten aufgrund eines Hexenschusses räumen musste. Eine Woche musste Bücher gegen Borussia Dortmund einspringen, weil Horst Dreher in der 25. Minute eine Gehirnerschütterung erlitten hatte. Trotz dieser gelungenen Einsätze agierte der »Torwart-Twen« in der nächsten Spielzeit ausschließlich in Fortunas Verbandsligaelf. Vor der Saison 80/81 hinter Dreher jetzt die nominelle Nummer 2, ergaben sich während der Hinrunde für den jeweils verletzten oder erkrankten Stammtorwart drei Einsätze, bei denen Bücher gute Leistungen zeigte, um am 7. Spieltag gegen Werder Bremen sogar einen Strafstoß abzuwehren.

Zunächst weiterhin zweite Wahl, bekam »Olli« aufgrund Drehers permanenter Patzer ab dem 19. Spieltag endgültig von Trainer Jörg Berger das Vertrauen geschenkt. Bis zum Saisonende hielt er teilweise bravourös und zeigte zumeist zufrieden stellende Leistungen. Dennoch wurde für die nächste Spielzeit Ex-Nationaltorhüter Wolfgang → Kleff verpflichtet, hinter dem Bücher während der Saison 82/83 nur noch einen Halbzeiteinsatz absolvierte. Fortuna Düsseldorfs neuer Trainer Willibald Kremer sah für die Zukunft in dem Amateurtorwart Frank → Kurth den besseren Mann. Im Februar 83 wurde Bücher von Seiten des Vereins mitgeteilt, dass sein Vertrag nicht verlängert würde. Nach dieser Saison ließ er sich reamateurisieren und spielte fortan für den Oberligisten Olympia Bocholt.

Büns, Kurt

Geboren: 24.07.1949 (Deutschland)
BL-Verein: Fortuna Düsseldorf (1971–1977)
BL-Spiele: 35

Der bei Fortuna Düsseldorf unermüdlich um den Stammposten kämpfende Kurt Büns begann seine Torhüterlaufbahn als Jugendlicher bei dem Dorfverein St.Tönis. Nach einem Umzug seiner Eltern erfolgten der Wechsel zu Rot-Weiß Emmerich und Berufungen in verschiedene Auswahlmannschaften. Höhepunkt war die Nominierung in den Kader der westdeutschen Jugendauswahl, wo sich der junge Büns jedoch gegen die hochkarätigen Konkurrenten Norbert → Nigbur und Horst → Bertram nicht entscheidend durchsetzen konnte.

Trotzdem hatte der 1,81m große Schlussmann bereits genügend Talent bewiesen, um 1967 ein Angebot des Traditionsvereins Hamborn 07 zu erhalten. Bis 1971 hütete der »sympathische Schlussmann« mit der »bewundernswerten Reaktionsschnelligkeit« in der Regionalliga West den Kasten des Duisburger Vorstadtklubs und wurde während dieser Phase insbesondere von seinem Trainer Herbert Burdenski entscheidend gefördert. Hans Noack, der Spielauschußvorsitzende von Bundesligaaufsteiger Fortuna Düsseldorf, verpflichtete den 21-Jährigen anschließend als Nachfolger für Bernd → Franke. Neben Franke gab es jedoch bei Düsseldorf noch einen Wilfried → Woyke, der in Fortunas erster Bundesligasaison 71/72 seinen Stammplatz behaupten konnte. Büns verblieben nur fünf Einsätze, die er zufrieden stellend erledigte.

Auch in der nächsten Spielzeit drückte der »großartige und dennoch geduldige Ersatzmann«, bis auf einen Einsatz am 17. Spieltag gegen Eintracht Braunschweig, ausschließlich die Reservebank. Die Saison 73/74 begann für den »Träumer, der gern Tango tanzt« mit einem sportlichen Debakel: Am 6. Spieltag durfte er, nach acht Monaten Pause, wieder einmal den verletzten Woyke vertreten und wurde nach der 2:5-Heimpleite gegen den 1. FC Kaiserslautern von den Zuschauern zum Schuldigen deklariert. Die Pfiffe der Düsseldorfer Fans klangen ihm noch lange in den Ohren und die Sonntagsausgabe der »Bild«-Zeitung strafte ihn für diese Leistung mit der vernichtenden Note »Sehr schwach« ab. Einige Wochen später bekam er jedoch die Chance zur Wiedergutmachung, als Woyke im UEFA-Cup-Spiel gegen Admira/Wacker Wien nach einem Zusammenprall bewusstlos vom Platz getragen wurde. Gegen Werder Bremen zeigte der »große Knüller« dann serienweise »prachtvolle Paraden« und dank weiterer guter Vorstellungen war der Rivale zunächst verdrängt. Erst durch eine Verletzung, im Nachholspiel gegen den Hamburger SV, musste der Liebhaber von Whisky und Tanzmusik in der 78. Minute wieder für Woyke weichen. Diese Torhüterwechselspielchen setzten sich bei Fortuna Düsseldorf in dieser Saison munter fort, denn Trainer Heinz Lucas besaß plötzlich die Wahl zwischen zwei gleichwertigen Torhütern. Als Büns, am 25. Spieltag beim torlosen Remis gegen den VfB Stuttgart sogar eine länderspielreife Leistung attestiert wurde, war dieses Prädikat immer noch keine Stammplatzgarantie. In den letzten vier Saisonspielen stand Woyke im Kasten, der auch für die Saison 74/75 zunächst gesetzt war. Aufgrund diverser Schnitzer des Konkurrenten erhielt Büns dann am 12. Spieltag wieder eine Chance. Beim 2:1-Sieg gegen Rot-Weiß Essen, imponierte er durch »phantastische Reaktionen« und ein »perfektes Stellungsspiel«. Jedoch musste er im Münchener Olympiastadion zur Halbzeit wegen einer Schulterverletzung eine Woche ausgetauscht werden. Einer längeren Pause folgte in den letzten Saisonspielen ein vierwöchiges Comeback.

Vor dem Saisonstart 75/76 gestaltete sich die Torwartfrage weiterhin offen und zunächst erhielt Büns von Düsseldorfs neuem Trainer Josef Piontek den Vorzug. Einer vorzüglichen Leistung im DFB-Pokalspiel gegen den FC Augsburg folgte eine schwache am 1. Spieltag in Duisburg. Anschließend vollzog Piontek wieder den Torwarttausch und in den kommenden anderthalb Jahren gab es für »Spedi« Büns zwar noch sporadische Einsätze, aber Woyke blieb die Nummer 1. Neben dem monatelangen »Leiden auf der Reservebank« gab Büns für den grippekranken Woyke, am 21. Spieltag der Saison 75/76, bei der 2:5-Pleite gegen Eintracht Frankfurt, eine denkbar schlechte Figur ab. Aber die schwache Leistung hatte eine krankheitsbedingte Ursache, denn der Schlussmann litt seit längerem in beiden Handgelenken unter einer Kalkablagerung. Am Februar 1976 unterzog er sich deshalb in der Kölner Uni-Klinik einer Operation und wurde auf der Ersatzbank bis zum Saisonende durch Karl-Heinz Ach vertreten.

Nach längerer Rekonvaleszenz fand Büns bei Düsseldorf neben Woyke mit dem jungen Jörg → Daniel einen weiteren Konkurrenten vor, mit dem er sich auf der Ersatzbank abwechseln musste. Trainer Dietrich Weise besaß keine Verwendung mehr für den zuverlässigen Ersatzmann und der Verein verlängerte seinen Vertrag nach der Saison 76/77 nicht mehr. Desillusioniert hatte der 27-jährige seine sportlichen Ambitionen inzwischen schon deutlich reduziert: »In der Bundesliga wird sich kaum ein Interessent finden. Dazu habe ich einfach zu lange pausiert.« Die Hoffnung, bei einem Zweitligaverein im Westen seine Karriere fortsetzen zu können, erfüllte sich indes nicht. Büns, der »saubere Sportsmann«, wechselte, mangels entsprechender Angebote, zum Amateurligisten Olympia Bocholt.

Bulat, Tihomir

Geboren: 28.07.1974 (Jugoslawien)
BL-Vereine: FC St. Pauli (2002 – 2003)
BL-Spiele: 17

Bevor der in Split geborene Kroate Tihomir Bulat beim FC St. Pauli für kurze Zeit zur neuen Torwart-Entdeckung avancierte, spielte er ausschließlich bei seinem Stammverein NK Šibenik. Vor der Saison 02/03 befand sich Bundesliga-Aufsteiger FC St. Pauli auf der Suche nach einem möglichst preisgünstigen Nachfolger für den abgewanderten Stammtorhüter Heinz Weber. Durch die Vermittlung seines Onkels, einem Arzt aus Wien, wurde der kroatische Erstligakeeper zu einem Probetraining eingeladen. Bulat überzeugte die Verantwortlichen von St. Pauli auf Anhieb, um für die vergleichsweise geringe Ablösesumme von 100.000 DM umgehend verpflichtet zu werden.

Der »Unbekannte vom Balkan« schickte sich zunächst an, die Anerkennung der Fachpresse sowie die Herzen der St. Pauli-Fans im Sturm zu erobern. Im ersten Saisonspiel bei Hertha BSC brillierte »Tycho« durch »famoses Stellungsspiel und tolle Reflexe«, um dadurch seiner Mannschaft ein torloses Remis zu sichern. Auch in den nächsten Spielen erwies sich das vermeintliche »Schnäppchen« zumeist als Rückhalt. Von den Anhängern schon bald zur »Katze vom Kiez« erkoren, stand der 1,90 m große Hüne mit einer Armspannweite von mehr als 2 Metern schon kurz vor einer Nominierung in die kroatische Nationalmannschaft. Seine mangelnden Deutschkenntnisse sowie Schwächen in der Strafraumbeherrschung mündeten dann im Verlauf der Hinrunde vermehrt zu Fehlern und häufigen Gegentoren. Nach der 0:3-Niederlage am 16. Spieltag bei Werder Bremen sah sich Trainer Dietmar Demuth zum Handeln gezwungen. Der Unsicherheitsfaktor musste seinen Platz für Ersatzmann Simon → Henzler räumen und kehrte nur noch am 23. Spieltag für den verletzten Kollegen ins Tor zurück.

Auch nach dem Abstieg blieb der frustrierte Kroate hinter Henzler die Nummer 2. Weil der Kontrahent aber ebenfalls immer nervöser agierte, kehrte Bulat (»Auf dem Platz werde ich ein ganz anderer Mensch. Wenn die Abwehr pennt, kann ich ausrasten wie Oliver → Kahn.«) am 7. Spieltag der Saison 02/03 ins Tor zurück. In einer vollkommen verunsicherten und am Tabellenende herumkrebsenden Elf konnte er zu keinem Zeitpunkt an seine anfängliche Top-Leistung anknüpfen.

Burdenski, Dieter

Geboren: 26.11.1950 (Deutschland)
BL-Vereine: Schalke 04 (1969–1971),
Arminia Bielefeld (1971–1972),
SV Werder Bremen (1972–1988)
BL-Spiele: 478
BL-Tore: 1
Vereinstitel: 1 x Meister
(Werder Bremen: 1988)
A-Länderspiele für Deutschland: 12

Werder Bremens langjährige Torwart-Institution stammt aus einer Familie, in deren Mittelpunkt immer der Fußball stand. Sein Vater Herbert Burdenski, mehrfacher Nationalspieler, erreichte 1950 durch das erste Länderspieltor der Nachkriegsgeschichte Legendenstatus. Sohn Dieter, in Bremen geboren und in Gelsenkirchen aufgewachsen, begann seine Vereinslaufbahn beim Vorortverein SV Bergerfeld. Zu schmächtig für einen Feldspieler, spielte er bald im Tor und meldete sich mit acht Jahren beim Traditionsklub STV Horst-Emscher an. Einige Jahre später erfolgte der Wechsel in die B-Jugend von Schalke 04, wo der »junge Schlaks« mit 18 Jahren in den Lizenzspieler-Kader aufrückte.

Bereits ein Kandidat für Westfalen-Auswahl sowie Olympiamannschaft spielte der 1,82 m große Schlussmann während der Saison 69/70 zunächst in Schalkes Amateurelf. Trotz seiner enormen Reflexe und der imponierenden Fangsicherheit erschien die Perspektive hinter Norbert → Nigbur und Josef → Elting alles andere als rosig. In der Saison 70/71 nahm »Budde junior« den Platz von Elting ein, der zum 1. FC Kaiserslautern gewechselt war. Weil sich Nigbur den Finger auskugelte, durfte ihn der 20-jährige Burdenski am 17. Spieltag erstmals vertreten. Sein nächster Einsatz für die verletzte Nummer 1 am 28. Spieltag gegen Arminia Bielefeld sollte sich als ein unrühmliches Kapitel in der Bundesligageschichte erweisen. Die gesamte Schalker Hintermannschaft hatte von dem abstiegsbedrohten Gegner Schmiergelder kassiert, um diesem einen Sieg zu ermöglichen. Nur Burdenski, der erst kurz vor Anpfiff von seinem Einsatz erfahren hatte, ahnte nichts von den Vorgängen. Durch seine Glanzparaden hätte er den erkauften Sieg beinahe vereitelt. Erst in der 80. Minute musste er das entscheidende 0:1 durch den Bielefelder Gerd Roggensack hinnehmen. Anschließend gab es aber auch für den unwissenden Nachwuchskeeper von den Schalker Mitspielern ein paar Scheinchen, weshalb ihn der DFB-Kontrollausschuss zwei Jahre später zu einer dreimonatigen Sperre sowie 2300 DM Geldbuße verurteilte. Burdenski – bei den späteren Ermittlungen zum Bundesligaskandal ein wichtiger Kronzeuge – wechselte nach dieser Spielzeit ausgerechnet zu Arminia Bielefeld, weil ihm dort ein Stammplatz zugesichert war.

Trotz der 1:5-Niederlage gegen Borussia Mönchengladbach feierte er in der Saison 71/72 einen glänzenden Einstand. Weitere Top-Leistungen gegen Bayern München, Hannover 96

Verbissen und ehrgeizig kämpfte Dieter Burdenski um den Stammposten in der Nationalelf.

und den 1. FC Kaiserslautern verhalfen dem »Torwart-Aufsteiger der Saison« zum Rang eines Sepp → Maier-»Kronprinzen«. Als erster Bielefelder Spieler wurde er in die Juniorenelf berufen. Gegen Polen gab er einen hervorragenden Einstand und die »Kicker«-Torwartrangliste verzeichnete ihn nach der Hinrunde hinter Maier und Nigbur bereits als Nummer 3. Aufgrund Bielefelds Zwangsabstieg konnte er seinen Zweijahres-Vertrag annullieren, um für die Saison 72/73 Werder Bremen anzuheuern. Ein Wadenbeinbruch vor dem Saisonstart sowie die Skandal-Sperre vom 4. Februar bis 21. Mai 1973 sorgten für eine längere Zwangspause. Erst am 31. Spieltag – vier Tage nach seiner vorzeitigen Begnadigung – konnte das »begnadete Talent« endlich Altmeister Günter → Bernard im Tor ablösen.

Verbissen trainierte er für seine großen Ziele und brillierte in einer zumeist mittelmäßigen Bremer Mannschaft mit zahlreichen Top-Leistungen, obwohl Kritiker mangelnde Strafraumbeherrschung sowie die Tendenz zur »Theatralik« bemängelten. Trotz erster Einladungen zu B-Länderspielen endete die Saison für den Heißsporn mit einer bitteren Enttäuschung. Zu seiner Verärgerung fand er im 40er-Aufgebot für die bevorstehende Weltmeisterschaft bei Bundestrainer Helmut Schön keine Berücksichtigung. Auch in den nächsten zwei Spielzeiten – wo er zwischen 75 und 76 auch unter seinem Vater trainierte – hoffte »Budde« vergeblich auf eine Berufung, denn Rudolf → Kargus, Bernd → Franke und Ex-Vereinskollege Nigbur erwiesen sich als hartnäckige Konkurrenten. Erst in der Saison 76/77, als der abergläubische Keeper, der immer mit dem rechten Fuß das Spielfeld betrat, im DFB-Pokalspiel gegen den 1. FC Köln eine Weltklasseleistung geboten hatte, »erbarmte« sich Bundestrainer Schön. Während einer Südamerika-Reise feierte der 26-jährige »Sonnyboy« am 8. Juni 77 in Montevideo, beim 2:0-Sieg gegen Uruguay, sein Länderspieldebüt.

Mit Werder Bremen permanent in Abstiegskämpfen verwickelt und zumeist im Schatten von Maier & Co, gelangte er nur durch die Verletzung von Bernd Franke 1978 zu seiner Fahrkarte für die Weltmeisterschaft in Argentinien. In der Saison 79/80 ergab sich durch Sepp Maiers schweren Autounfall endlich die Chance, einen Stammplatz in der Nationalmannschaft zu erobern. Burdenski, im Anschluss an die WM 78 zu Maiers etatmäßigem Stellvertreter aufgerückt, war von Bundestrainer Jupp Derwall als neue Nummer 1 eingeplant, obwohl er in seinen bisherigen Einsätzen wenig überzeugen konnte. Just zu diesem Zeitpunkt rutschte der erfahrene Schlussmann, der in dieser Spielzeit am 5. Spieltag gegen den VfB Stuttgart einen Elfmeter verwandelte, erstmals in eine schwere Formkrise. Häufige Schnitzer, altbekannte Strafraumschwächen, zahlreiche Gegentore sowie mäßige Länderspiele ließen Burdenskis Reputation rapide sinken. Am Saisonende musste der mittlerweile umstrittene Keeper dann eine ernüchternde Bilanz verzeichnen. Nach 93 Gegentoren musste er mit Werder Bremen den Weg in die 2. Liga antreten, während in der Nationalelf Nigbur und Harald → Schumacher seine einstige Position erobert hatten. Für die Testspiele gegen Polen wurde Burdenski weder für den A- noch für den B-Kader berufen und zur Europameisterschaft nach Italien fuhren Schumacher sowie Walter → Junghans.

Der Bremer »Adler« konsolidierte in der 2. Liga wieder seine Form und schaffte mit dem Klub den sofortigen Wiederaufstieg. Unter Trainer Otto Rehhagel gewann Bremens »Trumpf-As« zunehmend an Ruhe und Gelassenheit, was am 7. Juni 1983 beim 4:2 gegen Jugoslawien in ein Länderspiel-Comeback mündete. Mit Werder Bremen kämpfte das »Muster an Beständigkeit« jetzt regelmäßig um die Meisterschaft und 1984 nahm er, als Nummer 2 und ältester Spieler, hinter Schumacher an der Europameisterschaft in Frankreich teil. Erfahrung und sicheres Auge machten den Routinier jetzt zu einem unverzichtbaren Rückhalt für Bremens Hintermannschaft. In der Saison 85/86 besaß er mit seinen Leistungen entscheidenden Anteil an Bremens greifbar nahem Titelgewinn. Im vorentscheidenden Spiel gegen Bayern München jedoch vergab Bremens Michael Kutzop einen Elfmeter und damit befand sich Bremen, lange Zeit souveräner Tabellenführer, vor dem letzten Spieltag in der Rolle des Gejagten. Während die Konkurrenz aus München ihren

Gegner Borussia Mönchengladbach mit 6:0 abfertigte, wehrte sich in Stuttgart allein Burdenski mit guten Reaktionen längere Zeit gegen die 1:2-Niederlage. Der große Traum war geplatzt und Burdenski äußerte in der nächsten Spielzeit erstmals Rücktrittsabsichten. Sein Verein reagierte zwei Tage später mit der Verpflichtung von Juniorennationaltorwart Oliver → Reck.

Danach durfte der »tadellose Sportsmann« für eine letzte Spielzeit den Bremer Kasten hüten, um ab der Saison 87/88 seine Position an den designierten Nachfolger abzutreten. So erlebte er zumeist von der Ersatzbank Werders zweiten Meistertitel in der Bundesliga mit, wobei er durch Recks Platzverweis in Stuttgart noch zu insgesamt drei Einsätzen gelangte. Einen erhofften Einsatz in der letzten Heimbegegnung verwehrte ihm Otto Rehhagel, so dass Burdenskis Abschied mit einigen Misstönen verbunden war. Nach seinem Abschiedsspiel gegen eine Europa-Auswahl stellte er sich mit 42 Jahren noch als Aushilfstorwart dem schwedischen Spitzenklub AIK Stockholm zur Verfügung, um anschließend noch einige Spiele für den holländischen Erstdivisionär Vitesse Arnheim sowie beim Bezirksligisten VfB Auerbach zu absolvieren. Bereits zu seiner aktiven Zeit hatte sich der vielseitige Profi als Autor einer Buchbiografie (»Dieter Burdenski – 18 Jahre die Nummer 1«) betätigt, sowie Juni 1985 im Ostseebad Timmendorfer Strand eine Fußballschule eröffnet. Neben einer Werbe-Agentur, einem Reisebüro sowie als Organisator von Fußball-Events ist der »Fußballverrückte« bei Werder Bremen seit einigen Jahren auch wieder als Torwarttrainer tätig. In der Saison 01/02 ließ sich der zwölffache Nationalspieler – weil alle etatmäßigen Keeper verletzt oder gesperrt waren – zu einem rekordverdächtigen, aber auch misslungenen Comeback in Bremens Regionalligamannschaft überreden. Mit zwei Fehlern verschuldete der zu diesem Zeitpunkt 51-jährige Torwartsenior die 1:3-Niederlage gegen den Chemnitzer FC.

Butt, Hans-Jörg

Geboren: 28.05.1974 (Deutschland)
BL-Vereine: Hamburger SV (1997–2001), Bayer 04 Leverkusen (seit 2001)
BL-Spiele: 183 (zum Ende der Hinrunde 02/03)
BL-Tore: 21 (zum Ende der Hinrunde 02/03)
A-Länderspiele für Deutschland: 2

Der lange Zeit als »Kult-Keeper« gefeierte Hans-Jörg Butt begann als gebürtiger Oldenburger 1980 beim TSV Großenkneten mit den ersten Ballkontakten. Mit zehn Jahren träumte er bereits von einer Profikarriere, spielte bis zur B-Jugend als Stürmer und übte sich nebenher im regelmäßigen Torwarttraining. Nach seiner endgültigen Entscheidung für den Keeperposten (»Ich merkte, dass mein Potenzial im Tor einfach größer war.«) und Berufungen in die Jugendauswahl von Niedersachsen wechselte der Gymnasiast 1990 – zwei Jahre vor seinem jüngeren Bruder Henning, der ebenfalls im Tor spielt – zum VfB Oldenburg.

Ab der Saison 92/93 zählte der Abiturient als Vertragsamateur bereits zum erweiterten Zweitligakader, gelangte aber zu keinem Einsatz und musste den Abstieg in die Amateurliga miterleben. Drei Jahre später endgültig zum Stammtorwart avanciert, schaffte der 1,91 m große Schlussmann mit seinem Klub während der Saison 95/96 den Meistertitel in der Regionalliga Nord, was zur Teilnahme an den Aufstiegsspielen zur 2. Bundesliga berechtigte. Hierbei vollbrachte das »Torwart-Talent«, das bis 1996 immer noch gelegentlich als Stürmer eingesetzt wurde, seine erste Herkulestat. Im entscheidenden Aufstiegsspiel gegen Tennis Borussia Berlin parierte der gelernte Großhandelskaufmann in der Verlängerung einen Foulelfmeter und sicherte damit Sieg und Aufstieg. Bereits als sicherer Elfmeterschütze gerühmt, bildete Butt vor der Saison 96/97, zusammen mit Bruder Henning, ein einträchtiges Torwartpärchen und zählte bereits zu den herausragenden Leistungsträgern.

Weil er jedoch einen am linken Fußgelenk erlittenen Bänderriss nicht richtig auskurierte, zeigte er in der Vorrunde eher durchwachsene Vorstellungen, um nach der Winterpause seinen Stammplatz an den eiligst verpflichteten Ralf → Eilenberger zu verlieren. Trotz dieser enttäuschenden Episode besaß er zu diesem Zeitpunkt bereits einen Profivertrag beim Hamburger SV. Dennoch schien der »sympathische Typ aus dem Bilderbuch« im Dreikampf mit Richard → Golz und dem Mazedonier Sascha Ilič vor der Saison 97/98 die schlechtesten Karten zu besitzen. Der langjährige Stammtorwart Golz stand allerdings schon seit geraumer Zeit in der Kritik und auch Ilič erwies sich bei den Testspielen nicht als die erhoffte Alternative. Trotzdem kam es für alle Beteiligten eher überraschend, dass Trainer Frank Pagelsdorf (»Butt hat Vorteile in der Strafraumbeherrschung, ist im fußballerischen Bereich, im Verhalten bei Rückpässen sogar wahrscheinlich der Stärkste in der Bundesliga.«) den »Nobody« vor dem Saisonstart zur neuen Nummer 1 bestimmte. Die »Superverpflichtung« (Pagelsorf) rechtfertigte während der Hinrunde das Vertrauen, überragte am 11. Spieltag beim torlosen Remis gegen Werder Bremen und schien bereits als Stammkraft etabliert. Schon als Hamburgs »neuer Torwart-Stern« gefeiert, erlitt seine kometenhafte Karriere einen Rückschlag, als Pagelsdorf nach der Winterpause zunächst wieder auf Golz vertraute. Weil sich der Kontrahent bei der 0:3-Niederlage gegen Bayern München aber vollkommen von der Rolle präsentierte, kehrte Butt wieder zurück und blieb bis zum Saisonende im Kasten.

Nach dem Wechsel von Golz zum Aufsteiger SC Freiburg avancierte der »Gentleman im Fußballtor« (WELT am Sonntag) endgültig zur unumstrittenen Nummer 1. Neben seiner ebenso pragmatischen wie effektiven Spielweise, die sich bewusst an dem holländischen Nationaltorwart Edwin van der Sar orientierte, brillierte Butt zudem als ballsicherer Beherrscher seines Strafraumes und – vor allem als souveräner Elfmeterschütze.

Am 4. Spieltag verwandelte »der Torwarttyp der Zukunft« im Heimspiel gegen den VfL

Hans-Jörg Butt erwies sich in seiner bisherigen Bundesligalaufbahn mehrfach als treffsicherer Elfmeterschütze.

Wolfsburg erstmals erfolgreich einen Strafstoß, dem sich im Verlauf dieser Spielzeit noch sechs weitere Volltreffer anschlossen. Eine Rekordmarke setzte der Sensations-Keeper am 33. Spieltag, indem er als erster Bundesligatorwart der Geschichte, beim 3:1-Sieg über den VfB Stuttgart, den Ball per Strafstoß gleich zweimal ins Netz versenkte. Zu diesem Zeitpunkt war »Hamburgs Fußballgott« längst zu einem ausgesprochenen Publikumsliebling avanciert, der bei seinen eiskalten Heldentaten von den heimischen Rängen tausendfache »Butt-Butt-Butt«-Rufe erntete. Beim HSV bereits Kultstatus genießend und zu Auftritten beim englischen Pay-TV sowie im deutschen Kinderkanal eingeladen, bestach der »pragmatische Held« zudem durch eine brillante Ballbehandlung, die ihn für das moderne Torwartspiel der 90er Jahre förmlich prädestinierte. Als Belohnung folgte im April 1999, in Vertretung des erkrankten Oliver → Kahn, gegen Schottland erstmals die Berufung in das Länderspielaufgebot sowie eine regelmäßige Nominierung für die neu gegründete A2-Nationalmannschaft.

Während der Saison 99/00 setzte sich der sportliche Aufstieg des »Modellathleten« unvermindert fort. Bereits in der vorangegangenen Spielzeit bester Elfmeterschütze aller Bundesligaspieler, war Butt in dieser Saison gleich neunmal erfolgreich. Während gegnerische Torhüter wie Oliver → Reck (»Es bringt nichts, sich aufzuschreiben, wohin Butt zielt. Der Sauhund schießt sowieso, wohin er will.«) an seiner Treffsicherheit verzweifelten, zeigte er in der Bundesliga Top-Leistungen am laufenden Band, die seinem Klub am Ende zur Champions-League-Qualifikation verhalfen. Nach einer überragenden Darbietung in seinem dritten A2-Länderspiel gegen Russland feierte der nüchterne »Individualist« am 7. Juni 2000 beim 8:2-Sieg gegen Liechtenstein in der zweiten Halbzeit das längst erwartete Länderspieldebüt.

Als nach längerem Gerangel um die Ablösesumme für die Saison 01/02 sein Wechsel zu Bayer Leverkusen feststand, mutierte der einst gefeierte Torwartheld bei den HSV-Fans zum Aussätzigen. In den letzten Heimspielen der Saison 99/00 erntete der »Unternehmer zwischen den Pfosten« für jede Aktion Pfiffe von den Rängen, um nach Spielschluss sogar mit Bier überschüttet zu werden. Ein wenig Ablenkung von diesen unerfreulichen Ereignissen fand die »echte Persönlichkeit« (Eike → Immel) nach Saisonschluss als dritter Torwart bei der Europameisterschaft in Portugal.

In der Saison 00/01 folgte dann für den »Traum einer jeden Schwiegermutter« (Topin-Sport – Fußballbundesliga) der rapide Absturz. Noch für eine Spielzeit beim HSV unter Vertrag, leistete sich der, plötzlich zum » Pannen-Butt« (WELT) deklarierte Schlussmann in der Bundesliga wie auch in den Champions-League- und UEFA-Pokalspielen zahlreiche eklatante Aussetzer. Während der Rückrunde konnte der »Kopfmensch« seine Form zwar wieder einigermaßen stabilisieren, zu keinem Zeitpunkt jedoch an die einstigen Glanzleistungen anknüpfen.

Im Sommer 2002 von der Elbe an den Rhein gewechselt, erhoffte sich sein neuer Klub – nach den vorangegangenen Turbulenzen mit Adam → Matysek und Pascal → Zuberbühler – von Butt Stabilität auf der lange Zeit vakanten Torwartposition. Der »starke Neuzugang« erfüllte zunächst alle Erwartungen, wurde auf Anhieb Führungsspieler und schien sein Formtief aus der HSV-Zeit abgeschüttelt zu haben. Hinter einer stark offensiv ausgeprägten Mannschaft zumeist nur sporadisch beschäftigt, zeichnete sich der »unheimlich intelligente Mensch« (Bayer-Trainer Klaus Toppmöller), der im gleichen Zeitraum beim Düsseldorfer Institut für Sportmanagement ein Studium begann, am 5. Spieltag mit einem verwandelten Elfmeter und glänzenden Reflexen für den 1:0-Sieg bei Borussia Mönchengladbach praktisch alleinverantwortlich.

Im März 2002 absolvierte »Mister Zuverlässig« beim 4:2-Sieg über die USA in der zweiten Halbzeit sein zweites Länderspiel. Wieder im Kreis der deutschen Elite-Torhüter angelangt, erwies sich Butt, obwohl zeitweilig seltsam phlegmatisch wirkend, auch in den erfolgreichen Champions-League-Schlachten gegen Manchester United und den 1. FC Liverpool zumeist als zuverlässiger Rückhalt, ehe im Saisonendspurt der Totaleinbruch erfolgte.

Mit seinem Klub vor dem 32. Spieltag souveräner Tabellenführer, ließ sich Butt im vorentscheidenden Heimspiel gegen Werder Bremen in der 5. Minute von einem haltbaren Weitschuss überraschen, um anschließend gegen Nationalmannschaftskonkurrent Frank → Rost den zweiten Elfmeter seiner Bundesligalaufbahn zu verschießen. Nach der 0:2-Niederlage praktisch aus dem Titelrennen, folgte für Bayer Leverkusen am 11. Mai im DFB-Pokalfinale gegen Schalke 04 das nächste Desaster. Praktisch jeder Schuss auf das Tor von Butt landete im Netz und nach der 2:4-Schlappe war auch die zweite Titelchance vergeigt. Am 16. Mai bei der 1:2-Niederlage im Champions-League-Endspiel gegen Real Madrid ließ der sichtlich angeschlagene Schlussmann nach neun Minuten einen harmlosen Kullerball des Spaniers Raul passieren und sah beim zweiten Treffer von Superstar Zinedine Zidane ebenfalls unglücklich aus. Trotz seiner Patzerserie, die der »Kicker« Monate später vernichtend kommentierte (»Mit einem Kahn oder Lehmann wäre Bayer Leverkusen vielleicht schon Meister«) wurde der »angeschlagene Torwart« von DFB-Teamchef Rudi Völler als dritter Mann, hinter Oliver Kahn und Jens → Lehmann, für die Weltmeisterschaft nominiert. Nach fleißigen Sonderschichten und der Vizeweltmeisterschaft prognostizierte ihm Bundes-Torwarttrainer Sepp → Maier eine »Super-Saison«.

Aber schon nach dem ersten Spiel der Saison 02/03 sprach Trainer Toppmöller von einem »Schülertorwart-Fehler«, ehe vier Wochen später, nach einem weiteren Patzer bei der 1:3-Heimpleite gegen Hannover 96, die endgültige Demontage erfolgte. Toppmöller nahm den »Sündenbock« aus dem Tor, um in den kommenden Spielen auf den Australier Frank → Jurič zu vertrauen.

Durch eine Hüftprellung des Kontrahenten kehrte der degradierte Keeper am 7. Spieltag zurück, um sich gegen Bayern München mit mehreren Glanztaten als »Sieggarant« zu entpuppen. Zwei Wochen später brillierte er auch beim 1:0-Sieg gegen den 1. FC Kaiserslautern und schien auf dem Weg zu alter Stärke. Diesem positiven Eindruck schlossen sich jedoch erneut krasse Schnitzer an. Am 15. Spieltag verursachte das »Torwart-Rätsel« mit seinem überflüssigen Strafraumausflug den frühen Rückstand und verletzte zudem dabei auch noch Mitspieler Lucio. Wenige Tage später trug der Unglücksrabe mit einem Eigentor erhebliche Mitschuld an der 2:3-Niederlage im Champions-League-Spiel gegen Inter Mailand. Ungeachtet der zuletzt mangelnden Konstanz seiner Leistungen hat Hans-Jörg Butt (»Man braucht eine Grundverrücktheit, um Torwart zu sein.«) durch seine in Bundesliga- und Europacupspielen verwandelten Elfmeter bereits unauslöschliche Bundesligageschichte geschrieben.

C

Clauß, Andreas

Geboren: 13.01.1969 (Deutschland)
BL-Verein: SV Waldhof Mannheim (1987–1990)
BL-Spiele: 7

Nach dem Wechsel von Phönix Mannheim zum Lokalrivalen SV Waldhof Mannheim folgten für Andreas Clauß ab 1983 zahlreiche Einladungen in die Jugendnationalmannschaft. 1985 nahm der hochtalentierte Schlussmann an der U16-Europameisterschaft in Ungarn teil. Zwei Jahre später rückte er in den Bundesligakader von Waldhof Mannheim auf. Weitere Nominierungen in die Jugendauswahl folgten, sowie 1987 die Teilnahme an der U20-WM in Chile. In diesen internationalen Begegnungen stets mit Bestnoten bedacht, erhielt der 1,86 m große Schlussmann auch von Waldhof-Trainer Felix Latzke (»Der Junge macht einen sehr guten Eindruck.«) eine günstige Prognose.

Hinter Stammtorwart Uwe → Zimmermann musste sich der gelernte Bankkaufmann jedoch zwei Jahre mit der Reservistenrolle begnügen, so dass er 1989 Vertragsamateur wurde, um in der Verbandsligamannschaft wenigstens Spielpraxis zu sammeln. Der lang ersehnte Ernstfall ereignete sich dann vor dem 26. Spieltag der Saison 89/90. Zimmermann quälten starke Bandscheibenschmerzen, so dass an einen Einsatz nicht zu denken war. Vor der Begegnung gegen Werder Bremen befand sich Waldhof mit Platz 9 im scheinbar sicheren Mittelfeld der Tabelle. Clauß feierte bei dem torlosen Remis ein zufrieden stellendes Debüt und kündigte anschließend im Übermut Zimmermann bereits den Konkurrenzkampf an. In den nächsten Wochen ließ sich der »Dickkopf« zunächst nichts zu Schulden kommen, während seine Mannschaft sieglos Richtung Tabellenkeller steuerte. Das Fiasko folgte dann am 32. Spieltag beim Auswärtsspiel gegen den 1. FC Köln. Vollkommen indisponiert hechtete der 1,84 m große Schlussmann an den Bällen vorbei und verschuldete bei der 0:6-Klatsche nahezu alle Treffer. Nervlich demoralisiert wurde Clauß wieder aus dem Tor genommen, ohne dass Waldhofs Abstieg noch verhindert werden konnte.

Auch in den darauf folgenden Zweitligajahren blieb Clauß zumeist zweiter Mann. Hatten ihn die Fans im letzten Bundesligajahr zunächst noch auf Transparenten gefeiert (»Andi Clauß – unsere wahre Nummer 1«), so verspielte er in den kommenden Jahren durch diverse Schnitzer jeglichen Kredit. Mittlerweile bei den Anhängern als »Pannen-Andi« verschrien, musste er 1997 auch noch den Absturz ins Amateurlager erleben. Anschließend wechselte er, nach einem Intermezzo bei Kickers Offenbach, im Sommer 1999 zu Darmstadt 98 und zählt in der Regionalliga Süd zu den herausragenden Torhütern.

Croonen, Markus

Geboren: 19.03.1964 (Deutschland)
BL-Verein: VfL Bochum (1984–1986)
BL-Spiele: 4

Frühzeitig als talentierter Nachwuchskeeper entdeckt, startete Markus Croonen seine Fußballerlaufbahn zunächst in Duisburg-Rahm. Nach vier Jahren beim MSV Duisburg wechselte er als 17-Jähriger zur A-Jugend des VfL Bochum.

1981 wurde er in das DFB-Jugendaufgebot berufen und absolvierte 4 Länderspiele. Gefördert durch seinen Betreuer Heinz Horsch zeigte Croonen anschließend vorzügliche Leistungen in Bochums Oberligamannschaft. Experten bescheinigten dem Gymnasiasten, der für die Saison 84/85 als Nachfolger von Ersatzmann Reinhard → Mager in den Bundesligakader aufgenommen wurde, ein großes Potential – aber auch Schwächen in der Strafraumbeherrschung.

Um weiterhin Spielpraxis in der Oberliga sammeln zu können, blieb Croonen Amateur, baute sein Abitur und wartete hinter Stammkeeper Ralf → Zumdick auf seine Chance. Erster Frust staute sich auf, als Zumdick in dieser

Spielzeit trotz einer Schambeinverletzung weiterspielte, weil die VfL-Verantwortlichen sich nicht auf den unerfahrenen Ersatzmann verlassen wollten. Vor dem Saisonstart 84/85 fiel Zumdick wegen einer schweren Schulterverletzung langfristig aus und somit erhielt der ehrgeizige Croonen (»Wenn ich nicht spielen wollte, wäre ich hier fehl am Platze.«) die ersehnte Bewährungsprobe.

Aber die Freude über das Debüt am 1. Spieltag in Nürnberg wurde schnell getrübt. Wegen einer vermeintlichen »Notbremse« von Croonen, die einen Platzverweis zur Folge hatte, war seine Premiere bereits nach 25 Minuten abrupt beendet. Fassungslos musste Croonen am Spielfeldrand miterleben, wie der 17-jährige Dirk → Drescher zum Einsatz kam und nach dem 1:0-Sieg gefeiert wurde.

Wegen »leichterer Tätigkeit« bekam Croonen eine Sperre von vier Pflichtspielen und spielte in den Planungen von Trainer Rolf Schafstall vorläufig keine Rolle mehr. Weil Jugendtorwart Stefan → Brasas noch nicht spielberechtigt war und A2-Jugend-Keeper Drescher ein zu großes Risiko verkörperte, verpflichtete Bochum den 39-jährigen Wolfgang → Kleff. Der sensible Croonen stürzte in eine kurzzeitige Krise, bei der er selbst seinen Stammplatz in der Oberliga zeitweise an Brasas verlor. Zum Ende der Hinrunde stabilisierten sich die Leistungen des Abiturienten. Ralf Zumdick hatte es erneut erwischt und mit seinem Kreuzbandriss stand er bis zum Saisonende nicht mehr zur Verfügung. Zunächst vertraute Schafstall ab dem 20. Spieltag wieder auf den routinierten Kleff und Croonen saß nur auf der Bank.

Nach Kleffs schwacher Vorstellung beim 1:6 gegen Bayern München gelangte er dann drei Monate später zu seiner zweiten Chance. Beim 2:0-Sieg im Nachholspiel gegen den 1. FC Köln zeigte der Banklehrling eine hervorragende Leistung. Doch schon zwei Wochen darauf sorgten die Mankos in der Strafraumbeherrschung beim 2:4 in Schalke für das endgültige Aus. Kleff kehrte wieder zurück und für die neue Saison verpflichtete Bochum den viel versprechenden Andreas → Wessels. Croonen wechselte zum westfälischen Amateurligisten Preußen Münster, dem sich in den kommenden Jahren noch Engagements beim SC Hassel, SpVgg Bad Homburg, FSV Frankfurt und SG Egelsbach anschlossen.

D

Daniel, Jörg

Geboren: 09.07.1951 (Deutschland)
BL-Verein: Fortuna Düsseldorf (1984–1986)
BL-Spiele: 112
Vereinstitel: 2x DFB-Pokal (1979, 1980)

Beim VfL Bochum erntete Jörg Daniel, der mit dem Fußball beim SV Herringen begann, 1969 mit dem Gewinn der Deutschen A-Jugend-Meisterschaft erste Lorbeeren. Nach dem Abitur wechselte er 1971 zum Regionalligisten Alemannia Aachen, um hinter Stammtorwart Werner → Scholz lediglich fünf Pflichtspieleinsätze zu absolvieren. Aufgrund seines Studiums an der Sporthochschule Köln ließ er sich 1972 reamateurisieren und spielte zwei Jahre lang beim Verbandsligisten SG Eschweiler.

Weil beim Zweitligisten Fortuna Köln Stammtorwart Wolfgang → Fahrian während der Saison 74/75 am Meniskus operiert wurde, erhielt der 23-jährige Daniel kurzfristig seinen ersten Profivertrag. Nach durchwachsenen Leistungen erfolgte jedoch bereits nach fünf Einsätzen die Ablösung durch Neuerwerbung Helmut → Pabst.

Nach Fahrians Genesung nur noch Tribünengast, zeigte sich Daniel heilfroh über ein Angebot vom Zweitliganachbarn Union Solingen. Während der Saison 75/76 verdrängte er mit hervorragenden Leistungen den etablierten Meinolf Schulte und schon bald flatterten ihm Angebote von Bundesligisten ins Haus. Lizenzspieler-Obmann Werner Faßbender von Fortuna Düsseldorf hatte Daniel mehrmals beobachtet und setzte sich für dessen Verpflichtung ein.

Hinter Stammkeeper Wilfried → Woyke kämpfte Daniel während der Saison 76/77 mit Kurt → Büns um den Posten der Nummer 2. Nach der 0:1-Niederlage gegen Borussia Mönchengladbach besaß Fortuna Düsseldorf vor dem 27. Spieltag kaum noch Chancen auf den angestrebten UEFA-Cup-Platz. Trainer Dietrich Weise begann deshalb mit Experimenten. Um den Leistungstand der Reservisten unter Wettbewerbsbedingungen zu erproben, gab der Coach seinem Ersatztorwart gegen den MSV Duisburg die erste Bewährungsprobe. Zog sich Daniel in dieser Begegnung noch achtbar aus der Affäre, so erhielt er nach der anschließenden 2:3-Heimniederlage gegen Hertha BSC von der »Bild am Sonntag« die selten vergebene Note 0 (Hat das Geld nicht verdient.).

Mit neuem Ehrgeiz und aufgrund der Handoperation von Büns vor der Saison 77/78 endgültig zur nominellen Nummer 2 aufgerückt, sollte sich Daniels Beharrlichkeit auszahlen. Eine Meniskusoperation von Woyke sorgte ab dem 7. Spieltag für die zweite Chance. Auf Anhieb erwies sich »Daniel aus der Löwengrube« als souveräner Rückhalt, der über die gesamte Saison reaktionsschnell und nahezu fehlerfrei agierte. Der »vorzügliche Torhüter« zeigte Glanzleistungen in den Spielen gegen Bayern München, Hertha BSC und 1860 München, um seiner Mannschaft gegen Schalke 04 mit einem gehaltenen Elfmeter zudem den Weg ins DFB-Pokal-Halbfinale zu bahnen. Auch bei der 0:2-Niederlage im Pokalendspiel gegen den 1. FC Köln agierte der »Torwartriese« vorzüglich und viele Experten stuften ihn als »Entdeckung der Saison« ein.

Zu diesem Zeitpunkt einer der »sechs besten Torhüter der Bundesliga« schien sich der »Modellathlet« bereits für internationale Aufgaben zu empfehlen, um stattdessen zum Saisonstart 78/79 wegen Meniskusproblemen auf dem Operationstisch zu landen. Erst am 16. Spieltag meldete er sich wieder fit, konnte aber anschließend nur selten an die Leistungen der vergangenen Saison anknüpfen. Weiterhin fleißig mit seinem Studium beschäftigt, patzte der Keeper im Pokalsiegerwettbewerb gegen den FC Barcelona entscheidend und wirkte auch sonst in seinen Aktionen des Öfteren phlegmatisch. Der 1:0-Sieg im DFB-Pokal-Finale gegen Hertha BSC ließ die Spielzeit dennoch versöhnlich ausklingen.

Vor der Saison 79/80 als Nummer 1 gesetzt, entwickelte sich der vormalige Leistungsträger im Verlauf der Spielzeit immer mehr zu einem neuralgischen Punkt. Aufgrund der akuten Abstiegsgefahr kam nach dem 8. Spieltag für den glücklosen Hans-Dieter Tippenhauer als neuer Trainer Otto Rehhagel. Unter seiner Leitung schien sich auch der einstige »Senkrechtstarter« im Tor wieder zu stabilisieren. Am 13. Spieltag zeigte er beim 1:1-Remis gegen Spitzenreiter Hamburger SV eine überragende Leistung, um sich drei Wochen später bei der 0:3-Niederlage gegen Hertha BSC erneut als Nervenbündel zu präsentieren. Rehhagel reagierte und schickte Ersatzmann Horst → Dreher in den Kasten. Nur durch die unglaubliche Verletzungsserie seines Kontrahenten kehrte Daniel während der Rückrunde zurück, um zum Saisonabschluss, mit dem 2:1-Sieg gegen den 1. FC Köln, zum zweiten Mal in Folge den DFB-Pokal zu gewinnen. Während der Saison 80/81 offenbarte der Zerberus neben guten Vorstellungen immer wieder Fehler, die verstärkt an seinem Nimbus kratzten. Als Konsequenz vertraute Fortuna Düsseldorf für die nächste Spielzeit auf den wieder genesenen Dreher und verzichtete auf eine Vertragsverlängerung mit dem sportlichen »Unruheherd«.

Der einst gefeierte Keeper musste jetzt beim Arbeitsamt stempeln gehen, besaß dadurch jedoch genügend Zeit, um sich auf sein Sportlehrer-Diplom mit dem Abschlussthema »Die Zufriedenheit im Leistungssport« vorzubereiten. Hierfür hatte der emsige Daniel mehr als 140 Fragebögen an Amateur- und Profifußballer verteilt, die – anonym zurückgesandt – von ihm akribisch ausgewertet wurden. Ein neuer Profiverein fand sich nicht mehr und so heuerte der dreifache Familienvater schließlich beim Oberligisten FV Bad Honnef an. Nach Tätigkeiten als Verbandssportlehrer und Buchautor (»Fußball-Jugend-Training) ist Jörg Daniel gegenwärtig als Trainer beim DFB für die U16-Auswahl verantwortlich und war bei der A-Nationalmannschaft auch schon als Vertreter für Torwarttrainer Sepp → Maier tätig.

Danner, Volker

Geboren: 21.08.1942 (Deutschland)
BL-Vereine: 1. FC Saarbrücken (1963–1964), Borussia Mönchengladbach (1967–1970), MSV Duisburg (1971–1973), Hamburger SV (1973–1974)
BL-Spiele: 180
Vereinstitel: 1 x Meister (Borussia Mönchengladbach: 1970)
In Saarbrücken geboren, begann Volker Danner, aufgrund des elterlichen Umzugs nach Bayern, seine Torwartlaufbahn 1951 beim VfR Regensburg. Nach den Stationen TSV Regensburg, SpVgg Hof sowie Berufungen in die Stadt- und Kreisauswahl schloss er sich nach seiner Rückkehr in die Heimatstadt 1959 dem 1. FC Saarbrücken an und absolvierte bereits mit 16 Jahren sein erstes Spiel in der Oberligamannschaft.

Beim Start der ersten Bundesligasaison 63/64 hatte sich der junge Zerberus bereits als feste Stammkraft etabliert. Der 1,82 m große »Akrobat« im Tor des 1. FC Saarbrücken beeindruckte durch spektakuläre Flugparaden, ließ es aber zuweilen noch an Beständigkeit und Nervenstärke mangeln. Sein Verein litt unter einer eklatanten Sturmschwäche und dennoch war Trainer Helmut Schneider zuversichtlich, die Klasse halten zu können. Schon am 1. Spieltag setzte es jedoch eine 0:2-Niederlage gegen den späteren Meister 1. FC Köln, bei der sich Danner von einem Weitschuss überraschen ließ. Zwei Wochen später verschuldete der gelernte Autoschlosser beim 2:2-Remis gegen Eintracht Braunschweig erneut einen Treffer und Saarbrücken war bereits Vorletzter. Der Verein schien inzwischen hoffnungslos abgeschlagen, als am 13. Spieltag bei Werder Bremen der erste Saisonsieg erfolgte. Während der Rückrunde konnte der »Flieger im FCS-Kasten« seine Leistungen stabilisieren, ohne den sofortigen Abstieg seiner Elf verhindern zu können. Auch in der Regionalliga Südwest rettete Danner so manchen Sieg, um im Mai 1965 in Freiburg, beim 1:0-Sieg über England, sein erstes von insgesamt drei Juniorenländerspielen zu absolvieren.

Vor der Saison 66/67 wechselte der »ausgezeichnete Schlussmann«, als Nachfolger von Manfred → Orzessek, zum Bundesligisten Borussia Mönchengladbach. Beim torlosen Remis gegen Schalke 04 feierte er einen gelungen Einstand, bei dem er sich als unüberwindlich erwies und mit einer sicheren Strafraumbeherrschung beeindruckte. Auch in den folgenden zwei Jahren erwies er sich als zuverlässiger Schlussmann und aufgrund zahlreicher Galavorstellungen, wie am 16. Spieltag der Saison 68/69 gegen Bayern München, stand er immer wieder kurz vor einer Berufung in die Nationalmannschaft. Im Sommer 69 musste sich der Keeper mit den »magnetischen Händen« jedoch einer Knieoperation unterziehen und deshalb bis zum Saisonende pausieren. Nachwuchskeeper Wolfgang → Kleff nutzte die Chance und war schon bald aus dem Gladbacher Gehäuse nicht mehr wegzudenken. In der nächsten Spielzeit gelang Borussia Mönchengladbach der lange angestrebte Meistertitel. Danner erlebte diesen Triumph jedoch nur noch auf der Ersatzbank mit. Am letzten Spieltag durfte er, nach der Halbzeitpause, gegen Rot-Weiß Oberhausen noch einmal den Sweater überstreifen; sein Wechsel zum MSV Duisburg war jedoch bereits beschlossene Sache.

Auf Anhieb entpuppte er sich als »Gewinn« für die vorher instabile Duisburger Abwehr. Überragend auf der Linie und mit meisterlicher Reaktion ausgestattet, blieb Danner bis kurz vor dem Saisonende 71/72 die unumstrittene Nummer 1. Seine Beteiligung an den Spiel-Manipulationen des Bundesliga-Skandals sorgte anschließend für den zweiten Karrierestopp. Das DFB-Sportgericht konnte ihm nachweisen, für das letzte Saisonspiel der Saison 70/71 gegen Bayern München – über einen Mittelsmann – eine unzulässige Siegprämie ausgehandelt zu haben. Aufgrund der anschließenden viermonatigen Sperre eroberte sich Kontrahent Dietmar → Linders während der Saison 72/73 den verlorenen Stammplatz zurück.

Nur noch die Nummer 2 beim MSV Duisburg, wechselte Danner während der Saison 73/74, als zweiter Mann hinter Rudolf → Kargus, ablöse-

»Akrobat« Volker Danner flog für den 1. FC Saarbrücken, Borussia Mönchengladbach und MSV Duisburg.

frei zum Hamburger SV. Seine Kniebeschwerden zwangen jedoch zu einer erneuten Pause. Weil sich die Symptome nicht besserten, wurde er schließlich operiert, wobei die behandelnden Ärzte einen irreparablen Knieschaden diagnostizierten. Eine Fortsetzung als Profi war dadurch ausgeschlossen und vom Hamburger SV erhielt er noch vor der Winterpause die fristlose Kündigung. Danner ließ sich reamateurisieren und spielte anschließend noch für die Amateurligisten SV Wesel und SC Sterkrade 06.

De Beer, Wolfgang

Geboren: 02.01.1964 (Deutschland)
BL-Vereine: MSV Duisburg (1981–1982), Borussia Dortmund (1986–2001)
BL-Spiele: 182
Vereinstitel: 2x Meister (Borussia Dortmund: 1995, 1996), 1 x DFB-Pokal (Borussia Dortmund: 1989), 1 x Champions-League (Borussia Dortmund: 1997)

Borussia Dortmunds langjähriger, unangefochtener Publikumsliebling wurde in Dinslaken geboren und begann mit dem Vereinsfußball beim Vorortklub TV Jahn Hiesfeld, ehe er 1978 in die B-Jugend des MSV Duisburg wechselte. Der Bundesligist stand am 33. Spieltag der Saison 81/82 bereits vorzeitig als Absteiger fest, als der gelernte Möbelschreiner noch als A-Jugendlicher sein Erstligadebüt feierte. Der Klub wollte sich von den etatmäßigen Ersatztorleuten Wolfgang → Schreiner und Ulrich Fuchs trennen und den 18-jährigen Nachwuchskeeper de Beer (MSV-Co-Trainer Günter Preuß: In seinem Alter gibt es weit und breit keinen Besseren.«) für die kommende Saison testen. Seine Aufgabe löste er trotz der fünf Gegentore bei der 2:6-Niederlage gegen Werder Bremen vorzüglich, ehe er sich in der 81. Minute auswechseln ließ, um Stammkeeper Gerhard → Heinze für den nächsten Samstag sein 400. BL-Spiel zu ermöglichen.

Während der nächsten zwei Spielzeiten blieb der 1,85 m große Blondschopf hinter Heinze und anschließend zunächst auch hinter Neuzugang Heribert → Macherey die Nummer 2. In der Saison 83/84 erstmals Stammtorhüter, erhielt er postwendend die Berufung in die U 21-Auswahl, um im Frühjahr 84 als einziger Zweitligaspieler gegen die UdSSR seinen einzigen Einsatz zu absolvieren. In der gleichen Spielzeit kämpfte er mit dem MSV Duisburg um den Wiederaufstieg, zeigte im zweiten Relegationsspiel gegen Bundesligist Eintracht Frankfurt eine hervorragende Leistung, um dennoch mit seinem Klub zu scheitern. Im ständigen Zweikampf mit Macherey musste der Motorradfan dann 1986 sogar den Absturz in die Amateurliga erleben. Aufgrund seiner hervorragenden Leistungen wechselte er im Anschluss für die Ablösesumme von 70 000 DM zum Bundesligisten Borussia Dortmund.

Zunächst als Nummer 2 hinter Rolf → Meyer vorgesehen, profitierte der »Nobody« vor dem Start in die Saison 86/87 von der Fingerverletzung des Kontrahenten. Der »Riese zum Billigtarif« debütierte im ersten Saisonspiel bei Bayern München mit einer souveränen Leistung, hielt auch in den folgenden Begegnungen fehlerlos und machte sich schnell im Dortmunder Kasten unentbehrlich. Von den Mitspielern mit dem Spitznamen »Teddy« bedacht, beeindruckte der »Modellathlet« während dieser Spielzeit konstant mit spektakulären Paraden, energischem Zweikampfverhalten und sensationellen Reflexen. Beim Dortmunder Publikum zum absoluten Liebling avanciert, von Teamkollege Frank Mill (»Ich habe selten erlebt, dass ein Torhüter in so jungen Jahren schon alles kann. Aus dem Teddy wird mal ein ganz Großer – da bin ich sicher.«) in den Himmel gelobt, konnte der »Super-Teddy« auch in der folgenden Spielzeit an diese Leistungen anknüpfen. Am 4. November 87 sicherte er mit einer Weltklasseleistung sowie einem parierten Elfmeter bei Velez Mostar den Einzug ins Achtelfinale des UEFA-Pokals.

Enorm trainingsfleißig und ehrgeizig blieb der Keeper mit glänzenden Darbietungen während der Folgezeit im Blickpunkt, ließ aber zwischendurch mehrfach Schwächen bei der Strafraumbeherrschung erkennen. Am 24. Juni 1989 gewann er mit Borussia Dortmund durch einen 4:1-Sieg über Werder Bremen den DFB-Pokal und hoffte weiterhin auf Nationalelf-Berufungen, die sich jedoch nicht einstellten.

Vor der Saison 90/91 von Dortmunds Trainer Horst Köppel hinter Bodo → Illgner, Andreas

→ Köpke und Raimond → Aumann als »viertbester in der Liga« eingestuft«, saß ihm jedoch mit Jugendnationaltorwart Stefan → Klos erstmals ein ernst zu nehmender Konkurrent im Nacken. Nach der 0:7-Pleite am 18. Spieltag gegen VfB Stuttgart mehrte sich die Kritik an dem Sympathieträger. Nach einem weiteren schweren Patzer am 27. Spieltag bei der 0:3-Heimniederlage gegen Eintracht Frankfurt folgte erstmals die Ablösung durch Klos. Zwei Wochen darauf kehrte de Beer zurück, doch das »Denkmal« hatte seine ersten Kratzer abbekommen. In der nächsten Saison zunächst auch unter dem neuen Trainer Otmar Hitzfeld gesetzt, war der Stammplatz nach zwei Schnitzern in der 3. DFB-Pokalrunde gegen Hannover 96 Stammplatz endgültig futsch. Vor der Saison 92/93 hoffte der Geschasste auf eine neue sportliche Chance, doch aufgrund seiner besseren fußballerischen Fähigkeiten entschied sich Hitzfeld für Kontrahent Klos. Von nun an mutierte der einstige Held zum Bankdrücker, der zudem am 25. März 93 durch einen, im Training erlittenen, Schien- und Wadenbeinbruch neun Monate pausieren musste. Die Meisterschaftstriumphe in der Bundesliga sowie in der Champions-League erlebte de Beer nur noch auf der Bank mit. Angebote von anderen Vereinen lehnte er mit dem Hinweis ab, dass Borussia Dortmund trotz seiner schweren Verletzung den Vertrag verlängert habe und er dem Verein zum Dank verpflichtet sei. Seine frustrierende Situation änderte sich auch nicht, als Klos den Verein zur Winterpause 98/99 verließ und Jens → Lehmann dessen Nachfolger wurde. In seinen wenigen Einsätzen für den jeweils gesperrten Lehmann agierte der »Liebling der Südtribüne« zumeist zuverlässig und immer noch hallten die »Teddy, Teddy«-Rufe durch das Dortmunder Westfalenstadion. Aufgrund einer schweren

»Hab den Ball!« – »Jung-Teddy« Wolfgang de Beer im Einsatz.

Knieverletzung musste der »immer freundlich gelaunte Botschafter seines Vereins« nach der Saison 00/01 die Laufbahn endgültig beenden. Seit der Saison 02/03 ist er nach einer Lehrzeit bei Dortmunds Amateuren als Inhaber der A-Lizenz jetzt offizieller Torwarttrainer von Borussia Dortmund.

Diergardt, Volker

Geboren: 26.04.1958 (Deutschland)
BL-Vereine: Fortuna Düsseldorf (1980–1981), Arminia Bielefeld (1981–1983), 1. FC Köln (1989–1991)
BL-Spiele: 22

Der ebenso reaktionsgewandte wie intelligente Keeper verdiente sich ab 1978 beim niederrheinischen Verbandsligisten ASV Wuppertal die ersten sportlichen Meriten. Der »hochveranlagte« Abiturient war mit seinen Robinsonaden entscheidend an dem kurzzeitigen Höhenflug des Amateurklubs beteiligt und erhielt in den folgenden Jahren regelmäßige Einladungen für die niederrheinische Amateur-Auswahl. 1979 schlossen sich für den gebürtigen Wuppertaler DFB-Sichtungslehrgänge sowie der Gewinn des Amateurländerpokals an. Nach dem Ende der Saison 78/79 wechselte der 20-Jährige zum Bundesligisten Fortuna Düsseldorf. Einsätze verblieben ihm vornehmlich in der Verbandsligaelf, um in der gleichen Saison gegen Spanien sein einziges Amateurländerspiel zu absolvieren. Innerhalb des Profikaders blieb er hinter Jörg → Daniel und Horst → Dreher jedoch vorläufig nur die Nummer 3.

Erst in der Saison 80/81 gelangte er wegen Drehers Beinbruch und Daniels fortlaufenden Aussetzern am 12. Spieltag, gegen den VfL Bochum, zu seinem Bundesligadebüt. Beim 1:1 zählte der 1,81 m große Schlussmann zwar zu den besten Düsseldorfern, dennoch vertraute Trainer Otto Rehhagel anschließend wieder auf Daniel. Am Ende der Saison erhielt der Mathematik- und Sportstudent die Kündigung und wechselte, als Nachfolger von Friedel → Schüller, zu Arminia Bielefeld. Doch hier stand Wolfgang → Kneib seinen ehrgeizigen Ambitionen im Weg. Diergardt, laut Fortuna Düsseldorf-Geschäftsführer Werner Fassbender der »ideale zweite Mann«, kam gegen Saisonende nur zu zwei Einsätzen, bei denen er zu überzeugen wusste.

Nach dieser Spielzeit trennte sich der Klub zwar von Kneib, mit dem finnischen Nationaltorwart Olli → Isoaho bekam Diergardt jedoch einen neuen Konkurrenten vorgesetzt. In den Vorbereitungsspielen ließ der Rivale einige Schwächen erkennen, doch auch Diergardt konnte sich nicht für einen Nummer-1-Status empfehlen. Bielefelds neuer Coach Horst Köppel entschied sich für Isoaho, während der ewige »Edel-Reservist« erneut nur den Platz auf der Bank zugewiesen bekam. Nach zahlreichen Patzern geriet Isoaho immer stärker in die Kritik. Nachdem der Finne die Hauptschuld an der 1:2-Niederlage gegen Werder Bremen zu verantworten hatte, entschloss sich Köppel zum Torwartwechsel. Ausgerechnet gegen seinen Ex-Klub Fortuna Düsseldorf feierte der selbstbewusste Keeper (»Ich habe nichts zu verlieren.«) sein Saisondebüt, bei dem Vater, Bruder sowie zahlreiche Freunde die Daumen drückten. Bei der 0:2-Niederlage im Düsseldorfer Rheinstadion zeigte er einige gute Reflexe, ließ aber auch Schwächen in der Strafraumbeherrschung erkennen. Im restlichen Saisonverlauf bewährte er sich dann zumeist als zuverlässiger Schlussmann, blieb in den Heimspielen über 300 Minuten ohne Gegentor und musste dennoch wieder seine Koffer packen.

Bielefeld holte den geschassten Kneib zurück, während Diergardt zum Zweitligisten Union Solingen wechselte. Bei den Klingenstädtern bestach er in den nächsten Jahren durch großartige Leistungen, um 1988 mit dem ambitionierten Traditionsklub Rot-Weiß Essen einen vergeblichen Anlauf auf die Bundesliga zu starten. Danach gelangte er durch sein Engagement beim 1. FC Köln zwar wieder ins Oberhaus, doch hinter Bodo → Illgner war er auch hier wieder nur Ersatzmann. Nach zwei Jahren wechselte der intelligente Zerberus 1991 zum Amateurligisten Wuppertaler SV, wo er ein Jahr später, nach geglücktem Aufstieg in die 2. Bundesliga, seine Karriere beendete, um anschließend bei Union Solingen als Trainer zu arbeiten. Nach einer Ausbildung zum Versicherungsmakler ist er gegenwärtig Inhaber einer Beratungsagentur für Profi-Sportler.

Dittel, Reinhard

Geboren: 24.01.1949 (Deutschland)
BL-Verein: Hannover 96 (1971–1976)
BL-Spiele: 39

Hannovers »Torwartprofessor«, zuvor beim Vorstadtklub TuS Meckenheide aktiv, wechselte 1962 als Jugendlicher zu den 96ern. Nach der A-Jugend setzte er bei Hannovers Amateurmannschaft seine Laufbahn fort und begann zugleich ein Lehramtsstudium. Studienkollege war zu dieser Zeit unter anderem der spätere SC Freiburg-Trainer Volker Finke, mit dem Dittel zusammen einige Zeit in der Studentenmannschaft spielte.

Vor der Saison 71/72 tauschte Hannover 96 sein komplettes Torwartpersonal aus. Für Horst → Podlasly und Bernd → Helmschrot kamen Franz-Josef → Pauly und Burkhardt → Öller. Pauly avancierte in Hannover schnell zum populären »Jumbo«, während Dittel gegen Saisonende den enttäuschenden Öller als Nummer 2 ablöste. Am 26. Spieltag saß er erstmals auf der Bank und drei Wochen später sprang er beim 5:1 gegen Werder Bremen in der 77. Minute für den verletzten Pauly ein. Weil Dittel auch in den Trainingseinheiten brillierte, nahm ihn Hannover für den Profikader unter Vertrag. Guten Leistungen im Ligapokal folgten im Einsatz für den angeschlagenen Pauly in der Saison 72/73 vereinzelte Spiele in der Bundesliga.

»Der kühle Mathematiker« überzeugte dabei mehr mit durchdachtem Stellungsspiel als durch spektakuläre Flugparaden. Die Mannschaft befand sich im permanenten Abstiegskampf, als Pauly am 32. Spieltag mit einer Schulterverletzung ausscheiden musste. Beim Abstiegskonkurrenten Eintracht Braunschweig stand es 2:2, als Dittel in der 83. Minute eingewechselt wurde und drei Minuten später durch einen Freistoß den entscheidenden Gegentreffer kassierte. Zwei Spieltage vor Schluss schien der Klub als Tabellenvorletzter schon fast abgestiegen, doch mit der sicheren Nummer 2 im Tor gewann man das Heimspiel gegen Hertha BSC. Vor dem letzten Spieltag lag Hannover, mit einem Punkt Rückstand und dem deutlich schlechteren Torverhältnis, allerdings immer noch hinter den Braunschweigern. Beim anschließenden Auswärtsspiel gegen den Wuppertaler SV besaß der Ersatzkeeper entscheidenden Anteil an der Sensation, welche als das »Wunder von Wuppertal« in die Bundesliga-Annalen einging. Während Braunschweig sein Heimspiel gegen Fortuna Düsseldorf mit 1:2 verlor, rangen die Hannoveraner den WSV mit 4:0 nieder und schafften damit den überraschenden Klassenerhalt. Dittel, mit zunehmender Spielpraxis immer selbstbewusster, vermittelte der anfälligen Abwehr den notwendigen Rückhalt und avancierte für die überglücklichen Hannoveraner zu einer Art »Maskottchen«.

Weil Pauly immer noch durch seine lädierte Schulter gehandikapt war, blieb sein Vertreter auch in der Saison 73/74 zwischen den Pfosten. Aufgrund seiner intelligenten und abgeklärten Spielweise als »Torwart-Professor« gerühmt, bestach Dittel durch Beständigkeit und energisches Dirigieren seiner Abwehrreihen. Auch Bayern München fand am 8. Spieltag kein Mittel gegen Dittel und kassierte eine sensationelle 1:3-Niederlage. Trotz dieser Überraschungserfolge sackte Hannover im Lauf der Hinrunde immer weiter in der Tabelle ab und war am 13. Spieltag, nach dem 1:3 bei Schalke 04, an 17. Stelle angelangt. Trainer Hannes Baldauf entschied sich für einen Torwartwechsel und beorderte wieder Pauly in den Kasten. Aber den Abstieg von Hannover 96 verhinderte weder ein Torhütertausch noch der für Baldauf engagierte Helmut Kronsbein. In der 2. Liga blieb Dittel hinter Pauly Ersatz und konnte sich am sofortigen Wiederaufstieg mit keinem einzigen Einsatz beteiligen.

Für die Saison 75/76 war sein Kontrahent ebenfalls gesetzt, doch im Existenzkampf der Bundesliga zeigte auch Pauly Nerven, so dass Kronsbein ab dem 12. Spieltag der Nummer 2 eine Chance gab. Dittel, der insbesondere am 18. Spieltag in Mönchengladbach eine überragende Leistung bot, zwang eine Verletzung nach dem 24. Spieltag zu einer Pause. Doch sechs Wochen später war er wieder im Einsatz, um letztendlich mit Hannover wieder abzusteigen. In der Zweiten Liga kämpften beide Torleute längere Zeit um den Stammposten und als dieser zu Paulys Gunsten entschieden war, wechselte Dittel im Sommer 77 zum Lokalrivalen OSV Hannover.

Nach zwei Jahren Amateurliga stieg er mit dem Verein in die 2. Bundesliga Nord auf, wo man sich zwei Spielzeiten behaupten konnte. Nach dem Abstieg in der Saison 79/81 ließ er seine Torwartlaufbahn langsam ausklingen. Anfang der Achtziger Jahre war er unter Volker Finke noch zwei Jahre Torwarttrainer beim TSV Havelse. Heute ist der Akademiker als Lehrer für Sport, Politik und Wirtschaft an einem Gymnasium in Sarstedt tätig und spart nicht mit kritischen Anmerkungen (»Taktisch und stellungstechnisch haben sie sich seit meiner Zeit kaum weiterentwickelt.«) über die heutigen Bundesliga-Torhüter.

Dordevič, Bratislav

Geboren: 24.07.1946 (Jugoslawien)
BL-Verein: 1. FC Kaiserslautern (1970–1971)
BL-Spiele: 5

Kaiserslauterns langjähriger Stammtorwart Wolfgang → Schnarr verabschiedete sich nach der Saison 69/70 zu Preußen Münster und als Ersatz kamen von Schalke 04 Josef → Elting sowie von OFK Belgrad der Jugoslawe Bratislav Dordevič. Weil sich Elting vor Saisonstart eine Verletzung an der Achillessehne zuzog, schickte Trainer Gyula Lorant den als »hoch talentiert« eingeschätzten Dordevič zwischen die Pfosten. Am 1. Spieltag setzte es für die Pfälzer eine 3:5-Niederlage bei Hertha BSC. Dabei wurde deutlich, dass der 1,81 m große Keeper zwar gute Fang-Fähigkeiten besaß, aber aufgrund der mangelnden Deutschkenntnisse seine Deckung massiv verunsicherte. Allein durch Gesten konnte er dieses Manko in der kurzen Zeit nicht kompensieren und so klingelte es zwei Wochen später erneut viermal im Lauterer Kasten. Nachdem Dordevič dann am 5. Spieltag, beim 0:5 gegen Borussia Mönchengladbach, eine schwache Leistung geboten hatte, kam der wiedergenesene Elting ins Tor. Dordevič, mit der Bilanz von 14 Toren in drei Auswärtsspielen, stieg hinter Elting und Josef → Stabel zur Nummer 3 ab.

Als Fehleinkauf deklariert, wurde er zum Saisonende nicht einmal mehr für die Ersatzbank nominiert. Experten waren der Ansicht, dass der (später entlassene) Lorant den Jugoslawen zu früh eingesetzt und deswegen unnötig verheizt habe. Dordevič nutzten diese Erklärungsversuche nichts mehr. Kaiserslauterns neuer Trainer Dietrich Weise setzte zukünftig auf das Tandem Elting/Stabel und Dordevič wechselte zum saarländischen Regionalligisten FC Homburg.

Dotzler, Hans

Geboren: 10.06.1957 (Deutschland)
BL-Verein: Bayer 05 Uerdingen (1980–1981)
BL-Spiele: 3

Durch die Fürsprache seines Trainers Günter »Aki« Schmidt wechselte der gebürtige Freudenberger Hans Dotzler 1980 vom Landesligaverein FC Schwandorf zum Bundesligaklub Bayer 05 Uerdingen. Hier gab es zwar mit Paul → Hesselbach seit mehreren Jahren eine unumstrittene Nummer 1, doch Dotzler rechnete sich langfristig durchaus Chancen auf einen Stammplatz aus.

Zunächst musste der 1,90m große Keeper jedoch die Ersatzbank drücken und miterleben, wie sich sein Klub seit Saisonbeginn in Abstiegsgefahr befand. Im März 81 zog sich Hesselbach beim Training eine tiefe Risswunde zu, die immer stärkere Komplikationen verursachte. Drei Wochen später musste das Bein in Gips gelegt werden und der Schlussmann eine dreiwöchige Pause einlegen. So musste am 26. Spieltag der 22-jährige Dotzler einspringen, zumal sich der dritte Ersatzmann Manfred → Kroke kaum noch im Training befand.

Der Debütant löste seine Aufgabe hervorragend und sicherte seiner Mannschaft gegen den VfL Bochum einen knappen 1:0-Sieg. Eine Woche später war er an der 2:3-Niederlage gegen den MSV Duisburg schuldlos. Auch in der nächsten Begegnung stellte Dotzler seine Bundesligatauglichkeit unter Beweis und konnte nach dem 3:2-Sieg gegen den 1. FC Nürnberg den Platz wieder als Sieger verlassen. Die guten Leistungen reichten jedoch nicht aus, um Hesselbach zu verdrängen. Am Saisonende zählte Uerdingen trotz aller Bemühungen zu den Absteigern und beide Keeper begleiteten ihren Verein in die 2. Liga.

Auch in der Zweitklassigkeit blieb Hesselbach die Nummer 1 und Dotzler kam selten zum Einsatz. Nach dieser Saison verließ der Kontrahent den Klub und Dotzler pochte bei Trainer

Werner Biskup auf eine Stammplatzchance. Stattdessen wurde der Ex-Uerdinger Werner → Vollack zurückgeholt, was Dotzler als klares Signal interpretierte. Kurzerhand wechselte er 1982 zum FC Amberg und spielte fortan in der bayerischen Amateuroberliga.

Dreher, Bernd

Geboren: 02.11.1966 (Deutschland)
BL-Vereine: Bayer 04 Leverkusen (1986– 1990), Bayer 05 Uerdingen / KFC Uerdingen 05 (1990–1996)
Bayern München (1996–2003)
BL-Spiele: 151
Vereinstitel: 4 x Meister (Bayern München: 1997, 1999, 2000, 2001) 2x DFB-Pokal (Bayern München: 1998, 2000), 1 x UEFA-Pokal (Bayer 04 Leverkusen: 1988), 1 x Champions-League (Bayern München: 2001)

Geboren im Leverkusener Stadtteil Opladen, begann Bernd Dreher als Sechsjähriger seine Vereinslaufbahn 1972 beim SV Schlebusch, ehe er vier Jahre später zu Bayer Leverkusen wechselte. Erste Aufmerksamkeit weckte er in Bayers B-Jugend, mit der er 1983 die Meisterschafts-Endrunde erreichte. Zwei Jahre stand er mit der A-Jugend sogar im Finale, scheiterte mit seiner Elf aber an Eintracht Frankfurt.

Ab 1985 stand der gelernte Industriekaufmann in Bayers Oberligaelf und wurde in den folgenden Jahren auch in die Mittelrhein-Auswahl berufen. Durch die Fingerverletzung von Stammtorwart Rüdiger → Vollborn und den Kahnbeinbruch seines Stellvertreters Andreas → Nagel gelangte »Börni« – so sein Spitzname – am 24. Spieltag der Saison 86/87 zu seinem unerwarteten Bundesligadebüt. Unterstützt durch seine Familie, die vollzählig mit an den Betzenberg reiste, zeigte der unerfahrene Frischling beim 1:1 gegen den 1. FC Kaiserslautern eine solide Leistung. Auch die anschließenden Bewährungsproben erledigte der 1,87m große Stellvertreter mit Bravour, wurde kurzfristig in die U21-Auswahl berufen, ehe er nach dem 28. Spieltag wieder Vollborn weichen musste. Nach Nagels Wechsel zu Hannover 96 jetzt die etatmäßige Nummer 2 konnte Dreher, neben regelmäßigen Einsätzen in der Amateurmannschaft, während der Saison 87/88 den verletzten Vollborn in der Bundesliga zweimal ersetzen. Zum Ende der Saison 88/89 bekam der »beste Ersatzmann der Liga« (Bayer-Trainer Jürgen Gelsdorf) zwei Einsätze gewährt, die er beide hervorragend erledigte. Dennoch gab es an Vollborn kein Vorbeikommen und so entschloss sich der Reservekeeper 1990 zu einem Wechsel nach Bayer Uerdingen.

Hier behob er zwar die eklatanten Torwartprobleme des Werksklubs, doch in einer schwachen Mannschaft präsentierte sich auch der Schlussmann neben guten Partien mehrfach indisponiert. Abgeschlagen landete der einstige DFB-Pokalsieger auf dem vorletzten Tabellenletzten, um dann in der 2. Bundesliga einen neuen Anlauf zu starten.

Während der Zweitligasaison besaß der, mittlerweile zum »Mister Zuverlässig« gereifte, Keeper erheblichen Anteil am sofortigen Wiederaufstieg. In der Bundesligasaison 92/93 zeigte der Mannschaftskapitän wieder zwei Gesichter: Top-Leistungen gegen den VfB Stuttgart und Borussia Mönchengladbach wurden durch folgenschwere Aussetzer bei Niederlagen gegen den 1. FC Kaiserslautern und Eintracht Frankfurt getrübt. Am Ende gehörte sein Klub erneut zu den Absteigern. Unter Trainer Friedhelm Funkel schaffte das »Team der Namenlosen« erneut den Wiederaufstieg, wobei sich Dreher wieder als entscheidende Stütze entpuppte.

Es folgten zwei weitere Jahre im Oberhaus, in denen er gegen Konkurrent Alexander → Bade die Oberhand behielt und sich im ständigen Abstiegskampf als Rückhalt erwies. In der Saison 95/96 kassierte er trotz hochkarätiger Ligakollegen wie Oliver → Kahn, Andreas → Köpke und Stefan → Klos bis zum 13. Spieltag die wenigsten Gegentreffer, um am Ende mit seinem Klub wieder abgeschlagen am Tabellenende zu landen. Kurz nach Saisonschluss erhielt er ein Angebot von Bayern München und wäre darüber vor »Freude fast mit dem Kopf an die Decke gesprungen.« Dem »sachlichen, ruhigen Schlussmann« war jedoch zugleich bewusst, dass ihn bei dem Renommierklub, wie zum Beginn seiner Laufbahn, hinter Nationaltorwart Kahn das Reservistendasein erwartete. In den folgenden sechs Jahren kam der »humorvolle und hilfsbereite« BAP- und Motorradfan lediglich zu elf Bundesligaeinsätzen, konnte dabei aber an insgesamt acht Titeltriumphen teilhaben.

Zumeist im Schatten von Kahn und Sven → Scheuer, sorgte sein Kreuzbandriss, am 5. Spieltag der Saison 99/00 bei Eintracht Frankfurt, für Aufsehen, denn seine schwere Verletzung sorgte zugleich für das gelungene Torwartdebüt von Feldspieler Michael Tarnat. Seit der Saison 2001/02 als Vertragamateur vorwiegend in der Regionalligamannschaft aktiv, wird die »positive Erscheinung« bei Bayern München zukünftig verstärkt in den Trainerstab eingebunden. Ab 2003 soll Dreher dann im Jugendbereich Torwarttrainer werden.

Dreher, Horst

Geboren: 19.09.1955 (Deutschland)
BL-Verein: Fortuna Düsseldorf (1979–1982)
BL-Spiele: 23

Als 13-facher Jugendnationalspieler, hochgelobtes Torwarttalent und A-Jugendmeister mit dem VfB Stuttgart rechnete sich der gebürtige Schwabe Horst Dreher beim Bundesligisten hinter Gerhard → Heinze und Helmut → Roleder dennoch keine realistischen Chancen aus. Vor der Saison 73/74 wechselte er zum Zweitligaklub Arminia Bielefeld, wo ihm die Perspektiven günstiger erschienen. Als Vertreter von Stammtorwart Gerd → Siese kam er zwischen 1974 und 76 zu zwölf Meisterschaftseinsätzen, ohne die erfahrene Nummer 1 verdrängen zu können.

Für die Saison 76/77 heuerte Dreher beim Zweitliga-Neuling Bonner SC an und bestach in einigen seiner insgesamt 15 Einsätze durch Reaktion, Geschmeidigkeit und Sprungkraft. Doch weil er sich auch Fehlgriffe leistete, blieb er gegen den österreichischen B-Nationaltorhüter Herbert Höller letztendlich zweiter Sieger. Der bittere Absturz erfolgte nach Saisonende,

Horst Dreher – einer der größten Pechvögel der Bundesligageschichte.

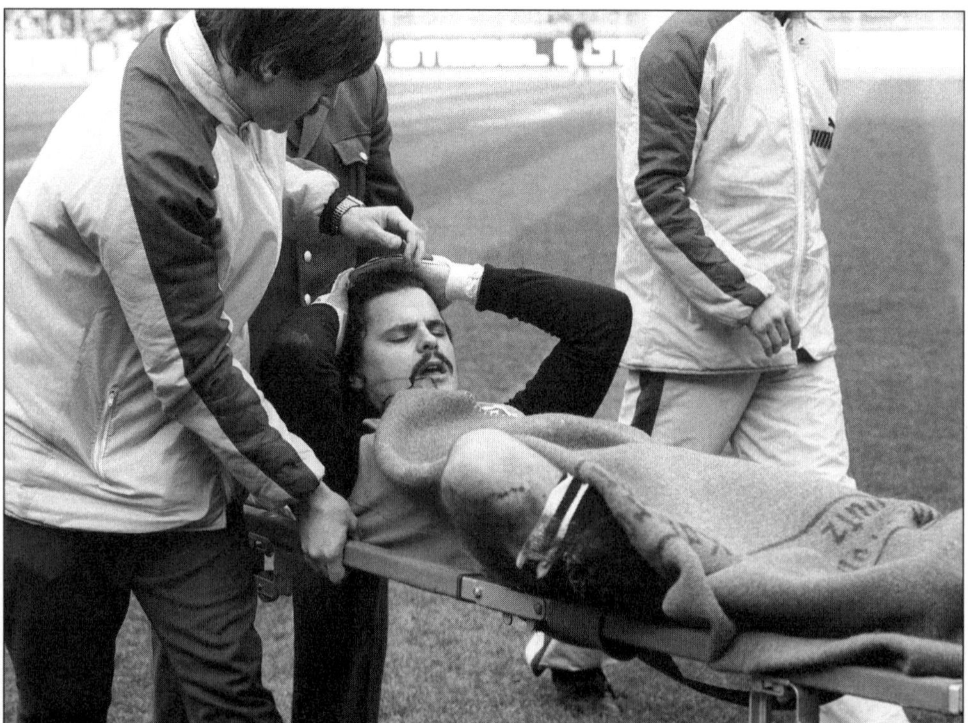

als dem Bonner SC die Zweitligalizenz entzogen wurde und Dreher den Weg zum Arbeitsamt antreten musste. Die Phase der Depression beendete ein Engagement in der Amateurabteilung von Fortuna Düsseldorf. Durch gute Leistungen in der Landesliga kämpfte sich Dreher wieder an den Profifußball heran. Ab der Saison 79/80 stand er dann in Fortunas Bundesligakader. Weil Düsseldorfs etatmäßiger Keeper Jörg → Daniel zunehmend schwächelte, reagierte Trainer Otto Rehhagel und Dreher kam am letzten Spieltag der Hinrunde gegen den MSV Duisburg zu seinem ersten Erstligaeinsatz. Düsseldorf gewann mit 1:0 und der Debütant katapultierte sich durch eine Klasseleistung beim Fachmagazin »Kicker« in die »Elf des Tages«.

Dem verheißungsvollen Debüt folgte nach zwei Rückrundeneinsätzen jedoch der erste Katzenjammer. Bei der Heimniederlage gegen den 1. FC Köln musste Dreher schon nach 24 Minuten wegen einer Zerrung ausgewechselt werden. Vertreter Daniel kassierte in diesem Spiel sechs Treffer und Dreher stand bereits im anschließenden DFB-Pokal-Achtelfinalspiel beim Karlsruher SC wieder im Kasten. Aber auch hier erlebte er den Schlusspfiff nicht: Nach einem umstrittenen Elfmeter für die Karlsruher hatte er den Ball wutentbrannt auf die Tribüne gedroschen und dafür die Rote Karte kassiert. Nach Ablauf der zweiwöchigen Sperre überschlugen sich jetzt die Ereignisse.

Im ersten Spiel nach seiner Rückkehr gegen Borussia Dortmund erlitt der Pechvogel in der 25. Minute, nach einem Zweikampf im Strafraum, eine schwere Gehirnerschütterung. 14 Tage später stand er am 27. Spieltag gegen Eintracht Braunschweig wieder im Tor, nur um 69 Minuten später mit einem Schien- und Wadenbeinbruch vom Platz getragen zu werden. Nach dieser unglaublichen Verletzungsserie verkündete der Leidgeprüfte noch vom Krankenbett aus, dass er ab August diesen Jahres wieder im Tor stehen würde. Die Saison 80/81 erlebte keinen Einsatz von Dreher, der neben Daniel mit Volker → Diergardt einen weiteren Konkurrenten bekommen hatte.

Nach dieser Spielzeit verließen die beiden Rivalen den Verein und Dreher wurde von Trainer Jörg Berger zur neuen Nummer 1 erkoren. Doch die mangelnde Spielpraxis machte sich schnell bemerkbar. Bereits zum »Fliegenfänger« abgestempelt, segelte der Grübler (»Es wird für uns Torleute wirklich immer schwerer.«), am 18. Spieltag gegen den VfB Stuttgart an einem harmlosen Aufsetzer vorbei und verschuldete dadurch das 0:1. Im Austausch gegen den 19-jährigen Oliver → Bücher flog Dreher für den Rest der Saison aus dem Tor und verschwand mit seinem anschließenden Wechsel zum Wuppertaler SV, dem sich später noch ein Engagement beim SV Wermelskirchen anschloss, in die Niederungen der Amateurligen.

Drescher, Dirk

Geboren: 28.02.1968 (Deutschland)
BL-Verein: VfL Bochum (1985–1986)
BL-Spiele: 1

Zwei Bundesligaspiele absolvierte der 17-jährige Dirk Drescher für den VfL Bochum am 1. Spieltag der Saison 85/86: Sein erstes und letztes. Zunächst der Schock für den Bundesligisten vor dem Saisonstart, denn Stammtorwart Ralf → Zumdick stand wegen einer schweren Schulterverletzung nicht zur Verfügung. Die Bewährungsprobe für Ersatzmann Markus → Croonen beim ersten Spiel in Nürnberg mündete bereits nach 25 Minuten, wegen Foulspiels, in einem Platzverweis. Nun war Drescher, eigentlich Torwart der A2-Jugend von Bochum, gefordert. Der Gymnasiast zitterte vor dem unerwarteten Einsatz, doch dank der Routine seiner Mannschaftskameraden ging alles glimpflich aus. Nach dem Schlusspfiff feierte die Mannschaft einen 1:0-Sieg und im Mittelpunkt der Jubelfeier stand Bundesliga-Jüngling Drescher. Zusammen mit Pechvogel Croonen war die Nummer 3 am selben Abend auch zu Gast im »Aktuellen Sport-Studio«. Doch es blieb ein einmaliges Erlebnis für den Schüler-Torwart, denn ein weiterer Einsatz stand, trotz der vierwöchigen Sperre von Croonen, nicht zur Diskussion. Bochum verpflichtete den Altmeister Wolfgang → Kleff und setzte vorübergehend den Amateur Stefan → Brasas auf die Ersatzbank. Nach seiner Bochumer Zeit hütete Drescher das Tor der Amateurligisten SF Oestrich und DSC Wanne-Eickel.

E

Ehrmann, Gerald

Geboren: 18.02.1959 (Deutschland)
BL-Vereine: 1. FC Köln (1977–1984), 1. FC Kaiserslautern (1984–1996)
BL-Spiele: 294
Vereinstitel: 4x DFB-Pokal (1. FC Köln: 1978, 1983; 1. FC Kaiserslautern: 1990, 1996) 2x Meister (1. FC Köln: 1978; 1. FC Kaiserslautern: 1991)

Der »Tarzan« unter den Torhütern, geboren in der Fechtermetropole Tauberbischofsheim, begeisterte sich schon in jungen Jahren für den Fußball. Nach seinem Eintritt in die Fußballabteilung des TSV Tauberbischhofsheim entpuppte er sich rasch als talentierter Torhüter, der durch gute Leistungen in diverse Auswahlmannschaften berufen wurde. Ab 1976 zählte er zum Kreis der Jugendnationalmannschaft, bestritt ein Länderspiel ohne sich gegen seine Konkurrenten Walter → Junghans und Herbert → Heider entscheidend durchsetzen zu können. Von dem damaligen DFB-Trainer Herbert Widmayer noch als »zu leicht« befunden, wurde der Nachwuchskeeper vor der Saison 77/78 von Hennes Weisweiler zum 1. FC Köln geholt.

Als der 19-jährige »Gerry« sein Domizil in der Domstadt aufschlug, war er noch ein schmales, schüchternes Bübchen, das sich hinter Harald → Schumacher auf eine harte Lehrzeit einstellen musste. Zunächst fand der gelernte Maschinenschlosser Unterkunft in der »Fußball-Kommune« von Familie Hammermann, ehe er sich in den nächsten Jahren die Wartezeit auf der Reservebank mit Bodybuilding und Porsche-Fahren vertrieb. In der Saison 78/79 ergab sich für den 1,84 m großen Schlussmann ein Pflichtspieleinsatz von sechs Minuten, als er beim 2:0-Sieg im DFB-Pokalhalbfinale gegen Schalke 04 kurz vor dem Abpfiff für den verletzten Schumacher einspringen musste. Erst fünf Jahre später konnte er, am 29. Spieltag der Saison 82/83, ab der 52. Minute erneut für den angeschlagenen Schumacher einspringen und seinen Kasten sauber halten. Verbissen trainierte der »Musterprofi« (»Ich muss immer bis zur Leistungsgrenze gehen.«) weiter für seine Chance und beurteilte sich selbst als charakterliches Äquivalent zu Lehrmeister Schumacher: »Wir sind beide überaus ehrgeizig, manchmal jähzornig und können beide schlecht verlieren.« Vor der Saison 83/84 scheiterte aus finanziellen Gründen ein geplanter Wechsel zu Eintracht Frankfurt, doch in dieser Spielzeit sollte endlich die große Stunde des ewigen Reservisten schlagen. Aufgrund kritischer Äußerungen gegenüber dem Vorstand wurde Schumacher vor dem 6. Spieltag mit einer vereinsinternen Sperre belegt, die ihn für das Spiel bei Waldhof Mannheim aus dem Kader ausschloss. In seinem ersten Bundesligaspiel von Beginn an zeigte der mittlerweile 24-jährige Ehrmann beim 2:2 eine solch brillante Leistung, dass anschließend mehrere Bundesligaklubs um seine Verpflichtung buhlten.

Um nach sieben Jahren Ersatztorhüterdasein endlich die Nummer 1 zu sein, wechselte der Junggeselle nach dieser Saison für eine Ablösesumme von rund 500 000 DM – als Nachfolger der schwedischen Torwartlegende Ronnie → Hellström – zum 1. FC Kaiserslautern. Die Neuverpflichtung führte sich bei den Pfälzern bestens ein und bestätigte zunächst sein großes Talent, das ihm schon während seiner Reservistenzeit beim 1. FC Köln bescheinigt wurde. Durch kontinuierliches Krafttraining zu einem »Modellathleten« geformt, zeigte der »Volltreffer« am laufenden Band hervorragende Leistungen, die ihn auf Anhieb in die Riege der Top-Torhüter katapultierten. In der »Kicker«-Torwart-Rangliste bereits hinter Schumacher und Ulrich → Stein platziert, fand er in seinem Trainer Manfred Krafft (»In dieser Form bietet er sich für die Nationalmannschaft an.«) ebenfalls einen Fürsprecher.

Diesen blendenden Eindruck konnte der – mittlerweile aufgrund seiner imposanten Statur mit dem Spitznamen »Tarzan« bedachte –

Der »Tarzan« unter den Torhütern – Gerald Ehrmann vom 1. FC Kaiserslautern.

Schlussmann in den nächsten Jahren nicht immer bestätigen. Während der Saison 85/86 zeigte der Antiquitäten-Liebhaber mit dem »Oberkörper eines Boxers« einige schwächere Spiele und die vielen Muskeln schienen auf Kosten der Geschmeidigkeit zu gehen. Von Freunden als »gut und sanftmütig« beschrieben, präsentierte sich der »Hitzkopf« auf dem Spielfeld zudem oftmals unbeherrscht.

In der Saison 86/87 musste der »rabiate Zeitgenosse« nach dem 23. Spieltag, als erster Torhüter der Bundesligageschichte, wegen vier Gelber Karten eine Sperre absitzen. Im ersten Spiel nach der unfreiwilligen Pause setzte Ehrmann unbeeindruckt seine Eskapaden gegen Waldhof Mannheim fort. Durch seinen ungestümen Einsatz verursachte er zwei Elfmeter, konnte einen parieren, ging aber dennoch mit seiner Mannschaft als Verlierer vom Platz.

Auch sportlich brachen für den »harten Hund« zeitweise ungemütliche Zeiten an. Empfahl ihn sein Trainer Hannes Bongartz im Frühjahr 87 noch für die Nationalmannschaft, so hatte Ehrmann, nach seiner schwachen Leistung bei der 1:3-Heimniederlage am 20. Spieltag gegen Werder Bremen, seine Chancen bei DFB-Teamchef Franz Beckenbauer unwiderruflich verspielt. Zudem zwangen ihn Verletzungen immer wieder zu Zwangspausen, so dass ihm mit Michael → Serr ein Rivale erwuchs. In der Saison 87/88 musste Ehrmann zumeist dem verhassten Serr den Vortritt lassen und seinen Frust reagierte das Kraftpaket schon mal beim Training ab. Hatte der Temperamentsbolzen bereits 1985 seinem Mannschaftskollegen Dieter Trunk einen Zahn locker geschlagen, so geriet er in dieser Spielzeit körperlich mit Axel Roos aneinander.

Aber der »Kämpfertyp« raffte sich in der Saison 88/89 auch wieder zu zahlreichen Topleistungen auf, ehe er am 29. Spieltag in Nürnberg, nach einer Rangelelei mit Nürnbergs Rainer Wirsching, seine erste Rote Karte kassierte. Der »wilde Gerry« fühlte sich zu Unrecht bestraft (»Die Bundesliga ist doch kein Kinderspielplatz.«), wurde aber dennoch mit einem Spiel Sperre und 2000 DM Geldstrafe belegt. In der Saison 89/90 kostete ihn ein Disput mit dem neuen Trainer Gerd Roggensack, erneut den Stammplatz. Während Kaiserslautern mit Serr im Tor in Richtung Abstiegsplätze trudelte, schmollte Ehrmann auf der Bank und liebäugelte mit einem Vereinswechsel.

Die Wende kehrte erst im März 1990 ein, als Kaiserslautern in der Tabelle auf dem vorletzten Platz stand und der glücklose Roggensack durch Karl-Heinz Feldkamp abgelöst wurde. Der neue Trainer setzte wieder auf Ehrmann, weil er sich durch dessen Routine einen entscheidenden Pluspunkt im Abstiegskampf versprach. Der »Torwart mit den großen Pranken« rechtfertigte das Vertrauen, kassierte in elf Spielen nur 14 Gegentore und avancierte zum »Grundstein für den Klassenerhalt«. Mit einer fehlerlosen Leistung trug er zudem gegen Werder Bremen sein Scherflein zum sensationellen Gewinn des DFB-Pokals bei.

Dem geglückten Comeback folgte in der Saison 90/91 der sportliche Höhepunkt. »Sicher wie die Bank von England« und »breit wie ein Panzerschrank« schwang sich Lauterns »graue Eminenz« zu Höchstleistungen auf, der mit einer verschworenen Mannschaft überraschend den Meistertitel anvisierte. Zwar kassierte er am 30. Spieltag seine zweite Rote Karte, wurde aber diesmal freigesprochen und erwuchs in Spielen gegen Werder Bremen und Borussia Dortmund zum reaktionsschnellen Matchwinner.

Im letzten Spiel beim 1. FC Köln wurde der Meistertitel endgültig unter Dach und Fach gebracht und der sich mittlerweile etwas moderater gebende Ehrmann (»Ein harmonisches Privatleben fördert die Leistung.«) konnte im Stadion seiner ersten Bundesligastation ausgelassen die Meisterschaft feiern.

Auch in den anschließenden Europapokalspielen der Landesmeister bewies der mittlerweile 33-jährige Routinier seine Klasse, wehrte im DFB-Pokalspiel beim FC Homburg im Elfmeterschießen zwei Strafstöße ab und präsentierte sich während der gesamten Saison 91/92 in Bestform. Erst in der Saison 93/94 geriet er, aufgrund von Muskelfaser- und Bänderrissen, die schließlich im Oktober 93 eine Operation erforderten, gegenüber dem ewigen Kontrahenten Serr wieder ins Hintertreffen. Als Serr, ab der Saison 93/94, durch Claus → Reitmaier abgelöst wurde, sah sich der Lauterer Publikumsliebling weiterhin als klare Nummer 1, der sich trotz eines erneuten Platzverweises beim Pokalspiel in Bremen sowie mehrerer schmerzhafter Blessuren immer wieder zurückmeldete.

Nachdem Reitmaier frustriert zum Karlsruher SC gewechselt war, kam vor der Saison 94/95 mit Andreas → Reinke ein neuer Schlussmann, der zunächst keine Stammplatzambitionen hegte. Doch eine Bänderdehnung im rechten Knie machte für Ehrmann nach dem 13. Spieltag erneut eine Operation erforderlich. Während sich Reinke in den Blickpunkt spielte, blieb der einstige »Mann der Taten« nach seiner Genesung erstaunlich ruhig. Sein lädierter Körper, den er oftmals mit schmerzstillenden Spritzen bekämpft hatte, forderte mittlerweile seinen Tribut. Erst als der Kontrahent in der Saison 95/96 immer öfters patzte und auch Ersatzmann Marc → Schwarzer die Lücke nicht füllen konnte, kam der »Dauerbrenner« am 17. Spieltag nochmals zum Einsatz, um beim 1:0-Sieg gegen Bayer Leverkusen bewährte Klasse zu beweisen.

Dennoch legte sich Trainer Friedel Rausch in der Winterpause wieder auf Reinke fest, was Lauterns ersten Abstieg seit Gründung der Bundesliga nicht verhindern konnte. In der 2. Bundesliga kam der passionierte Uhrensammler aufgrund eines Bänderrisses von Reinke noch zu neun Einsätzen, die aber die Überschreitung seines Zenits offenbarten. Mittlerweile seit 1996 auch Torwarttrainer, musste er nach dem Wiederaufstieg noch phasenweise als Ersatztorhüter aushelfen, ehe er sich, nach der Verpflichtung von Lajos → Szücz, im Dezember 97 endgültig auf seine Trainertätigkeit konzentrieren konnte.

Eiben, Manfred

Geboren: 21.11.1953 (Deutschland)
BL-Verein: TSV 1860 München (1977–1978)
BL-Spiele: 2

Der hünenhafte Schlussmann gelangte 1975 von der SpVgg Mühldorf, als Nachfolger für den gescheiterten Haitianer Henri Francillon, zum damaligen Zweitligisten 1860 München. In Bernhard → Hartmann besaß der Klub einen Klassemann, der sich überraschend gegen Francillon durchgesetzt hatte und die klare Nummer 1 war.

Während der Saison 75/76 absolvierte Manfred Eiben lediglich ein Zweitligaspiel, erlebte aber zum Abschluss den viel umjubelten Bundesligaaufstieg. 1860 München zementierte sich schnell auf Platz 18 und als Eiben am 12. Spieltag für den wegen einer Lymphdrüsenentzündung unpässlichen Hartmann erstmals gegen Fortuna Düsseldorf eingreifen durfte, war der Klub bis dato sieglos geblieben. Trotz seines Maskottchens, eines Stoffbären im »Löwen«-Dress, machte er bei dem einzigen Tor des Spiels eine unglückliche Figur. Danach folgte eine 2:6-Pleite beim 1. FC Köln, bei der ihn keine Schuld traf.

Weil Hartmann sich anschließend wieder fit meldete, musste Eiben wieder die Ersatzbank wärmen. Sein Verein stieg nach einem Jahr Zugehörigkeit wieder aus der Bundesliga ab und nach der Verpflichtung von Thomas → Zander während der Zweitligasaison 78/79 war Eiben zur Nummer 3 abgestiegen. Das Vertragsverhältnis wurde daraufhin in beiderseitigem Einvernehmen aufgelöst und der Schlussmann wechselte zum Amateurligisten TSV 1861 Straubing. 1982 folgte ein Engagement beim TSV Ampfing und mit der Bayern-Auswahl der 3. Platz im Amateurländerpokal.

Eilenberger, Ralf

Geboren: 16.11.1965 (Deutschland)
BL-Verein: SG Wattenscheid 09 (1990–1994)
BL-Spiele: 54

Erste Meriten erwarb sich der gebürtige Hagener als Nachwuchskeeper beim Hasper SV. Neben Bodo → Illgner absolvierte Eilenberger neun Einsätze in der Junioren-Nationalmannschaft. Eine Zwischenprüfung während seiner Maschinenschlosserlehre beendete dieses Kapitel. »Eile« – wie er von allen genannt wurde – musste aus diesem Grund die Vorbereitung zur EM-Qualifikation in Essen absagen und wurde anschließend nicht mehr berücksichtigt.

1985 wechselte Eilenberger zum Zweitligisten Wattenscheid 09 und absolvierte für den schwächelnden Ersatzkeeper Jörg Dohn gegen Hertha BSC ein verheißungsvolles Debüt. Der »Torwartneuling« entschärfte im Berliner

Olympiastadion alle platzierten Scharfschüsse, blieb ohne Gegentreffer und erwuchs zum Garanten eines knappen 1:0-Auswärtserfolges. In den nächsten Jahren agierte der 1,84 m große Schlussmann vorwiegend in Wattenscheids Amateurmannschaft, ehe er in der Saison 88/89 von einem Krach zwischen Trainer Gerd Roggensack und Stammkeeper Wolfgang → Kellner profitierte. Nach einigen Anlaufschwierigkeiten etablierte sich Eilenberger als Stammkraft. Speziell ab der Saison 89/90 von Trainer Hannes Bongartz gefördert, glückte dem talentierten Goalie ein Jahr später mit seiner Mannschaft der Aufstieg in die Bundesliga.

Für diesen Erfolg musste der »Fangkünstler« im Privatleben jedoch seinen Preis bezahlen. Frau Ilka zeigte für den engen Zeitplan eines Fußballprofis wenig Verständnis und vollzog die Trennung. Zudem geriet der Keeper wegen mehrerer Verkehrsdelikte in Konflikt mit der Polizei, die ihm nach Verweigerung der Blutprobe sogar einmal Handschellen anlegen musste. Trotz dieser Eskapaden verfolgte der Wattenscheider »Erfolgsgarant« vor seiner ersten Bundesligasaison ehrgeizige Pläne: »Ja sicher habe ich die Nationalmannschaft im Visier und wenn ich da nur einmal auf der Bank sitze.«

Ausgestattet mit guter Reaktion, Ballgeschick und stoischer Ruhe, zeigte Eilenberger in der Saison 90/91 dennoch wechselhafte Leistungen. Konnte er am 4. Spieltag gegen Bayer Leverkusen einen Elfmeter parieren, so verursachte er durch seine mangelhafte Strafraumbeherrschung immer wieder unnötige Gegentreffer. Eine Woche nach der 0:7-Schlappe bei Bayern München zog sich der Zerberus nach dem 16. Spieltag einen Kahnbeinbruch zu und wurde die nächsten Monate durch Udo → Mai vertreten. Erst durch eine Gesäßmuskelzerrung des Kontrahenten konnte Eilenberger am 28. Spieltag ein Comeback feiern. Vier Wochen später zeigte er beim 3:2-Überraschungssieg gegen Bayer München eine seiner besten Leistungen, während Wattenscheid spätestens nach diesem Coup der Klassenerhalt geglückt war.

Dennoch entschied sich Bongartz vor der nächsten Spielzeit für Mai als Nummer 1, weil Eilenberger in den täglichen Trainingseinheiten zu wenig Disziplin und Ehrgeiz an den Tag legte. Erst am 33. Spieltag kehrte er durch Mais Schwächen in den Bundesligakasten zurück und bewies sporadisch, »welch ein starker Torhüter er ist« (Trainer Bongartz). Weiterhin zu phlegmatisch in seinen Leistungen und oftmals von den gegnerischen Angreifern »getunnelt«, musste der Zerberus in den kommenden zwei Jahren seinen Posten immer wieder an Mai abtreten. Während der Saison 93/94 brach er sich in der Winterpause bei einem Magdeburger Hallenturnier zudem ein Wadenbein und verbrachte die nächsten Monate auf Krücken. Langzeitverletzt musste der Rekonvaleszent untätig miterleben, wie sich sein Klub in diesem Spieljahr aus der Bundesliga verabschiedete.

Anschließend drohte Eilenberger sogar die Sportinvalidität, ehe ihm 1994 beim Oberligisten TuS Ahlen (später LR Ahlen) ein Comeback glückte. Zwei Jahre später wurde der Fan von Hollywoodschauspieler Harrison Ford, vor Rückrundenbeginn, vom Zweitliga-Aufsteiger VfB Oldenburg verpflichtet, wo er überraschend Hans-Jörg → Butt verdrängen konnte. Nach einem Intermezzo bei Sachsen Leipzig kehrte Eilenberger 2001 nach Oldenburg zurück, um ab der Saison 02/03 beim Oberligisten SV Wilhelmshaven anzuheuern.

Eisenhofer, Karl

Geboren: 04.09.1934 (Deutschland)
BL-Verein: Eintracht Frankfurt (1963–1965)
BL-Spiele: 2

Bereits vor Beginn der Bundesliga-Ära besaß Eintracht Frankfurt mit Egon → Loy einen bewährten Torwart, hinter dem sich Karl Eisenhofer als klare Nummer 2 einreihen musste. Der zuvor bei Germania Bieber und dem FSV Frankfurt aktive Vertragsspieler der Oberliga Süd saß demzufolge beim Startschuss zur neuen Lizenzspielerklasse auf der Ersatzbank.

Vor dem 5. Spieltag der Saison 63/64 war Loys Knie stark angeschwollen und die Blessur des Stammtorhüters verschaffte dem Ersatzmann Eisenhofer im Heimspiel gegen Eintracht Braunschweig die Chance zum Bundesligadebüt. Beim 3:0-Sieg gegen die Niedersachsen war der Schlussmann selten beschäftigt, erledigte aber die wenigen Aufgaben in tadelloser Manier. Ein noch größeres Erfolgserlebnis wartete auf Eisenhofer vier Wochen später am 9. Spieltag bei Hertha BSC. Zum zweiten Mal vertrat er den verletzten Loy und wehrte in der 88. Minute einen Foulelfmeter von Herthas Kapitän Hans-Günter Schimmöller ab. Frankfurt gewann mit 3:1 und Eisenhofer konnte bei seinen zwei einzigen Einsätzen in dieser Spielzeit auf zwei Siege zurückblicken.

Für die Saison 64/65 war dennoch keine Beendigung des Reservistendaseins in Sicht – im Gegenteil: Frankfurt umwarb vor der Saison emsig den türkischen Nationaltorhüter Arkoç → Özcan, dessen Verpflichtung letztendlich aber nicht zustande kam. Eisenhofer blieb auch im zweiten Bundesligajahr zweiter Mann – diesmal jedoch ohne Einsatz. Nach dieser Saison verließ Eisenhofer den Klub und wurde Trainer bei seinem Heimatverein Germania Bieber.

Eiteljörge, Herbert

Geboren: 27.11.1934 (Deutschland)
BL-Verein: Preußen Münster (1963–1964)
BL-Spiele: 26

Einer der »besten Torhüter des Westens« stammte aus der Jugend des Duisburger SV, ehe er 1955 als Vertragsspieler zum westdeutschen Oberligisten Preußen Münster kam. Nach einem Jahr obligatorischer Sperre absolvierte der 1,81 m große Goalie ein Jahr später sein erstes Pflichtspiel für den Verein. In zahlreichen Oberligaschlachten stellte Herbert »Eiti« Eiteljörge immer wieder sein großes Können unter Beweis. Preußen Münster konnte sich für die Bundesliga qualifizieren und der 29-jährige Zerberus hechtete sich zugleich 1963 in der letzten »Kicker«-Oberliga-Torwartrangliste im Kreis von jungen Talenten wie Volker → Danner oder etablierten Altmeistern wie Heinz → Kwiatkowski ins »Blickfeld«.

Nach dem 5. Spieltag stand Münster überraschend auf Platz 5 und Eiteljörge erwies sich besonders am 4. Spieltag beim 2:2 gegen den 1. FC Nürnberg als Meister seines Fachs. Drei Wochen später hatte der Schlussmann mit einem Abpraller die 0:3-Niederlage gegen den 1. FC Köln eingeleitet, während seine Mannschaft bereits auf Platz 10 abgerutscht war. Der Tiefpunkt folgte für Eiteljörge dann am 10. Spieltag gegen den Karlsruher SC, als er grippegeschwächt drei Treffer verschuldete und Münster dadurch schon in die Nähe der Abstiegsplätze trudelte. Obwohl Eiteljörge zwischen dem 17. und 22. Spieltag fünfmal hintereinander seinen Kasten sauber hielt und zumeist zuverlässig agierte, war die kampfstarke, aber sturmschwache Münsteraner Mannschaft auf dem vorletzten Tabellenplatz förmlich festgewachsen. Nach der 2:4-Niederlage am 29. Spieltag gegen Werder Bremen war das Team dann endgültig abgestiegen. Obwohl die Münsteraner mit dem nahezu kompletten Bundesligakader in die Regionalliga West starteten, schafften sie bis heute – als einziges Gründungsmitglied – nie mehr die Rückkehr in die Bundesliga. Eiteljörge musste sich in der zweiten Spielklasse über Jahre hinweg der Konkurrenz des jungen Dieter → Feller erwehren. Nach Beendigung seiner aktiven Laufbahn im Jahre 1969 feierte der ausgebildete Sportlehrer anschließend große Erfolge als Trainer des Regionalligisten Lüner SV. Insgesamt war Eiteljörge zwanzig Jahre in dieser Funktion bei verschiedenen Amateurligisten tätig, ehe er 1992 endgültig einen Schlussstrich zog.

Elting, Josef

Geboren: 29.12.1944 (Deutschland)
BL-Vereine: Schalke 04 (1965–1970),
1. FC Kaiserslautern (1970–1974)
BL-Spiele: 151

Nachdem er im Sommer 1964 von seinem Stammverein 1. FC Bocholt zu den Schalker »Knappen« gewechselt war, wurde Josef Elting bereits in seinem ersten Jahr bei der Amateurmannschaft von Experten als »großes Talent« gefeiert und anschließend in den Bundesligakader integriert. Schon am 2. Spieltag der Saison 65/66 feierte er für den umstrittenen Stammtorwart Horst → Mühlmann gegen den Karlsruher SC seinen Einstand. Anschließend sorgte eine im Training erlittene Nierenquetschung für die unfreiwillige Zwangspause. Zwischenzeitlich durch Mühlmann und Altmeister Josef → Broden vertreten, kehrte der 1,80 m große Keeper am 8. Spieltag zurück, um sich bis zum Saisonschluss den Stammplatz zu sichern.

Bei Schalke 04 schien ihm eine sichere Zukunft als Stammkeeper bevorzustehen, doch der

Klub verpflichtete 1967 für den abgewanderten Mühlmann den viel versprechenden Jugendnationaltorwart Norbert → Nigbur. Zwar ging Elting zunächst als Nummer 1 in die neue Saison, doch nach spielentscheidenden Schnitzern im Spiel gegen Rot-Weiß Essen saß er bereits nach zwei Spieltagen auf der Bank. Während der 18-jährige Nigbur wie ein Komet zu den Top-Torhütern aufstieg, musste sein Vertreter am 18. Spieltag bei Borussia Mönchengladbach eine historische 0:11-Schlappe einstecken. Bei dem zweithöchsten Bundesligasieg aller Zeiten war Elting an den Treffern zwar schuldlos, dennoch unterstellten ihm einige Kritiker einen »Nigbur-Komplex«.

In den nächsten Jahren kam der »ewige Ersatzmann« durch Verletzungen und Formkrisen von Nigbur immer wieder zu Einsätzen, ohne den Konkurrenten entscheidend ausstechen zu können. Eine neue Chance, sich als Stammkraft zu etablieren, ergab sich 1970 durch die Offerte des 1. FC Kaiserslautern, die nach einem Nachfolger für Wolfgang → Schnarr Ausschau hielten. Bei den Pfälzern gab es mit Josef → Stabel und der zweiten Torhüter-Verpflichtung Bratislav → Dordevič ebenfalls hausinterne Konkurrenz. Durch eine Achillessehnenverletzung war Neuzugang Elting zunächst Zuschauer. Stabel spielte im Konkurrenzkampf keine Rolle und Jugoslawe Dordevič kämpfte mit seinen mangelnden Deutschkenntnissen, so dass Elting ab dem 6. Spieltag zum Einsatz kam. Auf Anhieb präsentierte er sich als zuverlässiger Schlussmann und erwischte am 19. Spieltag, beim 2:0-Auswärtssieg gegen Borussia Dortmund, einen ausgesprochenen »Schokoladentag«.

Während der Saison 71/72 stabilisierte der sachlich agierende Schlussmann seine guten Leistungen, und Fehlgriffe gehörten eher zu den Ausnahmen. Mit dem 1. FC Kaiserslautern erreichte er das DFB-Pokalfinale und Endspiel-

Jupp Elting kassiert ein krummes Ding
(DFB-Pokalfinale 1972, Schalke 04–1. FC Kaiserslautern 5:1).

gegner war Schalke 04 mit Ex-Rivale Nigbur im Kasten. Während der Kontrahent eine sichere Leistung bot, erwischte Elting einen rabenschwarzen Tag. Nach der 1:5-Niederlage wurden ihm drei Tore angekreidet und mit seinem Stellungsfehler vor dem 0:2 war die Partie frühzeitig entschieden.

Dennoch war seine Position zum Saisonstart 71/72 ungefährdet und der »unumschränkte Herrscher« im FCK-Tor zeigte sich im UEFA-Cup-Spiel gegen Stoke City gut erholt. Konnte er bei diesen Begegnungen seinen englischen Gegenüber, den berühmten Nationaltorwart Gordon Banks, klar übertreffen, setzte ihn nach dem 5. Spieltag eine Meniskusoperation lange Zeit außer Gefecht. Vertreter Stabel nutzte die Chance und blieb bis zum Rest der Saison in der Stammformation.

Zum Saisonstart 73/74 musste sich Elting, wieder genesen, der neuen Hierarchie beugen und auf der Reservebank Platz nehmen. Doch am 6. Spieltag ließ sich Stabel bei Fortuna Düsseldorf zur Halbzeit entnervt auswechseln und mit Elting im Kasten schaukelte Kaiserslautern einen 5:2-Sieg nach Hause. Von nun an entwickelte sich ein Keeper-Karussell, bei dem Trainer Erich Ribbeck die Torwartfrage nach Gutdünken entschied. Elting war es vergönnt, am 11. Spieltag beim legendären 7:4 gegen Bayern München im Kasten zu stehen. Doch zwei Wochen später musste er wieder weichen und zeigte sich von dieser Maßnahme wenig angetan: »Ich war etwas enttäuscht. In acht Spielen, die ich mitmachte, holten wir 14:2 Punkte. Aber das ist allein Sache des Trainers.« Gegen Ende der Saison hoffte der Keeper auf eine Vertragsverlängerung, als er von der Verpflichtung des schwedischen Nationaltorhüters Ronnie → Hellström erfuhr.

Der zutiefst verärgerte Elting musste gehen und avancierte nach der Saison 73/74 zum »prominentesten Arbeitslosen in Sachen Fußball«. Während er sich bei seinem Heimatverein 1. FC Bocholt fit hielt, scheiterte eine mögliche Verpflichtung durch den 1. FC Köln an der Ablösesumme. Schließlich unterschrieb Elting einen Kontrakt beim holländischen Erstdivisionär Twente Enschede. Nach zwei Tagen entschloss er sich zum spanischen Real Murcia zu wechseln, wo er sich zunächst auf der Ersatzbank wieder fand. Erst unter dem neuen Coach Ferenc Puskas, der seinen Keeper als »diszipliniert und lernfähig« beurteilte, konnte er sich einen Stammplatz erobern. Die deutschen Tugenden konnten nicht den Abstieg des Klubs verhindern. 1976 kehrte der »erfahrene und sichere Torwart« nach Deutschland zurück, um beim Wuppertaler SV noch eine Zweitligasaison zu absolvieren.

Endrulat, Peter

Geboren: 10.08.1954 (Deutschland)
BL-Vereine: Schalke 04 (1973–1975), Borussia Dortmund (1976–1978)
BL-Spiele: 7

Bevor er 1978 beim Bundesligisten Borussia Dortmund als Torwart zur bedauernswerten Schießbudenfigur mutierte, besetzte der gebürtige Siegerländer Peter Endrulat bei seinem Jugendverein SpVgg Burbach zunächst die Linksaußenposition. Durch gute Torwart-Leistungen auf Bolzplätzen stand er nach seinem Wechsel zum VfB Weidenau jetzt fortan zwischen den Pfosten und wurde auch in die C-Jugend der Westfalenauswahl berufen. Im Endspiel um den A-Jugend-Westfalen-Pokal zwischen Weidenau und Arminia Bielefeld hielt der junge Zerberus ebenfalls hervorragend, um im Sommer 72 von Präsident Günter Siebert für den »Talentschuppen« des FC Schalke 04 verpflichtet zu werden.

Der siebenfache Jugend-Nationaltorwart rückte nach absolvierter Banklehre und dem Gewinn der A-Jugend-Meisterschaft ab 1973 in den Profikader auf, musste sich jedoch hinter Norbert → Nigbur und Helmut → Pabst zunächst mit dem Nummer 3-Status begnügen. Nach der Saison 73/74 wurde Pabst zu Wacker 04 Berlin abgegeben und der 20-jährige Endrulat alleiniger Nigbur-Vertreter. Die Bewährungsprobe kam am 16. Spieltag im Heimspiel gegen Eintracht Frankfurt, weil sich Nigbur mit Verdacht auf Oberschenkelzerrung krankmeldete. Der unerfahrene Ersatzmann verschuldete den Ausgleichstreffer und sein Klub war anschließend heilfroh, dass sich Nigburs Verletzung als »Pferdekuss« entpuppte. Obwohl der Stammtorwart bald darauf in eine schwere Krise schlitterte, stand Endrulats Einsatz nie zur Diskussion. Stattdessen verpflichtete sein Verein für die kommende Saison den jugoslawischen Nationaltorwart Dragan → Mutibarič.

Für die Saison 75/76 zum Zweitligisten SpVgg Erkenschwick ausgeliehen, hoffte Endrulat hinter dem umstrittenen Meinhardt Erken auf eine Chance. Das Torwart-Talent blieb jedoch ohne Einsatz und hinterließ nur durch einen Autounfall kleinere Randnotizen in den Sportgazetten. Otto Rehhagel hatte sich aber seiner potentiellen Fähigkeiten erinnert und holte ihn anschließend zum Bundesliga-Aufsteiger Borussia Dortmund. Hier stand mit Horst → Bertram ebenfalls ein arrivierter Schlussmann im Tor, hinter dem sich Endrulat erneut in Geduld üben musste. In der Saison 76/77 nur bei Freundschaftsspielen eingesetzt, begab er sich für die folgende Spielzeit ebenfalls in Wartestellung.

Nach zweieinhalb Jahren Ersatztorhüterdasein sollte sich die erhoffte Chance schließlich doch noch einstellen: Vor dem 28. Spieltag der Saison 77/78 fiel Bertram wegen einer schweren Grippe aus und »Endru« zeigte beim 0:2 gegen Eintracht Braunschweig eine gute Leistung. Obwohl sich Bertram wenige Tage später wieder gesund meldete, entschied sich Trainer Rehhagel dafür, Endrulat bis zum Saisonende im Tor zu belassen. Vertragsverhandlungen standen an und der Ersatzmann sollte die Gelegenheit erhalten, seine Bundesligatauglichkeit unter Beweis zu stellen. Der abstiegsgefährdete Klub gewann mit Endrulat drei Spiele in Serie und schon glaubte sich der mit guten Kritiken bedachte Keeper vor dem Durchbruch: »Auf die Bank

Das Entsetzen des Torhüters – Dortmunds Keeper Peter Endrulat kassierte die meisten Tore in einem Bundesligaspiel.

geh' ich nicht mehr, lieber wechsle ich zur Zweiten Liga.« Am vorletzten Spieltag präsentierte er sich beim 5:3-Sieg über den VfL Bochum allerdings in schwacher Verfassung. Wegen der ungeklärten Vertragssituation sollte Endrulat aber noch eine weitere Chance erhalten, die für ihn in ein finales »Schicksalsspiel« mündete.

Dortmund hatte bereits den Klassenerhalt gesichert, während Gegner Borussia Mönchengladbach noch eine geringe Titelchance besaß. Im Düsseldorfer Rheinstadion spielte sich dann ein Torwartdrama ab, in dem ein orientierungslos umherirrender Endrulat hinter einer unmotivierten Verteidigung die Tore im Minutentakt kassierte. Zur Halbzeit stand es bereits 0:6 und weil der bedauernswerte Keeper auch in der zweiten Hälfte von seinen Vorderleuten schmählich im Stich gelassen wurde, endete die Begegnung schließlich mit 0:12. Nach der bis heute höchsten Bundesliganiederlage aller Zeiten konnte Endrulat die erhoffte Vertragsverlängerung ad acta legen.

Seine Befürchtung, nur noch einen Amateur-Verein zu finden, konnte mit der Verpflichtung durch Zweitligist Tennis Borussia Berlin beseitigt werden. Zunächst hinter Gerhard → Welz wieder nur Ersatz, kam er in drei Jahren immerhin noch zu insgesamt 60 Einsätzen. Nach Einführung der eingleisigen 2. Bundesliga musste sein Klub in die Amateurliga und Endrulat wechselte zum Oberligisten Rot-Weiß Lüdenscheid. Bis zum 40. Lebensjahr spielte er noch für verschiedene Amateurvereine, kämpfte 1987 mit Eintracht Haiger um die Deutsche Amateurmeisterschaft und war ab 1995 für den Klub auch als Trainer tätig. Im Interview mit dem »Tagesspiegel » blickte »der Torwart, der Bundesligageschichte schrieb« im April 2001 auf diese schwarze Stunde nicht ohne Wehmut zurück: »Sicher, ich habe immer noch einen einmaligen Rekord. Aber mir wäre lieber, es käme mal ein anderer, der noch einen mehr reinkriegen würde«.

Enke, Robert

Geboren: 24.08.1977 (DDR)
BL-Verein: Borussia Mönchengladbach (1996–1999)
BL-Spiele: 32

Als Sohn eines Psychotherapeuten und einer wissenschaftlichen Mitarbeiterin im thüringischen Jena geboren, begann der junge Robert Enke mit dem Fußballspielen beim SV Jenapharm. Zunächst als Feldspieler erwies er sich als dermaßen treffsicher, dass er 1985 von dem Renommierklub Carl Zeiss Jena unter die Fittiche genommen wurde. Im gleichen Jahr versuchte er sich erstmals als Aushilfskeeper und bewies auf dieser Position schnell sein großes Talent. Als Schüler eines Jenaer Sportgymnasiums weiterhin im Training auf allen Positionen eingesetzt, absolvierte der »motorisch hochbegabte und äußerst lernfähige Allroundspieler« (Vereinstrainer Ronald Prause) 1992 gegen Frankreich sein erstes U15-Länderspiel. Ein Jahr später setzte der »fliegende Robert« weitere Ausrufezeichen: Mit der B-Jugend von Carl Zeiss Jena Deutscher Vizemeister, wurde er aufgrund seiner konstanten Torwartleistungen vom DFB-Trainerstab im Herbst zum »Jugendspieler des Monats« ausgezeichnet.

Von U16-Trainer Bernd Stöber als »Persönlichkeit, die der Entwicklung seines Alters weit voraus ist« bezeichnet und »intellektuell gut bestückt« (Vater Dirk Enke) zählte die 16-jährige »Torwarthoffnung« im Osten Deutschlands schon zu den sportlichen Vorbildern. 1995 rückte er als Vertragsamateur in Jenas Zweitligakader auf, um sich in Vertretung von Stammtorwart Mario Neumann auch in drei Pflichtspieleinsätzen auszuzeichnen. Nachdem der »ruhige Typ« bei den EM-Qualifikationsspielen der U18 erneut brillierte, wurde er im gleichen Jahr als erster Nachwuchsmann zum zweiten Mal »Jugendspieler des Monats«.

Nach dieser vielversprechenden Saison verpflichtete ihn Bundesligist Borussia Mönchengladbach, wo sich Enke aber hinter dem langjährigen Stammkeeper Uwe → Kamps zunächst in Geduld üben musste. Regelmäßig von DFB-Trainer Hannes Löhr in die U21 berufen, konnte der Hundefreund (Lebensmotto: »Achte das Tier wie den Menschen«) in den kommenden zwei Jahren lediglich in der Oberligaelf Spielpraxis sammeln.

Vor der Saison 98/99 ergab sich dann der Ernstfall, weil Kamps im Training einen Achillessehnenanriss erlitten hatte. Von Trainer Frie-

Robert Enke – Nicht nur ein hervorragender Torwart, sondern auch engagierter Tierschützer

del Rausch mit einem Vertrauensvorschuss bedacht, bewies Enke in den ersten Saisonspielen absolutes Bundesligaformat. Nach dem 3:0-Auftaktsieg gegen Schalke 04 ging es mit Borussia Mönchengladbach jedoch sportlich rapide bergab. Der 1,85 m große Nachwuchskeeper erlebte in der Gladbacher »Schießbude« bittere Momente, als die Mannschaft erst von Bayer Leverkusen mit 2:8 und dann vom VfL Wolfsburg mit 1:7 abgefertigt wurde. Nach der Hinrunde bereits mit 44 Gegentoren belastet, stand der Klub schon nahezu hoffnungslos auf dem letzten Tabellenplatz. Enke, für die »Frankfurter Rundschau« ein »Reflextorhüter mit Reaktionen, wie sie in der Bundesliga höchstens vier, fünf Keeper bieten«, konnte auch in der Rückrunde nicht mehr viel ausrichten, um zwei Monate vor Saisonschluss seinen Wechsel nach Benfica Lissabon zu verkünden. Die Folge waren wütende Schmährufe der Fans, die ihn als Söldner beschimpften und bei jeder Aktion nach Uwe Kamps riefen.

Nach seinem Wechsel zu Portugals Traditionsklub wurde der »komplette Torwart« mehrmals für die A2-Nationalelf nominiert. Bei seinem Klub erlebte er drei wechselvolle Jahre, avancierte dort aber auch zum Teamkapitän. Mit seinem Wechsel zum FC Barcelona erhofft sich Enke endgültig den Durchbruch zum internationalen Spitzentorwart. Für eine internationale Tierrechtsorganisation setzte sich der überzeugte Tierschützer während der Weltmeisterschaft 2002 mit einer Anzeigenkampagne für die bessere Behandlung von Hunden und Katzen ein.

Ernst, Thomas

Geboren: 23.12.1967 (Deutschland)
BL-Vereine: Eintracht Frankfurt (1987–1994), VfL Bochum (1996–2000), VfB Stuttgart (seit 2000)
BL-Spiele: 62 (zum Ende der Hinrunde 02/03)
Vereinstitel: 1x DFB-Pokal (Eintracht Frankfurt: 1988)

Seine Fußballer-Vereinslaufbahn startete der in Wiesbaden geborene Thomas Ernst als siebenjähriger Steppke 1974 beim FV Biebrich 02. Schon in der E-Jugend erkannten die Trainer sein Torwart-Talent. Gefördert durch zahlreiche Extraschichten im Sandkasten, legte er in der D-Jugend eine Zwischenphase als Linksaußen ein, ehe er mit dem Wechsel zur C-Jugend wieder zwischen die Pfosten zurückkehrte. 1981 wechselte der Gymnasiast zu Eintracht Frankfurt, um dort seinen, bis heute gültigen, Spitznamen zu erhalten. Ein Spieler aus der B-Jugend stellte bei ihm eine gewisse Ähnlichkeit mit der Comic-Figur Gustav Gans fest. Zunächst von allen »Gustav« gerufen, wurde daraus später »Gustl«. Mit Eintrachts B- und A-Jugend Deutscher Meister, rückte der 1,93 m große Abiturient anschließend in die Oberligaelf auf und absolvierte sein einziges U19-Länderspiel. Von DFB-Jugendtrainer Hans-Hubert Vogts zudem in das U20-Aufgebot berufen, feierte er noch als 17-jähriger bei einem Testspiel gegen Darmstadt 98 einen überzeugenden Einstand in der Profimannschaft.

Der Bundesliga-»Ernstfall« stellte sich am 9. Spieltag der Saison 87/88 im Spiel gegen den FC Homburg ein, als er in der 54. Minute den angeschlagenen Hans-Jürgen → Gundelach ablösen musste. Zwar kassierte der 19-jährige Debütant bei der 2:5-Niederlage noch drei Tore, konnte aber aufgrund der Formschwäche Gundelachs auf weitere Einsätze hoffen. Trainer Karl-Heinz Feldkamp scheute jedoch letztendlich das Risiko mit dem unerfahrenen Nachwuchskeeper und der Klub verpflichtete wenige Wochen später den arbeitslosen Ex-Nationaltorwart Ulrich → Stein. Jetzt sogar zur Nummer 3 abgerutscht, spielte der belesene Schlussmann weiterhin in der Oberligaelf, trainierte nebenher die Damenmannschaft von Schwarz-Weiß Wiesbaden und führte, zusammen mit Mannschaftskamerad Thomas Lasser, in seiner Heimatstadt ein Bistro. Ab der Saison 89/90 wieder zum ersten Ersatztorwart aufgerückt, musste der »Supertyp« anschließend fünf weitere Jahre warten, ehe sich für ihn der zweite BL-Einsatz ergab.

Sowohl Torwart Stein als auch Trainer Klaus Toppmöller erhielten im Frühjahr 94 die Kündigung, so dass der Verein in den restlichen vier Spielen auf die Nummer 2 vertrauen musste. Mit dem Versprechen vom Vorstand, bei entsprechenden Leistungen in der nächsten Saison Stammtorwart zu sein, bestand Ernst bis zum

Saisonschluss alle Prüfungen mit Auszeichnung. Zum Dank verpflichtete Frankfurt Nationaltorwart Andreas → Köpke, während der bitter enttäuschte Ernst, nach gescheiterten Verhandlungen mit dem 1. FC Nürnberg und dem 1. FC Saarbrücken, zum Zweitliga-Aufsteiger FSV Frankfurt wechselte. Mit dem nicht konkurrenzfähigen Klub erfolgte während der Saison 94/95 der sofortige Wiederabstieg. Anschließend holte ihn sein früherer Trainer Toppmöller zum Bundesligaabsteiger VfL Bochum, wo er während der Saison 95/96 hinter dem hoch gelobten Uwe → Gospodarek wieder die ungeliebte Rolle der Nummer 2 ausfüllen musste.

Auch nach dem Aufstieg blieb der »sympathische Hesse« während der Saison 97/98 lediglich ein loyaler Ersatzmann, der für seine sportliche Fairness vom Trainer am 34. Spieltag gegen Bayer Leverkusen einen »Dankeschön-Einsatz« spendiert bekam. Während Gospodarek als Mann der Zukunft gehandelt wurde, schien für den »guten Geist der Truppe« auch die Saison 98/99 das Schicksal des ewigen Reservisten bereitzuhalten. Im UEFA-Cup-Hinspiel gegen Ajax Amsterdam zog sich die Nummer 1 jedoch eine Adduktorenzerrung zu, so dass sein Stellvertreter am 17. Spieltag bei 1860 München erstmals gefordert war. Der 29-jährige Zerberus zeigte beim 2:0-Sieg eine hervorragende Leistung, die er auch im anschließenden UEFA-Cup-Rückspiel gegen Amsterdam mühelos bestätigen konnte. Toppmöller hielt jetzt an ihm fest und der »psychisch ganz starke« Torwart rechtfertigte das Vertrauen mit blendenden Leistungen. In achtzehn Bundesligabegegnungen kassierte er nur neunzehn Gegentreffer und besaß damit entscheidenden Anteil am Klassenerhalt.

Mit 30 Jahren endlich Stammtorwart in der Bundesliga, entwickelte sich der »abseits des Spielfeldes eloquente, umgängliche und häusliche Typ« bei den Bochumer Anhängern zu einem Publikumsliebling, der vor jedem Heimspiel mit Sprechchören empfangen wurde. Entsprechend selbstbewusst (»Jetzt hole ich alles nach, was ich in zehn Jahren verpasst habe.«) setzte der »absolute Rückhalt« in der Hinserie 98/99 zunächst seine Top-Leistungen fort. Für die abstiegsbedrohte Mannschaft sicherte er, ebenso reflexsicher wie souverän in Eins-zu-eins-Situationen, wichtige Punkte. Mittlerweile war der jahrelang unterbewertete Keeper so populär, dass sein Verein Fan-Schals mit der Aufschrift: »Gustl hält den Kasten sauber!« produzierte.

Negative Schlagzeilen produzierte der »Vorzeige-Profi« nach dem 10. Spieltag, als er ohne Verschulden in den Mittelpunkt einer Doping-Affäre geriet. Nach einem Zusammenprall mit Kaiserslauterns Verteidiger Michael Schönberg litt der Schlussmann zur Halbzeit an Kreislaufproblemen und bekam von seinem Mannschaftsarzt ein Mittel verabreicht, das die verbotene Substanz Ephedrin enthielt. Während Ernst von einer Sperre verschont blieb, musste sein Verein eine hohe Geldstrafe zahlen. Nachdem er am 22. Spieltag, beim 2:0-Sieg über den Hamburger SV, noch einmal die Punkte im Alleingang sicherte, sackte er anschließend in ein Leistungstief. Vor dem 31. Spieltag nahm ihn Toppmöller schließlich aus der Mannschaft, um ihn durch Maik → Kischko zu ersetzen. Bochums Abstieg war dennoch nicht mehr zu verhindern und der Keeper begleitete seinen Klub beim erneuten Weg in die Zweitklassigkeit.

Zur Saison 99/00 kam mit dem Holländer Rein → van Duijnhoven ein neuer Konkurrent, gegen den Ernst letztendlich den Kürzeren zog, zumindest aber den sofortigen Wiederaufstieg feiern konnte. Auch in der Bundesligasaison 00/01 hinter van Duijnhoven ohne rechte Perspektive, wechselte Ernst zur Winterpause zum VfB Stuttgart, um sich hinter Timo → Hildebrand ebenfalls als Ersatzmann einzureihen. Aufgrund einer Gelbsperre Hildebrands gelangte er am 30. Spieltag gegen Energie Cottbus zu seinem ersten Einsatz, um beim 1:0-Sieg mit einer fehlerfreien Leistung zu überzeugen. Bei 1860 München verschuldete er allerdings den frühen Gegentreffer und anschließend setzte ihn ein Muskelbündelriss außer Gefecht.

In der Saison 01/02 ergaben sich für den mittlerweile 34-jährigen Reservisten – zwischen dem 28. und 30. Spieltag – anstelle des wadenverletzten Hildebrand drei weitere Einsätze, in denen er wiederholt seine Verlässlichkeit demonstrierte. Eine längere Einsatzperiode folgte ab dem 9. Spieltag der Saison 02/03, weil Hildebrand an einer hartnäckigen Virusinfektion laborierte. Mit Ernst blieb der Klub bis zum 14. Spieltag ohne Niederlage, wobei der Keeper insbesondere am 11. Spieltag, beim 1:0-Sieg Bayer Leverkusen, mit souveränen Paraden zum Matchwinner avancierte. Auch in den UEFA-Cup-Begegnungen gegen Ferencvaros Budapest und FC Brügge bewies der sonstige »Bankhalter« seine absolute Zuverlässigkeit. Aufgrund der guten Leistungen hofft er beim VfB Stuttgart auf eine Vertragsverlängerung.

Ertz, Willi

Geboren: 28.05.1943 (Deutschland)
BL-Verein: Borussia Neunkirchen (1964–1968)
BL-Spiele: 44

Das Torwartdenkmal, das mit seinem Verein Borussia Neunkirchen 20 Jahre durch dick und dünn ging, rückte 1963 im Alter von 20 Jahren in den Regionalligakader des saarländischen Traditionsklubs auf. Zunächst hinter Horst → Kirsch die Nummer 2, kam das Eigengewächs, aufgrund einer Formkrise des Konkurrenten, während der Rückrunde erstmals zu Einsätzen, bei denen er sich bestens bewährte. Als Meister der Regionalliga Südwest nahm Borussia Neunkirchen an der Bundesliga-Aufstiegsrunde teil und Trainer Horst Buhtz besaß jetzt die Wahl zwischen zwei gleichwertigen Torhütern.

Bei der 1:5-Schlappe gegen Tasmania Berlin wirkte der 1,91 m große »Parade-Athlet« noch übernervös, um bald darauf zum Helden aufzusteigen. Im vorentscheidenden Auswärtsspiel gegen Hauptrivalen Bayern München musste Kirsch wegen seiner Examensarbeit pausieren. Ertz nutzte die Gelegenheit, um mit »Weltklasseparaden« seinen Gegenüber Sepp → Maier zu übertreffen und die gegnerischen Stürmer zur Verzweiflung zu treiben. Der fangsichere Schlaks mit den »mächtigen Fäusten« erwies

Willi Ertz – Die treue Torwart-Seele von Borussia Neunkirchen.

sich als unbezwingbar und legte damit den Grundstein für einen 2:0-Erfolg. Mit einem Punkt Vorsprung rettete sich Neunkirchen über die Ziellinie, während die zweitplatzierten Münchner ein weiteres Jahr in der Regionalliga ausharren mussten. Aufstiegsheld Ertz ging aufgrund dieser überragenden Leistung zunächst als Nummer 1 in Neunkirchens erstes Bundesligajahr, obwohl Buhtz eingestand, zwischen beiden Torhütern ständig »knobeln« zu müssen. Am 1. Spieltag der Saison 64/65 fabrizierte der Keeper bei der 0:2-Niederlage in Nürnberg das erste Selbsttor der Saison, als er bei einem Schuss des Nürnbergers Heinrich Müller ausrutschte und sich den Ball eigenhändig ins Netz boxte. Der Zerberus mit der »imponierend schmucklosen, rein sachlichen Haltekunst« konnte auch die anschließende 1:2-Heimniederlage gegen Borussia Dortmund nicht verhindern und landete erst mal auf der Ersatzbank.

Am 3. Spieltag stand Kirsch im Kasten, während Ertz wieder die folgenden drei Wochen das Tor hütete. Am 6. Spieltag verschuldete er, bei der 0:3-Niederlage gegen den 1. FC Kaiserslautern, das erste Tor und musste anschließend wieder längere Zeit mit der Bank vorlieb nehmen. Erst am 24. Spieltag kehrte der »privat so zurückhaltende, bedächtige junge Mann« für den armverletzten Kirsch zurück.

Bei der 2:4-Niederlage gegen 1860 München präsentierte sich der »Mann aus Erz« in großartiger Verfassung, musste aber anschließend wieder Kirsch weichen. Doch auch der Kontrahent leistete sich Schnitzer und so rotierte das schwindelerregende Torwartkarussell munter weiter. Am 27. Spieltag bekam wieder Ertz den Vorzug, um mit hervorragenden Paraden gegen Hannover 96, Hertha BSC und den VfB Stuttgart wichtige Punkte für den Klassenerhalt zu sichern.

Somit hatte der Junggeselle auch zum Saisonbeginn 66/67 gegenüber Kirsch die Nase vorn. Nach zehn Gegentoren in zwei Spielen musste das »Torwart-As« nach dem 7. Spieltag erneut weichen. Mit 80 Gegentoren stand Neunkirchen spätestens nach dem 32. Spieltag als Absteiger fest. Während der Verein unter dem neuen Trainer Zeljko Čajkovski einen Neuaufbau einleitete, blieb die Torwartfrage zwischen Ertz und Kirsch auch in der Regionalliga Südwest akut.

Überraschend schaffte der Klub den sofortigen Wiederaufstieg, wobei Ertz in der Aufstiegsrunde wegen eines Handbruchs pausieren musste. In der Saison 67/68 war zunächst der Kontrahent gesetzt. Weil sich Kirsch am 7. Spieltagen jedoch gegen Borussia Dortmund sechs »Kirschen« einfing, war wieder Ertz an der Reihe. Der »Saarland-Panther« hatte verbissen für sein Comeback gearbeitet und dabei mehr als acht Kilo abgespeckt. Seine gute Form bestätigte er in den nächsten vier Wochen eindrucksvoll und dank seiner Künste bilanzierte Neunkirchen eine Serie von 6:2 Punkten.

Dann folgte am 12. Spieltag die sportlich bitterste Stunde für den Aufsteiger. Bei Borussia Mönchengladbach verlor die Mannschaft mit 0:10 und ohne den starken Ertz hätte es noch ein schlimmeres Debakel gegeben. Aber auch beim »Langen« wechselten Licht und Schatten. Beim anschließenden Heimspiel gegen Eintracht Braunschweig trat er bei einem Abwehrversuch über den Ball und verschuldete dadurch die 1:2-Niederlage.

Nach der 1:5-Pleite bei Alemannia Aachen geriet er bei Trainer Čajkovski endgültig in Misskredit: »Ertz klebt zu sehr auf der Linie und beherrscht nicht den Strafraum.« Kirsch stellte sich fortan wieder in die Schießbude und für Neunkirchen ging die sportliche Fahrstuhlfahrt mit 90 Gegentoren wieder eine Etage tiefer. Nach dem erneuten Abstieg wollte Ertz ursprünglich zu 1860 München wechseln, hielt seinem Verein aber letztendlich die Treue. Eine weitere Saison fand das Torwart-Roulette seine Fortsetzung, dann wechselte Keeper-Konkurrent Kirsch zum Saarland-Nachbarn Röchling Völklingen. Der 27-jährige »Aktivposten« wirkte wie befreit, um in der Saison 70/71 mit »klarem Blick, gutem Stellungsspiel und energischem Zupacken« maßgeblich an der Südwestmeisterschaft beteiligt zu sein. In der Aufstiegsrunde scheiterte der Klub jedoch an Fortuna Düsseldorf. Dank einer Rekordserie von Ertz, der in den ersten zehn Saisonspielen ohne Gegentor blieb, konnte Neunkirchen in der Saison 71/72 den Titelgewinn wiederholen. Gegen einen übermächtigen Wuppertaler SV zog man in der Aufstiegsrunde jedoch erneut den Kürzeren.

In der letzten Regionalligasaison 73/74 erfolgte der dritte und wiederum vergebliche Anlauf zur Rückkehr ins Oberhaus. Mannschaftskapitän Ertz, mittlerweile in Bexberg-Saar Teilhaber eines Sportartikelgeschäftes, stand dabei immer noch »wie eine Eins«. Im ersten Jahr der 2. Bundesliga gehörte der Klub während der Saison 74/75 als amtierender Südwestmeister am Ende zu den überraschenden Absteigern. Fortan ging der Torwart-Routinier mit seinen Neunkirchenern durch alle Höhen und Tiefen, erlebte vergebliche Aufstiegsbemühungen, um 1980 noch einmal in die 2. Liga zurückzukehren.

Wiederum konnte sein Klub die Klasse nicht halten und verschwand danach bis zum heutigen Tage aus dem Blickpunkt der großen Fußballöffentlichkeit. Nach dieser Saison beendete das 38-jährige Torwartdenkmal endgültig seine Karriere. 1995 kehrte das »Urgestein« als Co-Trainer zu Borussia Neunkirchen zurück, um in der Saison 2001/02 den Regionalliga-Aufstieg zu feiern.

Eschbach, Daniel

Geboren: 05.10.1973 (Deutschland)
BL-Verein: 1. FC Köln (1996–1997)
BL-Spiele: 2

Nach fußballerischen Anfängen bei TuS Höhenhaus und der SSG Bergisch-Gladbach 09 kam Daniel Eschbach 1993 zu den Amateuren des 1. FC Köln, mit denen er ein Jahr später den Mittelrhein-Pokal gewinnen konnte. In der Amateur-Oberliga nicht immer unumstritten, rückte der Betriebswirtschaftsstudent während der Saison 96/97 über Nacht in den Blickpunkt.

Zunächst verließ Stammtorwart Bodo → Illgner den Verein in Richtung Real Madrid. Nachfolger Michael → Kraft zog sich nach dem 12. Spieltag einen Muskelfaserriss zu, während sein etatmäßiger Ersatzmann Antonio → Ananiev am 15. Spieltag kurz vor Spielschluss einen Feldverweis kassierte. Pech für Eschbach, dass Trainer Peter Neururer bereits dreimal ausgewechselt hatte und somit Feldspieler Sunday Oliseh für die letzten 90 Sekunden zwischen die Pfosten musste. Eine Woche später konnte der 1,89 m große Torwarthüne für den gesperrten Ananiev gegen Bayer Leverkusen dann sein Bundesligadebüt feiern. Trotz der vier Gegentore zeigte er eine hervorragende Leistung, um auch im anschließenden Heimspiel gegen Borussia Dortmund die Erwartungen nicht zu enttäuschen. Danach hatte der Mohr jedoch seine Schuldigkeit getan und musste sich wieder in den Oberligakader einreihen. Immerhin erhielt der 23 jährige Zerberus jetzt Angebote von Profiklubs und wechselte nach dieser Spielzeit zum Zweitligisten Energie Cottbus.

Dort konnte er sich nicht gegen Kay Wehner durchsetzen und scheiterte auch 1998 bei seiner zweiten Profistation KFC 05 Uerdingen, wo ihm Achim → Hollerieth den Stammplatz versperrte. Ein Jahr später ging Eschbach zum Oberligisten Wuppertaler SV, mit denen er vergebliche Anläufe in Richtung Aufstieg unternahm, um seinen Stammplatz schließlich an Nils Heese zu verlieren.

Ewert, Fritz

Geboren: 09.02.1937 (Deutschland)
BL-Verein: 1. FC Köln (1963–1966)
BL-Spiele: 45
Vereinstitel: 1x Meister (1964)
A-Länderspiele für Deutschland: 4

Der Torwart mit der »markanten hohen Stirn« startete seine Vereinslaufbahn 1947 bei TuRu Düsseldorf. Zehn Jahre später wechselte er zum 1. FC Köln, um sich dort gegen den etatmäßigen Stammtorwart Günther Klemm durchzusetzen. Aufgrund seiner guten Leistungen absolvierte Ewert von 1957 bis 1959 ein B- sowie vier Juniorenländerspiele. Am 22. Oktober 1959 folgte dann im heimischen Stadion – beim 7:0-Sieg über Holland – das erste von insgesamt vier Länderspielen.

1960 leistete er mit seinen sprunggewaltigen Paraden einen maßgeblichen Beitrag zum ersten Finaleinzug seiner Mannschaft um die deutsche Meisterschaft. Dieses Spiel ging noch mit 2:3 gegen den Hamburger SV verloren. Zwei Jahre später feierte Ewert nach einem 4:0-Sieg gegen den 1. FC Nürnberg mit dem Geißbock-Klub den ersten Meisterlorbeer. Die internationale Bewährungsprobe im Europapokal der Landesmeister endete allerdings in einem 1:8-Debakel

Mit Fritz Ewert im Tor holte der 1. FC Köln 1963 die erste Bundesligameisterschaft.

gegen Dundee United. Bei dieser bitteren Schmach musste Ewert zur Halbzeit beim Stand von 0:5 wegen einer Gehirnerschütterung (Mitspieler Ernst-Günter Habig: »Wir wunderten uns, dass Ewert immer nach rechts griff, wenn links die Bälle einschlugen.«) ausscheiden.

1963 stand der Keeper mit seinem Klub gegen Borussia Dortmund wieder im Endspiel um die deutsche Meisterschaft. Ewert – nicht immer nervenstark – ließ sich beim ersten Tor von einem Weitschuss überraschen und leitete damit die 1:3-Niederlage ein. Trotz eines weiteren Patzers im Finale war er für das erste Bundesligajahr dennoch als Stammtorhüter gesetzt.

Der gebürtige Düsseldorfer erwies sich zumeist als reaktionsschneller Rückhalt und erlebte seine Sternstunde am 13. Spieltag beim Auswärtsspiel gegen den unmittelbaren Verfolger Borussia Dortmund. Obwohl erneut durch eine im Spiel erlittene Gehirnerschütterung gehandikapt, rettete er durch einen gehaltenen Elfmeter gegen Lothar Emmerich den 3:2-Sieg und wurde anschließend als »Held des Tages« gefeiert. Zur Belohnung für die guten Leistungen erhielt die »Aufmerksamkeit in Person« von DFB-Trainer Sepp Herberger gegen Marokko und Algerien zwei weitere Länderspieleinsätze, in denen er allerdings Licht und Schatten zeigte. Am Ende des ersten Bundesligajahres konnte Ewert mit dem 1. FC Köln seinen zweiten Meistertitel bejubeln.

Im Verlauf der Saison 64/65 laborierte der »ehrgeizige Sportsmann« an verschiedenen Verletzungen und musste öfters Zwangspausen einlegen. Sein Vertreter Anton → Schumacher nutzte die gebotenen Chancen durch hervorragende Leistungen. »De Plaat«, wie ihn die Spielerkollegen wegen seiner Halbglatze nannten, sank immer mehr in die Rolle der Nummer 2 ab.

Durch diese neue Torwarthierarchie erschien für Ewert eine Fortsetzung der Länderspielkarriere kaum noch realistisch. Köln plante zudem zeitweilig, mit dem Brasilianer Miguel Ferreira einen neuen Torwart zu verpflichten und der Schlussmann war stocksauer: »Wenn Ferreira hinzugekommen wäre, hätte ich die Konsequenzen gezogen.«

Ferreira kam nicht und während der Saison 65/66 ließ Kölns Trainer Georg Knöpfle die Rangfolge zwischen Ewert und Schumacher zunächst offen. Beide stellten sich abwechselnd in den FC-Kasten und Ewert hielt in seinen Einsätzen solide – aber nach dem 12. Spieltag hatte sich Schumacher endgültig durchgesetzt. Kurz vor Saisonschluss meldete Köln die Verpflichtung des jugoslawischen Weltklassetorhüters Milutin → Soskič und der frustrierte Ewert erhielt die Freigabe.

Der 29-Jährige, dem auch Verbindungen zum Hamburger SV und PSV Eindhoven nachgesagt wurden, wechselte zum holländischen FC Alkmaar 54 und verschwand aus den sportlichen Schlagzeilen. 1967 kehrte der »so früh um seine Haarpracht gekommene« Schlussmann in seine Heimatstadt zurück. Wegen schwerer Hüftgelenk-Probleme musste er seine sportlichen Aktivitäten jedoch drei Jahre lang unterbrechen. 1969 war der gelernte Großhandelskaufmann bei einem Möbelversand als Fachberater tätig. Nach seiner körperlichen Genesung hütete er noch beim rheinischen Verbandsligisten Frechen 20 das Tor und versuchte sich im Amateurbereich auch als Trainer. Ewert hatte mittlerweile kaum noch Kontakt zu seinen früheren Spielerkollegen, die erst aus der Zeitung erfuhren, dass ihr früherer Meistertorwart am 16. März 1990 im Alter von 53 Jahren an einer schweren Erkrankung verstorben war.

F

Fahrian, Wolfgang

Geboren: 31.05.1941 (Deutschland)
BL-Vereine: Hertha BSC Berlin (1964–1965), TSV 1860 München (1966–1967), SC Fortuna Köln (1973–1974)
BL-Spiele: 67
A-Länderspiele für Deutschland: 10

Die ebenso lange wie wechselvolle Karriere von Wolfgang Fahrian begann im Alter von 10 Jahren beim TuS Klingenstadt, ehe der gebürtige Ulmer 1952 zum TSG Ulm wechselte und bis zur A-Jugend auf dem Verteidigerposten spielte. Zweimal gewann der gelernte Heizungsmonteur mit seiner Mannschaft die württembergische Meisterschaft, um erst in der Lizenzspielerelf, durch den Weggang von Stammtorwart Manfred → Paul und die Verletzungen seiner Nachfolger, Torhüter zu werden. Trainer Fred Hoffmann beorderte den erst 19-jährigen Lockenkopf zwischen die Pfosten und am 4. September 1960 feierte der »Verlegenheitstorhüter« bei Ulm 46 sein Oberliga-Debüt.

Durch intensives Training schulte der »fliegende Spatz« Reaktion und Stellungsspiel. Obwohl er nach der Saison 1960/61 mit Ulm in die 2. Liga Süd absteigen musste, war Fahrians Name schon längst im Notizbuch von Bundestrainer Sepp Herberger vermerkt. 1961 folgte gegen Polen das erste von zwei Juniorenländerspielen. Am 11. April 1962 stand der 1,81m große Twen in Hamburg – vor 71 000 Zuschauern – gegen Uruguay zum ersten Mal im Tor der Nationalmannschaft. Deutschland gewann mit 3:0 und der junge Fahrian zeigte eine sensationelle Leistung. Danach war bereits die Weltmeisterschaft in Chile anberaumt und Fahrian schon mit dem Ehrentitel »schwarzer Panther« bedacht. Neben den Torwartkollegen Hans → Tilkowski, Günter → Sawitzki, Fritz → Ewert und Horst → Kirsch stand er im erweiterten Aufgebot.

Obwohl längere Zeit an einer Verletzung laborierend, stach der 21-jährige Shootingstar schon vor der Abreise die meisten Konkurrenten aus. Im chilenischen Trainingslager folgte die größte Überraschung: Nach einigen Trainingseindrücken nominierte Herberger für das erste Gruppenspiel gegen Italien statt des sachlichen Tilkowski den relativ unerfahrenen »Flieger« Fahrian. Während sich Tilkowski bitter enttäuscht in den Schmollwinkel verzog, zeigte sein Stellvertreter, bis zum Ausscheiden im Viertelfinale gegen Jugoslawien, durchweg gute Leistungen. Eine große internationale Karriere schien sich für den »eleganten« Torwart anzubahnen.

Noch vor dem Bundesligastart im Jahre 1963 entschloss sich Fahrian, beim Regionalligisten TSG Ulm 46 zu bleiben, weil ihm der Verein ein Sportartikelgeschäft zur Verfügung stellte. Obwohl er damit national nur noch zur zweiten Garnitur zählte, besaß er dennoch inzwischen eine immense Popularität und konnte sich über mangelndes Medieninteresse nicht beklagen. Der gutaussehende Keeper – »dunkelhaarig, schlank und biegsam« – avancierte für viele Kids zu einem Fußballidol, dessen Poster zahlreiche Jugendzimmer schmückten.

1963 absolvierte er gegen Brasilien und die Türkei zwei weitere Länderspiele und wurde im gleichen Jahr – neben Weltklassespielern wie Pelé, Alfredo di Stefano, Lew Jaschin und Milutin → Soskič – in eine Weltauswahl berufen. Die Bundesligaklubs Eintracht Frankfurt, Borussia Dortmund und Schalke 04 umwarben ihn und für den Mann mit der »katzenhaften Elastizität« war ein Wechsel in die Oberklasse dringend angeraten, denn im April 64 zeigte er beim Länderspiel gegen die ČSSR eine äußerst schwache Leistung. Während Bundestrainer Herberger (»Es zeigt sich, dass Regionalligaspiele nicht mehr eine ausreichende Vorbereitung für Länderspiele sind.«) nach der 3:4-Niederlage bereits warnend den Fingerzeig erhob« mutmaßte »Kicker«-Kolumnist Robert Becker über den jungen Zerberus: »Fast scheint es, als hätte er sich zu sehr auf seinem Talent ausgeruht«.

Wolfgang Fahrian – in den 60er Jahren »schwarzer Panther« und Popidol.

In den 70er Jahren schon leicht ergraut, aber immer noch ein exzellenter Torwart.

Um endlich wieder erstklassig zu spielen, entschied sich Fahrian vor der Saison 64/65 für ein Angebot des Bundesligisten Hertha BSC. Auf Anhieb entwickelte sich die Neuverpflichtung zu einem Berliner Publikumsliebling, der die Massen schon beim Training anzog und in den meisten Spielen mit »tollkühnen Paraden« und einem glänzenden Stellungsspiel beeindruckte. Für seinen Klub verlief die Saison, trotz hochkarätiger Neuverpflichtungen, dennoch sportlich enttäuschend.

Vom Rivalen Tilkowski mittlerweile aus der Nationalelf verdrängt, schien auch der neue Bundestrainer Helmut Schön von Fahrians Qualitäten nicht restlos überzeugt. Im April 1965 wurde er für das WM-Qualifikationsspiel gegen Schweden zum letzten Mal für den Länderspielkader berufen. Weil der geschäftstüchtige Schlussmann zudem offen zugab, bei Hertha BSC ein zusätzliches Handgeld kassiert zu haben, wurde er vom DFB für sechs Monate gesperrt und sein Klub zum Zwangsabstieg verurteilt.

Nach Ablauf der Sperre im Januar 1966 war für den Klassekeeper wieder hartes Regionalligabrot angesagt und statt Borussia Dortmund oder Bayern München hießen die Gegner jetzt SC Staaken und VfB Hermsdorf. Hertha BSC scheiterte in den Aufstiegsspielen zur Bundesliga und deshalb wechselte Fahrian zu 1860 München.

Der Bundesligist sah in seiner Verpflichtung die angeblich notwendige Konkurrenz zum aufsässigen Torwart-Idol Petar → Radenkovič. Der Jugoslawe blieb jedoch Sieger im Konkurrenzkampf und Fahrian gelangte in der Saison 66/67 nur zu acht Bundesligaeinsätzen.

Hatte der »Showman« zuvor immer noch Hoffnungen auf eine Rückkehr in die Nationalelf gehegt, so musste er diese Ambitionen mit dem Wechsel zum Regionalligisten Fortuna Düsseldorf endgültig ad acta legen. Auch mit den Rheinländern scheiterte der anvisierte Bundesligaabstieg und nach zwei Jahren folgte der überraschende Transfer zur ebenfalls zweitklassigen Fortuna aus Köln. Mit einem langfristigen Vertrag ausgestattet, erhoffte sich Fahrian, der inzwischen auch erfolgreich Torwartkleidung produzierte, eine letzte Chance zur Rückkehr in das Rampenlicht der Bundesliga. Obwohl er innerhalb der Mannschaft sofort zu einem Leistungsträger avancierte, konnte das angestrebte Vorhaben erst während der Saison 72/73 verwirklicht werden.

Am 1. Spieltag der Saison 73/74 bewies Fahrian dann beim 1:3 gegen Borussia Mönchengladbach, dass er nach sechsjähriger Bundesligaabstinenz nichts von seinem Können eingebüßt hatte. Nach Abschluss der Hinrunde wurde der mittlerweile 32-Jährige immer noch auf eine Stufe mit den hoch eingeschätzten Kollegen wie Norbert → Nigbur und Dieter → Burdenski gestellt, doch Fortuna Köln war zu diesem Zeitpunkt nur einen Punkt von einem Abstiegsrang entfernt. Am 26. Spieltag erlebte der Mannschaftskapitän eine erneute »Sternstunde« und sicherte mit seinen brillanten Reflexen das wichtige Unentschieden gegen Abstiegskonkurrent Hannover 96. Auch beim 1:2 in Kaiserslautern glänzte er mit zahlreichen Flugeinlagen und verteidigte die 1:0-Führung der Fortuna bis zur 56. Minute praktisch im Alleingang. Doch am Ende hatte Fortuna Köln, aufgrund des schlechteren Torverhältnisses gegenüber dem Wuppertaler SV das Nachsehen.

Es folgten zwei durchwachsene Zweitligajahre, in denen Fortunas Wiederaufstiegsbemühungen scheiterten und Fahrian immer mehr von Verletzungen gebeutelt wurde. Am 16. Februar 1976 absolvierte er gegen Westfalia Herne sein letztes Profispiel und musste danach seine Karriere wegen eines Meniskusschadens beenden. Anschließend baute er sich eine zweite Karriere als erfolgreicher Spielervermittler auf und nahm zahlreiche Profi-Fußballer unter seine Fittiche. Im Frühjahr 2000 gründete der einstige »Paradiesvogel« zusammen mit Partner Roger Wittmann ein Dienstleistungs-Unternehmen für Sportler.

Famulla, Alexander

Geboren: 20.09.1960 (Polen)
BL-Verein: Karlsruher SC (1987–1992)
BL-Spiele: 112

Der Mann, der beim Karlsruher SC seinen Kasten für Oliver → Kahn räumen musste, avancierte als gebürtiger Pole bei seinem Heimatverein Gornik Zabre zum Juniorennationaltorwart. 1984 setzte er sich bei einer Südamerikareise seines Vereines zu Verwandten nach Berlin ab. Nach sportlichen Stationen beim westfälischen Amateurligisten SC Paderborn sowie beim nordbadischen Oberligisten SG Kirchheim-Heidelberg absolvierte er 1986 ein Probetraining beim Zweitligisten Karlsruher SC. Ab der Saison 85/86 unter Vertrag blieb der 1,88 m große Zerberus nicht frei von Schwächen. Gute Reflexe und besondere Stärken im Eins-zu-eins-Duell mit gegnerischen Stürmen standen immer wieder Irrflüge im eigenen Strafraum gegenüber.

Auf Anhieb mit dem KSC unter Trainer Winfried Schäfer in die Bundesliga aufgestiegen, wechselten während der Saison 87/88 weiterhin Licht und Schatten. In dieser Spielzeit verursachte »Oleg«, wie ihn Freunde nennen, insgesamt sechs Strafstöße, flog wegen eines Fouls am 18. Spieltag gegen Eintracht Frankfurt vom Platz und musste für sein tollpatschiges Verhalten den Rüffel seines Trainers (»Mit seiner Unbeherrschtheit hat er Mannschaft und Verein geschadet.«) einstecken. Trotz mehrerer guter Vorstellungen blieb der Pole mit deutschen Vorfahren weiterhin umstritten. Ungeachtet aller Kritik leistete er während der Saison 88/89 dennoch einen erheblichen Beitrag zum sportlichen Aufschwung des KSC.

Während der Saison 90/91 kassierte der »famose Famulla« vom 13. bis 18. Spieltag kein Gegentor, meisterte am 27. Spieltag bei Borussia Mönchengladbach mehrere »Unhaltbare«, um dennoch immer wieder für ein dummes Gegentor gut zu sein. Auch in der nächsten Spielzeit blieb sich der Schlussmann treu und strapazierte mehr als einmal die Nerven seines Trainers. Nach Aussetzern gegen den VfB Stuttgart, Wattenscheid 09 und den 1. FC Kaiserslautern folgte am 13. Spieltag der Exodus. Nach einer hundertprozentigen Fehlerquote, die in der ersten Halbzeit gegen den VfL Bochum zu zwei Toren führte, nahm Schäfer den »Fliegenfänger« zur Halbzeit aus dem Tor, um stattdessen Nachwuchskeeper Kahn ins Rennen zu schicken.

Der einstige »Dauerbrenner« mutierte jetzt zum Dauerreservisten, der nach der Saison 91/92 beim Zweitligisten FC Homburg einen Neuanfang versuchte. Nach neun Spieltagen bat er, nervlich angeschlagen, um seine Ablösung. Anschließend spielte er beim nordbadischen Verbandsligisten VfB Leimen und besitzt heute in Schwetzingen ein Toto-Lotto-Geschäft.

Feghelm, Siegbert

Geboren: 22.08.1942 (Deutschland)
BL-Verein: Eintracht Frankfurt (1966–1972)
BL-Spiele: 24

Der blonde Torwarthüne Siegbert Feghelm, immer etwas verträumt wirkend, begann seine sportliche Laufbahn bei der Jugend von Eintracht Frankfurt. Nach einem kurzen Intermezzo beim Hessenligisten Germania Oberroden stand der 1,89 m große Schlussmann ab der Saison 66/67 als Amateurtorwart in Frankfurts Lizenzspielerkader. Hinter Dr. Peter → Kunter und Egon → Loy zunächst die Nummer 3, ergab sich am 9. Spieltag gegen Borussia Mönchengladbach die erhoffte Bewährungschance. Sowohl Kunter als auch Loy mussten verletzungsbedingt passen. Der gelernte Maschinenschlosser trotzte den stürmischen Angriffen von Günter Netzer & Co und zeigte beim torlosen Remis eine überragende Vorstellung. Weil Kunter eine Krise durchlebte, erhielt der Torhüter mit dem »überlangen Wuchs« während dieser Spielzeit weitere Einsätze und aufgrund guter Leistungen einen Zweijahresvertrag.

In der nächsten Saison wurde allerdings, zur Lösung des Torwartproblems, Ex-Nationaltorhüter Hans → Tilkowski verpflichtet. Feghelm bat um seine Freigabe, die ihm der Vorstand jedoch verweigerte. Zwei bittere Jahre schlossen sich an, in denen Tilkowski und Kunter zum Einsatz kamen, während die Nummer 3 schlichtweg ignoriert wurde. Weil Trainer Erich Ribbeck in der Saison 69/70 Tilkowski kaltstellte, rückte Feghelm zumindest wieder zur Nummer 2 auf. Bei seinem Einsatz nach längerer Pause, am 11. Spieltag gegen 1860 München, merkte man ihm die mangelnde Spielpraxis an. Am 23. Spieltag gegen Werder Bremen in der 32. Minute für den verletzten Kunter eingewechselt, musste er noch zweimal hinter sich greifen. Auch bei den nächsten Spielen wirkte der Ersatzkeeper, insbesondere vor heimischem Publikum, übernervös. Mit dem sensiblen Nervenkostüm war Kunter nicht zu verdrängen und nach dessen Genesung musste Feghelm wieder weichen.

In der nächsten Saison sorgte Kunters schwerer Autounfall für eine erneute Unterbrechung der Warteschleife. Beim 3:0-Sieg gegen Kickers Offenbach hielt der »Lange« glänzend, um auch in der nächsten Begegnung zu überzeugen. Am 23. Spieltag meldete sich Kunter zwar wieder fit, Feghelm erhielt jedoch weiterhin das Vertrauen seines Trainers. Doch schon eine Woche später, beim 1:4 gegen Schalke 04, leistete er sich zwei folgenschwere Schnitzer und die kurzfristigen Stammplatzträume waren wieder abrupt beendet. Feghelm flog wieder aus dem Kasten und längst war ihm klar geworden, dass er bei Frankfurt wohl ewig der zweite Mann sein würde. Weil der Klub zudem noch Amateurnationaltorwart Günter → Wienhold verpflichtete, fiel ihm der Abschied nach der Saison 70/71 nicht mehr schwer.

Anschließend wechselte er zum Amateurligisten SpVgg 04 Neu-Isenburg, schaffte mit dem Verein zwei Jahre später den Aufstieg in die Hessenliga und wurde auch in die Verbandsauswahl berufen. Im Rückblick auf Frankfurt blieb ihm die Erkenntnis: »Ich habe einst in den sauren Apfel gebissen und musste ihn auch ganz runterschlucken. Heute würde ich das nicht noch einmal machen. Eine Dauerkarriere als Ersatzmann ist nicht das, was man sich als Fußballer vorstellt.«

Feller, Dieter

Geboren: 01.12.1942 (Deutschland)
BL-Vereine: Preußen Münster (1963–1964), VfB Stuttgart (1967–1970)
BL-Spiele: 27

Der »schwarze Riese« Dieter Feller wechselte 1962 vom BV Dorrten zum Regionalligisten Preußen Münster. In dieser Saison, wie auch im ersten Bundesligajahr, blieb er hinter dem lang-

Trotz beherzten Einsatzes blieb Siegbert Feghelm bei Eintracht Frankfurt immer die Nummer 2.

jährigen Stammkeeper Herbert → Eiteljörge die klare Nummer 2. Durch eine schwere Grippe des Stammtorhüters gelangte Feller, am 11. Spieltag gegen den 1. FC Saarbrücken, zu seinem ersten Bundesligaeinsatz. In der 38. Minute verpasste der Debütant einen Flankenball und verursachte dadurch den Ausgleichstreffer.

Bei seiner nächsten Bewährungsprobe für den erkrankten Eiteljörge schoss Feller gleich den nächsten »Bock«. Bei der 0:3-Niederlage am 13. Spieltag gegen Eintracht Frankfurt ließ er sich von einem Rückpass seines eigenen Verteidigers düpieren, der sich über den völlig falsch postierten Schlussmann ins Tor senkte. Verhinderte er eine Woche später gegen Werder Bremen eine höhere Niederlage, so ließ der Hüne in seinem letzten Einsatz – am 27. Spieltag gegen Schalke 04 – eklatante Schwächen im Strafraum und Stellungsspiel erkennen.

Nach Münsters Abstieg lieferte sich Feller anschließend in der Regionalliga West einen drei Jahre währenden Konkurrenzkampf mit Eiteljörge. Seine Leistungen in 63 Regionalligaspielen erschienen dem Bundesligisten VfB Stuttgart offenbar gut genug, um ihn vor der Saison 67/68 als potentiellen Nachfolger für Nationaltorhüter Günter → Sawitzki zu verpflichten. Die Neuverpflichtung erhielt von Trainer Günter Baumann zunächst das Vertrauen, um seine Nominierung am 1. Spieltag mit einer sicheren Partie beim 4:0 gegen Eintracht Frankfurt zu rechtfertigen. Zwei Wochen später geriet der längste Torwart der Bundesliga erneut zur Lachnummer, als er bei einer Fußabwehr gegen 1860 München genau auf Münchens Werner Kohlars zielte, von dessen Oberkörper der Ball ins Netz prallte. Weil er anstatt zu reagieren auch noch wegen angeblichen Handspiels reklamierte, flog »Pannen-Didi« nach diesem eklatanten Missgeschick aus dem Kasten und Trainer Baumann griff wieder auf den 35-jährigen Sawitzki zurück.

Pechvogel Dieter Feller – innerhalb zweier Wochen zwei Eigentore.

Während der Trainingseinheiten verscherzte Feller zusätzlich Kredit. Seine Bemerkung über die von Baumann verordneten Purzelbäume (»Davon bekomme ich Kopfschmerzen.«) konterte Baumann sarkastisch: »Und ich bekomme Kopfschmerzen, wenn ich Sie im Tor sehe.« Obwohl der Coach betonte, dass Feller erst dann wieder spielen werde, wenn »Sawitzki dazu Anlass gibt«, erhielt er in dieser Spielzeit noch einige Chancen. Am 9. Spieltag zeigte er beim 1:5 in Nürnberg einige tolle Paraden, kassierte aber zwei haltbare Tore. Auch an der 1:2-Niederlage in Hannover war er nicht schuldlos, was ihn bei den Experten endgültig zum Fehleinkauf abstempelte.

Die Leidensphase hatte damit für den langen Westfalen aber erst begonnen. Vor der Saison 68/69 erlitt Feller bei einem Freundschaftsspiel einen Bandscheibenvorfall und aus dem Leistungssportler wurde ein Dauerpatient der Neurologie. Während Feller verbissen an seinem Comeback arbeitete, etablierte sich der junge Gerhard → Heinze zum neuen Torwartstar. Nach acht Monaten kehrte Feller auf den Trainingsplatz zurück und gelangte für den verletzten Heinze noch zu zwei Saisoneinsätzen.

Vor der Saison 69/70 schien die Hierarchie unter den Torhütern festbetoniert und Feller nahm hinter Heinze zunächst eindeutig die zweite Position ein. Unerwartet begann auch das Nachwuchstalent in den ersten Saisonspielen arg zu schwächeln. Trainer Franz Seybold sah sich nun gezwungen, nach den Trainingseindrücken zu entscheiden. Als seine Wahl für den 6. Spieltag auf Feller fiel, zeigte der Ersatzmann beim 3:3 in Essen eine übernervöse Vorstellung. In Stuttgart kursierte das Wort »Torwartproblem«, als Feller, am 11. Spieltag bei Schalke 04, für den verletzten Heinze endlich seine potentielle Bundesligatauglichkeit unter Beweis stellen konnte. Zwei Wochen später verhinderte der schlaksige Torsteher beim 0:3 in Mönchengladbach eine schlimmere Pleite, um auch im Messpokalspiel gegen den SSC Neapel überragend zu agieren. Nach dem 4:0-Sieg über Eintracht Frankfurt wurde er anschließend vom »Kicker« sogar mit der Note 1 bedacht und in die »Elf des Tages« nominiert.

Aus dem kurzzeitigen »Helden des Tages« wurde schon eine Woche später wieder der Seuchenvogel. Im Meisterschaftsspiel gegen den 1. FC Kaiserslautern stand es kurz vor Schluss 2:2, als Feller eine harmlose Rückgabe seines Verteidigers Willi Entenmann ohne Reaktion passieren ließ. Der Sündenbock durfte sich rehabilitieren, um dann aber bereits am nächsten Spieltag gegen Borussia Dortmund mit einer völlig missratenen Abwehraktion das zweite Eigentor in Folge zu fabrizieren. Noch vier Einsätze verrichtete der »Pechvogel vom Dienst«, wobei sich seine Abwehr emsig bemühte, ihn vor möglichen Herausforderungen zu bewahren.

Nach dieser wenig erquicklichen Bundesligaepisode wechselte Feller zum österreichischen Erstligisten FK Austria Wien, wo er bis 1973 unter Vertrag war. In dieser Zeit wurde der bundesrepublikanische Torwart-Export mit dem Klub Vizemeister und ÖFB-Cupsieger. Anschließend kehrte er nach Deutschland zurück, um seine Laufbahn beim Verbandsligisten Bonner SC ausklingen zu lassen. Danach war er als Trainer für verschiedene Amateurvereine tätig.

Ferner, Dieter

Geboren: 16.01.1949 (Deutschland)
BL-Verein: 1. FC Saarbrücken (1976–1978)
BL-Spiele: 62

Geboren in Wuppertal startete Dieter Ferner seine Vereinslaufbahn 1963 bei TuS Radevormwald, ehe er vor der Saison 68/69 zum Regionalligisten Bayer Leverkusen wechselte. In den kommenden Jahren eine »Stütze«, nahm der Verwaltungsbeamte 1970 als Ballfänger mit Radevormwald an der internationalen Ausgabe der TV-Sendung »Spiel ohne Grenzen« teil. Nachdem sich die Aufstiegsträume mit Leverkusen nicht realisierten und stattdessen in der Saison 72/73 der Absturz in das Amateurlager erfolgte, wurde der 1,81 m große Schlussmann von Bundesliga-Absteiger Rot-Weiß Oberhausen verpflichtet. Ferner, dem Hennes Weisweiler schon 1970 absolute Erstligareife attestierte, glückte mit dem Verein während der Saison 73/74 die westdeutsche Regionalligameisterschaft, um in der Aufstiegsrunde zur Bundesliga jedoch frühzeitig die Segel zu streichen.

In der neu gegründeten 2. Bundesliga gehörte der Klub nach der Saison 74/75 aufgrund von Notverkäufen und Spielerstreiks am Ende sogar zu den Absteigern. Anschließend wechselte der stets hoch gelobte und enorm sprungsstarke Zerberus zum Zweitligisten 1. FC Saarbrücken. Dank einer hervorragenden Defensivabteilung, in der Ferner zur absoluten »Säule« erwuchs, glückte den Saarländern während der Saison 75/76 der anvisierte Bundesliga-Aufstieg. In der Bundesligasaison 76/77 schaffte Saarbrücken im Endspurt der Klassenerhalt. »Gummimann« Ferner verdiente sich beständig Bestnoten, rettete »mit Weltklasseleistungen oft genug Punkte« (FCS-Trainer Manfred Krafft), absolvierte gegen Belgien und Jamaika zwei B-Länderspiele und wurde heftigst vom 1. FC Köln umworben.

Ferner blieb auch für die Saison 77/78 bei den Saarländern und konnte sich mit der Mannschaft bis zum 25. Spieltag von den Abstiegsrängen fernhalten. Dann setzte der sieglose Abwärtstrend ein und auch der bis dato zuverlässige Schlussmann ließ sich von den Unsicherheiten anstecken. Bei der 0:1-Heimniederlage im Nachholspiel gegen Eintracht Braunschweig rutschte ihm ein harmloser Kopfball durch die Handschuhe. Am gleichen Abend zu Gast im »Aktuellen Sportstudio«, sammelte der Schnauzbartträger durch seine offene Art viele

Sympathiepunkte, was ihn aber nicht vor der Ersatzbank bewahrte. Ab dem 30. Spieltag musste er seinen Kasten Ersatzmann Norbert → Sauer überlassen, der den Abstieg jedoch auch nicht mehr verhindern konnte.

Bis 1980 blieb Ferner bei den Saarländern, ehe er anschließend für eine Spielzeit zum Zweitligisten 1. FC Bocholt wechselte. Weil sich der Klub nicht für die eingleisige 2. Bundesliga qualifizieren konnte, startete er im Sommer 81 ein zweijähriges Engagement in der nordamerikanischen Soccer-Liga. Bei Chicago Stings unter Vertrag, avancierte er zum Publikumsliebling und erfolgreichen »Shoot-out-Killer«, der mit dem Klub 1981 die US-Meisterschaft erringen konnte. Nach Deutschland zurückgekehrt, schloss er sich für die Saison 83/84 noch einmal dem Zweitligisten Rot-Weiß Oberhausen an, ehe er aufgrund einer irreparablen Verletzung die Sportinvalidität beantragen musste. Nach dem Ende seiner aktiven Laufbahn machte Ferner seine Trainer-Lizenz und lebte bis 1990 wieder in den USA. Nach diversen Trainertätigkeiten bei saarländischen Klubs ist er gegenwärtig für die 2. Mannschaft des 1. FC Saarbrücken verantwortlich.

Fiedler, Christian

Geboren: 27.03.1975 (Deutschland)
BL-Verein: Hertha BSC (seit 1997)
BL-Spiele: 25 (zum Ende der Hinrunde 02/03)
Ehe der »Ur-Berliner« Christian Fiedler beim Bundesligisten Hertha BSC zum Dauerreservisten absackte, schien dem einstigen »Pokalhelden« der Hertha-Amateure eine durchaus viel versprechende Zukunft bevorzustehen. Im Berliner Stadtteil Lichtenrade geboren, befand sich der Sportplatz seines ersten Klubs Lichtenrader BC nahe der elterlichen Wohnung. Im Juli 1989 wechselte das 15-jährige Torwarttalent zur B-Jugend des großen Nachbarn Hertha BSC. Parallel erfolgten Berufungen in die U16-Auswahl sowie im Herbst 91 als Stammtorwart die Teilnahme an der U17-Europmeisterschaft, wo er mit seinem Team den zweiten Platz erreichte.

Bundesweite Schlagzeilen in den Sportgazetten produzierte der gelernte Einzelhandelskaufmann bereits als knapp 18-jährige Nummer 1 der viertklassigen Hertha-Amateure, mit denen »Fiedel« während der Saison 92/93 in einem wahren Triumphzug das DFB-Pokalfinale erreichte. Noch am Morgen des Endspiels lieferte Fiedler für den väterlichen Garten- und Baustoffhandel Blumen aus, ehe er im ausverkauften Berliner Olympiastadion mit den »Hertha-Bubis« auf Bundesligist Bayer Leverkusen traf. Bei der unerwartet knappen 0:1-Niederlage zeigte das »Torwart-Küken« einige gute Paraden, um ab der Saison 94/95 in Herthas Profikader aufzurücken.

Mittlerweile auch regelmäßig in die U21-Auswahl berufen, profitierte der reaktionsschnelle und selbstbewusste »kleine Große« schnell von den Fehlern seines Kontrahenten Marco → Sejna, den er noch in der Hinserie als Stammtorwart ablösen konnte. Spätestens in der Saison 96/97 avancierte der nur 1,80 m große »Magic Fiedler« zu einem der besten Zweitligakeeper, der mit seiner Elf in dieser Spielzeit auch die lang ersehnte Rückkehr in die Bundesliga schaffte. Trotz aller Klasse kursierten dennoch bereits neue Torhüternamen, weil Herthas Verantwortliche aufgrund Fiedlers Kleinwüchsigkeit an dessen Bundesligatauglichkeit zweifelten.

Der neu verpflichtete Ungar Gabor → Király war aber lediglich als Ersatz gedacht, so dass der »Aufstiegsheld« zunächst als Nummer 1 in die Saison 97/98 startete. Zudem bewährte Stammkraft der U21-Auswahl, agierte Fiedler in den ersten BL-Spielen durchaus zufrieden stellend, ehe er am 7. Spieltag, nach der 0:4-Klatsche bei Hansa Rostock, von Trainer Jürgen Röber zum »Bauernopfer« erkoren wurde. Fortan spielte Király, der sich zu einem Publikumsliebling entwickelte und den einstigen Stammtorhüter während der folgenden zwei Jahre vollkommen ins Abseits verdrängte.

Erst zur Rückrunde der Saison 99/00 konnte Fiedler vom 18. Spieltag bis 24. Spieltag für den verletzten Király wieder einspringen. Am 19. Spieltag avancierte der spielerisch gute, lautstarke, aber auch strafraumschwache »Eisberg« beim 2:0-Sieg über Arminia Bielefeld mit hervorragenden Paraden zum besten Spieler auf dem Platz. Trotz der guten Leistungen musste er im März 2000 wieder dem Rivalen weichen.

Frustriert über die mangelnde Rückendeckung seines Trainers, nahm Fiedler wieder seine Dauerrolle als loyaler Bankdrücker an, ehe sich am 12. Spieltag der Saison 01/02 die zweite Comeback-Chance ergab.

Király war mit einem Muskelfaserriss außer Gefecht gesetzt und sein Stellvertreter bewies in den Bundesligaspielen sowie im UEFA- und DFB-Pokal, dass ihm die lange Pause nicht geschadet hatte. Plötzlich zum »Erfolgsgaranten« aufgestiegen, blieb der 16-fache U21-Nationaltorhüter jetzt auch nach Királys Genesung im Tor, um bereits nach dem ersten Rückrundenspiel bei Borussia Dortmund, trotz eines parierten Elfmeters, wieder in die Diskussion zu geraten. Während die »Sport-Bild« (»Vor dem 0:1 in Dortmund hätte ein größerer Keeper den Ball möglich erwischt.«) noch vorsichtig Fiedlers geringe Körpergröße bemängelte, ging im Februar 2002 Herthas neuer Coach Falko Götz gleich in medias res. Kaum im Amt, vollzog Götz (»Es geht nur um den Verein und nicht um persönliche Interessen.«) einen Torwartwechsel, so dass sich Fiedler ab dem 22. Spieltag wieder auf der Reservebank befand.

Dort hockte das »Hertha-Urgestein« auch zur Hinrunde der Saison 02/03, um den gesperrten Király am 8. Spieltag, beim 2:1-Sieg über den 1. FC Nürnberg ein einziges Mal zu vertreten. Zusammen mit seinem Partner Dariusz Wosz besitzt der kleinste Torwart der Bundesliga in Parchim seit geraumer Zeit eine eigene Fußballschule, die sich speziell um die Nachwuchsförderung kümmert.

Fischer, Lorenz

Geboren: 02.11.1934 (Deutschland)
BL-Verein: VfB Stuttgart (1963–1965)
BL-Spiele: 1

Als Nummer 2 hinter dem etablierten Nationaltorwart Günter → Sawitzki gestalteten sich Einsätze für den vom SG Untertürkheim gekommenen Lorenz Fischer relativ spärlich. In der Oberliga Süd konnte er vier Einsätze für den VfB Stuttgart verbuchen und auch für die Bundesliga war der 19-jährige Fischer lediglich Ersatz.

Am letzten Spieltag der Saison 63/64 zog sich Sawitzki vor der Begegnung beim 1. FC Köln eine Zerrung zu und verhalf damit seinem Vertreter zur Bundesligapremiere. Gegner Köln stand bereits als Meister fest und Fischer durfte deshalb im Müngersdorfer Stadion vor großer Kulisse auflaufen. Lange Zeit konnte er den Angriffen der Kölner trotzen, um mit guten Reaktionen die 1:0-Führung der Schwaben sichern. Erst Hans Schäfer gelang es in der 54. Minute, den schier unüberwindbaren Fischer mit einem Gewaltschuss zu bezwingen. Sieben Minuten vor Schluss kassierte der Keeper noch das zweite Tor durch Heinz Hornig und hatte dennoch seine Feuertaufe mit Bravour bestanden. Für die Saison 64/65 erhielt der junge Zerberus mit Werner → Pfeifer eine Konkurrenz für den Stellvertreterposten. Beide Ersatzkeeper kamen in dieser Spielzeit hinter dem unumstrittenen Sawitzki zu keinem BL-Einsatz. Fischer zog die Konsequenzen und wechselte anschließend zum württembergischen Amateurligisten TSG Backnang.

Franke, Bernd

Geboren: 12.02.1948 (Deutschland)
BL-Verein: Eintracht Braunschweig (1971–1985)
BL-Spiele: 345
A-Länderspiele für Deutschland: 7

Der oftmals vom Pech verfolgte Nationaltorwart Bernd Franke startete mit 10 Jahren seine Vereinslaufbahn beim ansässigen SV Bliesen, wo der gebürtige Saarländer zunächst jahrelang erfolgreich im Sturm agierte. Als vielseitiger Athlet, der als Handballer und Speerwerfer ebenfalls sportliche Meriten sammelte, gelangte Franke erst durch eine Verletzung des etatmäßigen Bliesener Stammkeepers zwischen die Pfosten. Obwohl er weiterhin als Feldspieler agierte, einmal sogar Torschützenkönig wurde und 1965 in der Saarland-Auswahl von Jupp Derwall Verteidiger spielte, rückte seine Reaktionsfähigkeit immer stärker in den Vordergrund.

1966 wechselte er als Torwart zum saarländischen Bezirksligisten SV Urexweiler, wo er mit seinem außergewöhnlichen Können schon bald dem Trainer Otto Knefler auffiel. Kneflers Nachfolger Herbert Wenz lotste ihn ein Jahr später zum Regionalligisten Saar 05 Saarbrücken.

Zwei Spielzeiten lang galt der 1,84 m große Schlussmann dort als »herausragende Kraft« und erhielt Angebote vom Meidericher SV und 1860 München. Der »talentierte Torhüter« entschloss sich jedoch, zusammen mit Mentor Knefler, 1969 für einen Wechsel zu Fortuna Düsseldorf. Überraschend benötigte das gut aussehende »Torwart-Starlet« über ein Jahr, um sich gegen den Kollegen Wilfried → Woyke durchzusetzen. Spätestens in der Saison 70/71 avancierte Franke mit »verblüffenden Reaktionen« zum großen Rückhalt des Regionalligisten. In der anschließenden Aufstiegsrunde legte er dann den Grundstein für seine kometenhafte Karriere bei Eintracht Braunschweig. Als er nach Düsseldorfs erfolgreichem Aufstieg 1971, wiederum mit Knefler, in die niedersächsische Grenzstadt übersiedelte, verfügte er über frische Wettkampfpraxis, während Braunschweigs Nationaltorwart Horst → Wolter nach einem sechswöchigen Urlaub erst kurz vor Saisonbeginn in den Kader gelangte.

Nach einem überzeugenden Einstand im Intertotospiel gegen Young Boys Bern eroberte sich der 23-jährige Sportartikelverkäufer schnell die Sympathien des einheimischen Publikums. Zur Verärgerung von Wolter hütete am 1. Spieltag der Saison 71/72 sein junger Rivale das Tor. Gegen den VfL Bochum und VfB Stuttgart zeigte der »muntere Sonnyboy« glänzende Paraden. Dennoch wechselten sich beide Schlussleute anfangs in einem dreiwöchigen Turnus untereinander ab. Als sich aber Wolter mit Knefler verkrachte, avancierte Franke, ab dem 10. Spieltag, endgültig zur unumstrittenen Nummer1.

Im DFB-Pokalhalbfinale gegen Bayern München sowie in den Bundesligabegegnungen gegen den VfL Bochum, Fortuna Düsseldorf und Hertha BSC verdiente sich der »Senkrechtstarter« Bestnoten und zählte jetzt bereits zum erweiterten Nationalmannschaftskader. Eine Gehirnerschütterung verhinderte jedoch seine Teilnahme an der Europameisterschaft in Belgien. Während Wolter nach dieser Spielzeit zu Hertha BSC flüchtete, wurde Franke in der Saison 72/73 für das Länderspiel gegen die Schweiz erstmals offiziell von Bundestrainer Helmut Schön in das A-Aufgebot berufen. Noch vor Wolfgang → Kleff und Norbert → Nigbur galt der sprungstarke »Adler«, wie er einst von Wolter getauft wurde, jetzt als ärgster Konkurrent von Sepp → Maier. Am 28. März feierte der »in sich gekehrte Braunschweiger« dann vor 70000 Zuschauern im ausverkauften Düsseldorfer Rheinstadion beim 3:0-Sieg gegen die ČSSR ein beeindruckendes Länderspieldebüt. Souverän kommandierte der Neuling prominente Vorderleute wie Hans Hubert Vogts, Franz Beckenbauer oder Paul Breitner und zeigte bei mehreren Tschechen-Schüssen hervorragende Reflexe. Obwohl der »Gewinn für die Nationalelf« zwei Monate später gegen Bulgarien deutlich nervöser agierte, schien er sich jetzt fest etabliert zu haben. In dem gleichem Maße, wie sich der »ebenso wagemutige wie sichere Schlussmann« international die ersten Lorbeeren verdiente, rutschte sein Verein jedoch immer tiefer in die Abstiegzone. Ausgerechnet gegen seinen Ex-Klub Fortuna Düsseldorf musste Franke mit Braunschweig am letzten Spieltag antreten, um dann das Unfassbare zu erleben. Weil sich Hannover 96 in Wuppertal überraschend mit 4:0 durchsetzen konnte und Braunschweig sein Heimspiel verlor, war der frisch gebackene Nationaltorhüter unerwartet in der Regionalliga gelandet. Ein Angebot des Bundesligisten 1. FC Kaiserslautern musste er ablehnen, weil ihn Eintracht-Präsident Ernst Fricke nicht gehen ließ.

Nun war der Klassekeeper gezwungen, in der Regionalliga Nord seine Handschuhe gegen Gegner wie VfL Pinneberg, Itzehoer SV und Barmbek-Uhlenhorst überzustreifen. Obwohl sich sein Klub schnell souverän an der Tabellenspitze festsetzen konnte und Franke weiterhin Einladungen zu Länderspielen erhielt, wurde es sportlich ruhiger um den »Stillen im Lande«. Kleff und Nigbur überflügelten ihn in der Nationalelf, während der bescheidene Sportsmann immer noch auf seine WM-Chance hoffte. Zu seinem Unglück überlagerten sich jedoch die Spiele der Bundesliga-Aufstiegsrunde mit dem WM-Start und somit blieb Franke lediglich auf Abruf im Kader. Nachdem ihm mit Braunschweig denkbar knapp die Rückkehr in das Oberhaus geglückt war, konnte er zumindest wieder Einsätze in der B-Nationalelf absolvieren. In der Bundesliga präsentierte sich der

»Teufelskerl« mit den »100 Händen« oftmals in länderspielreifer Form, und sein Klub konnte sich im oberen Tabellendrittel der Bundesliga etablieren. Mit Rudolf → Kargus war aber ein weiterer Maier-Konkurrent aufgetaucht, der ein Länderspiel-Comeback von Franke weiterhin verzögerte.

Erst in der Saison 76/77 und dank mehrerer Bewährungsmöglichkeiten im UEFA-Pokal wurde der »Fangkünstler« am 27. April 1977, nach vierjähriger Pause, im Freundschaftsspiel gegen Wales in der zweiten Halbzeit für Maier eingewechselt. In diesem Spiel noch nahezu unbeschäftigt, wartete auf das »As« während einer Südamerika-Reise der Nationalmannschaft, im Testspiel gegen Argentinien«, deutlich mehr Beschäftigung. Vor 63 000 Zuschauern in Buenos Aires meisterte er beim 3:1-Sieg alle brenzligen Situationen mit »Ruhe und Übersicht«.

Auch in der Saison 77/78 bestach Franke bei Braunschweig durch Beständigkeit, glänzte im UEFA-Pokal gegen Dynamo Kiew, um am 16.November 1977 in Stuttgart gegen die Schweiz sein fünftes Länderspiel zu absolvieren. Zusammen mit Maier bildete er in der Nationalmannschaft nun das stabile Torwarttan-

Die Spieler von Eintracht Braunschweig hatten oftmals guten Grund, ihrem Schlussmann Bernd Franke zu danken.

dem und an seiner Teilnahme als loyale Nummer 2 an der Weltmeisterschaft bestanden keinerlei Zweifel mehr. Kurz vor Saisonschluss musste sich der bescheidene Paradeprofi jedoch einer Meniskusoperation unterziehen, was die Nominierung im 22er Aufgebot erneut gefährdete. Schon nach zwei Wochen konnte er sich der Krücken entledigen und seinen Blick wieder zuversichtlich Richtung WM wenden. Zum Zweck eines letzten Tests wurde der »ideale Ersatzmann« von Bundestrainer Schön für eine Halbzeit gegen eine Hessenauswahl ins Tor gestellt. Eine Minute vor dem Abpfiff der ersten Hälfte prallte der gerade wieder genesene Keeper mit dem Frankfurter Rudi Weiler zusammen und zog sich dabei schwere Brüche im Sprunggelenk und Wadenbein zu. Jetzt war der einstige Torwartkomet mit dem »Flair eines Dressman« endgültig zum »Pechvogel vom Dienst« mutiert, dem Schön (»Selten hat ein Spieler soviel Pech gehabt wie Bernd Franke.«) größtes Mitleid bekundete. Zunächst am Boden zerstört, begann das Stehaufmännchen bereits drei Monate später wieder mit dem Lauftraining.

Am 9. Spieltag der Saison 78/79 kehrte der »Profi mit Herz« in den Braunschweiger Kasten zurück. Doch das einstige Muster an Zuverlässigkeit leistete sich mehrfach ungewohnte Fehler. Am 28. Spieltag erlebte der »Gentleman« dann gegen den Hamburger SV einen weiteren persönlichen Tiefpunkt. Bereits heftig umstritten, ließ er in der 38. Minute einen Weitschuss von Kevin Keegan durch die Hände rutschen, um dann in der zweiten Halbzeit wegen einer Knieverletzung ausgetauscht zu werden. Nun hatte der »Pechvogel der Bundesliga« auch im Verein seinen Stammplatz verloren, denn sein Vertreter Uwe → Hain ließ sich zunächst nicht mehr verdrängen. Aufgrund eines Zeigefingerbruchs musste der passionierte Tennisspieler dann auch in der Saison 79/80 die Spiele zunächst von Ersatzbank oder Tribüne betrachten.

Weil Hain aber zusehends schwächelte und Braunschweig auf dem letzten Tabellenplatz festklebte, vertraute Trainer Uli Maslo ab dem 11. Spieltag wieder auf den erfahrenen Routinier. Inzwischen war sein Nimbus so weit angekratzt, dass Kolumnist Max Merkel in einer Boulevard-Zeitung behaupten konnte, Braunschweig benötige einen guten Torhüter. Obwohl Franke wieder an seine früheren Leistungen anknüpfen konnte, war der tiefe Fall einer überalterten Mannschaft nicht zu stoppen. Ein zweites Mal in der Zweitklassigkeit angekommen, gelang mit prominenten Mitstreitern wie Ronald Worm, Hasse Borg und Franz Merkhoffer unter Trainer Maslo in der Saison 80/81 erneut der sofortige Wiederaufstieg.

Die Länderspielkarriere schien bereits passé, als der Zerberus am 6. Spieltag der Saison 81/82 gegen Bayern München zu großer Form auflief und mit zahlreichen Glanzparaden einen überraschenden 3:1-Sieg ermöglichte. Schon drei Wochen später war die »sichere Bank« neben Harald → Schumacher und Eike → Immel in den A-Kader zurückgekehrt. Zwei Halbzeiteinsätzen gegen Portugal und Norwegen schloss sich dann am Ende der Saison in Spanien endlich die lang ersehnte WM-Teilnahme an. Nach diesem späten Erfolg konnte der »sympathische Profi« seine Karriere gelassener angehen. 1984 zelebrierte er mit der deutschen Fußball-Olympiamannschaft in Los Angeles einen würdigen internationalen Abschied. Inzwischen herrschte bei Eintracht Braunschweig Likör-Fabrikant Günter Mast, der als Präsident mit eisernem Sparkurs regierte. Auch Frankes Bezüge wurden drastisch gekürzt, der Differenzbetrag jedoch von zwei Brauereiunternehmen übernommen. Somit ließ sich der 36-jährige Senior 1984 dazu überreden, noch eine weitere, letztendlich überflüssige, Saison dranzuhängen.

Bereits am 4. Spieltag der Saison 84/85 zog sich der »Torwart-Oldie« im Spiel bei Fortuna Düsseldorf eine schwere Knieverletzung zu, die eine monatelange Zwangspause erforderte. Obwohl der Publikumsliebling nach seiner Rückkehr in vielen Situationen seine ganze Erfahrung ausspielen konnte, musste er in seiner letzten Spielzeit den dritten Bundesligaabstieg bilanzieren. Am 5. September 1985 feierte einer der »besten Torhüter des letzten Jahrzehnts« in Braunschweig gegen die WM-Elf von 1974 sein Abschiedsspiel. Anschließend kehrte er in seine saarländische Heimat zurück, um für eine große Sportartikelfirma die Generalvertretung zu übernehmen. Als einer der »Rekord-Reservisten« der Nationalmannschaft saß Franke bei rund 40 Länderspielen auf der Ersatzbank.

Fraydl, Gernot

Geboren: 10.12.1939 (Österreich)
BL-Verein: Hertha BSC Berlin (1968–1970)
BL-Spiele: 31
A-Länderspiele für Österreich: 27
Österreichs erster Torwartexport begann seine Laufbahn bei Austria Wien, wurde aber 1964 von dem türkischen Auswahltorhüter Arkoç → Özcan verdrängt. Für Gernot Fraydl entstand die paradoxe Situation, einerseits Stütze der österreichischen Nationalelf und andererseits in seinem Verein nur die Nummer 2 zu sein. Der einstige »Himmelsstürmer unter den Goalkeepern« flüchtete aus dieser Misere zu Wacker Innsbruck, um über die Station SW Bregenz 1966 auch einen Abstecher in die »wilde« US-Profi-Liga zu riskieren. Um seine Nationalmannschaftschancen zu wahren, wechselte der gebürtige Landsberger vor der Saison 68/69 zum Bundesliga-Aufsteiger Hertha BSC.

Trainer Helmut Kronsbein vertraute beim Saisonstart zunächst auf Fraydl, weil sich Volkmar → Groß einer Meniskusoperation unterziehen musste. Trotz viel versprechender Neueinkäufe fand sich Hertha BSC zunächst im Tabellenkeller wieder und Fraydl wirkte anfänglich übernervös. Erst am 9. Spieltag zeigte er beim 0:3 gegen den 1. FC Nürnberg eine Klasseleistung und das Fachblatt »Kicker« stellte bereits die Frage, ob Österreich wohl über einen besseren Torhüter verfüge. Zwei Wochen später zog sich der »sympathische Grazer« gegen Mönchengladbach einen Daumenbruch zu und wurde anschließend von Groß vertreten, der zu großer Form auflief.

Zwar kehrte der Austria-Import am 17. Spieltag wieder zurück, doch Fehler beim 1:2 gegen den MSV Duisburg und in der 1. DFB-Pokalrunde kosteten ihn erneut den Stammplatz. Erst zum Saisonende durfte der Mann von »fast unösterreichischer Torwartsachlichkeit« wieder mitmischen, weil Groß wegen Schiedsrichterbeleidigung vier Wochen gesperrt wurde. Beim 1:1 gegen Hannover 96 hielt er ausgezeichnet und konnte kurz darauf auch ein Comeback in der Nationalmannschaft feiern. Zudem wehrte er am 31. Spieltag gegen 1860 München seinem Kollegen Petar → Radenkovič einen möglichen Elfmetertreffer.

Vor dem Start in die Saison 69/70 sah sich Trainer Kronsbein in der Wahl zwischen dem sachlich-zuverlässigen Fraydl und dem reaktionsschnelleren, aber noch unbeständigen Groß. Der Coach entschied sich für eine unorthodoxe Lösung und schickte seine Schlussleute abwechselnd in das Bundesligageschehen. Im dreiwöchigen Turnus durfte jeder sein Können beweisen und beide Keeper zeigten sich zufrieden mit dieser Regelung. Während sich Groß zum Nationalmannschafts-Anwärter katapultierte, avancierte Fraydl, beim 2:1-Auswärtssieg über Meister und Pokalsieger Bayern München, durch zahlreiche Glanzparaden sowie einem abgewehrten Strafstoß von Gerd Müller zum umjubelten Helden seiner Mannschaft.

Der 1,83 m große Keeper mit dem lichten Blondhaar erlebte jedoch auch schwächere Tage, um nach Patzern bei der 0:4-Heimpleite gegen Bayern München von den eigenen Zuschauern sogar Pfeifkonzerte zu ernten. Der »Weltklassetorwart« verkündete, schon nervlich angegriffen, kurz danach seine Wechselabsichten. Obwohl Hertha BSC ihm höhere Bezüge anbot, sah Fraydl in Berlin keine sportliche Zukunft mehr. Kronbein bedauerte diesen Schritt, denn »nur durch den großartigen Fraydl ist Volkmar Groß ein Klassemann geworden«.

Dem »vorbildlichen Vollblutprofi« lag zunächst ein Angebot von Ajax Amsterdam vor, er entschied sich dann aber, beim Bundesliga-Absteiger 1860 München Nachfolger von Torwartlegende Radenkovič zu werden. Bereits nach einem Jahr Regionalliga und vergeblichen Aufstiegsbemühungen kehrte der Wandervogel 1971 in seine Heimat zurück, um neben seinen geschäftlichen Aktivitäten später bei Sturm Graz, Grazer AK und Wolfsberger AC auch Trainertätigkeiten zu übernehmen.

Frese, Robert

Geboren: 26.10.1961 (Deutschland)
BL-Verein: SV Werder Bremen (1981–1982)
BL-Spiele: 1
Um Ersatztorwart Hermann → Rülander von seinen Qualen im Spiel bei Eintracht Frankfurt

zu befreien, schickte Werder Bremens Trainer Otto Rehhagel ab der 76. Minute Amateur Robert Frese in den Kasten.

Der Jungkeeper war 1980 zu Werder Bremen gekommen und hatte zuvor bei seinem Stammverein Eintracht Nordhorn auch Einladungen für A-Jugendländerspiele erhalten. Als er zu seinem Bundesligadebüt kam, stand es bereits 7:2 für Eintracht Frankfurt. Der 20-jährige Frese musste in den verbleibenden 14 Minuten noch zweimal den Ball aus dem Netz holen. Damit war Bremens höchste Niederlage in der Bundesliga perfekt und die Profilaufbahn der nominellen Nummer 2, Rülander, beendet. Weil ein Einsatz des verletzten Dieter → Burdenski noch nicht absehbar erschien, konnte Frese darauf hoffen, auch im nächsten Spiel gegen den Hamburger SV das Werder-Tor zu hüten. Burdenski kehrte jedoch rechtzeitig zurück, während Rülander kurze Zeit später entlassen wurde. Weil Werder Bremen an dessen Stelle mit dem arbeitslosen Klaus → Funk eine neue Nummer 2 verpflichtete, spielte Frese fortan wieder im Oberliga-Team.

Friedl, Jürgen

Geboren: 23.02.1959 (Deutschland)
BL-Verein: Eintracht Frankfurt (1975–1979)
BL-Spiele: 3

Der mit 17 Jahren und 26 Tagen bis heute jüngste Bundesligaspieler aller Zeiten profitierte zunächst von dem Verletzungspech seiner Torwartkollegen. Nach dem Wadenbeinbruch von Günter → Wienhold musste Eintracht Frankfurt während der Saison 75/76 wieder Dr. Peter → Kunter reaktivieren. Zwei Wochen später erwischte es am 26. Spieltag gegen Hannover 96 auch den »Doc«, der seinen Posten in der 64. Minute verletzungsbedingt räumen musste. Für ihn kam der knapp 17-jährige A-Jugendtorwart Jürgen Friedl, der damit seinen Einstand als jüngster Bundesligatorwart aller Zeiten feierte. Beim Stand von 4:0 für die Eintracht bekam er zwei Schüsse auf sein Tor, wovon einer beim 5:1-Sieg im Netz landete. Weitere Einsätze folgten zunächst nicht, weil sich Kunter wieder fit meldete und Frankfurt kurz vor Saisonschluss den Wattenscheider Heinz-Josef → Koitka engagierte. Zudem stellte sich heraus, dass der Jungkeeper als A-Jugendlicher des jüngeren Jahrgangs, laut den DFB-Statuten, gar nicht hätte spielen dürfen. Gegner Hannover 96 verpasste jedoch aus Unkenntnis die zweiwöchige Einspruchfrist.

In den nächsten zwei Jahren bewährte sich Friedl in Frankfurts Amateurmannschaft und mit der Hessen-Auswahl im Amateur-Länderpokal. Gelegentlich saß er für verletzte Kollegen auf der Bundesligabank, während im Blickpunkt Koitka oder Jürgen → Pahl standen. Schlagzeilen machte die »tragische Figur« eher durch Verletzungen, die er unbeabsichtigt den Vereinskameraden zufügte. In der Saison 77/78 verletzte Friedl bei einem Hallenturnier seinen Mitspieler Jürgen Grabowski, um kurze Zeit später im Trainingseinsatz bei einem Abwehrversuch das Nasenbein von Kollege Wolfgang Trapp zu zertrümmern.

An den Verletzungen seiner Torwartkollegen, die Friedl neue Bewährungsproben ermöglichten, war er allerdings nicht beteiligt. Zunächst zog sich Ersatzkeeper Pahl während der Rückrunde eine Fußblessur zu und Friedl vertrat ihn auf der Bank. Am 31. Spieltag verletzte sich Koitka gegen Fortuna Düsseldorf am Knie und musste in der 16. Minute ausgetauscht werden. Friedl erwies sich bei dem 3:2-Sieg als guter Ersatzmann und im anschließenden DFB-Pokal-Viertelfinale gegen Rot-Weiß Oberhausen wehrte er beim Stand von 1:0 für seine Mannschaft einen Elfmeter ab, was den Grundstein für einen knappen 2:1-Sieg legte.

Befriedigende bis gute Vorstellungen folgten am 33. Spieltag beim 3:1-Sieg über Borussia Dortmund, sowie im DFB-Pokalhalbfinale bei Hertha BSC, wo der junge Schlussmann erst kurz vor Ende den entscheidenden Gegentreffer kassierte. Trotzdem vertraute sein Klub für die neue Saison auf Pahl und die Neuverpflichtung Klaus → Funk. Der nur 1,75 m große »Fuzzy« Friedl hingegen bekam keinen neuen Vertrag mehr und kehrte zu seinem Stammverein nach Bad Vilibel zurück.

Fuhr, Bernd

Geboren: 11.04.1960 (Deutschland)
BL-Verein: Karlsruher SC (1981–1995)
BL-Spiele: 26

Aus der Jugend des VfL Freiendietz stammend, wechselte der 1,89 m große Bernd Fuhr 1978 als 18-Jähriger zum Zweitligisten Kickers Offenbach. Relativ schnell konnte sich der gelernte Großhandelskaufmann im Profikader des Vereins etablieren. In der Saison 80/81 avancierte er zu einer der entscheidenden Stützen und besaß am Erreichen der Aufstiegsspiele erheblichen Anteil. Mittlerweile war er durch seine hervorragenden Leistungen auch den Talentspähern des DFB aufgefallen. Von 1980 bis 81 folgten insgesamt elf Berufungen in die Juniorennationalmannschaft und 1981 die Teilnahme an der U21-Europameisterschaft. In der gleichen Spielzeit scheiterte Kickers Offenbach, trotz ihres überragenden Keepers, bei den Aufstiegsspielen zur Bundesliga an Eintracht Braunschweig. Wegen der vermeintlich besseren Perspektiven wechselte das viel versprechende Talent (DFB-Trainer Berti Vogts: »Der Lange wird ein ganz Großer.«), für das sich auch Bayer Leverkusen, VfL Bochum und der Hamburger SV interessierten, zum Karlsruher SC. Zusätzlich belastet durch die damals hohe Ablösesumme von 600 000 DM, absolvierte er hinter dem Torwartdenkmal Rudolf → Wimmer in zwei Jahren lediglich acht BL-Einsätze.

Nach dem Karlsruher Bundesligaabstieg und Wimmers Rücktritt konnte Fuhr endlich dessen Torwarterbe antreten. Während der Zweitligasaison 83/84 nicht immer fehlerlos, konnte er dennoch mit seiner Mannschaft den direkten Wiederaufstieg feiern. In seiner ersten Bundesligasaison als Stammkraft agierte Fuhr zunächst wechselhaft. Durch eine überragende Partie im Heimspiel gegen den Hamburger SV sowie zwei parierten Elfmetern beim 3:3 in Mönchengladbach sorgte er während der Hinrunde für einiges Aufsehen.

Zu diesem Zeitpunkt litt der zweimalige »Held des Tages« aber bereits unter heftigen Knieschmerzen. Nach dem 16. Spieltag unterzog er sich einer notwendigen Meniskusoperation und musste anschließend wochenlang pausieren. Weil zu diesem Zeitpunkt nur der unerfahrene Georg → Reiser zur Verfügung stand, verpflichteten die Karlsruher den vertragslosen Ex-Nationaltorwart Rudolf → Kargus, der auf Anhieb zur Nummer 1 avancierte. Fuhr blieb nach seiner Genesung nur die Ersatzbank. Als er am 33. Spieltag, beim 4:3-Sieg über den 1. FC Köln, wieder zurückkehrte, stand der KSC bereits als Absteiger fest.

Nach einer weiteren Zweitligasaison mit dem Karlsruher SC sortierte ihn Trainer Winfried Schäfer aus, um den Polen Alexander → Famulla an den Wildpark zu holen. Anschließend stand Fuhr von 87–91 noch in den Diensten der Zweitligisten Kickers Offenbach und Preußen Münster. Zuletzt trainierte er den pfälzischen Kreisligisten FSG Altendiez/Freiendiez.

Funk, Klaus

Geboren: 21.02.1954 (Deutschland)
BL-Vereine: VfB Stuttgart (1977–1979), Eintracht Frankfurt (1979–1981), SV Werder Bremen
BL-Spiele: 26
Vereinstitel: 1x DFB-Pokal (Eintracht Frankfurt: 1981), 1x UEFA-Pokal (Eintracht Frankfurt: 1980)

Zuvor bei TSV Ittlingen und dem VfR Heilbronn aktiv, kam Klaus »Funki« Funk 1974 zum VfB Stuttgart und als Dauerreservist nicht an Helmut → Roleder vorbei. Zumeist in der Amateurmannschaft beschäftigt und in die Württemberg-Auswahl berufen, absolvierte er zwischen 1975 und 77 insgesamt vier Zweitligaspiele.

Nach Stuttgarts Wiederaufstieg blieb der Schnauzbartträger Bankdrücker und wechselte deswegen, als Nachfolger von Heinz-Josef → Koitka, 1979 zu Eintracht Frankfurt. Kein Experte hatte ihn auf der Rechnung, doch weil sich der umstrittene Stammkeeper Jürgen → Pahl in der Vorbereitung verletzte, stand am 1. Spieltag überraschend der Neuzugang im Tor. Spätestens nach dem 2. Spieltag, als er mit einigen gelungenen Paraden den 3:1-Sieg bei Fortuna Düsseldorf sicherte, schien man den »ewigen Reservisten« verkannt zu haben.

Es folgten gute Leistungen in den Europapokalspielen und bis zum 5. Spieltag konnte der Keeper mit seiner Elf in der Bundesliga die Tabellenführung verteidigen, ehe bei ihm die Unsicherheiten zunahmen. Nach drei schweren Patzern beim 2:4 gegen seinen Ex-Klub Stuttgart stand ab dem 21. Spieltag wieder Pahl im

Tor. Frankfurt war als kurzzeitiger Tabellenführer längst ins graue Mittelmaß abgerutscht und bis zum Saisonende überboten sich beide Torhüter abwechselnd in ihren Fehlleistungen.

In die Saison 80/81 startete Funk wieder als Reservist, um durch eine Schulterverletzung des Kontrahenten ab dem 6. Spieltag eine erneute Chance zu erhalten. Bei allem Können auf der Linie offenbarte der 1,83 m große Keeper immer wieder erschreckende Schwächen in der Strafraumbeherrschung. Weil diese Irrflüge dennoch oftmals glimpflich ausgingen, bekam Funk von seinem Mannschaftskollegen den Spitznamen »Dr. Glück« verpasst.

Nach dem 12. Spieltag stand wieder der Kontrahent im Kasten, während sich Funks letzter Saisoneinsatz am 33. Spieltag gegen Borussia Dortmund als Fiasko entpuppte. Beim Halbzeitstand von 0:4 vom eigenen Publikum ausgebuht, musste er nach der Pause seinen Kasten für Joachim → Jüriens räumen. Bei seinem Verein nicht mehr weiterbeschäftigt, verbrachte er die nächste Spielzeit zunächst mit dem Hoffen auf einen neuen Arbeitgeber. Aus der Inaktivität befreite ihn dann noch während der Hinrunde der Bundesligist Werder Bremen, dessen Ersatzmann Hermann → Rülander sich als untauglich erwiesen hatte. Hinter Dieter → Burdenski war er dann in über 150 Pflichtspielen erneut der »Mann von der Bank«.

Dreieinhalb Jahre später, am 29. Spieltag der Saison 85/86, ergab sich durch Burdenskis Bandscheibenverletzung die Möglichkeit zu drei Einsätzen. Die Nummer 2 erledigte die Aufgabe als Stellvertreter zufrieden stellend. Für die nächste Spielzeit stand mit dem ehemaligen Jugendnationaltorwart Oliver → Reck jedoch bereits der Nachfolger fest. Anschließend wechselte Funk zum Zweitligaabsteiger Hertha BSC. Mit spielentscheidenden Fehlern verhinderte er in der Aufstiegsrunde dem Traditionsklub die schon sicher geglaubte Rückkehr in den bezahlten Fußball. Herthas Trainer Jürgen Sundermann zürnte öffentlich über den Schlussmann, der daraufhin seine aktive Laufbahn endgültig beendete und heute als Spieleberater tätig ist.

G

Gehrke, Holger

Geboren: 22.08.1960 (Deutschland)
BL-Vereine: Blau-Weiß 90 Berlin (1986–1997), Schalke 04 (1991–1994), MSV Duisburg (1994–1998)
BL-Spiele: 86

Als gebürtiger Berliner begann Holger Gehrke seine Vereinslaufbahn 1968 beim Charlottenburger Stadteilklub Hertha 06 Berlin. 1980 folgte ein zweijähriges Engagement beim Berliner Oberligisten SC Westend 01, ehe er 1982 zum saarländischen Drittligisten 1. FC Saarbrücken wechselte. Mit den Saarländern gelang dem 1,96 m großen Torwarthünen auf Anhieb der Sprung in die 2. Bundesliga. Doch als es vor dem Saisonstart 83/84 um die Vertragsverlängerung ging, ergaben sich Unstimmigkeiten, und Gehrke wurde von Saarbrückens damaligen Präsidenten schließlich vor die Tür gesetzt. Der »lange Lulatsch« kehrte an die Spree zurück, um sich dort dem ambitionierten Oberligisten BW 90 Berlin anzuschließen. Auch hier gelang dem Torwarttalent mit der Mannschaft auf Anhieb der Aufstieg in die 2. Bundesliga.

Vor der Saison 84/85 verpflichtete der Klub jedoch den bundesligaerfahrenen Reinhard → Mager und Gehrke fand sich zunächst auf der Ersatzbank wieder. Erst in der Saison 85/86 kam der »Riese« durch den Platzverweis des Konkurrenten zu sieben Zweitligaeinsätzen. Der, trotz seiner Großwüchsigkeit, sehr bewegliche Zerberus zeigte sich reaktionsschnell und beeindruckend sicher beim Abfangen hoher Flanken. Als dem Verein aus Mariendorf in der Saison 85/86 überraschend der Aufstieg in die Bundesliga glückte, war Gehrke allerdings wieder nur Nummer 2, während sein Kontrahent zu diesem Zeitpunkt als bester Zweitligakeeper galt.

Vor dem Start in die Bundesliga entbrannte dennoch ein Kampf um die Nummer 1. Gehrke hinterließ in den Vorbereitungsspielen den besseren Eindruck und bekam deshalb von Trainer Bernd Hoss das Vertrauen geschenkt. Zunächst konnte der Keeper den Anforderungen gerecht werden, obwohl sich seine Mannschaft schnell zum Tabellenende orientierte. Schon am 8. Spieltag mutierte er jedoch beim 0:7 bei Borussia Dortmund zur Schießbudenfigur. Zwei Wochen später patzte der ehrgeizige Bundesligafrischling entscheidend bei der 1:3-Niederlage gegen Fortuna Düsseldorf und wurde wieder gegen Mager ausgetauscht. Bis zum Saisonende blieb Gehrke auf der Bank sitzen, um von dieser wenig erquicklichen Perspektive den aussichtslosen Abstiegskampf seiner Elf zu verfolgen.

Anschließend balgte sich der »Funkturm« in der 2. Bundesliga bis 1989 mit dem Rivalen um den Stammplatz, verlor ihn kurzzeitig in der Saison 88/89 nach einem 2:11-Debakel im DFB-Pokal gegen Bayern München, ehe er – nach Magers Wechsel zu Hertha BSC – ab der Saison 90/91 endgültig zur unumstrittenen Nummer 1 avancierte. Eine Serie von über 600 Minuten ohne Gegentor, sowie glänzende Reflexe und eine stoische Ruhe bei brenzligen Situationen katapultierten ihn in die Riege der besten Zweitligakeeper. Mittlerweile besaß sein Name im Profigeschäft einen guten Klang und so wurde er im Dezember 1991 vom Bundesligisten Schalke 04 verpflichtet.

Lediglich als Ersatzmann für den hochtalentierten Jens → Lehmann geplant, schlug die Stunde für den Mann mit Gardemaß dann am 9. Spieltag der Saison 92/93, als die Nummer 1 wegen eines Kreuzbandrisses längerfristig ausfiel.

Auf Anhieb erwies sich der »Torwart mit den Krakenarmen« als prächtiger Vertreter, brillierte beim 2:1-Sieg über den Hamburger SV und zeigte während der Hinrunde derart hervorragende Leistungen, dass ihm Trainer Udo Lattek ein glänzendes Zeugnis ausstellte: »Der Holger ist so gut wie der Jens.« Bis zum Saisonende blieb er im Kasten und eroberte durch sein sympathisches Auftreten die Herzen der Schalker Fans im Sturm.

Vor der Saison 93/94 zum Mannschaftskapitän sowie von den Fans zum beliebtesten Spieler gewählt, blieb der »neue Leitwolf« zunächst die Nummer 1, während der wieder genesene Lehmann vehement seine Rückkehr forderte. Publikumsliebling Gehrke konnte aber nicht an die Leistungen der Vorsaison anknüpfen und wurde bereits nach dem 5. Spieltag auf die Bank verbannt. Erst durch die Totalaussetzer Lehmanns am 12. Spieltag bei Bayer Leverkusen kehrte er in der zweiten Halbzeit zurück. Bis zum 20. Spieltag konnte der mittlerweile 33-jährige Routinier seine Position behaupten, dann sorgte ein Kapsel- und Bänderriss im Daumen für die unfreiwillige Zwangspause. Lehmann ließ sich jetzt nicht mehr verdrängen und Gehrke heuerte nach dieser Spielzeit beim Berliner Regionalligisten Tennis Borussia an.

Als er schon bereute, sich zu früh aus dem Profigeschäft zurückgezogen zu haben, ereilte ihn im September 93 der Hilferuf des Bundesligisten MSV Duisburg. Der Klub hatte sich nach einem Eklat von Stammtorwart Jürgen → Rollmann getrennt und der unerfahrene Ersatzmann Martin → Pieckenhagen schien mit der Rolle des Nachfolgers überfordert. Als Gehrke am 7. Spieltag erstmals beim VfL Bochum das Duisburger Gehäuse hütete, befand sich der Verein schon im Abstiegskampf. Es folgten fünf Niederlagen, bei denen Gehrke die Bundesligaabstinenz deutlich anzumerken war. Der Keeper steigerte sich jedoch, sicherte mit Großtaten mehrere Punkte, blieb vom 17. bis 21. Spieltag ohne Gegentor und musste am Ende dennoch mit Duisburg das Oberhaus verlassen. In der 2. Bundesliga erwies sich der »Supermann« mit seiner ganzen Erfahrung als verlässliche Größe und schaffte mit dem Verein unter Trainer Friedhelm Funkel den sofortigen Wiederaufstieg.

Die Rückkehr in die Bundesliga gestaltete sich für den erfahrenen Goalie mehr als unerfreulich. Schon vor dem Saisonstart 96/97 von Neuzugang Thomas → Gill bedrängt, agierte der Berliner Junge mehrfach äußerst unglücklich, flog am 8. Spieltag wegen eines Handspiels außerhalb des Strafraums vom Platz, um sich anschließend im Training eine Fingerverletzung zuzuziehen. Inzwischen an einem Düsseldorfer Institut per Fernstudium zum Sport-Manager diplomiert, kämpfte der 36-jährige Oldie für sein Comeback, ohne Gill verdrängen zu können. Diese sportliche Niederlage sorgte bei dem Schlussmann für gehörigen Frust, den er vorzugsweise beim Training abreagierte und deshalb von Trainer Funkel zeitweise suspendiert wurde. Als während der Saison 97/98 auch noch der Litauer Gintaras → Stauce verpflichtet wurde, war das Verhältnis zwischen Keeper und Coach endgültig zerrüttet.

Beim Zweitligaaufsteiger Karlsruher SC versuchte der nimmermüde Charlottenburger ab der Saison 98/99 einen Neuanfang als Torwarttrainer und Ersatzmann für Simon → Jentzsch. Die wenigen Bewährungsproben für den rotgesperrten Jentzsch offenbarten jedoch die mangelnde Spielpraxis. Als sein früherer Trainer aus Schalker Zeiten, Jörg Berger, im August 98 als Coach entlassen wurde, flog der Hobbygolfer Gehrke gleich mit aus dem Kader. Danach wurde er ab Sommer 1999 Torwarttrainer bei Schalke 04, ehe er – zusammen mit dem Schalker Chefcoach Huub Stevens – ab der Saison 02/03 als Co-Trainer zum Bundesligisten Hertha BSC wechselte.

Gelhard, Ulrich

Geboren: 26.05.1946 (Deutschland)
BL-Verein: Wuppertaler SV (1972–1975)
BL-Spiele: 30

Der diplomierte Sportlehrer Ulrich Gelhard gelangte über die Stationen VfL Wuppertal und SC Langerfeld 1969 zum Regionalligisten Bonner SC. Nach einem Jahr wechselte er zum ambitionierten Liga-Nachbarn Wattenscheid 09, wo er zwei Jahre gute Arbeit verrichtete und ein Angebot des 1. FC Köln erhielt. Die Verhandlungen mit dem Bundesligisten blieben jedoch fruchtlos. Stattdessen folgte Gelhard im Sommer 1972 dem Ruf des Bundesligaaufsteigers Wuppertaler SV, die einen Konkurrenten für ihren etatmäßigen Keeper Manfred → Müller benötigten.

Der gebürtige Wuppertaler Gelhard nahm zum Start der Saison 72/73 auf der Ersatzbank Platz. Müller entpuppte sich jedoch überraschend als Nervenbündel, um am 8. Spieltag zudem eine Fingerverletzung zu erleiden. Gelhards Debüt am 9. Spieltag gegen Hertha BSC verlief – trotz einiger Schwächen – mit einem 4:1-Sieg für Wuppertal erfolgreich. Beim folgenden 1:1 gegen den 1. FC Köln wirkte er ebenfalls unsicher, um sich anschließend zu stabilisieren und mit der Wuppertaler »Betonabwehr« bis zum 14. Spieltag nur fünf Tore und eine Niederlage zu kassieren.

Trainer Horst Buhtz stand anschließend vor einem positiven Torwartproblem, weil sich Müller wieder fit meldete und Gelhard mit seinen guten Leistungen ebenfalls einen Stammplatz beanspruchte. Der Coach entschloss sich zunächst für ein 14-tägiges Wechselspiel, aber zu Beginn der Hinrunde war Gelhard wieder nur Nummer 2. Erst durch Fehler seines Konkurrenten gelangte der stämmige Keeper zu Einsätzen, ohne dadurch zur Stammkraft zu avancieren. Der Wuppertaler SV hatte sich mittlerweile als Überraschungsmannschaft der Saison präsentiert, die zeitweise als Zweiter hinter Bayern München rangierte. Gelhard durfte mit seinem Klub am 33. Spieltag gegen den MSV Duisburg mit 5:0 den höchsten Saisonsieg feiern und in der Endabrechung landete der MSV mit Platz 4 auf einem UEFA-Cup-Rang.

Vor der Saison 73/74 zeigte Gelhard in den Vorbereitungsspielen bessere Leistungen als Müller, der dennoch seinen Status zum Saisonstart verteidigen konnte. Der Wuppertaler SV verstärkte sich nur unzureichend und ignorierte die eklatante Überalterung seiner Mannschaft. Als Gelhard zum Rückrundenstart seine Saisonpremiere feierte, blieb er mit seiner Elf, die immer stärker in den Abstiegskampf verwickelt wurde, in den nächsten vier Begegnungen ohne Sieg. Vor dem entscheidenden Abstiegsmatch am letzten Spieltag beim VfB Stuttgart entschloss sich Buhtz kurzfristig, Gelhard zu nominieren, weil er ihn als nervenstärker einschätzte. Der Schlussmann rechtfertigte insgesamt das Vertrauen, obwohl er beim 0:2 zu weit vor seinem Kasten stand, und die Wuppertaler sich nur durch den Ausgleichstreffer in der 81. Minute knapp vor dem Absturz retten konnten.

Für die Saison 74/75 erhielt Gelhard erneut den Vorzug vor Müller. Nach dem 2. Spieltag entschied sich Trainer Buhtz wieder für den Kontrahenten. Als Gelhard, aufgrund Müllers Handverletzung, vom 14. bis 19. Spieltag wieder die Bälle aus dem Netz holen durfte, lag sein Verein mit vier Pluspunkten bereits abgeschlagen am Tabellenende. Zumindest durfte der WSV am 17. Spieltag gegen Tennis Borussia Berlin den letzten Wuppertaler Bundesligasieg miterleben. Am 22. Spieltag erneut von Wuppertals neuem Trainer Janos Bedl nach Müllers Patzer gegen Fortuna Düsseldorf nominiert, musste er nach dem 27. Spieltag, aufgrund seiner »Gastgeschenke« (»Bild am Sonntag«) bei der 0:4-Heimpleite gegen den Hamburger SV, endgültig seinen Kasten räumen. Kurz darauf unterzog er sich einer Handoperation und verhandelte bereits mit anderen Klubs.

Während die Wuppertaler Mannschaft völlig auseinander fiel und die Minusrekorde von Tasmania Berlin nur knapp verfehlte, weilte Rekonvaleszent Gelhard entspannt mit seinem Dackel als Beobachter bei den Trainingseinheiten. Gleichzeitig übernahm er – ohne vorherige Absprache mit seinem Arbeitgeber – eine Trainertätigkeit beim Wuppertaler Kreisligisten Germania 07. Noch vor Saisonschluss für diesen Nebenjob fristlos gefeuert, wechselte der stets freundliche Keeper anschließend zum Zweitligisten Chio Waldhof, wo er allerdings hinter Walter → Pradt ebenfalls Reservist blieb. Über die Station Alemannia Aachen kehrte er 1978 noch einmal zum Wuppertaler SV zurück, um mit dem leidgeprüften Verein ein Jahr später in die Drittklassigkeit abzustürzen.

Gigl, Anton

Geboren: 11.04.1947 (Deutschland)
BL-Verein: TSV 1860 München (1967–1969)
BL-Spiele: 3

Nach Wilfried → Tepe und Wolfgang → Fahrian versuchte bei 1860 München auch Anton Gigl ab 1967 vergeblich am Denkmal des scheinbar unumstößlichen Petar → Radenkovič zu rütteln. Vom Münchener Vorstadtverein SC Olching gekommen, wurden dem 20-jährigen Nachwuchsmann Anton → Gigl vorab von den Experten gute Veranlagungen bescheinigt, die er am 6. Spieltag der Saison 67/68 – aufgrund eines »Radi«-Ausrasters – erstmals unter Beweis stellen wollte. Weil Radenkovič in einer Affekthandlung den farbigen Mitspieler Jimmy Schmitt gewürgt hatte, wurde er von seinem empörten Trainer Albert Sing zur Halbzeit in der Kabine gelassen. Beim Spielstand von 0:0 gegen den 1. FC Kaiserslautern musste Gigl dann noch dreimal hinter sich greifen, ohne jedoch einen der Treffer zu verschulden.

Radenkovič überstand aber ein angekündigtes Disziplinarverfahren sowie eine drohende Sperre schadlos und blieb weiterhin der »König ohne Nachfolger«. Gigl sackte hingegen in der Gunst von Trainer Sing immer tiefer ab, der seinen Ersatzkeeper als »zu nervenschwach« abqualifizierte und sogar dessen Nummer2-Status in Frage stellte.

Während der Saison 68/69 scheute Sing am 9. Spieltag vor einem Einsatz des Bundeswehrsoldaten zurück und beorderte gegen Hannover 96, für den verletzten Radenkovič, Amateur Herbert → Schweers ins Tor. Der degradierte Gigl sollte jedoch noch einmal seine Chance erhalten. Wegen Schiedsrichterbeleidigung beim Spiel gegen Borussia Dortmund wurde Radenkovič vom DFB-Bundesgericht eine vierwöchige Sperre aufgebrummt. Am 27. Spieltag bewies Gigl bei der 1:3-Niederlage gegen den 1. FC Kaiserslautern mit einigen großartigen Paraden seine potentielle Bundestauglichkeit, um bei der anschließenden 0:4-Niederlage bei Alemannia Aachen wieder einen unsicheren Eindruck zu hinterlassen. Als Konsequenz vertraute Sing, bis zum Ablauf der Radenkovič-Sperre, wieder auf Schweers. Der enttäuschte Gigl wechselte nach dieser Saison zum Regionalligisten Jahn Regensburg, wo er in den nächsten Jahren zu einer großen Stütze avancierte. 1996 stand Gigls Name noch einmal in den lokalen Schlagzeilen, als sein Selbstmord bekannt wurde.

Gill, Thomas

Geboren: 16.05.1965 (Norwegen)
BL-Verein: MSV Duisburg (1996–1999)
BL-Spiele: 71
A-Länderspiele für Norwegen: 5

Nach seinen norwegischen Stationen Start Kristiansand, Brann Bergen, Valerengen Oslo und Jerv Grimstadt sorgte Thomas Gill erstmals beim dänischen Klub Aalborg Boldspielklub für Furore, mit denen er 1995 Dänischer Meister wurde und anschließend in der Champions-League spielte. 1996 wechselte der 1,88 m große Zerberus zum österreichischen Erstligisten Sturm Graz, mit dem sich im gleichen Jahr Erfolge im Pokal wie auch in der Meisterschaft anschlossen.

Durch das »Bosman-Urteil« konnte Gill vor der Saison 96/97 ablösefrei zum Bundesligaaufsteiger MSV Duisburg wechseln. Obwohl er als regelmäßiger Zuschauer der Fernsehserie »Derrick« über relativ gute Deutschkenntnisse verfügte, entpuppte sich der Mann aus dem hohen Norden dennoch als schweigsamer Zeitgenosse. Durch einen Fingerbruch gehandikapt, musste der »stille Brüter« außerdem zunächst hinter Holger → Gehrke und Thorsten → Albustin einige Wochen mit der Tribüne vorlieb nehmen.

Nach Gehrkes Platzverweis konnte sein »Schattenmann« am 9. Spieltag, beim 3:0-Sieg gegen den 1. FC Köln, ein gelungenes Bundesligadebüt verzeichnen. Der sachliche (»Von mir gibt es keine Paraden für die Galerie.«) wie auch selbstbewusste Keeper (»Ich bin ein Glücksbringer.«) eroberte sich mit »Bärenruhe« und guter Strafraumbeherrschung den Stammplatz. Jetzt folgten auch Einladungen für die norwegische Nationalmannschaft, wo sich Gill mit Frode → Grodås und Jorn Jamtfall einen erbitterten Konkurrenzkampf lieferte. In der Torwart-Rangliste des »Kicker« nach Hinrundenschluss hinter Oliver → Kahn, Stefan → Klos, Georg → Koch, Uwe Gospodarek und Claus → Reitmaier platziert, konnte der »wortkarge Fußballer« sein Leistungsniveau bis zum Saisonende relativ konstant gestalten.

Während der frustrierte Gehrke in den Planungen von Trainer Friedhelm Funkel keine Rolle mehr spielte, kam kurz nach dem Saisonstart 97/98 der litauische Nationaltorwart Gintaras → Stauce an die Wedau. Der zuvor unumstrittene Gill wirkte im Verlauf der Bundesligapartien zunehmend unsicher und patzte in der Folgezeit häufiger, als es seinem Trainer lieb sein konnte. Immer etwas käsig und verkniffen, ließ der »schweigsame Schlussmann« jede Kritik abprallen, um dann im DFB-Pokalhalbfinale beim Regionalligisten Eintracht Trier seine Sternstunde zu erleben. Im Elfmeterschießen verwandelte er gegen Triers Torwart Daniel Ischdonat den entscheidenden Strafstoß und der ansonsten so schüchterne Goalie war anschließend in seinen ausufernden Jubelgesten nicht mehr wieder zu erkennen. Im Endspiel gegen Bayern München konnte sich Gill bei der 1:3-Niederlage einmal auszeichnen, begünstigte durch seine Unentschlossenheit aber auch den entscheidenden Gegentreffer.

Weil Bayern München als Meister an der Champions-League teilnahm, konnte Verlierer Duisburg während der Saison 98/99 im Europapokal der Pokalsieger mitmischen. In der Bundesliga zunehmend ein Unsicherheitsfaktor, erlebte der 33-jährige Gill in der 1. Runde des Europapokals dann sein Waterloo. Vollkommen indisponiert verschuldete er beim 0:5 gegen Belgiens Vertreter RC Genk mehrere Gegentore und stand danach schon kurz vor der Ablösung. Trainer Friedhelm Funkel gewährte seinem Sorgenkind noch ein paar Bewährungschancen, die dieser allesamt nicht nutzen konnte. Nachdem der mittlerweile fünffache Nationalkeeper am 12. Spieltag, beim 0:2 gegen Borussia Dortmund, wieder einen dicken Lapsus fabrizierte, wurde er anschließend von Stauce abgelöst.

Zwei Wochen später unterzog sich der Norweger in seinem Heimatland einer Ellenbogenoperation, um sich dann in der Winterpause still und heimlich zum dänischen Erstligisten FC Kopenhagen abzusetzen.

Girschkowski, Gert

Geboren: 23.11.1944 (Deutschland)
BL-Verein: Hamburger SV (1968–1971)
BL-Spiele: 25

Ende der Saison 67/68 stand beim Hamburger SV das Torwart-Denkmal Horst → Schnoor vor seinem Karriereende und Stellvertreter Erhard → Schwerin wanderte zum Regionalligisten HSV Barmbek-Uhlenhorst ab. Um hinter dem türkischen Nationaltorwart Arkoç → Özcan eine zuverlässige Nummer 2 in der Rückhand zu haben, verpflichtete der Hamburger SV vom VfL Bad Oldesloe den 1,91 m großen Gert Girschkowski. In seinem ersten Bundesligajahr kam der »Lange«, der während seiner Amateurzeit mehrfach in die Schleswig-Holstein-Auswahl berufen wurde, für den verletzten Özcan zu vier Einsätzen, wobei er einige gute Leistungen zeigte, aber auch Schwächen im Strafraum sowie bei Flachschüssen erkennen ließ.

In die nächste Spielzeit startete Özcan weiterhin als klare Nummer 1. Nach dem 10. Spieltag verletzte sich der Türke jedoch und gegen Hannover 96 konnte der baumlange Bartträger Girschkowski im Kasten ein gelungenes Saisondebüt feiern. Seine außergewöhnlichen Reaktionen bei halbhohen Bällen sowie ein parierter Elfmeter sicherten den 2:0-Sieg und inspirierten »Kicker«-Reporter Hildebrand Kelber zu überschwänglichen Lobeshymnen: »Ein neuer Volksheld wurde in Hamburg auf das Podest gehoben.« Zunächst behielt der »Riese im meergrünen Trikot« seinen Posten und zeigte auch in den nächsten Wochen ansprechende Leistungen. Aufgrund seiner fundierten Schlagermusikkenntnisse von den Mannschaftskollegen mit dem Spitznamen »(Musik-) Kapelle« bedacht, schien sich Girschkowski bereits einen Stammplatz gesichert zu haben. Der degradierte Özcan forderte jedoch vehement seinen Stammplatz zurück. Um beide Keeper »bei guter Laune zu halten«, entschloss sich Trainer Georg Knöpfle dann kurz vor Saisonende zu einem zweiwöchigen Wechselspiel.

Während der ersten Wochen der laufenden Saison 70/71 kämpften beide Keeper weiterhin um den Stammposten. Am 4. Spieltag konnte sich Torwarthüne Girschkowski gegen Hannover 96 wieder auszeichnen, um drei Wochen später das Ende seiner Bundesligalaufbahn einzuläuten. Bei der 1:5-Heimpleite gegen Bayern München ließ er sich durch einen 20-m-Schuss von Franz Roth düpieren und wurde von Trainer Klaus Ochs in der 35. Minute gegen Özcan ausgewechselt. Einen letzten BL-Einsatz für den Hamburger SV absolvierte er am 29. Spieltag gegen Eintracht Braunschweig, bei dem er mit einer guten Vorstellung seinen Anteil zum 2:1-Sieg beisteuerte. Durch die Vermittlung von Mannschaftskollege Uwe Seeler erhielt Girschkowski anschließend ein Volontariat beim Norddeutschen Rundfunk und wechselte parallel zum Regionalligisten Phönix Lübeck. Noch während der laufenden Spielzeit 71/72 beendete er seine sportliche Laufbahn, um sich auf seine Journalistentätigkeit zu konzentrieren. Heute ist Girschkowski in Kiel beim Norddeutschen Rundfunk als Fernsehredakteur angestellt, engagiert sich in einer Kieler Prominentenelf für soziale Projekte und erhält nach wie vor zahlreiche Autogrammwünsche.

Gößling, Frederik

Geboren: 22.09.1977 (Deutschland)
BL-Verein: Arminia Bielefeld (1996–2000)
BL-Spiele: 1

Vom TuS Jöllenbeck 1991 zu Arminia Bielefeld gewechselt, absolvierte der Abiturient Frederik Gößling nach der A-Jugend ausschließlich Einsätze im Amateurkader. Auch nach Bielefelds Aufstieg ergab sich für den Vertragsamateur während der Saison 96/97, neben Ulrich → Stein und Zdenko → Miletič, in der Bundesliga nur die Funktion des Bankdrückers.

Diese Situation änderte sich für den 1,88 m großen Amateurkeeper, als bei Bielefelds erneutem Bundesligaintermezzo in der Saison 99/00 Stammtorwart Georg → Koch während der Winterpause zum 1. FC Kaiserslautern wechselte. Anschließend hütete Ersatzmann Miletič das Tor, ehe dieser nach dem 26. Spieltag, aufgrund eines Faserrisses im Oberschenkel, durch den nachträglich verpflichteten Marc → Ziegler abgelöst wurde. Fünf Wochen später erkrankte Ziegler an einer Grippe, so dass am 31. Spieltag, beim Spiel gegen die SpVgg Unterhaching, endlich Gößlings Stunde schlug. Mittlerweile Jurastudent im vierten Semester, konnte der 22-jährige Zerberus nur auf Spielpraxis in der Landesliga zurückblicken. Dennoch blieb er beim 1:0-Sieg ohne Gegentor, was allerdings in erster Linie seinen Vorderleuten zu verdanken war. Nach Bielefelds Abstieg wechselte Gößling zum Oberligisten SC Herford und ist seit der Saison 01/02 beim Regionalligisten SC Verl aktiv.

Golz, Richard

Geboren: 05.06.1968 (Deutschland)
BL-Vereine: Hamburger SV (1987–1998), SC Freiburg (1998–2002)
BL-Spiele: 398

Die »sehr sympathische und ausgeglichene Persönlichkeit« startete als gebürtiger Berliner mit dem Vereinsfußball 1975 beim Stadtteilklub Wacker 04 und bekleidete dort zunächst den Mittelstürmerposten. Erst während der C-Jugend wechselte der Gymnasiast bei seinem neuen Klub SC Tegel zwischen die Pfosten, um prompt in die Stadtauswahl berufen zu werden. Bereits zum erweiterten Kader der Jugendnationalmannschaft zählend, erlebte der damalige Gregor → Quasten-Fan seine erste große Stunde 1985 bei der Berliner Schulmeisterschaft, als er im Endspiel einen Elfmeter parieren sowie anschließend verwandeln konnte.

Im gleichen Jahr entdeckte ihn der damalige Talentspäher des Hamburger SV Gerd-Volker Schock in einem Duisburger DFB-Jugendlager und holte ihn ein Jahr später in das neu gegründete Jugendinternat. Nach der A-Jugend beim HSV rückte der Abiturient im Sommer 86 in die Verbandsligaelf auf. Aufgrund wechselhafter Leistungen nicht immer unumstritten, erhielt er nach dieser Spielzeit beim Hamburger SV dennoch einen Profivertrag.

Vor der Saison 87/88 stellte sich Golz hinter dem Torwart-Denkmal Ulrich → Stein auf eine längere Lehrzeit ein, um früher als erwartet ins Rampenlicht zu rücken. Im Supercupspiel gegen Bayern München leistete sich Stein in der 89. Minute einen Ausraster und kassierte für seinen Faustschlag gegen Bayerns Jürgen Wegmann die Rote Karte, so dass sein junger Ersatzmann ihn erstmals für ein paar Minuten vertreten konnte.

Weil Stein anschließend für das erste Saisonspiel gegen Schalke 04 gesperrt war, rückte der 19-jährige »Nobody« auch in der Bundesliga erstmals in den Blickpunkt, um bei dem 5:2-Sieg seiner Mannschaft ein zufrieden stellendes Debüt zu absolvieren. Anschließend musste sich der »König für einen Tag« allerdings wieder auf die Reservebank begeben, denn für den kurz darauf entlassenen Stein verpflichtete sein Verein den Jugoslawen Mladen → Pralija. Am 10. Spieltag war Golz dann ab der 27. Minute für den verletzten Pralija erneut gefordert. Obwohl er bei der 2:8-Packung gegen Borussia Mönchengladbach zur bedauernswerten »Schießbudenfigur« mutierte, erhielt er im Oktober, für das EM-Vorbereitungsspiel gegen Dänemark, von DFB-Trainer Hans-Hubert Vogts erstmals eine Einladung für die U20-Auswahl.

Im November war Pralija endgültig zum Fliegenfänger abgestempelt und wurde nach dem 15. Spieltag vom neuen HSV-Trainer Willi Reimann in die Heimat zurückgeschickt. Aufgrund seiner Unerfahrenheit stand der junge Golz als Nachfolger nicht zur Debatte. Vielmehr folgte, hinter dem eiligst verpflichteten Heinz Josef → Koitka, erneut eine längere Reservistenzeit. Zwei Einsätze konnte der 1,99 m große »Torwart-Riese« für den verletzten Koitka noch bestreiten, um insbesondere am 28. Spieltag, beim 1:1 gegen Bayer Uerdingen, sein potentielles Talent eindrucksvoll unter Beweis zu stellen.

Vor der Saison 88/89 weiterhin die nominelle Nummer 2, erhielt der »lange Lulatsch« ab dem 9. Spieltag durch Koitkas Platzverweis weitere Bewährungschancen, die er glänzend nutzen konnte. Weil der Kontrahent nach Ablauf seiner Sperre zudem einige Unsicherheiten an den Tag legte, rückte Golz ab dem 13. Spieltag endgültig zur neuen Nummer 1 auf. Nach dem 4:1-Sieg am 20. Spieltag gegen Hannover 96 konnte »Ritchie« eine eindrucksvolle Bilanz vorweisen, denn mit ihm als Torwart hatte der HSV dreizehn Spiele hintereinander nicht verloren.

Ausgerechnet sein schwerer Schnitzer leitete dann am nächsten Spieltag die 0:1-Niederlage bei Bayern München ein. Obwohl bei dem stets »freundlichen Zeitgenossen« auch in der Folgezeit Licht und Schatten häufig wechselten, schien er sich nach der Hinrunde 89/90 endgültig durchgesetzt zu haben. Als Nachfolger von Oliver → Reck regelmäßig für die U21-Auswahl nominiert, zeigte der »lange Schlaks« auch am 18. Spieltag beim 1:0-Sieg über Fortuna Düsseldorf eine brillante Leistung, die ihn bereits in die enge Riege möglicher Länderspiel-Kandidaten rückte. Der »Pfundskerl« mit sympathischer Ausstrahlung und den oftmals ironischen Statements nahm während der Winterpause mit der U21-Auswahl an einer Kamerun-Reise teil, um in der Rückrunde beiden UEFA-Pokalspielen seines Klubs gegen Real Saragossa ebenfalls internationales Format zu beweisen.

Während der Saison 90/91 entwickelte sich der baumlange Torhüter dann aufgrund wiederkehrender Patzer allmählich zum Problemkind des HSV. Primär bei seinen Strafraumausflügen segelte der »Keeper mit dem Januskopf« trotz seiner Größe regelmäßig an den Bällen vorbei. Zudem offenbarte er trotz seiner Vergangenheit als Feldspieler fußballerische Mängel.

Nach dem 6. Spieltag der Saison 92/93 verpflanzte Trainer Egon Coordes den »Patzerkönig« sogar zwischenzeitlich auf die Ersatzbank. Der gestrenge Coach wurde jedoch kurz danach selbst das Opfer seiner Erfolglosigkeit und musste nach dem 7. Spieltag Assistenztrainer Benno Möhlmann weichen. Möhlmann beförderte seinen umstrittenen Schlussmann umgehend zum Stammspieler, was dieser mit beständig guten Leistungen zurückzahlte. In den nächsten Monaten reifte »Richard der Große« dann innerhalb des Vereins zunehmend zu einer Identifikationsfigur, die sich auch abseits des Rasens mit mutigen Äußerungen gegen Ausländerfeindlichkeit und offenherziger Kritik am zwiespältigen Erscheinungsbild des Profi-Fußballs zu profilieren wusste. Seine wachsende Popularität nutzte auch eine Hamburger Brauerei für ihre Werbezwecke, indem sie den sechsfachen U21-Auswahltorhüter in einem ihrer Fernsehspots auftreten ließ. Dennoch zeigte sich Möhlmann (»Golz könnte ab und zu etwas Feuer brauchen.«) im Verlauf der Saison 93/94 nicht immer zufrieden mit den Leistungen seines Keepers und deutete bereits Verpflichtung eines neuen Konkurrenten an.

Zum Entsetzen von Golz verpflichtete der HSV vor der Saison 94/95 überraschend den bei Eintracht Frankfurt gefeuerten Ulrich Stein. Der degradierte Keeper bemühte sich um einen Vereinswechsel. Kontakte nach England sowie dem MSV Duisburg blieben jedoch ohne Ergebnis. Aufgrund einer Adduktorenverletzung Steins kehrte Golz, zu diesem Zeitpunkt längster Bundesligaspieler, ab dem 20. Spieltag längerfristig ins Team zurück, um sich mit hervorragenden Leistungen wieder als Stammtorwart zu empfehlen. Zwar feierte Stein am 29. Spieltag zur Verärgerung von Golz noch mal ein Kurz-Comeback, doch ein anschließender Jochbeinbruch des Kontrahenten beendete bis zum Saisonende sämtliche Torwartdiskussionen. Stein wechselte nach dieser Spielzeit zu Arminia Bielefeld und sein Adjutant rückte ab der Saison 95/96 erneut zur Stammkraft auf. Mit konstanter Leistung und einer positiven Ausstrahlung entwickelte er sich innerhalb des HSV-Teams wieder zu einem »Leitwolf«. Im März 96 zählte der »Torwart-Hüne« – neben Jens → Lehmann, Bernd → Meier und Dirk → Heinen – zu den vier Kandidaten für die Länderspiele gegen Dänemark und Holland, ohne letztendlich nominiert zu werden. Am 28. Spieltag setzte ihn Trainer Felix Magath aufgrund des akuten Stürmermangels im Spiel bei Hansa Rostock für die letzten zehn Minuten sogar als Sturmspitze ein. Der Keeper schien sich beim HSV jetzt definitiv zur festen Institution entwickelt zu haben, ehe im Verlauf der Saison 96/97 der entscheidende Einbruch erfolgte.

Speziell während der Rückrunde leistete sich der neue Mannschaftskapitän mehrere Blackouts, avancierte öffentlich zum »Riesenproblem des Hamburger SV« und mutierte speziell bei den eigenen Anhängern zur Zielscheibe von Hohngelächter und Beschimpfungen. Mit Sascha Ilič und Hans-Jörg → Butt wurden vor der Saison 97/98 gleich zwei neue Torhüter verpflichtet und Hamburgs neuer Trainer Frank Pagelsdorf schickte bereits im Vorfeld eine versteckte Drohung: »Ich zähle Golz nicht zu den Führungsspielern.« Noch vor dem Saisonstart als Kapitän entmachtet, musste der einstige »Dauerbrenner« seinen Platz für Butt räumen und saß während der gesamten Hinserie auf der Ersatzbank. Mögliche Wechsel zu Real Saragossa und den Glasgow Rangers scheiterten an der millionenschweren Ablösesumme. Während der Winterpause kämpfte sich der Rockmusik-Fan noch einmal heran und erhielt vor dem ersten Rückrundenspiel bei Bayern München den Vorzug. Bereits nach 15 Sekunden kassierte er das erste Gegentor, wirkte auch bei den weiteren Treffern absolut indisponiert um mit dieser 0:3-Niederlage sein letztes Renommee zu verspielen. Von den eigenen Fans gemobbt, die auf Transparenten seinen Rausschmiss forderten, landete Golz bis zum Saisonende wieder auf der Ersatzbank und wechselte im Juli 98 zum Bundesligaaufsteiger SC Freiburg.

Auf Anhieb avancierte der beim HSV demontierte Torhüter mit Top-Leistungen in Serie beim Neuling zum großen Rückhalt. Am 7. Spieltag gelang ihm gegen den Ex-Kontrahenten Butt zudem eine spektakuläre Revanche, als er in der Schlussminute dessen Elfmeter meisterlich parieren konnte. Nach der Hinrunde in der »Kicker«-Torwartrangliste hinter Oliver → Kahn und Stefan → Klos auf Platz 3 eingestuft, zollte das Fachmagazin dem »Volltreffer« seine Anerkennung: »Zu internationaler Klasse fehlt dem früheren Hamburger lediglich das so wichtige fußballerische Können.« Am letzten Spieltag rettete er mit einer reaktionsschnellen Parade gegen den 1. FC Nürnberg ein wichtiges Remis, das gleichzeitig den Klassenerhalt bedeutete.

Selten um einen witzigen Spruch verlegen (»Ich habe nie an unserer Chancenlosigkeit gezweifelt.«) schwang sich der »vorbildliche Torhüter« während der Saison 00/01 zu absoluter Höchstform auf. Zwischen dem 17. und 23. Spieltag blieb er 509 Spiele ohne Gegentor, erwies sich in zahlreichen Begegnungen als schier unüberwindlich und verhalf seiner Mannschaft damit entscheidend zu einer UEFA-Pokal-Platzierung. Als Anerkennung für diese überragende Saison war der »kühle Kopf« bei der »Kicker«-Rangliste erstmals in der »Internationalen Klasse« zu finden.

Nach diesem Höhenflug folgte für den Klub mit dem Studentenimage (Golz: »Vor lauter Philosophieren über Arthur Schopenhauer kommen wir gar nicht mehr zum Trainieren.«) zur Saison 01/02 der Totalabsturz. Aufgrund von Verletzungen und Fehleinschätzungen sank der SC Freiburg im Verlauf der Rückrunde immer weiter in die Abstiegsregionen ab. Auch der zuvor gefeierte Golz konnte nicht mehr an die Leistungen der Vorsaison anknüpfen und musste zudem mit einem Muskelabriss im rechten Oberschenkel nach dem 26. Spieltag bis zum Saisonende zwangspausieren. Ohnmächtig erlebte er den Abstieg seiner Mannschaft und anschließend war der besonnene Mannschaftskapitän (»Manchmal bin ich zu ruhig. Da fehlt mir in bestimmten Situationen das Temperament.«) nach 398 BL-Spielen und 28 Europacupeinsätzen erstmals in der Zweitklassigkeit gelandet.

Ehe sich Richard Golz zum »Mister Zuverlässig« entwickelte, erlebte seine Laufbahn eine beständige Berg- und-Tal-Fahrt.

In der 2. Bundesliga erwies sich der Routinier zur Hinrunde 02/03 erneut als wichtiger Leistungsträger, der mit seinem Klub die sofortige Wiederkehr ins Oberhaus anvisiert. Nach dem Ende seiner aktiven Karriere plant »Mister Zuverlässig« beim SC Freiburg den Einstieg ins Sportmanagement. Seit Mai 2001 präsentiert sich der sympathische Profi im World Wide Web mit einer reichhaltig gestalteten Internetseite, die immer wieder seinen augenzwinkernden Humor zum Vorschein bringt.

Gospodarek, Uwe

Geboren: 06.08.1973 (Deutschland)
BL-Vereine: Bayern München (1991–1995), VfL Bochum (1996–1998), 1. FC Kaiserslautern (1998–2001)
BL-Spiele: 64
Vereinstitel: 1x Meister (Bayern München: 1994)

Eine Zeit lang als »kommender Nationalkeeper« gehandelt, begann der in Straubing geborene Uwe Gospodarek seine Vereinslaufbahn 1981 beim SV Ascha, wo er sich zunächst als Allroundfußballer betätigte, um von seinem Vater im heimischen Garten bereits in seinen Fangfähigkeiten geschult zu werden. Nach dem Wechsel zu Jahn Regensburg rückte ab 1988 sein Torwarttalent immer mehr in den Blickpunkt. Repräsentativeinsätzen für Bayern schlossen sich die ersten U15-Länderspiele an. Mit Sepp → Maier als Vorbild und einem enormen Trainingsfleiß arbeitete der Einzelhandelskaufmann-Lehrling verbissen an der Verbesserung seiner Torwartkunst, um 1989 von Fritz Bischoff für die B-Jugend des FC Bayern München entdeckt zu werden. Von U15-Trainer Bernd Stöber schon als absolute »Persönlichkeit« bezeichnet, folgte der nahtlose Übergang in die U16, mit denen er 1990 an der Europameisterschaft teilnahm. Ein Patzer des »Musterschülers« brachte die Mannschaft zwar um das Halbfinale, dennoch etablierte sich Gospodarek auch in den U17- und U18-Auswahlmannschaften als feste Größe und kam insgesamt auf 45 Jugendländerspiele. In den folgenden Jahren von Hermann Gerland, Sepp Maier und Harald → Schumacher gefördert, absolvierte er noch als A-Jugendlicher für den verletzten Raimond → Aumann – am 36. Spieltag der Saison 91/92 gegen Bayer Leverkusen – sein erstes Bundesligaspiel, um nach der Sommerpause in den Amateurkader aufzurücken.

Während der Saison 92/93 Teilnehmer der U20-Weltmeisterschaft, verhalfen Gospodarek vor dem 27. Spieltag der Saison 92/93 gleich mehrere glückliche Umstände zu seinen nächsten Bundesligaeinsätzen. Stammtorwart Aumann hatte seinen vereiterten Weisheitszahn unwissentlich mit einem Dopingmittel behandelt und der etatmäßige Ersatzmann Sven → Scheuer laborierte an einer Schulterverletzung. Der 1,81m große Gospodarek erlebte in seinen zwei Stellvertreter-Einsätzen mit Bayern München einen 6:0-Sieg über den 1. FC Saarbrücken sowie eine anschließende 1:4-Pleite bei Werder Bremen. Zwei weitere BL-Spiele folgten in der Saison 93/94, wo der Nachwuchsmann für den handverletzten Aumann gegen den Hamburger SV und Eintracht Frankfurt erneut zufrieden stellend agierte. Ansonsten etatmäßiger Torwart der Regionalligamannschaft und regelmäßig in die U21-Auswahl berufen, erlebte der ehrgeizige Keeper eine große Enttäuschung, als in der Saison 93/94 nach dem Kreuzbandriss von Oliver → Kahn sein Konkurrent Scheuer den Vorzug erhielt. Als Nummer 3 schon gedanklich mit einem Vereinswechsel beschäftigt, ergab sich am 15. März 1995 im Champions-League-Spiel bei IFK Göteborg durch Scheuers Platzverweis ab der 35. Minute ein unverhoffter Einsatz. Weil ihm Trainer Giovanni Trapattoni für das nächste Champions-League-Spiel gegen Ajax Amsterdam Spielpraxis verschaffen wollte, spielte Gospodarek auch zwei Wochen in der Bundesliga. Gegen den Hamburger SV, 1860 München und Ajax Amsterdam zeigte er erneut gute Vorstellungen, um anschließend wieder auf der Ersatzbank zu landen.

Weil er endlich nicht nur in der Amateurmannschaft oder U21-Olympiaauswahl Stammtorwart sein wollte, wechselte der 23-jährige Eros Ramazzotti-Fan nach dieser Spielzeit zum Bundesligaabsteiger VfL Bochum. Auf Anhieb etablierte sich Gospodarek als herausragender Zweitligakeeper. Enorme Reflexe, lautstarkes Dirigieren der Viererkette-Abwehrkette sowie Stellungssicherheit in Eins-zu-eins-Situationen verhalfen zu den wenigsten Gegentoren und seinem Klub zum sofortigen Wiederaufstieg. Auch in der Bundesligasaison 95/96 zählte er als jüngster und kleinster Stammtorwart zu den herausragenden Erscheinungen und galt als potentieller Länderspielkandidat.

Nachdem er mit dem VfL Bochum am Ende einen sensationellen UEFA-Cup belegen konnte und vom Fachmagazin »Kicker« in der Torwart-Rangliste gleich hinter Oliver Kahn in die »Internationale Klasse« eingestuft wurde, schien sich die Erfolgswelle auch in der Saison 97/98 nahtlos fortzusetzen. Von Bundestrainer Hans-Hubert Vogts im November 97 auf Abruf zu einem Sichtungslehrgang eingeladen, folgte im August 98 sogar die Nominierung in eine Weltauswahl, wo der »sensationelle Torhüter« in einem Team mit Weltklassespielern wie Youri Djorkaeff und Jean-Pierre Papin agierte. In der Bundesliga wirkte das vormalige »Muster an Zuverlässigkeit« jedoch zusehends unsicherer. Verschuldete Gegentreffer in Spielen gegen Bayer Leverkusen, VfL Wolfsburg und Bayern München ließen »Gospo« während der Hinrunde immer tiefer in die Krise rutschen. Der Tiefpunkt folgte dann bei der 2:4-Niederlage im UEFA-Cup-Spiel gegen Ajax Amsterdam, wo er durch einen unnötigen Abpraller den vierten Gegentreffer verursachte, um sich anschließend einer Leistenoperation unterziehen zu müssen. Nach seiner Genesung im Frühjahr 98 wurde aus dem »Überflieger« wieder ein Bankdrücker, weil Reservist Thomas → Ernst sich in der Zwischenzeit einen Stammplatz erkämpft hatte.

Frustriert wechselte der 18-fache U21-Nationalspieler nach dieser Spielzeit zum Meister 1. FC Kaiserslautern. Neben dem umstrittenen Andreas → Reinke machte er sich berechtigte Hoffnungen auf den Nummer-1-Status, doch eine erlittene Schulterverletzung bei einem Testspiel gegen Inter Mailand sorgte bereits vor dem Saisonstart für eine längere Zwangspause. Nach einer dreimonatigen Rekonvaleszenz verharrte Gospodarek wieder im zweiten Glied.

Während der Saison 99/00 wurde in der Winterpause zudem Georg → Koch als dritter Torhüter verpflichtet. Gospodarek, der am 17. Spieltag erstmals den Vorzug vor Reinke erhalten hatte, konnte sich zunächst auch gegen die neue Konkurrenz durchsetzen. Hervorragenden Leistungen gegen Borussia Dortmund und Hansa Rostock folgte nach der 1:3-Niederlage gegen Bayer Leverkusen die erneute Degradierung. Von Trainer Otto Rehhagel (»Herr Gospodarek hat überhaupt keine Ansprüche zu stellen.«) wenig unterstützt, fand sich der Goalie nach Ablauf seines Vertrages im Juni 2001 sogar in der Arbeitslosigkeit wieder. Im November 2001 kehrte er zu seinem früheren Verein Jahn Regensburg zurück, mit dem der einstige »Vorzeigeprofi« in der Regionalliga die Rückkehr in den bezahlten Fußball anvisiert.

Graf, Thomas

Geboren: 25.06.1966 (Deutschland)
BL-Verein: 1. FC Kaiserslautern (1985–1987)
BL-Spiele: 5

Von seinem Heimatklub SC Friedrichsthal, wo er das Fußballspielen im Alter von 6 Jahren begann, wechselte der U16-Auswahltorwart Thomas Graf 1983 zur A-Jugend des 1. FC Kaiserslautern. Im darauf folgenden Jahr stand er mit der Nachwuchself im Endspiel um die Deutsche Jugendmeisterschaft, wo man jedoch mit 1:3 gegen den VfB Stuttgart unterlag. Noch als Jugendspieler saß Graf, am 30. Spieltag der Saison 84/85, erstmals in der Bundesliga auf der Ersatzbank. Mit Gerald → Ehrmann war die Nummer 1 verletzt, mit Roland → Grüner die einstige Nummer 2 verkauft und im Tor spielte bis zum Saisonschluss der ungeliebte Armin → Reichel.

In der nächsten Spielzeit rückte der gelernte Fliesenleger als Ersatzmann für Ehrmann in den Profikader auf. Parallel erfolgte die Berufung zu einem U21-Lehrgang, wo Graf neben Bodo → Illgner für den anstehenden Neuaufbau getestet wurde. Am 25. Spieltag musste Ehrmann im Spiel gegen Bayer Uerdingen zur Halbzeit wegen einer Brustprellung ausgetauscht werden. Debütant Graf ließ sich nur noch einmal bezwingen, wirkte aber nicht immer hundertprozentig sicher. Für den verletzten Stammkeeper konnte sich der junge Zerberus in den nächsten Wochen dennoch viermal bewähren und mehrfach auszeichnen.

Vor dem Saisonstart 86/87 musste sich Graf dann einer Leistenoperation unterziehen, um von Amateurtorwart Michael → Serr vertreten zu werden. Zu diesem Zeitpunkt hatte er bereits, wegen einer unentschuldigten Abwesenheit bei einem Testspiel in Darmstadt vom Klub die erste Abmahnung erhalten. Der Rausschmiss erfolgte drei Monate später, als der Goalie zu einem vereinbarten Gespräch mit Präsident Jürgen Friedrich nicht erschienen war.

Anschließend spielte Graf für drei Monate beim US-Soccer-Ligisten Chicago Stings, dem sich ein einjähriges Engagement beim dänischen Klub Odense BK anschloss. In seine Heimat zurückgekehrt, war der gebürtige Saarländer in den folgenden Jahren noch bei den Amateurligisten FC Homburg, SpVgg Elversberg sowie bei seinem Heimatverein SC Friedrichsthal tätig.

Granzow, Ulrich

Geboren: 28.04.1952 (Deutschland)
BL-Verein: Rot-Weiß Essen (1976–1977)
BL-Spiele: 8

Zwischen den Pfosten des Regionalligisten DJK Gütersloh etablierte sich Ulrich Granzow ab 1970 schnell zu einem der besten Torhüter im westdeutschen Raum. Durch seine ungewöhnlichen Reaktionen auf der Linie entschied der »Teufelskerl« die Spiele für seine Mannschaft oftmals im Alleingang. Sein Ruf war bereits so ausgezeichnet, dass er während der Saison 73/74 Anfragen von Rot-Weiß Essen und Ajax Amsterdam erhielt. Obwohl der DJK Gütersloh unter einer latenten Finanzmisere litt, war der 1,81 m große Schlussmann zunächst unverkäuflich, denn seine Paraden bedeuteten für den Klub eine Art »Nichtabstiegsgarantie«.

Auch in den Zweitligajahren von 1974–1976 heimste der junge Elektrotechnik-Student mehrfach das einhellige Lob der Fachpresse ein. Einladungen zu DFB- Sichtungslehrgängen waren eine zusätzliche Anerkennung seiner außergewöhnlichen Leistungen. Während der Saison 75/76 konnte aber auch Granzows Torwartkunst den Abstieg nicht mehr verhindern. Schon Monate zuvor hatte der Schlussmann seine Absicht geäußert, in die Bundesliga zu wechseln, doch wegen des Studiums wollte er nur zu einem Klub in unmittelbarer Nähe seines Wohnortes wechseln. Die große Chance kam während der Saison 76/77, als sich beim Bundesligisten RW Essen der etatmäßige Keeper Heinz → Blasey verletzt hatte und Stellvertreter Roland → Spott dem Abstiegskampf nicht gewachsen schien.

Gütersloh brauchte dringend Geld und veräußerte seine »überragende Spielerpersönlichkeit« für eine sechsstellige Summe. Neuverpflichtung Granzow gab am 8. Spieltag beim Heimspiel gegen den MSV Duisburg sein Debüt, welches sich als eiskalte Dusche entpuppte. In einer desolaten Mannschaft wirkte der Zerberus überfordert und gab bei der 1:5-Schlappe eine insgesamt unglückliche Figur ab.

Seine Mannschaft entpuppte sich auch bei den nächsten Begegnungen als Torso, bei dem sich der Keeper wie in einer Schießbude vorkommen musste. In seinen acht Einsätzen für Essen kassierte er 28 Tore, darunter ein 1:7 beim 1. FC Kaiserslautern sowie eine 1:4-Heimpleite gegen Bayern München. Obwohl er seine Leistungen allmählich stabilisieren konnte, musste er nach Blaseys Genesung auf die Bank. Essen stieg am Ende der Saison sang- und klanglos ab und Granzow wechselte in die Amateuroberliga zum neu gegründeten Fusionsklub FC Gütersloh, wo er bis 1986 aktiv blieb.

Greiner, Uwe

Geboren: 08.08.1959 (Deutschland)
BL-Vereine: VfB Stuttgart (1979–1981),
Bayer 04 Leverkusen (1981–1983),
Fortuna Düsseldorf (1984–1986)
BL-Spiele: 133

Als Schützling von Ex-Nationaltorwart Günter → Sawitzki, 1972 vom SVT Bad-Cannstatt zum VfB Stuttgart gewechselt, legte Uwe Greiner bereits in seiner Jugendzeit eine beachtliche Karriere hin. Nach mehr als 20 Repräsentativspielen für Württemberg wurde er auch fester Bestandteil der Jugendnationalelf. 1977 sicherte er seinem Klub mit tollen Paraden gegen Halbfinalgegner Schalke 04 den unerwarteten Einzug in das Endspiel um die Deutsche A-Jugendmeisterschaft. Zwar verlor die Nachwuchself dann gegen den MSV Duisburg mit 1:2, wobei Greiner ein Tor verschuldete. Doch der gelernte Großhandelskaufmann zählte für die Experten, neben Eike → Immel und Herbert → Heider, bereits zu den ganz großen Torwart-Talenten. Der »Schwabe mit den tollen Reflexen« brillierte in der Saison 77/78 auch beim UEFA-Jugendturnier in Polen und ein Jahr später erfolgte die Übernahme in Stuttgarts Profikader.

Hinter dem etablierten Helmut → Roleder erschienen Einsätze zunächst in weiter Ferne. Seine Chance erhielt der 1,80m große Schlussmann jedoch früher als erwartet. Am 8. Spieltag zog sich Roleder im Heimspiel gegen Borussia Dortmund eine schwere Nierenquetschung zu und musste zur Halbzeit ausgetauscht werden. Beim Stand von 1:1 ging die Bundesligapremiere für den jungen Greiner gründlich daneben. Durch sein zögerliches Herauslaufen verschuldete er den entscheidenden Gegentreffer. Auch im anschließenden Spiel bei Fortuna Düsseldorf blieb der 20-Jährige ohne Fortune und musste sich gleich sechsmal geschlagen geben. Aber der selbstbewusste Jüngling (»Ich habe mein Möglichstes getan.«) ließ sich dadurch nicht beirren, was einige Beobachter als Arroganz interpretierten. Dem schwachen Start folgte eine erhebliche Steigerung im UEFA-Pokalspiel bei Dynamo Dresden, wo Greiner im Hinspiel zum überragenden Mann avancierte. Auch in der Bundesliga wurden seine Leistungen in den folgenden Wochen zunehmend konstanter. Bei Roleders Comeback zum Rückrundenstart hatte Greiner seine Bundesligatauglichkeit eindrucksvoll unter Beweis gestellt.

Gelegenheit zum Glänzen bekam der hochtalentierte Keeper auch in der Saison 80/81. Bei der Junioren-Europameisterschaft in Bulgarien zählte er zu den stärksten Kräften und in der Bundesliga vertrat er Roleder nach dessen Augenoperation wiederum ausgezeichnet. Weil bei Bayer Leverkusen die Chance jedoch weitaus größer erschien, als Nachfolger von Fred-Werner → Bockholt den Stammposten zu übernehmen, als beim VfB Stuttgart einen Helmut Roleder zu verdrängen, unterschrieb Greiner bei dem Werks-Klub einen Zweijahresvertrag. Ohne größere Probleme gewann er vor dem Saisonstart 81/82 das interne Duell mit Amateurnationaltorhüter Valentin → Herr. Dank seiner hervorragenden Leistungen, insbesondere gegen Werder Bremen und seinen Ex-Verein VfB Stuttgart, erhielt der »Topmann« im Frühjahr eine Einladung für die B-Auswahl. Doch kurz nach seinem gelungenen Einstand gegen Portugal folgte die erste Eskapade: In einem Trainingslager hatte der eigenwillige Goalie die vereinbarte Bettruhe missachtet und wurde kurzerhand vereinsintern suspendiert. Nach einer kurzen Sperre kehrte er in den Kader zurück und knüpfte sogleich an die alte Leistungsstärke an. Für seinen abstiegsgefährdeten Verein ignorierte er erlittene Blessuren wie Schlüsselbeinanbruch und diverse Bänderrisse. In den Relegationsspielen gegen Zweitligist Kickers Offenbach legte er dann mit exzellenten Robinsonaden das entscheidende Fundament für den Klassenerhalt.

Obwohl er in der nächsten Spielzeit weiterhin ein Leistungsträger blieb, wurde der verdienstvolle Profi zum Saisonende überraschend und ohne nähere Angabe von Gründen ausgemustert. Während Jugend-Nationaltorwart Rüdiger → Vollborn sein Nachfolger wurde, bemühte sich Greiner in der Saison 83/84 vergeblich um einen Profiklub. Nach einer fünfmonatigen Vereinslosigkeit musste sich der ehemalige B-Nationaltorhüter notgedrungen reamateurisieren lassen und heuerte beim Oberligisten Tennis Borussia Berlin an. Die Hoffnungen auf eine internationale Karriere waren damit hinfällig, stattdessen sprach Greiners Vater im »Kicker« davon, dass Leverkusen seinem Jungen »den Lebensinhalt genommen und ihn mit ihren Machenschaften psychisch halb vernichtet hätten.« Trotz größter Anstrengungen verpasste er mit Tennis Borussia den angestrebten Aufstieg in die 2. Bundesliga.

Doch Willibert Kremer, sein ehemaliger Trainer bei Bayer Leverkusen, hatte Greiner nicht vergessen und holte ihn 1984 zum Bundesligisten Fortuna Düsseldorf. Schnell bewies der Schlussmann, dass er von seinem Können nichts eingebüßt hatte und wurde für den sportlich gebeutelten Klub ein wichtiger Rückhalt. Als wahres Bollwerk verhinderte er mit Blitzreaktionen im Saisonfinale beim VfL Bochum eine höhere Niederlage und sicherte damit seinem Verein erneut den Klassenerhalt. Die sportliche Talfahrt von Fortuna Düsseldorf setzte sich aber auch in der Saison 85/86 fort. Nach der 1:5-Niederlage am 8. Spieltag bei Borussia Mönchengladbach war der Verein Tabellenletzter. Ausgerechnet

Greiner wurde zum Sündenbock erkoren und anschließend von Trainer Dieter Brei kommentarlos auf die Bank verbannt.

Diese erneute Degradierung verkraftete der sensible Keeper nicht. Während sein junger Konkurrent Jörg → Schmadtke in den Blickpunkt rückte, geriet Greiner wieder in die Negativ-Schlagzeilen. Einige Wochen später wurde sein Fahrzeug nachts verlassen neben der Fahrbahn aufgefunden, während die ermittelnde Polizei – Pressemeldungen zufolge – den Halter kurz darauf stark alkoholisiert in seiner Wohnung antraf. Weil der Pechvogel wegen einer bevorstehenden Mandeloperation zudem offiziell krankgeschrieben war, drohte ihm sogar die fristlose Kündigung. Zunächst wollte ihn sein Verein in der Saison 86/87 im Tausch mit Wolfgang → Kellner zum Zweitligisten Hessen Kassel abschieben. Als sich Greiner weigerte, wurde er vom Mannschaftstraining ausgeschlossen. Vollkommen desillusioniert zog er sich mit 28 Jahren aus dem Profifußball zurück. Neben seiner Stellung als Handelsvertreter im väterlichen Betrieb ging er nun für den Amateuroberligisten SpVgg Ludwigsburg auf Punktejagd.

Grodås, Frode

Geboren: 24.10.1964 (Norwegen)
BL-Verein: Schalke 04 (1998–2002)
BL-Spiele: 3
Vereinstitel: 1x DFB-Pokal (2002)
A-Länderspiele für Norwegen: 41

Geboren im norwegischen Volda, spielte Frode Grodås zunächst von 1971 bis 1981 bei Hornindal IL, um dann fünf Jahre das Tor für Sogndal IL zu hüten. Ab 1988 bei Lilleström SK unter Vertrag, konnte der Lehrer für Geschichte, Musik, Religion und Sport mit dem Verein ein Jahr später die Norwegische Meisterschaft erringen. Mittlerweile auch Nationaltorhüter seines Landes, zählte der 1,88 m große Schlussmann 1994 zum Aufgebot für die Weltmeisterschaft in den USA, kam hinter Erik → Thorstvedt jedoch nicht zum Einsatz. 1996 wechselte er zum englischen Premierligisten FC Chelsea, mit dem er 1997 den FA-Cup gewann. Neben Andreas → Köpke im Dezember 97 in eine Europa-Auswahl berufen, wechselte der Keeper im Januar 1998 zu Tottenham Hotspurs, wo er jedoch nur auf der Tribüne hockte. Dennoch reiste der routinierte Zerberus im Juni 1998 als Nummer 1 seiner Nationalmannschaft zur Weltmeisterschaft nach Frankreich, wo man in der Vorrunde immerhin Brasilien bezwingen konnte, um dann im Achtelfinale an Italien zu scheitern.

Obwohl in den WM-Spielen nicht immer souverän, wurde der 41-fache Nationaltorwart nach dem Wettbewerb vom Bundesligisten Schalke 04 verpflichtet. Neben Neuzugang Oliver Reck rechnete sich der Akademiker gute Chancen aus, im Schalker Tor die Nachfolge von Jens → Lehmann anzutreten. Der Norweger schien zunächst vom Glück begünstigt, denn Reck verletzte sich vor dem Saisonstart an der Schulter. Bei seinem Bundesligadebüt hinterließ der 33-Jährige am 1. Spieltag keinen überzeugenden Eindruck und musste beim späteren Absteiger Borussia Mönchengladbach mit seiner Elf eine 0:3-Niederlage einstecken. Eine Woche später zeigte er sich beim 1:0-Sieg gegen den VfB Stuttgart von seiner besseren Seite, verhinderte mehrmals einen Gegentreffer und erntete dafür von den Schalker Rängen »Frode Grodås, Fußballgott«-Rufe. Einige Tage später zog er sich jedoch beim Training der norwegischen Nationalmannschaft einen Mittelhandbruch zu, um sich drei Wochen später wieder fit zu melden. Inzwischen hatte sich jedoch mit Matthias → Schober die ursprüngliche Nummer 3 für weitere Einsätze empfohlen.

Im Torwartduell zwischen Reck und Schober spielte Grodås fortan nur die Rolle des Tribünengastes, der in erster Linie wegen seiner Spaßmacherfunktion benötigt wurde. Um seine Situation zu verbessern, unterbrach der fliegende Norweger sogar seine Länderspielambitionen, was aber nicht fruchtete. Nach der Rückrunde an den spanischen Klub Racing Santander ausgeliehen, kehrte er jedoch im Sommer 99 zurück, weil seine Frau nicht in Spanien bleiben wollte. Während der Saison 00/01 aufgrund Schobers Wechsel zum Hamburger SV wieder zur Nummer 2 aufgerückt, konnte Grodås am 9. Spieltag bei SC Freiburg noch einmal den verletzten Reck vertreten. Anschließend verdingte er sich wieder anderthalb Jahre als Bankdrücker, um nach der Saison 02/03 ablösefrei zum norwegischen L/F Hønefoss zu wechseln.

Groß, Volkmar

Geboren: 31.01.1948 (Deutschland)
BL-Vereine: Hertha BSC Berlin (1968–1972), Tennis Borussia Berlin (1976–1977), Schalke 04 (1977–1979)
BL-Spiele: 153
BL-Tore: 1
A-Länderspiele für Deutschland: 1

Der gebürtige Berliner Volkmar Groß erlebte eine schwierige Kindheit, die im Wesentlichen ohne Betreuung der Eltern verlief. Zumeist auf sich allein gestellt, suchte der junge Volkmar die Anerkennung und Geborgenheit auf den Zehlendorfer Bolzplätzen. Schon bald entschloss er sich, um Gleichgesinnte zu treffen und gleichzeitig auf sein überdurchschnittliches Torwarttalent aufmerksam zu machen, einem Fußballverein beizutreten. Bei der »kleinen« Hertha aus Zehlendorf sorgte er schnell für Aufmerksamkeit und wurde von Dettmar Cramer zu UEFA-Auswahlspielen eingeladen. Auch im Regionalligakader zeigte der 1,92 m große Torwart-Riese während der Saison 66/67 beeindruckende Leistungen. Am Ende dieser Spielzeit folgte er dem Lockruf des ambitionierten Regionalligisten Hertha BSC.

Zunächst die Nummer 2 hinter Hans-Jürgen → Krumnow, ermöglichten heftige Zahnschmerzen des Konkurrenten vor dem Aufstiegsspiel gegen Rot-Weiß Essen für Groß die große Chance. Auf Anhieb überzeugte der »Torwart-Polyp« mit enormer Sprungkraft und langen Krakenarmen, um zum erfolgreichen Abschneiden in der Aufstiegsrunde sein entscheidendes Scherflein beizusteuern. Dennoch wollte sich Hertha BSC für die Bundesliga nicht allein auf einen 20-jährigen Nachwuchskeeper verlassen und verpflichtete zusätzlich den österreichischen Nationaltorwart Gernot → Fraydl.

Vor der Saison 68/69 musste sich Groß einer Meniskusoperation unterziehen und Fraydl den Vortritt überlassen. Am 11. Spieltag erlitt dann der Kontrahent im Spiel gegen Borussia Mönchengladbach einen Daumenbruch, was eine wochenlange Pause erzwang. Vom Start weg bestach sein Stellvertreter Groß mit hervorragenden Reaktionen und avancierte mehrfach zum besten Spieler seiner Mannschaft.

Neben allem sportlichen Können mangelte es dem »ungeschliffenen Diamant« (Trainer Helmut Kronsbein) aber an persönlicher Reife und Disziplin. Wegen heftiger Schiedsrichterbeleidigung kassierte der »junge Irrwisch« während der Rückrunde eine vierwöchige Sperre, um die Zwangspause für ausgiebige Partys in Berlins einschlägigen Nachtlokalen zu nutzen. Trotz dieses wenig professionellen Lebenswandels blieben seine Leistungen während dieser Spielzeit furios. Am 23. Spieltag zeigte er sich bei der 0:2-Niederlage gegen Werder Bremen bis zur 88. Minute schier unüberwindlich und nicht nur sein Gegenüber, Nationaltorwart Günter → Bernard, war überzeugt, dass man in Groß den »kommenden Nationaltorwart« gesehen habe. Aber noch gab es bei Hertha einen Gernot Fraydl, der ebenfalls starke Leistungen bot. Somit sah sich Trainer Kronsbein während der Saison 69/70 zu einem Torwartwechselspiel veranlasst, bei dem sich beide Keeper alle 3 Wochen ablösten. Fraydl, lange Zeit ebenbürtig, zeigte sich letztendlich dem Lokalmatador nervlich nicht gewachsen und flüchtete nach dieser Spielzeit zu 1860 München.

Jetzt begann die Ära des »semmelblonden Torwartriesen«, der auf dem Spielfeld die schwierigsten Schüsse meisterte, sicher alle Flanken pflückte und in seiner Freizeit diverse Damenherzen eroberte. Neben Profifußball und Nachtleben blieb dem »Sorgenkind« zudem genügend Zeit für einen Gebrauchtwagenhandel, das Mitwirken in Unterhaltungsfilmen, die Produktion von Herrenmode und Torwartpullovern sowie einen zermürbenden Scheidungskrieg mit seiner ersten Gattin. In der Bundesliga hielt der »Lange« weiterhin meisterlich und zur Belohnung gab es für den »Schlussmann mit großer Zukunft« – am 22. November 1970 in Griechenland – einen ersten Länderspieleinsatz. Deutschland gewann 3:1 und der Debütant im Tor agierte hinter einer soliden Abwehr mit Berti Vogts und Horst-Dieter Höttges so fehlerfrei, dass »Kicker«-Korrespondent Helmut Daschner prognostizierte: »Groß wird seinen Weg machen.« Der temperamentvolle Schlussmann, zudem mit gewaltiger Schusskraft beim Abschlag ausgestattet, avancierte mit seinem Länderspieldebüt, zum ersten Berliner Nationaltorhüter seit 28 Jahren. Vom »Kicker« in der Torwartrangliste mit dem Prädikat »Internationale Klasse« bedacht, erschien der 23-Jährige prädestiniert, um Sepp → Maier die Vorherrschaft im Nationalkader streitig zu machen.

Während der Saison 71/72 folgten einige schwächere Darbietungen und zudem erwuchsen ihm mit Norbert → Nigbur sowie Wolfgang → Kleff für die Nationalmannschaft neue Konkurrenten. Neben der Formkrise sorgte bei dem »Lebemann« dann der Bundesligaskandal für das sportliche Aus. Bei den DFB-Ermittlungen wurde seine Wohnung als Umschlagplatz für Bestechungssummen entlarvt und der Keeper daraufhin zu einer Geldstrafe von 15 000 DM sowie einer Sperre bis zum 20. Juni 1974 verurteilt.

Für das Ausland weiterhin spielberechtigt, wählte er als sportliches Exil zunächst den südafrikanischen Klub Helenic Kapstadt, was ihn über Nacht aus dem Blickfeld der Bundesliga entschwinden ließ. 1974 wechselte er, als Nachfolger von Pit Schrijvers anstelle des ursprünglich verpflichteten Josef → Elting, zum holländischen Ehrendivisionär Twente Enschede und machte während der Saison 74/75 mit einer hervorragenden Leistung im UEFA-Pokal-Halbfinalspiel gegen Juventus Turin wieder auf sich aufmerksam. Dank seiner Reflexe gelang Enschede der Einzug ins Finale, wo man in den Endspielen gegen Borussia Mönchengladbach den Kürzeren zog.

Dennoch wollte der Emigrant nach Deutschland zurück. Zu Beginn des Jahres 1977 wurde er, mit finanzieller Unterstützung eines Berliner Teppichhändlers, vom Bundesligisten Tennis Borussia verpflichtet, wo der »Ur-Berliner«

Volkmar Groß – vom Nationaltorwart zum »Bundesligasünder«.

dann ein phantastisches Comeback feierte. Schon in der ersten Rückrundenbegegnung bei Rot-Weiß Essen bewies er seine großartigen Fähigkeiten und wurde erst in der letzten Spielminute bezwungen. Auch in den folgenden Spielen entpuppte sich der einstige »Bruder Leichtfuß« als absoluter Rückhalt. Sein Trainer Rudi Gutendorf schwärmte für den Rückkehrer in höchsten Tönen: »Was der Volkmar leistet, ist für mich das Nonplusultra des Torwartspiels.« Bei dem früheren »Sorgenkind« war jetzt auch privat endlich Ruhe eingekehrt. In Südafrika hatte er seine neue Ehefrau kennen gelernt, und Interviews sowie Fernsehkameras mied er jetzt geflissentlich.

Tennis Borussia kassierte zwar durch sein Können weniger Tore, schoss aber auch kaum welche, wobei sich Groß am letzten Spieltag durch einen verwandelten Elfmeter beim 4:2-Sieg über den 1. FC Kaiserslautern, ebenfalls als Schütze eintragen konnte. Nach dem Abstieg seines Klubs buhlten Bundesligaklubs wie der 1. FC Köln und der Hamburger SV um den wieder entdeckten Ausnahmekeeper, der schließlich dem Vizemeister Schalke 04 den Zuschlag gab.

Obwohl dort mit Enver → Marič ebenfalls ein hochkarätiger Konkurrent unter Vertrag stand, war die Neuverpflichtung aufgrund der hohen Ablösesumme vorerst gesetzt. Nicht nur am 7. Spieltag, beim 4:2 gegen den 1. FC Köln zeigte er eine Bravourleistung, um sich mit seinem Klub zunächst an der Tabellenspitze festzusetzen. Zum Ende der Hinrunde wurde der mittlerweile als »zuvorkommend, abgeklärt und kameradschaftlich« beurteilte Goalie jedoch immer unsicherer, um bei der 0:1-Heimpleite, am 17. Spieltag gegen den MSV Duisburg, endgültig in die Krise zu stürzen.

Zum Start der Rückrunde von Marič abgelöst, wurde Groß zudem von einer Knochenhautentzündung geplagt und sollte zu Borussia Dortmund abgeschoben werden. In den letzten beiden Saisonspielen erhielt er wieder eine Chance, bewährte sich und eroberte sich für die Saison 78/79 seinen Stammplatz zurück.

Marič kehrte nach Jugoslawien zurück und die Nachwuchskeeper Peter → Sandhofe sowie Herbert → Heider schienen keine ernsthafte Konkurrenz darzustellen. Nach anfänglich guten Leistungen schwankte die Form erneut und nach Ende der Hinserie hatte der »prima Kerl« (Schalke-Trainer Uli Maslo) bei Schalke endgültig ausgespielt. Sandhofe erhielt den Vorzug, und Groß entzog sich der Ersatzbank durch eine Knieoperation, um sich dann im April 79 still und leise zu verabschieden.

Es folgte eine Odyssee, bei der Groß zuerst in Mexiko und Minnesota spielte, um schließlich bei den San Diego Soccers anzuheuern. Hier erwuchs er aufgrund seiner Glanztaten für die amerikanischen Fußball-Fans zum »blonden Panther«, der mit seinem Klub 1982 das amerikanische »Indoor-Soccer-Championat« gewann. Auch 1983 zählte er, neben seinem Ex-TeBe-Konkurrenten Hubert → Birkenmeier, in Amerika noch zu den »leading Goalkeepern«. Nach Beendigung der aktiven Karriere wurde er Generalmanager der »Legends Sport Promotion Company« und soll heute – Gerüchten zufolge – in San Diego als Autoverkäufer tätig sein.

Grüninger, Siegfried

Geboren: 28.06.1959 (Deutschland)
BL-Vereine: VfB Stuttgart (1981–1983; 1991–1992), Bayer 05 Uerdingen (1988–1990)
BL-Spiele: 28
Vereinstitel: 1x Meister (VfB Stuttgart: 1992)

Vor der Saison 79/80 wechselte der gelernte Kfz-Mechaniker Siegfried Grüninger vom SSV Reutlingen zum VfB Stuttgart und sorgte innerhalb der Amateurmannschaft schnell für Furore. In seiner ersten Spielzeit für die Schwaben wurde er in die Württemberg-Auswahl berufen und feierte am Ende der Saison mit seinem Verein den Gewinn der Deutschen Amateurmeisterschaft. Ein Jahr später rückte er, als Nachfolger von Uwe → Greiner, in den Bundesligakader auf. Während der Saison 81/82 hockte der 1,85m große Schlussmann allerdings hinter Helmut → Roleder ausschließlich auf der Ersatzbank. Als er sich bereits mit einem Vereinswechsel beschäftigte, kam der Dauerreservist am 27. Spieltag der Saison 82/83 doch noch zu seiner Bundesligapremiere. Im Spiel gegen den VfL Bochum war Roleder eine Woche zuvor nach einem Foul außerhalb des Strafraums des Feldes verwiesen worden.

Die erste ernsthafte Bewährungsprobe mündete für das »Greenhorn« dann in einen unerwarteten Triumph. Mit blendenden Reflexen und enormer Sprungkraft avancierte »Siggi« beim1:1-Remis gegen Bayern München zum »Mann des Tages«. Auch in den nächsten Wochen zeigte der »Teufelskerl« ansprechende Leistungen, bis er nach Roleders Rückkehr wieder auf die Ersatzbank beordert wurde. Trotz seiner spektakulären Vorstellungen endete die Spielzeit für ihn mit einer bitteren Enttäuschung. Sein Vertrag wurde nicht verlängert und weil sich kein neuer Klub fand, landete er beim Arbeitsamt. Eine nervenzermürbende monatelange Wartezeit begann, in der Grüninger bereits zu resignieren anfing, als sich unerwartet der Zweitligist SC Freiburg bei ihm meldete. Nach der Vertragsunterzeichnung erfüllte Grüninger die Erwartungen und entwickelte sich in den nächsten vier Jahren zu einem der besten Torhüter der 2. Bundesliga. Während der Saison 85/86 wollte ihn Bundesligist 1. FC Nürnberg verpflichten, doch ein Kontrakt scheiterte an der Ablösesumme. Stattdessen wechselte er vor der Saison 87/88 zum Amateurligisten 1860 München, mit denen er in dieser Spielzeit einen vergeblichen Anlauf in den bezahlten Fußball unternahm.

Seine guten Leistungen hatten aber bereits das Interesse des Bundesligisten Bayer 05 Uerdingen geweckt, der ihn für die kommende Saison unter Vertrag nahm. Aber auch bei seiner zweiten Erstligastation blieb er hinter Manfred → Kubik zunächst nur Reservist. Erst als sich die Nummer 1 vor der Winterpause einer Knieoperation unterziehen musste, konnte Grüninger – nach sechsjähriger Abwesenheit – am 18. Spieltag wieder einen Bundesligarasen betreten. Bis zum 28. Spieltag konnte er allerdings in keiner Phase an seine einstigen Leistungen anknüpfen, um sich dennoch über die anschließende Rückversetzung zu wundern. Während Trainer Rolf Schafstall dem wieder genesenen Kubik eine sportliche Chance gab, sprach Grüninger wütend von einer »Frechheit« und erhielt für diese Äußerung eine Ermahnung des Vorstandes.

Vor der Saison 89/90 ließ Uerdingens neuer Trainer Horst Wohlers die Torwartfrage lange Zeit offen, um sich schließlich auf den jüngeren Kubik festzulegen. Diesmal hielt der »Heißsporn« seine Zunge im Zaum und setzte auf den Faktor Zeit. Seine Geduld sollte vor dem 11. Spieltag belohnt werden, weil Kubik wiederholt patzte und sich Wohlers deshalb zu einem Torwartwechsel entschloss. Doch auch der Schwabe machte seine Sache kaum besser und flog bereits nach drei Spielen wieder aus dem Kasten. Bayer Uerdingen verpflichtete deshalb für die kommende Saison vorzeitig den Leverkusener Reservisten Bernd → Dreher. Der bereits gekündigte Grüninger musste am 28. Spieltag erneut einspringen, weil Kubik beim Trainer jeglichen Kredit verspielt hatte. Mittlerweile steckte der Klub mitten im Abstiegskampf, und am letzten Spieltag kam es in der Heimpartie gegen Borussia Mönchengladbach zu einem Duell um den Klassenerhalt. Ein Unentschieden reichte beiden Vereinen und darum einigte man sich stillschweigend schnell auf einen Nichtangriffspakt. Nur der »atemberaubend unsichere« (»Kicker«) Grüninger schien mit dieser Übereinkunft nicht einverstanden zu sein. Bei einer seiner orientierungslosen Strafraumeskapaden verpasste er sogar eine Rückgabe und konnte nur knapp vor der Torlinie den Exitus verhindern. Nach dieser desolaten Leistung war der einstige »Turm in der Schlacht« keine Empfehlung mehr für andere Vereine. Zunächst erneut ohne Vertrag, wurde er für die Saison 90/91 noch einmal von Bayer Uerdingen für die Ersatzbank reaktiviert. Anschließend kehrte er als Ersatzmann für Eike → Immel zum VfB Stuttgart zurück, wo er zu keinem Bundesligaeinsatz kam, am Ende der Saison 91/92 aber den Meistertitel feiern konnte. Anschließend war der Keeper wieder beschäftigungslos und widmete sich vorwiegend der Leitung seines Sonnenstudios. Heute ist Grüninger noch aktives Mitglied der VfB-Traditionsmannschaft.

Grüner, Roland

Geboren: 11.01.1963 (Deutschland)
BL-Vereine: 1. FC Kaiserslautern (1983– 1984), 1. FC Nürnberg (1985–1986)
BL-Spiele: 23

Der Sepp → Maier-Fan (»So souverän und routiniert wie er möchte ich auch einmal werden.«) Roland Grüner startete seine Vereinslaufbahn im Alter von neun Jahren beim ASV Laineck. 1975 wechselte er zum 1. FC Bayreuth, absolvierte zahlreiche Auswahlspiele und gewann mit der Bayern-Jugend 1977 den Länderpokal. Schnell hatte sich bei den hiesigen Beobachtern das Talent des mehrfachen DFB-Lehrgangsteilnehmers herumgesprochen und für die Saison 82/83 nahm ihn der Zweitligist SpVgg Fürth unter Vertrag.
Unterstützt von seinem Trainer und Entdecker Franz Brungs legte der 1,87 m große Schlussmann zahlreiche Sonderschichten ein, um sich in Fürth als Entdeckung der Saison zu entpuppen. Schnell verdrängte der Auszubildende im Bankwesen den etablierten Roland Kastner und die Vertragsverlängerung schien bereits beschlossene Sache. Überraschend musste der Verein jedoch, nach dem letzten Saisonspiel gegen den FC Augsburg, aus der 2. Liga absteigen und der Torwart-Komet sich nach einem neuen Verein umschauen.

Aus dieser Notsituation entwickelte sich für Grüner ein Glücksfall, denn Bundesligist 1. FC Kaiserslautern unterbreitete dem 21-jährigen Jung-Torhüter ein Angebot. Beide Seiten konnten sich rasch einigen und so stürzte sich der selbstbewusste Keeper (»Ich will die Nummer 1 sein.«) in den Konkurrenzkampf mit Ronnie → Hellström sowie Armin → Reichel. Überraschend setzte sich der Neuzugang gegen die namhaften Kontrahenten durch und bekam zum Saisonstart von Dietrich Weise das Vertrauen ausgesprochen.

Bei seinem Debüt gegen den Hamburger SV zeigte er eine fehlerlose Leistung. Schon nach wenigen Wochen folgten Berufungen in die U21-Auswahl, für die er zwei Länderspiele absolvierte, sowie ein erster Europapokaleinsatz gegen den FC Watford. Bald musste der gebürtige Oberfranke jedoch feststellen, dass der Unterschied zwischen Zweiter und Erster Liga größer war, als er anfangs vermutete. Nur selten bekam der »junge Hüpfer« Gelegenheit, sich in der Bundesliga auszuzeichnen. In den ersten acht Begegnungen musste er 18 Gegentore hinnehmen. Nach der 0:4-Pleite bei Eintracht Braunschweig folgte dann die endgültige Ablösung.

Nach dem 10. Spieltag pendelte der Nachwuchsmann für den Rest der Spielzeit zwischen Ersatzbank und Tribüne. Noch zur Winterpause der Saison 84/85 folgte sein Wechsel zum Zweitligisten 1. FC Nürnberg. Als Nachfolger des entlassenen Rudi → Kargus erhoffte sich Grüner, im Zweikampf mit Herbert → Heider, eine größere Chance auf den Stammplatz.

Unerwartet zog der »Lange« gegen Heider den Kürzeren und absolvierte in der Rückrunde nur einen Zweitliga-Einsatz. Auch nach Nürnbergs Bundesliga-Aufstieg saß er zum Saisonstart wieder nur auf der Bank.

Zum Auftakt zeigte Heider bei der 0:1-Niederlage jedoch zahlreiche Unsicherheiten und somit erhielt Grüner die erhoffte Chance. Der »Vize« überzeugte zunächst, und auch dank seiner Paraden befand sich Nürnberg nach dem 5. Spieltag auf dem 3. Tabellenplatz. Dann folgten neun sieglose Spiele in Serie, bei denen Grüner zusehends unsicherer agierte. Nach einem schwereren Schnitzer bei der 0:1-Niederlage gegen den Hamburger SV wurde aus der bisherigen »Ruhe in Person« wieder ein neuralgischer Punkt, der zwei Wochen später endgültig Heider weichen musste. Zwar avancierte er in der Winterpause beim Karlsruher Hallenwettbewerb zum besten Torhüter des Turniers, doch Heider ließ sich bis zum Saisonende nicht mehr verdrängen. Zudem engagierte der 1. FC Nürnberg anschließend den hoch talentierten Keeper Andreas → Köpke.

Aufgrund der mangelnden sportlichen Perspektive wechselte Grüner zum bayerischen Oberligisten SpVgg Bayreuth, mit denen er 1987 den Wiederaufstieg in die 2. Bundesliga-Aufstieg schaffte. Seine aktive Laufbahn ließ Roland Grüner später beim Bayernligisten VfL Frohnlach ausklingen und seit 1992 ist er in Bayreuth Besitzer einer Sportartikelhandlung.

Grunenberg, Horst

Geboren: 19.06.1942 (Deutschland)
BL-Verein: Hannover 96 (1965–1968)
BL-Spiele: 2

Als »wertvolle Stütze« des SV Hermannia Kassel absolvierte Horst Grunenberg 1963 im japanischen Chi-Chi-Rugbystadion sein einziges Amateurländerspiel. Der »fanatische Fußballer« wurde zudem auch mehrfach in die Hessen-Auswahl berufen und weckte dadurch die Aufmerksamkeit verschiedener Talentspäher.

1964 wechselte er zum württembergischen Regionalligisten 1. FC Pforzheim, ehe ein Jahr später die Verpflichtung durch Bundesligist Hannover 96 erfolgte. Hinter Horst → Podlasly blieb der 23-jährige Schlussmann während der Saison 65/66 die Nummer 2 und ohne BL-Einsatz. In der nächsten Spielzeit zog er sich in einem Freundschaftsspiel gegen Bristol City einen komplizierten Armbruch zu, was eine längere Zwangspause erforderte. Während der Pechvogel die nächste Zeit im Krankenbett verbrachte, empfahl sich bei Hannover 96 mit Bernd → Helmschrot ein weiteres Talent für den Torwartposten. Als vor dem 23. Spieltag der Saison 67/68 Stammkeeper Podlasly wegen einem Sehnenabriss an der Hand nicht zur Verfügung stand, entschied sich Trainer Karl-Heinz Mühlhausen kurzerhand für Helmschrot. Der junge Amateur bewährte sich ausgezeichnet und Grunenberg verharrte weiterhin auf der Ersatzbank. Zwei Wochen vor Saisonschluss lag dann auch die Hand von Helmschrot in Gips.

Nach annähernd dreijähriger Wartezeit, feierte die einstige Nummer 2 am 33. Spieltag gegen den MSV Duisburg endlich das Bundesligadebüt. Mit mehreren Paraden rettete er ein 2:2, um auch am letzten Spieltag gegen Alemannia Aachen zu überzeugen. Trotz dieser guten Vorstellungen erschienen seine sportlichen Perspektiven, neben 96-Idol Podlasly und Talent Helmschrot, dennoch ungünstig.

1969 wechselte Grunenberg deshalb zu Bremerhaven 93, dem 1970 ein längeres Engagement bei Tasmania Berlin folgte. Als besonnener wie auch reaktionsschneller Schlussmann erlebte er mit dem späteren Pleite-Klub eine letzte Blütezeit. 1971 und 1972 qualifizierte er sich mit dem Team jeweils für die Aufstiegsrunde zur Bundesliga, bei der man bei zwei Versuchen immer auf dem letzten Tabellenplatz landete. Nach Tasmanias Bankrott flüchtete der Routinier 1973 zum Spandauer SV, bei dem er bis 1975 aktiv blieb, um im gleichen Jahr beim DFB-Pokalspiel gegen Bundesligist 1. FC Kaiserslautern – trotz der 1:7-Niederlage – noch einmal mit einer überragenden Leistung aufzuwarten.

Günther, Klaus

Geboren: 12.01.1941 (Deutschland)
BL-Vereine: Borussia Dortmund 1968–1971)
BL-Spiele: 39

Als gebürtiger Sachse zunächst bei Aktivist Böhlen aktiv, spielte Klaus Günther bis 1963 mit dem Verein in der 2. Liga. Noch im gleichen Jahr wechselte er zu BSG Chemie Leipzig, mit denen er als Ersatztorhüter 1964 die DDR-Meisterschaft sowie 1966 den DDR-Pokal gewinnen konnte.

Günther zählte auch zum engeren Kreis der Nationalmannschaft, doch eine Armverletzung bei einem Testspiel für die Olympischen Spiele in Tokio beraubte ihn aller Chancen. 1966 nutzte er das Europapokalspiel bei Standard Lüttich, um sich in die Bundesrepublik Deutschland abzusetzen. Zunächst kam der 1,80 m große Schlussmann bei Verwandten in Rastatt unter. Eine Fortsetzung seiner sportlichen Laufbahn erhoffte er sich beim Bundesligisten Karlsruher SC. Zunächst saß er zwischen 67 und 68 seine einjährige FIFA-Sperre ab, um gleichzeitig miterleben zu müssen, wie sich der KSC aus der ersten Liga verabschiedete.

Vor der Saison 68/69 bestellte ihn Borussia Dortmund zu einem Probetraining, wo der ehrgeizige Keeper auf Anhieb zu überzeugen wusste. Für den abservierten Hans → Tilkowski startete Günther als neue Nummer 1 in die Spielzeit. Die Neuverpflichtung enttäuschte jedoch zunächst die hohen Erwartungen, um nach dem 7. Spieltag die Ablösung durch Bernhard → Wessel zu erfahren. Erst ein Muskelfaserriss des Kontrahenten ermöglichte ihm am 14. Spieltag eine triumphale Rückkehr.

Beim 1:0-Sieg bei Alemannia Aachen zeigte der »tollkühne« Zerberus eine überragende Torwartleistung«, welche ihn im Fachmagazin »Kicker« in die »Elf des Tages« katapultierte. Nach diesem »Spiel seines Lebens« avancierte die »Attraktion im BVB-Kasten« – unterbrochen durch eine Armverletzung – jetzt zum Stammtorwart. Vor 67 000 Zuschauern im Berliner Olympiastadion lieferte er am 24. Spieltag beim

0:0 gegen Hertha BSC erneut großartige Kostproben seines Könnens. Nach dem Fortgang von Wessel verpflichtete Borussia Dortmund vom Absteiger 1. FC Nürnberg jedoch den hoch talentierten Jürgen → Rynio.

Günther (»Ich war vielleicht zu ruhig.«) fand sich während der Saison 69/70 bereits nach dem 1. Spieltag auf der Ersatzbank wieder und absolvierte während dieser Spielzeit nur sieben BL-Einsätze. Aufgrund einer Formschwäche Rynios stand er während der Saison 70/71, am 8. Spieltag bei Eintracht Braunschweig, wieder im Tor. Zwei schwere Fehler bei der 0:3-Niederlage sorgten für die sofortige Wiederablösung.

Trainer Horst Witzler betonte zwar immer wieder, über zwei »nahezu gleichwertige Torhüter« zu verfügen, dennoch ergab sich für Günther erst durch Rynios Mandeloperation eine Comebackchance. Bei seinen sechs Einsätzen während der Rückrunde erwies sich der Ersatzmann in Spielen gegen Arminia Bielefeld, Rot-Weiß Oberhausen und VfB Stuttgart als »ruhender Pol«. Dennoch ließ ihn der Verein nach dieser Spielzeit zum Amateurligisten VfB Gaggenau ziehen, um als Nachfolger Horst → Bertram zu verpflichten.

Bis 1979 war Günther bei Gaggenau als Spielertrainer tätig, um sich danach ausschließlich um sein Geschenkartikel-Geschäft zu kümmern.

Gundelach, Hans-Jürgen

Geboren: 29.11.1963 (Deutschland)
BL-Vereine: Eintracht Frankfurt (1984–1989), FC Homburg (1989–1990), SV Werder Bremen (1992–1997)
BL-Spiele: 130
Vereinstitel: 2x DFB-Pokal (Eintracht Frankfurt: 1988; Werder Bremen: 1994), 1x Meister (Werder Bremen: 1993)

Der junge »Hansi« Gundelach spielte zunächst im Tor seines hessischen Heimatklubs FSV Großenhausen. Im Alter von 14 Jahren wurde er bei einem Bezirksmeisterschaftsspiel gegen Kickers Offenbach von dem damaligen Jugendcoach Klaus Mank entdeckt und zu Eintracht Frankfurt geholt. Für die erhoffte Profikarriere opferte er seinen Job als Offset-Drucker, um jahrelang mit dem Bummelzug zwischen Gelnhausen und Frankfurt zu pendeln. Die Strapazen wurden bei Eintracht Frankfurt mit der Hessen-Meisterschaft in der C-Jugend sowie mit dem nationalen Meistertitel in der B- und A-Jugend belohnt. Auf sein Torwarttalent war auch DFB-Jugendtrainer Dietrich Weise aufmerksam geworden, der ihn bei fünf Schüler-Länderspielen einsetzte – darunter auch die traditionelle Begegnung gegen England vor 80000 Zuschauern im Londoner Wembley-Stadion.

Vor der Saison 84/85 rückte der Torwart-Twen in den Bundesliga-Kader von Eintracht Frankfurt auf. Bereits am 15. Spieltag musste er in Schalke den verletzten Jürgen → Pahl vertreten, um bei dem 3:1-Auswärtserfolg ein gelungenes Debüt zu feiern. Weitere Einsätze als Stellvertreter für die Nummer 1 bewältigte Gundelach ebenfalls mit Bravour. Nach sechs BL-Einsätzen nominierte ihn DFB-Trainer Hans-Hubert Vogts für die U21-Auswahl. Kurz darauf absolvierte Gundelach, beim torlosen Remis gegen die Schweiz, sein erstes von zwei Juniorenländerspielen. In seinem Verein hatte er sich zu einem Herausforderer für Pahl entwickelt

Vor dem Saisonstart 85/86 setzte er sich in den Vorbereitungsspielen endgültig gegen den Kontrahenten durch und bot am 1. Spieltag gegen den 1. FC Köln erneut eine großartige Darbietung. Sprungstark, gelenkig und mit ausgezeichneten Reflexen ausgestattet, avancierte der 1,90 m große Schlussmann zu einem starken Rückhalt für seine Mannschaft, der gegen die UdSSR sein zweites U21-Spiel absolvierte und bereits von der Nationalmannschaft träumte. In der Saison 86/87 blieb er bis zum 5. Spieltag ohne Gegentor und rettete seiner Mannschaft manchen Punkt. Doch der »Turm in der Schlacht« patzte mittlerweile auch gelegentlich, ohne dass zunächst seine Position in Frage gestellt wurde.

Mit der Saison 87/88 kam mit Karl-Heinz Feldkamp ein neuer Trainer nach Frankfurt, der sich für Gundelach als Karriestopper erweisen sollte. Schon in den ersten Saisonspielen mutierte der vormalige Leistungsträger unerwartet zum Unsicherheitsfaktor, der von Feldkamp immer mehr in Frage gestellt wurde. Die Krise fand ihren Höhepunkt bei der 2:5-Niederlage am 9.

Spieltag bei Aufsteiger FC Homburg. Beim Spielstand von 1:0 für seine Mannschaft knallte Gundelach kurz vor der Halbzeit mit seinem Kopf gegen den Pfosten, entschied sich aber nach Absprache mit Feldkamp zum Weiterspielen. Die Quittung für diese Fehleinschätzung erfolgte kurz nach dem Wiederanpfiff, als der angeschlagene Keeper innerhalb von wenigen Minuten zwei Treffer kassierte, sich den zweiten selbst ins Tor boxte und anschließend durch Ersatzmann Thomas → Ernst abgelöst wurde. Obwohl Feldkamp seinem Keeper noch eine Chance gab, kursierte in Frankfurt bereits der Name des arbeitslosen Ex-Nationaltorhüters Ulrich → Stein. Als Gundelach am 14. Spieltag bei der 0:2-Niederlage gegen Werder Bremen erneut große Schwächen offenbarte, war die Geduld des Trainers endgültig erschöpft. Wenige Tage darauf verkündete der Klub die Verpflichtung von Stein und aus dem einst hoffnungsvollen »Hochkaräter« Gundelach war ein Ersatztorwart geworden.

Während Eintracht Frankfurt mit Stein in dieser Saison noch DFB-Pokalsieger wurde, begann die einstige Nummer 1 zu resignieren. Als er in der Hinrunde der Saison 88/89 nur durch den Platzverweis von Stein am 1. Spieltag bei Bayern München zu einem Kurzeinsatz gelangte, wollte er in der Winterpause zum Schweizer Nationalligisten Xamax Neuchâtel flüchten, erhielt von seinem Verein aber keine Freigabe.

Erst nach Ablauf der Spielzeit wechselte Gundelach auf Ausleihbasis zum Aufsteiger FC Homburg, wo er, vor der Saison 89/90, gegen Klaus → Scherer das Duell um den Stammplatz zu seinen Gunsten entscheiden konnte. Obwohl Gundelach zeitweise an seine alten Glanzleistungen anknüpfen konnte, war der sofortige Wiederabstieg mit einer schwachen Homburger Mannschaft nicht zu vermeiden. Mittlerweile zum nervenstarken Routinier gereift, avancierte der Zerberus in den nächsten zwei Jahren zu einem der besten Zweitligakeeper, ohne mit Homburg den erhofften Wiederaufstieg zu erreichen. Seine Bundesligatauglichkeit stellte er wiederum während der Saison 91/92 unter Beweis, als er im DFB-Pokalspiel gegen den 1. FC Kaiserslautern mit Glanzparaden überragte, einen Strafstoß abwehren konnte, um mit seiner Mannschaft im Elfmeterschießen schließlich zu unterliegen.

Entsprechend selbstbewusst kehrte der »ehrgeizige Profi« anschließend dennoch in die Bundesliga zurück. Von Werder Bremen unter Vertrag genommen, verkündete Gundelach zugleich die sportliche Kampfansage an den umstrittenen Oliver → Reck.

Am 1. Spieltag saß der »erfahrene Torwart mit gutem Stellungsspiel« jedoch lediglich auf der Bank. Weil er sich trotz einiger Patzer von Reck ruhig verhielt, bekam er am 11. Spieltag von Trainer Otto Rehhagel (»Gundelach ist ein feiner Sportsmann.«) im Heimspiel gegen Bayern München einen »Dankeschön-Einsatz« spendiert. Im Supercupspiel gegen den FC Barcelona musste er in der 32. Minute für Reck wegen dessen Roter Karte einspringen, wurde bei einem Freistoß kalt erwischt, bewahrte seine Mannschaft aber anschließend noch vor einer höheren Niederlage. Ein weiterer Einsatz der Nummer 2 folgte am 15. Spieltag beim 2:0-Sieg gegen den 1. FC Saarbrücken, der aber die festzementierte Torwart-Hierarchie ebenfalls nicht ins Wanken brachte.

Am 3. Spieltag der Saison 93/94 musste Rehhagel erneut auf den stets trainingsbesessenen Vollblutprofi zurückgreifen. Weil Reck nach seinem Platzverweis in Barcelona für das bevorstehende 1. Vorrundenspiel der Champions-League gegen Dynamo Minsk gesperrt war, durfte Gundelach – um Spielpraxis zu sammeln – gegen den VfB Leipzig das Tor hüten. Wenig beschäftigt, patzte er bei seiner einzigen Bewährungsprobe, bot aber knapp einen Monat später, beim 1:0-Sieg gegen Minsk, eine sichere Partie. Drei weitere Einsätze ergaben sich aufgrund einer Zerrung von Reck zwischen dem 14. und 17. Spieltag. Ließ der Ersatzmann beim 2:2 in Leverkusen noch einen »Haltbaren« durch die Hände flutschen, überzeugte er gegen den 1. FC Köln sowie Dynamo Dresden und erreichte mit seiner Elf am 3. November 93, durch ein 1:0 über Levski Sofia, die Qualifikation für die Gruppenspiele der Champions-League.

Aus dem Rivalen war jetzt ein loyaler Stellvertreter geworden, der sich mit Reck bestens verstand und dessen unerschütterliche Position respektierte. Als Werder Bremen nach der Saison 92/93 seinen dritten Meistertitel in der Bundesliga feiern konnte, präsentierte sich Gundelach beim anschließenden Besuch im »Aktuellen Sport-Studio« als ausgelassene Stimmungskanone.

Für den Vogelfreund und Papageienzüchter Gundelach wurde es im Endspurt der nächsten Spielzeit noch einmal ernst, als sich Reck einer Schulteroperation unterziehen musste. Bremen besaß noch gute Chancen auf die Meisterschaft, als die Mannschaft am letzten Spieltag bei Bayern München antreten musste. Gundelach mühte sich nach Kräften, trug bei einer Abwehraktion ein blaues Auge davon, ohne die 1:2-Niederlage und die endgültige Vergabe der Meisterschüssel an Borussia Dortmund verhindern zu können. Weil der langjährige Trainer Otto Rehhagel anschließend zu Bayern München abwanderte und Reck längerfristig ausfiel, rechnete sich der Reservekeeper (»Jetzt werden die Karten neu gemischt«) unter dem neuen Coach Aad de Moos vor der Saison 95/96 eine Chance auf den Stammplatz aus.

Doch zu seiner Überraschung schickte Moos den unbekannten Nachwuchskeeper Frank → Rost ins Rennen. Gundelach musste feststellen, dass seine Uhr abgelaufen war. Zwei Jahre blieb der »treue Hansi« noch im Verein, um nach einem Jahr in Werders Amateurmannschaft seine Karriere nach der Saison 96/97 definitiv zu beenden.

H

Haak, Peter

Geboren: 06.08.1947 (Deutschland)
BL-Verein: SV Werder Bremen (1971–1972)
BL-Spiele: 3

Großzügig plünderte Werder Bremen vor der Saison 71/72 die Vereinskasse, um mit hochkarätigen Neueinkäufen wie Herbert Laumen, Peter Dietrich, Werner »Acker« Weist und Willy Neuberger endlich den großen Coup zu landen.

Nur bei der Verpflichtung eines neuen Ersatztorhüters regierte offenbar der Pfennigfuchser, denn der neue Zerberus Peter Haak hatte die letzten Jahre beim Regionalligisten Bremerhaven 93 hinter Horst → Grunenberg nur auf der Reservebank gesessen. Der Blondschopf hinterließ unter fünf Schlussleuten, die zum Probetraining eingeladen wurden, den besten Eindruck, obwohl Trainer Robert »Zapf« Gebhardt erste Skepsis anklingen ließ: »Ob er einmal erstklassig werden kann, muss er noch beweisen.«

Haak, der bei einem Gewicht von 96 Kilo und einer Größe von 1,80 m eher an einen Schwergewichtsboxer als an einen Bundesligatorwart erinnerte, debütierte für Bremen bei einem Freundschaftsspiel in Münster. Seine schwache Leistung ließ bei den Verantwortlichen Panik aufkommen, denn Stammtorwart Günter → Bernard laborierte kurz vor Saisonstart an einer Bänderdehnung. Der Ex-Nationaltorwart wurde aber noch rechtzeitig fit und sein Klub konnte aufatmen.

Nachdem Haak bei einem weiteren Testspiel gegen den Bezirksligisten TuS Walle ebenfalls eklatante Schwächen erkennen ließ, war bei den Experten das Urteil gefällt: »Ungeeignet für die Aufgabe in der höchsten Spielklasse.« Die Spielzeit verlief für die Hanseaten insgesamt mehr als enttäuschend und als Haak am 27. Spieltag gegen Bayern München erstmals für den verletzten Bernard ins Tor musste, krebste der Verein im Bundesliga-Mittelfeld herum. Der 25-jährige Reservekeeper musste sich innerhalb der ersten halben Stunde viermal geschlagen geben und das Spiel endete schließlich mit einer 2:6-Schlappe.

Für den Rest der Spielzeit gelangte Haak anstelle des lädierten Bernard noch zu zwei Kurzeinsätzen, um anschließend den Verein mit unbekanntem Ziel zu verlassen. Als Nachfolger war von Arminia Bielefeld bereits ein viel versprechendes Talent namens Dieter → Burdenski verpflichtet worden.

Hain, Mathias

Geboren: 31.12.1972 (Deutschland)
BL-Verein: Arminia Bielefeld (seit 2002)
BL-Spiele: 17 (zum Ende der Hinrunde 02/03)

Wie sein älterer Bruder Uwe → Hain, startete auch der in Goslar geborene Mathias seine Vereinslaufbahn beim SV Schladen. Nach zehn Jahren bei Schladen wechselte »Matze« 1988 für eine Spielzeit zur B-Jugend des FG 16 Vienenburg. Ein Jahr später landete der gelernte Schlosser bei Eintracht Braunschweig – der gleiche Klub, in dem einst auch Bruder Uwe seine Bundesligalaufbahn begonnen hatte.

Ab der Saison 91/92 neben dem Bruder im Zweitligakader, eroberte er sich, nach dem Abstieg in die Oberliga, ab 1993 einen Stammplatz. Hain, der bewusst auf spektakuläre Paraden verzichtet und das sachliche Torwartspiel bevorzugt, blieb bis 1999 bei dem Klub, um anschließend von seinem Ex-Trainer Benno Möhlmann zum Zweitligisten SpVgg Greuther Fürth geholt zu werden. Nur mühsam konnte sich der 1,88 m große Schlussmann im zweiten Jahr gegen Stammkeeper Günther Reichold durchsetzen, blieb aber dennoch nicht fehlerlos. Weil sich bei Arminia Bielefeld in der gleichen Spielzeit Keeper Goran Čurko vom Publikum gemobbt fühlte, am 9. Spieltag eigenmächtig den Platz verließ und anschließend vom Klub die Kündigung erhielt, erinnerte sich der mittlerweile bei den Arminen tätige Möhlmann an seinen früheren Schützling und lotste ihn an die

Bielefelder »Alm«. Zumeist eher Durchschnitt, blieb Neuzugang Hain bei den Fans ebenfalls nicht unumstritten. Obwohl der Zerberus während der Saison 01/02 nur 38 Gegentore kassierte und mit seiner Mannschaft den Aufstieg in die Bundesliga schaffte, stuften ihn die meisten Experten als vermeintliche »Achillesferse« ein. Von einer Boulevardzeitung verspottet (»Bei Hain ist jeder Ball ein UFO = Unhaltbares Flug-Objekt.«), stand Möhlmann (»Ich habe bei Mathias Hain jedes Jahr eine Steigerung festgestellt.«) dennoch zu seinem Keeper.

In den ersten Spieltagen der Saison 02/03 agierte der vermeintliche »Wackelkandidat« trotz einer schmerzhaften Fingerverstauchung zuverlässig, um am 9. Spieltag bei Borussia Dortmund erstmals zum »Helden des Tages« zu avancieren. Mit großartigen Reaktionen vereitelte er mehrere Großchancen der Dortmunder, um das torlose Remis für seine Elf praktisch im Alleingang zu sichern. Den ersten folgenschweren Patzer, am 15. Spieltag beim 2:2 im Heimspiel gegen Bayer Leverkusen, hakte der Keeper selbstbewusst ab (»Ich habe mir den Stellenwert erarbeitet, dass ich mir das auch erlauben kann.«), um in der nächsten Woche erneut mit einer Ausnahmeleistung zu brillieren. Beim 3:0-Sieg seiner Mannschaft gegen den VfL Bochum wehrte er in phantastischer Manier einen Elfmeter wie auch den Nachschuss ab.

Während sein Trainer anschließend von der »Parade des Monats« sprach, wurde der personifizierte »Bochumer Albtraum« anschließend als zweiter Torwart der Hinserie, nach Oliver → Kahn, zum »Mann des Tages« gekürt. Stellvertretend für seinen gewachsenen Stellenwert innerhalb der Mannschaft sprach ihm Mannschaftskollege Detlev Dammeier ein großes Kompliment aus: »Mathias ist diese Saison unser großen Rückhalt.«

Hain, Uwe

Geboren: 18.10.1955 (Deutschland)
BL-Vereine: Eintracht Braunschweig (1974– 1982), Hamburger SV (1982–1987)
BL-Spiele: 45
Vereinstitel: 1 x Meister (Hamburger SV: 1983), 1x DFB-Pokal (Hamburger SV: 1987)

»Der brennt auf seine Chance und könnte einen sensationellen Einstand geben«, war sich Eintracht Braunschweigs Trainer Otto Knefler bei der Beurteilung über Uwe Hain sicher. Der in Schladen bei Wolfenbüttel geborene Hain begann seine Vereinslaufbahn beim SV Schladen, um 1972 zur Jugendabteilung von Eintracht Braunschweig zu wechseln. Der gelernte Betriebsschlosser trainierte als A-Jugendlicher bereits bei den Eintracht-Amateuren und war emsig bemüht, auf einer Spezialschule seinen angeborenen Sprachfehler zu beheben. In seinem ersten Bundesligajahr nach Braunschweigs Wiederaufstieg saß der »bescheidene Junge« nur auf der Bank. Am 8. Spieltag der Saison 75/76 musste sich Bernd → Franke in der Begegnung gegen Schalke 04 zur Halbzeit mit Diagnose auf Meniskusabriss auswechseln lassen. Beim Halbzeitstand von 1:1 feierte Hain in der zweiten Hälfte sein Bundesligadebüt und musste noch vier Tore einstecken, an denen er schuldlos war.

Weil sich der Stammtorwart einer Operation unterziehen musste, blieb der Ersatzmann auch in den nächsten Spielen im Kasten. Bis zum 12. Spieltag bewies der 1,83m große Schlussmann, dass er »ein sehr guter zweiter Mann« ist. Im Spiel gegen Borussia Mönchengladbach steckte er eine schwere Kopfverletzung locker weg, wurde wegen seiner Leistungen zu einem Jugend-Länderspiel eingeladen und musste nach Frankes Genesung dennoch zurück auf die Bank.

Noch gab er sich mit seinem Status zufrieden (»Ich weiß, dass ich noch kein ebenbürtiger Rivale für Bernd Franke bin.«) und sein kollegialer Rivale machte ihm für die Zukunft Mut: »Wenn ich in zirka drei Jahren aufhöre, ist Uwe Hain erst 23 Jahre. Gerade im richtigen Alter, um seine Torwart-Karriere in der Bundesliga zu starten.«

Während Franke in den nächsten anderthalb Jahren zielstrebig seine WM-Teilnahme anvisierte, trainierte Hain besessen, um seine Mankos im Stellungsspiel abzubauen und harrte auf die zweite Chance. Eine solche ergab sich kurz vor Saisonschluss 77/78, als Pechvogel Franke erneut am Meniskus operiert werden musste und einige Wochen später wegen eines Beinbruchs zum zweiten Mal eine Weltmeisterschaft verpasste. Während der Nationalkeeper mit seinem Schicksal haderte, reifte Hain durch die konstante Spielpraxis zu einem zuverlässigen Stellvertreter.

Aufgrund Frankes längerfristiger Rekonvaleszenz blieb Hain vorerst die Nummer 1 und rechtfertigte in den ersten Spielen der Saison 78/79 diesen Status mit durchweg überzeugenden Leistungen. Als sich der Kontrahent jedoch wieder gesund meldete, war die alte Hierarchie ab dem 9. Spieltag wiederhergestellt. Jetzt muckte der degradierte Hain auf und stellte Forderungen: »Wenn der Trainer an Franke festhält, soll mich der Verein verkaufen oder ausleihen.« Überraschenderweise zeigte Franke nach seiner Rückkehr zahlreiche Schwächen und wurde zudem immer wieder von Verletzungen geplagt. Am 28. Spieltag musste er im Spiel gegen den Hamburger SV wegen einer Knieverletzung ausscheiden und fiel bis zum Saisonende aus. Hain packte die Gelegenheit beim Schopfe, avancierte am folgenden Spieltag, beim 1:0-Sieg über den VfL Bochum, zum »Mann des Tages«, um für seine Paraden vom Braunschweiger Publikum sogar Sprechchöre zu ernten.

Auch während der Saison 79/80 schien die einstige Nummer 2 zunächst Oberwasser zu behalten. Am 3. Spieltag beeindruckte er in Kaiserslautern durch »Fang- und Reaktionskünste und aus dem »stillen Uwe« hatte sich ein selbstbewusster Keeper entwickelt. Nach den ersten guten Vorstellungen sackte jedoch seine Formkurve und der Keeper agierte zunehmend unsicherer, um am 10. Spieltag durch einen kapitalen Fangfehler die 2:3-Heimniederlage gegen Fortuna Düsseldorf zu verschulden. Aufgrund der akuten Abstiegsgefahr sah sich Trainer Uli Maslo zum Handeln gezwungen: »In unserer Situation brauche ich Leute, die auch im Stress ihre Nerven behalten können.« Franke kehrte zurück und Hain wurde in den nächsten zweieinhalb Jahren wieder zum »ewigen Reservisten«.

Weil sein Kontrahent mitnichten an einen Rücktritt dachte und sogar ein Comeback in der Nationalelf schaffte, entschloss sich Hain nach der Saison 81/82 zu einem Wechsel. Doch auch beim Hamburger SV verharrte er hinter Nationalkeeper Ulrich → Stein zunächst in Wartestellung. Erst durch die kurzzeitige Verbannung der exzentrischen Nummer 1 gelangte der »erstklassige Torwart« während der Saison 86/87 zwischen dem 12. und 17. Spieltag zu einer längeren Einsatzperiode. Trotz insgesamt guter Leistungen erhielt er dennoch zum Saisonende 87/88 die Kündigung ins Haus.

Anschließend kehrte der »absolute Profi« (»Für Gefühle und Menschlichkeit ist im knallharten Bundesligageschäft kein Platz.«) zur mittlerweile zweitklassigen Braunschweiger Eintracht zurück, mit denen er in den nächsten Jahren vor allem bei DFB-Pokalspielen für Furore sorgte. Ab 1991 bildete er mit Mathias → Hain ein Brüderpaar im Tor, half zwischendurch beim FC St.Pauli aus und wechselte, nach seinem Rauswurf in Braunschweig, ein Jahr später für eine letzte Saison zum Zweitligisten VfL Wolfsburg. Gegenwärtig ist Hain bei Eintracht Braunschweig als Trainer der Amateurmannschaft beschäftigt.

Hallmann, Carsten

Geboren: 11.10.1961 (Deutschland)
BL-Verein: 1. FC Saarbrücken (1985–1986)
BL-Spiele: 30

Schneller als erwartet konnte sich der 19-jährige Carsten Hallmann während der Saison 80/81 beim Zweitligisten Rot-Weiß Essen durchsetzen. Zunächst verdrängte der Abiturient beinahe mühelos den umstrittenen Detlef Schneider, um auch in der darauf folgenden Spielzeit dem bundesligaerprobten Werner → Scholz Paroli zu bieten.

DFB-Trainer Hans-Hubert Vogts berief ihn 1981 in sein U21-Aufgebot und ein Jahr später war der »aufgeschlossene Jüngling« in seinem Klub die klare Nummer 1. Alles Können war jedoch vergebens, als Rot-Weiß Essen aufgrund zahlreicher Managementfehler nach der Saison 83/84 in die Amateurliga absteigen musste.

Der Student der Betriebswirtschaft wechselte nach dieser Enttäuschung zum Zweitligisten 1. FC Saarbrücken. Sportliche Schlagzeilen schrieb Hallmann in dieser Saison, als er in der 3. DFB-Pokalrunde gegen Bundesligist VfB Stuttgart beim entscheidenden Elfmeterschießen zwei Strafstöße parieren konnte und zum Helden des Abends avancierte. Der überglückliche Zerberus stand im Mittelpunkt der Ovationen und sprach von dem »größten Tag meiner sportlichen Laufbahn.« Auch der Liga-Alltag verlief prächtig, bei dem sich Hallmann in der Saison 84/85 erneut als herausragender Torhüter entpuppte. Sein Klub qualifizierte sich als Tabellendritter für die Relegationsspiele gegen Bundesligavertreter Arminia Bielefeld. Einem 2:0-Sieg im heimischen Stadion folgte ein Remis beim Gegner, bei dem der fehlerlos agierende Hallmann allerdings in der 68. Minute wegen einer schweren Brustbeinprellung durch Wolfgang → Kellner ersetzt werden musste. Saarbrücken war nach längerer Durststrecke wieder Bundesligist, doch ihr junger Zerberus laborierte an der erlittenen Verletzung noch wochenlang.

Zum Saisonstart 85/86 stand Hallmann wieder im Kasten, musste aber aufgrund seiner Schmerzen mit einem Schaumgummipolster auf der Brust spielen. Dieses Handikap ließ sich der reaktionsschnelle Lockenkopf zunächst nicht anmerken. Der »großartige Torhüter« rettete am 3. Spieltag ein Remis gegen Werder Bremen, um zwei Wochen später gegen Bayern München bester Mann seiner Mannschaft zu sein. Dennoch entschloss sich Trainer Uwe Klimaschefski (»Er soll erst mal wieder völlig fit werden.«), Hallmann nach dem 7. Spieltag aus dem Tor zu nehmen und ihn kurzzeitig durch Kellner zu ersetzen. Vier Wochen darauf meldete sich der junge Schlussmann wieder zurück, um mit seinem Klub, nach einer 1:3-Niederlage gegen den 1. FC Köln, ans Tabellenende zu stürzen. Im weiteren Saisonverlauf agierte Hallmann zumeist zuverlässig, ohne mit seiner Elf den Wiederabstieg verhindern zu können. Das bittere Ende erfolgte für den einstigen Pokalhelden dann in der nächsten Spielzeit. Aus einer verunglückten Landung nach einer Flugparade resultierten mehrere Bänderrisse, die trotz monatelanger Therapie schließlich in die Sportinvalidität mündeten.

Hartmann, Bernhard

Geboren: 29.05.1947 (Deutschland)
BL-Vereine: TSV 1860 München (1977–1978), 1. FC Nürnberg (1980–1983)
BL-Spiele: 48

Zuvor bei den Vereinen SV Herringen und Harsewinkel aktiv, startete der im westfälischen Hamm geborene Bernhard Hartmann seine Profilaufbahn 1971 beim Regionalligisten Westfalia Herne, um mit seinem Klub während der Saison 73/74 vergeblich um die sportliche Qualifikation zur 2. Bundesliga zu kämpfen. Weil der ehemalige Bergmann, der vom 16. bis zum 22. Lebensjahr unter Tage gearbeitet hatte, nicht in der Amateurliga spielen wollte, wechselte er anschließend zum Zweitligisten TSV 1860 München.

Für die erste Zweitligasaison 74/75 schien Hartmann gegen den viel gerühmten und ebenfalls neu verpflichteten, haitianischen WM-Torwart Henri Francillon schlechte Karten zu besitzen. Francillon besaß aufgrund seiner mangelnden deutschen Sprachkenntnisse erhebliche Kommunikationsprobleme mit Mannschaft und Trainer Max Merkel.

Etwas überraschend hütete beim Zweitligastart gegen Wormatia Worms der schwächer eingeschätzte Hartmann das Tor der Münchner und ließ sich jetzt nicht mehr verdrängen. In den folgenden drei Jahren avancierte die, aufgrund seiner stämmigen Statur, »imposante Erscheinung« zu einem der besten Torhüter in der 2. Liga Süd, ehe er nach der Saison 76/77 mit seinem Verein den Bundesligaaufstieg feiern konnte.

Das Erstligajahr entwickelte sich für den Klub zur Pleite und nach zwölf Spielen verzeichnete man eine Negativserie von 2:22 Punkten. Auch Hartmann zeigte unerwartete Unsicherheiten, patzte einige Male spielentscheidend und erntete dafür erstmals Pfiffe vom einheimischen Publikum.

Der »beste Einkauf der letzten Jahre« blieb gelassen (»Man muss auch mal Kritik ertragen können.«), konsolidierte seine Leistungen und avancierte in den Spielen gegen Eintracht Frankfurt, Bayern München sowie Fortuna Düsseldorf zum besten Spieler seines Teams. Dennoch war der Abstieg zum Saisonende nicht mehr zu vermeiden.

Obwohl sich 1860 München in der 2. Liga mit Hartmann im Tor sofort wieder in der Spitzengruppe etablieren konnte, entzog ihm der zur Winterpause neu engagierte Eckhard Krautzun vor Rückrundenbeginn das Vertrauen. Der Coach setzte ab sofort den bundesligaerfahrenen Thomas → Zander ein, den er von Wormatia Worms mitbrachte. Während 1860 in dieser Spielzeit den sofortigen Wiederaufstieg schaffte, wechselte der degradierte Hartmann anschließend zum zweitklassigen 1. FC Nürnberg. Der damalige Rekordmeister besaß ebenfalls Aufstiegsambitionen und konnte diese, auch dank Hartmanns Zuverlässigkeit, während der Saison 79/80 verwirklichen. Obwohl der 1,86 m große »Meister seines Fachs« für den zweiten Bundesliga-Anlauf in der Vorbereitung gewichtsmäßig kräftig abgespeckt hatte, gab es für ihn in der Beletage erneut ein böses Erwachen. Am 7. Spieltag kassierte er bei der 0:4-Heimpleite gegen den 1. FC Kaiserslautern zwei haltbare Treffer, womit sein Bonus sofort aufgebraucht war. Umgehend verpflichtete sein Klub den arbeitslosen Ex-Nationaltorhüter Rudolf → Kargus und der einstige »Hexer« Hartmann nahm wieder auf der Reservebank Platz.

Weil Kargus zwischenzeitlich ebenfalls schwächelte, erhielt er noch in der gleichen Saison am 21. Spieltag gegen den 1. FC Köln eine zweite Chance. Nürnberg gewann mit 2:1 und war auch gegen Borussia Mönchengladbach erfolgreich. Doch nach dem 2:3 gegen Bayer Uerdingen musste der »hartgesottene Bursche« seinen Platz endgültig räumen.

Die nächsten zweieinhalb Jahre fand sich der »phantastische Schlussmann« bis zum Karriereende mit dem Reservistenschicksal ab. Danach war Hartmann beim 1. FC Nürnberg sowohl als Co- wie auch Jugendtrainer eingebunden, um anschließend als Trainer noch für verschiedene Amateurligisten tätig zu werden.

Haßdenteufel, Dieter

Geboren: 13.10.1941 (Deutschland)
BL-Verein: 1. FC Saarbrücken (1963–1964)
BL-Spiele: 5

Der gebürtige Saarländer Dieter Haßdenteufel wechselte 1961 vom saarländischen Klub SV Brebach zum 1. FC Saarbrücken, bei dem er aber schon zu Oberligazeiten hinter Volker → Danner nur Reservist blieb. Auch während der ersten Bundesligasaison 63/64 resultierten Einsätze nur aus Danners Verletzungen. Am 8. Spieltag feierte der 22-jährige Zerberus gegen den Meidericher SV sein Saisondebüt. Der »vielbeschäftigte und tapfere« Haßdenteufel rettete oftmals vor den einschussbereiten Meiderichern, verschuldete aber bei der 1:3-Niederlage den zweiten Treffer. Eine Woche später, wie auch am 12. und 26. Spieltag folgten gegen den Karlsruher SC, Hertha BSC und Preußen Münster weitere Einsätze, die allesamt mit Niederlagen endeten. Sang- und klanglos stieg der 1. FC Saarbrücken ab und auch in der Regionalliga Südwest konnte sich Blondschopf Haßdenteufel in der Folgezeit keinen dauerhaften Stammplatz erkämpfen. Bei seinen sporadischen Einsätzen bewies der Mann mit den »akrobatischen Paraden« aber des öfteren, mehr als nur Ersatz zu sein. Nach Danners Wechsel zu Borussia Mönchengladbach wurde Haßdenteufel ab 1967 für zwei Jahre die Nummer 1, ehe er von Gerhard → Welz verdrängt wurde.

1969 wechselte er als Nachfolger von Bernd → Franke zum Regionalligisten Saar 05 Saarbrücken, wo er noch für einige Jahre aktiv blieb. Anfang der neunziger Jahre erlag Haßdenteufel während eines Spiels mit der Traditionsmannschaft des 1. FC Saarbrücken einem Herzinfarkt.

Hauser, Hans

Geboren: 17.05.1949 (Deutschland)
BL-Verein: VfB Stuttgart (1970–1971)
BL-Spiele: 2

Als mehrmaliger pfälzischer Verbandsauswahltorhüter wechselte Hans Hauser 1969 vom VfR Kaiserslautern zum saarländischen Traditionsklub Borussia Neunkirchen. Zeitweise gelang es ihm, den etablierten Willi → Ertz in das zweite Glied zu verdrängen. Der gebürtige Landstuhler profitierte von seinen starken Reaktionen auf der Linie, zeigte daneben aber auch eklatante Schwächen in der Strafraumbeherrschung. Bundesligist VfB Stuttgart befand sich zu dieser Zeit auf der Suche nach einem neuen Ersatzmann für Gerhard → Heinze. Das »beste Torwarttalent im Südwesten« schien dem Klub gut genug, um ihn ohne eingehende Beobachtung für die Saison 70/71 zu verpflichten.

Der Neueinkauf nahm zum Saisonstart den Platz auf der Bank ein. Als sich nach ein paar

Wochen, durch Heinzes Verletzung endlich die Chance zum Einsatz ergab, erlitt Hauser zeitgleich einen Fußbruch. Torwart-»Oldie« Günter → Sawitzki wurde reaktiviert und die nominelle Nummer 2 war zunächst für längere Zeit außer Gefecht gesetzt. Kaum von seinem Gips befreit, lädierte er sich den Arm und landete erneut im Krankenbett.

Als Heinze am 22. Spieltag mit einer Schulterprellung ausschied, musste Amateurkeeper Bodo → Jopp einspringen. Eine Woche später konnte Hauser, von der Presse bereits zum »ewigen Verletzten« abgestempelt, im Heimspiel gegen Eintracht Braunschweig endlich sein Bundesligadebüt feiern. Der Einstand gestaltete sich gelungen, bei dem sich Hauser mit einigen guten Paraden auszeichnen konnte.

Sieben Wochen später ergab sich die zweite Chance, weil Heinze wieder die alte Schulterverletzung plagte. Der Stellvertreter rettete gegen Borussia Mönchengladbach ein Remis und wurde für diese Vorstellung vom »Kicker« sogar in die »Elf des Tages« nominiert. Die Verantwortlichen des VfB Stuttgart sahen in Hauser dennoch nicht mehr als einen Ersatz für Heinze, wollten die Nummer 1 für die kommende Spielzeit aber verschärftem Konkurrenzdruck aussetzen. Stolz verkündete der Klub kurz vor Saisonende die Verpflichtung von Zlatko → Skorič und Hauser wurde zu Tasmania Berlin abgeschoben.

Beim Regionalligisten war Hauser einem Konkurrenzkampf mit dem Ex-Hannoveraner Horst → Grunenberg ausgesetzt, der nicht immer zu seinen Gunsten verlief. Zwei Jahre später wechselte er zum FC Augsburg, mit dem er in der Saison 73/74 bei der Aufstiegsrunde zur Bundesliga scheiterte.

Heider, Herbert

Geboren: 21.09.1959 (Deutschland)
BL-Vereine: Schalke 04 (1978–1979), 1. FC Nürnberg (1983–1987)
BL-Spiele: 22

Im Alter von 15 Jahren absolvierte Herbert Heider für seinen Heimatverein VfB Gaggenau die ersten Schülerländerspiele und zählte ab 1975 stets zu den »auffälligsten Talenten«. Der Handelsschüler bewährte sich in der Folgezeit bei zahlreichen internationalen Jugendturnieren, um 1976 in das Nachwuchsinternat von Bundesligist Schalke 04 aufgenommen zu werden. Nach zahlreichen Repräsentativspielen für Südbaden, Süddeutschland und Westfalen sowie sechs B-Jugendländerspielen erfolgte zugleich auch eine Berufung in die A-Jugendauswahl, wo ihm allerdings Walter → Junghans den Rang ablief. Der Fan von Norbert → Nigbur, Musik und Westernromanen lernte 1977 – beim UEFA-Jugendturnier in Belgien – erstmals das Reservistendasein kennen und gelangte als einziger Spieler nicht zum Einsatz.

Auch in der Jugendelf von Schalke 04 lief es für Heider nicht immer optimal. 1977 als einer der Favoriten in die Endrunde um die Deutsche Jugendmeisterschaft gestartet, schied das Team gegen den VfB Stuttgart im Halbfinale vorzeitig aus. Nach einem weiteren Jahr A-Jugend und zahlreichen Länderspielen rückte das hoffnungsvolle Torwarttalent im Sommer 1978 in den Schalker Bundesligakader auf. Neben Volkmar → Groß und Peter → Sandhofe wartete der 1,84 m große Schlussmann vergeblich auf seine Chance, um zur Winterpause an den Zweitligisten Karlsruher SC ausgeliehen zu werden. Hinter Torwartdenkmal Rudolf → Wimmer gelangte der passionierte Schwimmer in der Rückrunde noch zu zwei Einsätzen, um anschließend beim 1. FC Nürnberg zu stranden.

Auch hier erwies sich die etatmäßige Nummer 1 Bernd → Hartmann in der Saison 79/80 als unüberwindliches Hindernis und Heider durfte sich vornehmlich auf die Ersatzbank bequemen. Nach dem Bundesliga-Aufstieg stürzte Hartmann in der Saison 80/81 bereits nach wenigen Wochen in eine schwere Krise. An einen Einsatz seines nominellen Vertreters verschwendeten die Nürnberger Verantwortlichen jedoch keinen Gedanken, um stattdessen den arbeitslosen Ex-Nationaltorwart Rudolf → Kargus zu verpflichten.

Während Hartmann auf der Ersatzbank landete, wechselte Heider parallel als Leihgabe zum abstiegsbedrohten Zweitligisten 1. FC Saarbrücken. Erstmals bewährte sich der 21-Jährige als Stammkeeper, der trotz seiner guten Leistungen die Saarländer nicht vor dem Sturz ins Amateurlager bewahren konnte.

Vor der Saison 81/82 in der Amateurliga Südwest angekommen, war das einstige Supertalent eine Zeit lang beim Bundesligisten 1. FC Kaiserslautern im Gespräch. Stattdessen wechselte er für die Saison 82/83, als Nachfolger von Werner → Vollack, zum Zweitligisten Kickers Stuttgart. Überraschenderweise wurde er dort den Erwartungen nicht gerecht, um nach einer Reihe schwacher Leistungen seine Ablösung durch Waldemar Cimander zu erfahren.

Nach diesem frustrierenden Intermezzo kehrte er 1983 wieder zum 1. FC Nürnberg zurück. Hinter Kargus reihte sich der Wandervogel erneut in die Reservistengarde ein und erlebte aus dieser Perspektive den tiefen Fall seines Clubs. Nach dem 26. Spieltag hatte sich Nürnberg, ohne jeglichen Auswärtspunkt, am Tabellenende der Bundesliga zementiert. Weil sich Kargus mit Abwanderungsplänen beschäftigte, erhielt Heider am 31. Spieltag von Trainer Heinz Höher (»Ich habe noch nie einen besseren zweiten Torwart gehabt.«) endlich die Gelegenheit zu seinem Bundesligadebüt.

Der Keeper rechtfertigte das Vertrauen, indem er bei der 1:3-Niederlage gegen Eintracht Frankfurt gute Paraden zeigte und einen Foulelfmeter abwehrte. Doch schon beim nächsten Heimspiel gegen den Hamburger SV zog er sich in der 40. Minute bei einem Abwehrversuch einen Muskelriss zu. Schwer verletzt musste der Pechvogel minutenlang unter sichtbaren Schmerzen weiterspielen, weil Trainer Höher zunächst nicht reagierte und die Einwechslung von Kargus erst veranlasste, als Heider schon vom Platz getragen wurde.

Entgegen der Verlautbarungen blieb Kargus nach dem Bundesliga-Abstieg bei den Franken und Heider saß nach seiner Genesung lediglich auf der Bank. Im November 84 kam es in Nürnberg zu einer Spielerrevolte gegen den Trainer Höher, bei der als Konsequenz die rebellierenden Profis, unter ihnen Kargus, vom Trainingsbetrieb suspendiert wurden. Neben Nachwuchsspielern wie Hansi Dorfner, Dieter Eckstein und Stefan Reuter kehrte auch Heider wieder in den Stamm zurück und feierte mit der »Nobody-Truppe« zum Saisonende den sensationellen Wiederaufstieg. Obwohl er seinen Anteil an diesem Erfolg besaß, saß ihm bereits der neu verpflichtete Roland → Grüner im Nacken. Vor dem Saisonstart 85/86 entbrannte ein heftiges Torwart-Duell, bei dem Heider zunächst knapp die Nase vorn behielt. Nach der 0:1-Niederlage am 1. Spieltag gegen den VfL Bochum war der »Zappelphilip« aufgrund zahlreicher Unsicherheiten bereits wieder in Ungnade gefallen und musste seinen Posten an Grüner abtreten. Während sich der Kontrahent zunächst bewährte, sollte Heider, im Austausch mit Siegfried → Grüninger, zum SC Freiburg abgegeben werden. Das Vorhaben zerschlug sich und weil Grüner seine Nerven nicht in den Griff bekam, feierte Heider – am 16. Spieltag gegen Fortuna Düsseldorf – sein Comeback.

Von diesem Zeitpunkt an bewies der Keeper konstant seine Klasse. 469 Minuten in Folge blieb der jahrelang unterschätzte Zerberus während der Rückrunde ohne Gegentor, um gegen Kaiserslautern und Schalke 04 durch Glanzpartien wichtige Siege gegen den drohenden Wiederabstieg zu retten. Im »Kicker« konnte er zufrieden resümieren: »Ich habe bewiesen, dass ich auch unter enormem psychischen Druck gut spielen kann.« Neuer Konkurrenzkampf schlummerte aber bereits in der Neuverpflichtung von Andreas → Köpke, der für die Saison 86/87 einen Kampf um die Nummer 1 ankündigte.

Heiders Waffen blieben bereits ohne Wirkung: Wegen einer schweren Schulterverletzung, bei der sich trotz monatelanger Behandlung keine Besserung einstellte, musste er nach der Winterpause mit 27 Jahren die Sportinvalidität beantragen. Dank seiner ausgezahlten Versicherungsprämie konnte er anschließend Teilhaber in einem Gipser- und Stukkateurbetrieb werden.

Heimen, Dieter

Geboren: 07.03.1966 (Deutschland)
BL-Vereine: SV Waldhof Mannheim (1984–1985), Schalke 04 (1987–1988)
BL-Spiele: 2

Nach den frühen Anfängen bei Phönix Mannheim wechselte Dieter Heimen als Jugendlicher in die C-Jugend von Waldhof Mannheim. Seine Torwartbegabung führte zu Berufungen in die U16, U17 und U18-Auswahl. Unter DFB-

Trainer Hans-Hubert Vogts bestritt er mehrere Turniere sowie Qualifikationsspiele zur Jugendeuropameisterschaft. Ab der Saison 84/85 zählte er zum Bundesligakader von Waldhof Mannheim, um in erster Linie Pflichtspieleinsätze in der Amateurmannschaft zu absolvieren.

Durch einen Bänderriss von Stammtorwart Uwe → Zimmermann stand das Nachwuchstalent vor der ganz großen Chance, ausgerechnet gegen Bayern München seine Bundesligapremiere zu feiern. Doch bei einem zuvor anberaumten Testspiel hinterließ der 1,82 m große Schlussmann keinen überzeugenden Eindruck, so dass Trainer Klaus Schlappner auf den Routinier Walter → Pradt zurückgriff. Kurz darauf wurde zudem der arbeitslose Ex-Herthaner Gregor → Quasten verpflichtet, was Heimens Chancen bezüglich Bundesligaeinsätzen auf nahezu null reduzierte. Bis 1987 spielte der gelernte Industriekaufmann in Waldhofs Amateurmannschaft, um anschließend nach Schalke 04 zu wechseln.

Als Nummer 2 hinter dem ebenfalls neu verpflichteten Torwartstar Harald → Schumacher musste er sich bis zum 9. Spieltag gedulden, ehe seine Stunde schlug. Im Revierderby gegen Borussia Dortmund musste Schumacher in der 21. Minute den Platz mit einem Muskelfaserriss verlassen. Zwar griff der 21-jährige Debütant bei der 1:4-Niederlage noch dreimal hinter sich, doch seine persönliche Leistung war mehr als zufrieden stellend. Seine Hoffnung, sich gegen den amtierenden Deutschen Meister Bayern München profilieren zu können, endete jedoch in einem Debakel. Schon beim ersten Eckball ließ er sich düpieren und kassierte durch Hansi Pflüger das 0:1. Am Ende hatte Schalke 04 mit 1:4 verloren und Heimen war mit den Nerven fix und fertig. Vom »Kicker« gab es für diese verpatzte Vorstellung die Note 6 und von seinem Verein zum Saisonende die Kündigung.

Der einst viel versprechende Nachwuchskeeper war arbeitslos geworden und musste zunächst von seinen Ersparnissen zehren. Nach monatelanger Ungewissheit erfolgte ein Angebot von Viktoria Aschaffenburg, mit denen er in der Saison 91/92 einen vergeblichen Anlauf in Richtung 2. Bundesliga unternahm. Später setzte er seine aktive Laufbahn bei Darmstadt 98 und VfR Mannheim fort. Als Amateurtrainer und Spielervermittler ist Heimen seit 1999 seinem Sport bis heute verbunden geblieben.

Heinen, Dirk

Geboren: 03.12.1970 (Deutschland)
BL-Vereine: Bayer 04 Leverkusen (1990–1999), Eintracht Frankfurt (2000–2001)
BL-Spiele: 154
Vereinstitel: 1x DFB-Pokal (Bayer Leverkusen: 1993)

Als Sohn eines Kraftfahrers im Kölner Arbeiterbezirk Zollstock aufgewachsen, begann Dirk Heinen seine Vereinslaufbahn mit zehn Jahren bei Rot-Weiß Zollstock. Von einem Spielbeobachter auf der Außenposition entdeckt, wechselte er 1980 in die E-Jugend von Bayer Leverkusen. Mit seinem Torwarttalent weckte der Realschüler schnell das Interesse von verschiedenen Auswahltrainern. Repräsentativeinsätzen für den Mittelrheinverband folgten Nominierungen in die U16-Auswahl, wo er in Konkurrenz zu Sven → Scheuer stand. Mit Bayers A-Jugend kämpfte der Hobby-Schlagzeuger 1988 um die Deutsche Jugendmeisterschaft, bei der man erst im Finale gegen den VfB Stuttgart unterlag. Weiterhin in die Jugendnationalmannschaft und 1990 auch in die Olympia-Auswahl berufen, rückte der gelernte Kunststoffschlosser ab 1988 in den Amateurkader von Bayer Leverkusen auf. Zusätzlich auch Torwart der Mittelrhein-Auswahl, konnte sich Heinen jeden Sonntag bei den Bayer-Amateuren bewähren, um ab 1990 als Vertragsamateur zum etatmäßigen Vertreter des Stammkeepers Rüdiger → Vollborn aufzusteigen. Nach dreieinhalb Jahren Reservistenzeit, in denen er sich nur in der Oberliga Nordrhein beweisen konnte, ergab sich am 24. Spieltag der Saison 93/94, aufgrund Vollborns Lungenentzündung, der erste Bundesligaeinsatz. Nach dem 3:0-Sieg gegen Borussia Mönchengladbach glänzte die Nummer 2 auch bei Eintracht Frankfurt, um im europäischen Pokalsiegerwettbewerb gegen Benfica Lissabon ebenfalls gute Kritik zu erhalten.

In der Saison 93/94 konnte der Nachwuchsmann den verletzten Vollborns erneut mehrmals in Bundesliga und UEFA-Cup vertreten. Weil die Nummer 1 bei Trainer Dragoslav Stepanovič zudem immer stärker in die Kritik geriet, gestaltete sich das Torwartduell allmählich offener. Am 32. Spieltag erhielt Heinen durch den neuen Trainer Erich Ribbeck (»Ich will ihn mal unter Druck sehen.«) erneut eine Bewährungsprobe. Trotz Schwächen in der Strafraumbeherrschung deutete sich durch den parierten Elfmeter beim 2:0-Sieg über Bayern München in der Torwartfrage die Wachablösung an.

Vor der Saison 95/96 vom Trainer zur Nummer 1 erklärt, entwickelte sich der 1,88 m große Schlussmann, trotz privater Sorgen wie dem Krebstod seiner Schwester, zum »Überflieger« der Vorrunde. Mit erstklassigen Reflexen, gutem Stellungsspiel und stoischer Ruhe überragte der »Top-Keeper« (Mitspieler Rudi Völler) bei sämtlichen Bundesligaspielen, um im DFB-Pokal gegen Rot-Weiß Essen, Borussia Mönchengladbach und Lok Altmar Stendal mehrfach als Elfmeterheld zu glänzen.

Von Mitspieler Holger Fach bereits als »bester deutscher Torhüter« geschätzt, von DFB-Trainer Hans-Hubert Vogts im Oktober 95, aufgrund einer Erkrankung von Oliver → Kahn, kurzfristig zum Länderspiel gegen Moldawien berufen, schien sich bei Heinen eine Traumkarriere anzubahnen. Nach der Hinrunde bilanzierte er von allen Torhütern die wenigsten Gegentore, stand mit seinem Verein auf eine UEFA-Pokal-Rang und wurde vom »Kicker« in der Torwart-Rangliste hinter Stefan → Klos, Oliver Kahn und Andreas → Köpke auf Platz 4 gesetzt.

Im März 96 noch in das A-Aufgebot für das Länderspiel gegen Dänemark berufen, lernte der bekennende Christ während der Rückrunde die Schattenseiten seiner Position kennen. Parallel zu Bayers Absturz in den Tabellenkeller patzte auch der »kommende Mann für die Nationalelf« immer häufiger, um am 34. Spieltag mit seinem Verein im Heimspiel gegen den 1. FC Kaiserslautern ein Abstiegsendspiel zu durchleiden. Dank ihres Keepers, der mit einer Blitzreaktion das vorentscheidende 0:2 verhinderte, konnte sich seine Elf mit einem 1:1 hauchdünn vor der zweiten Liga retten. Vom »Kicker« als »großer Verlierer der Rückrunde« bewertet, sah sich Heinen fortan immer stärker kritischen Stimmen ausgesetzt.

Obwohl sich ab der Saison 96/97 durch den neuen Trainer Christoph Daum bei Bayer Leverkusen wieder ein sportlicher Aufschwung einstellte, hatte Heinen einen schweren Stand. In einer funktionierenden Mannschaft wenig beschäftigt, konnte sich der schlaksige Schlussmann nur selten auszeichnen, um bei Fehlleistungen sofort ins Kreuzfeuer der Kritik zu geraten. Am 16. Spieltag schlenzte er gegen Hertha BSC einen Rückpass an den Kopf von Herthas Ante Covič, der postwendend in hohem Bogen im Netz landete. Einen ähnlich eklatanten Fauxpas leistete er sich am 33. Spieltag gegen den 1. FC Köln. Nach verunglückter Annahme eines Rückpasses foulte er den FC-Stürmer Ion Vladoiu elfmeterreif und brachte damit seine Mannschaft vorzeitig um alle Meisterschaftschancen.

Auch in der Saison 97/98 unterlag der Zerberus seinen Leistungsschwankungen. Konnte er in den Champions-League-Spielen gegen Real Madrid mit Weltklasseparaden begeistern, sorgten seine Patzer in der Bundesliga immer wieder für Punktverluste. Vor der Saison 98/99 von Experten als »Schwachpunkt« ausgemacht, zog sich Heinen im Juli bei einem Vorbereitungsspiel gegen Arminia Bielefeld nach einem Zusammenprall eine schwere Stirnbeinfraktur zu. Nur knapp von dauerhaften Hirnschäden verschont, musste er sich nach seiner Genesungsphase hinter der Neuverpflichtung Adam → Matyseks mit der Reservebank begnügen. Zwei Einsätze ergaben sich in der nächsten Spielzeit ab dem 3. Spieltag durch Matysek Platzverweis. Heinen, der zuvor auch mit dem FC Liverpool in Kontakt stand, nutzte die Chance, um sich durch gute Vorstellungen wieder für andere Vereine ins Gespräch zu bringen.

Im Januar 2000 wechselte er zu Eintracht Frankfurt, um den unsicheren Oka → Nikolov abzulösen. Von Trainer Felix Magath als »Spieler mit Charakter« geschätzt«, entwickelte sich Heinen nach anfänglichen Problemen zum großen Rückhalt, der in der Rückrunde die wenigsten Gegentore kassierte und in Spielen gegen VfB Stuttgart und Hansa Rostock zum Punktegaranten avancierte. Nach dem geglückten Klassenerhalt flog Heinen in der Saison 00/01 dann allerdings vergeblich gegen den Abstieg an. In der zweiten Liga aufgrund seiner gescheiterten Wechselabsichten zu Borussia Mönchengladbach von Trainer Martin Andermatt zunächst nicht berücksichtigt, gelang ihm durch Nikolovs Schwächen noch einmal das Comeback. Der Leiter eines Fußballer-Bibelkreises konnte jedoch nicht mehr an die früheren Leistungen anknüpfen, verschuldete zahlreiche Gegentore, um kurz vor Saisonende wieder gegen Nikolov ausgetauscht zu werden. Nach dieser Spielzeit wechselte der »Pannen-Torwart« (»Sport-Bild«) zum türkischen Erstligisten Denizlispor, mit dem er in der Saison 02/03 auch im UEFA-Cup vertreten ist.

Heinze, Gerhard

Geboren: 30.11.1948 (Deutschland)
BL-Vereine: VfB Stuttgart (1967–1975), MSV Duisburg (1975–1982)
BL-Spiele: 398

Bei seinem Heimatverein SSV Eggenfelden besetzte der gebürtige Niederbayer Gerhard Heinze zunächst die Position des Außenläufers. Wegen einer Vakanz auf der Torwartposition stellte er sich zwischen die Pfosten und fand daran immer mehr Gefallen. Schnell hechtete er sich von der niederbayerischen bis in die süddeutsche Jugendauswahl. 1965 wurde der Postjungbote von Horst Köppel und Karl-Heinz Handschuh, seinen damaligen Mitspielern aus der Jugendnationalmannschaft, zum VfB Stuttgart geholt. Der »hochtalentierte Bursche« bestritt 1967 unter DFB-Jugendtrainer Udo Lattek das UEFA-Jugendturnier in der Türkei, um nach insgesamt sieben Auswahlspielen vor der Saison 67/68 beim VfB Stuttgart einen Profivertrag zu unterschreiben.

Weil während dieser Spielzeit Ex-Nationaltorwart Günter → Sawitzki bereits mit dem Laufbahnende liebäugelte und die nominellen Ersatzkeeper Werner → Pfeifer sowie Dieter → Feller als Nachfolger nicht mehr zu Diskussion standen, feierte Nachwuchskeeper Heinze am 30. Spieltag gegen Bayern München sein spektakuläres Bundesligadebüt. Mit »phantastischen Paraden« sicherte der »blutjunge Tausendsassa« gegen Beckenbauer & Co. den unerwarteten 3:0-Sieg und wurde anschließend von den 40 000 Zuschauern frenetisch gefeiert. Auch an den nächsten beiden Spieltagen brillierte der 19-Jährige mit »enormer Sprungkraft, Elastizität sowie überragender Reaktion«. Bereits als »Entdeckung der Saison« gefeiert, meldeten sich dennoch skeptische Stimmen, denn bei aller Klasse besaß Heinze für einen Torhüter mit seiner Körpergröße von nur 1,77 m ein entscheidendes Manko.

VfB-Trainer Günter Baumann bezweifelte ebenfalls, dass Heinze jemals ein »Großer« werden würde und der frühere Stuttgarter Nationaltorwart Helmut Jahn merkte an, dass »jeder Zentimeter sich bei der Strafraumbeherrschung bemerkbar macht«. Zunächst aber bestätigte das »Talent des Jahres« auch in der Saison 68/69 die hochgesteckten Erwartungen. Gegen Borussia Dortmund, den 1. FC Nürnberg und Kickers Offenbach meisterte der katzengewandte »Gummimann« alle Aufgaben dank seiner Sprungkraft und Übersicht. Es folgten Einladungen zu Juniorenländerspielen und im Februar 69 nominierte ihn Bundestrainer Helmut Schön erstmals für das B-Aufgebot. In einem Testspiel gegen den A-Kader konnte sich das Talent mehrfach auszeichnen, um spätestens jetzt als heißer Länderspielkandidat gehandelt zu werden. Prompt berief ihn Helmut Schön im März 1969 – neben Sepp → Maier und Horst → Wolter – für das Länderspielaufgebot gegen Wales.

Unerwartet sackte der Torwartkomet während der Saison 69/70 dann in eine schwere Formkrise, um nach mehreren Schnitzern ab dem 12. Spieltag die Ablösung durch Ersatzmann Feller zu erfahren. Schon wurden Torhüternamen wie Jürgen → Stars, Fred-Werner → Bockholt und Peter Löwer an der Stuttgarter Spielerbörse gehandelt. Heinze, der spektakuläre »Flieger« mit dem Hang zur Akrobatik, wurde jetzt als »Showman« abqualifiziert, der nach dem Urteil von »Kicker«-Reporter Hildebrand Kelber »von Strafraumbeherrschung noch nichts gehört zu haben scheint«.

Weil seine Leistungen auch in der folgenden Spielzeit wechselhaft ausfielen, verpflichtete sein Klub den jugoslawischen Nationaltorhüter Zlatko → Skorič. Während der Saison 71/72 war Heinze anfangs nur noch Reservist, um sich im Verlauf der Rückrunde allmählich wieder in die Startelf zurückzukämpfen.

Nachdem ihm vor der Saison 72/73 Stuttgarts neuer Trainer Hermann Eppenhoff das Vertrauen aussprach, startete das »Cleverle« nicht nur sportlich durch. Mittlerweile besaß der passionierte Tüftler in Stuttgart ein Sportartikelgeschäft und gründete zusammen mit Geschäftsfreund Dieter Scheifferle die »Heinze Sportartikel-GmbH«. Unter seinem Signum wurden jetzt Torwartartikel produziert, die in den nächsten Jahren unter deutschen Schlussleuten weiteste Verbreitung fanden. Zusammen mit seinem Vater entwickelte er zudem spezielle Schienbeinschützer sowie einen Trainingsanzug mit patentiertem Reißverschlusssystem, über den sich der damalig bekannte 400-m-Läufer Karl Honz anerkennend äußerte. Mittlerweile zählte der Stuttgarter Publikumsliebling in der Bundesliga wieder zu den stärksten Schlussleuten. Für die Nationalmannschaft »zu klein für die großen Spiele« blieb die »Katze« trotz gelegentlicher Nominierungen für das B-Aufgebot allenfalls ein »Kandidat«.

In der Saison 73/74 entwickelte sich Heinze beim VfB Stuttgart zum beständigsten Spieler, was seinen Klub vor den schlimmsten Abstiegssorgen bewahrte. Zudem bewährte sich der »Teufelskerl im giftgrünen Sweater« bei den UEFA-Cup-Spielen gegen Tatran Prešov, Vitoria Sebtul und Feyenoord Rotterdam auch auf internationalem Parkett, ehe die Mannschaft im Halbfinale ausschied.

Durch eine verfehlte Personalpolitik sackte Stuttgart während der Saison 74/75 tief in den Abstiegsstrudel. Trainer Eppenhoff erhielt im

»Gummimann« Gerd Heinze – für die Nationalelf ein paar Zentimeter zu klein.

Dezember 75 die Kündigung, während man als vermeintlichen Retter den eisenharten Albert Sing verpflichtete. Ausgerechnet im ersten Spiel unter Sings Regie patzte Heinze bei der 1:3-Niederlage gegen Rot-Weiß Essen gleich mehrfach entscheidend. Nach diesem »schwarzen Tag« verbannte ihn der Coach sofort auf die Bank, um angeblich Jugendnationaltorwart Helmut → Roleder Spielpraxis zu verschaffen. Verärgert legte Heinze sein Amt als Mannschaftskapitän nieder und drohte mit der Kündigung. Jetzt begann sich bei Stuttgart das Torwart-Karussell zu drehen, bei dem weder Heinze noch Roleder zu konstanter Leistung fanden. Als Endresultat musste Stuttgart nach dieser Spielzeit erstmalig den Abstieg aus der Bundesliga bilanzieren.

Auf die Fähigkeiten seines einstigen Punktegaranten legte der Verein keinen Wert mehr. Nach gescheiterten Verhandlungen mit PAOK Saloniki, Karlsruher SC und dem Hamburger SV war der deprimierte Fangkünstler vor der Saison 75/76 plötzlich ohne Vertrag. In seiner Not entschloss sich der Zerberus zu einem ungewöhnlichen Schritt, beantragte als erster Spieler der Bundesligageschichte beim Arbeitsamt Ludwigsburg Arbeitslosenunterstützung und kassierte zwei Monate lang den Höchstsatz an Stempelgeld.

Weil beim MSV Duisburg Ersatzmann Martin → Holscher an einem langwierigen Handbruch laborierte und mit Dietmar → Linders ein bereits 35-jähriger Keeper den Kasten hütete, erinnerte sich MSV-Präsident Heinz Neuhaus an Heinzes überdurchschnittliches Können. Am 5. Spieltag der Saison 75/76 saß der neu verpflichtete »Torwart-Flieger« erstmals für Duisburg auf der Bank, um vier Wochen später den verunsicherten Linders abzulösen. Mit Heinze im Tor blieb der MSV anschließend neun Wochen ohne Niederlage. Als »Ordnungsfaktor« innerhalb der Abwehr war der »körperlich kleinste Vertreter seiner Zunft« in den nächsten Jahren aus der Duisburger Mannschaft nicht mehr wegzudenken und avancierte im Ruhrpott zum »Vorbild vieler junger Duisburger Straßenfußballer«.

Durch einen sechsten Platz in der Saison 77/78 konnte sich Duisburg erstmals für den UEFA-Cup qualifizieren. Das gab dem »Supertorwart« die Gelegenheit, wieder international seine Klasse unter Beweis zu stellen. In Pokalschlachten gegen Carl Zeiss Jena, Racing Straßburg und Honved Budapest brillierte der »Leistungsträger« mit zahlreichen Glanzparaden, ehe im Halbfinale gegen Borussia Mönchengladbach das Aus erfolgte.

Auch in der Saison 79/80 erwischte die »absolute Stütze des Teams« mehrfach »eine seiner berühmten Glanzstunden.« Doch den tollkühnen Tormann umwehte auch immer ein leichter Hauch der Tragik, weil sich alle Experten einig waren, dass die erhoffte Länderspielkarriere lediglich an der fehlenden Körpergröße gescheitert war. Nach der Saison 80/81 stand der »Hexer« noch in der »Kicker«-Elf des Jahres, um in der nächsten Spielzeit ungewohnte Kritik zu erfahren. Einige Patzer, sowie ein »Fangfehler, der Anspruch auf Einmaligkeit erhebt«, veranlassten Trainer Friedhelm Wenzlaff zu einem überflüssigen Konkurrenzkampf zwischen Heinze und Ersatzmann Wolfgang → Schreiner. Beide Keeper verunsicherte dieses Wechselspiel, so dass sich die langjährige Nummer 1 auch unter dem neuen Trainer Kuno Klötzer mehrfach auf der Ersatzbank wieder fand. Dadurch wurde er schließlich aller Chancen beraubt, sein 400. Bundesligaspiel zu absolvieren, weil der MSV Duisburg zum Saisonende 81/82 erstmals zu den Absteigern zählte.

Zwei Jahre stellte sich »einer der bekanntesten deutschen Torhüter« dem Verein noch zur Verfügung, ohne mit den »Zebras« die angestrebte Rückkehr ins Oberhaus zu erreichen. Anschließend kümmerte sich der geschäftstüchtige Ex-Profi um sein in Duisburg errichtetes Squash-Center, arbeitete als Tennislehrer und beschäftigt sich seit seiner Rückkehr in die niederbayrische Heimat mit Außenwerbung und Sportlerpräparaten.

Hellmann, Dirk

Geboren: 31.08.1966 (Deutschland)
BL-Verein: Arminia Bielefeld (1984–1985)
BL-Spiele: 1

Nach dem Platzverweis von Stammtorwart Wolfgang → Kneib und der Verletzung von Ersatzmann Rainer → Wilk befand sich Arminia

Bielefeld nach dem 16. Spieltag der Saison 82/83 in akuten Torwart-Nöten.

Für den nach einem Zweikampf bewusstlosen Wilk war im Spiel gegen Werder Bremen ab der 68. Minute Amateurkeeper Michael → Richter eingewechselt worden. Vor der nächsten Begegnung bei Bayer Uerdingen hielt Bielefelds Trainer Gerd Roggensack die brennende Torwartfrage zunächst offen. Neben Richter stand noch der 17-jährige A-Jugend-Keeper Dirk Hellmann zur Option und Roggensack wollte sich erst nach den Trainingseindrücken festlegen. Hellmann, der schüchterne Schlussmann und laut »Kicker« »ohne Geld, Auto und Lehrstelle« erhielt den Vorzug. Die scheinbare »Notlösung« löste die Aufgabe, trotz eines Schnitzers zum spielentscheidenden 0:1, insgesamt mit Bravour.

Bielefeld musste nach dieser Saison absteigen und selbst in der 2. Bundeliga verblieben für Hellmann als nominelle Nummer 2 zwischen 1986 und 88 hinter Kneib nur sporadische Einsätze. Nachdem der Klub 1988 sogar in die Amateurliga abgesackte, wechselte er nach vergeblichen Wiederaufstiegsbemühungen drei Jahre später zum Amateurligisten TuS Paderborn-Neuhaus.

Hellström, Ronnie Carl

Geboren: 21.02.1949 (Schweden)
BL-Verein: 1. FC Kaiserslautern (1974–1984)
BL-Spiele: 266
A-Länderspiele für Schweden: 77

In seiner Heimatstadt Malmö glänzte der junge Ronnie Hellström zunächst als Handball- und Eishockeytorwart und der Fußball blieb zunächst eine Randbeschäftigung. Erst durch den beruflich bedingten Umzug seiner Eltern nach Stockholm kam der Teenager auch mit dem Lederball enger in Berührung. In der Großhandelsfirma, wo der Abiturient eine Kaufmannslehre absolvierte, überredeten ihn Kollegen dazu, dem Fußballklub Hammarby IF beizutreten. Jetzt begann sein kometenhafter Aufstieg zu einem der besten Torhüter der Welt. 1968 debütierte er beim 2:2 gegen die UdSSR in der schwedischen Nationalmannschaft und zwei Jahre später war er die Nummer 1 seines Landes bei der Fußballweltmeisterschaft in Mexiko. Obwohl der 21-jährige Hellström nur zweimal einen Gegentreffer zuließ, musste sein Team, mit Platz 3 hinter Uruguay, schon nach der Vorrunde wieder die Heimreise antreten. 1974 wirkte er mit seiner Nationalelf in dem schwedischen Fußballfilm »Fimpen, der Knirps« mit, der auch im deutschen Fernsehen ausgestrahlt wurde.

Als der »fliegende Wikinger« im November 1973 mit Schweden nach Gelsenkirchen kam, um gegen Österreich das entscheidende WM-Qualifikationsspiel zu bestreiten, zählte er schon zu den besten Keepern Europas. Auf schneebedecktem Boden entpuppte sich der 1,92m große Hüne, als Garant des knappen 2:1-Sieges.

Auch bei der anschließenden Endrunde in Deutschland beeindruckte der »Supertorwart«, insbesondere in den Vorrundenspielen gegen Bulgarien und Uruguay, mit Weltklasseleistungen, um seinem Team dadurch den Einzug in die nächste Runde zu sichern. Zu diesem Zeitpunkt besaß er schon einen Vertrag mit dem Bundesligisten 1. FC Kaiserslautern und seine glänzenden Reaktionen bei der 2:4-Niederlage gegen Gastgeber Deutschland bestätigten den Klub in der Gewissheit, mit dem reaktionsschnellen Schweden einen absoluten Volltreffer gelandet zu haben. Der sympathische »Kamikaze-Flieger« erfüllte alle Erwartungen, die mit seinem Wechsel an den Betzenberg verknüpft waren. Auf Anhieb avancierte er beim 1. FC Kaiserslautern zum Leistungsträger und absoluten Publikumsliebling. In seiner ersten Bundesligasaison 74/75 beeindruckte der »Ausnahmekönner« in einer mittelmäßigen Mannschaft mit Mut, phantastischen Reflexen sowie einer grandiosen Sprungkraft. Nur im Strafraum irrte Ronnie manchmal etwas planlos umher und kassierte dadurch einige vermeidbare Gegentreffer. Dank seiner deutschen Sprachkenntnisse und freundlichen Ausstrahlung wurde der vierfache Familienvater schnell heimisch in der Pfalz und 1977 wählten ihn die Fans zum beliebtesten Spieler. Im Juni 1976 stand er mit dem 1. FC Kaiserslautern gegen den Hamburger SV im Finale um den DFB-Pokal, wo man bei der Hitzeschlacht im Frankfurter Waldstadion mit 0:2 unterlag.

Starker Schwede – Kaiserslauterns Nationaltorwart Ronnie Hellström.

1978 bestritt Hellström in Argentinien sein drittes WM-Turnier und erlebte mit dem vorzeitigen Ausscheiden eine erneute Enttäuschung. Aber der Hobbyschmalfilmer zählte dennoch, neben dem Argentinier Ubaldo Fillol und dem Brasilianer Emerson Leão, zu den besten Torhütern dieses Turniers. Im gleichen Jahr wurde er in seinem Heimatland zum zweiten Mal nach 1971 zum Fußballer des Jahres gekürt.

Ab der Saison 78/79 ging es mit dem 1. FC Kaiserslautern sportlich aufwärts. Unter dem neuen Trainer Karl-Heinz Feldkamp sowie Top-Spielern wie Hannes Bongartz, Rainer Geye, Klaus Toppmöller und Torjäger Benny Wendt wurde der Klub überraschend Herbstmeister. Schon zum Rückrundenstart setzte der Abwärtstrend ein und in der Endabrechung wurde die Mannschaft schließlich Dritter. Hellström, der 1977 wegen der bevorstehenden WM ein hoch dotiertes Angebot von New York Cosmos ablehnte, hatte sich inzwischen mit einer eigenen Jeans-Firma auch geschäftlich etabliert und zählte in der Bundesliga weiterhin zu den unumstrittenen Top-Torhütern. Mit seinen Paraden legte er 1981 den Grundstein für Kaiserslauterns zweite Finalteilnahme um den DFB-Pokal. Diesmal hieß der Gegner Eintracht Frankfurt und wieder musste seine Mannschaft mit 1:3 die Segel streichen.

Vor der Saison 81/82 zog sich der »Klassmann« in einem unbedeutenden Testspiel eine schwere Schulterverletzung zu, die eine fünfmonatige Pause erzwang. Weil Stellvertreter Armin → Reichel seine Aufgabe mehr als ordentlich erledigte, musste sich die langjährige Nummer 1, nach seiner Genesung, erstmals auf einen Konkurrenzkampf einstellen. Zunächst eroberte sich das Torwartidol einer ganzen Fußballgeneration den angestammten Platz zurück und erlebte mit seinem Klub im UEFA-Pokal-Viertelfinale einen sensationellen 5:0-Triumph gegen Real Madrid. Nach dem anschließenden, unglücklichen Ausscheiden gegen IFK Göteborg blieben seine Titelträume weiterhin unerfüllt.

Zu Beginn der Saison 82/83 hatte sich der blonde Modellschwede seinen Stammplatz zurückerobert, um am 4. Spieltag gegen Borussia Dortmund aufgrund einer Fingerverletzung erneut pausieren zu müssen. Wieder wochenlang außer Gefecht gesetzt, war er nach seiner Rückkehr nur noch Reservist. Während Kontrahent Reichel das Lauter Tor hütete, kämpfte Hellström verbissen um sein Comeback. Doch ein Trümmerbruch im Ringfinger, den sich der einstige »Sonnyboy« im Februar 82 bei einem Freundschaftsspiel zuzog, machten alle Comeback-Bemühungen mit einem Schlag zunichte.

Auch in der Folgezeit blieb ihm das Verletzungspech treu. Eine Oberschenkelverhärtung warf ihn bei der Vorbereitung für die Saison 83/84 frühzeitig aus dem Rennen. Während Trainer Dietrich Weise zunächst dem jungen Roland → Grüner vertraute, musste sich Hellström die kommenden Wochen mit Reichel zwischen Bank und Tribüne abwechseln. Weil Grüner aber nicht den Anforderungen entsprach und Reichel ebenfalls kaum noch Akzeptanz besaß, feierte der 35-jährige Hellström am 11. Spieltag gegen Waldhof Mannheim ein unerwartetes Comeback. Zwar konnte er nicht mehr so spektakulär glänzen wie einst, doch seine Routine machte ihn zu einem wichtigen Stabilisator in einer vom Abstieg bedrohten Mannschaft. Am 30. Spieltag lieferte er am Gladbacher Bökelberg noch einmal zahlreiche Kostproben seines großen Könnens und kassierte dennoch durch einen Kullerball, der ihm durch Hände und Beine glitt, eines der unglücklichsten Tore seiner Karriere.

Bereits eine Woche zuvor hatte er am Betzenberg vor 30 000 Zuschauern sein Abschiedsspiel zelebriert, dem zahlreiche Stars wie Sepp → Maier, Franz Beckenbauer, Paul Breitner und Wolfgang Overath beiwohnten. Nach 77 Länderspielen und über 300 Pflichtpartien für den 1. FC Kaiserslautern kehrte er in seine schwedische Heimat zurück, wo er noch einige Jahre für seinen einstigen Klub Hammarby IF aktiv blieb und anschließend Torwarttrainer wurde. Heute arbeitet die, deutlich fülliger gewordene, »Torwart-Legende« als Kommentator für einen schwedischen Privatsender und fungiert als Repräsentant einer deutschen Sportartikelfirma. Sein Sohn Erland gilt ebenfalls als hochtalentierter Schlussmann, der schon mehrfach beim 1. FC Kaiserslautern im Gespräch war.

Helmschrot, Bernd

Geboren: 18.03.1947 (Deutschland)
BL-Vereine: Hannover 96 (1967–1971), Kickers Offenbach (1973–1974, 1975–1976)
BL-Spiele: 107

Der Vater von Bernd Helmschrot, einst mehrfacher Niedersachsenmeister und Deutscher Vizemeister der Boxer im Halbschwergewicht, erkannte die fußballerischen Fähigkeiten seines Sohnes und meldete ihn als Zehnjährigen bei Hannover 96 an. Mit der A- und B-Jugend wurde Helmschrot Niedersachsen- sowie Norddeutscher Meister. 1965 gelangte er in Hannovers Amateurmannschaft, worauf schnell Nominierungen in die Stadt- sowie Niedersachsenauswahl folgten. In der Saison 65/66 erreichte der gebürtige Thüringer mit seiner Mannschaft das Endspiel um die Deutsche Amateurmeisterschaft, welches jedoch gegen die Amateure von Werder Bremen verloren ging.

Auch in der nächsten Spielzeit stand Helmschrot, der im Halbfinale gegen Bayer Uerdingen einen Strafstoß verwandelte, mit Hannover im Endspiel, um mit seiner Elf diesmal an STV Horst-Emscher zu scheitern. Mittlerweile war auch DFB-Trainer Udo Lattek auf den 1,80 m großen und nur 68 kg schweren Schlussmann aufmerksam geworden. Auf einer Ostasienreise der Amateurnationalmannschaft bestritt der talentierte Zerberus 1968 gegen Malaysia und die Philippinen zwei Länderspiele.

Zurück in Hannover, wurde er schon bald auch in der Bundesligamannschaft gefordert. Durch einen Sehnenabriss von Stammkeeper Horst → Podlasly sowie den Handbruch des etatmäßigen Reservisten Horst → Grunenberg rückte er am 23. Spieltag der Saison 67/68 als »jüngster Bundesliga-Torwart« bei der Heimpartie gegen den Hamburger SV erstmals in das Rampenlicht einer breiten Fußballöffentlichkeit. Der gelernte Reklame-Zeichner stellte bei dem 2:2 auf Anhieb seine Bundesligatauglichkeit unter Beweis.

Sprungstark wie kaum ein anderer Schlussmann beeindruckte der »Flieger« insbesondere durch seine Fangsicherheit und die akrobatischen Robinsonaden. Auch optisch unterschied sich der katzengewandte Modellathlet von seinen fliegenden Kollegen. Um sich von dem schwarzen Einheitslook der Torleute abzuheben, stülpte er die weißen Knöchelschoner über die Stutzen, was seinen Paraden eine besonders elegante Note verlieh. Abgekupfert hatte er dieses Markenzeichen von Milutin → Soskič, dem damaligen Torwart des 1. FC Köln.

Bis kurz vor Saisonende präsentierte sich der »Torwart-Mustang« in ausgezeichneter Form. Nach dem Spiel bei Werder Bremen zollte Nationaltorwart Günter → Bernard dem Newcomer ein hohes Lob (»Er kann eine große Karriere machen«) und der »Kicker« wählte ihn zum »Torhüter des Tages«. Zwei Wochen später erlitt er gegen den 1. FC Nürnberg einen Fingerbruch. Wegen dieser Zwangspause musste er auch die Einladung zu einem B-Länderspiel absagen. Weil Podlasly auch in der Saison 68/69 an seiner Handblessur laborierte, stand Helmschrot zunächst weiterhin im Tor. Guten Leistungen folgte dann am 9. Spieltag eine eklatant schwache im Heimspiel gegen den 1. FC Köln. Nach 37 Spielminuten lag Hannover bereits mit 1:4 im Rückstand, als Trainer Zlatko Čajkovski seinen jungen Schlussmann gegen Podlasly austauschte.

In den nächsten Wochen heizte der Coach das Torwartduell weiter an, bei dem sich aber beide Schlussleute keine entscheidenden Vorteile verschaffen konnten. In der Saison 70/71 war sich Hannovers neuer Trainer Helmut Johannsen ebenfalls nicht schlüssig, ob er Helmschrot oder Podlasly zur Nummer 1 küren sollte. Beide teilten sich brüderlich die 34 Bundesligaspiele und Helmschrot liebäugelte bereits mit der Verlängerung seines Vertrages. Johannsen schaffte es jedoch, sich mit beiden Torleuten zu verkrachen, weil er mit der Verpflichtung seines früheren Braunschweiger Schützlings Burkhardt → Öller kokettierte. Verärgert beendete Podlasly die Karriere, während sein Kontrahent es vorzog, zum Regionalligisten 1860 München abzuwandern.

Dort führte Ex-Nationaltorwart Hans → Tilkowski das Kommando, der mit seiner ursprünglichen Neuverpflichtung Gernot → Fraydl nicht glücklich war und unbedingt das »große Talent« Helmschrot haben wollte. Obwohl Tilkowski zwei Jahre zuvor in einer »Kicker«-Kolumne gewisse Bedenken über den »waghalsigen Keeper« geäußert hatte (»Er riskiert oft so viel, dass einem bange werden könnte. Bernd begibt sich damit oft unnötig in Verletzungsgefahr.«), bestritt »Helmi« in den nächsten zwei Jahren alle Meisterschaftsspiele und verpasste mit seinem Verein jeweils nur knapp die Aufstiegsrunde zur Bundesliga. Aber nicht nur zwischen den Pfosten gab der »Meister seines Fachs« eine blendende Figur ab. Durch seine Kontakte zur Modeszene absolvierte er im März 1972, während der Münchener Modewoche, auf dem Laufsteg einige überzeugende Auftritte als Dressman.

Eine Woche vor dem Start in die Saison 73/74 ergab sich für Helmschrot die Chance zur Rückkehr in die Bundesliga. Weil sich Fred-Werner → Bockholt, Torwart von Kickers Offenbach, beim Training einen Knöchelbruch zugezogen hatte und Ersatzmann Josef Steinmetz dem Klub nicht bundesligatauglich erschien, vereinbarte OFC-Präsident Willi Konrad mit 1860-München-Manager Werner Olk ein Ausleihgeschäft, um mit Helmschrot das akute Torwart-Problem des Bundesligisten zu beheben. Nach anfänglichen Unsicherheiten füllte der passionierte Antiquitäten-Sammler die Lücke bestens aus. Am 14. Spieltag wehrte er gegen Fortuna Düsseldorf einen Elfmeter ab und avancierte drei Wochen später, trotz der 1:2-Niederlage, bei Fortuna Köln zum überragenden Akteur. Mit seinen langen Koteletten und schulterlangem Blondhaar à la Günter Netzer wirkte der modebewusste Porschefahrer in einer noch relativ farblosen Bundesligawelt äußerlich wie ein Revoluzzer. Weil Bockholt zudem nach seiner schweren Verletzung nicht in Form kam, blieb Helmschrot auch nach der Rückrunde zunächst die Nummer 1.

Dann kam es im März 74 zu einem Disput mit Präsident Konrad und Trainer Gyula Lorant, was zu seiner Degradierung auf die Ersatzbank führte. Nach Lorants Entlassung im April übernahm Assistent Otto Rehhagel sein Amt. Rehhagel war von Helmschrots außergewöhnlichem Können vollends überzeugt und ermöglichte ihm kurz vor Saisonende gegen Borussia Mönchengladbach sowie Bayern München zwei Einsätze. In beiden Begegnungen zeigte er überragende Leistungen und sollte dennoch abgeschoben werden. Das letzte Saisonspiel musste er von der Tribüne betrachten, um dann zunächst nach München zurückzukehren. Wegen der damals horrenden Ablösesumme von 480 000 DM scheiterte ein geplanter Wechsel zum 1. FC Köln.

Helmschrot akzeptierte stattdessen einen Einjahresvertrag des Zweitligisten Olympia Wilhelmshaven, der ihm eine festgeschriebene Ablösesumme von 100 000 DM garantierte. In der neu gegründeten 2. Bundesliga erwies sich der »Volltreffer« hinter einer instabilen Abwehr als großer Rückhalt. Alle Glanztaten des Publikumslieblings konnten jedoch nicht den sofortigen Abstieg der »grünen Stadt am Meer« verhindern. Wieder begab sich Helmschrot auf Klubsuche, die ihn trotz der Angebote von Hannover 96, 1. FC Nürnberg und Real Saragossa zurück nach Offenbach führten.

Dort war immer noch Otto Rehhagel erfolgreich als Trainer tätig, der seinen früheren Schlussmann als einen »der besten Torhüter für die Bundesliga« einschätzte und sich darum für eine Verpflichtung stark machte. Nach einem guten Start in die Saison 75/76 mit 3:1 Punkten setzte es innerhalb von zwei Wochen gegen den MSV Duisburg, Rot-Weiß Essen und VfL Bochum drei Niederlagen mit 15 Gegentoren. Beim anschließend wichtigen 2:1-Sieg gegen Eintracht Frankfurt zeigte Helmschrot, der zu dieser Zeit zumeist immer noch ohne Handschuhe agierte, eine länderspielreife Leistung, um 14 Tage später das wohl beste Spiel seiner Laufbahn abzuliefern. In der Heimpartie gegen Hertha BSC parierte er in spektakulärer Manier die schärfsten Schüsse aus kürzester Distanz und avancierte er zum Matchwinner des 2:1-Sieges, was Hertha-Stürmer Erwin Kostedde zu einem denkwürdigen Kompliment veranlasste: »Ich habe in den letzten Monaten viele Torhüter gesehen. Einen solch reaktionsschnellen Mann jedoch nicht.« Aber selbst Weltklasseleistungen des Torwartakrobaten verschafften Offenbach keine Luft im Abstiegskampf, so dass Rehhagel nach der Hinrunde entlassen wurde. Für ihn kam mit Zlatko Čajkovski ein Trainer, zu dem Helmschrot schon bei Hannover 96 nicht das herzlichste Verhältnis verband.

Prompt kam es zwischen den beiden Streithähnen zum öffentlichen Eklat. Während sich der jugoslawische Coach despektierlich über den zuverlässigen Schlussmann (»Wer dieses Torwart gekauft, ich erschießen.«) äußerte, analysierte Helmschrot folgerichtig: »Der Trainer kann mich nicht leiden.« Der Keeper erhielt daraufhin vom Offenbacher Management ein öffentliches Redeverbot und eine Geldstrafe von 500 DM. Nach einem 2:1-Sieg am 29. Spieltag bei Abstiegskonkurrent Bayer Uerdingen schien das rettende Ufer erreicht. Drei Wochen später sorgte jedoch eine schmerzliche 1:5-Heimpleite gegen den 1. FC Köln für das Ende aller Hoffnungen. In den folgenden drei Jahren unternahm Helmschrot mit Offenbach vergebliche Versuche zu einem Comeback in die Beletage des deutschen Fußballs.

Nach der Saison 78/79 wechselte er zum westdeutschen Zweitliganachbarn Viktoria Köln. Als das »Vorbild für enormen Leistungswillen« sich 1982 im Alter von 35 Jahren dem Lokalrivalen Fortuna Köln anschloss, schienen seine besten Tage bereits vorüber. Doch im Verbund mit Spielern wie Florian Hinterberger, Bernd Grabosch und Dieter Schatzschneider holte der »reaktionsschnelle und routinierte Torwart« in der Saison 82/83 zum ganz großen Paukenschlag aus. Im DFB-Pokal konnte sich der Zweitligist gegen Bundesligisten wie Eintracht Braunschweig, Borussia Mönchengladbach und Borussia Dortmund erfolgreich behaupten, wobei insbesondere Helmschrot als Turm in siegreichen Pokalschlachten herausragte. Am 11. Juni 83 traf sein Klub dann im ausverkauften Müngersdorfer Stadion auf den höherklassigen 1. FC Köln. Nachdem der vermeintliche Außenseiter beste Chancen ausgelassen hatte, war es ausgerechnet Helmschrot, der nach einem Missverständnis mit seinem Libero Dieter Finkler das entscheidende Gegentor durch Pierre Littbarski verursachte. Ein Jahr später kehrte »Feder«, wie ihn die Mannschaftskameraden bei Fortuna nannten, nach

Bernd Helmschrot – »Der Mann mit den weißen Stulpen«.

Wilhelmshaven zurück, um endlich sesshaft zu werden. Er ließ sich zum Werbegestalter umschulen, um nebenbei seine Fußballerlaufbahn beim früheren Klub SV Wilhelmshaven in der Amateuroberliga Niedersachsen ausklingen zu lassen.

Noch mit 40 Jahren wurde er aufgrund seiner hervorragenden Leistungen in die Niedersachsen-Auswahl berufen, der sich 1985 auch eine Tournee durch Ägypten anschloss. Nach einer schweren Verletzung beendete der populäre »Torwart-Oldtimer« 1987 seine lange Karriere. Zwischenzeitlich stieg er bei Wilhelmshaven noch einmal als Torwarttrainer ein und arbeitet heute als Werbeleiter einer Lebensmittelfirma. Am 27. Mai 2001 wurde er in einer Internet-Umfrage von Anhängern der Offenbacher Kickers in die »OFC-Jahrhundert-Elf« gewählt.

Henrichs, Thomas

Geboren: 15. 03.1963 (Deutschland)
BL-Verein: 1. FC Kaiserslautern (1981–1983)
BL-Spiele: 1

Jahrelang war Bundesligist 1. FC Kaiserslautern durch Ronnie → Hellström mit guten Torwartleistungen verwöhnt worden. Der schwedische Nationalkeeper zog sich jedoch vor der Saison 81/82 einen Bänderriss im Schultergelenk zu und musste die nächsten Wochen im Gipskorsett verbringen. Sein Vertreter Armin → Reichel war jetzt gefordert, während auf der Ersatzbank der junge Thomas Henrichs verharrte.

Henrichs hatte sich bereits seit Jahren in der DFB-Jugendauswahl bewährt und war eine Saison zuvor mit der A-Jugend des 1. FC Kaiserslautern bis in das Halbfinale der Meisterschaftsrunde vorgestoßen. Am 4. Spieltag erwischte es dann auch Reichel, der im Heimspiel gegen den VfB Stuttgart bereits nach ein paar Minuten mit einem Nasenbeinbruch ausscheiden musste. Der 18-jährige Henrichs hatte sich kaum zwischen die Pfosten begeben, als er prompt das 0:1 kassierte, um beim zweiten Gegentor ebenfalls unglücklich zu agieren.

Dennoch zeigte sich der Debütant anschließend zufrieden, weil seine Mannschaft das Spiel noch mit 3:2 für sich entscheiden konnte. Anschließend war der Nachwuchskeeper wieder Reservist, der wegen einer erneuten Verletzung von Hellström in den letzten Saisonspielen zumindest wieder auf der Bank saß. In der nächsten Spielzeit agierte das Pfälzer Eigengewächs zunächst bei den Amateuren. Weil Hellström jedoch das Verletzungspech treu blieb, war er auch wieder im Lizenzkader gefordert.

Am 27. Spieltag stand Reichel wegen einer Oberschenkelverletzung nicht zur Verfügung. Während Henrichs gegen Bayer Leverkusen das Tor hütete, stand mit Friedhelm Funkel nur noch ein Feldspieler als Reservetorwart zur Verfügung.

Seine Aufgabe erledigte die nominelle Nummer 3 beim torlosen Remis laut «Kicker« mit »der Ruhe und Übersicht eines Routiniers«. Auch beim anschließenden 3:0-Sieg gegen Arminia Bielefeld stellte er seine Bundesligatauglichkeit unter Beweis. Doch obwohl Henrichs bis zum heutigen Zeitpunkt der einzige FCK-Torwart ohne Gegentor in der Bundesliga geblieben ist, gelangte er zu keinen weiteren Einsätzen mehr. Sein Klub hatte für die nächste Saison bereits den talentierten Fürther Roland → Grüner verpflichtet.

Henzler, Simon

Geboren: 01.12.1976 (Deutschland)
BL-Verein: FC St. Pauli (2002 – 2003)
BL-Spiele: 17

Die »Katze vom Kiez« (Jörg Wontorra) war nach eigenen Worten »schon immer besessen vom Fußball«. In Ravensburg geboren, verbrachte der junge Simon seine Freizeit ausschließlich auf dem Bolzplatz.

Mit neun Jahren wurde der Fußballnarr zunächst Mitglied beim SV Weingarten, ehe er 1991 zum SSV Ulm 46 wechselte. Obwohl noch B-Jugendlicher, spielte Henzler bereits regelmäßig in der höheren Jahrgangsstufe. Zugleich folgten Berufungen in den U16- und U17-Kader, ohne dass er jedoch ein offizielles Länderspiel absolvierte. Zwei Jahre später wechselte das Torwart-Talent in die A-Jugend des VfB Stuttgart, um parallel bei einem Automobilkonzern die Ausbildung zum Industriekaufmann zu beginnen. Aus dieser Zeit stammt auch sein Spitzname »Lauge«, denn der »sympathische Schwabe« verzehrte in den Arbeitspausen am liebsten auch belegte Laugenbrötchen.

Im Sommer 94 rückte der leidenschaftliche Leser von Stephen-King-Romanen in Stuttgarts Amateurkader auf, um sich die Einsätze mit dem befreundeten Kollegen Marc → Ziegler zu teilen. Zugleich befand sich der österreichische Erstligist FC Tirol Innsbruck auf der Suche nach einem jungen Ersatzmann für seinen russischen Nationaltorhüter Stanislaw → Tschertschessow. Bei einem Turnier entdeckten die Klub-Späher dann den reaktionsschnellen Henzler. Für die Saison 95/96 unter Vertrag genommen, kam der 1,87 m große Schlussmann hinter Tschertschessow jedoch nicht zum Einsatz.

Anschließend wechselte der 20-Jährige zum Zweitligisten SV Meppen, gelangte jedoch in den nächsten zwei Jahren, hinter Stefan → Brasas und Stefan Hülswitt, ebenfalls zu keinem Meisterschaftseinsatz. Auch nach Meppens Absturz ins Amateurlager musste sich Henzler während der Saison 98/99 hinter Hülswitt zunächst weiterhin mit der Ersatzbank begnügen. Erst ab dem Sommer 99 ergab sich nach dem Fortgang der Nummer 1 die Chance auf einen Stammplatz. Verletzungen und ein Platzverweis mündeten jedoch während dieser Spielzeit in ein Dauer-Duell mit Neu-Kontrahent Michiel Sanders. Zudem konnte sich sein Klub in dieser Spielzeit nicht für die neugegründete Regionalliga qualifizieren, so dass Henzler anschließend einen Zweijahresvertrag beim Zweitligisten FC St. Pauli unterzeichnete.

Aber auch beim Kult-Klub vom Millerntor gelangte er hinter Heinz Weber während der Saison 00/01 nur zu zwei Meisterschaftseinsätzen, in denen seine Mannschaft immerhin ungeschlagen blieb. Nach dem überraschenden Bundesliga-Aufstieg kehrte der Österreicher Weber in seine Heimat zurück und Henzler bekam mit dem Kroaten Tihomir → Bulat umgehend einen neuen Konkurrenten.

Der »Kämpfertyp« ließ sich von dem mangelnden Vertrauensbeweis nicht irritieren und trainierte weiterhin verbissen, um hierbei insbesondere von seinem Torwart-Trainer Volker → Ippig Unterstützung zu erfahren. Von Ippig liebevoll »Simone« getauft, musste sich Henzler aber auch zum Start der Saison 01/02 zunächst mit der Ersatzbank begnügen. Der anfangs gelobte Bulat agierte zum Ende der Hinrunde jedoch zusehends unsicherer und St. Pauli steckte schon mitten im Abstiegskampf, so dass Trainer Dietmar Demuth vor dem 17. Spieltag seiner Nummer 2 eine Chance gab. Der Debütant zeigte beim 1. FC Nürnberg eine hervorragende Leistung und sicherte mit sicherer Strafraumbeherrschung sowie ausgezeichneten Reflexen ein torloses Remis. Auch in der anschließenden Begegnung gegen Hertha BSC wusste er zu überzeugen.

Als der »notorische Restaurant-Besucher« am 19. Spieltag mit seinem Team einen 3:1-Sieg über den VfL Wolfsburg feiern konnte, hatte er als Torwart mit St. Pauli immer noch kein Pflichtspiel verloren und die Hamburger Boulevard-Presse kürte ihn bereits zum »Unbesiegbaren«. Eine Woche später riss die Serie beim 0:1 gegen Hansa Rostock, doch beim anschließenden, vielumjubelten 2:1-Sieg über Bayern München erwies sich Henzler dann erneut als »Erfolgsgarant«.

Am 22. Spieltag erlitt St. Paulis »Gewinner unter Verlierern« im Spiel gegen Schalke 04 nach einem Zusammenprall mit Gerald Asamoah, eine schmerzhafte Hodenprellung, die eine zweiwöchige Zwangspause erforderte. Sein Klub krebste derweil ebenso beständig wie aussichtslos auf den Abstiegsplätzen herum. Als Henzler nach seiner Genesung zurückkehrte, konnte er noch einmal am 26. Spieltag, beim 1:0-Sieg über den SC Freiburg, als Erfolgsmaskottchen fungieren, um eine Woche zuvor auch sein Scherflein zum überraschenden Punktgewinn bei Borussia Dortmund beizutragen. Anschließend hagelte es bis zum Saisonende nur noch Niederlagen, wobei auch die zuvor stets souveräne »Kiez-Krake« nicht mehr an die anfänglichen Leistungen anknüpfen konnte.

Am 31. Spieltag verursachte er beim vorentscheidenden Abstiegsduell gegen den 1. FC Köln durch einen schweren Patzer den frühzeitigen Gegentreffer und nach der 1:2-Niederlage konnte sein Klub den Klassenerhalt endgültig abhaken.

Vor dem Saisonstart 02/03 konnte er sich im Zweikampf mit Bulat erneut durchsetzen. In einer nur unzureichend verstärkten Mannschaft hagelte es vom 1. Spieltag an hohe Niederlagen, wobei der Torwart schnell als Sündenbock ausgemacht war. Nach der 1:4-Heimniederlage gegen Mainz 05 am 6. Spieltag wurde der unglücklich agierende Zerberus vom eigenen Publikum verhöhnt und von Trainer Joachim Philipkowski umgehend aus dem Tor befördert. Im Januar 2003 wechselte der ausgebootete Keeper (»Nach jedem Fehler kannst du gleich weg vom Fenster sein.«) im Austausch mit Heinz Müller zum Bundesligisten Arminia Bielefeld.

Herr, Valentin

Geboren: 11.07.1957 (Deutschland)
BL-Verein: Bayer 04 Leverkusen (1980–1982), Kickers Offenbach (1983–1984), SV Waldhof Mannheim (1987–1989)
BL-Spiele: 22

Beim vorherigen Verein, dem württembergischen Verbandsligisten SV Kuppenheim etablierte sich Valentin Herr als feste Kraft in der Amateur-Auswahl, um auch in der Olympia-Elf von Erich Ribbeck mit beständig guten Leistungen aufzuwarten.

Nach seinem Wechsel zu Bayer Leverkusen während der Saison 80/81 spielte »Walli« zunächst im Verbandsligateam, um ein Jahr darauf in den Profikader aufzurücken. In den Vorbereitungsspielen zur neuen Saison entpuppte sich der Schnauzbartträger als zäher Widersacher von Neuzugang Uwe → Greiner.

Herr schmorte dennoch zunächst auf der Reservebank, während Greiner durch exzellente Leistungen keine Diskussionen um die Nummer 1 aufkommen ließ. Vor dem 19. Spieltag wurde Greiner aus disziplinarischen Gründen vereinsintern gesperrt und damit feierte der Ersatzmann gegen den VfL Bochum sein Bundesligadebüt. Bei der 1:3-Niederlage konnte er während des gesamten Spiels seine Nervosität nicht restlos ablegen. Ein weiterer Einsatz ergab sich am 28. Spieltag, als er in der Halbzeit für den schulterverletzten Greiner eingewechselt wurde und bei der 2:5-Niederlage gegen den 1. FC Köln noch zweimal hinter sich greifen musste. Herr rechnete aufgrund Greiners Blessur mit weiteren Einsätzen, sein Kontrahent meldete sich für die nächste Begegnung jedoch wieder einsatzbereit. Für die kommende Spielzeit angelte sich Bayer Leverkusen den hoch talentierten Jugendnationaltorwart Rüdiger → Vollborn, während der geschasste Herr zum Zweitligisten Kickers Offenbach wechselte. Der Schlussmann entpuppte sich in der Saison 82/83 als großer Rückhalt und konnte am Ende mit seinem Klub den Aufstieg in die Bundesliga feiern. Die ersten Spieltage der Saison 83/84 gestalteten sich für Offenbach nach sieben Jahren Erstliga-Abstinenz zunächst viel versprechend, wobei der reaktionsschnelle Schlussmann sein Scherflein beisteuerte. Nach dem 5. Spieltag setzte es allerdings beim 1. FC Nürnberg mit 0:4 die erste Pleite. Zwei Wochen später verlor der Klub mit 0:6 gegen den Hamburger SV und bei Herr sackte die Formkurve kontinuierlich nach unten. Mit seinem schweren Fehler am 12. Spieltag gegen Arminia Bielefeld verhinderte er einen möglichen doppelten Punktgewinn. Drei Wochen später folgte das 1:8-Desaster bei Werder Bremen und unter den indiskutablen Mannschaftsleistungen litt auch Herrs Nervenkostüm. Nachdem er am 19. Spieltag bei Borussia Mönchengladbach wieder nicht überzeugen konnte, war die Geduld von Trainer Lothar Buchmann (»Herr steht unter einem unübersehbaren Druck.«) endgültig erschöpft.

Der 18-jährige Oliver → Reck kam jetzt zum Zug und sicherte sich auf Anhieb einen Stammplatz. Ein letztes Mal stand die einstige Nummer 1 aufgrund einer Länderspielreise Recks am 21. Spieltag zwischen den Pfosten, um beim 0:9-Fiasko gegen Bayern München einen persönlichen Tiefpunkt zu erleben. Mit acht Punkten Rückstand auf den rettenden Tabellenplatz sowie 108 Gegentreffern stieg Kickers Offenbach schließlich sang-und klanglos wieder in die 2. Liga ab. Nach dieser Enttäuschung wechselte Herr zum Zweitligisten Alemannia Aachen, dem zwei Jahre später ein Engagement bei Viktoria Aschaffenburg folgte. In beiden Vereinen konnte er seinen anfänglichen Stammplatz nicht behaupten. 1987 kehrte er bei Waldhof Mannheim als Ersatzmann für Uwe → Zimmermann in die Beletage des deutschen Fußballs zurück, ohne BL-Einsätze zu absolvieren. Von September 1993 bis Juni 94 sprang er für den gleichen Klub auch als Trainer in die Bresche. Anschließend war Herr in dieser Funktion bei Eintracht Trier und Borussia Neunkirchen beschäftigt.

Hesselbach, Paul

Geboren: 06.07.1951 (Deutschland)
BL-Vereine: Bayer 05 Uerdingen (1979–1981), Borussia Mönchengladbach (1982–1983)
BL-Spiele: 72

Nach dem Bundesligaabstieg des 1. FC Nürnberg in der Saison 68/69 zählte auch der junge Paul Hesselbach zu den Hoffnungsträgern für die Nachfolge des legendären Club-Torhüters Roland → Wabra. In den Profikader eingerückt fristete das Eigengewächs jedoch ab der Saison 70/71 zunächst hinter Gerhard → Welz ein unbefriedigendes Reservistendasein, um nach dessen Wechsel anschließend vom damaligen Trainer Tschik Čajkovski schlichtweg ignoriert zu werden.

Frustriert absolvierte der 1,88 m große Keeper ein Probetraining beim Hamburger SV, Bayern Hof und Rapid Wien, doch die damals horrende Ablösesumme von 120 000 DM verhinderte eine mögliche Verpflichtung. Notgedrungen wechselte er 1973 zum bayrischen Amateurligisten 1. FC Amberg, bei dem er in den kommenden Jahren hervorragende Leistungen zeigte und regelmäßig in die Bayern-Auswahl berufen wurde.

1976 unterlag seine Mannschaft beim Amateur-Länderpokal erst im Endspiel gegen die Vertretung aus Niedersachsen, bei denen Uli → Stein im Kasten stand. Durch die Vermittlung seines Trainers Bernd Oles erhielt »Paule« 1976 ein Angebot des Zweitligisten Bayer Uerdingen. Der gelernte Schriftenmaler arbeitete fortan dreimal wöchentlich in der Elektro-Abteilung von Bayer Krefeld und etablierte sich als Nachfolger des altgedienten Manfred → Kroke schnell zu einem der »besten Torhüter des Westens«.

1977 ermöglichte er durch eine Bravourleistung beim 6:3 gegen Bundesligist Eintracht Frankfurt Bayer Uerdingen den Einzug in das DFB-Pokal-Halbfinale, um in der nächsten Runde an Hertha BSC zu scheitern. Ein Jahr später zählte er in seinem Verein zu den »Rebellen«, die den ungeliebten Trainer Siegfried Melzig stürzten und unter der anschließenden Leitung des erfahrenen Horst Buhtz den Grundstein für den erneuten Bundesligaaufstieg legten. In den erfolgreichen Aufstiegsspielen gegen Süd-Vertreter SpVgg Bayreuth war der ehrgeizige Franke jedoch durch einen Handbruch zum Zuschauen verurteilt und wurde durch Kroke vertreten.

Hinter einer soliden Abwehr mit Libero Paul Hahn sowie Vorstopper Norbert Brinkmann sicherte Hesselbach dem Neuling auch während der Bundesligasaison 79/80 wichtige Punkte und war bald auch für die B-Nationalelf im Gespräch. Obwohl der selbstbewusste Keeper mit den langen Rudolf → Kargus-Hosen zum Saisonschluss einige Male gepatzt hatte, konnte sich Uerdingen am Ende knapp den Klassenerhalt sichern. In der folgenden Saison ging der Mannschaft nach der Rückrunde allmählich die Puste aus und auch der »Lange« war, aufgrund wiederholter Schnitzer, längst nicht mehr unumstritten.

Nach dem Abstieg während der Zweitligasaison 81/82 wieder ein herausragender Torhüter, trainierte Hesselbach weiterhin verbissen, ohne den Traum von der Bundesliga ad acta zu legen. Der Wiederaufstieg mit Uerdingen realisierte sich jedoch nicht und weil der Mannschaftskapitän bei den anstehenden Vertragsverhandlungen keine Gehaltskürzungen akzeptierte, war er vor der Saison 82/83 plötzlich ohne Verein.

In dieser schwierigen Situation wurde er kurz vor dem Saisonstart von Borussia Mönchengladbach als kurzfristige Vertretung für den fingerverletzten Ulrich → Sude verpflichtet. Der »Aushilfs-Torwart« feierte am 1. Spieltag beim 4:2-Sieg in Schalke ein gelungenes Debüt, um auch in den nächsten Begegnungen mit soliden Leistungen zu überzeugen. Durch Sudes Genesung endete sein Aushilfsvertrag nach dem 7. Spieltag und der Klub zeigte sich an einer Weiterverpflichtung nicht interessiert.

Im November des gleichen Jahres nahm ihn Zweitliga-Neuling TuS Schloss Neuhaus für den verbannten Ulrich Greifenberg unter Vertrag. Hesselbach ließ sich einige Sonderkonditionen in den Kontrakt schreiben, meldete sich nach einigen Pflichtspielen verletzt ab, was Vereinsmanager Ingolf Bollhorst als »mangelnde Berufsauffassung« interpretierte. Die »Schlossherren« stiegen nach dieser Saison bereits wieder ab und Hesselbach ließ seine Profikarriere bis 1985 beim Zweitligisten Stuttgarter Kickers ausklingen.

Nach Beendigung der aktiven Laufbahn sorgte er als Trainer des TSV Vestenbergsgreuth während der Saison 93/94 bundesweit für Furore, als er mit dem fränkischen Drittligisten in der 1. Runde Bayern München bezwingen konnte. Nach der Fusion von TSV Vestenbergsgreuth mit der SpVgg Fürth wurde der eigenwillige Publikumsliebling Assistenztrainer und übernahm – bis zu seinem Rücktritt im Oktober 2001 – bei dem Zweitligisten zwischenzeitlich auch die Position des Cheftrainers.

Heyeres, Paul

Geboren: 30.05.1946 (Deutschland)
BL-Verein: 1. FC Köln (1967–1969)
BL-Spiele: 21
Vereinstitel: 1 x DFB-Pokal

Das bedauernswerte Beispiel eines Torwartschicksals spielte zuvor bei Alemannia Aachen und in der Amateurmannschaft des 1. FC Köln, ehe er von dem Geißbock-Klub vor der Saison 67/68 den ersehnten Profivertrag erhielt. Hinter dem Jugoslawen Milutin → Soskič blieb Paul Heyeres aber die gesamte Spielzeit nur die Nummer 2.

Der mit 1,80m für einen Torwart relativ kleine Heyeres besaß wenig Akzeptanz in seinem Verein und sollte eigentlich schon nach dieser Spielzeit verkauft werden. Weil sich Soskič im Juni 68 bei einem Alpenpokalspiel gegen den 1. FC Kaiserlautern das Schienbein brach, musste Köln in der Not wieder auf die Dienste des ungeliebten Reservisten zurückgreifen.

Zum Saisonstart 68/69 stand aber zunächst der 19-jährige Rolf → Birkhölzer im Tor, weil der Jugendnationalkeeper bei der Vorbereitung den besseren Eindruck hinterlassen hatte. Nach der 0:4-Niederlage am 4. Spieltag gegen den 1. FC Kaiserslautern bekam Heyeres dann seine Chance, die er zunächst nutzen konnte. Bei seinem Debüt gegen 1860 München hielt er den Kasten sauber und war bei der anschließenden 1:3-Niederlage beim Hamburger SV bester Kölner. Bald offenbarten sich jedoch in weiteren Begegnungen Schwächen in der Strafraumbeherrschung, die von seiner Abwehrreihe nur mit Mühe ausgebügelt werden konnten. In den ersten Runden beim Europapokalwettbewerb der Pokalsieger bewies Heyeres gegen Girondins Bordeaux und ADO Den Haag durchaus internationales Format und sein langzeitverletzter Kollege Soskič äußerte sich im »Kicker« anerkennend: »Heyeres ist so gut geworden, dass ich meinen Platz nur durch intensiven Trainingsfleiß zurückerobern kann.« Nach einer schwachen Leistung am 19. Spieltag beim 1:4 gegen Borussia Mönchengladbach offenbarte der zuvor gelobte Keeper allerdings eine angegriffene Psyche.

Vor dem Viertelfinalhinspiel im Europacup gegen Freja Sanders bereits wieder umstritten, legte er unermüdlich Sonderschichten ein, um sich zugleich mit selbstkritischen Äußerungen (»Ich habe einiges gutzumachen.«) eigenhändig unter Druck zu setzen. Gegen den dänischen Außenseiter agierte er dementsprechend übernervös, um zugleich den Ausgleichstreffer zu verschulden. Seine Mannschaft gewann am Ende mit 2:1, doch der Schlussmann musste wieder öffentliche Schelte seiner Mitspieler und Trainer Georg Knöpfle einstecken. Der 1. FC Köln stand bereits mitten im Abstiegskampf der Bundesliga, als am 1. April 1969 auf internationaler Ebene das Schicksalsspiel für Heyeres folgte.

Im Halbfinal-Hinspiel gegen den FC Barcelona ließ das »Nervenbündel« vor 50 000 Zuschauern im heimischen Stadion und vor den Augen einer millionenstarken Fernsehgemeinde einen harmlosen Distanzschuss des Spaniers Zabalza über die Hände ins Netz rutschen. Zehn Minuten vor Schluss boxte er sich einen Freistoß eigenhändig ins Tor. Für den Pechvogel folgte anschließend die Höchststrafe: sofortige Auswechslung gegen Birkhölzer und im Anschluss ein Spießrutenlaufen durch die aufgebrachten Fan-Reihen.

Der »Kicker« schrieb von einem Mann, den »ganz Deutschland in Grund und Boden verdammt« und die »Kölnische Rundschau« resümierte: »Die Krise des FC ist eine Torwartkrise. Sie heißt Paul Heyeres. Mit einem solchen Torwart kann man gegen Mannschaften von internationaler Klasse (und nicht nur gegen solche) einfach nicht bestehen.« Zudem droschen

Altinternationale, Präsident und Mitspieler seines Klubs mit aller verbalen Härte auf den »Torhüter-Pechvogel« ein. Offerten von anderen Klubs wurden augenblicklich zurückgezogen und für den Rest der Saison stand Birkhölzer im Tor.

Nach einer kurzen Holland-Episode eröffnete Heyeres in seiner Heimatstadt Aachen eine Modeboutique und war als Torwart und Trainer noch bei verschiedenen Amateurvereinen wie Rhenania Rothe Erde und Düren 99 aktiv.

Heyne, Dirk

Geboren: 10.10.1957 (DDR)
BL-Verein: Borussia Mönchengladbach (1991–1994)
BL-Spiele: 24
A-Länderspiele für die DDR: 9

Ab 1969 wurde der gebürtige Sachse Dirk Heyne aktives Mitglied beim 1. FC Magdeburg, um ab 1976 in die 1. Mannschaft aufzurücken. Schnell entwickelte sich der »baumlange Torwart« zu einem herausragenden Leistungsträger seines Vereins, mit dem er 1978, 79 und 1983 DDR-Pokalsieger wurde. In insgesamt 34 Europapokalspielen bewährte sich Heyne ebenfalls und traf im Verlauf der Jahre auch auf die Bundesligaklubs Schalke 04 sowie Borussia Mönchengladbach. Seine souveränen Leistungen führten für den 1,97 m großen Torwartriesen von 1979 bis 1990 zu neun Berufungen in die DDR-Auswahl, wo er aber stets im Schatten von René → Müller stand.

Nach dem Mauerfall in der DDR und über 300 Oberligaspielen hoffte der Zerberus, sich während der Saison 90/91 mit dem 1. FC Magdeburg für die Bundesliga qualifizieren zu können. Nach dem letzten Platz in der Qualifikationsgruppe Nordost war der ehemalige Europapokalsieger aber nach dieser Spielzeit stattdessen in der Drittklassigkeit gelandet. Heyne zog die Konsequenzen und wechselte zum Bundesligisten Borussia Mönchengladbach, die sich in dem 100 kg schweren Muskelpaket einen Konkurrenten für den umstrittenen Uwe → Kamps erhofften. Als Heyne an den Bökelberg kam, fühlte er sich nach 23 Jahren Torhüterdasein mittlerweile »physisch abgewrackt« und gestand, morgens kaum noch laufen zu können. Dennoch gab er sich kämpferisch und verkündete, nicht für die Ersatzbank gekommen zu sein. Während der Saison 91/92 steigerte sich Kamps jedoch wieder, verhalf seiner Mannschaft entscheidend zum DFB-Pokalfinale, während Heyne ohne Einsatz blieb.

In der nächsten Spielzeit stellte sich für den »Langen« dann auch sportlich die Wende ein. Nach dem 8. Spieltag befand sich Mönchengladbach auf dem vorletzten Tabellenplatz und musste beim Tabellenführer Bayern München antreten. Weil Kamps seiner Abwehr nicht die nötige Sicherheit verleihen konnte, entschied sich Trainer Jürgen Gelsdorf kurzerhand für einen Torwarttausch. Dadurch war es Heyne mit fast 35 Jahren noch vergönnt, ein spektakuläres Bundesligadebüt zu zelebrieren. Beim Spielstand von 1:2 wagte sich der Keeper, Sekunden vor dem Abpfiff, in den gegnerischen Strafraum, knallte im Getümmel den Ball an den Pfosten, dessen Abpraller von Mitspieler Martin Max zum Ausgleich verwertet wurde. Nach diesem »Husarenstück« lief der ansonsten »sachliche Typ« mit geballter Faust jubelnd eine halbe Ehrenrunde durch das Olympiastadion, um anschließend von seinen Kameraden frenetisch gefeiert zu werden.

Nach dieser persönlichen Sternstunde zwang ihn eine Hüftverletzung zu einer wochenlangen Pause. Weil Kontrahent Kamps weiterhin unsicher agierte, kehrte Heyne am 14. Spieltag in den Gladbacher Kasten zurück. Reaktionsstark und fangsicher konnte er seine Mannschaft bis zum 27. Spieltag entscheidend im Kampf um den Klassenerhalt unterstützen, ehe eine gebrochene Kniescheibe ihn bis zum Saisonende außer Gefecht setzte.

Verbissen arbeitete der Routinier an seinem Comeback und konnte vor dem Saisonstart 93/94 den Zweikampf mit Kamps für sich entscheiden. Immer noch mit blendenden Reflexen ausgestattet, unterliefen ihm jedoch mehrere Fehler, die nach dem 9. Spieltag für seine Ablösung sorgten. Anschließend musste sich der »alte Mann« erneut einer Knieoperation unterziehen, die schließlich zur Sportinvalidität führte. Es folgten sieben Jahre als Torwart- und Jugendtrainer bei Borussia Mönchengladbach, ehe Heyne zum 1. FC Magdeburg zurückkehrte, um bei seinem Heimatverein die B-Junioren zu betreuen.

Hiemann, Holger

Geboren: 12.01.1968 (DDR)
BL-Vereine: Hamburger SV (1995–1997), VfL Wolfsburg (1997–2001)
BL-Spiele: 11

1980 wechselte der in Chemnitz geborene Holger Hiemann als Zwölfjähriger von Post-Karl-Marx-Stadt zum großen Nachbarn 1. FC Karl-Marx-Stadt. Regelmäßig in die DDR-Jugendvertretung berufen, feierte »Hieme« 1986 in Jugoslawien mit der U18, durch einen 3:1-Sieg über Italien, den Gewinn der Europameisterschaft. Ab 1986 rückte das 1,87 m große Torwart-Talent in die 1. Mannschaft auf, um zwei Jahre später allerdings mit Ex-Wismut Aue-Keeper Jens Schmidt einen erfahrenen Konkurrenten zu erhalten. Nach der politischen Wende und gleichzeitiger Umbenennung des Vereins in Chemnitzer FC setzte sich ab der Saison 91/92 das Duell zwischen dem erfahrenen Schmidt und dem ehrgeizigen Hiemann auch in der 2. Bundesliga fort. Zunächst konnte sich »Souverän« Hiemann durchsetzen, absolvierte 31 Zweitligaspiele und erhielt in der Hinrunde vom »Kicker« fünfmal eine Berufung in die »Elf des Tages«. In der Saison 92/93 hatte wieder Schmidt die Nase vorn, während in den nächsten Spielzeiten die befreundeten Konkurrenten jeweils von den Fehler- und Verletzungsperioden des anderen profitierten.

Vor der Saison 95/96 wurde das »CFC-Urgestein« dann vom Bundesligisten Hamburger SV als Ersatzmann für Richard → Golz verpflichtet. Einem dreiminütigen Einsatz gegen Eintracht Frankfurt folgte für den grippekranken Golz am 19. Spieltag bei Werder Bremen das Vollzeitdebüt. Trotz einer starken Leistung kam Hiemann am 23. Spieltag nur zu einem weiteren 10-Minuten-Einsatz, weil sich HSV-Trainer Felix Magath laut »Kicker« mit der Beorderung von Golz in den Sturm einen »der ungewöhnlichsten Schachzüge der Bundesliga-Geschichte einfallen« ließ.

In der Saison 96/97 absolvierte Hiemann erneut zwei überzeugende Einsätze für die verletzte Nummer 1. Trotz der latenten Formkrise von Golz erhob sein Schattenmann dennoch keine Ansprüche auf einen Stammposten, sondern wechselte, als Nummer 2 hinter Uwe → Zimmermann, anschließend zum Bundesliga-Aufsteiger VfL Wolfsburg. Am 4. Spieltag erfuhr der Neuzugang erst am Samstagmorgen, dass er im Heimspiel gegen Hertha BSC den grippeerkrankten Zimmermann vertreten würde. Der Keeper zeigte bei dem 2:1-Sieg eine gute Vorstellung, spielte auch anschließend bei der 3:5-Niederlage gegen den 1. FC Köln, um sich danach wieder auf die Ersatzbank zu begeben.

Als Trainer Willi Reimann am 17. März 98 entlassen wurde, steckte der VfL Wolfsburg mitten im Abstiegskampf, wobei sich der routinierte Zimmermann nicht als erhoffter Rückhalt erwies. Wolfsburgs neuer Trainer Wolfgang Wolf reagierte unverzüglich und gab Hiemann am 28. Spieltag gegen 1860 München eine Bewährungschance. Der Reservist blieb drei Spiele hintereinander ohne Gegentor und gehörte bei den Siegen über Arminia Bielefeld und Bayer Leverkusen zu den besten Wolfsburgern. Jetzt endlich die Nummer 1, zog er sich jedoch am 31. Spieltag nach einem Zusammenprall mit MSV Duisburg-Stürmer Uwe Spies in der 26. Minute einen Kreuzbandriss zu. Nach langer Rekonvaleszenz war das Tor für den Pechvogel anschließend durch Neuzugang Claus → Reitmaier versperrt. Einschließlich der Saison 00/01 saß der Computer- und Angelfreund seine Zeit bei den Wolfsburgern ausschließlich auf der Ersatzbank ab, ehe er im Sommer 2001 zum Chemnitzer FC in die Regionalliga zurückkehrte.

Hildebrand, Timo

Geboren: 05.04.1979 (Deutschland)
BL-Vereine: VfB Stuttgart (seit 1999)
BL-Spiele: 79 (zum Ende der Hinrunde 02/03)

Die »schwäbische Antwort auf Leonardo di Caprio« (Stuttgarter Zeitung) kam in Worms als zweiter Sohn eines Bahnangestellten zur Welt. Mit fünf Jahren begann Timo Hildebrand beim Südhessen-Klub FV 1911 Hofheim/Ried mit dem Vereinsfußball. Obwohl der Blondschopf bereits zwei Jahre später bei einem Turnier als bester Torwart ausgezeichnet und mit Hofheims F-Jugend Bezirksmeister wurde, entschied er

Dies ist nicht Leonardo DiCaprio, sondern Timo Hildebrand – der »Tortanic« des VfB Stuttgart.

sich erst mit 14 Jahren, nach einigen Versuchen als Feldspieler, endgültig für den Torwartposten. 1994 absolvierte er bereits sein erstes U15-Länderspiel, um im September des gleichen Jahres an einem U16-Lehrgang teilzunehmen. Gleichzeitig umwarben ihn bereits die Bundesligisten 1. FC Köln und VfB Stuttgart.

Weil die Schwaben ihm zusätzlich einen Ausbildungsplatz offerierten, entschied sich Hildebrand für den VfB Stuttgart. Während die »Katze von Hofheim« bei Feinkost Böhm eine Lehre zum Groß- und Außenhandelskaufmann absolvierte, folgten mit der A-Jugend des VfB Stuttgart Erfolge bei vielen Turnieren, gute Platzierungen in der Meisterschaft sowie kontinuierliche Berufungen in die verschiedenen Altersklassen der Jugendnationalmannschaft. 1998 zeigte Hildebrand, inzwischen Vertragsamateur, hervorragende Leistungen bei der U18-Europameisterschaft in Zypern, um mit seinem Team im Finale gegen Irland erst im Elfmeterschießen zu unterliegen. Ein Jahr später stellte der »hochtalentierte, auch fußballerisch starke Torhüter« sein Können zudem bei der U20-Weltmeisterschaft in Nigeria unter Beweis, ohne das vorzeitige Ausscheiden verhindern zu können.

Im Verein sahen die sportlichen Perspektiven für den ehrgeizigen Nachwuchskeeper (»Ich möchte einer der besten Torhüter Deutschlands werden.«) trotz der eindrucksvollen Visitenkarten dennoch nicht rosig aus. Vor der Saison 99/00 hinter dem österreichischen Nationaltorhüter Franz → Wohlfahrth, Neuzugang Achim → Hollerieth und »Urgestein« Eberhard → Trautner die nominelle Nummer 4, schienen mögliche BL-Einsätze nahezu ausgeschlossen. Während Trautner schon vorab in den Planungen von Trainer Ralf Rangnick keine Rolle mehr spielte, ereilte Hollerieth nach einem fatalen Patzer am 5. Spieltag gegen den MSV Duisburg das gleiche Schicksal. Als Wohlfahrt vor dem 13. Spieltag an einer Grippe erkrankte, schenkte der Coach dem 20-jährigen »Mann aus dem Nichts« sein Vertrauen. Hildebrand, der kurz zuvor einen Profikontrakt unterzeichnet hatte, zeigte beim 2:0-Sieg über den SC Freiburg eine fehlerlose Leistung. Zwar musste der »Gewinner« anschließend wieder auf die Bank, hatte sich aber bereits den Nummer-2-Status erobert. Zudem wurde er im November des gleichen Jahres von DFB-Trainer Hannes Löhr für die U21 zum Robert → Enke-Nachfolger erkoren.

Wohlfahrts Hüftprellung sorgte dann am 29. Spieltag für die zweite Chance. Auch hier agierte Hildebrand erstaunlich abgeklärt und avancierte beim 1:1 gegen den SSV Ulm 46 mit »Übersicht« und »einer souveränen Strafraum-Beherrschung« im »Kicker« sogar zum »Spieler des Spiels«. Weil Rangnick testen wollte, ob sein junger Schlussmann sich auch während einer längeren Einsatzperiode bewähren würde, ließ er ihn, in Absprache mit dem leicht verärgerten Wohlfahrt, bis zum letzten Spieltag im Tor. Hildebrand rechtfertigte das Vertrauen und leistete sich in seinen insgesamt fünf Einsätzen keinen einzigen Fehler. Zum Lohn wurde der mit 1,86 m und 77 kg vergleichsweise zierliche Zerberus nach Wohlfahrts Wechsel zu Austria Wien von seinem Trainer für die Saison 99/00 zur Nummer 1 erklärt.

Unterstützt von Rangnick, gefördert von Torwart-Trainer Jochen Rücker und hoch gelobt von Co-Trainer Peter Starzmann (»Hildebrand wird mal ein sehr sehr guter Torhüter.«) konnte das »Leichtgewicht zwischen den Pfosten« die Vorschusslorbeeren während der Saison 00/01 weitestgehend bestätigen, um gleichzeitig seine offensichtliche Schwachstelle zu offenbaren. Bei Freistößen verlässt er des öfteren zu früh seine Torwart-Ecke, was gelegentlich in unnötige Tore mündet. Dennoch konnte »Deutschlands hoffnungsvollster Keeper« seine Popularität steigern, avancierte wegen seiner verblüffenden Ähnlichkeit mit dem Filmstar Leonardo DiCaprio zum Mädchenschwarm, um seit dem 23. August 2002 unter www.timo-hildebrand.de seine eigene Homepage im professionellen Stil zu präsentieren.

Obwohl die »bemerkenswerte Persönlichkeit« das Freistoß-Manko auch während der Saison 01/02 nicht gänzlich ablegen konnte und zudem von Trainer Felix Magath (»Unter dem Idealtyp eines Torhüters stelle ich mir schon etwas anderes vor.«) kritisch beäugt wurde, verzeichnete Hildebrand insgesamt eine konstante Saison. Weil DFB-Teamchef Rudi Völler auf einige Stammspieler verzichtete, wurde der 18-fache U21-Nationalspieler im Mai 2002, beim WM-Vorbereitungsspiel gegen Nigeria, sogar erstmals in den A-Kader berufen.

Zum Saisonstart 02/03 besaß der Musik- und Computer-Fan mit überragenden Vorstellungen bei den UI-Cup-Spielen gegen AC Perugia und OSC Lille erheblichen Anteil am Erreichen des UEFA-Pokal-Wettbewerbs. Im August 2002 absolvierte er ein erfolgreiches Debüt in der neu gegründeten Perspektivmannschaft »Team 2006«, um auch am 4. Spieltag in der Bundesliga gegen Schalke 04 mit tollen Paraden zu brillieren. Einen Rückschlag erlitt der »Tortanic«, als sich im Oktober eine scheinbar harmlose Erkältung als Virusgrippe entpuppte und ihn wochenlang mit Fieberschüben plagte. Zwei Monate lang von Thomas → Ernst vertreten, kämpfte sich Hildebrand mühsam wieder heran, um am 12. Dezember im UEFA-Pokal-Spiel gegen den FC Brügge ein erfolgreiches Comeback zu feiern.

Hilfiker, Andreas

Geboren: 11.02.1969 (Schweiz)
BL-Verein: 1. FC Nürnberg (1998–1999)
BL-Spiele: 17
A-Länderspiele für die Schweiz: 7

Geboren im schweizerischen Aarau, begann Andreas Hilfiker seine Vereinslaufbahn beim FC Kölliken. 1987 wechselte der Zerberus zum Schweizer Erstligisten FC Aarau, wo er unter Trainer Otmar Hitzfeld mit dem Verein 1993 Meister wurde, zwölf Europapokalspiele absolvierte und zum Nationaltorhüter avancierte. Dennoch liebäugelte der 1,86 m große Schlussmann, der sich in seiner Heimat einen Ruf als unspektakulärer, aber sehr sachlicher und zuverlässiger Torwart erarbeitet hatte, schon seit längerer Zeit mit einem Wechsel ins Ausland. Während der Saison 97/98 ergab sich dann die unverhoffte Chance. Beim Zweitligisten 1. FC Nürnberg hatte der zuvor neu verpflichtete Rainer → Berg den Verein bereits nach fünf Spieltagen wieder verlassen. Über die Vermittlung von Spielerberater Wolfgang Vöge erhielt Nürnbergs Trainer Felix Magath ein Video über den Keeper und zeigte sich von dessen Fangfähigkeiten äußerst angetan.

Zunächst auf Leihbasis verpflichtet, entpuppte sich der Eidgenosse neben seinen guten Reaktionen auf der Linie als »echte Persönlichkeit«. In der Winterpause erlitt der blondierte Bartträger dann bei einem Hallenturnier in Berlin, nach einem unnötigen Foul von Mehmet Scholl, den Bruch der Mittelhand. Vertreten durch Christoph Müller, erlebte er den erfolgreichen Aufstiegskampf der Nürnberger nur von der Tribüne mit.

Nach geglückter Rückkehr in die Bundesliga ging der Hobbygolfer, trotz ersichtlicher Strafraumschwächen, als klare Nummer 1 in die Saison 98/99. Zunächst einer der besten Nürnberger, erhielt er von dem Schweizer Nationaltrainer Gilbert Gress nach längerer Pause auch wieder Einladungen zu Länderspielen. Doch schon während der Hinrunde rumorten die Gerüchte über eine Verpflichtung von Ex-Nationaltorhüter Andreas → Köpke. Der zuvor zumeist souveräne Hilfiker leistete sich zudem einige schwere Patzer, um dann bereits vor Hinrundenende die traurige Nachricht zu erhalten. Das einstige »Club-Idol« Köpke kehrte aus Olympique Marseille zurück, was für Hilfiker nach dem 17. Spieltag umgehend die Ersatzbank zur Folge hatte.

Frustriert wechselte der »Verlierer«, nach Nürnbergs sofortigem Wiederabstieg, zum ambitionierten Zweitligisten Tennis Borussia Berlin. Nach der Saison 99/00 musste der Verein, der zuvor die Champions-League anvisiert hatte, in die Regionalliga zwangsabsteigen. Das gleiche Schicksal erlitt der mittlerweile siebenfache Nationaltorhüter dann anschließend beim Bundesligaabsteiger SSV Ulm 1846, der nach der Saison 00/01 in die Verbandsliga zurückgestuft wurde. Nach einer kurzen Arbeitslosigkeit heuerte der Dauer-Pechvogel im September 2001 beim Liechtensteiner Zweitligisten FC Vaduz an. Seit der Saison 02/03 ist Hilfiker beim Schweizer Zweitligisten FC Luzern unter Vertrag.

Hillringhaus, Gerald

Geboren: 22.06.1962 (Deutschland)
BL-Vereine: Bayern München (1990–1992), Schalke 04 (1992–1993)
BL-Spiele: 17

Seine Vereinslaufbahn begann der junge »Gerri« Hillringhaus beim Starnberger Vorortklub TSV Gilching-Angelsried, mit dessen B-Jugend er 1978 den Münchner Pokal gewann. Anschließend wechselte er zum TSV 1860 München, wo er nach deren Zwangsabstieg aus der 2. Bundesliga ab 1982 in die 1. Mannschaft aufrückte. Als Nachfolger von Thomas → Zander erreichte der gelernte Feinmechaniker mit dem Klub in der Saison 83/84 die Aufstiegsrunde zur 2. Bundesliga, die man jedoch hinter dem FC Homburg, VfR Bürstadt und dem Freiburger FC als Tabellenletzter abschloss. 1985 folgte sein Wechsel zum fränkischen Zweitligisten SpVgg Bayreuth, wo er sich jedoch gegen das Torwart-Denkmal Wolfgang Mahr nicht immer durchsetzen konnte.

Sein Bekanntheitsgrad wuchs während seines anschließenden Engagements bei Bayernligist Türk Gücü München. Am 23.09. 1989 entschloss sich Hillringhaus im Spiel gegen MTV Ingolstadt, aufgrund des 0:1-Rückstandes seiner Mannschaft, wenige Minuten vor dem Abpfiff zu einem Ausflug in den gegnerischen Strafraum. In der 89. Minute glückte ihm mit einem spektakulären Fallrückzieher der Ausgleich. Weil das bayerische Fernsehen anwesend war, gelangte der sensationelle Treffer in die Wahl zum »Tor des Monats« der ARD-Sportschau. Mit seinem 1. Platz konnte Hillringhaus diese Wahl als erster Torwart für sich entscheiden.

Profilpläne für die Türkei und beim 1. FC Köln zerschlugen sich. Stattdessen war der 1,88 m große Schlussmann ab der Saison 90/91 im Kader des FC Bayern München zu finden. Ein Jahr später gelangte er durch die schweren Verletzungen von Raimond → Aumann und Sven → Scheuer ab dem 7. Spieltag zu seinem unerwarteten Bundesligadebüt. Die Umstände gestalteten sich für den traingsfleißigen Keeper jedoch äußerst ungünstig. Die Mannschaft befand sich durch den Fortgang von Jürgen Kohler und Stefan Reuter im Umbruch und taumelte geradewegs in eine handfeste Krise.

Als Hillringhaus gegen den 1. FC Köln erstmals seine Torwarthandschuhe überzog, stand der Klub auf Platz 9. Kurz darauf folgte im Heimspiel gegen Zweitligist FC Homburg das vorzeitige Aus im DFB-Pokal sowie die überraschende Verpflichtung von Ex-Nationaltorwart Harald → Schumacher. Zunächst blieb Hillringhaus die Nummer 1, um nach schwachen Leistungen bei Niederlagen gegen Kickers Stuttgart, VfB Stuttgart, sowie bei der 2:6-Schmach im UEFA-Pokal gegen B 1903 Kopenhagen die Bayern-Schießbude an den 37-jährigen Schumacher zu übergeben. Nach der Rückrunde gelangte »Hilli« aufgrund Aumanns Rotsperre und erneuter Verletzung wieder zu mehreren Einsätzen, ohne überzeugen zu können. Seinen guten Reflexen stand eine eklatante Unsicherheit bei hohen Flanken gegenüber, die immer wieder zu unnötigen Gegentoren führte.

Weil ein gesunder Aumann nicht zu verdrängen war, wechselte Hillringhausen für die Saison 92/93 zu Schalke 04, wo er jedoch ohne Pflichtspieleinsatz blieb. Dieser fruchtlosen Spielzeit folgte die Verpflichtung durch Zweitliga-Neuling Tennis Borussia, wo er sich zunächst gegen Kontrahent Martin → Pieckenhagen durchsetzen konnte, mit dem Klub aber postwendend abstieg. Bis 1995 war er dann noch für einige bayerische Amateurligisten aktiv, ehe er sich ab 1995 seinem Feinmechaniker-Betrieb widmete.

Hoffmann, Daniel

Geboren: 27.10.1971 (DDR)
BL-Vereine: Hansa Rostock (1991–1996),
TSV 1860 München (1997–2000)
BL-Spiele: 70

Zu DDR-Zeiten durchlief der gebürtige Rostocker die vorskizzierte Musterlaufbahn eines potentiellen Leistungssportlers. Schon im Alter von sechs Jahren bei seinem Heimatverein Hansa Rostock aktiv, durchlief er die Kinder- und Jugendsportschulen, bestritt 26 DDR-Juniorenländerspiele, bis nach der politischen Wende ab 1990 dieses Förderungssystem in sich zusammenbrach. Eigenverantwortung war nun gefordert und in dieser Situation brach Hoffmann seine Kfz-Lehre ab, um sich ganz dem Fußball zu verschreiben. In der letzten DDR-Oberligaspielzeit erhielt der »talentierte Schlussmann« 1991 für den verletzten Jens → Kunath einige Einsatzmöglichkeiten und konnte am Ende der Saison Meistertitel sowie den letztmaligen Gewinn des NOFV-Pokals bilanzieren.

Durch den Titelgewinn war Hansa Rostock für die Bundesligasaison 91/92 qualifiziert und startete zunächst mit Kunath im Kasten. Trainer Uwe Reinders zeigte sich jedoch von dessen Leistungen wenig begeistert, um am 5. Spieltag erstmals den 19-jährigen »Hoffi« ins Tor zu beordern. Trotz des 2:1-Sieges über Borussia Mönchengladbach wirkte der 1,87 m große Debütant übernervös, um zwei Wochen später im Spiel gegen Bayer Leverkusen wegen eines Fouls die Rote Karte zu kassieren. Dieser Übereifer passte zu dem Verhaltensmuster des Heißsporns, der schon in der Schule durch eine gewisse Aufsässigkeit aus dem Rahmen fiel. Auch dass er nach der Wende mit einem geleasten Mercedes 190 E durch die Rostocker Straßen brauste, fand nicht das Wohlgefallen seines Trainers. Dennoch schenkte ihm Reinders nach Ablauf der Sperre wieder das Vertrauen. Aufgrund seiner guten Leistungen wurde Hoffmann neben Jens → Lehmann und Stefan → Klos im November 91 erstmals in die U21-Olympiaauswahl berufen. Der »Kühle von der Küste« bestach in den Bundesligaeinsätzen trotz seiner Jugend durch Abgeklärtheit und erwies sich in vielen Begegnungen als entscheidender Rückhalt. Dennoch sorgte der Fan von schnellen Autos und Bud-Spencer/Terence-Hill-Filmen am 30. Spieltag wieder für Negativ-Schlagzeilen, als er im Spiel gegen die Stuttgarter Kickers, wegen eines Handspiels außerhalb des Strafraums, den zweiten Feldverweis innerhalb einer Spielzeit kassierte. Schiedsrichter Hans-Jürgen Kasper, der auch schon in Leverkusen den konsternierten Keeper vom Platz stellen musste, feierte dadurch eine ungewöhnliche Premiere, indem er innerhalb einer Saison denselben Spieler zum zweiten Mal vom Platz stellte. Als Wiederholungstäter für sechs Wochen gesperrt, kehrte Hoffmann am 37. Spieltag zurück, um nach dem 0:1 beim Hamburger SV mit seinem Team den Abstieg in die 2. Liga verkraften zu müssen.

Trotz der Zweitklassigkeit weiterhin regelmäßig in die U21-Auswahl berufen, betätigte sich der lockenköpfige »Knuddeltyp« oftmals als »Elfmetertöter«, um in der Saison 94/95 mit exzellenten Leistungen seinen entscheidenden Beitrag zum Rostocker Wiederaufstieg beizutragen. Von den Fans als »Aufstiegheld« gefeiert, von den Trainern mal als »Supertyp« oder als »riesiges Torwarttalent gelobt, erlebte der »Ur-Rostocker« vor der Saison 95/96 eine unerwartete Bruchlandung. Trainer Frank Pagelsdorf holte den erfahrenen Ex-DDR-Nationaltorhüter Perry → Bräutigam nach Rostock, der Hoffmann im Handumdrehen zum Bankdrücker degradierte. Zudem durch eine Meniskusoperation längere Zeit außer Gefecht gesetzt, erlebte der einstige »Senkrechtstarter« nach eigenen Worten »seine schlimmste Saison«. Im November 96 mit »angeknackster Seele« zum Zweitligisten VfB Leipzig gewechselt, konnte er sich wieder in den Blockpunkt spielen, kassierte aber gegen Mainz 05 wegen eines unerlaubten Handspiels erneut die Rote Karte. Anschließend zum Bundesligisten 1860 München gewechselt, erhoffte er sich hier ein Comeback, um hinter Bernd → Meier während der Saison 97/98 die Nummer 2 zu sein. Durch Meiers Schnitzer erstmals am 4. November 97 im UEFA-Cup-Spiel gegen Rapid Wien eingesetzt, konnte er in den folgenden sieben Bundesligaspielen nicht überzeugen und landete nach dem 20. Spieltag wieder auf der Bank. Hoffmann, der schon in seiner Kindheit den Namen »Dicker« verpasst bekam, wurde von den Kritikern des körperlichen Übergewichts bezichtigt und laborierte zudem an chronischen Knieproblemen. In den folgenden anderthalb Jahren spielte das stämmige »Kraftpaket« in den Planungen von Trainer Werner Lorant keine Rolle mehr, der für den schwächelnden Meier lieber Amateurtorwart Michael → Hofmann spielen ließ.

Schon wechselwillig und von den meisten Experten abgeschrieben, gelang ihm vor der Saison 99/00 die überraschende Rückkehr, weil Hofmann in einem Testspiel schwer gepatzt hatte. In allen Meisterschaftsspielen eingesetzt, zeigte das »Stehaufmännchen« beständige Form, wehrte mehrere Elfmeter ab und schien sich jetzt endgültig als feste Größe etabliert zu haben.

Für die nächste Spielzeit kam mit Simon → Jentzsch ein weiterer Konkurrent, doch aus dem Dreier-Kampf ging überraschend Michael Hofmann als Sieger hervor. Aufgrund des Überangebots an Torhütern wechselte Hoffmann am 25. August 2000 zum türkischen Erstligisten Kocalispor. Wegen ausbleibender Gehaltszahlung im Streit geschieden, heuerte er vor der Saison 01/02 bei Sturm Graz an, wo er sich bislang keinen Stammplatz erobern konnte.

Hofmann, Michael

Geboren: 03.11.1972 (Deutschland)
BL-Verein: TSV 1860 München (seit 1996)
BL-Spiele: 48 (zum Ende der Hinrunde 02/03)
Der Mann, »dem das Löwen-Herz am rechten Fleck sitzt« spielte zunächst von 1982 bis 1986 beim SV Mistelgau, ehe er zur SpVgg Bayreuth wechselte. Ab 1991 in den Oberliga-Kader aufgerückt, folgten Berufungen in die Bayern-Auswahl, während der gelernte Groß- und Außenhandelskaufmann gleichzeitig von der Bundesliga träumte. Oftmals fuhr der 1,93 m große Schlussmann von seiner Heimatstadt Bayreuth aus nach Nürnberg, um dort die Spiele seines Vorbildes Andreas → Köpke zu beobachten.

Vor der Saison 96/97 vom Bundesligisten 1860 München als Vertragsamateur verpflichtet, von seinem Amateur-Trainer Peter Pacult als »positiv Verrückter« beurteilt, offenbarte der ehrgeizige Nachwuchskeeper in der Regionalligaelf neben guten Leistungen aber auch die Tendenz zum übermotivierten Handeln, was innerhalb einer Saison in drei Platzverweise mündete.

Erste Aufmerksamkeit weckte Hofmann, als ihn Profi-Trainer Werner Lorant in der Winterpause bei einigen Hallenturnieren einsetzte. Beim Hallenmasters 97 hinter Georg → Koch zum zweitbesten Torwart gewählt, verkündete er mit frisch gewonnenem Selbstvertrauen an die Profikollegen Bernd → Meier und Rainer → Berg sogleich seine Kampfansage: »Ich will nach oben. Ich habe nicht meinen Beruf aufgegeben, um hier zu versauern.«

Nach dieser Spielzeit verließ Berg zwar den Verein, zugleich wurde mit Daniel → Hoffmann ein neuer Keeper verpflichtet, so dass Hofmann zunächst die Nummer 3 blieb. Vor dem 30. Spieltag der Saison 97/98 hatte sich Lorant dann an den fortlaufenden Fehlern des nervenschwachen Bernd Meier satt gesehen. 1860 München schwebte in akuter Abstiegsgefahr, als der Coach am Freitagabend vor dem Heimspiel gegen Hertha BSC mit Hofmann ein längeres Gespräch führte und den Eindruck gewann, sich in dieser brenzligen Situation auf den unerschrockenen Keeper verlassen zu können. Hofmanns Bundesligadebüt endete mit einem 3:1-Sieg, wobei er zweimal in bravouröser Manier den möglichen Ausgleich verhinderte. Dem überzeugenden Einstand folgte eine überragende Leistung beim 1:0-Auswärtsstieg gegen den 1. FC Köln, bei dem der Torwarthüne reflexsicher beste Einschussmöglichkeiten des Gegners parierte. Bis zum Saisonende blieb »Hofi« in der Startelf. Der Verein rettete sich vor dem Abstieg und stattete seinen bisherigen Amateurtorwart mit einem Profivertrag aus.

Der gebürtige Bayreuther konnte sich auch vor der Saison 98/99 gegen die ernüchterte Konkurrenz durchsetzen. Als erster 60er-Schlussmann absolvierte der ebenso robuste wie reaktionsschnelle Franke unter dem strengen Lorant nach dem Wiederaufstieg alle 34 BL-Einsätze und zeichnete sich mehrfach als bester Spieler seiner Mannschaft aus. Sein Versprechen, nicht mehr als 40 Gegentore zu kassieren, konnte er jedoch nicht halten und musste sich deshalb zum Saisonfinale eine Glatze schneiden lassen. Der Freund schneller Autos und rassiger Pferde zählte nach dieser Spielzeit trotz gelegentlicher Patzer zu den Gewinnern im Team und schien sich im 60er-Kasten etabliert zu haben.

Doch in der Vorbereitung kostete ihn, im Testspiel gegen AS Lodiagiri Roma, ein missglückter Abschlag, der zum Gegentor führte, umgehend den sicher geglaubten Stammplatz. Trainer Lorant fackelte nicht lange und beorderte zum Saisonstart den schon abgeschriebenen Daniel Hoffmann ins Tor. Sein Beinahe-Namensvetter blieb Reservist, laborierte zudem an einem Haarriss im Fuß und gelangte für den verletzten Kollegen lediglich zu zwei Kurzeinsätzen.

Weil zudem für die Saison 00/01 mit dem hoch talentierten Simon → Jentzsch zusätzliche Konkurrenz ins Haus geholt wurde, drohte der baumlange Zerberus endgültig auf Ersatzbank oder Tribüne zu versauern. Überraschend konnte sich der als »Trainingsweltmeister« gerühmte Hofmann während der Saisonvorbereitungen nochmals gegen die Kontrahenten Hoffmann und Jentzsch durchsetzen.

Nach einem geglückten Comeback beim Champions-League-Qualifikationsspiel gegen Leeds United stand der liniensichere Keeper auch zum Bundesligastart zwischen den Pfosten. Befriedigenden Leistungen folgte dann nach dem 4. Spieltag ein Sehnenriss im Finger, so dass Jentzsch allmählich Oberwasser gewann. Vom 15. bis 17. Spieltag kehrte Hofmann nach den Schwächen seines Rivalen kurzzeitig zurück, kassierte jedoch einige vermeidbare Tore und zog sich dann am 18. Spieltag beim Aufwärmen eine Schulterverletzung zu. Zur Winterpause legte sich Trainer Lorant dann endgültig auf den Kontrahenten fest. Seitdem ist Hofmann hinter Jentzsch die ebenso kollegiale wie klare Nummer 2 und kann sich gegenwärtig nur darauf konzentrieren, durch gute Trainingsleistungen Druck auf den Konkurrenten auszuüben. Trotz Anfragen vom FC St. Pauli und der SpVgg Greuther Fürth verlängerte er im Mai 2002 seinen Vertrag um drei weitere Jahre.

Hollerieth, Achim

Geboren: 24.09.1973 (Deutschland)
BL-Verein: VfB Stuttgart (1999–2000)
BL-Spiele: 1

Über die Amateurvereine FC Ostrach, TuS Celle und SC Pfullendorf vor der Saison 96/97 zum Zweitligisten KFC 05 Uerdingen gelangt, lieferte sich Achim Hollerieth zunächst mit Alexander → Bade einen erbitterten Kampf um den Stammplatz. Anfangs die Nummer 2, erhielt der 1,92 m große Schlussmann von Trainer Hans-Ulrich Thomale dann einige Bewährungschancen, bei denen er viel Talent verriet, um dennoch wieder auf der Ersatzbank zu landen. Zudem machte er sich bei der Mannschaft unbeliebt, weil er im Clinch mit dem beliebten Bade zu vehement seine Ansprüche formulierte und sich dafür sogar verletzt zwischen die Pfosten stellte.

Nach Thomales Ablösung durch Jürgen Gelsdorf geriet Hollerieth vollkommen ins Hintertreffen und verbrachte die Saison 97/98 ausschließlich als zweiter Mann. Erst durch Bades Wechsel zum Hamburger SV bekam er eine erneute Chance, die er jetzt fulminant nutzen konnte. Mit ebenso spektakulären wie konstanten Leistungen avancierte der »Überflieger« in der Saison 98/99 zu einem Top-Keeper der 2. Liga, um am Ende der Spielzeit mit seinem Verein dennoch abzusteigen. Der Sonnyboy hatte zu diesem Zeitpunkt jedoch bereits einen Vertrag vom Bundesligisten VfB Stuttgart in der Tasche.

Zuversichtlich und mit vielen Vorschusslorbeeren bedacht, hoffte der ehrgeizige Keeper vor dem Saisonstart 99/00 sich im Torwartduell gegen Franz → Wohlfahrt durchzusetzen. Obwohl er sowohl in den Vorbereitungsspielen als auch beim DFB-Pokalspiel gegen den SC Norderstedt ansprechende Leistungen zeigte, entschied sich Trainer Ralf Rangnick dennoch für den erfahreneren Kontrahenten. Wütend und frustriert begann der 25-jährige Junggeselle schon zu resignieren, ehe er am 5. Spieltag, durch Wohlfahrts Mittelfuß-Prellung, dann doch kurzfristig zu seinem Bundesligadebüt kam. Ansonsten wenig beschäftigt, ließ der Frischling beim 4:2-Sieg gegen den MSV Duisburg in der 30. Minute einen harmlosen Freistoß durch Hände und Beine kullern. Zerknirscht und kleinlaut (»Heute haben wir ohne Torwart gespielt.«) musste er nach dieser Null-Leistung anschließend wieder Wohlfahrt weichen und hatte gleichzeitig seinen Kredit bereits verspielt.

Als Wohlfahrt vor dem 13. Spieltag erneut ersetzt werden musste, erhielt der junge Timo → Hildebrand den Vorzug. Hollerieth, zur aussichtslosen Nummer 3 abgesunken, zog die Konsequenzen, um vor der Saison 00/01 zum Zweitligisten SV Waldhof Mannheim zu wechseln. Nachdem er sich im ersten Jahr zunächst als erhoffter Rückhalt erwies, folgte im Frühjahr 2002 – nach einem Disput mit Trainer André Egli – die fristlose Entlassung. Im Dezember 2002 wurde er vom Zweitligisten SSV Reutlingen unter Vertrag genommen.

Holscher, Martin

Geboren: 22.12.1952 (Deutschland)
BL-Verein: MSV Duisburg (1972–1976)
BL-Spiele: 3

Im Sommer 1972 als 19-jähriger Nachwuchstorwart des Düsseldorfer SC 99 vom Bundesligisten MSV Duisburg verpflichtet, besaß Martin Holscher, als Nummer 3 hinter Dietmar → Linders und Volker → Danner, zunächst kaum Einsatzchancen. Um ihm Spielpraxis zu ermöglichen, lieh ihn der Klub während der laufenden Saison 72/73 an den Regionalligisten SpVgg 07 Ludwigsburg aus. Das 1,91 m große Torwart-Talent bewährte sich auf Anhieb, ohne mit der Mannschaft den Abstieg verhindern zu können.

Für die Saison 73/74 kehrte er nach Duisburg zurück, um als Nachfolger für den betagten Linders aufgebaut zu werden. Nach guten Vorstellungen bei Freundschafts- und Intertotospielen erfolgte am 10. Spieltag ab der 77. Minute bei Rot-Weiß Essen ein erster Bundesliga-Kurzeinsatz. Kurz vor Saisonschluss ermöglichte Trainer Willibald Kremer seinem jungen Zerberus am 30. Spieltag gegen Bayern München eine größere Bewährungsprobe, die er zufrieden stellend absolvierte. Dem gelungenen Einstand folgte eine hervorragende Leistung beim 2:1-Sieg über Kickers Offenbach. Für seinen Trainer hatte Holscher den Praxistest damit bestanden und machte ihm sogar Hoffnungen für das anstehende Pokalfinale gegen Eintracht Frankfurt. Im Endspiel stand dann Linders im Tor, aber der »Lange« war für die Saison 75/76 bereits als neue Nummer 1 vorgesehen.

Martin Holscher im Torwart-Look der siebziger Jahre.

Kurz vor dem Saisonstart zog sich Holscher im Training einen komplizierten Trümmerbruch an der linken Hand zu. Während er auf seine Genesung hoffte, verpflichtete der Klub den arbeitslosen Gerhard → Heinze, der Linders bald verdrängen konnte. Holscher dagegen musste nach einem halben Jahr die Sportinvalidität beantragen und kehrte in seinen bürgerlichen Beruf als Speditionskaufmann zurück. Nach einer Phase als Feldspieler in Landes- und Verbandsligen, versuchte er sich schließlich noch einmal mit Erfolg als Torwart. 1978 gelangte er beim BV Lüttringhausen einmal zu Berufungen in die Niederrhein-Auswahl. Dennoch ließ die frühere Verletzung eine Rückkehr in den Profi-Fußball nicht mehr zu.

Hoßbach, Jörg

Geboren: 13.11.1964 (Deutschland)
BL-Vereine: Eintracht Braunschweig (1984–1985), Hamburger SV (1988–1990)
BL-Spiele: 3

Im Alter von 6 Jahren begann der gebürtige Niedersachse Jörg Hoßbach mit dem Fußball, um über die Vereine SV Sonnenberg, SV Bettmar sowie Arminia Vechelde 1981 zur Jugend von Eintracht Braunschweig zu wechseln. Als Jugendnationalspieler gestaltete sich die Europameisterschaft 83 für den jungen Zerberus ein wenig enttäuschend, weil er als Ersatzmann hinter dem Leverkusener Andreas → Nagel bei diesem Turnier nur im Training glänzen konnte.

Noch als Amateur saß der 1,86 m große Schlussmann während der Saison 84/85 für den verletzten Bernd → Franke einige Male auf der Reservebank. Nach dem 14. Spieltag zog sich der nominelle Ersatzmann Waldemar → Josef beim Training eine Bänderverletzung zu. Nun musste im Auswärtsspiel bei Werder Bremen der 21-jährige Hoßbach zwischen die Pfosten. Trotz der 1:4-Niederlage zeigte der mehrfache Jugendnationaltorwart eine gute Leistung, um auch beim anschließenden torlosen Remis gegen Bayer Uerdingen zu überzeugen.

Gegen Bayern München wurde er allerdings Opfer eines Missverständnisses mit seinem Verteidiger und ließ eine Rückgabe passieren, die Bayerns Dieter Hoeneß zum Führungstreffer nutzen konnte. Anschließend verschuldete der unerfahrene Bundesliga-Frischling einen Foulelfmeter. Nach dieser 0:3-Niederlage hatte er vorerst seine Schuldigkeit getan und kehrte bis zum Saisonende ins dritte Glied zurück.

Nach Braunschweigs Abstieg und dem gleichzeitigen Rücktritt von Franke startete »Hossi« hinter Josef als Nummer 2 in die Saison 85/86. Ein Jahr später war der leidenschaftliche Radfahrer endgültig Stammkeeper, musste aber mit seinem Verein, nach der Saison 86/87, den bitteren Weg in die Oberliga antreten. Nach einem Jahr Drittklassigkeit wechselte er zum Bundesligisten Hamburger SV, um von 1988 bis 90 hinter Heinz-Josef → Koitka und Richard → Golz ausschließlich Reservist zu sein. Anschließend folgte sein Engagement beim damaligen Oberligisten VfL Wolfsburg, mit dem er 1992 in die 2. Bundesliga aufstieg. Seinen Stammplatz verlor er 1995 jedoch an Uwe → Zimmermann. Nach Beendigung der aktiven Laufbahn ist Hoßbach beim VfL Wolfsburg seit 1997 als Torwarttrainer tätig.

Hummel, Dietmar

Geboren: 20.10.1973 (Deutschland)
BL-Verein: SC Freiburg (1993–1997)
BL-Spiele: 3

Wie sein Vater spielte der in Freiburg geborene Dietmar Hummel zunächst als Torwart bei der DJK Stegen. 1986 wechselte er in die C-Jugend des SC Freiburg, dem sich bald Repräsentativspiele für die Südbaden-Auswahl sowie Einladungen zu U15-Lehrgängen anschlossen. Das junge Torwarttalent trainierte am DFB-Stützpunkt in Duisburg unter Sepp → Maier, um 1991 als 16-jähriger ein Probetraining beim Bundesligisten Borussia Mönchengladbach zu absolvieren. Ein Vertrag war bereits von den Eltern unterzeichnet, doch nach der Intervention von Freiburgs Trainer Volker Finke wurde der Kontrakt wieder rückgängig gemacht. Der Gymnasiast trainierte anschließend bereits als B-Jugendlicher bei den Freiburger Profis. Nach bestandenem Abitur und einer begonnenen Ausbildung zum Versicherungskaufmann ließ der talentierte Nachwuchskeeper, der 1990 unter den DFB-Trainern Rainer Bonhof und Dixie Dörner an einem U18-Lehrgang teilgenommen hatte, die sportlichen Ambitionen längere Zeit ruhen. Ab der Saison 92/93 rückte er dennoch in Freiburgs Zweitligakader auf, flog als Ersatzmann neben Dimo Wache zur U20-Weltmeisterschaft nach Australien, absolvierte Klubeinsätze aber vornehmlich in der Verbandsligamannschaft.

Drei lange Jahre hinter Stammtorwart Jörg → Schmadtke und Stefan → Beneking nur die Nummer 3, gewann der 1,90 m große Keeper durch ständige Spielpraxis im Amateurbereich zumindest gegenüber Beneking etwas an Oberwasser. Als Schmadtke vor dem 10. Spieltag der Saison 96/97 wegen eines Hexenschusses passen musste, entschied sich Trainer Volker Finke überraschend für den unerfahrenen Hummel. Obwohl der Klaviermusik- und Motorradfan erst beim Abschlusstraining von seinem Glück erfuhr, avancierte er beim 1:0-Sieg gegen Borussia Mönchengladbach zum überragenden Matchwinner. Eine Woche später zeigte der Student des Medien- und Informationwesens beim FC St.Pauli ebenfalls eine solide Partie, wurde in die Olympia-Auswahl berufen, um am 28. Spieltag erneut für den grippekranken Schmadtke einzuspringen.

In der gleichen Spielzeit musste der SC Freiburg den Weg in die Zweitklassigkeit antreten. Im Anschluss verließen Schmadtke und Beneking den Verein, während Hummel mit einem Profivertrag ausgestattet wurde, um sich dem Zweikampf mit Neuzugang Bosko Boskovič zu stellen. Zu seinem Pech verpasste er jedoch krankheitsbedingt den größten Teil der Saisonvorbereitungen. Nachdem sich Boskovič bereits nach wenigen Spielen als unsicherer Kantonist entpuppte, spielte nicht die Nummer 2, sondern der ebenfalls neu verpflichtete Amateurkeeper

Timo → Reus. Nur durch die Rückenverletzung von Reus kam Hummel dann noch zu sechs Pflichtspieleinsätzen, wirkte dabei aber nicht überzeugend.

Nach dem sofortigen Wiederaufstieg und der Verpflichtung des bundesligaerfahrenen Richard → Golz waren Hummels sportliche Perspektiven auf dem Nullpunkt angelangt. Noch in der Winterpause 98/99 wechselte er zum Zweitligisten Karlsruher SC, blieb aber hinter Simon → Jentzsch ohne Einsatz. Im Anschluss ging er zum ostdeutschen Drittligisten Dynamo Dresden, wo sich der erhoffte Aufstieg in die 2. Bundesliga nicht realisierte. In der Saison 00/01 folgte ein glückloses Engagement beim Regionalligisten VfR Mannheim und seit dem Sommer 2001 ist der einst so hoffnungsvolle Schlussmann beim Verbandsligisten FC Rastatt 04 aktiv.

Hummel, Gerhard

Geboren: 22.08.1953 (Deutschland)
BL-Verein: 1. FC Nürnberg (1978–1979)
BL-Spiele: 15

Seine fußballerische Laufbahn begann Gerhard Hummel 1966 beim ESV Rangierbahnhof Nürnberg, bei dem er zeitweise auch als Feldspieler agierte. Zudem mehrfach in die Bayern-Auswahl berufen, rückte er bereits als Siebzehnjähriger in die 1. Mannschaft auf. Ein Jahr später wechselte er als Amateur zum 1. FC Nürnberg. Weil der versprochene Profivertrag nicht zustande kam, ging der Zivildienstleistende für zwei Jahre zum Amateurligisten FC Herzogenaurach.

Ab 1974 kehrte er zum Club zurück, kam jedoch in den folgenden Jahren hinter Franz Schwarzwälder und Manfred → Müller selten zum Einsatz. Schlagzeilen machte der hoch gewachsene Schnauzbartträger in der Saison 75/76 nur durch eine schwere Verletzung im Zweitligaderby gegen Schweinfurt 05. Bei einer waghalsigen Parade wurde er von dem gegnerischen Linksaußen so schwer verletzt, dass im Krankenhaus ein Jochbein- und Kieferbruch, Kieferwandbruch sowie eine schwere Gehirnerschütterung diagnostiziert wurden.

Als der 1. FC Nürnberg nach mehreren vergeblichen Anläufen in der Saison 77/78 endlich den Wiederaufstieg geschafft hatte, war Müller die unumstrittene Nummer 1 und Hummel ein Ersatzmann, den keiner auf der Rechnung hatte. Zumindest konnte er den Stammtorwart zuvor noch für zwei Minuten im zweiten Aufstiegsspiel gegen Rot-Weiß Essen vertreten, musste jedoch keinen Ball mehr abwehren.

In der Hinrunde kam Hummel für den verletzten Müller zweimal zum Einsatz und musste mit seiner Elf Niederlagen gegen den MSV Duisburg und Schalke 04 einstecken. Am 22. Spieltag klagte Müller einige Stunden vor der Begegnung gegen Mitaufsteiger Darmstadt 98 über heftige Übelkeit. Sein kurzerhand in die Stammelf nominierter Stellvertreter lieferte nach Ansicht des »Kicker« das »Spiel seines Lebens« und sicherte den wichtigen 3:1-Auswärtssieg.

Auch in den nächsten Spielen agierte Hummel »erstaunlich selbstbewusst« und hatte den Kontrahenten Müller kurzzeitig verdrängt. Doch nach der 0:3-Pleite gegen Eintracht Braunschweig vertraute Nürnbergs neuer Trainer Robert Gebhardt wieder auf den erfahrenen Müller. Nur zwei Wochen später, beim Heimspiel gegen den Hamburger SV, weigerte sich Müller nach einem Disput mit Gebhardt während der Halbzeit weiterzuspielen und wurde zum Wiederanpfiff durch Hummel ersetzt. Obwohl er bis zum Saisonende zufrieden stellende Leistungen zeigte, bemühte sich sein Verein bereits um einen neuen »Klassetorwart«.

Nürnberg verpflichtete nach dem Abstieg den von 1860 München ausgemusterten Bernhard → Hartmann, während Hummel nicht mehr die zweite Geige spielen wollte und zum Zweitligisten ESV Ingolstadt wechselte. Schon nach einer Saison wanderte er als Nachfolger von Gregor → Quasten zum FC Homburg weiter, mit dem er 80/81 die Qualifikation für die eingleisige 2. Bundesliga verpasste.

I

Ilič, Dragomir

Geboren: 16.08.1925 (Jugoslawien)
BL-Verein: SV Werder Bremen (1963–1964)
BL-Spiele: 4

Als ehemaliger Kriegsgefangener aus Serbien bereits in den vierziger Jahren für Werder Bremen aktiv, stand Dragomir Ilič zuvor beim Belgrader SK, Weiße Adler Osnabrück und dem 1. FC Saarbrücken im Tor. Für die Werderaner bestritt Ilič 311 Oberliga Nord-Spiele, um zudem mehrfach in norddeutsche Auswahlmannschaften berufen zu werden.

Vor dem Bundesligastart 1963/64 hatte der jugoslawische Oldie seine aktive Karriere bereits beendet und Werder Bremen sich mit Günter → Bernard von Schweinfurt 05 gut verstärkt. Vor dem 1. Spieltag plagten Bremens Trainer Willi Multhaup aber bereits erste Torwartprobleme. Sowohl Bernard als auch Ersatzmann Klaus → Lambertz laborierten an Verletzungen, was ihren Einsatz akut gefährdete.

Bernard fiel dann mit einem Bänderriss zum Saisonstart definitiv aus und somit stand Vertreter Lambertz bei den ersten drei Begegnungen im Bremer Tor. Bernard kehrte am 4. Spieltag zurück, um kurz danach erneut auszufallen und auch Lambertz stand wegen eines Rippenbruchs am 6. Spieltag nicht zur Verfügung. Jetzt musste der »brave alte Ilič« einspringen. Die kurzfristige Reaktivierung des 38-Jährigen war nicht schuld an der 3:4-Niederlage beim 1. FC Köln. Vielmehr heimste der »legendäre« Torwart nach Spielschluss ein Kompliment des verletzten Bernard ein: »Nach einer solch langen Pause eine beachtliche Leistung meines Kollegen.« Bernard, kaum wieder genesen, fiel kurz darauf wegen einer Meniskusoperation für den Rest der Hinrunde endgültig aus und Ilič war wieder als »Standby-Keeper« gefordert.

Allzu lange musste der Torwart-Veteran nicht auf den nächsten Einsatz warten, denn Lambertz behinderte immer noch die alte Rippenverletzung. Im Auswärtsspiel bei Preußen Münster bewies der Aushilfstorwart erneut, dass er von seinem Können wenig eingebüßt hatte. Durch zahlreiche Glanzparaden rettete er den 3:1-Sieg seiner Mannschaft und Trainer Multhaup war voll des Lobes über seinen alten Kämpen: »Unser großer Mann war Torwart Ilič.« Auch im nächsten Spiel stand er noch im Kasten, wurde beim 4:1-Sieg gegen 1860 München allerdings kaum beschäftigt.

Obwohl Lambertz zurückkehrte, war damit das Bundesligaintermezzo des zu diesem Zeitpunkt zweitältesten Bundesligadebütanten noch immer nicht beendet. Bernard befand sich immer noch in der Rekonvaleszenz und Lambertz erkrankte vor dem 17. Spieltag erneut. Bei der 1:2-Niederlage wurde Jugo-Mann Ilič – laut »Kicker« immer noch »gute Klasse« – selten geprüft. Danach hatte der »Feuerwehrmann« seine Schuldigkeit getan und konnte nun endlich in den verdienten Ruhestand treten.

Illgner, Bodo

Geboren: 07.04.1967 (Deutschland)
BL-Verein: 1. FC Köln (1985–1997)
BL-Spiele: 326
A-Länderspiele für Deutschland: 54

In Koblenz geboren, startete der Sohn eines Stabsfeldwebels der Bundeswehr seine Vereinslaufbahn 1973 beim Bonner Vorortklub 1. FC Hardtberg. Schon als E-Jugendlicher im Fußballtor, begeisterte sich Illgner zudem für den Schwimmsport und gewann im 200 Meter Freistil einmal die Bezirksmeisterschaften. Weil der Gymnasiast jedoch nach eigener Aussage »ständig rote Augen vom chlorhaltigen Wasser« bekam, entschied er sich mit 12 Jahren endgültig für den Fußball.

Als großes Torwarttalent gelobt, erhielt er daraufhin Berufungen in die deutsche U16-Auswahl. 1984 feierte er in Italien mit der Mannschaft, durch einen 2:0-Sieg über die UdSSR, den Gewinn der U16-Europameisterschaft.

Bodo Illgner – mit Riesenschritten Richtung Nationalmannschaft.

1983 wechselte der »Mann mit Zukunft« in die A-Jugend des 1. FC Köln, um zwei Jahre später in den Profikader des Bundesligisten aufzurücken. Hinter dem unumstrittenen Nationaltorwart Harald → Schumacher stellte sich der 1,89 m große Torwarthüne auf eine längere Lehrzeit ein, um bereits am 24. Spieltag der Saison 85/86 erstmals gefordert zu werden. Weil Schumacher gegen Bayern München in der 75. Minute nach einem vermeintlichen Foul gegen Roland Wohlfahrt die Rote Karte kassierte, musste Illgner erstmals einspringen. Beim anschließenden 2:1-Sieg über den VfB Stuttgart zeigte der »athletische Jungprofi« eine souveräne Leistung, um sich anschließend wieder auf seine Abiturprüfungen zu konzentrieren.

Während der Saison 86/87 regelmäßig in die U21-Auswahl berufen, blieb dem »Mann in Tonis Schatten« zunächst weiterhin die Rolle des Zuschauers vorbehalten. Kurz nach der Winterpause sorgte Schumacher dann unfreiwillig für die Beförderung seines Adjutanten, der bereits einen Vorvertrag beim 1. FC Nürnberg unterschrieben hatte. Die Buchveröffentlichung des Nationalkeepers namens »Anpfiff« sorgte in allen Bereichen für den sportlichen Exitus und die Suspendierung aus Verein und Nationalelf. Über Nacht avancierte der 22-fache Jugendnationalspieler beim 1. FC Köln zur Nummer 1. Sein Einstand als Stammkeeper am 19. Spieltag gegen Eintracht Frankfurt gestaltete sich äußerst gelungen und zwei Monate später wurde er von Teamchef Franz Beckenbauer erstmals neben Eike → Immel in das Aufgebot der Nationalmannschaft berufen. Die »Ruhe in Person« beeindruckte auf dem Fußballplatz mit seinem sachlichen Torwartspiel und abseits des Spielfeldes durch Intelligenz und Wortgewandtheit. Unrühmlicher dagegen sein Auftritt am 25. Spieltag bei der 1:5-Niederlage gegen den VfB Stuttgart, als er beim Herauslaufen einen brutalen Bodycheck gegen Stuttgarts Angreifer Karl Allgöwer ausübte. Die Folgen waren eine schwere Schulterverletzung Allgöwers sowie ein Schmerzensgeld in Rekordhöhe von 15 000 DM.

Während der Saison 87/88 konnte sich das überdurchschnittliche Talent mit dem 1. FC Köln unter Trainer Christoph Daum in der Bundesligaspitze etablieren, um im September 87 beim 1:0-Sieg über Dänemark sein Länderspieldebüt zu feiern. In der Nationalmannschaft schnell ein Sympathieträger und hartnäckiger Konkurrent des umstrittenen Immel, absolvierte der »Überflieger« nach der Europameisterschaft 88 beim WM-Qualifikationsspiel gegen Finnland sein viertes Länderspiel. Eike Immel zeigte sich darüber so erbost, dass er daraufhin kurzerhand seinen Rücktritt erklärte. Nun auch in der Nationalmannschaft eine feste Größe, meldeten sich aber auch erste kritische Stimmen. Während ihn das Nachrichtenmagazin »Spiegel« als aalglatten »Yuppie« bezeichnete, bemängelte Bundestorwarttrainer Sepp → Maier an dem passionierten Bodybuilder »zuviel Hüftsteifheit«. Weil er neben allen Können in der Bundesliga nicht immer fehlerfrei blieb, bedrängten ihn zudem in der Nationalmannschaft mit Raimond → Aumann und Andreas → Köpke hartnäckige Konkurrenten.

Mit einem abgewehrten Strafstoß am 1. Spieltag beim 1:0-Auswärtssieg gegen den VfL Bochum startete der »Musterprofi« optimal in die Saison 89/90. Nach sich häufenden Patzern begehrten die Kontrahenten jedoch wieder auf. Zum absoluten Tiefpunkt für Illgner gestaltete sich am 17. Spieltag die 3:5-Heimniederlage seines Vereins gegen Eintracht Frankfurt. Während sein Gegenüber Ulrich → Stein sich das Prädikat »Weltklasse« verdiente, verschuldete Illgner drei Treffer, um in der Fachpresse daraufhin als »Mr. Unglücksrabe« gescholten zu werden. Auch im UEFA-Cup-Halbfinale gegen Juventus Turin begünstigte er bei der 2:3-Hinspielniederlage durch Stellungsfehler zwei Tore. Dennoch hielt DFB-Teamchef Beckenbauer (»Bodo ist kein Durchschnittsmensch und für sein Alter schon sehr, sehr weit.«) trotz aller Kritik weiterhin an ihm fest.

Bei der Weltmeisterschaft 1990 in Italien nahezu beschäftigungslos, konnte er im Elfmeterschießen gegen Halbfinalgegner England, durch einen abgewehrten Strafstoß von Stuart Pearce, sein persönliches Scherflein zum Titeltriumph beitragen. Mit 23 Jahren der jüngste Torwart eines amtierenden Weltmeisters, erlebte Illgner ab der Saison 90/91 nach der Entlassung von Trainer Christoph Daum beim 1. FC

Köln sportlich magere Zeiten. Auch Illgner ließ sich manchmal von den wachsenden Unsicherheiten seiner Vorderleute anstecken, entpuppte sich aber in entscheidenden Momenten immer wieder als wichtiger Rückhalt.

Unter dem neuen Bundestrainer Hans-Hubert Vogts reiste er 1992 als klare Nummer 1 zur Europameisterschaft nach Schweden. Nach einer überragenden Leistung im Vorrundenspiel gegen Schottland leistete sich der »ruhige und sichere Abwehr-Dirigent« im Halbfinale gegen Schweden einen eklatanten Fangfehler, der zum Anschlusstreffer führte. Auch bei der 0:2-Niederlage gegen Dänemark hinterließ er bei den Gegentreffern nicht den besten Eindruck.

In den kommenden Länderspielen setzte Vogts ausschließlich Andreas Köpke ein. Zudem steckte Illgners Klub während der Saison 92/93 in akuten Abstiegsnöten, wovon sich auch der Mannschaftskapitän anstecken ließ. Am 12. Spieltag wurde der vormals »strahlende Siegertyp« gegen den 1. FC Nürnberg von Köpke per Elfmeter bezwungen und verschuldete zudem das entscheidende Gegentor. Zu allem Unglück kassierte er am 21. Spieltag beim Hamburger SV den ersten Platzverweis seiner Bundesligalaufbahn. Köpke konnte seine starke Form jedoch nicht dauerhaft konservieren, während Illgner sich im Verlauf der Saison 93/94 allmählich wieder stabilisierte.

Nach einer fehlerlosen Leistung am 22. Dezember 1993 im Freundschaftsspiel gegen Mexiko hatte er sich seinen einstigen Status fast zurückerobert. Vor der Weltmeisterschaft 94 in den USA legten sich Vogts und Torwarttrainer Maier endgültig auf den Kölner fest, der das Vertrauen jedoch nicht rechtfertigte. Schwere Schnitzer in den Vorrundenspielen gegen Spanien und Südkorea sowie die Apathie beim Ausgleichstreffer der Bulgaren im Viertelfinale machten ihn zu einem der Buhmänner in den Augen des erzürnten Vogts. Illgner erklärte nach der WM seinen Rücktritt und kam damit, nach den Worten von Vogts, einem »Rausschmiss« zuvor. Der abgeklärte »Mr. Hundertprozent« erholte sich von dieser persönlichen Pleite und avancierte für den 1. FC Köln in der Saison 95/96 zum entscheidenden Garanten des hartumkämpften Klassenerhalts.

Bereits 1994 erhielt der »Diplomat im Torwartpulli« ein Millionen-Angebot vom Karlsruher SC, um diese Offerte als Faustpfand für die Vertragsverhandlungen mit dem 1. FC Köln zugunsten einer beträchtlichen Salärerhöhung zu nutzen. Nach dem 4. Spieltag der Saison 96/97 wechselte er für eine Ablösesumme von vier Millionen Mark mit sofortiger Wirkung zu Real Madrid. Der damalige Real-Coach Fabio Capello hatte zuvor auf Illgners Verpflichtung gedrängt, weil ihm seine bisherigen Torhüter José Cañizares und Francisco Buyo »zu klein« waren. Spaniens Renommierklub erklärte sich bereit, dem Torwart für drei Jahre Vertragszeit ein Gehalt von sieben Millionen Mark zu zahlen. Mit dem »königlichen Klub« glückte Illgner noch in der gleichen Spielzeit die spanische Meisterschaft, um ein Jahr später unter dem neuen Trainer Jupp Heynckes – nach 32 Jahren – wieder im Europapokal der Landesmeister erfolgreich zu sein. Mit dem anschließenden Gewinn des Weltpokals erreichte Illgner seinen persönlichen Zenit und avancierte dadurch bei Real Madrid bis heute zum international erfolgreichsten deutschen Spieler.

Im Oktober 1999 erlitt er einen Riss in der rechten Kniescheibe und musste über vier Monate pausieren. Sein junger Vertreter Iker Cassillas etablierte sich in kürzester Zeit zum großen Rückhalt und degradierte Illgner nach seiner Rückkehr ab Februar 2000 zum Reservisten. Hinter Cassillas und Domingo Sánchez Cesar vollzog sich dann sogar sein Abstieg zur Nummer 3. Die Presse interessierte sich in erster Linie nur noch für die Extravaganzen seiner Gattin Bianca und der »teuerste Ersatztorwart der Welt« reagierte auf die wachsende Häme mit einem totalen Medienboykott. Im August 2001 verkündete der einstige Startorhüter das endgültig Ende der Karriere, um seitdem in Spanien als Privatier zu leben.

Immel, Eike

Geboren: 27.11.1960 (Deutschland)
BL-Vereine: Borussia Dortmund (1978–1986), VfB Stuttgart (1986–1995)
BL-Spiele: 534
Vereinstitel: 1x Meister (VfB Stuttgart: 1992)
A-Länderspiele für Deutschland: 19

Einer der umstrittensten Nationaltorhüter der Bundesligageschichte wurde im hessischen Stadtallendorf geboren und wuchs auf dem elterlichen Bauernhof in Erksdorf auf. Seine Vereinslaufbahn startete der neunjährige Eike Immel 1969 beim TSV 1920 Eintracht Stadtallendorf. Zunächst als Feldspieler eingesetzt, wechselte er bald darauf zwischen die Pfosten, wo er sich schnell als großes Talent entpuppte. Auch die Späher großer Vereine waren auf den Nachwuchskeeper, der bereits auf Berufungen in hessische Jugendkreis- und Bezirksauswahlmannschaften zurückblicken konnte, aufmerksam geworden.

Zwischen mehreren Angeboten entschied sich das 15-jährige Torwarttalent 1975 für Borussia Dortmund, um nach seinem Wechsel zunächst bei einer Pflegefamilie zu wohnen. Berufungen in die Westfalen-Auswahl folgten bald Einladungen zu Schüler- und Jugendländerspielen, wo sich der »Jung-Eike« schnell einen Namen machen konnte. Trotz eines folgenschweren Patzers beim Jugend-UEFA-Turnier in Monaco konnte der »blutjunge Hüne« seine Musterkarriere fortsetzen.

Vor der Saison 78/79 wurde der Sportartikelverkäufer mit 17 Jahren, als Nachfolger von Peter → Endrulat, in Dortmunds Profikader übernommen, um schneller als erwartet sein Bundesligadebüt zu feiern. Am 1. Spieltag vertrat er im Heimspiel gegen Bayern München den knieverletzten Stammtorwart Horst → Bertram. Der zu diesem Zeitpunkt jüngste Bundesligatorwart brillierte mit einer großartigen Leistung, erntete Sprechchöre vom heimischen Publikum und wurde nach dem 1:0-Sieg auch von Gegenüber Sepp → Maier (»Junge, das hast du gut gemacht.«) mit Lob bedacht. Beim nächsten Spiel in Mönchengladbach bestätigte der »Wunderknabe« seine potentielle Klasse und entpuppte sich, trotz des Verschuldens eines Treffers, als herausragender Spieler seiner Mannschaft. Dem rasanten Höhenflug folgte jedoch schnell der Rückschlag. In den nächsten Wochen agierte er immer nervöser, patzte am 6. Spieltag gegen Hertha BSC mehrfach, um in der 60. Minute von Bertram abgelöst zu werden.

Am 14. Spieltag kehrte der gelernte Einzelhandelskaufmann zwar aufgrund einer Oberschenkelzerrung von Bertram nochmals ins Team zurück, wurde jedoch, völlig verunsichert, zwei Wochen später wieder auf die Bank gesetzte. Von der Öffentlichkeit voreilig zum Versager gestempelt und selbst in der A-Jugend verhöhnt, zog sich der verunsicherte Twen zurück und wurde trotzdem in der Boulevard-Presse das Opfer wildester Schlagzeilen, die ihm nächtliche Disco-Besuche und unkontrollierten Alkoholkonsum unterstellte. Dennoch gab ihm Trainer Carl-Heinz Rühl im letzten Saisonspiel gegen Arminia Bielefeld eine neue Bewährungsprobe, die das »Torsteher-Talent« durch eine gute Vorstellung nutzen konnte.

In der nächsten Spielzeit bestimmte ihn Dortmunds neuer Trainer Udo Lattek vor dem Start zur Nummer 1. Spätestens nach dem 31. Spieltag, als Immel beim 1:0-Sieg gegen Bayern München überragte und seinen einstigen Konkurrenten aus der Jugendnationalmannschaft Walter → Junghans in den Schatten stellte, zählte der 1,87 m große Schlussmann wieder zu den vielversprechendsten Nachwuchstorhütern.

Von Experten hinter Harald → Schumacher bereits als zweitbester Schlussmann Deutschlands gewertet, gehörte er 1980 zum Europameisterschaftsaufgebot für Italien. Mit 19 Jahren feierte Immel dann – nach 4 Schüler-, 9 Jugend-, 3 Juniorenspielen sowie einem 1 Amateur- und einem 1 B-Länderspiel – am 11.Oktober 1980 in Eindhoven – als jüngster Torwart aller Zeiten – in der zweiten Halbzeit gegen Holland ein überzeugendes Debüt in der A-Nationalmannschaft. In der gleichen Spielzeit folgten Einsätze gegen Albanien sowie Brasilien und spätestens jetzt galt der einstige »Luftikus« als Schumachers legitimer »Kronprinz«.

Weiterhin als Mann der Zukunft gehandelt, erreichte er 1982 mit der U21 das Endspiel der Europameisterschaft, wo man sich allerdings gegen England geschlagen geben musste.

Während der Saison 83/84 folgte wieder eine schwächere Periode, bei der sich Immel in der Bundesliga manchen Schnitzer erlaubte und in seiner Freizeit mehrere Nobelkarossen verschrottete. In der Nationalelf hinter Schumacher, Dieter → Burdenski, Rudolf → Kargus, Bernd → Franke und Helmut → Roleder zurückgefallen, wurde er für die Europameister-

Eike Immel bläst die Backen auf und absolviert am 30. April 1994 sein 500. Bundesligaspiel.

schaft 84 in Frankreich von Bundestrainer Jupp Derwall lediglich auf Abruf nominiert. In der Saison 84/85 mit Borussia Dortmund in der Bundesliga lediglich Mittelmaß, zog bei der Nationalmannschaft Ulrich → Stein an ihm vorbei, während sich der einstige »Senkrechtstarter« mit Einsätzen in der U21 zufrieden geben musste.In der nächsten Spielzeit kämpfte der Keeper mit seinem Verein sogar gegen den Abstieg und konnte sich dabei erst in den Relegationsspielen gegen Zweitligist Fortuna Köln retten. Während dieser schwierigen Phase erwies sich der reaktionsschnelle Lockenkopf als großer Rückhalt, der als Anerkennung, neben Schumacher und Stein, zur Weltmeisterschaft 86 nach Mexiko mitfliegen durfte. Gleichzeitig wurde nach dieser Spielzeit, für die Torhüter-Rekordsumme von rund zwei Millionen DM, sein Wechsel zum VfB Stuttgart bekannt gegeben. Bei der WM kam er als dritter Torwart nicht zum Einsatz und Immel, der sich in späteren Interviews rückblickend auf diese Zeit unverblümt als »Zocker« bezeichnete, vertrieb sich die Zeit mit nächtelangen Pokerspielen, bei denen es auch schon mal um fünfstellige Summen ging.

Obwohl der bei allem Können immer etwas phlegmatisch wirkende Zerberus bei den Stuttgartern unter dem bärbeißigen Trainer Egon Coordes zunächst mit erheblichen Anlaufschwierigkeiten zu kämpfen hatte, wurde er im Frühjahr 1988, durch Schumachers unfreiwilligen Abschied, über Nacht zur neuen Nummer 1 in der Nationalmannschaft erkoren. Immer um Akzeptanz ringend, wurde er nach diversen unglücklichen Länderspielen von Kommentator Günter Netzer als »Seuchenvogel« bezeichnet. Bereits von Bodo → Illgner und Andreas → Köpke bedrängt, zeigte er bei den Europameisterschaft 84 in Deutschland zufrieden stellende Leistungen, um anschließend bei der Wahl zum Welttorhüter des Jahres hinter Rinat Dassajew, Johannes van Breukelen, Walter Zenga, Patrick Bonner und Jean-Marie → Pfaff auf Platz 8 gewählt zu werden.

Als ihm, kurz nach dem Start der Saison 88/89, für das EM-Qualifikationsspiel gegen Finnland Bodo Illgner vorgezogen wurde, erklärte der enttäuschte Immel einige Tage später seinen Rücktritt aus der Nationalmannschaft. Befreit von dieser Last und mittlerweile zum verantwortungsvollen Familienvater gereift, konnte der Keeper mit dem leichten Silberblick seine Leistungen in den nächsten Jahren auf gutem Niveau weitestgehend stabilisieren. Dennoch nie unumstritten und im eigenen Verein zeitweise von Eberhard → Trautner bedrängt, scheiterte der sensible Schlussmann in der Saison 88/89 mit dem VfB Stuttgart im UEFA-Cup-Finale gegen SSC Neapel. Nach kurzer Abstiegsangst in der Saison 90/92 unter Trainer Willi Entenmann folgte mit dem neuen Coach Christoph Daum der sportliche Höhepunkt. Auch dank der Paraden von Immel, der in der Saison 91/92 in 38 Spielen nur 32 Gegentore zuließ, konnte der VfB Stuttgart nach 1984 in der Bundesliga den zweiten Meistertitel erringen. Anschließend vom Fachmagazin »Kicker« in der Torwart-Rangliste vor Stein, Köpke und Illgner eingestuft, zeigte sich Immel auch in der Saison 92/93 mehrfach in exzellenter Form und konnte mittlerweile unter den aktiven Spielern die meisten Einsätze vorweisen. Am 11. Spieltag der Saison 93/94 überflügelte er mit 479 Einsätzen Dieter Burdenski, den bisherigen Rekordhalter unter den Torhütern, um am 33. Spieltag 93/94 gegen Bayer Leverkusen als erster Torwart sein 500. Bundesligaspiel zu feiern. In der Saison 94/95 nach mehreren Fehlern wieder in der Kritik, stellte Trainer Jürgen Röber seine Position mehrfach in Frage.

Konnte sich der »Dauerbrenner« in dieser Spielzeit noch behaupten, so wurde er vor der Saison 95/96 von Stuttgarts neuem Trainer Rolf Fringer aussortiert, der in dem 19-jährigen Marc → Ziegler den Mann der Zukunft sah. Nach 17 Profijahren in Deutschland plötzlich nicht mehr gefragt, wechselte er kurz darauf zum englischen Premier-Leaugue-Klub Manchester City. Trotz guter Leistungen musste er am Saisonende erstmals in seiner Karriere den Abstieg verzeichnen, um dann in der zweiten englischen Liga, während der Saison 96/97, wegen einer Rückenverletzung nur Zuschauer zu sein. Ein bereits unterzeichneter Vorvertrag für die nächste Spielzeit beim Zweitligisten Waldhof Mannheim platzte aufgrund des überraschenden Abstiegs der Waldhöfer.

Immel, dessen Vater Heinrich noch mit 50 Jahren das Tor gehütet hatte und der selbst noch bis 40 spielen wollte, beendete 1998 seine aktive Laufbahn, wurde zunächst Trainer beim Verbandsligisten VfR Heilbronn und folgte im Frühjahr 2002 seinem früheren Mentor Christoph Daum als Torwarttrainer zu Besiktas Istanbul. Nach diesem kurzen Intermezzo ist er, zusammen mit Daum, seit Oktober 2002 beim österreichischen Erstligisten Austria Wien beschäftigt.

Ingendae, Dieter

Geboren: 18.05.1959 (Deutschland)
BL-Verein: Bayer 05 Uerdingen (1983–1985)
BL-Spiele: 3
Vereinstitel: 1x DFB-Pokal (1985)

Seine Vereinslaufbahn startete Dieter Ingendae beim Krefelder Vorortklub VfR Fischeln, ehe ihn 1977 der damalige A-Jugendtrainer Berni Steffen zu Bayer Uerdingen lotste. Nach zwei Jahren in der Bayer-Jugend bewies der gelernte Kfz-Elektriker sein Können auch in Uerdingens Amateurmannschaft. 1982 rückte er in den Profikader auf, absolvierte aber während der Zweitligasaison 82/83, als Ersatzmann hinter Werner → Vollack, keinen einzigen Pflichtspieleinsatz. Nach Uerdingens Aufstieg verharrte der zurückhaltende Keeper eine weitere Spielzeit hinter dem übermächtigen Konkurrenten.

Erst am 10. Spieltag der Saison 84/85 wurde er – sechs Minuten vor dem Abpfiff – gegen den Hamburger SV erstmals für den verletzten Vollack eingewechselt. Die erlittene Oberschenkelzerrung der Nummer 1 verhalf Ingendae auch im nächsten Spiel zu einem Einsatz. Uerdingen siegte gegen Borussia Mönchengladbach mit 3:2 und der 25-jährige Ersatzmann verteidigte sein ungewohntes Terrain mit Glück und Geschick. Wegen einer Schleimbeutelentzündung Vollacks durfte Ingendae sich am 31. Spieltag gegen den Karlsruher SC ein weiteres Mal bewähren. Durch sein beherztes Eingreifen in einigen kritischen Situationen verhinderte er einen möglichen Gegentreffer und verließ mit seiner Mannschaft den Platz als Sieger. Damit hatte der ausgesprochene Familienmensch (»Ich ziehe nicht gerne durch Lokale, Discos oder Cafés. Ich bin immer froh, wenn ich zu Hause bin.«) seine Schuldigkeit getan. Der laufende Vertrag wurde nicht mehr verlängert, weil aus Uerdingens Jugendkader Manfred → Kubik nachrückte. Nach dem überraschenden DFB-Pokal-Sieg seiner Mannschaft gegen Bayern München brach Ingendae seine Zelte in Uerdingen ab und wechselte zum Berliner Oberligisten SC Charlottenburg, mit dem er 1986 nur knapp in der Aufstiegsrunde zur 2. Bundesliga scheiterte. Bei seinem anschließenden Engagement für Amateurligist FSV Mainz 05 folgten zudem auch Berufungen in die Südwest-Auswahl.

Ippig, Volker

Geboren: 28.01.1963 (Deutschland)
BL-Verein: FC St. Pauli (1988–1991)
BL-Spiele: 65

Der charismatische »Kult-Keeper« des FC St.Pauli, geboren als Sohn eines Uhrmachers im ostholsteinischen Lensahn, begann seine Vereinslaufbahn 1972 beim heimatlichen TSV. 1979 wechselte Ippig zur A-Jugend des FC St. Pauli, mit der er 1980 einen vergeblichen Anlauf auf die deutsche Jugendmeisterschaft unternahm. Bereits mit wilder Punk-Frisur absolvierte er 1980 gegen Frankreich sein einziges U18-Länderspiel. Als viel versprechendes Torwarttalent rückte der 1,86 m große Schlussmann 1982 in die 1. Mannschaft von St. Pauli auf, um dort allmählich den langjährigen Stammtorwart Reinhard → Rietzke abzulösen. Am Ende der Saison 82/83 war der FC St.Pauli in der Aufstiegsrunde gescheitert. Anschließend verlor Ippig die Lust am Fußball, absolvierte ein zwölfmonatiges Praktikum in einem Behinderten-Kinderheim, um sich beim TSV Lensahn durch Karate fit zu halten. Während der Saison 84/85 zum FC St.Pauli zurückgekehrt, gehörte er für kurze Zeit dem Amateurkader an, um ab Oktober 84 für sechs Monate in Nicaragua als Aufbauhelfer zu arbeiten. Zurück in Deutschland versuchte der »Rebell« bei St.Pauli wieder ein kurzes Comeback, das nach drei Monaten scheiterte. Die anschließend begonnene Ausbildung zum Heilpraktiker musste er aus Kostengründen ebenfalls kurzerhand abbrechen.

»Volker, hör die Signale!« – Volker Ippig, der schillernde Kult-Keeper des FC St.Pauli.

Vor der Saison 86/87 klopfte der »Wanderer zwischen den Welten« erneut bei seinem Ex-Klub an, um sich hinter Klaus → Thomforde zunächst als Ersatzmann bereitzuhalten. Weil die Nummer 1 fortwährend schwächelte, erhielt Ippig für das DFB-Pokalspiel beim Bundesligisten VfL Bochum eine Bewährungschance. Der »Teufelskerl« präsentierte sich beim überraschenden 2:1-Sieg als nahezu unüberwindlich und war fortan gesetzt. Schnell avancierte der »zottelige Blonde« zu einem Idol des kleinen Zweitligaklubs. Durch seine unkonventionelle Art sorgte Ippig auch abseits des Fußballplatzes für Schlagzeilen. Zeitweilig Hausbesetzer in der berüchtigten Hamburger Hafenstraße, bekam er das Etikett »Systemfeind« verpasst. Statt des unter Fußballprofis üblichen Sportcoupes kutschierte der Freiheitskämpfer einen uralten Mercedes Diesel durch die Gegend. Es folgten ein legendärer Auftritt im »Aktuellen Sport-Studio«, wo der »Super-Typ« (Trainer Helmut Schulte) Bauarbeiter-Schuhe trug, sowie 1988 der überraschende Aufstieg in die Bundesliga.

Zuverlässig, ohne zu überragen, konnte der Leistungsträger mit dem Klub im ersten Jahr die Klasse halten und zählte auch in der nächsten Spielzeit zu den Stammkräften. Während der Saison 90/91 plagten den »Eigenbrötler« zunehmend starke Rückenschmerzen, die ihn, wie bereits in der Vorsaison, immer wieder zu Pausen zwangen. Obwohl Kollege Thomforde als Vertreter zumeist überzeugen konnte, erhielt Ippig aufgrund seiner Dirigierkünste immer wieder das Vertrauen des Trainers. Am 19. Spieltag gelang dem langmähnigen Blondschopf im Auswärtsspiel gegen Bayern München ein phantastisches Comeback. Mit tollen Reaktionen brachte er den Tabellenzweiten zur Verzweiflung, um seiner Mannschaft durch den 1:0-Sieg im Abstiegskampf wieder etwas Luft zu verschaffen. Verletzungsbedingt zwischendurch von Thomforde abgelöst, bewies der »Sonderling« auch am 30. Spieltag bei Borussia Mönchengladbach nochmals seine Extraklasse. In formvollendeter Poesie von »Sportschau«-Reporter Karl-Heinz Fest kommentiert (»Da sagt sich Ippich: Den Elfer kipp' ich«), parierte er einen Strafstoß von Thomas Kastenmeier und sicherte seiner Elf ein Remis. Dennoch musste sein Klub am Ende in die Relegation, wo man schließlich im Entscheidungsspiel gegen Zweitligist Kickers Stuttgart unterlag. Bis April 92 blieb Ippig der Kultkeeper des FC St. Pauli, dann sorgten die Rückenbeschwerden endgültig für das Karriereende. Anschließend arbeitete der Sportinvalide als Torwarttrainer, versuchte eine Fortsetzung seiner Heilpraktiker-Ambitionen und kickte beim Heimatverein TSV Lensahn noch einige Zeit als Mittelfeldspieler. Seit 1999 ist der mittlerweile zweifache Familienvater, der 1997 in Berlin auch bei einer Haschisch-Demo anzutreffen war, beim FC St.Pauli wieder als Torwarttrainer tätig.

Isoaho, Olli

Geboren: 02.03.1956 (Finnland)
BL-Verein: Arminia Bielefeld (1982–1983)
BL-Spiele: 15
A-Länderspiele für Finnland: 15

Nach der Saison 81/82 befand sich Bundesligist Arminia Bielefeld in der Annahme, auf die Dienste von Wolfgang → Kneib verzichten zu können. Während der bewährte Keeper in die Arbeitslosigkeit geschickt wurde, glaubte man in Olli Isoaho adäquaten Ersatz gefunden zu haben. Der Finne konnte bereits auf 15 Länderspiele zurückblicken und hatte auch in den WM-Qualifikationsspielen gegen Deutschland – ungeachtet der hohen Niederlagen – einige Kostproben seines Könnens geliefert.

Weil die Bielefelder aber zudem von Fortuna Düsseldorf den talentierten Volker → Diergardt verpflichteten, musste sich der erfahrene Schlussmann vor Saisonbeginn einem Konkurrenzkampf stellen. Zunächst zeigte er in den Vorbereitungsspielen wechselhafte Leistungen, bald war ein Formanstieg jedoch unverkennbar, so dass sich Bielefelds neuer Coach Horst Köppel vor dem 1. Spieltag auf Isoaho festlegte.

Trotz aller Unkenrufe, die seine Bundesligatauglichkeit bezweifelten, konnte er beim 1:0-Sieg in Leverkusen einen gelungenen Einstand verzeichnen. Gute Paraden, sowie ein gehaltener Elfmeter ließen zunächst alle Kritiker verstummen. Zudem hatte der eiserne Zerberus eine schmerzhafte Handverletzung verschwiegen, um seinen hart erkämpften Stammplatz nicht zu gefährden. In den nächsten drei Wochen bestätigte er diese Leistung zumindest ansatzweise, doch bereits am 5. Spieltag führten die Abstimmungsprobleme mit den Vorderleuten zu dummen Gegentoren. Nach der 2:4-Heimpleite gegen Bayern München bereits von Beobachtern als »Flattermann« gebrandmarkt, schwankte er auch beim nächsten Spiel gegen den Hamburger SV, nach Meinung des »Kicker«, ständig »zwischen Welt- und Kreisklasse«.

Zwei guten Vorstellungen gegen Borussia Mönchengladbach und den VfB Stuttgart folgte dann am 12. Spieltag bei Borussia Dortmund die Katastrophe. Zunächst gingen die Bielefelder mit 1:0 in Führung, um durch einen Fehler des Keepers noch vor dem Halbzeitpfiff den Ausgleich hinnehmen zu müssen. In der zweiten Hälfte entwickelte sich dann ein Dortmunder Angriffsinferno, bei dem Isoaho nur noch orientierungslos im Strafraum herumirrte und als erster und bis heute einziger Torwart der Bundesligageschichte innerhalb einer Halbzeit 10 Treffer einstecken musste. Nach der historischen 1:11-Pleite zeigte sich der »schlechteste Torwart der Bundesliga« am Boden zerstört, während Reservist Diergardt bereits die Hufe scharrte.

Dennoch konnte sich Köppel noch nicht für einen Torwarttausch entscheiden und beließ den Unglücksraben zunächst im Kasten. Doch auch in den nächsten Wochen konnte er seine Nervosität nicht ablegen und nach weiteren spielentscheidenden Patzern sah sich der Coach endgültig zum Handeln gezwungen. Ab dem 16. Spieltag kam Diergardt zum Zug, während Isoaho (»Rückblickend war das 1:11 in Dortmund der Knackpunkt meiner Karriere.«) in den Planungen des Klubs keine Rolle mehr spielte. Obwohl man ihn anschließend bei verschiedenen Klubs im Ausland wie »Sauerbier« anbot, konnte erst im Herbst 83 der Wechsel nach Hongkong vollzogen werden. Später folgten noch Wanderjahre bei diversen Klubs in Norwegen und Schweden.

J

Jäcker, Hans

Geboren: 20.11.1932 (Deutschland)
BL-Verein: Eintracht Braunschweig (1963–1967)
BL-Spiele: 58
Vereinstitel: 1 x Meister (1967)

Sein Torwart-Glück versuchte der gebürtige Westfale Hans Jäcker ab Mitte der fünfziger Jahre zunächst beim 1. FC Köln. Dort konnte er sich aber gegen den Holländer Frans de Munck nicht entscheidend durchsetzen. 1956 wechselte er zu Eintracht Braunschweig und feierte einen fulminanten Einstand. In seinem zweiten Spiel für die Niedersachsen meisterte er zwei Elfmeter und Trainer Kurt Baluse zeigte sich begeistert: »Reaktionsschneller und ruhiger kann kaum ein Torhüter sein.«

Schnell etablierte sich der 1,79 m große Keeper mit dem lichten Haupthaar, absolvierte für Braunschweig über 200 Oberligaspiele, um zudem in die Niedersachsen- und Norddeutsche Auswahl berufen zu werden. Für Jäcker begann 1963 das Abenteuer Bundesliga als Nummer 1 und der Diplomsportlehrer legte eine hervorragende Saison hin. Hinter einer sicheren Braunschweiger Abwehr zeigte er gleich am 1. Spieltag gegen 1860 München eine bestechende Torwartleistung und rettete mit seinen Glanzparaden das 1:1-Unentschieden. Als Mannschaftskapitän wurde er am 6. Spieltag für sein 300. Eintracht-Spiel geehrt und in den folgenden Wochen erwies sich der »Teufelskerl« oftmals als »Mann mit tausend Händen«. Kritik erntete er allein für seine »Unart«, die Bälle mit hochgezogenen Knien zu fangen, was für die Gegenspieler grundsätzlich ein Verletzungsrisiko beinhaltete. Prompt kam es in der Rückrunde zu einem schweren Zusammenprall mit dem Münsteraner Walter Bensmann, der seine Bundesligalaufbahn anschließend beenden musste. Ansonsten produzierte »Hannes« zumeist positive Schlagzeilen, stand Woche für Woche im Brennpunkt gegnerischer Angriffe und besaß großen Anteil am Klassenerhalt des Außenseiters Braunschweig. Auch im »Elfmetertöten« stach Jäcker hervor und erläuterte seinen Erfolg folgendermaßen: »Wir Bundesliga-Torhüter kennen unsere Pappenheimer. Wir kennen ihre Tricks und stellen uns auf sie ein.«

In der Saison 64/65 zählte er ebenfalls noch zu den Stützen, obwohl ihm der junge Horst → Wolter bereits den Rang streitig machte. Aber der routinierte Zerberus beeindruckte immer noch durch sicheres Stellungsspiel und rettete am 26. Spieltag beim Abstiegsduell gegen den VfB Stuttgart einen wichtigen Sieg. Dennoch stand Wolter nach dieser Spielzeit bereits zur Ablösung bereit und dieser Torwarttausch erfolgte dann in aller Freundschaft. Während sein Nachfolger sich die nächsten Jahre in die Nationalelf hechten konnte, blieb Jäcker ein loyaler Reservist, der in seiner letzten Saison bei Eintracht Braunschweig 1967 noch die Deutsche Meisterschaft feiern konnte.

Danach war der Studienrat, neben verschiedenen Trainertätigkeiten, zeitweilig Sprecher in der neu gegründeten Fußballer-Abteilung der Deutschen Angestellten-Gewerkschaft. Als Ratsherr und Oberbürgermeister von Mascherode war er zudem politisch für die FDP aktiv. Als zweiter Ex-Spieler der Bundesligageschichte nach Jürgen Friedrich vom 1. FC Kaiserslautern, führte der »engagierte Mann« von 1980 bis 83 die mittlerweile zweitklassige gewordene Eintracht in Präsidenten-Funktion durch sportlich und finanziell schwierige Zeiten.

Jäger, Armin

Geboren: 19.09.1962 (Deutschland)
BL-Vereine: VfB Stuttgart (1983–1986), Stuttgarter Kickers (1988–1989)
BL-Spiele: 20
Vereinstitel: 1 x Meister (VfB Stuttgart: 1984)

Über die Stationen TSV Asperg und TSV Ludwigsburg gelangte Armin Jäger in die Jugendabteilung des VfB Stuttgart. Mit der A-Jugend wurde er 1981 deutscher Jugendmeister und als Nachfolger von Siegfried → Grüninger stand der 1,96 m große Keeper ab der Saison 83/84 im Profikader des Bundesligisten. Bereits das erste Profijahr sollte für den gelernten Zimmermann in einem unerwarteten Triumph münden. Am 27. Spieltag musste Jäger gegen Bayern München in der Halbzeit für Roleder eingesetzt werden, der eine schwere Nierenquetschung erlitten hatte. Der »schwäbische Modellathlet konnte nur noch durch einen Elfmeter bezwungen werden. Bis zum 32. Spieltag beeindruckte der »eiskalte Keeper« durch Bärenruhe und blieb mit seiner Mannschaft ungeschlagen, ehe er seinen Posten wieder an Roleder abtreten musste. Mit dem Stammtorwart sicherte sich der VfB Stuttgart dann die erste Bundesligameisterschaft. Auch Jäger besaß Grund zum Feiern, denn ein schwächerer Ersatzmann hätte durchaus entscheidende Punktverluste bedeuten können.

In der nächsten Saison blieb Jäger ohne Einsatz und verkündete, dass er gehen würde, wenn ihm ein Klub die Chance für den Stammposten bieten würde.

Ein Jochbeinbruch von Roleder brachte den ehrgeizigen Reservisten in der Saison 85/86 wieder in den Blickpunkt der Bundesliga zurück. Zwischen dem 20. und 27. Spieltag hielt der »Abfang-Jäger« tadellos und weil Roleder an Hüftproblemen laborierte, hütete die Nummer 2 auch am letzten Spieltag den VfB-Kasten. Für das bevorstehende DFB-Pokalfinale stand der Stammkeeper ebenfalls nicht zur Verfügung, so dass auf Jäger am 3. Mai 1986 gegen Bayern München im ausverkauften Berliner Olympiastadion die ganz große Bewährungsprobe wartete. Zwar hielt der 23-jährige Goalie einen, allerdings schwach geschossenen, Foulelfmeter von Lothar Matthäus, doch zuvor hatte er schon mit seinem Stellungsfehler den vorentscheidenden 0:2-Rückstand verursacht. Ohne große Gegenwehr verloren die Schwaben mit 2:5.

Auch für den Ersatzmann erschienen die Perspektiven alles andere als günstig, denn der Verein hatte Nationaltorwart Eike → Immel verpflichtet. Um endlich Stammtorwart zu sein, wechselte er zum Zweitligisten Stuttgarter Kickers. In der Meisterschaftssaison 86/87 spielte der Verein bei der Titelvergabe zwar keine Rolle, doch im DFB-Pokal erwiesen sich die »Degerlocher« als wahrer Favoritenschreck. Mit Eintracht Frankfurt und Fortuna Düsseldorf wurden zwei Bundesligisten weggefegt und unerwartet stand Jäger – diesmal gegen den Hamburger SV – zum zweiten Mal hintereinander im Endspiel.

Vor der Begegnung gab sich der »Mann für besondere Fälle« noch zuversichtlich, um dann im Spiel mit einem dicken Fauxpas erneut für die Vorentscheidung zu sorgen. Insgesamt wenig Sicherheit ausstrahlend, ließ sich der Keeper, beim Spielstand von 1:1, durch einen 20m-Freistoß von Manfred Kaltz düpieren. Nach diesem Doppelfehler von Jäger, der erstens die Mauer schlecht postiert und den Schuß völlig falsch berechnet hatte, war das Spiel zugunsten des HSV entschieden. Die erneute Niederlage spülte der Pechvogel mit einigen alkoholischen Getränken aus der Hotelbar runter und war dennoch vollkommen ernüchtert: »Berlin ist kein gutes Pflaster für mich.«

Noch frustrierender entwickelte sich für den leidenschaftlichen Tennisspieler die nächste Saison. Wegen einer Sprunggelenkverletzung musste er einige Wochen pausieren, und weil sich sein Vertreter Waldemar Cimander einige Patzer leistete, verpflichtete der Verein in der Winterpause überraschend den finnischen Nationaltorhüter Kari → Laukkanen. Völlig perplex über den Neueinkauf (»Ich dachte, der Verein hätte einen Abwehrspieler verpflichtet.«) fand sich Jäger jetzt auch in Liga Zwei auf der Ersatzbank wieder, während die Kickers mit Laukkanen im Tor erstmals in die Bundesliga aufstiegen. Doch in der Bundesliga produzierte der Finne Fehler am laufenden Meter und der Verein befand sich in der Saison 88/89 nach 14 Spieltagen mit 40 Gegentoren am Tabellenende. Gegen den 1. FC Köln hütete am 15. Spieltag wieder Jäger das Kickers-Tor, musste aber mit seiner Elf eine 1:5-Niederlage hinnehmen. Bis zum 21. Spieltag hütete die »Degerloch-Katze« unspektakulär, aber zumeist zuverlässig ihr Gehäuse, ehe er eine Woche später beim 0:3 gegen Hamburger SV in der 68. Minute ohne Fremdeinwirkung einen Muskelfaserriss erlitt.

Deprimiert suchte Jäger in dem neuen Torwartcoach Gerhard → Welz den Schuldigen, weil sich durch dessen harte Trainingseinheiten seine Muskeln total verspannt hätten. Laukkanen stand bis zum Saisonende im Tor und Jäger landete nach dieser Spielzeit in der Vertragslosigkeit.

Jansen, Willi

Geboren: 01.09.1947 (Deutschland)
BL-Verein: Rot-Weiß Oberhausen (1971–1973)
BL-Spiele: 25

Zuvor beim SC Kleve 63 aktiv, rückte Willi Jansen ab 1971 in den Profikader von Rot-Weiß Oberhausen auf, nachdem sich die vormalige Nummer 2 Klaus Witt zum SVA Gütersloh verabschiedet hatte. Mit dem Klub erlebte der 24-jährige Jansen vom Saisonstart an Abstiegskampf »pur«. Als der Ersatzmann am 13. Spieltag ab der 40. Minute erstmals gefordert war, weil sich Stammtorwart Wolfgang → Scheid bei einer Abwehrparade verletzt hatte, stand der Verein schon nahe der Abstiegszone. Jansen ließ sich bei der 0:2-Niederlage gegen Hertha BSC nur noch durch einen Elfmeter bezwingen. Anschließend lobten Presse sowie Trainer Günter Brocker die gelungene Premiere des früheren Kleveners. Nach Expertenurteil »reaktionsschnell wie kaum ein Zweiter«, hielt Jansen auch drei Wochen später, bei der 2:5-Niederlage gegen Borussia Mönchengladbach, glänzend.

Scheid fiel mit einer Zerrung im Sprunggelenk weiterhin aus und sein Stellvertreter lernte schnell die Kehrseite des Torhüterdaseins kennen. Bei der 2:5-Heimpleite gegen den 1. FC Kaiserslautern verschuldete er zwei Tore und nach einer weiteren schwachen Leistung im DFB-Pokal gegen den FC St.Pauli war aus dem hoffnungsvollen Nachwuchsmann in den Augen seines Trainers schon ein »Nervenbündel« geworden. Somit musste sich notgedrungen wieder Stammtorwart Scheid, trotz zahlreicher Blessuren und nicht auskurierter Verletzungen, zwischen die Pfosten begeben. Zwar konnte sich RWO am Ende der Saison noch knapp über die Ziellinie retten, doch zählte der Verein für die Saison 72/73, aufgrund von Finanznot und Spielverkäufen, schon im Vorfeld zu den heiß gehandelten Abstiegskandidaten.

Schon am 1. Spieltag dieser Spielzeit musste Jansen zur Halbzeit erneut einspringen, weil Scheid nach vier Treffern gegen Bayern München entnervt um seine Auswechslung bat. Jansen konnte sich in den verbleibenden 46 Minuten noch einige Male auszeichnen, um dadurch die Niederlage in Grenzen zu halten. Im weiteren Verlauf der Vorrunde kam er – durch verschiedene Verletzungen und Erkrankungen von Scheid – zu sporadischen Einsätzen und agierte insgesamt wechselhaft. In der Rückrunde war Scheid am 19. Spieltag erneut nicht einsatzfähig und als der 1,80 m große Jansen mit tollkühnen Paraden ein Remis gegen den 1. FC Köln sicherte, gab es von Interims-Trainer Friedhelm Kobluhn wieder mal Streicheleinheiten: »Wenn der Willi noch mehr Flanken abfängt, ist er erstklassig.«

Der Keeper verfiel anschließend jedoch wieder »von einem Extrem ins Andere«. Am 22. Spieltag bewirkte ein heftiger Tritt des Herthaners Michael Sziedat das Karriereende von Wolfgang Scheid. Jansen, der in einer schwachen RWO-Mannschaft oft Schwerstarbeit verrichten musste, blieb unbeständig und sollte zwischenzeitlich sogar von dem Amateurtorwart Gerd Müller abgelöst werden. Am 28. Spieltag zeigte der Vielkritisierte beim 4:0-Sieg über den MSV Duisburg noch einmal eine Klasseleistung. Es war jedoch das letzte Aufbäumen einer Mannschaft, die sich im sportlichen und finanziellen Siechtum befand. Als sich RWO am letzten Spieltag vor 800 verbliebenen Zuschauern mit einem 2:1-Sieg über die Offenbacher Kickers aus der Bundesliga verabschiedete, war mit Dieter → Ferner von Bayer Leverkusen bereits ein neuer Schlussmann verpflichtet worden.

Jansen, der zunächst Abwanderungspläne hegte, ging mit seinem Klub dann doch den Weg in die Regionalliga West, blieb aber in der Saison 73/74 hinter Ferner ebenfalls nur Ersatzmann. Ex-Präsident Peter Maaßen schickte dem bedauernswerten Jansen noch ein wenig schmeichelhaftes Zeugnis in die Zweitklassigkeit hinterher: »Wenn wir die langwierige Verletzung von Scheid nicht hätten schlucken müssen, hieße der erste Absteiger mit Sicherheit nicht RWO. Stellen Sie sich einmal Schalke 04 ohne Norbert → Nigbur vor!«

Jentzsch, Simon

Geboren: 04.05.1976 (Deutschland)
BL-Vereine: KFC Uerdingen 05 (1994–1996), Karlsruher SC (1996–1998), TSV 1860 München (seit 2000)
BL-Spiele: 84 (zum Ende der Hinrunde 02/03)

Der »Riese vom Niederrhein«, in Düsseldorf als Sohn eines Deutschen und einer Engländerin geboren, begann mit dem Vereinsfußball beim SC Waldniel, wo er bis zum 14. Lebensjahr auf der Libero-Position spielte. Anschließend bei einem Probetraining im holländischen Venlo als Torhüter entdeckt, wechselte der damalige Fan von Englands Nationaltorwart Peter Shilton zur B-Jugend des 1. FC Mönchengladbach. Erstmals Furore als viel versprechender Nachwuchskeeper machte Jentzsch dann ab 1993 nach seinem Wechsel zur A-Jugend von Bayer 05 Uerdingen. 1994 mit seiner Elf Niederreinmeister und in der Endrunde um die Deutsche Jugendmeisterschaft erst im Halbfinale gegen Borussia Dortmund ausgeschieden, wurde er parallel in die U18-Auswahl berufen. Aufgrund der Verletzung des etatmäßigen Stammtorhüters Koni Wieland sowie guten Leistungen in der Vorbereitung erhielt Jentzsch für die U18-Europameisterschaft in Spanien von Trainer Hans-Jürgen Dörner den Vorzug vor dem Stuttgarter Marc → Ziegler.

Der 1,96m große Hüne zeigte in allen vier Spielen eine hervorragende Leistung, um mit seinem Team erst im Finale gegen Portugal im Elfmeterschießen zu unterliegen. Anschließend rückte er in Uerdingens Amateurkader auf und feierte mit der Niederrhein-Auswahl im Frühjahr 95 den Gewinn des Amateur-Länderpokals.

Vor der Saison 95/96 zeigte der Karlsruher SC ein starkes Interesse an dem Abiturienten. Nach einem erfolgreichen Probetraining wechselte Jentzsch noch während der Vorrunde zum badi-

Stets aufmerksam – Simon Jentzsch von 1860 München.

schen Bundesligisten, um sich hinter Claus → Reitmaier und Thomas → Walter zunächst als nominelle Nummer 3 einzureihen. Ab der Saison 96/97 rückte er zum ersten Ersatzmann auf und erhielt zudem regelmäßige Berufungen für die U21-Auswahl. Mit den KSC-Amateuren gelang ihm ein überraschender Sieg in der 1. DFB-Pokalrunde gegen Zweitligist Carl Zeiss Jena, bei dem sich Jentzsch als »schier unbezwingbarer Rückhalt« erwies. Auch in der 2. Runde, bei der 0:1-Niederlage gegen Bundesligist VfL Bochum, konnte Jentzsch mehrfach glänzen und Profi-Trainer Winfried Schäfer verglich sein Potential bereits mit dem eines Oliver → Kahn.

Dennoch schien Reitmaiers Stammposition im Profikader unumstößlich, obwohl Schäfer seinen Vertragsamateur gelegentlich als Druckmittel gegen die Nummer 1 verwendete. Während der Saison 97/98 rutschte der KSC im Verlauf der Rückrunde immer stärker in die Abstiegszone, was im März 98 zur Entlassung Schäfers führte. Kaum war Jörg Berger sein Nachfolger, als sich Reitmaier am 29. Spieltag im Heimspiel gegen Hertha BSC in der 50. Minute einen Muskelriss zuzog. Zwar konnte der eingewechselte Jentzsch die 0:2-Niederlage nicht verhindern, aber in einigen Szenen mit guten Paraden aufwarten. Eine Woche darauf absolvierte der »Stille im Lande« für den verletzten Reitmaier im Abstiegsduell beim 1. FC Köln sein Vollzeitdebüt.

Obwohl er in den ersten Minuten durch einen missglückten Abschlag beinahe den Rückstand verschuldet hätte, ließ sich der 21-Jährige nicht aus der Ruhe bringen, um in der Schlussphase mit glänzenden Reaktionen den knappen 1:0-Erfolg zu sichern. Auch beim anschließenden torlosen Remis im Heimspiel gegen Schalke 04 wusste der baumlange Keeper zu überzeugen. Berger besaß nun nach der Genesung Reitmaiers und vor der anstehenden Begegnung beim VfL Bochum die Qual der Wahl. Zur Verärgerung des langjährigen Stammkeepers vertraute Berger auf Jentzsch, der bis zum Saisonschluss im Tor blieb, sich mit seinem Klub aber nicht mehr vor dem Abstieg retten konnte.

In der 2. Bundesliga nach Reitmaiers Wechsel zum VfL Wolfsburg zur Nummer 1 avanciert, verzeichnete der gut aussehende »Modellathlet« einen äußerst unglücklichen Einstand. Bei einem Vorbereitungsspiel gegen Hertha BSC ließ er in dilettantischer Manier einen 100-m-Abschlag seines Gegenübers Gabor → Király passieren, um im ersten Saisonspiel gegen Hannover 96 nach einer Notbremse die Rote Karte zu kassieren. Der für den kurz darauf entlassenen Berger eingesetzte Rainer Ulrich gab seinem jungen Schlussmann aber die nötige Rückendeckung, so dass sich Jentzsch im Verlauf der Saison 98/99 erheblich steigern konnte und zu einem der besten Zweitliga-Torhüter avancierte. Nach Saisonende absolvierte er zudem gegen Frankreich sein erstes A2-Länderspiel. Während der Saison 99/00 konnte der selbstdefinierte »Einzelkämpfer« nicht mehr an die Top-Leistungen des Vorjahres anknüpfen und musste mit seinem Klub am Ende den Absturz ins Amateurlager verzeichnen. Von KSC-Sportdirektor Guido Buchwald dennoch bereits als einer der »fünf besten Torhüter Deutschlands« eingestuft, wechselte der 24-Jährige anschließend zum Bundesligisten 1860 München, um sich dem Dreikampf mit Michael → Hofmann und Daniel → Hoffmann zu stellen.

Bereits beim ersten Training konnte er mit seiner imposanten Statur beeindrucken, musste sich zum Start der Saison 00/01 dennoch hinter Hofmann als Ersatzmann einreihen. Durch die Knieverletzung Hofmanns gelangte Jentzsch bereits am 3. Spieltag zu einem ersten Einsatz, konnte sich aber aufgrund wechselhafter Leistungen in der Hinserie keinen Stammplatz sichern. Erst zur Rückrunde legte sich 1860-Trainer Werner Lorant (»Vom Talent her ist Jentzsch schon jetzt einer der Besten in Deutschland.«) endgültig auf die Neuverpflichtung fest. Dem »Gewinner« gelang zwar insgesamt eine Konsolidierung seiner Leistungen, um dennoch jederzeit für einen Patzer gut zu sein; eine Tendenz, die sich auch während der Saison 01/02 bestätigte. Im ersten Heimspiel dieser Spielzeit präsentierte sich Jentzsch bei der 0:4-Niederlage gegen den 1. FC Kaiserslautern völlig indisponiert, um auch in den nächsten Begegnungen durch eklatante »Blackouts« mehrere Gegentore zu verschulden. Von 1860-Torwart-Legende Petar → Radenkovič hart kritisiert (»Jentzsch ist kein Bundesliga-Torwart.«), verglich ihn die Boulevardpresse aufgrund der zahlreichen Missgeschicke bereits mit den früheren »Pannen« eines Oliver → Reck. Am 16. Spieltag avancierte der Torwart mit dem »unorthodoxen« Bewegungsablauf dann beim 1:0-Sieg gegen den VfB Stuttgart mit zahlreichen Glanzparaden erstmals zum Matchwinner, um sich während der Rückrunde – zwischenzeitliche Fauxpas eingeschlossen – auf befriedigendem Niveau zu stabilisieren.

Die Leistungsexplosion erfolgte dann zur Saison 02/03, in der Jentzsch bereits am 3. Spieltag gegen Werder Bremen mit einer guten Leistung imponierte, eine Woche darauf im Derby gegen Bayern München laut »Kicker« mit »unglaublichen Reflexen« eine höhere Niederlage verhinderte und sich zudem als Elfmetertöter profilierte. Als der »Löwen«-Schlussmann am 8. Spieltag zum ersten Mal in der Bundesligageschichte gegen den VfB Stuttgart den fünften Strafstoß in Folge parieren konnte, war aus dem einstigen »Wackelkandidaten« im Urteil der Kritiker längst ein »Magier« geworden.

Trotz aller Komplimente zurückhaltend und bescheiden (»Elfmeter zu halten, ist zu 90 % Glück.«) konservierte der coole Keeper seine überragenden Leistungen bis zur Winterpause. Als Anerkennung folgte die Berufung in das »Team 2006« sowie im November 02 eine Einladung in das »Aktuelle Sport-Studio«.

Seinen persönlichen Höhepunkt erlebte der 12-fache U21-Nationalspieler dann im DFB-Pokalspiel gegen den VfB Wolfsburg, bei dem er im Elfmeterschießen erneut einen Strafstoß entschärfte, ehe er gegen seinen einstigen Rivalen Reitmaier den entscheidenden Ball selbst verwandelte. Nach Abschluss der Hinrunde wurde der »Gereifte«, vom »Kicker« in der Torwart-Rangliste hinter Jens → Lehmann und Oliver Kahn, erstmals in die »Internationale Klasse« einsortiert.

Jopp, Bodo

Geboren: 12.11.1952 (Deutschland)
BL-Verein: VfB Stuttgart (1970–1973)
BL-Spiele: 2

»Wer ist denn Jopp?«, rätselte am 22. Spieltag der Saison 70/71 das Fachmagazin »Kicker«, als beim VfB Stuttgart im Spiel gegen Werder Bremen nach wenigen Minuten für den verletzten Gerhard → Heinze ein 18-jähriger »Nobody« eingewechselt wurde. Der 1,89 m große »Torwartriese« Bodo Jopp begann seine Laufbahn beim VfR Heilbronn und spielte mehrfach in der württembergischen Jugendauswahl. 1969 folgte der Wechsel zum VfB Stuttgart und vor der Saison 70/71 war Jopp, als Torwart der Amateurmannschaft, hinter Heinze, Hans → Hauser und Günter → Sawitzki nominell nur die Nummer 4. Hauser mutierte jedoch zum Dauerverletzten und der Ex-Internationale Sawitzki erklärte nach einigen Aushilfseinsätzen seinen Rücktritt vom Profikader.

Dadurch rückte beim Auswärtsspiel in Bremen der unerfahrene Nachwuchskeeper auf die Bank. Schon nach 120 Sekunden musste Heinze den Platz mit einer Schulterprellung verlassen und sein junger Stellvertreter rückte praktisch über Nacht in das Rampenlicht der Bundesliga.

Trotz der 1:3-Niederlage erntete der gelernte Kaufmann das Lob der Fachpresse und konnte durch Heinzes Verletzung auf einen weiteren Einsatz hoffen. Aber gegen Eintracht Braunschweig griff Trainer Branko Zebeč dann doch auf den wieder genesenen Hauser zurück und Jopp musste sich bis auf weiteres mit Amateureinsätzen zufrieden stellen.

Anderthalb Jahre später gelangte der Sepp → Maier-Fan während der Saison 72/73 aufgrund von Verletzungen der Torwartkollegen zu seinem zweiten Einsatz. Zunächst musste sich Heinze vor dem 7. Spieltag mit Prellungen abmelden und zwei Wochen darauf schied Ersatzmann Helmut → Roleder bei Kickers Offenbach in der 26. Minute mit einem Schienbeinbruch aus. Zu diesem Zeitpunkt stand es 3:0 für Stuttgart und der eingewechselte Jopp ließ sich nur noch einmal durch Siegfried Held bezwingen.

Zwar saß er anschließend noch monatelang für den verletzten Roleder auf der Bank, doch Bundesligaeinsätze ergaben sich für den einstmals »vergoldeten Reservisten« nicht mehr. Acht Jahre später stand er mit dem Amateurligisten SV Neckargerach gegen Bayern München in der 2. Runde des DFB-Pokals noch einmal im Rampenlicht.

Josef, Waldemar

Geboren: 25.10.1960 (Deutschland)
BL-Verein: Eintracht Braunschweig (1982–1985)
BL-Spiele: 19

Während der Saison 80/81 beeindruckte der gelernte Kfz-Mechaniker Waldemar Josef beim Oberligisten VfL Wolfsburg mit konstant guten Leistungen und erhielt mehrfach Berufungen in die Niedersachsen-Auswahl. Zwei Jahre später holte ihn der damalige Assistenztrainer Heinz Patzig zum Bundesligisten Braunschweig. Kurzerhand kündigte der hoffnungsvolle Keeper seinen Job beim Wolfsburger VW-Werk, um in der Saison 82/83 bei Braunschweig zunächst als Ersatzmann einzusteigen. Für den verletzten Franke gelangte der »Lehrling im Profigeschäft« im Verlauf der Spielzeit zu vier BL-Einsätzen, bei denen er durchweg überzeugen konnte. Während der nächsten Saison folgte für den »Mann mit viel Selbstvertrauen« die erste Enttäuschung, als der 36-jährige Franke seine ursprünglichen Rücktrittsabsichten revidierte und den Vertrag um ein Jahr verlängerte. Zum Trost gab es für die Nummer 2 gegen Borussia Dortmund und Bayer Uerdingen zwei Gefälligkeitseinsätze, die er zufrieden stellend absolvierte.

Eintracht Braunschweig befand sich in der Saison 84/85 bereits im sportlichen Sturzflug, als sich für »Waldi« am 4. Spieltag endlich die große Chance ergab. Franke zog sich beim Spiel gegen Fortuna Düsseldorf eine schwere Innenbanddehnung zu und musste zur Halbzeit ausscheiden. Der »designierte Nachfolger« verschuldete bei der 1:4-Niederlage noch zwei Treffer, besaß aber aufgrund Frankes längerfristigem Ausfall jetzt reichlich Gelegenheit, seine Ansprüche in der wöchentlichen Praxis zu untermauern. Trotz aller Zuversicht des selbstbewussten Josef (»Ich packe es.«) folgten bittere Wochen, bei denen er sich in keiner Phase als ebenbürtiger Ersatz erwies. Trauriger Tiefpunkt war die 0:10-Pleite bei Borussia Mönchengladbach, die für Braunschweig die höchste Bundesliganiederlage darstellte. Bis zum 14. Spieltag gab sich der »nette Kerl« alle Mühe, um anschließend, aufgrund einer beim Training erlittenen Knieverletzung, bis zum Hinrundenschluss durch Amateurkeeper Jörg → Hoßbach ersetzt zu werden.

Zum Rückrundenstart meldete sich Franke wieder fit, aber Braunschweigs dritter Bundesligaabstieg war bereits unvermeidlich. Weil die langjährige Nummer 1 ihre Karriere nun definitiv beendete, ergab sich später endlich die langfristige Gelegenheit zum Stammtorhüter. Es folgten wechselhafte Leistungen sowie Verletzungen und noch in der Saison 85/86 verdrängte ihn der junge Hoßbach. Anschließend kehrte Josef zum VfL Wolfsburg in die Amateurliga zurück.

Jüriens, Joachim

Geboren: 08.08.1958 (Deutschland)
BL-Verein: Eintracht Frankfurt *(1980–1984)*
BL-Spiele: 30
Vereinstitel: 1 x DFB-Pokal (1981)

Nach den vergleichsweise sorglosen Zeiten mit Egon → Loy, Dr. Peter → Kunter, Günter → Wienhold und Heinz-Josef → Koitka plagte den Bundesligisten Eintracht Frankfurt spätestens seit 1979 ein chronisches Torwartproblem.

Zu dieser Phase entpuppten sich sowohl Klaus → Funk als auch Jürgen → Pahl als eher unsichere Kantonisten. Joachim Jüriens, 1980 ambitioniert und ehrgeizig vom Amateurligisten ASV Herzogenaurach gekommen, startete in die Saison 80/81 hinter Pahl und Funk zunächst als nominelle Nummer 3. Durch die Schulterverletzung von Pahl kam ab dem 6. Spieltag zunächst Funk an die Reihe, der sich aber durch grobe Patzer schnell ins Abseits hechtete. Am 14. Spieltag feierte der 1,86m große Jüriens in Uerdingen dann sein Debüt, das mit der 1:4-Schlappe gründlich danebenging. Drei Wochen später folgte beim 2:2 gegen Fortuna Düsseldorf ein erneuter Einsatz, bei dem der »Schlussmann mit dem Gardemaß« ebenfalls nicht restlos überzeugen konnte. Nachdem Funk am 33. Spieltag im Heimspiel gegen Borussia Dortmund in den ersten 45 Minuten vier Treffer kassiert hatte, musste Torwarthüne Jüriens erneut den Notstopfen spielen. Für die nächste Spielzeit rückte er für den geschassten Funk dann zur Nummer 2 auf.

Vor der Saison 81/82 zeigte er sich bei einem Testspiel gegen den Karlsruher SC vollkommen indisponiert, um sich dadurch bereits im Vorfeld beim Stammplatzduell mit Pahl aller Chancen zu berauben. Bis zum 13. Spieltag musste er sich in Geduld üben, dann brachte ihn eine Verletzung des Kollegen zurück ins Geschehen. Eingewechselt in der 44. Minute hielt er seinen Kasten sauber und konnte mit der Mannschaft einen 4:1-Auswärtssieg bilanzieren. Im Februar des nächsten Jahres folgte die zweite Chance, als Pahl kurz vor Schluss im Spiel gegen den Hamburger SV wegen eines eingeklemmten Ischiasnervs aufgeben musste. Sechs Tage später wurde der Ersatzkeeper auch in seinem ersten Europacup-Match gefordert, bei dem er sich, trotz der 0:2-Niederlage gegen Tottenham Hotspurs, mit gelungenen Paraden bestens bewährte. Kurz darauf wurde er im Spiel gegen den 1. FC Nürnberg selbst ein Verletzungsopfer und musste nach einer Viertelstunde durch Amateur Ralf → Raps ersetzt werden. Anschließend konnte sich der wieder genesene Pahl etablieren und Jüriens saß bis zum Saisonschluss wieder nur auf der Bank.

Kurz vor dem Saisonstart 82/83 erlitt Pahl eine Sprunggelenkverletzung und wurde in den ersten drei Saisonspielen zunächst durch Jüriens vertreten. Keiner der beiden Schlussleute genoss jedoch das absolute Vertrauen von Trainer Branko Zebeč. Nachdem sich Pahl am 16. Spieltag beim Abwurfversuch den Ball selbst ins Tor geworfen hatte, musste abermals der »Mann für alle Fälle« einspringen. Das folgende Heimspiel gegen Fortuna Düsseldorf entwickelte sich für den bedauernswerten Jüriens zu einem Alptraum, denn die aufgebrachten Eintracht-Fans forderten nach wiederholten Unsicherheiten von den Rängen vehement seine Auswechslung. Zum Rückrundenstart spielte Pahl, der nach dem 21. Spieltag aufgrund seiner Unsicherheiten erneut von Jüriens abgelöst wurde. Eine Woche später erlebte der Torwartriese im Heimspiel gegen Bayern München seine persönliche Sternstunde. Beim 1:0-Sieg parierte er in der 77. Minute einen Strafstoß von Paul Breitner, um auch den Nachschuss von Dieter Hoeneß abzuwehren. Anschließend als »Held des Tages« gefeiert, zeigte er sich überglücklich: »Ich habe immer gewusst, dass mein Tag mal kommen würde.« Nach weiteren guten Leistungen erfolgte zur Belohnung die erhoffte Vertragsverlängerung. Nach verheerenden Patzern bei der 1:4-Niederlage am 30. Spieltag gegen Borussia Dortmund zum Sündenbock erkoren, landete er jedoch erneut auf der Bank.

Vor der Saison 83/84 konnte sich zunächst Pahl durchsetzen, um bereits nach dem 1. Spieltag dem »langen Ersatzkeeper« weichen zu müssen. Die ewigen Wechselspielchen zehrten derweil an den Nerven beider Torleute. Ohne Rückendeckung seines Trainers leistete sich Jüriens gegen Bayer Uerdingen sowie bei der 2:4-Pleite im DFB-Pokal gegen Amateurligist Göttingen 05 erneut kapitale Fehler. Nach einem weiteren Fauxpas am 10. Spieltag gegen den VfL Bochum flog er wieder aus der Mannschaft und für die nächste Spielzeit rekrutierte sein Verein den talentierten Nachwuchskeeper Hans-Jürgen → Gundelach.

Im Dezember 84 wechselte Jüriens nach mehrmonatiger Arbeitslosigkeit als Nachfolger von Walter Modick zum SSV Ulm 46. Nach gutem Start folgten erneut grobe Patzer, ein unnötiger Platzverweis sowie anschließende Publikumsbeleidigungen, was den »Dreifachtäter« auch bei Ulm dauerhaft aller Chancen beraubte.

Junghans, Walter

Geboren: 26.10.1958 (Deutschland)
BL-Vereine: Bayern München (1977–1982), Schalke 04 (1982–1987), Hertha BSC Berlin (1990–1991), Bayer 04 Leverkusen (1993–1994)
BL-Spiele: 205
Vereinstitel: 2 x Meister (Bayern München: 1980, 1981) 1 x DFB-Pokal (Bayern München: 1982)

»Der beste Torwart der DFB-Jugend seit Rudolf → Kargus« (»Kicker«) begann im Alter von 10 Jahren die Vereinslaufbahn als Mittelfeldspieler bei Victoria Hamburg, um fünf Jahre später ins Torwartfach zu wechseln. Neben 30 Auswahlspielen für Hamburg absolvierte der gelernte technische Zeichner bis 1978 für die DFB-Jugend insgesamt 18 Länderspiele. Beim UEFA-Jugendturnier 77 in Belgien beeindruckte das »unbestrittene Talent« mit gutem Stellungsspiel, weiten Abschlägen und bestechender Zuverlässigkeit. Obwohl sich ungeachtet aller Brillanz bereits Schwächen in der Strafraumbeherrschung offenbarten, galt der gebürtige Hamburger bei Fachleuten als eines der größten Torwart-Talente des Landes.

Schon begannen sich Bundesligaklubs wie der 1. FC Köln und Werder Bremen für ihn zu interessieren, aber Bayern München-Manager Robert Schwan lockte den »aufreizend ruhigen Hanseaten« schließlich an die Isar. Hinter Rekordtorwart und Nationalkeeper Sepp Maier folgten zunächst von 1977 bis 79 zwei Jahre Reservistenexistenz. Maier, der sich trotz Verletzungen nie von Einsätzen abbringen ließ, hatte bereits mehrere Reservemänner verschlissen. Spottete er 1976 über seine Stellvertreter Hubertus Licht und Manfred Ober (»Meine Ersatztorhüter heißen Ober und Licht – zusammen sind sie ein Oberlicht.«), so prognostizierte er seinem jungen Ersatzmann ebenfalls ein verfrühtes Rentnerdasein: »Bei mir wird der Junghans noch zum Althans.« Am 17. September 1978 erlitt der »schüchterne und stille« Zerberus zudem in einem Spiel der Bayern-Amateure einen Unterarmbruch, der ihn zu einer sechsmonatigen Zwangspause verurteilte.

Als sich Junghans schon in die Garde der demoralisierten Maier-Vertreter einzureihen schien, rückte ein folgenschweres Ereignis am 14. Juli 1979 den unerfahrenen Nachwuchsmann über Nacht in das Rampenlicht. Maier zog sich bei einem Autounfall schwerste Verletzungen zu, die ihn mehrere Monate ans Krankenbett fesselten. Bayern-Trainer Pál Csernai wollte zwar einen neuen Torwart verpflichten, doch Manager Uli Hoeneß (»Ich bin ein Junghans-Fetischist.«) konnte den Coach dazu überreden, erst einmal der Nummer 2 das Vertrauen zu schenken.

Ein erster Test bei einem Nürnberger Fußballturnier verlief durchwachsen, aber dennoch feierte der optische Vertreter einer damals hippen »Popper«-Generation am 1. Spieltag der Saison 79/80 beim 3:1-Sieg gegen Aufsteiger Bayer Leverkusen sein Bundesligadebüt. Eine Woche später avancierte der 1,85 m große Schlussmann beim 1:1 gegen Schalke 04 zum Mann des Tages, der mit »unglaublichen Paraden« die Schalker zur Verzweiflung brachte und nur durch einen Elfmeter bezwungen werden konnte. Am 5. Spieltag wuchs der »Senkrechtstarter« beim 1:0 in Bochum zum alleinigen Matchwinner und überzeugte damit auch die letzten Zweifler. Beim UEFA-Cup-Spiel gegen Bohemian Prag überzeugte der »schlanke, großgewachsene Junge« ebenfalls durch souveräne Sachlichkeit. Während er sich mit Bayern München an der Tabellenspitze der Bundesliga festsetzte, folgte für die »Torhüterentdeckung der Saison« im Dezember 79 gegen Italien das erste von insgesamt 6 B-Länderspielen. Nach der Hinrunde wurde er bei der »Kicker«-Torwartrangliste hinter Norbert → Nigbur, Dieter → Burdenski und Harald → Schumacher bereits auf Rang 4 eingestuft.

Die Leser des gleichnamigen Fußballmagazins wählten den designierten Maier-Nachfolger bei der Wahl zum »beliebtesten Torwart« hinter Nigbur auf den zweiten Platz. Weil Maier zudem in der Winterpause seinen Rücktritt erklärte, schien Junghans eine glänzende Zukunft bevor zu stehen.

Obwohl dem »Torwart-Komet« in der Rückrunde die ersten Fehler unterliefen und ihm besonders das Ausscheiden im UEFA-Pokal-Halbfinale gegen Eintracht Frankfurt angekreidet wurde, setzte sich der internationale Aufstieg zunächst fort. Mittlerweile in den A-Kader aufgerückt, fuhr Junghans 1980 ohne Länderspielerfahrung, als zweiter Torwart hinter Schumacher, zur Europameisterschaft nach Italien. Seine geplante Premiere im unbedeutenden Vorrundenspiel gegen Griechenland konnte Schumacher dem Bundestrainer Jupp Derwall (»Auf Junghans halte ich große Stücke.«) nur mit Mühe ausreden.

Der rapide Absturz folgte schon in der nächsten Spielzeit, in der Junghans während der ersten Bundesligaspiele besonders bei hohen Bällen wie ein »Schlafwandler« agierte. Csernai, der sich schon längst auf seinen Keeper eingeschossen hatte, verbannte ihn bereits nach dem 3. Spieltag auf die Bank. Für ihn hütete jetzt der 33-jährige Manfred → Müller das Tor, in der vorherigen Saison eigentlich nur als Ergänzung verpflichtet. Obwohl der «Denker und Zauderer« am 9. Spieltag wieder in den Kasten zurückkehrte, hatte die öffentliche Demontage

Mein Gott, Walter! Walter Junghans mutierte vom »Torwart-Komet« zum Sündenbock.

längst begonnen. Nervlich angeschlagen und ohne Rückendeckung des Trainers kassierte der sensible Schlussmann am 14. Spieltag gegen den 1. FC Köln erneut einen haltbaren Weitschuss. Weitere Unsicherheiten sorgten vier Wochen später für die erneute Degradierung.

Vor der Saison 81/82 war der einstige Nachwuchsstar nur noch die Nummer 2, der lediglich durch eine Gehirnerschütterung von Müller am 4. Spieltag eine Comeback-Chance erhielt. Mittlerweile vollkommen verunsichert, segelte Junghans weiterhin regelmäßig an Flanken und Eckbällen vorbei. Trainer Csernai (»Junghans macht seit zwei Jahren die gleichen Fehler«) setzte seine Torhüter einem Zweikampf aus, der schließlich beide Keeper zermürbte. Noch vor Ablauf der Saison reagierte Bayern München auf das Torwartproblem mit der Verpflichtung des belgischen Nationalkeepers Jean-Marie → Pfaff.

Während Pfaff in der Saison 82/83 bei Bayern München zum neuen Publikumsliebling aufstieg, war Junghans zur Nummer 3 abgerutscht. Aus dem frustrierenden Reservistendasein befreite ihn dann im November 80 Aufsteiger Schalke 04, der ihn für eine fünfstellige Leihgebühr in den Kader aufnahm. Als Nachfolger des mitten in der Saison geschassten Nigbur geriet Junghans ab dem 12. Spieltag vom Regen in die Traufe. Von den Schalker Fans ausgepfiffen, die zugleich nach dem geliebten Nigbur riefen, setzte das »Sicherheitsrisiko« seine Fehlerserie fort. Als sich keine Besserung einstellte und Junghans auch in den nächsten Spielen wie eine »alternde Eiskunstlauf-Diva« durch den eigenen Strafraum segelte, drohte ihm sogar Nigburs Rückkehr. Obwohl der »Totalversager« gegen Saisonende seine Leistungen stabilisieren konnte, am vorletzten Spieltag gegen Ex-Klub Bayern München sogar den knappen 1:0-Sieg rettete, erfolgte dennoch – nach der verpassten Relegationschance gegen Bayer Uerdingen – mit Schalke 04 der Sturz in die Zweitklassigkeit.

Vor der Saison 83/84 fest unter Vertrag genommen, erlebte der »bedauernswerte Mensch« im DFB-Pokalhalbfinalspiel gegen Bayern München ein weiteres Fiasko. Die entfesselten Schalker mit dem 17-jährigen Olaf Thon an der Spitze setzten den Favoriten mächtig unter Druck und mussten erst kurz vor Schluss den 4:4-Ausgleich hinnehmen. In der Verlängerung ließ Junghans auf regendurchnässtem Rasen einen harmlosen Roller aus den Händen gleiten, der zum Rückstand führte und nur durch den aufopferungsvollen Kampf seiner Mannschaft egalisiert werden konnte. Trotz dieser Aussetzer wurde »Pannen-Walter« in die Olympia-Auswahl berufen, reiste als Ersatzmann für Bernd → Franke zu den Wettkämpfen nach Los Angeles und schaffte mit Schalke 04 den sofortigen Wiederaufstieg.

Dennoch besaß er bei den Anhängern weiterhin wenig Kredit. Präsentierte er sich während der Saison 84/85 mehrmals von seiner besten Seite, musste er nach Niederlagen immer wieder als Sündenbock fungieren. Der oft geschmähte Schlussmann (»Immer bin ich der Buhmann.«) wurde auch in der Saison 86/87 für zahlreiche Niederlagen verantwortlich gemacht und nach dem 9. Spieltag zeitweise durch den Tschechen Pavel → Mačak ersetzt. Als sein Klub kurz vor Saisonende die Verpflichtung von Ex-Nationaltorwart Harald Schumacher bekannt gab, war für Junghans in Schalke auch die Zeit beendet.

Wochenlang arbeitslos, hielt sich der ehemalige Nationalspieler in spe bei seinem Ex-Klub Bayern München fit, ehe er im Herbst 87 von Hertha BSC verpflichtet wurde. Der Traditions-Klub war mittlerweile bis in die Amateurliga Berlin abgerutscht. Mit guten Leistungen avancierte der »Kämpfer« zum zuverlässigen Rückhalt und nachdem der Verein auch die Aufstiegsrunde erfolgreich bewältigte, befand sich Junghans in der Saison 88/89 zumindest wieder in der 2. Bundesliga. Abgeklärt und reifer setzte der Keeper mit seinem Verein die Erfolgswelle fort. Während der Saison 90/91 blieb die nun »berechenbare Größe« über 640 Minuten in Folge ohne Gegentor und Hertha BSC schaffte in der gleichen Spielzeit den Aufstieg in die Bundesliga. Während der Hinrunde 90/91 konnte der mittlerweile 33-jährige Routinier seine gute Form konsolidieren, den Klub aber nicht vor dem Tabellenende bewahren. Mit gerade mal 14 Pluspunkten und 84 Gegentoren war Hertha BSC am Ende wieder abgestiegen.

Lange Zeit außer Gefecht gesetzt durch eine Meniskusoperation, blieb Junghans drei weitere Jahre bei den Berlinern, ehe er mitten in der Saison 93/94 entlassen wurde. Nach einem Intermezzo als »Stand-by Keeper« bei Bayer Leverkusen heuerte er noch während der laufenden Saison 94/95 beim Zweitligisten Fortuna Köln an. Als Notnagel für die verletzten Adam → Matysek und Wolfgang Wiesner fungierte er bis 1996 als »Mann für alle Fälle«, ehe er bei dem Klub anschließend zeitweilig Co-Trainer wurde. Gegenwärtig ist der »Fußballer aus Leidenschaft«, nach Engagements als Co-Trainer beim 1. FC Köln und Benfica Lissabon, Torwart-Coach beim spanischen Erstligisten Athletic Bilbao.

Noch zu Zeiten bei Hertha BSC erhielt Junghans für einen Fauxpas der besonderen Güte am 11. Juli 1993 bei der ARD-Sportschau die meisten Stimmen zum »Tor des Monats«. Der Unglücksrabe trat im Zweitligamatch gegen Carl Zeiss Jena bei einer Rückgabe seines Mitspielers Frank Rohde unbedrängt über den Ball und verursachte dadurch den viel belachten Ausgleich. Einer Einladung in die Sendung leistete Junghans damals keine Folge, denn »eigentlich sollte ja das schönste Tor prämiert und nicht jemand lächerlich gemacht werden. Heute denke ich mir, ich hätte besser die Medaille abgeholt und meine Meinung kundgetan.«

Jurič, Frank

Geboren: 28.10.1973 (Australien)
BL-Verein: Bayer 04 Leverkusen (seit 1999)
BL-Spiele: 11 (zum Ende der Hinrunde 02/03)
A-Länderspiele für Australien: 2 (zum Ende der Hinrunde 02/03)

Im kroatischen Zagreb geboren, nahm Frank Jurič nach seiner Übersiedlung nach Ozeanien zudem die australische Staatsbürgerschaft an. Seine Vereinslaufbahn startete er dort bei den Melbourne Knights, wo er sich ab der Saison 94/95 in der ersten Mannschaft etablieren konnte. In der gleichen Spielzeit gewann der 1,96 m große Schlussmann mit seinem Klub Meisterschaft und Pokal. Am 10. November 95 absolvierte er gegen Neuseeland sein erstes A-Länderspiel, dem sich im Februar 96 gegen Japan das zweite anschloss. Im Sommer des gleichen Jahres nahm er mit der australischen U23 an den Olympischen Spielen in Atlanta teil, wo er in der Vorrunde gegen Frankreich, Saudi-Arabien und Spanien dreimal zum Einsatz kam. In der Saison 95/96 erneut mit den Melbourne Knights australischer Meister, zählte der körperlich imposante Keeper bereits zu den besten Schlussleuten seines Landes. Vor der Saison 96/97 folgte der Wechsel zu den Collingwood Warriors, mit denen der passionierte Golfer und Windsurfer jedoch die anvisierte Play-off-Runde verpasste.

Weil sich beim Zweitligisten Fortuna Düsseldorf Torwart Thorsten → Walther zu Beginn der Saison 97/98 als notorischer Unsicherheitsfaktor entpuppte, lud der Klub den »baumlangen« Jurič im Juli 97 zu einem Probetraining ein, um ihn kurz darauf zu verpflichten. Während Kontrahent Walther mit spöttischen Bemerkungen (»Was will denn das Känguru hier?«) reagierte, absolvierte Jurič am 5. Spieltag gegen die SpVgg Greuther Fürth ein überzeugendes Debüt. Anschließend kassierte er ein Lob von Nationaltorwart Andreas → Köpke (»Der Junge strahlt eine Bärenruhe aus und spielt sehr gut mit.«), blieb zunächst die Nummer 1, um nach einigen schwächeren Spielen wieder Walther zu weichen. Nach dem Fortgang des Kontrahenten, ab der Saison 98/99, endgültig Stammkeeper und in 29 Meisterschaftsspielen eingesetzt, musste er in dieser Spielzeit Fortunas Abstieg ins Amateurlager miterleben.

Anstatt in der Drittklassigkeit zu landen, wurde er vom Bundesligisten Bayer Leverkusen unter Vertrag genommen, um für die Saison 99/00 hinter Adam → Matysek und Dirk → Heinen zunächst die nominelle Nummer 3 zu sein. Erst durch Heinens Wechsel zu Eintracht Frankfurt avancierte Jurič nach der Winterpause zur Nummer 2, ohne hinter Matysek Hoffnungen auf Einsätze zu hegen. Weil Polens Nummer 1 vor dem 22. Spieltag gegen Hertha BSC jedoch an einer Angina erkrankte, gelangte Australiens Nummer 3 dann doch zu seinem Bundesligadebüt. Jurič patzte sowohl beim Einstand, wie auch zwei Wochen später beim 4:1-Sieg über VfL Wolfsburg. Nach Meinung von Trainer Daum passte er jedoch als mitspielender Torwart besser in das offensiv ausgerichtete Spielsystem und blieb darum auch nach Matyseks Genesung zunächst im Kasten. Am 25. Spieltag erlebte Jurič beim SSV Ulm 46 einen 9:1-Kantersieg, ehe er aufgrund eines Muskelfaserisses im Oberarm bis zum Saisonschluss nicht mehr zum Einsatz gelangte.

Nach den durchwachsenen Leistungen beider Schlussleute stieß mit dem Schweizer Pascal → Zuberbühler vor der Saison 00/01 ein weiterer Nationaltorhüter zu Leverkusen, mit dem sich die Probleme jedoch nur verschlimmerten. Während der Hinrunde konnten sich weder Zuberbühler noch Matysek dauerhaft einen Stammplatz sichern. Trainer Hans-Hubert Vogts kündigte darum vor der Winterpause für alle drei Keeper Chancengleichheit an. Im Trainingslager entschied sich Torwarttrainer Harald → Schumacher dann für Zuberbühler, während Jurič hinter Matysek dritte Wahl blieb. Am 27. Spieltag stand wieder der Notnagel zwischen den Pfosten, weil der enttäuschende Zuberbühler vorzeitig in die Heimat zurückgekehrt war und Matysek an einer Verletzung laborierte. Einer mäßigen Vorstellung des »Känguru-Keepers« bei der 0:3-Heimniederlage gegen Schalke 04 folgten einige gute Reaktionen beim 3:1-Sieg über Eintracht Frankfurt. Im letzten Saisonspiel sorgte das »Bayer-Stiefkind«, beim 1:0-Sieg über den VfL Bochum mit tollen Paraden für die knapp geglückte Champions-League-Qualifikation.

Trotz dieser Heldentaten musste sich Jurič für die Saison 01/02 hinter Neuzugang Hans-Jörg → Butt wieder auf die Ersatzbank begeben. In der Vorbereitung längere Zeit aufgrund einer leichten Hepatitis außer Gefecht gesetzt, erhielt er durch Nachwuchskeeper Tom Starke zusätzliche Konkurrenz.

Auch vor der Saison 02/03 schien die Torwarthierarchie zunächst klar aufgeteilt. WM-Teilnehmer Butt geriet jedoch bereits nach dem 1. Spieltag bei Trainer Klaus Toppmöller in die Kritik. Um Jurič unter Wettbewerbsbedingungen zu testen, setzte ihn der Coach beim DFB-Spiel gegen Regionalligist Rot-Weiß Essen ein, wo er beim 1:0-Sieg allerdings kaum beschäftigt wurde. Anschließend setzte sich der Australier mit kroatischem Pass wieder klaglos auf die Bank.

Bereits 14 Tage später erhielt das »Greenhorn«, aufgrund Butts Formkrise, im Champions-League-Spiel bei Olympiakos Piräus eine weitere Chance. Bei der satten 2:6-Pleite konnte er wenig ausrichten, um auch im Bundesligaspiel bei Werder Bremen wie auch bei der anschließenden 1:2-Heimpleite gegen Manchester United zumeist das Opfer nachlässiger Abwehrarbeit zu sein. Vor dem 7. Spieltag musste der »Pechvogel« wegen einer Hüftprellung passen, was sein Kontrahent nutzen konnte, um sich den Stammplatz vorerst zurückzuerobern. Immerhin einen Rekord kann Jurič für sich beanspruchen: Nach dem Abstieg von Richard → Golz mit dem SC Freiburg ist der Australier momentan der körperlich längste Bundesligakeeper.

K

Kaessmann, Jörg

Geboren: 28.08.1968 (Deutschland)
BL-Verein: Borussia Mönchengladbach (1994–1997)
BL-Spiele: 5
Vereinstitel: 1x DFB-Pokal (1995)

Der gebürtige Hesse Jörg Kaessmann, zuvor beim SF Burkhardsfelden aktiv, sorgte erstmals 1994 beim hessischen Oberligisten Eintracht Haiger für Furore, als er im DFB-Pokalspiel gegen Raspo Elmshorn beim 3:1-Sieg eine überragende Leistung geboten hatte. In der 2. Runde scheiterte Kaessmann mit seiner Elf dann zwar am Bundesligisten 1. FC Kaiserslautern, doch Borussia Mönchengladbach verpflichtete den 1,82m großen Schlussmann vor der Saison 93/94 als Vertragsamateur.

Weil Uwe → Kamps wegen eines Kapsel- und Bänderrisses im Daumen längere Zeit nicht zur Verfügung stand, bekam der Reservemann ab dem 3. Spieltag der Saison 95/96 Gelegenheit, sich für mehrere Wochen zu bewähren. Sowohl in der Bundesliga gegen Bayer Leverkusen und Borussia Dortmund als auch im UEFA-Cup gegen FC Sileks Kratovo zeigte der 27-jährige Blondschopf viel versprechende Ansätze. Doch als Trainer Bernd Krauss schon von zwei gleichwertigen Torhütern sprach, kassierte Kaessmann in den nächsten drei Bundesligaspielen elf Gegentore und wirkte insbesondere bei der 0:5-Niederlage beim VfB Stuttgart ziemlich indisponiert. Kamps kehrte anschließend zurück, während die Nummer 2 sich unzufrieden über die eigene Leistung zeigte (»Es hat nicht alles so gut geklappt, wie ich mir das vorgestellt habe.«) und gleichzeitig auf weitere Chancen hoffte.

Die stellten sich jedoch nicht mehr ein und so verbrachte der Schlussmann die gesamte Saison 96/97 auf der Ersatzbank, wobei ihm mit Jugendnationaltorwart Robert → Enke bereits ein neuer Konkurrent im Nacken saß. Nach dieser Spielzeit wechselte Kaessmann zum holländischen Erstdivisionär Roda JC Kerkrade, wo er teilweise gute Kritiken erhielt. Dennoch kehrte er 1998 nach Deutschland zurück, um nach einem Intermezzo beim konkursgeplagten VfB 1900 Giessen die Torwarthandschuhe anschließend für den hessischen Landesligisten SC Waldgirmes überzustreifen.

Kahn, Oliver

Geboren: 15.06.1969 (Deutschland)
BL-Vereine: Karlsruher SC (1987–1994), Bayern München (seit 1994)
BL-Spiele: 386 (zum Ende der Hinrunde 02/03)
BL-Vereinstitel: 4x Deutscher Meister (Bayern München: 1997, 1999, 2000, 2001), 2x DFB-Pokal (Bayern München: 1998, 2000), 1x Champions-League (Bayern München: 2001), 1x UEFA-Pokal (Bayern München:1996)
A-Länderspiele für Deutschland: 56

Der nach Meinung vieler Experten beste, in jedem Fall aber schlagzeilenträchtigste Torwart der deutschen Fußballgeschichte, wurde in Karlsruhe als Sohn einer eingefleischten Fußballer-Familie geboren. Vater Rolf Kahn zählte im Kader des Karlsruher SC zwischen 1963 und 1965 zu den Bundesligaspielern der ersten Stunde und Oliver Kahns älterer Bruder Axel absolvierte für den KSC in der Saison 86/87 fünf Zweitligaspiele. 1976 begann »Olli« in der F-Jugend des Karlsruher SC zunächst als Feldspieler. Zu E-Jugend-Zeiten bekam der damals noch »schüchterne Bubi« (Jugendtrainer Thomas Kumeth) von seinem Großvater eine Sepp → Maier-Kollektion geschenkt, die ihm auf Anhieb gefiel und sein Interesse für den Torhüterposten entfachte. Nach eigenem Urteil »nie ein begnadetes Talent«, durchlief er – enorm trainingsbesessen – erfolgreich sämtliche Jugendjahrgänge des KSC, spielte über 30 mal in badischen Jugendauswahlmannschaften, wurde aber für die Jugendnationalmannschaft von dem damaligen DFB-Trainer Hans-Hubert Vogts als zu klein und schmächtig abgelehnt.

Um die körperlichen Defizite auszugleichen, begann der Gymnasiast im Alter von 16 Jahren mit intensivem Krafttraining und visierte zu diesem Zeitpunkt bereits eine Profikarriere an. Im Sommer 1987 rückte das 18-jährige Eigengewächs in den Amateurkader des KSC auf und befand sich mitten in den Abiturvorbereitungen, als ihn erstmals der Ruf der Bundesliga ereilte. Vor dem 18. Spieltag stand Stammtorhüter Alexander → Famulla aufgrund einer Sperre für die Begegnung beim 1. FC Köln nicht zur Verfügung. Kahn, der als nomineller Ersatzmann im Vorfeld bereits den hoffnungsvollen Stefan → Wimmer verdrängt hatte, schwänzte für das Freitagsspiel die Schule und feierte bei der 0:4-Niederlage eine durchwachsene Premiere. Weil Famulla noch eine weitere Woche fehlte, spielte der 1,87 m große Hüne auch gegen Werder Bremen, um sich bei der 0:2-Niederlage mehrfach auszuzeichnen.

Nach bestandenem Abitur konzentrierte sich der erfolgshungrige Blondschopf ganz auf den Fußball, spielte zwischen 1988 und 90 in der Verbandsligaelf des KSC, zählte zum Kader der nordbadischen Amateurauswahl, kämpfte während der Saison 89/90 mit seinem Team um die Deutsche Amateur-Meisterschaft und konnte den verletzten Famulla in der Saison 88/89 zweimal vertreten. Tagsüber mit den Profis und abends bei den Amateuren trainierend, legte der »Fußballverrückte« nebenher noch Extraschichten im Kraftraum ein und peilte im Bundesligateam entschlossen den Nummer-1-Status an. Die Stunde, in der Kahn über Nacht in das Rampenlicht des Profifußballs rückte, ereignete sich am 13. Spieltag der Saison 90/91.

Famulla, aufgrund fortlaufender Patzer bereits heftig umstritten, verschuldete im Heimspiel gegen den VfL Bochum innerhalb der ersten 45 Minuten zwei Gegentore. In der Halbzeitpause entschloss sich Trainer Winfried Schäfer deshalb zu einem Torwartwechsel und schickte seinen 21-jährigen Vertragsamateur zwischen die Pfosten. Mit dem »bulligen« Kahn im Kasten drehte der KSC das Spiel noch zu seinen Gunsten und nach dem 3:2-Sieg eilte Schäfer auf den Platz, um seinem Schützling überschwenglich zu gratulieren. Am 27. Spieltag lieferte das »Kraftpaket« beim 1:1 gegen Wattenscheid bereits Kostproben seiner späteren Extraklasse, als er nach Aussage seines Trainers »wahnsinnige Sachen« parierte. Ungeachtet einiger Schwächephasen zählte der »positiv Verrückte« für seinen Coach in der Saison 91/92 bereits zu den »besten Torhütern« in Deutschland«.

Nicht zuletzt dank der außergewöhnlichen Reflexstärke des athletischen Keepers schaffte der KSC dann nach zwei mageren Spielzeiten während der Saison 92/93 erstmals die Qualifikation für den UEFA-Pokal. Von seinem Trainer bereits auf eine Stufe mit den Nationaltorhütern Bodo → Illgner und Andreas → Köpke gestellt, schwang sich der »Torhüter mit der Mentalität eines Einzelkämpfers« während der Saison 93/94 zu Leistungen der Superlative auf. Insbesondere bei den UEFA-Cup-Spielen gegen den PSV Eindhoven, wie auch beim legendären 7:0-Sieg über den FC Valencia zeigte der »Siegertyp, der nicht verlieren kann«, Weltklasseleistungen und verhalf seinen Klub zum Einzug ins Halbfinale. Im Oktober 93 wurde er für das Länderspiel gegen Uruguay erstmals als Ersatzmann nominiert und am Saisonende zu Deutschlands »Torhüter des Jahres« gewählt. Bereits im Dezember 93 hatte der selbstbewusste Goalie (»Die Besten müssen zu den Bayern.«) – als Nachfolger von Raimond → Aumann – den Wechsel zu Bayern München verkündet, wofür sein neuer Verein die – für einen Torhüter – damals hohe Ablösesumme von 5 Mio. DM investierte.

Anstatt jedoch, wie erhofft, um die Meisterschaft zu spielen, versackte Bayern München in der Saison 94/95 unter dem neuen Trainer Giovanni Trappatoni im Mittelmaß und auch die Ambitionen von Kahn erlitten während dieser Spielzeit zunächst einen empfindlichen Dämpfer. Am 15. Spieltag erlitt der Betriebswirtschafts-Student an der Fernuniversität Hagen im Spiel gegen Bayer Leverkusen einen Kreuzbandriss und musste anschließend sechs Monate pausieren. Weil in seiner Abwesenheit Ersatzmann Sven → Scheuer glänzende Leistungen zeigte, schien Kahns Stammplatz sogar zwischenzeitlich gefährdet. Auf entsprechende

Nachfragen reagierte der »Emotions-Mensch« äußerst unwirsch, um am 27. Spieltag sein Comeback zu feiern. Ungeduldig auf einen Länderspieleinsatz drängend, feierte er dann am 23. Juni 1995 beim 2:1-Sieg über die Schweiz einen gelungenen Einstand in der Nationalmannschaft.

Der angestrebte Meisterschaftsgewinn wie auch ein Stammplatz in der Nationalelf ließen jedoch auch in der Saison 95/96 auf sich warten. Vielmehr kassierte der ungestüme Zerberus am 21. Spieltag gegen 1860 München, nach einem Gerangel mit Gegenspieler Olaf Bodden, seinen ersten Platzverweis und nahm im Spiel gegen den VfB Stuttgart, aus Verärgerung über mangelndes Defensiv-Verhalten, seinen Mitspieler Andreas Herzog in die Mangel. Sportlich musste er sich mit dem Gewinn des UEFA-Pokals und bei der Europameisterschaft 96 in England mit der Position des Ersatzmannes für Andreas → Köpke begnügen.

Sein aufgestauter Frust (»Ich bin doch nicht der ewige Hans.«) über die mangelnde Perspektive hinter Deutschlands Nummer 1 steigerte sich in den nächsten zwei Jahren beträchtlich. Obwohl Kahn in der Saison 96/97 erstmals vom »Kicker« in die Kategorie »Weltklasse« eingestuft wurde, mit nur 34 Gegentoren und überragenden Leistungen erheblich zum Meisterschaftsgewinn seines Klubs beitrug, blieb der bei Bayern München zum »Junior-Chef« aufgestiegene »Vollblutprofi« hinter Köpke die »Nummer 1b«. Am 16. Spieltag brillierte der »Mann mit den magnetischen Händen« beim VfB Stuttgart mit einer der spektakulärsten Torwart-Paraden der Bundesligageschichte. Einen abgefälschten Schuss des Stuttgarter Frank Verlaat lenkte der Schlussmann im Stil eines in sich verschraubten Turmspringers an die Lattenunterkante, um in der Fallbewegung auch noch den anschließenden Nachschuss von Giovane Elber per Fallrückzieher ins Aus zu befördern. In den täglichen Trainingseinheiten mit Torwarttrainer Sepp → Maier widmete sich der Perfektionist (»Mittelmaß ist tödlich für mich.«), neben der Verbesserung sei-

»Gigant« Oliver Kahn – mehrfach gekrönter Meister der Torwartzunft.

ner katzenhaften Geschmeidigkeit, auch dem Studium des »Overlearnings«, um auf wiederkehrende Spielsituationen instinktiv reagieren zu können. Im April 97 präsentierte der »Computerfreak« als erster Bundesligaprofi unter der Adresse www.kahn.de eine eigene Internetseite, auf der er Autogramme, signierte Trikots und seine komplette Torwartkollektion feilbot. Trotz wachsender Popularität und beständiger Top-Leistungen musste sich der »Schlussmann, der nicht nur Punkte verteidigt, sondern sogar gewinnt« (Bayern-Vizepräsident Karl-Heinz Rummenigge), auch bei der Weltmeisterschaft 1998 in Frankreich, hinter Rivale Köpke, mit der Ersatzbank zufrieden geben.

Als Köpke nach der verkorksten WM seinen Rücktritt erklärte, avancierte sein »Kronprinz« unter dem neuen DFB-Teamchef Erich Ribbeck zur neuen Nummer 1, drohte jedoch unter den eigenen Ansprüchen zu verkrampfen. Zwei mäßigen Darbietungen gegen Malta und Rumänien folgte im EM-Qualifikationsspiel gegen die Türkei ein katastrophales Eigentor, das die 0:1-Niederlage besiegelte. Als Kahn (»Torwart kann ein grausamer Job sein.«), der besonders eklatante Mängel bei der Fußabwehr offenbarte, auch am 18. November 1998 gegen die Niederlande patzte, schrieb der »Kicker« schon von einer »tragischen Figur im Nationaltrikot«. Dissonanzen mit Kontrahent Jens → Lehmann, der ebenfalls vehemente Ansprüche auf den Stammplatz anmeldete, sorgten in den Medien für zusätzliche Diskussionen.

Von dem Alt-Bundestrainer Josef Derwall im März 99 in einem Interview mit der »Welt« eher abfällig beurteilt (»Kahn brüllt und trifft keinen Ball.«), balancierte das »ehrgeizige Kraftpaket« auch während der Saison 98/99 auf dem schmalen Grat zwischen sportlichen Höchstleistungen und emotionalen Aussetzern. Mit seinem Klub errang »King Kahn« überlegen die Deutsche Meisterschaft, stellte vom 4. Dezember 98 bis 3. April 99 mit 735 Minuten ohne Gegentor eine neue Bestmarke auf und wurde 1999 zum besten Torwart Europas als auch erstmals zum »Welt-Torhüter des Jahres« gewählt.

Während dieser Spielzeit funktionierte der »außergewöhnliche Torhüter« seinen Strafraum gelegentlich zum »Jagdrevier« (SPIEGEL) um. Im Auswärtsspiel bei Borussia Dortmund sprang »Kung-Fu Kahn« dem Dortmunder Stéphane Chapuisat im Bruce-Lee-Stil mit gestrecktem Bein entgegen, setzte Andy Möllers Hörmuschel einer schmerzhaften Belastungsprobe aus und nagte wie ein wild gewordenes Frettchen an Heiko Herrlichs Halsgegend. Fünf Wochen später säbelte der sichtlich übermotivierte »Vul-Kahn« (»Es ist verrückt, was der Fußball aus mir macht.«) im Spiel gegen Borussia Mönchengladbach Stürmer Jörgen Pettersson im Strafraum um und kassierte für sein anschleißendes Ballwegdreschen den zweiten Platzverweis seiner Bundesligalaufbahn. Diese Unbeherrschtheiten sorgten in der Presse für beißende Kritik (»Der Kahn gehört in den Käfig – und weg.«) und in den Bundesligastadien für erhebliche Sympathieverluste. Bei den Auswärtsspielen bedachten die Fankurven den »Torwart-Gorilla« mit der Imitation von Affenlauten, deckten sein Strafraum-Refugium regelmäßig mit Bananen ein und schreckten im April 2000 sogar vor dem ebenso gezielten wie gefährlichen Einsatz eines Golfballes nicht zurück.

Während der Saison 99/00 bestätigte der »teutonische Torchancen-Terminator« (n-tv.de) seine unumstrittene Weltklasse, verteidigte mit den Bayern den Meistertitel, wurde erstmals zu Deutschlands »Fußballer des Jahres« gewählt, musste aber, nach Ende der Spielzeit, mit der Nationalmannschaft bei der Europameisterschaft in Portugal das vorzeitige Aus verkraften. In der Fußballwelt zu diesem Zeitpunkt neben dem französischen Kollegen Fabian Barthez auf der Torwartposition das »Maß aller Dinge« reihte der »Gigant« auch in der Saison 00/01 herausragende Highlights an gelegentliche Blackouts. Mit seinem Verein zum dritten Mal in Folge Deutscher Meister, parierte er am 23. Mai 2001 im Champions-League-Finale gegen den FC Valencia beim Elfmeterschießen drei Strafstöße, verhalf damit seinem Verein zum lang ersehnten Trophäengewinn und erhielt für seine anschließenden Trostgesten gegenüber dem verzweifelten Valencia-Keeper Santiago Cañizares von der UEFA den Fairplay-Preis ausgesprochen. Weitere Ehrungen folgten im Jahr 2001 mit der Ernennung zum »Kicker-

Mann des Jahres«, der erneuten Wahl zum besten Torhüter in Europa und des gesamten Planeten sowie dem Gewinn des »Bambi 2001« und dem »Goldenen Otto« der Jugendzeitschrift »Bravo«. Negative Schlagzeilen produzierte der in Deutschland erneut zum »Fußballer des Jahres« gewählte »Leistungsfetischist« am 03. März 2001. Im Spiel bei Hansa Rostock eilte der »Torwart-Titan« bei einem Eckball seiner Mannschaft in den gegnerischen Strafraum, boxte den Ball mit den Fäusten ins Netz und flog erneut vom Platz.

In der Saison 01/02 gewann der »Ausnahmekeeper« im November 2001 mit dem FC Bayern durch einen 1:0-Sieg über Boca Juniors Buenos Aires den Weltpokal, musste sich aber bei der Vereinsmeisterschaft, trotz der lediglich 25 Gegentore, die Vereinsrekord bedeuteten, in der Bundesliga mit Platz 3 begnügen. Am 24. Spieltag verpasste er beim 6:0-Sieg über Energie Cottbus den Eintrag in die Torschützenliste, weil sein schwach geschossener Elfmeter von Tomislav → Pipilca mühelos pariert werden konnte. Nach Saisonende erstmals die Nummer 1 bei einer Weltmeisterschaft und seit dem Januar 2002 zudem Mannschaftskapitän, stieg Kahn bei diesem Turnier endgültig zum »Superstar« auf. Mit überragenden Reaktionen und einer enormen physischen Präsenz, welche die gegnerischen Stürmer vor dem Torschuss förmlich zum Versagen zwang, sorgte die »neue deutsche Mauer« (EXPRESS) in einer mittelmäßigen Mannschaft durch Ausnahmeparaden gegen Irland, USA und Gastgeber Südkorea praktisch im Alleingang für den Einzug ins Endspiel. In der ganzen Welt feierten die Fußballfans den »Unüberwindlichen«, der vor dem Finale lediglich im Spiel gegen Irland einmal bezwungen werden konnte. Zum ersten Mal in der über siebzigjährigen Weltmeisterschaftshistorie zelebrierte Kahn auf dem oftmals unterbewerteten Torwartposten eine beifallumrauschte »One-Man-Show«, hinter der alle anderen Turnierspieler förmlich verblassten.

Ausgerechnet der bisherige WM-Held leitete dann im Finale gegen Brasilien durch einen Fangfehler die unglückliche 0:2-Niederlage ein. In Deutschland wurde der »tragische Held« nach seiner Rückkehr auf dem Balkon des Frankfurter Römer von Zehntausenden Fans frenetisch bejubelt, um international mit Ehrungen förmlich überschüttet zu werden. Neben der Verleihung der Lew-Jaschin-Trophäe als bester Torhüter der WM kürten ihn die internationalen Journalisten auch zum besten Spieler der WM. Bei der Wahl zum »Welt-Fußballer des Jahres« landete die »herausragende Persönlichkeit« (Pelé), hinter dem Brasilianer Ronaldo auf Platz 2, während ihn der »Kicker« zum sechsten Mal in Folge in den Bereich »Weltklasse« kategorisierte. Bereits zuvor als Reklamefigur für Waschmaschinen und Schokoriegel eingesetzt, schlossen sich nach den spektakulären Heldentaten hoch dotierte Werbeverträge für Reifenfirmen, Bankinstitute und Parfümartikel an. Bei einer Umfrage des Instituts Emnid für die Zeitschrift »Lisa« wählten 70 % der Damenwelt den Familienvater zu ihrem »Traumtyp«.

In der Hinrunde der Saison 02/03 konnte die »Torwart-Ikone« nicht ganz an die vorherigen Leistungen anknüpfen und patzte bei der 0:2-Niederlage gegen Werder Bremen zweimal in ungewohnter Fahrlässigkeit. Zudem sorgten eine »Würge-Attacke« gegen den Leverkusener Thomas Brdaric sowie der nächtliche Streifzug durch die Karlsruher Discoszene für weitere Kratzer am »Denkmal Kahn«. Als ihm die Medien schon eine Krise prognostizieren, rüstete der – im Januar 2003 zum dritten Mal in Folge zum »Welt-Torhüter des Jahres« gewählte – Extrem-Keeper zu erneuten Großtaten und blieb bis zur Winterpause 532 Minuten ohne Gegentor.

Kampa, Darius

Geboren: 16.01.77 (Polen)
BL-Verein: 1. FC Nürnberg (seit 2001)
BL-Spiele: 50 (zum Ende der Hinrunde 02/03)

»Der würdige Köpke-Nachfolger« (Club-Präsident Michael A.Roth), im polnischen Heydebreck-Cosel bei Breslau geboren, spielte zunächst beim ansässigen OSIR Raciborz. Nach der elterlichen Übersiedlung in die Bundesrepublik schloss sich Darius Kampa 1987 dem FC Augsburg an. Mit seinem Vater als Co-Trainer gewann Kampa mit der A-Juniorenelf des FC Augsburg 1994 den DFB-Jugendkicker-Pokal und zählte beim 2:1-Sieg über den 1. FC Köln zu den herausragenden Kräften. 1995 rückte der Abiturient in die 1. Mannschaft auf, um jedoch in den nächsten zwei Jahren hinter Thorsten → Walther und Jürgen → Rollmann zumeist die Ersatzbank zu drücken. Ab der Saison 97/98 in der Regionalligamannschaft die Nummer 1, vollzog sich in kürzester Zeit eine »steile Karriere«. Dank konstant starker Leistungen feierte der Blondschopf im Herbst 97 gegen die Schweiz sein Debüt in der U21-Auswahl, während ihn gleichzeitig bereits mehrere Profiklubs umwarben. Von seinem Augsburger Jugendtrainer Hubert Müller als »das größte Torwarttalent in Europa« eingestuft, wechselte Kampa vor der Saison 98/99 zum Bundesliga-Aufsteiger 1. FC Nürnberg.

Zunächst die Nummer 2 hinter Andreas → Hilfiker und vorwiegend im Amateurkader eingesetzt, folgten für das fröhliche Milchgesicht (»Jeder Tag, an dem ich nicht lache, ist ein verlorener Tag.«) weitere Berufungen in den U21-Kader, ehe er im DFB-Pokalspiel gegen den MSV Duisburg ab der 46. Minute erstmals den verletzen Hilfiker vertreten konnte. An den drei Gegentoren schuldlos, absolvierte der Herausforderer einige Tage später, am 6. Spieltag bei der 2:3-Niederlage gegen Eintracht Frankfurt, sein Bundesligadebüt. Die Ambitionen auf den Stammtorwartposten erlitten jedoch einen empfindlichen Dämpfer, als Nürnberg zur Winterpause Ex-Nationaltorhüter Andreas Köpke verpflichtete. Zur Nummer 3 abgerutscht, ließ der frustrierte Nachwuchsmann seinem Unmut über die Verpflichtung Köpkes freien Lauf, um dafür einen Rüffel von Trainer Friedel Rausch (»Mit seinen 22 Jahren soll Kampa froh sein, dass er einen Mann wie Andreas Köpke überhaupt duzen darf.«) zu erhalten.

Aus dem sportlichen Abseits erlebte Kampa Nürnbergs sofortigen Wiederabstieg, um ab der Saison 99/00 hinter Köpke zumindest wieder zur Nummer 2 aufzurücken. Seine fünf Einsätze in dieser Spielzeit für den verletzten Köpke offenbarten erneut das potentielle Talent des 1,85 m großen Keepers, aber auch die Tendenz zu leichtsinniger Spielweise. Aufgrund seiner guten fußballerischen Fähigkeiten neigte der »René Higuita von der Noris« im eigenen Strafraum zu waghalsigen Dribblings, was seine Abwehr oftmals in Angst und Schrecken versetzte.

Als Kampa am 22. Spieltag der Saison 00/01 für den an einem Muskelfaserriss laborierenden Köpke zu seinem dritten Saisoneinsatz gelangte, schien der fünffache U21-Nationalspieler gewillt, diese Eindrücke nachdrücklich zu bestätigen. Gegen die Stuttgarter Kickers wagte der Jungspund nach einem Rückpass eine unnötige Rastelli-Einlage und wurde prompt dafür bestraft. Durch den Platzverweis Köpkes, zwischen dem 29. und 33. Spieltag, zu einer längeren Einsatzperiode gelangt, rettete der Ersatzmann dann einige Punkte und konnte mit dem Klub am Ende den Aufstieg feiern.

Weil Köpke anschließend seine Karriere beendete, kam als Ersatz der ebenfalls hoch veranlagte Raphael Schäfer → zum Klub. Vor dem Saisonstart 01/02 hielt Trainer Klaus Augenthaler die Torwartfrage lange offen, ehe er sich, aufgrund größerer Erfahrung, auf Kampa festlegte. Von den Experten als vermeintlich neuralgischer Punkt lokalisiert, konnte der »freundliche, wohl erzogene junge Mann mit der Konfirmandenfrisur« bereits am 1. Spieltag alle Zweifel beseitigen. Beweglich, reaktionsschnell und entschlossen in Eins-zu-eins-Situationen brachte er die Stürmer von Borussia Dortmund bei der 0:2-Niederlage lange Zeit schier zur Verzweiflung. Nachdem die »größte Torwartbegabung des Landes« auch beim 2:0-Sieg über den SC Freiburg exzellent agierte und am 14. Spieltag bei Bayern München einen Elfmeter parieren konnte, schien der einstige »Meister des Russisch-Roulette« – ungeachtet der Patzer gegen Energie Cottbus und Bayer Leverkusen – endgültig zum Aktivposten gereift.

Mittlerweile durch spektakuläre Rettungstaten und eine sympathisch-zurückhaltende Ausstrahlung auch bei den einheimischen Anhängern ein Liebling, suchte der einstmals »Unnahbare« und Liebhaber von Beatles-Songs private Entspannung vom Bundesligastress bei Klavier- und Gitarrenspiel.

Während der Rückrunde zeigte der »Gewinner« jedoch wieder sein anderes Gesicht. Am 26. Spieltag boxte er sich den Ball bei der 1:3-Niederlage eigenhändig ins Netz, um am darauf folgenden Wochenende, mit dem Unterlaufen einer Kopfballrückgabe, die 0:4-Pleite gegen Werder Bremen einzuleiten. Während eine Boulevardzeitung in großen Lettern über den »Katastrophen-Kampa«, lästerte, bekam der nervlich angeschlagene Sündenbock (»Ich schaffe es einfach nicht, eine Halbserie konstant zu spielen.«) vom Trainer anschließend eine Denkpause verordnet. Nach einwöchiger Abwesenheit wieder im Einsatz, sicherte der viel kritisierte Keeper mit Glanztaten beim 2:0-Sieg über Meisterschaftsfavorit Bayer Leverkusen am vorletzten Spieltag den vorzeitigen Klassenerhalt. Für die Nürnberger Fans schon längst »King Kampa«, erhielt er zudem vom Fußballmagazin »Kicker« während der Saison von allen Bundesligatorhütern die häufigsten Berufungen in die »Elf des Tages«.

Auch in der Saison 02/03 entpuppte sich der »Hexer« während der Hinrunde oftmals als bester Spieler seiner Elf. Aufgrund der Unachtsamkeiten seiner Vorderleute oftmals mutterseelenallein den gegnerischen Angreifern ausgesetzt, konnte er durch sein überlegtes Stellungsspiel manch brenzlige Situation bereinigen und seiner Mannschaft wichtige Punkte retten. Zudem präsentierte sich der ruhige und freundliche »Anti-Kahn« beim 1:0-Sieg am 7. Spieltag über den 1. FC Kaiserslautern erneut als Elfmetertöter.

Kamps, Uwe

Geboren: 12.06.1964 (Deutschland)
BL-Verein: Borussia Mönchengladbach (1982–2003)
Vereinstitel: 1x DFB-Pokal (1995)

Borussia Mönchengladbachs »Volksheld«, in Düsseldorf geboren, begann seine Vereinslaufbahn beim Stadtteilklub SV Wersten 04, ehe er als B-Jugendlicher zum BV 04 Düsseldorf wechselte. Nominierungen in die Niederrhein- und Westdeutsche Jugendauswahl folgte 1981 ein Angebot des Bundesligisten Borussia Mönchengladbach. Trotz bestandenem Probetraining lehnte der Gymnasiast, der zuvor jahrelang als Zuschauer bei Fortuna Düsseldorf sein Idol Wilfried → Woyke bewundert hatte, zunächst eine Verpflichtung ab, weil ihm die Anfahrt nach Mönchengladbach zu aufwendig erschien. Ein Jahr später änderte er aber seine Meinung und war – mit erst 17 Jahren – ab der Saison 82/83 bei Borussia Mönchengladbach im Profikader zu finden.

Der gutaussehende Twen mit der langen Mähne und guten Reflexen stellte sich zunächst auf eine längere Lehrzeit ein, gelangte jedoch bereits am 25. Spieltag – durch die schwere Ellbogenverletzung von Stammtorhüter Ulrich → Sude – ab der 60. Minute gegen Eintracht Frankfurt zu seinem Bundesligadebüt. Bis zum Saisonende blieb das »Erstliga-Greenhorn« im Kasten, zeigte viel versprechende Ansätze, wurde in die U21-Auswahl berufen, kassierte aber aufgrund seiner Unerfahrenheit auch einige dumme Tore.

Vor der Saison 83/84 erhielt der 1,80 m große Nachwuchskeeper von Trainer Josef Heynckes zunächst das Vertrauen, um es schon am 2. Spieltag zu verspielen. Bei der 3:4-Niederlage gegen Kickers Offenbach zeigte er so eklatante Schwächen, dass Offenbachs anwesendes Fußballidol Hermann Nuber ihm keine günstige Zukunftsprognose stellte: »Mit dem wird Gladbach noch sein blaues Wunder erleben. Er ist zu klein und läuft falsch heraus.«

Sude kehrte anschließend ins Tor zurück, während Kamps sich in den nächsten zwei Jahren mit der Ersatzbank zufrieden geben musste. Als die Nummer 1, nach einer zeitweiligen Hochphase, während der Saison 85/86 wieder zu schwächeln begann, kam nicht Kamps zum Einsatz, sondern der neu verpflichtete Norweger Erik → Thorstvedt. Jetzt die Nummer 3 und nur einmal – durch Thorstvedts Platzverweis gegen Borussia Dortmund – zum Einsatz gekommen, liebäugelte der Notstopfen bereits mit einem Vereinswechsel, eroberte sich durch Sudes schwere Knieverletzung zumindest aber wieder den Nummer-2-Status zurück.

Der bereits heftig kritisierte Thorstvedt setzte auch in der Saison 85/86 seine Unsicherheiten fort, so dass sich Trainer Heynckes zum Handeln gezwungen sah. Weil sich bereits Sudes Sportinvalidität abzeichnete, beorderte der Coach am 4. Spieltag den schon abgeschriebenen Kamps ins Tor, der trotz der 1:2-Niederlage gegen Werder Bremen eine ansprechende Leistung zeigte. In den kommenden Wochen katapultierte sich der 22-Jährige zum Shootingstar, der bei den Bundesligaspielen wie auch im UEFA-Pokal mit hervorragenden Leistungen aufwartete. Der »neue Hit vom Bökelberg« – vom »Kicker« in der Torwart-Rangliste hinter Ulrich → Stein auf Platz 2 eingestuft und von den Lesern des gleichnamigen Fußballmagazins hinter Harald → Schumacher zum zweitbeliebtesten Torwart gewählt – offenbarte neben seinen artistischen Flugparaden bereits ein entscheidendes Manko. Aufgrund der für einen Torhüter geringe Körpergröße von 1,80m zeigte er Schwächen in der Strafraumbeherrschung sowie bei Flankenbällen. Zudem tendierte der Keeper zur Fußabwehr, was ebenfalls zu unnötigen Treffern führte. Dennoch konnte der umschwärmte Zerberus eine erfolgreiche Spielzeit bilanzieren, die vom Erreichen des UEFA-Cup-Halbfinales sowie der »Kicker«-Einstufung in die »Internationale Klasse« gekrönt wurde.

In der Saison 87/88 erfolgten erste Berufungen in die Olympia-Auswahl und neben vielen Top-Leistungen auch einige Aussetzer. Parierte er am 7. Spieltag beim 3:0-Sieg in Waldhof Mannheim serienweise Unhaltbare, so ließ sich der »Schlussmann allererster Güte« am 29. Spieltag gegen den 1. FC Köln von einem harmlosen Aufsetzer düpieren.

Am 7. Spieltag der Saison 88/89 brillierte der »Teufelskerl« gegen Bayern München mit einer Weltklasseleistung, um im September 88 für den verletzten Andreas → Köpke als Nummer 1 der Olympia-Auswahl zu den Sommerspielen nach Seoul zu reisen. Gegen China, Sambia und insbesondere beim Halbfinale gegen Brasilien bewies er internationales Niveau und gewann – im Verbund mit Spielern wie Jürgen Klinsmann, Thomas Häßler und Wolfram Wuttke – mit seiner Mannschaft die Bronzemedaille.

Zurück in Deutschland bestach der Olympia-Held beim 1:0-Sieg gegen den 1. FC Köln mit einer länderspielreifen Vorstellung, ohne dass sich erhoffte Einladungen für die National-

Jungspund Uwe Kamps probt den Ernstfall.

mannschaft einstellten. Frustriert über seine Körpergröße (»Man muss wohl 1, 85 m groß sein, um berufen werden.) und falsche Vereinszugehörigkeit (»Ich spiele leider nicht bei Bayern München.«) konzentrierte sich der »Borusse aus Berufung« auf seinen Klub. Am vorletzten Spieltag patzte der zuvor stets hervorragende Schlussmann beim VfB Stuttgart spielentscheidend und brachte seine Mannschaft damit um einen UEFA-Pokal-Platz.

In den nächsten zwei Jahren mutierte sein Klub zu einem Abstiegskandidaten und erlebte die ersten Trainerentlassungen seiner Bundesligageschichte. Während dieser schwierigen Phase erwies sich der achtfache Olympia-Auswahltorhüter immer wieder als sicherer Rückhalt, der für seinen Klub im Bundesliga-Alltag wichtige Spiele gewann.

Doch die sportliche Misere hinterließ schließlich auch bei dem »Musterprofi«, der tagtäglich im Kraftraum schuftete und sich ausschließlich von Fisch und Vollkornprodukten ernährt, seine Spuren. Zusätzlich belastet durch die Trennung von seiner Freundin, entpuppte sich der einstige Erfolgsgarant während der Saison 90/91 als chronischer Unsicherheitsfaktor, der zum Rückrundenstart – nach 150 BL-Spielen ohne Unterbrechung – schließlich von Trainer Gerd vom Bruch (»Uwe versucht häufig, die Schuld auf andere abzuwälzen.«) auf die Bank gesetzt wurde. Sein Konkurrent Uwe → Brunn konnte die Bewährungsprobe jedoch nicht nutzen, so dass Kamps bereits 6 Wochen später, beim 2:1-Sieg gegen Borussia Dortmund, ein umjubeltes Comeback feierte. Geliebt von den Fans, zu denen er engen Kontakt pflegte, spielte der charmante Torwartstar in den nächsten Jahren immer wieder gegen nörgelnde Kritiker und skeptische Vereinsmanager an.

Während Borussia Mönchengladbach mehrmals mit der Verpflichtung anderer Schlussleute kokettierte, um vor der Saison 91/92 den Ex-DDR-Nationaltorhüter Dirk → Heyne unter Vertrag zu nehmen, erlebte der umstrittene Kamps, im April 1992, eine seiner größten Sternstunden. Im DFB-Pokalhalbfinale gegen Bayer Leverkusen parierte er im entscheidenden Elfmeterschießen – als erster Bundesligatorhüter – sämtliche Strafstöße, um seinem Verein dadurch den Finaleinzug zu sichern. Anschließend zeigte der »Held des Halbfinales« im Endspiel gegen Zweitligist Hannover 96 ebenfalls eine bestechende Leistung, wurde aber von seiner Mannschaft im Stich gelassen und musste nach dem Elfmeterschießen das Berliner Olympiastadion frustriert als Verlierer verlassen. Danach folgten wieder zwei sportlich magere Jahre, in denen Gladbach stetig gegen den Abstieg kämpfte und Kamps zum Ersatzmann mutierte. Nach dem 9. Spieltag der Saison 92/93 von Trainer Jürgen Gelsdorf (»Uwe Kamps hat in dieser Saison nicht die Ruhe ausgestrahlt, die meine junge Mannschaf braucht.«) demontiert, fungierte Kamps – vier Monate nach seinen Pokaltaten – nur noch als Notnagel für Dirk Heyne. Vom Verein bereits mit der Kündigung bedacht, gelang dem einstigen »Torwart-Helden« nach dem 10. Spieltag der Saison 93/94 durch die wachsenden Schwächen Heynes ein überraschendes Comeback. Dennoch sollte der verdiente Schlussmann keinen neuen Vertrag erhalten, was sich erst änderte, als unerwartet der heftig umworbene Claus → Reitmaier nicht an den Bökelberg wechselte.

Mit Neuzugang Stefan Effenberg und einer funktionierenden Viererkette brach ab der Saison 94/95 wieder ein sportliches Hoch für den Klub an, bei dem Kamps solide Leistungen zeigte und mit seiner Elf am Ende gegen Zweitligist VfL Wolfsburg den DFB-Pokal gewann. Verehrt aufgrund seiner spektakulären Paraden, aber wegen chronischer Strafraumschwächen auch als »Pattex-Uwe« geschmäht, bewies der mittlerweile 32-jährige »Dauerbrenner« 1996 in den Europapokalspielen gegen Arsenal London und AS Monaco erneut internationales Format und konnte in der Bundesliga mit seiner Mannschaft zum ersten Mal in der Geschichte bei Bayern München gewinnen. Während der Saison 96/97 erhielt er ein verlockendes Angebot von Real Madrid, ohne von seinem Verein die Freigabe zu erhalten. Als einer der wenigen Stabilisatoren bewahrte der Publikumsliebling seine Mannschaft bis 1998 mehrmals vor dem drohenden Abstieg und plante, noch mit 40 Jahren im Tor zu stehen.

Mittlerweile mit 389 Bundesligaspielen und vor der Saison 89/99 nur noch 20 Spiele von Borussias Rekordhalter Hans-Hubert → Vogts entfernt, zog sich der »Dinosaurier vom Bökelberg« eine Woche vor Spielstart im Training einen Achillessehnenabriss zu, der eine monatelange Pause erzwang. In der Winterpause schuftete er für sein Comeback, um kurz darauf von der gleichen Verletzung heimgesucht zu werden. Als der Pechvogel – der zuvor nur wegen einer Daumenverletzung pausieren musste – sich im Sommer 99 wieder fit meldete, war sein Klub erstmals in der 2. Liga gelandet. Nicht immer unumstritten, eroberte sich die »Institution vom Niederrhein« trotz der Konkurrenz von Neuzugang Bernd → Meier wieder einen Stammplatz, um mit seinem Klub in der Saison 00/01 die Rückkehr in die Bundesliga zu schaffen. Doch ein Routineeingriff am Knie, dem er sich im Anschluss unterzog, sorgte für längere Komplikationen. Durch Neuerwerbung Jörg → Stiel vertreten und in der Saison 01/02 weitestgehend zur Passivität verurteilt, sollte Kamps am letzten Spieltag gegen 1860 München sein Abschiedsspiel bekommen. Weil er in der Woche zuvor nach einem Asthmaanfall mit einem Kortison-Depot-Präparat behandelt wurde, durfte er als positiver Dopingfall jedoch nicht eingesetzt werden. Nach diesem unglücklichen Abschluss ist das langjährige Borussen-Idol in seinem Verein, ab der Saison 02/03, als Torwarttrainer tätig, um sich noch ein Jahr als »Stand-by-Profi« bereitzuhalten. Zudem wurde der, mit über 20 Dienstjahren, »absolute Rekordhalter in Borussias Nachkriegsgeschichte« im September 2002 zum Botschafter für die Olympischen Spiele 2012 in Düsseldorf Rhein-Ruhr ernannt.

Kargus, Rudolf

Geboren: 15.08.1952 (Deutschland)
BL-Vereine: Hamburger SV (1971–1980), 1. FC Nürnberg (1980–1984), Karlsruher SC (1984–1985), Fortuna Düsseldorf (1986– 1987), 1. FC Köln (1987–1990)
BL-Spiele: 408
Vereinstitel: 1 x Meister (Hamburger SV: 1979), 1 x DFB-Pokal (Hamburger SV: 1976), 1 x Europapokal der Pokalsieger (Hamburger SV: 1977)
A-Länderspiele für Deutschland: 3

Der erfolgreichste »Elfmetertöter« der Bundesligageschichte spielte zunächst als Zwölfjähriger bei Wormatia Worms noch Mittelstürmer, ehe er sich durch die Verletzung des etatmäßigen Keepers erstmals ins Tor stellte. Schon bald entpuppte sich der gebürtige Wormser als wahre Begabung, der neben Einsätzen in der Südwest-Auswahl von DFB-Trainer Herbert Widmayer auch Einladungen zur Jugendnationalmannschaft erhielt. In der Saison 70/71 avancierte »Rudi« zum Schlussmann von Wormatias Regionalligamannschaft und spielte achtmal in der Jugendauswahl, wo er in sechs Spielen hintereinander ohne Gegentor blieb. Durch die Vermittlung von Gerhard Heid, der Kargus aus der Südwest-Auswahl kannte und als Jugendmanager zum Hamburger SV gewechselt war, absolvierte der 17-Jährige am Rothenbaum ein erfolgreiches Probetraining.

Ab der Saison 71/72 stand der 1,83 m große Nachwuchskeeper, als zweiter Mann hinter Arkoç → Özcan in Hamburgs Bundesligakader. Bereits am 6. Spieltag konnte er für den armverletzten Özcan gegen Eintracht Braunschweig sein erstes Bundesligaspiel bestreiten. Attestierten ihm die Experten beim Debüt noch eine gelungene Vorstellung, so agierte er bei seinem zweiten Einsatz am 18. Spieltag in Frankfurt schon deutlich nervöser und kassierte vier Treffer. Erst durch eine schwere Brustprellung von Özcan kehrte der »Zappelphilipp« am 23. Spieltag zwischen die Pfosten zurück, um zwei Wochen später, beim 1:0 gegen Borussia Mönchengladbach, seine erste Glanzpartie abzuliefern. Väterlich gefördert von Torwartkollege Özcan, startete der gelernte Kfz-Schlosser zunächst als Nummer 1 in die Saison 72/73. Doch der junge Zerberus entpuppte sich als Nervenbündel, wurde im Oktober zur Bundeswehr eingezogen und musste deshalb nach dem 6. Spieltag seinen Posten wieder an Özcan abtreten. Durch ausgezeichnete Trainingsleistungen erhielt er drei Spieltage vor Saisonende wieder eine Bewährungschance, die er trefflich nutzen konnte.

Als Stammkeeper bewies er in der Saison 73/74 in einigen Spielen seine potentielle Klasse, ehe er im Dezember 73 für Schlagzeilen sorgte. Im DFB-Pokalwiederholungsspiel gegen Borussia Mönchengladbach wehrte der »Hexer« im Elfmeterschießen drei Strafstöße ab und wurde anschließend von den Mannschaftskameraden auf Schultern vom Platz getragen. Weitere Klasseleistungen in der Bundesliga sowie im siegreichen DFB-Pokalhalbfinale gegen Kickers Offenbach rückten den »Teufelskerl« immer mehr in das Rampenlicht der Fußballöffentlichkeit. Mit dem Hamburger SV verlor er zwar das Endspiel mit 1:3 gegen Eintracht Frankfurt, aber auch hier bot er eine gute Vorstellung.

Die Leistungsexplosion vollzog sich ab der Saison 74/75. Am 1. Spieltag zeigte er beim 3:1-Sieg bei Borussia Mönchengladbach eine Weltklassepartie, der bereits zwei Wochen später gegen Luxemburg das erste B-Länderspiel folgte. Auch optisch hatte sich der einstige Unsicherheitsfaktor einer Veränderung unterzogen. Kargus trug seit dieser Spielzeit aus Bequemlichkeit und Eitelkeit (»Sie lassen meine ungemein langen Beine besser aussehen.«) die kurzen Hosen so langbeinig wie kein anderer Schlussmann der Bundesliga und übertraf mit diesen Röhren sogar sein Vorbild Sepp Maier. Nach der Hinrunde wurde er von den »Kicker«-Lesern vor Maier, Norbert → Nigbur und Bernd → Franke zum beliebtesten Torhüter gewählt. Weitere B-Länderspiele schlossen sich an, die ihn bereits bei der »Kicker«-Torwartrangliste in die »Internationale Klasse« katapultierten. Zudem hatte sich die »Faust im Nacken von Maier und Nig-

Rudi Kargus – Noch immer erfolgreichster »Elfmetertöter« der Bundesligageschichte.

bur« mit drei gehaltenen Strafstößen in der Bundesliga sowie derer zwei im UEFA-Pokalspiel bei Dynamo Dresden endgültig einen Ruf als »Elfmetertöter« erhechtet.

Mit dem Hamburger SV wurde der »kommende Nationaltorwart« in der Saison 75/76 im Endspiel gegen den 1. FC Kaiserslautern DFB-Pokalsieger, parierte in der Bundesliga sieben Elfmeter und feierte – als zweiter HSV-Torwart nach Wilhelm Blunk – am 20. Dezember 1975 in Istanbul beim 5:0-Sieg gegen die Türkei sein Länderspieldebüt. Hinter Maier jetzt die klare Nummer 2 verdrängte er Konkurrenten wie Nigbur, Franke und Dieter → Burdenski in den Hintergrund und fuhr als Ersatzmann mit zur Europameisterschaft nach Jugoslawien.

In der Saison 76/77 folgten gegen Wales und Jugoslawien zwei weitere Länderspiele sowie auf Vereinsebene gegen RSC Anderlecht der Gewinn des Europapokals der Pokalsieger.

Als sämtliche Experten und Fans schon felsenfest überzeugt waren, dass allein Kargus eines Tages Sepp Maier im Tor der Nationalmannschaft ablösen wurde, sackte er während der Saison 77/78 in eine Formkrise. Zahlreiche Patzer, zögerliche Reaktionen sowie latente Schwächen bei Eckbällen kratzten am Nimbus des einstigen »Kronprinzen«. Dennoch reiste er neben Maier und Burdenski zur Weltmeisterschaft in Argentinien, doch in der Heimat lauerten bereits mit Nigbur und Harald → Schumacher ehrgeizige Konkurrenten. Obwohl er in der anschließenden Saison 78/79 mit dem HSV Meister wurde, sein 200. Bundesligaspiel und weitere B-Länderspiele absolvierte, war der einstige Himmelsstürmer, durch einige schwache Leistungen mittlerweile als »Erfolgsrisiko« gebrandmarkt. Sechs Punktverluste kreidete Trainer Branko Zebeč seinem Schlussmann an und forderte die Verpflichtung eines neuen Torhüters. Der plötzliche Prügelknabe antwortete mit sportlichen Argumenten und sicherte durch eine Galavorstellung am 33. Spieltag in Bielefeld den vorzeitigen Meistertitel.

In der Saison 79/80 vollzog sich dann die endgültige Demontage des langjährigen HSV-Idols Kargus. Seine Leistungen waren nur noch ein Abglanz früherer Tage und nach Irrflügen im Europapokalviertelfinale gegen Hadjuk Split verlangte Zebeč von seinem HSV-Manager Günter Netzer erneut eine Neuverpflichtung, denn »Kargus kostet mich Jahre meines Lebens«. Netzer reagierte mit dem Einkauf von Heinz-Josef → Koitka und Ulrich → Stein, während Kargus, wegen angeblich zu hoher Gagenforderungen, vor die Tür gesetzt wurde.

Plötzlich war der »saubere, fleißige Junge« (Ex-Trainer Kuno Klötzer) arbeitslos und kassierte vom Arbeitsamt den Höchstsatz an Stempelgeld. Aufgrund der hohen Ablösesumme scheiterten Verhandlungen mit Eintracht Frankfurt. Während der Saison 80/81 musste der dreifache Nationaltorhüter drei Monate ausharren, ehe er vom 1. FC Nürnberg engagiert wurde. Dort ersetzte er den in Ungnade gefallenen Bernhard → Hartmann und feierte am 9. Spieltag, trotz der 1:4-Heimniederlage gegen Eintracht Frankfurt, einen gelungenen Einstand. In den nächsten drei Spielzeiten avancierte Kargus in Nürnberg zur überragenden Spielerpersönlichkeit. Am 24. Spieltag der Saison 81/82 parierte er in Mönchengladbach seinen 18. Elfmeter und löste damit Norbert Nigbur als Rekordhalter ab.

Gleichzeitig erreichte Kargus, der das Kapitel Nationalmannschaft innerlich längst abgeschlossen hatte, mit dem Club das DFB-Pokalfinale, bei dem sich seine Elf jedoch gegen Bayern München nach einer 2:0-Führung noch mit 2:4 geschlagen geben musste. Als Mannschaftskapitän bewahrte er seinen Verein auch in der Saison 82/83 vor dem Abstieg, ehe in der nächsten Spielzeit seine Torwartkunst den Sturz in die Zweitklassigkeit nicht mehr verhindern konnte. Ab der Saison 84/85 musste der mittlerweile 33-jährige Zerberus in seiner langen Profilaufbahn erstmals Zweitligaluft atmen. Als Rädelsführer einer Spielerrebellion gegen Trainer Heinz Höher fiel der »sensible Profi« beim Klub in Ungnade und wurde noch während der laufenden Saison gefeuert. Aus der erneuten Arbeitslosigkeit befreite ihn nach einigen Wochen Bundesligaaufsteiger Karlsruher SC, der sich auf der Suche nach einem Vertreter für den frisch operierten Stammtorwart Bernd → Fuhr befand. Am 18. Spieltag feierte der »Rebell« beim 0:3 gegen Waldhof Mannheim sein Bundesliga-Comeback. Zwar bewährte sich der

»Super-Kargus« auch bei den Badensern als Rückhalt und Elfmetertöter, doch am Saisonende stieg er zum zweiten Mal in die zweite Liga ab.

Zumeist Ersatzmann hinter Fuhr, absolvierte der einstige Torwartstar während der Saison 85/86 nur sieben Pflichtspiele in der 2. Bundesliga und befand sich nach Saisonende erneut ohne Vertrag. Mit Waldläufen hielt sich der arbeitslose Routinier fit, um auf neue Angebote zu warten.

Durch einen Mittelfußbruch von Stammtorwart Jörg Schmadtke erhielt er während der Saison 86/87 einen Kontrakt bei Fortuna Düsseldorf. Seinen Einstand feierte er im DFB-Pokalspiel gegen Bayer Leverkusen, wo er mit »Glück und Geschick« den 2:1-Sieg nach Verlängerung sicherte. Immer noch in den langen, mittlerweile verwaschenen Hosen agierend, hechtete und faustete er zeitweise wie in früheren Zeiten, absolvierte am 23. Spieltag gegen Bayer Uerdingen – als sechster Torwart nach Sepp Maier, Dieter Burdenski, Norbert Nigbur, Wolfgang → Kleff und Harald Schumacher – sein 400. Bundesligaspiel, um am Ende mit Düsseldorf den vierten Bundesligaabstieg zu verzeichnen.

Es folgten drei Jahre als Ersatzmann für Bodo → Illgner beim 1. FC Köln, wo er allenfalls in Hallenturnieren eingesetzt wurde. Nachdem er sich bei einer solchen Veranstaltung den Ellenbogen verletzte, musst er darum seine aktive Laufbahn1990 beenden. Anschließend übte er bis 1996 beim Hamburger SV das Amt des Jugendtrainers aus. Schon in den siebziger Jahren betätigte sich der vielseitige Fangkünstler hobbymäßig mit der Malerei. Diese Leidenschaft baute er allmählich zu seiner Hauptbetätigung aus. Aus den ursprünglichen Aquarellbildern entwickelte sich allmählich ein expressionistischer Stil, der auch in Ausstellungen gezeigt wurde. Nach seiner letzten Trainerstation beim Hamburger Landesligisten USC Paloma konzentriert er sich hauptsächlich auf seine Pinselleidenschaft. Sportlich bleibt neben den Titelerfolgen ein vorläufig unangefochtener Rekord als Elfmeter-Eliminator: Von 76 Strafstößen konnte der einstige »Junge mit dem siebenten Sinn« insgesamt 23 abwehren.

Kellner, Michael

Geboren: 28.09.1942 (Deutschland)
BL-Verein: Hertha BSC (1970–1972)
BL-Spiele: 6

Auf Berliner Bolzplätzen startete Michael Kellner als 12-jähriger Steppke seine Fußballerlaufbahn. Als Spielkamerad fungierte damals unter anderem der sechsjährige Volkmar → Groß, den Kellner später bei Hertha BSC wiedertreffen sollte, um mit ihm in das verhängnisvolle Kapitel des Bundesliga-Skandals involviert zu werden.

Zunächst trat Kellner der Jugend von Hertha Zehlendorf bei, um sich schnell in der Torwartposition zu etablieren. 1961 glückte ihm, durch die Verletzung von Stammkeeper Horst Martin, der Sprung in die 1. Mannschaft. Vor dem Bundesligastart erhielt er Angebote von Hertha BSC und dem 1. FC Köln. Während die Berliner schließlich auf eine Verpflichtung verzichteten, scheiterte das Engagement in Köln aufgrund der hohen Ablösesumme an den Statuten des DFB. Im Sommer 1966 wechselte Kellner dann zum Regionalligisten Tennis Borussia und bewies insbesondere 1967 und 68 bei den Aufstiegsspielen zur Bundesliga seine potentielle Klasse. Der zuverlässige Torhüter erhielt 1970 erneut eine Offerte von Hertha BSC, welche er trotz der starken Konkurrenz durch Volkmar Groß nicht ablehnen wollte: »Die sportlichen Möglichkeiten, endlich aus dem ewigen Berliner Regionalliga-Eintopf herauszukommen, reizen mich.«

Während der Saison 70/71 gab es für den 1,86 m großen Schlussmann nur einen Einsatz zu verzeichnen, als er bei der 1:3-Niederlage am 11. Spieltag gegen Borussia Dortmund in der 72. Minute für den angeschlagenen Groß eingewechselt wurde. Eine weitere Bewährungsprobe ermöglichte ihm Trainer Helmut Kronsbein beim Messepokalspiel gegen B01 Nykøbing, wo er beim 4:1-Sieg eine gute Leistung zeigte.

Auch während der nächsten Spielzeit konnte der ehrgeizige Ersatzmann zunächst nur bei Freundschaftsspielen und Hallenturnieren glänzen. Besonders »Kicker«-Reporter Eberhard Wittig zeigte sich beeindruckt und stufte den Berliner Zerberus als »reaktionsschnell, fangsicher, sprungkräftig und strafraumbeherrschend« ein. Lobeshymnen bei Randveranstaltungen blieben jedoch ein schlechter Ersatz für BL-Einsätze und deshalb beschäftigte sich Kellner (»Immer nur auf der Reservebank, davon habe ich jetzt genug.«) bereits mit Wechselabsichten. Seine zweite Bundesligastunde schlug am 27. Spieltag, als er gegen Fortuna Düsseldorf in der 68. Minute für den verletzten Groß eingewechselt wurde. Anschließend wurde die Nummer 1 der Mittäterschaft bei Manipulationen der Bundesligaspiele bezichtigt und darum vorsichtshalber vom Spielbetrieb freigestellt.

Doch auch Kellner, angeblich »moralisch gefestigter« (»Kicker«) als sein Torwartkollege, geriet in das Visier der ermittelnden Staatsanwaltschaft. Kellner spielte jetzt ebenfalls unter Vorbehalt und nach dem 1:0-Sieg am 29. Spieltag gegen Eintracht Braunschweig drohte ihm schon die Sperre. Zunächst ließ sich der Keeper von diesem Damoklesschwert nicht beeindrucken. Vielmehr zeigte er beim Nachholspiel gegen Borussia Mönchengladbach nach Meinung des »Kicker« »die größte Leistung seiner Karriere« und brillierte beim 2:1-Sieg durch »Faustparaden, elegante Sprünge und furchtloses Dazwischenfahren«.

Am 32. Spieltag erwischte er jedoch einen rabenschwarzen Tag und wurde in Kaiserslautern – beim Spielstand von 4:3 für seine Elf – in der letzten Viertelstunde von Groß abgelöst. Es sollte Kellners letztes Pflichtspiel sein, denn der DFB sperrte ihn anschließend wegen kassierter Bestechungsgelder für den Zeitraum vom 21. Juni 1972 bis 20. Juni 1974. Weil der »Sünder« seine Geldbuße in Höhe von 15 000 DM nicht zahlte und auch die Verfahrenskosten säumig blieb, wurde die Sperre nachträglich bis zum 12. Dezember 1981 verlängert.

Kellner, Wolfgang

Geboren: 14.04.1963 (Deutschland)
BL-Vereine: 1. FC Saarbrücken (1985–1986), MSV Duisburg (1991–1992)
BL-Spiele: 15

Frühzeitig bei 1860 München als Torwarttalent entdeckt, konnte sich Wolfgang Kellner erst mit seinem Wechsel zur SpVgg Unterhaching in den Blickpunkt spielen. In der Saison 82/83 wurde er mit dem Klub Bayernliga-Meister, um dann in der Aufstiegsrunde zur 2. Bundesliga frühzeitig die Segel zu streichen.

Dem 1,92 m großen Keeper gelang dennoch der Sprung in den bezahlten Fußball, weil ihn anschließend Zweitliga-Aufsteiger 1. FC Saarbrücken verpflichtete. Oftmals von Heimweh geplagt, wurde er im Verlauf der Saison 84/85 von Carsten → Hallmann verdrängt. Saarbrücken schaffte in dieser Spielzeit Platz 3 und damit die Qualifikation zu den Relegationsspielen für die Bundesliga. Im Rückspiel gegen Arminia Bielefeld musste Kellner, ab der 61. Minute, für den verletzten Hallmann einspringen und konnte anschließend mit seiner Mannschaft den geglückten Aufstieg feiern. Während der Bundesligasaison zumeist die nominelle Nummer 2, kam Kellner durch eine Brustbeinprellung Hallmanns ab dem 8. Spieltag zu drei Einsätzen. Dem »Modellathleten« blieb wenig Gelegenheit zu glänzen und als er in den beiden letzten Saisonspielen nochmals zum Einsatz kam, stand sein Klub bereits als Absteiger fest.

Nach dieser Spielzeit wechselte der Lockenkopf zum Zweitligisten Hessen Kassel, mit denen am Saisonende erneut der Abstieg zu Buche stand. Dank konstant guter Leistungen erhielt der »baumlange« Reaktionskünstler im Anschluss einen Vertrag bei Wattenscheid 09, wo er in der Zweitligasaison 88/89 seinen Stammplatz allerdings an Ralf → Eilenberger verlor. Der ehrgeizige Bayer ließ sich nicht unterkriegen, formulierte weiterhin seine gehobenen Ansprüche (»Ich will in die 1. Liga.«) und heuerte für die Saison 89/90 beim Zweitligisten VfL Osnabrück an. Hier avancierte der »Klassekeeper« in den nächsten zwei Jahren mit tollen Leitungen und sympathischer Ausstrahlung zu einem absoluten Publikumsliebling. Die Erstliga-Ambitionen ließen sich jedoch nicht realisieren und ab dem 1. Juli 91 war der zweifache Familienvater sogar arbeitslos geworden. Seine Paraden im letzten Zweitligaspiel gegen den MSV Duisburg waren den Verantwortlichen des frisch gebackenen Aufsteigers im Gedächtnis geblieben. Weil Ersatzkeeper Ralf Kellermann wegen einer Knieoperation längerfristig ausfiel, wurde Kellner kurz vor dem Saisonstart von den Duisburgern unter Vertrag genommen.

Seine Hoffnung, Stammtorwart Heribert → Macherey die Position streitig machen zu können, erfüllte sich zunächst nicht. Erst als die Nummer 1 nach großartigen Leistungen erheblich zu schwächeln begann, erhielt Kellner am 24. Spieltag von Trainer Willibald Kremer eine Chance. Obwohl er zumeist zufrieden stellend agierte, erfolgte nach acht Wochen wieder die Ablösung. Trotz dieser verzweifelten Torwartrotation konnte Duisburgs sofortiger Wiederabstieg aber nicht mehr verhindert werden.

Nach dieser unergiebigen Spielzeit beendete der Torwartriese seine Laufbahn, um sich auf seine Ausbildung als Physiotherapeut zu konzentrieren. Heute betreibt Kellner in Oberbayern ein ambulantes Rehabilitationszentrum und nimmt gelegentlichen noch an Marathonläufen teil.

Kessler, Siegfried

Geboren: 29.03.1941 (Deutschland)
BL-Verein: Karlsruher SC (1965–1977)
BL-Spiele: 64

Der »ewig junge Ersatztorhüter« wechselte 1963 von der SpVgg Durlach-Aue in die Amateurmannschaft des Karlsruher SC. In den folgenden zwei Jahren waren Kesslers Leistungen so bestechend, dass der Verwaltungsangestellte anschließend Vertragsspieler wurde. Hinter Manfred → Paul und Erich → Wolf war der 1,81 m große Keeper zunächst die nominelle Nummer 3.

In der Saison 65/66 krebste der KSC, wie schon in den Jahren zuvor, stets haarscharf an den Abstiegsplätzen vorbei. Am 28. Spieltag setzte es mit Paul im Tor beim Meidericher SV eine peinliche 2:8-Schlappe, wobei der Stammkeeper zudem eine schmerzhafte Schulterverletzung erlitt. Bereits eine Woche später musste der Klub wieder nach Duisburg, um dort das DFB-Viertelfinale zu bestreiten. Trainer Werner Roth wagte das Risiko und schenkte dem jungen Siegfried Kessler sein Vertrauen. Der Nachwuchshüter rechtfertigte seine Nominierung und ließ sich nur einmal bezwingen, was für Meiderich allerdings zum Sieg genügte.

Der badische »Siggi« blieb im Kasten, um sich am 29. Spieltag mit großartigen Paraden beim 2:1-Sieg über den 1. FC Köln als Karlsruhes neue Torwarthoffnung zu entpuppen. Auch nach der 0:1-Niederlage am 32. Spieltag gab es Lob von »Kicker«-Reporter Karl Seeger: »Bewunderungswürdig das Können des jungen Kessler.« Weil Paul nach dieser Spielzeit zu den Stuttgarter Kickers wechselte, avancierte Kessler für die nächste Spielzeit endgültig zur Nummer 1. Während der Saison 66/67 avancierte die »große Stütze« oftmals zum besten Mann der chronisch abstiegsgefährdeten Karlsruher.

Der Zerberus von »großem Format« blieb auch vor dem Saisonstart 67/68 in der Stammelf. Nach dem 2. Spieltag zwang ihn aber eine Knöchelverletzung zur Zwangspause, während er von Neuverpflichtung Jürgen → Rynio glänzend vertreten wurde. Nach seiner Genesung nur noch Reservist musste Kessler erleben, wie sich sein Kontrahent zum neuen Torwartstar mauserte. Zugleich stürzte der Karlsruher SC während der Rückrunde unaufhaltsam in den Tabellenkeller. Auch an Rynio war die Misere nicht spurlos vorbeigegangen, der zudem öffentlich seine Wechselabsichten verkündete. Trainer Bernhard Ternath beorderte ab dem 25. Spieltag wieder Kessler ins Aufgebot. Mit sicheren Reaktionen sorgte er beim Hamburger SV am 26. Spieltag für den ersten Auswärtspunkt der Saison. Zudem war es ihm als erstem Torsteher der Bundesliga gelungen, einen Strafstoß von Horst-Dieter Höttges abzuwehren, der zuvor alle 15 Elfmeter verwandelt hatte.

Die Galavorstellungen ihres famosen Keepers bewahrten den Karlsruher SC jedoch nicht vor dem Gang in die Regionalliga. Als Süd-Meister nahm der Verein mit Kessler als Stammkraft 1969 vergeblich an der Aufstiegsrunde zur Bundesliga teil.

Nach dieser Saison verpflichtete der Klub von den Kickers Offenbach den hoch talentierten Rudolf → Wimmer. Weil sich der Neuzugang vor dem Saisonstart einen Knöchelbruch zuzog, durfte ihn Kessler in den ersten elf Begegnungen noch vertreten. Nach Wimmers Genesung blieb ihm aber fortan nur noch die Rolle des Stellvertreters. Zumeist von der Bank erlebte er mit, wie Karlsruhe in den nächsten sechs Jahren immer wieder vergeblich an das Tor zur Bundesliga anklopfte. Erst in der ersten Zweitligasaison 74/75 glückte unter Trainer Karl-

Heinz Rühl die viel umjubelte Rückkehr. Kessler, jetzt letzter »Überlebender« aus früheren Bundesligazeiten, konnte aufgrund einer Rückenprellung von Wimmer zum Saisonauftakt in Frankfurt ein überraschendes Comeback feiern. Beim 2:0-Überraschungssieg lieferte er eine glänzende Vorstellung und konnte den zunächst dauerverletzten Wimmer bis zum 13. Spieltag vertreten. Anschließend fügte er sich wieder anstandslos in seine angestammte Position. Zwei weitere Jahre blieb er als Aushilfs-Torwart noch in Diensten des KSC, um ab 1978 die A-Jugend des Vereins zu trainieren. Anschließend war Kessler noch längere Zeit als Amateurcoach im badischen Raum tätig.

Király, Gabor

Geboren: 01.04.1976 (Ungarn)
BL-Verein: Hertha BSC (seit 1997)
BL-Spiele: 163 (zum Ende der Hinrunde 02/03)
A-Länderspiele für Ungarn: 39

Der bei seinem Verein Hertha BSC beständig zwischen Leichtsinn und Weltklasse pendelnde Ungar Gabor Király wollte schon im Alter von fünf Jahren Fußball-Profi werden. Vorbelastet durch seinen Vater Ferenc, der jahrelang im Sturm spielte, begann Király bei seinem Heimatverein FC Haladas Szombathely ebenfalls zunächst als Feldspieler. Schnell bemerkte er jedoch seine Fähigkeiten als Torhüter, die später zu Berufungen in die Jugendauswahlmannschaften seines Landes führten.

Ab 1994 rückte der gelernte Gärtner in Haladas 1. Mannschaft auf, absolvierte ein Jahr später 19 Erstligaspiele und erhielt zudem Berufungen in die U21-Auswahl. Ab der nächsten Spielzeit bereits unumstrittener Stammspieler seines Klubs, entdeckte ihn Herthas Co-Trainer

Kennzeichen: graue »Schlabberhose« – der Ungar Gabor Király von Hertha BSC.

Bernd Storck eher zufällig während einer Beobachtungsreise. Zu einem Probetraining eingeladen konnte Király (Ungarisch für »kleiner König«) Herthas Verantwortliche auf Anhieb überzeugen, um vor der Saison 97/98 beim ambitionierten Bundesligaaufsteiger einen Vertrag zu unterzeichnen.

Nach einigen Vorbereitungsspielen von den Experten voreilig als »feixender Fliegenfänger« verlacht, musste sich der 1,90 m große »Spaßvogel« zum Saisonstart hinter Christian → Fiedler zunächst mit dem Nummer2-Status begnügen. Nach dem 7. Spieltag befand sich Hertha BSC auf dem letzten Tabellenplatz und Trainer Jürgen Röber entschied sich vor der Begegnung gegen den 1. FC Köln für einen Torwartwechsel.

Obwohl der »Puszta-Panther« in seinen ersten Einsätzen keineswegs überzeugender als Fiedler agierte, konnte sich sein Klub noch während der Hinrunde von den Abstiegsplätzen absetzen. Spätestens nach Királys hervorragender Leistung am 13. Spieltag beim 2:0-Sieg bei Werder Bremen wurden die Beobachter allmählich aufmerksam auf den »verrückten jungen Torwart«. Von Mitspielern wie Hendrik Herzog (»Gabor Király ist einmalig, der kommt bei jedem Ball heraus und fängt ihn.«) bereits hochgeschätzt, avancierte der »Mann aus dem Nichts« mit seinem eigenwilligen Torwartspiel zu einem entscheidenden Aktivposten. Neben seinen hervorragenden Reflexen betätigte sich der »gewitzte Ungar« vor allem als fleißiger Flankenpflücker, die er in geradezu provozierender Manier scheinbar mühelos zumeist mit einer Hand abfing. Zugleich offenbarte der »Held mit Macken« eine Tendenz zum Leichtsinn. Noch als Jungspund hatte Király in seiner ungarischen Heimat den früheren Haladas-Keeper Peter Hegedüs dabei beobachtet, wie dieser seine Abwürfe gegen die eigenen Tor-Latte donnerte, um den Ball dadurch weiter ins Feld zu befördern. Fortan probierte der »extravagante Typ« diese Methode fleißig im tagtäglichen Training aus. Trainer Röber, dem die betont lässige Spielweise seines Keepers bereits die ersten Schweißperlen ins Gesicht getrieben hatte, drohte ihm bei derartigen Eskapaden mit dem Rausschmiss.

Am 26. März 98 absolvierte der abergläubische »Klassemann« , der unter seinem Torwartpullover stets ein Trikot mit der Nummer 13 trägt, beim 3:2-Sieg über Österreich sein erstes Länderspiel und konnte dabei als erste Aktion einen Elfmeter von Toni Polster abwehren. Zum unverkennbaren Markenzeichen wurde fortan seine graue lange »Schlabberhose«, von denen er vier Stück besitzt und die einerseits als Glücksbringer fungieren und zum anderen überraschende Beinschüsse verhindern sollen. Ein weiteres Highlight setzte der clevere Keeper am 22. Juli 98, als er im Ex-Norm-Cup-Finale gegen Zweitligist Karlsruher SC seinen Gegenüber Simon → Jentzsch mit einem 100 m-Abschlag düpierte und damit bei der ARD-Sportschau-Wahl zum »Torschützen des Monats« auf Platz 1 landete.

In der Hinrunde der Saison 98/99 wackelte die Position des Mr.-Bean-Fans, dessen Patzer den Herthanern wichtige Punkte kosteten, mehrfach. Der »athletische Torhüter« revanchierte sich zwar mit Glanzleistungen gegen Tabellenführer Bayern München sowie im DFB-Pokal gegen Bayer Leverkusen, um dennoch nach Abschluss der Hinrunde als einer der wenigen Bundesligatorhüter bei der Torwart-Rangliste des »Kicker« keine Berücksichtigung zu erfahren. Ungeachtet dieser Durchhänger wurde der in seiner Heimat mittlerweile äußerst populäre »Volksheld« am Ende des Jahres erstmals zu Ungarns »Fußballer des Jahres« gewählt. Auch in der Bundesliga konnte er sich zur Rückrunde wieder steigern, verhalf seiner Mannschaft mit Rettungstaten zu einem Champions League-Platz und war nach Saisonabschluss in der »Kicker«-Rangliste erstmals in die »Internationalen Klasse« eingestuft. Dennoch äußerte sich Ex-Nationaltorhüter Harald → Schumacher in seiner Beurteilung eher skeptisch über den ungarischen Nationaltorhüter: »Der spielt mir zu sehr für die Galerie, zappelt rum und strahlt überhaupt keine Ruhe aus.«

Zur Hinrunde der Saison 99/00 bestätigte der einstige »Flattermann« die guten Eindrücke des Vorjahres. Insbesondere in den Champions-League-Spielen gegen Anorthosis Famagusta, den FC Barcelona und FC Porto avancierte er zum besten Spieler seiner Elf. Zur Winterpause erlitt der Tausendsassa im portugiesischen Trainingslager einen Muskelriss, der eine dreimonatige Zwangspause erforderte. Sein Comeback feierte Király mit einer guten Leistung bei der 1:3-Niederlage beim FC Barcelona, die zugleich aber das Ausscheiden in der Champions League einleitete.

In seinem Heimatland von den Medien zum dritten Mal hintereinander »Fußballer des Jahres«, zeigte Király während der Saison 01/02 allenfalls Durchschnittliches und entpuppte sich zunehmend als »Streitfall«, der sich von seinem Trainer mehrfach einen nachlässigen Umgang seines großen Potentials vorwerfen lassen musste. Im November 2002 erlitt Király einen Muskelfaserriss, der anschließend seinen Kontrahenten Fiedler wieder ins Rampenlicht beförderte. Zum Start der Rückrunde kürte Trainer Röber dann Fiedler zur neuen Nummer 1, während sich Király nach einer Genesung erstmals auf der Ersatzbank wieder fand. Erst der im Februar 2002 vollzogene Trainerwechsel ermöglichte dem degradierten Publikumsliebling ein Comeback. Unmittelbar nach seiner Amtsübernahme entschied sich Herthas neuer Coach Falko Götz für Király, der am 22. Spieltag gegen den VfB Stuttgart seine Rückkehr feierte, um fünf Wochen später, beim 3:0-Sieg gegen Werder Bremen, mit einer Weltklasseleistung zu brillieren.

Auch Herthas neuer Trainer Huub Stevens vertraute vor dem Saisonstart 02/03 auf den launischen »König der Lüfte«, der seine Leistungsschwankungen auch zur Hinrunde der Saison 02/03 aufrecht hielt. Am 16. Spieltag verschuldete er beim 2:2 gegen den VfL Wolfsburg beide Gegentreffer, ehe er nur fünf Tage später, mit einer Glanzvorstellung gegen den FC Fulham, seinem Klub nach 24 Jahren zum Einzug ins Achtelfinale verhalf. Király, der in einem Collage-Ordner seit Karrierebeginn über alle Spiele Buch führt, wurde nach Abschluss der Hinrunde neben dem Kroaten Tomislav → Pipliča von den Bundesliga-Fans in das internationale »Bundesliga-Allstar-Team« gewählt, welches am 16. Dezember 2002 in der Schalker Arena gegen die deutsche Nationalmannschaft ein Benefizspiel zugunsten der ostdeutschen Flutopfer austrug.

Kirn, Frank

Geboren: 17.02.1969 (Deutschland)
BL-Verein: Fortuna Düsseldorf (1986–1987)
BL-Spiele: 64

Stammkeeper Jörg → Schmadtke mit Fußbruch und Ersatzmann Uwe → Greiner suspendiert – dieser Misere in der Torwart-Position sah sich Bundesligist Fortuna Düsseldorf vor dem 11. Spieltag der Saison 86/87 ausgesetzt. In seiner Not aktivierte der Klub A-Jugendkeeper Frank Kirn. Der 17-jährige Unterprimaner mit den Leistungsfächern Mathematik und Erdkunde hatte schon Einsätze in der Niederrhein-Auswahl seines Jahrgangs absolviert, 1986 mit der A-Jugend in der Endrunde um die Deutsche Meisterschaft gestanden und während seiner Ferienzeit bereits mehrfach mit dem Profikader trainiert. Jetzt stand ihm, beim Heimspiel gegen den 1. FC Köln, der, laut eigenen Worten, »aufregendste Tag seines Lebens« bevor. Trotz der 0:4-Niederlage erhielt Keeper Kirn für seine couragierte Vorstellung Komplimente. Weil der Jungkeeper im Abstiegskampf jedoch nicht vorschnell verheizt werden sollte, engagierte die Fortuna den arbeitslosen Rudolf → Kargus. Bis zur Genesung von Schmadtke saß Kirn auf der Bank und kehrte danach in die A-Jugend zurück. Eine Profikarriere entwickelte sich jedoch nicht und seit mehreren Jahren steht er im Tor des Oberligisten 1. FC Bocholt.

Kirsch, Horst

Geboren: 20.07.1939 (Deutschland)
BL-Verein: Borussia Neunkirchen (1964–1988)
BL-Spiele: 56

Noch bei seinem saarländischen Heimatklub Preußen Merchweiler absolvierte Horst Kirsch am 7. Mai 1959 in Offenburg gegen die Schweiz sein einziges Amateurländerspiel. Im gleichen Jahr wechselte der 1,88 m große Torwarthüne für eine Spielzeit zum Oberligisten Sportfreunde Saarbrücken. Auf seine Extraklasse war inzwischen auch Borussia Neunkirchen aufmerksam geworden, die ihn 1960 als Nachfolger des Tschechen Lado Jirašek verpflichteten. Mit Kirsch im Kasten erlebten die »Ellenfelder« fortan ihre sportlich erfolgreichste Phase.

In der Saison 61/62 gelang dem »ewigen Zweiten« der damaligen Oberliga Südwest, unter Trainer Adolf Preißler, erstmals der Gewinn des Meistertitels. In den Endrundengruppenspielen scheiterte die Elf mit jeweils knappen Ergebnissen an Schalke 04, Tasmania Berlin und dem 1. FC Nürnberg. Keeper Kirsch absolvierte anschließend am 24. Oktober 62 in Lyon gegen Frankreich ein Juniorenländerspiel und zählte vor der Weltmeisterschaft in Chile zum erweiterten Aufgebot der Nationalmannschaft.

Als Vizemeister hinter dem 1. FC Kaiserslautern glückte Borussia Neunkirchen während der Saison 62/63 erneut die Teilnahme am Meisterschaftswettbewerb. Ausgerechnet der zuvor hochgelobte Kirsch sorgte dann mit drei schweren Patzern bei der 0:4-Niederlage gegen 1860 München für das vorzeitige Ende aller Meisterschaftshoffnungen.

Am Ende der Saison 63/64 standen der zweite Meistertitel und die Teilnahme an der Bundesliga-Aufstiegsrunde zu Buche. Für Kirsch hatte sich die Situation jedoch geändert, denn aufgrund seiner Formkrise kam zwischenzeitlich Eigengewächs Willi → Ertz zum Zuge, der in den nächsten Jahren sein stetiger Rivale wurde. Der »Klassetorwart« überwand zwar sein Tief, wegen einer anstehenden Examensarbeit bekam

Horst Kirsch (Borussia Neunkirchen) pflückt sich die »Kirsche«.

der angehende Techniker für das wichtige Auswärtsspiel gegen Bayern München jedoch keinen Urlaub. Vertreter Ertz nutzte die Chance, um mit einer überragenden Leistung den 2:0-Sieg zu sichern. Im letzten Gruppenspiel gegen Tasmania Berlin saß Kirsch lediglich auf der Bank, um mit der Mannschaft am Ende den vollbrachten Aufstieg bejubeln zu können.

Aufgrund seiner überragenden Leistungen in den Qualifikationsspielen war Ertz für die Bundesligasaison 64/65 zunächst die Nummer 1. Nach zwei Spieltagen kam Kirsch gegen den 1. FC Köln erstmals zum Einsatz und entpuppte sich – nach den Worten von »Kicker«-Reporter Karl-Heinz Kramer – »im Trommelfeuer der Kölner Stürmer zur überragenden Figur der Borussen-Abwehr«. Als Ertz immer unbeständiger wurde, ergab sich für Kirsch, ab dem 7. Spieltag, eine längere Einsatzperiode. Dank seinen Paraden bilanzierte der Tabellenvorletzte in den kommenden Wochen eine Serie von 10:6 Punkten, blieb aber in ummittelbarer Abstiegsgefahr.

»König« Kirsch avancierte bei Neunkirchen während dieser Phase oftmals zur »dominierenden Figur«. Nach seiner Leistung am 13. Spieltag, beim 2:1-Sieg über Hannover 96, schwelgte der »Kicker« förmlich in Superlativen: »Was Kirsch hielt und rettete, wie er reagierte, Schüsse aufnahm, sofort wieder abschlug, wie er sich wagemutig in Flanken warf, blitzschnell wieder oben, all dies sieht man nur selten bei einem Schlussmann.« Nach dem geglückten Klassenerhalt vertrat Trainer Buhtz die Ansicht, »dass kein anderer Bundesligaverein über eine bessere Torhüter-Paarung verfüge«.

Während der Saison 65/66 konnte auch das dynamische Doppel Neunkirchen nicht vor dem Abstieg retten. Kirsch, dessen jüngerer Bruder Manfred zur gleichen Zeit das Tor des Regionalligisten 1. FC Saarbrücken hütete, war des ewigen Konkurrenzkampfes mit Ertz inzwischen überdrüssig geworden und wollte sich verändern. Neben Angeboten von Hertha BSC, VfB Stuttgart und dem Hamburger SV erzielte er mit Eintracht Frankfurt bereits eine Einigung, sein Verein erteilte ihm jedoch keine Freigabe.

Mit einer »hervorragenden Mischung zwischen Kämpfern und Technikern, Routiniers und ehrgeizigen jungen Draufgängern« gelang den Hüttenstädtern als erster Bundesligaabsteiger die sofortige Rückkehr. Kirsch vertrat in der Aufstiegsrunde den handverletzten Ertz und erlebte dabei ein Wechselbad der Gefühle. Obwohl ihm der anwesende Sepp → Maier vor der Partie Glück wünschte, versagten ihm bei der 2:5-Niederlage gegen Bayern Hof mehrfach spielentscheidend die Nerven. Eine Woche später avancierte er vor 75 000 Zuschauern im Berliner Olympiastadion gegen Hertha BSC jedoch zum Helden des Tages, der mit seinen tollen Reflexen den vorentscheidenden 2:1-Sieg sicherte.

Vor der Saison 67/68 hatte Trainer Zeljko Čajkovski in der Torwartfrage erneut die Qual der Wahl und äußerte den verzweifelten Wunsch, »am liebsten beide Torhüter gleichzeitig ins Tor stellen zu wollen.« Zunächst erhielt Kirsch den Vorzug, der am 6. Spieltag gegen Bayern München einen Punkt rettete, um nach sechs Gegentreffern gegen Borussia Dortmund bereits eine Woche später aus dem Kasten zu fliegen. Ebenfalls sieben Spiele stand Ertz im Tor, dann kehrte der kernige Kirsch am 14. Spieltag zurück. Alle Fähigkeiten im Strafraum wie auch das Eliminieren schier unhaltbarer Schüsse konnten Borussia Neunkirchen nicht vor dem Wiederabstieg bewahren.

Noch ein weiteres Jahr nahm Kirsch Platz im Neunkirchener Torwart-Karussell, um anschließend zum Regionalliganachbarn Röchling Völklingen zu wechseln. Weil er sich inzwischen primär auf seinen Beruf konzentrieren wollte, vollzog der 32jährige Routinier nach der Saison 71/72 seinen vorzeitigen »Feierabend«. Bei einem Spiel einer Traditionsmannschaft bewies der ewig junge Torwart-Fuchs immer noch unverminderte Klasse und konnte für die Saison 73/74 vom Regionalligisten Eintracht Bad Kreuznach zu einem Comeback überredet werden.

Weil sich der Klub nicht für die neugegründete 2. Bundesliga qualifizieren konnte, ging es anschließend in die Oberliga Südwest. Dank der tatkräftigen Unterstützung des späteren Berliner Wirtschaftssenators Elmar Pieroth und zahlreicher Kirsch-Paraden gelang dem Verein noch in der gleichen Saison der Aufstieg. Zudem gewann der unverwüstliche Zerberus mit der Südwest-Auswahl 1975 gegen Baden den Amateur-Länderpokal und empfing seine Siegermedaille von dem damaligen rheinland-pfälzischen Ministerpräsidenten Helmut Kohl. Während der Saison 75/76 absolvierte der erfahrene Könner noch 16 Pflichtspiele, sein Verein zeigte sich den Anforderungen der 2. Bundesliga nicht gewachsen. Anschließend beendete Kirsch seine lange Karriere, um noch einige Jahre als Trainer zu arbeiten, bis er, nach eigenen Worten, von der mangelhaften Einstellung seiner Spieler buchstäblich »die Schnauze voll hatte«. Heute lebt der Pensionär als Besitzer eines schmucken Eigenheimes wieder in seiner Heimatstadt Merchweiler.

Kischko, Maik

Geboren: 07.07.1966 (DDR)
BL-Vereine: VfB Leipzig (1993–1994), VfL Bochum (1998–1999)
BL-Spiele: 56

Kurzzeitig von den Experten als die »neue deutsche Torwart-Entdeckung« gefeiert, begann der im Leipziger Bezirk Löbnitz geborene Maik Kischko seine Vereinslaufbahn zunächst bei Lokomotive Delitzsch, ehe er 1979 zum 1. FC Lokomotive Leipzig wechselte. 1983 rückte der gelernte Elektromonteur in die Junioren-Oberligamannschaft auf, ehe zwei Jahre später die Aufnahme in den DDR-Oberliga-Kader erfolgte.

In den kommenden Jahren blieb er allerdings stets im Schatten von Nationaltorwart René → Müller. Als Kischko vor der Saison 90/91, nach Müllers Wechsel zu Sachsen Leipzig, Hoffnungen auf den Stammplatz hegte, lief ihm Ingo → Saager den Rang ab. Nachdem der Klub sich für die 2. Bundesliga qualifizieren konnte und wieder den alten Vereinsnamen VfB Leipzig verwendete, bekam Kischko den ungarischen Ex-Nationaltorhüter Peter Disztl vorgesetzt. Doch der 1,93 m große Torwarthüne konnte sich gegen den Altstar durchsetzen und beeindruckte in der Saison 91/92 mehrfach mit überdurchschnittlichen Vorstellungen, die seine Mannschaft vor dem Abstieg bewahrten.

Den endgültigen Durchbruch schaffte der Schnauzbartträger mit dem Bürstenhaarschnitt in der nächsten Spielzeit. Kischko absolvierte alle 46 Zweitligaspiele der Saison 92/93 und avancierte mit seinen Paraden zum »unbezahlbaren Erfolgsgaranten« für Leipzigs sensationellen Aufstieg in die Bundesliga. Von Trainer Jürgen Sundermann noch zu Zweitligazeiten als »absolut erstligatauglich« eingestuft, galt Kischko vor der Bundesligasaison 93/94 bereits als kommender Star.

Den Vorschusslorbeeren ließ der »exzellente Torhüter« weiterhin Taten folgten. Der »coole Mann mit Nerven wie Hanfseile« entpuppte sich als einer der wenigen Leistungsträger in einer insgesamt kaum bundesligareifen Leipziger Mannschaft. Als dem »Mann mit den tausend Händen« nach dem 1:0-Sieg bei Borussia Dortmund von allen Seiten eine absolute Weltklasseleistung bescheinigt wurde, schien sogar die Nationalmannschaft ein Thema zu werden. Während der Keeper selbst bescheiden blieb, lobten ihn Bundesligakollege Eike → Immel (»Kischko hat viele Ansätze, um ein Super-Torwart zu werden.«) und Trainer Bernd Stange (»Kischko wird in der Liga der großen Torhüter ein Großer werden.«) in den allerhöchsten Tönen. Just folgten nach dieser Sternstunde deutlich schwächere Leistungen. Neben tollen Reflexen auf der Linie offenbarte Kischko zunehmend Schwächen in der Strafraumbeherrschung. In der Rückrunde gelangen dem vormaligen »Überflieger« noch vereinzelt Großtaten, die jedoch gegenüber seinen Blackouts und Schnitzern zunehmend verblassten. Mit nur drei Siegen stieg das Team postwendend wieder ab und bis 1997 unternahm der Keeper mit seinem Verein vergebliche Comebackversuche in Richtung Bundesliga. Anschließend wechselte er zum Zweitligisten Carl Zeiss Jena, mit dem der einstige »Wundermann« bereits nach einem Jahr ebenfalls absteigen musste.

Noch besaß sein Name einen guten Klang und so wurde er für die Saison 98/99 von Bundesligist VfL Bochum als Nummer 2 unter Vertrag genommen. Am 31. Spieltag kam er für den unsicheren Thomas → Ernst zum Einsatz, patzte jedoch eine Woche später entscheidend bei der 0:2-Heimpleite gegen den VfL Wolfburg, verletzte sich anschließend und beendete die Spielzeit erneut als Absteiger.

Beim Zweitligisten Stuttgarter Kickers versuchte der Popmusik-Fan für die Saison 99/00 einen Neuanfang, um sich bereits nach vier Spieltagen als eklatanter Unsicherheitsfaktor zu entpuppen und für den Rest der Saison durch Bernd Klaus und Sead → Ramovič ersetzt zu werden. Im Osten Fußballdeutschlands immer noch als guter Torhüter geschätzt, wechselte er anschließend zum thüringischen Regionalligisten Erzgebirge Aue, um die Erwartungen erneut zu enttäuschen. Nachdem Kischko auch hier seinen Stammplatz an Dirk Böhme verloren hatte, ist er mittlerweile beim sächsischen Landesligisten FC Eilenburg gelandet.

Kleff, Wolfgang

Geboren: 16.11.1946 (Deutschland)
BL-Vereine: Borussia Mönchengladbach (1968–1979; 1980–1982), Hertha BSC Berlin (1979–1990), Fortuna Düsseldorf (1982– 1984), VfL Bochum (1985–1986)
BL-Spiele: 433
Vereinstitel: 5x Meister (Borussia Mönchengladbach: 1970, 1971, 1975, 1976, 1977) 1x DFB-Pokal (Borussia Mönchengladbach: 1973), 1x UEFA-Pokal (Borussia Mönchengladbach: 1975)
A-Länderspiele für Deutschland. 6

Der »Spaßvogel vom Bökelberg« begann bereits mit 6 Jahren beim VfL Schwerte mit dem Fußballspielen. Zunächst Feldspieler in der 2. Schülermannschaft, übte der gebürtige Westfale bald darauf in der 3. Mannschaft zusätzlich die Position des Torhüters aus. In der Seniorenmannschaft von Schwerte konnte er sich zwar keinen festen Stammplatz als Schlussmann erobern, seine guten Verbindungen zu Westfalens Verbandstrainer Walter Ochs ermöglichten ihm 1968 dennoch ein Probetraining bei Borussia Mönchengladbach. Hennes Weisweiler ließ sich von den Reaktionsfähigkeiten des 1,80 m großen Keepers überzeugen, der für die Saison 68/69 einen Lizenzspielervertrag unterschrieb.

Als Ersatzmann für Volker → Danner gelangte Kleff bereits am 5. Spieltag zu seinem ersten Bundesligaeinsatz, weil sich der Kollege beim Warmmachen verletzt hatte. Beim 2:2 gegen Alemannia Aachen kassierte der »blonde Junge aus Schwerte« seinen ersten Beinschuss und kehrte zunächst auf die Ersatzbank zurück. Doch zum Saisonende verschlimmerten sich Danners Meniskusprobleme, der sich deshalb einer Operation unterziehen musste. In den letzten sieben Saisonspielen hütete Vertreter Kleff den Kasten, der bei seinen Einsätzen nicht immer einen überzeugenden Eindruck hinterließ. Vor der Saison 69/70 plagten Danner jedoch immer Kniebeschwerden, so dass Weisweiler seiner vermeintlichen »Achillesferse« das Vertrauen schenken musste. Mit lediglich 13 Gegentoren stand die Elf nach der Hinrunde auf dem ersten Tabellenplatz und aus dem Unsicherheitsfaktor Kleff hatte sich inzwischen ein »Torhüter-As« entwickelt. Am 30. Spieltag überragte der damals noch »nüchterne Westfale« beim torlosen Remis in Stuttgart, was dank der Niederlage von Verfolger 1. FC Köln praktisch schon die Meisterschaft bedeutete.

Nach Mönchengladbachs erstem Titelgewinn konnte Kleff dann auch im Europapokal der Meister sein Können beweisen. Zugleich lieferte er damit die erste Anekdote seiner turbulenten Torwartlaufbahn. Im Hinspiel gegen den FC Everton kümmerte er sich emsig um das Aufsammeln von Toilettenpapier anstatt seine Aufmerksamkeit dem Gegner zu widmen. Erst der Aufschrei seiner entsetzten Mitspieler konfrontierte ihn mit der Tatsache, dass Evertons Verteidiger Kendall seine geistige Abwesenheit für einen 30-m-Schuss zum 1:1-Endstand ausgenutzt hatte. Im Rückspiel glänzte der Unglücksrabe dann jedoch mit »unglaublichen Paraden« und schied mit seiner Mannschaft erst im Elfmeterschießen aus. Als verdiente Belohnung für diese Weltklasseleistung feierte der gelernte Industriekaufmann am 22. Juni 1971 in Oslo, beim 7:1-Sieg gegen Norwegen, sein Nationalmannschaftsdebüt. Mit seinem Verein konnte Kleff die erfolgreiche Titelverteidigung bilanzieren, obwohl er mit einem schweren Patzer, am vorletzten Spieltag gegen Rot-Weiß Essen, den Triumph beinahe noch gefährdet hätte. In den nächsten zwei Jahren konsolidierte der langmähnige »Beatle« seine Leistungen, produzierte eine erfolgreiche Torwartkollektion und absolvierte am 26. Mai 1972 im neu eingeweihten Münchener Olympiastadion – ab der 69. Minute für Sepp → Maier – gegen die

Der Blick gilt immer dem Ball – Wolfgang Kleff während seiner Zeit bei Fortuna Düsseldorf.

UdSSR sein zweites Länderspiel. Am Ende der Saison 72/73 lieferte der Top-Torhüter dann das Spiel seines Lebens. Im legendären DFB-Pokalfinale gegen den 1. FC Köln avancierte er zusammen mit seinem Kölner Kollegen Gerhard → Welz zum Hauptdarsteller einer mitreißenden Darbietung zweier offensiv geprägter Mannschaften. Von »Sprungfedern katapultiert« und mit »Magneten an den Händen« (»Kölnische Rundschau«) steigerte sich Kleff durch zahllose Paraden zu einem schier unbezwingbaren »Hexer«. In der letzten Spielminute der Verlängerung entschärfte er mit einer fantastischen Reaktion einen Kopfball von Bernd Cullmann und sicherte damit den knappen 2:1-Erfolg.

Der Pokalheld konnte sein Formhoch zunächst auch in der Saison 73/74 bestätigen. Durch emsiges Training feilte der ehrgeizige Keeper an seinen Strafraumdefiziten, bestach in der Hinrunde durch beständige Top-Leistungen und konnte sich mit seiner Elf an der Tabellenspitze festsetzen. Weil Maier zudem in einer Formkrise steckte, wurde Kleff von Bundestrainer Helmut Schön auch für das erste Länderspiel der Saison nominiert. Nach dem 1:0-Sieg gegen die UdSSR bescheinigten ihm alle Experten eine fehlerlose Leistung. Hatte Kleff 1972 noch geäußert, dass »Maier nun mal besser sei«, so formulierte er seine Ansprüche jetzt unverhohlen offensiv: »Die Zeiten haben sich geändert. Maier ist nur einer von mehreren Konkurrenten.« Nach weiteren, überzeugenden Einsätzen gegen Österreich und Frankreich herrschte unter den Experten eine förmliche »Kleff-Euphorie«.

Der Keeper mit dem »glänzenden Auge, sauberer Ballbeherrschung und klarer Berechnung der Situation« galt jetzt als heißester Kandidat für den Torwartposten bei der anstehenden Weltmeisterschaft im eigenen Lande. Im gleichen Zeitraum, in dem sich jedoch der bereits abgeschriebene Maier aus dem Formtief befreite, begann nun der Herausforderer zu schwächeln. Am 12. Spieltag ließ Kleff bei der 1:6-Schlappe in Stuttgart haltbare Schüsse passieren. Einen Monat später wurde ihm gegen Schottland der 0:1-Rückstand angekreidet, während der später eingewechselte Maier einen Elfmeter parieren konnte. Am letzten Spieltag der Hinrunde kam es zum Gipfeltreffen der »Torwart-Giganten«, bei dem sich Kleff bei der 3:4-Niederlage von zwei mäßigen Schlussleuten als der schlechtere erwies. Spätestens nach Maiers Titelgewinnen mit Bayern München in Meisterschaft und Europapokal war die Torwartdiskussion endgültig verstummt. Während der vierwöchigen WM rutschte Kleff in der Hierarchie sogar noch weiter ab. Von Nigbur als Nummer 2 verdrängt, saß der einstige Kronprinz nur beim Vorrundenspiel gegen Australien auf der Bank. Auf diese Schmach antwortete der »Hochkaräter« dann mit einer glänzenden Saison, um mit Borussia Mönchengladbach am Ende den Gewinn von Meisterschaft und UEFA-Cup-Pokal zu feiern. Parallel eröffnete Kleff mit seiner damaligen Frau Dorothee in Mönchengladbach eine Herren-Boutique, der drei Jahre später noch ein Souvenirladen folgte.

In den Überlegungen von Bundestrainer Schön spielt er trotz seiner beeindruckenden Darbietungen dennoch keine Rolle mehr. Im Verlauf der Saison 75/76 mutierte der langjährige Rückhalt dann in der Bundesliga unvermutet zum »Fehlerteufel«. Patzer im DFB-Pokalspiel bei Fortuna Düsseldorf – wo Kleff mit Pudelmütze agierte –, »anfängerhafte« Aktionen bei der 0:4-Schlappe gegen Bayern München sowie ein eklatanter Stellungsfehler im Europacup-Hinspiel gegen Real Madrid ließen seine sportlichen Aktien trotz des vierten Meistertitels drastisch sinken. Zudem musste sich der »stets lustige und aufgeschlossene Borusse« nach Saisonende einer Bauchmuskeloperation unterziehen und stand somit monatelang nicht zur Verfügung. Damit war eine Serie von 250 Bundesligaspielen ohne Unterbrechung abrupt beendet. Während dieser Zwangspause konnte sich Neuzugang Wolfgang → Kneib einen Stammplatz erkämpfen. Erst nach anderthalb Jahren kehrte Kleff, nach dem 10. Spieltag der Saison 77/78 aufgrund Kneibs Krise, zwischen die Pfosten zurück. Mit soliden Leistungen verhalf der 32-jährige Routinier seiner Elf noch einmal zum Vizetitel, ehe er in der nächsten Spielzeit erneut dem Kontrahenten weichen musste. Schweren Herzens verabschiedete sich das Urgestein aus Mönchengladbach, um für die

Saison 79/80 als Nachfolger von Norbert → Nigbur zu Hertha BSC zu wechseln. Ingesamt entpuppte sich der »lustige Blondschopf« für den Verein als »Volltreffer«, doch seine Reflexe konnten den Abstieg nicht verhindern. Trainer Josef Heynckes holte ihn nach Gladbach zurück, wo Kleff wegen einer schweren Zehenverletzung erst in der Rückrunde zum Zuge kam. Dennoch wurden die einstigen Ausnahmeleistungen bei dem »Mannschaftssenior« immer seltener. Erst durch seine frappierende Ähnlichkeit mit dem damals enorm erfolgreichen »Blödelbarden« Otto Waalkes erfuhr Kleffs Karriere einen erneuten Popularitätsschub. Bei diversen Sportpressefesten lernten sich beide persönlich kennen, was 1985 zu einer Gastrolle von Kleff als Doppelgänger ins Waalkes erstem Kinofilm mündete. Neben Stars wie Gottfried John, Sky Dumont und Elisabeth Wiedemann agierte Kleff als Friseur, der mit seinem Satz »Haar muss atmen« in denkwürdiger Erinnerung blieb. Zwei durchwachsenen Jahren in Mönchengladbach schloss sich ein zweijähriges Engagement bei Fortuna Düsseldorf an, wo der »Fußball-Otto« zumeist puren Abstiegskampf durchlebte. Aus dem einstigen Maier-Konkurrenten war längst ein Torwart-Komiker geworden, der zuweilen dem gegnerischen Torschützen applaudierte und bei seinem letzten Heimspiel für die Fortuna in der Saison 83/84 einen Eklat verursachte. Zunächst agierte der 37-jährige »Oldie« gegen Gegner Waldhof Mannheim »aufreizend lässig«, ließ sich dann in der 74. Minute wegen einer vermeintlichen Zerrung auswechseln, um dann vor der V.I.P.-Tribüne, unter den Anfeuerungsrufen der Schlachtenbummler, einen Striptease zu zelebrieren. Fortuna-Präsident Bruno Recht und Trainer Willibald Kremer verziehen ihm diesen Affront nicht und verbannten den dienstältesten Bundesliga-Kicker aus dem Kader.

Der geplante Einstieg in den Blumengroßhandel eines Freundes scheiterte und somit unterschrieb der eigentlich zurückgetretene »Methusalem« für die Saison 84/85 einen Vertrag beim Zweitligisten Rot-Weiß Oberhausen. Bereits wieder Pensionär, ereilte ihn während der Saison 85/86 ein Hilferuf des Bundesligisten VfL Bochum. Weil sich Stammtorwart Ralf → Zumdick verletzt und Ersatzmann Markus → Croonen sich im ersten Saisoneinsatz einen Platzverweis eingehandelt hatte, feierte das »Original« mit 39 Jahren beim 5:3-Sieg gegen Ex-Verein Fortuna Düsseldorf sein Erstliga-Comeback. Nach schwächeren Darbietungen zwischenzeitlich von Croonen abgelöst, blieb Kleff unerwartet, durch Zumdicks erneute Verletzung, bis zum Saisonende im Kasten.

Immer noch nicht fußballsatt, hütete der Dauerbrenner eine Saison später das Tor des Zweitligisten FSV Salmrohr, den er nach dem Abstieg 1987 auch noch in die Amateuroberliga Südwest begleitete. Nach seiner Rückkehr in den Westen stellte er sich noch fünf Jahre dem Landesligisten SV Straelen zur Verfügung, dem sich – im Alter von 46 Jahren – ein letztes Spiel beim hessischen B-Ligisten TG Weiskirchen anschloss. Nach Beendigung seiner aktiven Laufbahn betätigte sich der »Privatier« als Stadionsprecher, Reiseleiter oder Mitglied in verschiedenen Prominentenmannschaften. Zugleich gründete das »Torwart-Idol« für Kinder und Jugendliche ein »Erlebnistraining mit Wolfgang Kleff« und ist seit Januar 1999 Torwarttrainer des Regionalligisten KFC Uerdingen. Mit 52 Jahren wurde der »große Oldie im deutschen Fußball« von seinem Klub vorsorglich noch als dritter Torwart gemeldet. 1999 wurde er vom Online-Magazin von Borussia Mönchengladbach im Rahmen einer Umfrage, mit knappem Vorsprung vor Uwe → Kamps, in die »Jahrhundert-Elf« gewählt.

Kleider, Norbert

Geboren: 02.09.1951 (Deutschland)
BL-Verein: TSV 1860 München (1979–1981)
BL-Spiele: 5

Seine Vereinslaufbahn startete Norbert Kleider beim ansässigen FC Schweinfurt 05. Aufgrund guter Leistungen in seinem Jahrgang folgten Berufungen in die Jugendvertretung der Bayern-Auswahl, den sich Einladungen zu diversen DFB-Lehrgängen anschlossen. Hinter Bernd Schrage und Thomas → Zander besetzte der gebürtige Schweinfurter in der Juniorennationalelf zeitweise die nominelle Nummer 3, ohne jedoch ein offizielles Länderspiel zu absolvieren. Nach einem Jahr in der Seniorenmannschaft von

Schweinfurt 05 wechselte der gelernte Kfz-Elektriker 1973 zum Bayernligisten VfB Coburg.

Zwei Jahre später vom Zweitligisten Bayern Hof verpflichtet, lieferte er sich während dreier Spielzeiten einen erbitterten Konkurrenzkampf mit Ex-Bayern München-Keeper Manfred → Seifert. Kleider entpuppte sich als ebenbürtiger Kontrahent, der Seifert mehr als einmal auf die Ersatzbank verdrängen konnte.

Nach der Saison 77/78 war Bayern Hof – zwei Jahre zuvor noch knapp an den Aufstiegsspielen zur Bundesliga gescheitert – in die Bayernliga abgestiegen und Kleider begleitete seinen Klub beim bitteren Gang ins Amateurlager. Dem Traditionsklub missglückte zwar die anvisierte Rückkehr in den bezahlten Fußball, doch ihr Zerberus überzeugte in der Saison 78/79 mit beständig guten Leistungen, um daraufhin ein Angebot von Bundesligaaufsteiger TSV 1860 München zu erhalten.

Hinter seinem ehemaligen Juniorennationalmannschafts-Kollegen Zander wartete Kleider während der Saison 79/80 auf seine Chance, um am 7. Spieltag für seine Geduld belohnt zu werden. Beim Spiel gegen den VfB Stuttgart verletzte sich die Nummer 1 am Knöchel und räumte in der 74. Minute seinen Kasten für den Stellvertreter. In der restlichen Viertelstunde keiner größeren Prüfung mehr ausgesetzt, bewies der 1,85 m große Kleider beim anschließenden Remis gegen Eintracht Braunschweig in seinen Aktionen absolute Bundesligatauglichkeit. Vier Wochen später war er am 12. Spieltag beim 1:1 gegen Borussia Mönchengladbach erneut für den verletzten Zander im Einsatz. Im Derby gegen Bayern München zählte er zu den positiven Erscheinungen, konnte die 1:2-Niederlage aber nicht verhindern. Beim Abschlusstraining vor dem nächsten Spieltag brach sich Kleider dann den Mittelfinger, um gegen Hertha BSC dennoch, unter starken Schmerzen, seine Knochen hinzuhalten, weil mit Manfred Ober nur noch der Amateurtorwart zur Verfügung stand. Anschließend wurde der Finger in Gips gelegt, was weitere Einsätze verhinderte. Zander war dagegen wieder fit, während Kleider in den nächsten anderthalb Jahren in dessen Schatten verharrte. Nach dem Abstieg am Ende der Saison 80/81 musste 1860 München ein Jahr später wegen Lizenzentzug auch noch die Zweite Liga verlassen. Kleider kehrte zum FC Schweinfurt 05 zurück, blieb dort bis 1987 als Torwart aktiv, um anschließend unter Werner Lorant als Co-Trainer zu fungieren. Gegenwärtig ist er bei Schweinfurt Torwarttrainer und hilft aufgrund knapper Finanzen manchmal auch als Mannschaftsbusfahrer aus.

Klewer, Daniel

Geboren: 04.03.1977 (Deutschland)
BL-Verein: Hansa Rostock (seit 2000)
BL-Spiele: 8 (zum Ende der Hinrunde 02/03)

Der Vater von Daniel Klewer, schon zu DDR-Zeiten ein begeisterter Hansa Rostock-Fan, nahm seinen Sohn regelmäßig zu den Spielen seines Lieblingsklubs mit. 1983 begann der gebürtige Rostocker im Alter von 6 Jahren selbst bei Hansa mit dem Fußballspielen, durchlief alle obligatorischen Jugendteams, ehe er 1997 in den Amateurkader aufrückte. Hansas damaliger Profitrainer Andreas Zachhuber bescheinigte dem gelernten Industriekaufmann schon im August 1999 eine gute Entwicklung. Bereits kontinuierlich bei den Profis trainierend, schaute sich der 1,92 m große Schlussmann einiges bei Kollege Martin → Pieckenhagen ab und erkor Nationaltorhüter Oliver → Kahn zu seinem Vorbild: »Er ist der Mann, an dem man sich orientieren sollte.«

Vor der Saison 01/02 stand Klewer am Scheideweg. Seit fünf Jahren regelmäßig bei den Hansa-Amateuren in der Oberliga Nordost eingesetzt, lief sein Vertrag zum Saisonende aus und sollte nur im Profistatus verlängert werden. Hinter Matthias → Schober und Perry → Bräutigam die nominelle Nummer 3, erschien eine Empfehlung durch BL-Einsätze jedoch nahezu ausgeschlossen. Doch der Wunsch des »jungen Wilden« (»Ich habe schon als kleiner Junge davon geträumt, einmal mit Hansa in der Bundesliga zu spielen.«), der schon während der Saison 97/98 den verletzten Bräutigam einige Male auf der Bank vertreten konnte, sollte sich noch in dieser Spielzeit erfüllen. Zunächst erlitt Stammtorwart Schober am 22. Spieltag, bei der geglückten Abwehr eines Elfmeters, eine schwere Schulterverletzung. Der 38-jährige

Bräutigam sprang ein, während sich Klewer zumindest schon mal auf die Bank begeben konnte. Fünf Wochen später, am 27. Spieltag gegen den 1. FC Köln, verursachte die Nummer 2, in der 69. Minute, ein Handspiel außerhalb des Strafraums und musste anschließend vom Feld. Beim Spielstand von 2:2 eingewechselt, blieb dem Debüt Klewer nur noch die Aufgabe, zweimal den Ball aus dem Netz zu holen, wobei er beim vierten Gegentreffer einen unglücklichen Eindruck hinterließ.

Vor dem nächsten Heimspiel gegen den Hamburger SV meldeten sich bereits viele Zweifler, die dem unerfahrenen Zerberus die Erstligatauglichkeit absprachen. Der 25-jährige Goalie strafte alle Kritiker Lügen beim 1:1-Remis und wehrte insgesamt neun Torschüsse ab. Anschließend bezeichnete ihn eine Boulevardzeitung als »schönsten Torwart der Bundesliga«, während eine anwesende TV-Reporterin ihr Notizheft verzückt mit einem herzverzierten »Daniel« bekritzelte.

Im anschließenden Spiel bei Werder Bremen ließ er sich allerdings in der 90. Minute einen Schuss von Torwartkollege Frank → Rost ins Netz setzen, um am 32. Spieltag bei Wolfsburg nach sieben Minuten bereits dreimal hinter sich greifen zu müssen. Während »Sport-Bild« die Torwartposition schon zur »Problemzone« erklärte und Klewer mangelhafte Strafraumbeherrschung vorwarf, gab Trainer Armin Veh seinem jungen Schlussmann weiterhin Rückendeckung. Aufgrund ordentlicher Leistungen, dem geglückten Klassenerhalt und Bräutigams Laufbahnende rückte Klewer (»Ich möchte darum kämpfen, irgendwann die Nummer 1 zu werden.«) zur Saison 02/03, hinter dem wieder genesenen Schober, zur offiziellen Nummer 2 auf.

Klos, Stefan

Geboren: 16.08.1971 (Deutschland)
BL-Verein: Borussia Dortmund (1990–1999)
BL-Spiele: 254
BL-Vereinstitel: 2 x Meister (1995, 1996), 1 x Champions-League (1997)

Als waschechter »Dortmunder Junge« begann der »frühreife Gewinnertyp« (Frankfurter Allgemeine Zeitung) 1978 mit dem Vereinsfußball als Siebenjähriger beim TuS Eving-Lindhorst. Zunächst als Feldspieler eingesetzt, profitierte »Stoffel« in der E-Jugend von der Verletzung des Stammtorhüters, um anschließend endgültig den Platz zwischen den Pfosten zu besetzen.

1984 wechselte Stefan Klos zum TSC Eintracht Dortmund, dem sich in rascher Folge Berufungen in die U15- und U16-Auswahl anschlossen. Vier Jahre später erreichte er mit seinem Verein das Halbfinale der Deutschen B-Jugendmeisterschaft, um anschließend mit der kompletten Mannschaft zu Borussia Dortmund zu wechseln. Weitere Auswahlehren folgten, bei denen er als Schlussmann der deutschen U17-Auswahl 1988 beim russischen Granatkin-Turnier ohne Gegentor blieb und von den Veranstaltern zum besten Torhüter gewählt wurde. 1990 erreichte der Gymnasiast mit Borussia Dortmund bei der Deutschen A-Jugendmeisterschaft ebenfalls das Halbfinale, um anschließend als Vertragsamateur in den Profikader aufzurücken.

Zunächst absolvierte der 24-fache Jugendnationalspieler seine Einsätze in der Oberliga Westfalen, ehe er im Verlauf dieser Spielzeit auch in der Bundesliga erstmals in den Blickpunkt rückte. Nach der 0:3-Niederlage gegen Eintracht Frankfurt geriet Stammtorwart Wolfgang → de Beer verstärkt in die Kritik, so dass Trainer Horst Köppel vor dem 28. Spieltag dem unerfahrenen »Torwart-Greenhorn« eine Chance gab. Obwohl Klos gegen Wattenscheid 09 ein Tor verschuldete, bewies der »typische Westfale« in dieser, wie auch in der folgenden Begegnung bei Hertha BSC seine potentielle Bundesligatauglichkeit, landete aber anschließend bis zum Saisonende wieder auf der Ersatzbank.

Zur Saison 91/92 kam mit Otmar Hitzfeld ein neuer Trainer, der zunächst ebenfalls die langjährige Nummer 1 bevorzugte. Doch de Beer patzte mehrfach, so dass Hitzfeld ab dem 8. Spieltag die endgültige Wachablösung vollzog. Mittlerweile auch in die U21-Olympiaauswahl berufen, zeigte der 1,82 m große Klos bis zum Saisonende konstant gute Leistungen und kämpfte mit Borussia Dortmund bis zum letzten Spieltag um die Deutsche Meisterschaft mit.

Während der Saison 92/93 bereits als Kandidat für die Nationalelf gehandelt und in der Torwart-Rangliste des »Kicker« hinter Andreas →

Köpke auf Platz 2 aufgerückt, erlebte der »Senkrechtstarter« seine persönliche Sternstunde am 20. April 93, als er im UEFA-Pokalhalbfinale bei AJ Auxerre beim Elfmeterschießen den entscheidenden Strafstoß parierte.

Während der Saison 93/94 blieb das »konzentrierte Energiebündel« (Torwarttrainer Harald → Schumacher) in der Bundesliga vom 8. Oktober bis 19. November insgesamt 546 Minuten ohne Gegentor, um im Dezember 1994 für das EM-Qualifikationsspiel gegen Moldawien erstmals von Bundestrainer Hans-Hubert Vogts eine Berufung für den A-Kader zu erhalten. In der nächsten Spielzeit wurde der selbstbewusste Zerberus (»Der Torwart ist der wichtigste Spieler auf dem Platz.«) dann mit Borussia Dortmund erstmals Deutscher Meister. Mit seinem Klub nach der Saison 95/96 erneut Deutscher Meister und regelmäßig als Ersatzmann in das A-Aufgebot berufen, verhinderte im Sommer 96 ein komplizierter Daumenbruch die Teilnahme an der Europameisterschaft in England.

In der Saison 96/97 folgten für den »Meister des haltenden Handwerks« weitere Kluberfolge. Mit Borussia Dortmund gewann er im Endspiel gegen Juventus Turin die Champions-League-Trophäe, der sich im Dezember 97 in Tokio der Sieg im Weltpokalfinale gegen Cruzeiro Bela Horizonte anschloss.

Trotz dieser Highlights versperrte sich für ihn weiterhin das Tor zu Länderspieleinsätzen. Der als Torwart stets sachlich agierende Klos (»Ich muss mich hinter keinem Torhüter verstecken.«) – im September 97 bei der Wahl zum »Welt-Torhüter des Jahres« auf Platz 6 – blieb unbeeindruckt und ließ Taten sprechen. Am 17. September 97 bestritt er im Champions-League-Spiel bei Galatasaray Istanbul sein 50. Europapokalspiel und leistete in den internationalen Klubeinsätzen stets Herausragendes. Dennoch fühlte sich der Keeper als Dortmunder Eigen-

Stefan Klos mal wieder famos.

gewächs bei seinem Verein nicht genügend anerkannt und verkündete deshalb zum Saisonende 97/98 seine Wechselabsichten, der Klub jedoch verweigerte ihm die Freigabe. Stattdessen zog Dortmund den umstrittenen Paragraphen 11, was den Kontrakt des Keepers automatisch verlängerte. Mit Hilfe einer einstweiligen Verfügung ließ sich der zutiefst verärgerte Klos auf die Transferliste setzen, unterlag im Juni 98 vor dem Landesarbeitsgericht Hamm, ehe der angestrebte Wechsel zu den Glasgow Rangers, mit einiger Verzögerung, im Dezember 98 schließlich doch über die Bühne ging.

Auf Anhieb unumstrittener Stammtorwart, gewann der »Mann fürs Große« mit dem Traditionsklub noch in der gleichen Spielzeit die Schottische Meisterschaft. In der Saison 99/00 gelang ihm mit den Rangers, aufgrund der Triumphe in Meisterschaft und Pokal, das begehrte Double. Trotz dieser Erfolgsserie hat Klos (»Seitdem ich zu den Rangers gegangen bin, ist klar: ich bin weg vom Fenster.«) mit seinen Ambitionen in Richtung Nationalelf mittlerweile doch längst abgeschlossen.

Kneib, Wolfgang

Geboren: 20.11.1952 (Deutschland)
BL-Vereine: Borussia Mönchengladbach (1976–1980), Arminia Bielefeld (1980–1985)
BL-Spiele: 245
BL-Tore: 1
Vereinstitel: 1 x Meister (Borussia Mönchengladbach: 1977), 1 x UEFA-Pokal (Borussia Mönchengladbach: 1979)

Im Mainzer Stadtteil Zornheim geboren, kickte Wolfgang Kneib als Jugendlicher zunächst nur in seiner Freizeit, bevor er sich schließlich beim ansässigen TSV Zornheim anmeldete. Schon damals einen Kopf größer als seine Mitspieler, wurde er vom Trainer ins Tor gestellt. 1966 wechselte er zur B-Jugend von Mainz 05 und rückte ab 1970 noch als Amateur in den Regionalligakader auf. Als Stammkeeper seines Vereins absolvierte der 1,96 m große Schlussmann bis 1974 mehrere Auswahlspiele für den südwestdeutschen Fußballverband.

Auch in der Regionalliga Südwest sowie ab 1974 in der 2. Bundesliga Süd entpuppte sich der »Torhüter mit dem Gardemaß« bei Mainz 05 als Leistungsträger. Nach der Saison 74/75 ließ er sich reamateurisieren, um die nächste Spielzeit beim hessischen Drittligisten SV Wiesbaden zu verbringen. Durch die Vermittlung seines Mannschaftskameraden und früheren Mönchengladbachers Bernd Rupp absolvierte er noch in dieser Spielzeit ein Probetraining beim Bundesligisten Borussia Mönchengladbach und wurde umgehend unter Vertrag genommen.Zunächst hinter dem langjährigen Stammtorwart Wolfgang → Kleff als Ersatzkeeper vorgesehen, profitierte der Torwarthüne vor dem Saisonstart 76/77 von der Leistenoperation des Kontrahenten. Schon bei den Vorbereitungsspielen wusste »der Lange« zu beeindrucken, der mit stoischer Ruhe mühelos die gegnerischen Flanken herunterpflückte.

Reflexstark auf der Linie und mit enormer Sprungkraft glänzte der »Torwart-Komet« zum Saisonstart gegen den MSV Duisburg und Hertha BSC. Obwohl er im Strafraum weitaus weniger souverän agierte, folgte bereits im November 76 gegen Rumänien sein erstes B-Länderspiel. Starke Vorstellungen in Bundesliga und Europapokal wechselten sich mit einigen schwachen Darbietungen ab. Nach Patzern bei der 0:4-Niederlage gegen den Karlsruher SC geriet Kneibs Position nach dem 16. Spieltag kurzzeitig in die Diskussion. In der Rückrunde stabilisierte sich der gelernte Versicherungskaufmann, gewann mit seinem Klub den Meistertitel, um sich im Finale um den Europapokal der Meister, trotz der 1:3-Niederlage gegen den FC Liverpool, mit einer brillanten Leistungen endgültig in der Spitzengruppe der Bundesligatorhüter zu etablieren.

In der nächsten Saison kriselte es bei Gladbach gewaltig, wovon sich auch der vormalige »Shootingstar« anstecken ließ. Nach wiederholten Patzern und der 2:5-Heimniederlage am 10. Spieltag gegen den 1. FC Köln hatte Trainer Udo Lattek seinen Schuldigen ausgemacht. Für den Rest der Saison musste Kneib auf der Ersatzbank erleben, wie sein Klub mit Kleff aus der sportlichen Misere noch die Vizemeisterschaft gelang.

Bereits in der nächsten Saison schenkte ihm Lattek überraschend wieder das Vertrauen. Auf Anhieb knüpfte der »bärtige Blonde« wieder an sein früheres Leistungsniveau an, um nach glänzenden Leistungen von seinem Coach während der Vorrunde als »gegenwärtig bester deutscher Torwart« eingestuft zu werden. Am 32. Spieltag parierte er zudem beim 3:1-Sieg gegen den 1. FC Kaiserslautern zwei Elfmeter und gewann am 23. Mai mit seiner Elf gegen Roter Stern Belgrad den UEFA-Pokal.

Auch in der folgenden Spielzeit stand Kneib mit seinem Verein im Endspiel dieses Wettbewerbes, zog aber diesmal gegen Eintracht Frankfurt den Kürzeren.

Anschließend wechselte er für die Ablösesumme von 650 000 DM Ablöse zum Bundesliga-Aufsteiger Arminia Bielefeld. Nach zwei Jahren erfolgreichem Kampf um den Klassenerhalt musste sich der zuverlässige Keeper, nach der Saison 81/82, für ein Jahr von der Bundesligabühne verabschieden. Nach erfolglosen Vertragsverhandlungen mit Bielefelds Manager Dr. Norbert Müller vor die Tür gesetzt, scheiterte ein Transfer zum spanischen Erstligisten Real Santander an der zu hohen Ablösesumme. Kneib musste im Juli 82 Arbeitslosengeld beantragen und sich beim Amateurverein FC Gohfeld fithalten.

Der Klub engagierte als Nachfolger den finnischen Nationaltorhüter Olli → Isoaho, der jedoch aufgrund zahlreicher Fehlgriffe schnell in Ungnade fiel. Nach einjähriger Auszeit wurde der Verfemte wieder an die Bielefelder »Alm« zurückgeholt, um zum Start der Saison 83/84 beim 3:2-Auswärtssieg gegen den 1. FC Köln in der 79. Minute gegen Pierre Littbarski wieder einen Elfmeter abzuwehren. Nach Platz 8 in dieser Spielzeit musste der »Garant für Sicherheit« dann im nächsten Jahr mit Bielefeld allerdings die Beletage verlassen. In seiner letzten Bundesligasaison konnte sich der »charismatische Querkopf« noch durch einen verwandelten Foulelfmeter am 23. Spieltag gegen Eintracht Frankfurt in die Torschützenliste eintragen.

Torwartriese Wolfgang Kneib – oftmals Turm in der Schlacht.

1988 folgte mit Arminia Bielefeld der Absturz in die Amateurliga. Bis 1993 blieb die »Legende« bei den Arminen in der Amateuroberliga aktiv und nach Stationen als Torwarttrainer beim SC Paderborn sowie als selbstständiger Versicherungskaufmann ist Kneib heute als EDV-Berater im Außendienst tätig.

Knops, Günter

Geboren: 15.07.1942 (Deutschland)
BL-Verein: Alemannia Aachen (1967–1968)
BL-Spiele: 1

Aus der eigenen Jugend stammend, agierte Günter Knops vorwiegend in der Amateurmannschaft von Alemannia Aachen. Als zeitweilige Nummer 2 hinter Gerd → Prokop gelangte er in der Regionalligamannschaft von 1963 bis 64 zu insgesamt 11 Einsätzen. Nach Aachens Bundesligaaufstieg war dem wackeren Amateurkeeper dann am 28. Spieltag für die verletzten Prokop und Heinz → Schors sogar ein Bundesligaeinsatz vergönnt. Beim 1:4 gegen den VfB Stuttgart avancierte der famose Zerberus zum besten Mann seiner Elf und verhinderte gegen die ständig anstürmenden Schwaben eine höhere Niederlage. Nach diesem Intermezzo kehrte er wieder in den Amateurkader zurück.

Koch, Georg

Geboren: 03.02.1972 (Deutschland)
BL-Vereine: Fortuna Düsseldorf (1991–1997), Arminia Bielefeld (1997–1999), 1. FC Kaiserslautern (seit 1999)
BL-Spiele: 178 (zum Ende der Hinrunde 02/03)

In »früheren Jahren ein eher problematischer Typ« (TopInSport Fußball) begann der in Bergisch-Gladbach geborene Georg Koch mit dem Fußball zunächst als Feldspieler. Bei seinem Klub VfR Marienfeld schoss er als D-Jugend-Stürmer während einer Saison über 50 Tore, ehe er in der Rhein-Sieg-Jugendkreisauswahl durch die Verletzung des Stammkeepers auch als Torhüter überzeugte. In seinem Verein weiterhin im Feld aktiv, spielte er von jetzt an in der Kreisauswahl immer zwischen den Pfosten. Erst 1990, nach seinem Wechsel zur B-Jugend von Bayer Leverkusen, schulte der vorherige »Teilzeittorwart« dann endgültig zum Fangkünstler um. Neben Stefan → Klos absolvierte er Einsätze in der U18 und U21, sah aber bei seinem Verein hinter → Vollborn, Bernd → Dreher und Dirk → Heinen nur geringe Perspektiven.

Im Sommer 90 wechselte der gelernte Metallfacharbeiter deshalb auf Ausleihbasis zum Oberligisten SpVgg Erkenschwick, wo er den Routinier Bernd Giese schnell verdrängen konnte und zudem Einsätze in der westfälischen Amateurauswahl absolvierte. Noch während der laufenden Saison 91/92 wurde der talentierte Keeper auf Anraten von Trainer Rolf Schafstall vom Bundesligisten Fortuna Düsseldorf verpflichtet, wo er als Ersatzmann die Nachfolge des entlassenen Jürgen → Wittmann antrat. Nach Düsseldorfs Sturz in die Zweitklassigkeit vor der Saison 92/93 hinter Jörg → Schmadtke zur Nummer 2 aufgerückt, bekam er zunächst aufgrund seines Übergewichts einen Rüffel von Trainer Horst Köppel, um dann bei einer Handvoll Zweitligaeinsätzen im Spiel gegen den Chemnitzer FC auch noch die Gelb-Rote Karte zu kassieren.

Sein Klub landete nach dieser Spielzeit sogar im Amateurlager und aufgrund Schmadtkes Wechsel zum SC Freiburg avancierte der 1,95 m-»Koloss« immerhin zum Stammtorwart. Unter dem neuen Torwarttrainer Enver → Marič erlebte der zuvor eher als »trainingsfaul« verschriene Kumpeltyp dann eine enorme Leistungsexplosion, die sich bereits in der Amateuroberliga bemerkbar machte, wo dem Keeper mit seinem Verein der direkte Wiederaufstieg gelang. In der Saison 94/95 zu den besten Torhütern der 2. Bundesliga zählend, trug das 22-jährige »Riesentalent« mit seinen Heldentaten entscheidend zum Durchmarsch in die Oberklasse bei. Sein Förderer Marič war inzwischen davon überzeugt, dass sein Schützling »in ein paar Jahren der beste Torhüter von Deutschland« sein werde.

Die immensen Vorschusslorbeeren konnte der »wuchtige Torwart«, der von seinem Wohnort Recklinghausen jeden Tag mit dem öffentlichen Nahverkehr zum Training nach Düsseldorf anreiste, dann während der Saison 95/96 vollauf bestätigen. In einer überalterten Düsseldorfer Mannschaft erwies sich der ungemein reaktionsschnelle wie auch nervenstarke Goalie mit konstanten Top-Leistungen quasi als »Überlebens-Versicherung« (Fortuna-Präsident Jürgen Hauswald).

Der »emotionale Typ« erwies sich neben allem sportlichen Können jedoch zeitweise als unbeherrschter »Haudrauf«, der am 2. Spieltag der Saison 96/97 im Spiel gegen Borussia Dortmund seinen eigenen Mitspieler Harald Katermann tätlich angriff. Von den Düsseldorfer Fans gefeiert (»Georg ist die wahre Nummer 1.«) konnte Koch sein Niveau auch zur Hinrunde der Saison 96/97 bewahren. Bundesligisten wie der 1. FC Köln warben bereits heftigst um den Schlussmann, weshalb Präsident Hauswald (»Er kann der Harald → Schumacher von Düsseldorf werden.«) seine »Galionsfigur« umgehend zur Vertragsverlängerung drängte. Auch Bundestrainer Hans-Hubert Vogts erkundigte sich bereits nach dem »Unverzichtbaren«, der am 7. Spieltag beim sensationellen 2:0-Sieg über Meisterschaftskandidat VfB Stuttgart mit einer Weltklasseleistung brillierte.

Anschließend von Vogts neben Stefan Klos und Jens Lehmann zu einem Sichtungslehrgang eingeladen, zeigten sich an dem »geschmeidigen Hünen« selbst internationale Klubs wie Glasgow Rangers und AC Mailand interessiert. Am 18. Spieltag verschuldete Koch beim 1. FC Köln zunächst mit einem missglückten Abwehrversuch den Rückstand, ehe er in der 78. Minute mit Kölns Ralf Hauptmann zusammenprallte und sich dabei einen Nasen-, Jochbein- sowie Mittelhandbruch zuzog.

In den nächsten Wochen durch Thorsten → Walther vertreten, feierte Koch am 27. Spieltag sein Comeback, verletzte sich an der Schulter und musste zur Halbzeit erneut ausgetauscht werden. Vier Wochen später sorgte eine Schwellung an der lädierten Hand für das endgültige Aus. Trotz dieser längeren Zwangspause konnte sich Koch auch nach Düsseldorfs Abstieg die Vereine weiterhin aussuchen. Seine Wahl fiel auf den holländischen Ehrendivisionär und Champions-League-Teilnehmer PSV Eindhoven.

Bei seinem neuen Arbeitgeber mit Villa, Dienstwagen und eigenem Gärtner versorgt, erwies sich das vermeintlich große Los jedoch als sportliche Sackgasse. Zwar gewann der »erstklassige Torwart« (PSV-Präsident Harry van Raaij) kurz nach dem Saisonstart mit seinem neuen Klub den holländischen Supercup, doch Probleme mit Trainer Dick Advocaat ließen den einstigen Nationalmannschaftsaspiranten bereits nach drei Ligaspielen auf der Ersatzbank landen. In dieser frustrierenden Situation konkretisierte sich der Kontakt mit dem Bundesligisten Arminia Bielefeld, bei dem er im Oktober 97 einen Viereinhalbjahresvertrag unterzeichnete.

Hoffnungsvoll als »Eckpfeiler der Arminia 2000« verpflichtet, konnte der »Modellathlet« in der Hinrunde zu keinem Zeitpunkt an die einstigen Glanzleistungen anknüpfen. Eklatante Patzer gegen den VfL Wolfsburg und 1. FC Köln führten zwischenzeitlich bei den chronisch abstiegsgefährdeten Bielefeldern eher zu einer Verschlechterung auf der Torwartposition. Gerüchte um erneute Handgreiflichkeiten gegen Mannschaftskollegen, die Suspendierung kurz vor Saisonende sowie der Abstieg mit Bielefeld sorgten dann bei Koch (»Ich habe mir viel verbaut und einige Fehler gemacht«) endgültig für eine missratene »Seuchensaison«. In der 2. Bundesliga konnte der »Self-Made-Man mit unbändigem Ehrgeiz« seine Leistungen wieder konsolidieren, um mit Arminia Bielefeld in der Saison 98/99 den sofortigen Wiederaufstieg zu schaffen.

Mit den Ostwestfalen in die Bundesliga zurückgekehrt, zeigte »Schorsch« in der Hinrunde der Saison 99/00 durchwachsene Leistungen. Weil beim 1. FC Kaiserslautern Stammtorwart Andreas → Reinke mit einer Schienbeinverletzung längerfristig ausfiel und Arminia Bielefeld seinen »Großverdiener« abschieben wollte, einigten sich beide Vereine zur Winterpause auf einen Transfer. Koch musste sich zunächst dem Konkurrenzkampf mit Uwe → Gospodarek stellen und zum Rückrundenstart unerwartet auf der Reservebank hocken.

Am 24. Spieltag erstmals eingesetzt, konnte der zweifache Familienvater nicht durchgehend überzeugen, um bis zum Saisonende immer wieder von Verletzungen geplagt zu sein. Weil Reinke nach dieser Spielzeit zu Iraklis Saloniki wechselte und Gospodarek in den Planungen von Trainer Otto Rehhagel keine Rolle mehr spielte, avancierte Koch ungeachtet aller Probleme für die Saison 00/01 zur neuen Nummer 1. Vom Start weg entpuppte sich der »Super-Torwart« (BILD) in der Hinrunde als entscheidender Rückhalt, der insbesondere am 9. Spieltag beim 2:0-Sieg über Werder Bremen mit einer überragenden Leistung aufwartete. Flugs keimten wieder Hoffnungen für die Nationalmannschaft auf, doch der inzwischen auch menschlich gereifte Klasse-Keeper erhielt wider Erwarten keine Berufung.

Nach der Rückrunde sackte seine Formkurve etwas ab, doch mit einem gehaltenen Elfmeter und mehreren Glanzparaden sicherte er seiner Elf beim 1:0-Sieg gegen PSV Eindhoven den Einzug ins UEFA-Cup-Halbfinale, wo man dann gegen den Außenseiter Desportivo Alavés sang- und klanglos unterging. Mittlerweile als Führungsspieler geschätzt und auch Mitglied des Mannschaftsrates verpasste der »Mann, der sagt, was er denkt« (NRZ) mit seinem Team in der Saison 01/02 den angestrebten UEFA-Pokalplatz und war mit mehreren Schnitzern an diesem Scheitern nicht unbeteiligt. In der Hinrunde der Saison 02/03 sorgten Verletzungen und ein konstantes Formtief für verstärkte Konkurrenz von Nachwuchstorhüter Tim → Wiese. Nach fortlaufenden Patzern flog der erfahrene Routinier nach dem 12. Spieltag endgültig aus dem Tor, um vier Wochen später nur durch die Verletzungen Wieses zurückzukehren.

Seit geraumer Zeit ist Georg Koch mit einer eigenen Homepage im World Wide Web zu finden. Nebenher engagiert sich der »Profi mit Herz« für seinen finanziell gebeutelten Ex-Klub Fortuna Düsseldorf und als 2. Kreisligavorsitzender zudem beim Erkenschwicker Fußballkub SV Titania. Privat trinkt der bodenständige Zerberus gern ein »Bierchen« in der nächsten Dorfkneipe, denn »Kino, Disco oder Schickimicki sind ihm ein Greuel«.

Dank der »Koch-Künste« von Georg Koch erlebte Fortuna Düsseldorf seine letzte Bundesligablüte.

Köddermann, Werner

Geboren: 01.10.1946 (Deutschland)
BL-Verein: Borussia Dortmund (1967–1968)
BL-Spiele: 5

In Borussia Dortmunds Jugendabteilung besaß Werner Köddermann einen Ruf als »großartige Torwartbegabung«. Vor der Saison 66/67 schob der Bundesligist Nationaltorhüter Hans → Tilkowski zu Eintracht Frankfurt ab und gab seinem Eigengewächs einen Vertrag als Ersatzmann für Bernhard → Wessel.

Der Sohn des Dortmunder Jugendleiters musste die gesamte Vorrunde auf der Bank absitzen. Zum Rückrundenstart war der Mann mit dem verschmitzten Lächeln dann erstmals am Ziel seiner Wünsche. Wessel laborierte an einer Beckenknochenfraktur und somit feierte der Nachwuchskeeper im heimischen Stadion »Rothe Erde« gegen den MSV Duisburg sein Bundesligadebüt. Einer guten Leistung beim 4:3-Sieg über den MSV folgte eine 0:3-Niederlage gegen Alemannia Aachen, bei der sich Köddermann über mangelnde Beschäftigung nicht beklagen konnte und insgesamt Nervenstärke bewies.

Bedeutend unsicherer agierte er beim 3:1-Sieg über Borussia Mönchengladbach, um sich dann in der 1. DFB-Pokalrunde gegen den VfB Oldenburg einen dicken Lapsus zu leisten. Beim Auftippen des Balls nahm ihm der gegnerische Stürmer den Ball ab, um dann seelenruhig das 2:0 zu vollenden. Dortmund bog das Spiel zwar noch um, doch Trainer Oswald Pfau wollte sich für die Zukunft nicht mehr auf Köddermanns Stellvertreterdienste verlassen. Für die nächste Saison verpflichtete Borussia Dortmund den mitteldeutschen Auswahltorwart Klaus → Günther, während Köddermann zum Regionalligisten Eintracht Gelsenkirchen wechselte, um einige Jahre darauf in Dortmunds Amateurmannschaft zurückzukehren.

Köpke, Andreas

Geboren: 12.03.1962 (Deutschland)
BL-Vereine: 1. FC Nürnberg (1986–1994; 1998–1999), Eintracht Frankfurt (1994–1996)
BL-Spiele: 346
BL-Tore: 2
A-Länderspiele für Deutschland: 59

Der Welttorhüter des Jahres 1996 begann seine Fußballerlaufbahn als Achtjähriger beim Heimatverein KSV Holstein Kiel. Zunächst Rechtsaußen, gelangte er durch die Verletzung des Stammtorhüters zwischen die Pfosten. Als 17-jähriger Nachwuchsmann bereits in die 1. Mannschaft aufgerückt, gelangte Köpke aber in den Zweitligajahren von 1979–81 nur zu sechs Einsätzen.

Nachdem Holstein Kiel nach der Saison 80/81 in die Amateurliga absteigen musste, avancierte der 1,82 m große Schlussmann zum Stammtorhüter seines Klubs. Aufgrund guter Leistungen in die Schleswig-Holstein-Auswahl berufen, verlor der gelernte Einzelhandelskaufmann in der Saison 82/83 mit der Ländervertretung gegen Hessen das Finale um den Amateur-Länderpokal. Weil sich mit Holstein Kiel der erhoffte Wiederaufstieg nicht einstellte, wechselte der ehrgeizige Schlussmann vor der Saison 83/84 zum Zweitliga-Neuling SC Charlottenburg, mit dem er jedoch ein Jahr später erneut absteigen musste.

Anschließend wurde das Reaktionstalent vom Lokalrivalen Hertha BSC verpflichtet, konnte hier verstärkt auf sich aufmerksam machen, um nach der Saison 85/86 seinen dritten Abstieg zu erleben. Weil Bundesligist 1. FC Nürnberg mit Herbert → Heider eher über einen unsicheren Kantonisten im Tor verfügte, wurde der Kieler anschließend auf Drängen von FCN-Trainer Heinz Höher für die Saison 86/87 unter Vertrag genommen. Zunächst als Nummer 2 vorgesehen, profitierte Köpke von der Schulterverletzung Heiders, um am 1. Spieltag bei Werder Bremen sein Bundesligadebüt zu geben. Nach acht Gegentoren in den ersten zwei Begegnungen mehrte sich die Kritik an dem Keeper. Tatkräftig unterstützt von Nürnbergs Torwarttrainer Manfred → Müller absolvierte er zahlreiche Sonderschichten, um seine Leistungen im Verlauf der Rückrunde zu stabilisieren.

Die Leistungsexplosion folgte zur Saison 87/88, als der athletische Keeper mit phantastischen Reflexen Gala-Vorstellungen am laufenden Band lieferte. In der deutschen Olympiaauswahl avancierte er zum Stammtorhüter, von den »Kicker«-Lesern wurde er zum »beliebtesten Torhüter« gewählt und unter den Experten als »Mann mit Zukunft« gehandelt. Nicht zuletzt durch seine Sprungkraft, Fangsicherheit und Ruhe stand der 1. FC Nürnberg am Ende der Saison auf einem UEFA-Cup-Platz. Für die Olympischen Spiele 1988 in Seoul als Nummer 1 gesetzt, zog sich der Pechvogel am 7. Spieltag der Saison 88/89 gegen den Karlsruher SC einen Bänderriss zu und musste auf die Reise nach Südkorea verzichten.

Weil »Mr. Zuverlässig« auch nach seiner Genesung in einer mittelmäßigen Nürnberger Mannschaft der überragende Mann blieb, erhielt er am 30. Mai 1990 von DFB-Teamchef Franz Beckenbauer beim 1:0-Sieg gegen Dänemark seinen ersten Länderspieleinsatz, um bei der anschließenden Weltmeisterschaft 1990 hinter Bodo → Illgner und Raimond → Aumann die nominelle Nummer 3 zu sein.

Nach der Europameisterschaft 92 in Schweden fiel Deutschlands bisherige Nummer 1 Bodo Illgner vorübergehend in Ungnade. Bundestrainer Berti Vogts vertraute ab der Saison 92/93 vorwiegend auf den zurückhaltenden Nürnberger und Köpke nutzte seine Chance bei der Nationalelf vortrefflich. Am 24. März 93 zeigte er beim 1:0-Sieg in Schottland eine absolute Weltklasseleistung. Beim direkten Duell am 12. Spieltag setzte er Illgner auch noch einen Elfmeter ins Netz. In Zusammenarbeit mit der Dancefloor-Band T.T.Fresh produzierte der »Mann für alle Bälle« eine CD mit dem Titel »Köpke die Nummer 1 im deutschen Tor«, um nach eigenen Aussagen dadurch »die fränkische Dance-Floor-Bewegung zu unterstützen«. Nach dieser erfolgreichen Saison wählten ihn die Fachjournalisten mit deutlichem Vorsprung, als vierten Torwart der Bundesligageschichte, nach Hans → Tilkowski, Sepp → Maier und Harald → Schumacher zum »Fußballer des Jahres«. Heftigst von Bayern München umworben, galt er bei Presse und Publikum als ebenso sympathischer wie vorbildlicher Musterprofi.

In der Saison 93/94 gewann Illgner in der Nationalelf jedoch allmählich wieder Oberwasser,

Andreas Köpke – Klassekeeper zwischen EM-Triumph und Abstiegsfrust.

während Köpke mit dem 1. FC Nürnberg wieder in den Abstiegskampf verwickelt wurde. In den Länderspielen nicht mehr so souverän wie im Vorjahr, musste der Nürnberger Mannschaftskapitän zudem am letzten Spieltag der Saison durch ein 1:4 bei Borussia Dortmund den mittlerweile vierten Abstieg seiner Karriere verkraften. Bei der anschließenden Weltmeisterschaft in den USA erlebte der Sympathieträger eine weitere Enttäuschung. Vor dem ersten Gruppenspiel gegen Bolivien legten sich Vogts und Torwarttrainer Maier auf Illgner fest, weil dieser nach Aussage der beiden Verantwortlichen über die größere Erfahrung verfüge. Köpke schluckte diese Entscheidung klaglos herunter, um auf der Ersatzbank zu erleben, wie sein Rivale im Viertelfinale gegen Bulgarien das Ausscheiden mitverschuldete.

Nach diesem verkorksten Turnier erklärte Illgner seinen Rücktritt aus der Nationalelf, während Köpke als Nachfolger für den entlassenen Ulrich → Stein zu Eintracht Frankfurt wechselte. In der Nationalelf entwickelte sich das »As« jetzt zur festen Größe, während beim neuen Klub weiterhin sportliche Schmalkost angesagt war. In der Saison 95/96 mutierte der »exzellente Keeper« bei Frankfurt zur »Schießbudenfigur«, was nach einem unaufhaltsamen Abwärtstrend während der Rückrunde schließlich in seinen fünften Abstieg mündete.

Vor der anstehenden Europameisterschaft in England mit dem Stigma des Absteigers behaftet, bewies der »charakterlich einwandfreie Mensch« in dieser kritischen Situation Nervenstärke und zeigte beim entscheidenden Vorrundenspiel gegen Italien erneut eine Weltklasseleistung. Als Köpke im Halbfinaldrama gegen Gastgeber England beim anschließenden Elfmeterschießen wieder einen Strafstoß parieren konnte, jubelte Fernsehkommentator Hans-Gerd Rubenbauer über den reaktionsschnellen Routinier: »Kein Fußballgott wie Toni Turek, aber ein sehr, sehr guter Torhüter.« Mit dem Endspielsieg gegen Tschechien errang er im Alter von 34 Jahren endlich den ersten und einzigen Mannschaftstitel seiner langen Profilaufbahn. Seine Ausnahmeleistungen wurden anschließend mit der Wahl zum besten Torwart dieses Turniers sowie zum »Welttorhüter des Jahres« honoriert. Noch während der Gruppenspiele hatte Köpke beim VfB Stuttgart einen Vertrag unterschrieben. Als sich der FC Barcelona meldete, erzwang er die Annullierung des Kontraktes. Barcelona verpflichtete dann doch lieber den portugiesischen Nationaltorhüter Vitor Baia und der »Held von Wembley« befand sich plötzlich ohne Vertrag. Anstatt wie erhofft bei einem Weltklub zu spielen, wechselte er notgedrungen zum französischen Erstligaklub Olympique Marseille. Aufgrund seiner spektakulären Paraden auch beim französischen Publikum schnell ein Publikumsliebling, musste er mit dem Klub während der Saison 96/97 erneut um den Klassenerhalt zittern. Erst in der anschließenden Spielzeit kämpfte er mit dem einstigen Skandalklub um den Meistertitel und blieb in der Nationalelf, trotz des drängelnden Oliver → Kahn, weiterhin Stammkraft.

Bei der Weltmeisterschaft 98 in Frankreich erstmals die Nummer 1 bei einem WM-Turnier, rettete er beim Vorrundenauftakt gegen die USA mit zwei prächtigen Paraden den 2:0-Sieg. Im zweiten Spiel gegen Jugoslawien lobte ihn der deutsche TV-Kommentator Johannes B. Kerner noch als sichere »Bank«, als dem »Muster an Beständigkeit« kurz nach der Halbzeit ein harmloser Schuss durch die Arme kullerte, was zum 0:2-Rückstand führte. Deutschland gelang zwar noch der Ausgleich, doch ihr Schlussmann ließ in den folgenden Spielen die gewohnte Souveränität vermissen. Anschließend beendete einer der »Großen des deutschen Fußballs« seine Länderspielkarriere, um sich jetzt ausschließlich auf die Aufgaben bei Olympique Marseille zu konzentrieren.

Vom neuen Olympique-Trainer Roland Courbis in den Meisterschaftsspielen der Saison 98/99 zugunsten eines Nachwuchskeepers öfters auf die Bank gesetzt, bewies Köpke in den UEFA-Pokal-Spielen gegen Werder Bremen gewohnte Klasse. Dennoch zeigte sich Courbis mit dem 36-Jährigen unzufrieden, weil er zu sehr einen passiven Torwart »alter Schule« repräsentierte. Um der drohenden Demontage zu entgehen, kehrte er zur Winterpause zum 1. FC Nürnberg zurück. In einigen Spielen zeigte der Altmeister seine außergewöhnlichen Reflexe, während seine Elf vor dem letzten Spieltag auf einem vermeintlich sicheren 12. Tabellenplatz stand. Nach dem 2:2-Remis am letzten Spieltag gegen den SC Freiburg musste der demoralisierte Köpke seinen sechsten Abstieg realisieren.

In der 2. Bundesliga zumeist ein Leistungsträger, glückte nach zwei Jahren der erhoffte Wiederaufstieg und mit diesem positiven Abschluss beendete die »ausgleichende Persönlichkeit« nach der Saison 00/01 seine »kuriose Karriere«. Am 15. Juli. 2001 feierte er im Nürnberger Frankenstadion gegen ein »Allstar-Team« seine rauschende Abschiedsgala, um anschließend ins Sportmanagement einzusteigen.

Koitka, Heinz-Josef

Geboren: 12.02.1952 (Deutschland)
BL-Vereine: Eintracht Frankfurt (1975–1979), Hamburger SV (1980–1982; 1987–1990)
BL-Spiele: 142
Vereinstitel: 1x Meister (Hamburger SV: 1982)

Als »waschechter Wattenscheider Junge« spielte Heinz-Josef Koitka bei der ansässigen SG Wattenscheid 09. Aus der eigenen Jugend rückte er vor der Saison 71/72 in den Regionalligakader auf, wurde mehrfach in die Westfalenauswahl berufen und erwies sich in seinen Meisterschaftseinsätzen als hartnäckiger Konkurrent von Stammkeeper Ulrich → Gelhard.

Nach Gelhards Wechsel zum Wuppertaler SV avancierte Koitka während der Saison 72/73 zum oftmals gefeierten Helden. Auch DFB-Trainer Jupp Derwall war das Talent des 1,82 m großen Keepers aufgefallen und lud ihn zu ersten Sichtungslehrgängen für die Amateurnationalmannschaft ein. Obwohl sich der gelernte Karosseriebauer ab 1973 in der Amateurauswahl hervorragend bewährte, die Konkurrenten Günter → Wienhold sowie Jürgen Muche verdrängte und beim Europameisterschafts-Endturnier in Riejka gegen Halbfinalgegner Holland zwei Elfmeter abwehrte, sackte er bei Wattenscheid 09 zum Reservisten ab. Trainer Karl-Heinz Feldkamp bevorzugte während der Saison 73/74 den langen Manfred Behrendt, weil er ihn als zuverlässiger einstufte. Erst eine Knöchelverletzung des Konkurrenten ermöglichte Koitka, rechtzeitig vor der Bundesliga-Aufstiegsrunde, das Comeback. In den Aufstiegsspielen gegen Eintracht Braunschweig, 1. FC Nürnberg und dem 1. FC Saarbrücken glänzte der »hervorragende Torwart« mit tollen Reaktionen, ohne mit Wattenscheid den erhofften Aufstieg zu erreichen.

Nach unbeständigen Leistungen in der Zweitligasaison 74/75 folgte für den »schlanken und eleganten« Goalie vorübergehend der sportliche Totalabsturz. Koitka, der schon mehrfach Angebote von Bundesligisten erhalten hatte, liebäugelte vor der Saison 75/76 mit einem Vereinswechsel. Feldkamp verbannte ihn knallhart in den Amateurkader und der zornige »Jupp« warf seinem Trainer unverhohlen »Unfähigkeit« vor.

Nun musste Koitka zunächst in der Verbandsliga Westfalen den Bällen nachfliegen, wo er sich aber mehrfach auszeichnen konnte. Als sich Behrendt verletzte, erhielt er von Feldkamp noch in er Hinrunde unerwartet eine Chance, die er glänzend zu nutzen wusste. Jetzt wieder die Nummer 1, erfolgte in der gleichen Spielzeit die nächste Befördrung.

Kurz vor Saisonschluss verpflichtete ihn der Bundesligist Eintracht Frankfurt, weil Stammkeeper Wienhold einen Beinbruch erlitten hatte und Ersatzmann Dr. Peter → Kunter die Lücke nicht schließen konnte. Durch eine Sondergenehmigung, die seine weitere Zugehörigkeit in der Olympia-Mannschaft sicherte, war Koitka sofort spielberechtigt. Am 32. Spieltag feierte er beim 1:1 gegen Bayern München einen gelungenen Einstand und agierte auch in den restlichen Partien dieser Spielzeit ohne eine Spur von Nervosität.

Weiterhin für die Amateurnationalmannschaft aktiv, bestätigte er in der Saison 76/77 zunächst diese Leistungen. In der Rückrunde wurde er jedoch zusehends nervöser, um dann im Viertelfinale des DFB-Pokals seinen absoluten Tiefpunkt zu erleben. Gegen den Zweitligisten Bayer Uerdingen sorgte der »Blindflieger« eigenhändig mit zahlreichen Aussetzern für ein 3:6-Debakel. Diesem Torwart-technischen Offenbarungseid folgte die sofortige Degradierung durch Trainer Gyula Lorant (»Koitka strahlt keine Ruhe aus«), der in den nächsten Punktspielen wieder auf Wienhold setzte.

Weil der einstige Stammkeeper ebenfalls patzte, kehrte Koitka am 25. Spieltag zurück, um beim 3:1-Auswärtssieg gegen Borussia Mönchengladbach mit einer überragenden Leistung zu brillieren. Kurz darauf feierte der reaktionsgewandte Schlussmann beim 3:1 gegen die Junioren von Honduras, eine gelungene Premiere in der B-Nationalmannschaft.

Als Meisterschaftskandidat startete Eintracht Frankfurt in die Saison 77/78, konnte den Erwartungen jedoch in keiner Weise gerecht werden. Ungeachtet dieser Enttäuschung zeigte Koitka mehrere Glanzparten, die ihn in den kleinen Kreis der Nationalmannschaftsanwärter katapultierten. Am 31. Spieltag fischte er im Müngersdorfer Stadion gegen den Tabellenführer und späteren Meister 1. FC Köln die Bälle reihenweise aus dem Winkel. Nach dem sensationellen 1:0-Sieg bezeichnete ihn Trainer Lorant als »besten Torwart der Bundesliga«, ohne dass sich für Koitkas Hoffnung auf eine Nominierung für die anstehende Weltmeisterschaft in Argentinien erfüllte. Trotz einiger Angebote von anderen Bundesligisten verlängerte er seinen Vertrag bei Eintracht Frankfurt um ein weiteres Jahr.

Während der Saison 78/79 sackte der 14-fache Amateurnationaltorhüter dann in eine Formkrise. Nach der Hinrunde wurde der immer stärker kritisierte Koitka schließlich durch Jürgen → Pahl abgelöst, der die Erwartungen aber nicht erfüllen konnte, so dass der vormalige Stammkeeper ab dem 28. Spieltag in den Kasten zurückkehrte. Kurz vor Saisonende erhielt er von seinem Verein die Kündigung.

Über Nacht arbeitslos geworden, arbeitete Koitka übergangsweise in der Geschäftsstelle seines ehemaligen Vereines Wattenscheid 09, ehe er einige Wochen nach Saisonstart vom Zweitligisten Rot-Weiß Lüdenscheid verpflichtet wurde. Koitka bewährte sich im Abstiegskampf der 2. Bundesliga, doch in der sauerländischen Provinz wollte er nicht »versauern«. Kurz vor Saisonende wurde er vom Hamburger SV als Nachfolger von Rudolf → Kargus für die nächste Spielzeit unter Vertrag genommen.

Überraschend konnte Koitka vor der Saison 80/81 das Torwartduell gegen Ulrich → Stein für sich entscheiden. Der »harte Bursche« nutzte die unverhoffte Chance, um praktisch im Alleingang mit großartigen Leistungen dem HSV zu zahlreichen Siegen zu verhelfen. Seine »Superparaden« brachten ihm beim »Kicker« das Prädikat »Aufsteiger der Saison« ein. Während Rivale Stein auf der Ersatzbank schmollte, träumte »Juwel« Koitka bereits wieder von der Nationalmannschaft. Gegen Holland konnte er im Wechsel mit Roleder wieder ein B-Länderspiel absolvieren und die Experten lobten Stellungssicherheit sowie seine abgeklärte Routine. Obwohl schuldlos an der 0:5-Heimpleite beim UEFA-Cup-Spiel gegen AS St. Etienne, bekam Koitka anschließend von Trainer Branko Zebeč eine Pause verordnet. Erst durch eine Adduktorenverletzung von Stein kehrte Koitka am 22. Spieltag ins HSV-Tor zurück, ohne an die Leistungen der Vorrunde anzuknüpfen.

Vor der Saison 81/82 legte sich Hamburgs neuer Coach Ernst Happel auf Stein als neue Nummer 1 fest. Während Stein mit dem HSV Meister wurde, erhielt Koitka zum Saisonende die Kündigung. Bei Alemannia Aachen und Wattenscheid 09 sorgte er neben guten Leistungen in den nächsten fünf Spielzeiten mit seiner Aufsässigkeit immer wieder für Unruhe. 1985 eröffnete er mit dem Wattenscheider Vereinsmasseur Hans-Joachim Pannenbecker ein Massage-Institut in Mülheim an der Ruhr und schien sich allmählich auf das Karriereende vorzubereiten. Weil Wattenscheid 09 seinen Kader verjüngen wollte, war der mittlerweile 35-jährige »Torwart-Veteran« zum Saisonstart 87/88 erneut arbeitslos. In dieser Situation meldete sich ausgerechnet sein früherer Klub Hamburger SV. Stein war wegen seiner Tätlichkeit im Supercupspiel gegen Bayern München entlassen worden, der eiligst verpflichtete Mladen → Pralija hatte sich als Fehleinkauf entpuppt und der 19-jährige Richard → Golz erschien den Verantwortlichen zu unerfahren. Am 17. Spieltag stand der »Unerschrockene« gegen Borussia Dortmund nach sechsjähriger Pause wieder in einem Bundesligator. Der »Notnagel« bewährte sich für den Rest der Saison, obwohl er nicht fehlerfrei blieb und einige Tore in Schülermanier verschuldete.

Konnte er in der Saison 88/89 seine Position zunächst behaupten, so wurde spätestens mit seinem Platzverweis, im DFB-Pokalspiel gegen den VfL Osnabrück, allmählich die Wachablösung eingeläutet. Während der »Routinier« eine vierwöchige Sperre absitzen musste, glänzte Ersatzmann Richard → Golz mit hervorragenden Leistungen. Kurzfristig kehrte der »alte Jupp« zurück, um spätestens nach seinen Fehlern am 13. Spieltag, beim 2:4 gegen den VfB Stuttgart, den Stammplatz zu verlieren. Sein letztes Bundesligaspiel absolvierte der »alte Haudegen« am 32. Spieltag gegen Bayer Leverkusen. Seine anschließend letzte Saison beim Hamburger SV erlebte der Oldtimer ausschließlich auf der Ersatzbank, ehe er in der Spielzeit 90/91 von Wattenscheid 09 kurzfristig als Reservemann verpflichtet wurde. Nach endgültiger Beendigung der aktiven Laufbahn erwarb der selbstbewusste und redegewandte Koitka die Trainer-Lizenz, um zunächst bei Bayer Uerdingen und später bei Schalke 04 als Torwarttrainer einzusteigen. Ein siebenmonatiges Engagement als Cheftrainer beim Ex-Verein Wattenscheid 09 endete 1996 mit der Entlassung. Zwei Jahre später wurde der mittlerweile ergraute Ex-Profi auf Honorarbasis vom Deutschen Fußball-Bund als Torwarttrainer für den Nachwuchsbereich sowie die A2-Nationalmannschaft verpflichtet.

Kosar, Fritz

Geboren: 07.05.1939 (Deutschland)
BL-Verein: Bayern München (1965–1969)
BL-Spiele: 3
Vereinstitel: 1x Meister (Bayern München: 1969), 2x DFB-Pokal (Bayern München: 1966, 1967), 1x Europapokal der Pokalsieger (Bayern München: 1967)

Bereits 1949 spielte Fritz Kosar in der Schülermannschaft des FC Bayern München und absolvierte 1953 zudem zwei Jugendländerspiele. Anfang der sechziger Jahre auch in der Oberliga-Mannschaft die Nummer 1, stieß 1962 Jugendnationaltorwart Sepp → Maier zur Mannschaft. Zu dieser Zeit stand Trainer Helmut Schneider noch vor der Wahl zwischen der abgeklärten Routine eines Fritz Kosar und dem Temperament des reaktionsschnellen Maier. Spätestens nach den erfolgreichen Aufstiegsspielen zur Bundesliga während der Saison 64/65 konnte sich Maier endgültig als Stammtorwart etablieren.

Zum Start der Bundesligasaison 65/66 saß Kosar auf der Bank und konnte sich nur bei Freundschaftsspielen bewähren. Wegen einer Meniskusverletzung gelangte er am 10. Spieltag gegen Schalke 04 erstmals zum Einsatz. Der Ersatzmann hielt beim 1:1 hervorragend und ließ auch beim anschließenden 0:0 gegen den 1. FC Nürnberg nichts anbrennen. Danach meldete sich Maier wieder fit und der stellungssichere Kosar, wegen seines lichten Haarwuchses von den Mannschaftskameraden mit dem Spitznamen »Platten-Joe« bedacht, nahm ohne Murren wieder die Reservistenrolle ein.

Am letzten Spieltag dieser Spielzeit entschloss sich der Klub, für das bevorstehende DFB-Pokalendspiel gegen den Meidericher SV seine wichtigsten Spieler zu schonen. Für Kosar noch einmal die Gelegenheit, in Vertretung von Maier seine Klasse zu beweisen. Allein sein großartiges Können verhinderte gegen Werder Bremen einen Sieg der Hansestädter. Entschlossen fischte er alle gegnerischen Flanken weg, um beim 1:1 bester Mann auf dem Platz zu sein. Es blieb Kosars letzter Pflichtspieleinsatz, denn in den nächsten drei Jahren entwickelte sich Maier zum Nationalkeeper und einem Rekordtorhüter, der bis 1979 ohne Pause das Bayerntor hütete. Nach der Saison 68/69 mit Bayern Münchens erster Bundesligameisterschaft verließ der »ideale Ersatzmann« den Klub, um anschließend als Trainer und Torhüter noch für verschiedene Münchener Klubs aktiv zu sein.

Kostmann, Marco

Geboren: 12.04.1966 (DDR)
BL-Vereine: 1. FC Saarbrücken (1992–1993), Hamburger SV (1995–1996)
BL-Spiele: 7

Der gebürtige Rostocker Marco Kostmann absolvierte für seinen Stammverein Hansa Rostock zehn Einsätze in der ostdeutschen U21, ehe er vom DDR-Fußballverband zu Dynamo Berlin delegiert wurde. 1989 wechselte der gelernte Maschinenschlosser zum Nachbarn 1. FC Union, wo er sich ein Jahr später mit dem Trainer verkrachte und in den Aufstiegsspielen zur

2. Bundesliga nicht mehr eingesetzt wurde. Auf Empfehlung von Trainer Peter Neururer, der ihn im Osten beobachtete hatte, wechselte Kostmann vor der Saison 91/92 zum Zweitligisten 1. FC Saarbrücken. Der 1,89 m große Schlussmann gelangte nur durch die Verletzung von Stammkeeper Alfred Wahlen zum Einsatz, bewährte sich aber in sechs Meisterschaftseinsätzen und konnte zum Saisonende den Aufstieg in die Bundesliga feiern.

Von seinem Trainer immer noch als entwicklungsfähig eingestuft, erlitt Kostmann während der Saisonvorbereitung einen Bänderriss. Weil sich Kollege Wahlen zudem einen Daumenbruch zuzog, verpflichtete der Verein kurz vor dem Bundesligastart Stefan → Brasas von Kickers Stuttgart. Kostmann saß auf der Bank, während Saarbrücken als Aufsteiger in der Saison 92/93 mit Brasas im Tor zunächst eine achtbare Rolle spielte. Im Verlauf der Rückrunde setzte ein freier Fall in Richtung Abstiegsplätze ein. Nach acht sieglosen Spielen und einer 0:6-Schlappe bei Bayern München entschloss sich Neururer vor dem 28. Spieltag zum Torwartwechsel.

Als Kostmann erstmals ins Fegefeuer der Bundesliga geschickt wurde, stand der Klub noch auf Platz 15 der Tabelle. Bis zum Saisonende konnten die Saarländer keinen Punkt mehr gewinnen, erzielten nur zwei Tore, während Kostmann im Gegenzug 22 Bälle aus dem Netz holen musste.

Für die anschließende Zweitligasaison war der Keeper zunächst die Nummer 1, ehe vom 1. FC Kaiserslautern Michael → Serr verpflichtet wurde. Nachdem Kostmann das Duell um den Stammplatz letztendlich zu seinen Gunsten entschieden hatte, wechselte er 1994 in die Amateur-Abteilung des Hamburger SV, ehe er vor der Saison 95/96 zum etatmäßigen Stellvertreter von Richard → Golz aufrückte. Ohne Bundesligaeinsätze kehrte er 1997 in den Amateurbereich zurück, um den Bällen zukünftig für die Regionalligisten 1. SC Norderstedt und TuS Paderborn-Neuhaus nachzuhechten. Nach Beendigung seiner aktiven Laufbahn ist der ehemalige »Ossi-Keeper« gegenwärtig Trainer beim Hamburger Bezirksligisten FC Union Tornesch.

Kovačič, Vladimir

Geboren: 06.03.1950 (Jugoslawien)
BL-Verein: Hamburger SV (1974–1977)
BL-Spiele: 6
Vereinstitel: 1 x DFB-Pokal (1976),
1 x Europapokal der Pokalsieger (1977)

Weil der 17-fache Jugendnationaltorwart bei seinem Verein Dynamo Zagreb keine Chance bekam und der Transfermarkt in seinem Land bereits geschlossen war, entschloss er sich 1974, sein Glück in der Bundesrepublik Deutschland zu versuchen. Mögliche Verpflichtungen von den Zweitligisten Schwarz-Weiß Essen, 1. FC Mülheim und Wattenscheid 09 scheiterten zunächst an den überzogenen Forderungen seines Managers. Kovačič engagierte einen neuen Vermittler, der ihm ein Probetraining beim Hamburger SV verschaffte. Die Hanseaten suchten einen neuen Ersatztorwart, weil die bisherige Nummer 2 Dieter Wöbcke den Ansprüchen nicht genügte.

Der Keeper hinterließ bei den Tests einen ausgezeichneten Eindruck und erhielt einen Zweijahres-Vertrag. Als Mann hinter Nationaltorwart Rudolf → Kargus zunächst in Freundschaftsspielen eingesetzt, konnte »Kowa« dabei stets überzeugen. Der erste BL-Einsatz folgte am 26. Spieltag der Saison 74/75 beim Wuppertaler SV, als der studierte Architekt für den fußverletzten Kargus einspringen musste. Beim 4:0-Sieg gegen die desolaten Wuppertaler gehörte Kovačič zu den Besten seiner Elf und erntete Lob von allen Seiten.

20 Monate später, im Januar 77, erlitt Kargus im Supercup-Spiel gegen Borussia Mönchengladbach eine schwere Knöchelprellung, die eine mehrwöchige Zwangspause erforderte. In der 77. Minute für die verletzte Nummer 1 eingewechselt, hinterließ Kovačič bis zum Abpfiff einen sicheren Eindruck. Der Härtetest folgte am 18. Spieltag bei Borussia Dortmund und endete für den »menschlich prächtigen Kerl« in einem Desaster. Zahlreiche Unsicherheiten, die beim 4:4 zwei Treffer verursachten, stempelten den Zerberus zur tragischen Figur.

Obwohl Kovačič im nächsten Spiel gegen Werder Bremen zufrieden stellend agierte, verstummten die Zweifel an seiner Bundesligatauglichkeit nicht. Bei der anschließenden 0:2-

Niederlage in Kaiserlautern unterliefen ihm, neben einigen guten Reaktionen, wieder mehrere Fangfehler. Nach einer erneut schwachen Darbietung beim 5:3-Sieg über Rot-Weiß Essen endete die Leidenszeit für den bedauernswerten Keeper. Der genesene Kargus kehrte zurück und sein glückloser Vertreter wechselte nach dieser Saison zum Zweitligisten Wuppertaler SV. Drei Jahre gehörte er dort zumeist zu den Stützen und musste dennoch mit dem Klub 1980 den Sturz in die Drittklassigkeit erleben.

Kowarz, Kurt

Geboren: 12.04.1958 (Deutschland)
BL-Verein: 1. FC Nürnberg (1988–1994)
BL-Spiele: 11

Der loyale Ersatzmann von Andreas → Köpke wurde im hessischen Steinbach-Ulmau geboren. Seine Vereinslaufbahn begann »Kurti« Kowarz bei der ansässigen SG Germania Ulmbach, ehe er zur SG Bad-Soden wechselte, mit denen er 1980 Meister der hessischen Landesliga wurde. Diesem Erfolg schloss sich ein Jahr später der Aufstieg in die Oberliga Hessen an. Mittlerweile hatte sich der gelernte Polizeiausbilder im Raum Hessen einen Ruf als ausgezeichneter Keeper erspielt und wechselte im Sommer 1982 zum ambitionierten Oberligisten VfR Bürstadt.

In der Saison 82/83 folgten für den 1,80 m großen Schlussmann Berufungen in die Hessen-Auswahl, sowie mit seinem Verein der Aufstieg in die 2. Bundesliga. Als einziger Spieler von Bürstadt absolvierte Kowarz während der Saison 83/84 alle 38 Zweitligaspiele, ohne mit seinen anerkannt guten Leistungen den sofortigen Wiederabstieg verhindern zu können. Nach einem einjährigen Engagement beim Zweitligaaufsteiger Viktoria Aschaffenburg wurde er dann 1986 von Rot-Weiß Oberhausen verpflichtet. In den nächsten zwei Spielzeiten konnte sich Kowarz mit dem Ex-Bundesligisten zweimal knapp vor dem Abstieg aus der 2. Bundesliga retten, ehe dann nach der Saison 87/88 dem Verein wegen finanzieller Unregelmäßigkeiten die Lizenz entzogen wurde. Nach dieser Hiobsbotschaft folgte für Kowarz eine wochenlange Arbeitslosigkeit, ehe er im Fußballmagazin »Kicker« eine Stellenanzeige des Bundesligisten 1. FC Nürnberg entdeckte. Der Bundesligist befand sich auf der Suche nach einem Ersatzmann für Andreas Köpke und nach einem überzeugenden Probetraining wurde der vereinslose Keeper noch in der laufenden Saison 88/89 unter Vertrag genommen.

Bereits am 8. Spieltag gelangte er, aufgrund eines Bänderrisses bei Köpke, in Stuttgart zu seinem Bundesligadebüt. Obwohl Nürnberg eine 0:4-Niederlage einstecken musste, entpuppte sich Kowarz, laut »Kicker«, als »positive Überraschung des Abends«.

Auch in der Saison 89/90 ergaben sich durch eine erneute Verletzung von Köpke drei weitere Einsätze, in denen der zuverlässige Vertreter vor allem beim 3:0-Sieg gegen Fortuna Düsseldorf mit zahlreichen Paraden und einem parierten Elfmeter zum Matchwinner avancierte. Trotzdem stellte er keine Ansprüche auf einen Stammplatz, denn mittlerweile hatte sich zwischen ihm und Köpke eine enge Freundschaft entwickelt und Kowarz akzeptierte klaglos die Ausnahmestellung seines Torwartkollegen. Als Köpke am 12. Spieltag der Saison 1992/93 nach vorne eilte, um beim Spiel gegen den 1. FC Köln einen Elfmeter gegen Bodo → Illgner zu verwandeln, lief Kowarz hinter dessen Tor mit der Ankündigung: »Wenn du nicht triffst und die einen Konter fahren, stelle ich mich einfach in den Kasten rein!«

Weniger friedfertig und humorvoll präsentierte sich der »gestandene Profi« auf der Reservebank. Oftmals flippte der temperamentvolle Zerberus bei umstrittenen Schiedsrichterentscheidungen aus und die Ordner konnten ihn nur mit Mühe von Handgreiflichkeiten abhalten. In den nächsten Spielzeiten ergaben sich wiederum Einsätze nur durch Knieverletzungen und eine Magenverstimmung von Köpke.

Bedrohlicher entwickelte sich die Situation zum Saisonende 93/94. Während sich der 1. FC Nürnberg in akuter Abstiegsgefahr befand, hatte Köpke, am 30. Spieltag, in Wattenscheid für ein Foul außerhalb des Strafraums die Rote Karte und anschließend eine dreiwöchige Sperre kassiert. Eine Woche später eiferte Kowarz seinem Freund nach, brachte bei der 1:2-Niederlage gegen Borussia Dortmund in der eigenen Spielhälfte einen Gegenspieler zu Fall und schrammte haarscharf an einem Platzverweis vorbei. Nach drei Spielen mit drei Niederlagen hatte Kowarz nach dem 1:2 in Mönchengladbach am 33. Spieltag seine Schuldigkeit getan und damit zugleich sein letztes Bundesligaspiel absolviert.

Ohne Einsatz in der Saison 93/94 produzierte er mit Kumpel Köpke den 60-minütigen Videofilm »Professionelles Torwarttraining mit Andreas Köpke und Kurt Kowarz«, der auch heute noch erhältlich ist. Nach Nürnbergs Abstieg in der gleichen Spielzeit war der »Profi vom Scheitel bis zur Sohle« zunächst wieder vereinslos, ehe er seine aktive Laufbahn bis 1998 als Spielertrainer im Amateurbereich fortsetzte. Anschließend wurde er Torwarttrainer bei Arminia Bielefeld und engagierte sich anschließend beim Deutschen Fußball Bund als Nachwuchstrainer. Seit der Saison 02/03 ist Kowarz als Co-Trainer beim Regionalliga-Aufsteiger FC Augsburg beschäftigt.

Krämer, Hans

Geboren: 07.07.1929 (Deutschland)
BL-Verein: Hamburger SV (1963–1965)
BL-Spiele: 5

Als einstiger Torwart der Hannover 96-Meistermannschaft von 1954 zum Zeitpunkt der Bundesligagründung bereits 34 Jahre alt, begnügte sich Hans Krämer beim Hamburger SV vor dem Start der Bundesliga hinter Horst → Schnoor mit der Rolle des loyalen Reservisten.

Schnoor bewährte sich auch in der neu geschaffenen Bundesliga, während Krämer seinem befreundeten Kollegen beim Training zumeist beim Fangen der Bälle zuschaute. Am 23. Spieltag der Saison 63/64 gab es für den Hamburger SV bei 1860 München eine 2:9-Packung, bei der Beobachter Schnoor anschließend »totales Versagen« vorwarfen. HSV-Trainer Martin Wilke schickte im nächsten Spiel bei Eintracht Braunschweig Reservemann Krämer zwischen die Pfosten. Trotz der geringen Spielpraxis traf Krämer an der 1:2-Niederlage keinerlei Schuld. Dennoch kehrte Schnoor bis zum Saisonende in den Kasten zurück.

Auch in der Saison 64/65 war die Torwarthierarchie klar aufgeteilt. Am 19. Spieltag prallte Schnoor in der Begegnung bei Borussia Neunkirchen unglücklich mit Mitspieler Harry Bähre zusammen und zog sich einen Jochbeinbruch zu. Weil das Regelwerk damals noch keinen Auswechselspieler erlaubte, musste sich ab der 61. Minute Hamburgs Vorstopper Willi Giesemann den Torwartpullover überstreifen. Schnoor fiel für mehrere Wochen aus und jetzt war Krämer gefordert.

Bei der anschließenden 2:3-Niederlage beim Meidericher SV konnte sich die Nummer 2 zumindest bei einem Freistoß des Meiderichers Hartmut Heidemann auszeichnen.

Drei Tage später fand in Hannover eine Begegnung zwischen einer Auswahl von Hannover 96/Hamburger SV sowie der polnischen Nationalmannschaft statt, die für Krämer tragisch endete. Der mittlerweile 35-jährige Ersatzmann, eher Schnoors Torwarttrainer als sein ernsthafter Konkurrent, kassierte binnen weniger Minuten zwei »Haltbare« und wurde nach einer halben Stunde vom Platz geholt. Zudem pfiff ihn das einheimische Publikum, dem er zehn Jahre mit seiner Elf einen der größten Vereinstriumphe bescherte, gnadenlos aus. Krämer, in den Jahren zuvor beim HSV fast nur bei »Wald-und-Wiesen-Spielchen« eingesetzt, zeigte sich nach dieser Schmach nervlich angeschlagen und kassierte mit seinem Team am nächsten Spieltag im Heimspiel gegen den SV Werder Bremen eine 0:4-Schlappe. In den nächsten Begegnungen gegen Eintracht Frankfurt und den Karlsruher SC zeigte der Keeper einige Schwächen bei der Faustabwehr, aber auch gekonnte Paraden.

Schnoor wurde dennoch weiterhin schmerzlich vermisst und als Krämer vor dem nächsten Spiel beim 1. FC Kaiserlautern erkrankte, nutzte der bisherige Amateur-Torwart Erhard → Schwerin die unerwartete Chance, um bis zu Schnoors Genesung den HSV-Kasten zu hüten. Krämer beendete nach Saisonabschluss seine aktive Karriere, um fortan als Trainer zu wirken.

Krätschmer, Rudolf

Geboren: 07.05.1945 (Deutschland)
BL-Verein: Borussia Mönchengladbach (1965–1966)
BL-Spiele: 6

Schon zu den Regionalliga-Zeiten von Borussia Mönchengladbach war Rudolf Krätschmer, aus der eigenen Borussen-Jugend stammend, hinter Manfred → Orzessek lediglich die nominelle Nummer 2. Aufgrund seiner enormen Sprungkraft nach dem gleichnamigen Nationaltorhüter mit dem Spitznamen »Fahrian« bedacht, zählte er auch nach dem Aufstieg im Jahr 1965 zu den Reservisten.

Während der Bundesligasaison 65/66 musste er sich zunächst damit trösten, dass ihn die Experten kaum schwächer als Orzessek einschätzten. Als sich die Nummer 1 vor dem 4. Spieltag eine Verletzung zuzog, konnte Krätschmer beim 0:0 gegen Schalke 04 sein Können erstmals unter Beweis stellen. Bei der nachfolgenden 4:5-Heimniederlage gegen Borussia Dortmund kassierte der 20-jährige Keeper zwei von insgesamt fünf Elfmetern und ließ sich von einem haltbaren Weitschuss überraschen.

Am 16. Spieltag verletzte sich Orzessek in der Begegnung bei Eintracht Frankfurt an der Hand. Somit musste sein Vertreter anschließend gegen Eintracht Braunschweig erneut in den Kasten. Borussia Mönchengladbach umwarb bereits den Saarbrücker Volker → Danner, als Orzessek am 31. Spieltag zu Hause gegen Werder Bremen sieben Tore einfing und deswegen eine Pause verordnet bekam. Beim anschließenden 3:3-Remis gegen 1860 München hielt Ersatzmann Krätschmer hervorragend und erntete für seine Glanzparaden Beifall auf offener Szene. Für die restlichen zwei Spiele blieb »Rudi« jetzt im Kasten und rettete am letzten Spieltag, beim 1:1 gegen Eintracht Braunschweig, den glücklichen Punkt.

Danner stand bereits als Neuzugang fest und Krämer wechselte zum TuS Neuendorf in die Regionalliga Südwest. Mit diesem Klub nahm der manchmal »cholerische« Schlussmann 1968 und 69 in der Aufstiegsrunde zweimal einen vergeblichen Anlauf zur Bundesliga, ehe er zum westdeutschen Regionalligisten Wuppertaler SV übersiedelte. Dort avancierte der einstige »Beste im Südwesten« gegen Ende der Saison 70/71 zur tragischen Figur. Im entscheidenden Meisterschaftsduell bei Alemannia Aachen bekam er zwei Minuten vor Spielschluss einen 35-m-Schuss von der »Durchschlagskraft einer Rückgabe« nicht unter Kontrolle, was die unfreiwillige Vorlage zum 2:2-Ausgleich lieferte und gleichzeitig den Verlust der schon sicher geglaubten Qualifikation zur Aufstiegsrunde bedeutete.

Nach diesem Fauxpas entwickelte sich gegen den Unglücksraben ein beispielloses Kesseltreiben. Wuppertals Trainer Horst Buhtz wütete noch wochenlang gegen Krätschmer, der von seinem Verein mit sofortiger Wirkung beurlaubt wurde.

Der zweifache Familienvater musste aufgrund der nervlichen Belastung sogar seine Stelle als Gruppenleiter in einem Rheydter Betrieb aufgeben. Krätschmer zeigte sich fassungslos: »Man behandelt mich wegen eines einzigen Tores wie einen Schwerverbrecher. Was hat das noch mit Sport zu tun ...?« Der »ordentliche Sportsmann« hoffte anschließend vergeblich auf Engagements im benachbarten Ausland.

Kraft, Michael

Geboren: 23.04.1966 (Deutschland)
BL-Verein: 1. FC Köln (1988–1989, 1993–1998)
BL-Spiele: 27

Der beim 1. FC Köln als Illgner-Nachfolger glücklose »Tiger« spielte Fußball zunächst auf den anliegenden Bolzplätzen, um 1974 der SpVgg Wirges beizutreten. Von 1980 bis 81 absolvierte der gebürtige Westerwälder 16 Einsätze in der Rheinlandauswahl, ehe er 1988 zum 1. FC Köln wechselte. Als Torwart des Amateurkaders absolvierte der gelernte Maler und Lackierer zunächst Einsätze im Amateurligakader, um aufgrund seiner guten Leistungen auch Einladungen in die Mittelrhein-Auswahl zu erhalten. In der gleichen Spielzeit konnte er am letzten Spieltag bei Waldhof Mannheim erstmals den verletzten Stammtorwart Bodo → Illgner in der Bundesliga vertreten.

Hinter dem Nationalkeeper ohne sportliche Perspektive, wagte Kraft 1990 den Sprung zum türkischen Erstligisten Bakirköy Spor Istanbul, bei dem er sich einen Stammplatz erkämpfen konnte und einmal sogar zum »Torwart des Monats« gewählt wurde. 1993 kehrte er zum 1. FC Köln zurück. Als nomineller Reservist ersetzte der 1,87 m große Schlussmann am 23. Spieltag der Saison 93/94 den grippekranken Illgner zum zweiten Mal. Trotz seiner guten Leistung beim 1:1 gegen Bayer Leverkusen wurde er anschließend wieder auf seinen angestammten Platz verwiesen.

In den nächsten zwei Jahren nur bei Freundschaftsspielen oder Hallenturnieren eingesetzt, drohte Kraft hinter dem übermächtigen Illgner in seiner Rolle als ewiger Ersatzmann zu versauern. Weil er trotz allem Reservistenfrust im Training weiterhin ehrgeizig zu Werke ging, tolle Reflexe zeigte und nach Flugparaden schnell wieder auf die Beine kam, erhielt er von seinem Mannschaftskollegen Toni Polster den Spitznamen »Tiger«.

Praktisch über Nacht änderte sich die Situation, als Bodo Illgner nach dem 4. Spieltag der Saison 96/97 seinen überraschenden Wechsel zu Real Madrid bekannt gab. Auf dem Weg zum Geißbockheim von einem Reporter per Handy informiert, glaubte Kraft zunächst an einen Scherz, um anschließend öffentlich seine Stammplatzansprüche (»Ich bin jetzt die Nummer 1.«) anzumelden. Von Trainer Peter Neururer eher misstrauisch beäugt, gab er dann im DFB-Pokalspiel bei Regionalligist FSV Zwickau seinen Einstand als Stammtorwart. Ein schwerer Patzer beim überraschenden Pokal-Aus sowie ein unglücklicher Auftritt bei der anschließenden 0:4-Pleite beim VfB Stuttgart ließen in der Kölner Lokalpresse umgehend Forderungen nach einem neuen Torwart laut werden.

Der »Torwart-Tiger« antwortete auf die Zweifler mit einer hervorragenden Partie beim 4:0-Sieg über Borussia Mönchengladbach, um dennoch mit dem Bulgaren Antonio → Ananiev einen neuen Konkurrenten zu bekommen. Die folgenden Galavorstellungen gegen den FC St. Pauli und VfL Bochum schmälerte dann sein Auftritt im Heimspiel gegen Bayern München. Zunächst verschuldete er durch sein unentschlossenes Herauslaufen frühzeitig den Rückstand, um nach der 2:4-Niederlage dann auch noch mit unglücklichen Äußerungen (»Ich freue mich, dass Jürgen Klinsmann wieder getroffen hat«) ins Fettnäpfchen zu treten.

Mehrfach wegen eines Muskelfaserisses außer Gefecht gesetzt und durch Ananiev sowie Daniel → Eschbach vertreten, kämpfte sich das Stehaufmännchen nach der Winterpause wieder in die Mannschaft zurück. Viel versprechenden Auftritten folgte dann aber mit ebenso schöner Regelmäßigkeit der Einbruch. Mit mehreren Paraden rettete der umstrittene Zerberus am 20. Spieltag einen knappen 1:0-Erfolg gegen den SC Freiburg, um acht Wochen später den bittersten Momente seiner Laufbahn zu erleben. Mehrere Schnitzer bei der 2:5-Heimniederlage gegen Arminia Bielefeld ließen die Kölner Fans wieder nach Bodo Illgner rufen, während Kraft die Schmähungen (»Ich hatte Tränen in den Augen.«) nur mühsam verarbeiten konnte. Zu diesem Zeitpunkt war mit Andreas → Menger bereits ein neuer Schlussmann für die nächste Spielzeit verpflichtet und über Kraft in den Augen von »Kicker«-Redakteur Oliver Bitter das Urteil gefällt: »... nicht gerade die Zuverlässigkeit in Person, mal macht er Stellungsfehler oder lässt anscheinend haltbare Bälle passieren, wirkt unsicher und strahlt wenig Souveränität aus.«

Hinter Menger ab der Saison 97/98 wieder nur die Nummer 2, gelangte die zahnlos gewordene Raubkatze durch die Verletzung des Rivalen am 7. Spieltag gegen Bayern München zu seinem letzten Einsatz. Schon beim ersten Gegentor von den eigenen Fans ausgepfiffen, regte sich in dem Sündenbock nur noch der Gedanke an einen Vereinswechsel. Nach dieser Spielzeit monatelang ohne Vertrag, schlüpfte er dann noch während der laufenden Saison 98/99, als Nachfolger von Adam → Matysek, beim Zweitligisten FC Gütersloh unter. Seinen Stammplatz verlor er schnell an Dirk Langerbein, bis die Laufbahn nach einem komplizierten Daumenbruch mit 33 Jahren ihr Ende fand. Nach Tätigkeiten als Torwarttrainer bei Carl Zeiss Jena und »Fußball-Scout« ist Kraft seit Juli 2002 beim Zweitligisten LR Ahlen für das Torhüter-Training verantwortlich und bietet nebenbei für Vereine und Jugendliche »professionelles Torwart-Training« an.

Kroke, Manfred

Geboren: 18.10.1941 (Deutschland)
BL-Verein: Bayer 05 Uerdingen (1975–1981)
BL-Spiele: 31

Das »nonkonformistische Unikum« startete seine Fußballerlaufbahn bei Duisburg 08, mit dem er 1966 vergeblich um die Deutsche Amateurmeisterschaft kämpfte. Nach seinem Wechsel zu Bayer Uerdingen schaffte »der Lange« mit dem Verein 1971 den Aufstieg in die Regionalliga West.

Mit seinem Klub spielte Kroke, zuvor auch mehrfach in die Niederrheinauswahl berufen, kontinuierlich in der Spitzengruppe mit. Dabei bescherte der spindeldürre Keeper mit den langen Krakenarmen seiner Mannschaft ein Wechselbad an Torwartleistungen. Oftmals meisterte er schier »Unhaltbare«, nicht selten flutschten ihm harmlose Kullerbälle durch Torwarthosen- und Handschuhe. Seine Schlaksigkeit unterstrich die Optik seiner Aktionen, die mit den eleganten Flugparaden vieler Torwartkollegen we-

»Krake« Kroke (Bayer 05 Uerdingen) hat mal wieder das Nachsehen.

nig gemeinsam hatten. Auch sein Verein schien von den Leistungen seines Schlussmannes nicht restlos überzeugt und umwarb mit Fritz → Stefens und Jürgen → Rynio andere Torleute.

Zur mediengerecht aufbereiteten Fußball-Lachnummer mutierte Manni »O Nein« Kroke dann 1975 während der 3. DFB-Pokalhauptrunde gegen den VfL Bochum. Als der dünne »Spinnenmann« einen abgefangenen Ball zum Abschlag vorbereiten wollte, legte er die Kugel unachtsam dem gegnerischen Stürmer Josef Kaczor vor die Füße, der in aller Seelenruhe einschieben konnte. Am überraschenden Bundesligaaufstieg in der Saison 74/75 besaß Kroke jedoch mit zahlreichen Glanzpartien entscheidenden Anteil und mancher Kritiker zählte ihn, trotz aller Unkenrufe, zu den besten Torhütern der 2. Bundesliga Nord. In den Aufstiegsspielen gegen Süd-Kontrahent FK Pirmasens parierte er im Hinspiel einen Elfmeter und verhinderte dadurch einen aussichtslosen Rückstand, was den Grundstein für einen 6:0-Rückspieltriumph legte.

Beim Auftaktspiel der Saison 75/76 segelte der zuvor Gefeierte gegen RW Essen allerdings beständig an den gegnerischen Flanken vorbei. Seine Patzer ermöglichten bei der 1:2-Niederlage dem Essener Stürmerdebütanten Horst Hrubesch zudem seine ersten Bundesligatore. Beim anschließenden 0:0 gegen den VfL Bochum behielt Kroke zwar eine saubere Weste, agierte jedoch erneut unsicher. Am 7. Spieltag überragete er beim Karlsruher SC, wo sich der »wertvolle Prellbock« nahezu unüberwindlich zeigte und bei der 0:1-Niederlage zudem einen Strafstoß abwehren konnte.

Im weiteren Verlauf der Spielzeit blieb »Kraken-Kroke« jedoch zumeist eher neuralgischer Punkt, der seinen Tiefpunkt am 14. Spieltag beim Abstiegsmatch gegen Hannover 96 erlebte. Im strömenden Regen rutschte ihm ein harmloses Schüsschen durch die Pranken, was die Niederlage vorzeitig besiegelte. Anschließend attestierte ihm die »Bild am Sonntag« hämisch die Flugfähigkeiten eines flügellahmen »Maikäfers«, dennoch erhielt ihm Trainer Klaus Quinkert weiterhin das Vertrauen. Uerdingens erstes Bundesligaabenteuer währte nur eine Saison und bei Kroke bahnte sich bereits der Vorruhestand an. Für die neue Spielzeit wurde mit Paul → Hesselbach ein neuer Torwart verpflichtet, was den mittlerweile 34-jährigen Kroke zum Reservisten degradierte, der seinen Nachfolger im Training tatkräftig unterstützte. Am Ende der Saison wurde er noch einmal gefordert, weil sich Hesselbach vor den wichtigen Aufstiegsspielen gegen die SpVgg Bayreuth eine Handverletzung zugezogen hatte.

Selbst von heftigen Halsschmerzen geplagt, biss Kroke die Zähne zusammen und brachte mit seiner Elf den Aufstieg unter Dach und Fach. Nach Uerdingens Rückkehr in die Bundesliga ergaben sich für ihn keine Einsätze mehr. Eine Saison darauf nur noch dritter Mann hinter Hesselbach und Hans → Dotzler, beendete er nach dem erneuten Abstieg von Uerdingen 80/81 seine aktive Laufbahn.

Krüssenberg, Dirk

Geboren: 29.09.1945 (Deutschland)
BL-Verein: Fortuna Düsseldorf (1966–1967)
BL-Spiele: 22

Als Eigengewächs von Fortuna Düsseldorf zählte Dirk Krüssenberg Anfang der Sechziger in Deutschland zu den ganz großen Torwarttalenten. Gemeinsam mit Hans-Hubert Vogts, Günter Netzer und Franz Beckenbauer gelang ihm 1962 der Sprung in die Jugend-Nationalmannschaft, wo er insgesamt sechs Einsätze absolvierte. Krüssenbergs Klasse musste selbst der hoch gelobte Norbert → Nigbur weichen, dem in der Jugend-Auswahl während dieser Phase nur die Ersatzbank blieb. Zwei Jahre später verdrängte Krüssenberg in Fortuna Düsseldorfs Regionalligamannschaft den verdienten Amateurnationaltorhüter Albert Görtz. Seine großartigen Leistungen ließen auch Fortunas Weltmeistertorwart Toni Turek schwärmen, der dem 18-jährigen Gymnasiasten eine ganz große Karriere prophezeite. Vergleichsweise mühelos erreichte der »Komet am Torwart-Himmel« mit seiner Elf 1966 die Aufstiegsrunde zur Bundesliga, in der man sich gegen die Mitstreiter FK Pirmasens, Hertha BSC und Kickers Offenbach durchsetzen konnte.

Kurz vor dem Start in die Saison 66/67 geriet der 1,81 m große »Aufstiegsgarant« in eine Formkrise und sah sich der verstärkten Konkurrenz durch Amateurtorwart Helmar → Schwarzbach ausgesetzt. Vor dem ersten Spieltag entschloss sich Trainer Kuno Klötzer für den Kontrahenten, der beim 2:1-Sieg über Borussia Dortmund eine brillante Vorstellung zeigte. Dennoch erhielt am nächsten Spieltag auch Krüssenberg seine Chance, die er beim torlosen Remis gegen Bayern München nutzen konnte. Nach Patzern seines Konkurrenten gegen Eintracht Frankfurt war der 19-jährige Zerberus ab dem 4. Spieltag, vorläufig die Nummer 1.

Gestresst durch die anstehenden Abiturprüfungen, entpuppte sich das hoffnungsvolle Talent als wenig nervenstark, was während der Hinrunde zu einigen Punkteverlusten führte. Am 12. Spieltag beorderte Klötzer in seiner Verzweiflung den unerfahrenen Amateur Wilfried → Woyke ins Tor, ohne dadurch den Abwärtstrend seiner Mannschaft zu stoppen. Nach seiner Rückkehr zeigte sich Krüssenberg in verbesserter Form, um in der Rückrunde am 21. Spieltag gegen Hannover 96 den knappen 1:0-Erfolg zu retten. Eine Woche später, nach der 2:3-Niederlage beim Karlsruher SC, landete seine Mannschaft jedoch endgültig auf dem letzten Tabellenplatz. Weitere Schnitzer und chronische Schwächen im Stellungsspiel kosteten ihn nach dem 2:2 gegen den 1. FC Nürnberg endgültig den Stammposten.

Nach dem Abstieg wechselte Krüssenberg zum Regionalligisten SpVgg Fürth. 1969 erhielt er von Bayern München-Manager Robert Schwan ein Angebot für die Bundesliga. Weil er hinter einem Sepp → Maier nicht die aussichtslose Position der Nummer 2 ausfüllen wollte, beendete er – im Alter von 23 Jahren – frühzeitig seine einst viel versprechende Karriere.

In den USA schulte sich der angehende Betriebswirt anschließend an der University of Michigan im Bereich Business-Administration. Nach einer Tätigkeit als Vizepräsident für einen

Zwischen Abiturstress und Abstiegskampf – Dirk Krüssenberg von Fortuna Düsseldorf

Batteriekonzern kehrte der Diplom-Kaufmann am 15. August 1996 als General-Manager zu Fortuna Düsseldorf zurück. In dieser für die Bundesliga völlig neuen Funktion sollte sich der »Mann der ersten Stunde«, zusammen mit Frank Mill, um die Vermarktung kümmern. Das Verhältnis zwischen Krüssenberg und dem Verein war jedoch bereits nach wenigen Monaten zerrüttet und somit trennte man sich am Ende des Jahres im gegenseitigen Einvernehmen. Gegenwärtig ist Krüssenberg (»Rückblickend betrachtet habe ich meine Laufbahn wohl viel zu früh beendet.«) Marketingchef einer Telekommunikationsfirma und noch immer mit seinen früheren Juniorenkollegen Günter Netzer und Wolfgang Overath eng befreundet.

Krumnow, Hans-Jürgen

Geboren: 17.02.1943 (Deutschland)
BL-Verein: Hertha BSC Berlin (1963–1969)
BL-Spiele: 10

Aus der eigenen Jugendabteilung rückte Hans-Jürgen Krumnow ab 1961 in den Oberligakader von Hertha BSC. Hinter Wolfgang → Tillich blieb der 19-jährige Nachwuchsmann nominell die Nummer 2 und absolvierte in zwei Jahren nur eine Hand voll Pflichtspiele.

Auch im ersten Bundesligajahr war für Krumnow zunächst nur die Ersatzbank vorgesehen. Doch weil Tillich fortlaufend Schwächen offenbarte, entschloss sich Trainer Josef Schneider am 7. Spieltag gegen Borussia Dortmund, dem Vertreter eine Bewährungsprobe zu gönnen. Taktische Fehler und die mangelnde Erfahrung des Nachwuchskeepers mündeten in eine 2:7-Schlappe. Bei der anschließenden 1:3-Niederlage gegen Eintracht Frankfurt agierte Krumnow ebenfalls merklich unsicher. Kurz vor Saisonschluss verspielte Stammtorwart Tillich endgültig jeden Kredit, so dass die abstiegsbedrohten Berliner wieder auf Krumnow vertrauten. Das Eigengewächs agierte am 28. Spieltag, beim 1:1 gegen den Karlsruher SC, sowie eine Woche darauf beim 3:1-Sieg über 1860 München sicher und souverän. Beim Saisonfinale gegen Absteiger Preußen Münster wieder deutlich schwächer, bezweifelten Kritiker nach der 2:4-Niederlage erneut Krumnows Bundesligatauglichkeit.

Für ihn wie auch für Kollege Tillich waren die Stammplatzambitionen mit der anschließenden Verpflichtung von Nationaltorwart Wolfgang → Fahrian hinfällig geworden. Krumnow blieb während der Saison 64/65 zumindest die Nummer 2. Am 10. Spieltag sah er sich als Ersatzmann für den verletzten Fahrian bei Werder Bremen einer pausenlosen Angriffswelle ausgesetzt und gehörte trotz der 1:5-Niederlage zu den besten Berlinern. Auch beim anschließenden 5:3-Sieg über den 1. FC Kaiserslautern sowie am 21. Spieltag beim 0:3 gegen Eintracht Frankfurt zeigte er sich seiner Aufgabe gewachsen.

Trotz dieser ansprechenden Leistungen blieb der Berliner – ausgestattet mit guten Reaktionsvermögen, aber Schwächen in der Strafraumbeherrschung – auch nach dem Zwangsabstieg der Herthaner im Schatten des übermächtigen Fahrian. Nach dessen Wechsel zu Fortuna Düsseldorf gehörte Krumnow ab 1967 zwei Jahre zur Stammformation, ehe ihn 1968 vor dem Aufstiegsspiel gegen Rot-Weiß Essen heftige Zahnschmerzen plagten und er Nachwuchskeeper Volkmar → Groß den Vortritt lassen musste.

Als Hertha BSC nach erfolgtem Bundesligaaufstieg auch noch den österreichischen Auswahlkeeper Gernot → Fraydl verpflichtete, war das einstmals hoffnungsvolle Talent Krumnow spürbar nur noch dritte Kraft. Während der BL-Saison 68/69 gelangte er am 11. Spieltag bei Borussia Mönchengladbach – nach 44 Monaten Bundesligaabwesenheit – in der 86. Minute für den verletzten Fraydl ein letztes Mal zwischen die Hertha-Pfosten. Verdrossen von der ewigen Zuschauerrolle wechselte Krumnow nach dieser Spielzeit zum Regionalligisten Blau-Weiß 90 Berlin.

Kubik, Manfred

Geboren: 25.02.1967 (Deutschland)
BL-Verein: Bayer 05 Uerdingen (1985–1990)
BL-Spiele: 81

Der als »großes Torwarttalent« gefeierte Manfred Kubik begann seine Vereinslaufbahn beim VfR Fischeln, ehe bei dem gebürtigen Krefelder noch zu D-Jugendzeiten ein munterer Vereinswechsel einsetzte. Nach zwei Spielzeiten bei Bayer 05 Uerdingen ging er zu Preußen Krefeld, dem sich eine zweijährige Zugehörigkeit beim MSV Duisburg anschloss, ehe er 1984 wieder nach Uerdingen zurückkehrte. Zu diesem Zeitpunkt hatte der »Keeper mit Leib und Seele« bereits Einsätze in verschiedenen Auswahlmannschaften sowie zwei Schülerländerspiele absolviert. Mit Bayers A-Jugend erreichte er 1985 die Niederrheinmeisterschaft, um in der nationalen Endrunde an Borussia Dortmund zu scheitern. Vor der Saison 85/86 erhielt er aufgrund seiner starken Leistungen einen Vertrag für Bayer Uerdingens Bundesligakader.

Hinter dem etablierten Werner → Vollack schien zunächst ein Dauerabonnement für die Ersatzbank sicher. Die Nummer 1 leistete sich jedoch bereits am 9. Spieltag gegen den 1. FC Saarbrücken eine Tätlichkeit und wurde dafür in der 15. Spielminute des Feldes verwiesen. Der eingewechselte Kubik ließ sich die Nervosität nicht anmerken und agierte, nach Meinung der Experten, für seine 18 Jahre »erstaunlich gut abgeklärt«. Auch in den folgenden Bundesligapartien sowie im Europapokalspiel gegen den FC Zurrieq konnte der Youngster überzeugen und sich gleichzeitig ein Lob seines Trainers Karl-Heinz Feldkamp abholen: »Der Manfred ist ein großes Talent, strahlt Ruhe aus und lässt sich nicht verrückt machen.« Prompt wurde der »Mann mit der Elefantenhaut« von DFB-Trainer Hans-Hubert Vogts neben Bodo → Illgner und Thomas → Graf zu einem U21-Lehrgang eingeladen, dem sich kurze Zeit später gegen Dänemark ein Juniorenländerspiel anschloss. In den nächsten anderthalb Jahren kam er durch diverse Verletzungen seines Kollegen immer wieder zu vereinzelten Einsätzen, bei denen er sich bestens bewährte.

Die ganz große Chance ergab sich für den jungen Reservisten in der Saison 87/88. Vollack lag mit Trainer Horst Köppel im ständigen Disput, was schließlich im November 87 zur Entlassung des langjährigen Stammkeepers führte. Ab dem 16. Spieltag war der 20-jährige Kubik dann gegen den SV Waldhof Mannheim erstmals die offizielle Nummer 1. Zwei Wochen nach seiner Beförderung kassierte der Jungkeeper für ein Foul die Rote Karte und musste durch Amateurkeeper Mario → Bäger ersetzt werden. Der zuvor noch als Talent gefeierte Kubik schien der Nervenbelastung nicht gewachsen und bot bis zum Saisonende äußerst unbeständige Leistungen. Schon kursierten potentielle Neuverpflichtungen wie Uwe → Zimmermann, Jörg → Schmadtke, Jim Leighton und Thomas Ravelli, als ihm vor der Saison 88/89 vom Vorstand noch einmal das Vertrauen ausgesprochen wurde.

Am 1. Spieltag schien der Blondschopf mit einer famosen Leistung gegen den 1. FC Köln das Vertrauen zu rechtfertigen. Doch im Verlauf der nächsten Wochen agierte der passionierte Kraftsportler zusehends nervöser. Als er am 8. Spieltag gegen den Hamburger SV einen weiten Abschlag seines Gegenüber Heinz-Josef → Koitka unterlief und dadurch den zweiten Treffer verschuldete, begann die öffentliche Demontage. Auf die kleinlauten Erklärungsversuche seines Keepers (»Ich dachte, es wäre Abseits.«) reagierte Trainer Rolf Schafstall in einem Fernsehinterview mit unverhohlener Häme: »Jaja, um Ausreden ist man nie verlegen.« Zudem sorgte bei Kubik eine Knieoperation zum Start der Rückrunde für eine längere Zwangspause. Weil Vertreter Siegfried → Grüninger ebenfalls nicht überzeugen konnte, kehrte Kubik am 29. Spieltag kurzzeitig zurück, um nach eklatanten Patzern bei der 1:3-Niederlage gegen die Stuttgarter Kickers wieder auf der Ersatzbank zu landen.

Vor der Saison 89/90 legte sich Uerdingens neuer Trainer Horst Wohlers erst kurz vor dem Saisonstart auf den bereits heftig umstrittenen 22-jährigen Kubik als Nummer 1 fest. Als er nach dem 6. Spieltag bereits mehrere Niederlagen verantworten musste und wiederholt gravierende Mängel in der Strafraumbeherrschung offenbarte, war seine Position schon ernsthaft in Frage gestellt. Nach einer kurzfristigen Ablösung durch Kontrahent Grüninger kehrte Kubik kurz vor dem Hinrundenende in den Kasten zurück. Regelmäßige Patzer brachten ihn bei Uerdingens Anhängern vollends in Misskredit, während er von Trainer Horst Wohlers (»Kubik hat uns noch keinen Punkt gerettet.«) oftmals vor versammelter Mannschaft kritisiert wurde. Als die Verpflichtung von Bernd → Dreher bereits beschlossene Sache war, lagen Kubiks Nerven endgültig blank. Am 27. Spieltag kassierte der Unglücksrabe durch ein Missverständnis mit seinem Abwehrspieler Holger Fach wieder ein kurioses Tor, was zu einem Ausraster führte. Nachdem er gegen Fach anschließend handgreiflich wurde, war die Geduld seines Trainers endgültig erschöpft. Kubik flog aus dem Tor und musste sich einen neuen Verein suchen.

Diesen fand er ab der Saison 90/91 mit dem SV Meppen, wo sich der einstige Prügelknabe in den kommenden Jahren zu einem der besten Zweitligakeeper entwickelte. Als er vor der Saison 94/95 zum Aufstiegsaspiranten 1. FC Saarbrücken wechselte, brachten ihn zahlreiche Fehler bei Trainer Reiner Hollmann schnell in Misskredit. Nach dieser Spielzeit setzte eine Odyssee durch die Amateurligen ein, die ihn über die Stationen FSV Salmrohr, SC Wegberg-Beeck, Wuppertaler SV, Viktoria Goch vor der Saison 02/03 schließlich zum Landesligisten TuRU Düsseldorf führte.

Kunath, Jens

Geboren: 15.02.1967 (DDR)
BL-Verein: Hansa Rostock (1991–1996)
BL-Spiele: 9

Der »schlaksige Kuno« begann seine Vereinslaufbahn 1973 beim FC Hansa Rostock, wo er zunächst Feldspieler war, ehe er mit 13 Jahren ins Torwartfach wechselte. 1985 rückte das Nachwuchstalent in die 1. Mannschaft auf und eroberte sich ein Jahr später bereits den Stammposten. 1990 glückte ihm mit der ewigen »Fahrstuhlmannschaft« Hansa Rostock rechtzeitig der Aufstieg in die DDR-Oberliga, deren Zugehörigkeit nach der politischen Wende für die Qualifikation zur Bundesliga Vorraussetzung war. Nicht zuletzt dank Kunaths Können erreichte Hansa Rostock während der Saison 90/91 unter Trainer Uwe Reinders überraschend den Meistertitel und hatte sich, neben Dynamo Dresden, als einziger Ost-Verein den begehrten Bundesligaplatz gesichert. Keeper Kunath, der nach der Hinrunde zusammen mit Jens Adler und Perry → Bräutigam in der »Kicker«-Rangliste als bester Torwart der damaligen Oberliga Nordost eingestuft wurde, fiel in der Rückrunde allerdings wegen Verletzung zumeist aus.

Vor dem Saisonstart 91/92 galt das Rostocker Eigengewächs unter Experten als absolut bundesligareif. Neben seinen Reflexen wurden in erster Linie Sicherheit und gute Strafraumbeherrschung hervorgehoben. Doch bereits der erste ernsthafte Test vor dem Saisonstart 91/92 ging für Kunath nach langer Praxispause gründlich schief. Im Halbfinale um den Super-Cup verschuldete er bei der 1:2-Niederlage gegen den 1. FC Kaiserslautern beide Tore.

Obwohl Hansa Rostock zum Saisonbeginn mit drei Siegen fulminant an die Tabellenspitze stürmte, konnte der gebürtige Rostocker im Bundesliga-Alltag nicht überzeugen. Unorthodoxe Paraden sowie gravierende Mängel im Strafraum ließen seine Aktien bei Trainer Reinders rapide sinken. Nach Patzern bei der 0:3-Niederlage gegen den VfB Stuttgart wurde der einstige Publikumsliebling, nach dem 4. Spieltag von dem 19-jährigen Daniel → Hoffmann abgelöst. Kunath landete sogar auf der Tribüne, weil Reinders als etatmäßigen Ersatzmann zunächst die Neuverpflichtung Thomas Köhler bevorzugte. Wegen Hoffmanns Roter Karte gegen Bayer Leverkusen kehrte der mittlerweile zum »Notnagel« degradierte Kunath am 8. Spieltag zurück, wirkte aber sowohl beim 0:2 gegen MSV Duisburg wie auch bei der 3:5-Niederlage im DFB-Pokal gegen Zweitligist Fortuna Köln bereits völlig verunsichert. Wieder Reservist, erhielt der 1,93 m große Schlussmann nach Hoffmanns erneutem Platzverweis gegen Kickers Stuttgart unverhofft eine neue Chance. Reinders-Nachfolger Erich Rutemöller lobte den Ersatzmann nach dessen guter Leistung am 31. Spieltag gegen Fortuna Düsseldorf: »Wenn Kuno so weitermacht, bleibt er zumindest bis zum Saisonende die Nummer 1.«

Doch bereits zwei Wochen später ließ der »Flattermann« gegen Dynamo Dresden wieder im entscheidenden Moment einen Ball abklatschen und manövrierte sich damit erneut ins sportliche Abseits. Nach Rostocks Abstieg blieb er auch in den folgenden drei Jahren zumeist die Nummer 2. Als seinem Klub 1995 der Wiederaufstieg in die Bundesliga gelang, war er hinter Bräutigam und Hoffmann mittlerweile zur Nummer 3 abgestiegen. Zwei Jahre später wechselte er als erster deutscher Fußballer in die höchste chinesische Fußballklasse. Doch bereits im ersten Spiel für seinen Klub Vanguard

Huan Dao erlitt der Pechvogel einen Kreuzbandriss. Der baldigen Vertragsauflösung folgte im gleichen Jahr die Rückkehr nach Deutschland, wo Kunath in den nächsten Jahren seine aktive Laufbahn bei Klubs wie EFC Stahl Eisenhüttenstadt und FC Anker Wismar bis 2001 fortsetzte. Neben seiner Trainertätigkeit in Elmenhorst kümmert sich der gelernte Elektromechaniker heute in erster Linie um seinen Presseshop.

Dr. Kunter, Peter

Geboren: 28.04.1941 (Deutschland)
BL-Verein: Eintracht Frankfurt (1965–1976)
BL-Spiele: 234
Vereinstitel: 2 x DFB-Pokal (1974, 1975)
Der »fliegende Zahnarzt« verwirklichte seine sportlichen Ambitionen zunächst im Handballtor. Kunters Vater, von Beruf Polizist, bekam anschließend eine Stelle in Wetzlar angeboten. Mit 15 Jahren wechselte der gebürtige Berliner darum in die Fußballabteilung von Eintracht Wetzlar, wo er sich schnell in die Hessen-Auswahl hechten konnte. Bereits mit 17 Jahren rückte der talentierte Gymnasiast in die 1. Mannschaft auf.

1958 debütierte Kunter in der Jugendnationalmannschaft, für die er insgesamt neun Einsätze absolvierte. Innerhalb von zwei Jahren bestritt er vier Spiele für die Amateur-Nationalmannschaft, verpasste aber mit seiner Elf in Finnland die Olympia-Qualifikation. Zudem war Kunter 1960 auch aktiver Teilnehmer beim legendären »Geisterspiel« zwischen West- und Ost-Deutschland. Wegen der damaligen politischen Verhältnisse waren keine Zuschauer im riesigen Ost-Berliner Zentralstadion zugelassen und deshalb ist dieses Ausscheidungsspiel in keiner offiziellen Statistik vermerkt. Schon ein Jahr zuvor hegte Bundestrainer Sepp Herberger Interesse für das Talent des »schwarzen Panthers« und lud ihn zu einem Lehrgang der A-Nationalmannschaft ein. Herberger gelangte nach den Tests zu der Erkenntnis, dass dem nur 1,76 m großen Zerberus einige Zentimeter für höhere Aufgaben fehlten, worauf ihn Kunter mit der Bemerkung »Dann suchen Sie doch einen anderen« brüskierte. Der »Chef« verzieh ihm diese Flapsigkeit nicht und damit war eine mögliche Nationalmannschaftskarriere vorzeitig beendet. Inzwischen interessierte sich bereits Eintracht Frankfurt für die Dienste des Abiturienten. Der 20-Jährige ging 1961 jedoch zunächst zum FC Freiburg, um nach einem anfänglichen Studium in Germanistik und Sport an der Freiburger Universität seinen Traumberuf als Zahnarzt zu verfolgen. 1965 wechselte er schließlich nach Frankfurt und mit seinem ausgezeichnetem Stellungsspiel und reaktionsschnellen Paraden verdrängte er praktisch über Nacht den langjährigen Stammkeeper Egon → Loy. Im ersten Jahr rettete der »sichere Modell-Athlet« viele Eintracht-Siege, um von den Experten immer wieder für die Nationalelf gefordert zu werden.

Während der Saison 66/67 ließ er jedoch die gewohnte Sicherheit vermissen und so erhielt er ein Jahr später mit Ex-Nationaltorhüter Hans → Tilkowski einen etablierten Konkurrenten. Kunter musste zudem wegen seines Staatsexamens kürzer treten und absolvierte in der Saison 67/68 lediglich acht Bundesligaspiele. Im Juli 68 bestand er die Prüfung mit Auszeichnung, schrieb bereits an der Doktorarbeit und schickte, verbunden mit einigen vereinsinternen

Der »fliegende Zahnarzt« Dr. Peter Kunter

Querelen, nebenbei seinen Kontrahenten Tilkowski in den fußballerischen Vorruhestand. Auch während der Saison 69/70 hielt der »Panther mit den sanften Pranken« mehrfach »nationalreif« und verhinderte oftmals ein Debakel seiner Mannschaft, die sich unter Trainer Erich Ribbeck allmählich zu einem Abstiegskandidaten entwickelte.

Als der sprunggewaltige »Tausendsassa« während der Saison 70/71 aufgrund eines schweren Autounfalls, mehrere Monate pausieren musste, gerieten die Hessen immer tiefer in Abstiegsnöte, weil sich Siegbert → Feghelm als wenig adäquater Ersatz erwies. Am 25. Spieltag feierte Kunter ein erfolgreiches Comeback und entwickelte sich schnell wieder zum »alles überragenden Gummimann«. Seine überragende Leistung am 33. Spieltag beim Lokalrivalen Kickers Offenbach sicherte Frankfurt Sieg und Klassenerhalt. In der nächsten Saison gehörte der »katzengewandte Mann« bereits zu den älteren Spielern seiner Elf und dennoch war weit und breit kein Konkurrent in Sicht. Erst im nächsten Jahr kam von Singen 04 der hoch gerühmte Amateurnationaltorwart Günter → Wienhold und Kunters Stammplatz schien erstmals ernsthaft gefährdet.

Obwohl der »Senior seiner Zunft« während der Saison 72/73 selten überragend agierte, blieb er die Nummer 1 und avancierte am 29. Spieltag mit 165 BL-Einsätzen zu einem der Rekordspieler. Für die Saison 73/74 kam mit dem neuen Trainer Dietrich Weise neuer Schwung und Frankfurt avancierte nach dem 7. Spieltag zum überraschenden Tabellenführer. Der stämmige Kunter trug sein Scherflein dazu bei und agierte wie in seinen besten Tagen. Nach dem 12. Spieltag erlitt er jedoch eine Fingerverletzung. Wienhold erhielt seine Chance, die er nutzen konnte und den »Doc« damit zum Ersatzmann degradierte. Der mit 1,76 m Körpergröße und einem Gewicht von 85 kg »eher dickliche Keeper« tröstete sich mit der Mitwirkung an einem Neun-Minuten-Farbfilm über einen Bundesliga-Torwart, in dem sich der »Fußball-Doktor« selbst spielte. Aus dem Reservistendasein wurde er noch vor dem Saisonstart 74/75 zurückgeholt, weil sich Wienhold eine Kopfverletzung zugezogen hatte, die einen Einsatz für das DFB-Pokalfinale gegen den Hamburger SV unmöglich machte. Kunter entpuppte sich als Rückhalt und Leistungsträger bei dem 3:1-Sieg und eroberte seinen Stammplatz vorläufig zurück. Dem Haftschalenträger wurden jedoch seine vermeintlichen Defizite bei Flutlichtspielen zum Verhängnis. Nach einer mäßigen Partie im Pokalsiegerwettbewerb gegen den AS Monaco erlebte er am 13. Spieltag seine schrecklichsten Bundesligaminuten. Bei dem abendlichen Torflutfestival von 5:5 gegen den VfB Stuttgart zeigten sich Hintermannschaft und Schlussmann (»Mein deprimierendstes Spiel.«) vollkommen indisponiert. Die Fans auf den Rängen sahen jedoch einzig und allein in dem langjährigen Leistungsträger ihren Schuldigen und bedachten ihn mit übelsten Schmähungen. Vollkommen entnervt räumte Kunter anschließend seinen Posten für Wienhold und setzte sich schmollend auf die Ersatzbank. Nach anderthalb Jahren Reservistendasein musste er am 24. Spieltag der Saison 75/76 noch einmal einspringen, weil sein Nachfolger gegen Borussia Mönchengladbach einen Schienbeinbruch erlitten hatte. Obwohl er für die kommenden Einsätze fünf Kilo abspeckte, war er insgesamt nur noch ein Schatten früherer Tage. Nach dem Ausscheiden im Europapokalhalbfinale gegen West Ham United verpflichtete der Klub kurz vor Saisonschluss, mit einer Sondergenehmigung des DFB, Heinz-Josef → Koitka von Wattenscheid 09. Als »Stand-by-Profi« stellte sich Kunter, bis zu Wienholds Genesung, noch einige Monate zur Verfügung, um dann seine aktive Laufbahn definitiv zu beenden. 1977 kehrte er als Vizepräsident zur Eintracht zurück, lernte dadurch, nach eigenen Worten, »alle Niederungen des Profifußballs kennen« und gab zwei Jahre später zermürbt auf. Heute führt der einstige Klassekeeper, zusammen mit einem Kollegen, eine Praxis im hessischen Rödermark. Immer noch von vielen Patienten erkannt, besucht er aber nur noch selten die Spiele seines früheren Vereins.

Kurth, Frank

Geboren: 15.03.1962 (Deutschland)
BL-Verein: Fortuna Düsseldorf (1982–1985)
BL-Spiele: 10

»Zaunkönig« Frank Kurth fliegt den Fan-Herzen entgegen.

Den Umgang mit dem Lederball erlernte der junge »Frankie« bei seinem Heimatverein Borussia Velbert. Wegen seiner geringen Körpergröße zunächst als Stürmer eingesetzt, entdeckten die Betreuer sein Torwarttalent erst in der Kreisauswahl. Als B-Jugendlicher wechselte er zum Nachbarklub SSV Velbert, um bald darauf die Aufmerksamkeit verschiedener Talentbeobachter zu wecken.

1980 zu Fortuna Düsseldorf geholt, absolvierte er zunächst Einsätze im Amateurkader. Schnell hatte der 1,87 m große Schlussmann auch Trainer Willibert Kremer überzeugt, der ihn im Sommer 1982 in die Profimannschaft übernahm. Hinter Altmeister Wolfgang → Kleff musste sich der gelernte Bauschlosser während der Saison 82/83 zunächst in Geduld üben, um bei Freundschaftsspielen manchmal auch als Feldspieler auszuhelfen. Am 30. Spieltag feierte Kurth für den schulterverletzten Stammtorwart beim 5:0-Sieg über Eintracht Braunschweig einen gelungenen Einstand. Drei Wochen später agierte das Mitglied der Velberter Freiwilligen Feuerwehr bei der 1:2-Niederlage bei Arminia Bielefeld schon weniger überzeugend und erste Stimmen zweifelten bereits an seiner Bundesligatauglichkeit.

Durch Kleffs Verletzungen hatte er in der nächsten Saison am 9. und 17. Spieltag zwei weitere Einsätze, bei denen »Kamikaze-Kurth« durchweg überzeugen konnte. Weil sich die Nummer 1 mit Rücktrittsabsichten beschäftigte, ermöglichte Trainer Kremer seinem jungen Ersatzmann in den letzten Saisonspielen mehrere Bewährungsproben. Doch mit seinem ehrgeizigen Ziel, Nachfolger des Ex-Nationaltorhüters zu werden, schien Kurth überfordert. In seinen fünf Einsätzen kassierte er 21 Tore und mutierte zur »Schießbude« der Liga. Mit diesen dürftigen Vorstellungen verspielte er seine Chancen und rückte deshalb in der nächsten Saison hinter Neuverpflichtung Uwe → Greiner wieder in das zweite Glied zurück.

Nach einer Spielzeit ohne BL-Einsätze musste er dem jungen Amateurkeeper Jörg → Schmadtke weichen und wechselte deshalb im Sommer 85 zum Oberligisten Rot-Weiß Essen. Der ehrgeizige Keeper (»Ich will endlich spielen und beweisen, was ich kann.«) schaffte mit dem Ex-Bundesligisten ein Jahr später den Wiederaufstieg in die 2. Bundesliga. Mit tollen Leistungen und seinen ausgiebigen Jubelposen, die ihm den Spitznamen »Zaun-König« einbrachten, avancierte er in den nächsten Jahren zum Essener Fan-Idol. Den sportlichen Höhepunkt erlebte der reaktionsschnelle Schlussmann während der Saison 93/94, als er mit seinen Glanztaten Wegbereiter für die Teilnahme am DFB-Pokalfinale wurde. Vor 80 000 Zuschauern im Berliner Olympiastadion verlor Essen gegen Bundesligist Werder Bremen zwar mit 1:3, dennoch wurde der Außenseiter aus der 2. Bundesliga von seinen Anhängern anschließend frenetisch gefeiert. Weil der Klub ungeachtet der Pokalerfolge, aufgrund finanzieller Misswirtschaft, aus der 2. Bundesliga zwangsabsteigen musste, wechselte Kurth anschließend für zwei Jahre zum Zweitligisten Wattenscheid 09. 1996 kehrte er an die Hafenstraße zurück, um nach Beendigung seiner aktiven Laufbahn für Rot-Weiß Essen auch als Co-Trainer tätig zu werden. Seit der Saison 02/03 ist »Curtis« Kurth Coach beim niederrheinischen Verbandsligisten VfB Speldorf.

Kwiatkowski, Heinz

Geboren: 16.07.1926 (Deutschland)
BL-Verein: Borussia Dortmund (1963–1965)
BL-Spiele: 3
Vereinstitel: 1x DFB-Pokal (1965),
1x Europapokal der Pokalsieger(1966)
A-Länderspiele für Deutschland: 4

Der Mann »mit den schnellen Reaktionen« startete seine Karriere 1947 bei Schalke 04, um drei Jahre später nach Rot-Weiß Essen zu wechseln. Sportliche Erfolge stellten sich erst 1952, mit dem Wechsel zu Borussia Dortmund, ein. Als Torwart der »alten guten Schule« brillierte er dabei mit einer wuchtigen Faustabwehr, die alle Bälle weit über die Strafraumgrenze beförderte, somit für Entlastung sorgte und ihm den Spitznamen »Heini Fausten« einbrachte. Auch Bundestrainer Sepp Herberger war auf Kwiatkowski Können aufmerksam geworden und nominierte ihn 1954 für das Aufgebot der anstehenden Weltmeisterschaft, wobei »Kwiat« diese Ehre als erster Spieler von Borussia Dortmund zuteil kam.

Hinter Toni Turek die nominelle Nummer 2, erschien ein Einsatz nahezu ausgeschlossen. Vor dem aussichtslosen Vorrundenspiel gegen die scheinbar unbesiegbaren Ungarn entschloss sich Herberger für den Verzicht auf einige Stammspieler. Auch Kwiatkowski durfte sein Länderspieldebüt geben und erlebte anschließend, nach eigenen Worten, den absolut »schwarzen Punkt« seiner Karriere. Schon nach drei Minuten hatte es in seinen Kasten geklingelt und im Sturmhagel der Ungarn kassierte der Notnagel sieben weitere Tore. Herberger hatte sein Ziel, wichtige Spieler vor dem entscheidenden Spiel gegen die Türkei zu schonen, auf Kosten einer Blamage erreicht und Kwiatkowski nach dem WM-Triumph von den Dortmunder Badeanstalten einen Gutschein für kostenlosen Schwimmunterricht erhalten.

Auf die Mitleidsbekundung von Mannschaftskamerad Fritz Walter (»Bei der WM in der Schweiz tat mir eigentlich nur unser Heinz Kwiatkowski leid.«) antwortete der »tüchtige und besonnene Torwart« mit sportlichen Taten. 1956 gewann er mit Borussia Dortmund die deutsche Meisterschaft. Im gleichen Jahr brillierte Kwiatkowski in den Europapokalspielen gegen Manchester United und absolvierte zwei weitere Länderspieleinsätze. Während Kwiatkowski am 25. November in Dublin gegen Irland bei der 0:3-Niederlage erneut mehrfach hinter sich greifen musste, feierte er einen Monat später mit dem 4:1 gegen Belgien seinen einzigen Sieg mit der Nationalelf.

1957 konnte der Könner im Kasten mit Dortmund den Titel verteidigen, um bei der Weltmeisterschaft 1958 in Schweden erneut zur

Heinz »Heini« Kwiatkowski lässt das Fausten nicht.

Schießbudenfigur zu mutieren. Herberger hatte sich entschieden, im bedeutungslosen Spiel um Platz 3 gegen Frankreich Kwiatkowski statt Stammtorwart Fritz Herkenrath einzusetzen. Nach der 3:6-Schlappe avancierte »Kwiat« zwar zum ersten deutschen Nationaltorwart, der zweimal bei einer WM spielte, doch der leidgeprüfte Schlussmann bat anschließend den Bundestrainer, ihn künftig nicht mehr zu berücksichtigen.

Die Länderspielkarriere des »Prügelknaben der Nation« war damit abgeschlossen und auch im Verein neigte sich die Laufbahn dem Ende entgegen. 1963 wurde er von Trainer Hermann Eppenhoff nach dem ersten Endrundenspiel gegen 1860 München durch Bernhard → Wessel ersetzt. Den Gewinn der Deutschen Meisterschaft erlebte Kwiatkowski nur noch als Zuschauer. Als die Bundesliga 1963 in ihre erste Saison startete, waren bei Dortmund Neuzugang Hans → Tilkowski sowie Wessel die etatmäßigen Schlussmänner, während Kwiatkowski nur noch für den Notfall im Aufgebot stand.

Am 25. Spieltag der Saison 63/64 fiel Tilkowski mit einer Schulterverletzung aus und weil auch Wessel nicht zur Verfügung stand, durfte die »Torwart-Legende« überraschend doch noch Bundesligaluft schnuppern. Mit dem 0:4 hagelte es beim 1. FC Nürnberg eine »Packung« für den »Altmeister«, an deren Höhe der mittlerweile 37-Jährige jedoch größtenteils schuldlos war. Zwei Spiele durfte Kwiatkowski noch bestreiten, um nach einem Nachholspiel gegen den 1. FC Saarbrücken am 26. Spieltag mit dem 1:0-Sieg beim 1. FC Kaiserslautern noch einen versöhnlichen Abschluss zu bilanzieren. Als Dortmunds Trainer Hermann Eppenhoff kurz vor Saisonschluss unter nebulösen Umständen kurzzeitig entlassen wurde, sprang der Alt-Borusse beim Spiel gegen Eintracht Braunschweig sogar noch als Interimstrainer ein.

Zwei Jahre blieb Kwiatkowski noch im Kader des BVB, ohne zu weiteren BL-Einsätzen zu gelangen. Nach Beendigung seiner sportlichen Laufbahn, in der neben 4 A-Länderspielen, 3 B-Länderspielen auch rund 300 Begegnungen in der Oberliga West zu Buche standen, wurde Kwiatkowski Trainer. Bis zu seiner Pensionierung arbeitete er in seinem bürgerlichen Beruf als Reprofotograf bei den Dortmunder Stadtwerken.

L

Lambertz, Klaus

Geboren: 11.05.1940 (Deutschland)
BL-Verein: SV Werder Bremen (1963–1967)
BL-Spiele: 11
Vereinstitel: 1 x Meister (1965)

Zu vermehrter Spielpraxis gelangte Klaus Lambertz vorwiegend in der Oberliga-Saison 62/63, als Werder Bremens Stammkeeper Heini Kokartis wegen eines Schädelbasisbruches zum Sportinvaliden wurde. Der »stille und sehr bescheidene« Lambertz entstammte aus Werders Jugend und hatte mehrere Jahre in der Amateurmannschaft gespielt. Für die erste Bundesligasaison rüstete der Klub im Sommer 1963 auch bei der Torwartposition auf. Von Schweinfurt 05 wurde Günter → Bernard an die Weser geholt, während für den langen Lambertz nur die Rolle des Reservetorhüters vorgesehen war.

Vor dem Saisonstart 63/64 erlitt der Neuzugang jedoch einen Bänderriss, was Lambertz zur Bundesligapremiere verhalf. In den ersten drei Begegnungen zeigte er insgesamt solide Leistungen, dann zwang ihn ein Rippenbruch ebenfalls zu einer mehrwöchigen Pause. Zunächst vertreten durch Dragomir → Ilič kehrte Lambertz, weil sich Bernard jetzt einer Meniskusoperation unterziehen musste, am 7. Spieltag ins Werder-Tor zurück. Unterbrochen durch weitere Verletzungen stand der »reaktionssichere« Reservekeeper in dieser Spielzeit bis zum 16. Spieltag zwischen den Pfosten. Gegen den Hamburger SV und Karlsruher SC zeigte er gute Leistungen, um beim 2:2 gegen Hertha BSC erhebliche Mängel in der Strafraumbeherrschung zu offenbaren. In seinem letzten Saisonspiel erwischte er bei der 3:4-Niederlage gegen Borussia Dortmund einen ausgesprochen schlechten Tag, was Trainer Willi Multhaupt in der anschließenden Pressekonferenz zu spöttischen Bemerkungen veranlasste.

Die nächsten zwei Jahre erlebte Lambertz als Zuschauer, um in der Saison 66/67 für einen verletzten oder formschwachen Bernard wieder einige Einsätze zu absolvieren. Der stets loyale Ersatzmann agierte dabei insbesondere in den DFB-Pokalspielen gegen Hessen Kassel hervorragend. Nach dieser Spielzeit verpflichtete Bremen als neuen Konkurrenten für Bernard den Kasseler Karl → Loweg, während sich Lambertz wieder reamateurisieren ließ.

Laukkanen, Kari

Geboren: 14.12.1963 (Finnland)
BL-Verein: Stuttgarter Kickers (1988–1989)
BL-Spiele: 28
A-Länderspiele für Finnland: 49

Seit seinem neunten Lebensjahr spielte Kari Laukkanen bei Kuopio PS und absolvierte 13 Einsätze in der finnischen U21. Bereits mehrfacher Nationaltorhüter seines Landes, wechselte der »fliegende Finne« 1986 zum belgischen Erstdivisionär Cercle Brügge. Während der Winterpause unternahm der gelernte Bäcker einen Abstecher in seine Heimat und wurde vom Zweitligisten Kickers Stuttgart kontaktiert, die sich in akuten Torwartnöten befanden. Ein Probetraining im Januar 87 musste nach einigen Minuten abgebrochen werden, weil Laukkanen aufgrund verdorbener Meeresfrüchte an Magenbeschwerden litt. Trotz dieser wenig aussagekräftigen Vorstellung verpflichteten ihn die Kickers, denn Stammkeeper Armin → Jäger laborierte an einer Sprunggelenkverletzung und konnte von Stellvertreter Waldemar Cimander nicht gleichwertig ersetzt werden.

Laukkanen entwickelte sich während der Rückrunde zum »Glücksgriff« und avancierte auf Anhieb zum Publikumsliebling. Mit wehender Mähne, überlangen Sporthosen und blendenden Reflexen leistete der »blonde Engel« einen entscheidenden Beitrag zum ersten Bundesligaaufstieg der Kickers. Von seinem Verein als »wahrer Glücksgriff« hochgejubelt, erfolgte für den »Exportschlager« in der Bundesliga dann die unsanfte Bruchlandung. Erwies sich der nordische »Schweiger« am 2.

Spieltag der Saison 88/89, beim überraschenden 1:3-Auswärtssieg gegen Eintracht Frankfurt, noch als »Meister seines Fachs«, sorgten in den nächsten Wochen seine Eigentore, verschuldeten Elfmeter und Blindflüge durch den eigenen Strafraum für eklatant hohe Niederlagen. Auch international machte er beim EM-Qualifikationsspiel seiner Nationalmannschaft gegen Deutschland alles andere als eine glückliche Figur.

Bereits nach dem 7. Spieltag sollte er auf die Bank verbannt werden, doch eine Verletzung von Jäger sorgte zunächst für eine Schonfrist. Gegen Borussia Dortmund und Waldhof Mannheim sicherte der zeitweilige »Aktivposten« seiner Mannschaft noch wichtige Unentschieden, ehe er sich dann bei der 0:6-Heimpleite im Nachholspiel gegen Werder Bremen vollkommen indisponiert zeigte. Nach 40 Gegentoren in 14 Spielen sah sich Trainer Manfred Krafft gezwungen, den Unsicherheitsfaktor vor dem 15. Spieltag endgültig gegen Jäger auszutauschen. Durch einen Muskelfaserriss des Rivalen glückte Laukkanen, am 23. Spieltag gegen den Hamburger SV, ab der 68. Minute ein Comeback.

In den restlichen Saisonspielen konnte er seiner Mannschaft nur selten den Rückhalt bieten, der nötig gewesen wäre, um den sofortigen Wiederaufstieg zu vermeiden. Nach einem weiteren Jahr bei den Schwaben wechselte Laukkanen anschließend zum Zweitligisten Waldhof Mannheim, mit dem er bis 1995 mehrmals lediglich knapp am Bundesligaaufstieg scheiterte. Anschließend kehrte der 49-fache Nationaltorhüter nach Finnland zurück, wo er bis 1999 aktiv blieb. Nach Beendigung seiner Laufbahn ist Laukkanen gegenwärtig Trainer der finnischen Jugendauswahlmannschaften.

Laux, Philipp

Geboren: 25.01.1973 (Deutschland)
BL-Vereine: Borussia Dortmund (1993– 1994; 2000–2002), SSV Ulm 46 (1999– 2000)
BL-Spiele: 42
Vereinstitel: 1 x Meister (Borussia Dortmund: 2002)

Der »erstklassige Keeper« (Matthias Sammer) begann mit sechs Jahren beim SV Niederbühl als Feldspieler mit dem Fußball, um sich nach dem elterlichen Umzug in Gaggenau als 12-Jähriger zunächst erfolgreich im Tennis zu betätigen. Bereits ein halbes Jahr später erwachte in ihm jedoch wieder die Fußball-Leidenschaft. Nach seinem Beitritt in den VfB Gaggenau stellte sich der Gymnasiast, aufgrund einer Verletzung des Stammtorhüters, in der C-Jugend erstmals zwischen die Pfosten. Schon bald als Talent entdeckt, folgten Einladungen in die Südbadische Auswahl, denen sich auch Nominierungen in den erweiterten Kreis der Jugendnationalmannschaft anschlossen.

1991 rückte der gebürtige Schwabe in die 1. Mannschaft auf und spielte mit dem VfB Gaggenau zwei Jahre in der Oberliga Südbaden. Nach einem erfolgreichen Probetraining beim Bundesligisten Borussia Dortmund wurde der Abiturient ab der Saison 93/94 für den Lizenzspielerkader verpflichtet. Als dritter Torwart neben Stefan → Klos und Wolfgang → de Beer musste er sich allerdings mit Einsätzen in der Amateurmannschaft zufrieden geben. Frustriert vom Profifußball (»Dortmund war für mich der Horror.«) wechselte der 1,82 m große Schlussmann bereits ein Jahr später zum Regionalligisten SSV Ulm 46. Parallel zu seiner Ausbildung als Sport- und Gymnastiklehrer gelang ihm mit dem Klub 1998 der Aufstieg in die 2. Bundesliga.

Mit dem reaktionsschnellen Mannschaftskapitän als starkem Rückhalt sowie einer geschlossenen Mannschaftsleistung gelang den Ulmer »Spatzen« der sensationelle Durchmarsch in die Bundesliga. Obwohl der Klub in der Bundesligasaison 99/00 sogleich gegen den Abstieg ankämpfte, konnte Laux mit glänzenden Paraden und guter Strafbeherrschung seine ausgezeichneten Leistungen in der Elite-Klasse zunächst mühelos fortsetzen.

Als der SSV Ulm am 24. Spieltag, dank seines Keepers, auch beim heimstarken Hamburger SV siegreich vom Platz ging, forderte Ulms Sportchef Erich Steer ihn bereits für die A2-Nationalmannschaft. Nach diesem Triumph riss die Erfolgssträhne: Nur eine Woche später erlitt der intelligente und wortgewandte Zerberus mit seiner Elf im Heimspiel gegen Bayer Leverkusen eine desaströse 1:9-Niederlage. Anschließend folgten sieben sieglose Spiele mit 16 Gegentoren, was schließlich zum Abstieg führte. Obwohl er sich öffentlich über den möglichen Wiederaufstieg optimistisch äußerte, kehrte Laux, trotz der schlechten Erfahrungen, anschließend überraschend nach Dortmund zurück. In zwei Spielzeiten gelangte er hinter Nationaltorwart Jens → Lehmann nur zu sporadischen Einsätzen, konnte nach der Saison 01/02 mit dem Klub aber den Meistertitel feiern.

Nach der Verpflichtung von Jugendnationaltorwart Roman → Weidenfeller bei Borussia Dortmund ohne Perspektive, wechselte er anschließend zum Zweitliga-Aufsteiger Eintracht Braunschweig. Nebenbei Soziologie-Student an der Fern-Universität in Hagen, konnte Laux in der Hinrunde die hohen Erwartungen nicht erfüllen, um danach auch noch vom Verletzungspech verfolgt zu werden.

Lehmann, Jens

Geboren: 10.11.1969 (Deutschland)
BL-Vereine: Schalke 04 (1991–1998), Borussia Dortmund (seit 1998)
BL-Spiele: 321 (zum Ende der Hinrunde 02/03)
BL-Tore: 2 (zum Ende der Hinrunde 02/03)
BL-Vereinstitel: 1 x UEFA-Pokal (Schalke 04: 1997), 1 x Meister (Borussia Dortmund: 2002)
A-Länderspiele für Deutschland: 16

Die, gelegentlich schon mal ausrastende, »Führungspersönlichkeit« zwischen den Pfosten spielte schon als Dreijähriger am liebsten mit dem Ball. Der sechsjährige Jens, in Essen zur Welt gekommen, drängelte dann solange, bis ihn seine Eltern 1975 beim DJK Heisingen anmeldeten. Zunächst Feldspieler, wurde er drei Jahre nach seinem Wechsel zu Schwarz-Weiß Essen von seinem Jugendtrainer Martin Annen für den Torwartposten entdeckt. 1986 entpuppte sich der Gymnasiast bei der Endrunde um die deutsche B-Jugendmeisterschaft als überragende Kraft, der mit seinem Klub überraschend das Finale erreichte. Obwohl Lehmann im verlorenen Endspiel gegen den VfB Stuttgart fünf Treffer kassierte, wurde er anschließend für das B-Jugendländerspiel gegen Frankreich nominiert. 1987 wechselte er auf Initiative von Günter Siebert und Rolf Rüßmann in den A-Jugendkader von Schalke 04. Zwei U18-Länderspiele folgten und im Sommer 1988 rückte der Abiturient in Schalkes Zweitligakader auf, wo er hinter Stammtorwart Werner → Vollack in dieser Spielzeit zu 13 Einsätzen gelangte und mehrfach sein großes Potential bewies.

Ab der Saison 1989/90 zur Nummer 1 avanciert, wurde der 20-jährige, äußerst ehrgeizige Profi aufgrund seiner Reaktionsfähigkeit schon als »Mann der Zukunft« gefeiert. Ein Jahr darauf Stammkeeper der U21-Olympia-Auswahl, schaffte der 1,87 m große Schlussmann mit seinem Klub in dieser Spielzeit den Aufstieg in die Bundesliga. Während sein damaliger Trainer Peter Neururer (»Im Beherrschen des Strafraums gehört Lehmann heute schon zu den Besten in Deutschland.«) in ihm schon den kommenden Nationaltorhüter sah, war er in den Augen von Schalkes Präsident Günter Eichberg praktisch schon der Nachfolger von Bodo → Illgner.

Der »selbstbewusste, zuweilen übermotivierte junge Mann« nahm diese Äußerungen für bare Münze und verkündete, höchstwahrscheinlich bei der WM 94 im Tor zu stehen. Am 12. Spieltag der Saison 91/92 sprach die Presse nach dem 2:1-Sieg bei Wattenscheid 09 von einer Weltklasseleistung und auch Sepp → Maier prognostizierte dem »Querdenker« eine große Zukunft. Statt der erhofften Länderspielberufung folgte am 8. Spieltag der Saison 92/93 ein empfindlicher Rückschlag, als er im Spiel gegen Bayer Leverkusen einen Kreuzband- und Innenbandriss sowie Meniskusschaden erlitt. Während der monatelangen Abwesenheit von Ersatzmann Holger → Gehrke bestens vertreten, fand sich der hoffnungsvolle Keeper in den ersten Spielen der Saison 93/94 auf der Ersatzbank wieder. Durch die Schwächen seines Konkurrenten kehrte der zutiefst frustrierte Ehrgeizling am 6. Spieltag in den Kasten zurück, um am 16. Oktober 93 den wohl demütigendsten Moment seiner Laufbahn zu erleben.

Im Spiel bei Bayer Leverkusen offenbarte Lehmann in der ersten Hälfte nach den Worten von TV-Reporter Jörg Wontorra das Reaktionsvermögen einer »Bahnschranke«, wurde nach zwei vermeidbaren Gegentreffern von den eigenen Fans ausgepfiffen und zur Halbzeit entnervt ausgewechselt. Einsam und zerknirscht

Ebenso reaktionsschnell wie strafraumsicher – Jens Lehmann.

trat der »Buhmann« die Heimreise nach Essen mit der S-Bahn an und schien seine Zukunft bereits verspielt zu haben. Erst aufgrund Gehrkes schwerer Daumenverletzung kehrte der degradierte Keeper am 22. Spieltag zurück und eroberte sich, aufgrund ausgezeichneter Leistungen, endgültig einen Stammplatz.

Mittlerweile bei der Uni Münster als Student der Volkswirtschaft eingeschrieben, wurde der »komplette Torwart« während der Saison 94/95 von Bundestrainer Hans-Hubert Vogts zu einem ersten Sichtungslehrgang eingeladen und bestach in seinen BL-Spielen durch »Stellungsspiel, Lufthoheit und Ruhe«. Am 11. Spieltag bewies er gegen Bayer Leverkusen seine fußballerischen Fähigkeiten, als er fünf Minuten vor Schluss aus seinem Tor herauseilte und den Ausgleich vorbereitete. In der Saison 95/96 erlebte »Mister Zuverlässig« dann eine wahre Leistungsexplosion, wurde vom »Kicker« in der Torwartrangliste – hinter Andreas → Köpke« – erstmals in die »Internationale Klasse« einsortiert, kassierte in der Rückrunde nur 13 Gegentore und verhalf mit zahlreichen Glanzparaden seinem Klub, nach 19-jähriger Abwesenheit, zu einem UEFA-Cup-Platz. Von den Fußballprofis nach dieser Spielzeit in einer Umfrage zum besten Torwart der Liga gewählt, ließ die erhoffte Länderspielberufung dennoch weiterhin auf sich warten.

Vor der Saison 96/97 zum neuen Mannschaftskapitän gewählt, durchlief der »mögliche Nationaltorhüter« (Schalke-Trainer Huub Stevens) in der Vorrunde zunächst einige Krisen. Dennoch umwarben ihn bereits ausländische Klubs wie Athletico Madrid, und im November 96 erhielt er eine erneute Einladung zu einem Nationalmannschafts-Lehrgang. In der Rückrunde blieb der strafraumsichere Schlussmann 596 Minuten ohne Gegentor und ermöglichte im zweiten Finalspiel bei Inter Mailand durch einen parierten Strafstoß im Elfmeterschießen seiner Mannschaft den sensationellen Gewinn des UEFA-Pokals.

Von den Schalker Fans jetzt heiß geliebt, schwang sich der »Pokalheld« auch in der Saison 97/98 zu Höchstleistungen auf und eliminierte durch sein modernes Torwartspiel als zweiter Libero gefährliche Situationen bereits im Ansatz. Nachdem der »Techniker im Tor« bereits am 21. Spieltag der Saison 94/95 gegen 1860 München per Strafstoß ein Tor erzielen konnte, gelang ihm am 19. Dezember 1997 gegen Borussia Dortmund – als erster Torwart der Bundesligageschichte – per Kopfball ein Feldtor. Im Februar 98 absolvierte der »sachliche Analytiker« gegen den Oman in der zweiten Halbzeit sein langersehntes Länderspieldebüt und reiste als Nummer 3 hinter Andreas → Köpke und Oliver → Kahn zur Weltmeisterschaft nach Frankreich.

Nach dieser Saison wechselte die »introvertierte Persönlichkeit« zum Erstligisten AC Mailand, um dort seinen anfänglichen Stammplatz aufgrund schwerer Patzer innerhalb kürzester Zeit an Sebastiano Rossi zu verlieren. In dieser deprimierenden Phase ereilte den Bankdrücker das Angebot des Bundesligisten Borussia Dortmund, der sich auf der Suche nach einem Nachfolger für den abwanderungswilligen Stefan → Klos befand. Ab der Rückrunde im Borussia-Tor, schlug der als arrogant verschrienen »Reizfigur« zunächst die geballte Ablehnung der Dortmunder Fans entgegen. Sportlich etablierte sich der »Feind im eigenen Haus« (Welt am Sonntag) auf Anhieb, provozierte aber am 25. Spieltag, als er im Spiel gegen Hansa Rostock den Rostocker Timo Lange an den Haaren zog, seinen ersten Platzverweis. Nach den Kurzeinsätzen gegen Oman, Luxemburg und Kolumbien zeigte der »exzellente Torwart« im April 99 bei seinem ersten Länderspiel über 90 Minuten eine souveräne Vorstellung, um anschließend noch deutlicher seine Ansprüche zu formulieren: »Ich bin in einem Alter, da kann ich mich nicht ausruhen und warten, bis → Oliver Kahn abtritt.«

Im Sommer 99 konnte er den verletzten Rivalen im Confödерations-Cup wie auch in EM-Qualifikationsbegegnungen gegen Finnland und Nordirland vertreten, ohne entscheidend am Nimbus des ungeliebten Kontrahenten kratzen zu können. Stattdessen schien der »Anti-Held« im Bundesligaalltag seinen Ruf als »arroganter Schnösel« (HSV-Interimspräsident Werner Hackmann) bestätigen zu wollen, indem er ständig gegen Kahn stichelte und sich laufend mit Gegenspielern sowie Schiedsrichtern anlegte. Zur Rückrunde rutschte sein Klub immer tiefer in die sportliche Krise und der Torhüter erwies sich im Abstiegskampf zunehmend als »Sicherheitsrisiko«. Schwere Patzer gegen 1860 München, SpVgg Unterhaching, Bayer Leverkusen und Bayern München beförderten den »ewigen Schalker« bei der Dortmunder Anhängerschar zur Zielscheibe heftiger Attacken. Trotz seiner »Pannenparade« (Sport-Bild) von Trainer Erich Ribbeck am 26. April 2000 im Länderspiel gegen die Schweiz eingesetzt, ließ der nervlich angeschlagene Keeper in der 33. Minute einen harmlosen Fernschuss durch die Hände ins Netz purzeln und die »Frankfurter Rundschau« konstatierte anschließend den »tiefen Fall des fast schon bemitleidenswerten Jens Lehmann«. Dennoch nahm ihn Ribbeck anschließend als Ersatzmann für die Europameisterschaft nach Portugal mit.

Während der Saison 00/01 sorgten Spekulationen um eine Rückkehr nach Schalke 04 für erneute Dissonanzen, während sich der Hobby-Börsianer als Gast der Kochsendung »Alfredissimo« bei Moderator Alfred Biolek wieder von seiner charmanten Seite präsentierte und eine leckere »Münsteraner Möhrensuppe« zubereitete.

Als der ungeliebte Zerberus bei einem Testspiel in Hüsten vor Saisonstart 01/02 von einem Fan körperlich angegriffen wurde, ging er in die Offensive, suchte das offene Gespräch mit den Anhängern und gewann dadurch zumindest eine gewisse Akzeptanz. Anschließend kehrte der bekennende Katholik zu alter Stärke zurück, wurde im Dezember 2001 bei einer Abstimmung des »European Sports Magazin« zum besten Torwart Europas gewählt, ehe er am 27. Spieltag erneut ausrastete und für einen bösen Tritt gegen den Freiburger Soumaila Coulibaly eine vierwöchige Sperre kassierte. Unbeeindruckt von den erneuten Negativschlagzeilen schaffte er nach seiner Rückkehr mit den Dortmundern im Endspurt noch den Meistertitel, verlor mit seiner Elf am 8. Mai in Rotterdam das UEFA-Pokalfinale gegen Feyenoord Rotterdam und reiste anschließend als Nummer 2 (Lehmann: »Bei 30 von 32 WM-Teilnehmern wäre ich die Nummer 1«) zur Weltmeisterschaft nach Asien.

Mittlerweile von der »Leidfigur zur Leitfigur« aufgestiegen, erwies sich der »Mann, dessen Stärke es ist, keine Schwächen zu haben« auch in der Hinrunde 02/03 als großer Rückhalt. Insbesondere bei den Champions-League-Spielen gegen Arsenal London und PSV Eindhoven bewies der »Greifer im Tor« seine Extraklasse, um auch in der Bundesliga souverän wie selten zuvor zu agieren. Zwar kassierte Lehmann (»Ich kann neue Ausraster nicht ausschließen«) aufgrund heftiger Reklamation am 12. Spieltag den dritten Platzverweis seiner Laufbahn, wurde dennoch am Ende der Hinrunde in der »Kicker«-Torwartrangliste erstmals vor Kahn positioniert.

Lenz, André

Geboren: 19.11.1973 (Deutschland)
BL-Verein: Energie Cottbus (seit 2001)
BL-Spiele: 11 (zum Ende der Hinrunde 02/03)

Geboren in Mülheim an der Ruhr, startete der in Moers aufgewachsene reaktionsschnelle »Frühlingsbote« unter den Bundesligatorhütern seine Vereinslaufbahn im Alter von 7 Jahren beim Moerser Stadtteilklub TV Asberg. 1990 wechselte Lenz in den A-Jugend-Kader des KFC Uerdingen 05, absolvierte parallel Einsätze in der Niederrhein-Jugendauswahl, ehe er im Sommer 92 vom Zweitligisten Wuppertaler SV verpflichtet wurde. Zwei Jahre blieb der athletische 1,89 m-Mann als nominelle Nummer 3 hinter Jörg → Albracht und Thomas Richter, lediglich in Wartestellung. Auch nach Wuppertals Abstieg in die Regionalliga musste sich der »talentierte Twen« während der Saison 94/95 zumeist mit der Ersatzbank begnügen.

Vor der Saison 95/96 avancierte der »Vollblut-Keeper« dann beim WSV zur Nummer 1, verpasste mit dem Ex-Bundesligisten jedoch die anvisierte Rückkehr in den bezahlten Fußball. Anschließend von dem Klub im Streit geschieden, legte Lenz zunächst eine einjährige Spielpause ein. Der einstige WSV-Trainer Werner Fuchs hatte seinen begabten Ex-Schützling jedoch nicht vergessen und holte ihn vor der Saison 96/97 zum Regionalligisten Alemannia Aachen. Nach einem zweijährigen Torwartduell mit Christian Schmidt konnte sich Lenz während der Saison 98/99 endgültig durchsetzen, um mit seinen Reflexen zum Aufstieg in die 2. Bundesliga beizutragen. Auch nach Aachens Aufstieg entpuppte er sich als entscheidender Leistungsträger, der – gleichermaßen stark auf der Linie wie im Strafraum – von seinem Trainer Eugen Hach bereits nach wenigen Spieltagen zum »besten Torhüter der Zweiten Liga« geadelt wurde.

In der nächsten Spielzeit stabilisierte der ebenso ehrgeizige wie selbstkritische Fangkünstler sein hohes Niveau und scheute dabei auch nicht den Disput mit Trainer Hach. Als ihn der gestrenge Coach am Abend noch mit einer Freundin in einem Restaurant erwischte, erfolgte für Lenz die überraschende Suspendierung. Eine Woche darauf wieder begnadigt, lehnte der Mannschaftskapitän dennoch die von Hach geforderte öffentliche Entschuldigung für das vermeintlich »unprofessionelle Verhalten« rigoros ab.

Dem Ausnahmekeeper war inzwischen klar geworden, dass er seinen Traum von der Bundesliga bei einer allenfalls mittelmäßigen Zweitligamannschaft in absehbarer Zeit nicht verwirklichen konnte. Aus diesem Grund entschied er sich vor der Saison 01/02 für ein Angebot des Erstligisten Energie Cottbus. Obwohl von Trainer Eduard Geyer lediglich als Ersatz für Tomislav → Pipliča gedacht, gab sich der »freundliche Konkurrent« dennoch kämpferisch: »Ich bin nicht nach Cottbus gekommen, um mich auf die Ersatzbank zu setzen.« Ungeachtet aller Ambitionen gelangte der Schattenmann am 31. Spieltag lediglich durch den doppelten Fingerbruch des Stammtorhüters erstmals zum Einsatz. Das Debüt im Heimspiel gegen 1860 München gestaltete sich äußerst gelungen und damit hatte sich Lenz zumindest als mögliche Alternative empfohlen.

Dass er gegen Publikums- und Trainerliebling Pipliča einen schweren Stand besaß, zeigte sich bereits nach wenigen Spieltagen der Saison 02/03. Obwohl der Kontrahent in schöner Regelmäßigkeit patzte und mehrere Punkte kostete, scheute Geyer zunächst den Torwarttausch.

Nachdem Pipliča aber am 9. Spieltag gegen Hertha BSC erneut die Niederlage verschuldete, konnte sich der Coach dem öffentlichen Druck nicht mehr widersetzen. Trotz aller zur Schau gestellten Coolness musste Lenz (»Ich lebe nach dem Motto: Et kütt wie et kütt.«) dann bei der Premiere im Auswärtsspiel gegen den VfB Stuttgart mit erheblicher Anfangsnervosität kämpfen.

Nach den anfänglichen Unsicherheiten steigerte er sich erheblich, erwies sich beim torlosen Remis mehrmals als Retter in höchster Not und erstmals war der Tabellenletzte Cottbus in dieser Spielzeit ohne Gegentor geblieben. Obwohl es in der »Schießbude« bis zur Winterpause in der Mehrzahl Niederlagen hagelte, blieb Lenz einer der wenigen Konstanten im Team. Innerhalb der Mannschaft mittlerweile als feste Größe anerkannt, sorgt der ausgesprochene Teamplayer stets für eine kameradschaftliche Atmosphäre. »Berüchtigt« ist der Shopping- und Tennis-Fan mit der Berufsbezeichnung »Fußball-Profi« hingegen für die Tonnenladungen an Haargel, mit denen er vor jedem Spiel seine schwarze Mähne bändigt.

Limbach, Guido

Geboren: 02.12.1966 (Deutschland)
BL-Verein: FC Homburg (1986–1987)
BL-Spiele: 1

Die Fußballerlaufbahn startete Guido Limbach in seinem saarländischen Heimatort Schwarzenbach, ehe er während seiner B-Jugendzeit zu Borussia Neunkirchen wechselte. Gefördert von Neunkirchens ehemaligem Bundesligatorhüter Horst → Kirsch katapultierte sich der »ehrgeizige Nachwuchsmann« in die 1. Mannschaft.

Seine guten Leistungen in der Oberliga während der Saison 85/86 fanden auch die Aufmerksamkeit des saarländischen Zweitligisten FC Homburg, die den Zerberus nach dem Bundesliga-Aufstieg für ihren Profikader verpflichteten. Hinter Stammtorwart Klaus → Scherer übte sich der Auszubildende im Versicherungswesen während der Saison 86/87 zunächst in Geduld.

Am 15. Spieltag prallte Scherer beim Heimspiel gegen Bayer Leverkusen mit einem Gegenspieler zusammen und musste nach 27 Minuten mit einem Bluterguss ausscheiden. Beim Spielstand von 0:2 übernahm der 20-jährige Limbach seinen Posten, um anschließend keine großen Prüfungen mehr bestehen zu müssen. Seine Hoffnungen, sich beim Bundesligisten weiterzuentwickeln, um die Schwächen in der Strafraumbeherrschung abzustellen, erfüllten sich nicht. Nach dieser Spielzeit wurde der Ex-Waldhöfer Gregor → Quasten als neuer Reservekeeper verpflichtet und Limbach kehrte in den Amateurbereich zurück.

Linders, Dietmar

Geboren: 20.11.1940 (Deutschland)
BL-Verein: MSV Duisburg (1967–1976)
BL-Spiele: 161

Dietmar Linders begann seine fußballerische Laufbahn bei SuS Krefeld und über die Stationen Preußen Krefeld, Rheydter SV gelangte der gelernte Schlosser 1966 zum Verbandsligisten Bayer 05 Uerdingen.

Nominell nur Ersatztorwart, erlebte der gebürtige Krefelder im Sommer 1967 seine entscheidende Sternstunde. In einem Spiel um die deutsche Amateurmeisterschaft brachte er die gegnerische Mannschaft des 1. FC Köln mit seinen Paraden förmlich zur Verzweiflung. Unter den Beobachtern des 2:0-Triumphes der Uerdinger saß auch der MSV-Vorsitzende Franz Theinert. Linders erhielt eine Einladung zum Probetraining und nach erfolgreich bestandenem Test wurde er ab der Saison 67/68 in den Bundesligakader übernommen.

Zu diesem Zeitpunkt bereits 26 Jahre alt, ackerte der »Dicke« als Nummer 2 hinter Manfred → Manglitz brav im Hintergrund, um geduldig auf seine Chance zu warten. Während »Cassius« Manglitz ständig für Schlagzeilen sorgte, saß der häusliche Linders stets am heimischen Herd und genoss mit Ehefrau Clara das Familienleben. In den ersten zwei Jahren gelangte er zu sechs Einsätzen, wobei er am 17. Spieltag der Saison 68/69 mit seinen Flugparaden den Tabellenzweiten Hamburger SV beim 2:1 Sieg praktisch im Alleingang bezwang. Mit einer Körpergröße von 1,79 m und einem Gewicht von über 160 Pfund erinnerte der bullige Torsteher – im Verbund mit seiner enormen Sprungkraft – auf dem Fußballfeld an das Reifenmännchen aus der Michelin-Werbung.

Dietmar Linders – das sprunglebendige »Michelin«-Männchen in Aktion.

Als Kontrahent Manglitz nach dieser Spielzeit zum 1. FC Köln wechselte, hatte der MSV Duisburg bereits mit der Verpflichtung des tschechischen Nationaltorhüters Pavel → Maracek vorgesorgt. Der Neueinkauf verletzte sich jedoch vor Saisonbeginn und so musste Trainer Robert Gebhardt »Torwart-Mauerblümchen« Linders das Vertrauen schenken. Der stämmige Keeper bewährte sich durch solide Leistungen, blieb dennoch nicht unumstritten, um nach einer kleinen Formkrise nach dem 25. Spieltag prompt die Ablösung durch Maracek zu erfahren. Weil der Tscheche sich gegen Eintracht Frankfurt nach nur 45 Minuten erneut verletzte, blieb Linders jetzt bis zum Saisonende im Kasten.

Für die Saison 70/71 verpflichtete der Klub den Mönchengladbacher Volker → Danner, was für Linders wieder die Ersatzbank bedeutete. Zwei Spielzeiten blieb der »ideale Ersatzmann« im Schatten von Danner, wirkte in seinen wenigen Einsätzen oft unsicher und erntete für seine missratenen Aktionen sogar den Spott der eigenen Anhängerschar. Der MSV Duisburg wollte ihn bereits aussortieren, als Danner vor der Saison 72/73 vom DFB-Gericht für vier Monate gesperrt wurde. Der scheinbar »ewige Zweite« nutzte die sich bietende Gelegenheit und ließ den Rivalen schnell vergessen. Als ehrlicher Malocher im Tor hatte er kräftig abgespeckt, konnte in der Saison 72/73 vier Strafstöße parieren und das zuvor ablehnende Publikum feierte nun die Galavorstellungen ihres Zerberus. Nach Saisonabschluss im Fachblatt »Kicker« in der »Elf des Jahres«, zählte er unter Experten jetzt als Paradebeispiel für solide Zuverlässigkeit.

Auch in den kommenden Jahren blieb der abergläubische und stets vorsichtig abwägende Keeper eine feste Institution im MSV-Tor. Mit seinem optischen »Lumpenlook«, bestehend aus einem zerschlissenen Trikot, das er unter dem hochgekrempelten Torwartpulli verbarg, sowie Kreppband-Handschuhen Marke Eigenbau bildete der »großartige Torsteher« schon Mitte der Siebziger einen unübersehbaren Anachronismus. Den sportlichen Höhepunkt erlebte er am 21. Juni 1975 im DFB-Pokalfinale gegen Eintracht Frankfurt. Im ausverkauften Niedersachsenstadion in Hannover begeisterte der »Altkeeper« mit phantastischen Paraden und konnte am Ende nur durch Karl-Heinz Körbel bezwungen werden. Nach der 0:1-Niederlage spendete auch der anwesende FDP-Fraktionsvorsitzende Wolfgang Mischnik dem »Helden« begeistert Beifall.

Für die neue Spielzeit war bereits der junge Martin → Holscher als neue Nummer 1 vorgesehen, der sich in der Vorbereitung schwer verletzte, so dass Linders, mit 35 Jahren damals ältester Bundesligaprofi, zunächst weiter durch den Strafraum segeln konnte. Der MSV Duisburg stand in der Saison 75/76 schnell auf einem Abstiegsplatz und Linders nach einigen Patzern in der Kritik. Nach einigen Wochen wurde der arbeitslose Gerhard → Heinze verpflichtet, der Senior Linders nach zahlreichen Gegentoren, ab dem 9. Spieltag, im Tor ablöste.

Jetzt wieder Ersatzmann, wurde sein Vertrag, entgegen anders lautender Versprechungen, am Ende der Saison nicht mehr verlängert. Bitter enttäuscht verzichtete Linders auf eine offizielle Verabschiedung, hielt sich wochenlang beim Amateurligisten Sterkrade 06/07 fit, bis ihn im September 76 Zweitligist Preußen Münster für den verletzten Gerd → Welz unter Vertrag nahm. Dort erlebte er seinen »dritten Frühling«, um wie zu seiner Duisburger Zeit eine Stunde vor Spielbeginn eine Tasse Kaffee und ein Stück Kuchen zu verköstigen. Trotz seiner fehlerlosen Leistungen verfehlte er mit den Preußen dreimal hintereinander knapp den schon sicher geglaubten Bundesliga-Aufstieg. 1980, mit 39 Jahren beendete er seine Profi-Karriere, um sich anschließend noch mit 40 Jahren in das Tor der Amateure von Bayer 05 Uerdingen zu stellen.

Loweg, Karl

Geboren: 16.04.1938 (Deutschland)
BL-Verein: Werder Bremen (1967–1969)
BL-Spiele: 15

Die »Katze aus Kassel«, schon zu Oberligazeiten eine »Torwart-Legende«, wurde 1958 beim Bezirksoberligisten Gelsenkirchen-Buer von Schalkes Eddie Frühwirth entdeckt und noch im gleichen Jahr als Vertragsspieler verpflichtet. Neben Torwartkollege Manfred → Orzessek glänzte der gebürtige Kölner in der Saison 58/59 besonders beim Europacupwettbewerb der Landesmeister. Nach dem 2:2 in der 2. Runde gegen Wolverhampton Wanderers attestierten ihm Beobachter eine Weltklasseleistung. 1959 wechselte der 1,80 m große Schlussmann zum KSV Hessen Kassel, wo ihm mit der Elf drei Jahre später der Aufstieg in die Oberliga Süd gelang. Dieser Erfolg kam jedoch zu spät, um sich 1963 noch sportlich für die neu gegründete Bundesliga zu qualifizieren.

In der Regionalliga Süd sorgte Karl Loweg dann als erstklassiger Torwart weiterhin für Furore, der Angebote von Bundesligavereinen wie Hertha BSC, Hamburger SV und Eintracht Frankfurt erhielt. Hessen Kassel erteilte seinem »Filetstück« jedoch keine Freigabe. 1963 wurde der gelernte Kaufmann von Helmut Schön zu einem DFB-Lehrgang eingeladen, um ein Jahr später mit Hessen Kassel die Aufstiegsrunde zur Bundesliga zu erreichen. Loweg überragte in seiner Elf beim 2:1-Sieg über Alemannia Aachen, doch am Ende wurde der Klub hinter Hannover 96 nur Zweiter.

Der Klassekeeper blieb durch seine konstanten Leistungen dennoch im Blickpunkt der Fußballöffentlichkeit. Während der Saison 64/65 wählten ihn die »Kicker«-Leser nach der Hinrunde – mit großem Vorsprung vor Uwe Seeler – in der damals monatlichen »Kickparade« auf Platz 1. Zwei Jahre später überragte er in den DFB-Pokalspielen gegen Werder Bremen und konnte erst in der Verlängerung des Wiederholungsspiels von Horst-Dieter Höttges bezwungen werden. Loweg, neben seinen tollen Reaktionen auf der Linie auch perfekter Organisator im eigenen Strafraum, wechselte im Sommer 1967 zu Werder Bremen, wo sein ehemaliger Mitstreiter aus Schalker Zeiten, Günter Brocker, seit zwei Jahren als Trainer tätig war.

Von Loweg erhoffte sich Brocker eine wesentliche Stabilisierung der Hintermannschaft.

Der Torwart mit dem Prädikat »Nationalmannschaftsreif« brillierte in den Intertotospielen gegen Polonia Beuthen und bestätigte Beobachter in der Ansicht, dass Werder mit Loweg jetzt einen Schlussmann besaß, der »auch den Strafraum beherrschte«. Der Bundesliga-Einstand nahm für den Neuzugang jedoch einen unglücklichen Verlauf. Einer 1:4-Heimniederlage gegen den Hamburger SV folgte ein 3:5 bei Eintracht Frankfurt und anschließend wurde Trainer Brocker entlassen. Mit dem neuen Coach Fritz Langner (»Loweg ist im reinen Halten besser, aber Bernard der wertvollere Mannschaftsspieler.«) lag der Keeper nicht auf einer Wellenlänge, was dem degradierten Günter → Bernard neuen Aufwind verschaffte. Ab dem 3. Spieltag stand wieder der fünffache Nationaltorhüter im Kasten, während Loweg bis zum Saisonende die Nummer 2 blieb.

Auch in der nächsten Spielzeit zumeist Reservist, gelangte er in erster Linie durch Verletzungen des Kontrahenten zum Einsatz. In Spielen gegen den VfB Stuttgart und Bayern München stellte er seine Klasse unter Beweis, um bei der 2:4-Niederlage im DFB-Pokal gegen den Regionalligisten Röchling Völklingen bei drei Toren eine laut »Kicker« »dilettantische Figur« abzugeben. Frustriert vom Reservistendasein (»Lieber die Nummer 1 in einem Regionalligaklub als zweiter Mann in der Bundesliga.«) wechselte er nach dieser Spielzeit zum Regionalliga-Aufsteiger FSV Frankfurt.

Nach dem bitteren Sofortabstieg blieb Loweg den Bornheimern bis 1972 treu, ehe ihn Karl-Heinz → Volz ablöste. Anschließend wechselte er zum hessischen Oberligisten SpVgg Bad Homburg, mit denen er am 30. Juni 1973 gegen die Amateure des 1. FC Kaiserslautern die Deutsche Amateurmeisterschaft gewann. 1977 beendete er sein dortiges Engagement, um anschließend noch bis zum 42. Lebensjahr erfolgreich das Tor verschiedener Amateurligisten zu hüten. Nach Beendigung seiner aktiven Laufbahn feierte das heutige Ehrenmitglied des KSV Hessen Kassel zahlreiche Erfolge als Trainer und ist gegenwärtig in der Marketingabteilung eines Energiekonzerns beschäftigt.

Loy, Egon

Geboren: 14.05.1931 (Deutschland)
BL-Verein: Eintracht Frankfurt (1963–1967)
BL-Spiele: 69

Der »Torhüter-König« der Frankfurter Eintracht kam im Sommer 1954 als erprobter Schlussmann der Bayern-Auswahl vom Nürnberger Vorortverein TSV 04 Schwabach zur SG

Eintracht Frankfurt. Am 30. Mai des gleichen Jahres hatte er beim torlosen Remis gegen Frankreich zudem sein erstes Amateurländerspiel bestritten. Es blieb ein einmaliges Ereignis, denn als Vertragsspieler bei Frankfurt waren ihm weitere Einsätze untersagt. Halbtags arbeitete Loy bei einer Frankfurter Metallgesellschaft und zwischen den Frankfurter Pfosten beeindruckte er schnell durch Zuverlässigkeit, Sachlichkeit und eine »wahre Kollektion von Meisterparaden«.

Einer der ersten Höhepunkt in seiner Karriere bildete am 28. Juni 1959 der Meisterschaftsgewinn im dramatischen Finale gegen Lokalrivale Kickers Offenbach. Ein Jahr später folgte im Europapokalfinale gegen Real Madrid eine Begegnung, die in England zum Besten aller Fußballspiele gekürt wurde. Auch der große und schlanke Loy konnte sich dabei mehrfach auszeichnen, die 3:7-Niederlage dennoch nicht verhindern.

Beim Start der Bundesliga im Jahr 1963 war die »Vernunft in Person« zwar die klare Nummer 1, doch wegen seiner Einflussnahme auf die Mitspieler bei der Vereinsführung nicht sonderlich beliebt. Obwohl er sich oftmals in Glanzform präsentierte, kursierten bereits Gerüchte über eine Verpflichtung des Ulmer Nationaltorhüters Wolfgang → Fahrian. Der Keeper ließ sich nicht davon beeindrucken und zelebrierte weiterhin seinen typischen »Loy-Stil«, bei dem er die gegnerischen Schüsse »von den Händen am Körper herabgleiten ließ, bevor er den Ball annahm«. Mit der spielstarken Eintracht-Elf erreichte er am Ende einen ausgezeichneten 3. Tabellenplatz und den Einzug in das DFB-Pokalfinale gegen 1860 München, in dem Loy bei der 0:2-Niederlage vergeblich gegen die Treffer von Wilfried Kohlars und Rudi Brunnenmeier anflog. Dennoch drohte ihm weiterhin interne Konkurrenz, denn kurz vor dem Saisonstart 64/65 zeigte sich Frankfurt stark an einer Verpflichtung des türkischen Nationaltorhüters Arkoç → Özcan interessiert, dessen Verpflichtung aber letztendlich scheiterte. Im zweiten Bundesligajahr brillierte Loy hinter einer soliden Abwehr zumeist weiterhin mit überlegtem Herauslaufen und »phantastischen Reaktionen«. Aber der Zerberus musste auch schwarze Stunden bewältigen. Am 5. Spieltag kassierte Eintracht Frankfurt gegen den Karlsruher SC mit 0:7 die höchste Heimniederlage seit 15 Jahren. Loy zeigte sich vollkommen indisponiert und ließ in den ersten zwölf Spielminuten ohne jede Reaktion drei Bälle ins Netz. Bereits eine Woche später, beim 3:1-Sieg bei Hertha BSC, erwies sich Loy wieder als »ein Mann, der sein Fach versteht.« Auch beim torlosen Remis gegen den 1. FC Nürnberg erwies sich Loy – mit schwarzem Sweater, Schlägermütze und Schienbeinschonern immer in klassischer Torwartmontur – als unbezwingbarer Rückhalt.

Trotz dieser immer noch überdurchschnittlichen Leistungen, verpflichtete Frankfurt für die neue Saison vom Freiburger FC den hoch talentierten Peter → Kunter. Der Neuzugang verdrängte den »alten« Loy ins zweite Glied. Während der Saison 65/66 gelangte die »Eintracht-Legende« noch zu neun BL-Einsätzen, um mit zwei BL-Spielen während der Saison 66/67 hinter Kunter und Siegfried → Feghelm nur noch die Nummer 3 zu sein. Am Ende dieser Spielzeit erklärte er – nach über 500 Spielen für Eintracht Frankfurt – seinen Rücktritt, um neben seinem Beruf auch als Trainer im Amateurbereich tätig zu sein.

M

Mačak, Pavel

Geboren: 07.02.1957 (ČSSR)
BL-Verein: Schalke 04 (1984–1987)
BL-Spiele: 16

Seine Fußballkarriere startete der in der ČSSR geborene Pavel Mačak bei Banik Ostrau. Nach seinem Wechsel zu Dukla Prag absolvierte er über 30 Spiele in der tschechischen U21. Anschließend durchlief er seine Militärzeit, ehe er wieder zu Banik Ostrau zurückkehrte.

Dort war der Stammposten aber mittlerweile durch Nationaltorwart Pavel Michallik besetzt und Mačak sah für sich keinerlei sportliche Perspektive mehr. Der Familienvater wagte 1983, zusammen mit Ehefrau Maria und den beiden Zwillingstöchtern, die Flucht nach Deutschland und fand zunächst Aufnahme im bayerischen Neustadt an der Saale. Ein Probetraining beim MSV Duisburg verlief erfolglos und seine mangelnden deutschen Sprachkenntnisse gestalteten sich als zusätzliches Hindernis. Der Mann mit der »schwejkschen Seele« fand schließlich Unterschlupf beim Bundesliga-Absteiger Schalke 04, um nach Ablauf der UEFA-Sperre ab dem 12. September 84 spielberechtigt zu sein. Obwohl Kontrahent Walter → Junghans beileibe nicht unumstritten war, absolvierte Mačak während der Zweitligasaison 83/84 nur gegen Rot-Weiß Oberhausen einen Einsatz.

Nach Schalkes Wiederaufstieg musste der ehrgeizige Schlussmann weiterhin über ausreichendes Sitzfleisch verfügen. Die erhoffte Chance ergab sich dann am 30. Spieltag der Saison 84/85, als Junghans wegen einer Schulterverletzung passen musste. Der geduldige Reservist erlebte beim 4:0-Sieg über Waldhof Mannheim eine gelungene Premiere, um bei der 1:3-Niederlage gegen Borussia Dortmund eine deutlich schwächere Fortsetzung folgen zu lassen. Verschuldete er in dieser Begegnung den zweiten Gegentreffer, so zeigte er zum Saisonabschluss, beim 2:0-Sieg über den Hamburger SV, noch einmal seine Schokoladenseite, was der »Kicker« mit einer Berufung in die »Elf des Tages« belohnte. Die Hoffnungen des »idealen Ersatzhüters«, damit für die nächste Spielzeit bessere Karten zu besitzen, erfüllten sich indes nicht: Junghans erhielt während der gesamten Saison 85/86 den Vorzug.

Nach der 2:4-Heimpleite gegen den 1. FC Köln wurde sein Rivale zum Sündenbock erkoren und bekam von Trainer Rolf Schafstall eine Denkpause verordnet. Ab dem 10. Spieltag erhielt Mačak somit seine zweite Bewährungschance. Beim 2:1-Sieg gegen den 1. FC Nürnberg entpuppte sich der Keeper mit »der Figur eines Lew Jaschin« als vorzüglicher Torhüter. Weil seine Aktionen vom skeptischen Schalker Publikum allerdings mit Argusaugen beobachtet wurden, folgten unter dieser Belastung schnell die ersten Patzer. Bei der 1:2-Niederlage am 12. Spieltag gegen Borussia Mönchengladbach machte er beim Ausgleichstreffer eine unglückliche Figur, um anschließend in Bremen wegen zahlreicher missratener Abschläge von den anwesenden Zuschauern spöttisches Gelächter zu ernten. Der Tscheche antwortete am 16. Spieltag auf diese Schmähungen mit einer Klasseleistung beim 1:0-Sieg über Eintracht Frankfurt.

Auch zum Rückrundenstart blieb er im Kasten, doch der sensible Schlussmann fühlte sich dennoch von seinem raubeinigen Trainer Schafstall nicht genügend anerkannt. Das Fiasko erfolgte dann in der vorgezogenen Partie gegen den 1. FC Nürnberg, bei dem das Nervenbündel bei allen vier Gegentoren Mitschuld trug. Von den eigenen Fans verhöhnt, von Schafstall (»Man darf und kann auch mal Pech haben. Aber nicht viermal hintereinander.«) öffentlich abgekanzelt, zeigte sich Mačak anschließend völlig demoralisiert. Dem Pannenspiel folgte die anschließende Verbannung auf die Bank und von Vereinsseite wurde sein Vertrag nicht mehr verlängert. Für das ungeliebte Torwartduo Junghans/Mačak wurden Harald → Schumacher und Dieter → Heimen verpflichtet. Mačak spielte anschließend noch für den ASC Schöppingen und 1. FC Recklinghausen in der Amateur-Oberliga Westfalen.

Macherey, Heribert

Geboren: 03.11.1954 (Deutschland)
BL-Verein: MSV Duisburg (1991–1992)
BL-Spiele: 28

Erst durch eine Torwartvakanz bei der zweiten A-Jugend von Rot-Weiß Oberhausen gelangte Heribert Macherey, der 1966 beim Stadtteilklub Schwarz-Weiß Altstaden begonnen hatte, als 16-jähriger Jugendspieler 1970 erstmals zwischen die Pfosten und ist nach eigenen Worten »seit dem Tag nicht mehr aus der Kiste 'rausgekommen«. Nach der Zwischenstation SG Osterfeld wechselte der gelernte technische Zeichner 1977 zum Amateurligisten Hamborn 07, wo er nach der Saison 80/81 zum besten Spieler der Oberliga Nordrhein gewählt wurde. Die hervorragenden Leistungen des 1,83 m großen Keepers mit den Attributen »zuverlässig, ehrgeizig und eben gut« blieben auch den Verantwortlichen des Zweitligisten MSV Duisburg nicht verborgen, die ihn ab der Saison 83/84 unter Vertrag nahmen.

Als Nachfolger der Torwartlegende Gerhard → Heinze entwickelte sich der Schlussmann auf Anhieb zum großen Rückhalt des Klubs. Mit den »Zebras« gelang Macherey ein dritter Tabellenplatz und damit die Teilnahme an den Relegationsspielen zur Bundesliga, bei denen man allerdings gegen Eintracht Frankfurt scheiterte. Dem verpassten Aufstieg folgte in den nächsten zwei Jahren der sportliche Totalabsturz. Konnte sich der Klub in der Saison 84/85 noch durch eine Aufholjagd von den Abstiegsplätzen befreien, so war man ein Jahr später mit 86 Gegentoren und nur 5 Saisonsiegen in der Amateuroberliga gelandet. Macherey, der seinen Stammposten zuvor an Nachwuchsmann Wolfgang → de Beer verloren hatte, begleitete seinen Verein, nach kurzzeitigen Rücktrittsgedanken, als einer der letzten Routiniers beim bitteren Weg in die Oberliga Nordrhein. Halbtags als technischer Zeichner bei einer Oberhausener Firma beschäftigt, betrachtete sich der bodenständige Westfale mehr als »Hobby-Torwart«, der bemüht war, Leistungssport mit dem Beruf zu verbinden. Der Gewinn der Deutschen Amateurmeisterschaft erschien 1987 nur als ein schwacher Trost, denn der erhoffte Wiederaufstieg in den bezahlten Fußball war damit dennoch verpasst. Mit Spielern wie Ewald Lienen, Thomas Strunz und Michael Tönnies gelang das Vorhaben ein Jahr später und der 33-jährige Macherey bildete nach wie vor das große Rückgrat seiner Mannschaft.

Auch in der 2. Bundesliga blieb der bescheidene Schlussmann eine »feste Größe«, der mit der »Elf der alten Säcke« in der Saison 90/91 der Aufstieg in die Bundesliga glückte. Hochgelobt von Trainer Willibald Kremer (»Beim Heribert bin ich ganz ruhig.«), startete der Sympathieträger fulminant in seine Bundesliga-Feuertaufe. Mit enormer Sprungkraft und phantastischen Reflexen rettete der mittlerweile 36-jährige »Torwart-Oldie« seiner Mannschaft am 2. Spieltag ein torloses Remis bei Borussia Mönchengladbach. Mit den letzten Spielen der 2. Liga gezählt, blieb »Herry Hexer« (»Bild«) 643 Minuten ohne Gegentor und nach dem 6. Spieltag stand der MSV Duisburg auf Platz 4. Mittlerweile bei den Duisburger Verkehrs-Betrieben angestellt, agierte der Halbtags-Profi im Verlauf der Hinrunde weiterhin hervorragend und wurde zur Winterpause in der »Kicker«-Torwartrangliste noch vor etablierten Kollegen wie Richard → Golz und Jens → Lehmann eingestuft.

Nach diesem Höhenflug erlebte der »MSV-Segler« ab dem 18. Spieltag einen eklatanten Leistungseinbruch. Schwere Patzer des »Opas« gegen Borussia Mönchengladbach, Bayern München und Borussia Dortmund kosteten im Abstiegskampf wertvolle Punkte. Obwohl der »Linientreue« Besserung versprach (»Nach der Winterpause bin ich wieder voll da.«) und zu den Lieblingsspieler des Trainers zählte, war die Uhr nach einem weiteren, fatalen Fehler am 23. Spieltag gegen Bayer Leverkusen, endgültig abgelaufen. Jetzt machten die Experten dem zuvor gefeierten Macherey Konzentrationsschwächen, Strafraummängel und fehlende Nervenstärke zum Vorwurf. Weil die Nummer 2 Wolfgang → Kellner aber auch keinen Rückhalt bieten konnte und Duisburg mittlerweile auf Platz 16 abgerutscht war, kehrte Macherey acht Wochen später in seinen Kasten zurück. Der Senior ließ jedoch weiterhin die frühere Sicherheit vermissen und Duisburgs Wiederabstieg war, trotz eines Trainerwechsels, nicht mehr zu verhindern. In der 2. Bundesliga blieb für ihn hinter Neuzugang Jürgen → Rollmann nur die Ersatzbank, ehe eine Knieverletzung seine lange Karriere 1993 definitiv beendete.

Mager, Reinhard

Geboren: 02.05.1953 (Deutschland)
BL-Vereine: VfL Bochum (1975–1984), Blau-Weiß 90 Berlin (1986–1987), Hertha BSC Berlin (1990–1991)
BL-Spiele: 138

Der gebürtige Schwabe Reinhard Mager begann seine Torwartlaufbahn beim SV Zimmern, ehe sich nach dem Wechsel zu BSV Schwenningen zahlreiche Nominierungen für die Württemberg-Auswahl anschlossen. Schon bald wurde das »viel versprechende Torwarttalent« von Klubs wie dem Karlsruher SC und 1. FC Nürnberg umworben.

Der 1,96 m große Mager unterschrieb 1975 schließlich einen Kontrakt beim Bundesligisten VfL Bochum und gab sich zunächst denkbar bescheiden: »Ich war nie ein Star und will auch keiner werden.« Hinter dem etablierten Werner → Scholz verblieben ihm in den ersten Jahren nur sporadische Einsätze, bei denen er aufgrund vieler Gegentore, in den Augen vieler Beobachter, auch noch zur »Schießbudenfigur« mutierte.

Der »hochaufgeschossene Schlussmann« entpuppte sich jedoch als zäher Kämpfer, der beim Training verbissen zahlreiche Sonderschichten einlegte und beharrlich auf seine Chance wartete. Vor der Saison 78/79 wurde seine Geduld endlich belohnt, denn Trainer Heinz Höher entschied sich in der Torwartfrage für einen Generationswechsel. Während sich der 34-jährige Scholz mehr oder weniger freiwillig auf die Bank setzte, startete das 25-jährige »Torwarttalent« Mager als Nummer 1. Zunächst rechtfertigte der reaktionsschnelle Zerberus das Vertrauen, um in den ersten Saisonspielen mit eindrucksvollen Paraden zu brillieren. Die Wachablösung schien bereits vollzogen, als Mager allmählich nervöser agierte und am 13. Spieltag die 1:2-Heimniederlage gegen den VfB Stuttgart verschuldete. Eine Woche später wehrte er zwar gegen Hertha BSC seinen ersten Strafstoß ab, doch nach weiteren Patzern riefen die Zuschauer wieder nach Werner Scholz. Auch bei der 1:3-Niederlage gegen Neuling Darmstadt 98 zeigte sich Mager als Versager und Trainer Höher griff anschließend für die restliche Spielzeit wieder auf Senior Scholz zurück.

Vor der Saison 79/80 wurde beim VfL Bochum mit Helmut Johannsen ein neuer Trainer engagiert, der erneut dem jüngeren Mager den Vorzug gab. Obwohl das Auftaktspiel zu Hause mit 0:3 gegen den Hamburger SV verloren ging, zählte er zu den Aktivposten, der mit fulminanten Großtaten Schlimmeres verhütete. In den nächsten Wochen bestätigte er die glänzenden Leistungen und der Durchbruch schien endgültig geschafft. Auch in der nächsten Spielzeit entpuppte sich der Kontaktlinsenträger zunächst als »absoluter Sicherheitsfaktor«. Diese Form konnte er nicht dauerhaft konservieren und zahlreiche Fangfehler, die immer wieder zu Gegentoren führten, machten ihn wieder zur Zielscheibe der Kritiker. Als er sich am 27. Spieltag, bei der 1:3-Niederlage gegen Bayern München, erneut indisponiert zeigte, war auch die Geduld seiner Mannschaftskameraden erschöpft. Der sensible Schlussmann verarbeitete die Vorwürfe nur denkbar mühsam und bekam für die Saison 81/82 mit dem ehrgeizigen Ralf → Zumdick ernsthafte Konkurrenz präsentiert.

Zunächst konnte Mager seine Stammposition behaupten. Im DFB-Pokal-Wiederholungsspiel gegen Waldhof Mannheim erlitt er dann einen komplizierten Trümmerbruch im Daumen, der eine Operation erforderte und eine mehrmonatige Pause erzwang. Während sich Zumdick in den kommenden zwei Jahren zu einem Nationalmannschaftsanwärter entwickelte, war sein Kontrahent für die nächsten zweieinhalb Jahre wieder auf der Ersatzbank gelandet.

Aus dieser sportlichen Misere zog der »Lange« schließlich die Konsequenzen und wechselte 1984 zum ambitionierten Zweitliga-Aufsteiger Blau-Weiß 90 Berlin. Mit seiner Erfahrung und Sprungkraft wurde der routinierte Goalie auf Anhieb zu einem Rückhalt, der mit dem Klub zwei Jahre später den sensationellen

Aufstieg in die Bundesliga feierte. Trainer Bernd Hoss bevorzugte in der Beletage jedoch zunächst den jüngeren Holger → Gehrke. Nach dessen fortlaufenden Patzern hütete ab dem 11. Spieltag wieder Mager das Tor um mit seiner Mannschaft das Dauerabonnement auf die »Rote Laterne« zu besitzen.

Nach dem sofortigen Wiederabstieg blieb Mager bis 1989 bei dem Klub, ehe er zum Lokalrivalen Hertha BSC wechselte. Dort blieb er auch nach dem Bundesliga-Aufstieg in der Saison 90/91 ein kollegialer »Stand-by-Torhüter«, der seine Rolle hinter Walter → Junghans klaglos akzeptierte. Eine Verletzung verhinderte den möglichen Einsatz für den operierten Junghans, so dass Jungkeeper Marco → Sejna zum Zuge kam. Zu diesem Zeitpunkt gründete er bereits in Zusammenarbeit mit dem Berliner Fußballverband eine Torwartschule, die er nach seiner aktiven Laufbahn weiterführte.

Mai, Udo

Geboren: 29.07.1967 (Deutschland)
BL-Verein: SG Wattenscheid 09 (1990–1994), Schalke 04 (1994–1995), SpVgg Unterhaching (1999–2000)
BL-Spiele: 77

Der beim damaligen Bundesligisten Wattenscheid 09 stets »gleichwertige Vertreter« begann seine Vereinslaufbahn beim fränkischen Vorortklub DJK Üchtelhausen, ehe er zum Bayernligisten Schweinfurt 05 wechselte. Nach zwei Jahren als Reservist erfolgte sein Karrieresprung während der Saison 88/89. Aufgrund guter Leistungen wurde der 1,90 m große Schlussmann in die Bayern-Auswahl berufen und gewann mit dieser Mannschaft 1989 den Amateur-Länderpokal. Vor der Saison 89/90 nahm ihn Zweitligist Wattenscheid 09 unter Vertrag, wo er hinter Stammtorwart Ralf → Eilenberger nur einmal zum Einsatz kam, zum Saisonende aber den Aufstieg in die Bundesliga feiern konnte.

Auch in der Bundesligasaison 90/91 blieb Mai zunächst zweiter Mann und gelangte erst am 17. Spieltag, durch einen Kahnbeinbruch von Eilenberger, beim 1. FC Nürnberg zu seinem Erstligadebüt. Nach den neunzig Minuten konnte er nur noch wortlos mit den Achseln zucken, denn bei der 2:4-Niederlage gingen alle Treffer auf sein Konto. Trainer Hannes Bongartz gab ihm dennoch eine weitere Chance und der Torwarthüne konnte sich in den nächsten Wochen beträchtlich steigern. Der gebürtige Oberbayer hatte sich bereits einen Stammplatz erobert, den er kurz vor Saisonschluss erst wegen einer Gesäßmuskelzerrung wieder an Eilenberger abtreten musste.

Nach Wattenscheids geglücktem Klassenerhalt konnte sich der Torwarthüne durch enormen Trainingsfleiß vor dem Saisonstart 91/92 überraschend gegen den talentierter eingeschätzten Kontrahenten durchsetzen. Doch im Verlauf der Rückrunde agierte er immer glückloser und wurde schließlich nach dem 32. Spieltag wieder gegen Eilenberger ausgetauscht. Umgekehrt verlief das Wechselspiel zwischen den nahezu gleichwertigen Torhütern während der nächsten Spielzeit, bei der Mai ab dem 10. Spieltag Eilenberger ersetzte.

Vor der Saison 93/94 entschied sich der Coach aus taktischen Gründen zunächst für Eilenberger, weil dieser als besserer Fußballer optimaler für das System der Vierer-Kette erschien. Nach dem 13. Spieltag wurde alles wieder umgeschmissen. Mai kam wieder an die Reihe und ließ vereinzelten Glanzleistungen immer wieder schwache Vorstellungen folgen. Als Wattenscheid nach dem 24. Spieltag bereits hoffnungslos am Tabellenende herumkrebste, musste sich der Zerberus einer Ellenbogenoperation unterziehen, die ihn für den Rest der Spielzeit außer Gefecht setzte. Nach Wattenscheids Abstieg wechselte Mai im Sommer 1994 als Ersatzmann für Jens → Lehmann zu Schalke 04, blieb aber ohne Einsatz. Nach diesem fruchtlosen Intermezzo nahm ihn 1995 der Zweitligaaufsteiger SpVgg Unterhaching unter Vertrag, wo ihm in den kommenden Jahren der Durchmarsch in die Bundesliga gelang, er jedoch hinter Jürgen → Wittmann zumeist zweite Wahl blieb. Als die Nummer 1 wegen einem Muskelfaserriss vor dem 28. Spieltag der Saison 99/00 nicht zur Verfügung stand, zog sich Mai beim Abschlusstraining die gleiche Blessur zu. Statt sein Comeback zu feiern, musste der Pechvogel dem Landesligakeeper Gerhard → Tremmel den Vortritt lassen. Während Tremmel in den nächsten Monaten zum »Shootingstar« aufstieg, verließ Mai den Verein, um beim bayerischen Landesligisten FC Miesbach anzuheuern.

Maier, Josef Dieter »Sepp«

Geboren: 28.02.1944 (Deutschland)
BL-Verein: Bayern München (1965–1980)
BL-Spiele: 473
Vereinstitel: 5x Meister (1969,1972, 1973, 1974, 1980), 4x DFB-Pokal (1966, 1967, 1969, 1971), 3x Europapokal der Landesmeister (1974, 1975, 1976)
1 x Europapokal der Pokalsieger (1967)
A-Länderspiele für Deutschland: 95

Deutschlands legendärer »Torwart des Jahrhunderts« wurde im niederbayerischen Metten als zweiter Sohn der Eheleute Maria und Josef Maier geboren. Nach der Umsiedlung in das nahe bei München liegende Haar begann Josef Dieter Detlef – seit der Geburt stets »Sepp« gerufen – 1952 mit dem Vereinsfußball als achtjähriger Knirps beim TSV Haar. Zunächst kam für ihn nur die Position des Feldspielers in Frage, denn er wollte Tore schießen und nicht verhindern. Mit 14 Jahren begann er eine Maschinenschlosserlehre bei den ansässigen Wandererwerken. Mit den ersten Fußballübertragungen im Fernsehen wuchs seine Verehrung für den russischen Weltklassekeeper Lew Jaschin.

Nach dem ersten Lehrjahr fand gegen die zweite Jugendmannschaft des FC Bayern München ein Pokalspiel statt, das Maiers sportliche Zukunft entscheidend beeinflussen sollte. Weil sich Haars etatmäßiger Torwart Ludwig Göschl die Hand gebrochen hatte, wurde der »schmale Hering« von seinem Trainer ins Tor beordert. Eher widerwillig stellte er sich zwischen die Pfosten und kassierte mit seiner Elf gegen die Bayern-Jugend eine 0:12-Schlappe. Dennoch war er dem Bayern-Trainer Rudi Weiß positiv aufgefallen, der ihn aufforderte zum FC Bayern zu kommen. Maier blieb aber zunächst beim TSV Haar, agierte weiterhin im Feld und wurde sogar einmal Torschützenkönig. Erst 1959, nach einer Einladung von Rudi Weiß in die oberbayerische Jugendauswahl, entschloss sich der »geborene Torwart« zu einem Wechsel.

Nun begann ein aufreibendes Leben zwischen Schlosserlehre und regelmäßigem Training, was aber mit einem stetigen sportlichen Aufstieg verbunden war. Ostern 1960 bestritt die spätere »Katze aus Anzing« das erste von 14 Jugendländerspielen, dem sich ab 1963 auch vier Einsätze in der deutsche Amateurauswahl anschlossen. Bei einem großen Turnier der europäischen Amateurmannschaft in Schottland wurde Maier zum »besten Torhüter des Turniers gewählt«. In diesem Wettbewerb verlor er mit seiner Mannschaft gegen Schottland das einzige Endspiel seiner langen Karriere. Auch in der Oberligamannschaft des FC Bayern eroberte er sich, nach einer Verletzung von Fritz → Korsar, allmählich einen Stammplatz. Den Schock, 1963 nicht in die neu gegründete Bundesliga aufgenommen zu werden, überwand der Klub von der Säbener Straße unbeschadet. Mit Trainer Zlatko Čajkovski und Spielern wie Franz Beckenbauer und Dieter Brenninger qualifizierte man sich 1964 für die Aufstiegsrunde, scheiterte aber im vorentscheidenden Spiel an Borussia Neunkirchen. Erst im zweiten Jahr und mit Neuzugang Gerd Müller gelang das angestrebte Ziel. Vor dem Start der ersten Bundesligasaison bekam Maier – inzwischen auch Torwart der Juniorenauswahl – von Čajkovski einen Stammplatz zugesichert und der einstige Konkurrent Kosar war lediglich noch ein loyaler Ersatzmann.

Auf Anhieb begeisterte der temperamentvolle Zerberus in der Bundesliga mit hervorragenden Paraden. Am 7. Spieltag avancierte er, beim 2:1-Sieg in Mönchengladbach, erstmals zum besten Mann seiner Elf. Acht Wochen später übertraf der »drahtige Münchener« beim 3:0 gegen den Meidericher SV seinen Gegenüber Manfred → Manglitz und wurde bereits als heißer Länderspielkandidat gehandelt. Zweimal fehlte der 1,83 m große Schlussmann in dieser Spielzeit wegen Verletzung, und am letzten Spieltag wurde er für das anstehende Pokalfinale geschont. Es sollte das letzte Mal gewesen sein, dass Maier in seiner aktiven Zeit einen Bundesligaanpfiff verpassen sollte, denn anschließend folgte eine Rekordserie von 442 Spielen in Folge. Maier, der zu Bundestrainer Helmut Schön immer ein inniges Verhältnis hegte, feierte am 4. Mai 1966 in Dublin beim 4:0-Sieg gegen Irland seine Länderspielpre-

Sprung an die Weltspitze – Sepp Maier in den 60er Jahren.

miere. Mit seinem Klub wurde »Münchens Volksheld« Dritter in der Bundesliga und beim 4:2-Sieg im Pokalfinale gegen den Meidericher SV zeigte er erneut eine bessere Leistung als Manglitz. Lobeshymnen prasselten auf die »Stimmungskanone« herab und Deutschlands Torwartlegende Hans Jakob prophezeite nach dem Spiel, dass der reaktionsgewandte Goalie »einer der größten Torhüter werden könnte«.

Neben Hans → Tilkowski und Günter → Bernard fuhr der »Modellathlet« als dritter Torwart zur Weltmeisterschaft nach England, doch ein Handbruch verhinderte die heimlich erhofften Einsätze. Nach der WM avancierte »Super-Sepp«, wie ihn später eine englische Zeitung taufte, zur Nummer 1 in der Nationalelf. Der einstige Stammtorwart Tilkowski, der bei Borussia Dortmund kaum noch eingesetzt wurde, war zwar verdrängt, doch mit Manfred Manglitz, Horst → Wolter und Norbert → Nigbur lauerten ehrgeizige Kontrahenten. Zunächst stellte der »ausgesprochen reaktionsschnelle Mann« die Konkurrenz mit seinem sachlichen Spiel, das auf jeglichen Showeffekt verzichtete und besonders durch ein durchdachtes Stellungsspiel bestach, in den Schatten. Mit dem erneuten Sieg im DFB-Pokal, sowie beim Europapokalfinale der Pokalsieger gegen Glasgow Rangers erreichte der trainingsbesessene »Urbayer« mit Bayern München im Jahr 1967 weitere Titelehren.

In der Saison 67/68 verzeichnete der selbsterklärte »Erzfeind« des 1860 München-Torwartidols Petar »Radi« → Radenkovič seine erste Formkrise. Im Länderspiel gegen Jugoslawien verschuldete er den Ausgleichstreffer, während er mit seiner Mannschaft in der Bundesliga gegen den 1. FC Nürnberg mit 3:7 vollkommen einbrach. Der »Mann mit Herz«, in seiner Freizeit ein leidenschaftlicher Schmal-

»Spaßmacher« Sepp Maier stets in allen Sätteln gerecht.

filmer, Tennisspieler und Hobby-Zauberer, konsolidierte während der nächsten zwei Jahre seine Leistungen und mit den Erfolgen wuchs auch seine Popularität. 1967 spielte der »Schelm«, neben Trainer Zlatko »Tschik« Čajkovski und Mitspieler Gerd Müller, eine Rolle als Wilderer in der Film-Klamotte »Wenn Ludwig ins Manöver zieht«. In der Saison 68/69 wehrte er am 21. Spieltag – nach 19 vergeblichen Versuchen – gegen den MSV Duisburg erstmals einen Elfmeter ab. Mit dem FC Bayern wurde der »mit Abstand beste deutsche Torhüter« (Franz Beckenbauer) 1969 erstmals Deutscher Meister, produzierte seine eigene »Sepp Maier-Torwartkollektion« und reiste 1970 als klare Nummer 1 mit der Nationalmannschaft zur Weltmeisterschaft nach Mexiko. Trotz der unvergesslichen Spiele gegen England und Italien besaß der »überragende Torhüter« wenig Gelegenheit zum Glänzen. Einige Experten kreideten ihm sogar mehrere Gegentore an, und nach dem Turnier notierte der »Kicker«, dass Deutschlands Fußball-Elite mit Maier und Wolter über gute, nicht aber über überragende Torhüter verfüge.

In den kommenden vier Spielzeiten musste sich der zumeist »souveräne Klassemann«, trotz dreier Vereinsmeisterschaften mit Bayern München und dem Titelgewinn bei der Europameisterschaft 72 in Belgien, der hartnäckigen Konkurrenz von Nigbur, Wolfgang → Kleff und Bernd → Franke erwehren. Formkrisen sowie eine eklatante Fehlleistung bei der legendären 0:4-Pleite am 7. März 73 gegen Ajax Amsterdam im Europapokal der Meister brachten ihn auch bei Bayern-Trainer Udo Lattek phasenweise in Misskredit. Der zwar nach außen stets lustige, aber überaus verletzliche Torwartpanther reagierte auf Kritik allergisch (»Gegen Maier erzielte Tore sind immer unhaltbar.«) und drohte zeitweise sogar mit einem Vereinswechsel. Dennoch hielt Helmut Schön, ungeachtet aller Kritik, zu seinem Lieblingsschüler. Am 14. Juni 72 bestritt Maier bei der Europameisterschaft gegen Gastgeber Belgien sein 40. Länderspiel. Mit diesem Einsatz übertraf er als Torwart den bisherigen Rekordhalter Tilkowski. Ein weiterer Superlativ folgte am 9. Spieltag der Saison 72/73 gegen den VfB Stuttgart, bei dem Maier trotz heftiger Knieschmerzen seine 213. Bundesligabegegnung in Folge bestritt und damit den bisherigen Rekord des Mönchengladbacher Hans-Hubert Vogts überflügelte.

Weiterhin nicht unumstritten, erlebte Maier während der Hinrunde 73/74 seine schwärzesten Stunden. Zahlreiche Schnitzer beim 1:3 gegen Hannover 96 sowie beim 5:5 gegen Schalke 04 verunsicherten den einstigen Rückhalt. In der Nationalmannschaft spielte jetzt Kleff und für die Länderspiele gegen Österreich und Frankreich wurde er – erstmals seit fünf Jahren – nicht nominiert. Am 12. Spieltag verlor der Zerberus mit Bayern München – nach einer 4:1-Führung – gegen den 1. FC Kaiserslautern noch mit 4:7. Obwohl schuldlos an dem Debakel konnte Maier sich nur noch in Galgenhumor flüchten: »Würde ich noch einmal geboren, dann bitte als Tennisspieler.« Nach diesem absoluten Tiefpunkt setzte die sportliche Wende ein. Beim anschließenden 3:0-Sieg gegen den VfB Stuttgart trug Maier erstmals mit dem babyblauen Torwartpullover und die knielangen Torwarthosen sein unverwechselbares Markenzeichen. Am 14. Spieltag befand er sich, beim 1:0-Sieg über den VfL Bochum, wieder in Bestform, während sich Konkurrent Kleff im Laufe der nächsten Wochen etliche Fehler leistete.

Mit einem parierten Strafstoß im Länderspiel gegen Schottland feierte er noch während der Hinrunde ein erfolgreiches Länderspiel-Comeback. Der fünfte Meistertitel mit seinem Verein verbunden mit dem erstmaligen Gewinn des Europapokals der Meister machte seine Position vor der anstehenden Weltmeisterschaft endgültig unangreifbar. Seine überragenden Leistungen gegen Jugoslawien, Polen und im siegreichen Endspiel gegen Holland etablierten den 30-Jährigen dann in die kleine Riege der Weltklassetorhüter. Der »Artist der Nation« avancierte in Deutschland jetzt zum Superstar, der in den nächsten Jahren sein Weltklasseformat konservieren konnte und mit Auszeichnungen überschüttet wurde.

1975, 77 und 78 zum »Fußballer des Jahres« und von der Jugendzeitschrift BRAVO 1975 zum »Populärsten Sportler« gewählt, verlieh man ihm am 16. Januar 1978 das Bundesverdienstkreuz. Als Werbeträger für Kaugummi, Tee, Kosmetik, Schnupftabak und Büroartikel machte er kräftig Kasse, um pro Jahr bis zu 70 000 Posteingänge zu verzeichnen. Seine verblüffende Ähnlichkeit mit dem legendären Bayern-Komiker Karl Valentin verhalf dem »Spaßmacher« sogar zu einem Auftritt in der »Peter Kraus-Show«, bei dem er sein komisches Talent verriet. Im Kinderprogramm der ARD gab es im Rahmen der Sendereihe »Logo« vom Februar bis November 78 einen »Torwartkurs mit Sepp Maier«. Auf Eröffnungen, Manager-Kursen und Sportfesten war der »humorvolle Münchner« gern gesehener Gast, während er die verdienten Gagen in seinen großzügigen Tennispark im heimatlichen Anzing investierte.

Sportlich gelangen dem »Hexer« trotz der allmählich waidwunden Bayern-Mannschaft weitere Erfolge. Dank seiner Torwartkünste glückte 75 und 76 der erneute Triumph im internationalen Meisterpokal sowie 76 gegen Belo Horizonte der Gewinn des Weltpokals. Während der Europameisterschaft 76 in Jugoslawien bewies das »Ausbund an Beständigkeit« trotz zweier Patzer erneut sein Weltklasseformat. Am 10. Spieltag der Saison 76/77 feierte der »Rekordhalter der Rekorde« gegen Werder Bremen sein 350. Bundesligaspiel in Folge, während alle potentiellen »Kronprinzen« wie Nigbur, Dieter → Burdenski, Franke und Kargus schon längst resigniert hatten.

Neben seinen Torwartkollegen Dino Zoff und Jan Jongbloed reiste der »sympathischste Sportler Deutschlands« (Wickert-Institut) mit 34 Jahren als »Methusalem« nach Argentinien zu seiner vierten Weltmeisterschaft. Im Auftaktspiel gegen Polen rettete er durch rechtzeitiges Herauslaufen das torlose Remis, doch zwei Fehler gegen Holland und Österreich, die zu »tödlichen Toren« führten, rüttelten am zuvor unumstößlichen Torwartthron von »König Sepp«. In der Saison 78/79 bewies der »beste Torwart aller Zeiten« am 5. Spieltag beim 2:0-Auswärtssieg gegen Arminia Bielefeld bewährte Extraklasse und beim Länderspiel gegen die ČSSR fungierte er erstmals als Mannschaftskapitän. Schwächen bei der sensationellen 4:5-Heimpleite im DFB-Pokalspiel gegen Zweitligist VfL Osnabrück sowie krasse Unsicherheiten bei der 1:7-Pleite gegen Fortuna Düsseldorf deuteten bereits die Überschreitung des Zenits an. Nach einem Konflikt mit Bayern-Präsident Wilhelm Neudecker, der den CSU-Wähler und Franz-Josef Strauß-Verehrer anschließend als »Anarchisten« bezeichnete, wurde Maier im März 79 für das Europameisterschaftsspiel gegen die Türkei von Bundestrainer Jupp Derwall aus disziplinarischen Gründen kurzerhand ausgeladen. Mit bereits 95 Länderspielen peilte er dennoch den internationalen Torhüterrekord von 100 Länderspielen des Brasilianers Gilmar dos Santos an.

Doch am 14. Juli 1979 erlitt der »sympathische Nationaltorhüter« bei einem selbst verschuldeten Verkehrunfall mit einer Gehirnerschütterung, Armbruch und gebrochenen Rippen schwerste Verletzungen. Trotz zunächst optimistischer Prognosen entschied er sich, nach fünfmonatiger Rekonvaleszenz und intensiver Beratung mit dem behandelnden Facharzt, schweren Herzens für den Karriereabschied. Nach einem viel umjubelten Abschiedsspiel im ausverkauften Olympiastadion blieb die »öffentliche Person« ihrem Sport zunächst durch das Verfassen mehrerer Lehrbücher und Autobiografien verbunden. Des Weiteren agierte der »Gaudibursch« als Mitglied eines TV-Rateteams und war weiterhin bei zahlreichen Sportfesten sowie Talkshows zu Gast. Im Oktober 1987 wurde der »erfolgreichste deutsche Torhüter aller Zeiten«, unter dem damaligen Teamchef Franz Beckenbauer, Torwarttrainer der deutschen Nationalmannschaft, wo der »trainingsverrückte Typ« im Laufe der nächsten Jahre die Fangfähigkeiten seiner Schützlinge Eike → Immel, Bodo → Illgner, Andreas → Köpke sowie Oliver → Kahn entscheidend förderte. Seit 1994 ist der einstige »Meister seines Fachs« in gleicher Funktion auch beim FC Bayern München beschäftigt.

Makel, Hubert

Geboren: 12.09.1945 (Deutschland)
BL-Verein: Bayer 04 Leverkusen (1979–1981)
BL-Spiele: 5

Das »alte Schlachtroß« (Bayer 04-Trainer Willibert) begann seine fußballerische Laufbahn 1952 in der E-Jugend des Kölner Stadtteilklubs SC Brück, um 1968 zum Regionalligisten Bayer Leverkusen zu wechseln. Bei dem Werksklub stand mit Dieter → Ferner ein profilierter Schlussmann im Tor, gegen den Makel in den kommenden Jahren nur selten zum Zug kam.

Nach der Saison 72/73 musste Leverkusen den Gang in die Verbandsliga Mittelrhein antreten und während Ferner zu Rot-Weiß Oberhausen wechselte, schaffte sein langjähriger Vertreter endlich den Sprung zur Nummer 1. Im Sommer 1974 stand der gelernte Chemie-Facharbeiter mit seinem Team in der Aufstiegsrunde zur 2. Bundesliga, bei der man sich souverän durchsetzen konnte.

Auf Makel allein vermochte Bayer Leverkusen allerdings nicht vertrauen und verpflichtete für die erste Zweitligasaison 75/76 den bundesligaerfahrenen Fred-Werner → Bockholt. Makel musste wieder zurück ins zweite Glied, auch wenn er in den nächsten Jahren Bockholt zeitweise aus dem Bayer-Tor verdrängen konnte. Vor der Saison 78/79 setzte sich Bockholt wieder durch und avancierte zu einem entscheidenden Aufstiegsfaktor.

Während die Nummer 1 in der ersten Bundesligasaison 79/80 weiterhin die Meriten erntete, saß sein Stellvertreter geduldig auf der Ersatzbank, ohne größere Ambitionen anzumelden. Bayer Leverkusen stand noch mitten im Abstiegskampf, als Bockholt am 31. Spieltag gegen den VfL Bochum in der 16. Minute einen Mittelhandbruch erlitt. Der eingewechselte Makel konnte die 2:4-Niederlage zwar nicht verhindern, doch der Ersatzmann bestätigte, trotz einer zweijährigen Wettkampfpause, das Vertrauen seines Trainers. Beim 2:0-Sieg über Schalke 04 zeigte er eine gute Leistung, um eine Woche später mit seinen Paraden den wichtigen 2:1-Sieg gegen den Hamburger SV unter Dach und Fach zu bringen. Nach dem geglückten Klassenerhalt begnügte sich der »alte Hase« wieder mit der Reservebank und kam in der Saison 80/81 am 4. Spieltag gegen Borussia Mönchengladbach, für den verletzten Bockholt noch zu einem letzten Zwei-Minuten-Einsatz. Nach dieser Spielzeit wechselte der 36-jährige Zerberus zum Verbandsligisten Bonner SC, um 1985 zu seinem Stammverein SC Brück als Torwarttrainer zurückzukehren. 1993 sorgte der Fußball-Rentner nochmals für Furore in den Sportgazetten. Weil die etatmäßigen Torhüter Michael Nißl und Paolo Paolini verletzt waren, stellte sich der Oldtimer mit 48 Jahren noch einmal in das Tor des Amateurligisten. Der »Torwart-Opa« spielte seine ganze Routine aus, hielt oftmals glänzend und verhalf dem Außenseiter unter Trainer Anthony Woodcock zur überraschenden Qualifikation für die neugegründete Regionalliga West/Südwest. Anschließend arbeitete er wieder als Torwarttrainer und ist heute immer noch aktives Mitglied des Bayer-Traditionsteams.

Manglitz, Manfred

Geboren: 08.03.1940 (Deutschland)
BL-Verein: Meidericher SV/MSV Duisburg (1963–1971)
BL-Spiele: 257
BL-Tore: 1
A-Länderspiele für Deutschland: 4

Der »Cassius Clay vom Rhein« hatte mit vierzehn Jahren mit dem Fußball begonnen, ehe er 1957 in der erfolgreichen Jugendmannschaft des SC West Köln erstmals auf sich aufmerksam machen konnte. Neben der Torwartposition oftmals als Feldspieler eingesetzt, wechselte der gebürtige Rheinländer 1960 zu Bayer Leverkusen. Vor dem Start der Bundesliga konnte der reaktionsschnelle Fangkünstler zwischen Angeboten von Schalke 04 und dem Meidericher SV wählen. Weil Schalke 04 wider Erwarten weiterhin auf den umstrittenen Horst → Mühlmann vertrauen wollte, wechselte Manglitz zu den Meiderichern.

Schnell avancierte der »Torwart-Hecht« zum Leistungsträger, der mit hervorragenden Reaktionen und exzellenter Strafraumbeherrschung die gegnerischen Mannschaften oftmals zur Verzweiflung brachte, um dem Außenseiter Meiderich im ersten Jahr zur überraschenden Vizemeisterschaft zu verhelfen. Nach einem Juniorenländerspiel erfolgte am 13. März 1965 in Hamburg das Debüt in der Nationalmannschaft. Für den verletzten Hans → Tilkowski eingewechselt und von Assistenztrainer Dettmar Cramer auf die Schnelle warmgeschossen, stellte er ab der 57. Minute gegen Italien mehrfach sein großes Können unter Beweis. Einen Monat darauf folgte beim 5:0-Sieg im WM-Qualifikationsspiel gegen Zypern sein zweiter Länderspieleinsatz, bei dem der »rheinische Hüne« allerdings kaum geprüft wurde.

Ungeachtet seiner herausragenden Fähigkeiten neigte der gelernte Buchbindermeister immer wieder zu leichtsinnigen Kapriolen und schon 1963 unkte der damalige Bundestrainer Sepp Herberger: »Manglitz ist ein Talent, aber nicht frei von Fehlern«. Neben seinen Paraden glänzte der »Torwart von morgen« gerne mit flotten Sprüchen und bekam dafür, in Anlehnung an den Boxer Cassius Clay, den Spitznamen »Cassius vom Rhein« verpasst. Sein »hintergründiger Humor«, seine »offene rheinische Art« sowie die oftmals spektakulären Flugeinlagen hievten ihn schnell in allen Stadien zum Publikumsliebling. Mit seinem Klub erreichte Manglitz 1966 das DFB-Pokalfinale, um bei der 2:4-Niederlage gegen Bayern München eine hervorragende Leistung seines Nationalmannschaftskonkurrenten Sepp → Maier miterleben zu müssen. Zudem hatte der Keeper mit unverhohlenen Forderungen auf Länderspieleinsätze Bundestrainer Helmut Schön brüskiert, der das »Großmaul« daraufhin nicht mehr berücksichtigte und ihn 1966 auch nicht für die Weltmeisterschaft in England nominierte.

Die Liebe zu seinem Heimatverein 1. FC Köln blieb zunächst unerwidert, weil der damalige FC-Präsident Franz Kremer von dem vorlauten »kölschen Schwades« wenig begeistert war. Die Chance zum Wechsel in die Domstadt ergab sich erst, als Kremer 1967 verstarb und die Kölner nach der schweren Verletzung von Milutin → Soskič erhebliche Torwartprobleme plagten, während der MSV Duisburg für die Saison 69/70 – zum Ärger von Manglitz – den tschechischen Nationaltorwart Pavel → Mareček verpflichtete. Duisburgs »Retter vom Dienst«, der zudem am 3.6.67 gegen Borussia Mönchengladbach per Elfmeter als erster Torwart der Bundesliga ein Tor erzielte, unterschrieb kurzerhand einen Kontrakt beim Geißbockclub, um sich vor dem ersten Training selbst in die Pflicht zu nehmen: »Neun Jahre habe ich auf den Tag gewartet, dass ich beim 1. FC Köln spielen kann. Jetzt werde ich auch alles dafür tun, dass ich die in mich gesetzten Erwartungen erfülle.« Dafür gab er auch das Nebenamt als Trainer des Pulheimer SC auf. Der passionierte Spaßvogel mit dem schelmischen Grinsen entwickelte sich auf Anhieb zu einem Leistungsträger, der die zuvor anfällige Kölner Abwehr stabilisierte und sich mit dem Beinahe-Absteiger des Vorjahres im Bundesliga-Spitzenfeld festsetzte. Als geschäftstüchtiger Vollprofi nutzte er seine Popularität und die damit verbundene Medienpräsenz für nebenberufliche Einnahmequellen. Manglitz produzierte Torwartkleidung und Herrenmode, führte mehrere Diskotheken und warb zudem für eine westfälische Brauerei. Im Oktober 1969 hatte er als erster Spieler der Bundesliga 200 Einsätze absolviert und seine hervorragenden Leistungen brachten ihn auch wieder für die Nationalmannschaft ins Gespräch

Am 11. Februar 1970 feierte er in Sevilla gegen Spanien ein erfolgreiches Comeback, um drei Monate später im letzten WM-Vorbereitungsspiel gegen Jugoslawien sein viertes Länderspiel zu absolvieren. Mit Sepp Maier und Horst → Wolter musste er sich aber im WM-Aufgebot für Mexiko mit zwei starken Konkurrenten auseinander setzen. Von den meisten Experten als gegenwärtig bester deutscher Torwart eingestuft, stellte er vehemente Ansprüche auf einen Stammposten. Bundestrainer Schön zeigte dem Keeper jedoch die kalte Schulter und stellte Maier ins Tor. Frustriert über diese Zurücksetzung entwickelte sich Manglitz im deutschen Mexiko-Kader immer mehr zu einem Außenseiter. Seine lustlosen Trainingsleistungen veranlassten Schön, im Spiel um Platz 3 gegen Uruguay den Braunschweiger Wolter ins Tor zu stellen. Damit war für den ungeduldigen Rebellen die Länderspiellaufbahn beendet.

Während der Bundesligasaison 70/71 wollte er die, in seinen Augen ungerechtfertigte, Missachtung seiner Fähigkeiten mit sportlichen Argumenten kontern. Zunächst scheiterte er jedoch mit seinem Klub beim DFB-Pokalfinale gegen Außenseiter Kickers Offenbach. Anschließend verkrampfte der einst so souveräne Keeper und machte auf dem Spielfeld Fehler, die man von ihm vorher nicht gewohnt war. Plötzlich das »schwächste Glied in der Abwehrkette«, musste er wegen seiner Patzer sogar kurzzeitig auf die Ersatzbank. In der Rückrunde konsolidierte er seine Leistungen, ohne dabei an die Vorjahresform anzuknüpfen. Am

Manfred Manglitz von 1963 bis 1970: Ein großartiger Bundesligatorwart.

31. Spieltag zeigte er beim 0:7-Desaster gegen Bayern München eine derart indiskutable Leistung, das sein Trainer Ernst Oczwirk von einer »Einladung zum Toreschießen« sprach. Eine Woche später zeigte sich der Keeper bei der 2:4-Heimniederlage gegen Abstiegskandidat Rot-Weiß Oberhausen ebenfalls völlig von der Rolle. Am 6. Juni 71 veröffentlichte Horst Gregorio Canellas, Obsthändler und Präsident von Kickers Offenbach, auf seiner Geburtstagsfeier Tonbandprotokolle zwischen ihm und Manglitz, die unzweifelhaft erkennen ließen, dass sich der Torwartstar an Spielmanipulationen beteiligte. Mit sofortiger Wirkung von seinem Klub beurlaubt und in den restlichen Spielen durch Soskič ersetzt, rollte anschließend eine Prozesslawine an, in die in den folgenden Monaten immer mehr Bundesligaspieler und -funktionäre involviert wurden. Bei den Untersuchungen stellte sich heraus, dass Manglitz für den 3:2-Sieg des 1. FC Köln über Rot-Weiß Essen 25 000 DM kassiert hatte und für eine Niederlage seines Klubs gegen Kickers Offenbach von Canellas 100 000 DM wollte, die seine Freundin dann an einer Autobahnraststätte abholen sollte. Die nächsten Monate verbrachte der »Skandalvogel«, von der Öffentlichkeit geschmäht, vor dem DFB-Sportgericht, um am 21. Mai 1973 mit einer lebenslänglichen Sperre belegt zu werden. Manglitz musste sich zunächst als Sportartikelverkäufer in einem Kölner Kaufhaus durchschlagen, ehe er später in seiner Heimatstadt wieder eine Diskothek eröffnete. 1975 folgte, gegen Zahlung von 25 000 DM Geldbuße, seine Begnadigung beim DFB.

Nach einem misslungenen Comebackversuch während der Saison 75/76 beim Zweitligisten 1. FC Mülheim ließ der ehemalige »Sünder« die aktive Laufbahn bei den Kölner Amateurligisten FSV Gebäudereiniger und SC West ausklingen. 1982 siedelte er nach Spanien über, arbeitete als Tennislehrer und eröffnete in Alicante ein Grillrestaurant. Im August 2002 war MSV Duisburgs »Jahrhundertspieler« als Mitglied des MSV-Dream-Teams nach 15 Jahren wieder zu Gast bei seinem einstigen Verein.

Manfred Manglitz ab 1971: Bundesligasünder auf der Anklagebank.

Mareček, Pavel

Geboren: 19.12.1942 (ČSSR)
BL-Verein: MSV Duisburg (1969–1970)
BL-Spiele: 1
A-Länderspiele für die ČSSR: 6

Der »ČSSR-Spitzentorwart« mit dem Bürstenhaarschnitt stand bei Vereinen wie Slovan Preßburg und Slavia Prag unter Vertrag und absolvierte während dieser Zeit 6 A-Länderspiele. Während der politischen Unruhen in seiner Heimat flüchtete Mareček 1968 nach Deutschland und absolvierte Anfang 1969 beim MSV Duisburg ein erstes Probetraining. Präsident Paul Märzheuser, Trainer Robert Gebhardt und auch Spieler Michael Bella (»Das muss man anerkennen. Halten kann der Junge ...«) zeigten sich begeistert und der Klub verpflichtete den sprunggewaltigen Tschechen für die Saison 69/70.

Nur der langjährige Stammtorwart Manfred → Manglitz zeigte sich über diesen Neuzugang nicht glücklich, machte seine Drohungen wahr und wechselte zu seinem Wunschverein 1. FC Köln. Während der Saisonvorbereitungen prallte Mareček mit MSV-Verteidiger Hartmut Heidemann zusammen und musste wegen einer Knieverletzung drei Wochen pausieren.

Während dieser Zeit bewährte sich Ersatzmann Dietmar → Linders und der hoffnungsvolle Exil-Tscheche war unversehens zum Reservisten geworden. Zur Mitte der Rückrunde durchlebte Linders eine Nervenkrise, so dass Mareček am 25. Spieltag bei Eintracht Frankfurt doch noch sein Saisondebüt feiern konnte. 45 Minuten lang hielt er seinen Kasten sauber und reagierte in einigen Situationen äußerst sicher.

Bei einem Zweikampf zog sich der 1,79 m große Debütant dann eine Oberschenkelprellung zu und musste zur Halbzeit wieder gegen Linders ausgetauscht werden. Anschließend folgte eine Meniskusoperation und der einstige Startorhüter spielte in den Planungen seines Vereines keine Rolle mehr. Der MSV Duisburg verpflichtete Volker → Danner von Borussia Mönchengladbach, während Mareček den Klub mit unbekanntem Ziel verließ.

Marič, Enver

Geboren: 25.04.1948 (Jugoslawien)
BL-Verein: Schalke 04 (1976–1978)
BL-Spiele: 47
A-Länderspiele für Jugoslawien: 32

Der »fliegende Mensch aus Mostar« hechtete sich dem deutschen Fußballpublikum spätestens am 9. Mai 1973 ins Bewusstsein. Im Länderspiel Deutschland – Jugoslawien zeigte er im Münchner Olympiastadion eine Klasse-Leistung und wehrte beim 1:0-Sieg seiner Mannschaft auch einen Elfmeter von Gerd Müller ab. Gegen Spanien war der Mann aus Bosnien-Herzegowina, im Frühjahr 1974 beim entscheidenden WM-Qualifikationsspiel ebenfalls entscheidender Rückhalt seiner Mannschaft. Während der WM in Deutschland beeindruckte der langmähnige Schnauzbartträger durch elegante Flugparaden und zählte neben Sepp → Maier, Jan Tomaszewski und Ronnie → Hellström zu den auffälligsten Torhütern dieses Turniers.

Danach musste er allerdings zum Militär und sein Platz im Nationalteam wurde durch Olja Petrovič besetzt. Der 1,82 m große Keeper kämpfte sich wieder heran, um 1976 beim EM-Qualifikationsspiel in Wales ein respektables Comeback zu feiern. Sein parierter Elfmeter erwies sich entscheidend für das Weiterkommen. Dennoch saß der damals 28-Jährige in der EM-Endrunde hinter Petrovič wieder nur auf der Ersatzbank. Zu dieser Zeit plagte Bundesligist Schalke 04 ein erhebliches Torwartproblem, weil neben dem krisengeschüttelten Norbert → Nigbur auch Marič' jugoslawischer Kollege Dragan → Mutibarič die Erwartungen nicht erfüllte.

Durch Vermittlung seines Landsmannes Branko Oblak, seit 1974 Spieler in Schalke, wechselte der Auswahltorwart, während parallel Nigbur und Mutibarič abgeschoben wurden, im gleichen Jahr für 650.000 DM Ablöse zum ambitionierten Traditionsklub.

Gleich im ersten BL-Einsatz gegen Werder Bremen gab Marič eine unglückliche Figur ab, um zwei Wochen später beim 3:0-Sieg über Rot-Weiß Essen übernervös zu agieren und bei jeder Ballberührung von den eigenen Fans Pfeifkonzerte zu ernten. Verständigungsprobleme aufgrund der mangelnden Deutschkenntnisse beeinträchtigten zusätzlich die Abstimmung mit den Vorderleuten. Am 4. Spieltag bei Eintracht Frankfurt führte Schalke 04 zur Pause mit 2:0 und Marič hatte bis dahin mehrmals, in bestechender Manier, mögliche Gegentreffer verhindert. Nach der Halbzeit wirkte der bekennende Mohammedaner wie verwandelt und mutierte nach dem 3:6-Debakel zur »tragischen Figur«. Einsam und allein trottete er zum Mannschaftsbus, während ihn die Fachpresse anschließend zum Fehleinkauf stempelte.

Für das anstehende UEFA-Cup-Spiel gegen den FC Porto wurde der 21-jährige Günther → Schubert ins Tor beordert, der ein gelungenes Debüt verzeichnete. Binnen weniger Spiele entpuppte sich auch der unerfahrene Vertreter jedoch als eklatantes Sicherheitsrisiko und somit erhielt Marič von Trainer Friedel Rausch, im Rückspiel gegen FC Porto, eine neue Chance. Der »Gastarbeiter« ließ sich beim 3:2-Sieg nichts zuschulden kommen, um in der anschließenden Bundesligapartie beim 1. FC Köln die Domstädter mit seinen Reflexen bis zum ersten Tor in der 76. Minute förmlich zur Verzweiflung zu treiben. Zwar nicht immer fehlerfrei, avancierte Marič insgesamt zu einem Rückhalt, der mit seiner Mannschaft bis zum letzten Spieltag um den Meistertitel kämpfte.

Dennoch kursierten weiter neue Torwartnamen am Schalker Transfermarkt und der enttäuschte Jugoslawe beschwerte sich mehrfach öffentlich über das mangelnde Vertrauen. Ohne ihn zu informieren, verpflichtete der Klub für die Saison 77/78 Ex-Nationalkeeper Volkmar → Groß vom Absteiger Tennis Borussia Berlin. Stocksauer wollte Marič den Verein zunächst verlassen, doch da er noch unter Vertrag stand, musste er sich notgedrungen der neuen Konkurrenz stellen. Groß kostete viel Geld und erhielt deswegen zunächst den Vorzug. Während der Hinrunde kam die Nummer 2 nur am 4. Spieltag gegen den VfB Stuttgart zum Einsatz

»Ja, ich pack sie alle.« Enver Marič, der »fliegende Mensch aus Mostar«.

und erhielt Bestnoten. Bis zum Ende der Hinserie baute Groß kontinuierlich ab und Schalkes neuer Trainer Uli Maslo stellte zur Rückrunde Marič ins Tor, der insgesamt zu überzeugen wusste.

Dennoch wurde er kurz vor Saisonschluss wieder von Groß abgelöst, um den Berliner für potentielle Käufer interessant zu machen. Groß blieb wider Erwarten in Schalke, während sich Marič kein zweites Mal der zermürbenden Rivalität unterziehen wollte. Er kehrte in seine jugoslawische Heimat zurück, um nach Beendigung seiner aktiven Laufbahn von 1987 bis 1990 bei Velez Mostar als Trainer zu arbeiten. Anschließend flüchtete er vor den Bürgerkriegsunruhen in seinem Land und heuerte 1993 bei Fortuna Düsseldorf als Torwarttrainer an. Hier förderte er entscheidend die Karriere von Georg → Koch. Nach seinem Wechsel zu Hertha BSC schwärmen seit 1998 auch Christian → Fiedler und Gabor → Király von seiner Trainerkompetenz.

Mattern, Wolfgang

Geboren: 17.07.1956 *(Deutschland)*
BL-Verein: 1. FC Köln *(1974–1976)*
BL-Spiele: 2

Schon seit Jahrzehnten zeichnet den Kölner Stadtteilklub TuS Höhenhaus eine ausgezeichnete Jugendarbeit aus. Auch Schlussmann Wolfgang Mattern verdiente sich in den dortigen Jugendabteilungen seine ersten Fußballmeriten. 1973 verpflichtete ihn der 1. FC Köln für seine A-Jugendmannschaft, bei der Mattern tolle Leistungen zeigte, um in der gleichen Saison auch im Profikader gefordert zu werden.

Aufgrund der Verletzungen von Gerhard → Welz und Harald → Schumacher beantragte der Klub, vor dem 26. Spieltag der Saison 73/74 vorsorglich eine Spielgenehmigung für den A-Jugendlichen Mattern. Schumacher wurde rechtzeitig fit, für den Dauerverletzten Welz saß Mattern aber auch in der Saison 74/75 als »Olympia-Amateur« regelmäßig auf der Ersatzbank. Am 8. Spieltag feierte er beim Hamburger SV ab der 55. Minute für den angeschlagenen Schumacher sein Bundesligadebüt. Der FC lag schon hoffnungslos mit 0:3 im Rückstand und Mattern wurde von den Beobachtern eine »leidliche« Leistung attestiert. Weil sich der 1,86 m große Nachwuchskeeper zudem in der Gesellenprüfung zum Maschinenschlosser befand, verpflichtete der Klub anschließend als neue Nummer 2 den Jugoslawen Slobodan → Topalovič. Ab sofort blieben ihm Einsätze bei Kölns Amateuren vorbehalten, bei denen er sich rasch etablieren konnte.

Während der Saison 75/76 saß er für den fingerverletzten Schumacher ab dem 8. Spieltag wieder auf der Bank. Sechs Wochen später musste Topalovič beim Heimspiel gegen Eintracht Frankfurt in der ersten Viertelstunde wegen einer Gehirnerschütterung vorzeitig seinen Kasten räumen. Der eingewechselte Mattern kassierte bereits nach einer Minute das 0:1. Obwohl Trainer Tschik Čajkovski sich hinter sein Tor begab, um beruhigend auf den 19-Jährigen einzureden, entpuppte sich Mattern auch im weiteren Verlauf des Spiels als unglücklich agierender Pechvogel. In der 57. Minute prallte ein Pfostenschuss von Bernd Nickel von Matterns Kopf ins Netz. Nach Spielschluss kauerte er noch minutenlang auf dem Rasen, während Čajkovski in der Pressekonferenz davon sprach, dass man mit Topalovič bestimmt gewonnen hätte.

Der Schlussmann spielte 1977 noch einmal für den verletzten Schumacher im DFB-Pokal-Achtelfinale gegen den Karlsruher SC und wurde in der gleichen Saison von Erich Ribbeck neben Heinz-Josef → Koitka und Ulrich → Stein für die Amateur-Europameisterschaft nominiert. In den nächsten Jahren profilierte er sich als Torwart für den 1. FC Köln und anschließend bei Viktoria Köln in der Amateurliga, um nach Beendigung seiner aktiven Laufbahn im Kölner Umkreis als Trainer tätig zu sein.

Matysek, Adam

Geboren: 19.07.1968 (Polen)
BL-Verein: Bayer 04 Leverkusen (1998–2002)
BL-Spiele: 78
A-Länderspiele für Polen: 34

Geboren im polnischen Waldenburg, begann Adam Matysek im Alter von acht Jahren mit dem Vereinsfußball. Von 1976 bis 1988 spielte er bei Zaglembie Waldenburg, wechselte anschließend zum Lokalrivalen Gornik Waldenburg, um bereits nach einem Jahr zu seinem Heimatklub zurückzukehren. Mittlerweile U21-Nationaltorhüter seines Landes, wagte er 1989 den Sprung zum Erstligisten Slask Breslau. Als er am 3. Dezember 1991 in Ägypten sein Länderspieldebüt feierte, zählte er schon zu den besten Torhütern seines Landes. Nach der Saison 92/93 musste der 1,91 m große Schlussmann mit seinem Klub in die zweite Liga absteigen. In dieser schwierigen Situation von seinem Landsmann und früheren Fortuna Köln-Torhüter Jacek Jarecki empfohlen, unterschrieb er bei dem Zweitligisten einen Zweijahresvertrag.

Als Nachfolger von Uwe → Zimmermann und bereits 11-facher-Nationaltorhüter, entwickelte sich Matysek bei Fortuna Köln umgehend zu einem der besten Zweitligakeeper. Schon von einigen Bundesligisten umworben, erlitt er am 24. Oktober 94 im Spiel gegen Waldhof Mannheim jedoch einen Kreuzbandriss, an dem er über zwölf Monate laborierte. Nach seiner Genesung lediglich zweiter Mann hinter Andreas → Wessels, wechselte er vor der Saison 95/96 zum Zweitligaaufsteiger FC Gütersloh. Mit seinen glänzenden Reflexen entpuppte sich der »Wundertorwart« (Trainer Hannes Linssen) im ersten Jahr als Garant für den Klassenerhalt. In der nächsten Spielzeit trug er entscheidend dazu bei, dass der FC Gütersloh lange Zeit um den Aufstieg mitkämpfte.

Die Chance, sich über die Bundesliga wieder für das polnische Nationalteam zu empfehlen, ergab sich vor der Saison 98/99, als bei Bayer Leverkusen Stammtorhüter Dirk → Heinen wegen einer Stirnbeinfraktur lange auszufallen drohte. Für zwei Millionen DM Ablösesumme verpflichtet, konnte der sachlich spielende Keeper alle Erwartungen mit Bravour erfüllen. Zuverlässig, reaktionsstark und mit der notwendigen Ruhe legte der »Führungsspieler« eine glänzende Saison hin, kassierte nur 30 Gegentore und erreichte mit seiner Mannschaft die Vizemeisterschaft. Schon während der Saison 99/00 geriet die heile Torwartwelt dann gehörig durcheinander. Nach dem 1:1-Ausgleichstreffer im Champions-League gegen Lazio Rom von Trainer Christoph Daum hart kritisiert (»Den konnte er nicht nur halten, den musste er sogar halten.«), musste er auch nach der 2:4-Niederlage gegen Dynamo Kiew öffentliche Schelte einstecken. Im Januar 2000 noch zu Polens »Fußballer des Jahres« gewählt, wurde er nach einer krankheitsbedingten Pause im Februar von Trainer Daum nicht mehr aufgestellt. Erst der Muskelfaserriss von Rivale Frank → Jurič ermöglichte am 26. Spieltag die Rückkehr ins Bayer-Team. Im polnischen Nationalteam von Jeržy Dudek abgelöst, bei Bayer vom Coach wegen fußballerischer Mängel in Frage gestellt, musste Matysek nach dem 0:2 in Unterhaching am letzten Spieltag zudem mit seinem Team noch den Verlust der sicher geglaubten Meisterschaft betrauern.

Weil Daum von einem Torwart mehr »spielerische Intelligenz« forderte, verpflichtete sein Klub den hoch gelobten Hans-Jörg → Butt, der aber erst für die Saison 01/02 zu Leverkusen wechseln konnte. Für den Übergang kam der Schweizer Nationaltorwart Pascal → Zuberbühler und Matysek war jetzt wieder Bankdrücker. Erst aufgrund der roten Karte des Schweizers am 9. Spieltag mehrere Wochen im Tor, saß Matysek zum Rückrundenstart erneut nur auf der Bank. Zuberbühlers Fehlgriffe veranlassten Daum-Nachfolger Hans-Hubert Vogts dann zum wiederholten Torwartwechsel. Der Pole bedankte sich mit einer glänzenden Leistung am 26. Spieltag beim 3:1-Sieg bei Borussia Dortmund, um dann verletzungsbedingt einige Zwangspausen einlegen zu müssen.

Für die Saison 01/02 war der »Verlierer des Jahres« (»Sport-Bild«) hinter Butt nur noch als Nummer 2 vorgesehen, was ihm mit einem Millionenvertrag versüßt werden sollte. Der Pole verzichtete auf diese Degradierung und kehrte in seine Heimat zurück, um sich beim Erstligisten Zaglebie Lubin wieder ein Comeback in der Nationalelf zu ermöglichen. Im Sommer 2002 zählte er, neben Dudek und Radoslaw Majdan, zum Aufgebot für die Weltmeisterschaft in Asien. Seit der Saison 02/03 ist das polnische Towartidol bei RKS Radomsko unter Vertrag.

Meier, Bernd

Geboren: 11.02.1972 (Deutschland)
BL-Vereine: TSV 1860 München (1994–1998), Borussia Mönchengladbach (2001–2002)
BL-Spiele: 94

Der eine Zeit lang bei 1860 München als »Elfmeterkiller« gefeierte Bernd Meier wurde im bayerischen Burgheim geboren. Beim heimatlichen TSV begann er zunächst als Feldspieler, um während der B-Jugend ins Torwartfach zu wechseln. Nach einer Zwischenstation beim A-Ligisten TSV Rain wechselte er 1991 zum Bezirksoberligisten TSV Aindling, mit dem er ein Jahr später in die Landesliga aufstieg. Meiers Torwarttalent war auch 1860-München-Trainer Werner Lorant aufgefallen, der den gelernten Groß- und Außenhandelskaufmann 1993 zum Zweitliga-Aufsteiger lotste.

Hinter Rainer → Berg die Nummer 2, erlebte er den Bundesliga-Aufstieg nur auf der Reservebank. Auch vor dem Saisonstart 94/95 war die Hierarchie unter den Torhütern scheinbar klar aufgeteilt. Meier hatte in der 1. DFB-Pokalrunde gegen Sachsen Leipzig mit einem parierten Strafstoß im Elfmeterschießen jedoch bereits ein erstes Zeichen gesetzt. Weil sich Rainer Berg nach dem 4. Spieltag einer Operation unterziehen musste, kam Meier im DFB-Pokalspiel gegen Bayer Leverkusen zu seinem zweiten Pflichtspieleinsatz. Wieder zeigte der 1,93-Meter-Mann eine hervorragende Leistung und konnte kurz darauf gegen den Karlsruher SC auch sein Debüt in der Bundesliga feiern. Zwar verschuldete er bei der 1:3-Niederlage zwei Gegentreffer, doch in den darauf folgenden Wochen avancierte der Ex-Amateur zum Shootingstar unter den Bundesligatorhütern. Ein parierter Elfmeter bei Dynamo Dresden sowie Glanzparaden beim Remis gegen Bayer Leverkusen sicherten seiner Mannschaft wichtige Punkte im Abstiegskampf.

Vor dem Rückrundenstart hielt Trainer Lorant die Torwartfrage dennoch offen, um sich dann, aufgrund dessen größerer Erfahrung, auf Berg festzulegen. Der einstigen Nummer 1 gelang es jedoch nicht, an das alte Leistungsvermögen anzuknüpfen. Nach dem 20. Spieltag stand wieder Meier im Kasten, um als »Elfmetertöter« gegen Dynamo Dresden und SC Freiburg sowie mit einer Weltklasseleistung beim MSV Duisburg zum umjubelten Helden aufzusteigen. Nach einer erneuten Top-Leistung bei Bayer Leverkusen rückten verschiedene Experten den zurückhaltenden Bajuwaren schon in den Kreis potentieller Nationaltorhüter. Jetzt zum Liebling der Löwen-Fans und begehrten Mädchenschwarm avanciert, startete Meier in die Saison 95/96 erstmals als klare Nummer 1.

Doch schnell wurde ersichtlich, dass der »Löwen-Keeper« neben allem Talent auch eklatante Strafraumschwächen besaß und sich schwer tat, seine Abwehr zu dirigieren. Nach einer mäßigen Vorrunde steigerte er sich aber wieder und zählte im März 1996 für das Länderspiel gegen Dänemark sogar zum erweiterten Kreis der Nationalmannschaft.

In der Saison 96/97 erlebte der Himmelsstürmer dann seinen ersten sportlichen Absturz. Aufgrund zunehmender Fehlerquote nach dem 5. Spieltag durch Berg abgelöst, konnte er sich durch den Muskelfaserriss des Rivalen wieder kurzfristig den Stammposten zurückerobern, um wegen einer Grippe zum Rückrundenstart bis zum Saisonende erneut Reservist zu sein.

Nach dieser Spielzeit wechselte Berg zum 1. FC Nürnberg und Meier wurde vor der Saison 97/98 von Lorant zunächst zur Nummer 1 bestimmt, während ihm mit Neuzugang Daniel → Hoffmann bereits ein neuer Konkurrent im Nacken saß. Aus dem einstigen »Mann der Zukunft« war schon längst ein Sorgenkind geworden, das immer nervöser agierte. Als Meier bei der 0:1-Heimniederlage gegen den MSV Duisburg einen 27-Meter-Schuss ins Tor trudeln ließ, sprach sein Coach schon von einem »mentalen Problem«. Nach einem weiteren schweren Patzer gegen Bayern München folgte erstmals die Ablösung durch Hoffmann, der jedoch auch nicht überzeugen konnte und Meier noch einmal eine Chance ermöglichte. Ab der Rückrunde wieder eingesetzt, kämpfte der einst gefeierte Torwartstar beständig gegen sein Nervenkostüm und die drohende Ablösung. Der Exitus erfolgte dann am 30. Spieltag im Lokalderby gegen Bayern München, als Meier kurz vor der Halbzeit bei einem Abwurf Gegenspieler Carsten Jancker übersah, dadurch das 0:2 verschuldete und zur Lachnummer mutierte. Trainer Lorant tobte an der Außenlinie, um ihn nach diesem Spiel durch Amateurkeeper Michael → Hofmann zu ersetzen. Der »Flop des Jahres« hatte jeglichen Kredit verspielt, stand in der Saison 97/98 nicht mehr zu Diskussion, um nach dieser Spielzeit beim Bundesliga-Absteiger Borussia Mönchengladbach einen Neunanfang zu versuchen. Doch in zwei Zweitligajahren blieb Meier auch hinter Uwe → Kamps lediglich Reservist.

Als Kamps nach dem Wiederaufstieg wegen einer Knieverletzung für die Saison 01/02 nicht rechtzeitig fit wurde, musste Meier hinter dem neu verpflichteten Schweizer Nationaltorwart Jörg → Stiel erneut auf der Bank Platz nehmen. Erst durch Stiels notwendig gewordene Schulteroperation konnte der einstige Sonnyboy am 32. Spieltag gegen den VfL Wolfsburg ein Comeback in der Bundesliga feiern. Neben guten Reflexen traten wieder die altbekannten Mankos zu Tage, für die er von den Rängen sogar Pfiffe erntete. Anschließend musste der Pechvogel wegen eines Haarrisses im Wadenbein selber das Krankenbett hüten und kam nicht mehr zum Einsatz. Borussia Mönchengladbach legte auf seine Dienste anschließend keinen Wert mehr. Meier wechselte danach für die Saison 02/03 zum Zweitligaklub LR Ahlen.

Melka, Michael

Geboren: 09.07.1978 (Deutschland)
BL-Verein: Borussia Mönchengladbach (seit 2001)
BL-Spiele: 6 (zum Ende der Hinrunde 02/03)

Seine ersten Titelerfolge errang Michael Melka mit der A-Jugend von Borussia Dortmund, mit denen er 1996 und 1997 Deutscher Meister wurde. Geboren in Castrop-Rauxel, startete der Blondschopf seine Vereinslaufbahn 1989, um bei Borussias B-Jugend insbesondere von dem damaligen Jugendtrainer Michael Skibbe entscheidende Förderung zu erhalten. Nach der A-Jugend sollte der gelernte Kfz-Elektriker im Wechsel mit einem anderen Torwart zunächst in der Amateurmannschaft spielen, was er jedoch ablehnte. Um in einem Team die klare Nummer 1 zu sein, wechselte Melka stattdessen, vor der Saison 97/98, zum westfälischen Oberligisten Hasper SV. Aufgrund von Unstimmigkeiten mit dem Trainer flüchtete er noch während der gleichen Spielzeit zur Hammer SpVgg. Zur Saison 98/99 folgte eine Episode beim FC Remscheid, ehe der bereits vielgelobte Zerberus ein Jahr später beim Regionalligisten Preußen Münster anheuerte. Durch die Verletzung von Stammtorwart Alexander Ogrinc avancierte Melka, noch in der gleichen Spielzeit, zum Stammtorwart, zog sich jedoch nach einer gelungenen Hinserie einen Meniskusschaden zu, der eine längere Zwangspause erforderte.

Nach geglückter Qualifikation für die zweigleisige Regionalliga blieb der »Querdenker« während der Saison 00/01 bei Preußen Münster zunächst Stammtorwart, ehe er zur Rückrunde, aufgrund schwächerer Leistungen, seinen Platz an Juniorennationaltorwart Thorsten Stuckmann abgeben musste. In dieser frustrierenden Situation kam das Angebot von Holger Fach, dem Trainer der Amateure von Borussia Mönchengladbach. Ab der Saison 01/02 Vertragsamateur in der Oberligaelf, zeigte der 1,94 m große Hüne durchweg ansprechende Vorstellungen. Reaktionsschnell und fangsicher entwickelte er sich zu einem Leistungsträger, um noch in der gleichen Spielzeit sein Debüt im Bundesligateam zu feiern. Zunächst erwischte es Gladbachs Stammkeeper Jörg → Stiel, der nach dem 30. Spieltag mit einem Muskelfaserriss ausfiel. Sein Ersatzmann Bernd → Meier zog sich eine Woche später im Wadenbein einen Haarriss zu und Trainer Hans Meyer besaß nun, vor dem 32. Spieltag, die Qual der Wahl zwischen »Oldie« Uwe → Kamps und Amateur Melka. Weil sich bei Kamps das Karriereende anbahnte, erschien es Coach Meyer sinnvoller, dem 23-jährigen »Ersatz-Ersatzkeeper« sein Vertrauen zu schenken. Beim 2:2-Remis gegen den VfB Stuttgart, wenig beschäftigt, strahlte er bei seinen wenigen Aktionen Ruhe aus, um eine Woche später, beim 1:1 bei Hansa Rostock, im »Kicker« sogar zum »Spieler des Spiels« zu avancieren. Im letzten Spiel gegen 1860 München parierte er bei der 2:4-Niederlage gegen 1860 München in der 68. Minute einen Elfmeter von Martin Max.

Trotz seiner guten Leistungen blieb Melka auch für die Saison 02/03 Vertragsamateur, um weiterhin in der Oberliga Spielpraxis zu sammeln. Gefördert von Torwarttrainer Kamps (»Melka ist trotz seiner Länge bei flachen Bällen schnell am Boden.«) setzte sich der »Lange« mit der Amateurelf an der Tabellenspitze der Oberliga Nordrhein fest, um am 15. Spieltag für den erneut verletzten Stiel seinen vierten Bundesligaeinsatz zu absolvieren. Gegen Hansa Rostock konnte er die 1:3-Niederlage nicht verhindern, ehe er eine Woche später beim 1:0-Sieg über Hannover 96 erneut überzeugen konnte. Dennoch dürfte es der selbstbewusste Melka schwer haben, hinter dem Schweizer Nationaltorhüter Stiel in der Bundesliga einen Stammplatz zu erobern.

Menger, Andreas

Geboren: 11.09.1972 (Deutschland)
BL-Vereine: 1. FC Köln (1997–1998), MSV Duisburg (1998–2000)
BL-Spiele: 45

Erst durch eine Vakanz bei der D-Jugend von Tennis Borussia wechselte der gebürtige Berliner Andreas Menger ins Torwartfach. Nach dem beruflich bedingten Umzug seines Vaters nach Tübingen meldete er sich 1987 beim SSV Reutlingen an, um vier Jahre später zum Amateur-Oberligisten SSV Ulm 1846 zu wechseln. Zumeist Ersatzkeeper, absolvierte der gelernte Bankkaufmann in vier Jahren nur eine Hand voll Einsätze, um mit dem Klub in der Saison 93/94 zudem in der Aufstiegsrunde zur 2. Bundesliga knapp am FSV Frankfurt zu scheitern. Nach dieser Spielzeit ging Menger zur SpVgg Fürth, um sich neben seinem Halbtagsjob als Bankkaufmann in der Regionalliga zusätzlich etwas Kleingeld zu verdienen. Zudem betätigte er sich auf Einladung eines fränkischen TV-Senders vor der Fernsehkamera auch als Experte für schwäbische Maultaschen. Bei Fürth ebenfalls zunächst als Nummer 2, konnte sich Menger, aufgrund der Verletzung von Günter Reichold dann einen Stammplatz erobern.

Großartige Leistungen in der Meisterschaftsrunde sowie in den DFB-Pokalspielen gegen den 1. FC Kaiserslautern sowie dem 1. FC Nürnberg rückten seinen Namen schnell in den Blickpunkt verschiedener Interessenten. Auch Kölns Trainer Peter Neururer war der »Held mit den leisen Tönen« aufgefallen, um durch Manager Wolfgang Loos für die Verpflichtung des viel versprechenden Torhüter-Talentes sorgen. Menger, der bereits 1991 als 18-Jähriger ein erfolgloses Probetraining beim 1. FC Köln absolviert hatte, war zunächst für den Oberligakader vorgesehen, konnte aber durch die Absage von Georg → Koch vor der Saison 97/98 berechtigte Hoffnungen auf einen Stammplatz in der Bundesligamannschaft hegen.

Mit seinem persönlichen Auftreten gewann der Fan von Boris Becker schon im Vorfeld die Sympathien bei Fans und Lokalpresse. Kölns Torwarttrainer Rolf Herings sprach bereits von einem »neuen Bodo Illgner« und sein umstrittener Rivale Michael → Kraft wurde schnell auf die Ersatzbank verdrängt. Als die Neuverpflichtung beim Saisonauftakt gegen den MSV Duisburg mit einer Klasseleistung debütierte, jubelte der »Express«: »Dieser Mann ist eine Bank«. Dem gelungenen Einstand folgte jedoch schnell die Ernüchterung, denn der 1. FC Köln fand sich nach gutem Saisonstart schnell in der Abstiegszone wieder.

Zunächst erwies sich der 1,88 m große Schlussmann als eine Stütze in der verunsicherten Mannschaft, ehe auch er von der wachsenden Nervosität erfasst wurde. Schwere Schnitzer am 18. Spieltag gegen Duisburg sowie zwei Wochen zuvor bei der 3:5-Heimpleite gegen Arminia Bielefeld nährten bei Experten erste Zweifel an seiner Bundesligatauglichkeit. Auch in der Rückrunde gab es neben einer Glanzpartie beim sensationellen 3:1-Auswärtssieg über Bayern München immer wieder Fehlgriffe.

Als Resultat musste sein Klub nach 35 Jahren ununterbrochener Erstligazugehörigkeit schließlich den bitteren Weg in die Zweitklassigkeit antreten. In der 2. Bundesliga hoffte der Keeper auf einen Neuanfang, fiel jedoch bei Kölns neuem Coach Bernd Schuster schnell in Ungnade. Noch vor Ablauf der Vorrunde auf Drängen des Trainers suspendiert, wechselte Menger zur Winterpause als Ersatz für den abgewanderten Thomas → Gill zum Bundesligisten MSV Duisburg. Seine Hoffnungen, sich hier einen Stammplatz zu sichern, erfüllten sich indes nicht. Hinter einem Gintaras → Stauce, der zu absoluter Höchstform auflief, ergaben sich in den kommenden anderthalb Jahren die wenigen Einsätze nur durch Verletzung sowie einen Platzverweis des Kontrahenten. Nach Duisburgs Abstieg am Ende der Saison 99/00 war der einstmalige Senkrechtstarter erneut arbeitslos. Erst kurz vor Jahresfrist von Eintracht

Frankfurt verpflichtet, pendelte er seitdem neben Dirk → Heinen und Oka → Nikolov auch in der 2. Bundesliga nur zwischen Ersatzbank und Tribünenplatz.

Meyer, Rolf

Geboren: 03.10.1955 (Deutschland)
BL-Vereine: SV Werder Bremen (1974–1975), Borussia Dortmund (1983–1991)
BL-Spiele: 5
Vereinstitel: 1 x DFB-Pokal (Borussia Dortmund: 1988)

In der Bundesliga »ewiger Reservist«, startete Rolf Meyer seine Vereinslaufbahn beim Bremer Vorortklub TSV Melchiorshausen. Anschließend in die Jugendabteilung von Werder Bremen gewechselt, rückte er zum Start der Saison 74/75, als Nachfolger von Günter → Bernard, in den Bundesligakader auf. Zunächst Lizenzspieler, hockte der 1,90 m große Schlussmann hinter Dieter → Burdenski nur auf der Reservebank. Nach dieser unerquicklichen Spielzeit wurde der gelernte Groß- und Außenhandelskaufmann bei Werder Bremen Vertragsamateur und absolvierte in den nächsten drei Jahren auch Einsätze in der Bremer Stadtauswahl. Im Sommer 1978 verpflichtete ihn der Zweitligist VfL Osnabrück, wo er den langjährigen Stammkeeper Wolfgang Dramsch ablöste. Sechs Jahre gehörte der Schnauzbartträger zu den herausragenden Zweitligakeepern und erlebte mit seinem Verein 1978 in der 2. DFB-Pokalhauptrunde gegen Bayern München im Olympiastadion einen unvergesslichen 5:4-Triumph. Vor der Saison 83/84 verpokerte er sich bei den Vertragsverhandlungen mit Osnabrück und war anschließend sechs Monate arbeitslos. Kontakte mit Union Solingen und den Stuttgarter Kickers blieben ohne Ergebnis und als sich Meyer schon mit dem Ende der Profiexistenz abgefunden hatte, meldete sich Bundesligist Borussia Dortmund. Weil Reservemann Andreas Asche nicht den Erwartungen entsprach, waren die Westfalen auf der Suche nach einer neuen Nummer 2 hinter Eike → Immel.

Nachdem BVB-Manager Hans-Dieter Tippenhauer die fällige Ablösesumme an den VfL Osnabrück überwiesen hatte, war Meyer in der Bundesliga wieder Ersatzmann, ohne sich große Illusionen zu machen. Als die Nummer 1 nach einem Autounfall nicht eingesetzt werden konnte, schlug für den »Stillen aus dem Norden« am 22. Spieltag die große Stunde. Um seine Nervosität zu überwinden, brüllte er während des Spiels permanent seine Vorderleute an und konnte anschließend gegen Bayer Leverkusen einen 3:0-Sieg feiern. Nach Immels Genesung blieben für Meyer allenfalls Spiele in der Nachwuchsrunde, wo er vor durchschnittlich 100 Zuschauern den Bällen entgegenflog. Doch in dem Bewusstsein, einen Immel unmöglich verdrängen zu können, blieb der »feine Kerl« immer ein geduldiger und loyaler Ersatzmann. In den kommenden drei Jahren gelangte er, für den verletzten Nationaltorwart, gegen seinen Ex-Klub Werder Bremen noch zu einem vierminütigen Intermezzo, als sich vor der Saison 86/87 die ganz große Chance ergab: Für den zum VfB Stuttgart gewechselten Eike Immel war Meyer zum Nachfolger auserkoren.

Erstmals absolvierte er alle wichtigen Vorbereitungsspiele, als ihn kurz vor dem Start eine komplizierte Ringfingerverletzung außer Gefecht setzte. Während er die Verletzung auskurierte, avancierte Neuzugang Wolfgang → de Beer mit tollen Leistungen zum unumstrittenen Stammtorwart. Pechvogel Meyer ergab sich endgültig seinem Schicksal als »idealer zweiter Mann«.

In den nächsten fünf Spielzeiten gelangte er für den verletzten de Beer noch zu vier Einsätzen. Jedes Mal präsentierte die stets gut gelaunte »Mutter der Kompanie« topfit und konnte während der Saison 89/90 in seinem letztem Bundesligaspiel sogar einen Elfmeter parieren. Klaglos kehrte der bescheidene Schlussmann anschließend wieder auf die Ersatzbank zurück. Nach der Saison 90/91 beendete Meyer seine Laufbahn, um bei einer Sportartikelfirma als Repräsentant einzusteigen.

Michelbach, Werner

Geboren: 23.03.1951 (Deutschland)
BL-Verein: 1. FC Kaiserslautern (1972–1973)
BL-Spiele: 1

Während der Saison 72/73 musste Stammtorwart Josef → Elting verletzungsbedingt mehrere Monate beim 1. FC Kaiserslautern pausieren.

Hinter Ersatzmann Josef → Stabel balgten sich A-Jugend-Torwart Bernd Schneider sowie Amateurkeeper Werner Michelbach um den Rang der nominellen Nummer 3.

Zum UEFA-Cup-Spiel in Eriwan durfte Schneider mitreisen, am 18. Spieltag im Auswärtsspiel gegen den Wuppertaler SV jedoch der 21-jährige Michelbach auf der Bank sitzen. In der 56. Minute musste Stabel nach einem Zusammenprall seinen Platz zwischen den Pfosten aufgrund einer schweren Knieprellung räumen. Der eingewechselte Michelbach wurde hinter einer konzentrierten Lauterer Deckung jedoch kaum gefordert und blieb beim 1:1 ohne Gegentor. Nach dem Schlusspfiff artikulierte sich der kecke Amateur bei Pressefragen entsprechend selbstbewusst: »Was heißt hier Nerven, mehr als Fehler machen kann man ja nicht.«

Der Debütant hatte sich jedoch bei seiner Premiere den Finger der rechten Hand gebrochen und landete nun selbst auf der Krankenliste. Weitere Einsätze in der Bundesliga fanden nicht mehr statt. Obwohl Michelbach in der gleichen Saison mit Lauterns Amateurelf das Endspiel um die Deutsche Amateurmeisterschaft erreichte und sich bei der 0:1-Niederlage gegen die SpVgg Bad Homburg als reaktionsschneller Torwart erwies, hatten sich beim 1. FC Kaiserslautern spätestens mit der Verpflichtung von Schwedens Nationalkeeper Ronnie → Hellström alle Torwartdiskussionen erledigt.

Miletič, Zdenko

Geboren: 23.04.1968 (Jugoslawien)
BL-Verein: Arminia Bielefeld (1996–2000)
BL-Spiele: 34

Geboren im kroatischen Zagreb, begann Zdenko Miletič, mit dem elterlichen Umzug nach Wiesbaden, seine Vereinslaufbahn in der E-Jugend des TuS Rambach. Nach Stationen beim FT und SV Wiesbaden kehrte er 1983 in seine Heimat zurück und spielte bis einschließlich der A-Jugend bei Dynamo Zagreb. Ab Sommer 86 Profi in der 1. Mannschaft wurde er zwischen 1989 und 1991 an die Klubs NK Zagreb und Branik Maribor ausgeliehen, ehe er für drei Monate wieder zu Dynamo Zagreb zurückkehrte. Nach der erneuten Übersiedlung in die Bundesrepublik im Oktober 91 heuerte der Wandervogel für die Saison 91/92 beim Oberligisten Preußen Münster an. Der gelernte Reisebürokaufmann entwickelte sich schnell zu einem der besten Oberliga-Keeper, wurde mit seinem Verein in der ersten Saison Westfalenmeister, um dann aber mit seinem Team in der Aufstiegsrunde zur 2. Bundesliga im entscheidenden Spiel am Wuppertaler SV zu scheitern. Zwei Jahre später verpasste die »menschliche Mauer« mit seinem Klub erneut den anvisierten Aufstieg. Enttäuscht wechselte er zum Liga-Nachbarn SC Verl. In der Saison 93/94 noch Stammtorwart, wurde er ein Jahr später, aufgrund seines frühzeitig bekannt gegebenen Wechsels zu Arminia Bielefeld, nach der Rückrunde von Trainer Dieter Brei nicht mehr aufgestellt.

Als Nachfolger für Alexander Ogrinc kam neben Miletič aber auch Ex-Nationaltorwart Ulrich → Stein zum Zweitliga-Aufsteiger, so dass »Mile« während der Saison 95/96 nur zu zwei Einsätzen gelangte. Dabei stellte er seine Zuverlässigkeit unter Beweis und wurde von seinem Trainer Ernst Middendorp »als kommende Nummer 1 und würdiger Stein-Nachfolger« gelobt. Arminia Bielefeld gelang der Durchmarsch in die Bundesliga, während in der Torwartfrage die Hierarchie zunächst unangetastet blieb.

Während der Saison 96/97 zunächst von einer hartnäckigen Schultergelenkverletzung geplagt, die schließlich eine Operation erforderte, ergab sich für Miletič, aufgrund der Rippenprellung von Stein, am 28. Spieltag das Bundesligadebüt. Im Auswärtsspiel gegen den 1. FC Köln konnte der designierte Stein-Nachfolger mit seiner Mannschaft einen 5:2-Erfolg verbuchen. Weil Kontrahent Stein aufgrund von Differenzen mit Trainer und Vereinsführung nicht mehr nominiert wurde, blieb Miletič bis zum Rest der Saison im Kasten. Der langjährige Ersatzmann bot solide bis gute Leistungen und startete auf Bewährung als Nummer 1 in die Saison 97/98. Der zurückhaltende »Schweiger« geriet durch seine schwachen Vorstellungen jedoch schnell in die Kritik, um nach dem 8. Spieltag von Trainer Middendorp bereits einen Warnschuss zu bekommen.

Umso mehr staunte der 1,91m große Schlussmann, als der Klub eine Woche später die Verpflichtung von Georg → Koch bekannt gab. Miletič landete umgehend auf der Ersatzbank und kam für den Rest der Saison nur durch Verletzungen sowie eine zwischenzeitliche Suspendierung von Koch zu einigen Einsätzen, bei denen er gegen den 1. FC Kaiserslautern eine überragende Leistung zeigte. Ungeachtet dieser frustrierenden Situation wäre er sogar beinahe noch mit der kroatischen Nationalmannschaft als Reservemann zur Weltmeisterschaft nach Frankreich gefahren – doch Nationalcoach Miroslav Blazevič verzichtete schließlich auf seine Nominierung.

Auch nach dem Abstieg in die 2. Bundesliga blieb der »Balkan-Riese« hinter Koch zweiter Mann, um nach dem sofortigen Wiederaufstieg von Trainer Hermann Gerland zumindest Spielpraxis in den DFB-Pokalspielen zu erhalten. Gegen Hannover 96 avancierte Miletič durch einen parierten Elfmeter sogar zum Matchwinner. Bedingt durch den Faserriss von Koch kam der kroatische Torwarthüne, am 8. Spieltag gegen Borussia Dortmund, zunächst nach 17 Monaten wieder zu einem Bundesligaeinsatz. Die erneute Wendung erfolgte dann während der Winterpause, als Koch überraschend zum 1. FC Kaiserslautern wechselte. Aber auch die zweite Chance ließ der »feine Kerl« (Torwartkollege Ulrich Stein) ungenutzt, ehe ihn eine Verletzung nach dem 26. Spieltag endgültig schachmatt setzte.

Nach Bielefelds Bundesligaabstieg während der Saison 01/02 neben Goran Čurko wieder nur Reservekeeper, sackte er ein Jahr später – hinter Mathias → Hain, Heinz Müller und Dennis Eilhoff – sogar zur Nummer 4 ab. Aus dieser deprimierenden Situation folgte nach der Saison 02/03 sein Wechsel zum Regionalliga-Aufsteiger FC Augsburg.

Mühlmann, Horst

Geboren: 02.01.1940 (Deutschland)
BL-Verein: Schalke 04 (1963–1966)
BL-Spiele: 42

Bereits zum Bundesligastart standen die sportlichen Vorzeichen für den jungen Horst Mühlmann alles andere als günstig. Sein Klub Schalke 04 zweifelte an den Fähigkeiten seines Keepers und umwarb eifrig Manfred → Manglitz von Bayer Leverkusen. Der vom BV Brambauer kommende Mühlmann war einige Jahre zuvor kurzzeitig beim Revier-Rivalen Borussia Dortmund aktiv gewesen, konnte sich aber dort gegen Nationaltorwart Heinrich → Kwiatkowski nicht entscheidend durchsetzen.

Bei Schalke 04 patzte der »schwerfällige« Schlussmann schon zu Oberliga-Zeiten mehrfach und als er 1963 im Duell gegen den Meidericher SV regungslos einen harmlosen Roller passieren ließ, bescherte das seinem Klub eine 1:2-Niederlage und Mühlmann, laut »Kicker«, »das wohl unglücklichste Tor in seinem Torwartleben«. Dennoch vertraute der Klub auf eine Leistungssteigerung seines Torhüters und legte kurz vor dem Start in die neu gegründete Bundesliga eine geplante Verpflichtung von Manglitz zu den Akten.

Am 1. Spieltag der Saison 63/64 zeigte Mühlmann beim 2:0-Sieg über den VfB Stuttgart eine gute Leistung, um am 6. Spieltag beim 3:4 gegen Eintracht Braunschweig drei Tore zu verschulden. Während der Rückrunde nahmen seine Aussetzer stetig zu. Nach der 2:3-Niederlage am 19. Spieltag gegen den 1. FC Köln bilanzierte Schalkes Trainer Georg Gawliczek anschließend in der Pressekonferenz: »Alle Tore durch Mühlmanns Fehler.« Eine Woche später hatte Schalke gegen den Hamburger SV wiederum durch die Fehler ihres Schlussmannes verloren und Gawliczek schien der Verzweiflung nahe: »Alles Mühen ist umsonst, wenn uns, wie seit Wochen, böse Torwartschnitzer immer wieder zurückwerfen.«

Der »nervenschwache« Zerberus wurde anschließend vorübergehend vom 37-jährigen Josef → Broden abgelöst, erhielt aber zwei Wochen darauf die Gelegenheit zur Rehabilitierung. Am 24. Spieltag wehrte der blonde Krauskopf beim 0:1 gegen Werder Bremen zwar einen Elfmeter ab, blieb aber weiterhin ein Muster an Unbeständigkeit. Obwohl Schalke 04 während der Saison beständig im oberen Mittelfeld mitgewirkt hatte, begaben sich die Verantwortlichen wieder auf die Suche nach einem Torhüter.

Die Bemühungen, Hans → Tilkowski und Wolfgang → Scheid zu verpflichten, schlugen fehl. Schließlich kam für die Saison 64/65 aus

Fürth der Ungar Gyula → Toth, der zunächst als Nummer 1 gesetzt war, sich aber ebenfalls als Pannenmeister entpuppte. Mühlmann kämpfte sich durch gute Trainingsleistungen kurzzeitig in den Stamm zurück. Am 4. Spieltag gegen Eintracht Braunschweig stand er in seinem knallroten Torwartpullover wieder im Kasten und verschuldete prompt den Führungstreffer der Niedersachsen. Nach dieser Pleite versuchte es Trainer Fritz Langner wieder drei Wochen lang mit Toth.

Anschließend konnte sich Mühlmann drei Spieltage behaupten, bis die 2:3-Niederlage gegen 1. FC Köln wieder eine Fehlerserie einleitete. Beim 0:1 durch Hans Schäfer stand er zu weit vor seinem Tor und eine Woche später ließ er, beim 1:3 gegen 1860 München, unbeholfen einen »Punktroller in Zeitlupentempo« über die

Mannomann, Horst Mühlmann – Der spätere Footballstar entpuppte sich bei Schalke 04 zu Bundesligazeiten oftmals als neuralgischer Punkt.

Linie kullern. Schalkes Torwartkarussell drehte sich weiter, bei dem jetzt wieder Toth die Nase vorn hatte, bis dieser kurz vor Saisonschluss das Ausscheiden im DFB-Pokal-Halbfinale gegen Alemannia Aachen auf seine Kappe nehmen und wieder Mühlmann weichen musste. Aufgrund der »Handgeldaffäre« von Hertha BSC und die daraus resultierende Aufstockung auf 18 Vereine blieb Absteiger Schalke 04 in der Bundesliga.

Durch den 20-jährigen Josef → Elting herrschte während der Saison 65/66 erneut eine Konkurrenzsituation unter Schalkes Schlussmännern. Dieser Nervenprobe schien Mühlmann erneut nicht gewachsen. Am 1. Spieltag verrechnete er sich gegen den VfB Stuttgart bei einer Torraumflanke und verursachte dadurch den einzigen Treffer des Spiels. Danach war der Unglücksrabe endgültig zum Reservisten degradiert und kehrte zwischenzeitlich nur noch durch Verletzungen von Elting zwischen die Pfosten zurück.

Mühlmann, mittlerweile auch Inhaber der Trainerlizenz, wechselte für die Saison 66/67 zum Regionalligaaufsteiger Bonner SC. Auch hier blieb sein Engagement von wenig Erfolg gekrönt und zum Saisonende stand der Abstieg zu Buche. Seine Stärken im Abschlag sollten jedoch unerwartet eine Erfolgsepoche einleiten. Durch die Vermittlung eines Freundes startete Mühlmann in Amerika bei den Kansas City Spurs eine erfolgreiche Football-Karriere. Später wechselte er zu den Cincinnati Bengals, avancierte dort zu einem der »populärsten Spieler Amerikas« und wurde von US-Zeitungen zum »besten deutschen Import seit Bier und Elke Sommer« deklariert.

Müller, Manfred

Geboren: 28.07.1947 (Deutschland)
BL-Vereine: Wuppertaler SV (1972–1975), 1. FC Nürnberg (1978–1979, 1986), Bayern München (1979–1984)
BL-Spiele: 143
Vereinstitel: 2x Meister (Bayern München: 1980, 1981), 2x DFB-Pokal (1982–1984)

Im Knabenalter betätigte sich Manfred Müller bei seinem Essener Heimatklub Teutonia Überrohr zunächst als Mittelstürmer, während er sonntags im Tor der Handballabteilung stand. Mit 13 Jahren wechselte er auf Anraten seines Vaters zum Traditionsklub Schwarz-Weiß Essen, wo er jetzt bevorzugt als Torwart eingesetzt wurde. Mit knapp 18 Jahren etablierte sich »Manni« bereits im Regionalligakader und zählte bald zu den besten Schlussleuten des Westens. 1971 wollte ihn Hans → Tilkowski schon zu 1860 München holen, doch der 1,82 m große Schlussmann entschied sich für ein Angebot des Wuppertaler SV.

Dort löste er auf Anhieb das chronische Torwartproblem, arbeitete tagsüber in der Werbeabteilung einer Brauerei und erreichte mit seinem Klub in überlegener Manier nach der Saison 71/72 die Bundesliga-Aufstiegsrunde. Der gelernte Sportartikelverkäufer bestach durch Sachlichkeit, souveräne Strafraumbeherrschung und stoische Ruhe. Mit Top-Torjäger Günter Pröpper und der erfahrenen Abwehr-Achse um Emil Meisen, Erich Miß und Jürgen Kohle ließ Müller in den Aufstiegsspielen nur drei Gegentore zu. Ohne Verlustpunkt gelangte der Wuppertaler SV in die Bundesliga und sollte schnell für Furore sorgen.

Während sich die Mannschaft in der Saison 72/73 als bis dahin erfolgreichster Aufsteiger aller Zeiten präsentierte, entpuppte sich ausgerechnet der bis dato zuverlässige Müller in den ersten Spielen als »Sicherheitsrisiko«. Zusätzlich gehandikapt durch eine hartnäckige Fingerverletzung, bekam der 25-Jährige seine Unsicherheiten zunächst nicht in den Griff und wurde phasenweise immer wieder von Ulrich → Gelhard abgelöst. Trainer Horst Buhtz schenkte ihm jedoch neue Bewährungsproben und während der Rückrunde demonstrierte der »Teufelskerl« auch in der Bundesliga sein Können. Beim 1:0-Sieg am 26. Spieltag über Hertha BSC avancierte er im »Kicker« zum »Mann des Tages«, der mit seinen Glanztaten die anstürmenden Berliner zur Verzweiflung brachte. Zu diesem Zeitpunkt befand sich der Wuppertaler SV auf dem 2. Tabellenplatz und konnte die Saison letztendlich mit Rang 4 auf einem UEFA-Cup-Platz abschließen.

Während der Saison 73/74 erfolgte mit dem Ausscheiden in der 1. Runde des UEFA-Pokals gegen Ruch Königshütte, sowie konstanter Abstiegsgefahr ein rapider Absturz der mittlerweile überalterten Mannschaft. Müller mühte sich zwar nach Kräften, erwies sich an guten Tagen als unschlagbar und sicherte wichtige Punkte gegen Schalke 04 und Hannover 96. Dennoch vertraute Buhtz für das entscheidende Abstiegsspiel am letzten Spieltag gegen den VfB Stuttgart auf den nervenstärkeren Gelhard. Weil der Konkurrent das Vertrauen rechtfertigte, beließ ihn Buhtz auch zum Start der Saison 74/75 im Kasten.

Nach dem 2. Spieltag kehrte Müller zurück, während sein Klub immer tiefer in die Tabellen-Talsohle rutschte. Nach dem 10. Spieltag löste der Ungar Janos Bedl den glücklosen Buhtz ab. Das erste Spiel nach dem Trainerwechsel entwickelte sich am 11. Spieltag zur Galavorstellung von Müller, der gegen Schalke 04 Scharfschüsse aus kürzester Distanz parierte und erst in der letzten Spielminute bezwungen wurde.

Zwei Wochen später agierte er bei der 1:2-Niederlage gegen Werder Bremen ebenfalls in Weltklassemanier, zog sich jedoch zugleich einen Fingerbruch zu. Durch die lange Zwangspause zerschlug sich der geplante Wechsel zu Schalke 04, wo der reaktionsschnelle Zerberus als Konkurrent für Norbert → Nigbur verpflichtet werden sollte. Am 20. Spieltag kehrte Müller in die Mannschaft zurück, um eine Woche später seine schwärzeste Stunde zu erleben. Im Heimspiel gegen Fortuna Düsseldorf kassierte er drei haltbare Weitschüsse und wurde nach der 2:3-Niederlage von Trainer Bedl (»Früher hätte Müller solche Schüsse mit einer Hand gehalten.«) zum Sündenbock erkoren. Auch die anschließende Ablösung durch Gelhard konnte den sportlichen Niedergang von Wuppertal nicht mehr stoppen. Als Müller schließlich nach zwei Monaten, bedingt durch die hohe Fehlerquote seines Konkurrenten, wie-

Zusammen mit Ulrich Gelhard bildete Manfred Müller beim Wuppertaler SV von 1972 bis 1975 ein einträchtiges Torwartpärchen.

der in die Mannschaft zurückkehrte, stand der Verein bereits als Absteiger fest.

Der Schlussmann begleitete Wuppertal 1975 in die 2. Bundesliga, ehe er nach einem Jahr von seinem früherer Trainer Buhtz zum süddeutschen Zweitligisten 1. FC Nürnberg gelotst wurde. Zum Saisonende 77/78 stand sein Klub in den Relegationsspielen zum Bundesliga-Aufstieg dem West-Vertreter Rot-Weiß Essen gegenüber. Nach dem 1:0-Hinrundensieg in Nürnberg erlebte der »Leitwolf« beim Rückspiel eine weitere Sternstunde. Zahlreiche Glanztaten des überragenden Zerberus sowie ein parierter Elfmeter gegen Horst Hrubesch kurz vor Schluss verhinderten ein drittes Entscheidungsspiel und sicherten den Nürnbergern nach neun Jahren die Rückkehr in die Erstklassigkeit.

Das Comeback gestaltete sich jedoch schwieriger als erwartet und auch der »stellungsgewandte« Schlussmann erlaubte sich in der Saison 78/79 manchen Lapsus. Nach Hinrundenende stand Nürnberg auf dem letzten Tabellenplatz und der junge Trainer Werner Kern wurde durch den eisenharten Robert Gebhardt ersetzt. Vier Monate später, im Heimspiel gegen den Hamburger SV, lag der Club zur Halbzeit mit 2:3 zurück. In der Kabine machte Gebhardt seinem Schlussmann bittere Vorwürfe. Der zuvor »untadelige Sportsmann« reagierte mit einer Kurzschlusshandlung, streifte seine Kapitänsbinde ab, und schmiss seine Klamotten in den Mülleimer. Nach der Pause stand Ersatzmann Gerhard → Hummel im Tor, während Müller anschließend die fristlose Kündigung erhielt.

Weil er aus privaten und beruflichen Gründen nicht aus Nürnberg wegziehen wollte, akzeptierte er für die nächste Spielzeit ein Angebot des Zweitligaaufsteigers ESV Ingolstadt. Als er bereits in die Anonymität der 2. Bundesliga abzusinken drohte, erreichte ihn nach dem 1. Spieltag ein unerwartetes Angebot des FC Bayern München als Ersatz für den schwer verunglückten Sepp → Maier. Nur als Bankkandidat hinter Walter → Junghans absolvierte der »Torwart-Veteran« für den verletzten Nachwuchsmann während der Saison 79/90, zwischen dem 19. und 24. Spieltag, fünf Einsätze und konnte am Ende seinen ersten Meistertitel feiern. Während der nächsten Spielzeit blieb Junghans von seiner Vorjahresform entfernt und ab dem 4. Spieltag stand der 33-jährige Müller im Kasten, um sich als Überraschung der Saison zu entpuppen. Beim 2:1-Sieg am 7. Spieltag gegen den VfB Stuttgart wuchs der »Senior« über sich hinaus und brillierte mit fantastischen Reflexen. Zwar erhielt zwischendurch immer wieder Junghans den Vorzug, doch im Verlauf der Rückrunde verdrängte ihn Müller endgültig, um mit Bayern München ein zweites Mal Meisterschaftsehren zu erlangen. Das Fachmagazin »Kicker« attestierte dem Spätstarter erstmals »Internationale Klasse« und stufte ihn in der Torwart-Rangliste hinter Harald → Schumacher und Eike → Immel auf Platz 3 ein.

In die Saison 81/82 startete der Torwart-Dino jetzt als Nummer 1. Am 10. Spieltag erlitt er jedoch im Spiel gegen den 1. FC Köln eine Gehirnerschütterung und kam während der Hinrunde nicht mehr zum Einsatz. Durch die Fehler von Junghans erlebte er während der Rückrunde sein Comeback, das für ihn weitere Höhepunkte bereithielt. Mit seinem Verein gewann er den DFB-Pokal, während man kurz zuvor im Endspiel um den Europacup der Meister eine 0:1-Niederlage gegen Aston Villa erlitten hatte. Bayern München reagierte auf das mittlerweile unberechenbare Torwart-Tandem Müller/Junghans mit der Verpflichtung des belgischen Nationaltorhüters Jean-Marie → Pfaff. Während Junghans nach Schalke 04 abgeschoben wurde, kam Müller nur noch durch Verletzungen von Pfaff zum Einsatz. In den nächsten zwei Jahren ließ der »solide Keeper« als Reservist seine Karriere langsam ausklingen, um 1984 bei seinem Ex-Verein 1. FC Nürnberg als Manager, Lizenzspieler-Koordinator und Torwarttrainer einzusteigen.

Parallel baute sich der umtriebige Westfale mit einer Immobilienagentur sowie als Videoproduzent bereits eine zweite Karriere auf. Noch in seiner Funktion als Manager musste der 39-Jährige für Nürnberg am 11. Spieltag der Saison 86/87 als Stellvertreter für den gesperrten Andreas → Köpke und seinen verletzten Ersatzmann Rainer → Stumptner, beim 4:3-Sieg gegen Fortuna Düsseldorf noch einmal die Torwarthandschuhe überstreifen. Nach Beendigung der Managertätigkeit intensivierte der »Mann für alle Fälle« seine Energien in die Expandierung seiner Videofirma. Gegenwärtig zählt Müllers Firma, mit Niederlassungen in Berlin, Hamburg, Köln, Mannheim, Nürnberg und München, zu den führenden Dienstleistungsunternehmen für TV-Sender, Werbeagenturen und Industriekunden.

Müller, René

Geboren: 11.02.1959 (DDR)
BL-Verein: Dynamo Dresden (1991–1994)
BL-Spiele: 81
A-Länderspiele für die DDR: 46

Jahrelang zählte der vielfache DDR-Auswahltorhüter René Müller zu den weltbesten Vertretern seines Fachs, um sich nach dem Mauerfall noch mit 33 Jahren den lang ersehnten Traum von der Bundesliga zu erfüllen. Seine Fußballerlaufbahn begann der gebürtige Leipziger im Alter von 6 Jahren bei Aktivist Markkleeberg. Stand sein Vater einst im Tor des Klubs, so agierte Sohn René zunächst als Stürmer. 1970 wurde er in das Leipziger Leistungszentrum und zum 1. FC Lokomotive Leipzig delegiert, wo er ein Jahr später die Torhüterposition übernahm. Müller bewährte sich auf Anhieb, was zu Berufungen in verschiedene Jugend-Auswahlmannschaften führte.

Nach 13 Nachwuchsländerspielen sowie 10 Junioreneinsätzen wechselte das 1,80 m große Torwarttalent 1978 in die 1. Mannschaft von Lok Leipzig, wo er allerdings hinter Werner Friese und Siegfried Stötzner zunächst die Nummer 3 blieb. Der junge Zerberus tröstete sich mit Einsätzen in der U21, mit denen er 1980 die Vize-Europameisterschaft gewinnen konnte. Im gleichen Jahr gelang es ihm endlich, sich auch im Verein einen Stammplatz zu sichern. Jetzt ging es mit der sportlichen Karriere steil bergauf. Mit seinem Klub holte der gelernte Elektromonteur 1981, 1986 und 1987 den FDGB-Pokal und absolvierte im Februar 1984, beim 3:1-Sieg in Griechenland, sein erstes von insgesamt 46 A-Länderspielen. Im gleichen Jahr gelang ihm mit der DDR-Auswahl die Qualifikation für die Olympischen Spiele in Los Angeles, deren Vertretung aber aufgrund des Boykotts der Ostblockstaaten nicht teilnehmen durfte. Nach dieser bitteren Enttäuschung sorgte der »große Rückhalt« während der Saison 86/87 im Europapokal der Pokalsieger für internationale Furore. Im Halbfinale gegen Girondins Bordeaux avancierte Müller zum umjubelten Helden, als er im entscheidenden Elfmeterschießen zwei Strafstöße parieren und den letzten verwandeln konnte. Zwar verlor man das Finale gegen Ajax Amsterdam mit 0:1, doch der »tadellose Sportsmann« wurde mit Auszeichnungen bedacht. Als vierter Torwart nach Horst Weigang, Jürgen Croy und Ulrich Grapenthin wurde der »Musterprofi« 1986 und 1987 zum »DDR-Fußballer des Jahres« gewählt. Ausgestattet mit großartigen Reflexen, Fangsicherheit und exzellenter Strafraumbeherrschung galt Müller in der DDR im Fußballbereich als »unumstrittener Star« und einziger Weltklassespieler.

Der erste Einbruch im Karriereverlauf erfolgte für den »Held im Kasten« noch im Oktober 87, als er beim EM-Qualifikationsspiel gegen die UdSSR mit einem schweren Patzer den Ausgleich verschuldete. Mit dem Remis war die Teilnahme am Endturnier in Deutschland vertan und für seinen Fauxpas erntete der Ausnahmetorwart barsche Kritik. Ein Jahr später kritisierte das SED-Mitglied die Bedingungen im DDR-Fußball. Als er sich zwei Jahre darauf ebenfalls skeptisch über die möglichen Chancen zur WM-Teilnahme geäußert hatte, wurde er endgültig aus dem Nationalkader verbannt.

Nach der politischen Wende hoffte der »Linientreue mit der Erlaubnis zur Systemkritik« (Frankfurter Allgemeine Zeitung) im Sommer 1990 auf Angebote von Bundesligisten. Unter anderem auch bei Borussia Mönchengladbach im Gespräch, scheiterten mögliche Wechsel nach England und Frankreich, so dass der sympathische Routinier für die Saison 90/91 einen Vertrag beim Oberligisten Sachsen Leipzig unterschrieb. Trotz Müllers Klasse konnte sich der Klub nicht für den bezahlten Fußball qualifizieren. Anschließend wechselte der »Mensch mit Charakterstärke und Rückgrat« zum Ost-Nachbarn Dynamo Dresden. Obwohl er mit 32 Jahren bereits den Zenit seines Könnens überschritten hatte, avancierte die »Zuverlässigkeit in Person« während der Saison 91/92 zum einem der Garanten für den Klassenerhalt in der Bundesliga. Als Mannschaftskapitän und absolute »Persönlichkeit« führte das sächsische Torwartidol seinen Klub auch durch das zweite Erstligajahr. Doch der mittlerweile knapp 34-jährige »Oldie« konnte nur noch selten an die guten Leistungen der Vorsaison anknüpfen und musste sich stattdessen immer öfter für folgenschwere Fehler entschuldigen.

Die Quittung bekam das »Denkmal« vor dem Saisonstart 93/94, als Dynamo Dresden die Verpflichtung des russischen Nationaltorhüters Stanislaw → Tschertschessow bekannt gab. Müller bewies in dieser bitteren Situation jedoch menschliche Stärke. Rührend kümmerte er sich um den neu verpflichteten Torwartkonkurrenten und unterstützte ihn bei der Eingewöhnung in die neue Umgebung.

Seine Courage bewahrte Müller jedoch nicht vor der sportlichen Degradierung. Als er am 1. Spieltag auf der Ersatzbank Platz nehmen musste, war er erstmals seit 1982 wieder Reservist. Weil Tschertschessow nach dem 5. Spieltag zur Vorbereitung eines EM-Qualifikationsspieles nach Russland reisen musste, gelang Müller ein unerwartetes Kurz-Comeback. Mit erstklassigen Leistungen eroberte sich der Sachse mit Leib und Seele in den nächsten Wochen seinen Stammplatz zurück, ehe er nach dem 14. Spieltag wegen einer Hüftgelenkprellung pausieren musste. Jetzt ließ sich Tschertschessow nicht mehr verdrängen und Müller blieb bis zum Saisonschluss die Nummer 2.

Nach diesem Abschied auf Raten nahm er beim Zweitligisten FC St.Pauli während der Saison 94/95 einen erneuten Anlauf, der jedoch bereits nach wenigen Spielen mit der Ablösung durch Klaus → Thomforde endete. Nach einer Operation im Oktober 1994 und nachfolgender Sportinvalidität wurde sein Zweijahresvertrag bis zum 30.06.1995 weitergeführt. Anschließend kehrte der »Dauer-Positiv-Denker« nach Leipzig zurück, um nach einer Periode der Arbeitslosigkeit ins Trainerfach zu wechseln. Von 1996 bis 1999 Co- und Torwarttrainer beim VfB Leipzig, folgte im Anschluss ein zweijähriges Amateur- und Torwarttrainer-Engagement bei Eintracht Frankfurt. Seit der Saison 01/02 ist Müller Cheftrainer beim ostdeutschen Oberligisten VFC Plauen.

Mutibarič, Dragan

Geboren: 10.11.1946 (Jugoslawien)
BL-Verein: Schalke 04 (1975–1976)
BL-Spiele: 2
A-Länderspiele für Jugoslawien: 12

Kaum geriet Nationaltorwart Norbert → Nigbur, nach vielen erstklassigen Leistungen, bei Schalke 04 während der Saison 74/75 erstmals in eine längere Krise, schaute sich sein Klub sogleich nach einem potentiellen Konkurrenten um. Auf Anraten von Trainer Irvica Horváth engagierte Präsident Günther Siebert vor der Saison 75/76 aus Skopje den jugoslawischen Nationaltorwart Dragan Mutibarič. Der »zweitbeste Torwart Jugoslawiens« und gute Freund von Landsmann Enver → Marič hatte seit der Jugend alle Auswahlmannschaften seines Landes durchlaufen, im Februar 1969 gegen Schweden sein erstes Länderspiel bestritten und galt in Augen von internationalen Experten als voll austrainierter Athlet.

Am 13.Mai 1970 bewies er vor 60 000 Zuschauern in Hannover seine Klasse auch im Länderspiel gegen Deutschland, bei dem ihn nur Uwe Seeler bezwingen konnte. Obwohl der 1,84 m große Keeper vor dem Saisonstart 75/76 in den Vorbereitungsspielen einen überragenden Eindruck hinterließ, vertraute Schalkes neuer Trainer Max Merkel zunächst auf Nigbur. Nach dessen Patzern im Spiel gegen Eintracht Frankfurt folgte am 6. Spieltag gegen Bayern München die Feuertaufe für Mutibarič. Übernervös unterlief der Jugoslawe einen Flankenball, verschuldete dadurch den Ausgleich und leistete sich auch ansonsten zahlreiche Unsicherheiten. Zu allem Unglück prallte er in der 78. Minute noch mit Bayerns Jupp Kapellmann zusammen und musste aufgrund einer schweren Schulterprellung ausgewechselt werden.

Der geschmähte Nigbur konnte sich in den nächsten Wochen wieder behaupten, um nach einem Eklat mit Merkel für das anstehende DFB-Pokalspiel gegen Borussia Dortmund vereinsintern gesperrt zu werden. Mutibarič glänzte in der ersten Halbzeit mit gelungenen Paraden. In der 47. Minute unterlief ihm jedoch wieder ein Fauxpas und Schalke erzitterte sich einen knappen 2:1-Erfolg. In der anschließenden Bundesligabegegnung bei Aufsteiger Bayer 05 Uerdingen agierte der Jugoslawe unglücklich und war nach der 2:3-Niederlage endgültig abgemeldet. Für den Rest der Saison saß er auf der Ersatzbank und die Enttäuschung nagte an dem ehrgeizigen Schlussmann, den Präsident Siebert einst voreilig als »zweiten Petar → Radenkovič« gepriesen hatte. Als die Verpflichtung von Enver Marič bekannt wurde, rastete Mutibarič aus und prügelte sich im Training mit Landsmann Branko Oblak, weil dieser den Marič-Transfer vermittelt hatte.

Der »Prügelknabe« erhielt die Kündigung und wechselte für die Saison 76/77 zum Zweitligaaufsteiger BSV Schwenningen. Nach wechselhaften Leistungen verlor er auch hier vorzeitig seinen Stammplatz und kehrte danach in seine jugoslawische Heimat zurück.

N

Nagel, Andreas

Geboren: 07.11.1964 (Deutschland)
BL-Verein: Bayer 04 Leverkusen (1983–1985), Hannover 96 (1988–1989)
BL-Spiele: 5

Einem größeren Expertenkreis wurde Andreas Nagels Name durch Einsätze in der Jugendnationalmannschaft zum Begriff. Geboren im niedersächsischen Hagen begann Nagel seine Torwartlaufbahn bei der ansässigen Spielvereinigung. Obwohl der Gymnasiast zuweilen Schwächen bei hohen Bällen offenbarte, stellte er vor allem 1982 bei der Junioren-Europameisterschaft in Italien sein Talent unter Beweis. Gegen Gastgeber Italien verlor die Jugendauswahl im Endspiel zwar mit 0:1, aber Nagel zeigte dabei eines seiner besten Spiele.

Bundesligavereine wie Eintracht Frankfurt und der VfB Stuttgart buhlten um den 18-Jährigen. Doch der intelligente Schlussmann dachte bereits an das Leben nach dem Profi-Fußball und entschied sich deshalb für ein Angebot von Bayer Leverkusen, weil ihm der Werksklub eine Ausbildungsstelle als Industriekaufmann zusicherte.

Die sportlichen Perspektiven erschienen jedoch eher ungünstig, denn Stammtorwart Rüdiger → Vollborn zählte ebenfalls zu den großen Talenten und erwies sich zudem als äußerst verletzungsresistent. Dafür erwischte es Stellvertreter Nagel bereits in seiner ersten Bundesligasaison 83/84. Ein Kahnbeinbruch in der rechten Hand setzte den 21-fachen Jugendnationaltorhüter für längere Zeit außer Gefecht. Auch in den nächsten zwei Jahren ergaben sich Einsätze nur in Freundschaftsspielen oder in der Nachwuchsrunde. Erst am 11. Spieltag der Saison 85/86 rückte »Andy« erstmals ins Rampenlicht. Für den augenverletzten Vollborn wurde er gegen Borussia Dortmund für die letzten 10 Minuten ins kalte Wasser geworfen und blieb ohne Gegentor. Weil die Nummer 1 noch nicht vollständig genesen war, durfte er auch im DFB-Pokalspiel gegen den Amateurligisten SpVgg Plattling das Bayer-Gehäuse hüten. In dieser Partie kassierte der Vertreter ebenfalls keinen Treffer und zeigte sich anschließend zufrieden: »Der Trainer hat gesehen, dass er auf mich bauen kann.« Weitere mögliche Einsätze für den verletzten Vollborn in der Saison 86/87 verhinderte ein erneuter Kahnbeinbruch. An seiner Stelle bewährte sich Nachwuchsmann Bernd → Dreher, und Nagel nahm nach dieser Spielzeit eine einjährige Auszeit.

Vor der Saison 87/88 verpflichtete ihn Hannover 96 kurzfristig als Nachfolger für den abgewanderten Hans → Wulf. Hinter Ralf → Raps war der Platz für ihn allerdings wieder auf der Reservebank reserviert. Erst als Hannovers Abstieg definitiv feststand, bekam der ewige Ersatztorhüter zum Saisonende von Trainer Reinhard Saftig vier Bewährungsproben. Nagel, bisher in seinen wenigen Pflichtspielen ungeschlagen, musste gegen Bayer Uerdingen gleich siebenmal hinter sich greifen, konnte aber immerhin einen Foulelfmeter abwehren. In den weiteren Spielen agierte er zufrieden stellend, ohne sich besonders auszuzeichnen. Für die Zweitligasaison 89/90 war er von dem neuen Trainer Slobodan Cendič erstmals als Nummer 1 gesetzt, verlor nach mehreren Fehlern aber bereits nach dem 4. Spieltag seinen Posten an Jörg → Sievers. Nach dieser verpassten Chance wechselte er ein Jahr später zum Amateurligisten FC Gütersloh, wo er nach Beendigung seiner aktiven Karriere für einige Zeit zudem als Geschäftsstellenleiter tätig war.

Nigbur, Norbert

Geboren: 08.05.1948 (Deutschland)
BL-Vereine: Schalke 04 (1966–1976, 1979–1983), Hertha BSC Berlin (1976–1979)
BL-Spiele: 456
Vereinstitel: 1 x DFB-Pokal (Schalke 04: 1972)
A-Länderspiele für Deutschland: 6

Die Karriere eines der großartigsten und spektakulärsten Torhüter der Bundesligageschichte startete beim SV Gelsenkirchen 06, wo sich der im Stadtteil Heßler geborene Norbert Nigbur zur Nummer 1 der deutschen Jugendauswahl aufschwang. Mit 16 Jahren nahm er mit der Mannschaft am UEFA-Jugendturnier in Spanien teil und zählte, trotz des vorzeitigen Scheiterns in der Vorrunde, zu den besten Akteuren. Nigburs Vater, ein langjähriger Schalke 04-Fan, führte 1966 für seinen Sohn die erfolgreichen Vertragsverhandlungen mit dem Bundesligisten. Bereits nach zwei Spieltagen der Saison 66/67 löste das »viel versprechende Talent« den umstrittenen Josef → Elting ab und lieferte beim 1:0-Sieg gegen den 1. FC Nürnberg ein überzeugendes Debüt.

Der 1,84 m große Schlussmann – »polypenarmig wie Sepp → Maier« und mit »erstklassigem Fangvermögen« ausgestattet – zeigte auch in den nächsten Wochen ausgezeichnete Leistungen. Für die Fußballexperten zählte der 18-jährige Versicherungskaufmann bereits neben Sepp Maier, Hans → Tilkowski, Horst → Wolter und Manfred → Manglitz, zum engen Kreis nationalmannschaftsreifer Torhüter. Den ersten Rückschlag erlebte der »Mann mit der größten Zukunft« (Hans Tilkowski) dann in der nächsten Spielzeit. Schalkes Trainer Günter Brocker warf ihm nach einigen Patzern »übertriebene Mätzchen« vor und verbannte deshalb seinen »Rohdiamanten« zeitweise auf die Ersatzbank. Nigbur, ein klassischer »Flieger« mit überschäumendem Temperament, neigte in der Tat zu manch überflüssiger Bodenrolle, die ihm das Attribut eines Showmans verliehen. Zudem wurde ihm jahrelang ein unsolider Lebenswandel vorgeworfen, der sich manchmal mehr auf der Trabrennbahn als auf dem Fußballfeld abspielte. Seine bestechenden Reaktionen und die athletischen Sprungparaden sorgten aber schnell für ein Comeback im Bundesligateam von Schalke 04.

In der Saison 68/69 zählte er nach Bestleistungen gegen Kickers Offenbach und Borussia Mönchengladbach bereits wieder zu den »besten Torhütern in Deutschland«. Vor der Weltmeisterschaft 1970 in Mexiko nominierte ihn Bundestrainer Helmut Schön zudem in das 40er-Aufgebot. Doch in das Land der Azteken wurden Maier, Wolter und Manglitz mitgenommen, während Nigbur, zusammen mit Volkmar → Groß, nur auf Abruf bereitstand.

In der Saison 70/71 kam es mit Schön zu einem Eklat, der ihn vorerst aller Chancen beraubte. Verärgert über seine Nicht-Nominierung für das Länderspiel gegen die Türkei, weigerte er sich an einem Juniorenländerspiel teilzunehmen. Der strenge Schön reagierte unverzüglich (»Wie kann ein so junger Mann, der überhaupt keine Verdienste um den deutschen Fußball hat, erwarten, dass ich auf so erfahrene Torhüter wie Maier oder Wolter verzichte?«) und verbannte den ungeduldigen Nigbur kurzerhand auch aus dem Juniorenkader.

In der Saison 71/72 präsentierte er sich unbeeindruckt in »Superform« und blieb vom 3. September bis zum 22. Oktober 555 Minuten ohne Gegentor – ein Rekord, der vereinsintern erst 1997 von Jens → Lehmann gebrochen wurde. Im DFB-Pokalhalbfinale gegen den 1. FC Köln zelebrierte der passionierte Trabrennfahrer dann einen Auftritt, der ihn bei den Schalker Fans für immer unsterblich machte. Nachdem Köln die erste Partie mit 4:1 gewonnen hatte und Schalke im Rückspiel mit 5:2 die Oberhand behielt, musste das Elfmeterschießen entscheiden. Von sieben Strafstößen konnte der »Elfmeterkönig« drei abwehren und gleichzeitig einen gegen Kollege Gerhard → Welz verwandeln. Auch im Finale, beim 5:1-Triumph gegen den 1. FC Kaiserslautern, brillierte die »Wildkatze« für den frisch gebackenen Vizemeister Schalke 04 mit zahlreichen Glanzparaden.

Obwohl er in der Saison 72/73 bei Europapokalspielen auch international glänzte, baute sich für ihn ein neues Hindernis auf. Wegen dem Bundesligaskandal durften alle Schalker Spieler vom DFB zeitweilig keine Länderspieleinladung erhalten. Zudem musste sich der zu Unrecht verdächtigte Nigbur nach Saisonende einer Außenmeniskusoperation unterziehen, die ihn monatelang außer Gefecht setzte. Vertreten durch Helmut → Pabst, kehrte er am 11. Spieltag der Saison 73/74 in den Schalker Kasten zurück. Zwei Wochen später avancierte er, beim 3:1-Sieg über Hannover 96, durch »glänzendes Stellungsspiel, großartige Reaktionen« und einen gehaltenen Foulelfmeter im »Kicker« erneut zum »Mann des Tages«. Zur Belohnung erhielt der jetzt wesentlich ruhiger und bescheidener wirkende Zerberus nach zweieinhalbjähriger Pause wieder eine Länderspielnominierung. Am 23. Februar 1974 feierte der einstige »böse Junge« dann mit 25 Jahren vor 17 000 Zuschauern in Barcelona gegen Spanien endlich sein lang ersehntes Debüt. Zwei Monate später agierte er beim 5:0-Sieg über Ungarn erneut souverän und fehlerlos. Dennoch blieb die Torwart-Hierarchie vor der WM in Deutschland unangetastet: Hinter Sepp Maier stritt sich Nigbur jetzt mit Wolfgang → Kleff um die nominelle Nummer 2 und während der vierwöchigen Weltmeisterschaft gewann der Schalker gegenüber seinem Rivalen die Oberhand.

Auch in der Saison 74/75 zeigte der »Spitzentorwart« bis zur Hinrunde länderspielreife Leistungen. Seine phantastischen Paraden sorgten am 6. Spieltag fast im Alleingang für das Ende einer denkwürdigen Rekord-Serie. Nach dem 2:0-Sieg von Schalke 04 hatte Bayern München nach viereinhalb Jahren erstmals wieder ein Heimspiel verloren. Prompt folgte am 22. Dezember 1974 gegen Malta das dritte Länderspiel und Nigbur erhob wieder öffentlich Ansprüche auf die Nummer 1 im Nationalteam. Nach dieser Hochphase erlebte der hartnäckigste Maier-Konkurrent erneut einen sportlichen Absturz. Private Probleme mit Ehefrau Alexandra verursachten bei dem sensiblen Keeper eine Formkrise. Während der Rückrunde patzte das plötzliche »Sorgenkind« bei zahlreichen Spielen. Präsident Günter Siebert warf seinem Spitzenverdiener mangelnde Selbstkritik vor, um parallel mit dem jugoslawischen Nationaltorwart Dragan → Mutibarič für die neue Spielzeit einen handfesten Konkurrenten zu verpflichten. Zudem kam durch Max Merkel ein neuer Trainer nach Schalke, mit dem Konflikte vorprogrammiert schienen.

Zunächst konnte Nigbur durch gute Trainingsleistungen vor der Saison 75/76 seinen Platz behaupten. Doch vor dem 6. Spieltag gegen Bayern München wurde er von Trainer Max Merkel erstmals durch Mutibarič ersetzt. Durch eine Schulterverletzung des Jugoslawen kehrte er bereits nach 78 Minuten zurück, um nach seinem Fehler zum 2:2 erneut gnadenlos verrissen zu werden. Aufgrund wiederholter Dispute mit Merkel erfolgten weitere Verbannungen aus dem Kader. Dennoch konnte er noch in der Hinserie einen Rekord zu verzeichnen. Nach seinem B-Länderspiel gegen Österreich war er 1975 der erste deutsche Fußballer, der in allen Auswahlmannschaften des DFB gespielt hatte. Zudem brachte er eine, von Erfolgsproduzent Jack White komponierte, Single mit dem Titel »Oh Fata Morgana« auf den Markt, die jedoch floppte. Nach dem Weggang des ungeliebten Merkel knüpfte er in der Rückrunde allmählich wieder an die alten glanzvollen Zeiten an. Am 32. Spieltag entpuppte sich »N.N.« in Mönchengladbach, beim 2:0-Sieg seiner Schalker, wieder einmal als schier unüberwindlich. Durch erhöhte Gehaltsforderungen bei Verhandlungen um einen neuen Vierjahresvertrag verkalkulierte sich der langjährige Leistungsträger und wurde von Präsident Siebert vor die Tür gesetzt. Spanien-Pläne zerschlugen sich und über Nacht war einer der populärsten Bundesligaspieler plötzlich arbeitslos.

Weil sich jedoch Thomas → Zander kurzerhand aus Berlin verabschiedet hatte, wurde Nigbur vor der Saison 76/77 noch gerade rechtzeitig von Hertha BSC verpflichtet. Am 1. Spieltag feierte der Neu-Berliner mit einem 3:0-Sieg einen glänzenden Einstand, den er zwei Wochen später mit einer Prachtleistung in Duisburg eindrucksvoll bestätigen konnte. Gegen Saisonende sorgte das Enfant Terrible dann auch bei der Berliner Hertha für Dissonanzen. Beim 1. FC Köln hatte er bereits einen Vorvertrag unterschrieben und sollte darum in den letzten vier Spieltagen nicht mehr eingesetzt werden. Sein Vertreter Horst → Wolter besaß jedoch kaum Spielpraxis und kassierte am 32. Spieltag gegen Schalke 04 vier Treffer. Nigbur kehrte zurück, um im DFB-Pokalfinale ausgerechnet auf seinen zukünftigen Klub zu treffen. Nigbur konnte alle Zweifel bezüglich einer eventuellen Befangenheit mit einer Weltklasseleistung beiseite räumen. Auch im erstmals notwendigen Rückspiel ließ sich der Torwartheld nur durch den entscheidenden Kopfball von Dieter Müller bezwingen. Anschließend bezichtigte Nigbur die Kölner der Schiedsrichterbestechung, was den geplanten Wechsel zum Geißbock-Klub endgültig scheitern ließ.

Zwei weitere Jahre bestach der »Reaktionsschnelle« in Berlin mit konstanten Spitzenleistungen, ohne jedoch das erhoffte Comeback in der Nationalmannschaft zu schaffen. Erst in der Saison 79/80, nach seiner überraschenden Rückkehr zu Schalke 04, änderte sich die Situation für den »besten und beständigsten Torwart«. Durch einen schweren Autounfall von Maier und unbefriedigende Leistungen des Nachfolgers Dieter → Burdenski kam der Verfemte schnell wieder ins Gespräch. Am 12. September 79 kehrte Nigbur als Ersatzmann für Burdenski, nach viereinhalb Jahren Pause, zum Freundschaftsspiel gegen Argentinien in den Elite-Kreis zurück. Am 10. Spieltag bestach er in seinem 400. Bundesligaspiel, beim 3:0 gegen 1860 München, erneut mit Super-Reflexen, um dann am 21. November 79 gegen die UDSSR ein überzeugendes Comeback zu feiern.

Bereits als sichere Nummer 1 für die anstehende Europameisterschaft in Italien gebucht, musste sich Nigbur nach dem 28. Spieltag einer unumgänglichen Meniskusoperation unterziehen. Seine Hoffnungen auf eine rechtzeitige Genesung erfüllten sich nicht und tatenlos durfte er mitverfolgen, wie Harald → Schumacher sich etablieren und mit der Nationalmannschaft den Titel gewinnen konnte. Erst am 4. Spieltag der Saison 80/81 konnte Nigbur wieder in das Bundesliga-Geschehen eingreifen, um sogleich in die Kritik zu geraten. Zunächst weigerte er sich, für Schalke eine Invaliditätsversicherung zu unterschreiben, um gleichzeitig auf seinem Torwartpullover den neuen Hauptsponsor nicht zu zeigen. Nach einem verheerenden Schnitzer am 7. Spieltag beim Karlsruher SC erfolgte dann

Der sprunggewaltige Norbert Nigbur zählte über 15 Jahre zu den besten und spektakulärsten Bundesligatorhütern.

die Demontage des »Denkmals«. Nigbur landete im Austausch mit Peter → Sandhofe auf der Bank. Weil sich sein Kontrahent beim 2:7 gegen den Hamburger SV ebenfalls indisponiert präsentierte, kehrte die Reizfigur bereits nach drei Wochen wieder zwischen die Pfosten zurück.

Obwohl er sich im Verlauf der Saison steigern konnte und am 17. Spieltag beim 2:0-Sieg in Köln herausragte, konnte Schalkes Abstieg nicht verhindert werden. Nach dem sofortigen Wiederaufstieg mit Schalke erlebte der 34-Jährige dann seinen sportlichen Super-Gau. Nachdem sich seine zweite Ehefrau Christine von ihm getrennt hatte, verfiel er in Depressionen, was zu Fehlern auf dem Spielfeld führte. Nach zwei Aussetzern am 11. Spieltag beim 2:2 in Karlsruhe überschlugen sich die Ereignisse. Schalkes Manager Rudi Assauer belegte seinen früheren Mitspieler mit einem Trainings- und Stadionverbot. Weil der eiligst verpflichtete Walter → Junghans seinen Vorgänger an Fehlern noch übertraf, plante Trainer Jürgen Sundermann den verbannten Nigbur zurückzuholen, was jedoch am Veto Assauers scheiterte. Nach Erwirkung einer einstweiligen Verfügung durch das Arbeitsgericht konnte sich Nigbur, abseits vom Mannschaftstraining, zumindest mit einem Privatcoach fithalten.

Nachdem sich die Verpflichtung durch einen Profiverein nicht erfüllte, musste Nigbur vor der Saison 83/84 erneut Arbeitslosengeld beantragen. Abgesichert war er jedoch auch durch die Mieteinnahmen seines Mehrfamilienhauses. Im Frühjahr 84 stellte er sich, für eine Siegprämie von 40 DM, dem westfälischen Landesligisten VfB Hüls zur Verfügung. Ein Engagement beim Oberligisten Rot-Weiß Essen endete in der Saison 84/85 ebenfalls mit einem handfesten Krach. Anschließend verschwand Nigbur als Pressewart sowie Spielertrainer für den 1. FC Luthenburg in der untersten Amateurliga. Heute lebt Nigbur als Privatier von den Einnahmen seiner Immobilien. Zurück bleibt die Erinnerung an einen charismatischen Schlussmann, der für die Nationalelf 35-mal auf der Bank saß, mit 17 gehaltenen Elfmetern hinter Rudolf → Kargus und Harald Schumacher ein Rekordtorhüter in der Bundesliga ist und von den Schalker Fans für die »Jahrhundert-Elf« nominiert wurde.

Nikolov, Oka

Geboren: 25.05.1974 (Deutschland)
BL-Verein: Eintracht Frankfurt (1994–2001)
BL-Spiele: 59
A-Länderspiele für Mazedonien: 5

Als »echter Odenwälder Bub« in Erbach geboren, begann der Sohn mazedonischer Eltern 1981 mit dem Vereinsfußball bei der SG Sandbach. 1989 wechselte Nikolov in die B-Jugend von Darmstadt 98, um mit 17 Jahren von Jugendtrainer Karl-Heinz Körbel zur Frankfurter Eintracht geholt zu werden.

Ab der Saison 94/95 rückte der 1,88 m große Schlussmann, nach dem Fortgang von Ulrich → Stein und Thomas → Ernst, als Vertragsamateur in den Profikader, um sich hinter Neuverpflichtung Andreas → Köpke zunächst in Wartestellung zu begeben. Zuvor lediglich in Regionalliga, Reserverunde und im UI-Cup eingesetzt, folgte für Nikolov ein Jahr später am 5. Spieltag der Saison 95/96 aufgrund eines Muskelfaserrisses von Köpke gegen den 1. FC Kaiserlautern das Debüt in der Bundesliga. Drei Spieltage agierte der »supernette Typ« für Köpke und ließ neben guten Reflexen Schwächen bei hohen Flanken und in der Strafraumbeherrschung erkennen. Kurz darauf erstmals in das mazedonische Nationalteam berufen, musste er Frankfurts erfolglosen Kampf um den Klassenerhalt ausschließlich von der Reservebank betrachten.

Nach dem Abstieg und Köpkes Wechsel zu Olympique Marseille vor der Saison 96/97 von Trainer Dragoslav Stepanovič zur Nummer 1 erklärt, entwickelte sich der Keeper im darauf folgenden Zweitligajahr zum großen Rückhalt. Obwohl Nikolov entscheidenden Anteil an dem Wiederaufstieg seines Klubs besaß, wurde er dennoch von den meisten Experten skeptisch beurteilt. Frankfurt reagierte ebenfalls und servierte ihm neben Sven → Schmitt mit dem ungarischen Nationalkeeper Zsolt Petry einen weiteren Konkurrenten.

Der »starke Torhüter« ließ die Kritiker mit seinen Leistungen schnell verstummen. Am 11. Spieltag sicherte er im Alleingang gegen Hansa Rostock ein wichtiges Remis und wehrte beim 1:0-Auswärtserfolg über den Hamburger SV einen Foulelfmeter ab. Auch in der Rückrunde brillierte er mit zahlreichen Paraden, um sich gegen den VfL Bochum erneut als »Elfmeterkiller« zu betätigen. Dank Nikolov, der nach Worten seines Ex-Trainers Stepanovič in dieser Spielzeit »20 bis 30« Gegentore« verhinderte, konnte sich Eintracht Frankfurt am letzten Spieltag, durch ein 5:1-Sieg über den 1. FC Kaiserslautern, knapp vor dem Abstieg retten.

Nach dieser Saison vom »Kicker« in die »Internationale Klasse« eingestuft, absolvierte er im Sommer 1999 gegen Ägypten für Mazedonien sein erstes von fünf Länderspielen und schien sich bei der Frankfurtern als feste Größe etabliert zu haben. Bei den Fans wegen seiner spektakulären Rettungstaten schon längst erklärter Liebling, konnte Nikolov während der Hinrunde zu keiner Zeit an die zuvor gezeigten Leistungen anknüpfen.

Schwere Patzer gegen den VfB Stuttgart, Schalke 04 und Werder Bremen kosteten seine Elf wertvolle Punkte, was auch Glanzpartien gegen Hertha BSC und Arminia Bielfeld nicht mehr kompensieren konnten. Auch Felix Magath, der nach der Rückrunde für den entlassenen Jörg Berger das Traineramt übernahm, waren die Fehler des Schlussmannes beim Videostudium nicht entgangen. Auf seine Veranlassung wurde in der Winterpause von Bayer Leverkusen Dirk → Heinen verpflichtet, der Nikolov wieder auf die Bank verdrängte. Während sich diesmal die Neuverpflichtung um den Klassenerhalt verdient machen konnte, saß der einstige »Erfolgsgarant« auch zum Start der Saison 00/01 nur auf der Bank. Längere Zeit durch einen Bänderriss im Daumen außer Gefecht gesetzt, kam er aufgrund der Knieverletzung von Heinen zum Rückrundenstart wieder zum Einsatz. Obwohl er gegen Hansa Rostock und Energie Cottbus kein Gegentor zuließ, musste er anschließend wieder dem Rivalen weichen. Frustriert über seine Degradierung (»Der Verein ist für mich gestorben.«) kokettierte er mit einem Vereinswechsel, um am 27. Spieltag gegen den SC Freiburg, ab der 29. Minute für den verletzten Heinen, bei der 2:5-Niederlage einen letzten, völlig verunglückten Bundesligaeinsatz zu absolvieren. Nach Frankfurts Abstieg setzte sich das Duell zwischen beiden Kontrahenten fort. Obwohl Trainer Martin Andermatt Nikolov sogar zum Mannschaftskapitän bestimmte, konnte sich keiner der beiden Streithähne während der Saison 01/02 dauerhaft einen Stammplatz sichern. Erst durch den Wechsel von Heinen zum türkischen Erstligisten Denizlispor ist Nikolov, seit der Saison 02/03, wieder die klare Nummer 1. Unter dem neuen Trainer Willi Reimann hegt Frankfurts Publikumsliebling, der inzwischen auch die deutsche Staatsbürgerschaft angenommen hat, mit seiner Mannschaft Hoffnungen auf eine Rückkehr in die Bundesliga.

O

Öller, Burkhardt

Geboren: 09.11.1942 (Deutschland)
BL-Vereine: Eintracht Braunschweig (1967–1971), Hannover 96 (1971–1972)
BL-Spiele: 30

Mit elf Jahren stand der im ostthüringischen Pössneck geborene Burkhardt Öller erstmals im Kasten des TSV Dungelbeck und wechselte später zum VfB Peine. Hier entdeckte ihn Braunschweigs Trainer Helmut Johanssen, der ihn zur Eintracht holte, wo er zunächst in der Amateurmannschaft spielte.

Als Nachfolger von Hans → Jäcker und Nummer 2 hinter Nationaltorwart Horst → Wolter wurde Öller während der Saison 67/68 erstmals am 6. Spieltag gegen den 1. FC Nürnberg in der Halbzeitpause für den entnervten Wolter eingewechselt. Zwei weitere Einsätze schlossen sich zum Saisonende an, ohne dass der Torwarthüne daraus höhere Ansprüche anmelden konnte. In der Saison 68/69 musste sich Wolter im Frühjahr 69 einer Meniskusoperation unterziehen und die sich daraus bietende Chance nutzte Öller jetzt vortrefflich.

Bei seinem Saisondebüt am 26. Spieltag gegen den 1. FC Nürnberg überzeugte der »Lange« mit gutem Stellungsspiel und bei platzierten Schüssen aus der Nahdistanz mit glänzenden Reaktionen. Bis zum Saisonende hütete der 1,87 m große Schlussmann das Braunschweiger Gehäuse und erwies sich in allen Begegnungen als würdiger Wolter-Vertreter. Während der nächsten Spielzeit gab es jedoch wieder nur zwei Einsätze für den baumlangen Keeper, dem viele Beobachter absolute Erstligaqualitäten bescheinigten.

Der gelernte Maurer kompensierte seinen aufgestauten Reservistenfrust mit dem Bau eines Eigenheimes in seiner Heimatstadt Peine und schulte sich autodidaktisch zum Sportlehrer. In der Saison 70/71 wurde Wolter am Blinddarm operiert und Öller feierte am 12. Spieltag, mit dem 4:1 über den Hamburger SV, seine Saisonpremiere. Eine Woche später glänzte er beim 0:1 gegen Hannover 96 derart vortrefflich, dass sich Hannovers Mannschaftsbetreuer Werner Bock im »Kicker« begeistert über den Zerberus äußerte: »Er erinnert mich an Petar → Radenkovič, genauso clever im Stellungsspiel und im Verkürzen der Schussbahnen.« Obwohl er auch in den nächsten Spielen die Bälle reihenweise aus dem Winkel fischte, kehrte am 21. Spieltag Wolter in den Kasten zurück. Öller musste jetzt erkennen, dass seine Chancen, den Nationaltorwart verdrängen zu können, nahezu aussichtslos erschienen.

Für die Saison 71/72 lockte ihn sein Förderer Johannsen zu Hannover 96. Der Verein hatte mit Horst → Podlasly und Bernd → Helmschrot gleich beide Torhüter verloren und neben Öller auch den jungen Franz-Josef → Pauly verpflichtet. Öller (»Ich bin kein Effekthascher. Also auch kein Torsteher mit gesuchter Eleganz wie zum Beispiel der Stuttgarter Gerd → Heinze«), vor dem Saisonstart als Stammtorwart gesetzt, erlebte jedoch bereits am 1. Spieltag einen Tiefschlag. Bei der 1:5-Heimniederlage gegen Schalke 04 kassierte er vermeidbare Tore, um sich auch in den nächsten Spielen unerwartet als chronisches Nervenbündel zu entpuppen.

Am 6. Spieltag wurde der erhoffte Abwehr-Stabilisator gegen Borussia Mönchengladbach, beim Stand von 0:3, in der 62. Minute nach einer desaströsen Leistung erstmals von Pauly abgelöst. Zwar gab ihm sein Trainer am 13. und 21. Spieltag noch eine Chance, doch selbst sein Mentor Johannsen (»Öllers Nerven scheinen offenbar nicht ganz intakt. Er hat die Sicherheit verloren und die Sicherheit des Torhüters braucht eine Mannschaft nun einmal.«) ging bereits auf Distanz. Eine Zusammenarbeit mit dem Vorgänger und jetzigen Torwarttrainer Podlasly lehnte Öller (»Der kann mir nichts mehr beibringen.«) entschieden ab. Die Vereinsverantwortlichen interpretierten diese Haltung als Arbeitsverweigerung und suspendierten den Sturkopf. Während im letzten Saisondrittel Amateurkeeper Rainer → Dittel auf der Bank saß, kehrte Öller nach dieser bitteren sportlichen Episode zum VfB Peine als Spielertrainer zurück.

Kurz Zeit später saß er, im Zuge der Ermittlungen zum Bundesliga-Bestechungsskandal, mit seinen früheren Braunschweiger Mannschaftskollegen auf der Anklagebank des DFB-Sportgerichtes. Öller wurde vorgeworfen, zusammen mit seinen Vereinskameraden im Sommer 1971 mit einem Bielefelder Geldgeber für einen Sieg gegen Bielefelds Abstiegskonkurrent RW Oberhausen eine Prämie ausgehandelt zu haben. Das Spiel endete zwar Remis, aber dem Braunschweiger Max Lorenz war es dennoch gelungen, dem Bielefelder Geldboten einen Betrag abzuluchsen, von dem die Spieler je 2 200 DM erhielten. Für dieses Vergehen wurde Öller nachträglich vom 9. Februar bis zum 8. Mai 1973 gesperrt und zu einer Geldbuße von 2000 DM verurteilt.

Özcan, Arkoç

Geboren: 02.10.1939 (Türkei)
BL-Verein: Hamburger SV (1967–1975)
BL-Spiele: 159
A-Länderspiele für die Türkei: 9

Als mehrfacher türkischer Nationaltorhüter, wechselte Arkoç Özcan 1964 von Besiktas Istanbul zum österreichischen Erstligisten Austria Wien. Zuvor hatte der 1,82 m große Schlussmann, der als junger Bub erstmals bei Ucunkötrü seine Fußballschuhe schnürte und während seiner Zeit bei Vefa und Fenerbahçe Istanbul 17 B- und Juniorenländerspiele absolvierte, bereits ein Angebot des Bundesligisten Eintracht Frankfurt erhalten. Der »Mann aus Istanbul«, mutig und mit großartigen Reflexen ausgestattet, akklimatisierte sich bei der Austria auf Anhieb und verdrängte sogar den österreichischen Nationalkeeper Gernot → Fraydl. 1967 wurde er mit Austria Wien ÖFB-Cupsieger, kassierte in drei Jahren Staatsliga von allen Torhütern die wenigsten Gegentore und lieferte in der türkischen Nationalelf immer wieder eindrucksvolle Beweise seines großen Könnens ab.

Aufgrund der schweren Verletzung von Horst → Schnoor befand sich der Hamburger SV für die Saison 67/68 auf der Suche nach einem adäquaten Ersatz. Nachdem die Verhandlungen mit dem Kölner Anton → Schumacher gescheitert waren, lotste HSV-Trainer Georg Knöpfle für 46 000 DM Ablöse kurz vor dem Saisonstart den »Gastarbeiter« Özcan an die Alster. Dank seiner hervorragenden Sprachkenntnisse in Deutsch, Französisch und Italienisch entwickelte sich »Ötschi« sofort zu einem starken Rückhalt. Seine großartigen Paraden sicherten in der Saison 67/68 Punkte und Siege. Als Saisonhöhepunkt bestritt er mit dem Hamburger SV in Rotterdam das Endspiel um den Europapokal der Pokalsieger, welches gegen den AC Mailand allerdings mit einer 0:2-Niederlage endete.

In der Saison 68/69 konsolidierte der »Profi mit vorbildlicher, sportlicher Einstellung« seine Leistungen, um mit dem HSV nur knapp einen UEFA-Cup-Platz zu verfehlen. Aufgrund einer Verletzungspause erwuchs ihm in der nächsten Spielzeit mit Gert → Girschkowski erstmals ein Konkurrent, der ihn zeitweilig aus

Arkoç Özcan beim imaginären Einfädeln

dem Tor verdrängen konnte. Völlig frustriert bat der sensible Schlussmann daraufhin Trainer Knöpfle, ihn bis zum Saisonschluss nicht mehr aufzustellen. Um den »fußballbesessenen Türken« nicht vollends zu vergrämen, entschloss sich Knöpfle gegen Saisonende zu einem kurzfristigen Wechselspiel, bei dem sich keiner der beiden Schlussleute entscheidende Vorteile verschaffen konnte.

Während der Saison 70/71 beließ es auch der neue Trainer Klaus Ochs zunächst bei diesem nervenzermürbenden Konkurrenzkampf. Erst Girschkowskis Fehler am 7. Spieltag, bei der 1:5-Heimpleite gegen Bayern München, sorgte ab der 35. Spielminute für Özcans endgültige Rückkehr. Obwohl anschließend eine satte 1:8-Pleite bei Rot-Weiß Oberhausen folgte, blieb der Türke im Kasten und Girschkowski wechselte nach Saisonende zum Regionalligisten Phönix Lübeck. Mittlerweile in Hamburg immer heimischer, betrieb seine Frau Neriman im Stadtteil Eppendorf bereits eine Änderungsschneiderei, während der »großartige Sportsmann« 1972 in Niendorf die Gaststätte »Bei Özcan« eröffnete.

Während der Saison 71/72 musste er sich allerdings sportlich mit dem neu verpflichteten Jugendnationaltorwart Rudolf → Kargus erneuter Konkurrenz erwehren. Aufgrund einer schweren Brustverletzung stand er dem HSV in der Rückrunde kaum noch zur Verfügung, was Konkurrent Kargus zu nutzen wusste. Weil der junge Rivale während der Saison 72/73 im Abstiegskampf aber zunehmend nervöser agierte und zudem zur Bundeswehr musste, feierte Özcan, selbst noch an einer Handverletzung laborierend, am 7. Spieltag gegen den 1. FC Kaiserslautern sein Comeback. Auch dank der Erfahrung des Nationaltorwarts gelang dem HSV der Klassenerhalt.

Anschließend kehrte der 34-jährige Routinier freiwillig ins zweite Glied zurück, um seinen Posten dem hoch talentierten Kargus zu übergeben. Eine Achillessehnenoperation sorgte in der Saison 73/74 zudem für eine monatelange Pause. Als mittlerweile dienstältester HSV-Spieler kehrte er am 19. Spieltag, beim 2:1-Sieg über den Wuppertaler SV, für den verletzten Kargus zurück. Der einstige Klassekeeper war allerdings ohne Spielpraxis auch bei der darauf folgenden 1:3-Niederlage gegen Schalke 04 nur noch ein Schatten früherer Tage.

Nach dieser Spielzeit beendete er seine Karriere, um beim Hamburger SV als Trainer-Assistent einzusteigen. Im Oktober 1977 sprang er bei seinem Verein für den entlassenen Rudi Gutendorf erstmals als Cheftrainer ein. Obwohl seine Arbeit durchaus Anerkennung fand, wurde sein Vertrag nach dieser Spielzeit von Manager Günter Netzer nicht verlängert. Nach einer ehrenamtlichen Tätigkeit als Berater der türkischen Nationalelf arbeitete der in seiner Heimat sehr populäre Ex-Profi von Januar bis November 1979 als Coach bei den Zweitligisten Wormatia Worms und Holstein Kiel, was aber jeweils mit Entlassungen endete.

Orzessek, Manfred

Geboren: 30.06.1933 (Deutschland)
BL-Verein: Borussia Mönchengladbach (1965–1969)
BL-Spiele: 29

Ausgestattet mit enormer Sprungkraft und entsprechender Leibesfülle, begann Manfred »Manni« Orzessek seine Laufbahn als Schüler bei Wanne 1911 und wurde Anfang der fünfziger Jahre von DFB-Trainer Dettmar Cramer auch zu zwei Juniorenländerspielen eingeladen. Über die Station Eintracht Gelsenkirchen wechselte er 1953 zu Schalke 04, mit denen er 1955 gegen den Karlsruher SC mit 2:3 im DFB-Pokalfinale unterlag, um mit dem Klub drei Jahre später die Deutsche Meisterschaft zu gewinnen.

1961 wurde Orzessek bei Borussia Mönchengladbach Nachfolger von Günter Jansen, um sich in der Oberliga West als sicherer Rückhalt zu entpuppen. Mit 31 Jahren bereits der Methusalem unter den jungen Gladbacher »Fohlen« wie Herbert Wimmer, Günter Netzer oder Jupp Heynckes, erwies sich das »Schwergewicht« ab 1963 auch in der Regionalliga West oftmals als unbezwingbar.

In der Saison 64/65 setzte sich Borussia Mönchengladbach an der Spitze der Regionalliga fest und dem erfahrenen Kämpen im Tor bescheinigte die Fachpresse an diesem Erfolg große Verdienste. Mit einem ausgeprägten Offensivgeist, der jedoch nicht selten auf Kosten der

Verteidigung ging, gelang Borussia Mönchengladbach in der gleichen Saison der Aufstieg in die Bundesliga.

Am 3. Spieltag der Saison 65/66 brachte der stämmige Zerberus, mit ausgeprägter Stirnglatze auch optisch der Senior, die gegnerischen Stürmer des Karlsruher SC mit großartigen Paraden zur Verzweiflung, musste aber dennoch drei Tore einstecken. Bei der Wahl zum »Fußballer des Jahres« erhielt Orzessek kurz darauf sogar eine Stimme, um eine Woche später bei der 1:2-Heimniederlage gegen Bayern München den Ausgleich mitzuverschulden. Der »Dicke« zeigte in den weiteren Spielen Licht und Schatten.

Am 14. Spieltag bei Werder Bremen laut »Kicker« »bester Mann auf dem Platz«, hielt er zwei Wochen später bei Eintracht Frankfurt trotz einer schmerzhaften Handverletzung bis zum Abpfiff durch. Im Frühjahr 1966 bekundete Borussia Mönchengladbach bereits Interesse an Volker → Danner vom 1. FC Saarbrücken, der Routinier Orzessek in der kommenden Saison ablösen sollte. Der Klub hatte den Klassenerhalt bereits geschafft, als am 31. Spieltag beim Heimspiel gegen Werder Bremen für Torwart und Mannschaft eine »Hinrichtung« erfolgte. Nach der 0:7 Niederlage erkor Trainer Hennes Weisweiler seinen Keeper zum Sündenbock. Für die restlichen drei Spieltage löste ihn dann Rudolf → Krätschmer ab.

Orzessek hatte seine Ambitionen aber bereits deutlich reduziert und reihte sich die nächsten Jahre anstandslos hinter Neuzugang Danner ein. In der Saison 66/67 absolvierte er als Vertretung für den kniepunktierten Danner, am 30. Spieltag gegen 1860 München, sein letztes Bundesligaspiel. Im November 1968 absolvierte Orzessek an der Sporthochschule die Prüfung zum Fußballlehrer, um als Mönchengladbachs Nummer 3 noch den sich anbahnenden Aufstieg von Wolfgang → Kleff mitzuerleben. Nach Beendigung der aktiven Laufbahn arbeitete er, neben seiner hauptberuflichen Tätigkeit beim Mönchengladbacher Sportamt, ab 1969 als Trainer für den 1. FC Mönchengladbach, den Rheydter SV, die Borussen-Jugend sowie der Kreisjugendauswahl. Dort förderte er unter anderem aufstrebende Nachwuchstalente wie Jörg Albertz und Karl-Heinz Pflipsen.

P

Pabst, Helmut

Geboren: 29.04.1951 (Deutschland)
BL-Verein: Schalke 04 (1971–1974)
BL-Spiele: 11
Vereinstitel: 1x DFB-Pokal (1972)

In seinem Geburtsort Bochum begann Helmut Pabst im Alter von sieben Jahren mit dem Vereinsfußball beim Stadtteil-Klub SC Werne. 1965 wechselte er zur SpVgg Marl, wurde zweimal in die Recklinger Kreisauswahl berufen, ehe der 1,86 m große Schlussmann ab 1969 in die Verbandsligaelf aufrückte. Vor der Saison 71/72 erhielt der gelernte Maler und Anstreicher von Schalkes Präsident Günter Siebert die Einladung zum Probetraining und anschließend einen Zweijahresvertrag als Nummer 2 hinter Norbert → Nigbur.

Weil sich die Nummer 1 am letzten Spieltag der Saison bei Bayern München eine Knieverletzung zuzog, gelangte der junge Stellvertreter ab der 67. Minute zu seinem Bundesligadebüt. Beim Stand von 3:1 für Bayern musste Pabst anschließend noch zweimal hinter sich greifen und konnte sich Hoffnungen auf einen Einsatz beim anschließenden DFB-Pokalfinale gegen den 1. FC Kaiserslautern machen. Nigbur meldete sich jedoch rechtzeitig fit und während der Saison 72/73 ergaben sich für die Nummer 2 keine BL-Einsätze. Ein Jahr später setzte vor dem Bundesligastart 74/75 Nigbur eine Meniskusoperation außer Gefecht, während für Schalke 04, durch den Bundesligaskandal personell arg dezimiert, in erster Linie der Klassenerhalt zählte.

In dieser schwierigen Situation behauptete sich der unerfahrene Pabst, ohne den verletzten Kollegen vollständig ersetzen zu können. An der 0:3-Auftaktniederlage beim VfB Stuttgart machtlos, agierte der Nigbur-Vertreter am 2. Spieltag, beim 3:0-Sieg über den VfL Bochum, überragend und wurde vom »Kicker« in die »Elf des Tages« nominiert. Bei den folgenden Packungen von 2:5 und 0:6 gegen den Hamburger SV und Borussia Mönchengladbach deutlich schwächer, offenbarte der 22-Jährige beim 5:5-Remis gegen Bayern München eklatante Schwächen bei der Strafraumbeherrschung. Am 10. Spieltag absolvierte der Ersatzmann beim 4:2-Sieg über den Wuppertaler SV sein letztes Bundesligaspiel, um mit glänzenden Reaktionen zweimal den Ausgleich zu verhindern.

Nach dieser Spielzeit wechselte Pabst in die 2. Bundesliga, um sich in den nächsten Jahren bei Wacker 04 Berlin, Fortuna Köln und Union Solingen als wahrer Dauerbrenner zu behaupten, der von 1974 bis 1984 insgesamt 278 Zweitligaeinsätze absolvierte. Anschließend ließ er bis 1989 seine aktive Karriere beim VfB Langenfeld ausklingen, ehe er als Torwarttrainer, nach Stationen bei Langenfeld und Remscheid, im Januar 2002 wieder zu seinem Ex-Verein Union Solingen zurückkehrte.

Pahl, Jürgen

Geboren: 17.03.1956 (DDR)
BL-Verein: Eintracht Frankfurt (1978–1987)
BL-Spiele: 172
Vereinstitel: 1 x DFB-Pokal (1981),
1 x UEFA-Pokal (1980)

Zusammen mit seinem Freund Jürgen Nachtweih konnte sich der 20-jährige Jürgen Pahl am 16. November 1976, nach einem DDR-Juniorenländerspiel der DDR im türkischen Bursa, in die Bundesrepublik Deutschland absetzen. Anschließend gelangten die beiden Akteure des ostdeutschen Oberligisten Chemie Halle in das Notaufnahmelager Gießen und wurden kurzerhand vom Bundesligisten Eintracht Frankfurt unter Vertrag genommen.

Nach Ablauf der einjährigen FIFA-Sperre ergaben sich für Pahl zunächst nur Einsätze in der Amateurmannschaft. Der 15-fache Juniorenauswahlspieler galt dennoch in den Augen vieler Experten als großes Talent, dem früher oder später der Bundesliga-Durchbruch gelingen würde. Mit Eintracht Frankfurts Amateurkader gelangte der Keeper 1978 in die Endrunde um die Deutsche Amateurmeisterschaft, scheiterte jedoch im Halbfinale am ESV Ingolstadt.

Für die Saison 78/79 offiziell als Nachfolger von Günther → Wienhold in den Erstligakader übernommen, blieb der ehrgeizige Goalie hinter Heinz-Josef → Koitka zunächst jedoch die Nummer 2. Der Stammtorwart geriet immer stärker in die Kritik, während Pahl bei Freundschaftsspielen und Hallenturnieren stets glänzende Leistungen zeigte. Zum Rückrundenstart wagte Trainer Friedel Rausch das Experiment und schickte den Nachwuchsmann am 18. Spieltag in die Feuertaufe. Dem zufrieden stellenden Debüt beim 3:1-Sieg über Schalke 04 folgten zwei ausgezeichnete Vorstellungen bei den Auswärtsspielen gegen Eintracht Braunschweig und Arminia Bielefeld. Pahl kassierte in beiden Begegnungen keinen Treffer und beeindruckte durch Souveränität und Sicherheit. Anschließend baute er zusehends ab, um nach eklatanten Fehlern am 27. Spieltag bei der 1:4-Heimpleite gegen den 1. FC Köln für den Rest der Spielzeit wieder auf der Ersatzbank zu landen.

Nach dieser Spielzeit legte Frankfurt keinen Wert mehr auf Koitkas Dienste und verpflichtete gleichzeitig vom VfB Stuttgart den Dauerreservisten Klaus → Funk. Zu seiner großen Verärgerung musste Pahl miterleben, wie der Konkurrent zum Bundesligastart 79/80 von Trainer Rausch den Vorzug erhielt. Am 21. Spieltag kehrte Pahl aufgrund Funks Patzer zurück, zugleich hatte sein Klub mit Joachim → Jüriens für die nächste Saison einen weiteren Schlussmann verpflichtet. Bereits gekündigt, zeigte sich der Ex-DDR-Star Pahl nervlich angeschlagen, um nach einer desaströsen Leistung am 24. Spieltag, beim 0:5 gegen den Hamburger SV, wieder Funk zu weichen. Weil der Konkurrent aber weiterhin nicht den Ansprüchen genügte, erhielt Pahl im UEFA-Cup-Halbfinal-Rückspiel gegen Bayern München seine zweite Chance. Durch einen schweren Lapsus hätte er beinahe den Finaleinzug gefährdet, am Ende konnte sich sein Klub nach der Verlängerung durchsetzen. Bei den beiden UEFA-Cup-Endspielen gegen Borussia Mönchengladbach besaß der vormalige »Zappelphilipp« großen Anteil am Titelgewinn und erhielt zur Belohnung einen neuen Vertrag.

Zum Saisonstart 80/81 von Trainer Lothar Buchmann zur absoluten Nummer 1 erklärt, musste er jedoch nach fünf Spieltagen aufgrund einer schweren Schulterverletzung eine längere Zwangspause einlegen. Nach seiner Wiederkehr am 13. Spieltag überzeugte der lange Zeit umstrittene Keeper konstant mit guten Leistungen. Gestärkt durch das Vertrauen seines Trainers, konnte er zum Saisonabschluss mit seiner Mannschaft den DFB-Pokal-Gewinn bilanzieren.

Während der Saison 81/82 sicherte der »Mann mit dem goldenen Arm« seinem Klub durch Heldentaten beim Elfmeterschießen im Pokalsiegerwettbewerb gegen PAOK Saloniki eine Millioneneinnahme und agierte auch in der Bundesliga stets zuverlässig. Bei einem Vorbereitungsspiel zur Saison 82/83 zog er sich jedoch eine Knieverletzung zu und musste zum Saisonstart wieder Jüriens den Vortritt überlassen. Eintrachts neuer Trainer Helmut Senekowitsch hielt die Torwartfrage offen und bescherte dem labilen Pahl ein unangenehmes Déjà-vu-Erlebnis. Der erneute Konkurrenzkampf um die Nummer 1, bei dem jeder Fehler zur sofortigen Ablösung führen konnte, verunsicherte beide Schlussleute. Für Pahl mündete diese nervliche Zerreißprobe am 16. Spieltag bei Werder Bremen in das peinlichste Eigentor der Bundesligageschichte. Beim geplanten Abwurf zu Mitspieler Ralf Falkenmayer verlor der Unglücksrabe die Orientierung und warf, weil er den Schwung nicht mehr abbremsen konnte, zum Entsetzen seiner Mitspieler, den Ball ins eigene Netz. Nach dieser Lachnummer erfolgte zur Halbzeitpause die Auswechslung. Bedingt durch die gleichfalls schwachen Darbietungen von Konkurrent Jüriens erhielt Pahl jedoch immer wieder neue Einsätze.

Vor der Saison 83/84 kam mit Branko Zebeč ein neuer Trainer, der am Torwartkarussell munter weiterdrehte. Nach dem 1. Spieltag musste sich Pahl, wegen seines schweren Fehlers beim 2:2 gegen Borussia Dortmund, wieder auf die Bank begeben. Innerlich bereits zermürbt, erwies sich im November 83 der Trainerwechsel von Zebeč zu Dietrich Weise für den leidgeprüften Keeper als wahrer Glücksfall. Von Weise mittels langer Einzelgespräche wieder stabilisiert, dankte es ihm der Keeper bis zum Saisonende durch glänzende Darbietungen.

Für die Saison 84/85 hatte er sich damit einen Bonus erarbeitet, Verletzungen zwangen ihn jedoch immer wieder zu Pausen, was sein junger Vertreter Hans-Jürgen → Gundelach nutzte konnte, um sich immer stärker in den Vordergrund zu spielen. Vor der nächsten Saison entschied sich Trainer Weise für Gundelach und ließ den laut »Kicker« »verstörten, verletzten und verbitterten« Pahl auf der Ersatzbank schmoren. Der »große Verlierer« gelangte in den nächsten Jahren nur noch durch Verletzungen von Gundelach zu einigen Einsätzen, ohne sich den Stammplatz zurückerobern zu können. Nach der Saison 86/87 flüchtete er aus dem frustrierenden Reservistendasein zum türkischen Erstligisten Çaykur Rizespor. 1989 beendete er seine aktive Laufbahn und fungierte anschließend zeitweise als Präsident der »Vertragsfußballer-Vereinigung«. Zuletzt fungierte Pahl in Paraguay als Leiter einer Fußballschule.

Paul, Manfred

Geboren: 13.02.1938 (Deutschland)
BL-Verein: Karlsruher SC (1963–1966)
BL-Spiele: 62

Einer der ersten Elfmetertöter der Bundesligageschichte spielte ursprünglich beim TSG 1946 Ulm, eher er 1960 zum Karlsruher SC ging. Auch im Gründungjahr der Bundesliga ging Manfred Paul beim Karlsruher SC zunächst als klare Nummer 1 ins Rennen. Der badische Verein startete denkbar schlecht in die Saison 63/64 und fand sich bereits nach dem 2. Spieltag am Tabellenende wieder.

Die kläglichen Vorstellungen resultierten aus einer Mannschaft, der es – laut Fachpresse – an »Spielerpersönlichkeiten, technischen Fertigkeiten und Spielwitz« fehlte. Oftmals verhinderte Paul höhere Niederlagen, wobei er mit »Hechtsprüngen« und hervorragenden Paraden die Beobachter oftmals in Staunen versetzte.

Der Karlsruher Keeper sorgte dann auch am 9. Spieltag mit einem gehaltenen Elfmeter beim Abstiegskonkurrenten 1. FC Saarbrücken für die Wende zum Besseren. Der KSC siegte mit 3:1 und Präsident Dr. Schömig (»Der gehaltene Elfmeter hat uns Auftrieb gegeben.«) konnte erst mal aufatmen. Sein Verein verließ die Abstiegsränge, blieb aber während dieser Spielzeit stets akut gefährdet. In der Hinserie entpuppte sich Paul in einer chaotischen Abwehr als Leistungsträger, der zwischendurch ebenfalls patzte, aber durch sein Können und Reaktionsvermögen Punkte und Siege rettete. Seine beste Saisonleistung zeigte der Zerberus am 18. Spieltag beim 1:1 gegen den HSV, bei dem er die Hamburger Stürmer Uwe Seeler und Gerd Dörfel mit seinen Reflexen förmlich zur Verzweiflung brachte. Zur Mitte der Rückrunde ließ sich auch Paul von der latenten Nervosität seiner Hintermannschaft anstecken. Trainer Kurt Sommerlatt schickte mit Erich → Wolf den zweiten Mann in den Kasten, der seine Position bis zum Saisonabschluss nicht mehr hergab, während sich die Karlsruher denkbar knapp vor dem Abstieg retteten.

Für die Saison 64/65 wieder als Stammkraft gesetzt, wehrte Paul am 5. Spieltag bei Eintracht Frankfurt einen von ihm selbst verursachten Strafstoß ab, um am Ende mit einem sensationellen 7:0 den bis heute höchsten KSC-Sieg der Bundesligageschichte zu feiern. Trotz dieses Kantererfolges blieben die Karlsruher auch in dieser Saison ein heißer Abstiegskandidat, der kontinuierlich am Tabellenende pendelte.

Zuvor mehrmals bester Mann seiner Elf, musste Paul aufgrund zweier schwerer Patzer bei der 2:3-Niederlage gegen Hannover 96 nach dem 12. Spieltag wieder Wolf den Vortritt lassen. Bis zum 25. Spieltag musste die vormalige Nummer 1 warten, ehe sie nach einem schwachen Spiel ihres Kollegen eine neue Chance erhielt. Beim 2:1-Sieg über Borussia Neunkirchen wartete er mit einer Glanzleistung auf, um am vorletzten Spieltag beim 1:0 gegen den 1. FC Kaiserslautern seinen dritten Strafstoß zu parieren. Zu diesem Zeitpunkt stand er in der »Elfmeterkiller«-Rangliste noch vor Spitzenkeepern wie Petar → Radenkovič und Manfred → Manglitz. Diese beeindruckende Bilanz kam nicht von ungefähr, denn Paul führte eine Elfmeter-Kartei, in der alle Eigenarten der Schützen penibel aufgeführt waren. Seine Mannschaft, zumeist spielerisch schwach und in der

Abwehr »ohne Konzept«, konnten diese Leistungen indes nicht vor dem Abstieg bewahren. Nur durch die unerlaubten Handgeldzahlungen von Hertha BSC blieb der Karlsruher SC im Oberhaus, das nach dieser Saison auf 18 Vereine aufgestockt wurde. Zwischen den Torleuten Paul und Wolf entbrannte während der Saison 65/66 ein Konkurrenzkampf bei dem Paul knapp die Nase vorn behielt, es sich aber laut »Kicker«- Urteil »nicht leisten konnte zu bummeln«.

Am 3. Spieltag wehrte er in bravouröser Manier in der 38. Minute einen Foulelfmeter von Günter Netzer ab und sicherte seiner Elf ein 3:3-Unentschieden. Nach dem 9. Spieltag begann wieder das Wechselspiel und der zuvor gefeierte Paul war wieder sieben Wochen zum Zuschauen verurteilt. Durch Wolfs Fehler zurückgekehrt, avancierte er am 16. Spieltag beim 0:2 gegen Eintracht Braunschweig zum besten Mann auf dem Platz. Der KSC war am 28. Spieltag fünf Punkte von den Abstiegsrängen entfernt, als sich der Keeper bei der 2:8-Niederlage gegen den Meidericher SV am Schultergelenk verletzte und sein letztes Spiel für den Verein nur mit Schmerzen durchstand. Statt Wolf vertrat ihn anschließend der junge Siegfried → Kessler, der sich bestens bewährte und zur Entdeckung avancierte. Paul verabschiedete sich nach dieser Saison zum Regionalligisten Stuttgarter Kickers.

Pauly, Franz-Josef

Geboren: 16.09.1949 (Deutschland)
BL-Vereine: TSV 1860 München (1969–1970), Hannover 96 (1971–1976)
BL-Spiele: 98

Die »Boeing 747« unter den Bundesligatorhütern stammt aus der Moselweinstadt Cochem. Im Alter von 16 Jahren wurde Franz-Josef Pauly bei der SpVgg Cochem für das Tor entdeckt und konnte sich schnell für die Südwest-Auswahl empfehlen. Zwei Jahre später erfolgte der Wechsel zu Germania Metternich, wo Trainer Ferdi Warth von seinem Talent schnell beeindruckt war. Warth, mit dem Geschäftsführer von 1860 München eng befreundet, verschaffte seinem Schützling 1969 einen Zweijahresvertrag bei dem Bundesligisten. Hier regierte mit Petar → Radenkovič ein unumstößliches Torwart-Denkmal, hinter dem Pauly zunächst nur Erfahrung sammeln wollte.

Von Radenkovič kollegial im täglichen Training gefördert, erlebte er am 5. Spieltag der Saison 69/70 seine Feuertaufe. Im Spiel gegen Hannover 96 zog sich Radenkovič in der 36. Minu-

»Jumbo« Franz-Josef Pauly beim Landeanflug.

te eine Knieverletzung zu und der eingewechselte Pauly zeigte bei der 1:3-Niederlage eine gute Leistung. Schon eine Woche später musste der 20-jährige Goalie erneut einspringen und agierte bei der 0:2-Niederlage gegen den Hamburger SV deutlich nervöser. Auch im nächsten Spiel bei Rot-Weiß Oberhausen machte sich die mangelnde Bundesligapraxis bemerkbar und 1860 erflehte die Rückkehr ihres verletzten Stammtorhüters. Als der 1,87 m große Nachwuchskeeper am 14. Spieltag anstelle der verletzten Nummer 1 erneut gefordert war, stand sein Klub schon am Tabellenende. Pauly half gegen Eintracht Braunschweig tatkräftig mit, den knappen 1:0-Erfolg über die Ziellinie zu retten. Es war sein letzter Einsatz in einer Saison, in der die einst ruhmreichen 60er am Ende zu den Absteigern zählten.

Radenkovič erklärte seinen Rücktritt und der Klub engagierte von Hertha BSC den österreichischen Auswahltorwart Gernot → Fraydl. Verärgert über das mangelnde Vertrauen kehrte Pauly zunächst zu seinem Heimatverein SpVgg Cochem zurück und begann wieder in seinem erlernten Beruf als Kfz-Mechaniker zu arbeiten. Radenkovič hatte seinen einstigen »Lehrling« nicht vergessen und empfahl ihn bei dem Bundesligisten Hannover 96. Ein Probetraining bestand der Rheinländer mit Auszeichnung und kehrte ab der Saison 71/72 in die Bundesliga zurück.

Hinter dem hoch gelobten Neuzugang Burkhardt → Öller zunächst nur Reservist, erhielt Pauly ab dem 6. Spieltag gegen Borussia Mönchengladbach in der letzten halben Stunde für den enttäuschenden Öller seine Bewährungschance. Laut »Kicker« »biegsam und reaktionsschnell« konnte er sich einen Stammplatz erobern und mit oftmals waghalsigen Paraden in die Herzen der 96-Fans hechten. Wegen seiner Flugeinlagen wurde er von »Bild«-Reporter Bernd Stuckmann mit dem Ehrentitel »Jumbo« bedacht und die »Boeing 747« unter den Bundesligatorhütern avancierte zum Trumpf-As in einer stets abstiegsbedrohten Mannschaft. Zur Belohnung erfolgten während dieser Spielzeit Einladungen für Juniorenländerspiele und DFB-Sichtungslehrgänge, während sich Hannover 96 denkbar knapp vor dem Abstieg retten konnte. Auch während der Saison 72/73 überzeugte der Kamikazeflieger mit tollen Reaktionen und avancierte mehrmals zum Matchwinner einer krisengeschüttelten Mannschaft. Zwei Spieltage vor Spielschluss musste er jedoch aufgrund einer Ellbogenverletzung pausieren und wurde durch Amateurtorwart Rainer → Dittel ersetzt, der in der Folgezeit zu einem Rivalen erwuchs.

Aufgrund der Komplikationen seiner Ellbogenblessur zum Saisonstart immer noch zur Passivität verurteilt, drohte Pauly der Reservistenstatus, weil sich Dittel als gleichwertig entpuppte. Vor dem 16. Spieltag schenkte ihm Trainer Hannes Baldauf jedoch wieder das Vertrauen und beim 1:1 gegen Tabellenführer Eintracht Frankfurt feierte der »fliegende Jumbo« ein furioses Comeback. Seine Sternstunde erlebte der »Pfundskerl« dann am 29. Spieltag im Abstiegsmatch beim Wuppertaler SV. Mit seinen Glanztaten festigte »Jupp« lange Zeit die 1:0-Führung seiner Mannschaft und wehrte als zweiter Torwart der Bundesligageschichte, nach dem Ex-Kollegen Radenkovič, zwei Elfmeter in einem Spiel ab. Alle Torwartakrobatik erwies sich jedoch vergebens, denn Hannover 96 musste am Ende die höchste Spielklasse verlassen.

Mit Pauly als zuverlässigem Rückhalt erfolgte bereits nach einem Jahr die Rückkehr ins Oberhaus. Der Zerberus versuchte sich mittlerweile als Vermögensberater eine zweite Existenz aufzubauen, was sein Trainer Helmut Kronsbein im »Kicker« skeptisch beurteilte: »Ich würde mich höchstens für einen Verwendungszweck von 20 DM von ihm beraten lassen.« Abseits dieser Bemühungen ging es bei Hannover 96 nach gutem Saisonstart schnell abwärts in der Tabelle. Auch der Schlussmann zeigte Nerven und als er am 7. Spieltag beim 0:2 gegen den VfL Bochum den Führungstreffer verschuldete, kassierte er für diesen Patzer die verbale Prügel von Trainer, Funktionären und Mitspielern. Vier Wochen später wurde er nach der 2:6-Heimpleite gegen Hertha BSC hart kritisiert. Dittel kam ins Tor und Pauly kehrte erst am 24. Spieltag, aufgrund einer Verletzung des Kontrahenten, zurück. Zwar gab er sich kämpferisch (»Ich will zeigen, dass ich die Nummer

1 bin.«), doch einige Wochen später machte er beim 2:3 gegen den Karlsruher SC seinen »Strafraum zum Schlafraum« und musste anschließend wegen einer Handwurzel-Verletzung bis zum Saisonende pausieren.

Hannover 96, erneut Absteiger, warf die Schlussleute während der Zweitligasaison 76/77 zunächst in einen Konkurrenzkampf mit Dittel, den Pauly schließlich für sich entscheiden konnte. Ein Jahr später erfolgte der Wechsel zu Fortuna Köln, mit denen er jahrelang vergeblich an das Tor zur Bundesliga klopfte. Während dieser Zeit stellte sich bei Pauly ein irreparabler Daumenschaden ein, der ihn schließlich zum Sportinvaliden machte. Jahre später unterzog er sich einer lebensgefährlichen Beckenoperation, die er aber dank seiner körperlichen Konstitution gut überstand. Nach Beendigung seiner aktiven Laufbahn ließ er sich zum Tennislehrer ausbilden und ist heute Leiter einer Tennisanlage im Schwarzwald.

Pfaff, Jean-Marie

Geboren: 04.12.1953 (Belgien)
BL-Verein: Bayern München (1982–1988)
BL-Spiele: 156
Vereinstitel: 2x Meister (1985, 1986)
2x DFB-Pokal (1984, 1986)
A-Länderspiele für Belgien: 62

Die charismatische Torwartpersönlichkeit wurde im belgischen Lebbeke als fünfter Sohn einer vierzehnköpfigen Familie geboren. Jahrelang zog der junge Jean-Marie Pfaff mit seinen Eltern, einem Artisten-Ehepaar, per Wohnwagen durch die Lande. Nach dem Tod seines Vaters musste er mit 14 Jahren in einer Teppichfabrik arbeiten. Schon als Kind träumte Pfaff davon, Torhüter zu werden, begann die Fußballerlaufbahn bei seinem Heimatverein SK Beveren aber zunächst als Stürmer, weil er für den Posten des Keepers zu klein geraten schien. Dennoch versuchte er sich kurz danach bereits als Torwart, obwohl er mit 15 Jahren nur 165 cm maß. In den nächsten Jahren schoss er noch in die Höhe, bis er mit 18 Jahren bei 1,81 m angelangt war. Es folgten Berufungen in die Jugendnationalmannschaft und ab der Saison 72/73 rückte er in Beverens 1. Mannschaft auf. Schnell sorgte Pfaff, der eine Ausbildung zum Bankkaufmann absolvierte, bei dem Provinzklub für Furore. In der Saison 75/76 ließ der reaktionsstarke Flandern-Goalie in den ersten 25 Ligaspielen nur 13 Gegentore zu, um 1978 mit seiner Mannschaft Pokalsieger und zugleich Belgiens »Fußballer des Jahres« zu werden. Ein Jahr später wurde er mit Beveren Meister und glänzte mit spektakulären Leistungen im Europapokal der Pokalsieger, wo er mit seiner Mannschaft erst im Halbfinale gegen den FC Barcelona scheiterte.

Mit 23 Jahren feierte der Mann mit »Schwungkraft und Übersicht« sein Debüt in der Nationalmannschaft und nahm mit Belgien 1980 an der Europameisterschaft in Italien teil. Pfaffs großartige Reflexe verhalfen Belgien zum Finaleinzug, wo der Zerberus allerdings nach einem Eckball durch halbherziges Herauslaufen das entscheidende Gegentor durch Horst Hrubesch verschuldete. Der »Klassetorwart« erhielt anschließend Angebote von Real Madrid, Espanol Barcelona und Eintracht Frankfurt, die er jedoch allesamt ablehnte.

Zwei Jahre später, kurz vor der anstehenden Weltmeisterschaft in Spanien, unterschrieb er einen Vertrag beim FC Bayern München. Im Eröffnungsspiel der WM gegen Titelverteidiger Argentinien stellte der »Besessene« seine Weltklasse unter Beweis und besaß am überraschenden 1:0-Sieg seiner Elf entscheidenden Anteil. Nach der 1. Finalrunde musste er jedoch mit einer Schulterprellung passen und wurde durch Theo Custers sowie Jacques Munron ersetzt.

Sein Bundesligadebüt beim FC Bayern begann am 1. Spieltag der Saison 82/83 mit einer absoluten Lachnummer. In der 43. Minute fabrizierte der Neuzugang ein lupenreines Eigentor, indem er den weiten Einwurf von Bremens Uwe Reinders nicht unter Kontrolle bekam und ins eigene Netz lenkte. Münchens Trainer Pál Csernai befürchtete für die Zukunft schon das Schlimmste, doch in den kommenden Wochen zeigte sich der belgische Nationaltorhüter zumeist von seiner besten Seite. Schnell avancierte der »Star zum Anfassen« zum Publikumsliebling, der trotz einiger Strafraumschwächen seiner Elf zu einem UEFA-Cup-Platz verhalf.

Noch überzeugender agierte der »Held der Massen« in der nächsten Spielzeit. Insgesamt ein großer Rückhalt, rettete er am 15. Spieltag mit zahllosen Paraden und einem abgewehrten Strafstoß den knappen Auswärtssieg beim 1. FC Kaiserslautern. In der 2. UEFA-Cup-Runde gegen PAOK Saloniki wehrte er im Elfmeterschießen zwei Strafstöße ab, um anschließend mit einem Schuss in den Winkel eigenhändig für die vielumjubelte Entscheidung zu sorgen. Obwohl die Meisterschaft erneut verpasst wurde, konnte Pfaff mit seiner Elf zumindest den DFB-Pokal an die Isar holen.

Von den »Kicker«-Lesern 1983, vor Harald → Schumacher, zum »Torhüter des Jahres« gewählt, sorgten eine Leistenoperation sowie ein Verkehrsunfall vor dem Saisonstart 84/85 zunächst für eine längere Zwangspause. Vertreter Raimond → Aumann nutzte die Chance, um sich erstmals ins Rampenlicht zu setzen, während die Mannschaftskollegen, denen Pfaffs große Popularität bei den Fans schon lange ein Dorn im Auge war, öffentlich von dem belgischen Volkshelden abrückten. Als er nach dem 7. Spieltag immer noch die Ersatzbank drückte, bat der »Startorhüter« um seine Freigabe, was ihm Manager Uli Hoeneß jedoch verweigerte. Weil Trainer Udo Lattek Pfaff nicht abschreiben wollte, schenkte er ihm ab dem 13. Spieltag wieder das Vertrauen. Überragende Leistungen im Europapokal gegen Trakla Plovdiv, AS Rom sowie im DFB-Pokalviertelfinale gegen Bayer Leverkusen hielten den Bayern alle Möglichkeiten offen. Auch im Halbfinalrückspiel gegen FC Everton konnte »Super-Pfaff« zunächst glänzen, ehe er in der 73. Minute den entscheidenden Gegentreffer verursachte. Anschließend musste der Leistungsträger am

Mit allen Wassern gewaschen – Bayern Münchens Klassekeeper Jean-Marie Pfaff

Blinddarm operiert werden und fiel für den Rest der Saison aus.

Das Verhältnis zu seinem Konkurrenten Aumann war mittlerweile in offene Feindschaft ausgeartet und vor der Saison 85/86 hielt Lattek die Torwartfrage lange Zeit offen. Schließlich setzte sich Pfaff durch, ehe ihn nach dem 16. Spieltag eine Bauchmuskeloperation erneut außer Gefecht setzte. Erst durch Aumanns Kreuzbandriss am 25. Spieltag gegen Fortuna Düsseldorf ergab sich die Comeback-Chance. Mit Pfaff im Tor startete Bayern München in der Bundesliga zu einer Aufholjagd, bei der man am letzten Spieltag Werder Bremen noch den sicher geglaubten Meistertitel wegschnappen konnte. Anschließend holte er sich mit seiner Mannschaft durch einen 5:2-Sieg gegen den VfB Stuttgart noch den DFB-Pokal, ehe er mit der belgischen Nationalmannschaft zur Weltmeisterschaft nach Mexiko reiste. Mit seinen Großtaten gegen die UdSSR ebnete er seiner Mannschaft den Einzug ins Viertelfinale. Auch hier avancierte der »Weltstar« zum Helden seiner Heimat, weil er im Elfmeterschießen gegen Spanien erneut einen Strafstoß parieren konnte. Pfaff zählte, neben Harald Schumacher und Rinat Dassajew, jetzt zu den besten Torhütern der Welt. Zu diesem Zeitpunkt befand sich der Profi auf dem Höhepunkt seiner Popularität.

In seiner Heimatstadt Beveren wurde er zum »Ehrenbürger« ernannt, während er in Brüssel im Wachsfigurenkabinett von Madame Beaufort neben Julius Cäsar und Karl dem Großen zu bewundern war. Seine Geschäftstüchtigkeit nutzte der »Dressman im Bayern-Tor« um in Zusammenarbeit mit einer Sportfirma seine Torwartprodukte zu vertreiben. Auf der Kinoleinwand war das begnadete Showtalent 1987 ebenfalls zu bewundern: In der deutschen Filmkomödie »Zärtliche Chaoten« mimte er als »Gaststar«, an der Seite von Helmut Fischer, Thomas Gottschalk und Pierre Brice, einen Hotelgast, der sich mit Kellnern (Pfaff: »Herr Ober, ist das normal hier, wenn ich ein Wiener Schnitzel bestelle mit Pommes Frites, dass Sie Ihren Daumen auf mein Wiener Schnitzel drücken?« Kellner: »Jean-Marie Pfaff: Sie sind so ein lieber Mensch und solch ein Weltklassetorwart, da möchte ich nicht riskieren, dass das Schnitzel wieder in den Dreck fällt«) herumplagt und nach fliegenden Küchentöpfen hechtet. Auch sportlich lief es für den »sicheren Bayern-Torwart« während der Saison 86/87 ausgezeichnet. Mit seinem Klub verteidigte er souverän den Meistertitel, um mit einer Weltklasseleistung im Europapokalhalbfinale gegen Real Madrid dem Klub zum Finaleinzug zu verhelfen, wo man allerdings gegen den FC Porto scheiterte. 1987 noch mit großem Vorsprung vor Rinat Dassajew, Walter Zenga und Harald Schumacher zum weltbesten Torhüter gewählt, setzte jetzt allerdings bei Bayern München allmählich seine Götterdämmerung ein. Weil Aumann seine Ansprüche weiterhin öffentlich untermauerte und Pfaff zudem einige Male schwächelte, kam es während der Saison 87/88 wieder zu einem Konkurrenzkampf, bei dem der 62-fache Nationaltorhüter nicht immer die besten Karten besaß. Im Frühjahr 88 teilte ihm Manager Hoeneß mit, dass seine Dienste zukünftig nicht mehr gebraucht würden. Ausgemustert landete »eines der letzten Originale im deutschen Fußball« nach dem 28. Spieltag auf der Tribüne, um fünf Wochen später gegen den VfB Stuttgart seinen viel umjubelten Abschied zu zelebrieren.

Anfragen von verschiedenen Klubs zerschlugen sich, so dass der 34-jährige »Heros des belgischen Fußballs« zunächst arbeitslos blieb, ehe er im Herbst 88 beim belgischen Erstligisten Lierske SK unterschlüpfte. Frustriert von der dortigen Provinzkickerei, wechselte er 1990 in die Türkei, um für eine Saison bei Trabzonspor Istanbul die Torwarthandschuhe überzustreifen. Seinen Traum von der Rückkehr in die Bundesliga konnte er nicht mehr verwirklichen und so gab die einstmals »größte Torhüterpersönlichkeit Europas« am 6. September 1991 im Antwerpener Beerschot-Stadion gegen eine Welt-Auswahl ihren Abschied von der Fußball-Bühne. Anschließend betätigte sich der »Hansdampf in allen Gassen« mit mäßigem Erfolg als Trainer, produzierte Schulungsvideos für Torhüter und leitet in Antwerpen eine Fußballschule. Zuletzt wurde unter dem Titel »De Pfaffs« sein Familienleben in einem flämischen Privatsender als 13-teilige Doku-Soap ausgestrahlt und im Januar 2003 will er mit einem Lastwagen an der Rallye Paris–Dakar teilnehmen.

Pfeifer, Werner

Geboren: 09.09.1941 (Deutschland)
BL-Verein: VfB Stuttgart (1964–1968)
BL-Spiele: 4

Die Hoffnungen des 23-jährigen Werner Pfeifer, ab 1964 in naher Zukunft beim VfB Stuttgart den langjährigen Stammtorhüter Günter → Sawitzki zu beerben, besaßen anfangs ihre Berechtigung. Pfeifer, der für seinen Stammverein TUS Meerbeck ein Juniorenländerspiel bestritt und ab der Saison 63/64, als Torwart des Regionalligisten Fortuna Düsseldorf, unter DFB-Trainer Helmut Schön auch zwei Amateurländerspiele absolvierte, galt als Mann der Zukunft, während »Oldman« Sawitzki beim VfB Stuttgart vor der Saison 64/65 bereits zu den Auslaufmodellen zählte.

Doch der 32-jährige Ex-Nationaltorwart zeigte auch in dieser Spielzeit noch seine altgewohnte Klasse und Pfeifer schmorte auf der Ersatzbank. Erst am 28. Spieltag der Saison 65/66 kam der »Kronprinz« im Heimspiel gegen Borussia Mönchengladbach erstmals zum Einsatz, konnte sich aber beim 5:0-Sieg kaum bewähren.

Aufgrund einer Verletzung Sawitzkis erhielt Pfeifer während der Saison 66/67 Gelegenheit, sein Potential über einen längeren Zeitraum zu beweisen. Seine mangelnde Spielpraxis machte sich bereits im ersten Einsatz bemerkbar und im Heimspiel gegen Hannover 96 verschuldete er bei der 1:2-Niederlage den zweiten Gegentreffer.

Diesem mäßigen Saisondebüt folgte eine katastrophale Vorstellung beim 1:4 in Karlsruhe. Pfeifer leistete bei drei Treffern gütige Mithilfe und eine Woche später erlebte er mit seiner Elf, vor der Stuttgarter Negativkulisse von 10 000 Zuschauern, gegen Borussia Mönchengladbach eine weitere Niederlage.

Damit hatte der einst designierte Sawitzki-Nachfolger seine Chancen verspielt, um in der nächsten Saison torwarthierarchisch hinter Sawitzki, Dieter → Feller und Gerhard → Heinze zur Nummer 4 abzusteigen. Enttäuscht zog er die Konsequenzen und wechselte 1968 zum Regionalligisten VfR Heilbronn, dem sich zwei Jahre später ein Engagement beim SSV Ulm 46 anschloss.

Pieckenhagen, Martin

Geboren: 15.11.1971 (DDR)
BL-Vereine: MSV Duisburg (1994–1995), Hansa Rostock (1996–2001), Hamburger SV (seit 2001)
BL-Spiele: 165 (zum Ende der Hinrunde 02/03)

Einer der »wenigen unprätentiösen Vertreter der notorisch aufgeregten Torwart-Zunft« (Frankfurter Allgemeine Zeitung) kam in Ost-Berlin als jüngster Sohn äußerst sportbegeisterter Eltern zur Welt. Während sein Vater einst Hockey spielte, betätigte sich seine Mutter früher als Handballerspielerin. Mit fünf Jahren wurde er Mitglied beim Berliner Stadtteilklub Medizin Buch, wo er zunächst als Feldspieler agierte. Als der Blondschopf mit 12 Jahren von der Polytechnischen Oberschule zur Kinder- und Jugendsportschule (KJS) wechselte, stellte er sich zugleich, aufgrund einer erlittenen Zehenverletzung, bei seinem Verein erstmals zwischen die Pfosten. Fortan blieb er Torwart, absolvierte nach der zehnten Klasse eine Ausbildung zum Elektronikfacharbeiter und unterschrieb im Sommer 89 beim DDR-Zweitligisten Union Berlin einen Profivertrag. Nach dem Mauerfall wurde der Klub dann ab 1991 in die Amateur-Oberliga Nordost eingeteilt. Ein Jahr später kam mit Frank Pagelsdorf ein neuer Trainer, unter dem der 21-jährige »Piecke« zum Stammtorhüter avancierte. In der gleichen Saison gelang dem Verein in sportlicher Hinsicht der Aufstieg in die 2. Bundesliga, aufgrund einer gefälschten Bürgschaft wurde vom DFB jedoch keine Profi-Lizenz erteilt.

Pieckenhagen, der mit aller Macht in den bezahlten Fußball wollte, wechselte daraufhin für die Saison 93/94 zum Zweitliga-Aufsteiger Tennis Borussia Berlin. Bei den Saisonvorbereitungen konnte sich der stets gutgelaunte Sonnyboy überraschend gegen den bundesligaerfahrenen Ex-Bayern-München-Keeper Gerald → Hillringhaus durchsetzen. Sein Zweitligadebüt im Heimspiel gegen Mainz 05 entpuppte sich jedoch als Pleite. Mit einem schweren Patzer verursachte der 1,86 m große Schlussmann den entscheidenden Gegentreffer. Anschließend nahm ihn Trainer Willibald Kremer aus dem Tor und der ambitionierte Lockenkopf musste längere Zeit auf der Ersatzbank schmoren. Weil sein Klub schon lange vor dem Saisonende als Absteiger feststand und sich Hillringhaus ebenfalls einige Schwächen erlaubte, gelangte Pieckenhagen in den letzten Saisonspielen noch zu einigen Einsätzen, bei denen er zumindest ansatzweise sein potentielles Talent dokumentieren konnte.

Anschließend wechselte der stets als »Mann der Zukunft« gehandelte Nachwuchskeeper zum Bundesligisten MSV Duisburg. Entgegen seiner Absicht, als Ersatzmann für Jürgen → Rollmann erst einmal »in die Bundesliga reinzuschnuppern« trat der Ernstfall schneller als erwartet ein. Am 4. Spieltag der Saison 94/95 überwarf sich Rollmann zur Halbzeitpause mit Trainer Ewald Lienen und wurde kurz darauf entlassen. Als Pieckenhagen zur 2. Halbzeit sein Bundesligadebüt feierte, lag seine Elf gegen Bayern München bereits aussichtlos mit 0:3 zurück und der Debütant wurde vor keine ernsthafte Prüfung mehr gestellt. Mit dem praktisch über Nacht erworbenen Nummer-1-Status schien der unerfahrene Frischling jedoch restlos überfordert. Latente Unsicherheiten sowie ein schwerer Fauxpas am 6. Spieltag gegen Werder Bremen sorgten für die Verpflichtung von Holger → Gehrke, während Pieckenhagen nur noch enttäuscht resümieren konnte: »Man hat mir eine Chance gegeben. Ich habe sie nicht genutzt.« Für den Rest der Saison blieb er hinter der Neuverpflichtung nur Bankdrücker.

Während sich Gehrke während der Saison 95/96 als Rückhalt bewährte, kam Pieckenhagen zunächst nur bei Freundschaftsspielen oder Hallenturnieren zum Einsatz. Schon zur Winterpause deutete sich ein erneuter Vereinswechsel an, ehe der unzufriedene Reservist den verletzten Gehrke in den letzten Begegnungen vertreten konnte. Hochmotiviert, aber mit geringer Spielpraxis ausgestattet, agierte der ehrgeizige Goalie in seinen Einsätzen nicht immer glücklich. Trainer Funkel konfrontierte seine Nummer 2 sogar mit dem Vorwurf, beinahe noch den Wiederaufstieg gefährdet zu haben.

Nach dieser insgesamt unerfreulichen Episode holte ihn sein ehemaliger Trainer Pagelsdorf zum Bundesligisten Hansa Rostock, wo er sich hinter Ex-DDR-Nationaltorhüter Perry → Bräutigam ebenfalls als Ersatzmann einreihen musste. Während der Saison 96/97 kam er für ihn nur zu zwei Kurz-Einsätzen. Primär als Stimmungskanone geschätzt, schien sich der Junggeselle allmählich in die lange Liste der ewigen Ersatztorhüter einzureihen. Diese unbefriedigende Situation änderte sich dann allerdings in der nächsten Spielzeit grundlegend.

Am den 15. Spieltag der Saison 97/98 zog sich Bräutigam im Spiel beim VfB Stuttgart einen Schulterblattbruch zu, was Pieckenhagen endlich eine längere Einsatzperiode ermöglichte. Seine selbstbewusste Ankündigung (»Meine Chance werde ich resolut nutzen.«) konnte der einzige Single im Team in die Tat umsetzen. Wenngleich gelegentlich etwas zappelig im Strafraum, beeindruckte der einstige »Fliegenfänger« insgesamt mit hervorragendem Reaktionsvermögen und hechtete sich dank konstanter Leistungen zum Saisonschluss auf Platz 5 der »Kicker«-Torwart-Rangliste.

Auch während der Saison 98/99 konnte der »echt Berliner Junge« seinen Reifeprozess betätigen, avancierte dank seiner offenherzigen Statements (»Wir haben uns für die Fans gefälligst den Arsch aufzureißen.«) zu einem Führungsspieler und brachte sich schon für die A2-Nationalmannschaft ins Gespräch. Bei der »Bunte«-Wahl zum »erotischsten Spieler« landete Motorrad- und Snowboard-Fan Pieckenhagen im Sommer 99 unter 300 Kollegen immerhin auf Platz 10. Selbst bei sommerlichen Temperaturen oft in langer Trainingshose agierend, schien er sich zu einer unverzichtbaren Größe im Hansa-Team gemausert zu haben, als er zu Beginn der Saison 99/00 in eine Formkrise absackte. Schon am 1. Spieltag flog er bei der 2:5-Niedelage gegen Hertha BSC an mehr Bällen vorbei, als ihm lieb sein konnte. Gleiches wiederholte sich einen Monat später bei der 0:5-Packung gegen den SC Freiburg. Trainer Andreas Zachhuber nahm seinen Torwart aus der Schlusslinie und tauschte ihn bis zum Hinrundenende gegen Bräutigam aus. Zur Winterpause eroberte der trainingsbesessene Schlussmann seine Position zurück, ließ sich bis zum Saisonende nicht mehr verdrängen, um sich in der nächsten Spielzeit für die Experten zu einem der »besten deutschen Torhüter« zu entwickeln.

Im Bundesliga-Alltag immer hochkonzentriert – »Spaßvogel« Martin Pieckenhagen.

Während der Saison 00/01 zeichneten in erster Linie seine glänzenden Paraden für den Klassenerhalt verantwortlich. Souverän, reaktionsstark und nahezu fehlerfrei rettete die »menschliche Mauer« entscheidende Punkte, um in der »Kicker«-Rangliste zum Saisonabschluss hinter Oliver → Kahn und Frank → Rost erstmals in der »Internationalen Klasse« zu rangieren. Weil der »Liebling des Publikums« endlich auch einen Titel erringen wollte, hatte er sich zu diesem Zeitpunkt schon für einen Wechsel zum Hamburger SV entschieden. Die Hansa-Fans nahmen es ihrem geliebten Zerberus nicht übel, verabschiedeten ihn beim letzten Saisonspiel mit Standing Ovations und einem Plakat mit der Aufschrift: »Ein Torwart geht, ein Freund bleibt.«

Die Hoffnungen, mit dem Hamburger SV in höhere Tabellenregionen vorzustoßen, erfüllten sich bislang nicht. Immerhin konnte der »Durchstarter« seine Extraklasse nach anfänglichen Schwierigkeiten mehrfach bestätigen. Innerhalb des krisengeschüttelten Klubs gehört er seit anderthalb Jahren zu den wenigen konstanten Größen.

Pipliča, Tomislav

Geboren: 05.04.1969 (Jugoslawien)
BL-Verein: Energie Cottbus (seit 2000)
BL-Spiele: 74 (zum Ende der Hinrunde 02/03)
A-Länderspiele für Bosnien-Herzegowina: 7

Der »Paradiesvogel unter den Bundesligatorhütern« unternahm die ersten fußballerischen Gehversuche mit 12 Jahren als rechter Verteidiger beim bosnischen Heimatklub FC Iskra Bugojna. Ein Jahr später stellte sich der gebürtige Kroate bei einem Trainingsspielchen erstmals ins Tor, absolvierte anschließend ein Probetraining und hatte jetzt seine Lieblingsposition gefunden. Bald darauf folgten Berufungen in die jugoslawische Jugendauswahl und 1987 reiste Pipliča als Ersatztorwart mit zur U20-Weltmeisterschaft in Chile.

Von 1991 bis 1993 durchlief der 1,82 m große Schlussmann die kroatischen Vereinsstationen NK Zagreb und Istra Pulsa, ehe er für vier Jahre bei Segesta Sisak anheuerte. Mögliche Länderspieleinsätze in der kroatischen Nationalmannschaft blieben ihm jedoch verwehrt, weil sich der Individualist weigerte, die inzwischen schulterlange und durch ein Stirnband gebändigte Haarpracht stutzen zu lassen.

Vor der Saison 98/99 verpflichtete ihn Zweitligist Energie Cottbus, weil sich der etatmäßige Keeper Kay Wehner einen Kreuzbandriss zugezogen hatte. Der vermeintliche Noteinkauf erwies sich auf Anhieb als Volltreffer. Mit hervorragendem Reaktionsvermögen sicherte er sich einem Stammplatz und aufgrund spektakulärer Ausflüge außerhalb des Strafraums die Herzen der Cottbuser Anhänger. Von den Fans wegen seines verwegenen Outfits liebevoll »Pirat« getauft, schaffte der »dynamische Typ« mit seinem Klub in der Saison 99/00 den sensationellen Aufstieg in die Bundesliga.

Mittlerweile für die Nationalauswahl von Bosnien-Herzegowina nominiert, erwies sich der »Pirat mit Herz« auch in der Bundesligasaison 00/01 zumeist als sicherer Rückhalt. Beim torlosen Remis am 13. Spieltag bei Borussia Mönchengladbach attestierte ihm sein verletzter Mannschaftskollege Christian Beeck anschließend sogar eine Weltklasseleistung. Seinen bis dato persönlichen Tiefpunkt erlebte der »Torhüter mit dem höchsten Unterhaltungswert« am 32. Spieltag im Ost-Derby bei Hansa Rostock. In der 9. Minute ließ er sich in dilettantischer Manier von einem 25-Meter-Freistoß überraschen, um kurz vor der Halbzeit – als fünfter Torhüter der Bundesligageschichte, nach Petar → Radenkovič, Norbert → Nigbur, Fred-Werner → Bockholt und Hans-Jörg → Butt, – mit einem Elfmeter an Kollege Martin → Pieckenhagen zu scheitern. Trotz dieser gelegentlichen Blackouts zählte der »Mann mit gelbem Trikot, Dreitagebart und grimmigen Blick« (SPIEGEL) dank zahlreicher Paraden während dieser Spielzeit dennoch zu den »Top-Keepern der Liga«.

Von den Cottbus-Fans im Dezember 2001 zum »Energie-Fußballer des Jahres« gewählt, von Mitspieler Bruno Akrapovic auf eine Stufe mit Oliver → Kahn und Gabor → Király gestellt, konnte der »ungewöhnliche Typ« seine Leistungen innerhalb einer permanent abstiegsbedrohten Elf auch während der Saison 01/02 annähernd fortsetzen, ehe er am 30. Spieltag seine schwärzeste Stunde erlebte. Im Heimspiel gegen Borussia Mönchengladbach rutschte ihm fünf Minuten vor Schluss ein harmloser Schuss des Borussen Marcel Witeczek über den Kopf direkt ins Netz. Diese kuriose Szene erhielt in der Comedyshow »TV-Total« von Moderator Stefan Raab (»Ein Bild, das wahrscheinlich noch in 20 Jahren gezeigt wird.«) die Auszeichnung zum »Raab der Woche«, während sich über den »Gurken-Keeper« ganz Fußball-Deutschland lustig machte. Piplića (»Ich dachte, der Ball geht auf die Latte.«) bewies Humor und holte sich seinen Preis in der Fernsehsendung persönlich ab. Zuvor hatte er sich am 30. Spieltag gegen VfB Stuttgart einen doppelten Fingerbruch zugezogen, so dass für den Rest der Saison sein ehrgeiziger Konkurrent André → Lenz zum Zuge kam.

Das Mitglied des Mannschaftsrates zeigte am 1. Spieltag der Saison 02/03 gegen Bayer Leverkusen noch eine ansprechende Leistung, ehe er sich anschließend völlig von der Rolle präsentierte. Am 5. Spieltag trug er mit einem Eigentor die Alleinschuld an der Heimniederlage gegen Werder Bremen. In den darauf folgenden Wochen brachte er mit kapitalen Schnitzern sein Team wiederholt auf die Verliererstraße und mit insgesamt drei Eigentoren übertraf er die bisherigen Rekordinhaber Dieter → Feller und Stefan → Klos. Trainer Eduard Geyer verfrachtete seinen Lieblingsspieler auf die Ersatzbank, wo dieser bis zur Winterpause hocken blieb. Als Trost wählten ihn die Bundesliga-Fans neben dem Ungarn Gabor Király in das internationale »Bundesliga-Allstar-Team«, das am 16. Dezember 2002 gegen die deutsche Nationalmannschaft in der Schalker Arena ein Benefizspiel zugunsten der ostdeutschen Flutopfer austrug.

Podlasly, Horst

Geboren: 29.03.1936 (Deutschland)
BL-Verein: Hannover 96 (1964–1971)
BL-Spiele: 187

Das »Idol vieler Hannover 96-Fans« spielte zunächst beim SC Beeck 05, wo er bis zur Bezirksoberliga das Tor hütete. 1958 wechselte der in Duisburg-Hamborn geborene Podlasly zum Zweitligisten Hamborn 07. Das »echt Hamborner Kind« schaffte mit dem Klub gleich im ersten Jahr den Aufstieg in die Oberliga West. Die Extraklasse des reaktionsschnellen, mitunter aber auch leichtsinnigen Podlasly führte auch zu Berufungen in die Westdeutsche Auswahl.

1961 scheiterte er mit seinem Klub beim DFB-Pokal erst im Halbfinale am 1. FC Kaiserslautern und erhielt von Bundestrainer Sepp Herberger für das B-Länderspiel gegen Ungarn sowie als zweiter Mann hinter Fritz Herkenrath eine Berufung für die deutsche A-Nationalmannschaft. Im Karlsruher Trainingslager wollte sich »Polly«, wie ihn Fans und Kollegen nannten, von Mitspieler Friedel Rausch zu später Stunde eine Nachtlektüre ausleihen, verirrte sich aber in das Zimmer des Co-Trainers Georg Gawliczek. Nichts ahnend nahm der Keeper ein ausliegendes Magazin mit und sorgte damit am nächsten Tag für beträchtlichen Aufruhr. Obwohl sich der zerknirschte Schlussmann bei Gawliczek entschuldigte, musste er seine Koffer packen und wurde anschließend nie mehr vom DFB eingeladen. Diesen lächerlichen Rausschmiss verarbeitete er, trotz tränenreicher Rückfahrt, relativ schnell und sorgte bei Hamborn 07 weiterhin für sicheren Rückhalt. Nach seiner Vermählung bat der zuverlässige Torwart, im Hauptberuf Installateur bei Thyssen, seinen Verein 1963 um ein kleines Darlehen, das ihm aber verwehrt wurde. Enttäuscht bewarb er sich mittels verschiedener Zeitungsannoncen um einen neuen Verein.

Vom ambitionierten Oberligisten Hannover 96 verpflichtet, gelang dem Westfalen bereits in der Saison 63/64 mit seinem Klub die norddeutsche Regionalligameisterschaft, was zur Teilnahme an der Bundesliga-Aufstiegsrunde berechtigte. Dank einer generalstabsmäßigen Planung, flexibler Taktik sowie Podlaslys Paraden sicherte sich der Deutsche Meister von 1954 vor Hessen Kassel den ersten Platz.

Für die Bundesliga zum Vollprofi avanciert, entpuppte sich der Zerberus bereits am 2. Spieltag der Saison 64/65, beim 2:0-Sieg über den 1. FC Köln, als »ein Schlussmann, der Köln die letzten Nerven raubte« (»Kicker«). Die famosen Paraden wurden jedoch gelegentlich durch sein risikoreiches Spiel getrübt. In seinem Eifer, gefährliche Situationen bereits im Ansatz zu eliminieren, kam er zuweilen weit aus seinem

Kasten, um per Kopfball oder Fußabwehr zu klären. Pannen blieben nicht aus und als der »katzenhaft gewandte« Keeper am 23. Spieltag in Karlsruhe kurzzeitig wieder einmal die Orientierung verloren hatte, stöhnte sein Trainer Helmut Kronsbein nach dem knappen 3:2-Sieg: »Beinahe hätte er wieder alles zunichte gemacht«. Die gelegentlichen Aussetzer verzieh man den 1,80 m großen Schlussmann, weil überragende Leistungen bei weitem überwogen. Der leidenschaftliche Pilzsammler brillierte zudem durch seinen trockenen und spontanen Humor.

Als Podlasly 1965 bei einer Amerikareise die Sperrstunde überschritten hatte und dabei von Kronsbein erwischt wurde, drohte ihm der Coach: »Herr Podlasly, wenn ich Sie dabei noch einmal erwische, lege ich Sie auf Eis«, worauf der Athlet schlagfertig konterte: »Wunderbar, Herr Kronsbein, dann werde ich Eishockey-Torwart.« Hannover 96 schloss die erste Saison mit einem ausgezeichneten 5. Platz ab und qualifizierte sich damit für den UEFA-Cup.

Während der Saison 65/66 schied der Klub erst in der 3. Runde, per Losentscheid, unglücklich gegen den FC Barcelona aus. Auch in dieser Spielzeit beeindruckte der »gute Pod« mit phänomenalen Reaktionen und einem sicheren Stellungsspiel. In der Saison 66/67 avancierte er zudem in Spielen gegen Eintracht Frankfurt, Borussia Mönchengladbach, Hamburger SV und Borussia Dortmund zum »Elfmetertöter«, um beim 1:0-Sieg im Lokalderby gegen den späteren Meister Eintracht Braunschweig mit einer Weltklasseleistung aufzuwarten.

Am 1.4.1967 absolvierte er sein 200. Spiel für Hannover 96. Neben allen Sternstunden unterlief dem Torwarthelden zwischendurch immer wieder ein Lapsus, was in amüsante Anekdoten mündete. Nach seinen zwei Schnitzern am 33. Spieltag im Heimspiel gegen Schalke 04 erhielt der Pechvogel nach dem Halbzeitpfiff per Lautsprecher durch Stadionsprecher Werner Seide die Nachricht von seiner zweiten Vaterschaft. Während ihm alle 21 Spieler noch auf dem Spielfeld gratulierten, wurde die freudige Nachricht durch einen Zwischenruf aus der Zuschauermenge ergänzt: »Dann wollen wir es noch mal entschuldigen ...« Nach dem 22. Spieltag der Saison 67/68 endete für die fangsichere Stütze eine tolle Serie von 120 Bundesligaspielen ohne Unterbrechung. Beim Hallentraining verletzte ihn Interimstrainer Karl-Heinz Mülhausen durch einen scharfen Schuss an der Hand und der daraus resultierende Sehnenabriss machte weitere Einsätze bis zum Saisonende unmöglich.

Podlasly fand jetzt erstmals öfter Gelegenheit, »in die Pilze zu gehen«, während sein junger Vertreter Bernd → Helmschrot zu einem ernsthaften Konkurrenten erwuchs. Ein weiteres Jahr konnte die Torwart-Ikone ihre Position behaupten, dann setzte ihn die alte Sehnenverletzung zum Saisonbeginn 69/70 erneut außer Gefecht. Der 34-jährige Podlasly, mittlerweile ältester Bundesliga-Schlussmann, feierte zwar am 8. Spieltag in Köln, ab der zweiten Halbzeit, für den entnervten Helmschrot sein Comeback, aber auch mit seinen Leistungen zeigte sich Trainer Zlatko Čajkovski unzufrieden. Nach der 0:5-Pleite am 15. Spieltag gegen Borussia Mönchengladbach kreidete der kugelrunde Jugoslawe seinem Keeper drei Treffer an und jammerte: »Uns fehlen ein gutes Torwart.« Fortan folgte ein unergiebiges Wechselspiel zwischen Helmschrot und Podlasly, das beiden Torhütern an den Nerven zehrte. Seinen persönlichen Tiefpunkt erlebte Podlasly am 29. Spieltag, als er sich bei der 2:7-Niederlage gegen Bayern München eklatante Patzer leistete.

In der Saison 70/71 kam mit Helmut Johannsen ein neuer Coach und vor dem Start bereitete Podlasly ein ausgerenkter Finger schmerzhafte Sorgen. Der zähe Routinier renkte sich den lädierten Finger eigenhändig beim Duschen ein und meldete sich für den Saisonstart rechtzeitig fit. Am 3. Spieltag avancierte er nach dem 0:0 bei Borussia Mönchengladbach wiederholt zum »Helden des Tages«, um drei Wochen später nach einigen Fehlern auf der Bank zu landen. Nach seiner Rückkehr am 11. Spieltag erlebte der »Oldtimer« seinen dritten Frühling und zeigte am 16. Spieltag gegen Hertha BSC, laut »Kicker« eine Leistung, »wie es nur alle fünf Jahre einmal gelingt«. Das Verhältnis zu Johannsen blieb jedoch angespannt und als »der beste Schlussmann, den Hannover 96 jemals hatte« am 21. Spieltag in Hamburg eine schwä-

Zur Entspannung öfters »in die Pilze« – Hannovers Horst »Polly« Podlasly.

chere Partie zeigte, spielte er fortan beim Coach keine Rolle mehr. Ursprünglich wollte der 35-jährige »Oldboy« noch zwei Jahre weiterspielen, doch Johannsen legte auf die Dienste des »bekanntesten, beliebtesten und verdientesten Torhüters von Hannover 96« keinen Wert mehr.

Für die Saison 71/72 kamen mit Burkhardt → Öller und Franz-Josef → Pauly gleich zwei neue Schlussleute. Öller, in Braunschweig stets ein guter Vertreter von Nationaltorwart Horst → Wolter, erwies sich nicht als die erhoffte Verstärkung. Zudem erhielt Podlaslys einstiger Erzfeind Johannsen, aufgrund chronischer Erfolglosigkeit, im November 71 die Kündigung. Hannovers neuer Trainer Hans Hipp engagierte anschließend den geschassten Podlasly als Torwarttrainer für den enttäuschenden Öller. Die »historische Größe im Kasten« (Hannoversche Allgemeine) war anschließend noch drei Jahre als Spielertrainer für den Bezirksoberligisten SC Reese tätig und arbeitete bis 1994 beim hannoverschen Umweltamt im Vollzugsdienst.

1984 kehrte das Torwart-Idol noch einmal in das Rampenlicht zurück. Bei einem Benefizspiel zugunsten der Franz-Beckenbauer-Stiftung demonstrierte er als Torwart einer Niedersachsenauswahl gegen frühere Stars wie Gerd Müller, Uwe Seeler und Wolfgang Overath noch einmal sein großes Können, ehe er in der 65. Minute unter frenetischem Beifall von Ulrich Greifenberg abgelöst wurde. Heute lebt Podlasly (»Würde ich jetzt noch spielen, dann wäre ich wahrscheinlich mehrfacher Millionär.«) im verdienten Ruhestand, verfolgt noch mit großem Interesse die Spiele seines früheren Klubs und geht weiterhin regelmäßig auf Pilzsuche.

Posinski, Hans-Joachim

Geboren: 10.06.1932 (Deutschland)
BL-Verein: Tasmania 1900 Berlin (1965–1966)
BL-Spiele: 2

Nach Kriegsende spielte »Jockl« Posinski zunächst bei den Hannoverischen Vorstadtvereinen Kleeblatt Stöckchen und TSV Havelse. Zeitweise auch als Rechtsaußen eingesetzt, kehrte der gebürtige Berliner 1948 in seine Heimatstadt zurück und entwickelte sich bei Tasmania Berlin zu einem ausgezeichneten Schlussmann. 1959 auch für drei B-Länderspiele nominiert, kam er jedoch hinter Günter → Sawitzki nicht zum Einsatz. Trotz dieser Enttäuschung blieb Posinski, von allen stets nur »Jockl« gerufen, ein wichtiger Rückhalt für Tasmania, mit denen er 1959, 60 und 62 die Berliner Stadtmeisterschaft gewann.

Sein Plan, 1959 wegen der damals unbefriedigenden Wohnungssituation, nach Kanada auszuwandern, zerschlug sich, und dadurch hatte er sich mit dem neu verpflichteten Klaus → Basikow bei Tasmania Konkurrenz ins Haus geholt. Allmählich von Basikow verdrängt, stand das »Neuköllner Gewächs« 1965 schon kurz vor seinem Laufbahnende, als Tasmania Berlin in sein desaströses Bundesligaintermezzo startete.

Als »Stand-by«-Keeper ließ er sich überreden, noch ein Jahr dranzuhängen und musste für die Anforderungen der Bundesliga zunächst ein Übergewicht von 15 Pfund abtrainieren. Im Tor spielten zunächst Basikow und Heinz → Rohloff. Beide konnten jedoch nicht überzeugen und so forderte die Berliner Presse nach dem 7. Spieltag: »Stellt doch mal den Jockel ins Tor!« Als der »Torwart mit einer Neigung zum Leichtsinn« am 8. Spieltag beim Auswärtsspiel gegen den 1. FC Kaiserslautern seine Chance erhielt, stand Tasmania bereits auf einem Abstiegsplatz. Posinski hielt seinen Kasten sauber und erreichte mit der Mannschaft ein torloses Remis. Im nächsten Spiel, gegen den VfB Stuttgart, trug der »Notnagel« bei einem verdeckten Freistoß von Klaus Dieter Sieloff die Mitschuld am 0:1-Rückstand, um nach der 0:2-Niederlage wieder das Gehäuse zu räumen.

Eine hartnäckige Oberschenkelzerrung verhinderte weitere Einsätze und der gelernte Industriekaufmann verfolgte bis zum Ende der Saison auf der Tribüne, wie sich seine Leidensgenossen Basikow und Rohloff, zu denen er ein freundschaftliches Verhältnis pflegte, den Kasten vollhauen ließen. Tasmania musste die Bundesliga, mit einer einmaligen Negativbilanz, wieder verlassen und der Feierabend-Profi (»Wir haben alle tagsüber gearbeitet.«) beendete endgültig seine lange Karriere. An die enttäuschende Bundesligaperiode hegt Posinski – wie er der »taz« erzählte – rückblickend nicht nur schlechte Erinnerungen: »Ohne diese grausame Bilanz würde doch niemand mehr von Tasmania sprechen.«

Pradt, Walter

Geboren: 12.04.1949 (Deutschland)
BL-Vereine: 1. FC Nürnberg (1968–1968), SV Waldhof Mannheim (1983–1985)
BL-Spiele: 5

Der gebürtige Wiesbadener Walter Pradt gelangte über FC Bierstadt und Germania Wiesbaden ab Sommer 1968 durch Max Merkel in den Profikader des frisch gebackenen Deutschen Meisters 1. FC Nürnberg. Hinter dem etablierten Roland → Wabra sowie dem hochtalentierten Jürgen → Rynio blieb er jedoch ohne Chance und Einsatz. Auf Tribüne oder Ersatzbank musste er während der Saison 68/69 miterleben, wie sein Club – als erster und bis heute einziger amtierender Deutscher Meister – in die Zweitklassigkeit stürzte.

Während Wabra seine Karriere beendete und Rynio zu Borussia Dortmund flüchtete, verlor Pradt in der Regionalliga das Duell mit Neuzugang Gerhard → Welz und stand zwei Jahre lang in dessen Schatten. 1971 wechselte er zum Regionalligisten SpVgg Bayreuth, dem zwei Spielzeiten später das Engagement beim SV Waldhof Mannheim folgte. Neun Jahre war der »vorbildliche Sportler« anschließend großer Rückhalt der Waldhöfer, absolvierte 278 Zweitligaspiele und verwandelte insgesamt zwölf Elfmeter. Dann folgte für den gelernten Versicherungskaufmann am 12. Februar 1982 der entscheidende Einschnitt. Im Derby gegen Kickers Offenbach wegen Foulspiels vom Platz gestellt, war er nach Ablauf seiner Sperre hinter dem hoch begabten Uwe → Zimmermann nur noch Ersatz.

Während Waldhof Mannheim in dieser Saison den Aufstieg schaffte, wollte Pradt aus Frust den Verein schon verlassen, wurde aber von Trainer Klaus Schlappner zum Bleiben überredet. Am vorletzten Spieltag der Saison 83/84 bekam der treue Schlussmann von Schlappner ein Spiel geschenkt und feierte damit im Alter von 35 Jahren sein Bundesligadebüt. Weil die Feuertaufe beim 2:1-Auswärtssieg über Fortuna Düsseldorf prächtig verlaufen war, stand der Keeper auch in der folgenden Begegnung gegen Kickers Offenbach im Kasten. Nach 44 Minuten zog sich der Pechvogel jedoch einen Schienbeinbruch zu, an dem er lange Zeit laborierte.

Auch in der Saison 84/85 noch nicht richtig fit, war Pradt nach dem Bänderriss von Zimmermann zunächst nicht für den Einsatz vorgesehen. Weil Nachwuchskeeper Dieter → Heimen bei einem Testspiel patzte, wurde der Routinier schließlich aufgefordert, sich der Mannschaft zur Verfügung zu stellen. Am 7. Spieltag bei Bayern München erlebte der »Torwart-Oldie« seine persönliche Sternstunde und avancierte vor 46.000 Zuschauern im Münchener Olympia Stadion zum entscheidenden Faktor für den sensationellen 2:1-Sieg. Anschließend von den Mannschaftskollegen auf Schultern vom Platz getragen, sprach der Ersatzmann vom »schönsten Tag in meiner Laufbahn«.

Sein Klub hatte derweil mit dem arbeitslosen Gregor → Quasten einen weiteren Schlussmann verpflichtet. Zwei Spiele verblieben Pradt, dann erfolgte – nach einem spielentscheidenden Fehler bei der 1:2-Niederlage gegen Borussia Dortmund – die Ablösung durch den Neuzugang. Nach Beendigung seiner aktiven Laufbahn kehrte Pradt 1994 als Torwarttrainer zu Waldhof Mannheim zurück und fungierte in den kommenden Jahren als Fanbeauftragter, Amateurcoach und seit dem 11. September 2002 wiederholt als Chef-Trainer. Zudem ist Pradt seit geraumer Zeit Leiter der »Torwart-Akademie«, die sich gezielt um die Ausbildung von Nachwuchskeepern kümmert.

Pralija, Mladen

Geboren: 28.01.1959 (Jugoslawien)
BL-Verein: Hamburger SV (1987–1988)
BL-Spiele: 14

Nachdem HSV-Torwart Ulrich → Stein am 28. Juli 1987 beim Supercup-Spiel gegen Bayern München »die Härte der Wangenknochen Jürgen Wegmanns einem intensiven Belastungstest unterzog«, wurde der ungestüme Keeper gesperrt und von seinem Verein kurze Zeit beurlaubt. Der Klub befand sich nun in eklatanten Torwartnöten, weil man den jungen Nachwuchsmann Richard → Golz als zu unerfahren beurteilte. Der neue Trainer Josip Skoblar ließ seine Beziehungen zur kroatischen Heimat spielen und sorgte für die Verpflichtung von Landsmann Mladen Pralija. Zuvor bei Hadjuk Split aktiv, besaß der Zerberus durchaus einen guten Leumund, um von Skoblar sogar als »bester Torwart Jugoslawiens« eingestuft zu werden. Am 2. Spieltag der Saison 86/87 gab der jugoslawische Keeper bei Bayern München seinen Einstand. Bei der desaströsen 0:6-Niederlage verschuldete Pralija mehrere Tore und sorgte mit unbeholfenen Irrflügen durch seinen Strafraum innerhalb der eigenen Abwehrreihen für größtmögliche Konfusion. Ohne Familienanhang sowie notwendige Sprachkenntnissen blieb der »Flattermann« innerhalb der Mannschaft vollkommen isoliert. Auch in den nächsten Spielen ein erheblicher Unsicherheitsfaktor, machten »katastrophale Fangleistungen« und »dilettantische Fehler« den »Fliegenfänger« zur Zielscheibe wütender HSV-Fans, die vehement den geschassten Stein zurückforderten. In den Begegnungen gegen Hannover 96, VfB Stuttgart und den 1. FC Nürnberg bewies der »Prügelknabe« durchaus Potential. Durch erhebliche Mitschuld an hohen Niederlagen gegen den Karlsruher SC, Borussia Mönchengladbach und Eintracht Frankfurt mutierte er dann vollends zur viel verspotteten »Schießbudenfigur«, der bei den Anhängern keinerlei Kredit mehr besaß. Nach dem 15. Spieltag wurde Skoblar entlassen und sein Nachfolger Willi Reimann sorgte in seiner ersten Amtshandlung dafür, dass Pralija in die Heimat zurückkehren musste. Skoblar und sein »Flop, der den HSV ins Verderben stürzte« (Kicker) heuerten anschließend gemeinsam bei Celik Zenica an.

Erneut Schaden für Mladen – Der bedauernswerte Pralija entpuppte sich während seiner kurzen Zeit beim Hamburger SV als wahrer »Seuchenvogel«.

Probst, Michael

Geboren: 20.11.1962 (Deutschland)
BL-Verein: Bayern München (1995–1996)
BL-Spiele: 2
Vereinstitel: 1 x DFB-Pokal (1996)

Der gelernte Verwaltungsbeamte Michael Probst gelangte vor der Saison 95/96 vom Bayernligisten SV Lohhof zum Amateurkader des Bundesligisten Bayern München. Hinter Oliver → Kahn und Sven → Scheuer die Nummer 3, profitierte der Schnauzbartträger von der Verletzungsanfälligkeit Scheuers und konnte schon während der Hinrunde mehrere Male die Bundesligaersatzbank besetzen. Vor dem 17. Spieltag gegen Fortuna Düsseldorf plagte Kahn zudem eine Adduktorenzerrung, die schließlich einen Einsatz unmöglich machte. Der unerfahrene Ersatzmann entpuppte sich als Mann des Tages, der beim 2:0-Sieg seinen Kasten mit Glück und Geschick sauber hielt. Während der Rückrunde kam er beim gleichen Gegner ab der 46. Minute für den angeschlagenen Kahn zum Einsatz und blieb trotz einiger Unsicherheiten erneut ohne Gegentor. Nach dieser Saison wechselte Probst zum Amateurligisten TuS Geretsried.

Pröll, Markus

Geboren: 25.8.1970 (Deutschland)
BL-Verein: 1. FC Köln (2000–2002)
BL-Spiele: 53

Die – gemessen an den hohen Vorschusslorbeeren – bislang eher wechselhaft verlaufene Karriere des gebürtigen Rheinbachers nahm 1976 ihren Anfang beim VfL Flamersheim, wo Markus Pröll mit 6 Jahren direkt als Torhüter startete. Während der C-Jugend wechselte das viel versprechende Talent zum SV Lomersum, um 1995 in den Jugendkader des Bundesligisten 1. FC Köln integriert zu werden. Nachdem sich der 1. FC Köln erstmals aus der Bundesliga verabschieden musste, rückte der Abiturient ab der Saison 98/99 in Kölns U23 auf, um in der Oberliga Nordrhein erste Spielpraxis zu sammeln.

Bereits nach wenigen Wochen überschlugen sich für den 19-jährigen »athletischen Schlussmann« die Ereignisse. Weil sich Kölns neuer Trainer Bernd Schuster mit den Leistungen seiner Torhüter Andreas → Menger und Sebastian Selke äußerst unzufrieden zeigte, schickte er am 12. Spieltag gegen Kickers Stuttgart erstmals den unerfahrenen Pröll ins Tor, der sich bis zum Saisonschluss nicht mehr verdrängen ließ. Mittlerweile auch in die U21-Auswahl berufen, absolvierte der »kölsche Junge« auch unter dem neuen Trainer Ewald Lienen in der Saison 99/00 alle Zweitligaeinsätze, um mit seinem Klub in überlegener Manier die erhoffte Bundesliga-Rückkehr zu schaffen. Jetzt auch regelmäßig für die A2 nominiert, zählte der jüngste Stammtorhüter der Bundesliga vor der Saison 00/01 zu den verheißungsvollsten Torwarttalenten, der sich bei seinem Klub anschickte, in die Fußstapfen der großen FC-Nationaltorhüter Harald → Schumacher und Bodo → Illgner zu treten.

Umso enttäuschender seine Leistungen während der Hinrunde, bei denen sich der äußerst reaktionsschnelle und sprunggewaltige Keeper im eigenen Strafraum äußerst flatterhaft entpuppte. Als sich Pröll am 7. Spieltag gegen Hertha BSC zudem aus 52 Metern Entfernung von einem Heber des Brasilianers Alex Alves überraschen ließ, mutierte der »Mann der Zukunft« sogar zwischenzeitlich zum viel belachten »Torwart-Trottel«. Zwei Wochen hinterließ »Prölli« (»Als Torwart muss man verrückt sein.«) auch bei der 0:6-Packung beim VfL Wolfsburg einen schwachen Eindruck. Nach der Rückrunde durch eine krankheitsbedingte Zwangpause von Ersatzmann Alexander → Bade hart bedrängt, hielt Trainer Lienen dennoch an ihm fest, so dass der sechsfache U21-Auswahlspieler am 23. Spieltag gegen Bayern München ein überzeugendes Comeback feiern konnte. Bis zum Saisonende blieb der 1,87 m große Schlussmann nicht ohne Patzer, konnte seine Leistungen aber insgesamt konsolidieren.

Zum Start der Saison 01/02 setzte ihn einen Infekt sowie nachfolgende Kniekomplikationen längere Zeit außer Gefecht, womit Bade wieder Oberwasser gewann und sich Pröll nach seiner Genesung erstmals auf der Reservebank wieder fand. Nach dem 10. Spieltag wieder von Lienen eingesetzt, musste der junge Keeper, der in der Bundesliga nur sporadisch sein Können aufblitzen ließ, den sportlichen Niedergang seiner Mannschaft erleben, die sich auch unter dem neuen Trainer Friedhelm Funkel nicht mehr vor dem Abstieg retten konnte. Seine Hoffnungen (»Die Zweite Liga wäre ein Rückschritt.«) auf einen Vereinswechsel erfüllten sich nicht und der ehrgeizige Schlussmann musste notgedrungen seinen Verein in die Zweitklassigkeit begleiten.

Kurz vor dem Saisonstart 02/03 in die DFB-Perspektivmannschaft »Team 2006« berufen, erlitten seine persönliche Ambitionen einen weiteren Dämpfer. Funkel entschied sich zwei Tage vor dem ersten Spieltag für den vermeintlich routinierteren Bade. Dem zutiefst frustrierten Pröll (»Ich bin davon ausgegangen, dass ich spiele, wenn ich bleibe.«) verblieben, bis auf eine Ausnahme, nur Einsätze im DFB-Pokal. Am 4. Dezember 2002 verhalf er beim 2:1-Sieg über den 1. FC Nürnberg mit einem parierten Elfmeter seinem Klub zum Einzug ins Viertelfinale. Dennoch blieb das einst »beliebte PR-Zugpferd« des FC weiterhin Bankdrücker, um im Januar 2003 einen, für den Sommer anberaumten, Vereinswechsel bekannt zu geben. Sein Plan, bei der WM 2006 in Deutschland als Torwart der Nationalmannschaft dabeizusein, hat er indes nicht aufgegeben.

Prokop, Gerhard

Geboren: 18.05.1939 (Deutschland)
BL-Verein: Alemannia Aachen (1967–1970)
BL-Spiele: 53

Die »Torwartlegende« im Alemannia-Kasten begann zunächst bei den Sportfreunden Gladbeck. 1963 wurde der damals 24-jährige Prokop von Trainer Oswald Pfau zu Alemannia Aachen geholt. Gefördert vom Coach, entwickelte er sich durch hartes Training zu einem Klassemann, der nie für die Galerie spielte, sondern durch sachliches Torwartspiel überzeugte. Dennoch war der Anfang nicht leicht für ihn. Viele Fans schwärmten noch von Aachens jugoslawischem Weltklassekeeper Vladimir Beara, der im gleichen Jahr zu Viktoria Köln gewechselt war. Erst als der gebürtige Gelsenkirchener in der Regionalligabegegnung gegen Viktoria seinen Vorgänger leistungsmäßig übertraf, war der Durchbruch geschafft.

Fortan avancierte der Torhüter zur großen Stütze in einer Mannschaft, die konsequent den Aufstieg anvisierte. Überlegen sicherte man sich in der Saison 63/64 die Meisterschaft, ehe in der Aufstiegsrunde nur ein enttäuschender dritter Platz heraussprang. Ein Jahr später wurde Aachen nur Vizemeister in der Regionalliga, doch immerhin stand der Verein im Endspiel um den DFB-Pokal. Der Außenseiter erwies sich im Niedersachsenstadion gegen Borussia Dortmund als chancenlos und verlor mit 0:2. 1967 verhinderte nur der Hamburger SV den erneuten Finaleinzug, wobei Prokop bei der 1:3-Niederlage einen Elfmeter sowie den Nachschuss abwehren konnte. In der Aufstiegsrunde lief es für Aachen, bis dato erfolgreichster Regionalligist seit Einführung der Bundesliga, weitaus erfreulicher. Mit Spielern wie Jupp Martinelli, dem eisenharten Erwin Hermandung und zahlreichen Prokop-Paraden setzte man sich unter Trainer Michael Pfeiffer erfolgreich gegen die Kontrahenten Kickers Offenbach, 1. FC Saarbrücken, Göttingen 05 und Tennis Borussia Berlin durch.

Am 1. Spieltag der Saison 67/68 stand Prokop verletzungsbedingt nicht zur Verfügung

Gerhard Prokop – »Torwartlegende« von Alemannia Aachen.

und musste durch Heinz → Schors ersetzt werden. Schon eine Woche später stellte der Mannschaftskapitän seine Klasse unter Beweis und zeigte bei der 0:1-Niederlage gegen Borussia Dortmund eine hervorragende Leistung. Gegen Eintracht Frankfurt parierte der 1,77 m große Schlussmann am 6. Spieltag einen Elfmeter und sicherte dadurch ein wertvolles Remis. Wegen Amtsübermüdung gab er kurz drauf sein Amt als Kapitän ab, um am 17. Spieltag gegen Hannover 96 erneut mit einer sicheren Vorstellung aufzuwarten. Auch beim Karlsruher SC legte er, durch seine Reaktionen, am 20. Spieltag den Grundstein zu einem 4:2-Erfolg und wurde anschließend vom »Kicker« zum »Torhüter des Tages« gekürt. Alemannia Aachen schloss die Saison als Dreizehnter ab und ihr zuverlässiger Zerberus bekam als Dankeschön mit dem Hamborner Werner → Scholz einen ebenbürtigen Konkurrenten präsentiert.

Der Neuzugang verdrängte bereits vor dem Saisonstart 68/69 die langjährige Nummer 1. Prokop gelangte nur durch Verletzungen des Kontrahenten zum Einsatz und verhalf seiner Alemannia immerhin durch eine glänzende Leistung am letzten Spieltag bei Hertha BSC zum Sieg und der sensationellen Vizemeisterschaft. Während der Saison 69/70 wendete sich das Blatt wieder zu Prokops Gunsten, der beständig mit Bestnoten bedacht wurde und im Verlauf der Spielzeit gegen Borussia Dortmund, 1. FC Köln und Hertha BSC insgesamt drei Elfmeter abwehren konnte. Alle Großtaten konnten jedoch Aachens Abstieg im dritten Bundesligajahr nicht verhindern. Der Keeper wechselte anschließend zum belgischen Erstligisten AS Eupen und kehrte 1974 als Trainerassistent zu Alemannia Aachen zurück. Weil die etatmäßigen Keeper Georg Marwig und Heinz Jansen form- und verletzungsbedingt nicht zur Verfügung standen, streifte der erfahrene Prokop im gleichen Jahr noch einmal die Handschuhe über und bewährte sich ausgezeichnet. Bis 1976 absolvierte der mittlerweile 37-jährige Prokop noch siebzehn Zweitligaspiele, um dann parallel Horst Witzler als Trainer abzulösen. Bis 1978 blieb er Coach bei Alemannia Aachen, um nach Stationen bei Westfalia Herne, Holstein Kiel und Union Solingen seine Trainerlaufbahn lange Jahre in Griechenland und Zypern fortzusetzen. Am 24. Januar 2002 verstarb die »Torwartlegende im Alemannia-Kasten« in seiner griechischen Wahlheimat an einem Krebsleiden. Zu seinem Gedenken legte die Zweitligamannschaft drei Tage später, bei der Begegnung gegen Hannover 96, eine Schweigeminute ein.

Q

Quasten, Gregor

Geboren: 03.10.1952 (Deutschland)
BL-Vereine: Borussia Mönchengladbach (1971–1974), Hertha BSC Berlin (1982–83), SV Waldhof Mannheim (1984–1987), FC Homburg (1987–1988)
BL-Spiele: 55
Vereinstitel: 1 x Meister (Borussia Mönchengladbach: 1975), 1x DFB-Pokal (Borussia Mönchengladbach: 1973), 1x UEFA-Pokal (Borussia Mönchengladbach: 1975)

Nach vier fruchtlosen Jahren bei Borussia Mönchengladbach als Reservetorwart hinter Wolfgang → Kleff, wechselte der 1971 vom PSV Mönchengladbach gekommene Quasten ab der Saison 75/76 zum saarländischen Zweitligisten FC Homburg.

In der 2. Bundesliga Süd kämpfte er mit dem Klub fünf Jahre vergeblich um den Bundesliga-Aufstieg, zählte zu den guten Zweitligatorhütern, zelebrierte – aufgrund der Abseitsfalle – oftmals riskante Ausflüge im Stile eines Petar → Radenkovič und verwandelte zudem vier Strafstöße. Weniger gelungen war allerdings seine Vorstellung 1977 in der 4. DFB-Pokalhauptrunde beim 1. FC Köln. Innerhalb einer Halbzeit kassierte er sieben Tore und wirkte vollkommen indisponiert. Anschließend nahm ihn Trainer Uwe Klimaschefski dennoch in Schutz. Sein Tormann sei gehandikapt gewesen – so teilte er den staunenden Pressevertretern mit – weil er sich am Abend zuvor bei einem Polterabend den Fuß an einer Glasscherbe verletzt hätte.

Ab der Saison 80/81 vom Zweitligisten Hertha BSC verpflichtet, glückte ihm eine Spielzeit später mit den Berlinern die ersehnte Rückkehr in die Bundesliga. Als zumeist zuverlässiger Rückhalt ohne Schuld am sofortigen Wiederabstieg war der »durchschnittliche Bundesliga-Mann« nach einem weiteren Zweitligajahr in Berlin vor der Saison 84/85 ohne Vertrag.

Nach einer dreimonatigen Arbeitslosigkeit verpflichtete ihn der Bundesligist Waldhof Mannheim. Als Stellvertreter für den verletzten Stammtorwart Uwe → Zimmermann und an Stelle des unbeständigen Reservisten Walter → Pradt ergaben sich für Quasten während der laufenden Spielzeit noch drei Einsätze. Zwischen dem 11. und 14. Spieltag kassierte der Ersatzmann 13 Treffer, wobei er insbesondere bei der 2:7-Niederlage gegen Eintracht Frankfurt als auch beim 2:5 gegen den Hamburger SV alles andere als souverän wirkte.

In der folgenden Spielzeit ohne Einsatz, musste der Reservist ab dem 25. Spieltag der Saison 86/87 erneut für den verletzten Zimmermann einspringen. Bis zum Saisonende vertrat er den Stammkeeper erneut mit wechselhaften Leistungen. Einer schwachen Darbietung beim 2:7-Debakel gegen Borussia Mönchengladbach folgte eine gute Leistung beim 1:0-Sieg gegen Werder Bremen. Als die Nummer 2 beim 2:1 gegen Eintracht Frankfurt sogar herausragte, titelte »Kicker«- Redakteur Werner Helmschrott in der Überschrift seines Spielberichtes: »Quasten mehr als ein Zimmermann-Ersatz.« Diesem Highlight folgte am vorletzten Spieltag eine Partie, die für den Zerberus ein unangenehmes Nachspiel haben sollte. Mit Waldhof Mannheim traf er auf seinen früheren Klub FC Homburg, der in argen Abstiegsnöten steckte und bei dem Quasten bereits für die nächste Saison unterzeichnet hatte. In der 93. Minute zeigte er beim entscheidenden 2:1 kaum eine Reaktion, womit sich Homburg noch für die Relegationsspiele qualifizieren konnte.

Monate später meldete sich beim Vizepräsidenten des Bundesligaabsteigers Blau-Weiß 90 Berlin Hans Maringer ein anonymer Anrufer, der Quasten beschuldigte, für dieses Tor – welches BW 90 Berlin damals zum Abstieg verurteilte – einen fünfstelligen Betrag kassiert zu haben. Der Beschuldige indes sprach lediglich von einer schwachen Torwartleistung, drohte mit seinem Rechtsanwalt und wurde von DFB-Chefankläger Hans Kindermann vorgeladen, ohne dass sich hieraus Konsequenzen ergaben. Mit seinem Wechsel zu seinem früheren Klub FC Homburg traf Quasten in der Saison 87/88 wieder auf seinen alten Coach Klimaschefski. Die Neuverpflichtung wurde einem Konkurrenzkampf mit Klaus → Scherer ausgesetzt, bei dem sich beide zunächst alle 14 Tage im Tor abwechselten. Kurzfristig gewann Quasten die Oberhand, doch gegen Publikumsliebling Scherer besaß er bei den Homburger Fans einen schweren Stand. Nach der Entlassung Klimaschefskis und latenten Unsicherheiten landete der »glatte Fehleinkauf« ab dem 12. Spieltag wieder auf der Bank.

Zwei Monate später zog er sich wegen einer angeblichen Knieverletzung den Zorn von Präsident Udo Geitlinger (»Quasten macht Theater. Der lebt nicht wie ein Profi.«) zu. Hinter Scherer und dem, vor Beginn der Rückrunde, verpflichteten Werner → Vollack waren die sportlichen Perspektiven mittlerweile gen Null gesunken. Quasten zog die Konsequenzen und verschwand noch während der Spielzeit zum Amateurligisten SV Edenkoben.

R

Radenkovič, Petar

Geboren: 01.10.1934 (Jugoslawien)
BL-Verein: TSV 1860 München (1963–1970)
BL-Spiele: 215
Vereinstitel: 1x Meister (1966),
1x DFB-Pokal (1964)
A-Länderspiele für Jugoslawien: 3

Seine Vereinslaufbahn startete einer der besten sowie populärsten Torsteher seiner Bundesliga-Epoche 1943 bei FK Sumadija zunächst als Feldspieler, um aufgrund seiner Großwüchsigkeit zum anfänglichen Ärger ins Tor versetzt zu werden. Ab 1949 spielte Radenkovič bei Roter Stern Belgrad, um 1954 mit seinem Wechsel zu OFK Belgrad zwei Jahre später bei den Olympischen Spielen in Melbourne mit dem 9:1-Sieg über die USA sein Nationalmannschaftsdebüt zu feiern. Im Finale gegen die UdSSR zeigte Radenkovič vor 120.000 Zuschauern sein hervorragendes Können und hatte nach der 0:1-Niederlage mit seinem Olympia-Team immerhin die Silbermedaille gewonnen. Mit seinem Klub OFK Belgrad wurde er 1953 und 1956 zudem Pokalsieger seines Landes.

1961 wagte Radenkovič den Sprung nach Deutschland, kam völlig mittellos auf dem Münchener Hauptbahnhof an und hoffte auf ein Engagement beim FC Bayern München. Der Verein zeigte jedoch kein Interesse an seinen Reaktionskünsten. Nach dem Absitzen seiner einjährigen FIFA-Sperre, die er als Monteur bei der US-Army überbrückte, heuerte er im Sommer 1961 bei Wormatia Worms an. Sein Debüt feierte der mittlerweile 27-Jährige gegen Borussia Neunkirchen und ließ keinen Gegentreffer zu. Radenkovič avancierte zum Leistungsträger, dessen Name schnell in den Notizbüchern zahlreicher Vereine zu finden war. 1860 München machte das Rennen und am 28. Juli 1962 feierte der Zerberus im DFB-Pokal-Achtelfinale gegen Hessen Kassel seine Premiere im Löwendress. 1962 gehörte er zum Aufgebot für die Weltmeisterschaft in Chile, wo er jedoch hinter Milutin → Soskič Ersatzmann blieb.

Aus der Mannschaft des TSV 1860 war Radenkovič hingegen nicht mehr wegzudenken, obwohl er wegen mancher Dispute mit den Vereins-Verantwortlichen schon mal auf der Tribüne landete. Insbesondere Trainer Max Merkel entwickelte sich schnell zum Intimfeind des Jugoslawen, weil er mit dessen showorientierter und waghalsiger Interpretation des Torwartspiels nicht einverstanden war, während das Publikum die Eskapaden des Torwart-Clowns zumeist mit Zuneigung bedachte. Vom Sportjournalisten Hans Schiefele, in Anlehnung an den bayerischen Ausdruck für Rettich, »Radi« getauft, nannten ihn seine Mannschaftskameraden »Zitze«, weil 1860-Verteidiger Alfons Stemmen den damaligen Neuankömmling versehentlich als Zitzewitz vorstellte.

Kurz vor dem Start der Bundesliga setzte der Verein Radenkovič kurzzeitig einen Torwart namens Fritz Herrnleben vor die Nase, doch am 1. Spieltag der Saison 63/64 hatte sich der »schwarze Panther« seinen Platz zurückerobert. Fortan erlebte die neue Spielklasse einen Klassetorhüter, der fast an jedem Spieltag für Schlagzeilen sorgte. Mit enormer Sprungkraft und souveräner Fangsicherheit avancierte er zum absoluten Rückhalt seiner Mannschaft, der oftmals Punkte und Siege festhielt. Umstritten blieben bei Presse und Publikum seine Ausflüge außerhalb des eigenen Strafraums, die Gefahr für die eigene Mannschaft beschworen und dem grantigen Merkel die Zornesröte ins Gesicht jagte.

1860 München konnte sich mit Spielern wie Rudi Brunnenmeier und Peter Grosser in der Bundesliga einen soliden 7. Platz erobern und zur Krönung noch am 13. Juni 64 den 2:0-Sieg im DFB-Pokalfinale gegen Eintracht Frankfurt feiern.

Auch während der Saison 64/65 war der »Torwartriese« eine Klasse für sich und mittlerweile so populär, dass er auch Angebote für Schallplattenaufnahmen erhielt. Nach kurzer Überredungskunst durch Freund Gus Backus sang der Fangkünstler ein von Charly Nissen und Fred Rauch verfasstes »musikalisches Selbstbekenntnis« mit dem Titel »Bin i Radi-bin i König« auf Vinyl. Radenković, dessen Vater und Bruder bereits musikalische Meriten erworben hatten, konnte sich am Ende über eine Platzierung in den Top Ten der deutschen Singlecharts erfreuen. Ein Erfolg, welcher der Nachfolgesingle »Radi und Radieschen« nicht mehr beschieden war.

Der PR-Profi nahm nun jede Möglichkeit wahr, seinen klangvollen Namen in klingende Münze zu verwandeln. Als Werbefigur posierte er für Mopeds und Haarwasser, produzierte Torwarthandschuhe und lieferte seinen »Radi«-Slibovitz an eine Münchener Gastronomie-Kette. Auch sportlich zeigte sich der »Hansdampf in allen Gassen« hellwach und erlebte am 5. März 1965 beim Europapokalhalbfinale gegen den AC Turin seine persönliche Glanzstunde. Nach dem 2:0-Sieg im Entscheidungsspiel schwärmte »Kicker«-Korrespondent Friedebert Becker anschließend von »Radis Robinsonaden und schwerelosen Flügen in die gegnerischen Schussbahnen« sowie dem »torpedoschnellen Tauchen in die Schlammwüste des Torraums«. Selbst Max Merkel erkor seinen persönlichen Widersacher zum Vater des Sieges und Experten zogen Vergleiche mit legendären Torwartgrößen wie Heiner Stuhlfauth, Ricardo Zamora und Lew Jaschin. Im Finale verlor 1860 München dann im Londoner Wembleystadion gegen West Ham United mit 0:2.

Während der Saison 65/66 folgten für den selbsttitulierten »bestes Torwart von Welt« weitere Triumphe. Dank eines offensiven Mittelfeldes und eines schlagkräftigen Sturmes gewannen die Sechziger am Ende, knapp vor Borussia Dortmund, den Meistertitel. Radenković, der mit »Atom«-Otto Luttrop einen kompromisslosen Abräumer vor sich hatte, avancierte im vorentscheidenden Duell gegen Dortmund am 33. Spieltag zum besten Mann auf dem Platz und ermöglichte durch seine Paraden die alleinige Tabellenführung der Löwen. Bei der Wahl zum »Fußballer des Jahres« kam Radenković hinter Torwartkollege Hans → Tilkowski auf den zweiten Platz, um parallel durch Buchveröffentlichungen wie »Bin ich Radi« und »Das Spiel ist mein Königreich« Ruhm und Kontostand zu mehren.

Für die Saison 66/67 verpflichtete sein Klub überraschend Nationaltorhüter Wolfgang → Fahrian. Die Begründung, durch zwei gleichwertige Torhüter für die internationalen Herausforderungen besser gerüstet sein zu wollen, erboste den Jugoslawen. Schon am 1. Spieltag überragte Radenković bei der 0:2-Niederlage gegen den 1. FC Köln, um nach einer zwischenzeitlichen Versetzung auf die Bank ab dem 10. Spieltag endgültig seinen sechs Jahre jüngeren Rivalen auszustechen. Sein Zorn über Max Merkel war dennoch nicht verraucht und das Torwartdenkmal sorgte im Dezember 1966 als Rädelsführer höchstpersönlich für die Ablösung des ungeliebten Trainers. Am Ende gelang 1860 München noch der Vizetitel, der schleichende Abstieg war jedoch bereits eingeläutet.

Während der Saison 68/69 gelangen Radenković weitere Superlative. Am 10. Spieltag wehrte er beim 1:0-Sieg gegen Kaiserslautern seinen siebten Elfmeter ab, dem sich bis zum Karriereende noch vier weitere anschlossen. Bewies er in diesen Duellen oftmals Nervenstärke, so brannten ihm in anderen Situationen schon mal die Sicherungen durch. Schon 1963 hätte er bei einem Berliner Hallenturnier beinahe einen Fotografen verprügelt und vier Jahre später geriet er durch Handgreiflichkeiten gegenüber seinem farbigen Vereinskollegen Jimmy Schmitt in Rassismusverdacht. Im März 69 unterstellte er in Dortmund dem Schiedsrichter Alkoholmissbrauch, um für diese verbale Entgleisung von DFB-Anklagevertreter Hans Kindermann (»Was der getan hat, war das Unverschämteste, was mir bisher untergekommen ist.«) eine vierwöchige Sperre zu kassieren. Seine Vertreter Anton → Gigl und Eberhard → Schweers konnten die Gunst der Stunde nicht nutzen und so blieb der mittlerweile 34-jährige Radenković weiterhin ein »König ohne Nachfolger«.

Auch das eigensinnige Beharren auf Freistoßausführungen vor dem eigenen Strafraum sorgte für Verärgerung bei Fans und Mitspie-

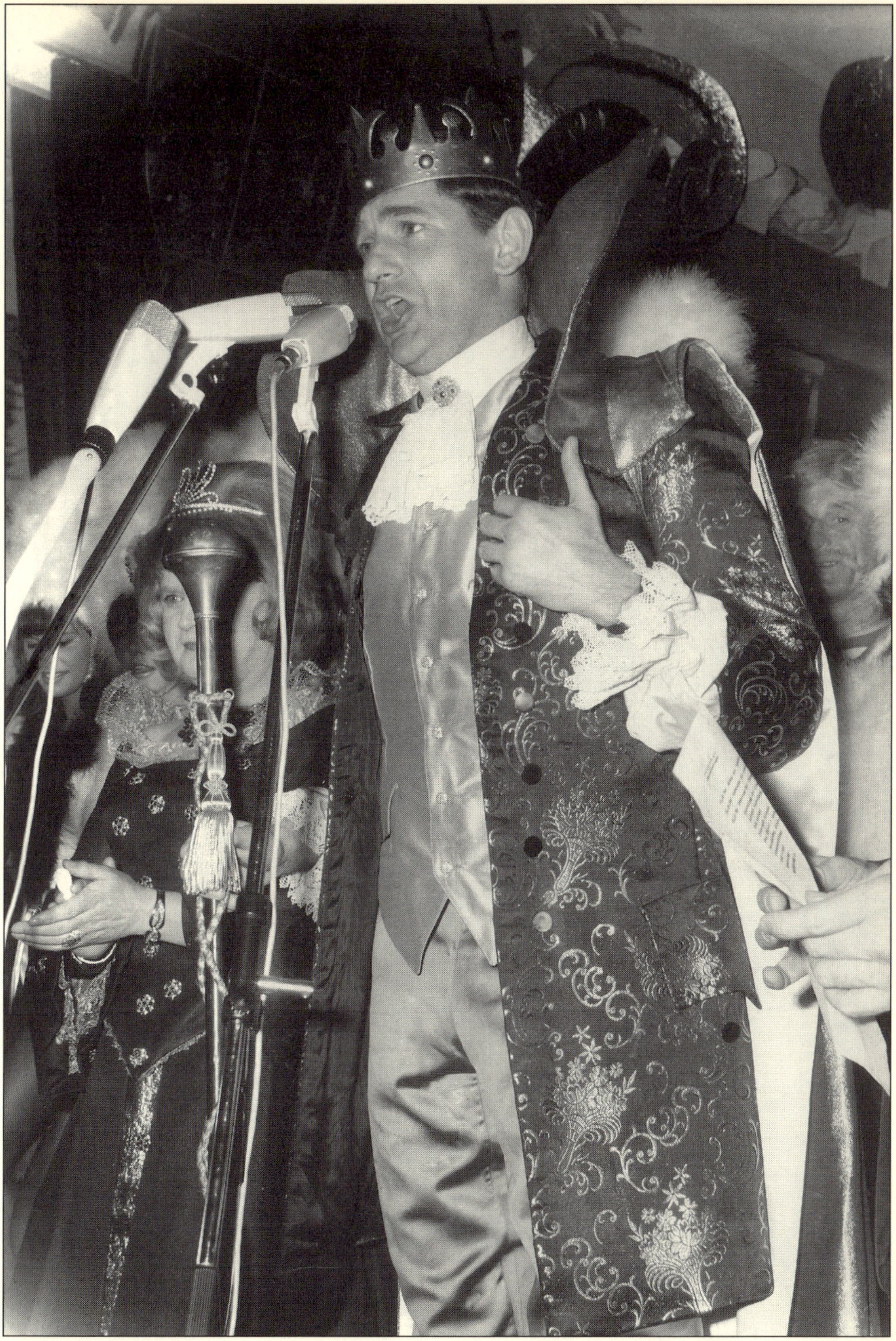

»Bin i Radi, bin i König – Peter Radenkovič feierte auch Erfolge in den Musikhitparaden.

»Hexer« Radenkovič beschwört die Kugel.

lern. Des Weiteren verpasste es der »Showmann«, sich mit einem Elfmeter im Heimspiel gegen Hertha BSC in die Torschützenliste einzutragen – Herthas Gernot → Fraydl parierte.

Durch Spielerverkäufe, die nicht adäquat ersetzt wurden, handelten Experten den TSV 1860 München vor dem Start der Saison 69/70 bereits als potentiellen Absteiger. Die Verpflichtung von Fritz Langner als neuer Coach stieß vor allem bei Radenkovič auf vehementen Protest. Konnte sich der Klub bis zum 6. Spieltag noch im oberen Tabellendrittel halten, ging es anschließend rapide bergab. Der Senior im Kasten mühte sich nach Kräften, um den freien Fall zu stoppen. Im Stil eines reaktionssicheren Routiniers verhinderte er in einer desolaten Elf oftmals höhere Niederlagen. Nach dem 13. Spieltag war seine Mannschaft jedoch bereits vier Punkte vom rettenden Ufer entfernt. Auch ein Trainerwechsel während der Winterpause brachte nur kurzfristige Besserung und am Ende musste sich der Klub geschlagen geben.

Nach dem letzten Heimspiel gegen Rot-Weiß Essen wurde Radenkovič von den Löwen-Anhängern auf Schultern aus dem Stadion getragen. Mit seinem Rücktritt endete die sportlich erfolgreichste Ära von 1860 München und läutete bis 1977 eine Phase trister Zweitklassigkeit ein. Radenkovič, der am 8. Juli 1977 im Münchener Olympiastadion sein Abschiedsspiel feierte, blieb ein gern gesehener Gast auf vielen Veranstaltungen, arbeitet ehrenamtlich für den jugoslawischen Fußballverband und ist bis heute als Unternehmer in der Münchener Gastronomiebranche tätig.

Ramovič, Sead

Geboren: 14.03.1979 (Deutschland)
BL-Verein: VfL Wolfsburg (seit 2001)
BL-Spiele: 2 (zum Ende der Hinrunde 02/03)

Der in Stuttgart geborene Bosnier mit deutschem Pass spielte ab 1989 zunächst für drei Jahre beim Stuttgarter Vorstadtklub SV Feuerbach. Von 1992 bis 1996 bei der SpVgg Feuerbach zwischen den Pfosten, holten ihn die Talentspäher der Stuttgarter Kickers anschließend in ihre A-Jugend-Abteilung. Nebenbei mehrfach in die württembergische Auswahl berufen, rückte das »Vorzeigeobjekt« einer vorbildlichen Jugendarbeit für die Saison 99/00 als Vertragsamateur in den Seniorenkader auf. Im Zweitligateam hinter Maik → Kischko und Bernd Klaus die Nummer 3, sammelte Ramovič zunächst mit der Amateurmannschaft Spielpraxis in der Verbandsliga.

Weil weder Kischko noch Klaus zu überzeugen wussten, wurde der Nachwuchskeeper erstmals im Meisterschaftsspiel gegen Borussia Mönchengladbach eingesetzt. Laut (Kicker): »Nervenstark, energisch beim Herauslaufen und mit großartigen Reflexen auf der Linie« avancierte der gelernte Industriemechaniker während dieser Spielzeit bei den Stuttgarter Kickers zum »Shootingstar«. Bereits von mehreren Klubs heiß umworben, sorgte ein Kreuzbandriss während der Saison 00/01 für eine längere Pause. Doch der selbstbewusste Sonnyboy hatte bereits die Experten so nachhaltig beeindruckt, dass er trotz Abstieg seiner Mannschaft anschließend vom Bundesligisten VfL Wolfsburg verpflichtet wurde. Als Konkurrenz für den mittlerweile 37-jährigen »Torwartoldie« Claus → Reitmaier geplant, ließ Ramovič markigen Sprüchen (»Ich weiß, was ich kann und ich will dafür sorgen, dass der Trainer gar nicht an mir vorbeikommt.«) in den Vorbereitungsspielen zum Teil katastrophale Leistungen folgen. Die von Trainer Wolfgang Wolf versprochene Chancengleichheit endete für das ehrgeizige Torwart-Talent zunächst auf der Ersatzbank. Ungeduldig forderte der 1,88 m große Schlussmann seine Chance, um erneut mehr mit »großen Worten« (»Ich trainiere besser als Reitmaier.«) als durch Leistung zu überzeugen.

Vom Trainer schon nicht mehr als ernsthafter Rivale für die Nummer 1 eingestuft, drohte dem ehrgeizigen Zerberus sogar das endgültige Aus, weil sein Klub eine Zeit lang mit der Verpflichtung von Adam → Matysek liebäugelte. Nach der Winterpause überwand der begeisterte Kinogänger seinen aufgestauten Frust, um sich beim täglichen Training allmählich zu steigern. Zur Belohnung erhielt er vor dem 29. Spieltag die Chance, sich zweimal im Bundesligaalltag zu bewähren. Dem guten Einstand bei der 0:3-Niederlage gegen den 1. FC Nürnberg, bei der er zweimal in famoser Manier einen Elfmeter parieren konnte, folgte eine Woche später die

Ernüchterung. Im Heimspiel gegen Hertha BSC verschuldete der vermeintliche Kandidat für die Reitmaier-Nachfolge durch sein überhastetes Herausstürzen das 0:1, um mit einem unnötigen Abpraller auch Ausgangspunkt des zweiten Gegentreffers zu sein. Nach der 1:3-Niederlage vom Fachblatt »Kicker« (... ist fürs Bundesliga-Tor noch nicht reif.«) kritisiert, landete Ramovič wieder auf der Bank. Seit der Saison 02/03 musste der einstige Torwart-Komet, nach der Verpflichtung des dänischen Nationaltorhüters Jesper Christensen, verstärkt um seinen Nummer 2-Status fürchten.

Raps, Ralf

Geboren: 10.10.1960 (Deutschland)
BL-Vereine: Eintracht Frankfurt (1981–1982), Hannover 96 (1985–1988)
BL-Spiele: 89

Der »96-Hexer« Ralf Raps startete seine Vereinslaufbahn beim SG Dornheim 98, ehe er zur Jugend von Eintracht Frankfurt wechselte. Mit der A-Jugend stand der gebürtige Hesse in der Saison 77/78 in der Endrunde um die Deutsche Meisterschaft, wo sich die Elf im Halbfinale dem MSV Duisburg geschlagen geben musste. Es folgten Einladungen für die deutsche Jugendnationalmannschaft und ab 1978 rückte Raps in den Amateurkader des Bundesligisten auf. Neben seiner Bauzeichner-Lehre musste der Nachwuchsmann drei Jahre warten, ehe er erstmals in der Bundesliga zum Einsatz kam.

Während der Saison 81/82 saß er mehrmals für die verletzten Jürgen → Pahl und Joachim → Jüriens auf der Bank. Für das Nachholspiel gegen den 1. FC Nürnberg stand Pahl wegen Ischiasbeschwerden nicht zur Verfügung. Nach siebzehn Minuten musste auch Stellvertreter Jüriens den Platz mit einer tiefen Risswunde verlassen. Ersatzmann Raps blieb nicht viel Zeit, seine Nervosität abzulegen, denn die Nürnberger prüften ihn sofort mit einigen platzierten Schüssen, die er allesamt hervorragend parierte. Trotz der 3:5-Niederlage bescheinigten ihm Kritiker und Mitspieler eine gute Leistung.

Der Amateurtorwart erhoffte sich einen Profivertrag, doch Frankfurt hielt an Pahl und Jüriens fest. Raps wechselte in die 2. Liga zu Hannover 96, wo er jedoch in den nächsten zwei Jahren hinter Jürgen → Rynio ebenfalls nur die zweite Rolle spielte. Erst nach Rynios Wechsel ins Management von Hannover 96 gelang ihm der Sprung zur Nummer 1.

Mit hervorragenden Leistungen in der Saison 84/85 avancierte er zu den besten Zweitligatorhütern, um gleichzeitig seinen Beitrag zu Hannovers langersehnter Rückkehr in die Bundesliga beizutragen. Bis auf wenige Ausnahmen bewies der Keeper auch in der Beletage des deutschen Fußballs sein Können. Trotz der 0:3-Niederlage am 9. Spieltag gegen den Hamburger SV bescheinigte ihm Trainer Werner Biskup eine »Weltklasseleistung«. Der »Hexer« zeigte im Verlauf der Saison 85/86 auch gegen den 1. FC Nürnberg, Fortuna Düsseldorf und SV Waldhof absolutes Erstligaformat. Seine Torwartkünste bewahrten Hannover 96 jedoch nicht vor dem sofortigen Wiederabstieg.

In die nächste Spielzeit startete der Verein als Top-Favorit in die 2. Bundesliga, während Raps wieder zum Reservisten abrutschte. Trainer Jürgen Wähling hatte sich vor dem Saisonstart für die Neuverpflichtung Hans → Wulf als Nummer 1 entschieden, weil dieser seiner Meinung nach über die bessere Strafraumbeherrschung verfügte. Während Hannover mit Wulf die allgemeinen Prognosen erfüllte, widmete sich der verärgerte Raps seiner zweiten Passion. Der Hobby-Designer präsentierte auf der Verbrauchermesse INFA 86 erstmals seine Möbelkreationen, die er in Zusammenarbeit mit einem Isernhagener Werk realisiert hatte. Sportlich kam Raps wieder gegen Saisonende zum Zuge, als sich Wulf verletzte und Raps beim Wiederaufstieg entscheidende Beihilfe leistete.

Das Torwartduell zwischen ihm und Wulf konnte der Zerberus vor der Saison 87/88 ebenfalls für sich entscheiden. Mit Platz 10 verzeichnete der Verein am Saisonende eine positive Bilanz und Raps verkündete selbstbewusst, sich endgültig unter den Bundesligatorhütern etabliert zu haben. In der nächsten Spielzeit flog er den Bällen allerdings zumeist vergeblich hinterher. Sein Markenzeichen, dem heranstürmenden Gegenspieler mit weit gespreizten Beinen entgegenzuspringen, erwies sich als wenig effektiv, weil ihn seine Vorderleute zumeist im Stich ließen. Hohe Niederlagen gegen Bayer

Uerdingen, Bayern München und Borussia Dortmund besiegelten vorzeitig den erneuten Abstieg.

Zunächst für den geplanten Neuaufbau vorgesehen, lehnte Raps wegen der undurchsichtigen Vereinspolitik ein vorgelegtes Vertragsangebot ab. Weil ihn aus dem Profibereich kein Verein mehr verpflichten wollte, vollzog der »Mann mit Ideen« den Rückzug, um sich dem Möbeldesign und seiner eigenen Sportwerbeagentur zu widmen.

Reck, Oliver

Geboren: 27.02.1965 (Deutschland)
BL-Vereine: Kickers Offenbach (1983–1984), SV Werder Bremen (1985–1998), Schalke 04 (seit 1998)
BL-Spiele: 471 (zum Ende der Hinrunde 02/03)
BL-Tore: 1
BL-Vereinstitel: 2x Deutscher Meister (SV Werder Bremen: 1988, 1993), 4x DFB-Pokal (SV Werder Bremen: 1991, 1994; Schalke 04: 2001, 2002), 1x Europapokal der Pokalsieger (SV Werder Bremen: 1992)
A-Länderspiele für Deutschland: 1

Der im Verlauf seiner langen wie auch erfolgreichen Karriere oftmals als »Pannen-Olli« geschmähte Oliver Reck wurde in Frankfurt am Main geboren und begann seine Vereinslaufbahn 1971 beim Stadtteilklub SG Harheim – dem gleichen Ort, in dem er auch zur Grundschule ging. Zunächst auf verschiedenen Positionen eingesetzt, wechselte der hessische Bub bald darauf ins Torwartfach, um seinen großen Idolen Sepp → Maier und Norbert → Nigbur nachzueifern. Bereits in diverse Auswahlmannschaften berufen, wechselte der, nach eigenen Worten, »mittelmäßige, aber anständige« Realschüler im Sommer 1981 für eine Spielzeit zum FSV Frankfurt. Von dem hessischen Fußballidol Hermann Nuber anschließend zur A-Jugend der Offenbacher Kickers geholt, rückte Reck, zuvor von DFB-Jugendtrainer Dietrich Weise für mehrere Sichtungslehrgängen eingeladen, vor der Saison 83/84 in Offenbachs Amateurkader auf. Während sich der Nachwuchskeeper in der Landesliga erste Meriten verdiente, stand Offenbachs Profikader als Bundesliga-Aufsteiger am Tabellenende. Stammtorwart Valentin → Herr konnte keinen Rückhalt mehr vermitteln und hatte bis zum 20. Spieltag bereits 58 Gegentore kassiert. Vor dem Heimspiel gegen den 1. FC Köln schenkte Trainer Lothar Buchmann dem 18-jährigen Reck das Vertrauen.
Der Debütant bedankte sich beim 2:0-Sieg mit einer ausgezeichneten Vorstellung, bei der seine Mannschaft erstmals ohne Gegentor blieb. Während ihm sein Coach anschließend eine ganz große Karriere voraussagte, feierte der »Kicker« die gelungene Feuertaufe mit großen Lettern: »Ganz schön keck, dieser Oliver Reck!« Ausgestattet mit »Nervenstärke, gutem Stellungsspiel und großem Reaktionsvermögen« avancierte der Jungspund zum Stammtorwart in der Bundesliga, der drei Monate später gegen Griechenland einen gelungenen Einstand in der neu formierten U21-Auswahl verzeichnete, ohne mit seinem Verein den Abstieg verhindern zu können.

Der gelernte Industriekaufmann begleitete seinen Klub beim Gang in die 2. Bundesliga, zählte während der Hinrunde der Saison 84/85 zu den herausragenden Zweitligakeepern, erhielt regelmäßige Berufungen in die U21-Auswahl, um sich parallel den ersten großen Fauxpas zu leisten. Am 23. Spieltag ließ der 1,93 m große Schlussmann im Heimspiel gegen Hessen Kassel einen Weitschuss von der Brust über den Arm ins Tor trudeln. Nach der 0:1-Niederlage verließ der Unglücksrabe weinend den Platz und für seinen Klub war eine Niederlagenserie eingeleitet, die zum erneuten Abstieg führte.

In die Amateurliga wollte Reck nicht mitgehen, sein Verein verlangte für einen Wechsel jedoch eine zu hohe Ablösesumme. Weil er zudem am 1. Juli 85 zur Bundeswehr musste, legte der hoffnungsvolle Schlussmann zunächst eine Spielpause ein. Auf Initiative von Otto Rehhagel nahm ihn dann im November des gleichen Jahres Bundesligist Werder Bremen unter Vertrag. Zunächst als Nachfolger des rücktrittswilligen Ex-Nationaltorhüters Dieter → Burdenski eingeplant, musste sich Reck auch während der Saison 86/87 auf die Ersatzbank begeben, weil Burdenski noch ein weiteres Jahr aktiv blieb.

Vor der Saison 87/88 von Trainer Rehhagel (»Reck ist ein Riesentalent. Er bringt alles für einen Klassetorwart mit.«) zur neuen Nummer 1 erklärt, konnte der »Newcomer« dann einen fulminanten Einstand verzeichnen. In den ersten vier Saisonspielen kassierte der bereits als »Zu-Null-Reck« gefeierte Schlussmann keinen Gegentreffer, um nach dem 11. Spieltag, als Nachrücker für den verletzten Eike → Immel, eine Berufung für das Länderspielaufgebot gegen Schweden zu erhalten. Nach Abschluss der Hinserie befand sich sein Verein auf dem ersten Tabellenplatz und der »Aufsteiger des Jahres« wurde bei der »Kicker«-Torwartrangliste hinter Andreas → Köpke, Bodo → Illgner und Eike Immel auf Platz 4 eingestuft. Alt-Nationaltorwart Wolfgang → Kleff stellte dem Torwartkometen ebenfalls ein glänzendes Zeugnis aus: »Ich halte Reck für eines der größten Talente unter den Torhütern, weil er ein mitspielender Torwart ist, der das genaue Gespür für die jeweilige Situation besitzt.«

In der Rückrunde sorgte der U21-Stammtorhüter mit einer Rekordserie von 640 Minuten ohne Gegentor für weitere Schlagzeilen. Fehlleistungen gegen den VfB Stuttgart, wo er zudem nach einem vermeintlichen Foulspiel des Feldes verwiesen wurde, im UEFA-Pokalspiel bci Spartak Moskau sowie im DFB-Pokal bei Amateurligist 1. FC Pforzheim fielen zu diesem Zeitpunkt noch in die Kategorie »verständliche Lernprozesse eines Hochbegabten«. Am Saisonende feierte Werder Bremen den Meistertitel, wobei Reck lediglich 21 Gegentore kassiert hatte und bei Auswärtsspielen nur zehnmal bezwungen wurde.

Diesen Bestmarken folgten neben weitestgehend zuverlässigen Leistungen während der Saison 88/89 gegen Bayer Uerdingen und Waldhof Mannheim die ersten »kuriosen« Gegentore. Rehhagel sah sich mehrfach genötigt, seinen zunehmend kritisierten Keeper öffentlich in Schutz nehmen. Vom 17. September bis 5. Oktober 88 nahm der 12-fache U21-Nationaltorhüter, als Ersatzmann für Uwe → Kamps, an den Olympischen Spielen in Seoul teil und konnte sich mit seinem Team am Ende über die Bronzemedaille freuen. Mittlerweile als ein Riesentalent beurteilt, »welches jedoch in der Entwicklung stehen geblieben ist«, verlor der Torwart im Juni 89 mit seinem Klub gegen Borussia Dortmund das DFB-Pokalendspiel, um auch in der Folgezeit durch seine Unkonzentriertheiten erhitzte Diskussionen zu entfachen.

Ab der Saison 89/90 zudem von dem ehrgeizigen Ersatzmann Jürgen → Rollmann bedrängt, schwächelte der »im Zweifelsfall unsichere Kantonist« (Frankfurter Allgemeine Zeitung) im Verlauf der Rückrunde zusehends und offenbarte insbesondere bei der Strafraumbeherrschung haarsträubende Schwächen. Im DFB-Pokalfinale gegen den 1. FC Kaiserslautern ließ der »Fliegenfänger« einen Kullerball über die Hand zum 0:2 ins Netz hoppeln und leitete dadurch die 2:3-Niederlage ein. Vom einstigen Bremer Publikumsliebling war er mittlerweile zum »Buhmann« mutiert, der während der Saison 90/91 sein »Kuriositäten-Kabinett« um einige Ausstellungsstücke erweiterte.

Am 18. Spieltag landete die »tragische Figur« im Spiel gegen Wattenscheid 09 bei dem Versuch, einen als Flanke gedachten 55-Meter-Weitschuss abzufangen, rücklings auf dem Hosenboden und war erneut der Dumme. Ungeachtet des »Reck-Risikos« erreichte Werder Bremen erneut das Endspiel um den DFB-Pokal. Vor dem anstehenden Spiel gegen den 1. FC Köln prasselte in der Presse hämischer Spott auf die »Bundesliga Lachnummer« ein. Schon als Kölns »Siegesgarant« verhöhnt, gab der Goalie auf dem Spielfeld die passende Antwort: Im Elfmeterschießen parierte er den Strafstoß von Pierre Littbarski und verhalf seiner Mannschaft damit im dritten Anlauf zum lang ersehnten Pokalsieg.

Im Verlauf der Saison 91/92 sorgte der »Pokalheld« dennoch für weitere Fehlgriffe, die ihn in der Öffentlichkeit endgültig zum »Pannen-Olli« stempelten. Nach ebenso krassen wie regelmäßigen Aussetzern bei den Bundesligaspielen wie auch im DFB-Pokal stellte der »Kicker« nach dem 15. Spieltag die provokante Frage: »Hat's mit Reck noch Zweck?« Als der »Spezialist für saublöde Tore« (EXPRESS) am 20. Spieltag, beim 4:3-Sieg über Bayern München, mit einem kuriosen Kopfball das »Eigentor des Jahrzehnts« (ARD-Kommentator Fritz von Thurn und Taxis) produzierte, titelte die

»Angst vor der nächsten Panne?«
Oliver Reck – oftmals unterschätzter Erfolgskeeper bei Werder Bremen und Schalke 04.

Boulevardpresse: »Herr Reck, wie ist das, wenn der Ball an die Birne springt?« Es war der Rückendeckung seines Trainers Rehhagel wie auch der eigenen psychischen Stabilität zu verdanken, dass »Werders Antwort auf Charlie Chaplin« (Max Merkel) bei diesem Spießrutenlaufen innerlich nicht zugrunde ging. Weil er im Halbfinale des Europapokals der Pokalsieger gegen den FC Brügge seine zweite Gelbe Karte kassiert hatte, war er für das Finale gesperrt, musste Rivale Rollmann den Vortritt lassen und den 2:0-Sieg seiner Mannschaft über den AS Monaco von der Tribüne mitverfolgen.

Zur Saison 92/93 kam für Rollmann mit Hans-Jürgen → Gundelach ein neuer Schlussmann, der ebenfalls an Recks brüchigem Torwartthron rütteln wollte. Der »Flattermann« antwortete auf diese Herausforderung mit glänzenden Leistungen. Aus dem einstigen Nervenbündel entwickelte sich im Meisterschaftsendspurt ein wahrer »Super-Olli«, der mit zahlreichen Glanzparaden seinem Klub entscheidend zum zweiten Titelgewinn verhalf. Jetzt ein »Mister Zuverlässig«, der von seinem Trainer Rehhagel zu einem »der besten Torhüter Deutschlands« erkoren wurde, gewann Reck mit Werder Bremen im Mai 94 gegen Zweitligist Rot-Weiß Essen erneut den DFB-Pokal, um im Herbst des gleichen Jahres von Bundestrainer Hans-Hubert Vogts die Einladung zu einem Sichtungslehrgang zu erhalten. In den Europapokalspielen brillierte der zu diesem Zeitpunkt »erfolgreichste unter den besten deutschen Torhütern« teilweise mit wahren Weltklasseleistungen und im Dezember 94 zählte er für die EM-Qualifikationsspiele gegen Moldawien und Albanien zum erweiterten Aufgebot der Nationalmannschaft.

Während der Saison 95/96 sorgten eine Schulter- sowie eine Knieoperation für längere Zwangspausen, in denen der neue Stellvertreter Frank → Rost verstärkt Ansprüche auf den Stammplatz erhob. Auch diesen Angriff wehrte der »sehr routinierte Schlussmann« letztendlich ab, um sich nach seiner Genesung ab dem 18. Spieltag mehrfach als Matchwinner zu entpuppen. Zur Belohnung für die konstanten Leistungen feierte der groß gewachsene Schlussmann dann am 4. Juni 96, beim 9:1-Sieg über Liechtenstein, sein Länderspieldebüt und reiste anschließend, als dritter Torhüter hinter Andreas Köpke und Oliver → Kahn, zur Europameisterschaft nach England. Der stets loyale und sportlich immer faire Reck unterstützte Stammkeeper Köpke tatkräftig bei den täglichen Trainingseinheiten und konnte am Ende mit dem Nationalteam den EM-Titel feiern.

In der Saison 96/97 folgten für die »Führungspersönlichkeit« weitere Länderspieleinladungen, ohne dass sich hieraus ein zweiter Einsatz ergab. Am 25. Spieltag der Saison 97/98 absolvierte der mittlerweile 32-jährige Torwart-Oldtimer sein 350. Bundesligaspiel und wirkte zusammen mit Mannschaftskollege Christian Brand in einem Musik-Video der Gesangsgruppe »Die drei jungen Tenöre« mit, welches bei der Vorausscheidung zum Schlagerwettbewerb »Grand Prix d'Eurovision de la Chanson« einen dritten Platz belegte. Sportlich wurde er jedoch zunehmend von dem jungen Rost bedrängt, der öffentlich Recks Leistungen kritisierte und vehement seine Ansprüche anmeldete. Vor dem 18. Spieltag der Saison 97/98 nahm Trainer Wolfgang Sidka seinen Stammtorwart aus dem Kasten, weil die Mannschaft in der Vergangenheit angeblich zu viele Gegentore durch Standardsituationen kassierte hatte. Rost konnte seine kurzfristige Chance jedoch nicht nutzen und Reck blieb schließlich bis zum Saisonende im Kasten. Weil der verdiente Schlussmann, nach dreizehn Werder-Jahren, eine neue sportliche Herausforderung suchte, unterzeichnete er im Mai 98 – als Nachfolger des zum AC Mailand gewechselten Jens → Lehmann – überraschend einen Dreijahresvertrag bei Schalke 04.

Während Schalkes Manager Rudi Assauer vom »Wunschtorwart« sprach, schlug der Neuverpflichtung von Seiten der Fans und Experten eher geballte Skepsis entgegen. Zudem kugelte er sich bei einem Vorbereitungsspiel die Schulter aus und musste den Start der Saison 98/99 zunächst vom Krankenbett verfolgen. Während seiner Rekonvaleszenz schwang sich der junge Ersatzmann Mathias → Schober zum neuen Publikumsliebling empor. Nach seiner Genesung saß Reck ab dem 8. Spieltag zunächst auf der Tribüne, während Schober das Tor hütete und auf der Ersatzbank der Norweger Frode → Grodås hockte. Zur Überraschung aller Beteiligten entschloss sich Trainer Huub Stevens vor dem 16. Spieltag zu einem Torwartwechsel, weil er sich von dem erfahrenen Reck in erster Linie eine bessere Organisation der anfälligen Schalker Hintermannschaft versprach. Beim Debüt gegen Eintracht Frankfurt führte sich Reck mit einem eklatanten Patzer ein, der den schon sicher geglaubten Auswärtssieg bis zum Schlusspfiff gefährdete. Auch in den folgenden Begegnungen erwies sich der unverwüstliche Routinier (»So viele Talsohlen gibt es gar nicht, in denen ich schon drin war.«) als Unsicherheitsfaktor, trotzte aber den ständigen Missfallensbekundungen und konnte sich im Verlauf der Rückrunde auf durchschnittlichem Niveau stabilisieren.

Immer noch mit dem Image des »Pannen-Olli« behaftet, startete er in die Saison 99/00 als Nummer 1, um nach dem 4. Spieltag, aufgrund eklatanter Irrflüge bei der 2:3-Niederlage gegen Bayern Leverkusen, erneut auf der Bank zu landen. Weil Schober jedoch ebenfalls patzte, eroberte sich Reck noch vor der Winterpause seinen Stammplatz zurück und ließ sich jetzt nicht mehr verdrängen. Am 15. Spieltag leitete er bei 1860 München mit einem gekonnten Dribbling im gegnerischen Strafraum kurz vor Spielende den wichtigen Ausgleichstreffer ein. Spätestens ab der Saison 00/01 wandelte sich der einstige »Sündenbock« mit zahlreichen überragenden Darbietungen zum neuen Schalker Liebling, der in der Rückrunde lediglich 15 Gegentore kassierte, mit seinem Klub den Meistertitel nur um Haaresbreite verpasste und durch den 2:0-Sieg über Union Berlin mit Schalke 04 nach 29 Jahren wieder den DFB-Pokal errang.

Diesen Triumph wiederholte die bereits »längst geachtete und umjubelte blau-weiße Kultfigur« während der Saison 01/02. Nach dem 4:1-Endspielsieg über Bayer Leverkusen hatte der »Bundesliga-Dino« – als zweiter Spieler nach Klaus Allofs – in seinem sechsten Finale zum vierten Mal den DFB-Pokal gewonnen. Am 16. Spieltag absolvierte »Pokal-Olli« gegen den 1. FC Nürnberg seine 450. Bundesligabegegnung und avancierte damit zum Rekordaktiven. Zudem konnte der »offensive Torhüter« am 22. Spieltag durch einen verwandelten Foulelfmeter gegen den FC St. Pauli sein erstes Bundesligator erzielen. Nach dieser Spielzeit trat einer »der besten vier Torhüter in der Bundesliga« (Rudi Assauer) freiwillig ins zweite Glied zurück, um seinen Posten für den ehemaligen Kontrahenten Frank Rost zu räumen. Der mittlerweile passionierte Hobby-Golfer plant nach Beendigung seiner aktiven Laufbahn bei Schalke 04 den Einstieg als Torwarttrainer.

Redmann, Udo

Geboren: 22.10.1942 (Deutschland)
BL-Vereine: Rot-Weiß Oberhausen (1969–1970)
BL-Spiele: 2

Als Udo Redmann 1957 seine Vereinslaufbahn bei Union Lüdinghausen begann, befand er sich zu diesem Zeitpunkt als Schüler in einem Jesuiten-Internat und konnte seine Leidenschaft für den Sport zunächst nur heimlich betreiben. Zudem ein guter Leichtathlet, machte er sich im Ruhrgebiet schnell einen guten Namen als reaktionsschneller Torwart und erhielt zahlreiche Angebote. 1962 wechselte der Abiturient zum Verbandsligisten Wattenscheid 09, um sich dort auch für Einsätze in der Amateurnationalmannschaft zu empfehlen. Redmann, bereits im Geschäft seines Vaters beschäftigt, musste jedoch aus beruflichen Gründen eine geplante Asien-Reise mit der Amateur-Auswahl absagen. 1968 folgte sein Wechsel zum Regionalligisten Rot-Weiß Oberhausen, wo er in der Saison 68/69 hinter Stammtorwart Wolfgang → Scheid nur einen Pflichtspieleinsatz absolvierte.

Nach dem Aufstieg in die Bundesliga konnte sich Oberhausen während der Saison 69/70 zunächst an der Tabellenspitze festsetzen, ehe der freie Fall einsetzte. Der Neuling stand auf Platz 8, als Scheid am 13. Spieltag bei der Heimbegegnung gegen den Hamburger SV in der 20. Minute wegen Verdachts auf Bänderriss vom Platz getragen werden musste. Reservist Redmann befand sich keine zwei Minuten im Tor, als ihm schon von Charly Dörfel eingeschenkt wurde. Diesem laut »Kicker« »kinderleichten, haltbaren« Ball folgte in der 61. Minute ein weiterer Treffer, bei dem Redmann ebenfalls keine glückliche Figur abgab. Nach der 1:3-Niederlage herrschte bei Oberhausen Panikstimmung und Präsident Peter Maassen befürchtete das Schlimmste: »Das Fehlen von Scheid kann sich zur Katastrophe auswirken.« Somit biss die Nummer 1 notgedrungen die Zähne zusammen und hütete trotz seiner Blessuren weiterhin den Oberhausener Kasten.

Reservist Redmann, der sich selbst als sehr fleißig und ehrgeizig bezeichnete, wurde zudem angebliche Trainingsfaulheit unterstellt und das Fachmagazin »Kicker« spottete über den 1,81 m großen und 86 kg schweren Schlussmann, dass er seit seiner Wattenscheider Amateurzeit »nichts dazugelernt, sondern nur zugenommen« hätte. Zeitweise wurde der ausgebildete Kaufmann vom Klub sogar von der Ersatzbank verbannt, um dem Torwart aus der Bezirksklasse zu vertrauen. Diese krasse Degradierung verärgerte den Reservisten, der sich zudem unterbezahlt fühlte und ein höheres Spielergehalt forderte. Redmann (»Ich habe mir nichts gefallen lassen.«) ging schließlich bis vor das Arbeitsgericht, um am 24. Spieltag bei 1860 München ab der 2. Halbzeit für den verletzten Scheid ein zweites und letztes Mal Bundesliga-Luft zu schnuppern. An der 1:4-Niederlage war er schuldlos und kurz darauf kündigte er seinen Vertrag fristlos. Anschließend konzentrierte sich der gebürtige Essener auf das elterliche Geschäft und spielte noch mit 49 Jahren beim Essener Bezirksligisten SV Borbeck.

Reichel, Armin

Geboren: 31.01.1958 (Deutschland)
BL-Verein: 1. FC Kaiserslautern (1980–1985)
BL-Spiele: 62

Über seinem Heimatverein SV Glan-Münchweiler gelangte der 14-jährige Armin Reichel 1972 zur B-Jugend des 1. FC Kaiserslautern. Für den Traum von der großen Fußballkarriere nahm er einigen Stress in Kauf. Während er tagsüber seine Ausbildung zum Maschinenschlosser absolvierte, trainierte er am Abend in Lauterns Jugend- und Amateurmannschaften und war dadurch oftmals erst um Mitternacht wieder zu Hause.

Durch die schwere Schultergelenkverletzung des langjährigen Reservisten Josef → Stabel erhielt Reichel 1981 den ersehnten Profivertrag. Bei einem Vorbereitungsspiel zur Saison 81/82 zog sich Stammtorwart Ronnie → Hellström einen Schultergelenkbruch zu, der ihn für längere Zeit ans Krankenbett fesselte. Obwohl einige Mitspieler umgehend die Verpflichtung eines neuen Torhüters forderten, vertraute Trainer Karl-Heinz Feldkamp seinem unerfahrenen Ersatzmann. Das Bundesligadebüt absolvierte der schnauzbärtige Lockenkopf beim 2:2-Remis gegen Eintracht Frankfurt dann auch mit Bravour. Zwar unterliefen ihm in der Folgezeit einige Fehler, die auch den Tadel von Mitspielern wie Hans-Peter Briegel (»Der Reichel muss noch viel lernen.«) hervorriefen, insgesamt avancierte er jedoch in der Hinrunde zum »Torwart-Aufsteiger«, der einen beim Spiel gegen den VfB Stuttgart erlittenen Nasenbeinbruch mühelos wegsteckte. Während der Rückrunde erhielt dann wieder zeitweise der genesene Hellström den Vorzug. Sein »Adjutant« galt aber, nicht zuletzt aufgrund der hervorragenden Leistung im UEFA-Cup-Spiel gegen Spartak Moskau jetzt als ernst zu nehmender Konkurrent.

Weil der Schwede auch in der nächsten Saison vom Verletzungspech verfolgt wurde und sich am 4. Spieltag den Ringfinger auskugelte, eroberte Reichel die Nummer 1 zurück. Obwohl jede Schwäche mit Argusaugen beobachtet wurde, behielt der nur 1,77 m große Schlussmann, auch aufgrund Hellströms erneuter Verletzung, seinen Posten bis zum Saisonende und wurde einmal in das Olympia-Team einberufen.

Die Verantwortlichen wollten sich für die neue Saison jedoch nicht allein seinen Fangkünsten anvertrauen. Weil Hellström zudem längerfristig an seinen Verletzung laborierte, verpflichtete der Verein vor der Saison 83/84 den talentierten Roland → Grüner. Reichel verlor frühzeitig den Konkurrenzkampf mit dem jungen Franken und fand sich plötzlich zwischen Bank und Tribüne wieder. Für den schwächelnden Grüner erhielt er am 9. Spieltag eine neue Chance, doch sein Platzverweis beim anschließenden 0:4 in Frankfurt machte alle Comebackbemühungen zunichte. Während Reichel seine Sperre absitzen musste, eroberte der schon abgeschriebene Hellström unerwartet seinen einstigen Stammplatz zurück, um nach dieser Saison seinen Rücktritt zu verkünden. Kaiserslautern verpflichtete vom 1. FC Köln Dauer-Reservist Gerald → Ehrmann und schickte Reichel gleichzeitig die Kündigung. Weil er keinen neuen Verein fand, blieb er auch für die Saison 84/85 bei Kaiserslautern.

Für den zur Winterpause abgewanderten Grüner saß der ungeliebte Zerberus ab der Rückrunde zumindest wieder auf der Ersatzbank. Am 29. Spieltag musste Ehrmann im Spiel gegen den Hamburger SV schon nach 15 Minuten wegen einer Zerrung aufgeben. Ersatzmann Reichel zeigte sich jedoch bereits nervlich angeschlagen, um nach der 1:6-Niederlage am 31. Spieltag bei Werder Bremen von Trainer Manfred Kraft öffentlich diskreditiert zu werden: »Wenn der Ehrmann im Tor gewesen wäre, wären die Bremer Stürmer nicht so zum Zuge gekommen, der hätte sich Respekt verschafft.« Der perfekte Sündenbock hatte damit seinen letzten BL-Einsatz absolviert. Anschließend wechselte Reichel zum Zweitliga-Aufsteiger Tennis Borussia Berlin, worauf sich ab 1986 ein zweijähriges Engagement beim 1. FC Saarbrücken anschloss.

Reinke, Andreas

Geboren: 10.01.1969 (DDR)
BL-Vereine: Hamburger SV (1991–1993), 1. FC Kaiserslautern (1994–2000)
BL-Spiele: 137
BL-Vereinstitel: 1x Meister (1. FC Kaiserslautern: 1998) 1x DFB-Pokal (1. FC Kaiserslautern: 1996)

Der beim 1. FC Kaiserslautern lange Zeit umstrittene Andreas Reinke wurde im mecklenburg-vorpommerischen Krakow geboren. Im Alter von 9 Jahren begann er 1978 mit dem Vereinsfußball beim ansässigen PSV Güstrow. Nach Worten seines damaligen Trainers Manfred Apportin schon damals körperlich sehr stabil, wurde er auch oft im Feld eingesetzt, weil er als Torwart in der starken Güstrower Jugendmannschaft kaum Beschäftigung fand. 1985 wechselte Reinke in die C-Jugend von SG Dynamo Schwerin, um ab 1989 in die 1. Mannschaft aufzurücken. Ein Jahr darauf erreichte der Nachwuchskeeper mit dem Team das Endspiel um den FDGB-Pokal, bei dem man am 2. Juni 1990 in Berlin mit 1:2 gegen Dynamo Dresden unterlag. Nach dem Zusammenbruch des DDR-Systems wagte der gelernte Pressmaschinenbauer 1990 den Sprung in den Westen, um in der Amateurmannschaft des Hamburger SV zu spielen.

Hinter Richard → Golz und Nils → Bahr als Amateur die nominelle Nummer 3, kam er durch den Fingerbruch von Bahr und eine gleichzeitige Mittelohrentzündung von Golz am 6. Spieltag der Saison 91/92, zu seinem ersten Bundesliga-Einsatz. Bei der 0:3-Heimniederlage gegen die Stuttgarter Kickers verschuldete er durch sein unentschlossenes Eingreifen den ersten Gegentreffer, um anschließend bis 1993 ausschließlich im Amateurkader aktiv zu sein.

Frustriert über die mangelnden sportlichen Perspektiven, hätte er seine Profi-Ambitionen schon beinahe ad acta gelegt, als er durch Zufall Kontakt zum Zweitligisten FC St. Pauli bekam. Für 18 000 DM Ablösesumme vor der Saison 93/94 zum Millerntor gewechselt, verdrängte der 1,90 m große Torwarthüne auf Anhieb die damalige Nummer 1 Klaus → Thomforde, um sich durch beständige Leistungen erstmals in den Blickpunkt der Fußball-Öffentlichkeit zu spielen. Von Experten als »Entdeckung der Saison« gefeiert, unterschrieb er nach dieser Spielzeit einen Vierjahresvertrag beim Bundesligisten 1. FC Kaiserslautern.

Zunächst die Nummer 2 hinter der Lauterer Torwartinstitution Gerald → Ehrmann, kam Reinke in der Saison 95/96 erstmals am 9. Spieltag durch eine Bänderdehnung des Stammtorhüters zum Einsatz. Aufgrund seiner etwas molligen Statur mit dem Spitznamen »Dicker« bedacht, gelang es ihm am Denkmal des scheinbar unumstößlichen Ehrmann zu rütteln. Reinke, der zum temperamentvollen Ehrmann ein kollegiales Verhältnis pflegte, kam durch dessen Meniskusoperation nach seinen ersten drei BL-Spielen am 14. Spieltag erneut zum Einsatz. Jetzt ließ er sich bis zum Saisonende nicht mehr verdrängen, obwohl er trotz guter Reflexe und Stellungsspiel nicht immer souverän wirkte.

Vor der Saison 95/96 von Trainer Friedel Rausch zur Nummer 1 bestimmt, überragte »Reinke Fuchs« am 9. Spieltag gegen VfB Stuttgart mit phantastischen Paraden, um in den folgenden Monaten an der »Hölle« Betzenberg sein persönliches Fegefeuer zu durchleiden. Konzentrationsschwächen, Leichtsinnsfehler und Nachlässigkeiten in Bundesligaspielen wie auch im UEFA-Pokal gegen Batis Sevilla ließen die sportlichen Aktien von »Pannen-Andi« rapide sinken. Nach erneuten Aussetzern im DFB-Pokalspiel gegen den FC Homburg wurde das vermeintliche Sicherheitsrisiko ab dem 12. Spieltag bis zum Hinrundenende durch Marc → Schwarzer und den reaktivierten Ehrmann vertreten.

Zwischenzeitlich auf die Tribüne versetzt, erhielt Reinke vor der Rückrunde wieder das Vertrauen seines Trainers, um gleichzeitig Besserung zu versprechen: »Ich muss mich mental sehr bessern und einfach aggressiver werden.« Zu diesem Zeitpunkt stand das Bundesliga-Gründungsmitglied Kaiserslautern schon in bedrohlicher Nähe zu den Abstiegsrängen. Während die Mannschaft ein Spiel nach dem anderen verlor, blieb Reinke seinem Ruf als Bruder Leichtfuß treu, der insbesondere durch seine allzu lässige Rückpass-Annahme die Abwehr oftmals in hellste Aufregung versetzte. Von den Fans ausgepfiffen, von Mitspielern wie Andreas Brehme auf dem Platz beschimpft, musste der gescholtene Keeper mit seinem Team am letzten Spieltag zum alles entscheidenden Abstiegsduell nach Leverkusen reisen. Beim Spielstand von 1:0 konnte er nach zehn Minuten einen vermeintlichen »Flatterball« nicht festhalten, dessen Abpraller der Leverkusener Markus Münch postwendend zum Ausgleich verwertete, um die Pfälzer damit erstmalig in die 2. Bundesliga zu schicken.

Als schwachen Trost gewann Kaiserslautern im Endspiel gegen Karlsruhe den DFB-Pokal, während Reinke von Übergangs-Trainer Eckhard Krautzun (»Andreas ist ein ausgezeichneter Torhüter.«) das Vertrauen ausgesprochen bekam.

Obwohl Kaiserslautern mit dem neu verpflichteten Otto Rehhagel in der Saison 96/97 den sofortigen Wiederaufstieg anpeilte, blieb der »Unberechenbare« mit seiner phlegmatischen Art eine »Reizfigur« für die Anhänger. Als der Wiederaufstieg bereits feststand und sein Klub am letzten Spieltag den SV Meppen mit 7:6 bezwingen konnte, wurde der Keeper von den Anhängern mit hämischem Beifall bedacht und musste auch noch die zahlreichen Rufe nach Gerald Ehrmann ertragen.

Sein Klub verpflichtete zudem den tschechischen EM-Torhüter Petr Kouba und für Reinke schien vor der Saison 97/98 schon die Reservebank reserviert zu sein. Aufgrund einer schweren Knieverletzung des Tschechen weiterhin die Nummer 1, blieb »Riskio-Reinke« in den ersten vier Spielen ohne Gegentor und rettete am 12. Spieltag einen 1:0-Sieg über den MSV Duisburg praktisch im Alleingang. Schwere Patzer gegen den VfL Wolfsburg, Hertha BSC, Schalke 04 und im DFB-Pokal gegen Bayern München machten ihn bei den Pfälzer Fans sofort wieder zur Spottfigur, während die Medien unablässig seine Ablösung empfahlen. Trainer Rehhagel hielt seinem viel kritisierten Tormann jedoch die Treue, was dieser mit tollen Paraden, beim 1:0-Sieg über den VfB Stuttgart, am 23. Spieltag mit Zinseszins zurückzahlte. Nach diesem Befreiungsschlag feierte Reinke am Saisonende mit Kaiserslautern – als erster Aufsteiger der Bundesligageschichte – den Meistertitel und konnte zu diesem Zeitpunkt von allen FCK-Torhütern die geringste Quote an Gegentreffern bilanzieren.

Endgültig akzeptiert, lief »Balou« – wie ihn einige Fans nannten – während der Saison 98/99 zur absoluten Höchstform auf. Als er am 22. Spieltag gegen Werder Bremen wieder mehrfach bravourös reagierte, forderten ihn die Fans sogar für die Nationalelf.

Überraschend wurde er nach dem 16. Spieltag der Saison 99/00 von Rehhagel aus der Mannschaft genommen und während der Rückrunde durch Uwe → Gospodarek und Neuzugang Georg → Koch ersetzt. Eine Schienbeinkopfverletzung sorgte zudem für eine längere Zwangspause. Weil der Motorrad-Fan und zweifache Familienvater bei den Verhandlungen über eine Vertragsverlängerung angeblich zu hohe finanzielle Forderungen stellte, wurde er nach dieser Spielzeit vor die Tür gesetzt. Anschließend wechselte er zum griechischen Erstligisten Iraklis Saloniki, mit dem er im Herbst 2000 beim UEFA-Pokal-Wettbewerb gegen seinen früheren Klub ausscheiden musste. Seit der Saison 01/02 ist Reinke, der heute noch bei vie-

Aus der Abstiegshölle in den Meisterschaftshimmel – Andreas Reinke (1. FC Kaiserslautern).

len FCK-Fans unvergessen ist, beim spanischen Zweitligisten Real Murcia unter Vertrag.

Reiser, Georg

Geboren: 08.03.1962 (Deutschland)
BL-Verein: Karlsruher SC (1984–1985)
BL-Spiele: 1
Vom Dorfklub SV Zeutern zum Zweitligisten Karlsruher SC gewechselt, gelangte Georg Reiser während der Saison 83/84 hinter Bernd → Fuhr zu keinem Pflichtspieleinsatz, erlebte aber zumindest den Wiederaufstieg in die Bundesliga mit.

In der folgenden Spielzeit plagten Stammkeeper Fuhr chronische Knieschmerzen, eine Operation wollte er jedoch bis in die Winterpause verschieben. Als dieser Eingriff noch vor der Hinrundenende unumgänglich wurde, musste KSC-Trainer Manfred Krafft am 16. Spieltag den unerfahrenen Reiser einsetzen. Bei der 0:5-Niederlage gegen den VfB Stuttgart verschuldete der Keeper durch zu spätes Eingreifen den dritten Treffer, wurde aber zumeist auch von seinen Vorderleuten im Stich gelassen. Obwohl Fuhr eine längere Pause einlegen musste, standen weitere Bewährungsproben von Reiser nicht mehr zur Debatte.

Der Verein verpflichtete den arbeitslosen Rudolf → Kargus und die einstige Nummer 2 war jetzt nur noch dritte Wahl. Mit dem erneuten Wiederabstieg der Karlsruher verschwand auch Reiser aus dem Blickpunkt des Fußballgeschehens. Nach einem Intermezzo beim 1. FC Saarbrücken war er Anfang der Neunziger Jahre im Kader des badischen Amateurligisten SV Sandhausen zu finden und wurde auch in die badische Amateurauswahl berufen.

Reitmaier, Claus

Geboren: 17.03.1964 (Deutschland)
BL-Vereine: Stuttgarter Kickers (1991– 1992), 1. FC Kaiserslautern (1993–1994), Karlsruher SC (1994–1998), VfL Wolfsburg (seit 1998)
BL-Spiele: 318 (zum Ende der Hinrunde 02/03)
Die späte Bundesligakarriere des »Dauerbrenners« nahm ihren Anfang in Reitmaiers Geburtsstadt Würzburg. Zunächst übte er sich auf dem nachbarlichen Bolzplatz, ehe er 1972, im Alter von 8 Jahren, dem FV Würzburg 04 beitrat. Obwohl Reitmaier, wie einst sein Vater, schon als kleiner Junge immer Torwart werden wollte, spielte er das erste Jahr im Feld. Nach einem Jahr schickte ihn sein Trainer probeweise ins Tor und seit diesem Zeitpunkt hat er, nach eigenen Worten, »die Kiste nie mehr verlassen.«

Im Sommer 1982 folgte als 18-Jähriger der Wechsel zum Lokalrivalen Kickers Würzburg, mit dem der gelernte technische Zeichner in den nächsten vier Jahren zwischen Bayern- und Landesliga pendelte. Der Traum vom Profifußball erfüllte sich im Sommer 86, als ihn der Zweitligist Viktoria Aschaffenburg verpflichtete. Anfangs hinter Valentin → Herr die Nummer 2, landete Reitmaier nach dieser Spielzeit mit den Unterfranken wieder im Amateurlager. Ab der Saison 87/88 Stammtorhüter, sorgte der 1,87 m große Schlussmann insbesondere im DFB-Pokal für Furore. Beim 1:0-Sensationssieg über den Bundesligisten 1. FC Köln avancierte der ruhige und nervenstarke Torhüter in der Schlussphase mit zahlreichen Glanzparaden zum Matchwinner. Im Viertelfinale folgte für den Hessenligisten gegen Werder Bremen dann das Aus, wobei der Zerberus an der 1:3-Niederlage mit zwei Patzern entscheidend beteiligt war. Gleichzeitig gelang dem Klub aber als Hessenmeister die erhoffte Rückkehr in die 2. Bundesliga.

Während der Saison 88/89 zählte Reitmaier zu den guten, keineswegs aber überragenden Zweitligakeepern, der zwischendurch immer auch für manche »Gurke« verantwortlich zeichnete. Nach dem erneuten Abstieg verschwand der »Modellathlet« zunächst aus dem Blickpunkt des deutschen Profifußballs, um für die Saison 89/90 beim österreichischen Erstligisten Wiener SC anzuheuern. Auf Anhieb entwickelte sich der Franke in dieser Liga zu einem der herausragenden Torhüter. Das Ansinnen von Nationaltrainer Alfred Riedl, die österreichische Staatsbürgerschaft anzunehmen, um in der Nationalmannschaft zu spielen, lehnte Reitmaier jedoch ab, denn noch hatte er den Traum von der Bundesliga nicht aufgegeben. Von den Fans gefeiert, konnten aber auch seine zahlreichen Glanzvorstellungen den Klub während der Saison 90/91 nicht mehr vor dem Abstieg bewahren.

Reitmaier kehrte nach Deutschland zurück, wo ihm zunächst die Arbeitslosigkeit drohte. Durch die Mutter seines früheren Aschaffenburger Mannschaftskollegen Matthias Imhof erhielt er den Hinweis, dass der Bundesligaaufsteiger Kickers Stuttgart einen Torhüter suchte. Beim Probetraining stach der »Nobody« alle weiteren Kandidaten aus, um sich vor der Saison 91/92 hinter Stammtorwart Stefan → Brasas einzureihen.

Am 10. Spieltag profitierte er von den Leistenproblemen seines Kontrahenten, um im Spiel beim 1. FC Nürnberg einen furiosen Einstand zu feiern. Trotz der 0:2-Niederlage bestach der »Adler« mit einer hervorragenden Leistung, um zudem einen Elfmeter zu parieren. Zwei Wochen später überragte der »Teufelskerl«, trotz seiner »nicht immer reinen Torwartkunst« (ZDF-Reporter Thomas Wark) auch beim 4:1-Sieg über Bayern München und hatte sich dadurch endgültig den Stammplatz gesichert. Nach der Hinrunde in der Torwart-Rangliste des »Kicker« bereits auf Platz 6 notiert, konnte der »Senkrechtstarter« (Sepp → Maier) auch bis zum Saisonende seine spektakulären Leistungen weitestgehend fortsetzen, ohne mit den Kickers den sofortigen Wiederabstieg aus dem Oberhaus vermeiden zu können.

Reitmaier hoffte auf einen Vereinswechsel, Verhandlungen mit Eintracht Frankfurt und Bayer Uerdingen jedoch blieben ereignislos, so dass er seinen Klub in die Zweitklassigkeit begleiten musste. Bei den finanziell gebeutelten Stuttgarter Kickers erwies sich der »sanfte Riese« während der Saison 92/93 auch in der 2. Bundesliga als entscheidender Leistungsträger, der letztendlich zum Garanten des knappen Klassenerhalts wurde. Von Bundesligisten wie Eintracht Frankfurt und Borussia Dortmund umworben, entschied sich der strikte Anti-Alkoholiker vor der Saison 93/94 für ein Angebot des 1. FC Kaiserslautern, in der Hoffnung dort die Torwart-Institution Gerald → Ehrmann abzulösen.

Claus Reitmaier avancierte zum rekordverdächtigen Dauerbrenner unter den aktuellen Bundesligatorhütern.

Vor dem Saisonstart musste sich das »Torwart-As« jedoch einer notwendigen Knöcheloperation unterziehen, um sich nach der Genesung auf der Ersatzbank wieder zu finden. Aufgrund eines Muskelfaserrisses von Ehrmann kam Reitmaier am 20. Spieltag gegen Eintracht Frankfurt erstmals zum Einsatz, musste jedoch von Beginn an die Ablehnung der FCK-Fans und den beißenden Spott (»Reitmaier wird 30 Jahre alt und hat als Profi nicht viel erreicht.«) seines Rivalen über sich ergehen lassen. Aufgrund der mangelnden Rückendeckung von Anhängern, Trainer und Vorstand wirkte der einst hoch gelobte Zerberus in seinen wenigen Einsätzen für den verletzten oder gesperrten Ehrmann übernervös und konnte zu keinem Zeitpunkt an die einstigen Glanzleistungen anknüpfen. Kurz vor Saisonschluss begann der »Besessene« (Ex-Trainer Rainer Zobel) in dem verbissen geführten Torwartduell zu resignieren: »Die Leute wollen mich hier nicht. Das muss ich mir nicht antun. Ausgepfiffen zu werden vom eigenen Anhang habe ich nicht nötig.« Trotz dieser sportlichen Flaute buhlten mehrere Bundesligavereine um den reaktionsschnellen Keeper, der nach einem heftigen Flirt mit Borussia Mönchengladbach schließlich einen Dreijahresvertrag beim Karlsruher SC unterschrieb.

Mit der schweren Bürde als Oliver → Kahn-Nachfolger schien der »Mann der leisen Töne« zunächst spielend fertig zu werden. Der stets sachlich spielende Schlussmann (»Schauparaden sind nicht meine Sache, am liebsten bleibe ich immer stehen.«), zudem cool und überlegt bei Eins-zu-eins-Situationen, zeigte bereits am 1. Spieltag der Saison 94/95 gegen den SC Freiburg eine bestechende Leistungen, um während der Hinrunde mehrfach Punkte festzuhalten. In der Winterpause gewann er mit dem KSC das offizielle Hallenmasters und wurde dabei zum besten Torhüter des Turniers gewählt.

Der Rückschlag folgte bereits im ersten Rückrundenspiel beim SC Freiburg, als der schon als »Super-Torhüter« gefeierte Fangkünstler mit einem Riesenpatzer die 1:2-Niederlage verschuldete. Fortan agierte »Reiti« immer zappeliger, um insbesondere bei seinen Strafraumausflügen eklatante Unsicherheiten zu verraten. Auch Trainer Winfried Schäfer (»Der Claus muss erst wieder lernen, die Nummer 1 zu werden.«) äußerte sich zunehmend skeptischer über seinen flatterhaften Schlussmann.

Während der Saison 95/96 wurde aus dem Top-Keeper endgültig der »Unberechenbare«, der neben teilweise phantastischen Reflexen immer wieder einen »Bock« verursachte. Während der Rückrunde konsolidierte der gläubige Katholik, der vor jedem Spiel das gleiche Gebet spricht (»Ich bitte um Verschonung von Verletzungen und um ein gutes Spiel.«), zwar seine Leistungen, musste aber im DFB-Pokalfinale gegen Ex-Klub Kaiserslautern den nächsten Tiefschlag verkraften. In der 6. Minute ließ er einen haltbaren Freistoß zum 0:1-Endstand durch die Beine rutschen und wurde von Mitspielern und Anhängern zum Sündenbock erkoren. Als ruhiger Vertreter der Branche konnte sich Reitmaier während der Saison 96/97 aber zusehends steigern. Brillante Rettungstaten in der Bundesliga wie auch in den UEFA-Pokalspielen brachten den regelmäßigen Kirchgänger dank seiner »Reaktionsschnelligkeit und katzenhaften Geschmeidigkeit« zurück in die »erste Garde der bundesdeutschen Elite-Torhüter«, obwohl der Kicker weiterhin monierte: »Fast schon zum Sicherheitsrisiko wird Reitmaier, wenn er sich von der Torlinie lösen muss und desorientiert durch den Fünfmeterraum irrt.«

Die Erfolgsstory mit regelmäßigen UEFA-Pokalrängen endete für den KSC mit der Saison 97/98. Während der Hinrunde noch gewohnter Rückhalt, sackte Reitmaiers Formkurve in der Rückrunde immer weiter ab. Nach dem 27. Spieltag befand sich der Klub auf einem Abstiegsrang und Langzeit-Coach Schäfer wurde durch »Feuerwehrmann« Jörg Berger ersetzt. Kaum war der neue Trainer im Amt, als sich Reitmaier am 29. Spieltag, im Heimspiel gegen Hertha BSC, einen Muskelriss zuzog und durch Simon → Jentzsch ersetzt wurde. Weil sich der junge Stellvertreter auf Anhieb bewährte, blieb der 34-jährige Reitmaier nach seiner Genesung die Nummer 2, um ebenso ohnmächtig wie frustriert den fünften Abstieg seiner Karriere zu erleben.

Anschließend holte ihn sein früherer Mitspieler und jetziger Trainer Wolfgang Wolf zum

VfL Wolfsburg, bei dem sich der »Oldie« trotz aller Skepsis und Konkurrenz von Uwe → Zimmermann und Holger → Hiemann auf Anhieb einen Stammplatz eroberte. Am Saisonende landete der Routinier mit seinem Klub auf einem überraschenden UEFA-Pokalplatz und verkündete gleichzeitig noch mindestens drei Jahre spielen zu wollen.

In den nächsten Jahren verteidigte der auf dem Spielfeld stets freundliche »Torwart-Methusalem«, trotz gelegentlicher Durchhänger, seine Position, absolvierte für den VfL Wolfsburg 130 BL-Spiele in Folge, ehe er zwischen dem 29. und 30. Spieltag der Saison 01/02 seinen Platz freiwillig für den jungen Vertreter Sead → Ramovič räumte. Im Jahr 2001 von dem Künstler und Reitmaier-Fan Jonny Petry als Comic-Figur in dem Märchen-Buch »Clausi der Maikäfer« (»Clausi, der liebenswerte Maikäfer und weltbeste Torwart, wurde mehr denn je geliebt.«) verewigt, avancierte der »Gute-Laune-Mensch« zur Saison 02/03 zum aktuell ältesten Spieler der Bundesliga und visiert inzwischen den bestehenden Altersrekord von Ulrich → Stein an, der noch mit 42 Jahren im Tor stand. Reitmaier, der sich im World Wide Web seit geraumer Zeit mit einer eigenen Homepage präsentiert, bezeichnet sich selbst als »großes Kind«, das in der kargen Freizeit am liebsten mit seiner Playstation spielt und zudem leidenschaftlich für den Popstar Janet Jackson schwärmt. Der Autonarr (»Ich kann nur schwer nein sagen, wenn die Autobahn frei ist und ich zum Schnellfahren eingeladen werde.«) musste sich im November 2002 eine Zeit lang von seinem Hobby verabschieden, als er wegen eines Verkehrsdeliktes für drei Monate den Führerschein entzogen bekam. Nach Beendigung seiner Karriere beabsichtigt der »Vollprofi durch und durch« eine Laufbahn als Torwarttrainer einzuschlagen.

Reus, Timo

Geboren: 02.05.1974 *(Deutschland)*
BL-Verein: SC Freiburg (1999–2002)
BL-Spiele: 11

Der Mann im Schatten von Richard → Golz wurde im badischen Lahr geboren und spielte zunächst beim FV Kuhbach und bei FV Offenburg. Über die Station beim badischen Verbandsligisten SV Linx wechselte der 1,87 m große Schlussmann vor der Saison 98/99 als Vertragsamateur zum Bundesligaabsteiger SC Freiburg. Ursprünglich als Nummer 3 hinter dem Jugoslawen Bosko Boskovič und Dietmar → Hummel eingeplant, konnte sich die Neuverpflichtung bei den Vorbereitungsspielen überraschend gegen die Konkurrenten durchsetzen. Anstatt bei der Verbandsliga-Mannschaft des SC Freiburg, etablierte sich Reus in der Profi-Elf zunächst als »feste Größe«. Aufgrund von Rückenproblemen in der Rückrunde nicht mehr so souverän, leistete der »Shootingstar« dennoch, mit insgesamt 23 Meisterschaftseinsätzen, seinen entscheidenden Anteil am sofortigen Wiederaufstieg der Freiburger. Für die Bundesliga scheute Trainer Volker Finke jedoch das Risiko mit dem unerfahrenen Keeper und holte stattdessen Ex-HSV-Torwart Richard Golz.

Während Golz zur neuen Nummer 1 avancierte, wurde Reus zum Dauer-Reservisten, der erst am letzten Spieltag der Saison 99/00 – aufgrund der Knieverletzung von Golz – beim VfL Wolfsburg zu seinem ersten BL-Einsatz gelangte. Mit großartigen Paraden hielt der loyale Ersatzmann die 1:2-Niederlage in Grenzen und wurde im »Kicker« zum »Torwart des Tages« gekürt.

Anschließend musste der Mann, »der sich reinhängt und keinen Ball verloren gibt«, wieder auf die Bank, um während der Saison 00/01 ausschließlich Einsätze in der Oberliga-Elf zu absolvieren. Im Training äußerst ehrgeizig (Co-Trainer Achim Sarstedt: »Wenn er im Training ein Tor kassiert, muss das häufig der Pfosten ausbaden.«) bescheinigten ihm Experten »Extraklasse auf der Linie«, aber auch »Unsicherheiten beim Herauslaufen«.

Trotz der geringen sportlichen Perspektive weiterhin ambitioniert, ergab sich für Reus (»Mit der Nummer 2 gebe ich mich nicht zufrieden.«) am 28. November 2001 der erneute Ernstfall. Vor dem DFB-Pokalspiel beim Regionalligisten Darmstadt 98 musste Golz aufgrund einer Wadenprellung passen. In der Verlängerung verschuldete sein Stellvertreter mit einem schweren Patzer ein Gegentor und am

Ende zog der Bundesligist im Elfmeterschießen den Kürzeren. Der nächste BL-Einsatz ergab sich – wiederum gegen den VfL Wolfsburg – am 21. Spieltag der Saison 01/02, wo sich der »Feuerwehrmann« erneut mehrfach auszeichnen konnte. Weil Golz auch vor dem Auswärtsspiel bei Hansa Rostock noch an seinem »Pferdekuss« laborierte, blieb Reus im Kasten, um bei der 0:4-Niederlage mitsamt seiner Mannschaft im Rostocker Sturmwirbel unterzugehen. Der SC Freiburg, in der Vorsaison noch auf einem UEFA-Cup-Platz, rutschte währenddessen immer tiefer in den Tabellenkeller.

Als vor dem 28. Spieltag definitiv feststand, dass Stammkeeper Golz mit einem Muskelriss für den Rest der Spielzeit ausfallen würde, stand der Verein bereits auf einem Abstiegsplatz. Im Spiel gegen Borussia Mönchengladbach reagierte Reus mehrmals hervorragend, ehe er in der 79. Minute, durch überstürztes Herauslaufen, den entscheidenden Gegentreffer verschuldete. Auch in den nächsten Begegnungen hagelte es für die ersatzgeschwächten Freiburger hohe Niederlagen. In einer Mannschaft ohne große Gegenwehr konnte der bedauernswerte Zerberus erst am 32. Spieltag gegen den 1. FC Kaiserslautern den ersten Bundesligasieg seiner Laufbahn erleben, um sonst den gegnerischen Sturmreihen zumeist ohnmächtig ausgeliefert zu sein. Nach Freiburgs Abstieg ist Reus hinter Golz auch in der 2. Bundesliga der Ersatzmann.

Richter, Michael

Geboren: 02.12.1963 (Deutschland)
BL-Verein: Arminia Bielefeld (1984–1985)
BL-Spiele: 1

Nachdem Arminia Bielefelds Wolfgang → Kneib in der Saison 84/85 im Spiel gegen Eintracht Braunschweig wegen Schiedsrichterbeleidigung vom Platz gestellt wurde, kam zunächst dessen nomineller Ersatzmann Rainer → Wilk zum Einsatz. Der 19-jährige Michael Richter spielte zu dieser Zeit in Bielefelds Amateurmannschaft und erlebte bis dato die Bundesliga nur als Tribünenbesucher.

Zwei Wochen später musste Wilk den Platz ebenfalls, verletzungsbedingt, vorzeitig verlassen und ab der 68. Minute stand plötzlich der unerfahrene Jungtorwart im Kasten. Noch zweimal musste er hinter sich greifen, aber Beobachter attestierten dem Gymnasiasten eine insgesamt bessere Leistung als dem ausgetauschten Wilk. Für die nächste Begegnung standen Kneib und Wilk weiterhin nicht zur Verfügung, womit Richters Einsatz aber noch nicht gesichert war. Unter der Woche musste er sich einem Konkurrenzkampf mit dem A-Jugendtorwart Dirk → Hellmann stellen, bei dem er den Kürzeren zog. Während Hellmann im nächsten Spiel bei Bayer Uerdingen Bundesligaluft schnupperte, wurde Richter lediglich bei den Amateuren eingesetzt.

Rietzke, Reinhard

Geboren: 19.12.1948 (Deutschland)
BL-Verein: FC St. Pauli (1977–1978)
BL-Spiele: 4

1969 wechselte Reinhard Rietzke vom Regionalligisten Concordia Hamburg zu Bremerhaven 93. Zunächst zweiter Mann hinter Gerhard → Teupel, löste er sich dort in den nächsten Jahren mit Dieter Rost ab. Weiterhin als Sachbearbeiter beim Harburger Arbeitsamt beschäftigt, blieb er Amateur und konnte dadurch auch mit der Bremen-Auswahl beim Amateur-Länderpokal glänzen. Sein Verein schaffte jedoch nicht die Qualifikation für die neue 2. Bundesliga und 1975 wechselte Rietzke, als Nachfolger von Benno Larsen, zum FC St.Pauli. Akrobatisch, manchmal im Stil eines Handballtorhüters agierend, avancierte er dort in den nächsten zwei Jahren zur unumstrittenen Nummer 1. Zu seinem unverkennbaren Markenzeichen entwickelte sich die rot-weiß gestreifte Schirmmütze, die er über seiner schütteren Mähne mit den langen 70er-Jahre-Koteletten nicht nur bei tief stehender Sonne trug.

Der bullige Keeper wollte seinen bürgerlichen Beruf nicht aufgeben, sein Klub aber in die Bundesliga aufsteigen. St. Paulis neuer Diethelm Ferner führte darum das Vollprofitum ein und brachte mit dem früheren Juniorennationaltorwart Jürgen → Rynio einen namhaften Schlussmann mit. Vor der Saison 76/77 lautete die dringendste Frage beim FC St. Pauli: »Rynio oder Rietzke?« »Rille« zog sich jedoch vor dem Start eine Leisten- und Knöchelverletzung zu. Rynio nutzte die Chance mit glänzenden

Leistungen, während dem FC St. Pauli der anvisierte Aufstieg glückte.

Wie von den Experten erwartet, gesellte sich der Aufsteiger in der Bundesliga während der Saison 77/78 schnell zu den Abstiegskandidaten. Als Reservist Rietzke am 15. Spieltag erstmals für den grippekranken Rynio einspringen musste, befand sich sein Klub bereits auf dem vorletzten Tabellenplatz. Im Heimspiel gegen den VfL Bochum agierte er hervorragend und sicherte kurz vor Schluss mit einem parierten Foulelfmeter das wichtige Remis. Beim 2:1-Sieg über Fortuna Düsseldorf bestätigte er diese Form, um auch nach der anschließenden 1:4-Niederlage beim 1. FC Köln zum besten Paulianer gekürt zu werden. Eine im Spiel erlittene Platzwunde steckte er ebenfalls mühelos weg. Trainer Ferner ließ Torwart-Diskussionen zunächst nicht aufkommen: »Wenn Rietzke bis Samstag fit ist, wird er auch spielen.«

Bei der anschließenden 0:4-Niederlage am 18. Spieltag in Bremen musste Rietzke in der Halbzeit mit einer Gehirnerschütterung ausgewechselt werden. Rynio rehabilitierte sich, ohne mit der Mannschaft den sofortigen Bundesligaabstieg vermeiden zu können.

Rietzke hielt seinem Verein noch jahrelang die Treue, erreichte nach dem Abstieg in die Drittklassigkeit mit dem Verein 1981 noch das Endspiel um die Deutsche Amateurmeisterschaft, welches trotz Rietzkes Paraden mit 0:2 gegen die Amateure des 1. FC Köln verloren ging. Nachdem er anschließend zunehmend Nachwuchskeeper Volker → Ippig das Tor überließ, beendete er 1984 die aktive Karriere und blieb dem Fußball anschließend als Trainer der HSV-Amateure verbunden.

Rohloff, Heinz

Geboren: 24.03.1939 (Deutschland)
BL-Verein: Tasmania 1900 Berlin (1965–1966)
BL-Spiele: 18

»Zwangsaufsteiger« Tasmania 1900 Berlin benötigte für die Saison 65/66 neben Klaus → Basikow einen weiteren Torhüter, weil Ersatzkeeper Hans-Joachim → Posinski kurz vor seinem Laufbahn-Ende stand und sich zudem mit 15 Pfund Übergewicht abmühte.

Der Spielermarkt war jedoch schon so gut wie leergekauft und zunächst liebäugelte Tasmania mit der Verpflichtung des Juniorenauswahlkeepers Peter Scholich von Wacker 04. Auch Heinz Rohloff vom mittelrheinischen Verbandsligisten Bonner FV stand zur Debatte, der bei einem ersten Probetraining die Verantwortlichen aber nicht überzeugen konnte.

Weil Scholich absprang und Rohloff inzwischen seinen Trainingsrückstand aufgeholt hatte, durfte sich der »lange Mann aus Bonn« mit Tasmania schließlich doch in das bislang fürchterlichste Bundesliga-Desaster aller Zeiten stürzen. Rohloff – hinter Basikow und Posinski zunächst die Nummer 3 – musste den 2:0-Sieg am 1. Spieltag gegen den Karlsruher SC von der Tribüne aus verfolgen. Schon am 2. Spieltag konnte er dann, nachdem sich Basikow beim Aufwärmen eine Rückenverletzung zugezogen hatte, gegen Borussia Mönchengladbach seine Ligapremiere feiern. Weil er erst von der Zuschauertribüne geholt werden musste, begann das Spiel mit einiger Verzögerung. Bei der 0:5-Niederlage einem wahren Dauerbeschuss ausgesetzt, hielt sich Rohloff wacker und der »Kicker« äußerte ein Lob über den Debütanten: »sicher, ruhig und überlegt«.

Schon beim nächsten Spiel gegen Borussia Dortmund gab es den ersten Schnitzer, als er bei einer Ecke am Ball vorbeisegelte und den 0:2-Endstand verschuldete. In einer bundesligauntauglichen Mannschaft, die zudem mit erheblichen Konditionsproblemen kämpfte, mutierte der bedauernswerte Keeper zur Schießbudenfigur, um nach dem 4. Spieltag eine Pause verordnet zu bekommen. Kollege Basikow musste aber zwei Wochen nach seinem Comeback wegen Schmerzen an der Wirbelsäule erneut pausieren. Auf Rohloff prasselte insbesondere am 7. Spieltag, nach der 1:5-Heimschlappe gegen Hannover 96, öffentlicher Zorn nieder. Trainer Franz Linken fluchte bei der Pressekonferenz: »Meine Mannschaft war zu Beginn gut eingestellt, doch Torwartfehler warfen uns aussichtslos zurück.« Tasmania war mit 2:12 Punkten inzwischen Tabellenletzter und bereits heißgehandelter Abstiegskandidat.

Für den entnervten Keeper hütete zweimal Posinski das Tor, der nach zwei Spielen aufgrund einer Oberschenkelzerrung passen musste. Nach Rohloffs Rückkehr hagelte es für die Mannschaft weiterhin hohe Packungen. Nach der 0:6-Heimpleite gegen den 1. FC Köln stand der bedauernswerte Zerberus erneut im Kreuzfeuer der Kritik. Auch die Zuschauer machten sich über Rohloffs »Fehlzündungen« lustig und forderten von den Rängen einen Einsatz des Boxers Albert Westphal, der am Vorabend in der Deutschlandhalle eine schwere K.O.-Niederlage erlebt hatte.

In den nächsten Spielen versuchte wieder Basikow, dem Dauerbeschuss standzuhalten, die »Berliner Torwart-Lotterie« drehte sich jedoch munter weiter. Als Rohloff am 18. Spieltag gegen den Karlsruher SC erneut an der Reihe war, konnte seine Mannschaft gerade drei Punktgewinne verzeichnen und hatte bereits 58 Gegentore auf dem Konto. Bis zum 23. Spieltag durfte Rohloff die Bälle aus dem Netz holen, zwischendurch ein torloses Unentschieden gegen Borussia Mönchengladbach erleben, ehe Basikow erneut zurückkehrte.

Nach der 0:9-Heimpleite am 27. Spieltag gegen den Meidericher SV kam wieder Rohloff in den Kasten. Am 30. Spieltag zeigte sich der Ex-

Freiflugschein ins Bundesligadesaster – Heinz Rohloff von Tasmania 1900 Berlin.

Bonner gegen 1860 München von seiner besseren Seite und verhinderte beim 0:4 eine deutlich höhere Niederlage. Tasmania Berlin, inzwischen nur noch ein Torso aus vier gesunden Spielern, verzeichnete bereits zwölf Punkte Rückstand zum Tabellenvorletzten Borussia Neunkirchen. Eine Woche später zeigten sich 4000 verbliebene Zuschauer im Berliner Olympiastadion wieder ohne Gnade und brachten in Erwartung des Gegentreffers ein goldbekränztes, trauerflorumwehtes Pappschild mit der Aufschrift »100« in die Arena. Rohloff blieb es vorbehalten, gegen Eintracht Frankfurt durch einen von Jürgen Grabowski in der 71. Minute verwandelten Elfmeter diesen traurigen Negativrekord in Empfang zu nehmen.

Zwei Wochen später durfte der Schlussmann mit seiner Mannschaft gegen Borussia Neunkirchen den zweiten Saisonsieg erleben, um mit zwei Fehlern bei der 0:4-Niederlage gegen Schalke 04 am letzten Spieltag seine Bundesligakarriere abzuschließen.

Der Keeper kassierte in seinen 18 Einsätzen hinter einer Abwehr, die diesen Namen eigentlich nicht verdiente, während der Saison von den insgesamt 108 Gegentoren den Hauptanteil von 63. Tasmania löste sich nach dieser sportlichen »Lachnummer« in seine Bestandteile auf. Die Fachpresse meldete zunächst Rohloffs Wechsel zu Ajax Amsterdam. Der Keeper blieb jedoch bei Tasmania und unternahm während der Saison 68/69 mit seinem Verein in der Aufstiegsrunde noch einmal einen vergeblichen Anlauf in die Oberklasse. Nach Beendigung der aktiven Laufbahn kehrte er in seine Heimatstadt Bonn zurück.

Roleder, Helmut

Geboren: 09.10.1953 (Deutschland)
BL-Verein: VfB Stuttgart (1972–1987)
BL-Spiele: 280
Vereinstitel: 1x Meister (1984)
A-Länderspiele für Deutschland: 1

Aufgewachsen im schwäbischen Ebersbach, hütete Helmut Roleder als Jugendlicher das Tor der ansässigen Spielvereinigung. Seine hervorragenden Reflexe fielen auch den Talentspähern des VfB Stuttgart auf, die ihn 1969 für die B-Jugend des Bundesligisten engagierten. 1970 feierte der 1,86 m große Keeper beim 1:0-Sieg über Dänemark seinen Einstand in der Jugendnationalmannschaft. Neben Ronald Worm und Manfred Kaltz erhielt der Debütant anschließend ein Sonderlob von DFB-Trainer Herbert Widmayer. Obwohl er sich den Konkurrenten Rudolf → Kargus und Harald → Schumacher erwehren musste, setzte der »Gardemaß-Tormann« zwei Jahre später ein erstes Glanzlicht. Nach dem UEFA-Jugendturnier in Spanien, bei dem sich die Nationalelf erst im Finale den Engländern beugen musste, kürte die französische Sportzeitschrift »L'Équipe« ihn zum »besten Jugendtorwart Europas«.

Noch als Amateur er am 21. Spieltag der Saison 71/72 erstmals für den fingerverletzten Gerhard → Heinze auf der Bank. Anschließend gab ihm der VfB Stuttgart einen Lizenzspieler-Vertrag, weil sich bereits andere Vereine für den zwölffachen Jugendnationalspieler interessierten. Für Stammtorwart Heinze, der aufgrund einer Zerrung nicht zur Verfügung stand, feierte das viel versprechende Torwart-Talent dann am 4. Spieltag der Saison 72/73 gegen Hannover 96 sein Bundesliga-Debüt. Nach einer guten Leistung beim 4:0 gegen den VfL Bochum folgte dann am 8. Spieltag der erste tragische Moment für den »Torwart-Benjamin«. Im Spiel gegen die Kicker Offenbach konnte er zunächst einen Foulelfmeter abwehren, um dann in der 26. Minute einen Schienbeinbruch zu erleiden. Die Genesung dauerte mehrere Monate und erst am 30. Spieltag feierte der »Rohdiamant«, beim 1:5 gegen Hertha BSC, für den erneut unpässlichen Heinze sein Comeback.

Ein einziger Einsatz in der Saison 73/74 sorgte für ersten Reservistenfrust und Roleder liebäugelte bereits mit einem Wechsel. In der nächsten Spielzeit fiel Heinze durch einige Schnitzer bei dem neuen Trainer Albert Sing in Ungnade. Roleder erhielt am 18. Spieltag in Bochum seine Chance, die er mit einer glänzenden Vorstellung rechtfertigte. Trotz einer erneut guten Partie beim 1:1 gegen Fortuna Düsseldorf musste er anschließend wieder Heinze weichen. Das Torwart-Duell war beendet, als sich der junge Herausforderer mit Strafraum-Irrflügen bei der 0:4-Niederlage am 22. Spieltag gegen Hertha BSC aller Vorteile beraubte. Am Saisonende stand Stuttgart erstmals als Absteiger fest. Während Heinze in die Arbeitslosigkeit geschickt wurde, verpflichtete Stuttgart als Nachfolger den Schweizer Rene Deck. Weil der Eidgenosse sich jedoch als chronisches Nervenbündel entpuppte, absolvierte Roleder in der Saison 75/76 den Löwenanteil der Zweitligaeinsätze. Nicht immer konnte er überzeugen und erst in der Aufstiegssaison 76/77 gewannen seine Leistungen an Konstanz. In dieser Spielzeit behielt er zunächst 511 Minuten lang eine weiße Weste, um dieses erfolgreiche Jahr dann mit einer 633-Minuten-Serie ohne Gegentor abzuschließen. Auf Anhieb katapultierte sich das »Ideal eines Torhüters« während der Bundesligasaison 77/78 mit Top-Leistungen in die Riege der besten Bundesligatorhüter. Sein sachliches Torwartspiel, das Showelementen völlig entsagte (Roleder: »Es wäre unehrlich gegenüber dem Publikum, wenn ich mich nach einem Ball werfe, den ich auch anders erreichen kann.«) beeindruckte auch Bundestrainer Helmut Schön, der ihn im November 1977 erstmals zu einem Sichtungslehrgang einlud.

Eine kurze Formkrise zu Beginn der Saison 78/79 überwand er rechtzeitig, um dann gegen Norwegen erstmals zu einem B-Länderspiel eingeladen zu werden. In der nächsten Spielzeit erlitt der Rückhalt der Stuttgarter Hintermannschaft am 8. Spieltag in Braunschweig jedoch einen schweren Nierenriss, der ihn wochenlang zurückwarf. Nach einer dreimonatigen Pause feierte »der äußerst ruhige und gelassene Spieler« sein Pflichtspiel-Comeback mit einer brillanten Partie im DFB-Pokal bei Eintracht Braunschweig. Am 21. Spieltag avancierte er mit zahlreichen Paraden beim 2:2 gegen den 1. FC Köln zum »Mann des Tages«. 1980 absolvierte er dann sein erstes von insgesamt vier B-Länderspielen und zählte zum 40er-Kreis für die Europameisterschaft in Italien.

Während der Saison 80/81 musste das »Muster an Beständigkeit« den nächsten Tiefschlag verkraften. Nach der Hinrunde stellte sich bei dem Kontaktlinsenträger über Nacht ein Hornhautriss des rechten Auges ein, was sein Sehvermögen erheblich gefährdete. Aus einer längeren Ungewissheit rettete erst die Operation in der Bonner Augenklinik von Prof. Michael Ulrich Dardenne das bedrohte Augenlicht. Mit der Hornhaut eines Verstorbenen ausgestattet, gelang es Roleder in der Saison 81/82 an das alte Leistungsvermögen anzuknüpfen, ehe der »stille Typ« ein Jahr später erneut in die Schlagzeilen geriet.

Am 28. Spieltag der Saison 82/83 brachte er in Bochum den gegnerischen Stürmer Christian Schreier außerhalb des Strafraumes zu Fall und kassierte, zur allgemeinen Überraschung, von Schiedsrichter Hans-Peter Dellwing die Rote Karte. Damit war Roleder in der Bundesligageschichte der erste Torsteher, der wegen einer Notbremse des Feldes verwiesen wurde. Anschließend erhielt er vom DFB-Sportgericht eine vierwöchige Sperre und nach diesem Präzidenzfall mussten die Bundesligatorhüter bei gleichen Vergehen mit ähnlichen Sanktionen rechnen. In der Saison 83/84 erlebte der Klassetorwart dann seine erfolgreichste Saison. Mit den wenigsten Gegentoren wurde der VfB Stuttgart unter Trainer Helmut Benthaus in der Bundesliga erstmals Deutscher Meister. An diesem Erfolg besaß der Keeper entscheidenden Anteil: Nach einer überstandenen Nierenquetschung avancierte er am vorletzten Spieltag mit tollen Blitzreflexen zum Matchwinner beim vorentscheidenden 2:1-Sieg über Werder Bremen. Am 28. März 1984 absolvierte der Spätstarter mit 30 Jahren, ab der zweiten Halbzeit, beim 2:1 gegen die UdSSR sein erstes Länderspiel und gehörte anschließend neben Schumacher und Dieter → Burdenski zum Aufgebot für die Europameisterschaft in Frankreich. Nach dem vorzeitigen Ausscheiden erhielt der loyale Schweiger unter dem neuen Teamchef Franz Beckenbauer keine Berücksichtigung mehr.

Auch im Verein geriet er durch sich häufende Patzer immer mehr in die Kritik. Im Verlauf der Saison 85/86 verlor er bei Trainer Otto Barič immer mehr an Kredit und der Coach drohte seinem plötzlichen »Problemfall« des Öfteren mit dem Einsatz von Reservetorwart Armin → Jäger. Wegen einer schmerzhaften Hüftprellung musste Roleder zudem auf seine Teilnahme am DFB-Pokalfinale verzichten.

Weil die Hüfte immer größere Beschwerden bereitete und schließlich als Arthrose diagnostiziert wurde, setzte er sich ab der Saison

Ausgerechnet der ruhige Helmut Roleder kassierte 1984 als erster Bundesligatorhüter für eine »Notbremse« die Rote Karte.

86/87 freiwillig auf die Bank, um seine Position für Neuverpflichtung Eike → Immel zu räumen. Nach einem Jahr als Co-Trainer unter Egon Coordes arbeitete der verdienstvolle Ex-Profi für seinen Verein als Amateur- und Jugendkoordinator. Schon seit Ende der Siebziger verfasste der gelernte Industriekaufmann nebenher zahlreiche Zeitungskolumnen. Eine Praxiserfahrung, die sich später bezahlt machte, denn seit Oktober 1998 arbeitet Roleder als Lokalredakteur für den »Stuttgarter Stadt-Anzeiger« und ist Geschäftsführer einer Veranstaltungsgesellschaft.

Rollmann, Jürgen

Geboren: 17.10.1966 (Deutschland)
BL-Vereine: SV Werder Bremen (1988–1992), MSV Duisburg (1993–1995)
BL-Spiele: 42
Vereinstitel: 1x DFB-Pokal (Werder Bremen: 1991), 1x Europapokal der Pokalsieger (Werder Bremen: 1992)

Der »intelligente Spieler« mit dem »immensen Selbstbewusstsein« wurde im hessischen Gelnhausen geboren. Seine Vereinslaufbahn begann Rollmann als achtjähriger Knirps beim FC Lorbach. 1980 wechselte er zu den Offenbacher Kickers, um neben Bodo → Illgner insgesamt acht Jugendländerspiele zu absolvieren. Bei seinem Klub ohne sportliche Perspektive wählte der Abiturient 1986 den Weg in die Amateurliga, um in den nächsten zwei Jahren mit wechselndem Erfolg bei 1860 München und FSV Frankfurt den Bällen nachzuhechten.

1988 holte ihn Trainer Otto Rehhagel zum Bundesligisten Werder Bremen, wo sich Rollmann hinter dem umstrittenen Oliver → Reck Chancen auf einen Stammplatz ausrechnete. Nach einem Jahr ohne Meisterschaftseinsatz stellte ihn Rehhagel am 4. Spieltag erstmals ins Tor, um ihm Spielpraxis für das bevorstehende Europapokalspiel gegen Lilleström SK zu verschaffen.

Bei der 2:4-Niederlage gegen den 1. FC Köln zeigte der »stämmige Hesse« eine durchwachsene Leistung, um in Vertretung des gesperrten Reck beim 2:0-Sieg gegen Lilleström kaum beschäftigt zu sein. Ein zweiter Bundesligaeinsatz ergab sich für den 1,89 m großen »Torwart-Akademiker« aufgrund einer Schleimbeutelverletzung Recks am 24. Spieltag gegen den Karlsruher SC. Durch einen schweren Fangfehler begünstigte er das 0:1 und nahm anschließend wieder auf der Reservebank Platz.

Vor der Saison 90/91 erhoffte sich Rollmann durch verstärkte Trainingsleistungen einen gleichwertigen Torwart-Zweikampf, Rehhagel hielt jedoch unbeeindruckt an dem bereits heftig umstrittenen Reck fest. Ungeduldig und ehrgeizig (»Auf der Bank bekomme ich Verhaltensstörungen.) musste er die gesamte Spielzeit zuschauen, um erst in der Saison 91/92, durch Recks Muskelfaserriss, am 31. Spieltag gegen Schalke 04 wieder Bundesligaluft zu schnuppern. Nach guten Leistungen in der Bundesliga kam »Rolli« am 6. Mai 1992 auch im Europapokalfinale der Pokalsieger zum Einsatz, weil sich Reck eine Sperre eingehandelt hatte. Beim 2:0-Sieg über den AS Monaco wenig geprüft, konnte sich der »unbeachtete Edelreservist« von Bremen zumindest mit einem Titelgewinn verabschieden. Frustriert von der ewigen Bankdrückerei (»Sportliche Argumente haben nie gezählt.«) wechselte er anschließend zum Bundesligaabsteiger MSV Duisburg.

Jetzt endlich Stammtorhüter, entpuppte sich der »Prototyp eines Profis« bei Duisburg als absolute Verstärkung, der unter Trainer Ewald Lienen auf Anhieb den Wiederaufstieg schaffte. Ausgestattet mit hervorragenden Reaktionen auf der Linie und »großer Nervenstärke« konnte sich Rollmann während der Saison 93/94 auch in der Bundesliga behaupten. Bereits am zweiten Spieltag wehrte er gegen Dynamo Dresden einen Elfmeter ab, um anschließend per Abwurf den Siegtreffer vorzubereiten. Im weiteren Verlauf der Hinrunde avancierte Rollmann mit hervorragenden Leistungen zu einem der Garanten für Duisburgs hervorragenden dritten Platz zum Abschluss der Hinrunde. Bei der 0:5-Niederlage gegen den Karlsruher SC indisponiert, machten zwei »Schokoladentage« in Wattenscheid und Hamburg diesen Aussetzer mehr als wett. Nach dem 22. Spieltag war der MSV Duisburg schließlich sogar Tabellenführer, um dann drei Niederlagen zu kassieren, bei denen auch der »vorbildliche Kapitän« keinen guten Eindruck hinterließ.

Eklatante Schnitzer gegen Borussia Dortmund und den Hamburger SV kosteten seine Mannschaft Punkte, ehe der Keeper am 29. Spieltag gegen Eintracht Frankfurt aufgrund eines Meniskusrisses die Saison vorzeitig beenden musste. Weil sich sein Vertreter Zoran → Zeljko als schwacher Ersatz entpuppte, war Rollmanns Nummer-1-Status für die neue Saison nicht gefährdet.

In der Saison 94/95 fand sich der MSV Duisburg dann schnell im unteren Tabellendrittel wieder, ehe es am 4. Spieltag – beim Heimspiel gegen Bayern München – zwischen Lienen und Rollmann zum offenen Eklat kam. Bereits zur Halbzeit lag der MSV mit 0:3 zurück und Lienen sah die Schuld bei seinem Schlussmann. Der Coach vollzog eine ungewöhnliche Ausnahme, wechselte seinen verdutzen Torwart zur Halbzeit aus und schickte den unerfahrenen Martin → Pieckenhagen ins Gehäuse. Der erzürnte Rollmann machte seinem Ärger öffentlich Luft und wurde dafür einige Tage später von seinem Klub suspendiert.

Ohne neuen Verein begann er anschließend eine Trainerausbildung, wurde neuer Präsident der »Vereinigung der Vertragsfußballer«(VdV) und konzentrierte sich wieder auf sein Journalistikstudium. Zu seiner Bremer Zeit hatte der »Idealist« bereits für Radio Bremen gearbeitet, eine Kindersendung moderiert und Kolumnen für den »Weser-Kurier« verfasst. Im September 1994 produzierte er für den Kultursender »arte« – im Rahmen eines Themenabends – die Filmdokumentation »Die Reporter«. In der Saison 1995/96 gab er ein Kurz-Comeback als »Stand-by-Profi« bei Werder Bremen, aus dem sich aber keine BL-Einsätze mehr ergaben. Seine aktive Karriere beendete die »starke Persönlichkeit« schließlich 1996 beim Drittligisten FC Augsburg, bei dem er anschließend auch kurzzeitig Managerfunktionen übernahm. Nach Abschluss seines Journalistik-Studiums arbeitet der wortgewandte Medienprofi seit Oktober 2000 als Pressesprecher für die bayerische SPD.

Rosenberger, Bernd

Geboren: 22.07.1947 (Deutschland)
BL-Verein: SV Werder Bremen (1972–1973)
BL-Spiele: 2

Während der Saison 72/73 musste Ersatzkeeper Dieter → Burdenski wegen seiner Verwicklung in den Bundesliga-Skandal eine dreimonatige DFB-Sperre absitzen. Bernd Rosenberger, in der Saison zuvor bei 1860 Bremen aktiv und zudem hoch gelobter Torwart der Bremer Amateur-Auswahl, rückte für den gesperrten Burdenski auf die Ersatzbank. Vor dem 28. Spieltag meldete sich Stammtorwart Günter → Bernard verletzungsbedingt ab, während der 25-jährige Rosenberger vor nur 6000 Zuschauern im Weserstadion eine 0:2-Niederlage gegen den VfB Stuttgart einstecken musste.

Konnte er sich hierbei kaum auszeichnen, so folgte zwei Wochen später die erneute Bewährungsprobe vor heimischem Publikum. Gegen den Hamburger SV in den ersten zehn Minuten gleich zweimal »kalt erwischt«, kassierte der Keeper mit Werder Bremen eine 1:4-Niederlage. Weitere BL-Einsätze ergaben sich nicht mehr und Rosenberger wechselte nach dieser Saison in die Bremer Landesliga.

Roß, Hermann

Geboren: 21.06.1939 (Deutschland)
BL-Verein: Rot-Weiß Essen (1966–1970)
BL-Spiele: 21

»Hermann der Große« stammte aus der Jugend des Duisburger Traditionsklubs TuS 48/99, bei denen er während der Saison 63/64 auch zuverlässig das Tor der Regionalligamannschaft hütete. Der annähernd zwei Meter große Zerberus brillierte neben hervorragenden Reaktionen mit rekordverdächtigen Abwürfen, die oftmals weit über der Mittellinie den Mitspieler fanden.

Alle Torwartkunst erwies sich in der Saison 63/64 beim aussichtslosen Abstiegskampf der Duisburger als vergebliche Liebesmüh. Vor der geplanten Fusion mit dem Duisburger SV verließ Roß den Verein, um beim Regionalligannachbarn Rot-Weiß Essen anzuheuern. In den nächsten zwei Spielzeiten überzeugte er durch seine gewohnten Qualitäten und erreichte mit dem Verein 1966 die Aufstiegsrunde zur Bundesliga.

Der Schlussmann zeigte eine seiner besten Leistungen beim 2:1-Sieg über Schweinfurt 05, während sich sein Klub am Ende nur aufgrund des besseren Torverhältnisses vor dem FC

St.Pauli durchsetzen konnte. Nach dem Aufstieg kam zugleich vom VfB Bottrop mit Fred-Werner → Bockholt ein ernsthafter Konkurrent um den Torwartposten.

Mit dem Bonus als etablierter Stammkeeper konnte sich Mannschaftskapitän Roß zunächst gegenüber Bockholt behaupten, um am 1. Spieltag, bei der 0:2-Niederlage gegen den MSV Duisburg, seine Bundesligapremiere zu feiern. Am 5. Spieltag rettete Roß seinem Verein bei Borussia Dortmund einen wichtigen Punkt. Im Dauerbeschuss der Dortmunder setzte er Fäuste, Beine und Füße ein und erwies sich als unüberwindbar. Der Mann mit dem, laut »Kicker«, »schier unglaublichen Reaktionsvermögen« zeigte auch eine Woche darauf, beim 3:1-Sieg über Bayern München, eine Glanzpartie und Essen entpuppte sich mittlerweile als wahrer Favoritenschreck. Während der Hinrunde hielt sich der Verein noch von den Abstiegsrängen fern, woran der 27-jährige Torwart-Koloss beträchtlichen Anteil besaß.

Nach der Winterpause ging den Essener Halbprofis allmählich die Puste aus. Roß selbst wurde nach dem 18. Spieltag von einer schweren Angina gestoppt. Ersatzmann Bockholt überzeugte auf Anhieb, dennoch kehrte Roß, nach siebenwöchiger Pause, in den Kasten des Tabellenletzten zurück. Nach der 3:4-Niederlage bei Borussia Mönchengladbach wieder von Bockholt abgelöst, blieb Roß auch nach dem Abstieg in die Regionalliga Nummer 2.

1969 konnte er für den verletzten Bockholt noch einmal in der Aufstiegsrunde glänzen und den Wiederaufstieg feiern. Der bullige Keeper hatte seine Ambitionen deutlich zurückgeschraubt und blieb während der Saison 69/70 hinter Bockholt und dem jungen Heinz → Blasey dritter Mann. Nach dieser Spielzeit beendete er seine Laufbahn und betätigte sich anschließend noch lange Jahre in verschiedenen Prominentenmannschaften.

Rost, Frank

Geboren: 30.06.1973 (Deutschland)
BL-Vereine: SV Werder Bremen (1993–2002), Schalke 04 (seit 2002)
BL-Spiele: 163
(zum Ende der Hinrunde 02/03)
BL-Tore: 1
BL-Vereinstitel: 2 x DFB-Pokal
(SV Werder Bremen: 1994, 1999)
A-Länderspiele für Deutschland: 1

Der »überaus aggressiv-ambitionierte Schlussmann« (Frankfurter Allgemeine Zeitung) kam im sächsischen Chemnitz als Spross einer wahren Handball-Dynastie zur Welt. Während Frank Rosts Vater Peter mit der DDR-Nationalmannschaft 1980 in Moskau Olympiasieger wurde, gewann Mutter Christine 1976 und 1980 als Handballerin gleich zwei Medaillen und zudem die Weltmeisterschaft.

Trotz der elterlichen Vorbelastung zeigte Sohn Frank ein vornehmliches Interesse für den Fußball. 1981 begann der Achtjährige mit dem Vereinsfußball beim FC Lok West Leipzig, ehe er ein Jahr später zu BSG Chemie Böhlen wechselte. Noch als Feldspieler errang Rost erste Erfolge bei Kreis- und Bezirksmeisterschaften. Bei einem Spiel der Bezirksspartakiade musste er den erkrankten Torhüter vertreten, fand Gefallen an dieser Position und wurde postwendend in die Bezirksauswahl eingeladen. 1986 erhielt er das Angebot, in die Kinder- und Jugendsportschule (KJS) des 1. FC Lokomotive Leipzig zu wechseln. Schon nach kurzer Zeit einer der besten DDR-Keeper seiner Altersklasse, absolvierte er in den kommenden Jahren insgesamt 26 Einsätze in der U16- und U17-Auswahl. 1989 errang er mit der U16 die Vize-Europameisterschaft und nahm im gleichen Jahr an der U16-Weltmeisterschaft in Schottland teil. Bereits mit 15 Jahren avancierte der »erfolgshungrige Torwart«, aufgrund von Verletzungen der nominellen Schlussleute, bei der DDR-Oberliga-Mannschaft Lok Leipzig zum etatmäßigen Ersatzmann von Nationaltorhüter René → Müller, kam jedoch nicht zum Einsatz.

Nach der politischen Wende und der Umbenennung des Vereines in VfB Leipzig sollte Rost zur Saison 91/92, als dritter Mann hinter Maik → Kischko und Ingo → Saager, in den Profikader aufrücken, zog es aber vor, sich zum Drittligisten 1. FC Markleeberg ausleihen zu lassen. In dieser Phase erreichte ihn ein Anruf von Werder Bremens Nachwuchsmanager Rolf Behrens, der ihn zu einem Probetraining in die Hansestadt einlud, das erfolgreich verlief. Ab der

Saison 92/93 spielte der 1,94 m große Schlussmann zunächst als Vertragsamateur in der Oberligamannschaft, mit der er in der gleichen Spielzeit die Teilnahme an der Deutschen Amateurmeisterschaft erreichte. Bereits regelmäßig mit den Profis trainierend, schien der Fachabiturient dennoch lange Zeit, hinter Oliver → Reck und Hans-Jürgen → Gundelach, zur ewigen Nummer 3 abgestempelt.

Erst vor der Saison 95/96 ergab sich für den ungeduldigen Zerberus durch Recks Schulteroperation die lang ersehnte Chance. Überraschend nominierte Werder Bremens neuer Trainer Aad de Mos vor dem ersten Spiel gegen Fortuna Düsseldorf nicht Gundelach, sondern den unerfahrenen Amateurkeeper. Obwohl der »Mann der Zukunft« bei seinem Bundesligadebüt bereits nach zwei Minuten hinter sich greifen musste, konnte er sich im Verlauf der Hinrunde mehrfach bewähren, erhielt Berufungen in die U21-Auswahl, um nach der Winterpause wieder dem genesenen Reck zu weichen. Auch unter dem neuen Trainer Hans-Jürgen Dörner gelangte der »Keeper mit der großen Klappe« während der Saison 96/97 zu keinem Einsatz, sorgte mit seinen öffentlichen Abwanderungsgedanken in den Sportgazetten aber immer wieder für Schlagzeilen und wurde zeitweise deswegen sogar aus dem Kader gestrichen.

Der zornige junge Mann (»Der größte Vollidiot sieht, dass es hier nicht mit rechten Dingen zugeht.«) wütete auch in der nächsten Spielzeit, da er sich von Dörners Wolfgang Sidka ebenfalls benachteiligt fühlte. Vor dem 18. Spieltag der Saison 97/98 erhielt Rost (»Reck bekommt jedes Wochenende ein Ding rein, an dem er die Mitschuld trägt.«) überraschend die erhoffte Bewährungsprobe, um nach der 2:4-Heimniederlage gegen den Karlsruher SC gleich wieder auf der Ersatzbank zu landen. Schon der Verzweiflung nahe (»Dem Olli muss wohl erst ein LKW über die Arme fahren, ehe ich hier eine Chance bekomme.«), wurde der Motorrad- und Modelleisenbahn-Freund, aufgrund Recks Abgang zu Schalke 04, vor der Saison 98/99 von Sidka dann zur neuen Nummer 1 befördert.

Anstatt seine Chance jedoch resolut zu nutzen, sorgte Rost mit mehreren »Blackouts« für zahlreiche Punktverluste, die seinen Klub in die Nähe der Abstiegsränge beförderten. Zwischenzeitlich sogar für kurze Zeit von Ersatzmann Stefan → Brasas auf die Ersatzbank verdrängt, steigerte sich der zuvor stark kritisierte Schlussmann nach der Winterpause, um sich dann für seine größte Sternstunde zu rüsten. Bereits im DFB-Halbfinale gegen den VfL Wolfsburg hatte der von seinem Mannschaftskollegen Heiko Scholz mit dem Spitznamen »Fäustel« (»Du hältst ja wie der Fäustl-Erwin«) bedachte Rost mit einem gehaltenen Strafstoß zum Finaleinzug verholfen, ehe am 12. Juni 1991 gegen Endspielgegner Bayern München ein spektakulärer Auftritt folgte.

Mit tollen Reflexen rettete der »forsche Sachse« seine Mannschaft in die Verlängerung, um im Elfmeterschießen einen Strafstoß von Lothar Matthäus zu parieren und anschließend gegen Oliver → Kahn den entscheidenden »Elfer« souverän zu verwandeln. Von allen Seiten beglückwünscht, setzte er sogleich zu den nächsten Verbalattacken an. Nach forschen Statements über den Endspielgegner (»Bayern, Bayern über alles. Das geht mir auf den Keks.«) ließ der »Typ, der aneckt« auch mit despektierlichen Äußerungen über den bezwungenen Torwartkollegen aufhorchen: »Der Oliver Kahn ist auch nicht viel besser als viele Torhüter in der Liga, zu denen ich mich auch zähle.«

Der »Pokalheld«, laut seinem Torwarttrainer Dieter → Burdenski, ausgestattet mit »gigantischen Fähigkeiten, wie sie kaum ein Torwart in Deutschland besitzt«. Im September 1999 absolvierte er bei der 1:3-Niederlage gegen Frankreich sein Debüt in der A2-Nationalmannschaft und wurde zur Hinrunde der Saison 99/00 bei der »Kicker«-Torwartrangliste – hinter Kahn und Hans-Jörg → Butt – erstmals in die »Internationale Klasse« positioniert. Im UEFA-Pokal brillierte Rost ebenfalls, um mit Großtaten in Serie bei den DFB-Pokalspielen gegen den 1. FC Kaiserslautern und Stuttgarter Kickers seiner Mannschaft erneut zum Finaleinzug zu verhelfen. Trotz der 0:3-Niederlage gegen den erneuten Gegner Bayern München zählte er zu den besten Bremern, schien sich aber durch seine allzu forschen Sprüche bereits eine Nationalmannschaftskarriere verbaut zu haben.

Erst im Februar 2001 saß der »Ausnahme-Keeper« im Länderspiel gegen Frankreich erstmals auf der Bank. 13 Monate später feierte er beim 4:2-Sieg über die USA in der 1. Halbzeit sein Länderspieldebüt, konnte sich allerdings kaum auszeichnen. Obwohl der »exzellente Schlussmann« auch während der Saison 01/02 zu den konstantesten Keepern zählte, der »Kicker« ihm »starke Reflexe auf der Linie, sowie große Sicherheit im Herauslaufen attestierte« und er am 29. Spieltag gegen Hansa Rostock – als zweiter Torhüter der Bundesligageschichte nach Jens → Lehmann – in spektakulärer Manier ein Tor aus dem Spiel heraus erzielte, wurde er von Teamchef Rudi Völler nicht für den endgültigen WM-Kader nominiert. Anschließend beklagte sich der enttäuschte Rost über eine mangelnde Lobby, um nach dem Turnier erneut verbal am Denkmal des WM-Helden Kahn zu rütteln: »Kahn wird zum Übermenschen hingestellt, alle anderen sind nur Bratwürste.« Prompt folgte in der »Bild«-Zeitung die Retourkutsche von Bundes-Torwarttrainer Sepp → Maier: »Die Rost-Bratwurst soll die Klappe halten. Kahn fährt auf einem Highway, Rost auf einem Feldweg.«

Um endlich einen Meistertitel zu gewinnen, wechselte er vor der Saison 02/03 zu Schalke 04, wo er seinen einstigen Kontrahenten Reck beerbte und sich auf Anhieb zur Führungspersönlichkeit entwickelte.

Rudolf, Dieter

Geboren: 01.05.1952 (Deutschland)
BL-Verein: SV Darmstadt 98 (1978–1982)
BL-Spiele: 58

Kaum hatte der 18-jährige Dieter Rudolf am Samstagmorgen den Platz in seiner Schulbank eingenommen, als ihm die Klassenkameraden aufgeregt mitteilten, dass er am heutigen Nachmittag, den 20. Februar 1971, beim DFB-Pokalspiel gegen den 1. FC Köln im Tor der Profimannschaft von Eintracht Frankfurt stehen würde. Der angehende Elektroingenieur, aus Eintrachts A-Jugend stammend und zuvor beim SG Oberreifenberg aktiv, hatte bis dato während der Saison 70/71 ein paar Mal auf der Ersatzbank des Bundesligisten gesessen, weil Stammtorwart Dr. Peter → Kunter aufgrund eines Autounfalls längere Zeit nicht zur Verfügung stand.

Jetzt fiel der nominelle Stellvertreter Siegbert → Feghelm wegen einer Armverletzung ebenfalls aus. Zudem stand auch der Amateurtorwart verletzungsbedingt nicht zur Verfügung und Trainer Erich Ribbeck musste notgedrungen auf die Nummer 4 zurückgreifen. Der junge Zerberus, dessen Schulkameraden die Nachricht seiner Nominierung in der Zeitung lasen, kassierte in seinem Profidebüt mit Eintracht Frankfurt eine 1:4-Niederlage. Dennoch zeigte sich Trainer Ribbeck mit dem Nachwuchskeeper zufrieden: »Vom Talent bringt er alle Vorraussetzungen mit.«

In den folgenden drei Jahren konzentrierte sich der »strebsame Dieter« primär auf sein Ingenieurstudium und spielte für die Eintracht-Amateure in der Hessenliga. 1973 wechselte er zum Regionalligisten Darmstadt 98 und konnte schnell den erfahrenen Uwe Ebert verdrängen. Seinem Verein gelang die Qualifikation zur 2. Bundesliga und Rudolf bewies im DFB-Pokalspiel gegen den Hamburger SV, trotz der 1:3-Niederlage, seine potentielle Erstligatauglichkeit.

Während der ersten Zweitligasaison 74/75 schrieb der Schlussmann unfreiwillig ein Stück Fußballgeschichte, indem er gegen den 1. FC Saarbrücken nach wenigen Minuten das 1. Tor der 2. Liga kassierte. Von Bundestrainer Helmut Schön im gleichen Zeitraum erstmals zu einem Sichtungslehrgang eingeladen, glückte ihm mit seinem Klub drei Jahre später der überraschende Aufstieg in die Bundesliga. Darmstadt 98 verzichtete auf das Vollprofitum und bildete mit seinen Feierabend-Profis ein Novum im deutschen Spitzenfußball.

Auf die Aufstiegseuphorie folgte schnell das bittere Erwachen, denn der Klub erwies sich, trotz guter Spieler wie Peter Cestonaro, Bum Kun Cha und Manfred Drexler, als zu unerfahren. Rudolf zeigte zumeist solide Leistungen und überragte in Spielen gegen den 1. FC Nürnberg und Borussia Dortmund. Die Vorwürfe nach seinem schweren Lapsus am 19. Spieltag gegen den 1. FC Köln, aus dem der einzige Treffer des Spiels resultierte, konterte er treffend und stellvertretend für alle kritisierten Torhüter:

»Wenn die Feldspieler bei so vielen Chancen keine Tore erzielen, kann man den Torwart nicht zum Buhmann machen, wenn dem auch mal ein Fehler unterläuft.« Keine Argumente verblieben ihm am 30. Spieltag nach der 1:3-Heimniederlage gegen Bayern München. Beim zweiten Tor ließ er sich bei der Vorbereitung eines Abschlags von Bayerns Norbert Janzon den Ball abjagen und mutierte im heimischen Stadion zur Lachnummer. Die 98er waren zu diesem Zeitpunkt bereits aussichtslos Tabellenletzter, denen von Experten das Scheitern ihres »Modell Darmstadt« attestiert wurde. Zwei Jahre später gelang, unter der Leitung von Trainer Werner Olk, überraschend der erneute Aufstieg, wobei Torwart Rudolf, mit nur 42 Gegentreffern in 40 Spielen, an diesem Erfolg entscheidenden Anteil besaß.

Zu Beginn der Bundesligasaison 81/82 wusste sich der Klub zunächst besser zu behaupten. Am 8. Spieltag, nach der desaströsen 2:6-Heimpleite gegen den Karlsruher SC, wurde der zuvor stets zuverlässig agierende Keeper als Schuldiger ausgemacht und zwei Wochen später erstmals durch Frank → Berlepp abgelöst. Nur durch die Verletzung des Kontrahenten kehrte Rudolf, nach Ansicht des »Kicker« immer »ein wenig auf Effekthascherei aus«, zurück. Am 12. Spieltag zeigte er beim 1:1 in Köln eine überragende Leistung, wehrte einen Elfmeter von Rainer Bonhof ab, zog sich aber drei Wochen später einen Lendenwirbel-Bruch zu. Weil sich Berlepp bestens bewährte, rutschte die langjährige Nummer 1 während der Rückrunde zur Nummer 2 ab. Nach einigen schwächeren Spielen des Rivalen stand ab dem 24. Spieltag wieder Rudolf im Tor, nur um letztendlich Darmstadts zweiten Abstieg mitzuerleben.

Darmstadt 98 erging es in den nächsten Jahren finanziell immer schlechter. Aufgrund von Gehaltskürzungen trennte man sich am Ende der Saison 83/84 von dem langjährigen Schlussmann, der anschließend zum Amateurligisten FCA Darmstadt wechselte.

Rülander, Hermann

Geboren: 21.11.1960 (Deutschland)
BL-Verein: SV Werder Bremen (1981–1982)
BL-Spiele: 2

Als Nachfolger von Ersatzmann Albert → Voß rückte der gebürtige Ostfriese Hermann Rülander, ab der Saison 81/82, aus Werder Bremen Oberligateam in den Bundesligakader auf. Hinter Nationaltorwart Dieter → Burdenski erschienen BL-Einsätze nur durch Verletzungen des Stammtorhüters möglich. Am 13. Spieltag prallte Burdenski in der 76. Minute mit Klaus Fischer vom 1. FC Köln zusammen und schied mit Kieferbruch aus. Der eingewechselte Rülander trug am Ausgleichstreffer keinerlei Schuld und erhielt vor dem nächsten Match bei Eintracht Frankfurt von Trainer Otto Rehhagel und Mitspieler einen Vertrauensvorschuss.

Aus der erhofften Chance, groß herauszukommen entwickelte sich jedoch der Bundesliga-Alptraum eines unerfahrenen Ersatztorhüters. Übernervös musste er sich zur Halbzeit bereits viermal geschlagen geben, um zu allem Unglück noch ein Eigentor beizusteuern. Während der zweiten 45 Minuten kassierte Rülander im Frankfurter Sturmwirbel weitere Treffer, ehe er in der 78. Minute – beim Spielsstand von 2:7 – durch Amateur-Torhüter Robert → Frese erlöst wurde. Das Spiel endete für Bremen mit der höchsten Bundesliganiederlage aller Zeiten und der Ersatz-Keeper wurde anschließend in der Öffentlichkeit als Verlierer gebrandmarkt.

Die ungebrochene Hoffnung auf einen weiteren Einsatz (»Ich brauche noch Zeit und Erfahrung. Vielleicht geht es nächstes Mal besser.«) erfüllte sich für Rülander nicht. Burdenski meldete sich wieder fit, während der perfekte Sündenbock zwei Wochen später mit 50.000 DM Abfindung entlassen wurde.

Anschließend wechselte er zum Amateurligisten SV Meppen, mit dem er 1987 in die 2. Bundesliga aufstieg, um in den nächsten drei Jahren 97 Zweitligaspiele zu absolvieren. Ab der Saison 90/91 von Neuverpflichtung Manfred → Kubik verdrängt, beendete Rülander ein Jahr später seine Profilaufbahn, um sich seiner Versicherungsagentur zu widmen und nebenbei den Amateurligisten Concordia Ihrhove zu trainieren.

Rynio, Jürgen

Geboren: 01.04.1948 (Deutschland)
BL-Vereine: Karlsruher SC (1967–1968),

1. FC Nürnberg (1968–1969), Borussia Dortmund (1970–1972), Rot-Weiß Essen (1974–1976), FC St. Pauli (1977–1978), Hannover 96 (1985–1986)
BL-Spiele: 188
Schon zu seinen Anfangszeiten beim Gelsenkirchener Vorortverein VfL Reese 08 zählte Jürgen Rynio zum Kreis der Jugendnationalspieler, ohne jedoch ein offizielles Länderspiel zu absolvieren. Im Sommer 1966 wechselte der 18-jährige Starkstromelektriker als Vertragsspieler zum westdeutschen Regionalligisten Eintracht Gelsenkirchen.

Während der Saison 66/67 kam der 1,85 m große Schlussmann als Stellvertreter für Paul Gläss auf elf Regionalligaeinsätze. Weil sich Bundesligist Karlsruher SC auf der Suche nach einem Nachfolger für den abgewanderten Erich → Wolf befand, verpflichtete der Verein die Torwartbegabung für die Saison 67/68 als Ersatzmann von Siegfried → Kessler. Bereits am 3. Spieltag konnte er den verletzten Kessler vertreten und entpuppte sich als eine der Entdeckungen dieser Spielzeit. Beim 2:1-Sieg am 9. Spieltag über den Hamburger SV meisterte er eine Serie schärfster Schüsse, avancierte zum »Helden des Tages«, um von DFB-Trainer Karl-Heinz Heddergott eine Nominierung zum Juniorenländerspiel gegen Rumänien zu erhalten. Es folgten Einladungen zu DFB-Sichtungslehrgängen und der 19-jährige »Sonnyboy« zählte bereits zum engeren Kreis möglicher Länderspielkandidaten. Während der Vorrunde der Bundesliga schlossen sich gegen Borussia Dortmund, Hannover 96 und Borussia Dortmund weitere Galavorstellungen an. Bei der Torwart-Rangliste des »Kicker« lag der Fan schneller Autos und »heißer« Musik nach Abschluss der Hinserie hinter Sepp → Maier, Horst → Wolter und Manfred → Manglitz bereits auf Platz 4.

Diesem kometenhaften Aufstieg folgte im Verlauf der Rückrunde der unsanfte Aufprall. Nach dem 19. Spieltag war der KSC erstmals auf einem Abstiegsplatz gelandet. Parallel sackte auch Rynio in eine Formkrise, der neben Reaktionsschnelligkeit zunehmend Schwächen in der Strafraumbeherrschung offenbarte. Als Karlsruhe am 24. Spieltag, nach der 0:4-Niederlage gegen den 1. FC Köln, erneut das Tabellenende zierte, fiel das immer schwächer werdende Torwarttalent bei Trainer Paul Frantz endgültig in Ungnade. Kessler kehrte ins Tor zurück, während Rynio, zum Unmut des Klubs, öffentlich seine Wechselabsichten äußerte und bis zum Saisonende auf der Bank schmorte. Die überalterte Karlsruher Mannschaft konnte den Abstieg nicht mehr verhindern. Rynio freute sich hingegen nach seiner Vertragsunterzeichnung auf eine scheinbar verheißungsvolle Zukunft beim amtierenden Meister 1. FC Nürnberg.

Am 2. Spieltag der Saison 68/69 durfte sich die Neuverpflichtung bereits nach fünf Minuten, aufgrund eines schweren Patzers von Stammtorwart Roland → Wabra, erstmalig ins Club-Tor stellen, ohne die 1:2-Niederlage bei Kickers Offenbach verhindern zu können. Der junge Zerberus erfüllte in den kommenden Wochen die Erwartungen. Neben Klaus Zaczyk zählte er zu den besten Neueinkäufen des Clubs und erhielt weiterhin Einladungen zu Juniorenländerspielen. Im A-Nationalkader für die Länderspiele gegen Brasilien und Zypern war er ebenfalls nominiert, um sein Debüt nur um Sekunden zu verpassen. Am 21. Mai 1969 sollte er im EM-Qualifikationsspiel gegen Zypern, zehn Minuten vor Schluss, erstmals Sepp Maier ablösen. Die Verletzung von Verteidiger Horst-Dieter Höttges machte jedoch die Einwechslung eines weiteren Feldspielers nötig und so musste sich Rynio den Trainingsanzug wieder überstreifen. Mit seinem Klub kämpfte der Keeper um den Klassenerhalt, um im Abstiegsduell am vorletzten Spieltag gegen Borussia Dortmund bei vielen Club-Anhängern in Misskredit zu geraten. Beim 2:2 wurde ihm die Mitschuld an einem Tor angekreidet, was die Tatsache verschlimmerte, dass er sich eine Woche nach Nürnbergs Abstieg postwendend Richtung Dortmund verabschiedete. Noch Jahre später musste der »Buhmann« bei Spielen gegen Nürnberg mit wütenden Hasstiraden seitens der Club-Anhänger rechnen.

Trotz der Konkurrenz eines Klaus → Günther schaffte Rynio bei Borussia Dortmund in der Saison 69/70 den Löwenanteil an Einsätzen. Überragende Leistungen gegen Eintracht Braunschweig, Borussia Mönchengladbach

Allen Flugkünsten zum Trotz musste Jürgen Rynio mit fünf Vereinen aus der Bundesliga absteigen.

und Rot-Weiß Essen verhalfen Dortmund zu einem UEFA-Cup-Platz, während der Schlussmann neben Volkmar → Groß und Norbert → Nigbur weiterhin zur jungen Garde großer Torwarttalente zählte. Entspannung im aufreibenden Bundesligageschäft fand »Max«, wie er von Dortmunds sanftmütigem Trainer Hermann Lindemann in Anlehnung an den knallharten Club-Coach Max Merkel getauft wurde, beim Etüdenspiel auf der elektrischen Heimorgel. Sein zweiter Spitzname »Schotte« resultierte aus Rynios sprichwörtlicher Sparsamkeit, weil er für gelegentliche Unpünktlichkeit beim Training lieber ein paar Strafrunden drehte, als Geld in die Mannschaftskasse zu zahlen.

Während der Saison 70/71 setzte der »Youngster« seine Klasseleistungen fort, ohne die chronische Unbeständigkeit gänzlich abstellen zu können. Nach dem 30. Spieltag der Saison 71/72, die für Borussia Dortmund mit dem 1:11 bei Bayern München eine Rekordniederlage beinhaltete, war das Unfassbare für Rynio zur bitteren Realität geworden: Als zweiter Bundesligaspieler nach Peter Czernotzky war der »Seuchenvogel« auch mit dem dritten Verein abgestiegen.

Eine schwere Rückenverletzung, die schließlich eine Operation erforderte, sorgte während der Saison 72/73 für eine monatelange Pause. Stellvertreter Horst → Bertram eroberte sich einen Stammplatz, während der erfolglose »Abstiegsspezialist« Rynio in den nächsten Monaten nur noch als »teuerster Ersatzspieler« der Regionalliga von sich reden machte. Erst während der Saison 73/74 erhielt er durch Bertrams konstante Patzer nach der Winterpause eine Comeback-Chance, die er zu nutzen wusste.

Für die Saison 74/75 wechselte Rynio zum Bundesligisten Rot-Weiß Essen, wo der routinierte Fangkünstler ursprünglich für den Stammposten vorgesehen war. Überraschend verlor er vor dem Saisonstart das Duell gegen den deutlich schwächer eingeschätzten Heinz → Blasey. Nur durch eine Gehirnerschütterung des Kontrahenten gelangte er am 7. Spieltag zu seinem ersten Einsatz, dem schon zwei Wochen später, nach der desaströsen 1:9-Niederlage bei Eintracht Franfurt, die Ablösung folgte. Blaseys Formschwäche ermöglichte Rynio am 22. Spieltag eine Rückkehr zwischen die Pfosten. Abgesehen von Top-Leistungen im verlorenen DFB-Pokalhalbfinale sowie beim 1:1 gegen den VfL Bochum erreichte er jedoch nie das Niveau, das ihm einst den Eintrag im Notizbuch von Bundestrainer Helmut Schön einbrachte.

Übernervöses Agieren im Strafraum und beim Stellungsspiel blieb auch während der Saison 75/76 die einzige Konstante. Obwohl ihm Trainer Irvica Horváth einen Vertrauensbonus einräumte, fand sich die einstmals große Torwarthoffnung nach zehn Spieltagen erneut auf der Reservebank wieder. Aus dem sportlichen Frust erlöste ihn sein früherer Essener Coach Diethelm Ferner, der ihn für die kommende Spielzeit zum ambitionierten Zweitligisten FC St. Pauli lotste. Hier fand der »Glückskauf zum Spottpreis« (Kicker) zu seiner alten Leistungsstärke zurück. Mit vier Punkten Vorsprung und nur 36 Gegentoren gelang dem »Kiez«-Club in der Saison 76/77 erstmals der Bundesligaaufstieg, woran der stets zuverlässig agierende Rynio beträchtlichen Anteil besaß. Seine Rückkehr in die Beletage feierte der »Tausendsassa« mit einer gelungenen Vorstellung beim 3:1-Sieg über Werder Bremen, während seine Hoffnung, endlich den Abstiegsfluch bannen zu können, sich nicht erfüllte. Zeitweise sogar von Ersatzmann Reinhard → Rietzke verdrängt, musste das »Abstiegsphänomen« nach Saisonende erneut den Fall in die Zweitklassigkeit bilanzieren.

Jetzt in Sachen Mehrfach-Abstieg alleiniger Rekordhalter, erhielt Rynio während der Saison 78/79 über einen Spielervermittler das Angebot des nordamerikanischen Profiklubs Chicago Stings. Weil der FC St. Pauli aber eine zu hohe Ablösesumme forderte, zerschlugen sich die Amerika-Pläne. Stattdessen erfolgte im Sommer 1979 sein Wechsel zu Hannover 96, wo sich der »Deutsche Meister im Abstieg« weiterhin als exzellenter Keeper präsentierte, in den folgenden fünf Jahren jedoch vergeblich ans Tor zur Bundesliga pochte.

Anchließend stellte er sich noch als Reservemann zur Verfügung, um bei Hannover 96 hauptamtlich Manager-Aufgaben auszufüllen. Unter der Ägide von Trainer Werner Biskup gelang dem Klub in der Saison 84/85 nach neunjähriger Abwesenheit die Rückkehr ins Oberhaus. Hinter Ralf → Raps blieb der »Mann für alle Fälle« weiterhin Reservekeeper und avancierte dadurch vor dem Saisonstart 85/86 zum dienstältesten Spieler der Bundesliga.

Wegen einer Gehirnerschütterung von Raps musste der mittlerweile 37-jährige »Torwartoldtimer« am 21. Spieltag unvermutet einspringen und sorgte mit diesem Comeback gleich für mehrere Superlative. Bereits im November 85 half Rynio bei Hannover als Trainer aus und avancierte damit zum einzigen Profi, der vor dem ersten Bundesligaeinsatz bei seinem Verein bereits als Manager und Trainer tätig war. Weitere Rekordmarken setzte Rynio als ältester Spieler der laufenden Saison und erster Bundesligaprofi mit sechs verschiedenen Vereinen. Seine Reaktivierung nahm jedoch einen unglücklichen Verlauf. Bei der 0:5-Heimpleite gegen Bayern München merkte man ihm die mangelnde Spielpraxis sichtlich an und eine Woche später musste er beim VfB Stuttgart gleich siebenmal die Bälle aus dem Netz holen.

Nach Saisonende war der »Hansdampf in allen Gassen« zum fünften Mal aus der Bundesliga abgestiegen, um nach Beendigung seiner aktiven Karriere lange Jahre als Trainer bei norddeutschen Amateurvereinen tätig zu sein. Desillusioniert von den Entwicklungen des Amateurfußballs, baut die »Torwart-Legende« seit 2001 in der Nähe von Celle mit großem Enthusiasmus ein Pflege- und Betreuungszentrum für geistig Behinderte auf. Sein Rekord an Bundesligaabstiegen wurde mittlerweile von dem Feldspieler Andreas Keim zumindest eingestellt.

S

Saager, Ingo

Geboren: 26.11.1968 (Deutschland)
BL-Verein: VfB Leipzig (1993–1994)
BL-Spiele: 2

Seine Vereinslaufbahn startete der gebürtige Sachse Ingo Saager beim SG Motor Holzhausen. Nach seinem Wechsel zum 1. FC Lokomotive Leipzig rückte er ab 1986 in deren Oberligaelf auf. Zunächst hinter Nationaltorwart René → Müller und Maik → Kischko die Nummer 3, konnte sich der 1,96 m große Schlussmann ab der Saison 90/91, nach Müllers Wechsel zu Sachsen Leipzig, einen Stammplatz erobern. Mit seinem Klub erreichte er während dieser Spielzeit das Halbfinale im NOFV-Pokal, wo man allerdings gegen Hansa Rostock unterlag.

Während der Saison 91/92 folgte im ersten Jahr der 2. Bundesligazugehörigkeit ein Dreikampf zwischen Saager, Kischko und dem ungarischen Ex-Nationaltorwart Peter Disztl. Als Sieger dieses Duells ging Kischko hervor, während Saager, auch nach dem Weggang von Disztl, in der Aufstiegssaison 92/93 hinter einem verstärkt auftrumpfenden Kischko nur Reservist blieb.

Diese Situation änderte sich für ihn auch nicht in der Saison 93/94. Erst als der mittlerweile zum VfB Leipzig zurückbenannte Klub vor dem 33. Spieltag keine Chance mehr auf den Klassenerhalt besaß, vollzog Interims-Trainer Damian Halata den abgesprochenen Torhüter-Tausch. Gegen den SC Freiburg, der noch um die Bundesligazugehörigkeit kämpfte, zeigte sich Saager trotz langer Praxispause bestens aufgelegt und konnte bei der 0:1-Niederlage sogar einen Elfmeter von Rodolfo Cardoso reaktionsschnell parieren. Aufgrund einer Verletzung Kischkos kam Saager auch am letzten Spieltag zum Einsatz, ohne bei der 2:3-Heimniederlage gegen Bayer Leverkusen ein weiteres Mal glänzen zu können.

Nach dem Abstieg absolvierte der immer loyale Torwarthüne hinter Kischko noch ein Zweitligajahr, um 1995 zum Lokalrivalen Sachsen Leipzig zu wechseln. Nach drei Jahren Regionalliga Nordost und vergeblichen Anläufen in den bezahlten Fußball folgte ein Engagement bei FSV Lok/Altmark Stendal. Zuletzt war Saager für den sächsischen Verbandsligisten TuS Schwarz-Weiß Bismark aktiv.

Sandhofe, Peter

Geboren: 25.10.1957 (Deutschland)
BL-Verein: Schalke 04 (1976–1983)
BL-Spiele: 30

Kein einziges Mitglied aus der Familie Sandhofe spielte Fußball, und auch das Talent des jungen Peter wurde nur per Zufall bei einer Hinterhof-Bolzerei entdeckt. Ein Beobachter forderte ihn auf, dem Dattelner Vorortklub Schwarz-Weiß Meckinghoven beizutreten, wo Sandhofe bis zur B-Jugend seine Torwartkünste präsentierte. 1973 für den Talentschuppen des FC Schalke 04 verpflichtet, folgten die ersten Repräsentativspiele in der Westfalenauswahl. Obwohl er bereits im ersten Jahr zu den Stützen in Schalkes A-Jugend zählte, endete die Saison 74/75 mit einer herben Enttäuschung. Als großer Favorit für das Endspiel der A-Jugendmeisterschaft gehandelt, erlitt die Mannschaft gegen den Außenseiter VfB Stuttgart eine überraschende 0:4-Schlappe. Ein Jahr später wurde das Versäumte nachgeholt und die Schalker Knappen sicherten sich durch einen 5:1-Sieg über Rot-Weiß Essen souverän den Titel. Sandhofe blickte zu diesem Zeitpunkt bereits auf sechs Jugendländerspiele zurück und DFB-Jugendtrainer Herbert Widmayer zollte dem Auszubildenden im Kaufmannsgewerbe seine Anerkennung: »Ein sehr sachlicher Mann, im Herauslaufen besser als die anderen. Und er hält die Bälle fest.«

Mit diesen Empfehlungen rückte das Supertalent ab der Saison 76/77 in Schalkes Lizenzspieler-Kader auf, um zunächst Spielpraxis in der Amateurmannschaft von Schalke 04 zu sammeln. Aus den verheißungsvollen Perspektiven entwickelte sich schnell Frust, denn in den nächsten zwei Jahren kam er hinter Keepern wie Enver → Marič, Günther → Schubert und Volkmar → Groß nicht zum Zug. Sandhofe blieb genügend Zeit für seine Hobbys Schwimmen, Kino und lange Waldspaziergänge mit Freundin Gisela und dem Kurzhaardackel.

Bereits an einen Wechsel denkend, ergab sich für den »ruhigen und bescheidenen« Burschen nach zweieinhalb Jahren Warteposition zur Rückrunde der Saison 78/79 endlich die lang ersehnte Chance. Stammtorhüter Groß war immer stärker in die Kritik geraten und musste sich zudem einer Knieoperation unterziehen. Am 18. Spieltag feierte der 21-jährige Nachwuchskeeper gegen Eintracht Frankfurt ein glänzendes Bundesligadebüt. Sprunggewaltig und mit hervorragenden Reflexen ausgestattet, konnte der nur 1,77 m große Frischling erst in der 56. Minute durch einen Foulelfmeter von Werner Lorant bezwungen werden. Nach der 1:2-Niederlage hagelte es Lob von allen Seiten und der anwesende Otto Rehhagel sprach von einem »Mann ohne Nerven«.

Im nächsten Spiel bei Bayern München übertraf der leichtgewichtige Gummimann diese Klasse-Leistung, musste den Platz aber trotz seiner Glanzparaden wieder als Verlierer verlassen. Ungeachtet aller Komplimente blieb der junge Zerberus (»Ich brauche wohl kein Beispiel nennen, um zu zeigen, wie man schnell wieder am Boden ist.«) zurückhaltend.

Gegen Werder Bremen und Darmstadt fielen seine Darbietungen eher durchwachsen aus und die 1:3-Niederlage am 31. Spieltag gegen den Hamburger SV Niederlage hatte er praktisch allein auf dem Gewissen. Bei anderen Begegnungen stellte Sandhofe, in einer teilweise desolaten Schalker Elf, sein großes Talent unter Beweis und Trainer Gyula Lorant versprach, aus ihm einen »Klasse-Keeper« zu machen. Auch

Peter Sandhofe (Schalke 04) zählte zu den hoch gelobten Talenten, denen der Durchbruch verwehrt blieb.

Schalkes Präsident Günter Siebert gab dem jungen Nachwuchsmann moralischen Rückhalt und erteilte den kursierenden Gerüchten um eine Verpflichtung des Ex-Schalkers Norbert → Nigbur öffentlich eine klare Absage: »Peter Sandhofe bleibt unser Torwart Nr.1.« Der Wert solcher Aussagen offenbarte sich nur wenige Wochen später, als entgegen aller vorherigen Verlautbarungen dann doch Nigburs Verpflichtung bekannt gegeben wurde.

Während der Rückkehrer in der Saison 79/80 sein angestrebtes Comeback in der Nationalelf schaffte, versank der zuvor so hoch gelobte Sandhofe wieder in die Reservisten-Anonymität. Erst kurz vor Saisonschluss ergaben sich durch die Meniskusoperation des Kontrahenten sechs Einsätze. An die großartigen Leistungen des Vorjahres konnte er nicht mehr anknüpfen, vielmehr kritisierten die Beobachter Mängel in der Strafraumbeherrschung.

Weil sich Nigburs Genesung hinauszögerte, stand Sandhofe auch zu Beginn der Saison 80/81 im Kasten. Jeder Fehler wurde unbarmherzig kritisiert und nach drei Spieltagen saß er wieder auf der Bank. Nigbur zeigte sich ebenfalls weit von einstiger Klasse entfernt und handelte sich zudem Ärger mit dem Präsidium ein, weil er sich weigerte, das Trikot des Sponsors zu tragen. Noch einmal schenkte Trainer Fahrudin Jusufi ab dem 8. Spieltag Ersatzmann Sandhofe das Vertrauen, der diese letzte Chance zunächst nutzen konnte. Beim 3:2-Sieg über den VfB Stuttgart avancierte er zum besten Schalker und wurde vom »Kicker« in die »Elf des Tages« nominiert. Ein anschließendes 1:7-Desaster beim Hamburger SV stellte das Ausnahmetalent endgültig ins Abseits, obwohl er sich persönlich immer noch als Mann der Zukunft sah. Zudem während der Rückrunde aufgrund eines Handbruchs außer Gefecht gesetzt, erlebte er vom Krankenbett aus den ersten Schalker Abstieg seit 77 Jahren.

Wie Nigbur blieb Sandhofe dem Verein auch in der 2. Bundesliga treu, obwohl ihm nur noch die Ersatzbank verblieb. Nach erfolgreichem Wiederaufstieg fiel Nigbur erneut in Ungnade, um nach dem 11. Spieltag endgültig suspendiert zu werden. Anstatt auf Sandhofe zu vertrauen, verpflichteten die Schalker jedoch mit Walter → Junghans einen Spieler, der bei Bayern München ausgemustert war.

Nach dieser Spielzeit, die mit Schalkes Wiederabstieg endete, wechselte Sandhofe für eine Spielzeit zum Oberligisten TuS Schloss Neuhaus, dem ein fünfjähriges Engagement beim 1. FC Recklinghausen folgte. Schließlich kehrte er zu seinem Stammverein Meckinghoven zurück, wo er jahrelang Trainer war und heute deren 1. Vorsitzender ist.

Sandt, Andreas

Geboren: 05.11.1962 (Deutschland)
BL-Verein: Schalke 04 (1980–1981)
BL-Spiele: 1

Im Sommer 1980 stand Andreas Sandt mit der A-Jugend von Schalke 04 noch im Endspiel um die deutsche A-Jugendmeisterschaft. Gegen Waldhof Mannheim verlor er mit seiner Elf vor 10.000 Zuschauern in Oberhausen mit 1:2.

Weil sich in Schalkes Bundesligamannschaft Ersatzmann Peter → Sandhofe verletzt hatte, durfte der 17-jährige Nachwuchskeeper, ab dem 22. Spieltag der Saison 80/81, auf der Ersatzbank sitzen. Drei Wochen darauf erlitt Stammtorwart Norbert → Nigbur im Spiel gegen Arminia Bielefeld beim 0:1-Gegentreffer eine Stirnverletzung und musste ausgetauscht werden. Sandt, 24 Stunden zuvor mit der A-Jugend-Mannschaft noch gegen den gleichen Verein mit 3:1 erfolgreich, ließ sich in der letzten halben Stunde nicht mehr bezwingen, um den Platz dennoch als Verlierer zu verlassen.

Nigbur meldete sich für das nächste Spiel wieder fit und nach dieser Spielzeit wechselte Sandt zu den Amateuren von VfL Bochum, sah sich aber dort während der Oberligasaison 82/83 verstärkt der Konkurrenz von Markus → Croonen ausgesetzt.

Sauer, Norbert

Geboren: 16.12.1949 (Deutschland)
BL-Verein: 1. FC Saarbrücken (1976–1978)
BL-Spiele: 8

Ab 1966 vom SSV Mülheim gekommen, blieb der gebürtige Koblenzer in neun Regional- und Zweitligajahren beim 1. FC Saarbrücken zumeist die geduldige Nummer 2. Zu unbeständig in seinen Leistungen, musste der Haftschalenträger zunächst hinter Gerhard → Welz und ab 1969 zumeist hinter Amateurnationaltorwart Jürgen Muche zurückstecken.

Seinen großen Auftritt absolvierte der »tadelsfreie« Sportsmann 1974 in der Bundesliga-Aufstiegsrunde gegen den 1. FC Nürnberg. Der 1. FC Saarbrücken besaß keinerlei Chance mehr auf den Aufstieg, während Nürnberg bei einem Sieg qualifiziert gewesen wäre. Beim Spielstand von 1:0 für die Saarländer kugelte sich Sauer nach zehn Minuten bei einer Parade den Arm aus und musste aufgrund eines nicht vorhandenen Ersatztorhüters den Rest der Begegnung mit einer Hand agieren. Dieses schmerzhafte Handikap überwand der tapfere Keeper bravourös und verwehrte mit seinen Aktionen Nürnberg den erhofften Aufstieg.

Solche Heldentaten bewahrten ihn nicht vor der erneuten Degradierung. Nach Muches Wechsel zu Borussia Neunkirchen kam für die Saison 75/76 von Rot-Weiß Oberhausen der hoch gelobte Dieter → Ferner. In der gleichen Spielzeit gelang den Saarbrückern der Aufstieg, während Sauer nur während der Anfangsphase zum Zug gekommen war.

Auch im ersten Bundesligajahr saß er auf der Ersatzbank, während sich Ferner in die B-Nationalmannschaft spielte. Während der Saison 77/78 blieb Ferner zunächst im Blickfeld der Bundesliga, während sein Vertreter die mediale Aufmerksamkeit höchstens als Sieger eines vereinsinternen Trabrennens verzeichnete. Der Klub rutschte jedoch nach gutem Start immer tiefer in die Abstiegszone und auch Ferner agierte längst nicht mehr fehlerfrei. Im Nachholspiel gegen Eintracht Braunschweig verschuldete er den entscheidenden Gegentreffer und Saarbrückens neuer Coach Hans → Tilkowski setzte jetzt auf Sauer. Der Schlussmann, in dieser Saison zuvor zweimal für den verletzten Ferner eingewechselt, konnte zu diesem Zeitpunkt insgesamt sechzig Minuten Bundesligapraxis vorweisen. Bei seinem Vollzeit-Debüt verlor die Mannschaft am 27. Spieltag mit 2:4 beim VfL Bochum und eine Woche später zu Hause mit 0:1 gegen Borussia Mönchengladbach. Sauer hielt bis zum Saisonschluss solide, gewann mit der Mannschaft aber kein einziges Spiel mehr. Nach Saarbrückens Abstieg hielt er dem Klub noch ein Jahr die Treue, um 1979 zum VfR Oli Bürstadt zu wechseln, wo er ab der Saison 80/81, hinter Neueinkauf Jürgen → Stars, wieder die Nummer 2 wurde.

Sawitzki, Günter

Geboren: 22.11.1932 (Deutschland)
BL-Verein: VfB Stuttgart (1963–1971)
BL-Spiele: 146
A-Länderspiele für Deutschland: 10

Im Alter von 10 Jahren begann der gebürtige Westfale Günter Sawitzki beim Rasensport Holthausen mit dem Vereinsfußball. 1953 wechselte der Keeper zum Ruhrgebietsverein SV Sodingen, während er hauptberuflich in einer Zeche als Schlosser arbeitete. In der Saison 54/55 erreichte er mit seinem Klub in der Oberliga West die Vizemeisterschaft und konnte sich für die Meisterschaftsendrunde qualifizieren, bei der man sich gegen den Hamburger SV und 1. FC Kaiserslautern achtbar aus der Affäre zog. Nach Repräsentativspielen für die Westdeutsche Auswahl sowie Einsätzen in der B-Mannschaft folgte am 13. Juni 1956 in Norwegen das Nationalmannschaftsdebüt. Im gleichen Jahr wechselte der Klassekeeper, als Nachfolger des legendären Karl Bögelein, zum VfB Stuttgart. Mit dem Klub blieb er während der Folgezeit in der Oberliga Süd zumeist gehobenes Mittelmaß, gewann aber 1958 mit seiner Elf den DFB-Pokal, um sich 1963 auch für die neu gegründete Bundesliga zu qualifizieren.

Bei der Nationalmannschaft erlebte der, aufgrund seiner blonden Mähne, stets bemützte Keeper eine herbe Enttäuschung, als er 1958 für die anstehenden Weltmeisterschaft in Schweden von Bundestrainer Sepp Herberger aus dem Aufgebot gestrichen wurde und sich nur auf Abruf bereithalten durfte. Auch in den folgenden Jahren konnte sich Sawitzki, trotz kontinuierlicher Länderspieleinsätze, nie entscheidend gegen Fritz Herkenrath, Wolfgang → Fahrian oder Hans → Tilkowski durchsetzen. Auch bei der Weltmeisterschaft 62 in Chile blieb der »erstklassige Torhüter« hinter Fahrian und Tilkowski lediglich die Nummer 3.

Zum Start der Bundesliga war der 30-jährige Sawitzki beim VfB Stuttgart bereits ein Senior, um dies mit seinem traditionellen 50er-Jahre-

Günter Sawitzki (VfB Stuttgart) in seiner archaischen Torwartkluft.

Torwartdress auch optisch zu unterstreichen. Seine Leistungen waren jedoch nach wie vor hervorragend und während der Saison 63/64 bestach der Routinier durch großartige Paraden und ausgezeichnetes Stellungsspiel. Sein letztes Länderspiel absolvierte die Stuttgarter »Säule« am 30. November 1963 bei der 1:2-Niederlage gegen Schweden, bei der er jedoch unsicher wirkte, um anschließend bei Herberger keine Berücksichtigung mehr zu erfahren. Beim VfB Stuttgart waren die Dienste des Mannes mit der Mütze nach wie vor gefragt und der »Teufelskerl« entpuppte sich auch während der Saison 64/65 als großer Rückhalt. In einer mittelmäßigen Stuttgarter Mannschaft beherrschte er seinen Strafraum immer noch »wie einen Adler seinen Horst« (Kicker).

Ein Jahr darauf war der mittlerweile 33-jährige Zerberus in den Augen von Nürnbergs Torwartlegende Heiner Stuhlfauth weiterhin »Deutschlands bester Torhüter« und in den Bundesligabegegnungen oftmals bester Stuttgarter. Erst ab der Saison 67/68 stand mit Gerhard → Heinze ein würdiger Nachfolger parat. Sawitzki, mittlerweile dienstälteste Lizenzspieler, wurde nach der Saison 68/69 bei einer Abschiedsgala mit Rehbraten und Spätzle feierlich verabschiedet, um seine internationale Erfahrung fortan in die Dienste der VfB-Amateure zu stellen. Während der Saison 70/71 feierte er, bedingt durch die Verletzungen von Heinze und Stellvertreter Hans → Hauser, ein kurzfristiges Comeback. Am 12. Spieltag bewies »Sawi« beim 2:1-Sieg gegen Eintracht Frankfurt alte Klasse. Eine Woche später folgte eine herbe 1:4-Niederlage bei Borussia Mönchengladbach, bei der Sawitzki zwei Tore mitverschuldete. Verärgert über die herben Kritiken und Publikumsbeschimpfungen zog er sich nach diesen Feuerwehreinsätzen endgültig aus der Profimannschaft zurück. In der gleichen Spielzeit erreichte er mit dem Amateurkader das Endspiel um die deutsche Amateurmeisterschaft, welches mit 0:1 gegen den SC Jülich 10 verloren ging. Danach setzte sich der »bewundernswerte« Tormann im Alter von 38 Jahren endgültig zur Ruhe, arbeitete in einem Verkaufshaus für Werkzeuge und kümmerte sich beim VfB Stuttgart um die Nachwuchsförderung.

Schäfer, Raphael

Geboren: 30.01.1979 (Deutschland)
BL-Verein: 1. FC Nürnberg (seit 2001)
BL-Spiele: 3 (zum Ende der Hinrunde 02/03)

Weil als Feldspieler zu »ruppig«, wurde der junge Raphael Schäfer von seinem Trainer probeweise ins Tor gestellt und bewährte sich auf Anhieb. Geboren im oberschlesischen Heydebreck, begann der siebenjährige Raphael, nach dem elterlichen Umzug ins niedersächsische Hildesheim, seine Vereinslaufbahn beim Vorortklub SC Drispenstedt. Schon in der D-Jugend als Torwart bei einem Bezirksmeisterschaftsspiel von den Talentspähern entdeckt, wechselte er anschließend zu Hannover 96. Zwischen 1993 und 1995 mehrfach in die U15- und U16-Auswahl berufen, rückte der Gymnasiast ab der Saison 96/97 in Hannovers Regionalligakader auf.

Trotz unverkennbaren Talents, enormen Ehrgeizes und Berufungen in die U18-Auswahl gelang es ihm während der nächsten zwei Jahre dennoch nicht, 96-Torwartdenkmal Jörg → Sievers zu verdrängen. Vor der Saison 98/99 wechselte er deshalb zum norddeutschen Regionalligisten VfB Lübeck. Mühelos konnte sich Schäfer (»In drei Jahren will ich in der Bundesliga spielen.«) gegen den bisherigen Stammtorwart Frank → Böse durchsetzen und avancierte schnell zu einem »herausragenden Einzelkönner«, dem jedoch mit seinem Verein in den nächsten drei Jahren der anvisierte Aufstieg in den bezahlten Fußball versagt blieb. Von Bundesligaklubs wie Schalke 04, Hansa Rostock und Borussia Mönchengladbach umworben, entschied sich der 23-fache Junioren-Nationaltorwart, vor der Saison 01/02, für das Angebot des Bundesliga-Aufsteigers 1. FC Nürnberg.

Hinter dem ebenfalls relativ bundesligaunerfahrenen Darius → Kampa rechnete sich 1,90-Meter-Mann Schäfer – laut »Kicker«-Urteil »gut auf der Linie und stark beim Mitspielen« – eine realistische Chance auf den Stammplatz aus. Club-Trainer Klaus Augenthaler hielt die Torwart-Frage vor dem Saisonstart lange Zeit offen, um sich letztendlich auf Kampa festzulegen. Trotz hoher Vorschusslorbeeren von Nürnbergs Präsident Michael A. Roth (»Schäfer wird einer wie Andreas → Köpke.«) fand sich der Torwart-Komet zunächst auf der Ersatzbank wieder. Erst als Kampa nach starken Leistungen in der Rückrunde regelmäßig zu patzen begann, stiegen die sportlichen Aktien der Nummer 2 wieder. Nach der 0:4-Heimpleite gegen Werder Bremen und einem erneuten Kampa-Aussetzer reagierte Augenthaler und gab dem gebürtigen Polen, am 28. Spieltag bei Borussia Mönchengladbach, eine Bewährungsprobe. Zwar entpuppte sich Schäfer bei der 0:1-Niederlage als einer der besten Nürnberger, doch sein Einsatz geschah in erster Linie, um die stark kritisierte Nummer 1 erst einmal aus der Schusslinie zu nehmen. Anschließend wieder Reservist, kam Schäfer nach dem geglückten Klassenerhalt noch am letzten Spieltag, in der bedeutungslosen Partie beim FC St. Pauli, zum Einsatz.

Vor der Saison 02/03 hoffte er auf eine Neuauflage des Torwartduells zwischen ihm und Kampa, der sich jedoch inzwischen so viele Verdienste erworben hatte, um zum Saisonstart gesetzt zu sein. Erst am 15. Spieltag kam die Nummer 2, aufgrund eines Blutergusses des Kontrahenten, gegen Borussia Dortmund in der zweiten Halbzeit zum Einsatz. An den zwei Gegentoren schuldlos, ließ er sich fünf Tage später im DFB-Pokalspiel gegen Zweitligist 1. FC Köln von einem Heber düpieren. Nach der 0:2-Pleite wieder Bankdrücker, bezeichnete ihn Nürnbergs Manager Edgar Greenen dennoch als »Glücksgriff«, denn: »Ich bin der Überzeugung, dass er Kampa zu den Leistungen angetrieben hat.«

Scheid, Wolfgang

Geboren: 23.08.1942 (Deutschland)
BL-Verein: Rot-Weiß Oberhausen (1969–1973)
BL-Spiele: 105

Der Goalie »mit dem Antlitz eines Filmschauspielers« (Kicker) begann seine Torwart-Laufbahn im Alter von neun Jahren beim Heimatverein SG Wölper. 1960 wechselte der gebürtige Westfale zum TuS Hattingen. Drei Jahre später wurde er beim Regionalligisten Westfalia Herne Nachfolger von Nationaltorwart Hans → Tilkowski. Schnell etablierte er sich zu einem der »besten und zuverlässigsten Torhüter im Westen«, absolvierte von 1963 bis 67 über 120 Regionalligaeinsätze und wurde auch mehrfach in den Kader der Junioren-Nationalmannschaft berufen. Als Mitglied der Soldatenauswahl erhielt Scheid im Juni 1964 auch eine Einladung für das letzte A-Länderspiel unter Sepp Herberger. Ein Schlüsselbeinbruch verhinderte jedoch gegen Finnland den möglichen Einsatz.

Rot-Weiß Oberhausen war inzwischen auf den reaktionsschnellen und sehr fangsicheren Keeper aufmerksam geworden und engagierte ihn 1967 als Nachfolger für den legendären Helmut »Jimmy« Traska. Der Klub visierte unter Präsident Peter Maaßen und Trainer Alfred Preißler den Bundesligaaufstieg an. Zwei Jahre später glückte dieses Vorhaben und Scheid zählte neben Lothar Kobluhn sowie Franz Krauthausen zu den großen Stützen der »Kleeblätter«.

Aufgrund seiner »Bärenruhe« und der gleichnamigen Trickfilmfigur mit dem Spitznamen »Yogibär« bedacht, zeigte der Klassemann bereits am 2. Spieltag der Bundesligasaison 69/70, beim torlosen Unentschieden gegen den 1. FC Kaiserslautern, eine großartige Leistung. Auch beim 4:0-Sieg gegen Eintracht Braunschweig erhielt der 1,82 m große Schlussmann Bestnoten, während sein Klub nach dem 4. Spieltag überraschend Tabellenführer war. Nach dem 8. Spieltag musste er dann erstmals Kritik einstecken. Bei Alemannia Aachen verzichtete er bei einem gegnerischen Freistoß auf die Formation einer Abwehrmauer. Während Alemannia Aachens Ralf Pawellek sich mit seinem Tor zum 1:0 postwendend für dieses »Geschenk« bedankte, tobte Trainer Preißler anschließend über seinen Keeper: »Das war kreisklassenreif.«

Am 13. Spieltag erlitt Scheid gegen den Hamburger SV eine folgenschwere Fußverletzung, die ihn für den Rest der Saison entscheidend behinderte. Weil Vertreter Udo → Redmann die Erwartungen enttäuschte, kehrte Scheid, trotz eines angebrochenen Fußes, nach kurzer Pause zurück. Bandagiert und mit starken Schmerzen verlor er zeitweise seine gewohnte Sicherheit. Dennoch biss der zähe Schlussmann die Zähne zusammen und avancierte im Abstiegskampf, trotz weiterer Verletzungen wie Rippenprellung und Fingerverstauchung, am 32. Spieltag beim 2:0-Sieg über den MSV Duisburg zum überragenden Spieler. Oberhausener war dadurch vorzeitig gerettet und Schlussmann Scheid der gefeierte Held.

Während der Saison 70/71 immer noch nicht hundertprozentig fit, fand sich der zuverlässige Zerberus mit dem Verein schnell am Tabellenende wieder. Zwar gab es am 7. Spieltag ein sensationelles 8:1 gegen den Hamburger SV, bei dem auch Scheid glänzen konnte, doch nach 33 Gegentreffern in 14 Spielen geriet auch wieder der Torwart in die Kritik. Zudem plagten ihn ständig neue Verletzungen und eine Schultergelenkentzündung setzte ihn wochenlang außer Gefecht. Weil auch der neue Vertreter Klaus → Witt kein gleichwertiger Ersatz war, feierte »Yogi« am 25. Spieltag ein Comeback. Nach dem 0:0 beim Hamburger SV lobten ihn seine Mitspieler (»Die Ruhe von Yogi wirkt sich in unserer Situation doppelt günstig aus.«) und mit Ach und Krach rettete sich Oberhausen am letzten Spieltag nur durch das bessere Torverhältnis.

Vor der Saison 71/72 musste der Klub mit dem Wechsel des starken Franz Krauthausen zu Bayern München einen weiteren Aderlass verkraften. Ständig mit der Mannschaft in Nähe der Abstiegsplätze, zeigte Scheid wiederholt starke Leistungen und parierte am 6. Spieltag gegen den MSV Duisburg einen Elfmeter. Das Verletzungspech blieb jedoch sein treuer Begleiter. In einer brüchigen Abwehr stets zu waghalsigen Rettungsaktionen gezwungen, führten Kollisionen mit Gegenspielern und Torpfosten zu Prellungen, Zerrungen und ständigen Spielpausen. Zudem wurden Ablagerungen in seinem lädierten Knöchel festgestellt, die der Mannschaftskapitän jedoch ignorierte, um eine notwendige Operation auf das Saisonende zu verschieben. Obwohl der leidgeprüfte Schlussmann kaum

Das bittere Schicksal des »Yogi« Scheid: Immer wieder verletzt.

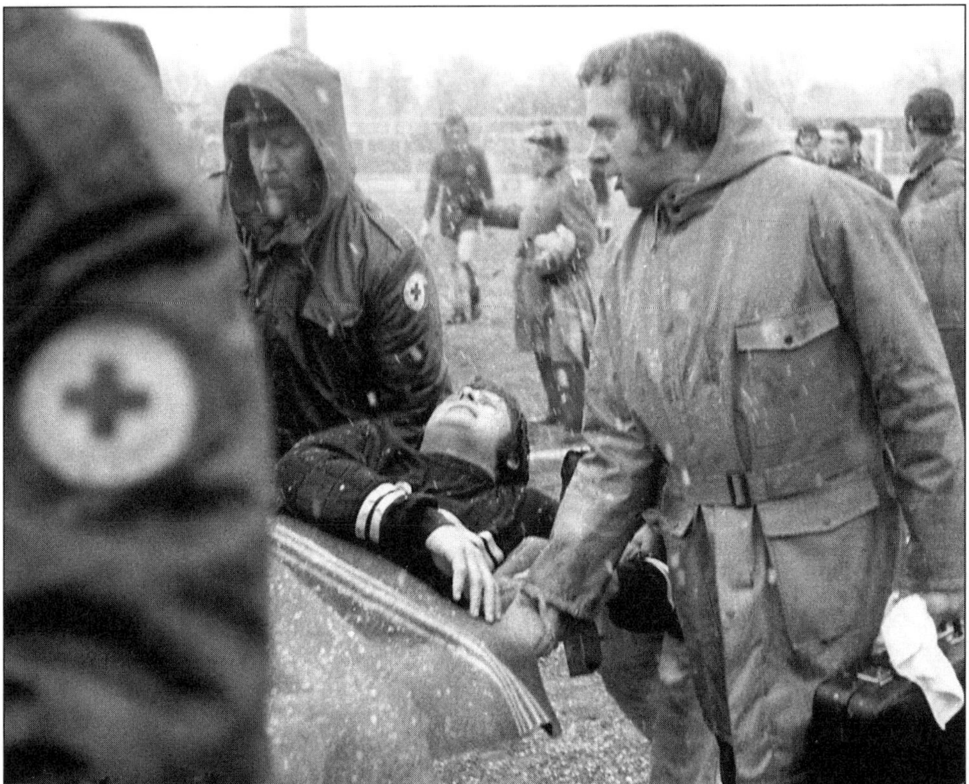

noch trainieren konnte, zeigte er immer wieder tolle Paraden, wobei vereinzelte Schnitzer zumeist gleichbedeutend mit Niederlagen waren, weil eine Mannschaft wie Oberhausen Rückschläge nur schlecht kompensieren konnte. Mit Mühe und Not rettete sich der dezimierte Kader zum Schluss wieder auf den 15. Platz.

Ein drohender Punkteabzug aufgrund der Verwicklung in den Bundesligaskandal sowie erneute Spielerverkäufe zur Deckung eklatanter Finanzlücken stempelten den Verein für die Saison 72/73 zum potentiellen Abstiegskandidaten. Zum Auftakt setzte es eine 0:5-Heimpleite gegen Bayern München, bei der sich Scheid zur Halbzeit entnervt auswechseln ließ und die ausgezehrte Mannschaft zementierte sich in den nächsten Wochen auf einem Abstiegsplatz. Oberhausens Schlussmann, am 6. Spieltag beim 2:1-Sieg gegen den Wuppertaler SV erneut der große Rückhalt, musste wegen einer schweren Handverletzung mehrfach pausieren. Weil sein Vertreter Willi → Jansen jedoch deutliche Schwächen erkennen ließ, kehrte Scheid immer wieder zurück.

Am 18. Spieltag knallte er bei dem Versuch, den Freistoß von Franz Beckenbauer abzuwehren mit voller Wucht gegen den Torpfosten und musste erneut aufgeben. Die Rückkehr erfolgte am 21. Spieltag, doch eine Woche später sollte für den Pechvogel der definitive Schlusspunkt folgen. Am 22. Spieltag erhielt Scheid in der 36. Minute bei einer Abwehraktion einen heftigen Tritt des Herthaners Michael Sziedat und musste anschließend ins Krankenhaus abtransportiert werden. Der Verdacht auf Schienbeinbruch bestätigte sich zwar nicht, das linke Bein war jedoch durch einen Riss der hinteren Kreuzbänder irreparabel beschädigt.

Während für seinen Verein die Erstligalichter ausgingen, musste Scheid die Sportinvalidität beantragen. Mit dem bitteren Karriereende ihres Klassetorhüters begann für RW Oberhausen eine schmerzliche Epoche, die Anfang der neunziger Jahre hoch verschuldet in die Niederungen der Verbandsliga Niederrhein führte. Scheid, zunächst verbittert über den Übeltäter Sziedat (»Es war ein bösartiges Foul von ihm, er hat sich bis heute nicht bei mir entschuldigt.«) und die daraus resultierende, lebenslange Behinderung, kehrte nach langer Rehabilitationsphase als Sachbearbeiter in das Berufsleben zurück und wurde gleichzeitig als Trainer für zahlreiche Amateurvereine tätig.

Scherer, Klaus

Geboren: 01.07.1958 (Deutschland)
BL-Verein: FC Homburg (1986–1990)
BL-Spiele: 45

Der reaktionsstarke, aber auch stets etwas »wankelmütige« Zerberus gelangte im Sommer 1982 über die Stationen 1. FC Kaiserslautern, FC Rodalben und FSV Salmrohr zum saarländischen Drittligisten FC Homburg. Als Nachfolger von Gunnar Fellmann wurde der Amateurauswahltorhüter mit Homburg in der Saison 82/83 deutscher Amateurmeister, um in der folgenden Spielzeit in die 2. Bundesliga aufzusteigen. Während der Zweitliga-Saison 83/84 beeindruckte der Brauerei-Angestellte ebenfalls mit guten Leistungen, bekam jedoch sein überschäumendes Temperament nicht immer unter Kontrolle, was in dieser Spielzeit zweimal zu einem Feldverweis führte.

Bereits in der nächsten Saison avancierte der »böse Bube« zum besten Zweitligatorwart, der mit einer überragenden Leistung im vorentscheidenden Spiel gegen Blau-Weiß 90 Berlin seinem Verein vorzeitig den Aufstieg in die Bundesliga sicherte. Scherer, der bereits in der Saison 85/86 im DFB-Pokal-Achtelfinalspiel gegen Borussia Dortmund seine potentielle Bundesligatauglichkeit unter Beweis gestellt hatte, rettete seinem chronisch abgstiegsgefährdeten Klub auch in der Eliteklasse wichtige Punkte. Dank seiner Reaktionskünste im letzten Spiel gegen Absteiger Blau-Weiß 90 Berlin konnte sich der FC Homburg Platz 16 und die Teilnahme an den Relegationsspielen sichern. In den Spielen gegen den Tabellendritten der 2. Bundesliga FC St. Pauli bewahrte der Schlussmann als sicherer Rückhalt seinen Verein vor dem sofortigen Wiederabstieg.

Als Dankeschön brachte der neue Trainer Uwe Klimaschefski aus früheren Homburger Zweitligazeiten seinen damaligen »Spezi« Gregor → Quasten mit, der von ihm bevorzugt wurde. Begleitet von lapidaren Begründungen des Trainers (»Ich habe heute gehört, dass wir nur einen Mann ins Tor stellen dürfen – da habe ich mich für Quasten entschieden.«), war Scherer vor dem Saisonstart 87/88 plötzlich nur noch Ersatzmann. Anschließend dachte sich Klimaschefski ein ebenso eigenwilliges wie überflüssiges Torwart-wechsel-dich-Spielchen aus: Quasten durfte auswärts und Scherer bei den Heimspielen das Tor hüten. Nach einer 0:4-Heimpleite, am 7. Spieltag gegen den 1. FC Nürnberg, war der sensible Schlussmann zur vorläufigen Nummer 2 degradiert.

Quasten konnte ebenfalls nicht überzeugen und erfreute sich zudem bei den Homburger Fans keiner großen Beliebtheit. Als sich der Kontrahent am 11. Spieltag gegen Werder Bremen wiederum völlig indisponiert präsentierte, war Klimaschefski zu diesem Zeitpunkt, aufgrund chronischer Erfolglosigkeit, bereits entlassen. Kurzfristig bekam Scherer unter dem neuen Coach Slobodan Cendič noch einmal eine mehrwöchige Bewährungschance, konnte aber nicht mehr an die Leistungen des Vorjahres anknüpfen. Der Verein reagierte auf die schwachen Torwartleistungen mit der Verpflichtung von Werner → Vollack, der zuvor bei Bayer 05 Uerdingen entlassen worden war. In der Rückrunde war der einstige Aufstiegsheld Scherer hinter Vollack nur noch Bankdrücker und Homburg am Ende der Saison abgestiegen. In der 2. Liga avancierte der Schnauzbartträger als letzter »Überlebender« aus Bundesligazeiten wieder zum Stammkeeper, kassierte die wenigsten Tore aller Zweitligatorhüter und schaffte mit dem FC Homburg den sofortigen Wiederaufstieg. Für den zweiten Anlauf verpflichtete der Verein mit dem Ex-Frankfurter Hans-Jürgen → Gundelach erneut einen Konkurrenten, gegen den sich Scherer in der Vorbereitung nicht durchsetzen konnte. Nur einmal kam er am 16. Spieltag, durch die Verletzung von Gundelach, gegen den VfL Bochum ab der 48. Minute zum Einsatz. Am Saisonende war Homburg als abgeschlagener Tabellenletzter erneut abgestiegen. Scherer wechselte anschließend zum Oberligisten Borussia Neunkirchen, mit denen er 1991 bei den Aufstiegsspielen zur 2. Bundeliga scheiterte. Nach Beendigung seiner aktiven Laufbahn war er zuletzt als Teamchef der Damenmannschaft des 1. FC Saarbrücken tätig.

Scheuer, Sven

Geboren: 19.01.1971 (Deutschland)
BL-Verein: Bayern München (1988–2000)
BL-Spiele: 20
Vereinstitel: 6x Meister (1989, 1990, 1994, 1997, 1999, 2000) 2x DFB-Pokal (1996, 2000), 1x UEFA-Pokal (1996)

Der »Aushilfstorwart der Luxusklasse« begann seine Fußballerlaufbahn beim Heimatklub SV Böblingen. Neben zahlreichen Repräsentativeinsätzen in der Württemberg-Auswahl wurde der Realschüler auch für Jugendländerspiele nominiert. 1987 zeigte der gebürtige Schwabe während der U16-Europameisterschaft hervorragende Leistungen, die auch »Kicker«-Reporter Werner Schilling nicht verborgen blieben: »Unglaublich, was er in blitzschneller Reaktion wegboxte, ablenkte, an sich zog.« In der nachfolgenden U18-Auswahl erwies sich der Tischtennis- und Squash-Fan ebenfalls als reaktionssicherer Rückhalt. Noch während der Saison 88/89 wechselte er in den Amateurkader des Bundesligisten FC Bayern München. Als potentieller Kandidat für die Olympia-Auswahl konnte der 18-jährige »Modellathlet ein knappes Jahr später den verletzten Raimond → Aumann – am 13.09.89 im Europapokal der Landesmeister bei Glasgow Rangers – erstmals bei einem Pflichtspieleinsatz vertreten. Dem 3:1-Sieg schloss sich dann am folgenden Samstag gegen den VfL Bochum das erste Bundesligaspiel an. Auch hier feierte der 1,87 m große Schlussmann mit seiner Mannschaft einen 5:1-Sieg, um unmittelbar danach den ersten Rückschlag zu erleiden. Ein Bandscheibenvorfall erforderte die sofortige Operation und eine Zeit lang bangte der Vertragsamateur sogar um die Fortsetzung seiner sportlichen Laufbahn. Nach seiner Genesung folgten in der Saison 90/91 noch zwei Bundesligaeinsätze sowie gegen Luxemburg ein U21-Länderspiel. Anschließend entwickelte sich Scheuer in den nächsten drei Jahren wieder zum Dauerpatienten, dem aufgrund von Rücken- und Schulterproblemen erneut das Karriereende drohte.

Erst in der Saison 94/95 wieder vollständig fit, wetteiferte der passionierte Porsche-Fahrer hinter Stammtorwart Oliver → Kahn mit Uwe → Gospodarek um den Posten des Ersatzkeepers. Als Kahn am 15. Spieltag gegen Bayer Leverkusen einen Kreuzbandriss erlitt, sprang Scheuer ein, um sich in den nächsten Wochen als würdiger Stellvertreter des verletzten Nationalmannschaftsanwärters zu erweisen. Vom 15. bis zum 26. Spieltag zeigte er in der Bundesliga wie auch im Europapokal durchweg exzellente Leistungen und formulierte jetzt in selbstbewusster Manier öffentlich seine Stammplatzambitionen. Dennoch kehrte Kahn nach seiner Genesung wieder in den Kasten zurück, während der jetzt stark umworbene Scheuer für einen geplanten Wechsel keine Freigabe erhielt.

Mit Bernd → Dreher als neuem Konkurrenten für die Nummer 2 kam der »Gelegenheitsarbeiter« in den nächsten zwei Jahren für den gesperrten oder erkrankten Kahn viermal zum Einsatz, musste jedoch wegen eines Muskelfaserrisses sowie erneuten Rückenprobleme immer wieder längere Zwangspausen einlegen. In seinen letzten drei Meisterschaftseinsätzen als Kahn-Vertreter zeigte der mittlerweile 28-jährige Dauerreservist in der Saison 98/99 wieder sein außergewöhnliches Können, mit dem er bei jedem anderen Verein Stammtorhüter geworden wäre. Dennoch blieb Scheuer, trotz zahlreicher Angebote von in- und ausländischen Klubs, bei Bayern München, um dann durch eine handgreifliche Auseinandersetzung in einer Regensburger Pizzeria unfreiwillig seinen Abschied auf Raten einzuleiten.

Zusammen mit dem ebenfalls anwesenden Kollegen Mario Basler wurde Scheuer (Lebensmotto: »Lieber fünf vor zwölf als keine nach eins«), der schon zuvor mit einigen Alkohol-Eskapaden Negativ-Schlagzeilen produziert hatte, am 16. Oktober 1999 vom Spielbetrieb suspendiert, um einen Monat später noch einmal für die Amateurmannschaft begnadigt zu werden. Bei Bayern München besaß »Sveni« dennoch keine sportliche Zukunft mehr. Nach der Saison 99/00 folgte ein einjähriges Gastspiel beim türkischen Erstligisten Adanaspor AS, das sich ebenso glücklos gestaltete wie sein anschließendes Engagement beim Zweitligisten 1. FC Saarbrücken. Nach Saarbrückens Abstieg befand sich Scheuer, der sein großartiges Torwart-Talent etwas gedankenlos verschleuderte, im Sommer 2002 wieder auf Vereinssuche.

Schmadtke, Jörg

Geboren: 16.03.1964 (Deutschland)
BL-Vereine: Fortuna Düsseldorf (1985–1992), SC Freiburg (1993–1997), Bayer 04 Leverkusen (1997–1998) Borussia Mönchengladbach (1998–1999)
BL-Spiele: 266

Aus einer Düsseldorfer Arbeiterfamilie stammend, begann Jörg Schmadtke seine fußballerische Vereinslaufbahn beim Stadtteilklub TSV Eller 04. 1972 wechselte er zur E-Jugend von Fortuna Düsseldorf. Zunächst immer als Feldspieler eingesetzt, kam er nur aufgrund eines Missverständnisses zwischen die Pfosten. Fortunas neuer Jugendtrainer Karl-Heinz Ramrath hielt Schmadtke für den Torwart, um ihn, trotz dessen Protestes, zwischen die Pfosten zu beordern. Der Zerberus aus Zufall entpuppte sich auf dem zunächst ungeliebten Posten schnell als großes Talent, der im Verlauf der nächsten Jugendjahre in die Niederrhein- und Westdeutsche Auswahl berufen wurde. Zwar erhielt hier zumeist Uwe → Kamps den Vorzug, dennoch galt der junge Schmadtke als hoffnungsvoller Nachwuchskeeper, der ab 1982 in Fortunas Amateurkader aufrückte. Die nächsten drei Jahre kickte der Abiturient in der Verbandsligaelf, konnte aber in der Bundesliga, aufgrund der »Hosen-Affäre« von Wolfgang → Kleff, während der Saison 83/84 zumindest einmal auf der Ersatzbank sitzen.

In der Saison 85/86 befand sich Fortuna Düsseldorf nach dem 8. Spieltag und drei Niederlagen in Folge auf dem letzten Tabellenplatz. In dieser prekären Situation bekam Schmadtke, einen Tag vor dem Heimspiel gegen Bayern München, von Trainer Dieter Brei im Trainingslager die Mitteilung, dass er am Samstag erstmals spielen werde.

Während sich der bisherige Stammtorwart Uwe → Greiner auf die Bank setzen musste, feierte der 21-jährige Schmadtke beim sensationellen 5:0-Sieg einen fulminanten Einstand. Neben einer stoischen Ruhe lieferte der junge Torwart mit der tiefen Stimme sein Gesellenstück ab, als er in der 90. Minute mit einer phantastischen Flugparade den platzierten Freistoß von Klaus Augenthaler aus dem Winkel boxte. Ab sofort war der Fortuna-Frischling im Tor gesetzt und ließ sich trotz einiger Strafraumschwächen von Greiner nicht mehr verdrängen. Nach einer schwachen Leistung am 26. Spieltag beim 3:7 gegen Werder Bremen brillierte der 1,82 m große Lockenkopf zwei Wochen später beim Titelkandidaten Bayern München mit einer Weltklassepartie. Dank seiner tollkühnen Reflexe, mit denen er Scharfschüsse der Bayern-Stürmer aus nächster Nähe eliminierte, konnte Fortuna Düsseldorf den Platz als Sensationssieger verlassen, um sich im Schlussspurt noch den Klassenerhalt zu sichern. Der selbstbewusste Keeper erhielt von Hans-Hubert Vogts, im Verbund mit Raimond → Aumann und Bodo → Illgner, sogar eine Berufung in das U21-Aufgebot, um in die nächste Spielzeit bei seinem Verein als klare Nummer 1 zu starten.

Zunächst zählte der Maschinenbau-Student zu den wenigen Fortunen mit Erstligaformat, ehe ihn nach dem 10. Spieltag ein Fußbruch längere Zeit außer Gefecht setzte. Weil mit Frank → Kirn nur ein unerfahrener Nachwuchsmann zur Verfügung stand, verpflichte der Verein in einer Blitzaktion den arbeitslosen Ex-Nationaltorwart Rudolf → Kargus. Nach erfolgter Genesung saß Schmadtke bis kurz vor Saisonschluss nur auf der Bank, um aus dieser Perspektive Düsseldorfs aussichtlosen Existenzkampf mitzuerleben.

In den nächsten zwei Zweitligajahren wieder die Nummer 1, ließ es Schmadtke trotz allen Könnens des Öfteren an Konstanz mangeln, um mit seinem Klub nach der Saison 88/89 untcr Trainer Aleksander Ristič dennoch den Wiederaufstieg zu schaffen.

Im ersten Bundesligajahr setzte der »Ur-Düsseldorfer« seine unbeständigen Leistungen und ließ nach guten Paraden aus Schlafmützigkeit schon mal den 40-m-Rückpass eines Mitspielers ins Tor kullern. Die Quittung kassierte der Düsseldorfer Publikumsliebling nach der Rückrunde, als er überraschend dem unerfahrenen Ersatzmann Jürgen → Wittmann weichen musste, der sich jedoch nicht lange behaupten konnte, so dass Schmadtke bereits vier Wochen später zurückkehrte.

In der nächsten Spielzeit steigerte sich der »Flattermann«, um sich mit konstant guten Leistungen in die Riege der Top-Torhüter zu etablieren. Wiederum bei Bayern München, agierte der mittlerweile zum Student der Wirtschaftswissenschaften umgesattelte Keeper am 23. Spieltag erneut in Hochform und sicherte den 1:0-Sieg förmlich im Alleingang. Für die Nationalmannschaft war »Schmaddi« dennoch nie ein Thema, was einige Kollegen wie Bodo Illgner (»Schmadtke kann nie Nationalspieler werden, weil wir da nicht die bunten Dinger tragen, die er so liebt«) mit seinem extravaganten Torwart-Outfit begründeten.

Seine Hosen trug der »bunte Hund« knielang wie einst Sepp → Maier und bevorzugte als Farbgebung zudem zeitweise eine gelb-blaue Zebramusterung. Neben sportlichen Höhenflügen sorgte der »junge Wilde« in seinem Verein immer wieder für Eklats.

Nach seiner Kritik an der Zusammenstellung des Mannschaftskaders erfolgte in der Winterpause 91/92 die Suspendierung. Nachdem Trainer Rolf Schafstall ohne Rücksprache mit dem Präsidium den »Rebellen« nach einigen Wochen zurückholte, musste postwendend der Coach seinen Hut nehmen. Obwohl Schmadtke am 27. Spieltag bei Bayer Leverkusen mit sagenhaften Robinsonaden nochmals zum besten Spieler auf dem Platz avancierte und dadurch ein Remis sicherte, war Fortunas erneuter Abstieg nicht zu verhindern.

Der nächste Krach folgte dann zu Zweitligazeiten während der Saison 92/93, als Trainer Aleksander Ristič den »Querkopf« nach dem 17. Spieltag auf die Tribüne verbannte und durch Georg → Koch ersetzte. Zwar wurde der »hervorragende Torhüter« kurzzeitig reaktiviert, aber nach dem unabwendbaren Abstieg in die Oberliga von Präsident Jürgen Hauswald (»Wenn Schmadtke fast jedes Jahr von verschiedenen Trainern aus der Mannschaft genommen wird, dann muss man sagen: Irgendetwas ist doch dran.«) drei Wochen vor Saisonschluss beurlaubt, um ihn für eine Ablösesumme von 400 000 DM an den Bundesligaaufsteiger SC Freiburg zu verhökern.

Nach über 20 Jahren bei Fortuna Düsseldorf war der erfahrene Schlussmann im Breisgau gelandet, wo er von Trainer Volker Finke mit offenen Armen empfangen wurde. Mit seiner ganzen Routine etablierte sich der Hobbygolfer auf

Jörg Schmadtke – Wegen zu bunter Hosen niemals Nationalspieler?

Anhieb zum sicheren Rückhalt des Aufsteigers. Neben einigen Patzern war Schmadtke am 33. Spieltag der Saison 93/94, mit einer Galavorstellung beim 4:0-Sieg gegen den VfB Stuttgart, entscheidend am Klassenerhalt des Neulings beteiligt. In der nächsten Spielzeit erreichte er mit dem Klub einen UEFA-Cup-Platz, um in der Saison 95/96 wieder längere Zeit gegen den Abstieg zu kämpfen. Auch bei den Freiburger Fans mittlerweile ein Darling, blieb sich der Keeper leistungsmäßig treu. Groben Aussetzern folgten immer wieder Leistungen der Superlative, so dass ihn sein Coach sogar für höhere Aufgaben empfahl. Am 31. und 34. Spieltag der Saison 95/96 betätigte sich der Keeper jeweils für eine Viertelstunde sogar als stürmender Feldspieler, um im Tor durch Ersatzmann Stefan → Beneking vertreten zu werden.

Konnte sich sein Klub dank der Verstärkungen durch Harry Decheiver und Alain Sutter in dieser Spielzeit noch frühzeitig vor dem Abstieg retten, so gingen in der nächsten Saison die Bundesligalichter aus. Beim vierten Abstieg seiner Karriere präsentierte sich der vormalige Leistungsträger völlig von der Rolle und bot ausschließlich mäßige bis sehr schlechte Vorstellungen. Anschließend spielte er in den Planungen des Klubs keine Rolle mehr und wurde nach diesem schwachen Jahr auch von keinem anderen Profiklub umworben. In dieser Situation heuerte Schmadtke bei Bayer Leverkusen an, um als Vertragsamateur in der Oberligamannschaft zu spielen und nebenbei sein Trainer-Diplom zu machen. In der Saison 98/99 wurde er, aufgrund der schweren Verletzung von Stammtorwart Uwe Kamps, zu Borussia Mönchengladbach geholt, gelangte aber als Ersatzmann für Robert → Enke zu keinem BL-Einsatz. Anschließend beendete Schmadtke seine aktive Karriere, um beim Verbandsligisten VfR Neuss erste Erfahrungen als Trainer zu sammeln. Seit dem 1. Dezember 2001 ist der zweifache Familienvater als Sportdirektor beim Zweitligisten Alemannia Aachen angestellt.

Schmitt, Sven

Geboren: 27.12.1976 in Deutschland
BL-Verein: Eintracht Frankfurt (1998–2001)
BL-Spiele: 2

Der gebürtige Hanauer begann bereits mit 4 Jahren beim TSV 1860 Hanau mit dem Vereinsfußball. In dem Klub, in dem auch der Nationalspieler und heutige DFB-Teamchef Rudi Völler die ersten fußballerischen Schritte wagte, konnte sich Schmitt mit guten Leistungen bald auch für die größeren Vereine empfehlen. 1989 wechselte der Realschüler in die C-Jugend von Eintracht Frankfurt und wurde 1991 erstmals zur U15-Auswahl berufen. Nach elf Länderspielen in der U15 und U17 rückte Schmitt, der als Berufsbezeichnung »Fußballer« angibt, ab 1995 in den Amateurkader von Eintracht Frankfurt auf.

Nach Frankfurts Abstieg aus der Bundesliga und dem Wechsel von Nationaltorwart Andreas → Köpke zu Olympique Marseille konnte sich der 1,88 m große Schlussmann, vor der Saison 96/97, im Duell mit Oka → Nikolov zunächst Hoffnungen auf einen Stammplatz machen. In den Vorbereitungsspielen setzte sich jedoch der Rivale durch und Schmitt, an dem auch Vereine wie Borussia Mönchengladbach und FSV Zwickau Interesse bekundet hatten, fügte sich in die Rolle des Ersatztorhüters. Durch Nikolovs Muskelfaserriss gelangte das Eigengewächs in dieser Spielzeit zu drei Einsätzen, besaß aber ansonsten genügend Muße für seine Hobbys Basketball, Musik hören und Playstation spielen.

Zwei Jahre später, nach Frankfurts Wiederaufstieg in die Bundesliga, war Schmitt hinter Nikolov und Neuzugang Zoltan Petry lediglich dritte Wahl. Spielpraxis sammelte der bullige Keeper in der Amateurmannschaft oder bei der Bundeswehrauswahl. Obwohl Nikolov in der Saison 99/00 erheblich schwächelte, schreckten die Trainer vor einem Einsatz des unerfahrenen Schmitt weiterhin zurück – stattdessen wurde mit Dirk → Heinen in der Winterpause ein neuer Torwart verpflichtet.

Während der Saison 00/01 vertrat die scheinbar ewige Nummer 3 in der Vorrunde zunächst den verletzten Nikolov auf der Bank. Am 17. Spieltag sprang er in der Partie beim VfB Stuttgart ab der 59. Minute für den schenkelverletzten Heinen ein und musste bereits nach zwei Minuten hinter sich greifen. Das anschließende Statement von Trainer Magath (»Entscheidend war die Auswechslung von Dirk Heinen.«) nach der 1:4-Niederlage erwies sich für das Selbstbewusstsein des Ersatzgoalies vor dem nächsten Spiel bei der SpVgg Unterhaching als nicht gerade dienlich. Zudem vom Coach öffentlich des angeblichen Übergewichts bezichtigt, konnte Schmitt auch bei der folgenden 0:2-Niederlage nicht viel ausrichten.

Nach Frankfurts erneutem Abstieg hinter Heinen, Nikolov und Andreas → Menger in der Torwarthierarchie die Nummer 4, konzentrierte er sich jetzt auf seine Aufgaben im Amateurkader. Während der Saison 01/02 gelang ihm mit dem Team der Aufstieg in die Regionalliga Süd, wo er seitdem schon mehrfach mit hervorragenden Leistungen brillieren konnte.

Schnarr, Wolfgang

Geboren: 09.06.1941 (Deutschland)
BL-Verein: 1. FC Kaiserslautern (1963–1970)
BL-Spiele: 182

Aus der eigenen Jugend rückte der nur 1,75 m große Wolfgang Schnarr ab 1959 in die Oberligamannschaft des 1. FC Kaiserslautern auf und löste im Kasten die Torwart-Legende Willi Hölzl ab. Nicht nur Hölzl beendete seine aktive Laufbahn, auch Fritz Walter nahm Abschied und so brachen für die »Roten Teufel« mit den verbliebenen Korsettstangen Werner Liebrich und Werner Mangold sportlich magere Zeiten an. In der Oberliga Südwest gewannen Konkurrenten wie Borussia Neunkirchen und der 1. FC Saarbrücken die Oberhand und von einstigen Meisterehren waren die Lauterer meilenweit entfernt. Als Höhepunkt dieser Phase erlebte Schnarr mit seiner Elf im September 61 das Pokalfinale gegen Werder Bremen, welches jedoch mit 0:2 verloren ging.

Während der ersten Bundesligasaison 63/64 tat sich die Mannschaft ebenfalls schwer und krebste zumeist im unteren Mittelfeld herum. Auch Keeper Schnarr, der bereits 109 Oberligaspiele auf dem Buckel hatte, besaß mit dem Wormser Neuzugang Horst-Dieter → Strich plötzlich einen ehrgeizigen Rivalen. Am 3. Spieltag verfehlte der langjährige Stammtorwart gegen Hertha BSC einen Eckball, der zum Ausgleich führte. Während der »Kicker« (»Er ist in manchen Situationen doch ein bisschen klein geraten.«) noch milde mit dem Pechvogel umsprang, zeigte sich Lauterns Trainer Günter Brocker weniger verständnisvoll: »Dieser verflixte Schnarr. Zumindest einen Treffer hätte er doch halten müssen.«

Der Gescholtene beeindruckte jedoch auch durch »kühne Sprungparaden« und verlieh seiner Abwehr oftmals entscheidenden Rückhalt. Bei der 0:2-Niederlage am 19. Spieltag gegen Werder Bremen vereitelte er mehr als ein halbes Dutzend Torchancen und für den »Kicker« schien Schnarr »vier Arme« zu haben. Obwohl er wichtige Siege rettete, gelangte er während dieser Spielzeit nur zu 13 BL-Einsätzen, weil Konkurrent Strich ebenfalls vorzüglich hielt und des Öfteren den Vorzug bekam. Die Konkurrenzsituation zwischen beiden Keepern blieb auch in der nächsten Saison unverändert und im Winter 1965 beschäftige sich Schnarr schon mit Wechselabsichten, weil er sich benachteiligt sah. Nach Saisonende aber war es Strich, der zum holländischen Erstligisten PSV Eindhoven wechselte. Der neue Reservist Siegfried Schindler bedeutete für Schnarr keine ernsthafte sportliche Bedrohung, während sein Klub, in der Saison zuvor mit einem Punkt knapp vor dem Abstieg gerettet, auch für die Saison 65/66 zu den Schlusslichtkandidaten zählte. Schnarr bestach in seinen Einsätzen durch »Ruhe auf der Linie, rechtzeitiges Herauslaufen und Reaktionen mit Fuß und Faust bei Schüssen aus kürzester Distanz«. Mehrmals avancierte die Lauterer »Bastion« zum besten Mann seiner Elf, der insbesondere beim 3:2-Sieg über den 1. FC Köln die gegnerischen Angriffsreihen förmlich zur Verzweiflung trieb. Nicht zuletzt durch seine Glanzparaden schrammte Kaiserslautern haarscharf am drohenden Abstieg vorbei.

Sportlich rosiger endete die folgende Spielzeit, bei der eine oftmals rustikal auftretende Lauterer Mannschaft unter Trainer Gyula Lorant das heimische Betzenberg-Stadion zu einer »Festung« ausbauen konnte und am Ende einen UEFA-Cup-Platz erreichte. Während der Saison 66/67 erwischte Schnarr immer wieder Glanztage, wie am 7. Spieltag beim 1. FC Köln, wo der »Teufelskerl« mit hervorragenden Paraden ein torloses Remis sicherte. Ab der Saison

67/68 kam mit dem jungen Josef → Stabel ein neuer Konkurrent, der ihm den Platz streitig machte. Schnarr absolvierte zwar in dieser Saison fast alle BL-Spiele, doch in der nächsten Spielzeit konnten sich von den Trainern weder Egon Piechaczek noch Dietrich Weise auf eine klare Nummer 1 festlegen. Zudem von einer chronischen Mandelentzündung geplagt, erzwang ein Fingerbruch während der Saison 68/69 eine längere Pause. Während der Rekonvaleszenz kümmerte sich der HobbyBastler um sein neu errichtetes Acht-Parteien-Mietshaus, in dem er auch als Hausmeister fungierte.

Weiterhin die klare Nummer 1 zeigte sich Schnarr während der Saison 69/70 auch in Rolle des »Enfant terrible«. Am 11. Spieltag ließ er beim Heimspiel gegen den MSV Duisburg einen 20-m-Schuss über seinen Arm ins Tor hüpfen. Entnervt zog der kleine Keeper daraufhin seine Handschuhe aus und verschwand für drei Minuten vom Spielfeld, während die Partie fortgesetzt wurde. Dieser Amoklauf hätte anschließend beinahe zu seiner Suspendierung geführt. Mit einer Klasseleistung beim darauf folgenden 0:1-Auswärtssieg gegen 1860 München rehabilitierte sich das »Rückgrat einer ständig unter

Der »verflixte« Wolfgang Schnarr – sicherer Rückhalt im Existenzkampf Bundesliga.

Druck stehenden Abwehr«. Nach dieser Spielzeit verpflichtete sein Klub den Schalker Josef → Elting. Schnarr, der Konkurrenzkämpfe überdrüssig, wechselte seinerseits zum Regionalligisten Preußen Münster, wo er bis 1972 aktiv blieb. Heute ist er Besitzer einer Versicherungsagentur und besucht noch regelmäßig die Heimspiele des 1. FC Kaiserslautern.

Schnoor, Horst

Geboren: 11.04.1934 (Deutschland)
BL-Verein: Hamburger SV (1963–1969)
BL-Spiele: 106

Als »echter Hamburger Junge« wechselte Horst Schnoor 1952, im Alter von 18 Jahren, vom SV Langenhorn zum Hamburger SV. Schon in der Saison 52/53 hütete er das Tor des Oberligisten und war bald nicht mehr wegzudenken. Der »Flieger« avancierte schnell zum Rückhalt, um hin und wieder auch ein paar Pannen zu verursachen. In einer Oberliga-Begegnung gegen Altona 93 forderte er nach dem Anpfiff den Ball, um von dem Rückpass seines Mitspielers Jochen Meinke völlig überrumpelt das 0:1 zu kassieren.

1956 und 57 kämpfte er mit dem HSV in den Endspielen vergeblich um den DFB-Pokal, um 1959 auch das Finale um die Deutsche Meisterschaft mit 0:3 gegen Schalke 04 zu verlieren. Im gleichen Jahr absolvierte Schnoor in Saarbrücken gegen Belgien sein einziges B-Länderspiel. 1960 konnte er nach dem 3:2 Finale gegen den 1. FC Köln endlich seinen ersten und einzigen Meistertitel feiern.

Jetzt begann die sportlich beste Zeit des Torwart-Artisten. In den Europacupspielen gegen den FC Burnley und FC Barcelona zeigte er im Frühjahr 1961 überragende Leistungen und erhielt vom spanischen Gegner Barcelona (»Diesen Torwart wollen wir haben oder keinen.«) ein verlockendes Angebot. Der vereinstreue Goalie lehnte die Offerte ab, was er nach dem Ende seiner aktiven Laufbahn noch jahrelang bitter bereute.

Der »fliegende Hamburger« Horst Schnoor

In einer Mannschaft, gespickt mit Stars wie Uwe Seeler, Josef Posipal und Gert Dörfel blieb Schnoor mit »tollkühnen Paraden« ein zuverlässiger Rückhalt und auch nach Einführung der Bundesliga bewies der »Gewinner ungezählter großer Schlachten« seine Extraklasse. In der Saison 63/64 rettete er am 1. Spieltag gegen Preußen Münster das Remis und auch beim 5:1-Sieg gegen Hertha BSC bestach die »große Kunst« von Schnoor. Einen schwachen Tag erwischte der »fliegende Hamburger« hingegen beim 2:9 am 23. Spieltag gegen 1860 München, wo ihm der »Kicker« anschließend »völliges Versagen« vorwarf.

Zudem forderten die ersten schweren Verletzungen ihren Tribut. 1964 zog ein Mittelfußknochenriss mehrere Operationen nach sich. Im Januar 65 zog er sich, im Spiel bei Borussia Neunkirchen, nach einem Zusammenprall mit Mitspieler Harry Bähre einen Jochbeinbruch sowie eine Gehirnerschütterung zu. Statt des möglichen Länderspieldebüts gegen Italien war er wochenlang ans Krankenbett gefesselt. Inzwischen hielt der HSV fleißig Ausschau nach einem neuen Torhüter. Als immer öfter prominente Namen wie Milutin → Soskič, Wolfgang → Fahrian, Anton → Schumacher, Horst → Kirsch und Karl → Loweg an der Hamburger Spielerbörse kursierten, wurde die langjährige Nummer 1 allmählich wütend: »Den Reservemann spiele ich nicht.« Die Brüskierung hinterließ Spuren bei dem sensiblen Schlussmann, der nach seiner Genesung gelegentlich einen schwachen Tag erwischte und deshalb einige Spielpausen verordnet bekam. Während der Saison 66/67 befand er sich wieder auf altem Niveau und erntete mit seinen Robinsonaden oft Sonderbeifall von den Zuschauerrängen, bis er im Pokalwiederholungsspiel gegen den 1. FC Köln einen Muskelfaserriss erlitt. Stets gut vertreten durch seinen loyalen Ersatzmann Erhard → Schwerin, stand Schnoor ab dem 30. Spieltag wieder im Tor und freute sich auf das DFB-Pokalfinale gegen Bayern München.

Die Schmerzen an der lädierten Sehne blieben jedoch und im Endspiel musste er mit seinem Team eine bittere 0:4-Niederlage erleiden. Schnoors tapferer Heldenmut führte ihn, mit einem Sehnenanriss, anschließend wieder direkt auf den Operationstisch. Aufgrund der monatelangen Rekonvaleszenz und weil sein Verein sich nicht allein auf Schwerin verlassen wollte, engagierte man für die neue Saison den türkischen Nationaltorwart Arkoç → Özcan.

Der Türke erwies sich schnell als würdiger Nachfolger und Schnoor kämpfte nach seiner Genesung zwei Jahre vergeblich um ein Comeback. Trainer Georg Knöpfle, der ihn einst 1952 erstmals für die Stammelf nominierte, fand für den verdienten Star keine Verwendung mehr. Bis 1969 saß Schnoor seinen Vertrag ab, ehe ihn nach seinem Rücktritt der nächste Schicksalsschlag traf.

Von einem schmerzhaften Rheuma befallen, musste er alle sportlichen Aktivitäten allmählich einstellen. Der zweifache Familienvater baute sich in den nächsten Jahren ein Reinigungsgeschäft auf, das er bis 1988 führte. Heute lebt er als Privatier in einem Eigenheim nahe der Hamburger Stadtgrenze.

Schober, Mathias

Geboren: 08.04.1976 (Deutschland)
BL-Vereine: Schalke 04 (1994–2000),
Hamburger SV (2000–2001),
Hansa Rostock (seit 2001)
BL-Spiele: 67 (zum Ende der Hinrunde 02/03)
BL-Vereinstitel: 1x UEFA-Pokal
(Schalke 04: 1997)

Bevor der junge Mathias Schober richtig mit dem Fußballspielen anfangen konnte, schien bereits alles vorbei zu sein. Geboren als Jüngster von fünf Geschwistern in Marl bei Recklinghausen, hatte sich Schober im Alter von 4 Jahren bei Germania Lenkerbeck angemeldet und kurz darauf beim Fußball einen Leistenbruch erlitten. Für lange Zeit verlor er das Interesse an diesem Sport, um mit 8 Jahren bei Germania Lenkerbeck einen zweiten Anlauf zu wagen. Zunächst Libero der E-Jugend, sprang er während der D-Jugend bei einem Hallenturnier für den verletzten Torhüter ein und fand Gefallen an dieser Position. Schnell entpuppte sich Schober als viel versprechendes Talent, um über die Stationen SpVgg Marl und TuS 05 Sinsen 1990 zur B-Jugend von Schalke 04 zu wechseln. Mit der Nachwuchsmannschaft wurde der Gymnasiast Westfalenmeister- und Westfalenpokalsieger. Im Sommer 94 rückte er als Vertragsamateur in den Profikader auf und konnte in der Bundesliga einige Male die verletzten Kollegen auf der Bank vertreten.

Vor dem 8. Spieltag der Saison 96/97 rechnete sich der ehrgeizige Nachwuchskeeper (»In drei Jahren möchte ich Stammspieler sein.«) aufgrund der Meniskusoperation von Stammkeeper Jens → Lehmann eine Chance aus, musste aber schließlich Jörg → Albracht den Vorzug überlassen. Erst in der folgenden Spielzeit bekam er, unmittelbar nach dem UEFA-Pokalgewinn, am 33. Spieltag gegen den SC Freiburg von Trainer Huub Stevens vierzehn Bundesliga-Minuten geschenkt. Den ersten Vollzeiteinsatz absolvierte »Schobi« dann während der Saison 97/98, für den gesperrten Lehmann im UEFA-Pokal-Spiel gegen Hadjuk Split.

Als Lehmann nach dieser Spielzeit zum AC Mailand wechselte, rückte sein Schattenmann nicht zur Nummer 1 auf. Vielmehr sackte er, durch die Verpflichtung von Oliver → Reck und Frode → Grodås, vor dem Saisonstart 98/99 zur scheinbar aussichtlosen Nummer 3 ab. Der degradierte Goalie hatte jedoch Glück, denn zunächst kugelte sich Reck noch während der Vorbereitung die Schulter aus. Nach dem 2. Spieltag erwischte es dann Grodås, der sich beim Training der norwegischen Nationalmannschaft den Mittelknochen der rechten Hand brach.

»Torwart-Notlösung« Schober zeigte bei der 0:2-Niederlage gegen Hertha BSC am 3. Spieltag eine ansprechende Leistung, um kurz darauf, beim UEFA-Pokalspiel gegen Slavia Prag, mehrmals mögliche Gegentore zu verhindern. Der »vollwertige Ersatz«, der laut (Kicker), »auch schier unhaltbare Bälle entschärft«, schien sich etabliert zu haben, die Mannschaft rutschte jedoch im Verlauf der Vorrunde immer tiefer in den Abstiegsstrudel. Zur Überraschung aller Beteiligten entschied sich Trainer Stevens vor dem 16. Spieltag für den wiedergenesenen Reck. Der frustrierte Schober platzierte sich hingegen für den Rest der Saison wieder auf der Ersatzbank. Am letzten Spieltag bekam er einen erneuten »Dankeschön«-Einsatz spendiert, um bei der 4:5-Niederlage gegen 1860 München innerhalb von 45 Minuten vier Gegentore zu kassieren.

Auch vor der Saison 99/00 lediglich Ersatz, erhielt der Schalker Publikumsliebling dann, aufgrund Recks fortlaufender Patzer, ab dem 5. Spieltag seine zweite Chance. Bei seiner Rückkehr von den Fans mit Sprechchören begrüßt, parierte er gegen die SpVgg Unterhaching einen Elfmeter, um in der Schlussminute durch einen glänzenden Reflex den knappen 1:0-Sieg zu sichern. Im November feierte der junge Schlussmann dann gegen Bosnien-Herzegowina einen gelungenen Einstand in der A2-Nationalmannschaft. Vor dem 13. Spieltag nahm Schober versehentlich ein Hustenmittel ein, das auf der Doping-Liste stand. Im Spiel beim SSV Ulm vom ungeliebten Reck vertreten, sorgte Schobers anschließende Nachfrage bei Stevens, ob er dann in der nächsten Woche wieder spielen würde, bei Schalke-Manager Rudi Assauer für erhebliche Verärgerung, der diesen »Egoisten« daraufhin in aller Öffentlichkeit abkanzelte. Bei seiner Rückkehr am 14. Spieltag nervlich bereits angeschlagen, verursachte der Zerberus gegen den SC Freiburg mit einem missglückten Befreiungsschlag den Ausgleichstreffer. Anschließend von Assauer (»Hätte Reck dieses Tor eingefangen, hätten Sie ihn aus dem Stadion getrieben.«) erneut hart kritisiert, landete der »Verlierer« wieder auf der Bank. Fortan musste er tatenlos miterleben, wie sich der zuvor geschmähte Reck zum gefeierten Publikumsliebling entwickelte.

Hinter dem jetzt unumstrittenen Rivalen erschienen Schobers Perspektiven immer aussichtsloser. Noch im Verlauf der Saison 00/01 wechselte er auf Ausleihbasis zum Hamburger SV. Hinter Hans-Jörg → Butt ebenfalls die Nummer 2, konnte er für den verletzten Stammtorhüter erstmals am 14. Spieltag einspringen. Kurz vor dem Saisonfinale ergaben sich für den 1,90 m großen Schlussmann, aufgrund der Leistenprobleme Butts, zwei weitere Einsätze, die für ihn in einem Alptraum mündeten. Vor dem letzten Spieltag besaß sein Ex-Klub Schalke 04 beste Titelchancen, während Schober mit dem HSV Meisterschaftskonkurrent Bayern München empfing. Schalke 04 feierte im Gelsenkirchener Parkstadion nach dem Schlusspfiff bereits ausgelassen die Meisterschaft, als im Hamburger Volksparkstadion ihr Ex-Keeper in der letzten Minute einen Rückpass mit der Hand aufnahm, was von Schiedsrichter Dr. Markus Merk mit einem indirekten Freistoß geahndet wurde. Schobers Fauxpas führte zum Ausgleichstreffer, Bayern wurde Meister und der Schlussmann zum verspotteten »Charly Brown der Bundesliga« (Welt).

Anschließend wechselte der »Buhmann«, als Nachfolger von Martin → Pieckenhagen, zu Hansa Rostock. Zunächst skeptisch beäugt, konnte Schober alle Zweifel widerlegen, indem er konstant gute Leistungen zeigte und sich innerhalb einer mittelmäßigen Mannschaft mit Ruhe und Ausstrahlung zu einem der »wichtigsten Keeper der Bundesliga« (Sport-Bild) entwickelte. Am 22. Spieltag zog sich der »absolute Familienmensch« gegen den SC Freiburg, beim Parieren eines Elfmeters, eine schwere Schulterverletzung zu, die ihn für den Rest der Saison ans Krankensbett fesselte.

Vor der Saison 02/03 von Trainer Armin Veh zum neuen Mannschaftskapitän bestimmt, kassierte der unumstrittene »Führungsspieler« während der ersten vier Auswärtsspiele kein Gegentor, ehe er zum Ende der Hinrunde kontinuierlich abbaute. Seit geraumer Zeit ist Mathias Schober im World Wide Web auch mit einer eigenen, professionell gestalteten Homepage vertreten.

Scholz, Werner

Geboren: 01.12.1944 (Deutschland)
BL-Vereine: Alemannia Aachen (1968–1970), VfL Bochum (1972–1981)
BL-Spiele: 252

Der gebürtige Duisburger Werner Scholz meldete sich im Januar 1957 bei der C-Jugend von Hamborn 07 an. Nachdem Stammkeeper Horst → Podlasly 1963 zu Hannover 96 abwanderte, wurde Scholz, neben Friedhelm Prill und Franz-Josef Sarna, sein Nachfolger im Regionalligateam.

Der gelernte Maurer avancierte spätestens ab der Saison 65/66 zu einem starken Rückhalt und erhielt regelmäßig glänzende Kritiken. 1968 verpflichtete ihn der Bundesligist Alemannia Aachen als Nachfolger für Ersatzmann Heinz → Schors. Während einer vierwöchigen Südamerikareise zeigte sich der reaktionsschnelle und fangsichere Keeper von seiner besten Seite und verdrängte vor dem Bundesligastart überraschend das Aachener Torwartidol Gerhard → Prokop. Oftmals bester Aachener schaffte er mit seiner Elf in der Saison 68/69 überraschend die Vizemeisterschaft. Allerdings erlitt er am vorletzten Spieltag gegen Köln eine Mittelfingerverletzung, die ihn für die Vorbereitung zur nächsten Spielzeit erheblich beeinträchtigte. In der Saison 69/70 konnte deshalb der degradierte Prokop das Torwartduell zunächst wieder zu seinen Gunsten entscheiden. Erst am 11. Spieltag erhielt Scholz gegen Borussia Mönchengladbach seinen ersten Saisoneinsatz und Trainer Georg Stollenwerk tendierte zeitweise zu einem turnusmäßigen Wechselspiel, in dessen Verlauf sich Scholz seinen Posten zurückeroberte. Am 21. Spieltag konnte der »Torwart mit den tausend Händen« in Oberhausen nur durch einen Foulelfmeter bezwungen werden, so dass der »Kicker« euphorisch konstatierte: »In dieser Form gehört Scholz zu den besten Torhütern in Deutschland.« Im DFB-Pokalspiel gegen den 1. FC Kaiserslautern agierte Scholz aufgrund der Personalnot sogar eine Halbzeit als Feldspieler. Alle Abwehrkunst der beiden Schlussleute konnte allerdings nicht verhindern, dass Alemannia Aachen in seinem dritten Bundesligajahr wieder absteigen musste. Nach dem Abstieg hielt die »große Stütze«, mittlerweile zum Bürokaufmann (Scholz: »Bei Aachen verdiente ich nur 800 DM brutto.«) umgeschult, dem Verein noch zwei Jahre die Treue, ehe er im Sommer 1972 zum Bundesligisten VfL Bochum wechselte. Zunächst die Nummer 2 hinter Hans-Jürgen → Bradler, kam Scholz aufgrund einer Schulterprellung des Kontrahenten bereits am 2. Spieltag zum Einsatz. In den nächsten Monaten etablierte sich der »Teufelskerl« zu einer festen Größe im Bochumer Kasten. Nach seiner Superpartie am 16. Spieltag bei Rot-Weiß Oberhausen glaubte »Kicker«-Reporter Hermann Tegeler sogar an die Fügung höherer Mächte: »Was der Bochumer an diesem Freitagabend aus den Ecken hechtete, grenzte fast an Hexerei!«

Diesen Großtaten ließ der 1,80 m große Schlussmann mit dem schütteren Haupthaar dann seine beste Spielzeit folgen. In der Saison

73/74 katapultierte sich der »Spätstarter« mit beständigen »Top-Leistungen« (Kicker) in die »vorderste Kategorie der Torhüter«. Primär durch seine Prachtparaden in Spielen gegen den MSV Duisburg, Borussia Mönchengladbach und Fortuna Köln konnte sich der Verein vor dem drohenden Abstieg retten. Sein sachliches Torwartspiel überzeugte sogar Helmut Schön von seinem Können. Vor der WM in Deutschland nominierte ihn der Bundestrainer neben Josef → Maier, Wolfgang → Kleff, Norbert → Nigbur und Bernd → Franke in das 40er-Aufgebot. Die Hoffnung des »Schweigers«, noch im Alter von 29 Jahren sein Nationalmannschaftsdebüt absolvieren zu können, erfüllte sich indes nicht. Scholz blieb während der Weltmeisterschaft auf Abruf zu Hause, obwohl er für Bochums Präsident Ottokar Wüst zu dieser Phase »neben Maier und Kleff der beste Torwart in Deutschland« war.

In den nächsten zwei Jahren erfüllte der »Wundermann«, der bei winterlichen Spielen gelegentlich in einem weinroten Torwarttrainingsanzug von Wolfgang → Fahrian agierte, zuverlässig seine Pflicht, ehe er in der Saison 76/77 in eine Formkrise rutschte. Zunächst erlebte er am 6. Spieltag gegen Bayern München das kurioseste Spiel seiner Laufbahn. Nach 53 Minuten führte Bochum bereits mit 4:0, ehe es noch eine nicht mehr erwartete 5:6-Niederlage setzte. Als Scholz am 19. Spieltag in Karlsruhe während der letzten Spielminute eine harmlose Flanke zum 1:2 durch die Hände rutschen ließ, geriet der Mannschaftskapitän erstmals unter öffentlichen Druck. Weil Präsident Wüst und Trainer Heinz Höher ihm jedoch die Treue hielten, konnte sich der erfahrene Zerberus in den nächsten Wochen wieder rehabilitieren.

Auch in der Saison 77/78 blieb Scholz, der sich inzwischen mit seiner Tätigkeit als Personalsachbearbeiter der Friedrich-Krupp-Hüttenwerke ein zweites berufliches Standbein aufgebaut hatte, die Nummer 1, ehe Trainer Höher die Wachablösung einleitete. Vor der Saison 78/79 erhielt der junge Reinhard → Mager den Vorzug, obwohl sich der 34-jährige Scholz nach wie vor »auf der Höhe des Leistungsvermögens« fühlte. Weil sein Nachfolger im Verlauf der Saison immer häufiger patzte, konnte sich der »tadellose Sportsmann« in der Rückrunde seinen Stammplatz zurückerobern. Aber Bochums neuer Trainer Helmut Johannsen setzte vor der Saison 79/80 ebenfalls auf Mager, was Scholz in seinen beiden letzten Bundesligajahren zum Lückenbüßer degradierte. Verärgert wechselte er 1981 zum Zweitligisten Rot-Weiß Essen, wo er seine Profilaufbahn, nach einer Außenmeniskusoperation, bereits ein Jahr später endgültig ad acta legte.

Es folgten Jahre als Spielertrainer bei Amateurligisten wie Concordia Bochum und Vorwärts Werne, ehe »Scholli« noch mit 43 Jahren für das Oberliga-Team des VfL Bochum reaktiviert wurde. Anschließend stieg er bei dem Ruhrpottklub als Jugend- und Torwarttrainer ein. Eine Funktion, die er jetzt seit 1995 bei Wattenscheid 09 ausübt. Auf seine Torwartlaufbahn blickte er im »Kicker« mit leichter Bitterkeit zurück: »Ich wäre besser sofort Vollprofi geworden, um bei großen Vereinen mit großen Stadien an das große Geld und zu entsprechendem Image zu kommen. Heutzutage wird man nur noch auf die Vizemeisterschaft mit Aachen oder auf das legendäre 5:6 gegen Bayern München angesprochen.«

Schoppel, Manuel

Geboren: 30.10.1980 (Deutschland)
BL-Verein: SC Freiburg (2000–2002)
BL-Spiele: 1

Geboren in Weißenhorn bei Ulm, begann Matthias Schoppel seine Vereinslaufbahn bereits in der F-Jugend des SV Tiefenbach. Nach Episoden beim SC Vöhringen und dem SSV Ulm wechselte er zum TSV Neu-Ulm. Obwohl noch zur C-Jugend zählend, setzten ihn die Verantwortlichen bereits in den Spielen des A-Jahrgangs ein. Im Sommer 97 zum SC Freiburg gewechselt, bewährte sich das Torwart-Talent zwei Spielzeiten in der A-Jugend. Sein Nachwuchstrainer bescheinigte ihm die Fähigkeit »auch mal einen Unhaltbaren zu halten«, um als Torwart moderner Prägung ein Spiel auch »lesen« zu können.

Vor der Saison 99/00 rückte der gelernte Bäckergeselle als 18-jähriger in den Seniorenkader, um als dritter Torwart hinter Richard → Golz und Timo → Reus zunächst in der Oberliga Spielpraxis zu sammeln. In der Saison 00/01 als Jüngster des Oberliga-Teams ebenfalls ein sicherer Rückhalt, bestach der Keeper insbesondere durch sichere Strafraumbeherrschung und lautstarkes Dirigieren seiner Vorderleute.

Auch sein Debüt bei den Profis in einem Vorbereitungsspiel gegen Sturm Graz verlief viel versprechend. Weiterhin die nominelle Nummer 3, saß der 1,85 m große Keeper am 27. Spieltag der Saison 01/02 erstmals in der Bundesliga auf der Ersatzbank. Für Golz war die Spielzeit bereits aufgrund eines Muskelabrisses im rechten Oberschenkel beendet, als sein Ersatzmann Reus am letzten Spieltag gegen den Hamburger SV in der Halbzeit mit einer Gehirnerschütterung aufgeben musste. Beim Stand von 2:2 ab der 46. Minute erstmals in einem Bundesligator, zeigte Schoppel eine gute Leistung und konnte mit seiner Mannschaft am Ende einen 4:3-Sieg bilanzieren; dennoch stand der SC Freiburg bereits als Absteiger fest. Weil er auch in der 2. Bundesliga hinter Golz und Reus nur wenig Perspektiven sah, wechselte Schoppel nach dieser Saison zum Zweitligaabsteiger Schweinfurt 05, wo er den langjährigen Stammtorwart Ralf Scherbaum zu verdrängen hofft.

Schors, Heinz

Geboren: 28.08.1940 (Deutschland)
BL-Verein: Alemannia Aachen (1967–1968)
BL-Spiele: 5

Von Torwartlegende Vladimir Beara lernte Heinz Schors, 1956 von der SG Eschweiler gekommen, bei Alemannia Aachen noch als Amateur die Vollendung seines Torwarthandwerks. Nach einem Beinbruch von Beara feierte er 1961 in der Oberligabegegnung gegen den TSV Marl-Hüls mit einer exzellenten Leistung seinen Einstand in der ersten Mannschaft.

Als Alemannia Aachen 1963 die Qualifikation zur Bundesliga verpasste und fortan zunächst in der Regionalliga West spielte, verlor Schors seinen Posten an den hoch talentierten Gerhard → Prokop. Zwei Regionalliga-Einsätze verblieben ihm zwischen 1964 und 1966. Auch in der erfolgreich verlaufenen Aufstiegsrunde zur Bundesliga 1967 konnte nur der Kontrahent die Lorbeeren ernten. Ausgerechnet zum Bundesligastart 67/68 gegen Bayern München stand Prokop verletzungsbedingt nicht zur Verfügung. Ohne Spielpraxis ließ Schors Bälle aus 25 und 38 Metern Entfernung durch die Hände rutschen und besaß mit diesen kapitalen Schnitzern einen Löwenanteil an der 0:4-Auftaktniederlage. Der nächste Einsatz für den schulterverletzten Prokop ergab sich am 15. Spieltag, wobei die Nummer 2 beim 0:3 gegen den MSV Duisburg diesmal eine höhere Niederlage verhinderte. Am vorletzten Spieltag gegen den 1. FC Köln verriet der Prokop-Ersatz jedoch erneut deutliche Schwächen im Stellungsspiel.

Die positivsten Schlagzeilen produzierte der engagierte Zerberus außerhalb des Spielfeldes. In seinem Heimatort Eschweiler befreite er durch beherzten Einsatz einen fünfjährigen Jungen aus einer Flussströmung. Dieser Edelmut änderte nichts an der Tatsache, dass der Lebensretter für die nächste Saison keinen Vertrag mehr bekam. Er kehrte zu seinem Stammverein SG Eschweiler zurück, wo er als renommierter Autoverleiher jetzt nicht nur als Torwart, sondern auch als Mäzen und Technischer Direktor fungierte. Der Idealist renovierte für den Verbandsligisten aus eigenen finanziellen Mitteln den Sportplatz, organisierte die Bandenwerbung und war auch für die Neuzugänge verantwortlich. Noch 1980 hütete er im Alter von 40 Jahren das Tor, um anschließend bei Alemannia Aachen zeitweilig als sportlicher Leiter zu fungieren.

Schreiner, Wolfgang

Geboren: 11.04.1957 (Deutschland)
BL-Verein: MSV Duisburg (1975–1982)
BL-Spiele: 23

Aufgrund der schweren Verletzung von Ersatzmann Martin → Holscher rückte zum Start der Saison 75/76 der von Eintracht Gelsenkirchen gekommene Wolfgang Schreiner in den Profikader auf. Hinter Dietmar → Linders zunächst nur Reservist, rutschte er nach der Verpflichtung des zuvor arbeitslosen Gerhard → Heinze wieder zur Nummer 3 ab.

In der nächsten Saison verbesserten sich die sportlichen Perspektiven. Holscher musste die Sportinvalidität beantragen, während Linders zu Preußen Münster wechselte. Mit Friedel →

Schüller kam jedoch ein neuer Torwart an die Wedau, mit dem sich Schreiner auf der Bank abwechselte. Als Heinze am 14. Spieltag gegen Schalke 04 eine Nierenquetschung erlitt, durfte zunächst Schüller einspringen.

Aufgrund der besseren Trainingsleistung schenkte Trainer Otto Knefler für die nächste Begegnung gegen den Hamburger SV Schreiner das Vertrauen. Der »unbekümmerte« Goalie beeindruckte mit einer Klasseleistung, um von allen Seiten höchstes Lob einzuheimsen. Wegen einer Armverletzung des Stammkeepers stand der »Jung-Torhüter« auch in den ersten drei Spielen der Saison 77/78 im Kasten, konnte sich aber kaum auszeichnen. In den nächsten drei Jahren erwies sich Schreiner in den wenigen Einsätzen als zuverlässiger Stellvertreter, ohne Heinzes Stammposition ernsthaft zu gefährden.

Erst während der Saison 81/82 schien sich das Blatt kurzzeitig zu wenden, weil die Nummer 1 plötzlich Nerven zeigte. Trainer Friedhelm Wenzlaff entschloss sich ab dem 6. Spieltag zu einem regelmäßigen Torwartwechsel. Am 8. Spieltag gab Schreiner beim Hamburger SV sein Saisondebüt, weil sich der Coach von dem Hünen gegen die groß gewachsenen HSV-Stürmer eine bessere Strafraumbeherrschung versprach. Der langjährige Reservist verschuldete bei der 0:7-Niederlage jedoch mehrere Gegentreffer und hatte damit seine Chancen vorerst verspielt. Als er am 23. Spieltag eine erneute Bewährungsprobe erhielt, war sein Klub Tabellenletzter und Wenzlaff durch Kuno Klötzer abgelöst. Sein Klub gewann mit 1:0 gegen den 1. FC Köln, Schreiner agierte fehlerfrei und Klötzer, der seine Entscheidung zwischen beiden Torhütern angeblich am Vorabend bei einem Glas Whisky gefällt hatte, sah sich bestätigt.

Auch im Nachholspiel gegen Eintracht Braunschweig zeigte der zuversichtliche Zerberus (»Meine Zeit kommt erst.«) eine gute Leistung. In den nächsten beiden Begegnungen gegen Eintracht Frankfurt und den Hamburger SV patzte er entscheidend und wurde anschließend wieder von Heinze abgelöst. Nachdem Duisburg zum Saisonende als Absteiger feststand, entschloss sich der Verein zu einem Sparkurs und vertraute im Hinblick auf die 2. Bundesliga neben Heinze auf den 18-jährigen Nachwuchsmann Wolfgang → de Beer.

Schreiner wechselte, als Nachfolger von Bernd → Helmschrot, zum Oberligisten Viktoria Köln, mit denen er regelmäßig am erhofften Wiederaufstieg in die 2. Bundesliga scheiterte. 1986 folgte ein verlorenes Jahr beim Wuppertaler SV und Schreiner liebäugelte bereits mit dem Ende seiner aktiven Laufbahn. Zusammen mit seiner Frau führte er anschließend in Duisburg ein Lotto-Toto-Geschäft, um in der Saison 87/88 nebenbei die Fußballschuhe für den Oberligisten VfB Remscheid zu schnüren. Für die Saison 88/89 folgte ein Comeback beim Zweitligisten Union Solingen. Ein Jahr später war der Verein in der Oberliga Nordrhein gelandet. Nach einigen Monaten verabschiedete sich Schreiner aufgrund säumiger Gehaltszahlungen, um anschließend bei Preußen Krefeld anzuheuern.

Schubert, Günther

Geboren: 11.01.1955 (Deutschland)
BL-Verein: Schalke 04 (1976–1977)
BL-Spiele: 3

Nach dem Torwart-Theater zwischen Norbert → Nigbur und Dragan → Mutibarič während der Saison 75/76 glaubte Schalke 04 in dem jugoslawischen Nationaltorwart Enver → Marič für die neue Spielzeit die Lösung aller Probleme gefunden zu haben.

Als Vertreter neben Peter → Sandhofe war Günther Schubert vorgesehen, der aus Schalkes Jugend stammte und seit 1974 dem Profikader angehörte. Marič erwies sich in den ersten Bundesligabegegnungen als Nervenbündel und nach der 3:6-Pleite bei Eintracht Frankfurt sah sich Trainer Friedel Rausch in der Torwartfrage zum Handeln gezwungen. Für das anstehende UEFA-Cup-Spiel beim FC Porto sollte der 21-jährige Schubert seine Chance bekommen. Vor der Begegnung war im Fachmagazin »Kicker« von dem unerfahrenen Debütanten folgender Spruch zu lesen: »Ich werde so gut halten, dass der Sturm der Neger sich blass und weiß ärgern wird.«

Schubert ließ zunächst Taten folgen und entpuppte sich beim 2:2 als einer der besten Schalker. Freudestrahlend telefonierte er anschließend mit Ehefrau Sonja in der Überzeugung, den Durchbruch geschafft zu haben. Bei seinem Bundesligadebüt am 5. Spieltag gegen Fortuna Düsseldorf folgte eine durchwachsene Leistung und bei der 0:1-Niederlage gegen Eintracht Braunschweig konnte Schubert von Glück reden, dass ein 20-m-Schuss, der ihm aus den Händen gerutscht war, nur an den Pfosten gelandet war.

Eine Woche später potenzierten sich gegen Abstiegskandidat Tennis Borussia Berlin die schwerwiegenden Patzer. Der Keeper entpuppte sich als chronischer Unsicherheitsfaktor, der im Sommer beim 5:4-Sieg seiner Mannschaft eine harmlosen Aufsetzer passieren ließ. Anschließend feierte Marič gegen den 1. FC Köln ein gelungenes Comeback, während Schubert für den Rest der Saison auf der Ersatzbank landete. Nach dieser Spielzeit wechselte er zum Zweitligaaufsteiger 1. FC Bocholt, dem von 1978 bis 1983 ein Engagement beim belgischen Klub FC Beringen folgte.

Schumacher, Anton

Geboren: 01.12.1938 (Deutschland)
BL-Verein: 1. FC Köln (1963–1968)
BL-Spiele: 58
Vereinstitel: 1x Meister (1964),
1x DFB-Pokal (1968)

Der »Held von Liverpool« startete die fußballerische Vereinslaufbahn bei seinem Heimatverein Blau-Weiß Hemmerich. 1958 wechselte der gebürtige Bonner zum ansässigen Arbeiterverein TuRa Bonn, der im Amateurfußball ein ständiges Auf und Ab verzeichnete. Aber Schumachers Torwarttalent war Talentspähern des 1. FC Köln aufgefallen, die den 22-jährigen Zerberus im Sommer 1960 in die Domstadt abwarben. Es folgten drei Jahre als Ersatzmann hinter Nationaltorwart Fritz → Ewert mit insgesamt 21 Einsätze in der Oberliga West. Den Meistertitel des 1. FC Köln erlebte der 1,83 m große Schlussmann 1962 ebenfalls nur als Zuschauer.

Auch während der ersten Bundesligasaison 63/64 kam »Toni« nur zum Einsatz, wenn Ewert verletzt war. In der nächsten Spielzeit laborierte die Nummer 1 dann an einer langwierigen Blinddarmreizung. Schumacher, der ab dem 2. Spieltag zwischen den Pfosten stand, verhinderte gegen Hannover 96 eine höhere Niederlage. In den nächsten Wochen machte sich bei dem gelernten Chauffeur jedoch zunächst mehrfach die mangelnde Spielpraxis bemerkbar. Gegen Hinrundenende steigerte er sich und dank seinem Reaktionsvermögen gewann der 1. FC Köln am 16. Spieltag mit 3:1 bei Hertha BSC. In der Rückrunde gewann der langjährige Ersatztorhüter endgültig das Vertrauen von Trainer Georg Knöpfle, um am 20. Spieltag bei Werder Bremen Paraden am laufenden Band abzuliefern. »Kicker«-Reporter Dr. Friedebert Becker äußerte nach dem Spiel, dass Schumachers »Faustabwehr der einzigen Matischak-Bombe wahrscheinlich nicht einmal Jaschin nachgemacht hätte.«

Zwei Monate später rüstete sich der hoch gelobte Zerberus zu einer der größten Torwart-Leistungen der Fußballgeschichte. Im Europapokal der Landesmeister traf sein Klub in der dritten Runde auf den viel gerühmten FC Liverpool. Nach einem enttäuschenden 0:0 im Hinspiel musste der Klub am 17. März 1965 in die berüchtigte Liverpooler Anfield-Road einlaufen. Es folgte die Galavorstellung eines »Wunderkeepers namens Schumacher« (Mitspieler Wolfgang Weber), der sich mit akrobatischen Paraden »aus dem Lehrfilm« in die »Herzen der englischen Fußballfreunde spielte«. Aus allen Entfernungen schossen die Liverpooler Stürmer auf das Kölner Tor, doch »Mr. Shoemaker« hielt die hohen, halbhohen, flachen, nahen und fernen Schüsse wie »einst ein Heiner Stuhlfauth, Willibald Kress oder Toni Turek« (»Kicker«).

Nach dem Schlusspfiff von seinen Mitspielern überschwänglich gefeiert, ließ es sich auch der Liverpooler Oberbürgermeister nicht nehmen, Schumacher seine Gratulation auszusprechen. Die englische »Daily Post« titelte am nächsten Tag: »Toni Schumacher besiegte FC Liverpool?« Ohne den Keeper wäre das Spiel wohl 12:2 für Liverpool ausgegangen, aufgrund des torlosen Remis musste jedoch eine Woche später in Rotterdam die endgültige Entscheidung fallen. In der Verlängerung bewahrte der »Held von Liverpool« seine Elf erneut vor einer Niederlage. Somit musste nach dem 2:2 der

Der »echte« Toni Schumacher lieferte gegen den FC Liverpool eine der grandiosesten Torwartleistungen.

Münzwurf des Schiedsrichters entscheiden, bei dem Köln den Kürzeren zog. Auf den Torhüter prasselte internationales Lob herab. Nationalspieler Karl-Heinz Schnellinger charakterisierte in einem Gespräch mit Journalisten den Kölner Keeper als »wunderbar schnell auf der Linie« und gab sich überzeugt, dass es »in Deutschland kaum einen nervenstärkeren Hüter gebe«. Bundestrainer Helmut Schön honorierte Schumachers Vorstellungen mit Nominierungen für die B-Nationalmannschaft, bei denen er aber dreimal nur auf der Ersatzbank saß.

In seinem Verein jetzt die unangefochtene Nummer 1, konnte er den Anforderungen auch in der Saison 65/66 gerecht werden. Mehrmals zählte der »Klassemann« zu den besten Kölnern und für das Länderspiel gegen Algerien sollte Schumacher zum Aufgebot gehören. Zu seiner Verwunderung (»Bis heute weiß ich nicht, warum der geholt wurde.«) verpflichtete Köln den jugoslawischen Nationaltorwart Milutin → Soskič.

Ab der Saison 66/67 nur noch Ersatzmann, kugelte er sich, bei einem Spiel der Reservemannschaft, auch noch den Arm aus, so dass er in dieser Spielzeit keinen einzigen BL-Einsatz absolvierte. Für die Saison 67/68 versuchte sein früherer Trainer Knöpfle ihn zum Hamburger SV zu lotsen. Weil Soskič über Herzbeschwerden klagte und eine Pause einlegte, erteilte ihm der Klub keine Freigabe, so dass der Dauerreservist ab dem 13. Spieltag zu einer längeren Einsatzphase kam. Im Europapokalspiel gegen die Glasgow Rangers leitete Schumacher durch einen Fehler die 0:3-Niederlage ein, der aber in den nächsten Wochen solide Leistungen folgten. Am 19. Spieltag gehörte der »Tünn« beim 1:0-Sieg über 1860 München zu den besten seiner Elf, um zwei Wochen später nach der Genesung von Soskič wieder Bankhocker zu sein.

Frustriert vom Reservistendasein wechselte Schumacher 1968 zum Regionalligisten Viktoria Köln, wo sich aber keine besseren Tage einstellten. Pläne in die belgische Liga zu wechseln zerschlugen sich. Stattdessen verbrachte er noch zwei Jahre beim Amateurligisten Rheydter SpVgg, bis die alte Armverletzung eine Fortführung der Laufbahn unmöglich machte. Heute ist der Fußballheld früherer Tage Besitzer einer Ehrenkarte für die Spiele des 1. FC Köln und lebt als zufriedener Pensionär in seinem Heimatort Hemmerich.

Schumacher, Harald

Geboren: 06.03.1954 (Deutschland)
BL-Vereine: 1. FC Köln (1972–1987), Schalke 04 (1987–1988), Bayern München (1991–1992), Borussia Dortmund (1995–1996)
BL-Spiele: 464
Vereinstitel: 2x Meister (1. FC Köln: 1978; Borussia Dortmund: 1996) 3x DFB-Pokal (1. FC Köln: 1977, 1978, 1983)
A-Länderspiele für Deutschland: 76

Der Sohn einer Dürener Arbeiterfamilie schwärmte als junger Spund für den damaligen Nationaltorwart Fritz Herkenrath und begann 1962 bei seinem Heimatverein Schwarz-Weiß Düren mit dem Vereinsfußball. Ehrgeizig und verbissen trainierte der junge Harald aus den »Dürener Slums« auf den umliegenden Aschenplätzen für sein großes Ziel: »Sozialer Aufstieg durch Sport«. Von DFB-Beobachtern als Talent entdeckt, folgten Berufungen in die Jugendnationalelf, in der Schumacher insgesamt sechs Länderspiele absolvierte und 1972 als Ersatzmann für Helmut → Roleder am UEFA-Jugendturnier in Spanien teilnahm.

Nach beendeter Kupferschmiedlehre wechselte er auf Empfehlung des ehemaligen FC-Spielers Josef Röhrig mit 18 Jahren, als Nachfolger von Karlheinz → Volz, zum Profikader des 1. FC Köln. In seiner ersten Bundesligasaison 72/73 blieb der unerfahrene Neuling hinter Gerhard → Welz die klare Nummer 2 und gelangte zu keinem Pflichtspieleinsatz. Seinen Spitznamen »Toni« erhielt der »Rheinländer aus dem Bilderbuch« 1972 von Mitspieler Heinz Simmet, weil es mit dem Kölner Verteidiger Konopka schon einen Harald gab und einige Jahre zuvor mit Anton »Toni« → Schumacher ein legendärer Zerberus das FC-Tor gehütet hatte.

Nach fünf Spieltagen der Saison 73/74 zog sich Welz einen Nierenriss zu und sein hoffnungsvoller Vertreter feierte am 6. Spieltag in der Heimbegegnung gegen den VfL Bochum die Bundesligapremiere. Noch unerfahren, agierte er in diesem Spiel, wie auch bei der folgenden 1:3-Niederlage beim Hamburger SV, eher durchwachsen. Aber bereits im UEFA-Pokal-Spiel gegen Eskişehirspor wie auch beim 2:0-Sieg über Kickers Offenbach ließ der 1,86 m große Nachwuchskeeper sein potentielles Talent erkennen. Am 9. Spieltag bewies er beim 1:1 gegen Borussia Mönchengladbach in einigen Situationen ebenfalls sein Reaktionsvermögen, klatschte allerdings vor dem Ausgleich das Leder dem Gladbacher Schützen Bernd Rupp genau vor die Füße. Nach der anschließenden Genesung von Welz warteten auf Schumacher wieder »mühsame Zeiten«. Einige Monate später erlitt die Nummer 1 gegen den Hamburger SV eine schwere Kopfverletzung, die eine längere Zwangspause erforderte. Am 26. Spieltag schlug im Spitzenduell gegen Mönchengladbach erneut die Stunde des »sympathischen Schlacks«. Erwies er sich in dieser Begegnung als »hervorragender Vertreter für Welz«, so wurde er nach dem 32. Spieltag von Schalke 04-Trainer Irvica Horváth (»Dieser kleine Torwart ist ganz große Klasse. Bei jeder Flanke reagiert er genau richtig. So sieht man es selbst bei erfahrenen Torhütern nur sehr selten.«) überschwänglich gelobt.

Welz kam auch in der nächsten Saison gesundheitlich nicht mehr auf die Beine, während Schumacher in seinen 34 BL-Einsätzen, wie auch in einigen UEFA-Pokal-Spielen, zumeist gute bis überragende Leistungen zeigte. Im UEFA-Pokalspiel bei Dynamo Bukarest eliminierte er zahlreiche Großchancen des Gegners, um am 24. Spieltag gegen den VfB Stuttgart zwei Elfmeter zu parieren. Während der Saison 75/76 konsolidierte Schumacher seine Leistungen und das hartgesottene Temperamentsbündel agierte im UEFA-Cup-Spiel gegen FC Amsterdam sogar mit einem gebrochenen Nasenbein.

Zur Saison 76/77 kam mit Hennes Weisweiler ein neuer Trainer, der in der Domstadt eine riesige Euphorie auslöste. Zunächst lief es für den Klub und seinen jungen Zerberus vorzüglich. Nach fünf Spieltagen stand die Mannschaft mit nur zwei Gegentoren und ohne Verlustpunkt an der Tabellenspitze. Mit der anschließenden 2:3-Pleite bei Aufsteiger Tennis Borussia Berlin sowie der darauf folgenden 1:4-Niederlage bei Bayern München setzte der Abwärtstrend ein, an dem Schumacher durch seine Irrflüge im Strafraum und das unentschlossene Herauslaufen eine gehörige Portion Mitschuld trug. Das viel versprechende Talent mutierte zum chronischen Unsicherheitsfaktor, und nach der 1:2-Niederlage bei Werder Bremen am 17. Spieltag setzte Weisweiler den »Zappelphilipp« auf die Bank und schickte in der Rückrunde zunächst Ersatzmann Slobodan → Topalovič ins Tor. Weitere Fauxpas beim 2:2-Remis gegen Rot-Weiß Essen sowie bei der 1:3-Niederlage gegen Borussia Mönchengladbach sorgten für erneute Kritik an dem Nervenbündel. Hinsichtlich der neuen Saison kursierten als Neuverpflichtungen schon prominente Torhüternamen wie Dieter → Ferner, Volkmar → Groß und Norbert → Nigbur. Mit Nigbur war der 1. FC Köln bereits vor Saisonende handelseinig, während der Klub für den ungeliebten Schumacher keine Verwendung mehr sah. Im DFB-Pokalfinale zwischen dem 1. FC Köln und Hertha BSC trafen ausgerechnet beide Kontrahenten aufeinander. Während Schumacher in beiden Begegnungen fehlerlos agierte und mit Köln den Pokal gewann, überwarf sich Nigbur mit dem Kölner Vorstand, weil er den Klub öffentlich der Schiedsrichterbestechung bezichtigte. Weisweiler, der Schumacher zunächst um jeden Preis abschieben wollte, sprach ihm für die neue Saison das Vertrauen aus.

Mit psychologischer Unterstützung und autogenem Training bemühte sich Schumacher um eine Stabilisierung seines Nervenkostüms. Der 1:5-Auftakt bei Fortuna Düsseldorf sowie die anschließende Begegnung mit dem VfL Bochum verhießen nichts Gutes, denn in beiden Spielen offenbarte der »Heißsporn« erneute Unsicherheiten. Zwei Wochen darauf zeigte er beim 3:0-Auswärtssieg gegen Bayern München eine überragende Vorstellung, der sich in der Folgezeit Spitzenleistungen am laufenden Band anschlossen. Von den Kritikern jetzt zu einem »herausragenden Vertreter seines Fachs« gekürt, warf er sich selbstbewusst und erfolgreich allen haltbaren und unhaltbaren Bällen entgegen. Aufgrund seiner zahlreichen Glanzparaden entpuppte sich der »Klassemann« zu einem entscheidenden Pluspunkt für Kölns »Double«-

Gewinn von Meisterschaft und DFB-Pokal. Nach dieser erfolgreichen Saisonbilanz vor der anstehenden Weltmeisterschaft in Argentinien auch als Kandidat für die Nationalelf gehandelt, verzichtete Bundestrainer Helmut Schön jedoch auf die Dienste des »rheinischen Großmauls«.

Schumacher (»Ich bin der Allerbeste.«) ging in die Offensive und forderte auch unter dem neuen DFB-Trainer Jupp Derwall lautstark seinen Einsatz. Aufgrund konstanter Leistungen während der Saison 78/79 zunächst zu drei B-Länderspielen berufen, feierte er am 26. Mai 79 beim 3:1-Sieg über Island sein Länderspieldebüt. Im täglichen Training schuftete der Shootingstar weiterhin wie ein »Berserker«, legte mit Torwarttrainer Rolf Herings zahlreiche Sonderschichten ein, avancierte in seinem Klub zu einem Führungsspieler und schien in der Nationalelf hinter Dieter → Burdenski. Rudolf → Kargus und Norbert Nigbur dennoch chancenlos zu sein. Erst am 2. April 1980 absolvierte er gegen Österreich sein zweites Länderspiel. Nach der Halbzeit für Nigbur eingewechselt, konnte er mit einer fehlerfreien Leistung seine Ansprüche eindrucksvoll untermauern. Kontrahent Nigbur, ursprünglich für die Europameisterschaft 1980 in Italien als Nummer 1 gesetzt, musste sich kurz vor Saisonende einer Meniskusoperation unterziehen.

Als Stellvertreter konnte »Kölns Superstar« bei der gesamten EM beeindrucken und entpuppte sich auch im siegreichen Endspiel gegen Belgien, trotz eines verheimlichten Fingerbruchs, als großer Rückhalt. Jetzt die »Selbstsicherheit in Person« avancierte der »Toni mit dem sonnigen Gemüt« zum Weltstar, der in fußballerischer Hinsicht national und international zahlreiche Glanzlichter setzte.

Seine schwer geschädigten Kreuzbänder stabilisierte er durch intensives Krafttraining, ignorierte schwerste Blessuren und mit dem 1. FC Köln wurde der »perfekte Torwart« in der Saison 81/82 Vizemeister. Während die Fachpresse von seinen hervorragenden Reflexen, seinem sicheren Stellungsspiel und den »weiten, befreienden Paraden mit einer Faust« schwärmte, nutzte der »Tausendhändler« seine mittlerweile enorme Popularität, um 1982, vor der anstehenden Weltmeisterschaft in Spanien, auf Plakaten als Werbefigur einer amerikanischen Fast-Food-Kette zu fungieren.

Niemand zweifelte, dass dieser selbstbewusste Vertreter seines Fachs auch bei der WM sein großes Können unter Beweis stellen würde. Die sensationelle Auftaktniederlage der deutschen Mannschaft gegen Algerien mutete schon wie ein böses Omen. Nach seinen guten Leistungen gegen England und Spanien folgte die Halbfinalbegegnung gegen Frankreich, bei der Schumacher wie aufgeputscht wirkte. Filmstar Sean Connery, Kommentator des offiziellen englischen WM-Films »G'Ole«, sprach im Off zu den Bildern des grimmig blickenden Keepers: »The German Keeper Shoemaker. His message is clear: Come near me and I due you (Komm' mir zu nahe und du bist fällig)!«

In der 57. Minute stürmte Frankreichs Patrick Battiston mit dem Ball auf das Gehäuse von Schumacher, der dem Franzosen aus vollem Lauf entgegensprang und mit der ganzen Wucht seiner rechten Hüfte sowie des angewinkelten Ellbogens ins Gesicht krachte. Anstatt sich um den bewusstlosen Gegenspieler zu kümmern, entfernte sich der Verursacher unbeeindruckt vom Tatort und wurde spätestens nach diesem Moment in den Augen der internationalen Öffentlichkeit zum »Buhmann Nr. 1 der internationalen Fußballszene«. Obwohl das »Raubtier« im anschließenden Elfmeterschießen zwei Strafstöße abwehren konnte und seiner Mannschaft dadurch den Finaleinzug ermöglichte, brach in den nächsten Monaten ein Sturm der Entrüstung auf den »Magier von Sevilla« nieder. Bei Presse und Publikum mutierte Schumacher zu einer Inkarnation des »hässlichen Deutschen«. Speziell in Frankreich als »Nazi« beschimpft, stempelte ihn sein flapsiger Kommentar (»Ich kann dem Battiston ja neue Jackettkronen kaufen.«) endgültig zu einem »rücksichtslosen »Flegel«. Nach diesem Vorfall, der für Battiston mit einem Kieferbruch und dem Verlust zweier Zähne endete, wurde die »umstrittene Figur« in der Saison 82/83 wochenlang in allen Stadien mit Pfiffen und Hassgesängen empfangen. Die scheinbar »perfekte Maschine«, inzwischen mit Battiston ausgesöhnt, zeigte sich nervlich angeschlagen, patzte mehrfach und stand karrieremäßig wieder vor

Harald »Toni« Schumacher – Der »beste Torhüter seiner Zeit«.

einer Zerreißprobe. Erst am 14. Spieltag zeigte der »Star mit den zwei Gesichtern« beim 1:1 gegen den Hamburger SV wieder eine überragende Leistung und kehrte anschließend zu gewohnter Klasse zurück. Am Ende der Saison siegte die »Reizfigur« mit seinem Klub im DFB-Pokalfinale gegen Lokalrivalen Fortuna Köln und musste sich anschließend einer Meniskusoperation unterziehen, die aber seine Vorbereitung für den Saisonstart 83/84 kaum beeinträchtigte.

Neuen Konflikt lieferte Schumacher im September 83, als er beim Kölner Vorstand für die kommende Saison erhebliche Verstärkungen forderte und andernfalls seine Freigabe verlangte. Daraufhin sperrte ihn der Verein für das kommende Spiel bei Waldhof Mannheim und eine Serie von 216 Bundesligaspielen in Folge war abrupt beendet. Schumacher kehrte nach diesem Spieltag, bei dem er durch Gerald → Ehrmann vertreten wurde, wieder zwischen die Kölner Pfosten zurück, das einstmals gute Verhältnis zum Präsidium hatte einen empfindlichen Knacks erlitten. In der Folgezeit rettete die »Weltklasse aus Kölle« seinem Klub wieder zahlreiche Punkte und auch in der Nationalmannschaft avancierte er wieder zum Leistungsträger.

Aufgrund toller Paraden im Sommer 1984 einer der Gewinner des deutschen EM-Desasters in Frankreich, wurde der »kölsche Tünn« anschließend erstmals zu Deutschlands »Fußballer des Jahres« gewählt. Während der Saison 84/85 gab es wieder Ärger bei Vertragsverhandlungen mit dem 1. FC Köln. Schumacher wollte nicht zum neuen Ausrüster seines Vereins wechseln. Beide Parteien erzielten nach zahlreichen Gesprächen schließlich eine Einigung und der Freund des Kölner Karnevals und Millowitsch-Theaters verlängerte seinen Vertrag. Den persönlichen Ausrüster durfte er beibehalten und im UEFA-Pokal-Viertelfinalspiel bei Inter Mailand brillierte der Mannschaftskapitän wiederholt mit sensationellen Reflexen.

Das Torwart-Idol der Kölner Fankurve peilte in der Saison 85/86 seine zweite WM-Teilnahme an und bewies in den ersten Spieltagen bei Bayer Leverkusen und Borussia Mönchengladbach gewohnte Spitzenklasse. Im Verlauf der weiteren Spielzeit zeigte der »beste Torhüter seiner Zeit« zumeist nur noch Durchschnittliches, kassierte am 24. Spieltag gegen Bayern München die Rote Karte und konnte mit seinem Verein nur noch selten Spiele gewinnen. Als er am 30. Spieltag gegen Bayer Uerdingen regungslos den Ausgleichstreffer passieren ließ, argwöhnte der »Kölner-Stadt-Anzeiger« bei dem Schlussmann, sich für das anstehende WM-Turnier zu schonen, denn es sei »auffällig, wie oft Schumacher in letzter Zeit auf der Linie kleben bleibt.«

Trotz der dezenten Kritik blieb der Ausnahmetorhüter für die Weltmeisterschaft 86 in Mexiko ein sicherer Kandidat, obwohl Ulrich → Stein vom Hamburger SV ebenfalls vehement Ansprüche anmeldete. In den Vorrundenspielen konnte sich Schumacher gegen Uruguay, Schottland und Dänemark kaum auszeichnen, um erst im Viertelfinale gegen Mexiko die erste Glanzparade zu zeigen. Nach wiederum zwei abgewehrten Strafstößen beim anschließenden Elfmeterschießen wurde aus Deutschlands Nr. 1 endgültig ein »nationales Fußball-Denkmal« (Express). Beim 2:0-Halbfinalsieg über Frankreich ebenfalls unüberwindbar, brachte er mit seiner souveränen Sicherheit Frankreichs Superstar Michel Platini schier zur Verzweiflung. Während die deutsche Elf nach dem überraschenden Finaleinzug ausgelassen feierte, saß Schumacher wieder in seinem Hotelzimmer und widmete sich – den WM-Titel im Visier – verbissen seinem Hanteltraining. Der Erfolgsbesessene sorgte jedoch mit seinen folgenschweren Fehlern im Endspiel gegen Argentinien höchstpersönlich für die 2:3-Niederlage gegen Argentinien. Dennoch wurde der »tragische Held« bei seiner Rückkehr nach Deutschland mit einer Welle der Sympathie empfangen. Es folgte die Wahl zum »besten WM-Torhüter« sowie der zweite Sieg bei der Wahl zu »Deutschlands Fußballer des Jahres«.

Dennoch hatten die Patzer ihre Spuren hinterlassen, denn in der Saison 86/87 war er nur noch ein Schatten vergangener Tage. Beständig flog er an Flanken vorbei, ließ sich wie ein Anfänger von gegnerischen Stürmern tunneln und kassierte haltbare Weitschüsse aus größter Entfernung. Während der Hinrunde stets für ein vermeidbares Gegentor gut, deutete der Vielgescholtene zum Rückrundenstart gegen den VfL Bochum einen Anstieg seiner Formkurve an.

Zwei Tage später, am 23. Februar 87, veröffentlichte der »Spiegel« einen ersten Vorabdruck seines angekündigten Buches »Anpfiff«. Bevor diese »Enthüllungen über den deutschen Fußball« dann am 2. März offiziell im Buchhandel erschienen, ging ein Aufschrei der Entrüstung durch die deutsche Fußball-Szene, der für den Kapitän der Nationalmannschaft mit einem sportlichen Scherbenhaufen endete. Provokante Thesen und brisante Beobachtungen über Bundesliga, Nationalmannschaft, Funktionäre, Mannschaftskollegen und Dopingmissbrauch stellten die biografischen Elemente dieses »katholischen Vorläufers der Satanischen Verse« (»Tageszeitung«) völlig in den Schatten. Während sich das Buch zu einem Verkaufsschlager entwickelte und in 13 Sprachen übersetzt wurde, erfolgte zeitgleich für den »Torhüter von Weltrang« der Rausschmiss aus Verein und Nationalelf. Beim 1. FC Köln wurde Bodo → Illgner sein Nachfolger, während bei der Nationalelf der von ihm geschmähte Eike → Immel (»Er pokerte wie ein Süchtiger.«) das Erbe antrat. Ausgerechnet Schalke 04, dessen Präsident Günther Siebert zuvor noch die Hoffnung geäußert hatte, »dass wir Schumacher in der Bundesliga nicht mehr sehen«, engagierte den vermeintlichen Brunnenvergifter als neuen Torwart für die Saison 87/88.

Schumachers Bundesligapremiere für Schalke 04 am 1. Spieltag gegen den Hamburger SV verlief mit einer 2:5-Niederlage mehr als unerfreulich. Nach dem 15. Spieltag stand der Revierklub auf dem letzten Tabellenplatz und Schumacher hatte bis dato von allen Torhütern die meisten Gegentreffer kassiert. Immer noch überdurchschnittlich, aber längst nicht mehr überragend, musste der einstige »Siegertyp« am Ende der Spielzeit mit Schalke 04 und 84 Gegentoren den ersten Abstieg seiner Karriere verkraften.

Nach diesem Tiefpunkt wechselte er zum türkischen Renommierklub Fenerbahçe Istanbul. Als Mannschaftskapitän erreichte der »Löwe vom Bosporus« in der Saison 88/89 mit dem Verein die türkische Meisterschaft und innerhalb des Landes erlangte er den Rang eines »Volkshelden«. Nach einer längeren Spielpause, bedingt durch eine schwere Hepatitis, beendete Schumacher dann nach der Saison 90/91 sein Engagement bei Fenerbahçe, um im Sommer 91 beim umjubelten Abschiedsspiel in der Kölner Heimat seine aktive Laufbahn für beendet zu erklären.

Kurz darauf plagten Bayern München, nach der schweren Verletzung von Raimond → Aumann und den durchwachsenen Leistungen seines Vertreters Gerald → Hillringhaus, erhebliche Torwartprobleme. Der Verein befand sich während der Saison 91/92 in akuten Abstiegsnöten. Bayerns Vizepräsident Franz Beckenbauer (»Der Toni ist eine Persönlichkeit und wird uns helfen.«) erhoffte sich von dem »Mann mit Welterfahrung« eine Stabilisierung der brüchigen Abwehrreihe, der aufgrund seines lädierten Körpers kaum noch richtig trainieren konnte. Sein Comeback feierte der »Kerl mit Mumm und Herz« am 15. Spieltag mit einem 3:0-Sieg gegen Borussia Mönchengladbach und in seinen insgesamt neun BL-Einsätzen agierte der »Aushilfs-Torwart« solide, um nach seinem letzten Spiel beim 3:1-Sieg gegen Fortuna Düsseldorf vom »Kicker« sogar in die »Elf des Tages« gewählt zu werden. Es folgten Jahre als Torwarttrainer bei Schalke 04, Bayern München und bei Borussia Dortmund, wo sich besonders Stefan → Klos lobend über die Trainingsmethoden seines Mentors äußerte. Nachdem Schumacher, am letzten Spieltag der Saison 95/96, bei Borussia Dortmund mit 42 Jahren noch einmal für zwei Minuten ins Fußballtor zurückgekehrt war, suchte er zwei Jahre später als Cheftrainer des Zweitligisten Fortuna Köln eine neue Herausforderung.

Während der Saison 98/99 konnte er mit der Elf nur knapp den Abstieg vermeiden, um sich anschließend, mit reichlich finanzieller Unterstützung seitens des Präsidenten Jean Löring, eine Mannschaft nach seinen Vorstellungen zusammenzustellen. Aufgrund chronischer Erfolglosigkeit erfolgte am 15. Dezember 99, beim Heimspiel gegen Waldhof Mannheim, die fristlose Entlassung. Als ersten Trainer der deutschen Fußballgeschichte ereilte Schumacher die Kündigung – begleitet von deftigen Worten seines Präsidenten – noch während der Halbzeitpause. Ab der Saison 00/01 kehrte der »Erfolgsmensch« im Verbund mit Hans-Hubert Vogts, Pierre Littbarski und Wolfgang Rolff zu Bayer Leverkusen wieder als Torwarttrainer in den Profifußball zurück.

Schüller, Friedel

Geboren: 01.11.1953 (Deutschland)
BL-Vereine: MSV Duisburg (1976–1979), Arminia Bielefeld (1978–1981)
BL-Spiele: 2

Vor der Saison 74/75 vom FC Alemannia Plaidt zum Zweitligisten 1. FC Mülheim gewechselt, musste sich Friedel Schüller während dieser Spielzeit heftiger Konkurrenz durch Johannes Fröbus sowie des, zu Saisonmitte verpflichteten, Ex-Nationaltorhüter Manfred → Manglitz erwehren. Schüller konnte sich zumeist durchsetzen, sein Verein jedoch gehörte nach dieser Saison zu den Absteigern.

Der vollkommen heruntergewirtschaftete Klub zeigte bereits akute Auflösungserscheinungen, so dass Bundesligist MSV Duisburg für die geplante Verpflichtung von Schüller zunächst keinen Ansprechpartner besaß. Nachdem die Verpflichtung mühsam unter Dach und Fach gebracht wurde, konnte der robuste Keeper seine Laufbahn in der Bundesliga fortsetzen. Hinter dem unumstrittenen Gerhard → Heinze wechselte sich die Neuverpflichtung mit dem jungen Wolfgang → Schreiner als Ersatzmann auf der Bank ab.

Als die Nummer 1 am 14. Spieltag mit einer Nierenquetschung vom Platz getragen wurde, war Schüller als Reservist nominiert und durfte deshalb gegen Schalke 04, ab der 60. Minute, seinen Posten übernehmen. Dem Zerberus wurde das 1:3 durch Hannes Bongartz angekreidet, dennoch schien er auch für die nächste Begegnung gegen den Hamburger SV das Vertrauen zu genießen. Trainer Otto Knefler entschied sich jedoch kurzfristig für Schreiner, der hervorragende Kritiken erhielt und darum den verletzten Heinze weiterhin vertrat.

Nach dieser Spielzeit wechselte Schüller zum Zweitligisten Arminia Bielefeld, die einen neuen Ersatzmann für Ulrich → Stein benötigten. Den Aufstieg in der Saison 77/78 erlebte der bullige Blondschopf nur von der Bank und auch in der Bundesliga musste er zunächst weiterhin auf einen Einsatz warten. »Enfant terrible« Stein verschaffte sich vor dem 7. Spieltag jedoch eigenhändig eine Auszeit, weil er sich mit einigen Mannschaftskollegen ein verbales Scharmützel lieferte und dafür vom Bielefelder Vorstand eine vereinsinterne Sperre erhielt. Schüller zeigte bei der 1:3-Heimniederlage gegen Werder Bremen eine gute Leistung, der begnadigte Stein erhielt seinen Stammplatz anschließend wieder zurück. Nach Bielefelds sofortigem Wiederabstieg blieb Schüller auch in der 2. Bundesliga wieder nur Ersatzmann.

Für den am Fußknöchel verletzten Stein konnte er dann während der Saison 81/82 zwölfmal die Vertretung übernehmen. Aber auch jetzt verhalf ihm seine Reaktionsschnelligkeit nicht zu einem Stammplatz. Als Stein nach dem Wiederaufstieg den Verein in Richtung Hamburger SV verließ, wurde als Nachfolger Wolfgang → Kneib verpflichtet und Schüller nahm wieder auf der Ersatzbank Platz.

Nach dieser Spielzeit flüchtete er aus dem Reservistendasein in den Amateurbereich und tauchte 1983 mit dem FC Gohfeld in der Oberliga Westfalen auf. Vier Jahre später wechselte er zum SC Verl, um daraufhin noch für den TuS Quelle aktiv zu sein. Ab der Saison 88/89 wurde er – als erster Ex-Fußballprofi – Physiotherapeut beim damaligen Zweitligisten SG Wattenscheid 09, bei dem er auch heute noch beschäftigt ist.

Schwarzbach, Helmar

Geboren: 09.03.1943 (Deutschland)
BL-Vereine: Fortuna Düsseldorf (1966–1967), Fortuna Köln (1973–1974)
BL-Spiele: 11

Der personifizierte Sündenbock für Fortuna Düsseldorfs Bundesligaabstieg stammte aus der eigenen Jugend und rückte im Sommer 1966 in den Lizenzspielerkader von Fortuna Düsseldorf auf, die für ihre erste Bundesligasaison rüsteten. Weil der etatmäßige Keeper Dirk → Krüssenberg zu dieser Zeit in einer Formkrise steckte, erhielt Helmar Schwarzbach von Trainer Kuno Klötzer bei der Saisonpremiere in Dortmund den Vorzug.

Der »taufrische Amateur«, noch nicht einmal über Regionalliga-Erfahrung verfügend, feierte einen phantastischen Einstand und avancierte mit großartigen Paraden beim 2:1-Auswärtserfolg zum Matchwinner gegen den frisch gebackenen Europapokalgewinner. Zunächst plante Klötzer daraufhin einen 14-tägigen Torwartwechsel. Weil Schwarzbach in seinem zweiten Einsatz, am 3. Spieltag gegen Eintracht Frankfurt, jedoch erhebliche Teilschuld an der 2:4-Niederlage trug, war das Duell vorerst zu Gunsten von Krüssenberg entschieden.

Nach einem hervorragenden Saisonstart, der Fortuna Düsseldorf sogar zeitweise bis auf Platz 3 führte, folgte nach dem 7. Spieltag der stetige Abstieg. Auch der junge Krüssenberg wurde für den Abwärtstrend verantwortlich gemacht und als Schwarzbach am 26. Spieltag in den Kasten zurückkehrte, war die Mannschaft bereits auf Platz 15 abgesackt. Es hagelte weiterhin Niederlagen und Schwarzbach schwankte in seinen Vorstellungen zwischen Kreis- und Extraklasse. Ausgezeichneten Leistungen gegen Werder Bremen und den 1. FC Köln folgte ein schwerer Lapsus am 30. Spieltag beim VfB Stuttgart, wo der junge Schlussmann durch einen Fangfehler den zweiten Treffer verursachte. Erst am vorletzten Spieltag konnte Fortuna Düsseldorf mit einem 3:1-Sieg über den 1. FC Kaiserslautern die Serie von acht Spielen ohne doppelten Punktgewinn durchbrechen. Der Abstieg stand bereits fest, als »Youngster« Schwarzbach am letzten Spieltag gegen den Hamburger SV noch einen Elfmeter abwehren konnte. Beiden Fortunen-Keepern kreideten Experten wie auch Vereinsvorsitzende erhebliche Mitschuld am Abstieg an und während Krüssenberg zur SpVgg Fürth flüchtete, blieb Schwarzbach zunächst in Düsseldorf.

Mit Ex-Nationaltorhüter Wolfgang → Fahrian war aber bereits ein neuer Torwart verpflichtet worden, hinter dem sich Schwarzbach endgültig mit der Ersatzrolle begnügen musste. Aus dem Reservistenfrust wechselte der gelernte Speditionskaufmann ein Jahr später zu Fortuna Köln. Ironie des Schicksals, dass er vor der Saison 69/70 auch hier von Neuzugang Fahrian auf die Ersatzbank verdrängt wurde. Während der frühere Nationalkeeper mit dem Verein in der Regionalliga immer mehr für Furore sorgte, arbeitete die Nummer 2 in den nächsten Jahren still und unbeachtet an der beruflichen Karriere. Während der Saison 72/73 kehrte er jedoch ein letztes Mal glanzvoll in das Rampenlicht zurück. Im vorentscheidenden Spiel um die Qualifizierung zur Bundesliga-Aufstiegsrunde gegen Borussia Dortmund konnte Fahrian wegen einer Sperre nicht dabei sein. Vor 20.000 Zuschauern im Stadion Rothe Erde wuchs Ersatz-Keeper Schwarzbach, trotz seiner geringen Spielpraxis, über sich hinaus. Im Stile eines absoluten Klassemanns meisterte er serienweise schärfste Schüsse, schnappte Bälle aus dem Torwinkel und stand nach dem 1:0-Sieg im Mittelpunkt der Gratulationen. Während Fortunas Trainer Martin Luppen in der anschließenden Pressekonferenz seinen »großartigen« Schlussmann hervorhob, zollte ihm auch Dortmunds Spieler Theo Bücker höchste Anerkennung: »Wir sind an Schwarzbach gescheitert. Besser hätte Fahrian auch nicht gehalten.«

Nach Fortuna Kölns Bundesliga-Aufstieg verlängerte Schwarzbach seinen Vertrag unter der Bedingung, sich auf seine berufliche Laufbahn konzentrieren zu dürfen. Der einzige Bundesligaspieler ohne regelmäßiges Training blieb in der Bundesliga im Schatten von Fahrian und gelangte zu keinem Einsatz. Nach dem sofortigen Wiederabstieg beendete er seine Fußballerlaufbahn, um ausschließlich seiner Tätigkeit als Außenhandels-Betriebswirt nachzugehen.

Schwarzer, Marc

Geboren: 06.10.1972 (Australien)
BL-Vereine: Dynamo Dresden (1994–1995), 1. FC Kaiserslautern (1995–1996)
BL-Spiele: 6
Vereinstitel: 1x DFB-Pokal (1. FC Kaiserslautern: 1996)
A-Länderspiele für Australien: 19

Der im Abstiegskampf frühzeitig verheizte Deutsch-Australier Marc Schwarzer wurde in Sydney geboren und begann seine Vereinslaufbahn bei Blacktown Association. Mit der australischen U17-Auswahl erreichte er 1989 das Finale um die Jugend-Weltmeisterschaft in Schottland. Nach seinem Wechsel zu Marconi

Sydney gewann Schwarzer mit dem Klub 1993 den australischen Meistertitel und absolvierte im Juli des gleichen Jahres, beim WM-Qualifikationsspiel gegen Kanada, sein erstes A-Länderspiel. In dieser denkwürdigen Begegnung sicherte der »fearless goalkeeper« mit seinen Heldentaten im Elfmeterschießen das Erreichen der Play-offs und avancierte zum australischen Nationalhelden. Hinter Mark Bosnich blieb der blondmähnige Sonnyboy in der Folgezeit dennoch nur die Nummer 2.

1994 wagte der 1,96 m große Torwarthüne den Sprung nach Europa und wurde vom Bundesligisten Dynamo Dresden unter Vertrag genommen. Als Nachfolger von René → Müller und Ersatzmann für den russischen Nationaltorwart Stanislaw → Tschertschessow musste der ehrgeizige »Aussie« bis zum 27. Spieltag warten, ehe er die Nummer 1 erstmals vertreten durfte. Bei der 1:2-Heimniederlage gegen Eintracht Frankfurt zeigte er mehrfach seine Reaktionskünste auf der Linie und avancierte zum besten Spieler seiner Mannschaft. Dresden stand jedoch bereits abgeschlagen am Tabellenende und als sich 14 Tage später Tschertschessow erneut auf Länderspielreise befand, gelang Ersatzmann Schwarzer mit seiner Elf gegen den VfB Stuttgart wenigstens ein Remis. Dynamo Dresden wurde nach dieser Saison die Profi-Lizenz entzogen und landete anschließend in der Amateurliga. Schwarzer hingegen konnte die Beobachter überzeugen und wurde, als zusätzliche Alternative für Andreas → Reinke und Gerald → Ehrmann, anschließend vom Bundesligisten 1. FC Kaiserslautern unter Vertrag genommen. Eigentlich sollte der 24-jährige Blondschopf im Verlauf der Saison 95/96 zunächst behutsam aufgebaut werden, doch Stammtorwart Reinke patzte in schöner Regelmäßigkeit, während sich der Verein kontinuierlich auf sportlicher Talfahrt befand.

Trainer Friedel Rausch reagierte nach dem 12. Spieltag auf die Torwart-Misere und beorderte vor dem Auswärtsspiel in Uerdingen die Nummer 3 in den Kasten. Der Einstand verlief durchwachsen, denn verheerende Fehlabschläge sowie der Beinschuss zum 1:1-Ausgleich trübten die gelungenen Aktionen. In der Fußball-Pfalz war schon längst Panik ausgebrochen, wovon sich auch der junge Schlussmann anstecken ließ. Bei den zwei Heimspielen gegen 1860 München und SC Freiburg agierte er übernervös, um sich bei der anschließenden 0:3-Pleite gegen Hansa Rostock vollkommen orientierungslos zu präsentieren. Nach sechs Spielen ohne Sieg war Kaiserslautern nach dem 16. Spieltag auf einem Abstiegsplatz angelangt. Vorzeitig im Abstiegsstress verheizt, erfuhr der demoralisierte Schwarzer im nächsten Spiel die Ablösung durch Altmeister Ehrmann. Anschließend kehrte wieder Reinke zurück und am Saisonende zählte der Klub erstmals zu den Absteigern.

Die Rückrunde saß Schwarzer auf der Tribüne ab und nach dem Doppel-Abstieg innerhalb zweier Jahre startete der frustrierte Zerberus zur Winterpause 97 beim englischen Zweitdivisionär FC Bradford einen Neuanfang. Bereits vier Monate später wechselte er zum Premierligisten FC Middlesbrough, bei dem sich der »excellent shot-stopper« in den nächsten Jahren zu einem der besten Keeper der Liga mauserte.

Schweers, Herbert

Geboren: 26.12.1947 (Deutschland)
BL-Verein: TSV 1860 München (1968–1969)
BL-Spiele: 2

In den ersten sieben Bundesliga-Jahren erschien kein Ersatztorhüter-Job undankbarer als bei 1860 München. Im Schatten des legendären Peter → Radenkovič musste sich sogar ein Topmann wie Wolfgang → Fahrian mit der Reservisten-Rolle begnügen. Der junge Herbert Schweers war zunächst noch nicht einmal als »Radi«-Vertreter vorgesehen.

Weil der etatmäßige Ersatzmann Anton → Gigl von Trainer Albert Sing jedoch als zu »nervenschwach« eingestuft wurde, erhielt Amateurkeeper Schweers am 9. Spieltag der Saison 68/69 für den verletzten Radenkovič eine Bewährungschance. Bei der 2:3-Niederlage gegen Hannover 96 zeigte der Bundeswehrsoldat eine gute Vorstellung, verschuldete jedoch zugleich den 2:2-Ausgleich. Trotz einiger Komplimente seitens der Fachpresse konnte sich Hannovers Trainer Tschik Čajkovski einen Seitenhieb nicht verkneifen: »Mit Radi war 1860 Sieger.« Auch Sing vermisste seinen jugoslawischen Startorhüter auf das Schmerzlichste und war über dessen anschließende Genesung heilfroh. Durch eine Sperre von Radenkovič und die erneuten Schwächen Gigls gelangte Schweers am 29. Spieltag gegen den Hamburger SV zu seinem zweiten Einsatz. Das Spiel endete 3:3 und der »burschikose« Keeper erledigte seine Aufgabe mit Glück und Geschick. Gegen die populäre Nummer 1 waren Stammplatzansprüche jedoch nahezu ausgeschlossen.

Nach Saisonende wechselte Schweers deshalb zum süddeutschen Regionalligisten ESV Ingolstadt, wo ihm während der Folgezeit mehr Einsätze vergönnt waren. 1972 gehörte er dem Regionalligakader des 1. FC Nürnberg an, ohne in den nächsten zwei Jahren das chronische Torwart-Problem des Clubs zu beheben.

Schwerin, Erhard

Geboren: 08.04.1939 (Deutschland)
BL-Vereine: Hamburger SV (1964–1968)
BL-Spiele: 29

Der gebürtige Berliner Erhard Schwerin hütete zunächst als Vertragsspieler das Tor von Tasmania Berlin, ehe er 1961 als Amateur zum Hamburger SV wechselte. Drei Jahre stand der 1,80 m große Schlussmann als Torhüter der Amateurmannschaft im Schatten von Horst → Schnoor und Ersatzmann Hans → Krämer.

Während der Saison 64/65 rückte Schwerin – aufgrund seines früheren Klubs von den Mannschaftskameraden nur »Tas« gerufen – ins Rampenlicht der Bundesliga. Stammkeeper Schnoor hatte sich im Spiel gegen Borussia Neunkirchen schwere Kopfverletzungen zugezogen, was eine längere Zwangspause erforderte. Zunächst hütete der 35-jährige Altmeister Hans → Krämer vier Spieltage mehr schlecht als recht den Kasten, ehe auch er erkrankte. Jetzt war der dritte Mann gefordert und Schwerin feierte am 24. Spieltag beim 1. FC Kaiserslautern seine Feuertaufe in der Bundesliga. Dem gelungenen Debüt bei der knappen 1:2-Niederlage folgte eine Klasseleistung im Heimspiel gegen Eintracht Braunschweig.

Zur Belohnung erhielt der 26-jährige Zerberus für die Saison 65/66 einen Lizenzspieler-Vertrag, um nach dem Rücktritt Krämers hinter Schnoor die nominelle Nummer 2 zu sein. Der »erstklassige zweite Mann« erhielt auch in dieser Spielzeit einige Auftritte, am Torwart-Thron von Schnoor war dennoch nicht zu rütteln. Eine längere Vertretungsphase ergab sich erst während der nächsten Saison, als die Nummer 1 beim Pokal-Wiederholungsspiel gegen den 1. FC Köln einen Muskelfaserriss erlitt. Schwerin brillierte neben dem Bundesliga-Alltag in erster Linie in den Pokalspielen. Gegen Regionalligist Kickers Offenbach verhinderte er im Viertelfinale das vorzeitige Ausscheiden und im Halbfinalspiel gegen Alemannia Aachen wehrte der »Klassemann« einen Elfmeter ab. Im Endspiel gegen Bayern München stand aber wieder Schnoor im Tor, während der tüchtige »Tas« erneut die Reservistenrolle einnahm.

Für die Saison 67/68 verpflichtete der Hamburger SV den türkischen Nationaltorwart Arkoç → Özcan. Während Schnoor an langwierigen Verletzungen laborierte, durfte Schwerin zu Saisonbeginn den Türken dreimal vertreten. Aber über die Rolle des idealen Ersatztorhüters gelangte er nicht hinaus. Nach dieser Spielzeit zog er die Konsequenzen und wechselte zum norddeutschen Regionalligisten HSV Barmbek-Uhlenhorst. Drei Jahre später beendete er die Fußballerlaufbahn, um sich im Baugewerbe selbstständig zu machen.

Seifert, Manfred

Geboren: 22.04.1949 (Deutschland)
BL-Verein: Bayern München (1969–1973)
BL-Spiele: 4
Vereinstitel: 2x Meister (1972, 1973),
1x DFB-Pokal (1971)

Der Torwart mit dem aussichtslosen Job des Sepp → Maier-Vertreters wechselte zur Saison 69/70 vom TSV 1860 Rosenheim, als Nachfolger von Fritz → Kosar, zum frisch gebackenen Meister Bayern München. Bayerns Trainer Udo Lattek bescheinigte dem 1,82 m großen Schlussmann Talent und Ehrgeiz. Zu diesem Zeitpunkt war die Position von Nationaltorhüter Maier jedoch bereits unantastbar. Während der Saison 69/70 ergab sich für Seifert der erste Einsatz am 33. Spieltag gegen Rot-Weiß Oberhausen. Zehn Minuten dauerte die Bundesligapremiere als Vertretung des angeschlagenen Maier. Genügend Zeit, um sich noch über einen

6:2-Sieg seiner Mannschaft zu freuen, ohne dabei von dem harmlosen Gegner überwunden zu werden.

In der nächsten Spielzeit feierte Seifert am 12. Spieltag ein Wiedersehen mit dem Niederrhein-Klub. Ab der 75. Minute konnte er sich beim 4:0-Auswärtssieg für den schulterverletzten Maier erneut zwischen die Pfosten stellen. Nach 148 BL-Spielen ohne Pause drohte der Rekordserie des Nationaltorhüters das Ende, weil die Schwere der Verletzung einen Einsatz gegen den nächsten Gegner Schalke 04 ernsthaft in Frage stellte. Aufgrund des bevorstehenden Duells zwischen ihm und Nationalelf-Konkurrent Norbert → Nigbur biss Maier auf die Zähne und Seifert gelangte nicht zum erhofften Einsatz. Am letzten Spieltag dieser Saison passierte der Nummer 1 aber bereits das nächste Malheur. Beim MSV Duisburg von Zuschauern, die auf das Spielfeld stürmten, umgerannt, musste Maier anschließend mit der Bahre abtransportiert werden. Bayern München spielte die letzten 20 Minuten unter Protest und der eingewechselte Seifert ließ sich nicht mehr bezwingen.

Mit diesem Spiel konnte er zu diesem Zeitpunkt bereits die gleiche Anzahl an BL-Einsätzen vorweisen wie sein Vorgänger Kosar. Übertroffen wurde diese Marke am 27. Spieltag der Saison 71/72, als Maier aufgrund einer Oberschenkelverletzung vorzeitig ausscheiden musste. Ab der 56. Minute im Tor, blieb Seifert beim 6:2-Sieg über Werder Bremen erneut ohne Gegentreffer. Als nächste Begegnung stand das Rückspiel im DFB-Pokal gegen den 1. FC Köln an. Trainer Lattek schonte seine Nummer 1 in dem Glauben, sich durch das 3:0 im Hinspiel bereits das Weiterkommen gesichert zu haben. Doch Seifert ging mit seiner Mannschaft im Kölner Sturmwirbel unter und musste zudem, beim Stand von 0:3, in der 51. Minute aufgrund einer schweren Rippenprellung gegen Amateurkeeper Schwalb ausgetauscht werden.

Es sollte sein letzter Einsatz in einem Pflichtspiel gewesen sein. In der nächsten Saison wurde mit Zlatko → Skorič ein weiterer Schlussmann verpflichtet, mit dem sich Seifert (»Der Sepp war zu gut. Ich habe das eingesehen und mich mit den Tatsachen abgefunden.«) auf der Bank abwechselte. Während Maier in den nächsten Jahren seine Rekordbilanz beträchtlich aufstockte, wechselte Seifert 1973 zum Regionalligisten Bayern Hof, bei dem er sich in den kommenden Jahren nicht immer gegen die Konkurrenten Reinhold Franz und Norbert → Kleider durchsetzen konnte.

Sejna, Marco

Geboren: 20.03.1972 (Deutschland)
BL-Verein: Hertha BSC Berlin (1990–1991)
BL-Spiele: 6

Seine Vereinslaufbahn startete der junge Marco Sejna beim Berliner Stadtteilverein 1. FC Lübars, dem einige Jahre später der Wechsel zur Jugendabteilung von Hertha BSC folgte. Als Sejna im Sommer 1990 in die Amateurmannschaft aufrückte, sollte das junge Talent eigentlich behutsam auf größere Aufgaben vorbereitet werden. Doch in dieser Spielzeit ergab sich für den 1,90 m großen Schlussmann bereits der Ernstfall. Vor dem 29. Spieltag der Saison 90/91 waren verletzungsbedingt weder Stammkeeper Walter → Junghans noch Stellvertreter Reinhard → Mager einsatzbereit. Weil Hertha BSC bereits als Absteiger feststand, hatte Sejna nichts zu verlieren und gab sich entsprechend cool.

Nach dem Debüt gegen Borussia Dortmund, das die Nummer 3 ruhig und besonnen absolvierte, ließ sich auch Trainer Peter Neururer ein Lob entlocken: »Stark, wie er seine Nerven in den Griff bekam.«

Bis zum Saisonende blieb »Spasi« – so sein Spitzname – im Tor der Berliner und erledigte seine Aufgaben insgesamt zufrieden stellend.

Obwohl er anschließend in den nächsten Jahren bei Hertha oftmals mit »katzenhaften Paraden und Flugeinlagen« glänzte und auch eine Berufung in die U21-Auswahl erhielt, konnte er seine Unbeständigkeit nicht gänzlich ablegen. In der Saison 94/95 verlor er schließlich seinen Posten an Christian → Fiedler. Nach dieser Spielzeit folgte im Verlauf der kommenden Jahre eine Wanderschaft mit Klubs wie Tennis Borussia Berlin, Sachsen Leipzig und LR Ahlen. Nach einem längeren Dauerreservistendasein bei Ahlen wechselte Sejna vor der Saison 02/03 zum Regionalligisten Rot-Weiß Essen, wo der

Junggeselle schon nach einigen Wochen seine Position an Sascha Kirschstein abgeben musste. Begründung von Trainer Harry Pleß: »Der hält auch mal einen 100-Prozentigen.«

Serr, Michael

Geboren: 14.07.1962 (Deutschland)
BL-Verein: 1. FC Kaiserslautern (1986–1993)
BL-Spiele: 54
Vereinstitel: 1x Meister (1991), 1x DFB-Pokal (1990)

Der lange Zeit ärgste Konkurrent von Stammkeeper Gerald → Ehrmann wuchs in Zeiskamp bei Landau auf. Die Vereinslaufbahn begann Michael Serr bei Phönix Bellheim, ehe er im Seniorenalter zum ASV Landau wechselte. Von einem Profivertrag träumend, gelangte er 1985 zum 1. FC Kaiserslautern. Zunächst als Amateur in der Oberligaelf agierend, erfolgten auch Berufungen in die Südwest-Auswahl.

Ab der Saison 86/87 trainierte der gelernte Industriekaufmann bereits mit dem Lizenzspieler-Kader und rückte durch den Rauswurf von Thomas → Graf zur Nummer 2 auf. Vor dem 22. Spieltag erfolgte für den 24-jährigen »Nobody« der Ernstfall, denn Stammtorwart Gerald Ehrmann war wegen seiner vierten Gelben Karte gesperrt. Beim 1:1 im Heimspiel gegen Bayer Leverkusen konnte sich der Debütant zwar nur einmal auszeichnen, erhielt aber für die nächste Saison den erhofften Lizenzspielervertrag.

Unerwartet konnte er vor der Saison 86/87, durch Ehrmanns Verletzungspause, einen Torwart-Zweikampf eröffnen. Aufgrund guter Leistungen in den Vorbereitungsspielen schenkte ihm Trainer Hannes Bongart zunächst das Vertrauen. Dennoch folgte nach drei Spieltagen die Ablösung, denn Bodybuilder Ehrmann hatte verbissen für ein Comeback trainiert. Der enttäuschte Serr musste bis zum 15. Spieltag warten, ehe er, durch Ehrmanns Beckenprellung, im Spiel gegen den FC Homburg auf das Spielfeld zurückkehren konnte. Weil sich bei der Nummer 1 noch eine Entzündung an der Schulter einstellte, bekam die Nummer 2 in den nächsten Wochen genügend Gelegenheiten, sein Können unter Beweis zu stellen. Zwischenzeitlich wieder von Ehrmann abgelöst, glänzte der »junge Meister seines Fachs« speziell am 29. Spieltag beim 3:1-Sieg gegen Bayern München und wurde vom »Kicker« in die »Elf des Tages« nominiert. Bis zum Saisonende blieb Serr ein Muster an Beständigkeit und war überzeugt, jetzt als Nummer 1 in die neue Spielzeit zu starten.

Zu seiner Überraschung legte sich Trainer Josef → Stabel jedoch auf den Kontrahenten fest. Serr verharrte bis auf zwei Ausnahmen, als er jeweils für den gesperrten und verletzten Ehrmann einspringen musste, während der Saison 88/89 als »Notnagel« auf der Bank.

Erst am 10. Spieltag der Saison 89/90 ergab sich für ihn eine neue Chance, als Ehrmann gegen Bayer Uerdingen in der Halbzeit wegen Kopf- und Zahnschmerzen passen musste. Ersatzmann Serr konnte während der zweiten 45 Minuten, wie auch im anschließenden DFB-Pokalspiel bei Mainz 05 überzeugen.

In den nächsten Spielen eroberte sich Serr den ersehnten Stammplatz, weil der erzürnte Ehrmann mit Trainer Gerd Roggensack im Clinch lag und aus disziplinarischen Gründen zeitweise sogar aus dem Kader verbannte wurde. Geschmeidiger als sein athletischer Kontrahent avancierte Serr zu einem der beständigsten Spieler des 1. FC Kaiserslautern. Auch in der Öffentlichkeit präsentierte sich der Sonnyboy in einem Fernsehfeature des Südwestfunks als Besitzer eines Bräunungsstudios sowie einer Lotto-Toto-Annahmestelle zunehmend selbstbewusst. Als er sich schon etabliert wähnte, erfolgte jedoch die Entlassung von Trainer Roggensack, der durch Karl-Heinz Feldkamp ersetzt wurde. Kaum im Amt, vollzog der Coach den Torwartwechsel, weil ihm Ehrmanns Routine im Abstiegskampf als größeres Faustpfand erschien. Der Klub schaffte mit dem Rivalen den Klassenerhalt und überraschend den Gewinn des DFB-Pokals.

In der Meisterschaftssaison 90/91 kam Serr nur durch Ehrmanns Handblessur und Rotsperre zu zwei Einsätzen. Am 30. Spieltag hielt er, beim torlosen Remis gegen Fortuna Düsseldorf, im Titelrennen einen wichtigen Punkt fest und konnte am letzten Spieltag in Köln als Reservist mit seiner Elf die sensationelle Meisterschaft feiern. Das Verhältnis der Torwartkonkurrenten untereinander war mittlerweile auf den Nullpunkt gesunken. Während Ehrmann seinen

Kontrahenten abfällig als »Sauerstofftyp« titulierte, erlaubte sich Serr im Mai 1991 einen verbalen Fauxpas. Nach seiner Vertretung für den gesperrten Ehrmann äußerte der Keeper vor laufenden Kameras, dass er sich Kaiserslautern mit ihm im Tor als Meister wünsche. Trainer Feldkamp interpretierte diese flapsige Aussage als unfaire Attacke gegen den Kollegen und drohte dem Ersatzmann mit dem sofortigen Rauswurf. Um seinen Arbeitsplatz zu retten, intervenierte Serr mit Erfolg beim Südwestfunk und konnte dadurch die Ausstrahlung des Interviews verhindern.

Während der Saison 91/92 ohne Bundesligaeinsatz, konnte Serr durch einen 3:1-Sieg im Supercup-Finale gegen Werder Bremen ein kleines Trostpflästerchen verzeichnen. Eine letzte Runde in dem Torwartduell zwischen Serr und Ehrmann läutete die anschließende Spielzeit ein. Ehrmann verpasste aufgrund eines Muskelfaserrisses fast die gesamte Saisonvorbereitung, so dass sich Trainer Rainer Zobel vor dem Bundesligastart auf Serr festlegte. Bis zum 24. Spieltag der Saison 92/93 konnte er sich behaupten, ehe ihn wachsende Unsicherheiten endgültig den Stammplatz kosteten. Für die Saison 93/94 wurde mit Claus → Reitmaier dann ein neuer Schlussmann verpflichtet, hinter dem Serr zur Nummer 3 abrutschte.

Ein Wechsel zum Hamburger SV kam nicht zustande, so dass der ewige »Kämpfer« noch in der laufenden Spielzeit zum Zweitligisten 1. FC Saarbrücken ging, wo er seinen Stammplatz allerdings nicht lange behaupten konnte.

Siese, Gerd

Geboren: 05.01.1944 (Deutschland)
BL-Verein: Arminia Bielefeld (1970–1972)
BL-Spiele: 37

Als »Frischling« aus der eigenen Amateurmannschaft bestritt Gerd Siese im Mai 1966 sein erstes Spiel im Dienste der Profi-Arminen. Kein unbedeutendes Debüt, handelte es sich doch um das Endspiel um den Westdeutschen Fußballpokal, das Arminia Bielefeld knapp mit 3:2 für sich entscheiden konnte. Der 1,79 m große Zerberus zeigte eine hervorragende Leistung und verdrängte über Nacht den langjährigen Stammtorwart Andreas »Antek« Triebel.

Siese, nie zimperlich im Training und mit einem kräftigen Schussbein ausgestattet, bekam aufgrund seiner massigen Statur, von Mannschaftskollegen Gerd Roggensack, den Spitznamen »Bulli« verpasst. Der »immer clever spielende« Keeper avancierte in der Regionalliga West schnell zu einer Stütze in der Arminen-Abwehr. Für den Verein stand das Ziel Bundesligaaufstieg an oberster Stelle und in der Saison 69/70 konnte dieses Vorhaben in die Tat umgesetzt werden. Trotz einiger viel versprechender Neuverpflichtungen und dem geschickten Regiment des polnischen Trainers Egon Piechaczek zählte die Mannschaft unter Experten dennoch zu den potentiellen Absteigern.

Am 1. Spieltag verlor die Elf mit 0:3 bei Borussia Dortmund, wobei Siese, laut »Kicker«, im »Stil eines Handballtorwarts« mit weit ausgebreiteten Armen zahlreiche Blitzreflexe zeigte, und zudem »durch sein Stellungsspiel und seine Fangsicherheit imponierte«. Phasenweise erwies sich der Schlussmann in der Folgezeit aber als »Torwart mit zwei Gesichtern«: Auf großartige Paraden folgten manchmal schwere Schnitzer und an der 0:3-Niederlage am 11. Spieltag gegen Schalke 04 besaß Siese beträchtliche Mitschuld.

Während der Hinrunde konnte sich Bielefeld noch knapp von den Abstiegsplätzen fernhalten, doch nicht zuletzt aufgrund der Sturmschwäche landete man nach dem 19. Spieltag auf dem letzten Tabellenplatz. Gegen Tabellenführer Bayern München zeigte der Siese wieder eine Klasseleistung und hielt »tauchend, hechtend und mit glänzenden Reflexen« die Niederlage in erträglichen Grenzen. Diesen hervorragenden Eindruck konnte er eine Woche später, beim 2:1-Sieg über Rot-Weiß Oberhausen, nachdrücklich bestätigen. Am Ende rettete sich Aufsteiger Bielefeld auf den 15. Tabellenplatz.

Für Keeper Siese startete die Saison 71/72 unter veränderten Vorzeichen. Sein Klub hatte das viel versprechende Super-Talent Dieter → Burdenski verpflichtet, der ab dem 2. Spieltag zur neuen Nummer 1 aufstieg. Dem 28-jährigen Siese kam diese neue Hierarchie aber zugute, denn so konnte er sich zunehmend auf seinen florierenden Malerbetrieb konzentrieren. Trainingslagern blieb er fortan fern, während sich Junioren-Nationaltorwart Burdenski immer mehr in den Blickpunkt hechtete. Arminia Bielefeld, während dieser Spielzeit konstant auf einem Abstiegsrang, wurden vom DFB-Sportgericht, aufgrund erwiesener Spielmanipulationen, nach dem 27. Spieltag alle Tore und Punkte aberkannt, was den Klub zum Zwangsabstieg verurteilte. Mehrere Arminen-Spieler sowie Trainer Piechaczek erhielten eine Sperre und der Verein stand vor einer Zerreißprobe. Burdenski hegte Wechselabsichten und trat frühzeitig seinen Urlaub an. In den beiden letzten Saisonspielen sprang Siese noch mal ein und zeigte, trotz der finalen Klatsche von 1:7 bei Eintracht Braunschweig, ansprechende Leistungen.

Nach dem Bundesligaabstieg schlingerte Bielefeld auch in der Regionalliga West zwei Jahre am sportlichen und finanziellen Abgrund entlang. Siese, wieder Stammkraft, profilierte sich in dieser schwierigen Phase als engagierter Mannschaftssprecher, der für seine Kollegen ausstehende Gehälter erkämpfte. Ab der Saison 75/76 überließ er seine Position zunehmend dem viel versprechenden Ulrich → Stein, um sich anschließend endgültig aus dem aktiven Profisport zurückzuziehen.

Sievers, Jörg

Geboren: 22.09.1965 (Deutschland)
BL-Verein: Hannover 96 (seit 2002)
BL-Spiele: 16 (zum Ende der Hinrunde 02/03)
Vereinstitel: 1x DFB-Pokal (1992)

Als »Urgestein« im Tor von Hannover 96 und jüngerer Bruder des früheren Bundesligaspielers Ralf Sievers begann Jörg Sievers im Alter von sieben Jahren mit dem Vereinsfußball beim niedersächsischen Dorfverein SV Eddelsdorf, wo er zeitweise auch als Feldspieler agierte. 1983 wechselte er in den Amateurkader des Lüneburger SK, dem sich fünf Jahre später ein Engagement beim Oberligisten VfL Wolfsburg anschloss. Aufgrund guter Leistungen erhielt Sievers auch Berufungen in die Niedersachsen-Auswahl. Ehrgeizig und ambitioniert gab sich der »Torwart, der auf Angriff setzt« mit dem bisher Erreichten nicht zufrieden. Nach der Saison 88/89 war Hannover 96 erneut in die 2. Bundesliga abgestiegen und hatte zudem mit Ralf → Raps den Stammtorhüter verloren. Sievers witterte seine Chance, ergriff die Initiative und bewarb sich mit einem offiziellen Bewerbungsschreiben bei der 96-Geschäftsstelle um den Torwartposten. Nach kurzen Verhandlungen mit Vizepräsident Werner Bock brachte Sievers seinen ersten Profivertrag schließlich unter Dach und Fach.

Zunächst die Nummer 2 hinter Andreas → Nagel, musste der 1,85 m große Schlussmann nicht lange auf seine Chance warten. Bereits nach den ersten vier Spieltagen der Saison 89/90 entpuppte sich Nagel als Nervenbündel, so dass Trainer Slobodan Cendič für das DFB-Pokalspiel gegen Borussia Mönchengladbach erstmals den unbekümmerten Reservisten (»Ich habe nichts zu verlieren.«) zwischen die Pfosten schickte. Trotz der 0:3-Niederlage verzeichnete Sievers ein gelungenes Debüt, um sich von diesem Zeitpunkt an im 96-Kasten unentbehrlich zu machen. Dank konstanter Leistungen und sympathischer Ausstrahlung avancierte der pfiffige Zerberus bei den einheimischen Fans in den kommenden Jahren zum absoluten Publikumsliebling.

Zur Hinrunde der Saison 91/92 vom Fußballmagazin »Kicker« zum Top-Torhüter der 2. Bundesliga erkoren, rüstete der, in Anlehnung an die TV-Figur Colt Seavers, von allen nur »Colt« gerufene »Schlussmann mit Vorbildcharakter« zu einem Triumph, der ihn bei den 96-Fans unsterblich machen sollte. Beim DFB-Pokal-Halbfinale gegen Bundesligist Werder Bremen verwandelte er im Elfmeterschießen einen Strafstoß, um postwendend den entscheidenden Schuss des Bremers Marco Bode abzuwehren. Auch beim Endspiel am 23. Mai im Berliner Olympiastadion gegen Borussia Mönchengladbach ein zuverlässiger Rückhalt, musste er mit seiner Mannschaft nach 120 Minuten erneut ins Elfmeterschießen. Wieder konnte der »Krimi-Held« zwei Strafstöße parieren, um damit in Hannover endgültig zur Legende aufzusteigen.

Nach dem 4:3-Triumph folgte allerdings beim Pokalsiegerwettbewerb die Ernüchterung, denn gegen Werder Bremen musste Hannover bereits in der 1. Runde ausscheiden. Bis 1995

Sein größter Moment: Jörg Sievers gewinnt 1992 mit Zweitligist Hannover 96 überraschend den DFB-Pokal.

blieb der Mannschaftskapitän im Team eine unumstritten Größe, ehe ihn zur Winterpause das Pfeiffersche Drüsenfieber längere Zeit außer Gefecht setzte. Anschließend von Kontrahent Carsten Eisenmenger ins zweite Glied verdrängt und von den Mannschaftskameraden als Kapitän abgewählt, lieferte sich Sievers zudem einen verbalen Disput mit Trainer Egon Coordes.

Nur der unerwartete Absturz in die Regionalliga verhinderte seinen bereits beschlossenen Wechsel zu einem anderen Verein. Ab der Saison 96/97 wieder die unangefochtene Nummer 1, folgten zwei bittere Jahre, in denen der Keeper mit seinem Klub gegen Vereine wie Atlas Delmenhorst, Sportfreunde Ricklingen oder VfL Herzlake antreten musste. Als Meister der Regionalliga Nord scheiterte Hannover 96 in der Aufstiegsrunde an Energie Cottbus, um in der Saison 97/98 einen zweiten Anlauf zu starten. Mit seinem Klub erneut Meister, setzte sich Sievers anschließend das nächste Denkmal, als er im entscheidenden Aufstiegsspiel gegen Tennis Borussia Berlin im Elfmeterschießen einige Strafstöße eliminieren konnte.

Ab der Saison 97/98 mit Hannover 96 wieder in der 2. Bundesliga, war Sievers (»Wer als Torwart-Konkurrent nach 96 kommt, muss wissen, dass er unter normalen Umständen nicht spielt. Es sei denn, ich greife fünfmal daneben.«) mittlerweile eine unumstößliche Institution, die zu Hannover gehörte wie Industriemesse und Landesmuseum. Dabei dachte der gelernte Versicherungskaufmann bereits an das Leben nach dem Fußball, um mit einem Kompagnon im Juni 2000 eine eigene Versicherungsfirma zu gründen. Vor der Saison 01/02 hinter Hans → Wulf mit 336 Einsätzen bereits der Torhüter mit den meisten Zweitligaeinsätzen, schaffte der »ausgesprochene Familienmensch« unter Ralf Rangnick mit Hannover 96 in der gleichen Spielzeit souverän den Aufstieg in die Bundesliga.

Im Alter von knapp 37 Jahren feierte der »Torwart-Dino« dann am 1. Spieltag der Saison 02/03 beim Hamburger SV sein verspätetes Bundesligadebüt. In einer teilweise chaotischen Hintermannschaft tat sich der Routinier jedoch schwerer als erwartet. Bei den Niederlagen gegen 1860 München und Energie Cottbus agierte er mehrfach unglücklich, ehe er gegen Bayern München mit tollen Paraden das Remis rettete und am 11. Spieltag, beim 1:0-Sieg über den 1. FC Kaiserslautern, erstmals ohne Gegentor blieb. Nachdem er am 16. Spieltag mit einem verunglückten Befreiungsschlag die 0:1-Niederlage bei Borussia Mönchengladbach verschuldete, griffen auch bei dem Torwart-Denkmal die unbarmherzigen Mechanismen der knallharten Bundesligabranche. Trainer Rangnick (»Jörgs Fehler haben sich eben inzwischen angehäuft.«) verbannte ihn anschließend auf die Bank und ließ im Heimspiel gegen Arminia Bielefeld erstmals Vertreter Gerhard → Tremmel zum Einsatz kommen.

Skorič, Zlatko

Geboren: 27.07.1943 (Jugoslawien)
BL-Vereine: VfB Stuttgart (1971–1972), Bayern München (1972–1973)
BL-Spiele: 24
Vereinstitel: 1 x Meister (Bayern München: 1973)
A-Länderspiele für Jugoslawien: 19

1968 konnte sich beim VfB Stuttgart der junge Gerhard → Heinze in die Herzen der Zuschauer hechten, um nach einiger Zeit eine längere Formkrise zu durchleben. Um den talentierten, aber noch unbeständigen Goalie anzustacheln, verpflichteten die Vereinsverantwortlichen für die Saison 71/72 den jugoslawischen Nationalkeeper Zlatko Skorič.

Zuvor bei FC Elektrostroj Zagreb, Dynamo Zagreb und Olympia Laibach aktiv, hatte Skorič für sein Heimatland bis dato fünf Jugend-, sieben Junioren- sowie seit 1964 insgesamt 19 A-Länderspiele absolviert. Auf Empfehlung von Landsmann und VfB-Trainer Branko Zebeč engagiert, fand der 1,82 m große Keeper mit der »Figur eines Dressmanns« in Zebeč einen eifrigen Förderer, der ihn mit viel Vorschusslorbeeren bedachte: »Er hat in Jugoslawien einen besseren Namen als Petar → Radenkovič«.

In den Saisonvorbereitungsspielen wurden Heinze und Skorič in einen Konkurrenzkampf geschickt, in dem beide »den Atem des anderen im Nacken spürten« (Kicker) und entsprechend nervös agierten. Obwohl zunächst nur als Stellvertreter gedacht, hatte sich der Jugoslawe zum Saisonstart den Stammplatz gesichert.

Auf Anhieb bestach Skorič durch katzengewandte »Panthersprünge«, aber auch sachliches Torwartspiel. Am 4. Spieltag rettete er gegen Borussia Mönchengladbach das torlose Remis, um eine Woche darauf gegen den 1. FC Kaiserlautern seinen Strafraum rigoros im Stile eines Radenkovič zu regieren. Während Heinze wütend auf der Bank saß, avancierte Rivale Skorič auch gegen Bayern München zur überragenden Figur und wehrte bei dem 2:2-Unentschieden einen Elfmeter von Gerd Müller ab. Der »Fußball-Professor« verfolgte im Fernsehen jede Art von Sportsendungen, studierte fleißig alle Sportzeitungen und notierte in seinem Notizbuch akribisch die verschiedenen Eigenarten der Bundesligaspieler. Nach elf Spieltagen stand der VfB Stuttgart, dank Skorič und zahlreichen hochkarätigen Neueinkäufen hinter Schalke 04 und Bayern München auf Platz 3.

Nach zwei anschließenden Niederlagen in Folge hatte Skorič – von Trainer Zebeč zum »Publikumsliebling« tituliert – bei den Stuttgarter Fans jedoch seinen Kredit bereits verspielt. Als er am 14. Spieltag gegen Eintracht Frankfurt in der 5. Minute das 0:1 verschuldete, riefen die Zuschauer erstmals nach Heinze. Zebeč gab dem öffentlichen Druck nach und nahm den »Mann ohne Starallüren« zur Halbzeit aus dem Spiel. Eine Woche später war der stolze Besitzer von annähernd 500 Langspielplatten wieder gesetzt, um nach einem weiteren Patzer bei Fortuna Düsseldorf am 17. Spieltag zur Halbzeit wieder von Heinze abgelöst zu werden. Von vielen Experten hoch geschätzt, nach Abschluss der Hinrunde im Fachmagazin »Kicker« bei der Torwart-Rangliste »Im weiteren Kreis« eingestuft, musste Skorič zum Rückrundenstart dennoch Heinze den Vortritt lassen. Nur aufgrund des Fingerbruchs seines Kontrahenten kehrte er am 20. Spieltag zurück und sicherte durch seine Paraden gegen Rot-Weiß Oberhausen und Werder Bremen die Punkte.

Obwohl in der Abwehr oftmals ein »Faustpfand«, landete der Jugoslawe aufgrund wiederholter Unsicherheiten nach dem 27. Spieltag wieder auf der Bank. Interimstrainer Karl Bögelein setzte bis zum Saisonende auf Heinze. Der Verein nahm zudem Jugend-Nationaltorwart Helmut → Roleder unter Vertrag und legte Skorič trotz laufenden Kontrakts einen Vereinswechsel nahe. Plötzlich unerwünscht, widersetzte sich der Zerberus zunächst dem Leihangebot des Regionalligisten SpVgg 07 Ludwigsburg. Nach einigen Querelen heuerte er für die Saison 72/73 bei Bayern München an, wo er allerdings gegen Nationaltorwart Sepp → Maier keinen Stich bekam und ohne Einsatz blieb.

Soskič, Milutin

Geboren: 31.12.1937 (Jugoslawien)
BL-Verein: 1. FC Köln (1966–1971)
BL-Spiele: 65
Vereinstitel: 1x DFB-Pokal (1968)
A-Länderspiele für Jugoslawien: 52

Bevor der, im serbischen Pec geborene, Jugoslawe Milutin Soskič zum 1. FC Köln in die Domstadt wechselte, absolvierte er von 1959 bis 1966 – als Nachfolger von Weltklassekeepern wie Vladimir Beara und Petar → Radenkovič – bereits 52 Länderspiele. Mit der jugoslawischen Nationalmannschaft gewann der »Balkan-Panther« 1960 in Rom die Silbermedaille. Bei der Weltmeisterschaft 62 in Chile erreichte er mit dem Vielvölkerstaat das Halbfinale, um dann gegen die ČSSR auszuscheiden.

Auch mit seinem Verein Partizan Belgrad, dem der Torwartstar seit 1954 angehörte, sammelte er in den Jahren 1957–1965 als vierfacher Meister und Pokalsieger zahlreiche Titel und Trophäen. Der Höhepunkt folgte am 23. Oktober 1963 mit der Berufung in die Weltauswahl, wo er diese Ehre mit solchen Weltklassespielern wie Lew Jaschin, Pelé, Ferenc Puskas und Alfredo di Stefano teilen konnte. Im Europapokal der Landesmeister gelangte Soskič 1965 mit Belgrad bis in das Endspiel, musste sich mit seiner Elf gegen Real Madrid jedoch geschlagen geben.

Bereits während der Saison 65/66 zeigte der Hamburger SV ein starkes Interesse an dem populären Weltklassetorhüter. Durch die Kontakte ihres Ex-Trainers Zlatko Čajkovski erhielt schließlich der 1. FC Köln den Zuschlag. Um Soskič zu verpflichten, degradierte der Klub seine verdienten Torleute Fritz → Ewert und Anton → Schumacher und während Ewert nach Alkmaar wechselte, fand sich Schumacher als einstiger »Held von Liverpool« auf der Ersatzbank wieder. Soskič lebte sich mit Ehefrau Olga schnell in der neuen Umgebung ein. Von seinen neuen Mitspielern wurde der Torwartimport »Scholli« getauft und im täglichen Training beeindruckte der ehrgeizige Keeper durch sein Engagement. In der Bundesliga haperte es allerdings zunächst an der Abstimmung mit den Vorderleuten. Dank seinem kontinuierlichen Sprachtraining entwickelte sich Soskič dennoch bald zur entscheidenden Stütze. Der katzengewandte und sprunggewaltige Routinier half während der Saison 66/67 gegen den VfB Stuttgart und Karlsruher SC Punkte zu gewinnen und Patzer waren eher die Ausnahme.

Während der Saison 67/68 musste der »prachtvolle« Schlussmann wegen Herzbeschwerden nach dem 12. Spieltag mehrere Wochen pausieren, ehe er am 22. Spieltag gegen Borussia Dortmund sein Comeback feierte. Der Fan von Borussia Mönchengladbach (»Das ist noch echter Fußball.«) verhalf seiner Mannschaft am letzten Spieltag beim 2:1-Sieg in Braunschweig mit tollen Paraden und einem parierten Elfmeter noch zum 4. Tabellenplatz. Auch in den DFB-Pokal-Spielen brillierte der bescheidene Publikumsliebling, um am 9. Juli 1968, im Finale gegen den damaligen Regionalligisten VfL Bochum, mit dem 1. FC Köln durch einen überlegenen 4:1-Sieg in diesem Wettbewerb erstmals erfolgreich zu sein.

Zwei Tage nach diesem Höhepunkt sollte aus dem erfolgreichen Schlussmann ein »Pechvogel vom Dienst« werden. Im Alpenpokalspiel gegen den 1. FC Kaiserslautern zog er sich in der 20. Minute nach einem Zusammenprall mit dem Gegenspieler einen Schienbeinbruch zu. Während Soskič, in den vorherigen zehn Jahren

Milutin Soskič (1. FC Köln) – Weltklassetorwart und Dauer-Pechvogel.

niemals ernsthaft verletzt, die nächsten Wochen im Gipsverband verbrachte, wurde er von Ersatzmann Paul → Heyeres zunächst gut vertreten. Nachdem der Stellvertreter immer mehr ein schwaches Nervenkostüm offenbarte, kehrte der Jugoslawe am 20. Spieltag der Saison 68/69 zwischen die Pfosten zurück. Eine Woche später hieß der nächste Gegner erneut 1. FC Kaiserslautern und in der 49. Minute prallte Soskič bei einer Abwehraktion mit dem Lauterer Heinz-Dieter Hasebrink zusammen. Mit schmerzverzerrtem Gesicht blieb der Torwart liegen und nach der ärztlichen Untersuchung bestätigte sich die Befürchtung, dass das Bein zum zweiten Mal gebrochen war.

Wiederum folgten lange Wochen im Krankenbett, während sein Verein durch eine Reihe von Torwartfehlern im Europapokal ausschied und gegen den Abstieg kämpfte. Um die Torwartvakanz zu beheben, verpflichtete der 1. FC Köln für die neue Saison Nationaltorhüter Manfred → Manglitz. Nach seiner Genesung schmorte der ehemalige Welttorhüter als »teuerster Dauerreservist der Bundesliga« im Schatten von Manglitz.

Erst während der Saison 70/71 feierte Soskič am 6. Spieltag, anstelle des formschwachen Manglitz, ein kurzes Bundesliga-Comeback und zeigte im Messepokalspiel gegen RC Paris/Sedan eine fehlerlose Leistung. Am 10. und 11. Spieltag durfte der verdiente Zerberus noch einmal die verletzte Nummer 1 vertreten, doch der Klassekeeper hatte von seinem Verein bereits die Kündigung erhalten. Weil Manglitz jedoch aufgrund seiner Verwicklungen in Spielmanipulationen aufgestellt wurde, musste Köln zum Saisonfinale gegen Kickers Offenbach wieder auf Soskič zurückgreifen.

In seinem letzten Bundesliga-Einsatz zeigte Soskič bewährte Klasse, was seiner Elf zu einem 4:2-Sieg verhalf. Auch beim anschließenden DFB-Pokalfinale gegen Bayern München zeigte er eine hervorragende Leistung und wehrte zahlreiche Scharfschüsse ab. Erst Sekunden vor dem Abpfiff der Verlängerung konnte er durch einen Volleyschuss von Edgar Schneider zum 1:2-Endstand bezwungen werden. Anschließend kehrte der – laut Geschäftsführer Hans-Gerhard König – »sympathischste Ausländer, der je bei uns spielte« in seine Heimat zurück, um für die Belgrader Vereine OFK und Partizan Trainertätigkeiten zu übernehmen. Ab 1995 wurde er Torwarttrainer bei der amerikanischen Nationalmannschaft, die er auch zur Weltmeisterschaft 2002 nach Asien begleitete.

Spott, Roland

Geboren: 20.10.1957 (Deutschland)
BL-Verein: Rot-Weiß Essen (1976–1977)
BL-Spiele: 3

Mit den Meriten eines Jugendnationalspielers wechselte Roland Spott, zuvor bei SpVgg Remscheid und Fortuna Düsseldorf aktiv, vor der Saison 76/77 zum Bundesligisten Rot-Weiß Essen. Behutsam sollte das 18-jährige Torwarttalent aufgebaut und langsam an höhere Aufgaben herangeführt werden. Weil sich Stammkeeper Heinz → Blasey jedoch einen Fingerbruch zugezogen hatte, musste der »hochgewachsene Athlet« Spott bereits am 5. Spieltag, im Auswärtsspiel beim 1. FC Saarbrücken, ins Fegefeuer der Bundesliga.

Seine Feuertaufe bestand der »furchtlose Jüngling« mit Bravour. Mit Glanzparaden in Serie konnte er seine Mannschaft bis zur 65. Minute vor dem Ausgleich bewahren, um erst kurz vor Schluss durch einen umstrittenen Foulelfmeter bezwungen zu werden. Die Beobachter überschlugen sich vor Begeisterung, während das Fachmagazin »Kicker« in großen Lettern titelte: »Spott hielt wie ein junger Gott«. Seine Mitspieler wie auch Trainer Irvica Horváth bescheinigten ihm anschließend eine absolute Weltklasseleistung.

Bereits im nächsten Spiel gegen den Karlsruher SC verriet der junge Zerberus erste Unsicherheiten. Sein Klub, nach sechs Spieltagen Vorletzter der Tabelle, steckte zudem mitten im Abstiegskampf. Das Desaster folgte bei Borussia Mönchengladbach, wo die Mannschaft im Sturmwirbel der Gladbacher mit 0:6 förmlich unterging. Obwohl dem Nachwuchskeeper an der hohen Niederlage keine direkte Schuld traf, schien er mit seiner verantwortungsvollen Aufgabe überfordert. Rot-Weiß Essen verpflichtete anschließend den Gütersloher Ulrich → Granzow und Spott musste zurück auf die Ersatzbank.

Nach dem Bundesligaabstieg kam er auch in der 2. Bundesliga hinter Blasey kaum zum Zug und wechselte deshalb nach der Saison 77/78 zum Amateurligisten BV Lüttringhausen. 1979 stieg er mit dem Klub in die Oberliga Nordrhein auf, dem sich drei Jahre später der Sprung in die 2. Bundesliga anschloss.

Stabel, Josef

Geboren: 21.09.1948 (Deutschland)
BL-Verein: 1. FC Kaiserslautern (1967–1980)
BL-Spiele: 74

Der ewige Ersatztorhüter Josef Stabel kam 1967 vom VfB Post Pirmasens zum Bundesligisten 1. FC Kaiserslautern und konnte bis dato als Torhüter der südwestdeutschen Jugendauswahl eine erfolgreiche Vita vorweisen. Der Klub verfügte mit Wolfgang → Schnarr jedoch bereits über einen erstklassigen Keeper, hinter dem sich der gelernte Bankkaufmann Stabel zunächst in Geduld üben musste.

Einem einzigen Einsatz während der Saison 67/68 folgte in der nächsten Spielzeit, aufgrund einer Kopfverletzung von Schnarr, ab dem 18. Spieltag eine längere Spielepisode. Lew-Jaschin-Fan Stabel stellte sein Können im Bundesligaalltag wie auch in den DFB-Pokalspielen unter Beweis. Schnarr schien verdrängt und Kritiker bescheinigten dem jungen Keeper »unwahrscheinliche Reaktionen«.

Kurz vor dem Saisonschluss wirkte der gebürtige Pfälzer bei der 0:1-Niederlage bei Alemannia Aachen weitaus weniger souverän und wurde wieder durch Schnarr abgelöst. Während der Saison 70/71 sah sich der 1,82 m große Schlussmann wieder in dem Dilemma, nur durch Verletzungen des Konkurrenten spielen zu können. Nach dieser Saison verabschiedete sich Schnarr zum Regionalligisten Preußen Münster. Statt seiner Beförderung zur Nummer 1 erhielt Stabel mit dem Schalker Josef → Elting und dem Jugoslawen Bratislav → Dordevič gleich zwei neue Konkurrenten. Stabel, in den Augen der Experten immer noch ein »begabter Torwart«, stand für den Stammposten nicht zur Debatte. Während sich Elting und Dordevič um den Stammplatz balgten, sammelte Stabel Wettkampfpraxis in der Nachwuchsmannschaft des FCK. Durch Verletzungen der Konkurrenten konnte die Nummer 3 während dieser Spielzeit dann noch zwei BL-Einsätze leisten.

Vor der Saison 71/72 rückte Stabel, durch den Weggang von Dordevič, wieder zur Nummer 2 auf, erlebte die Geschehnisse aber ausschließlich aus der Bankperspektive. Am 5. Spieltag der Saison 72/73 zog sich Elting bei der 1:3-Niederlage beim VfB Stuttgart eine Handblessur zu und musste zudem kurz danach am Meniskus operiert werden. Sein Stellvertreter packte die Gelegenheit jetzt beim Schopf, glänzte im UEFA-Pokalspiel gegen CUF Barreiro und präsentierte sich auch in der Bundesliga wie »ein Schlussmann, der seit Jahren im Bundesligageschäft steht« (Kicker). Zum Helden am Betzenberg avancierte der Zerberus im UEFA-Pokal-Rückspiel gegen Arat Eriwan, als er im Elfmeterschießen den entscheidenden Strafstoß abwehren konnte. Zur Belohnung für die guten Leistungen erfolgte eine Berufung für den Junioren-Kader und erstmalig in seiner mittlerweile sechsjährigen Bundesligalaufbahn startete der »Sepp« als Nummer 1 in die neue Saison.

Bereits am 2. Spieltag zeigte er sich bei der 2:4-Niederlage gegen Hannover 96 von seiner schwächsten Seite, um vier Wochen später bei Fortuna Düsseldorf nach einem Fehlgriff zur Halbzeit völlig demoralisiert um seine Auswechslung zu bitten. Trainer Erich Ribbeck folgte der Bitte seines Keepers und Elting konnte sein Comeback feiern. Ohne klare Hierarchie zehrten beide Schlussleute fortan von Fehlern und Verletzungen des Kontrahenten. Der Klub reagierte auf diese unergiebigen Wechselspiele mit der Verpflichtung des schwedischen Nationaltorhüters Ronnie → Hellström. Während Elting in die Arbeitslosigkeit entlassen wurde, verkündete Stabel verärgert seine Wechselabsichten.

Doch der vereinstreue Schlussmann, der in seiner Heimat später auch eine Versicherungsagentur aufbaute, fügte sich schließlich in sein Schicksal. Während Hellström auf Anhieb die Herzen der Fans eroberte, kehrte Stabel für die nächsten sechs Jahre ins zweite Glied zurück, ehe ein Schultergelenkbruch die aktive Laufbahn im Frühjahr 1980 definitiv beendete. Während seiner Reservistenzeit sammelte er bereits beim Amateurligisten TSG Kaiserslautern erste Trainer-Erfahrungen. Im April 81 übernahm er beim Zweitligisten Wormatia Worms die sportliche Verantwortung und kehrte ab der Saison 81/82 als Co-Trainer zu seinem alten Verein zurück. Am 12. November 1987 löste er Cheftrainer Hannes Bongartz ab und rettete seinen Klub vor dem drohenden Abstieg. Große Dankbarkeit erntete er nicht, vielmehr wurde er bald von seiner Reservisten-Vergangenheit eingeholt. Im ständigen Konflikt mit dem »Enfant terrible« Wolfram Wuttke musste er sich von diesem manche Schmähungen anhören, die in der Äußerung gipfelte: »Was soll mir denn schon ein Ersatztorwart beibringen können?« Stabels Vertrag wurde nach der Saison 88/89 nicht mehr verlängert und 1990 scheiterte er frühzeitig beim Bundesligisten FC Homburg. Anschließend war der passionierte Leser (»Ich lese alles, was irgendwo rumliegt. Ist mir völlig egal, was.«) im Pfälzer Raum noch bis Mitte der neunziger Jahre als Trainer bei verschiedenen Amateurklubs tätig. Während der Saison 02/03 bewarb er sich beim 1. FC Kaiserslautern erfolglos um einen Platz im Aufsichtsrat.

Stars, Jürgen

Geboren: 24.06.1948 (Deutschland)
BL-Verein: Hamburger SV (1977–1980)
BL-Spiele: 2
Vereinstitel: 1x Meister (1979)

Der gelernten Maschinenschlosser mit den »bratpfannengroßen« Händen spielte ab 1956 zunächst bei den Lübecker Vorortklubs TSV Kücknitz und TSV Schlutup. 1967 wurde er zum ansässigen Regionalligisten Phönix geholt, um sich in dieser Spielklasse schnell als einer der besten Torhüter zu entpuppen. Von den Sportjournalisten beständig mit Bestnoten bedacht, avancierte der 1,86 m große Jürgen »Jule« Stars in einer mittelmäßigen Lübecker Mannschaft in den kommenden Jahren zum »großen Star« (»Kicker«).

Neben seiner Cleverness und Sicherheit glänzte der Keeper in den norddeutschen Derbys gegen Arminia Hannover oder HSV Barmbek-Uhlenhorst wiederholt mit glänzenden Reflexen. Von den Experten bereits mit dem Prädikat »Bundesligareif« bedacht, war der 22-jährige Zerberus 1969 beim VfB Stuttgart im Gespräch, die sich jedoch schließlich für Hans → Hauser entschieden.

Stattdessen wechselte Stars vor der Saison 71/72, als Nachfolger von Horst → Kirsch, zum ambitionierten saarländischen Regionalligisten SV Röchling Völklingen. Unter Trainern wie Helmut Johannsen und Herbert Binkert nahm der Verein 1972 und 1973 an der Aufstiegsrunde zur Bundesliga teil.

Stars, der in der Saison 72/73 nur 19 Gegentore kassieren musste und von DFB-Trainer Josef Derwall Einladungen zu Junioren-Lehrgängen erhielt, beeindruckte dabei konstant durch brillante Leistungen. Von Bundesligisten wie Eintracht Frankfurt, 1860 München und Rot-Weiß Essen umworben, erschien dem Realisten seine hauptberufliche Tätigkeit als Ausbilder in einem ansässigen Stahlwerk zu solide, um dafür eine unsichere Profi-Existenz zu riskieren. Röchling Völklingen gelang 1974 die Qualifikation zur neu gegründeten 2. Bundesliga. Stars bastelte fleißig an seiner beruflichen Karriere und bildete sich zum Techniker weiter. Während der Saison 75/76 sorgte er mit seinem Klub im DFB-Pokal für gehörige Furore, als man erst im Viertelfinale gegen Bundesligist Hertha BSC die Segel streichen musste. Zumeist ohne Torwarthandschuhe und im kanariengelben Sweater spielend, blieb Stars bis zum Sommer 1977 ein Rückhalt im Röchling-Tor, ehe sich der Verein nach dieser Spielzeit aus finanziellen Gründen freiwillig ins Amateurlager zurückzog.

Für eine Ablösesumme von 120.000 DM wechselte er kurz vor seinem 29. Geburtstag zum Hamburger SV. Endlich war der viel gelobte Zerberus in der höchsten Spielklasse angekommen, traf mit Nationaltorwart Rudolf → Kargus jedoch auf einen schier unüberwindbaren Konkurrenten. Während der Saison 77/78 gelangte der ehrgeizige und trainingfleißige Schlussmann (»Ich muss hart rangenommen werden, dann ist es richtig.«) nur zu Einsätzen im DFB-Pokal, beim Supercup-Match gegen den FC Liverpool sowie in der »Hafen-Pokal«-Begegnung gegen Athletico Madrid. In beiden internationalen Begegnungen kaum ernsthaft gefordert, missglückte seine Vertretung für den fußknöchelverletzten Kargus im DFB-Pokal-

Achtelfinale gegen Schalke 04. Zwei Tore verschuldete »Starski« bei der 2:4-Niederlage im Gelsenkirchener Parkstadion und als einzige Entschuldigung konnte seine mangelnde Wettkampfpraxis angeführt werden. Ebenfalls null Bundesliga-Spiele gab es für Stars in der folgenden Saison. Obwohl der einst gefeierte Kargus, trotz Meisterschaftsgewinns, immer heftiger in die Kritik geriet, stand ein Einsatz der Nummer 2 nie zur Diskussion. Der einstige »Star von morgen« (Kicker) mutierte in der Bundesliga zum ewigen Ersatztorwart ohne große Perspektiven. Während der Saison 79/80 gab er dann, am 15. Spieltag gegen Eintracht Braunschweig, für den verletzten Kargus mit 31 Jahren endlich sein Bundesligadebüt. Beim 1:1 wurde er vor keine großen Aufgaben gestellt, wirkte bei seinen wenigen Aktionen dennoch nervös. HSV-Trainer Branko Zebeč wollte den mittlerweile ungeliebten Kargus endgültig loswerden und sein Klub verpflichtete für die kommende Saison mit Heinz-Josef → Koitka und Ulrich → Stein gleich zwei neue Torhüter. Der Vertrag von Stars wurde ebenfalls nicht verlängert und zum Abschied bekam er von Zebeč am letzten Spieltag gegen Schalke 04 noch einmal siebzehn Bundesligaminuten geschenkt.

Es folgte der Wechsel zum Zweitligisten VfR Oli Bürstadt, den er aber mitten in der Saison 80/81 verließ, um in Amerika bei den Calgary Boomers anzuheuern. Weitere Engagements in der US-Soccer-Liga erfolgten bis 1984 bei den Tampa Bay Rowdys sowie Tulsa Rougnecks. Seine letzte Spielzeit in den USA absolvierte er unter dem ehemaligen holländischen WM-Finalisten Wim Suurbier, ehe er wieder nach Deutschland zurückkehrte. Nach der Station Altona 93, aus der sich auch Berufungen in die Stadt-Auswahl ergaben, beendete Stars seine aktive Laufbahn beim Amateurligisten VfL Pinneberg. Danach folgten eine Lehrzeit als Trainer-Assistent von Willi Reimann beim SC Norderstedt sowie von 1996–1997 Co- und Torwarttrainertätigkeiten beim Hamburger SV. 1988 war Stars neben Wolfgang → Kleff, Franz Beckenbauer, Wolfgang Overath, Uwe Seeler und vielen anderen Ex-Nationalspielern Teilnehmer der »Oldie-WM« im brasilianischen São Paulo.

Stauce, Gintaras

Geboren: 24.12.1969 (Litauen)
BL-Verein: MSV Duisburg (1997–2000)
BL-Spiele: 46
A-Länderspiele für Litauen: 53

Mit 12 Jahren verließ der gebürtige Litauer Gintaras Stauce sein Elternhaus, um in einem Sportinternat die Schule mit der Fußballpassion zu verbinden. Während seiner ersten Station beim litauischen Klub Alytus Pusynas wurde er 1985 in die U14-Auswahl der UdSSR berufen, um mit der U16-Auswahl 1986 einen dritten Platz bei der Europameisterschaft zu belegen.

1986 wechselte er als 17-jähriger Nachwuchskeeper zu Spartak Moskau, um ab 1992 allmählich Stammtorwart Stanislaw → Tschertschessow abzulösen und mit dem Verein 1992, 1993 und 1994 die russische Meisterschaft zu erringen. 1994 wagte der Diplom-Sportlehrer, der nach dem Zerfall der UdSSR gegen Polen 1992 in der litauischen Nationalmannschaft debütierte, den Schritt in die Türkei, um im ersten Jahr bei Galatasaray Istanbul Stammtorhüter zu sein. Als Ausländer von Istanbuls neuem Trainer Graeme Souness anschließend nicht mehr berücksichtigt, folgten zwei weitere Jahre bei den türkischen Klubs Karsiyaka Izmir und Sariyer Spor Istanbul, mit denen er am Saisonende jeweils zu den Absteigern gehörte. Mittlerweile Stammtorwart in seiner Nationalmannschaft, wurde der 1,87 m große Schlussmann im August 1997 vom Bundesligisten MSV Duisburg verpflichtet.

Als Nummer 2 hinter dem norwegischen Nationaltorhüter Thomas → Gill musste sich der Fan von Christopher Lambert, Depeche Mode und dem Schriftsteller Erich Maria Remarque (Stauce: »Weil er das Leben beschreibt, wie es ist – ohne etwas zu beschönigen.«) bis zum 34. Spieltag gedulden, ehe er im Auswärtsspiel gegen Hertha BSC erstmals zum Einsatz kam. Der dürre Keeper mit dem »leicht eingefallenen Gesicht« zeigte eine starke Vorstellung, parierte einen Elfmeter, um damit zum Matchwinner des 3:1-Sieges zu avancieren. Dennoch blieb der Junggeselle, auch zum Start der Saison 98/99, Ersatzmann, weil Gill noch Kredit genoss und er zudem an einem Furunkel laborierte. Der Litauer steckte nicht auf und konnte sich aufgrund der Patzer seines Kontrahenten Hoffnungen auf einen baldigen Einsatz machen. Als Gill am 12. Spieltag gegen Borussia Dortmund wieder den Ausgangspunkt einer Niederlage bildete, war die Geduld von Trainer Friedhelm Funkel endgültig erschöpft. Stauce wurde ins Tor beordert und der Keeper mit dem schmucken Vornamen (Gintaras = Bernstein) zeigte beim 2:0-Sieg gegen den VfL Bochum eine Performance ohne Fehl und Tadel. Ausgestattet mit glänzenden Reflexen und stoischer Ruhe entpuppte sich der »ruhige und absolut kollegiale Zeitgenosse« im Verlauf dieser Spielzeit als absolute Entdeckung. Katzengewandt und mit enormer Sprungkraft in den Beinen, die nach der Rückrunde immer in hellblauen Trainingshosen steckten, hielt er gegen 1860 München, SC Freiburg, Borussia Mönchengladbach und Hertha BSC die Punkte praktisch im Alleingang fest. Mit nur 11 Gegentoren in 17 Spielen der Rückrunde bugsierte das »Glanzstück« den MSV Duisburg in die UI-Cup-Ränge, um nach Saisonabschluss vom Fachblatt »Kicker« in der Torwart-Rangliste, unmittelbar hinter Oliver → Kahn, auf Platz 2 eingestuft zu werden.

Die nächste Spielzeit entwickelte sich für Klub und Keeper zum sportlichen Reinfall. Stauce ließ alle Tugenden der Vorsaison vermissen, bot schwache Leistungen und musste zudem wegen Verletzungen und Platzverweis mehrmals unfreiwillige Pausen einlegen.

Nach Duisburgs Abstieg liebäugelte Stauce, der neben Türkisch, Russisch und Englisch auch schnell die deutsche Sprache erlernte, mit einem Transfer ins Ausland, blieb aber noch eine Zweitligaspielzeit beim MSV. Anschließend wechselte er zum griechischen Erstligisten PAE Akratitos, um seit der Spielzeit 02/03 bei APO Fostiras Athen unter Vertrag zu stehen. Als Stauce am 7. September 2002, im Rahmen der EM-Qualifikation, mit seiner Nationalmannschaft auf die deutsche Auswahl traf, hatte er bereits 51 Länderspiele auf dem Buckel.

Staude, Erich

Geboren: 11.02.1938 (Deutschland)
BL-Verein: Meidericher SV/MSV Duisburg (1963–1967)
BL-Spiele: 2

Schon zu Zeiten der Oberliga West lieferte sich der gelernte Rohrschlosser Erich Staude beim Meidericher SV einen harten Konkurrenzkampf mit dem Herner Friedhelm Jesse. Zuvor bei Fichte Bielefeld aktiv, hatte Staude gegenüber dem Kontrahenten zumeist das Nachsehen. Nachdem sich der Verein 1963 für die neu gegründete Bundesliga qualifizieren konnte, wurde beiden Schlussleuten der »Coming-Star« Manfred → Manglitz vor die Nase gesetzt.

Staude wurde endgültig zum Reservisten und für seine Loyalität im »Kicker« vom Rivalen Manglitz gelobt: »Der Erich weiß sehr wohl zu vereinbaren, mich nach besten Kräften zu unterstützen und gleichzeitig um eine eigene Form bemüht zu bleiben.« Anderthalb Jahre und 46 BL-Spiele musste der Ersatzmann warten, ehe eine Verletzung von Manglitz den ersten BL-Einsatz ermöglichte. An der 0:2-Niederlage am 17. Spieltag beim 1. FC Kaiserslautern schuldlos, konnte Staude den erneut verletzten Manglitz am 24. Spieltag gegen Hertha BSC zum zweiten Mal vertreten. Das Spiel endete 2:2 und Aushilfstrainer Willy Schmidt resümierte anschließend: »Das Fehlen von Manglitz hat Unsicherheit geschaffen.« Auch der »Kicker« konnte sich eine gewisse Häme bei der Vorschau auf die nächste Paarung nicht verkneifen: »Hannover 96 ist Favorit, wenn Manglitz noch fehlen sollte.« Dazu kam es nicht und Staude kehrte für die nächsten zwei Spielzeiten auf die Ersatzbank zurück. Nach der Saison 67/68 wurde sein Wechsel zum Regionalligisten Arminia Bielefeld gemeldet.

Stefens, Fritz

Geboren: 27.10.1948 (Deutschland)
BL-Vereine: SV Werder Bremen (1969–1971), Rot-Weiß Essen (1973–1974)
BL-Spiele: 8

Weil Ex-Nationaltorhüter Günter → Bernard bei Werder Bremen allmählich »in die Jahre« kam, schaute sich sein Verein im Frühjahr 1969 nach einem potentiellen Nachfolger um. In Fritz Stefens, einem 1,88 m großen »Torwartriesen«, der vorher bei Germania Papenburg und dem SV Meppen spielte, schien ein hoch talentierter Zerberus gefunden. Während der Saisonvorbereitungen in England konnte der Nordfriese zunächst überzeugen. Weil Bernard zudem einen Handbruch auskurieren musste, stiegen die Chancen für einen Einsatz zum Saisonstart. Bei weiteren Testspielen zeigte der 21-jährige Keeper jedoch eklatante Schwächen und Trainer Fritz Rebell konnte nur hoffen, dass Bernard rechtzeitig fit sein würde. Bernard blieb nach seiner Genesung die Nummer 1, musste aber vor dem 7. Spieltag aufgrund einer Leistenzerrung pausieren. Debütant Stefens zeigte bei der 1:4-Niederlage gegen Bayern München eine äußerst schwache Leistung und zwei weitere Einsätze zum Saisonende nährten Zweifel an seiner Bundesligatauglichkeit.

Während der Saison 70/71 gab es für den Ersatzmann – am 10. Spieltag bei Borussia Mönchengladbach – anstelle des verletzten Bernard einen 5-Minuten-Einsatz. In der Rückrunde räumte Bernard, am 23. Spieltag gegen Hertha BSC, in der Halbzeit freiwillig seinen Posten. Stefens stand keine zwei Minuten im Tor, als er sich einen Flankenball eigenhändig ins Netz bugsierte und damit unfreiwillig für die Vorentscheidung sorgte. Trotz eines weiteren Einsatzes am 31. Spieltag, bei der 1:3-Niederlage gegen den 1. FC Kaiserslautern, hatte Stefens seine Zukunft bei Bremen hinter sich, obwohl Trainer Robert Gebhardt (»Ich würde Stefens gerne behalten, denn er ist sehr entwicklungsfähig.«) nach wie vor von dessen Talent überzeugt war.

Der enttäuschte Schlussman kehrte zum Amateurligisten SV Meppen zurück, konnte überzeugen und erhielt während der Saison 71/72 mehrfach Berufungen in die Niedersachsen-Auswahl. In der gleichen Spielzeit gelang ihm mit dem Klub der Wiederaufstieg in die Regionalliga Nord. Wieder von einigen Klubs umworben, wechselte er für die Saison 72/73 zum ambitionierten Regionalligisten Rot-Weiß Essen. Auf Anhieb erlangte er mit dem Klub am Saisonende Meisterschafts- und Aufstiegsehren, absolvierte aber als zweiter Mann hinter Heinz → Blasey nur vereinzelte Einsätze.

Vor der Bundesligasaison 73/74 steckte Trainer Horst Witzler bei der Torwartfrage in einer Zwickmühle, denn sowohl Stefens als auch Blasey zählten zu den Unsicherheitsfaktoren. Zum Auftakt entschied sich der Coach für Stefens, der seine Sache beim 1:1-Remis gegen Kickers Offenbach ordentlich erledigte. Eine Woche später folgte für den Hünen, bei der 2:6-Heimpleite gegen Borussia Mönchengladbach, der Bundesligaexodus. Wegen seiner schwachen Leistung kam anschließend Blasey zum Einsatz und Rot-Weiß Essen verpflichtete einige Wochen später Udo → Böhs von Vienna Wien.

Stefens, nur noch die nominelle Nummer 3, wurde noch in der laufenden Saison wie Sauerbier angeboten, wechselte aber erst zur Saison 74/75 zum Zweitligisten 1. FC Mülheim. Auch hier konnte er sich gegen den etatmäßigen Stammtorwart Wilfried Mackscheidt nicht entscheidend durchsetzen und gelangte nur zu sechs Zweitligaeinsätzen. Anschließend wurde er von Bundesligaabsteiger Wuppertaler SV als Ersatztorwart für Manfred → Müller verpflichtet. Stefens ließ sich zur wallenden Lockenmähne einen Django-Schnauzer wachsen und gab in seinen 33 Zweitligaeinsätzen von 1975–78 neben den Kollegen Müller, Vladimir → Kovačič sowie Josef → Elting nicht immer die glücklichste Figur ab.

Stein, Ulrich

Geboren: 23.10.1954 (Deutschland)
BL-Vereine: Arminia Bielefeld (1978–1979; 1996–1997), Hamburger SV (1980–1987; 1994–1995), Eintracht Frankfurt (1987–1994)
Vereinstitel: 2x Meister (Hamburger SV: 1982, 1983), 2x DFB-Pokal (Hamburger SV: 1987; Eintracht Frankfurt: 1988) 1x Europapokal der Meister (Hamburger SV: 1983)
BL-Spiele: 512
A-Länderspiele für Deutschland: 6

Schon als »Knirps« wollte der gebürtige Hamburger Ulrich Stein immer Torwart sein. Zu seinem ersten großen Vorbild avancierte der frühere Nationaltorhüter Wolfgang → Fahrian, den er, insbesondere bei der Weltmeisterschaft 1962 in Chile, ausgiebig bewundern konnte. Der »Traum vom Fliegen« nahm seinen Anfang in der E-Jugend des FC Nienburg, dem sich 1968 der Wechsel zum benachbarten TSV Wunstorf anschloss. Trainer Günther Blume bestätigte dem damaligen »Fliegengewicht« eine »Wahnsinnsreaktion« und mit dem Amateurverein gelang in den folgenden vier Jahren zweimal der Aufstieg. Bei einem Testspiel gegen die Niedersachsenauswahl brachte der 1,84 m große Schlussmann die gegnerischen Stürmer schier zur Verzweiflung, um daraufhin selber in die Auswahl eingeladen zu werden. Am 16. Mai 76 feierte der gelernte Großhandelskaufmann mit der Niedersachsenelf durch einen 1:0-Sieg über Bayern den Gewinn des deutschen Amateurländerpokals. Von verschiedenen Profivereinen umworben, wechselte der »Klasse-Torwart« vor der Saison 76/77 zum Zweitligisten Arminia Bielefeld.

In seiner ersten Zweitligasaison konnte »Uli« auf Anhieb den altgedienten Gerd → Siese verdrängen. Eine Meinungsverschiedenheit mit Trainer Karl-Heinz Feldkamp führte im Dezember 77 zum ersten Eklat des »jungen, zornigen Mannes im Tor der Arminia« (Kicker), als der bei einem Meisterschaftsspiel provokativ eine Rückgabe ins Tor rollen ließ. Kurzzeitig auf die Ersatzbank verbannt, kämpfte er nach seiner Rückkehr mit seinem Klub noch in der gleichen Spielzeit um den Aufstieg. Nach einem 4:0-Triumph im ersten Aufstiegsspiel gegen den Zweitplatzierten der 2. Bundesliga Süd, 1860 München, folgte im Rückspiel eine unerwartete 0:4-Pleite. Beim Entscheidungsspiel auf neutralem Boden unterlag Arminia Bielefeld im ausverkauften Frankfurter Waldstadion mit 0:2 und der ehrgeizige Zerberus musste ein weiteres Jahr Zweitligaschüsse abwehren.

Während der Saison 78/79 brillierte der eigenwillige »Dickschädel« weiterhin mit sportlichen Höchstleistungen und schaffte mit seinem Klub Zweitligameisterschaft und Bundesligaaufstieg. Ab 1975 auch mehrfach in der Amateur-Nationalmannschaft eingesetzt, fühlte er sich dennoch neben Heinz-Josef → Koitka ständig zurückgesetzt. Aus verletzter Eitelkeit blieb er einem anberaumten DFB-Lehrgang fern und brüskierte anschließend noch DFB-Trainer Josef Derwall, was nach Steins späterer Meinung »der Anfang vom Ende meiner internationalen Karriere war.«

In seinem ersten Bundesjahr unterstrich der »Torwartrebell« mehrfach sein überragendes Talent. Schon im ersten Spiel beim MSV Duisburg avancierte er zum »Mann des Tages«, hielt am 20. Spieltag gegen Werder Bremen überragend, um im Spiel bei Eintracht Frankfurt ebenfalls in bestechender Manier zu agieren. Differenzen mit Trainer, Vorstand und Mannschaft sorgten nach dem 6. Spieltag allerdings erneut für einen »Fall Stein«, der deshalb für das nächste Spiel suspendiert wurde. Nach dem sang- und klanglosen Abstieg glückte Stein mit Arminia Bielefeld – durch eine Rekordserie von 28 Spielen ohne Niederlage und lediglich 31 Gegentoren – während der Saison 79/80 der sofortige Wiederaufstieg. Durch Vermittlung seines einstmaligen Idols Fahrian wechselte der umworbene Keeper, nach einigen Querelen um die Ablösesumme, anschließend zu seinem Traumverein Hamburger SV.

Der Klub hatte jedoch als Nachfolger für den geschassten Rudolf → Kargus zusätzlich Ex-Amateurkollege Koitka engagiert. Stein konnte in den Vorbereitungsspielen nicht vollends überzeugen, und zog sich zudem kurz vor dem Saisonstart eine Fingerverletzung zu. Koitka nutzte die sich bietende Gelegenheit glänzend, während sich die ursprüngliche Nummer 1 zunächst zähneknirschend auf der Reservebank wieder fand. Nach der 0:5-Heimpleite im UEFA-Cup-Spiel gegen AS St.Etienne bekam Koitka von Trainer Branko Zebeč eine Pause verordnet. Stein stand ab dem 15. Spieltag wieder im Kasten, ehe er im Februar 81, beim DFB-Viertelfinalspiel gegen Eintracht Braunschweig, mit Fangfehlern und Fehlreaktionen eine unnötige 3:4-Niederlage verursachte. Anschließend wieder Bankdrücker, gab ihm Interimstrainer Aleksandar Ristič am 32. Spieltag eine zweite Chance. Gegen den Karlsruher SC stellte Stein (»Ein Torhüter muss anders sein.«) in einigen Situationen seine Klasse unter Beweis, um eine Woche später, beim torlosen Unentschieden gegen 1860 München, einen Foulelfmeter zu parieren.

Vor der Saison 81/82 vom neuen Coach Ernst Happel zur Nummer 1 erklärt, zeigte er in den nächsten Monaten Leistungen, die nach eigenen Aussagen »zwischen Welt- oder Kreisklasse« pendelten. Absoluter Tiefpunkt war das Gipfeltreffen gegen Titelkonkurrent Bayern München am 29. Spieltag der Saison 81/82. Weil sich der Schlussmann bei einem harmlosen Kopfball von Dieter Hoeneß völlig verschätzte, lag der Hamburger SV im Münchener Olympiastadion

25 Minuten vor Spielende mit 1:3 zurück, um erst durch zwei Horst Hrubesch-Tore kurz vor Schluss noch die Wende zum 4:3-Sieg herbeizuführen. Happel hielt jedoch trotz aller Eskapaden an seinem flatterhaften Schlussmann fest und wurde für diese unerschütterliche Treue letztendlich belohnt. 1981 und 82 wurde der HSV mit Stein im Tor Meister. Am 24. Mai 83 stellte er beim Finale um den Europapokal der Meister gegen Juventus Turin mit einer Weltklasseleistung seinen Gegenüber Dino Zoff, klar in den Schatten. Nach dem 1:0-Triumph im Athener »Hexenkessel« stabilisierten sich die Leistungen des einstigen Zappelphilipp auf hohem Niveau.

Am 7. Juni 1983 feierte das »Großmaul«, nach der Halbzeit für Dieter → Burdenski eingewechselt, im Alter von 29 Jahren gegen Jugoslawien sein Länderspieldebüt. Die einzigen beiden Schüsse auf sein Tor führten zu zwei Treffern und Stein fürchtete schon, sein »erstes und letztes Länderspiel« bestritten zu haben.

In seinem Verein sorgte er neben sportlichen Gala-Vorstellungen weiterhin für Kapriolen. Um bei den Vertragsverhandlungen mit HSV-Manager Günter Netzer bessere Konditionen für sich herauszuschlagen, erfand Stein die Geschichte eines Öl-Scheichs, der ihn angeblich mit Petrodollars nach Saudi-Arabien locken wollte. Im Februar 84 konnte das »Enfant terrible« erst durch eine Gelbe Karte dazu bewogen werden, sich zum Elfmeter ins Tor zu stellen. Anschließend seine Mitspieler beschimpfend, kassierte er von seinem Verein eine Geldstrafe sowie die Androhung einer fristlosen Kündigung.

Zwischen 1983 und 1985 nur sporadisch bei Länderspielen eingesetzt, avancierte er durch kontinuierliche Glanzleistungen vor der Weltmeisterschaft 1986 in Mexiko zu einem ernsthaften Konkurrenten für Harald → Schumacher. Teamchef Franz Beckenbauer hielt dennoch an dem Kölner fest, während der verärgerte Stein (»Ich habe nicht das Gefühl, dass es in der Nationalmannschaft nur nach Leistung geht.«) im Trainingslager in Queretaro Dampf abließ. Nachdem der »Gerechtigkeitsfanatiker« den Teamchef als »Suppenkasper« bezeichnete, wurde er postwendend, als erster deutscher WM-Teilnehmer in der Geschichte, vorzeitig nach Hause geschickt.

Nach seiner Rückkehr in Deutschland endgültig mit dem Querulantenimage behaftet, sorgte der »Stein des Anstoßes« im Oktober des gleichen Jahres bei der 2. DFB-Pokalrunde gegen den FC Augsburg für den nächsten Eklat. Wegen Schiedsrichterbeleidigung vom Platz gestellt, zeigte »Stone« dem Augsburger Publikum beim anschließenden Gang in die Kabine den Mittelfinger, was von seinem Verein wieder mit einer Geldstrafe geahndet wurde. Trainer Happel verbannte ihn auf die Ersatzbank, um für den Rest der Hinserie Ersatzmann Uwe → Hain ins Tor zu schicken. Nach seiner Rückkehr zur Rückrunde besser als je zuvor, ergab sich im Frühjahr 87 durch Suspendierung von Schumacher für Stein eine unerwartete Chance zum Comeback.

Beckenbauer zeigte sich zur Versöhnung bereit un wollte Stein ab der Saison 87/88 wieder für Länderspiele nominieren, als dem impulsiven Schlussmann am 28. Juli 87 beim Supercupspiel gegen Bayern München erneut die Sicherungen durchbrannten. In der 87. Minute revanchierte er sich nach einem Gegentreffer bei Bayerns Torschützen Jürgen Wegmann mit einem Faustschlag. Nach dem anschließenden Platzverweis verhängte der DFB anschließend eine zehnwöchige Sperre, worauf die Vereinsführung des HSV im Oktober seinen Vertrag mit sofortiger Wirkung auflöste. Die Nationalmannschaft war nach zwei B- sowie sechs A-Länderspielen jetzt endgültig passé und Stein musste sich wochenlang auf dem Platz eines Hamburger Vorstadtvereins fit halten.

Eintracht Frankfurt plagte jedoch aufgrund der unbeständigen Leistungen ihres Keepers Hans-Jürgen → Gundelach ein chronisches Torwartproblem. Ab November bei Frankfurt unter Vertrag, feierte der »einsame Flieger« ein fantastisches Comeback. Bei seinem Debüt am 14. Spieltag gegen Schalke 04 überragte er den verhassten Konkurrenten Schumacher im Gehäuse um Längen und seine Blitzreaktionen im DFB-Halbfinale bei Werder Bremen bildeten die Basis für Frankfurts Finaleinzug. Nach dem 1:0-Sieg im Endspiel gegen den VfL Bochum resümierte Eintracht-Trainer Karl-Heinz Feldkamp:

»Entscheidend für den Erfolg war die Verpflichtung von Uli Stein.«

Am ersten Spieltag der Saison 88/89 verfiel der ewige Störenfried wieder in alte Verhaltensmechanismen: Frustriert von dem 0:3-Rückstand seiner Mannschaft gegen Bayern München setzte er sich, demonstrativ gelangweilt, auf die Werbebande neben seinem Tor. Vom Schiedsrichter mit der Roten Karte bedacht, aber vom DFB nur mit einer Geldstrafe belegt, erlebte der mittlerweile älteste Bundesligatorhüter mit Eintracht Frankfurt in den nächsten Jahren akute Abstiegsängste und berechtigte Meisterschaftshoffnungen. Als moderner Torwart-Libero eliminierte der Mannschaftskapitän durch frühzeitiges Herauslaufen brenzlige Situationen bereits im Ansatz, um durch diese risikoreiche Spielweise jedoch ebensolche herauszufordern. Mit 38 Jahren wurde der »seit Sepp → Maier souveränste Wächter zwischen deutschen Torpfosten« nach der Hinrunde 92/93 vom »Kicker« bei der Torwart-Rangliste, hinter Andreas → Köpke, sogar noch einmal in die Weltklasse eingestuft und beabsichtigte noch mit 40 Jahren im Tor zu stehen.

Auch die Saison 93/94 verlief zunächst nach Maß. Unter dem neuen Trainer Klaus Toppmöller setzte sich Eintracht Frankfurt schnell als Tabellenführer fest. Nach dem 16. Spieltag folgten sieben sieglose Spiele in Folge und im April 94 geriet der Torhüter erneut in die Negativschlagzeilen. Einige Mitspieler beschuldigten ihn, beim Training von ihm beschimpft und so-

Uli Stein handelt sich mal wieder Ärger ein.

gar geschlagen worden zu sein. Es folgte die erneute, vorzeitige Entlassung für Stein und aus Loyalität ging Trainer Toppmöller gleich mit.

Für die Saison 94/95 kehrte er überraschend zum Hamburger SV zurück, wo er aber, aufgrund von Verletzungen sowie einer erneuten Rotsperre, nur 19 Einsätze absolvierte. Anschließend heuerte er wieder bei seiner ersten Profistation Arminia Bielefeld an. Der ambitionierte Zweitligaaufsteiger schaffte während der Saison 95/96, mit dem erfahrenen Stein und weiteren Altstars, den direkten Durchmarsch in die Eliteklasse.

In der Saison 96/97 nach dem 0:0 bei Borussia Mönchengladbach am 1. Spieltag vom »Kicker« zum »Mann des Tages« gekürt, feierte der Bundesliga-Methusalem am 12. Spieltag seinen 42. Geburtstag, um am 15. Spieltag gegen den SC Freiburg den 500. BL-Einsatz zu absolvieren. Dank enormer Routine und gesunder Lebensweise immer noch ein überdurchschnittlicher Bundesligatorhüter, sollte diese Periode für den »Django des deutschen Fußballs« ebenfalls unrühmlich enden. Zunächst verärgert von Gerüchten über eine angeblich geplante Verpflichtung von Andreas Köpke, erschien der Querkopf zu spät bei einer Mannschaftssitzung und musste zur Strafe einen geplanten Fernsehauftritt absagen.

Nach dem 1:1-Remis am 27. Spieltag gegen seinen Ex-Verein Hamburger SV geriet Stein am selben Abend in eine Schlägerei. Anschließend meldete er sich wegen einer Rippenprellung vom Training ab, um nach seiner Genesung von dem verärgerten Trainer Ernst Middendorp (»Das passt ins Bild.«) nicht mehr aufgestellt zu werden.

Die Auseinandersetzung mit seinem Arbeitgeber endete vor dem Arbeitsgericht, wo sich beide Parteien erst im Dezember 97 einigen konnten. Die außergewöhnliche Torwartkarriere war damit nach 20 Profi-Jahren sang- und klanglos beendet. Im Oktober 2000 dann sah man den mittlerweile 46-jährigen Stein noch einmal, aufgrund eines eingelösten Versprechens, das Tor des Oberligisten Kickers Emden hüten. Nach Trainertätigkeiten im norddeutschen Amateurbereich ist Stein seitdem als Spielerberater tätig.

Stiel, Jörg

Geboren: 03.03.1968 *(Schweiz)*
BL-Verein: Borussia Mönchengladbach (seit 2001)
BL-Spiele: 44 (zum Ende der Hinrunde 02/03)
A-Länderspiele für die Schweiz: 9 (zum Ende der Hinrunde 02/03)

Der »untypische Schweizer« (BILD) Jörg Stiel stammt aus einer bekannten Fußballerfamilie, deren Ursprung in Deutschland liegt. Vater Hans-Peter, ein gebürtiger Duisburger, spielte zunächst für den saarländischen Regionalligisten Borussia Neunkirchen, ehe er eine Offerte des Schweizer Erstligisten FC Wattingen annahm. Nach der Übersiedlung in die Schweiz kam Sohn Jörg 1968 im aargauischen Neuenhof zur Welt. Mit sieben Jahren startete er bei der E-Jugend des FC Baden mit dem Vereinsfußball, ehe der »Typ mit eigenem Stil« einige Jahre später zur B-Jugend von Grasshoppers Zürich wechselte. Trotz täglichem Training konnte er sich keinen Stammplatz erobern und ging bereits nach einem Jahr zum FC Wettingen. Beim B-Nationalligisten, der 1997 als erster Nationalliga-Fußballverein in der Schweiz Konkurs anmelden musste, konnte Stiel erstmals Aufmerksamkeit wecken, um mehrfach in die Schweizer Jugendauswahl nominiert zu werden. Mit 17 Jahren bereits ein Kandidat für die 1. Mannschaft, absolvierte der 1,80 m große Nachwuchsmann während der Saison 86/87 erstmals vierzehn Meisterschaftseinsätze und beeindruckte nach Expertenmeinung durch ein »sehr gepflegtes Abspiel, das große Spielintelligenz verrät«.

Nach Wettingens Aufstieg in die A-Nationalliga avancierte der gelernte Kaufmann zu einem der besten eidgenössischen Torhüter. Aber erst nach seinem Wechsel 1990 zum FC St. Gallen folgten zwei Jahre später erste Einladungen zu Nationalmannschafts-Lehrgängen sowie Berufungen in den A-Kader, ohne dass er zu diesem Zeitpunkt einen offiziellen Einsatz absolvierte. Eine viel versprechende Karriere schien sich anzubahnen, ehe der Zerberus während der Saison 92/93 die Kehrseite seines Jobs kennen lernen musste. Zuvor beim FC St. Gallen ein beständiger Rückhalt und absolute Führungspersönlichkeit, stieg er in dieser Spielzeit mit seinem

Klub in die zweite Liga ab. Von den Fans zum Sündenbock des Niedergangs deklariert und als »arroganter Fliegenfänger« geschmäht, drohte dem Keeper in seiner Heimat das Karriereende, ehe ihn während dieser schwierigen Situation das überraschende Angebot des mexikanischen Erstligaaufsteigers Toros Neza ereilte.

Bei dem Klub aus einem Armenviertel in Mexiko-City fand der charismatische Typ den nötigen Abstand zu den unerfreulichen Ereignissen. Sportlich ließ er sich von dem mexikanischen Nationaltorwart Jorgé Campos inspirieren und erweiterte im Verbund mit der Dreier-Abwehrkette sein Torwart-Spiel um eine Libero-Funktion. Auch menschlich hinterließ diese Episode ihre Spuren. Bilder von bettelnden Kindern und »Menschen, die eine Woche lang sparen, um sich einen Platz im Stadion leisten zu können«, prägten Stiels Meinung vom Fußball, »der nichts ist, angesichts der täglichen Probleme, die diese Leute zu bewältigen haben«. Für einen behinderten Fan, den er bei jedem Heimspiel antraf, organisierte er zudem regelmäßig Eintrittskarten. 1994 kehrte Stiel in seine Heimat zurück, um einen Zweijahresvertrag beim FC Zürich zu unterschreiben. Wieder erlebte er zwei wechselhafte Jahre, in denen er sich mit dem Trainer überwarf, um 1996 wieder ohne Verein zu sein. Erneut arbeitslos, übernahm die scheinbar ewige »Reizfigur« notgedrungen einen Bürojob bei einer Fensterfirma. Nach einigen Monaten meldete sich sein früherer Verein FC St. Gallen und obwohl Stiel einst geschworen hatte, nie mehr für den Ex-Klub zu spielen, wagte er einen zweiten Versuch. Gestählt durch das karrieremäßige Wechselbad, entwickelte sich der einstige »Versager« schnell zum entscheidenden Rückhalt, der mit seinem Klub in der Saison 99/00 – nach 98 Jahren – den Schweizer Meistertitel erringen konnte. Am 15. November 2000 absolvierte der mittlerweile 30-jährige Goalie gegen Tunesien sein erstes Länderspiel, dem sich fünf Monate später gegen Schweden der zweite internationale Einsatz anschloss. In seinem dritten A-Länderspiel bereits Mannschaftskapitän, zählte der einstmals Geschmähte jetzt zu den bekanntesten Schweizer Fußballstars. Optisch, mit langen Haaren und Dreitagebart eher wie ein Outlaw wirkend, nutzte »Jogi« seine Popularität auch für eine Umweltkampagne, um auf Fotos unkonventionell mit Bademantel und Adiletten zu posieren.

Vor der Saison 01/02 krankte Bundesligarückkehrer Borussia Mönchengladbach an einem ernsthaften Torwartproblem. Stammtorwart Uwe → Kamps laborierte noch an den Folgen einer Meniskusoperation, während Ersatzmann Bernd → Meier nicht das Vertrauen von Trainer Hans Meyer besaß. Nach gescheiterten Verhandlungen mit anderen Torhütern, wechselte Stiel für eine Ablösesumme von ca. 2 Millionen DM kurz vor Saisonstart an den Gladbacher Bökelberg.

Zwar etablierte sich der »Kerl mit dem etwas freakigem Charme eines Flohmarkthändlers« auf Anhieb zum Stammspieler und gewann durch seine offene Art die Sympathien der Anhänger – in der Hinserie ließen seine Leistungen jedoch zu wünschen übrig. Beim 1:0-Sieg am 1. Spieltag über Bayern München verschuldete er durch riskante Spielweise beinahe einen Gegentreffer, um am 17. Spieltag gegen 1860 München mit einem unnötigen Abpraller den Ausgleich zu verursachen. Vom Fachblatt »Kicker« in der Torwart-Rangliste für eine Einstufung als »zu schwach« beurteilt, steigerte sich der Schweizer Goalie in der Rückrunde. Beim Rückspiel in München sorgte er mit souveräner Strafraumbeherrschung für das torlose Remis, um auch gegen den Hamburger SV, 1. FC Nürnberg und SC Freiburg wichtige Punkte im Abstiegskampf zu retten. Immer bemüht ein Spiel zu »lesen«, sorgt er zudem mit einem unorthodoxen Fangstil, bei dem er, im Gegensatz zu anderen Torhütern, den Ball nicht nach Lehrbuch-Art an den Körper zieht, sondern vorzugsweise in der Luft hält, für ein gewisses Maß an Ruhe und Sicherheit.

Als gefragter Interviewpartner, der kein Blatt vor den Mund nimmt, wurde der extrovertierte Eidgenosse zudem zu einer Art inoffizieller »Pressesprecher« des Vereins. In der Nationalmannschaft mittlerweile unumstrittener Stammtorwart, behauptete sich der »einzige Farbtupfer einer grauen Truppe« (Max Merkel) auch in der Saison 02/03. Die vormals mit reichlich Gel gebändigte Mähne wich einem soliden Kurzhaarschnitt, der auch äußerlich den sachlichen und zuverlässigen Stil des zweifachen Familienvaters dokumentierte. Nach dem 14. Spieltag stoppte ihn, wie bereits in der vorigen Spielzeit, ein Muskelfaserriss. Bei optimalem Verlauf will Stiel noch zwei bis drei Jahre im Tor stehen und hofft, einmal an einem großen Turnier teilnehmen zu können.

Strich, Horst-Dieter

Geboren: 08.04.1941 (Deutschland)
BL-Vereine: 1. FC Kaiserslautern (1963–1965), 1. FC Nürnberg (1966–1968)
BL-Spiele: 44

Der »Torwart von Klasse« (Kicker) begann nach dem Umzug seiner Eltern von Berlin nach Worms die Laufbahn bei der ansässigen Wormatia. Von 1959–61 hütete Horst-Dieter Strich das Tor der Oberligamannschaft, agierte auch des Öfteren als Feldspieler und wechselte zwei Jahre später zum Lokalrivalen FSV Mainz 05. 1963 beeindruckte der 1,80 m große Schlussmann mit einer überragenden Leistung im Oberliga-Match gegen den 1. FC Kaiserslautern was das Interesse des Gegners weckte.

Der »Held des Tages« wurde anschließend von Kaiserslautern für die erste Bundesligasaison 63/64 verpflichtet. Auf Anhieb erwies sich der gebürtige Berliner als ebenbürtiger Konkurrent von Wolfgang → Schnarr. Der »katzengewandte« Zerberus zeigte in seinem ersten Einsatz für den verletzten Rivalen am 4. Spieltag gegen Werder Bremen eine hervorragende Leistung. Auch in weiteren Spielen agierte der Keeper zunächst überzeugend. Spätestens nach dem 3:9-Desaster am 11. Spieltag bei Borussia Dortmund kristallisierte sich aber bei dem jungen Schlussmann eine vermeintliche Schwäche heraus. Seine Probleme bei den damals noch schwach beleuchteten Flutlichtspielen bestätigten sich in einer weiteren schwachen Darbietung am 14. Spieltag beim 1. FC Köln. Anschließend landete Strich zunächst auf der Ersatzbank und durch die zwei schwachen Vorstellungen platzte auch sein Nationalmannschaftsdebüt, welches ihm von Trainer Sepp Herberger bei den weihnachtlichen Algerien/Marokko-Länderspielen versprochen war.

Zum Rückrundenstart setzte sich das zermürbende Torwartduell zwischen Strich und Schnarr fort. Trainer Günter Brocker entschied sich zunächst für Schnarr, um auch Strich regelmäßige Bewährungsproben einzuräumen. Am 20. Spieltag rettete Strich mit tollen Paraden den 2:1-Sieg über 1860 München und sechs Wochen später bewies er gegen Borussia Dortmund wieder sein »bestechendes Reaktionsvermögen« (Kicker).

Auch während der Saison 64/65 konnte sich keiner der Torleute einen entscheidenden Vorteil im Kampf um die Nummer 1 verschaffen. Der abwanderungswillige Strich – eng mit dem »Münchener Lach- und Schießgesellschaft«-Mitglied Samy Drechsel befreundet – wurde vom 1. FC Nürnberg umworben, entschied sich aber für ein Angebot des holländischen Erstligisten PSV Eindhoven. Auch hier erwies sich der gelernte technische Zeichner als exzellenter Schlussmann. In der Überzeugung, dass in der Bundesliga besserer Fußball gespielt würde, verhandelte er diesmal erfolgreich mit dem 1. FC Nürnberg.

Neben Roland → Wabra und Gyula → Toth rechnete sich der Neuzugang eine realistische Chance auf den Stammplatz aus. Während der Vorbereitung zur Saison 66/67 brach er sich jedoch den Daumen, was ihn zunächst außer Gefecht setzte. Am 4. Spieltag kam er für den verletzten Wabra erstmals zum Einsatz und mutierte nach der 1:2-Niederlage bei seinem Ex-Klub 1. FC Kaiserslautern zum Sündenbock. Die Reporter kreideten ihm zögerliches Verhalten bei einem Flankenball an, was letztendlich das entscheidende Eigentor seines Verteidigers Ludwig Müller begünstigte. Weil auch Wabra, durch Verletzungen und Formkrisen, öfters eine Auszeit nehmen musste, kam Strich während der Hinrunde noch viermal zum Einsatz. Gegen Fortuna Düsseldorf und den Karlsruher SC sicherten seine Paraden wichtige Punkte im drohenden Abstiegskampf. Seine Mitschuld an drei Toren bei der 0:4-Niederlage im letzten Hinserienspiel bei Eintracht Braunschweig ließen im Nürnberger Umfeld dann wieder Stimmen von einer »Torwartkrise« aufkommen. Im neuen Jahr kam, nach dem Kurz-Intermezzo von Jenö Vincze, mit dem Wiener Max Merkel ein neuer Trainer, der den abstiegsgefährdeten Verein in sichere Gefilde steuern sollte. Für Strich eine ungünstige Entwicklung, denn Merkel bescheinigte seinem Keeper zwar das Aussehen eines Filmstars, bemängelte aber öffentlich dessen sportliche Fähigkeiten. Drei weitere Einsätze von Strich während der Rückrunde für den gesperrten Wabra kosteten den Club einige Punkte. Der renommierte Torwart landete bei dem unbarmherzigen Merkel (»Das ist kein Mann für höhere Aufgaben! Er ist zwar immer gut angezogen mit seinen weißen Strümpfen, aber das genügt in der Bundesliga nicht.«) auf der Abschussliste. Nach dem 26. Spieltag bekam er zudem hohes Fieber und wurde durch Gyula Toth vertreten. Nach dieser frustrierenden Saison wurde Strich zum Regionalligisten Bayern Hof ausgeliehen, bei dem er zuverlässig wie in besten Zeiten agierte. 1969 scheiterte er mit seinem Klub in der Aufstiegsrunde zur Bundesliga. Merkel hatte sich inzwischen eines Besseren besonnen und wollte ihn nach Nürnberg zurückholen, doch der von ihm Geschasste lehnte eine weitere Zusammenarbeit mit dem exzentrischen Coach ab. Ab 1972 ließ der erfahrene Profi bei Wormatia Worms seine Laufbahn allmählich ausklingen. In den folgenden Jahren arbeitete Strich erfolgreich als Trainer für die Oberligisten VfR Oli Bürstadt, FSV Mainz 05 und Wormatia Worms, die er allesamt in die 2. Bundesliga führte. Als beruflich abgesicherter Bauleiter im öffentlichen Dienst verzichtete er aber jeweils auf ein ungewisses Abenteuer als Profitrainer. In den letzten Jahren baute er mit Unterstützung einiger Sponsoren ein Jugendtorwartcamp auf und ist seit dem 1. August. 2002 als DFB-Stützpunkt-Trainer tätig.

Strick, Gerhard Dr.

Geboren: 10.01.1937 (Deutschland)
BL-Verein: 1. FC Nürnberg (1963–1965)
BL-Spiele: 6

Neben Dr. Peter → Kunter der einzige Torhüter mit akademischem Titel, begann der gebürtige Sudetendeutsche Gerhard Strick seine Fußballerlaufbahn beim VfL Bad Neustadt, ehe er als Abiturient nach Würzburg umzog, um ein Studium der Rechtswissenschaften zu beginnen. Von 1955 bis 61 spielte der 1,86 m Schlussmann bei den Würzburger Kickers, wurde in die Studentennationalmannschaft berufen, um anschließend zum 1. FC Nürnberg zu wechseln. Als Nummer 2 hinter Roland Wabra absolvierte Strick in zwei Oberligajahren zwölf Spiele und konnte sich am 22. Februar 1962, im Europacuprückspiel der Landesmeister gegen Benfica Lissabon, für den verletzten Wabra auch international bewähren. Strick hegte allerdings keine großen Ambitionen auf den Stammplatz und konzentrierte sich primär auf seine berufliche Karriere. Vor dem Start der Bundesliga verzichtete er auf einen Lizenzspielervertrag, weil er eine Referendartätigkeit anstrebte. Somit startete er als klare Nummer 2 in die erste Bundesligasaison. Am 6. Spieltag kam der strebsame Strick, aufgrund einer Bauchmuskelverletzung Wabras, erstmals zum Einsatz. Bei der 2:4-Heimpleite gegen den Karlsruher SC wurden ihm drei Treffer angekreidet. Als Strick, wegen einer Daumenverletzung von Wabra, am 27. Spieltag beim 1. FC Köln erneut zum Einsatz kam, hatte er bereits sein Examen abgelegt, die Beamtenlaufbahn eingeschlagen und seit Wochen nicht mehr trainiert. Dennoch verhinderte er bei der 0:5-Niederlage mit guten Reaktionen ein höheres negatives Resultat.

Während der Saison 64/65 ging am 2. Spieltag beim 1. FC Nürnberg wieder die Angst um, weil Wabra mit einem Bandscheibenschaden nicht zur Verfügung stand. Trotz einiger Stellungsfehler bei der 1:3-Niederlage gegen den VfB Stuttgart gab es von Trainer Günter Baumann keine Schuldzuweisung an den Vertreter. Beim nächsten Spiel gegen Hertha BSC crhielt der 27-jährige Goalie sogar ein Sonderlob und den Beifall der Zuschauer. Seinen letzten Einsatz absolvierte der Zerberus dann am 5. Spieltag beim 3:2-Sieg über Schalke 04. Am Saisonende verließ Strick den Klub, um in Würzburg zu promovieren. 1968 stellte er sich noch einmal aushilfsweise als Torhüter den Würzburger Kickers zur Verfügung.

Stumptner, Rainer

Geboren: 07.07.1964 (Deutschland)
BL-Verein: 1. FC Nürnberg (1986–1987)
BL-Spiele: 1

Als Eigengewächs des 1. FC Nürnberg spielte Rainer Stumptner bereits im Alter von sechs Jahren am Valznerweiher und entwickelte sich dort zu einem »langjährigen und verdienten Amateurkeeper«. Weil Stammtorwart Herbert → Heider schon zum Saisonstart 86/87 wegen einer schweren Schulterverletzung ausfiel, musste der Club für den Profikader auch auf den 1,90 m großen Stumptner zurückgreifen.

Während Neuzugang Andreas → Köpke seine ersten BL-Einsätze absolvierte, reduzierte der 22-jährige Fernmeldetechniker bei der Post seine wöchentliche Arbeitszeit auf 20 Stunden und setzte sich klaglos auf die Reservebank. Nach einem Foul im DFB-Pokalspiel gegen Bayer Uerdingen kassierte der ungestüme Köpke, 35 Sekunden vor dem Abpfiff, die Rote Karte. Der eingewechselte Stumptner wurde nicht mehr gefordert, konnte aber wegen der zu erwartenden Sperre auf weitere Bewährungsproben hoffen. Eine Schulterprellung machte seinen Einsatz gegen Fortuna Düsseldorf jedoch unmöglich, was zur Reaktivierung des Torwart-Oldies und Managers Manfred → Müller führte.

Vor dem 12. Spieltag gegen den 1. FC Köln war die Verletzung ausgeheilt und Stumptner konnte sein Bundesligadebüt feiern. Bei der 1:3-Niederlage wurde ihm von Beobachtern am ersten Gegentor eine Mitschuld angekreidet, ansonsten aber eine fehlerlose Partie bescheinigt.

Nach Ablauf der zweiwöchigen Sperre kehrte Köpke in den Kasten zurück, während Stumptner zu keinem BL-Einsatz mehr kam. Einen Profivertrag hätte der nüchterne Realist aber sowieso abgelehnt, denn eine Profi-Laufbahn erschien ihm zu unsicher: »Ich glaube nicht an den Traum von der schnellen Mark im Profilager. Was nützt es mir, wenn ich ein, zwei Jahre auf der Bank sitze und danach arbeitslos bin?«

Sude, Ulrich

Geboren: 19.04.1956 (Deutschland)
BL-Verein: Borussia Mönchengladbach (1976–1987)
BL-Spiele: 126
Vereinstitel: 1x Meister (1977)

Entdeckt wurde der gebürtige Hesse Ulrich Sude von Talentspähern des Bundesligisten Borussia Mönchengladbach, als er noch bei seinem Heimatklub SV Korbach das Tor hütete. Vor der Saison 76/77 unter Vertrag genommen und anschließend von Trainer Udo Lattek kaum beachtet, bekam der gelernte Elektriker im Torwart-Quartett zwischen Wolfgang → Kleff, Wolfgang → Kneib oder Hans-Jacob Klingen die nächsten vier Jahre nur Tribüne oder Ersatzbank zugewiesen.

Vor dem Saisonstart 80/81 ergab sich dann überraschend die Chance, weil sich Rückkehrer Kleff bei einem Vorbereitungsspiel einen Zeh brach. Am 1. Spieltag bei Fortuna Düsseldorf hütete das jahrelange »Mauerblümchen« erstmals ein Bundesliga-Tor, verschätzte sich bei einem Eckball und verschuldete dadurch einen Treffer. Zunächst stets in langer Torwarthose agierend, zeigte der unterschätzte Zerberus dann am 4. Spieltag, beim 1:0-Heimerfolg über Bayer Leverkusen, mehrfach glänzende Reflexe. Mangelnde Konstanz in den Leistungen ermöglichten zur Rückrunde aber wieder das Comeback von Kleff.

Während der nächsten Saison wieder die Nummer 2 und ohne BL-Einsatz, ergab sich für Sude im Sommer 82 nach Kleffs Wechsel zu Fortuna Düsseldorf, die erneute Chance für den Stammplatz. Trainer Josef Heynckes sprach ihm das Vertrauen aus, doch vor dem Saisonstart verletzte Sude sich beim Nachwuchsrunden-Endspiel gegen Waldhof Mannheim am Ringfinger und wurde zunächst kurzzeitig durch Paul → Hesselbach ersetzt. Ab dem 8. Spieltag stand der »menschlich feine Kerl« wieder im Tor, der gebrochene Finger war aber immer noch nicht komplett ausgeheilt. Mit einer Spezialschiene ausgestattet und voll gepumpt mit schmerzstillenden Spritzen, versuchte er sich Anerkennung zu erkämpfen, seine Leistungen blieben jedoch wechselhaft. Von den eigenen Anhängern ausgepfiffen, von Experten als »Schwachpunkt« gebrandmarkt, zog sich der »Pechvogel vom Dienst« am 24. Spieltag gegen Arminia Bielefeld dann auch noch einen Bänderabriss im Ellenbogengelenk zu und wurde für den Rest der Saison durch Uwe → Kamps ersetzt. Kamps machte seine Sache insgesamt ordentlich und Sude blieb nach seiner Genesung zum Saisonstart 83/84 erneut Reservist. Der Kontrahent kassierte am 2. Spieltag bei Aufsteiger Kickers Offenbach jedoch vermeidbare Tore und der stark umstrittene Sude erhielt eine erneute Chance. Fortan flog der »Flattermann« während dieser Spielzeit stetig gegen die Skepsis von Fans und Kritikern an. Seinen guten Reaktionen auf der Linie standen oftmals eklatante Schwächen in der Strafraumbeherrschung gegenüber.

Seine exzellente Leistung am 31. Mai 1984 im verlorenen DFB-Pokalfinale gegen Bayern München, wo er im anschließenden Elfmeterschießen einen Strafstoß abwehren konnte, entpuppte sich jedoch als Vorstufe zum endgültigen Durchbruch. Die nimmermüde Kämpfernatur hatte jetzt enorm an Selbstbewusstsein gewonnen und zählte in der folgenden Saison zu den Leistungsträgern. Nach einer überragenden Vorstellung im UEFA-Cup-Spiel gegen Dukla Banska Bystrica avancierte der ehemalige Unsicherheitsfaktor im Kölner »Express« zum »Super-Sude«. Weitere Highlights in dieser Spielzeit bildeten jeweils zwei gehaltene Elfmeter am 13. Spieltag beim 5:1-Auswärtserfolg über den 1. FC Köln sowie bei der 0:2-Niederlage gegen Werder Bremen.

Der »Spätzünder«, jetzt ein Führungsspieler und bei dem Gladbacher Anhang absoluter Publikumsliebling, konnte dieses Niveau bis zur Hinrunde der Saison 85/86 halten. Aufgrund einiger Patzer war er jedoch klubintern bereits wieder umstritten. Zur Winterpause verpflichtete Borussia Mönchengladbach als warnenden Fingerzeig den norwegischen Nationalkeeper Erik → Thorstvedt. Nachdem Sude gegen Fortuna Düsseldorf und den VfL Bochum wiederholt patzte, entzog ihm Trainer Heynckes nach dem 27. Spieltag endgültig das Vertrauen. Thorstvedt hielt kaum besser, doch eine schwere Knieverletzung, die im April 86 eine Operation erforderte, verhinderte Sudes mögliches Comeback. Als Thorstvedt wegen seiner Fehler kurz nach der Saison 86/87 aus dem Kasten flog, war Sude aufgrund seiner Beschwerden kaum noch spielfähig. Nach einer kurzzeitigen Rückkehr in der Winterpause musste er dann im April 87 die Sportinvalidität beantragen. Zunächst bei seinem Klub Jugend- und Co-Trainer, machte Sude 1989 den Trainerschein. Nach mehr oder weniger erfolgreichen Trainerstationen bei Borussia Fulda, VfL Osnabrück, FC Homburg und dem SC Verl arbeitet der sympathische »Uli« seit 2001 bei Borussia Mönchengladbach als Jugendkoordinator.

Szücs, Lajos

Geboren: 08.08.1973 (Ungarn)
BL-Verein: 1. FC Kaiserslautern (1997–2000)
BL-Spiele: 3
Vereinstitel: 1x Meister (1998)
A-Länderspiele für Ungarn : 8

In Budapest geboren und zuerst bei Gamma Müvek, ESMTK Hungaplast, FC Tiszakecske aktiv sowie 53-facher Jugendnationaltorwart, konnte sich Lajos Szücs in der 1. Liga erst 1995 – drei Jahre nach seinem Wechsel von Ferencvaros Budapest zum Lokalrivalen Ujpest – einen Status als Stammkeeper erobern. Mit dem Klub wurde der 1,93 m große Schlussmann zweimal ungarischer Vizemeister, absolvierte acht Einsätze in der Nationalmannschaft und reiste mit der Olympia-Elf 1996 zu den Spielen nach Atlanta.

Mit diesen Referenzen erhielt er im Winter 97 ein Angebot des Bundesligisten 1. FC Kaiserslautern. Der Klub war auf der Suche nach einem neuen Torwart, weil der zur Saison 97/98 neu verpflichtete tschechische Nationaltorwart Petr Kouba an einer langwierigen Knieverletzung laborierte. Vor dem Start der Rückrunde für eine Ablösesumme von 700.000 DM verpflichtet, hoffte Szücs auf einen Stammplatz. Obwohl Stammtorwart Andreas Reinke als Sicherheitsrisiko galt, erschien Trainer Otto Rehhagel jedoch ein Einsatz der ungarischen Neuverpflichtung aufgrund mangelnder Deutschkenntnisse zu gewagt.

Als Szücs am 24. Spieltag, aufgrund einer Magenverstimmung des Kontrahenten, gegen den Karlsruher SC erstmals zum Einsatz kam, hatte Reinke eine Woche zuvor eines seiner besten Saisonspiele gezeigt und stand kaum noch zur Diskussion.

Zwei weitere Einsätze ergaben sich am 28. und 29. Spieltag durch Reinkes Wadenzerrung. Der ungarische Zerberus hinterließ insbesondere bei der 0:3-Heimpleite gegen Bayer Leverkusen einen wenig überzeugenden Eindruck und stand anschließend für die Stammposition nicht mehr zur Debatte. Lauterns Titelgewinn erlebte der »sehr zurückerhaltende und bescheidene Mensch« nur von der Reservebank mit, um im November 2000 wieder bei Ferencvaros Budapest zu unterschreiben.

T

Tepe, Wilfried

Geboren: 25.11.1940 (Deutschland)
BL-Verein: TSV 1860 München (1964–1966)
BL-Spiele: 1
Vereinstitel: 1x Meister (1966)

Zu seiner Zeit mit 1,91 m und 83 kg der größte und schwerste Keeper der Bundesliga, besaß Wilfried Tepe beim TSV 1860 München zwischen 1964–66 einen der undankbarsten Reservetorhüterjobs – als Nummer 2 hinter dem legendären Klassekeeper Petar → Radenkovič. Gegenüber »Radi« mutierte Tepe, vor der Saison 64/65 von der SpVgg Beckum gekommen, zum Mauerblümchen, während der jugoslawischer Kontrahent für die Schlagzeilen zuständig war.

Radenkovič, entsprechend selbstbewusst, geriet des Öfteren auf Konfrontationskurs mit Trainer Max Merkel und den Vereinsverantwortlichen. Der Jugoslawe hatte bis dato alle 50 Bundesligaspiele absolviert, als er sich im Februar 1965, vor dem 22. Spieltag, mit Max Merkel verkrachte und anschließend eine vereinsinterne Sperre erhielt. Nun schlug die Stunde für den 24-jährigen Tepe, der zuvor nur in Freundschaftsspielen eingesetzt wurde und dabei nicht immer überzeugte. Beim 6:4-Sieg über Hertha BSC ließ er sich von einem Freistoß zum 5:4 überraschen, hielt aber den Rest des Spiels fehlerfrei. Eine Woche später feierte Radenkovič beim Münchner Sportlerball die Versöhnung mit 1860-Präsident Adalbert Wetzel, worauf seine Begnadigung erfolgte.

Auch während der Saison 65/66 war der »lange Wilfried« zum Reservistendasein verdammt und stand allenfalls für den »äußersten Notfall« bereit. 1860 München konnte am Ende der Spielzeit den Meistertitel feiern und verpflichtete für die kommenden internationalen Aufgaben als »Radi«-Konkurrent den Nationaltorwart Wolfgang → Fahrian. Tepe wechselte zum süddeutschen Regionalligisten 1. FC Pforzheim, bei dem er aufgrund seiner guter Leistungen auch in die nordbadische Auswahl berufen wurde.

Teuber, Ronny

Geboren: 01.09.1965 (DDR)
BL-Verein: Dynamo Dresden (1991–1993)
BL-Spiele: 1
A-Länderspiele für die DDR: 1

Begonnen hatte die Vereinslaufbahn des gebürtigen Berliners Ronny Teuber als Achtjähriger bei der Jugend des 1. FC Union Berlin. 1984 rückte der Abiturient in die erste Mannschaft auf und absolvierte 23 Einsätze in der zweiten DDR-Liga. Einem kurzen Intermezzo bei Hansa Rostock folgte 1986 der Wechsel zu Dynamo Dresden. Hier konnte sich der 1,82 m große Schlussmann schnell als Stammtorwart etablieren, absolvierte 15 DDR-Juniorenländerspiele und gelangte am 26.01.1990, beim 2:1-Sieg gegen Kuwait, zu seinem einzigen Einsatz in der Nationalmannschaft. Der sprungstarke Keeper imponierte durch seine Reaktionsschnelligkeit, profilierte sich als Elfmetertöter, offenbarte aber auch unübersehbare Schwächen in der Strafraumbeherrschung. 1989 und 1990 wurde der Zerberus mit Dynamo Dresden Meister in der DDR-Oberliga und gewann mit dem Klub im Mai 1990 gegen PSV Schwerin das letzte Endspiel um den FDGB-Pokal. Auch in seinen 18 Europacupeinsätzen – wie beispielsweise 1989 im UEFA-Pokal-Halbfinale gegen den VfB Stuttgart – bewährte sich Teuber mit überdurchschnittlichen Leistungen. 1991 gelang ihm mit Dynamo Dresden in der letzten DDR-Oberligasaison die erhoffte Qualifikation für die Bundesliga. Mit dem Einstieg in das Abenteuer Bundesliga endete Teubers steile Karriere. Sein Klub verpflichtete von Sachsen Leipzig den renommierten 46-fachen DDR-Auswahltorhüter René → Müller, der im gleichen Atemzug Mannschaftskapitän und Stammkeeper wurde. Während sich Dresden von 1991–1993 zweimal den Klassenerhalt sicherte, wurde Teuber zum Dauerreservisten, der sogar um seinen Nummer2-Status kämpfen musste. Am letzten Spieltag der Saison 92/93 gelangte er gegen den 1. FC Kaiserslautern, in der zweiten Halbzeit für den verletzten Müller, zu seinem ersten und einzigen Bundesligaspiel.

Mit der anschließenden Verpflichtung des russischen Nationaltorhüters Stanislaw → Tschertschessow war der ehemalige DDR-Auswahlkeeper dann sogar in der Arbeitslosigkeit gelandet. Nachdem Verhandlungen mit dem Hamburger SV an der hohen Ablöseforderung von Dynamo Dresden gescheitert waren, fand Teuber erst im April 94 Aufnahme in der Oberligamannschaft von Borussia Dortmund. Ebenfalls nur zweite Wahl, verblieben ihm gelegentliche Einsätze in der Oberliga oder Bundesliga-Reserverunde. Mit seinem Wechsel zum Regionalligisten FC Gütersloh konnte der Keeper am Ende der Saison 95/96 den Aufstieg in die 2. Bundesliga feiern, um anschließend zu erleben, wie ihm der polnische Nationaltorhüter Adam → Matysek vor die Nase gesetzt wurde.

Es folgten ab Sommer 1997 fünf Jahre als Ersatztorwart bei den Zweitligisten SpVgg Greuther Fürth und 1. FC Köln, ehe der studierte Sport- und Touristikmanager ab der Saison 02/03 in Fürth als Torwarttrainer einstieg.

Teupel, Gerhard

Geboren: 20.11.1941 (Deutschland)
BL-Verein: SV Werder Bremen (1966–1967)
BL-Spiele: 1

In der Jugendabteilung seines Heimatklubs GSC 08 Goslar gelangte Gerhard Teupel frühzeitig zu Auswahlehren. Zwei erfolgreichen Jahren in der Niedersachsenvertretung folgten auch Berufungen in die Norddeutsche Jugendauswahl. 1962 war er für das Länderspiel der Amateurnationalmannschaft gegen Italien von Helmut Schön als zweiter Mann hinter Werner → Pfeifer nominiert. Wilhelm Loßmann, Teupels früherer Trainer in Goslar der anschließend als Jugendcoach bei Werder Bremen tätig war, holte den 22-jährigen »Teddy« 1964 an die Weser. Mit der Oberligamannschaft wurde Teupel 1965 Deutscher Amateurmeister und absolvierte zudem zahlreiche Einsätze in Bremens Länderauswahl. Werders damaliger Meistertrainer Willi Multhaup baute jedoch höheren Weihen vor, denn seiner Auffassung nach war Teupel mit 1,78 m »zu klein um ein Super-Torwart zu werden.« Während der Saison 66/67 musste sein Nachfolger Günter Brocker dennoch auf die Dienste des verdienten Amateurkeepers zurückgreifen. Vor dem 7. Spieltag gegen Borussia Dortmund fielen die etatmäßigen Schlussleute Günter → Bernard und Klaus → Lambertz verletzungsbedingt aus. Die nominelle Nummer 3 bestand die Feuertaufe bei Borussia Dortmund, gegen Stürmerstars wie Siegfried Held und Lothar Emmerich, glänzend. Trainer Brocker bemängelte bei der 0:2-Niederlage lediglich die schwachen Abschläge des Debütanten. Den angebotenen Lizenzspielervertrag lehnte Teupel jedoch ab, weil er seinen Beruf als Postbeamter nicht aufgeben wollte. Aus diesem Grund wechselte er nach dieser Spielzeit zum Regionalligisten Concordia Hamburg. 1970 beendete er seine aktive Laufbahn, um anschließend in seiner Geburtsstadt Goslar als Trainer zu arbeiten.

Thomforde, Klaus

Geboren: 01.12.1962 (Deutschland)
BL-Verein: FC St. Pauli (1988–1997)
BL-Spiele: 100

Der »unnachahmliche Ballfänger« des FC St. Pauli wurde in Minstedt bei Bremerhaven geboren. Zunächst spielte Klaus Thomforde beim TSV Bevern und SC Bremervörde. 1983 wechselte der gelernte Finanzbeamte zum Hamburger Oberligisten FC St. Pauli, mit denen er auf Anhieb den Aufstieg in die 2. Bundesliga schaffte. In der Saison 84/85 stellte der 1,91 m große Schlussmann mehrfach sein Können unter Beweis, ohne den Kontrahenten Klaus Bonik entscheidend verdrängen zu können. Nach dem sofortigen Abstieg aus der 2. Bundesliga erfolgte mit St. Pauli der direkte Wiederaufstieg. Mit dem exzentrischen Volker → Ippig saß Thomforde erneut ein starker Konkurrent im Nacken. Unbeständig in seinen Leistungen, qualifizierte sich der Zerberus mit seiner Elf in der Saison 86/87 für die Relegationsspiele zur Bundesliga, scheiterte aber am Bundesligisten FC Homburg.

Während sich sein Klub in der nächsten Spielzeit erneut im Kampf um die Aufstiegsplätze befand, zählte Thomforde eher zum neuralgischen

Klaus Thomforde: »In der ersten Liga die Bälle zu halten, find ich total geil. Da geht mir voll einer ab!«

Mannschaftsteil und wurde schließlich von Ippig abgelöst. Nach dem sensationellen Bundesligaaufstieg saß Thomforde ebenfalls nur auf der Ersatzbank, ehe er am 10. Spieltag durch eine Schulterverletzung von Ippig erstmals zum Einsatz kam. Im Auswärtsspiel bei Werder Bremen zeigte er eine hervorragende Vorstellung und sicherte das torlose Remis praktisch im Alleingang. Zwei weitere Spiele ergaben sich ebenfalls durch Verletzungen der Nummer 1, ohne dass Trainer Helmut Schulte an eine Wachablösung im Tor dachte. Als Ippig auch in der Saison 89/90 wegen chronischer Rückenschmerzen mehrfach nicht zur Verfügung stand, erwies sich sein Ersatzmann erneut als zuverlässiger Stellvertreter. Der einstige Flattermann wurde sogar zu einem Glücksbringer seines Klubs, denn erst nach 10 Bundesligaspielen kassierte er als Torwart in der Bundesliga – beim 0:1 gegen Bayer Uerdingen – die erste Niederlage. Dennoch musste sich der »Serien-Thomforde« weiterhin mit dem Nummer2-Status zufrieden geben und liebäugelte bereits mit einem Vereinswechsel.

In der Saison 90/91 konnte er das Duell um den Platz im Kasten relativ offen gestalten, profitierte dabei aber mehrfach von den Verletzungen des Kontrahenten. In den Relegationsspielen gegen Zweitligist Kickers Stuttgart stand wieder Ippig im Tor, mit dem sich der FC St. Pauli aus dem Oberhaus verabschieden musste.

Während Ippig anschließend Sportinvalide wurde, erlebte »Thomma« mit seinem Klub in den nächsten Zweitligajahren ein stetiges Wechselbad zwischen Klassenerhalt und Aufstiegshoffnungen. Weil der Kontaktlinsenträger aber gerne mal am Ball vorbeiflog und speziell bei Strafraumsituationen die nötige Souveränität vermissen ließ, bekam er immer wieder neue Konkurrenten vor die Nase gesetzt.

In der Saison 93/94 war es Andreas → Reinke, hinter dem sich Thomforde die gesamte Spielzeit mit der Reservistenbank begnügen musste. Nach Reinkes Wechsel zum 1. FC Kaiserslautern kam der ehemalige DDR-Nationaltorwart René → Müller zum Millerntor, um von Trainer Ulrich Maslo das sofortige Vertrauen zu erhalten. Müller erwies sich jedoch nicht als die erhoffte Verstärkung und nach fünf sieglosen Spielen zu Saisonbeginn konnte Thomforde ein Comeback feiern. Jetzt erlebte der stets unterschätzte Goalie eine wahre Leistungsexplosion, steigerte sich zu einem sicheren Rückhalt, blieb mit seiner Elf fünfzehn Spieltage ungeschlagen, was am Ende zum Aufstieg reichte.

Der zuvor eher unscheinbare Vertreter seiner Zunft gewann spürbar an Selbstbewusstsein und zelebrierte nach seiner Rückkehr in die Bundesliga eine spektakuläre One-Man-Torwartshow. Außerhalb des Spielfeldes weiterhin zurückhaltend und bescheiden, entwickelte Thomforde auf dem Rasen sein unverkennbares Markenzeichen, indem er nach jedem abgewehrten Schuss brüllend die Fäuste ballte, um sich dadurch emotional aufzupushen. Das »Tier im Tor« genoss den Status der Erstklassigkeit (»In der ersten Liga die Bälle zu halten find ich total geil. Da geht mir voll einer ab!«), um mit Mannschaft und Fans das heimische Millerntor-Stadion zu einer fast uneinnehmbaren Festung auszubauen. Nach der Saison 95/96 und einem ausgezeichneten 10. Platz geriet der »Mann mit den großartigen Reflexen und noch größerer Klappe« phasenweise in ein Leistungstief, blieb aber innerhalb der Mannschaft ein Führungsspieler, ohne den abermaligen Sturz in die Zweitklassigkeit verhindern zu können.

In der 2. Bundesliga blieb der groß gewachsene »König der Lüfte«, der dennoch nie ein Flieger war, ein »großer Halt des Viertels«, ehe er nach der Saison 98/99 wegen eines im Training erlittenen Kreuzbandrisses seine Laufbahn beenden musste. Nach einem rauschenden Abschiedsspiel ließ sich der »große Paulianer« per Fernstudium zum Sportfachwirt ausbilden, um im Mai 2002 beim FC St. Pauli als Co-Trainer einzusteigen.

Thorstvedt, Erik

Geboren: 01.12.1962 (Norwegen)
BL-Verein: Borussia Mönchengladbach (1985–1987)
BL-Spiele: 12
A-Länderspiele für Norwegen: 97
Der bei Borussia Mönchengladbach glücklose Erik Thorstvedt wurde zunächst mit seinem Heimatverein Viking Stavanger zwar Juniorenmeister, blieb torwartintern dennoch nur die no-

minelle Nummer 3. Aus diesem Grund wechselte er zum Zweitligisten EIK Tönsberg, schaffte ein Jahr später den Aufstieg und feierte gleichzeitig, im Alter von 20 Jahren, sein Länderspieldebüt. Nach der Rückkehr zum Stammverein nun die klare Nummer 1, schulte er sein Torwarttalent durch eifriges Sondertraining mit einer amerikanischen Schussmaschine. Bis Ende 1985 hatte der Verkäufer von Büromöbeln bereits 30 Länderspiele absolviert und stand auf der Wunschliste von englischen Premier-League-Klubs wie Queens Park Rangers und Tottenham Hotspurs. Ein Engagement scheiterte jedoch am Veto des englischen Arbeitsministeriums, das Thorstvedt als Nicht-EG-Ausländer keine Zulassung erteilte.

Nach einem Probetraining bei Werder Bremen unterschrieb der Norweger schließlich im November 85 einen Vertrag bei Borussia Mönchengladbach. Die Verpflichtung des 1,93 m großen Torhüters galt als Warnsignal für Ulrich → Sude, der nach wiederholten Patzern in die Kritik geraten war. Anfangs lästerte Sude über den Neuzugang (»Der Thorstvedt ist zwar lang, aber ob er groß ist, muss er erst noch unter Beweis stellen.«), doch nur wenige Wochen nach dessen Verpflichtung musste er dem Norweger bereits weichen. Das Torwartproblem erfuhr mit Thorstvedt allerdings seine Fortsetzung. In seinen ersten beiden Spielen gegen Waldhof Mannheim und Eintracht Frankfurt unterlief ihm jeweils ein entscheidender Lapsus. Zwei Wochen später kassierte er, wegen eines umstrittenen Fouls außerhalb des Strafraums, die Rote Karte. Thorstvedt wurde vom Sportgericht freigesprochen und zeigte beim anschließenden Remis gegen den 1. FC Köln eine gute Leistung. Seine Formkurve blieb wechselhaft: Einer Glanzleistung gegen Werder Bremen war eine schwache Vorstellung beim 1:3 in Leverkusen vorausgegangen. Der unbeholfen wirkende Torwarthüne musste sich mit seinen Vorderleuten auf Englisch verständigen und erlebte den persönlichen Tiefpunkt am letzten Spieltag. Beim 0:6-Desaster seiner Mannschaft, das Gegner Bayern München überraschend zum Meister kürte, befand sich der »Lange« im Dauertiefschlaf und kassierte die Treffer lethargisch im 15-Minuten-Takt. Weil Sude durch eine Kreuzbandoperation ausfiel und der junge Uwe → Kamps zu unerfahren schien, startete Thorstvedt dennoch als Nummer 1 in die Saison 86/87. Beim 0:3 gegen den Hamburger SV bot »Erik der Wikinger« eine anfängerhafte Leistung, um nach zwei schweren Fehlern, bei der unerwarteten 2:3-Pleite gegen Aufsteiger Blau-Weiß 90 Berlin, bereits nach drei Spieltagen seinen Kredit endgültig zu verspielen. Der lange Norweger schien für die Mannschaft nicht mehr tragbar und landete auf der Ersatzbank. Während sich Stellvertreter Kamps als Torwart-Entdeckung der Saison entpuppte, wechselte Thorstvedt ein Jahr später frustriert zum IFK Göteborg. In der gleichen Saison erreichte er mit dem Verein die zweite Runde im Europapokal der Landesmeister. Tottenham Hotspurs war wieder aufmerksam geworden und verpflichtete den ehemaligen Bundesliga-Legionär. Dort entwickelte sich Thorstvedt zu einem Leistungsträger, der mit seinem Klub 1991 den Gewinn des Ligacups feiern konnte. Mit der norwegischen Nationalmannschaft nahm er 94 an der Weltmeisterschaft teil, schied jedoch mit seiner Elf bereits in der Vorrunde aus. Zwei Jahre später musste der »beste Torwart, den sein Land je hervorgebracht hat« im Alter von 33 Jahren, nach über 200 Liga- und 97 Länderspielen, seine Karriere wegen chronischer Rückenprobleme vorzeitig beenden. Heute ist der »Held vergangener Jahre« Torwarttrainer der norwegischen Nationalmannschaft.

Tilkowski, Hans

Geboren: 12.07.1935 (Deutschland)
BL-Vereine: Borussia Dortmund (1963–1966), Eintracht Frankfurt (1966–1970)
BL-Spiele: 121
Vereinstitel: 1x DFB-Pokal (1965), 1x Europapokal der Pokalsieger (1966)
A-Länderspiele für Deutschland: 39

Als Sohn eines Bergmanns aus dem Dortmunder Vorort Husen spielte Hans Tilkowski zunächst von 1946 bis 1949 Fußball beim SC Husen 19. Das »Kind des Ruhrgebiets« wechselte anschließend zum SuS Kaiserau, bei dem er ab 1953 auch in der Landesligamannschaft spielte sowie Einsätze in der Westfalen-Auswahl absolvierte. Der talentierte und äußerst ehrgeizige Nachwuchsmann wurde 1956 von Fritz Langner zum Oberligisten Westfalia Herne geholt, wo sich seine Laufbahn rasant entwickelte. Von 1956 bis 58 absolvierte der »schwarze Panther« vier Juniorenländerspiele, um am 3. April 1957 in Amsterdam, beim 2:1-Sieg über Holland, seine Nationalmannschaftspremiere zu feiern. Ein Jahr später erhoffte sich der »besonnene Schlussmann« die Nominierung in den Kader für die Weltmeisterschaft in Schweden, doch Trainer Sepp Herberger bevorzugte Fritz Herkenrath und Heinrich → Kwiatkowski.

Während der Saison 1958/59 kassierte »Til«, wie ihn Freunde nennen, in der Oberliga West nur 23 Gegentore, was Westfalia Herne zum Titelgewinn verhalf. Der Schlussmann erwies sich zudem immer wieder als guter Feldspieler, der in einem Oberligaspiel gegen Hamborn 07 sogar einen Treffer erzielen konnte. Ausgerechnet in der Endrunde um die Deutsche Meisterschaft erwischte der »König des Stellungsspiels« beim 2:4 gegen den Hamburger SV jedoch einen rabenschwarzen Tag und Herne landete in der Vorrundengruppe nur auf Platz 3.

Diesen Erfolg konnten die »Schlossherren« in den kommenden Jahren nicht mehr wiederholen. Tilkowski profilierte sich weiterhin als erstklassiger Torwart, der das sachliche Spiel bevorzugte und jegliches Showgehabe strikt ablehnte. Mit stoischer Miene warf er sich den Bällen entgehen, verzichtete auf spektakuläre Flugparaden und brillierte zudem mit weiten Abschlägen. 1962 wollte er in Chile endlich sein erstes Weltmeisterschaftsspiel bestreiten und rechnete für das erste Vorrundenspiel fest mit seiner Nominierung. Im Gespräch mit Herberger und Assistenztrainer Helmut Schön wurde Tilkowski schließlich mitgeteilt, dass Wolfgang → Fahrian spielen würde. Die Enttäuschung saß tief, denn mit der Nominierung von »Flieger« Fahrian führte Herberger seine prinzipielle Vor-

Nationaltorwart Hans Tilkowski in vorbildlicher Flughaltung.

liebe für sachliche Torhüter ad absurdum. Anschließend herrschte zwischen Tilkowski und dem Bundestrainer absolute Funkstille. Erst zwei Jahre später, am Abend nach Borussia Dortmunds 5:0-Sieg über Benfica Lissabon im Europapokal der Landesmeister, konnte Herberger den Schlussmann dann zu einem Comeback überreden.

Weil sich abzeichnete, dass Westfalia Herne die Qualifikation für die neu gegründete Bundesliga nicht schaffen würde, wechselte der 1,82 m große Zerberus vor der Saison 63/64 zum amtierenden Meister Borussia Dortmund. Dort wurde er nicht von allen Beteiligten mit offenen Armen empfangen – insbesondere der etatmäßige Keeper Bernhard → Wessel zeigte sich über seine Verpflichtung wenig erfreut. Trainer Hermann Eppenhoff musste die teure Verpflichtung jedoch rechtfertigen und so startete Tilkowski als Nummer 1 in die Bundesligaspielzeit. Schnell entschied er die Torwartfrage zu seinen Gunsten, obwohl ihn eine Rückenverletzung nach dem 5. Spieltag zu einer längeren Pause zwang. Großtaten beim 3:1-Sieg über den Karlsruher SC sowie eine Glanzleistung im Europapokalspiel gegen Benfica Lissabon sorgten für das Comeback in der Nationalelf, für die er, am Neujahrstag 1964 sein 19. Länderspiel bestreiten konnte.

Am 20. Mai des gleichen Jahres wurde er zudem, als einziger deutscher Spieler, in die Europa-Auswahl berufen und löste zur Halbzeit die Torwart-Legende Lew Jaschin ab. Der schlanke und sehnige Extrakönner musste auch in der Saison 64/65 mehrere Verletzungen überstehen. Am 16. Spieltag erlitt er gegen Hannover 96 einen Schlüsselbeinbruch, der ihn wieder monatelang außer Gefecht setzte. Nach Tilkowskis Genesung blieb Wessel zunächst die Nummer 1. Bundestrainer Schön ließ Tilkowski jedoch nicht fallen und setzte ihn weiterhin regelmäßig bei Länderspielen ein. Gegen Italien zog er sich im März 65 eine Gehirnerschütterung zu und musste in der 57. Minute durch Manfred → Manglitz abgelöst werden.

Bei Borussia Dortmund kam der Schlussmann erst im letzten Saisonspiel wieder zum Einsatz. Dennoch endete die Saison für ihn versöhnlich, denn eine Woche später feierte »die Schlüsselfigur für wichtige Punkte und Siege« mit Borussia Dortmund, durch einen 2:0-Sieg über Alemannia Aachen, den Gewinn des DFB-Pokals. Im Juni lieferte er dann im Länderspiel gegen Brasilien das Spiel seines Lebens. Vor 150.000 Zuschauern im Maracanã-Stadion von Rio de Janeiro wehrte Tilkowski unzählige Scharfschüsse ab. Zudem parierte der »Stern von Rio« einen Elfmeter und wurde anschließend von den brasilianischen Zuschauern mit Ovationen verabschiedet. Diese Leistung gab zum großen Teil den Ausschlag, dass Tilkowski als erster Torwart im gleichen Jahr zum »Fußballer des Jahres« gewählt wurde.

Die Saison 65/66 sollte sich für den Weltklassetorhüter dann zu einer der besten und erfolgreichsten entwickeln. »Tils« Topleistungen in der Bundesliga verhalfen Borussia Dortmund zur Vizemeisterschaft und mit seinem Können war er am Endspielsieg im Pokalsiegerwettbewerb über den FC Liverpool entscheidend beteiligt. Einen weiteren Höhepunkt erlebte der »ausgezeichnete Sportsmann« am 9. Oktober 65 im Stuttgarter Neckarstadion beim 4:1-Sieg über Österreich. In seinem 29. Länderspiel fungierte er, als dritter Torwart der deutschen Fußballgeschichte, erstmals als Mannschaftskapitän der Nationalmannschaft. Zuvor war diese hohe Ehre nur dem Nürnberger Heiner Stuhlfauth sowie Fritz Buchloh vom VfB Speldorf widerfahren.

Mit diesen Meriten im Gepäck reiste der Fangkünstler als klare Nummer 1 zur Fußballweltmeisterschaft nach England, um endlich sein lang ersehntes erstes Turnierspiel zu bestreiten. In den Begegnungen gegen Argentinien und Uruguay bewahrte er seine Mannschaft oftmals vor einem Gegentor, wobei er aufgrund seines ausgefuchsten Stellungsspiels nur selten durch die Lüfte segeln musste. Nach dem Sieg im Halbfinale gegen die UdSSR führte Mannschaftskapitän Tilkowski Mitspieler wie Franz Beckenbauer, Helmut Haller und Uwe Seeler am 30. Juli 66 ins ausverkaufte Wembley-Stadion, um gegen Gastgeber England das Endspiel zu bestreiten. Zugleich war es sein 38. Länderspiel, womit er als Torhüter die bisherige Rekordmarke von Hans Jakob egalisierte. Dreimal reagierte der Schlussmann in brenzligen Situationen prächtig, obwohl ihn eine Schulterblessur, die er sich bereits in den ersten Minuten nach einem Zusammenprall zugezogen hatte, in den Aktionen beeinträchtigte. Seine weiten und punktgenauen Abschläge leiteten zudem oftmals gefährliche Angriffe ein. Nach Abpfiff der regulären Spielzeit wurde eine Verlängerung notwendig, die in die Annalen der Fußballgeschichte einging. In der 98. Minute traf der Engländer Geoffrey Hurst scheinbar nur die Unterkante der Latte, wonach der Ball aufsprang und von Wolfgang Weber über das Tor geköpft wurde. Zum Entsetzen der deutschen Spieler entschied der Schweizer Schiedsrichter Gottfried Dienst, nach Beratung mit seinem russischen Linienrichter, auf Tor; das 4:2 durch Hurst war anschließend nur noch Ergebniskosmetik. Bis heute bietet dieser »Treffer« Anlass für viele Diskussionen und ging als »Wembley-Tor« in die Fußball-Historie ein.

Mit diesem legendären Ereignis hatte Tilkowski seinen persönlichen Höhepunkt erreicht. Aufgrund seiner erlittenen Schulterverletzung musste er während der Saison 66/67 in den ersten Spielen pausieren. Auf Drängen seines Trainers Heinz Murach (Tilkowski: »Der schlechteste Coach, den ich je erlebt habe.«) stand der WM-Held am dritten Spieltag wieder im Tor, um nach durchwachsenen Leistungen nur vier Wochen später auf der Ersatzbank zu landen.

Die einstige Freundschaft zu seinem Konkurrenten Wessel, der für ihn jetzt das Tor hütete, zerbrach unter dieser Belastung, während er in der Nationalmannschaft seinen Platz an Sepp → Maier abgeben musste. Für den verletzten Wessel kehrte Tilkowski am 24. Spieltag zwischen die Dortmunder Pfosten zurück. Zwei Wochen später avancierte er beim 1:1 gegen den 1. FC Köln mit glänzenden Paraden und einem abgewehrten Strafstoß im »Kicker« zum Spieler des Tages. Dem scheinbar geglückten Comeback folgte am 8. April 67 in Dortmund gegen Albanien das 39. Länderspiel, was ihn zum alleinigen Rekordinhaber unter den Nationaltorhütern katapultierte. Diese Anzahl an Länderspielen konnte erst 1972 von Sepp Maier überboten werden. Für Tilkowski war es das Abschiedsspiel in der Nationalelf, obwohl er sich weitere Berufungen erhoffte. Für die Saison 67/68 sollte der »Liebling auf den Fußballplätzen« hinter Wessel und Werner → Köddermann sogar zur Nummer 3 degradiert werden. Eine unwürdige Situation für den dreifachen Familienvater, der vom Vorstand keine Rückendeckung mehr erhielt und darum, entgegen seiner ursprünglichen Zukunftsplanung, noch einmal zu einem neuen Verein wechselte. Eintracht Frankfurt glaubte mit dem ausgemusterten Goalie das Torwartproblem lösen zu können und engagierte den vermeintlichen »Retter« kurz vor dem Start in die Saison 67/68.

Der gelernte Stahlbauschlosser, der später zum technischen Kaufmann umschulte, sollte am Riederwald vom Regen in die Traufe geraten. Sein neuer Verein zählte im Vorfeld zu den erklärten Meisterschaftsfavoriten, in einer löchrigen Abwehr kassierte Tilkowski jedoch durchschnittlich zwei Treffer pro Spiel und Frankfurt lag nach neun Spieltagen auf dem 14. Tabellenplatz. Trainer Elek Schwartz reagierte, indem er wieder Peter → Kunter ins Tor beorderte und Tilkowski zum Fehleinkauf stempelte. Beim Rückrundenstart erhielt der nüchterne Handwerker wieder eine Chance, konnte trotz aller Routine dennoch nicht mehr an alte Glanztage anknüpfen. Für die Saison 69/70 kam mit Erich Ribbeck ein neuer Trainer, der den Konkurrenzkampf zwischen Kunter und Tilkowski weiter anstachelte. Die ersten fünf Spieltage stand Tilkowski im Tor, um dann von Ribbeck (»Tilkowski ist zu langsam geworden.«) wieder auf die Bank verbannt zu werden. Weil aber auch Kunter keine konstante Form verzeichnen konnte, bevorzugte Ribbeck in der Rückrunde wieder »Good old Hansi«, der dann gegen Bayern München und Borussia Dortmund wie in früheren Zeiten agierte. Aber mit dem 26. Spieltag war für den verdienten Torwart der sportliche Feierabend eingeläutet. Ribbeck (Tilkowski: »Für ihn ging es immer in erster Linie darum, eine gute Presse zu haben.«) berücksichtigte ihn nicht mehr, während ihn sein Verein kurzerhand ausmusterte.

Noch unter Vertrag, konnte er sich während der Saison 69/70 um seinen, 1964 gegründeten Werbeartikel-Vertrieb kümmern, um sich parallel in Ruhe auf das Trainer-Diplom an der Kölner Sporthochschule vorzubereiten. Am 17. März 1970 übernahm er, nach bestandenem Examen, bei Werder Bremen das Amt des Interimstrainers und bewahrte den Verein vor dem Abstieg. Mit Eintracht Frankfurt prozessierte er vor einem Arbeitsgericht um ausstehende Gehälter, was für beide Parteien in einem Vergleich endete.

In den kommenden zwölf Jahren übernahm das Torwart-Denkmal Trainertätigkeiten bei 1860 München, 1. FC Nürnberg, 1. FC Saarbrücken, AEK Athen und FC Recklinghausen, die jedoch zumeist glücklos verliefen. Heute lebt der Träger des Bundesverdienstkreuzes in seinem Herner Eigenheim und engagiert sich oftmals für karitative Zwecke. Im Jahr 2000 verlieh ihm der nordrhein-westfälische Ministerpräsident Wolfgang Clement den NRW-Verdienstorden.

Tillich, Wolfgang

Geboren: 25.11.1939 (Deutschland)
BL-Verein: Hertha BSC Berlin (1963–1965)
BL-Spiele: 26

Der ehemalige Jugendnationalspieler Wolfgang Tillich wechselte 1958 von Blau-Weiß 90 Berlin zu Hertha BSC und verdrängte dort den langjährigen Stammtorwart Kurt Grossmann. Zudem absolvierte er auch drei Einsätze in der Amateurnationalmannschaft und erreichte mit seinem Verein 1961 die Endrunde um die Deutsche Meisterschaft, bei der man aber gegen Vereine wie den 1. FC Nürnberg und Werder Bremen chancenlos blieb.

1963 stand Hertha BSC als Berliner Stadtmeister erneut in diesem Wettbewerb. In der Vorrunde setzte es ein 3:6 gegen den 1. FC Köln, bei dem sich der indisponierte Tillich (»Ich könnte mich blau ärgern. Ich weiß, dass ich an einigen Toren nicht ganz schuldlos war.«) mehrfach von den Kölner Angreifern düpieren ließ. Als die Bundesliga nahte, blieb der selbstkritische Zerberus trotz seiner Schnitzer bei Hertha BSC als Nummer 1 gesetzt. Am 1. Spieltag der 63/64 hatte er das Glück gepachtet, denn beim 1:1 gegen den 1. FC Nürnberg donnerten vier Schüsse an seine Querlatte. Zwei Wochen später rettete der Schlussmann im Heimspiel gegen den 1. FC Kaiserslautern mit zahlreichen Glanzparaden das schmeichelhafte Unentschieden. Bei der 0:3-Niederlage gegen den 1. FC Köln verhinderte er eine höhere Niederlage, während sich Hertha BSC schon bedrohlich in Richtung Abstiegsränge bewegte. Auch am Keeper nahm die Kritik zu, dem vorgeworfen wurde, sich trotz seiner kräftigen Statur im eigenen Strafraum nicht genügend Respekt zu verschaffen.

Nach dem 7. Spieltag bekam der groß gewachsene Athlet von Trainer Josef Schneider eine Pause verordnet. Weil sich beim 2:7-Desaster gegen Borussia Dortmund Vertreter Hans-Jürgen → Krumnow ebenfalls als Blindflieger erwiesen hatte, kehrte Tillich am 10. Spieltag zurück, während Hertha BSC auch nach dem 2:2 gegen Werder Bremen weiterhin auf den ersten Heimsieg warten musste. Am nächsten Spieltag bei Schalke 04 stand der Schlussmann im Mittelpunkt eines Eklats, als er beim Fangen des Balls von dem Schalker Klaus Matischak einen Tritt in den Unterleib bekam. Herthas Verteidiger Otto Rehhagel geriet in Rage, wurde handgreiflich gegen den Schalker Stürmer und handelte sich die Rote Karte ein. Darauf folgte gegen 1. FC Saarbrücken endlich der lang ersehnte Heimsieg, bei dem Tillich mit einer sicheren Leistung zu den besten Berlinern gehörte. Im Verlauf der Saison zeigte »Tille« zwar am 15. Spieltag eine Glanzpartie beim 2:0-Sieg über Preußen Münster, nach Fehlern droschen Mitspieler und Trainer aber immer wieder öffentlich auf den unbeständigen Zerberus ein. Nach der 0:4-Niederlage am 24. Spieltag bei Eintracht Frankfurt nahm ihn Trainer Schneider erneut ins Visier: »Schade, dass wieder ein Torwartfehler für uns eine so unglückliche Wendung gab.« Drei Wochen später folgte der Tiefpunkt, als er beim 1. FC Saarbrücken wieder eine Gurke kassierte und sich höchstpersönlich demontierte: »So schlecht habe ich noch nie gespielt.« Als Konsequenz flog er für den Rest der Saison aus der Stammformation, während Hertha BSC, knapp vor dem Abstieg gerettet, für die neue Saison Ausschau nach einem Torhüter hielt.

Goalkeeper wie der Schweizer Nationaltorhüter Charly Elsener, der Berliner Peter Scholich oder der Kasseler Karl → Loweg wurden umworben und zahlreiche Kandidaten zum Probetraining eingeladen. Schließlich verpflichtete der Verein Nationaltorhüter Wolfgang Fahrian und Tillich rutschte vor der Saison 64/65 hinter Krumnow zur Nummer 3 ab. Nur aufgrund der Verletzungen seiner Kontrahenten gelangte er zu zwei BL-Spielen und nutzte die Zeit zum Erwerb der Trainerlizenz. Nach dem Bundesliga-Ausschluss von Hertha BSC wegen unerlaubter Handgeldzahlungen verblieben für den gelernten Drucker auch in der Regionalliga Berlin bis 1967 nur vereinzelte Einsätze. In den neunziger Jahren handelte Tillich mit Textilien und erkrankte in China an einer schwere Virusinfektion, an der er verstarb.

Topalovič, Slobodan

Geboren: 25.11.1939 (Jugoslawien)
BL-Verein: 1. FC Köln (1974–1977)
BL-Spiele: 17
Vereinstitel: 1x DFB-Pokal (1977)

Auf Empfehlung von Trainer und Landsmann Tschik Čajkovski wechselte der Jugoslawe Slobodan Topalovič während der Saison 74/75 von Galencia Belgrad zum Bundesligisten 1. FC Köln. Wegen akuter Torwartprobleme durch die schwere Verletzung von Gerd → Welz und der mangelnden Bundesligapraxis von Amateur Wolfgang → Mattern, hatte der Klub zuvor händeringend nach einem erstklassigen Ersatzmann für Harald → Schumacher Ausschau gehalten. Topalovič bekam nach einigen Wochen die notwendige Arbeitsgenehmigung und saß am 10. Spieltag erstmals auf der Bank.

Während der Rückrunde musste Schumacher am 28. Spieltag gegen Eintracht Braunschweig eine Viertelstunde vor Schluss mit einer Prellung aufgeben. Vertreter Topalovič wurde beim 3:0-Sieg kaum noch geprüft, im anschließenden UEFA-Cup-Rückspiel bei Borussia Mönchengladbach bekam er jedoch reichlich Gelegenheit, sein Können zu demonstrieren. Der sachliche Zerberus zeigte bei der 0:1-Niederlage zahlreiche Glanzparaden und kassierte hinterher ein dickes Kompliment vom verletzten Schumacher: »Besser als Topalovič hätte ich auch nicht halten können.« Auch der »Kicker« schrieb anschließend von einem »erstaunlich auftrumpfenden Topalovič«, der trotz seiner Großtaten dennoch zurück auf die Bank musste.

Vor der Saison 74/75 wechselte Welz zum Zweitligisten Preußen Münster und Topalovič rückte zur nominellen Nummer 2 auf. Am 7. Spieltag brach sich Schumacher beim Spiel gegen Werder Bremen den kleinen Finger und musste sich zugleich einer Meniskusoperation unterziehen. Stellvertreter Topalovič glänzte sogleich wieder im UEFA-Cup gegen B 1903 Kopenhagen. Zwei Wochen später ließ er jedoch bei Bayer Uerdingen einen haltbaren 30-Meter-Schuss passieren, was ihm heftige Vorwürfe seitens der Mannschaft einbrachte. Der ehemalige Jurastudent rettete in den kommenden Begegnungen einen knappen Sieg gegen den VfL Bochum und erwies sich auch beim Remis gegen Fortuna Düsseldorf als zuverlässiger Rückhalt. Am 14. Spieltag ereilte ihn selbst das Verletzungspech, als er gegen Eintracht Frankfurt nach dem Zusammenprall mit einem Gegenspieler eine Gehirnerschütterung erlitt. Noch einmal wurde er am 22. Spieltag gegen den Karlsruher SC gefordert, um bei der 1:3-Niederlage zwei Treffer zu verschulden. Sein Förderer Čajkovski war als Trainer bereits von Georg Stollenwerk abgelöst, der im Gegensatz zum Vorgänger den Schlussmann öffentlich kritisierte.

Für die neue Saison kam mit Hennes Weisweiler ein neuer Trainer und gleichzeitig große Euphorie. Nach starkem Saisonstart rutschte die Mannschaft in eine Krise, von der auch Schumacher nicht verschont blieb. Nach dessen Patzern stand Topalovič erstmals im DFB-Pokalachtelfinale gegen den FC Homburg im Kasten und zeigte beim 7:2-Sieg eine gute Leistung. Auch zum Rückrundenstart besaß »Slobo« das Vertrauen seines Trainers, um nach Unsicherheiten bei der 2:4-Niederlage gegen den 1. FC Kaiserslautern eine Woche darauf aus dem Tor zu fliegen. Weil Schumacher gegen Rot-Weiß Essen ebenfalls versagte, drehte sich das Torwart-Roulette munter weiter. Die ständigen Wechsel verunsicherten die Kölner Abwehr, hinter der Topalovič regelmäßig zahlreiche Treffer kassierte. Den Tiefpunkt bildete am 23. Spieltag der 8:4-Sieg über Tennis Borussia, als bei Topalovič sämtliche Dämme brachen. Eine Woche später wirkte der Goalie beim 3:0-Sieg über Bayern München wesentlich sicherer, um eine Woche später bei Schalke 04 mit einer schweren Nierenprellung auszuscheiden. Kontrahent Schumacher bekam jetzt seine Nerven allmählich besser in den Griff und nach dessen ausgezeichneter Leistung im DFB-Pokalfinale gegen Hertha BSC war die geplante Verpflichtung eines neuen Torhüters hinfällig geworden.

Schumacher ging als neue Nummer 1 in die Saison 77/78 und ließ jetzt keine Diskussionen mehr aufkommen. Sein einstiger Rivale wurde auf das Abstellgleis geschoben und saß in seinem letzten Vertragsjahr nicht einmal mehr auf der Bank. Das »vielseitige Talent« konzentrierte sich zur Ablenkung auf seine Fähigkeiten als Hinterglasmaler und konnte mit seinen Werken auch manche Ausstellung bestreiten. Anschließend wechselte er zum Zweitliganeuling Viktoria Köln, ohne dort den früheren Amateurnationaltorhüter Horst Holubeck entscheidend verdrängen zu können. Nach der Saison 78/79 kehrte er nach Jugoslawien zurück, um seinen Militärdienst zu absolvieren. Im Mai 1994 verstarb Topalovič in seinem Heimatland Jugoslawien an einer schweren Krankheit.

Toth, Gyula

Geboren: 30.04.1941 (Ungarn)
BL-Vereine: Schalke 04 (1964–1965), 1. FC Nürnberg (1965–1968)
BL-Spiele: 33
Vereinstitel: 1x Meister (1968)

Der 1968 als »Retter des Clubs« gefeierte Gyula Toth startete nach der Übersiedlung in Deutschland seine Fußballerlaufbahn beim VfL Nürnberg und wechselte, nach einer Zwischenstation beim ASV Zirndorf, 1960 als Vertragsspieler zum süddeutschen Oberligisten SpVgg Fürth. Hier erwarb sich der in der jugoslawischen Stadt Kikinda geborene Ungar Gyula Toth in den kommenden Jahren einen Ruf als »Startorwart«, der im Stile eines »schwarzen Panthers« auf der Linie glänzende Reaktionen zeigte. Weil sich sein Verein 1963 nicht für die neu gegründete Bundesliga qualifizieren konnte, spielte der ehrgeizige Keeper ein weiteres Jahr in der Regionalliga Süd, um bereits Angebote von Bundesligisten wie Hertha BSC und 1. FC Nürnberg zu erhalten. Schließlich erhielt Schalke 04 den Zuschlag, die im ersten Bundesligajahr an der Unbeständigkeit ihres Torstehers Horst → Mühlmann verzweifelt waren.

Während Fürth von einem herben Verlust sprach, feierte »Jule« in Schalke am 1. Spieltag gegen Eintracht Frankfurt, einen gelungenen Einstand. Zwei Wochen später verhinderte er beim 0:3 gegen den 1. FC Kaiserslautern eine höhere Niederlage. Das weckte den Ehrgeiz des schon abgeschriebenen Kontrahenten Mühlmann, der dank besserer Trainingsleistungen und zur Überraschung von Toth am nächsten Spieltag das Tor hütete. Eine Woche später kehrte der Ungar zurück, um bald darauf in das Kreuzfeuer der Kritik zu geraten. Im Heimspiel gegen Borussia Dortmund kassierte er sechs Treffer und war nach der 1:2-Niederlage bei VfB Stuttgart vom »Kicker« als »Schaumann« abqualifiziert, der die notwendige Sachlichkeit vermissen lasse. Zusätzliche Vorwürfe entzündeten sich an seiner dürftigen Strafraumbeherrschung und der mangelhaften Organisation seiner Vorderleute. Trainer Fritz Langner beorderte den Ungarn wieder auf die Bank, während Schalke 04 weiterhin kontinuierlich das Tabellenende zierte.

Aufgrund der Unsicherheiten Mühlmanns gelangte Toth am 14. Spieltag zum Comeback. Die desaströse Schalker Elf setzte indes ihren sportlichen Niedergang munter fort. Nach der 0:4-Pleite am 20. Spieltag bei Borussia Dortmund musste wieder der Torwart als Sündenbock fungieren. Nach Meinung des »Kicker« zwar kein schlechter Ballfänger, »aber kein Mann, der Entscheidendes verhüten kann, wenn mehr als gewöhnlich verlangt wird«. Nach einem folgenschweren Fehler im DFB-Pokal-Halbfinale gegen Alemannia Aachen brachte er auch die Mannschaftskameraden gegen sich auf. Nach dem vernichtenden Zeugnis von Verteidiger Günter Karnhof (»Toth hat nicht nur dieses Spiel auf dem Gewissen, sondern auch unseren ganzen Abstieg.«) besaß der Keeper keine Zukunft mehr bei dem Klub, der nach dem Saisonende nur aufgrund der »Handgeldaffäre« von Hertha BSC in der Bundesliga bleiben durften.

Anschließend wechselte Toth zum 1. FC Nürnberg, wo er sich allerdings hinter Roland → Wabra mit der Reservistenrolle zufrieden geben musste. Zudem bekam der trinkfreudige Bierliebhaber Probleme mit dem eisenharten Training von Coach Jenö Csaknady. Drei magere Einsätze während der Saison 65/66 waren zu zu wenig, um den etablierten Wabra aus dem Tor zu verdrängen. Selbst als Ersatztorwart schien Toth den Ansprüchen nicht mehr zu genügen. Für die neue Spielzeit verpflichtete Nürnberg vom PSV Eindhoven den hoch gelobten Horst-Dieter → Strich und Toth rutschte sogar zur Nummer 3 ab.

Nach der Rückrunde begannen sich die Ereignisse aber zu überschlagen. Der Club befand sich bereits in akuten Abstiegsnöten, als Wabra am 25. Spieltag in Düsseldorf wegen einer Tätlichkeit vom Platz gestellt wurde. Strich erkrankte an hohem Fieber und trotz dieser Notsituation war der Einsatz von Toth gegen den Karlsruher SC noch nicht gesichert. Trainer Max Merkel erwog vielmehr ernsthaft, Vorstopper Reinhold Adelmann ins Tor zu beordern, der Wabra schon einige Male vertreten hatte. Erst in letzter Minute entschied sich der Coach für seine Nummer 3 und die »vermeintliche Achillesferse« avancierte beim 1:0-Sieg mit zahlreichen Paraden zum überragenden »Matchwinner«. Am nächsten Spieltag rettete der Notnagel einen knappen 1:0-Sieg über Borussia Mönchengladbach und zwei Wochen später konnte Nürnberg mit Toth im Tor auf die satte Bilanz von 9:1 Punkten aus den letzten fünf Spielen zurückblicken. Der Keeper selbst hatte während dieser erfolgreichen Phase nur drei Treffer zugelassen und bekam dafür von den Fans den Ehrentitel »Der Retter von Nürnberg«.

Vor der Saison 67/68 musste der kurzzeitig umjubelte Held wieder ins zweite Glied zurück. Nur einmal durfte er am 12. Spieltag, ab der 65. Minute, den handverletzten Wabra vertreten, konnte aber am Saisonende mit Nürnberg den Meistertitel feiern. Danach verpflichtete der Klub vom Absteiger Karlsruher SC den talentierten Jürgen → Rynio, während Toth zum Regionalligisten SSV Jahn Regenburg wechselte. Mit hervorragenden Leistungen wurde er schnell zum Liebling der Fans und Hans Jakob, Regensburgs legendärer Nationaltorwart der 30er Jahre, adelte ihn zu seinem »eigentlichen Nachfolger«.

Der »feine Kerl« machte auch außerhalb des Spielfeldes Schlagzeilen. Zunächst veröffentlichte der »Radi aus Regensburg« eine Schallplatte, um kurze Zeit später ein Feinschmeckerlokal zu eröffnen, in dem er unter anderem »Rumpsteak à la Gyula« servierte. Zwei Jahre später wurde der FC Homburg seine letzte Profistation. Anschließend arbeitete er als Trainer und sorgte in dieser Funktion beim Amateurligisten Hessen Kassel insbesondere in der Saison 76/77 für einige Furore. In den achtziger Jahren wurde bei ihm die Parkinsonsche Krankheit diagnostiziert, die eine Fortsetzung der Trainerlaufbahn unmöglich machte. Unverdrossen befreite sich Toth aus seiner Depression und kümmerte sich anschließend im heimatlichen Spessart um den Aufbau seiner neu gegründeten Fußball-Schule.

Trautner, Eberhard

Geboren: 07.02.1967 (Deutschland)
BL-Verein: VfB Stuttgart (1986–2001)
BL-Spiele: 32
Vereinstitel: 1x Meister (1992),
1x DFB-Pokal (1997)

Geboren in Bad Cannstatt, gelangte Eberhard Trautner 1981 über die Stationen FSV Oßweil und SpVgg 07 Ludwigsburg als 15-Jähriger zur B-Jugend des VfB Stuttgart. Drei Jahre später wurde er mit der A-Jugend Deutscher Meister, um anschließend in den Amateurkader aufzurücken. Vor der Saison 86/87 als Amateurtorwart die Nummer 3 hinter Neuzugang Eike → Immel und dem langjährigen Stammkeeper Helmut → Roleder, rückte der 1,84 m große Schlussmann aufgrund Roleders Hüftbeschwerden allmählich zum nominellen Ersatzmann auf. Am 13. Spieltag feierte der Rotschopf dann, aufgrund eines Muskelfaserrisses von Immel, beim 4:0-Sieg gegen Werder Bremen ein gelungenes Bundesligadebüt.

Vermehrt zu Einsätzen kam er in der nächsten Saison, als die Nummer 1 wegen Gehirnerschütterung und Bänderdehnung mehrmals nicht zur Verfügung stand. Ersatzmann »Ebbi« avancierte besonders am 11. Spieltag beim 3:0-Sieg gegen den VfL Bochum, zum Matchwinner, musste sich jedoch nach Immels Genesung immer wieder auf die Bank begeben.

In der Saison 90/91 ergaben sich für den Formel 1- und Star Wars-Fan durch Immels Gelbsperre und Bänderriss wiederholt Bewährungsproben. Trotz guter Leistungen und einem gehaltenen Elfmeter gegen Bayern München blieb das Eigengewächs weiterhin eine Nummer 2 ohne realistische Perspektiven auf den Stammplatz.

Diese hoffnungslose Situation schien vor der Saison 89/90 eine Wendung zu erfahren. Immel, trotz Nationaltorhüterstatus nie unumstritten, wurde von Stuttgarts Trainer Arie Haan nach wechselhaften Leistungen vermehrt unter Druck gesetzt. Obwohl der Coach dem Ex-Nationalkeeper mehrmals mit dem Einsatz Trautners drohte, durfte sich der Ersatzmann auch in dieser Spielzeit nur aufgrund von Verletzungen des Konkurrenten zwischen die Pfosten begeben.

Vor der Saison 90/91 wurde dann Trautner selbst von einer schweren Verletzung heimgesucht, als er sich im Training nach einem Zusammenprall mit Matthias Sammer einen doppelten Schienbeinbruch zuzog. Die gesamte Spielzeit verbrachte er im Krankenlager, wurde von Rückkehrer Siegfried → Grüninger vertreten und konnte Stuttgarts Meisterschaftsgewinn nur aus der Ferne miterleben.

In einem Reha-Zentrum quälte sich der Pechvogel monatelang für das Comeback, um dann in der Saison 92/93 in den letzten fünf Saisonspielen wieder für den verletzten Immel einzuspringen. Immer wieder demonstrierte der Keeper dabei seine Bundesligatauglichkeit, zeigte gute Reflexe und Nervenstärke, um dennoch stets vergebens gegen Eike Immel anzukämpfen. Vor der Saison 95/96 liebäugelte Trautner nach zehn Jahren Reservistenfrust kurzzeitig mit einem Wechsel zum Zweitligisten Waldhof Mannheim – doch die Verpflichtung von Rolf Fringer als neuer Trainer ließ neue Hoffnung aufkeimen.

In der Tat würfelte der neue Coach vor der Saison 95/96 die langjährige Torwart-Hierarchie kräftig durcheinander. Nachdem Immel kurzerhand aussortiert wurde, übernahm dessen freigewordene Position jedoch nicht der hoffnungsvolle Trautner, sondern Nachwuchsmann Marc → Ziegler. Erneut nur Reservist, kam der treue »Ebbo« wieder lediglich durch die Verletzung des Rivalen zum Einsatz. Obwohl sich Ziegler selten als bundesligatauglich erwies, erhielt der frustrierte Trautner keine Chance mehr. Im Verlauf der Saison wurde er dann sogar als Nummer 2 von dem unerfahrenen Nachwuchskeeper Thorsten → Walther abgelöst. Abgeschoben in die Amateurmannschaft, blieb Trautner in den nächsten Jahren hinter dem österreichischen Nationaltorwart Franz → Wohlfahrt und Ziegler die Nummer 3.

Dass auf ihn, trotz aller mangelnden Praxis, stets Verlass war, bewies er noch einmal am 11. Spieltag der Saison 98/99, als er nach der Halbzeit den verletzten Wohlfahrt ablösen musste und mithalf, das torlose Remis zu sichern. Nach der Saison 2000/2001 beendete der langjährige Ersatztorwart seine aktive Laufbahn, um im Anschluss in Stuttgarts Trainerstab aufzurücken.

Tremmel, Gerhard

Geboren: 16.11.1978 (Deutschland)
BL-Vereine: SpVgg Unterhaching (1999–2001), Hannover 96 (seit 2002)
BL-Spiele: 40 (zum Ende der Hinrunde 02/03)

Die ungewöhnliche Karriere des in München geborenen Gerhard Tremmel begann 1983 zunächst beim Vorstadtklub SV Lochhausen. 1987 wechselte er in die E-Jugend des FC Bayern München, um 1992, nach den Stationen SC Olching und TSV 1860 München, der C-Jugend der SpVgg Unterhaching beizutreten. Ab 1996 rückte der rotblonde Steuerfachgehilfe in den Seniorenkader, um als Torwart der 2. Mannschaft seine Einsätze in der bayerischen Landesliga zu absolvieren.

Auch nach Unterhachings Aufstieg in die Bundesliga blieb Tremmel während der Saison 99/00 zunächst neben Stammkeeper Jürgen → Wittmann und Ersatztorwart Udo → Mai allenfalls die Nummer 3. Weiterhin im Landesligateam spielend, konnte er beim Training der Profis durch gute Leistungen überzeugen, um von Trainer Lorenz-Günther Köstner bereits als »verheißungsvolles Talent« eingestuft zu werden. Vor dem 28. Spieltag laborierte Wittmann an einer Verletzung, die sich letztendlich als Faserriss entpuppte und einen Einsatz unmöglich machte. Beim Abschlusstraining zog sich dann

Ersatzmann Mai einen Muskelfaserriss zu, so dass Köstner notgedrungen auf Snowboard- und Playstation-Fan Tremmel zurückgreifen musste. Bei seinem Debüt gegen 1860 München konnte sich der »lockere Typ« mehrfach auszeichnen, um kurz vor Schluss allerdings noch den Ausgleich zu verschulden. Von dem anschließenden Trubel um seine Person blieb der Vertragsamateur (»Ich bin schon 17 Jahre Torwart und die Abläufe sind immer die gleichen.«) relativ unbeeindruckt, um mit Unterhaching in der nächsten Woche einen überraschenden 3:1-Auswärtserfolg bei Borussia Dortmund zu landen, bei dem er allerdings den einzigen Gegentreffer verursachte. Obwohl der »Torwart aus dem Nichts« nach Aussage seines Trainers sich bis zum 32. Spieltag »vier ordentliche Spiele, aber auch drei dicke Patzer« leistete, pochte er selbstbewusst auf einen Profivertrag. Endgültig zum Shootingstar avancierte der »Leichtlebige« im letzten Saisonspiel gegen Bayer Leverkusen. Mit hervorragenden Paraden sicherte er den 2:0-Sieg und verdarb damit dem Favoriten Bayer Leverkusen die schon sicher geglaubte Meisterschaft.

Vor der Saison 00/01 mit dem ersehnten Profivertrag ausgestattet, etablierte sich »Gerry« nach seinen Heldentaten endgültig zur Nummer 1 und verdrängte den einstigen Stammkeeper Wittmann umstandslos auf die Ersatzbank. Neben Glanzpartien gegen Bayern München und Bayer Leverkusen unterliefen ihm zwischendurch manche Schnitzer, die er jedoch selbstbewusst (»Ich bin noch jung und wenn man jung ist, macht man Fehler.«) als notwendigen Lernprozess abhakte. Für zusätzlichen Ärger sorgte der unbekümmerte Jung-Keeper, als er sich von Fernsehredakteuren zu einem Fallschirmsprung überreden ließ und dafür einen Rüffel seines Trainers kassierte. Am 22. März absolvierte er gegen Frankreich sein einziges A2-Länderspiel, zählte bereits zu den verheißungsvollsten Talenten, um mit seinem Klub im zweiten Jahr dennoch den Weg in die 2. Bundesliga antreten zu müssen.

Auch in der 2. Bundesliga ein Rückhalt und von den Unterhachinger Fans zum »Spieler der Saison 01/02« gewählt, musste er mit seiner Elf auch den Sturz in die Regionalliga verkraften. Von mehreren Klubs umworben, wechselte er anschließend, nach einigem Hickhack um die Ablösesumme, für die Saison 02/03 zum Bundesligaaufsteiger Hannover 96. Als Nummer 2 hinter Torwart-»Dino« Jörg → Sievers von Trainer Ralf Rangnick als »einer der drei besten Torhüter seiner Altersklasse« beurteilt, bestätigte Tremmel zunächst eher den Ruf als »Bruder Leichtfuß«. Mäßigen Leistungen bei Testspielen folgte mehrfach verspätetes Erscheinen beim Training, das Fernbleiben bei einem Mannschaftsfrühstück sowie die Nichtbeachtung des verordneten Zapfenstreiches.

Nachdem Sievers am 16. Spieltag bei Borussia Mönchengladbach durch einen missglückten Befreiungsschlag die 0:1-Niederlage verschuldete, kündigte Rangnick erstmals einen möglichen Torwartwechsel an. Erst am Samstag vor dem Heimspiel gegen Arminia Bielefeld erhielt Tremmel von seinem Coach die Mitteilung, dass er erstmals zum Einsatz kommen werde. Sein Debüt für die »Roten« verlief insgesamt zufrieden stellend, wobei er neben guten Reaktionen auch einige Unsicherheiten offenbarte. Trainer Ralf Rangnick will erst in der Winterpause 2002/03 entscheiden, wer von beiden in der Rückrunde das Tor des Abstiegskandidaten hüten wird.

Tschertschessow, Stanislaw

Geboren: 02.09.1963 (UdSSR)
BL-Verein: Dynamo Dresden (1993–1995)
BL-Spiele: 57
A-Länderspiele für Russland: 51

Geboren in der kleinen Stadt Alagir am Kaukasus, stand Stanislaw Tschertschessow (»Mich reizte die ungeheure Verantwortung, auf dieser Position nichts dem Zufall überlassen zu dürfen.«) bei seinem Heimatverein von Kindesbeinen an im Tor. Bis zum 14. Lebensjahr hütete er den Kasten von Spartak Alagir, um anschließend nach Spartak Wladikawkas zu wechseln. Sechs Jahre später verpflichtete ihn Spartak Moskau, wo er sich hinter Nationaltorwart Rinat Dassajew vier Jahre mit der Rolle des Ersatztorhüters begnügen musste.

Obwohl er sich zunächst geduldig fügte, flüchtete der 1,83 m große Keeper dann 1988 doch zum Ortsrivalen Lokomotive Moskau, um bereits ein Jahr später, nach Dassajews Wechsel zum FC Sevilla, zu Spartak Moskau zurückzukehren. Jetzt war der Weg frei für den ausgebildeten Fussballlehrer, um bei Spartak die Nummer 1 zu werden. In der Saison 89/90 holte er mit seinem Klub die russische Meisterschaft und nach der WM 1990 feierte er, im Oktober des gleichen Jahres, gegen Israel auch sein Debüt in der Nationalmannschaft. Sachlich, nüchtern, ohne Showallüren, aber mit blendenden Reflexen ausgestattet, avancierte der musisch begabte Tschertschessow zu einem der besten Keeper Russlands. Trotz des Double-Gewinns von Meisterschaft und Pokalsieg mit Spartak Moskau war jedoch er 1992 bei der Europameisterschaft in Schweden hinter Dimitri Charin nur die Nummer 2 im Kader.

1993 wurde er mit Spartak Moskau erneut russischer Meister, als ihn ein Angebot des Bundesligisten Dynamo Dresden ereilte. Obwohl Dresdens Präsident Rolf-Jürgen Otto kaum seinen Namen (»Tschetsch oder so ...«) über die Zunge bekam, verpflichtete er ihn für eine Ablösesumme von rund 400 000 DM. Der Blitztransfer sorgte für beträchtliche Brisanz, weil bei Dresden seit zwei Jahren der renommierte Ex-DDR-Nationaltorhüter René Müller im Tor stand. Zunächst erhielt der Russe den Vorzug, der aber bei seiner Bundesligapremiere gegen den Aufsteiger VfB Leipzig lediglich die Bälle aus dem Netz holen konnte. Auch in den nächsten Begegnungen offenbarte »Stani«, bedingt durch mangelnde Sprachkenntnisse, Abstimmungsschwierigkeiten mit den Vorderleuten und Schwächen bei der Strafraumbeherrschung. Nach dem 5. Spieltag musste er nach Russland, um sich für das bevorstehende EM-Qualifikationsspiel gegen Ungarn vorzubereiten. Müller nutzte dessen Abwesenheit, um sich durch gute Leistungen den verlorenen Stammplatz zurückzuerobern. Erst durch Müllers Hüftgelenkprellung konnte Tschertschessow am 15. Spieltag gegen Bayer Leverkusen ein Comeback feiern, um jetzt leistungsmäßig voll durchzustarten. Bis zum 25. Spieltag kassierte die »Ruhe in Person« nie mehr als einen Gegentreffer pro Spiel. Mit seinen Paraden trug er mit dazu bei, dass sich sein Klub allmählich in das gesicherte Mittelfeld der Tabelle absetzen konnte. Nach dem geglückten Klassenerhalt fuhr der »angenehme Zeitgenosse« mit seiner Nationalelf zur Weltmeisterschaft in die USA, konnte sich aber wiederum gegen Charin nicht entscheidend durchsetzen.

In der Saison 94/95 war der mittlerweile 31-jährige Ossete, der immer in langen Torwarthosen spielt, erneut ein starker Rückhalt für Dynamo Dresden, der sich mit dem Klub in der Hinrunde zunächst von den Abstiegsplätzen fernhalten konnte. Nach dem 19. Spieltag brachen jedoch alle Dämme und auch der »Torwart-Rastelli« konnte den sportlichen Niedergang nicht mehr stoppen.

Nach Dresdens Abstieg spielte der »intelligente, aufgeschlossene Typ« dann bis Dezember 95 wieder bei Spartak Moskau in erster Linie bei den Champions-League-Spielen. Anschließend heuerte er beim österreichischen Erstligisten FC Tirol an und nahm 1996, als Russlands Nummer 1, an der Europameisterschaft in England teil. Mit dem FC Tirol wurde der 51-fache Auswahltorhüter dreimal Meister, verlor seinen Stammplatz zeitweise an Marc → Ziegler, um 2002 mit 38 Jahren noch einmal als Ersatzkeeper die WM in Asien mitzuerleben. Nach der Zwangsauflösung des FC Tirol kehrte Tschertschessow im Sommer 2002 zu Spartak Moskau zurück.

V

Van Duijnhoven, Rein

Geboren: 05.09.1967 (Holland)
BL-Verein: VfL Bochum (seit 2001)
BL-Spiele: 45 (zum Ende der Hinrunde 02/03)

Hollands erster Bundesligatorhüter begann seine Vereinslaufbahn mit fünf Jahren beim Heimatklub RKSV Nuenen. In den ersten Jahren spielte er ausschließlich im Sturm, wo er durch gutes Kopfballspiel bestach, aber Probleme mit der Schnelligkeit hatte. Sein Jugendtrainer Jan Elbers beorderte ihn deshalb mit 14 Jahren ins Tor und der junge van Duijnhoven hatte damit seine Lieblingsposition gefunden. Zwei Jahre später wechselte er zu Helmond Sport, wo er ab 1985 in den Zweitligakader aufrückte, um ein Jahr in der zweiten sowie die folgende Saison in der ersten Mannschaft zu spielen. Die anschließenden unbefriedigenden Vertragsverhandlungen veranlassten ihn 1988 zu Lona Tilburg zu wechseln und parallel eine Ausbildung zum Hotelmanager zu absolvieren.

Im Sommer 1994 wechselte der, nach eigenen Worten, »pflegeleicht und unkomplizierte«, Keeper zum Ehrendivisionär MVV Maastricht. In dem ständig zwischen erster und zweiter Liga pendelnden Verein stets die unumstrittene Nummer 1, landete er in der gleichen Spielzeit bei der Wahl zu Hollands »Fußballer des Jahres« auf Platz 11. Zu diesem Zeitpunkt war van Duijnhoven beim Maastrichter Publikum bereits ein ausgesprochener Publikumsliebling. Während der Saison 95/96 gelang dem »langen Schlaks« im Zweitligaspiel gegen Den Bosch durch einen direkt verwandelten Abschlag zudem das »Tor des Jahres«.

Im Juli 99 wechselte der sprachbegabte Keeper, der neben Deutsch auch perfekt Englisch und Französisch beherrscht, ablösefrei zum Bundesliga-Absteiger VfL Bochum. Während der gesamten Spielzeit lieferte er sich einen sportlich fairen Zweikampf mit Thomas → Ernst, bei dem sich letztendlich keiner entscheidend durchsetzen konnte. Ungeachtet der Torwartfrage gelang dem VfL Bochum unter Trainer Ralf → Zumdick der erhoffte Wiederaufstieg.

In der Vorbereitung zur Saison 00/01 setzte sich van Duijnhoven im Dreikampf gegen Ernst und Christian → Vander endgültig durch. Vom Start weg entpuppte sich der Fangkünstler in der Bundesliga als entscheidende Stütze seiner Mannschaft. Obwohl er bei seinem früheren Verein Helmond Sport auf Anweisung des Trainer damals nie die Torlinie verlassen durfte, brillierte der »Klasse-Torwart« neben hervorragenden Reflexen auch durch energisches Strafraumverhalten und Souveränität in brenzligen Eins-zu-eins-Situationen. Innerhalb der Mannschaft als stets gut gelaunte Stimmungskanone geschätzt, lässt es sich der Genussmensch zudem nicht nehmen, nach manchem Spiel ein Entspannungs-Zigarettchen zu rauchen. Trotz seiner Zuverlässigkeit konnte aber auch van Duijnhoven Bochums vierten Bundesligaabstieg nicht verhindern.

In der 2. Bundesliga ebenfalls ein herausragender Leistungsträger und vom »Kicker« zum besten Zweitligakeeper gekürt, schaffte der Hobby-Börsianer mit seinem Klub den erneuten Wiederaufstieg. In den ersten 13 Bundesligabegegnungen erwies sich der unumstrittene Führungsspieler als sicherer Rückhalt, ehe er aufgrund hartnäckiger Knieschmerzen eine längere Zwangspause einlegen musste.

Vander, Christian

Geboren: 24.10.1980 (Deutschland)
BL-Verein: VfL Bochum (seit 2000)
BL-Spiele: 8 (zum Ende der Hinrunde 02/03)

Als sich der in Willich bei Krefeld geborene Christian Vander im Alter von 5 Jahren bei Blau-Weiß Anrath anmeldete, agierte er zunächst als Feldspieler. Erst in der D-Jugend wechselte er auf Anraten seines Vaters ins Torwartfach. Schnell entpuppte sich Vander zwischen den Pfosten als viel versprechendes Talent und einer Episode in der B-Jugend des 1. FC Viersen folgte im Sommer 97 der Wechsel in den Nachwuchskader des KFC Uerdingen 05. Von seinem Torwarttrainer Wolfgang → Kleff entscheidend gefördert, rückte »Vango« ab der Saison 98/99 in den Zweitligakader auf, um im Frühjahr 99 gegen Italien neun Minuten in der U18 zu absolvieren. Weil Uerdingen schon längere Zeit vor dem Saisonende als Absteiger feststand, erhielt der 18-jährige von Trainer Ernst Middendorp einige Bewährungsproben und konnte dabei sein potentielles Talent bestätigen.

Nach dem Abstieg und dem Fortgang von Stammkeeper Achim → Hollerieth avancierte der Nachwuchsmann in der Regionalligasaison 99/00 zur Nummer 1, versackte mit dem einstigen Bundesligisten aber sportlich im Mittelmaß. Abschließend wechselte der 1, 95 m große »Torwart-Gulliver« zum frisch gebackenen Bundesliga-Aufsteiger VfL Bochum. Während der Saison 00/01 hinter Rein → van Duijnhoven und Thomas → Ernst zunächst die nominelle Nummer 3, rückte Vander zur Winterpause, durch den Wechsel von Ernst zum VfB Stuttgart, zum ersten Ersatzmann auf. Der VfL Bochum verharrte schon abgeschlagen auf dem letzten Tabellenplatz, als sich van → Duijnhoven vor dem 25. Spieltag mit einer Zerrung abmelden musste. Im Heimspiel gegen den 1. FC Köln erlebte »Bundesliga-Novize« Vander eine wahre Achterbahnfahrt. Bis zur 31. Minute führte seine Mannschaft mit 2:0, ehe Vander noch dreimal hinter sich greifen musste. Ein weiterer Kurz-Einsatz ergab sich für den einstigen »Ergänzungskeeper« am letzten Spieltag bei Bayer Leverkusen, als die Nummer 1 in der 72. Minute wegen eines Foulspiels des Feldes verwiesen wurde. In der 2. Bundesliga kam Vander dann aufgrund einer Knieverletzung des Stammkeepers zwischen dem 20. und 24. Spieltag zu fünf Einsätzen. Insgesamt erwies er sich als Rückhalt, offenbarte aber auch einige Schwächen in der Strafraumbeherrschung.

Nach Bochums direktem Wiederaufstieg musste der begeisterte Borussia-Mönchengladbach-Fan zum Start der Saison 02/03 erneut auf die Ersatzbank. Am 8. Spieltag wurde Vander dann erstmals aufgrund van Duijnhovens Oberschenkelprellung gefordert, um in einer konfusen Hintermannschaft bei der 1:4-Niederlage gegen Bayern München einen äußerst schwachen Eindruck zu hinterlassen. Zweieinhalb Monate später musste er am 13. Spieltag im Heimspiel gegen Schalke 04 zur Pause erneut einspringen und bei der 0:2-Niederlage als erste Aktion den Ball aus dem Netz holen. Weil die Nummer 1 jetzt längerfristig ausfiel, konnte der junge Ersatzmann nun bis zur Winterpause seine Bundesligatauglichkeit unter Beweis stellen. Von seinem Trainer Peter Neururer bereits mit dem jungen Jens → Lehmann verglichen (»Ihm fehlt nur die Erfahrung.«), zeigte Vander beim anschließenden 2:2 gegen Borussia Mönchengladbach eine zufrieden stellende Leistung. Dem überzeugenden Eindruck folgte seine äußerst unglückliche Vorstellung bei der 0:3-Heimpleite gegen Arminia Bielefeld. Vander geriet ins Zielvisier der Kritiker, die seine Bundesligatauglichkeit bezweifelten und besonders die Boulevardpresse hob hervor, dass der Goalie in seinen bisherigen BL-Einsätzen immer noch keinen Sieg verzeichnen konnte.

Nur wenige Tage nach der geballten Medienschelte brachte er mit einer fantastischen Leistung beim 1:0-Sieg im DFB-Pokalspiel gegen den Hamburger SV alle Nörgler mit einem Schlag zum Schweigen. Von der »Deutschen Presse-Agentur« sogar mit dem Prädikat »Weltklasse« bedacht, gewann der Zerberus bis zur Winterpause zunehmend an Selbstvertrauen und Sicherheit, ohne bislang jedoch seinen ersten Bundesligasieg erleben zu dürfen. Von den Bochumer Fans wird Vander immer mit einer leicht abgewandelten Version des AC/DC-Hits »Thunder« begrüßt.

Vofrei, Eckhard

Geboren: 11.01.1956 (Deutschland)
BL-Verein: Eintracht Braunschweig (1975–1976)
BL-Spiele: 1

Seit 1968 spielte Eckhard Vofrei bei Eintracht Braunschweig, um nach sechs Jahren Jugendfußball ab 1974 in den Amateurkader aufzurücken. Zunächst offiziell Braunschweigs Nummer 4 hinter Bernd → Franke, Uwe → Hain und dem ersten Amateurtorwart, sollte der 18-Jährige bald in höhere Weihen katapultiert werden.

In der Saison 75/76 zog sich Franke am 8. Spieltag bei Schalke 04 einen Meniskusriss zu, der eine Operation erforderte. Vertreter Hain kam zum Einsatz und Vofrei saß, weil der Amateurkeeper für die Bundesliga keine Spielberechtigung besaß, am nächsten Spieltag gegen Kickers Offenbach auf der Bank. Um seinem jungen Zerberus Spielpraxis zu verschaffen, beorderte ihn Trainer Branko Zebeč für die Verbandsligabegegnung der Braunschweiger Amateure gegen Holstein Kiel ins Tor.

Schon eine Woche später, am 10. Spieltag, musste Hain nach einem Zusammenprall mit Mönchengladbachs Jupp Heynckes mit einer Kopfverletzung ausscheiden. Ab der 39. Minute stand der junge Vofrei im Kasten und musste dank einer kompakten Defensivleistung der gesamten Mannschaft keinen Treffer mehr kassieren. Eine Woche später war Hain wieder fit und Vofrei durfte noch bis zum 12. Spieltag auf der Bank sitzen. Weil er weiterhin seinem Beruf als Informationselektroniker nachgehen wollte und keine Profi-Ambitionen hegte, blieb er bis 1978 in Braunschweigs Amateurmannschaft, bei denen er auch regelmäßig in die Niedersachsen-Auswahl berufen wurde. Aus dem gleichen Grund lehnte er auch ein Angebot von Bundesligaaufsteiger Arminia Bielefeld ab, die ihn als Nummer 2 hinter Ulrich → Stein verpflichten wollten. Stattdessen wechselte Vofrei zum Amateurligisten Hessen Kassel, mit denen er zwei Jahre später den Aufstieg in die 2. Bundesliga schaffte. Vofrei wollte jedoch Amateur bleiben und kehrte in seine niedersächsische Heimat zurück. Nach einem Jahr bei Arminia Hannover spielte er noch zwei Jahre in der Amateurmannschaft von Eintracht Braunschweig und beendete anschließend seine Laufbahn.

Vollack, Werner

Geboren: 24.03.1955 (Deutschland)
BL-Vereine: Bayer 05 Uerdingen (1975–1976, 1983–1988), FC Homburg (1987– 1988)
BL-Spiele: 150
Vereinstitel: 1 x DFB-Pokal (Bayer 05 Uerdingen: 1995)

Der ebenso reaktionsschnelle wie hitzköpfige Werner Vollack gelangte über die Stationen Tura 88 Duisburg und Eintracht Duisburg im Sommer 1974 zum Zweitligisten Bayer Uerdingen. Zwei Einsätze absolvierte der 1,82 m große Torwart während der Saison 74/75 als Ersatzmann hinter Stammkeeper Manfred → Kroke. Im zweiten Aufstiegsspiel gegen den FK Pirmasens kam er, zehn Minuten vor Schluss, als Feldspieler zum Einsatz. Obwohl Kroke in der Bundesligasaison 75/76 dann äußerst wechselhafte Leistungen erbrachte und Vollack der Ruf als »eines der hoffnungsvollsten Torwart-Talente des Westens« vorauseilte, erhielt der gebürtige Duisburger von Trainer Klaus Quinkert zunächst keine Chance. Dem 20-jährigen »Hallodri« wurde vielmehr eine mangelhafte Profieinstellung vorgeworfen, weil er sich des Öfteren lieber mit hübschen Mädchen in Röcken als mit Bällen aus Leder beschäftigte. Zudem sorgten einige Verletzungen für unfreiwillige Zwangspausen. Erst als Uerdingens Abstieg vorzeitig feststand, erhielt der »Westfale durch und durch« am Saisonende drei Einsatzchancen in der Bundesliga. Trotz Niederlagen gegen den 1. FC Kaiserslautern, Hamburger SV und MSV Duisburg bewährte sich der junge Blondschopf ausgezeichnet und erhielt von den Fachmagazinen exzellente Noten.

Weil sich Bayer Uerdingen für die neue Saison mit Paul → Hesselbach verstärkte, kündigte Vollack seinen Vertrag, um endlich bei einem Verein Stammtorwart zu werden. Eine Verpflichtung von Union Solingen scheiterte an der Ablösesumme und schließlich wurde der »für jeden Klub des bezahlten Fußballs interessante Mann« (Kicker) vom Zweitligaaufsteiger Eintracht Trier unter Vertrag genommen. Zwei Jahre war Vollack für den Klub ein sicherer Rückhalt, ehe er in der Saison 79/80 die Karriere »auf eigene Faust« unterbrach. Im Meisterschaftsspiel gegen den 1. FC Nürnberg geriet er mit Gegenspieler Herbert Heidenreich aneinander, fühlte sich provoziert und revanchierte sich mit einem fulminanten Faustschlag in dessen Magengrube. Vollack glaubte sich unbeobachtet, doch der Kameramann eines Fernsehteams zeichnete alles auf und somit wurde »Fäustling-Werner« vom DFB-Sportgericht zu einer dreimonatigen Sperre verdonnert. Bei Eintracht Trier hatte der unbeherrschte Schlussmann nach

Werner »Fäustling« Vollack in unnachahmlicher Jubelpose.

dieser Entgleisung ausgespielt und noch in der laufenden Saison wechselte Vollack zum Zweitliganachbarn Stuttgarter Kickers. Zwar verdrängte er dort den langjährigen Stammtorwart Rolf Gerstenlauer und agierte in einer Mannschaft, die durch Jürgen Klinsmann, Guido Buchwald und Karl Allgöwer über viel versprechende Talente verfügte – doch der Traum von der Bundesliga ließ sich auch hier in den nächsten zwei Jahren nicht verwirklichen.

Ernüchtert kehrte der »stabile Werner« für die Saison 82/83 zu Bayer Uerdingen zurück und konnte sich mit dem Verein als Tabellendritter der 2. Bundesliga auf Anhieb für die Aufstiegsspiele qualifizieren. Nach den beiden Begegnungen gegen Schalke 04 attestierten ihm die Experten, insbesondere beim Rückspiel in Schalke, Weltklasseleistungen und es war Vollack, der nach dem geglückten Aufstieg im Mittelpunkt aller Jubelszenarien stand.

Auch zum Anfang der Bundesligasaison 83/84 konnte der Aufstiegsheld diese Leistung bestätigen. Inzwischen zum soliden Familienvater gereift, sorgte der »erstklassige, clevere und ehrgeizige Keeper« (Kicker) mit zahlreichen Glanzparaden sogar für eine kurzzeitige Spitzenposition des Aufsteigers. Am 15. Spieltag rettete der eiserne Zerberus, trotz einer gerade überstandenen Lebensmittelvergiftung und einem Gewichtsverlust von über vier Kilogramm, seiner Mannschaft ein wichtiges Remis gegen Borussia Mönchengladbach. Zwar konnte er dieses Formhoch nicht über die gesamte Saison bewahren, zählte aber dennoch stets zu den besten Akteuren seiner Mannschaft.

Einen während der Saison 84/85 erlittenen Kreislaufkollaps steckte Vollack ebenfalls mühelos weg, um zwei Wochen später mit seinem Klub im DFB-Pokalfinale, durch einen sensationellen 2:1-Sieg gegen Bayern München, den ersten und einzigen Titelgewinn seiner Karriere zu feiern. Nach diesem Erfolg musste er in der Saison 85/86 einige Tiefpunkte überstehen. Unsicherheiten und zahlreiche Patzer sorgten für Kritik und stellten seinen Stammplatz bei Trainer Karl-Heinz Feldkamp ernsthaft in Frage. Zu allem Überfluss leistete er sich am 9. Spieltag gegen den 1. FC Nürnberg ein überflüssiges Foul und erhielt als Wiederholungsspieler eine achtwöchige Sperre. Zwar kam der Hitzkopf in den Europapokalspielen gegen Galatasaray Istanbul und FC Zurrieq zum Einsatz, doch in der Bundesliga setzten ihn die guten Leistungen von Stellvertreter Manfred → Kubik während der Zwangspause allmählich unter Druck.

In dieser persönlich kritischen Phase gelang dem 30-jährigen Zerberus während der Rückrunde ein grandioses Comeback. In den Bundesligaspielen glänzte er mit Top-Leistungen in Serie, die Uerdingen am Ende noch auf den 3. Tabellenplatz hievten. Noch spektakulärer agierte der Kämpfer (»Ich wollte endlich wieder in die positiven Schlagzeilen.«) im Europapokal der Pokalsieger. Gegen Dynamo Dresden feuerte er seine Elf im Viertelfinalrückspiel zu einem sensationellen 7:3-Sieg an, ehe er dann im Halbfinale gegen Español Barcelona selbst in den Blickpunkt des Geschehens rückte. Vor 45 000 Zuschauern im Stadion »Vicente Calderon« brachte der »fliegende Matador« die Stürmer von Barcelona mit phantastischen Reflexen zur Verzweiflung und hielt dadurch die Niederlage mit 0:1 in erträglichen Grenzen. Während ihn die spanischen Zuschauer mit Ovationen bedachten, spanische Balljungen um seine Handschuhe bettelten, bescheinigte ihm Barcelonas argentinischer Weltmeistertorwart Ubaldo Fillol eine absolute Weltklasseleistung. Auch die spanische Presse zeigte sich begeistert und bezeichnete Vollack als »Wunder-Torwart«. Der bescheidene Schlussmann (»Ich bin doch dazu da, ein paar Bälle zu halten.«) wurde daraufhin von Teamchef Franz Beckenbauer in das 40er-Aufgebot für die Weltmeisterschaft in Mexiko nominiert, um sich als Nummer 4 auf Abruf bereitzuhalten. Nach dieser mit Höhepunkten gespickten Spielzeit erlebte der gefeierte Keeper zunächst wieder einen Rückschlag, als er sich kurz vor dem Saisonstart 86/87 beim Tennisspielen einen Bänderriss zuzog und mehrere Wochen pausieren musste. Bereits am 3. Spieltag feierte er eine gelungene Rückkehr und brachte sich mit länderspielreifen Leistungen in der Bundesliga sowie im Europapokal wieder ins Gespräch. Forderte zwar sein Trainer Feldkamp schon eine Berufung in die Nationalmannschaft (»An Vollack kommt man nicht mehr vorbei«), so erhielt der hervorragende Torwart als Anerkennung zumindest jetzt regelmäßige Einladungen für den Kader der Fußball-Olympiamannschaft. Die Hoffnungen von Vollack, sich über diese Auswahl für den A-Kader zu empfehlen, gingen jedoch nicht in Erfüllung, weil sein Bochumer Kollege Ralf → Zumdick von DFB-Trainer Johannes Löhr zumeist den Vorzug erhielt. Zudem trumpfte er in der Rückrunde nicht mehr so stark auf, erlebte mit Uerdingen im DFB-Pokal-Viertelfinalspiel bei Borussia Mönchengladbach eine saftige 2:9-Schlappe und kassierte am 28. Spieltag, nach einer Rangelei, seine vierte Gelbe Karte, was erneut eine Sperre zur Folge hatte. Der bittere Abstieg vollzog sich für den langjährigen Torwart-Triumphator während der Saison 86/87. Mit dem neuen Trainer Horst Köppel lag der temperamentvolle Profi von Beginn an im ständigen Streit. Aufgrund eines überharten Trainingseinsatzes gegen einen Mannschaftskameraden verbannte ihn der Coach nach dem 5. Spieltag vorübergehend auf die Bank. Weil sich Vertreter Kubik ebenfalls nicht mit Ruhm bekleckerte, kehrte Vollack am 10. Spieltag zurück, um eine Woche später gegen den Hamburger SV ein »Tor des Monats« zu kassieren. Bei der 1:3-Niederlage ließ sich der Unglücksrabe von einem 50-m-Flankenball des Hamburgers Manfred Kaltz düpieren, was der öffentlichen Kritik von Erzfeind Köppel (»Vollack macht große Sprüche, und versucht dadurch, von seinen Fehlern abzulenken.«) zusätzliche Nahrung verschaffte. Zwei Monate später kam es zum Eklat, als der vermeintliche Sündenbock öffentlich Köppels Taktik sowie dessen mitmenschliche Umgangsformen bemängelte und für diese Kritik vom Vorstand postwendend die Kündigung erhielt. In der Olympia-Mannschaft hatten ihm Andreas → Köpke und Uwe → Kamps inzwischen den Rang abgelaufen und der enttäuschte Schlussmann musste froh sein, dass ihn kurze Zeit später Abstiegskandidat FC Homburg unter Vertrag nahm. Nicht mehr mit dem Glanz früherer Tage, aber insgesamt zufrieden stellend stemmte sich der Routinier mit dem Saarlandlklub – letztendlich vergebens – gegen den drohenden Rutsch in die 2. Liga. Danach wechselte die »Urkraft deutscher Unterhaltung« zum ebenfalls abgestiegenen Traditionsklub Schalke 04, um seine Karriere im heimatlichen Westen ausklingen zu lassen. Überraschend musste Vollack in der Saison 88/89 wieder um die Klasse zittern. Nach einer fünfmonatigen Verletzungspause bewahrte er seinen Verein mit glänzenden Paraden vor dem Absturz in die Amateurliga, um in der nächsten Spielzeit seinen Posten allmählich dem jungen Torwarttalent Jens → Lehmann zu übergeben. 1990 beendete die »Stimmungskanone« ihre aktive Karriere, um als Trainer beim Amateurligisten SpVgg Marl einzusteigen. Heute führt der einst unerschütterliche Turm zahlreicher Fußballschlachten ein Reisebüro in Krefeld.

Vollborn, Rüdiger

Geboren: 12.02.1963 (Deutschland)
BL-Verein: Bayer 04 Leverkusen (1982–1999)
BL-Spiele: 401
Vereinstitel: 1x DFB-Pokal (1993), 1x UEFA-Pokal (1988)

Seine Vereinslaufbahn startete der gebürtige Berliner Rüdiger Vollborn 1970 beim 1. FC Traber Berlin, um ein Jahr später nach Blau-Weiß 90 Berlin zu wechseln, mit deren B-Jugend er im Sommer 1979 Deutscher Meister wurde. Vollborn zeigte im Finale gegen den FC Augsburg eine großartige Leistung, was auch dem anwesenden DFB-Jugendtrainer Dietrich Weise nicht entgangen war. Es folgten Einladungen für die Jugendnationalmannschaft, wo der junge Zerberus mit sicherem Stellungsspiel und hervorragenden Reflexen schnell zu einem Aktivposten avancierte. 1979 siegte er mit dem DFB-Team beim Valentin-Granatkin-Turnier in Moskau, dem zwei Jahre später – im Frühjahr 1981 – der Gewinn der U18-Europameisterschaft folgte. Vollborn besaß mit zwei parierten Strafstößen beim Elfmeterschießen im Halbfinale gegen Frankreich sowie mit tollen Paraden im Endspiel gegen Belgien erheblichen Anteil an diesem Titeltriumph. Als einer der Jahrgangsbesten erhielt der Gymnasiast jetzt Angebote von Hertha BSC, VfB Stuttgart und Borussia Mönchengladbach, entschied sich nach reiflicher Überlegung aber für den Wechsel zu Bayer Leverkusen.

In der Saison 81/82 blieb er noch Amateur, um in der Oberliga Spielpraxis zu sammeln. Parallel legte er sein Abitur ab, begann eine Ausbildung zum Einzelhandelskaufmann, um im Oktober 81 in Australien mit der Junioren-Nationalmannschaft die Weltmeisterschaft zu erringen. Wieder zählte das Torwarttalent zu den besten Akteuren, doch als er vor der Saison 82/83 in den Profikader aufrückte, musste er sich hinter Stammtorwart Uwe → Greiner die gesamte Spielzeit über mit der Ersatzbank zufrieden geben. Danach wurde der Vertrag mit Greiner nicht verlängert und Bayer Leverkusen ging das Risiko ein, dem bisher unerfahrenen Vollborn ab der Saison 83/84 das Vertrauen auszusprechen. Bei seiner Feuertaufe am 1. Spieltag gegen Bayern München zeigte das »Milchgesicht« eklatante Schwächen, ließ viele Bälle fallen, verrechnete sich bei hohen Flanken und verschuldete den zweiten Gegentreffer. Trainer Dettmar Cramer zeigte sich jedoch geduldig mit dem »kommenden Meister seines Fachs« und auch von der Mannschaft erhielt der junge Nachwuchstorwart jede erdenkliche Rückendeckung. Im Verlauf der Spielzeit gewann der 1,83 m große Schlussmann an Ruhe und Sicherheit, wurde von DFB-Trainer Berti Vogts in die U21-Auswahl berufen, um die Saison dennoch mit einer folgenschweren Panne abzuschließen.

Am 33. Spieltag glaubte Vollborn im Heimspiel gegen Borussia Mönchengladbach nach einer Attacke eines Gegenspielers den Freistoßpfiff des Schiedsrichters gehört zu haben. In dieser irrtümlichen Annahme legte er den Ball zum Abstoß zurecht, was der clevere Lothar Matthäus mit einem kurzen Antippen des Leders zum Siegtreffer nutzte. Damit waren Bayers letzte Hoffnungen auf einen UEFA-Cup-Platz zunichte gemacht und dieser peinliche Fauxpas lastete in der nächsten Saison wie ein Menetekel auf dem fassungslosen Jungkeeper. Fortan spielte er in der Saison 84/85 praktisch unter Bewährung, zeigte wechselhafte Leistungen und bekam von Trainer Cramer bereits den warnenden Fingerzeig: »Wenn er es nicht schafft, stabile Leistungen zu bringen und nicht lernt, seine Nerven in den Griff zu bekommen, dann ist er nicht tauglich für diesen Beruf.« Trotz intensiver Trainingsarbeit leistete sich das »Jungtalent« aber immer wieder einen Lapsus und verschuldete zudem durch mehrere Fehler gegen Bayern München das Ausscheiden im DFB-Pokal-Viertelfinale.

In den folgenden zwei Jahren kämpfte er trotz gelegentlicher Glanzleistungen immer wieder gegen die Skepsis der Kritiker an, ehe er in der Saison 87/88 durch hervorragende Paraden in den UEFA-Cup-Spielen gegen Feyenoord Rotterdam sowie im Endspiel gegen Español Barcelona, durch einen parierten Strafstoß im Elfmeterschießen, zum gefeierten Helden wurde. Nach seinem ersten Titelgewinn mit Bayer Leverkusen gewann der einstige »Zappelphilipp« zunehmend an Souveränität und brachte sich durch überdurchschnittliche Vorstellungen auch wieder für die Nationalmannschaft ins Gespräch. Zwar wurde die »verlässliche Größe hinter der Bayer-Abwehr« weder zu einem B- oder A-Länderspiel berufen, aber zumindest von Bundestrainer Hans-Hubert Vogts bei der Europameisterschaft 92 in Schweden auf Abruf nominiert. In der Saison 92/93 folgte mit Bayer Leverkusen der Gewinn des DFB-Pokals sowie neben Stefan → Klos die Einladung zu einem Sichtungslehrgang für die Nationalmannschaft, ohne dass Vollborn der erhoffte Sprung zur Weltmeisterschaft 94 in Italien gelang.

Als der mittlerweile 32-jährige Goalie neben Eike → Immel und Ulrich → Stein schon zu den »Dinosauriern« unter den Bundesliga-Torhütern zählte, begann während der Saison 94/95 die schleichende Demontage durch Trainer Dragoslav Stepanovič. Nach dem UEFA-Cup-Spiel gegen PSV Eindhoven sowie der darauf folgenden Partie gegen Borussia Dortmund kreidete der Coach seinem Torwart öffentlich mehrere Gegentore an. Weil sich zudem Dirk → Heinen bei Verletzungen Vollborns als zuverlässiger Stellvertreter erwiesen hatte, folgte der Exodus nach der 0:2-Niederlage am 31. Spieltag gegen 1860 München. Vollborn kassierte zwei haltbar erscheinende Treffer und Leverkusens neuer Trainer Erich Ribbeck gab im nächsten Spiel gegen Bayern München Konkurrent Heinen eine Bewährungschance. Die sich anbahnende Wachablösung vollzog sich dann vor der nächsten Spielzeit. Heinen konnte sich in der Vorbereitung durchsetzen und verwies damit den langjährigen Stammkeeper endgültig auf die Ersatzbank. In den folgenden vier Jahren bekam der dienstälteste Bayer-Profi von Trainer Christoph Daum noch ein paar Dankeschön-Einsätze spendiert und konnte damit seine Zahl an Bundesligaspielen noch auf über 400 schrauben. Nach der Saison 99/00 wechselte er als Co-Trainer und »Stand-by-Torwart« in die Amateurabteilung des Klubs.

Volz, Karl-Heinz

Geboren: 30.03.1947 (Deutschland)
BL-Vereine: Kickers Offenbach (1968–1971), 1. FC Köln (1971–1972)
BL-Spiele: 33
Vereinstitel: 1x DFB-Pokal (1970)

Beim Hessenligisten SpVgg 03 Neu-Isenburg hatte sich Karl-Heinz Volz seit Mitte der 60er Jahre einen guten Namen als reaktionsschneller Torwart gemacht. 1967 stand der einstige Jugend-Nationalspieler mit dem Verein in der Endrunde um die Deutsche Amateurmeisterschaft und wurde zudem mehrfach in die Hessen-Auswahl berufen.

Schließlich sogar für die Amateurnationalmannschaft nominiert, wechselte der gebürtige Hesse, auf Anraten seines damaligen Trainers Othmar Groh, im Sommer 1968 zum frisch gebackenen Bundesligaaufsteiger Kickers Offenbach. Hinter dem hoch gelobten Rudolf → Wimmer gelangte der 21-jährige Volz jedoch zu keinem Einsatz und Offenbach musste bereits nach einjähriger Zugehörigkeit die höchste Spielklasse wieder verlassen. Wimmer verabschiedete sich zum Karlsruher SC, während mit Ex-Jugendnationaltorwart Horst → Bertram ein neuer Konkurrent um den Torwartposten verpflichtet wurde. Bertram erlitt jedoch schon zum Saisonstart 69/70 eine langwierige Verletzung. Somit ergab sich für »Kalla« endlich die Chance, zum Stammtorwart zu reifen. Ungeachtet einiger Durchhänger und Patzer steuerte der 1,84 m große Schlussmann mit vielen Glanzparaden seinen Anteil zum Erreichen der Aufstiegsrunde bei. In dem aufreibenden Qualifizierungsmodus rettete der Keeper gegen den Mitbewerber FK Pirmasens ein wichtiges Unentschieden und das Fachblatt »Kicker« textete anschließend in großen Lettern: »Offenbach dankt tollkühnem Volz.« Nachdem der ersehnte Aufstieg unter Dach und Fach gebracht wurde, feierte der fangsichere Zerberus mit Mannschaftskollege Walter Bechtold freudig große Doppelhochzeit und verkündete im Brustton der Überzeugung: »Wir bleiben oben!« Für sein verspätetes Hochzeitsgeschenk sorgte er dann höchstpersönlich. Aufgrund der Weltmeisterschaft in Mexiko war das DFB-Pokalfinale bis kurz nach dem Saisonstart 70/71 verschoben worden. Gegen den hoch favorisierten 1. FC Köln feierte der gebürtige Hesse am 29. August 1970 die vorzeitige Krönung seiner noch jungen Torwartlaufbahn. Im ausverkauften Niedersachsenstadion zu Hannover eliminierte der »Teufelskerl« mit gewandten Reaktionen zahlreiche Großchancen der Kölner, um kurz vor Schluss in bravouröser Manier einen Foulelfmeter von Günter Biskup abzuwehren. Nach dem 2:1-Sensationssieg zollte der »Kicker« dem Matchwinner im schwarzen Sweater reimvollendet seine Anerkennung: »Auf Volz sind die Kickers stolz.«

Vom harten Bundesligaalltag schnell eingeholt, konnte sich die Mannschaft zunächst von den Abstiegsrängen fernhalten. Dennoch setzte, trotz eines Trainerwechsels, gegen Ende der Hinrunde ein Abwärtstrend ein. Volz, der am 11. Spieltag beim 0:0 gegen Bayern München glänzend agierte und einige Spieltage zuvor gegen den Hamburger SV die Niederlage verschuldete, wurde von dem neuen Coach Rudi Gutendorf sogleich zu Sonderschichten verdonnert, da er »nur zur Hälfte« austrainiert sei. Obwohl der neue Trainer alle sportlichen Vollmachten erhielt, krankte Offenbach besonders an seiner eklatanten Sturmschwäche.

Mit Kuno Klötzer kam der dritte Trainer und Volz zeigte am 29. Spieltag, beim 1:1 gegen Borussia Dortmund, erneut eine hervorragende Leistung. Nach dem 2:1-Auswärtssieg bei Schalke 04 schienen die Kickers zwei Spieltage vor Saisonschluss fast gerettet. Mit dem anschließenden 0:2 gegen Lokalrivale Eintracht Frankfurt erwartete den Aufsteiger ausgerechnet beim 1. FC Köln ein nervenzermürbendes Abstiegsfinale. Bis zur 58. Minute führte die Elf mit 2:1 und Volz hatte bis dahin unter Beweis gestellt, dass er »zu den besten Vertretern seines Fachs gehört« (Kölnische Rundschau). Am Ausgleich durch Johannes Löhr trug er jedoch Mitschuld und am Ende verlor man noch mit 2:4. Am Ende war sein Verein noch von Arminia Bielefeld und RW Oberhausen auf den vorletzten Tabellenplatz durchgereicht worden und musste aufgrund des schlechteren Torverhältnisses absteigen. Wenige Tage später begann durch Kickers-Präsident Horst-Gregorio Canellas die Enthüllung des Bundesliga-Skandals, in den auch Bielefeld und Oberhausen verwickelt waren. Trotz der offensichtlichen Manipulationen wurde die Abstiegsentscheidung nicht rückgängig gemacht und es sollten noch Monate vergehen, bis die Schuldigen ausgemacht waren.

Volz unterschrieb anschließend einen Zweijahresvertrag beim 1. FC Köln und konnte sich berechtigte Hoffnungen auf den Nummer-1-Status machen. Mit Gerhard → Welz, einem ehemaligen Kollegen aus Hessenligazeiten, hatte Köln aber einen weiteren, ehrgeizigen Zerberus verpflichtet. In den Vorbereitungsspielen setzte sich Welz durch und stand zum Saisonstart im Kölner Kasten. Nach der 2:6-Scharte am 4. Spieltag bei Schalke 04 gab Trainer Gyula Lorant dem bisherigen Reservisten eine Bewährungschance. Zur Halbzeit lag Köln gegen Fortuna Düsseldorf mit 0:2 zurück und Volz wurde zu seiner Verwunderung von Lorant (»Volz war leichenblass, ihm zitterten die Hände, deshalb nahm ich ihn raus.«) wieder gegen Welz ausgetauscht. Die Torwartfrage war entschieden, denn Welz konnte anschließend mit glänzenden Leistungen seine Position festigen.

Der frustrierte Volz wechselte nach Saisonende, als Nachfolger von Karl → Loweg, zum Hessenligisten FSV Frankfurt. Ein Jahr später schaffte er mit dem FSV Frankfurt den Aufstieg in die Regionalliga Süd. Die Qualifikation für die zweigleisige 2. Bundesliga glückte zwar nicht, doch 1975 folgte die Rückkehr in den bezahlten Fußball und der bewährte Schlussmann absolvierte für seinen Klub noch bis 1980 über 150 Zweitligabegegnungen. Nach Beendigung der aktiven Laufbahn ist Volz heute als Trainer im hessischen Oberligabereich tätig. Zum hundertjährigen Bestehen von Kickers Offenbach wurde der einstige Pokalheld am 27. Mai 2001 in die »Hall of Fame« aufgenommen.

Voß, Albert

Geboren: 08.09.1951 (Deutschland)
BL-Verein: SV Werder Bremen (1975–1980)
BL-Spiele: 1

In der Saison 71/72 glückte dem VfB Oldenburg nach einem Jahr in der Amateurklasse der ersehnte Wiederaufstieg in die Regionalliga Nord. Mit an Bord der 21-jährige Albert Voß, der sich auf Anhieb bewährte und innerhalb der Mannschaft zu einem Aktivposten erwuchs. Die langjährige Regionalligazugehörigkeit reichte für Oldenburg jedoch nicht aus, um sich für die neu gegründete 2. Bundesliga zu qualifizieren.

Voß begleitete seinen Verein zunächst in die Amateurliga und konnte sich während der Saison 74/75 mehrfach in der Niedersachsen-Auswahl auszeichnen. Sein Verein erreichte in dieser Spielzeit die Aufstiegsrunde zur Zweiten Liga, scheiterte aber an Mitkonkurrenten wie Westfalia Herne und dem Spandauer SV. Die Talent-Späher des SV Werder Bremen waren auf das Können des Blondschopfes mittlerweile aufmerksam geworden und verpflichteten ihn als Ersatzmann hinter Nationalmannschaftsanwärter Dieter → Burdenski. Es folgten zwei Spielzeiten, in denen Voß lediglich in Freundschaftsspielen eingesetzt wurde. Frustriert vom Reservistendasein wollte er 1977 zum Amateurligisten Atlas Delmenhorst wechseln und sollte ursprünglich durch Jugendnationaltorwart Walter → Junghans ersetzt werden. Der Ersatzmann entschied sich schließlich gegen den Wechsel. Am 16. Spieltag der Saison 77/78 musste Burdenski verletzungsbedingt passen und Voß konnte beim 1. FC Kaiserslautern endlich sein Bundesligadebüt feiern. Schuldlos an der 1:2-Niederlage, musste der Keeper anschließend wieder seinem Kontrahenten weichen. Der vom Reservistendasein mittlerweile frustrierte Voß, dem allenfalls Bewährungsproben in der Intertoto-Runde vorbehalten waren, liebäugelte bereits wieder mit Abwanderungsgedanken. Nach Werders Abstieg gelangte er während der Saison 80/81 für den leistenoperierten Burdenski immerhin noch zu acht Zweitligaeinsätzen, in denen er teilweise großes Können bewies. Sein Klub konnte den direkten Wiederaufstieg feiern, während Voß wieder ins Amateurlager zurückkehrte.

W

Wabra, Roland

Geboren: 25.11.1935 (Deutschland)
BL-Verein: 1. FC Nürnberg (1963–1969)
BL-Spiele: 146
Vereinstitel: 1x Meister (1968)

»Deutschlands Nummer eins« (Club-Veteran Tipfi Öhm), in Prag geboren und seit 1945 in Deutschland aufgewachsen, lebte mit seinen Eltern zunächst in den bayerischen Orten Windsbach und Unterreichenbach. Zunächst begann Roland Wabra als Handballer beim TV 46 Schwabach, um dann mit 16 Jahren das Fußballtor der 1. Mannschaft des SV Unterreichenbach zu hüten. Fußballerisch hatte er zunächst als Linksaußen begonnen und sich dadurch ein hervorragendes Stellungsspiel erarbeitet. Auf Empfehlung von Günter Baumann und Gerhard Bergner wurde der gelernte Schneider 1956 zum 1. FC Nürnberg geholt.

Zunächst die Nummer 2 hinter Edi Schaffer, übernahm er ab der Saison 56/57 dessen Posten und erwies sich auf Anhieb in der Oberliga Süd als reaktionsschneller wie auch fangsicherer Schlussmann. 1961 wurde er mit dem Club Deutscher Meister, woran sich ein Jahr später, mit einem 2:1-Sieg über Fortuna Düsseldorf, der Gewinn des DFB-Pokals anschloss. 1962 scheiterte Nürnberg dann bei der Meisterschafts-Endrunde im Finale gegen den 1. FC Köln. Bei der 0:4-Niederlage im Berliner Olympiastadion wirkte der 1,78 m große Zerberus in mehreren Situationen flatterhaft und gab bei zwei Toren eine unglückliche Figur ab.

Ein Jahr später hätte Nürnberg im letzten Gruppenspiel, wiederum gegen den 1. FC Köln, einen Sieg benötigt, um erneut das Endspiel zu erreichen. Dieses Vorhaben ging gründlich daneben, denn bereits zur Halbzeit lag die Mannschaft in Köln mit 0:4 zurück. Wabra leistete dabei mit zwei Irrflügen im Strafraum gütige Mithilfe und reagierte auch beim sechsten Gegentor viel zu spät. Trotz dieser gelegentlichen Aussetzer ging der sachliche Vertreter seines Fachs dennoch als klare Nummer 1 mit seinem Club in die erste Bundesligasaison.

Insgesamt ein großer Rückhalt bot »Rolli« auch schwache Leistungen, wie bei der 0:5-Heimniederlage am 9. Spieltag gegen den 1. FC Kaiserslautern, als er nach »Kicker«- Meinung »alle Bälle lethargisch passieren ließ«. Zwei Wochen zuvor musste er wegen einer Daumenverletzung seinen Posten mit Verteidiger Karl-Heinz Ferschl tauschen, weil Auswechslungen damals noch nicht erlaubt waren. Vier Jahre später betätigte er sich, aufgrund eines ausgekugelten Fingers, gegen Schalke 04 erneut als Feldspieler und diesmal wurde sein Posten von Vorstopper Reinhold Adelmann übernommen.

Zur Saison 65/66 kam mit Gyula → Toth erstmals ein ernsthafter Konkurrent. Wabra verteidigte seinen Posten und wurde in mehreren Spielen als Held des Tages gefeiert. Der privat eher ruhige, auf dem Feld jedoch mitunter äußerst temperamentvolle Club-Keeper erlebte seine schwächste Phase während der Saison 66/67. Mit Hans-Dieter → Strich vom PSV Eindhoven verpflichtete der Verein einen weiteren Rivalen um die Nummer 1. Der Neuzugang brach sich in der Saisonvorbereitung jedoch den Daumen und Wabra blieb Stammkeeper. Am 9. Spieltag beging er bei der 0:2-Niederlage gegen Hannover 96 zwei grobe Fehler, was sein Trainer Jenö Csaknady als sportlichen »Selbstmord« kommentierte. Danach war der routinierte Keeper, der selten eine spektakuläre Flugparade zeigte, vorerst seinen Posten los. Strich machte seine Sache aber kaum besser und plötzlich sprach man beim Club von einem Torwartproblem. Wabra schien mit der Dreifachbelastung als Parfümeriebesitzer, Versicherungsunternehmer und Fußballprofi zusehends überfordert und wirkte oftmals zerfahren. In der Rückrunde patzte der »Mann mit der linken Klebe« gegen Schalke 04 erneut, rehabilitierte sich aber drei Wochen später, beim 1:0-Sieg in Dortmund, durch einen parierten Elfmeter.

Am 25. Spieltag sorgte er in der Bundesliga für eine unrühmliche Premiere. Bei Fortuna Düsseldorf boxte er Fortuna-Stürmer Waldemar Gerhardt in den Rücken und erhielt in der 28. Minute, als erster Torhüter der Bundesliga-Geschichte, die Rote Karte. In seiner Laufbahn bereits der dritte Platzverweis, erhielt der ungestüme Temperamentbolzen daraufhin vom DFB-Sportgericht eine zweimonatige Sperre. Sein abstiegsbedrohter Verein schaffte dank dem strengen Regime des neu verpflichteten Trainers Max Merkel sowie den Paraden von Vertreter Toth noch den Klassenerhalt, während Wabra verbittert zusehen musste, wie sich der Club um einen neuen Torhüter bemühte. Verhandlungen mit Wolfgang → Fahrian zerschlugen sich und somit erhielt der »schweigsame Kumpel« für die Saison 67/68 von Max Merkel noch einmal eine Chance.

Sein Schützling dankte es ihm mit großartigen Leistungen. Nach dem 2:1-Sieg am 4. Spieltag gegen Eintracht Frankfurt kürte ihn der »Kicker« zum »Torhüter des Tages« und als der nervenstarke Goalie auch am 10. Spieltag beim 4:0-Sieg gegen Werder Bremen glänzte, befand sich Nürnberg endgültig auf Meisterkurs. Doch die nächste Eskapade des »verdienten, aber auch etwas schwierigen Torhüters« ließ nicht lange auf sich warten. Am 12. Spieltag wurde er gegen Köln nach 65 Minuten gegen Toth ausgetauscht, weil er nach einer Fingerverletzung nicht mehr richtig zupacken konnte und dadurch den zweiten Treffer verschuldete. Merkel zeigte wenig Verständnis und grantelte: »Den Ball muss er doch mit dem Hut fangen, auch wenn seine Hand verletzt sein sollte.«

Danach war der Sündenbock aber wieder in Höchstform, um sich im Titel-Endspurt seinen schlimmsten Fauxpas zu leisten. Bei einer Presseveranstaltung für den Autokauf von Mitspieler Georg Volkert kreuzte kurz vor Trainingsbeginn auch Wabra auf, um sich an dem bereit-

Mit Roland Wabra im Tor erreichte der 1. FC Nürnberg 1968 seinen letzten Meistertitel.

gestellten Sekt zu laben. Nach seiner Rückkehr zum Trainingsplatz bemerkten die anwesenden Journalisten den schwankenden Gang des wenig trinkfesten Keepers. Merkel tobte (»Ich verstehe ja, dass einer mal Durst hat, aber so etwas bei der Vorbereitung für den Meisterschafts-Endspurt – das ist unverantwortlich und unentschuldbar.«) und drohte dem »Trunkenbold« mit der Kündigung. Dank der Petition seiner Mitspieler kam er mit einer Geldstrafe davon und konnte mit seinem Klub am Ende den Titel feiern.

Einer, der nach Meinung von Torwartkollege Hans → Tilkowski, »besten, zuverlässigsten und sachlichsten Torhüter des letzten Jahrzehnts« befand sich jetzt auf dem Höhepunkt seiner Karriere. Seine Mitspieler überschütteten ihn mit Anerkennung (»Wir können uns keinen besseren Torhüter für den Club vorstellen«) und empfahlen ihn für die Nationalmannschaft. Doch schon zu den Zeiten von Sepp Herberger war er nie ein Thema für internationale Einsätze gewesen.

Für Strich und Toth verpflichtete Nürnberg für die Saison 68/69 den hoch talentierten Jürgen → Rynio vom Absteiger Karlsruher SC. Am 2. Spieltag wurde Wabra in Offenbach, nach einem kapitalen Fehler, bereits nach fünf Minuten gegen Rynio ausgewechselt. Das Nürnberger Urgestein blieb jetzt auf der Ersatzbank und kam nur gelegentlich zu Einsätzen, wobei er am 20. Spieltag gegen Borussia Mönchengladbach noch einmal an alte Zeiten anknüpfte. Ein zu spät entdeckter Bizepsanriss sorgte jedoch für immer größere Beschwerden, was schließlich zur Sportinvalidität führte. Nürnberg stieg mit Rynio im Tor als erster und einziger Bundesliga-Meister der Geschichte ab und trauerte dem manchmal verkannten Wabras noch jahrelang hinterher. Weder Gerhard → Welz, Herbert → Schweers, Paul → Hesselbach, Gerhard Neef noch Franz Schwarzwälder konnten während der nächsten Jahre in seine Fußstapfen treten und erst 1976 fand sich mit Manfred → Müller ein ebenbürtiger Nachfolger. Wabra selbst kehrte, nach einer satten Bilanz von über 500 Club-Spielen, 1969 zu seinem Heimatverein SV Unterreichenbach zurück. Dort kickte er noch sieben Jahre als Linksaußen, um sich dann um seine Versicherungsagentur zu kümmern. Im Oktober 1994 kam der, nach Meinung von Experten, »vielleicht beste Club-Torhüter nach Heiner Stuhlfauth« bei einem Frontalzusammenstoß mit einem Geisterfahrer ums Leben.

Walter, Thomas

Geboren: 03.03.1967 (Deutschland)
BL-Verein: Karlsruher SC (1991–1996)
BL-Spiele: 4

Die Vereinslaufbahn begann der in Baden-Württemberg geborene Thomas Walter bei seinem Heimatverein TSV Münchingen. Über die Amateurmannschaft des VfB Stuttgart, wo er einige Male als dritter Mann hinter Eike → Immel und Eberhard → Trautner in der Bundesliga die Reservebank besetzen durfte, wechselte der gelernte Verwaltungsbeamte vor der Saison 91/92 als 25-jähriger Vertragsamateur zum Bundesligisten Karlsruher SC. Dort entpuppte sich zu diesem Zeitpunkt der junge Oliver → Kahn gerade als neuer Torwartstar, der zuvor den langjährigen Stammkeeper Alexander → Famulla abgelöst hatte. Hinter Kahn und Famulla begab sich Walter als Schlussmann der Verbandsligamannschaft in eine zweijährige Wartestellung.

Erst in der Saison 93/94, als Kahn nach dem DFB-Pokalspiel in Mönchengladbach wegen eines Platzverweises für ein Spiel gesperrt wurde, kam Walter am 8. Spieltag gegen Werder Bremen zu seinem Bundesligadebüt. Schuldlos an der 0:3-Heimniederlage, nahm der 1,87 m große Schlussmann anschließend wieder seinen Platz auf der Reservebank ein.

Im Rückrundenspiel gegen Bremen gelangte Walter erneut zum Einsatz, weil Kahn Rückenprobleme plagten. Zeigte er beim 2:0-Sieg über die Hansestädter eine exzellente Leistung, so ließ er sich eine Woche später bei der 0:2-Niederlage gegen Schalke 04 von einem Freistoß überraschen. Nachdem Kahns Wechsel zu Bayern München bekannt wurde, machte sich Walter Hoffnung auf dessen Stammposition. Doch Karlsruhes Trainer Winfried Schäfer schien den Fähigkeiten seiner Nummer 2 kein rechtes Vertrauen entgegenzubringen und setzte für die Saison 94/95 lieber auf Neueinkauf Claus → Reitmaier.

Obwohl der Kontrahent sich im Verlauf der Rückrunde immer größere Schnitzer leistete, kam Walter erst durch dessen Knöcheloperation am letzten Spieltag zu seinem nächsten Bundesligaeinsatz. Nach seiner guten Leistung beim 2:2 gegen den VfL Bochum meldete der Reservist wieder Ansprüche auf den Stammplatz an. Doch in der Vorbereitung zur Saison 96/86 setzte sich Reitmaier durch und Walter (»Du musst jeden Samstag mit deinem Einsatz rechnen und kommst doch nie dran. Das ist keine Aufgabe.«) begab sich wieder in sein Reservistenschicksal. Weil zudem mit dem hoch talentierten Simon → Jentzsch während der laufenden Spielzeit ein weiterer Schlussmann verpflichtet wurde, flüchtete Walter aus dieser wenig aussichtsreichen Situation im Sommer 1996 zum Zweitliga-Neuling Stuttgarter Kickers.

Hier entwickelte er sich in den nächsten Jahren mit Sprungkraft und glänzenden Reflexen zu einem der besten Keeper der 2. Bundesliga, der mit seinem Verein 1997 fast den Aufstieg in die Bundesliga geschafft hätte. Umso überraschender war vor der Saison 99/00 seine Rückkehr zum KSC, der gerade aus der Bundesliga abgestiegen war. Als Ersatzmann von Jentzsch musste er nach dieser Spielzeit auch noch die zweite Etage verlassen.

Nach dem Wechsel von Jentzsch zu 1860 München wurde Walter im zweiten Anlauf endlich Stammtorhüter des Karlsruher SC und schaffte unter Trainer Stefan Kuntz in der Saison 01/02 aus der Regionalliga Süd die Rückkehr in die 2. Liga.

Walther, Thorsten

Geboren: 20.09.1972 (Deutschland)
BL-Vereine: VfB Stuttgart (1995–1996), Fortuna Düsseldorf (1996–1997)
BL-Spiele: 14

Während der Winterpause 95/96 vom Bundesligisten VfB Stuttgart zunächst als Nummer 3 hinter Marc → Ziegler und Eberhard → Trautner verpflichtet, zeigte der 24-jährige Schwabe Thorsten Walther durchaus viel versprechende Ansätze. Dennoch kam die Neuverpflichtung, zuvor beim SC Geislingen und FC Augsburg aktiv, trotz der Dauerpatzer von Ziegler und Trautners Degradierung in das Amateurlager während der Rückrunde nicht mehr zum Einsatz.

Erst vor der Saison 96/97, als die UI-Cup-Spiele anstanden und Ziegler wegen eines doppelten Nasenbeinbruchs ausfiel, kam die Bewährungsprobe für den blondierten Vertragsamateur. Der Abiturient verkündete öffentlich seine Absicht, den umstrittenen Ziegler verdrängen zu wollen, verspielte sich aber durch einen schweren Lapsus beim UI-Cup-Spiel gegen Standard Lüttich im Vorfeld bereits alle Chancen. Der VfB Stuttgart reagierte auf das akute Torwartproblem mit der Verpflichtung des österreichischen Nationalkeepers Franz → Wohlfahrt, was Walther wieder zur Nummer 3 abstufte. Weil bei Fortuna Düsseldorf Ersatzmann Pierre Esser in der Saison 96/97 zu Galatasaray Istanbul wechselte, wurde der Schwabe als dessen Nachfolger verpflichtet, um sich hinter dem hoch gelobten Georg → Koch abermals in eine scheinbar aussichtslose Position zu begeben.

Doch der 1,87 m große Schlussmann sollte schneller als erwartet seine Bewährungschance erhalten. Durch die Jochbein-, Nasen- und Mittelhandbrüche, die sich Koch zum Rückrundenstart zugezogen hatte, war Walther jetzt längerfristig gefordert. Als sich der Hobbygolfer am 19. Spieltag gegen Bayer Leverkusen erstmals von Beginn an in den Düsseldorfer Kasten begab, befand sich sein Klub zu diesem Zeitpunkt noch auf einem Nichtabstiegsplatz. Walther agierte in den nächsten Wochen solide, ohne sich allerdings ansatzweise als gleichwertiger Ersatz zu erweisen.

Nach dem 27. Spieltag räumte er seinen Platz für den wiedergenesenen Koch und Düsseldorf war nur noch einen Punkt vom Abstiegsplatz entfernt. Weil der Stammtorwart aber weiterhin an Verletzungen laborierte, blieb »Notstopfen« Walther nach dem 31. Spieltag bis zum Saisonfinale im Tor. Gleich im Doppelpack von Kollege Koch (»Thorsten muss ruhiger werden.«) und Trainer Rudi Wojtowicz (»Er muss lauter werden.«) kritisiert, konnte der überforderte Zerberus seine Mannschaft nicht vor dem Sturz in die Zweitklassigkeit bewahren. Nach Kochs Wechsel zum PSV Eindhoven vor der Zweitligasaison 97/98 zur Nummer 1 ernannt, geriet der Blondschopf erneut schnell in die Kritik. Von den Fans als unnahbar und arrogant verschrien, offenbarte Walter eklatante Schwächen im Stellungsspiel und Probleme bei der Organisation seiner Abwehrformation. Despektierliche Äußerungen über die eilige Verpflichtung des australischen Nationalkeepers Frank → Jurič (»Was will denn das Känguru hier?«) brachten ihn zusätzlich in Misskredit und führten zu dem zeitweiligen Verlust des Stammplatzes.

Obwohl er vor dem Saisonstart 98/99 von Düsseldorfs neuem Trainer Klaus Allofs noch einmal das Vertrauen geschenkt bekam, blieb der umstrittene Keeper – trotz autogenem Training und einer indianischen Halskette als Glücksbringer – ein Unsicherheitsfaktor, der schon bald wieder seine Position an Jurič verlor. Nach Düsseldorfs Abstieg in die Drittklassigkeit versuchte der glücklose Schlussmann ab der Saison 99/00 beim französischen Zweitligisten FC Toulouse einen Neuanfang.

Weidenfeller, Roman

Geboren: 06.08.80 (Deutschland)
BL-Vereine: 1. FC Kaiserslautern (2000–2002), Borussia Dortmund (seit 2002)
BL-Spiele: 7 (zum Ende der Hinrunde 02/03)

»Der Panther aus dem Eisbachtal« (SPORT-BILD) begann seine Vereinslaufbahn bei den Sportfreunden Eisbachtal, ehe er 1996 in die B-Jugend des 1. FC Kaiserslautern wechselte. Zudem in die Jugendauswahl-Mannschaften berufen, zeigte Roman Weidenfeller 1997 bei der U17-Weltmeisterschaft in Ägypten hervorragende Leistungen, um ein Jahr darauf bei der U18-WM in Südafrika zum besten Torhüter des Turniers zu avancieren.

Ab der Saison 99/00 rückte der gebürtige Westerwälder in den Profikader auf, um zunächst hinter Andreas → Reinke, Uwe → Gospodarek und Lajos → Szüczs die nominelle Nummer 4 und gleichzeitig fester Bestandteil der U21 zu sein. Durch den Weggang von Reinke, Gospodarek und Szücz stieg das 1,88 m große Kraftpaket, das gerne mal Curry-Wurst mit Fritten isst, ab der nächsten Spielzeit hinter Georg → Koch zur Nummer 2 auf. Sein erster Bundesliga-Einsatz in Vertretung für Koch fiel am 11. Spieltag, beim 3:2-Sieg über Schalke 04, noch relativ unauffällig aus, ehe der ehrgeizige und trainingsfleißige Torwart-Hüne am 9. März 2001 zum großen Paukenschlag ausholte.

Vor dem UEFA-Pokal-Spiel gegen den PSV Eindhoven musste der gelernte Bürokaufmann kurzfristig den an einem Ermüdungsbruch im Fuß laborierenden Koch ersetzen. Der Newcomer zeigte eine phantastische Leistung, parierte mehrfach schier unhaltbare Schüsse und avancierte beim 1:0-Sieg zum Helden des Abends. Während der holländische »De Telegraaf« vom »Traumdebüt eines Torwarts« schrieb, bescheinigte FCK-Trainer Andreas Brehme dem 20-Jährigen eine absolute Weltklasseleistung. Diesen hervorragenden Eindruck konnte der »junge Wilde« dann im anschließenden Bundesligaspiel gegen 1860 München nicht bestätigen, wo er beim 2:1-Anschlußtreffer eine äußerst schlecht Figur abgab, um dennoch von Experten bereits zu den größten Torwart-Talenten in Deutschland gezählt zu werden. Während der Saison 01/02 konnte Weidenfeller seine potentielle Extraklasse in drei Einsätzen für den verletzten Koch eindrucksvoll unter Beweis stellen, fühlte sich jedoch hinter der Nummer 1 unterbewertet.

Bereits von anderen Profiklubs umworben, entschied sich der ehrgeizige Keeper vor der Saison 02/03 überraschend für den Wechsel zu Borussia Dortmund, wo Nationaltorwart Jens → Lehmann seit Jahren unumstrittene Nummer 1 ist. Mit dem erklärten Willen, den Kontrahenten langfristig zu verdrängen, konnte sich Weidenfeller (»Angst vor großen Namen habe ich nicht, auch nicht vor dem Namen Lehmann.«) zunächst im Liga-Pokal auszeichnen, um dennoch zum Saisonstart die Nummer 2 zu sein. Bewährungseinsätze im DFB-Pokal verliefen relativ unbefriedigend. In der 1. Runde gegen Amateurligist Concordia Ihrhove kaum beschäftigt, wurde der ambitionierte Zerberus bei der peinlichen 0:3-Niederlage gegen Zweitligist SC Freiburg von den Vorderleuten schmählich im Stich gelassen. Am 13. Spieltag gelangte er, aufgrund Lehmanns Rotsperre, zu seinem ersten BL-Spiel für Dortmund, konnte sich aber beim 1:0-Sieg über 1860 München ebenfalls kaum auszeichnen.

Welp, Jürgen

Geboren: 27.12.1959 (Deutschland)
BL-Verein: Schalke 04 (1991–1992)
BL-Spiele: 1

Jahrelang zählte Jürgen Welp, der seine Vereinslaufbahn einst bei Germania Hamm begann, nach seinem Wechsel zum Nachbarn SC Eintracht Hamm zu den besten Torhütern in der Oberliga Westfalen. Zudem regelmäßig in die Verbands-Auswahl berufen, wurde er nach der Saison 82/83 von den Oberliga-Trainern zum besten Torwart gewählt. Zwei Jahre später nahm er mit seinem Klub an der Aufstiegsrunde zur 2. Bundesliga teil. Nicht immer fehlerfrei, erfolgte noch im laufenden Wettbewerb seine Ablösung, während sich Eintracht Hamm in seinen Aufstiegsbemühungen geschlagen geben musste.

Nach dieser Spielzeit wechselte Welp zum Drittligisten Rot-Weiß Essen, mit dem er auf Anhieb in die 2. Bundesliga aufstieg, um jedoch in dieser Klasse hinter Frank → Kurth weiterhin Nummer 2 zu bleiben. Lediglich ein Zweitligaeinsatz in der Saison 86/87 erschien dem ambitionierten Keeper zu wenig, der deshalb nach dieser Spielzeit beim Oberligisten FC Gütersloh anheuerte.

Dass der Zerberus durchaus höheren Ansprüchen genügte, bewies er in der Saison 89/90 im DFB-Pokal gegen den VfB Stuttgart. Mit seinen Paraden brachte er den Bundesligisten zur Verzweiflung und konnte bei der 0:2-Niederlage erst in der Verlängerung bezwungen werden. Zweitligist Schalke 04 engagierte den 30-Jährigen im Sommer 1990 als Stellvertreter für Jens Lehmann. Nach der Saison 90/91 konnte Welp fünf Zweitligaeinsätze und mit Schalke 04 den Bundesligaaufstieg bilanzieren.

Die Stunde des loyalen Ersatzkeepers schlug dann während der Saison 91/92 vor dem 11. Spieltag, als Lehmann mit einer Kniewunde passen musste. Beim torlosen Remis gegen Bayer Leverkusen agierte der mittlerweile 31-jährige »Oldie ohne Erfahrung« zunächst etwas orientierungslos, ehe er im Verlauf der Begegnung an Sicherheit gewann. Anschließend setzte er sich ohne Murren wieder auf die Bank.

Weil in der Winterpause Stammkeeper Lehmann die Abreise zu einem Hallenturnier nach Kiel verschlafen hatte, nutze Stellvertreter Welp die Chance, um als bester Torwart des Turniers zu glänzen. Dennoch spielte er im Konzept von Trainer Aleksander Ristič keine große Rolle mehr. Noch während der Rückrunde wurde Holger → Gehrke als neuer Ersatzmann verpflichtet und Welp fand sich bei den Bundesligaspielen auf der Tribüne wieder. Nach dieser Spielzeit ließ er sich reamateurisieren, um fortan bei der SpVgg Beckum wieder in Oberligagefilden aktiv zu sein.

Noch einmal rückte Welp im August 1995 in das fußballerische Rampenlicht, als er im DFB-Pokalspiel gegen Bundesligist 1. FC Köln durch einen parierten Strafstoß im Elfmeterschießen zum Helden des Tages avancierte.

Welz, Gerhard

Geboren: 01.02.1945 (Deutschland)
BL-Vereine: Bayern München (1966–1967), 1. FC Köln (1971–1975), VfB Stuttgart (1979–1980)
BL-Spiele: 90

Der Kamikazeflieger unter den Bundesligatorhütern startete als gebürtiger Frankfurter seine Fußballerlaufbahn bei der ansässigen Germania 94, ehe ihn sein Weg zum hessischen Verbandsligisten Viktoria Aschaffenburg führte. In der Saison 65/66 verzeichnete der Klub als Aufsteiger in der Verbandsliga Hessen einen hervorragenden 3. Platz und Welz wurde anschließend vom Bundesligisten Bayern München verpflichtet.

Hinter Nationaltorwart Sepp → Maier und dem altgedienten Fritz → Kosar ergab sich in der Saison 66/67 jedoch kein einziger BL-Einsatz. Aus dieser frustrierenden Situation nahm der gelernte Versicherungskaufmann ein Angebot des saarländischen Regionalligisten 1. FC Saarbrücken an, für die er die nächsten zwei Jahre das Tor hütete. Der »eiserne« Welz, ehrgeizig und trainingsbesessen, etablierte sich während dieser Zeit zu einem Top-Torhüter der Regionalliga Südwest und arbeitete halbtags in einem Kaufhaus als »Fachberater für Fußballfragen«.

Bundesligaabsteiger 1. FC Nürnberg, auf das potentielle Talent aufmerksam geworden, verpflichtete ihn 1969 für die erste Regionalligasaison. Der Traditionsklub, durch Heiner Stuhlfauth, Roland → Wabra und Jürgen → Rynio immer mit guten Torhütern verwöhnt, mühte sich in der Zweitklassigkeit schwerer als erwartet und auch Welz schien der enormen Erwartungshaltung zunächst nicht gewachsen. Auf seine Glanzparaden folgten immer wieder schwere Schnitzer, was ihn bei den Nürnberger Fans allmählich zum Nervenbündel stempelte. Der Grund für seine unbeständigen Leistungen waren erhebliche Schlafstörungen, die er zunächst mit Hilfe von Tabletten zu beheben versuchte. Ein befreundeter Zahnarzt machte ihn auf die Heilschlaf-Methodik aufmerksam, worauf er positiv ansprach, ausgeglichener und in seinen Leistungen beständiger wurde.

Mit dem 1. FC Nürnberg erreichte Welz in der Saison 70/71 die Aufstiegsrunde zur Bundesliga und sein Name stand bereits in den Notizbüchern mehrerer Erstligisten. Der 1,83 m große Asket entschied sich für ein Angebot des 1. FC Köln, der zudem noch den Ex-Offenbacher Karl-Heinz → Volz unter Vertrag nahm. Welz entschied den Konkurrenzkampf schon zu Saisonstart 71/72 zu seinen Gunsten. Der Box- und Galopprennsport-Anhänger blieb während dieser Spielzeit durch seine wechselhaften Leistungen erneut umstritten.

Während der Saison 72/73 entwickelte sich der neuralgische Punkt unerwartet zum sicheren Schlussmann, der sich gegen Hertha BSC, Rot-Weiß Oberhausen und Bayern München laut »Kicker« in »Superform« präsentierte. DFB-Trainer Herbert Widmayer (»Auf Welz kann man bauen und vertrauen.«) setzte ihn gegen die USA und Dänemark zweimal in der Junioren-Nationalmannschaft ein und zuvor hatte er gegen die Schweiz bereits ein B-Länderspiel absolviert. Seinen sportlichen Höhepunkt erlebte der sprunggewaltige Zerberus am 23. Juni 1973 im legendären DFB-Pokalfinale gegen Borussia Mönchengladbach. Zusammen mit seinem Gladbacher Torwartkollegen Wolfgang → Kleff avancierte Welz zum Hauptdarsteller dieser Hitzeschlacht. Reihenweise fischte er die Bälle aus den Ecken, um in großartiger Manier einen Foulelfmeter von Josef Heynckes zu parieren, ehe er in der Verlängerung noch durch den eingewechselten Günter Netzer bezwungen wurde. Anschließend von allen Gazetten mit dem Prädikat »Länderspielreif« bedacht, galt der 28-jährige jetzt als potentieller Kandidat für die Nationalmannschaft. Am 5. Spieltag der Saison 73/74 zog sich der waghalsige Keeper beim Zusammenprall mit dem Stuttgarter Heinz Stickel einen schweren Nierenriss zu, der eine mehrwöchige Pause erzwang. Dadurch wurde eine Berufung in das Länderspiel-Aufgebot gegen Frankreich verhindert und beim 1. FC Köln konnte sich erstmals ein junger Ersatzmann namens Harald → Schumacher bewähren. Sein Comeback feierte der verbissene Welz (»Notfalls würde ich mich im Rollstuhl auf den Platz fahren lassen.«) fünf Wochen später im UEFA-Cup-Spiel gegen Eskişehirspor. Auch in der Bundesliga erreichte er schnell seine alte Leistungsstärke. Mit dem Kölner Boxweltergewichtsmeister Horst Brinkmeier schulte der »Fußballverrückte« fleißig seine Reflexe, während ihm Bundestrainer Helmut Schön noch vor der anstehenden Weltmeisterschaft einen Einsatz im Nationaltrikot versprach.

Am 24. Spieltag ereignete sich gegen den Hamburger SV ein Zusammenprall, der ihn um alle Chancen brachte. Nach einem Zweikampf mit dem Hamburger Peter Hidien wankte Welz, fiel bewußtlos zu Boden und stand die Partie dennoch nach einer kurzen Benommenheit bis zum Schluss durch. Die Blessur ignorierend, war Welz auch beim nächsten Spiel gegen Kickers Offenbach wieder im Kasten. Einige Tage zuvor war er beim Training mit dem Kopf auch noch gegen einen Torpfosten geprallt und ein erneuter Zusammenbruch erzwang gründliche Untersuchungen. Das diagnostizierte Gerinnsel im Hirn erforderte eine sofortige Notoperation, die Welz durch zähen Willen glimpflich überstanden. Schon wenige Wochen nach dem lebensgefährlichen Eingriff startete er wieder mit seinem Kraft- und Konditionstraining.

Sein bedingungsloser Ehrgeiz, gepaart mit fanatischer Leidenschaft (»Ich muss die Balken um mich spüren.«) stieß in der Öffentlichkeit nicht immer auf Verständnis. Viele Beobachter sahen in dem Familienvater weniger »Deutschlands mutigsten Torwart« (BILD) als vielmehr einen unvernünftigen Athleten, der rücksichtslosen Raubbau an seinem Körper betrieb.

Erst nach anderthalbjähriger Pause, die sich noch durch einen Fußgelenkbruch sowie einen Kuraufenthalt im Allgäu verlängerte, meldete sich Welz zur Saison 75/76 wieder fit, war jedoch hinter Schumacher und Slobodan → Topalovič zur Nummer 3 abgestiegen. Als der Kämpfer seine Chancenlosigkeit beim 1. FC Köln einsehen musste, wechselte er kurz vor der Winterpause zum Zweitligisten Preußen Münster. Nach gutem Einstand wurde er ein Jahr später erneut das Opfer seines risikoreichen Torwartspiels und erlitt in der Begegnung gegen den VfL Wolfsburg einen Unterarmbruch. In der Not engagierte sein Verein den arbeitslosen Dietmar → Linders, während Welz wieder im Kraftraum schuftete und im »Kicker« den Rüffel seines Trainers Rudi Faßnacht lesen musste: »Er wagt manchmal einfach zuviel. Wirft sich rein, wenn er die Situation vielleicht auch mit einer ungefährlicheren Fußabwehr hätte bereinigen können.«

Weitere Verletzungen sowie ein starker Linders verhinderten die Rückkehr in das Preußen-Tor und deshalb zog Welz mit Trainer Fassnacht im Sommer 1977 zum Zweitligisten Tennis Borussia Berlin weiter. Zwei Jahre und einige Blessuren später trennte er sich im Streit von den Berlinern und gehörte vor dem Saisonstart 79/80 zu den Arbeitslosen im Profifußball. In dieser Situation ereilte ihn überraschend der Ruf des Bundesligisten VfB Stuttgart, der kurzfristig einen Ersatzmann für den frisch operierten Helmut → Roleder suchte. Hinter Uwe → Greiner saß Welz zunächst auf der Bank, um sich am 16. Spieltag den großen Wunsch von einem Bundesliga-Comeback zu erfüllen. Aufgrund guter Trainingsleistungen feierte der 34-jährige Oldtimer, nach fünf Jahren Abstinenz, gegen Bayern München ein Wiedersehen mit dem Erstligafußball, das sich bei der 0:4-Niederlage allerdings als »verpatztes Comeback« (»Kicker«), entpuppte.

Gerhard Welz – der »Kamikazeflieger« unter den Bundesligatorhütern.

Nach diesem letzten BL-Einsatz wechselte Welz nach dieser Saison zum Zweitligisten Fortuna Köln, wo ihn jedoch ebenfalls immer wieder schwere Verletzungen stoppten. 1982 folgte ein Engagement beim Verbandsligisten Rot-Weiß Oberhausen, bei dem er ein Jahr später, nach dem Aufstieg in die 2. Bundesliga, eiskalt abserviert und durch Dieter → Ferner ersetzt wurde.

Das zähe Stehaufmännchen widmete sich anschließend vorwiegend seiner zweiten Passion. In den nächsten Jahren avancierte er zum erfolgreichen Konditionstrainer für Profiboxer wie René Weller, George Steinherr und Chisanda Mutti. Mit 42 Jahren stellte er sich noch einmal den Amateuren des VfB Stuttgart als Torwart zur Verfügung. Während der Saison 88/9 Torwarttrainer bei den Stuttgarter Kickers, betätigte sich Welz später unter anderem als Manager beim KSV Hessen Kassel.

Werner, Manfred

Geboren: 02.02.1951 (Deutschland)
BL-Verein: Hertha BSC Berlin (1976–1983)
BL-Spiele: 2

Der gelernte Immobilienkaufmann Manfred Werner überzeugte ab 1972 als reaktionsschneller Schlussmann des Berliner Amateurligisten SC Westend 01, um aufgrund seiner beständig guten Leistungen auch in die Berliner Amateurauswahl berufen zu werden. Nach Westends Aufstieg in die Regionalliga Berlin blieb Werner dem Verein auch in der Saison 73/74 zunächst treu und überzeugte weiterhin in seinen Einsätzen für die Stadtauswahl.

Weil sich Westend 01 als Neuling nicht für die neu gegründete 2. Bundesliga qualifizieren konnte und der Sprung in Profifußball mit dem kleinen Klub aus Charlottenburg nahezu ausgeschlossen war, wechselte der 1,92 m große Zerberus für die Saison 76/77 zum Bundesligisten Hertha BSC. Die Zukunftsperspektiven erschienen günstig, denn der langjährige Stammtorwart Thomas → Zander war zu Wormatia Worms geflüchtet, während der verbliebene Ex-Nationaltorwart Horst → Wolter mit 34 Jahren bereits sein Karriereende plante.

Eine Woche vor dem Saisonstart verpflichtete Hertha BSC jedoch den arbeitslosen Nationaltorwart Norbert → Nigbur und der 25-jährige Werner wurde dadurch sogar zur Nummer 3 degradiert. Dennoch zeigte er sich zuversichtlich und hoffte bei Nigbur und Wolter noch einiges abschauen zu können. Doch nach drei Jahren, in denen er lediglich bei Freundschaftsspielen, Hallenturnieren oder während der DFB-Nachwuchsrunde sein Können beweisen konnte, beabsichtigte er einen Wechsel zum Zweitligisten Tennis Borussia Berlin.

Um die DFB-Auflagen zu erfüllen, musste sich Hertha BSC nach der Saison 78/79 von Nigbur trennen. Torwarthüne Werner packte wieder der Ehrgeiz, sein Verein verpflichtete mit Wolfgang → Kleff jedoch erneut einen renommierten Ex-Nationaltorwart. Vor der Saison 79/80 hielt Trainer Kuno Klötzer die Torwartfrage zunächst offen und in einem Testsspiel gegen den FC Everton spielten beide Keeper je eine Halbzeit. Während Kleff überzeugte, konnte Werner die lange Wettkampfpause nicht kompensieren und nahm wieder seinen Stammplatz auf der Ersatzbank ein.

Hertha BSC bildete in dieser Spielzeit das kontinuierliche Schlusslicht der Tabelle, als Kleff am 22. Spieltag bei Borussia Mönchengladbach in der 57. Minute wegen einer Oberschenkelzerrung den Platz verlassen musste. Der eingewechselte Werner stand in seinem ersten Bundesligaspiel schon wenige Minuten später im Brennpunkt des Geschehens, als er beim Spielstand von 1:2 einen Elfmeter von Harald Nickel abwehren konnte. Schiedsrichter Robert Walz bestand jedoch auf einer Wiederholung, weil sich der Debütant zu früh bewegt hatte. Wilfried Hannes nutzte die zweite Chance und Werner bekam in der letzten Minute von Karl-Heinz Del'Haye noch das 1:4. Auch im folgenden Match gegen Bayern München durfte der Torwartriese den verletzten Kleff vertreten. Nach insgesamt 88 Sitzungen auf der Reservebank begann der 31-Jährige entsprechend nervös und verschuldete bereits nach sieben Minuten den Rückstand. Anschließend legte der Nobody sein Lampenfieber jedoch ab und sicherte mit Glück und Geschick ein Remis.

Nach Herthas Abstieg kehrte Kleff zu Borussia Mönchengladbach zurück, während Werners Hoffnungen auf einen Stammplatz vor der

Saison 80/81 erneut einen Dämpfer erhielten. Als Neuzugang kam vom FC Homburg der routinierte Zweitligakeeper Gregor → Quasten. Auch in der 2. Bundesliga reichte es für den Dauergast auf der Reservebank in drei Jahren nur zu insgesamt fünf Einsätzen. Ermüdet von dem ständigen Hoffen und Warten kehrte er dem Verein im Sommer 84 endgültig den Rücken zu.

Wessel, Bernhard

Geboren: 20.08.1936 (Deutschland)
BL-Verein: Borussia Dortmund (1963–1969)
BL-Spiele: 87
Vereinstitel: 1x DFB-Pokal (1965),
1x Europapokal der Pokalsieger (1966)

Der 1,72 m kleine »Torwartzwerg« Bernhard Wessel spielte bei SG Sendenhorst und Schwarz-Gelb Rheda, ehe er vor der Oberligasaison 62/63 zu Borussia Dortmund wechselte. Zunächst die Nummer 2 hinter Heinrich → Kwiatkowski, erhielt Wessel 1963 in den Endrundenspielen zur Deutschen Meisterschaft die erhoffte Chance. Nachdem Kwiatkowski im ersten Spiel gegen 1860 München bei der 2:3-Niederlage keine glückliche Figur abgab, vertraute Trainer Hermann Eppenhoff vor der nächsten Begegnung gegen Hamburger SV auf den 27-jährigen Ersatzmann.

Die Hanseaten verzweifelten an der Sprungkraft des »Fliegers« und nach dem 3:2-Sieg sprach Eppenhoff seinem Schlussmann höchstes Lob aus: »Wessel war in toller Form und der Schlüssel zum Sieg.« Auch im Endspiel gegen den 1. FC Köln stand er im Kasten, glänzte mit einigen »akrobatischen Paraden« und durfte mit seiner Elf nach dem Abpfiff einen verdienten 3:1-Triumph feiern. Nach dem Siegesrausch erfolgte für den »Meister seines Fachs« jedoch die Ernüchterung. Sein Verein verpflichtete für die anstehende erste Bundesligasaison den profi-

»Torwartzwerg« Bernhard Wessel entpuppte sich als hartnäckiger Kontrahent von Nationaltorwart Hans Tilkowski.

lierten Nationaltorhüter Hans Tilkowski. Wessel fühlte sich um seine Chance betrogen, dennoch entwickelte der »gediegene Westfale« zu dem Konkurrenten zunächst ein kollegiales Verhältnis.

Aufgrund einer Rückenverletzung Tilkowskis gelangte der Wessel während der Saison 63/64 ab dem 6. Spieltag zu einigen Einsätzen, in denen er aber nicht restlos überzeugte. Die Torwarthierarchie schien auch vor der Saison 64/65 fest zementiert, doch eine schwere Schlüsselbeinverletzung von Tilkowski verschaffte dem »Klassetorhüter in Wartestellung« (»Kicker«) erneute Bewährungsproben. Der »Teufelskerl« konnte durch vorzügliche Leistungen Tilkowski in der Rückrunde zu verdrängen, langfristig erwies sich der Schatten des renommierten Kontrahenten jedoch als zu übermächtig. Während Tilkowski in der Folgezeit mit Borussia Dortmund Pokalsiege errang, »Fußballer des Jahres« wurde und zum Rekordnationaltorhüter avancierte, saß Wessel im Abseits und gelangte in der Saison 65/66 zu keinem BL-Einsatz. Als Tilkowski aus dem WM-Finale eine Schulterverletzung mitbrachte und zunächst pausieren musste, war Wessel wieder die Nummer 1. Tilkowski verübelte Wessel, dass dieser ihn öffentlich kritisiert hatte und die einstige Freundschaft beschränkte sich jetzt auf gelegentliche Skatrunden.

Nach dieser Spielzeit wechselte Tilkowski zu Eintracht Frankfurt, während Wessel von Trainer Heinz Murach zum neuen Stammtorwart gekürt wurde. Der kleine »Torwartriese« rechtfertigte das Vertrauen des Trainers mit zumeist guten Leistungen. Abseits des Sportplatzes machte der Schlussmann ebenfalls Schlagzeilen. Weil er nachts einer Frau nach einem Verkehrsunfall unterstützend beistand, zeichnete ihn der damalige Bundesverkehrsminister Georg Leber als »Kavalier der Straße« aus. Die Urkunde durfte er aber nicht persönlich entgegennehmen, weil ihn Murach nicht vom Training befreite. Für die Saison 68/69 ergab sich mit der Verpflichtung des früheren DDR-Nationaltorhüters Klaus → Günther eine neue Konkurrenzsituation. Zumeist spielte die Neuverpflichtung und Wessel (»Wir Torhüter sind schon die ärmsten Spieler.«) war der Rolle des Ersatzmannes überdrüssig geworden. Nach dieser Saison beendete er seine aktive Laufbahn, machte sich als Kaufmann selbstständig und arbeitete als als Trainer im Amateurbereich.

Wessels, Andreas

Geboren: 06.07.1964 (Deutschland)
BL-Verein: VfL Bochum (1986–1995)
BL-Spiele: 121

Der Vater von Andreas Wessels, ebenfalls Torhüter, meldete seinen Sohn als sechsjährigen Knirps beim Heimatverein SV Uedem an. Als 17-Jähriger absolvierte das Nachwuchstalent bei Borussia Mönchengladbach ein Probetraining, was den Youngster in seinem Ziel bestärkte, Profi zu werden. Nach seinem Wechsel zum Oberligisten SC Kleve 63 folgten während der Saison 84/85 Berufungen in die Niederrhein-Auswahl. 1985 wechselte Wessels zum Oberligisten Viktoria Goch, wo er schnell zu einem der besten Keeper dieser Liga avancierte.

Die Talentspäher des Bundesligisten VfL Bochum wurden auf den viel versprechenden Fangkünstler aufmerksam und verpflichteten ihn ab der Saison 86/87 für ihren Profikader. In dieser Spielzeit blieb er zwar hinter Stammtorwart Ralf Zumdick ohne BL-Einsatz, doch als er bei einem Trainingsspielchen seinen Gegenspieler tunneln konnte, wurde er – in Anlehnung an die Ballkünste eines Franz Beckenbauer – von den Mannschaftskameraden ab diesem Zeitpunkt nur noch »Kaiser« gerufen.

Erstmals kam der gelernte Kaufmann am 4. Spieltag der Saison 87/88 zum Einsatz, als Zumdick mit einem Muskelfaserriss mehrere Wochen pausieren musste. Nach seinem Debüt beim torlosen Remis in Bremen wurde der 1,87 m große Schlussmann anschließend von der Fachpresse gleich als »Wundermann« gefeiert, um in den nächsten Wochen ebenfalls zumeist fehlerfrei zu agieren. Auch in der nächsten Spielzeit sprang der stets freundliche Sympathieträger allenfalls dann ein, wenn es Zumdick irgendwo zwickte.

Erst durch eine Hüftoperation des Kontrahenten bekam Wessels die Gelegenheit, sich ab der Rückrunde 89/90 für längere Zeit zu bewähren. Das erste Spiel gegen den 1. FC Köln endete zwar mit einer Lachnummer, weil Wessels seine Aufmerksamkeit mehr der Anzeigetafel als dem Geschehen auf dem Rasen schenkte und aufgrund dieser Unachtsamkeit einen Kullerball passieren ließ. Doch in den nächsten Begegnungen präsentierte sich der »Mann mit den Krakenarmen« (»Kicker«) zumeist hellwach. Spätestens nach seiner Glanzleistung beim 1:1 in Bremen am 29. Spieltag hatte sich der »Torwart-Kaiser« endgültig einen Stammplatz erobert, den er auch in der Saison 90/91 behaupten konnte.

Bei aller Zuverlässigkeit wurde jedoch ersichtlich, dass Wessels in der Bundesliga allenfalls solides Mittelmaß repräsentierte und zudem bei hohen Bällen anfällig wirkte. Dennoch sorgte in der Saison 91/92 erst eine Schulterverletzung für die Ablösung durch Zumdick und bis zu Bochums Abstieg in der Saison 93/94 beharkten sich beide Schlussleute beständig um die Nummer 1.

In der 2. Bundesliga behielt Wessels die Oberhand um mit dem VfL Bochum den sofortigen Wiederaufstieg zu erreichen.

Hinter einer oftmals desolaten Abwehr patzte während der Saison 94/95, trotz einiger Glanzvorstellungen, auch der überforderte Torwart und so musste die wieder gewonnene Erstklassigkeit bereits nach einem Jahr wieder zu den Akten gelegt werden. Anschließend legte der VfL Bochum keinen Wert mehr auf seine Dienste, um mit Uwe → Gospodarek und Thomas → Ernst gleich zwei neue Torleute zu verpflichten. Aus der monatelangen Arbeitslosigkeit befreite ihn erst sein ehemaliger Trainer Jürgen Gelsdorf, der seinen früheren Spieler aus Bochumer Tagen im Dezember 95 zum Zweitligisten Fortuna Köln lotste. Als Vertreter für die langzeitverletzten Adam → Matysek und Wolfgang Wiesner bildete der erfahrene Routinier bis 1988 einen zuverlässigen Rückhalt seiner Mannschaft, ehe eine Fraktur des Sprunggelenks zur Sportinvalidität führte. Seitdem ist der dreifache Familienvater Angestellter bei einer Sportartikelfirma sowie Besitzer einer Indoor Soccer-Anlage.

Wessels, Stefan

Geboren: 28. Februar 1979 (Deutschland)
BL-Verein: Bayern München (seit 1999)
BL-Spiele: 6 (zum Ende der Hinrunde 02/03)
Vereinstitel: 2 x Meister (2000, 2001), 1x DFB-Pokal (2000), 1x Champions-League (2001)

»Das größte Torhüter- Talent in den Reihen des FC Bayern München« (Süddeutsche Zeitung) wollte bereits als Kind immer Profi-Fußballer werden. Geboren im niedersächsischen Rahden, als Sohn eines Lehrerehepaars, begann Stefan Wessels seine Vereinslaufbahn 1985 bei Eintracht Schepsdorf. 1992 wechselte der Gymnasiast zum TuS Lingen, absolvierte 1995 ein U17-Länderspiel und zählte 1998 – als Ersatzmann für Timo → Hildebrand – zum U18-Aufgebot bei der Europameisterschaft in Zypern.

Nach dem Gewinn der Vize-Europameisterschaft wechselte das Nachwuchstalent vor der Saison 98/99 zum FC Bayern München. Zunächst bewährte sich der frisch gebackene Abiturient neben Sven → Scheuer in der Regionalligamannschaft, um mit guten Leistungen auch Profi-Trainer Otmar Hitzfeld (»Wessels strahlt viel Ruhe aus und hat großes Potential.«) zu beeindrucken.

Das Verletzungspech der Torwartkollegen im Profiteam sollte den Brillenträger mit Sehschwäche 2,5 Dioptrien früher als erwartet in das Rampenlicht rücken. Zunächst musste sich Oliver → Kahn vor dem Saisonstart 99/00 einer Sprunggelenksoperation unterziehen. Während die Nummer 1 auf dem Spielfel durch Bernd → Dreher vertreten wurde, konnte Wessels, aufgrund Scheuers Bandscheibenoperation, in der Bundesliga bereits auf die Ersatzbank vorrücken. Ab dem 5. Spieltag wieder im Tor, wurde Kahn jedoch bei Eintracht Frankfurt in der 55. Minute von seinem eigenen Mitspieler Samuel Kuffour ausgeknockt. Ersatzmann Dreher stand keine vier Minuten auf dem Platz, als er bei einer Abwehraktion einen Kreuzbandriss erlitt und für den Rest die Partie durch Feldspieler Michael Tarnat ersetzt wurde.

Vor dem Champions-League-Spiel bei Glasgow Rangers musste der Verein jetzt notgedrungen auf den 20-jährigen »Nobody« Wessels vertrauen. Vor 50.000 Zuschauern im ausverkauften »Hexenkessel« des Ibrox Park avancierte der 1,90 m große Schlussmann dann überraschend zum Spieler des Spiels. Mit der abgeklärten Routine eines erfahrenen Profis sicherte der vermeintliche »Notnagel« durch großartige Reaktionen ein Remis. Anschließend von Presse und Bayern-Manager Uli Hoeneß (»Ein überragendes Debüt.«) mit Lobeshymnen überhäuft, musste sich der Student der Wirtschaftswissenschaften nach Kahns Genesung dennoch wieder auf die Ersatzbank begeben. Wessels, der in den Auswahlmannschaften von U17 bis U21 jeweils einen Einsatz absolvierte, konnte am 9. und 10. Spieltag nochmals für den rückenverletzten Kahn einspringen und die Kritiker erneut überzeugen. Nach Worten von Manager Hoeneß aufgrund seiner Intelligenz und der guten Manieren« vielleicht der Profi des neuen Jahrtausends«, gelangte der sympathische Bartstoppelträger in dieser Spielzeit noch im Champions-League-Spiel bei PSV Eindhoven zum Einsatz, um sich ansonsten auf der Ersatzbank mit Kollege Bernd Dreher abzuwechseln. Während der Saison 00/01 spielte Wessels am 5. Spieltag beim 3:1-Sieg über die SpVgg Unterhaching sowie im Champions-League-Spiel bei Rosenborg Trondheim, ehe er sich in der nächsten Spielzeit eine längere Bewährungsprobe ergab.

Weil Kahn an einer Zerrung laborierte, konnte Wessels zwischen November und Dezember 2001 wieder das kurze Glück des Stellvertreters genießen. Im täglichen Training von Torwartcoach Sepp → Maier, wirkungsvoll unterstützt und auf der Linie hervorragend, stellte der »Wettkampftyp« seine Klasse in der Bundesliga gegen den VfL Wolfsburg und Hertha BSC, im Champions-League-Spiel beim FC Nantes sowie im DFB-Pokal beim VfL Osnabrück eindrucksvoll unter Beweis. Von manchen Experten bereits als »einer der besten Torhüter« eingestuft, rieten andere, aufgrund der mangelnden Perspektiven langfristig zu einem Vereinswechsel.

Bis zum 20. Oktober 02 musste »Wessi« dann warten, ehe er beim Champions-League-Spiel gegen AC Mailand in der 51. Minute wieder für Kahn einspringen konnte. Weil sich der Stammkeeper einen Muskelfaserriss zugezogen hatte, stand sein Stellvertreter auch am 10. Spieltag in der Bundesligabegegnung gegen Hannover 96 im Tor. In der 17. Minute segelte er an einem Eckball vorbei und verschuldete dadurch den Ausgleich. Einige Tage später musste er mit seiner Elf eine 1:2-Niederlage im Champions-League-Spiel bei Desportivo La Coruna einstecken. Kurze Zeit später unterschrieb Wessels beim 1. FC Köln einen Zweijahresvertrag, für den er ab der Saison 03/04 im Tor stehen wird.

Wienhold, Günter

Geboren: 21.01.1948 (Deutschland)
BL-Verein: Eintracht Frankfurt (1972–1978)
BL-Spiele: 69
Vereinstitel: 2x DFB-Pokal (1974, 1975)

Das »nachahmenswerte Beispiel an Trainingsfleiß und solider Vorbereitung« (»Kicker«) begann im Alter von acht Jahren seine Fußballerlaufbahn beim Duisburger Vorstadtverein DJK Wanheimeroth, um aus der A-Jugend im Sommer 1966 zur »Fohlenmannschaft« des MSV Duisburg zu wechseln. In der Bundesligaelf spielte zu dieser Zeit beim MSV mit Manfred → Manglitz ein unüberwindbares Torwart-Hindernis.

Bei einer Pokalbegegnung zwischen den MSV-Amateuren und Eintracht Frankfurt von einem Vorstandsmitglied des Singen 04 entdeckt, wechselte Wienhold 1968 zu dem badischen Verbandsligisten. Während er parallel eine Betriebsschlosserlehre und den Militärdienst absolvierte, spielte sich der gebürtige Duisburger bei Singen 04 schnell in den Blickpunkt. 1971 und 72 wurde der Vollwaise mit dem Klub Meister in der Schwarzwald-Bodensee-Liga, scheiterte aber jedes Mal bei den Aufstiegsspielen zur Regionalliga.

DFB-Trainer Josef Derwall zeigte sich beim Qualifikationsspiel zwischen Singen und Ludwigsburg von den Leistungen Wienholds äußerst angetan und lud ihn zu einem Junioren-Lehrgang. Nach Repräsentativ-Spielen für Südbaden feierte der rötlich-blonde Keeper am 12. Januar 1971 gegen Hollands Junioren, die unter anderem mit Johan Neeskens und René van de Kerkhof antraten, ein fantastisches Debüt in der Olympia-Nationalelf. Der fangsichere Schlussmann wurde anschließend mit Lob überschüttet und die anwesenden Journalisten rühmten insbesondere die tollen Reflexe, eine konsequente Faustabwehr und das sichere Stel-

Immer mittendrin wo's brennt – Günter Wienhold von Eintracht Frankfurt.

lungsspiel. Durch eine Empfehlung seines Mannschaftskollegen Bernd Nickel vor der Saison 72/73 vom Bundesligisten Eintracht Frankfurt verpflichtet, blieb der Zerberus aufgrund der bevorstehenden Olympischen Spiele in München zunächst Amateur.

Mit der Amateur-Nationalmannschaft, in der Spieler wie Otmar Hitzfeld, Uli Hoeneß und Ronald Worm standen, überstand Wienhold gegen Marokko, Malaysia und die USA mühelos die Vorrunde des olympischen Fußballturniers. Einen Tag vor dem nächsten Spiel gegen Ungarn ereignete sich jedoch das Palästinenser-Attentat auf das israelische Olympiateam, bei dem 15 Menschen ums Leben kamen. Auch der Keeper blieb von den dramatischen Ereignissen nicht unbeeindruckt und konnte darum bei der anschließenden 1:4-Niederlage gegen Ungarn nicht an seine gewohnten Leistungen anknüpfen. Die Medaillenträume waren damit abrupt beendet und im letzten Spiel gegen die DDR wurde Wienhold vom Bochumer Hans-Jürgen → Bradler abgelöst.

Erst am 28. Spieltag der Saison 72/73 ergab sich durch die Oberschenkelzerrung von Peter → Kunter der erste BL-Einsatz. Beim 2:0-Sieg über Hannover 96 erledigte Wienhold die wenigen Prüfungen sicher und blieb zunächst im Kasten. Am 31. Spieltag prallte er gegen den 1. FC Köln in der 60. Minute mit Gegenspieler Heinz Simmet zusammen und erlitt dabei eine Bänderdehnung sowie einen Kapselriss im Sprunggelenk.

Nach Wochen im Stützverband musste sich der ehrgeizige wie ungeduldige Keeper (»Das Warten macht mich verrückt«) auch in der Saison 73/74 die Spielpraxis zunächst weiterhin in der Amateurnationalmannschaft verschaffen, wo allerdings der Wattenscheider Heinz-Josef → Koitka mittlerweile eine ernsthafte Konkurrenz darstellte. Aufgrund eines Fingerbruchs von Kunter gelangte Wienhold am 12. Spieltag wieder zum Einsatz, um gegen den Wuppertaler SV eher mäßig zu agieren. Bereits eine Woche später wehrte er bei Werder Bremen einen Elfmeter von Horst-Dieter Höttges ab und vereitelte in bestechender Manier zahlreiche Großchancen. Nach dem 2:1-Sieg gab es vom verletzten Kollegen Kunter das höchste Lob: »Besser als Günter kann man nicht halten.« In den kommenden Wochen beständig gut, folgte am 19. Spieltag beim Ex-Verein MSV Duisburg erneut eine überragende Leistung. Frankfurt, zu dieser Zeit Tabellenführer, verlor zwei Wochen später mit 1:3 beim VfB Stuttgart und Wienhold blieb die Ehre vorbehalten, durch Hans »Buffy« Ettmayr das 10.000 Tor der Bundesligageschichte zu kassieren. Eng befreundet mit Sepp → Maier, der zusammen mit Kunter 1974 auch Taufpate seines Sohnes war, blieb Wienhold bis zum Saisonschluss im Tor und zählte zu den Bundesligatorhütern mit glänzenden Perspektiven.

Kurz vor dem Saisonstart 74/75 zog sich der Pechvogel jedoch bei einem Freundschaftsspiel gegen Eintracht Bad Kreuznach eine vierfache Jochbeinfraktur zu und musste deswegen für das DFB-Pokalfinale gegen den Hamburger SV Kollege Kunter den Vortritt lassen. Sein freundschaftlicher Kontrahent blieb nach einer guten Leistung vorerst die Nummer 1 und räumte sein Tor erst nach seiner völlig verpatzten Vorstellung gegen den VfB Stuttgart. Am 14. Spieltag meldete sich Wienhold beim torlosen Remis gegen den 1. FC Köln eindrucksvoll zurück. Der »Magier« mit den tausend Händen parierte auch am 17. Spieltag beim 2:0-Sieg über Bayern München die gefährlichsten Schüsse. Neben Bernd → Franke und Rudolf → Kargus anschließend in das erweiterte B-Aufgebot gegen Finnland berufen, erlebte der reaktionsschnelle Publikumsliebling seinen sportlichen Höhepunkt am 21. Juni 1975 im DFB-Pokalfinale gegen den MSV Duisburg. Beim 1:0-Sieg konnte er erneut einige »Hundertprozentige« eliminieren und anschließend den Pokalgewinn feiern.

Von den Fans gefeiert, von Experten hoch gehandelt, setzte Wienhold auch in der Saison 75/76 seine vorzüglichen Leistungen fort. Am 4. Spieltag lobte ihn nach dem 1:1 gegen Fortuna Düsseldorf der anwesende Hans-Hubert Vogts (»Wienhold war ganz große Klasse.«) und Gegner wie Borussia Mönchengladbach sowie Schalke 04 brachte er mit seinen Glanzparaden schier zur Verzweiflung Am 9. Spieltag avancierte er gegen den 1. FC Kaiserslautern ebenfalls zum besten Frankfurter. Nach dem Ende der Hinrunde stufte ihn das Fachblatt »Kicker«

in seiner Torwart-Rangliste noch vor Dieter → Burdenski sowie Norbert → Nigbur ein und bei der »Kicker«-Leserwahl zum »Torhüter des Jahres« war er mit Platz 6 bester Torwart ohne Länderspielberufung.

Es lief optimal für den reaktionsschnellen »Klassemann«, ehe der 13. März 1976 seinen konstanten Höhenflug abrupt beendete. An diesem 24. Spieltag gegen Borussia Mönchengladbach prallte er beim Abfangen einer Flanke mit Henning Jansen zusammen und erlitt einen doppelten Wadenbeinbruch und fiel anschließend monatelang aus. Weil Kunter keinen adäquaten Ersatz mehr darstellte, verpflichtete Eintracht Frankfurt kurz vor Saisonschluss den Wattenscheider Koitka. Sein ehemaliger Widersacher aus der Amateurnationalmannschaft etablierte sich auf Anhieb und zudem sicherte sich der Verein optional die Dienste des DDR-Flüchtlings Jürgen → Pahl.

Der impulsive Wienhold saß nach seiner Genesung während der Saison 76/77 zunächst frustriert auf der Ersatzbank und fühlte sich ungerecht behandelt. Als Koitka im DFB-Pokal-Viertelfinale gegen Zweitligist Bayer Uerdingen eine indiskutable Leistung bot, gab Trainer Gyula Lorant seinem unzufriedenen Reservisten die erhoffte Chance. Am 22. Spieltag gegen den 1. FC Saarbrücken merkte man Wienhold die lange Pause in der Anfangsphase an. Zwei Wochen darauf präsentierte er sich gegen den Karlsruher SC dann übernervös und sorgte mit zahlreichen Unsicherheiten für einen knappen 3:2-Zittersieg. Lorant, den Wienhold noch aus seiner MSV-Zeit kannte und zu dem er kein besonders herzliches Verhältnis pflegte, nahm ihn anschließend wieder aus der Mannschaft.

In der Saison 77/78 war Wienhold endgültig zur Tatenlosigkeit verurteilt und der Verein legte ihm für einen etwaigen Wechsel keine Steine mehr in den Weg. Aufgrund der hohen Ablösesumme scheiterte der mögliche Transfer zu Athletico Madrid und im Juli 78 musste Wienhold beim Arbeitsamt Stempelgeld beantragen. Nach Singen zurückgekehrt, ergab sich der Kontakt zum Zweitligaaufsteiger SC Freiburg. Ab September unter Vertrag, absolvierte er für den Klub von 1978 bis 1990 noch über 200 Pflichtspieleinsätze und wurde anschließend für zwei Jahre Torwarttrainer. Als Inhaber der A-Trainer-Lizenz machte er sich nach Beendigung seiner aktiven Laufbahn als Handelsvertreter selbstständig und betreibt seit 1998 an der Universität Freiburg einen »Uni-Shop«

Wiese, Tim

Geboren: 17.12.1981 (Deutschland)
BL-Verein: 1. FC Kaiserslautern (seit 2002)
BL-Spiele: 5 (zum Ende der Hinrunde 02/03)

Im Alter von sechs Jahren mit dem Fußball-Virus »infiziert«, begann der in Bergisch-Gladbach geborene Tim Wiese seine Vereinslaufbahn bei DJK Dürscheid, einem Dorfklub nahe der bergischen Gemeinde Kürten. Zunächst Stürmer, stellte er sich bei einem Hallenturnier aufgrund von Achillessehnenproblem erstmals zwischen die Pfosten. Wiese fand Gefallen an der ungewohnten Position und wechselte 1989 zu Bayer Leverkusen. In der A-Jugend wurde er von Ex-Nationaltorwart Harald → Schumacher (»Wiese bringt alle Vorraussetzungen mit. Er ist groß, mutig, kann sich durchsetzen.«) entdeckt, der ihn 1999 zu Fortuna Köln holte.

Während der Saison 99/00 erhielt sein Mentor zwar als Trainer der Profi-Elf die Kündigung, dennoch rückte Wiese nach Fortunas Zweitligaabstieg zur Saison 00/01 als Ersatzmann hinter Stammtorwart Peter Martin in die 1. Mannschaft auf. Nach verpasstem Wiederaufstieg und dem Rückzug des langjährigen Mäzen Jean Löring stand Fortuna Köln kurz vor dem finanziellen Kollaps, was den Abgang zahlreicher Leistungsträger zur Folge hatte. Zur neuen Nummer 1 avanciert, entpuppte sich Wiese in der Regionalliga Nord während der Hinserie 01/02 als viel versprechende Entdeckung. Bereits zum engeren Kreis der U21-Nationalmannschaft zählend, sah der 1,93 m große »Modellathlet« bei seinem stark abstiegsgefährdeten Klub jedoch kaum Perspektiven. Nach einem ergebnislosen Probetraining bei Zweitligist Hannover 96 erfolgte noch zur Winterpause der Wechsel zum 1. FC Kaiserslautern. Zunächst bewährte sich das Torwart-Talent während der Rückrunde elfmal im Regionalligakader. Ab der Saison 02/03 rückte er, nach dem Weggang von Roman → Weidenfeller, hinter Georg → Koch im Bundesligateam zur offiziellen Nummer 2 auf. Der Ernstfall ergab sich für Wiese, der kein erklärtes sportliches Vorbild hat, früher als erwartet. Weil Stammkeeper Koch vor dem Saisonstart hartnäckige Rückenprobleme plagten, musste gegen den VfB Stuttgart erstmals sein unerfahrener Stellvertreter einspringen. Reaktionsschnell, energisch im Herauslaufen und mit einer gehörigen Portion Abgeklärtheit avancierte der 20jährige Debütant im »Kicker« zum »Spieler des Spiels«, der mit einigen Paraden ein Unentschieden rettete. Von seinem Trainer Andreas Brehme (»Tim Wiese hat ganz hervorragend gehalten.«) gelobt, musste er dennoch anschließend wieder auf die Bank. Doch schon am 3. Spieltag folgte in Vertretung des erneut verletzten Koch, bereits die zweite Bewährungschance. In einer desolaten Mannschaft beeindruckte der junge Flieger erneut mit einigen spektakulären Aktionen, ohne die 0:3-Niederlage bei Borussia Mönchengladbach verhindern zu können. Unterstützt von Lauterns Torwarttrainer Gerald → Ehrmann legte Wiese im Kraftraum inzwischen vermehrt Sonderschichten ein, um auf die nächste Gelegenheit zu warten. Im November 2002 offiziell von DFB-Trainer Jürgen Kohler in die U21 nominiert, erhielt der Powertyp, aufgrund Kochs kontinuierlicher Formkrise, auch von Lauterns neuem Coach Eric Gerets seine Chance. Am 13. Spieltag kassierte er mit seiner Elf bei Werder Bremen eine 3:5-Schlappe, der sich anschließend die 0:2-Heimniederlage gegen Tabellenführer Bayern München anschloss. Auch beim anschließenden 2:0-Sieg über den VfL Wolfsburg wenig beschäftigt, wurde Wieses rasante Entwicklung durch eine Knieverletzung beim DFB-Pokalspiel gegen den SC Freiburg vorläufig gestoppt. Eine kontinuierliche Weiterentwicklung vorausgesetzt, kann der Nachwuchsmann dem langjährigen Stammtorwart Koch die Position zukünftig durchaus streitig machen.

Wilk, Rainer

Geboren: 22.11.1963 (Deutschland)
BL-Verein: Arminia Bielefeld (1982–1985)
BL-Spiele: 2

Während zwischen den Jahren 1980–1982 bei der Jugendnationalelf Rüdiger → Vollborn die Lorbeeren als Torwart erntete, verharrte Rainer Wilk stets in dessen Schatten. Beim SC Herford entdeckt, wechselte der 1,85 m lange Schlussmann 1977 zur C-Jugend von Arminia Bielefeld. Es folgten Einladungen zu DFB-Lehrgängen und 1981 bei der Jugend-Europameisterschaft war Wilk die Nummer 2. Neben Vollborn kam der jüngste Teilnehmer lediglich beim 1:0-Sieg gegen Griechenland zum Einsatz und zeigte eine gute Leistung. Später saß er bei der Jugend-Weltmeisterschaft in Australien ebenfalls nur auf der Bank. In beiden Wettbewerben gelangte Deutschlands Fußballnachwuchs zum Titelgewinn und inmitten der Jubelarien um den Elfmetertöter Vollborn stand Wilk zumeist abseits. Danach wurde er vorübergehend Stammtorwart in der Jugend-Auswahl, um nach seiner Verletzung bei einem Jugendturnier in Monaco vom Augsburger Raimond → Aumann verdrängt zu werden. Nach seiner Aufnahme in Bielefelds Profikader leistete Wilk zunächst seinen Wehrdienst ab und begann anschließend eine Ausbildung zum Einzelhandelskaufmann. Während der Saison 82/83 blieb er hinter Olli → Isoaho und Volker → Diergardt die Nummer 3. Ein Jahr später war das »unbeschriebene Blatt« hinter dem zurückgekehrten Wolfgang → Kneib zumindest der erste Ersatzmann. Doch das reichte dem ehrgeizigen Keeper, den die Mannschaftskollegen wegen seiner semmelblonden Haare mit dem Spitznamen »Heino« bedachten, nicht. »Ich bin kein Gerald → Ehrmann-Typ, der sieben Jahre wartet, bis er zwischen den Pfosten steht«, vertraute er dem Fachblatt »Kicker« an, »ich will endlich spielen.«

In der Saison 84/85 ergab sich nach zweieinhalb Jahren Reservistenfrust endlich die lang ersehnte Chance. Am 14. Spieltag flog Kneib beim Spiel bei Eintracht Braunschweig in der 77. Minute wegen Schiedsrichterbeleidigung vom Platz. Beim Stand von 0:0 stand jetzt der »Mann mit Zukunft« (Kicker) im Kasten und ließ sich nicht mehr überwinden. Die nächste Begegnung fiel den Witterungsbedingungen zum Opfer. Doch in der Heimbegegnung gegen Werder Bremen durfte Wilk für den gesperrten Kneib endlich seinen ersten BL-Einsatz von Beginn feiern. Die Feuertaufe endete in einem Drama, weil der junge Ersatzmann bei einer Parade mit dem Kopf gegen den Pfosten prallte, um mit Platzwunde, Nackenwirbelverrenkung sowie einer Gehirnerschütterung nach 68 Minuten bewusstlos vom Platz getragen zu werden. Damit war der Traum vom möglichen Durchbruch in der Bundesliga vorzeitig beendet. Im nächsten Spiel kam für den verletzten Wilk der A-Jugend-Keeper Dirk → Hellmann zum Einsatz. Weil sein Vertrag nach Bielefelds Abstieg nicht mehr verlängert wurde, kehrte er nach dieser Saison zum Amateurligisten SC Herford zurück. In der Saison 86/87 folgte ein kurzes Intermezzo beim Zweitligisten Eintracht Braunschweig, bei dem Wilk hinter Jörg → Hoßbach vier Pflichtspieleinsätze absolvierte.

Wimmer, Rudolf

Geboren: 20.01.1944 (Deutschland)
BL-Vereine: Kickers Offenbach (1968–1969), Karlsruher SC (1975–1983)
BL-Spiele: 185

Ehe er beim Karlsruher SC zum Torwart-Denkmal avancierte, startete der als Sohn sudetendeutscher Eltern in Ölmutz geborene und nach dem Krieg im hessischen Hoechst an der Nieder aufgewachsene Rudolf Wimmer die Vereinslaufbahn mit zehn Jahren beim FC Höchst. Zunächst Stopper, stellte er sich erst durch den Weggang des Torwarts zwischen die Pfosten. 1962 wechselte er zum damaligen Zweitligisten FC Hanau 93, um sich ein Jahr später für ein Monatsgehalt von 160 DM sowie eine Siegprämie von 200 DM bei den Offenbacher Kickers zu verpflichten. Tagsüber arbeitete er als Stahlbauschlosser und abends stellte sich das »Naturtalent« im Training dem Konkurrenzkampf mit Amateurnationaltorhüter Wolfgang Mühlschwein, den er nach wenigen Spielen verdrängen konnte. In der Saison 65/66 erreichte er mit seinem Verein erstmals die Aufstiegsrunde zur Bundesliga, scheiterte jedoch in der Gruppe 1 an Vereinen wie Fortuna Düsseldorf und FK Pir-

»Ohne Wimmer wär's schlimmer« –
KSC-Keeper Rudolf Wimmer erwies sich noch mit 39 Jahren als großer Rückhalt.

masens. Zwei Jahre später gelang ihm mit Offenbach der Durchmarsch in die Erstklassigkeit und Wimmer, bereits zu Juniorenländerspielen eingeladen, war innerhalb der Mannschaft längst zu einem Aktivposten geworden. Während der Bundesligasaison 68/69 brillierte der 1,84 m große Schlussmann mit sehenswerten Leistungen und Experten prognostizierten ihm eine mögliche Länderspielkarriere. Der »reaktionsgewandte Bursche« (Kicker) bestach durch Sachlichkeit, Sicherheit bei hohen Bällen und überdurchschnittliche Reflexe. Doch alle Torwartkunst von Wimmer konnte den sofortigen Wiederabstieg der Offenbacher nicht verhindern.

Anschließend wechselte der »Teufelskerl« zum Regionalliga-Nachbarn Karlsruher SC in der Erwartung, bald wieder erstklassig zu sein. Obwohl der »Jaschin vom Wildpark« mit seinem Klub 1971 und 73 zweimal die Aufstiegsrunde erreichte, blieb es beim Wunschdenken. Aufgrund der jahrelangen Bundesligaabstinenz blieben Ambitionen für die Nationalmannschaft ausgeschlossen. Erst nach Gründung der 2. Bundesliga konnte sich Karlsruhe, unter der Leitung von Carl-Heinz Rühl, während der Saison 74/75 endlich gegen die Konkurrenz durchsetzen.

Zum Saisonstart 75/76 musste Wimmer jedoch zunächst mit einer Rückenprellung pausieren und wurde die ersten Spiele durch den langjährigen Ersatzmann Siegfried → Kessler vertreten. Kaum genesen, zeigte der Fangkünstler am 6. Spieltag gegen Werder Bremen brillante Paraden, um kurz vor der Halbzeit einen Bruch des Mittelhandknochens zu erleiden. Wieder war eine längere Zwangspause angesagt und der Verwaltungsangestellte des Karlsruher Amtes für Statistik kehrte erst am 14. Spieltag in die Mannschaft zurück. Das »Schreckgespenst gegnerischer Angreifer« avancierte auf Anhieb zum gewohnten Rückhalt und sicherte mit dem KSC knapp den Klassenerhalt. Auch während der nächsten Saison blieb Wimmer der ruhende Pol. Nach einer Glanzleistung beim 4:0-Sieg über Borussia Mönchengladbach war der Held anschließend zu Gast im »Aktuellen Sportstudio«. Obwohl der 33-jährige Mannschaftskapitän auch im weiteren Saisonverlauf wie ein »Weltmeister« flog und faustete, musste sein Verein abermals die Beletage verlassen.

Es folgten erneut drei lange Jahre in der Zweitklassigkeit, ehe 1980 die Rückkehr in die Bundesliga glückte. In den Aufstiegsspielen gegen Rot-Weiß Essen zählte Wimmer erneut zu den stärksten Kräften und der »treue Rudi« blieb, unabhängig von seinen Konkurrenten Roland Wäschle und Peter Gadinger, die unangefochtene Nummer 1. In der Saison 80/81 zeigte sich der 37-jährige »Torwartoldie« wiederholt von seiner besten Seite und avancierte erneut zum Garanten für den Klassenerhalt.

Seit Jahren spielte der Veteran in seinen überlangen, verwaschenen Sepp → Maier-Hosen und verabscheute jegliches Showgehabe: »Ich muss manchmal lachen, wenn die Kollegen mit bunten Klamotten einlaufen, sich viermal überschlagen und noch fliegen, wenn der Ball fünf Meter am Tor vorbeigeht.« Für die nächste Spielzeit wurde mit dem talentierten Bernd → Fuhr ein potentieller Nachfolger verpflichtet Trainer Manfred Krafft vertraute dennoch weiterhin auf den erfahrenen Wimmer. Der »Mann mit den tausend Armen« agierte besser als je zuvor und wurde nach Saisonschluss vom »Kicker« in der Torwartrangliste hinter Harald → Schumacher, Eike → Immel und Bernd → Franke auf Platz 4 eingestuft.

Der Zerberus konsolidierte auch in der Saison 82/83 nochmals seinen hohen-Standard, ohne jedoch den dritten Abstieg seines Klubs vermeiden zu können. Anschließend beendete der zweifache Familienvater seine langjährige Karriere und kümmerte sich neben seinem bürgerlichen Beruf um den KSC-Nachwuchs. 1984 wurde er beim Karlsruher SC Ehrenmitglied und zudem mit der Ehrenmedaille der Stadt Karlsruhe ausgezeichnet. Sohn Stefan → Wimmer konnte 1987 beim Karlsruher SC ebenfalls kurzzeitig das Rampenlicht der Bundesliga betreten.

Wimmer, Stefan

Geboren: 21.11.1967 (Deutschland)
BL-Verein: Karlsruher SC (1987–1988)
BL-Spiele: 1

Seinem Vater Rudolf → Wimmer optisch verblüffend ähnlich und mit ähnlichem Torwarttalent ausgestattet, begann Stefan Wimmer die Vereinslaufbahn beim FC Spöck, bei dem er während der B-Jugend in die badische Jugendauswahl berufen wurde. 1983 folgte der Wechsel zum Karlsruher SC und eine Einladung von DFB-Trainer Hans-Hubert Vogts zum Acht-Nationen-Turnier der U18-Auswahl in Jugoslawien. In der gleichen Saison stand der schlaksige Schlussmann unter der Trainer-Leitung seines Vaters mit dem KSC in der Endrunde um die A-Jugendmeisterschaft, scheiterte jedoch im Halbfinale an Bayer Leverkusen.

Vor der Saison 87/88 rückte er als Amateur in den Lizenzspielerkader von Karlsruhe auf, der gerade frisch in die Bundesliga aufgestiegen war. Schon am 2. Spieltag feierte er seine Feuertaufe, weil sich Stammtorwart Alexander → Famulla beim Abschlusstraining verletzt hatte. Der 19-jährige Nachwuchskeeper bewahrte beim 0:2 gegen Werder Bremen seine Mannschaft mit tollkühnen Paraden vor einem frühzeitigen Rückstand. Anschließend wurde der »sympathische junge Mann« (»ZDF-Sportstudio«-Moderatorin Doris Papperitz) von allen Seiten zu seiner ausgezeichneten Leistung beglückwünscht.

Allein sein Vater blieb auf dem Boden der Tatsachen und betonte, dass der Filius trotz aller Karriereträume erst einmal die Zahntechniker-Lehre beenden solle. Er sollte Recht behalten, denn noch in der laufenden Saison wurde sein Sohn als Nummer 2 von dem aufstrebenden Nachwuchsmann Oliver → Kahn verdrängt. Die Perspektiven hinter Famulla und Kahn erschienen wenig aussichtsreich, so dass Wimmer zum Amateurligisten Rot-Weiß Frankfurt wechselte, dem sich später noch Engagements beim FV Weinheim, Darmstadt 98 sowie im württembergischen Neureut anschlossen.

Witt, Klaus

Geboren: 08.07.1943 (Deutschland)
BL-Verein: Rot-Weiß Oberhausen (1970–1971)
BL-Spiele: 11

Während der Saison 69/70 durchlebte Bundesliga-Neuling Rot-Weiß Oberhausen eine Torwartkrise, weil Stammkeeper Wolfgang → Scheid immer wieder Verletzungen erlitt und kein adäquater Ersatz bereitstand. Für die neue Spielzeit wollte der Klub auf dieser Position besser gerüstet sein und engagierte vom FC Godesberg den talentierten Mittelrhein-Auswahltorwart Klaus Witt.

Schon als Kind wegen seiner Vorliebe für die gleichnamige Süßspeise mit dem Spitznamen »Pudding« bedacht, trainierte Witt ehrgeizig für eine mögliche Ablösung des physisch und psychisch angeschlagenen Scheid. Der »hochtalentierte Hüter« musste jedoch zunächst auf der Reservebank Platz nehmen. Für den formschwachen Scheid feierte die Nummer 2 am 11. Spieltag gegen den 1. FC Kaiserslautern das Debüt, ohne bei der 1:4-Niederlage sonderlich glänzen zu können.

Vier Wochen später gab Witt auch vor heimischem Publikum seinen Einstand und aufgrund seiner guten Leistung gegen den 1. FC Köln schien Scheid zunächst verdrängt. Während Scheid an einer Schultergelenkentzündung laborierte, plagte sich Witt mit einer Knieverletzung und musste immer wieder fitgespritzt werden. Zeitweise war deshalb sogar der Einsatz von Abwehrspieler Uwe Kliemann geplant. Am 18. Spieltag folgte der erste persönliche Tiefpunkt für »Pudding«. Nach der 0:2-Heimpleite gegen den MSV Duisburg urteilte der frühere Oberhausener Nationaltorwart Willy Jürissen im »Kicker« über den Schlussmann: »Witt ist ein Goldfischbändiger, aber kein Bundesligatorwart.« Eine Woche später beklagte sich Trainer Alfred Preißler nach der 0:2-Pleite beim VfB Stuttgart über seinen Zerberus: »Beim Freistoßtor zum 0:1 stand er völlig falsch.« Dem umstrittenen Keeper bescheinigten Experten zwar gute Reflexe, aber auch ein schwaches Stellungsspiel und mangelhafte Abstimmung mit den Vorderleuten.

Trotz Witts guter Leistungen gegen Borussia Dortmund und Eintracht Frankfurt kehrte Scheid nach dem 27. Spieltag in den Kasten zurück. Rot-Weiß Oberhausen konnte sich nur durch das bessere Torverhältnis vor dem Abstieg retten und Witt wechselte anschließend zum Regionalligaaufsteiger SVA Gütersloh. Nachdem er mit dem Klub in der Saison 73/74 die Qualifikation zur 2. Bundesliga verpasste, spielte er noch jahrelang in der Verbandsliga. Heute ist Klaus Witt leitender Direktor für die

Tonträgerabteilung eines großen Medienkonzerns.

Wittke, Manfred

Geboren: 02.01.1953 (Deutschland)
BL-Vereine: Tennis Borussia Berlin (1974–1975)
BL-Spiele: 11

Als dem Berliner Fußballklub Tennis Borussia in der Saison 73/74 überraschend der Aufstieg in die Bundesliga glückte, besaß die Mannschaft im Tor mit dem Ex-Freiburger Hubert → Birkenmeier einen starken Rückhalt. Manfred Wittke, 1972 aus der Jugend des MSV Duisburg zu den Charlottenburger »Veilchen« gewechselt, stand völlig in dessen Schatten und gelangte in der Regionalliga Berlin nur zu sporadischen Einsätzen. Der 22jährige Schnauzbartträger saß auch während der Saison 74/75 zunächst auf der Bank, um erstmals am 22. Spieltag – beim 0:4 gegen den Hamburger SV – für den lädierten Birkenmeier ganze drei Bundesligaminuten zu absolvieren. Tennis Borussia zählte bereits zu den Absteigern, als Wittke am letzten Spieltag sein erstes und zugleich letzte Bundesligaspiel von Beginn an erlebte. Der zuvor unauffällige Ersatzmann entpuppte sich als Überraschung des Spiels, der mit Glanzparaden die Stürmer von Schalke 04 lange Zeit zur Verzweiflung trieb. Sein Klub verlor dennoch am Ende mit 0:3 und in der folgenden Saison konnte er anfangs noch einige Wochen den verletzten Birkenmeier vertreten, um anschließend wieder in die zweite Reihe zu rücken. Tennis Borussia schaffte den sofortigen Wiederaufstieg und Wittke wechselte zum Amateurligisten OSC Bremerhaven 93.

Wittmann, Jürgen

Geboren: 14.08.1966 (Deutschland)
BL-Vereine: Fortuna Düsseldorf (1989–1992), SpVgg Unterhaching (1999–2001)
BL-Spiele: 39

Geboren in Neustadt an der Donau, begann Jürgen Wittmann seine Vereinslaufbahn als Achtjähriger beim ansässigen TSV. Seit der C-Jugend regelmäßig in die Bayern-Auswahl berufen, wechselte er 1982 in die A-Jugend des 1. FC Nürnberg. 1983 kämpfte er mit seiner Mannschaft vergeblich um die Deutsche Jugendmeisterschaft, um das letzte A-Jugendjahr beim MTV Ingolstadt zu absolvieren. Anschließend in die 1. Mannschaft aufgerückt, musste der frisch gebackene Abiturient mit dem Verein 1985 in die Landesliga absteigen. Während dieser Zeit ergab sich auch sein zukünftiger Spitzname »Willi«, weil der Stadionsprecher im Derby gegen TSV Großhadern den Zerberus als Jürgen Willmann angekündigt hatte.

1987 gelang dem 1,89 m großen Torwarthünen mit seinem Klub der Wiederaufstieg in die höchste Amateurliga und seine glänzenden Reflexe weckten auch die Aufmerksamkeit verschiedener Talentspäher. Im Sommer 1989 unterzeichnete der stämmige Keeper einen Profivertrag beim Bundesliga-Aufsteiger Fortuna Düsseldorf, wo er als Reservemann für Stammtorwart Jörg → Schmadtke behutsam an größere Aufgaben herangeführt werden sollte.

Während der Saison 89/90 zunächst nur bei einigen Freundschaftsspielen eingesetzt, eröffneten sich für den Jung-Profi in der Winterpause realistische Chancen auf den Stammplatz, weil sich Trainer Aleksander Ristič mit den Leistungen von Schmadtke unzufrieden zeigte. Einen Abend vor dem Spiel gegen den VfL Bochum wurde Wittmann vom Trainer gefragt, ob er sich einen Bundesligaeinsatz zutrauen würde. Der sympathische Keeper (»Nachdem ich sonst immer gezögert hatte, habe ich diesmal in einem Anfall von Größenwahn ja gesagt.«) ließ sich die Chance nicht entgehen und feierte am 22. Spieltag sein Debüt. Trotz des 2:1-Auswärtserfolges wurden schnell Wittmanns Schwächen im Herauslaufen ersichtlich, die der selbstbewusste Bajuware auch durch gute Reaktionen nicht gänzlich wettmachen machen konnte. Zwei weitere Einsätze bestätigten diese Mankos und nach der 0:4-Niederlage am 24. Spieltag gegen den Vfb Stuttgart war Wittmann wieder auf der Bank gelandet.

In der Saison 90/91 ergaben sich in den letzten zwei Spielen, aufgrund Schmadtkes Meniskusoperation, wieder Bewährungschancen, bei denen die Nummer 2 ebenfalls keinen überzeugenden Eindruck hinterließ. Während der nächsten Spielzeit profitierte Wittmann, nach der Winterpause, von der Suspendierung

Schmadtkes, der wegen seiner öffentlichen Kritik in Ungnade gefallen war. Von Trainer Rolf Schafstall vor dem Rückrundenstart zur Nummer 1 bestimmt, blieb der Reservekeeper in den ersten drei Begegnungen mit seiner Elf ungeschlagen und glänzte mit guten Reaktionen. Doch im Heimspiel gegen Werder Bremen patzte der Schlussmann entscheidend und kämpfte zudem um die Unterstützung der Düsseldorfer Fans, die ihren Liebling Schmadtke vermissten. Eine Woche später musste er seine Position, nach der 1:3-Niederlage bei Bayern München, wieder an Schmadtke abgeben, um einige Wochen vor Saisonende vom Klub die Kündigung zu erhalten. Diese Suspendierung konnte der Verein rechtlich aber nicht aufrechterhalten werden, so dass Wittmann wieder im Kader mittrainierte, während der zur Winterpause verpflichtete Georg → Koch für ihn die Ersatzbank hütete.

Nach einem Jahr ohne Verein und der anschließenden Rückkehr zum MTV Ingolstadt wechselte der gelernte Immobilienkaufmann dann 1994 zum Bayernligisten SpVgg Unterhaching. Ein Jahr später stieg er mit dem Münchener Vorortklub in die 2. Bundesliga auf. Unter der Leitung von Trainer Lorenz Günther Köstner entwickelte sich eine Erfolgsstory, die 1999 mit dem sensationellen Aufstieg in die Bundesliga gekrönt wurde. Keeper Wittmann kassierte in der Aufstiegssaison die wenigsten Gegentore, agierte zuverlässig und bestach zudem durch seine stoische Ruhe.

Mancher Experte, der dem Unterhachinger »Urgestein« schon zu Zeiten bei Fortuna Düsseldorf die Bundesligareife absprach, äußerte sich skeptisch über seine Erstligafähigkeiten, weil es bei ihm neben allem Können auf der Linie immer noch an der Strafraumbeherrschung haperte. Zudem bei Flutlichtspielen als Kontaktlinsenträger gehandikapt, spielte er in der Saison 99/00 dennoch eine respektable Hinrunde, bei der er besonders in den Spielen gegen Bayern München und den Hamburger SV zu überzeugen wusste. Nach nur 20 Gegentoren in den ersten 17 Spielen unterliefen dem 33-jährigen Routinier während der Rückrunde einige Patzer. Nach zwei Fehlern im Spiel gegen den VfL Wolfsburg nervlich angekratzt, forderte er via Fernsehmikro schon seine Ablösung (»Das nächste Mal spielen wir mit einem neuen Torwart.«), um dann auch im nächsten Spiel gegen den SSV Ulm 46 dennoch das Tor zu hüten. Zwei Wochen später setzte ihn ein Muskelfaserriss außer Gefecht, was Ersatzkeeper Gerhard → Tremmel zu eindrucksvollen Darbietungen nutzte.

Nach dem geglückten Klassenerhalt hielt Trainer Köstner die Torwartfrage vor der Saison 00/01 zunächst offen. Durch eine Verletzung Tremmels konnte Wittmann die ersten zwei Bundesligaeinsätze bestreiten, um danach von dem zehn Jahre jüngeren Konkurrenten abgelöst zu werden. In der restlichen Spielzeit nur noch Bankdrücker, wechselte der 34-jährige Keeper, nach Unterhachings Abstieg, im Mai 2001 zu den Amateuren von 1860 München.

Wohlfahrt, Franz Bernhard

Geboren: 01.07.1964 (Österreich)
BL-Verein: VfB Stuttgart (1996–2000)
BL-Spiele: 118
Vereinstitel: 1x DFB-Pokal (1997)
A-Länderspiele für Österreich: 54

Der »ungemein positive Typ« (VfB-Stuttgart-Trainer Joachim Löw), geboren im Kärntner Örtchen St. Veit, begann als Achtjähriger, zusammen mit seinen beiden älteren Brüdern Michael und Mario, mit dem Vereinsfußball beim Heimatklub SV St. Veit. Der junge Franz fuhr dabei zweigleisig: In seiner Altersgruppe Feldspieler, hütete er im älteren Jahrgang mit Begeisterung das Tor. Bereits mit 16 Jahren spielte er in der 1. Mannschaft seines Klubs und verdiente sich damit seine ersten Schillinge. 1981 wechselte das Torwarttalent mit Bruder Mario zu Austria Wien, wo er sich als U21-Auswahlspieler hinter dem österreichischen Nationaltorwart Friedl Koncilla vier Jahre mit der Reservistenrolle zufrieden geben musste.

Erst als Koncilla 1985 den Rücktritt erklärte, konnte sein Schattenmann endlich in dessen Fußstapfen treten. Skeptisch betrachtet aufgrund seiner mangelnden Wettkampfpraxis, vertiefte sich der gelernte technische Zeichner in die Philosophie des Zen-Buddhismus, um sich mental und medial auf die Spielsituationen einzustellen. Von seinen Mannschaftskameraden deshalb mit dem Spitznamen »Samurai« bedacht, bewährte sich der Newcomer auf Anhieb, um in den nächsten Jahren sportlich auf einer Erfolgswelle zu schwimmen. In 351 Erstligaeinsätzen gewann er mit Austria Wien von 1984 bis 1993 sechsmal die österreichische Meisterschaft sowie von 1982 bis 1994 fünfmal den Pokal. Während seiner zahlreichen Europapokaleinsätze traf der 1,90 m große Torwarthüne 1985, 1987 und 1989 auch auf die deutschen Vertreter Bayern München, Bayer Leverkusen und Werder Bremen, wo er mit Austria Wien jedoch stets den Kürzeren zog. Im August 1987 feierte er gegen die Schweiz sein Länderspieldebüt, um 1993 zu Österreichs »Fußballer des Jahres« gewählt zu werden.

Trotz dieser Triumphe wollte Wohlfahrt schon seit längerem ins Ausland zu wechseln, um endlich in einer der großen europäischen Ligen zu spielen. Im Sommer 1996 ergab sich die Chance, als beim Bundesligisten VfB Stuttgart durch den unerwarteten Absprung des neu verpflichteten Andreas → Köpke der Torwartposten vakant wurde.

Wohlfahrts Anwalt knüpfte die Kontakte und innerhalb von drei Minuten hatte der mittlerweile 31-fache Auswahltorwart seine Unterschrift unter einen gut dotierten Dreijahresvertrag gesetzt. Selbstbewusst (»Ich kann jeden Ball halten.«) wie auch enorm ehrgeizig (»Ich will der beste Torhüter werden.») erwies er sich aufgrund glänzender Reaktionen zunächst als die erhoffte Verstärkung. Wegen seiner Kommunikationsfreudigkeit (»Ich mach' gern die Gosch'n auf«) verbunden mit typisch Wiener Schmäh bei den Mitspielern sehr beliebt, kassierte Wohlfahrt in den ersten neun Spielen der Saison 96/97 nur acht Gegentore. Dank einer stark besetzten Mannschaft mit Spielern wie Fredi Bobic, Krassimir Balakow und Giovanne Elber konnte sich der VfB Stuttgart wochenlang an der Tabellenspitze etablieren.

Am 10. Spieltag schoss der »stämmige Österreicher« dann im Auswärtsspiel bei Hansa Rostock seinen ersten »Bock«, als er nach einem Rückpass durch seinen Querschläger den Ausgleich verschuldete. Schon in der nächsten Begegnung revanchierte sich die »geballte Austria-Power« (Kicker) gegen Bayer Leverkusen mit einer Weltklasseleistung und sicherte mit phantastischen Reflexen und imposanter Sprungkraft im Alleingang das torlose Remis. Im DFB-Pokal, beim Elfmeterschießen gegen Fortuna Düsseldorf, sorgte er mit einem gehaltenen sowie einem verwandelten Strafstoß für den Vorstoß ins Halbfinale.

Mittlerweile im Schwabenländle ungemein populär und aufgrund enormer Ausstrahlung wichtiger Stabilisator der VfB-Abwehr, posierte der beliebte Profi in Stuttgart auf Werbeplakaten mit seinem überdimensionalen Konterfei, um mit der Parole »Ab sofort ist unser Tor samstags geschlossen« für die Heimspiele seines Klubs zu werben. Am 15. Spieltag folgte dann allerdings im Flutlichtspiel gegen den MSV Duisburg der nächste eklatante Patzer des Kontaktlinsenträgers. In geradezu tölpelhafter Manier verfehlte er erneut eine Rückgabe seines Mitspielers, was den Ausgangspunkt der 1:3-Niederlage bildete.

Spottete TV-Reporter Werner Hansch schon von der »Wohlfahrt-Sense«, so folgte zwei Wochen später der nächste Tiefpunkt für den »Pannen-Franz«: Gegen Arminia Bielefeld ließ er – durch die tief stehende Sonne geblendet – einen 40-m-Freistoß ins Tor kullern. Anfangs bewundert und zudem Mitglied im Stuttgarter Mannschaftsrat, drohte aus der Torwart-Persönlichkeit allmählich eine Lachnummer zu werden. Während der Rückrunde konsolidierte der, von Experten schon als »Unsicherheitsfaktor« gebrandmarkte »Alpen-Keeper« dann allerdings seine Formkurve. Mit seiner Elf verpasste er zwar die anvisierte Meisterschaft, gewann dafür im Endspiel gegen Energie Cottbus den DFB-Pokal.

In der Nationalmannschaft seines Landes hinter Michael Konsel nur noch die Nummer 2, konnte Wohlfahrt in der Saison 97/98 die Erfolgsserie fortsetzen. Der enge Freund von Schlagersänger Udo Jürgens erreichte mit seinem Klub das Finale um den Europapokal der Pokalsieger, wo man allerdings gegen den FC Chelsea mit 0:1 unterlag. Zwischendurch immer wieder für ein dummes Gegentor gut, zeigte der erfolgsorientierte Zerberus (»Jeder Schuss ist haltbar.«) insgesamt gute Leistungen und qualifizierte sich mit seiner Mannschaft erneut für den UEFA-Cup-Wettbewerb. Seine unumstrittene Position innerhalb des Teams erfuhr in der Saison 98/99 eine erste Demontage, als Stuttgarts neuer Trainer Winfried Schäfer den dreifachen Familienvater in einen überflüssigen Zweikampf mit dem unerfahrenen Marc → Ziegler involvierte. Aufgrund einer Hüftverletzung nach dem 5. Spieltag zu einer Pause gezwungen und in Bundesliga und Europapokal gut von Ziegler vertreten, fand sich Wohlfahrt nach erfolgter Genesung plötzlich auf der Bank wieder.

Weil er seinen neuen Nummer-1-Status in der Nationalelf nicht gefährden wollte, forderte er die Freigabe, was der Klub jedoch ablehnte. Durch Zieglers Mandelentzündung kehrte er am 11. Spieltag gegen Bayer Leverkusen ins Tor zurück, brillierte mit einer Klasseleistung und konnte sich damit seine Position zurückerobern. Auch in der Rückrunde blieb der »alte Hase« im Kasten, zeigte neben guten Reflexen wieder die altbekannten Strafraum-Schwächen. Der nächste Fauxpas folgte dann am 27. Spieltag beim VfL Bochum, als er nach einem Foul die Rote Karte kassierte.

Auch von Stuttgarts neuem Trainer Ralf Rangnick kurzzeitig zur Nummer 2 degradiert, sorgte er als Bankdrücker am 30. Spieltag gegen Bayern München wieder für ein Novum. Ein heftiger Kommentar in Richtung des Schiedsrichters hatte die Gelbe Karte zur Folge. Wohlfahrt wurde somit der erste Ersatzspieler der Bundesligageschichte, der nach dieser fünften Verwarnung als Bankdrücker eine Spielsperre erhielt. Trotz dieser unerfreulichen Ereignisse verlängerte der »Fußballer mit positivem Einfluss« seinen Vertrag dennoch für ein weiteres Jahr, um nach Zieglers Degradierung aus dem Mannschaftskader vor der Saison 99/00 mit Achim → Hollerieth einen neuen Konkurrenten zu erhalten.

Sein letztes Jahr für den VfB brachte wieder Licht und Schatten. Erfolgreich im Duell mit Hollerieth, zeigte er in der Hinrunde mehrfach tolle Paraden, ehe er dann am 27. März 99 mit seiner Nationalmannschaft im EM-Qualifikationsspiel gegen Spanien ein denkwürdiges 0:9-Debakel durchleiden musste. In der Bundesliga zeigte sich der Zerberus ebenfalls phasenweise orientierungslos, was in ominöse Tore mündete.

Bereits mit Austria Wien handelseinig, setzte er sich in Absprache mit Trainer Rangnick nach dem 28. Spieltag freiwillig auf die Bank, um dem viel versprechenden Nachwuchstalent Timo → Hildebrand Spielpraxis zu ermöglichen. Sein Abschiedsspiel am 34. Spieltag endete unglücklich, denn durch das 3:3 gegen Absteiger Arminia Bielefeld verpasste der VfB Stuttgart einen UEFA-Cup-Platz. Nach seiner Rückkehr zu Austria Wien blieb Wohlfahrt, von Österreichs Bundesregierung im ORF-Publikumsrat eingesetzt, im Verein noch zwei Jahre aktiv, ehe er nach Verlust des Stammplatzes seine Karriere beendete. Mit 54 Länderspielen ist Franz Wohlfahrt in der österreichischen Länderspielstatistik gegenwärtig hinter Friedl Koncilla zweiter Rekordhalter.

Wolf, Erich

Geboren: 23.05.1940 (Deutschland)
BL-Verein: Karlsruher SC (1963–1967)
BL-Spiele: 27

Sechzehn Spieltage musste Torwart Erich Wolf, Anfang der sechziger Jahre vom Mannheimer Vorortklub SpVgg 03 Ilvesheim gekommen, während der Saison 63/64 die Bundesligaspiele seines Klubs Karlsruher SC von der Tribüne beobachten. Aufgefallen war der »Torwart-Wolf« bis dato nur bei einer »Kicker«-Umfrage über die Automarken der Bundesligaspieler, bei der er als Einziger privat mit dem Moped unterwegs war. Auch am 17. Spieltag kam der Keeper gemütlich aus Berlin gereist, um sich das Spiel seines Vereins gegen den 1. FC Köln anzuschauen.

Weil sich Stammtorhüter Manfred → Paul beim Aufwärmen verletzte, musste sein Vertreter unerwartet den Torwart-Pullover überstreifen. Den Sprung in das kalte Wasser bewältigte Wolf ausgezeichnet, um beim 2:2-Remis mit einigen guten Paraden aufzuwarten. Bald darauf leistete sich die Nummer 1 einige schwächere Spiele, so dass Wolf am 25. Spieltag gegen Preußen Münster seine zweite Chance bekam. Der Ersatzmann hielt beim torlosen Unentschieden erneut ausgezeichnet und bis zum Saisonschluss blieb Wolf im Kasten, während sich der KSC am Ende, mit einem Punkt Vorsprung, vor dem Abstieg retten konnte. Dennoch wurde vor dem Saisonstart 64/65 von Trainer Kurt Sommerlatt die alte Torwart-Hierarchie wiederhergestellt. Zunächst spielte Paul, bis er bei der 2:3-Niederlage gegen Hannover 96 patzte und erneut eine Pause verordnet bekam. Der KSC befand sich auf dem letzten Tabellenplatz, als Wolf am 13. Spieltag, bei der 1:2-Niederlage gegen Hertha BSC, seine Saisonpremiere feierte. Anschließend gab es einen 6:1-Sieg gegen den 1. FC Kaiserslautern und zwei Wochen später war die Nummer 2 beim Remis gegen Meiderich bester Karlsruher Akteur.

Auch am 17. Spieltag rettete der »famose« Wolf gegen Abstiegskonkurrent Schalke 04 ein schwer erkämpftes Unentschieden. In den nächsten Partien zeigte er weiterhin gute Leistungen und der »Kicker« bescheinigte ihm »konzentrierte Aufmerksamkeit und Übersicht«. Nach dem 24. Spieltag musste er aufgrund einiger Unsicherheiten bei der 2:4-Niederlage gegen den 1. FC Köln wieder seine Position räumen. Der Karlsruher SC zählte nach dieser Spielzeit zu den Absteigern, hatte sich bereits mit seinem Schicksal abgefunden, als die unerlaubten Spielergehälter von Hertha BSC an das Licht der Öffentlichkeit gelangten, was für die Berliner den nachträglichen Bundesligaausschluss zur Folge hatte.

Wegen der scheinbaren Wettbewerbsverzerrung erweiterte der DFB die höchste Spielklasse auf 18 Vereine und annullierte zugleich die Abstiegsränge von Karlsruhe und Schalke 04. In der Saison 65/66 absolvierte Wolf im ständigen Wettstreit mit Paul sieben BL-Einsätze und zählte am Ende dennoch zu den Verlierern. Nach dem 28. Spieltag hatte sich Paul bei der 2:8-Pleite gegen den Meidericher SV an der Schulter verletzt. Anstatt den erfahrenen Wolf ins Tor zu nominieren, gab Trainer Werner Roth dem jungen Amateur Siegfried → Kessler eine Chance. Kessler ließ sich nicht mehr verdrängen und während der Saison 66/67 kam Wolf hinter der neuen Nummer 1 nur noch zu einem einzigen Bundesligaspiel. Nachdem der Karlsruher SC in dieser Spielzeit abgestiegen war, wechselte Wolf anschließend zum Regionalligisten FSV Frankfurt.

Wolter, Horst

Geboren: 08.06.1942 (Deutschland)
BL-Vereine: Eintracht Braunschweig (1963–1972), Hertha BSC Berlin (1972–1977)
BL-Spiele: 243
Vereinstitel: 1x Meister (1967)
A-Länderspiele für Deutschland: 13

Der neben Bernd → Franke einzige Nationaltorwart von Eintracht Braunschweig wurde in Beelitz bei Berlin geboren und startete seine Fußballerlaufbahn 1952 beim SC Charlottenburg, wo er zunächst den Mittelstürmerposten besetzte. Nach Beendigung einer Bäcker- und Konditorlehre im elterlichen Betrieb wechselte er 1959 zu Eintracht Braunschweig und absolvierte parallel eine Ausbildung zum Bankkaufmann. In Braunschweigs Amateur-Oberliga-Elf sattelte er dann endgültig zum Torwart um.

Anfänglich in seinen Aktionen etwas schwerfällig, blieb Wolter zunächst die Nummer 2 hinter dem langjährigen Stammtorwart Hans → Jäcker. Auch zum Bundesligastart 63/64 blieb »Luffe«, wie ihn die Braunschweiger Fans tauften, zumeist auf der Bank, ließ aber bereits in seinem einzigen Einsatz am 29. Spieltag gegen den 1. FC Nürnberg sein Talent aufblitzen. Zwei Jahre später ernannte ihn Trainer Helmut Johannsen endgültig zur neuen Nummer 1. Der 23-jährige Zerberus imponierte nach Expertenmeinung besonders durch »faszinierende Reaktionsschnelligkeit«, während er, nach Meinung seines Torwartkollegen Hans → Tilkowski, »an Effekt verliert, wenn er aus dem Tor kommen muss«.

Während der Saison 66/67 avancierte der »mutige Mann zwischen den Pfosten« (Kicker) zu einer Zentralfigur, der mit dem Außenseiter überraschend den Meistertitel gewann. Hinter Libero Jochen Bäse, Verteidiger Jürgen Moll und Vorstopper Peter Kaack blieb der Schlussmann in 17 Spielen der Saison ohne Gegentreffer und ließ insgesamt nur 27 Bälle über die Linie passieren. Diese Leistungen imponierten auch Bundestrainer Helmut Schön und am 22. Januar 1967 feierte Wolter beim 5:1-Sieg über Marokko seine Länderspielpremiere. Obwohl der sachliche Schlussmann elf Monate später mit der Nationalmannschaft eine bittere 0:0-Schmach in Albanien erlitt und damit die EM-

Qualifikation verpasste, blieb er trotz drängelnder Konkurrenten wie Norbert → Nigbur oder Volkmar → Groß der hartnäckigste Konkurrent von Sepp → Maier.

Eng mit dem Münchner Nationalmannschaftkollegen befreundet, posierte er für dessen Torwartkleidung auch schon mal als Dressman. »Maier oder Wolter«, so lautete die Standardantwort von Helmut Schön, wenn Journalisten nachfragten, wer denn bei der Weltmeisterschaft 70 in Mexiko das Tor hüten würde. Schön gab Maier den Vorzug und Wolter durfte im Spiel um Platz 3 einmal mexikanische WM-Luft schnuppern. Neben einigen gelungenen Aktionen zeigte er beim 1:0-Sieg über Uruguay aber auch Schwächen bei diversen Strafraumszenen.

Zurück aus Mexiko baute er sich, neben seinen sportlichen Aktivitäten, mit einer Versicherungsagentur ein zweites berufliches Standbein auf. Der Schlussmann hatte in der Saison 70/71 jedoch auch Grund zum Hadern. In der Nationalmannschaft liefen ihm jetzt Wolfgang → Kleff und Volkmar Groß den Rang ab und in den Bundesligaskandal wurde er ebenfalls verwickelt. Nach diversen Anhörungen vor dem DFB-Sportgericht und dem Geständnis, 2000 DM angenommen zu haben, kam er mit einer Geldstrafe von 4400 DM relativ glimpflich davon. Sein Vereinskonkurrent Burkhardt → Öller, der ihm zeitweise bei Braunschweig den Posten streitig gemacht hatte, wechselte zu Hannover 96 und als Nachfolger holte Trainer Otto Knefler seinen früheren Schützling Bernd → Franke. Der Neuzugang verdrängte während der Saison 71/72 den einstigen »Mann mit dem sechsten Sinn« (Kicker), der sich zumeist auf der Ersatzbank wieder fand und nach dieser Spielzeit frustriert zu Hertha BSC wechselte.

Der Klub hatte durch den Bundesligaskandal mit Groß und Michael → Kellner gleich zwei Torhüter verloren, während der 21-jährige Thomas → Zander für den erfahrenen Nationaltorwart keine ernsthafte Konkurrenz darzustellen schien. In einer völlig neu formierten Mannschaft, die sich schnell in der Abstiegszone ansiedelte, schwankten Wolters Leistungen nach Meinung der Beobachter zwischen glänzend und »verhängnisvoll«. Am 3. Spieltag wurde er nach katastrophalen Schnitzern gegen Kickers Offenbach in der 57. Minute von Zander abgelöst und in der Fachpresse anschließend zum »Totalversager« gestempelt. Weitere Patzer, wie am 26. Spieltag bei der 0:1-Niederlage gegen den Wuppertaler SV, ließen seinen Kredit schnell schmelzen. Zander gewann allmählich Oberwasser und ab der Saison 73/74 mutierte Wolter erneut zum Ersatztorwart, der bereits zu den Auslaufmodellen zählte. Immer noch trainingsfleißig, agierte er dennoch in seinen vier BL-Einsätzen zwischen 73–75 nur noch wie ein Schatten früherer Tage. Seinen Humor hatte er dabei noch nicht verloren. Auf die Frage, warum vor der WM 74 ausgerechnet sein Konterfei auf einer Briefmarke abgebildet war, antwortete Wolter der Presse: »Ich weiß auch nicht, wie die Post dazu gekommen ist, aber Postminister Ehmke heißt auch Horst, ich auch, da haben wir viel gemeinsam.«

Während der Saison 75/76 erkrankte Zander nach dem 3. Spieltag an einem grippalen Infekt und urplötzlich war der mittlerweile 34-jährige Wolter nochmals gefordert. Nach einigen Startschwierigkeiten zeigte er blendende Leistungen und avancierte wieder zum Stammkeeper. Dennoch pflegte er zu seinem jüngeren Kontrahenten ein kollegiales Verhältnis. Vor dem 13. Spieltag verzichtete er freiwillig auf seinen Einsatz, weil »dem Tommy doch die Zukunft gehört«. Für diese noble Geste bekam er anschließend von einer Boulevardzeitung den allwöchentlich verliehenen Fairnesspreis überreicht. Trainer Georg Kessler (»Wolter ist in Superform, nie war er stärker als jetzt.«) gab dem alten Kämpen jedoch zwei Wochen später wieder den Vorzug. Bis zum Saisonschluss blieb die Torwartfrage akut, dann zog Zander die Konsequenzen und flüchtete zum Amateurligisten Wormatia Worms.

Für Zander kam der bei Schalke 04 ausgemusterte Norbert → Nigbur, hinter dem Wolter ab sofort wieder die zweite Geige spielte. Nach einem letzten Spiel am 32. Spieltag gegen Schalke 04 beendete einer der »Großen der Bundesliga« zum Ende der Saison 76/77 seine Karriere. Zunächst blieb er als Trainer des Amateurligisten VfL Seesen seiner Sportart verbunden, ehe er in den achtziger Jahren bei Hertha

BSC als Manager und anschließend bei Eintracht Braunschweig in der Geschäftsführung tätig war.

Woyke, Wilfried

Geboren: 12.05.1944 (Deutschland)
BL-Verein: Fortuna Düsseldorf (1966–1979)
BL-Spiele: 190

Fortuna Düsseldorfs langjähriger Stammtorwart aus früheren Bundesligazeiten wurde im belgischen Eupen geboren. Nach dem Umzug nach Deutschland startete er 1952 seine Vereinslaufbahn beim Bochumer Vorortclub SV Ehrenfeld. Über die Station SC Dahlhausen, wo Woyke auch Repräsentativspiele für die Westfalen-Auswahl bestritt, gelangte er 1965 zur Amateurelf des damaligen Regionalligisten Fortuna Düsseldorf.

Der begabte Torwart assimilierte sich schnell in dem neuen Umfeld. Während er sich in der Bezirksliga die ersten Meriten verdiente, gelang dem Lizenzspielerkader während der Saison 65/66 der ersehnte Aufstieg in die Bundesliga. Die Keeper Dirk → Krüssenberg und Helmar → Schwarzbach erwiesen sich aber als unsichere Kantonisten, was den Aufsteiger in der Saison 66/67 frühzeitig einige Punkte kostete. In dieser Torwart-Misere entschloss sich Trainer Kuno Klötzer am 12. Spieltag, seinem Amateurtorwart, gegen Eintracht Braunschweig eine Chance zu geben. Der 1,81 m große Schlussmann ließ sich nichts zuschulden kommen, doch als Referenz für zukünftige Aufgaben kam die 0:4-Niederlage nicht in Betracht.

Während die Notlösung vorerst wieder in der Versenkung verschwand, stemmte sich Düsseldorf vergeblich gegen den sofortigen Wiederabstieg. Nach dieser Spielzeit wechselte Krüssenberg zur SpVgg Fürth und als Nachfolger engagierte der Verein den renommierten Ex-Nationaltorhüter Wolfgang → Fahrian. Hinter Fahrian und Schwarzbach blieb Woyke, inzwischen auch für die Niederrhein-Auswahl aktiv, zunächst der 3. Mann. Immerhin konnte der gelernte Maschinenschlosser mit dem Amateurkader in der gleichen Saison den Aufstieg in die Landesliga feiern. Weil Schwarzbach nicht länger zweiter Mann sein wollte und zu Fortuna Köln wechselte, erhielt Woyke für die Saison 68/69 einen Vertrag für die Regionalliga. Nach den erneut gescheiterten Wiederaufstiegsbemühungen verließ nach der Spielzeit auch Fahrian den Klub. Düsseldorfs neuer Trainer Otto Knefler brachte von Saar 05 seinen Schützling Bernd → Franke mit, der zu den ganz großen Talenten zählte. Überraschend behauptete sich Woyke in den nächsten zwei Jahren und bestritt die meisten der 68 Regionalligaeinsätze. In der Saison 70/71 musste sich der »stille und bescheidene Schlussmann« während der Aufstiegsrunde verletzungsbedingt mit Franke abwechseln und beide Torhüter besaßen am erfolgreichen Abschneiden beträchtlichen Anteil.

Während Franke zu Eintracht Braunschweig ging, avancierte Woyke jetzt für die Bundesligasaison 71/72 zur klaren Nummer 1, an deren Nimbus auch Neuzugang Kurt → Büns zunächst nicht kratzen konnte. Neben Stars wie Dieter Herzog, Wolfgang Seel und Rainer Geye erwies sich Woyke vom ersten Spieltag an als zuverlässiger Torwart, der durch Sachlichkeit, Reaktion und Stellungsspiel überzeugte. Selten sah man eine spektakuläre Flugparade des ausgesprochenen Teamplayers, für den nicht die eigenen Lorbeeren, sondern der Mannschaftserfolg im Vordergrund stand. Der begabte Tierstimmen-Imitator erfreute sich aufgrund seines trockenen Humors innerhalb der Mannschaft großer Beliebtheit. Vom Bundesligastress erholte sich der »sympathische Sportler« gerne bei einem Gläschen »Aufgesetzten« oder einer Schüssel mit hausgemachtem Obstsalat.

Fortuna Düsseldorf glückte unter Trainer Heinz Lucas der Klassenerhalt und belegte in der Tabelle Platz 13. Während der Saison 72/73 erfolgte, auch dank der sattelfesten Abwehr, eine gewaltige Steigerung. Mit den wenigsten Gegentoren neben Meister Bayern München erreichte die Mannschaft Platz und Woyke erhielt im Frühjahr 73 von Bundestrainer Helmut Schön die Einladung zu einem DFB-Lehrgang. In der Saison 73/74 erhielt der Mannschaftskapitän verstärkte Konkurrenz von Büns und fand sich gelegentlich auf der Ersatzbank wieder. Trotzdem zeigte er während dieser Spielzeit eines seiner besten Bundesligaspiele. Am vorletzten Spieltag zerstörte er beim 1:0-Sieg seiner Elf mit Glanzparaden und einem parierten

Elfmeter gegen Josef Heynckes die letzten Meisterschaftshoffnungen von Gegner Borussia Mönchengladbach. Düsseldorf konnte den Erfolg vom Vorjahr wiederholen, um sich erneut für den UEFA-Cup-Wettbewerb zu qualifizieren.

In der Saison 75/76 musste Woyke einige Tiefschläge verkraften. Nach einer schwächeren Leistung am 10. Spieltag gegen Aufsteiger Tennis Borussia beorderte ihn Lucas auf die Bank. Sechs Wochen später kehrte Woyke, bedingt durch eine Schulterverletzung von Büns, in die Mannschaft zurück, doch keiner der beiden Keeper hatte fortan einen Stammplatz sicher. Diese Situation änderte sich zunächst auch nicht unter dem neuen Coach Josef Piontek (»Zwischen Büns und Woyke muss ich eine harte Entscheidung treffen, denn beide sind gleichwertig.«), dem die Torwartfrage vor dem Saisonstart 75/76 schlaflose Nächte bereitete.

Nach kurzzeitigen Vorteilen für den Kontrahenten stand Woyke am 2. Spieltag wieder im Kasten, um drei Wochen später gegen Bayern München seine schwärzeste Stunde zu erleben. Nach der vernichtenden 0:5-Niederlage ging Piontek mit seinem Zerberus hart ins Gericht: »Drei krasse Fehler von ihm, die auch zu Toren führten, haben uns völlig den Boden unter den Füßen weggerissen.« Der Sündenbock konnte sich zunächst rehabilitieren, um drei Wochen später, nach weiteren Fehlern bei der 0:2-Heimniederlage gegen den Karlsruher SC, schließlich doch auf der Ersatzbank zu landen. Weil sich Büns einer Handoperation unterziehen musste, kehrte Woyke am 12. Spieltag zurück, um bis zum Saisonende Ruhe vor dem Rivalen zu haben.

Während der Saison 76/77 avancierte er mit seinen bewährten Torwarttugenden wieder zur wertvollen Stütze und investierte seine Gehälter in ein Mehrfamilienhaus und den »Woyke Men-Shop« Ein Jahr später musste er sich, nach dem 6. Spieltag der Saison 76/77, einer Meniskusoperation unterziehen, was seinem Ersatzmann Jörg → Daniel die Chance verschaffte, sich als Nummer 1 zu etablieren. Vor dem Saisonstart 77/78 war der 34-jährige Routinier, nach Aussage seines Trainers Dieter Tippenhauer, der »beste Reservist in der Bundesliga«, der aufgrund einer Meniskusverletzung von Daniel zum Saisonstart wieder gefordert war. Der passionierte Briefmarkensammler bewies alte Qualitäten und vertrat den verletzten Daniel bis zum 15. Spieltag ausgezeichnet, um sich anschließend klaglos wieder auf die Bank zu setzen.

Latente Kniebeschwerden machten eine Fortsetzung der Karriere unmöglich und so musste der verdiente Recke nach dieser Spielzeit seinen Abschied nehmen. Einem kurzen Kapitel beim Amateuroberligisten VfL Gevelsberg als Aktiver schlossen sich jahrelange Trainer-Engagements bei verschiedenen Amateurvereinen an. Bis 1983 kümmerte sich Woyke hauptberuflich um sein Sportartikelgeschäft und fungiert gegenwärtig als A-Jugend-Trainer des Verbandsligisten TuRu Düsseldorf und Betreuer von Jugendfußballcamps.

Wulf, Hans

Geboren: 31.10.1951 (Deutschland)
BL-Verein: Hannover 96 *(1987–1988)*
BL-Spiele: 8

Der Rekordtorhüter der 2. Bundesliga startete seine Vereinslaufbahn beim Essener Stadtteilklub Teutonia Überruhr, wo er in der A-Jugend zeitweise als Mittelstürmer eingesetzt wurde und dabei rund 60 Tore erzielte. Erst nach seinem Wechsel in die Amateurmannschaft von Regionalligist ETB Schwarz-Weiß Essen entschied sich »Hannes« definitiv für den Torwartposten. Bereits als »ausgesprochenes Talent« geschätzt, rückte er ab der Saison 73/74 in die Lizenzspielerkader auf und eroberte sich schnell einen Stammplatz. Bei ETB-Präsident Wolfgang Schmitz als Chauffeur angestellt, erlebte der Zerberus in den nächsten Jahren leistungsmäßig eine Achterbahnfahrt. Neben tollen Leistungen sorgte er durch regelmäßige Aussetzer für Sorgenfalten bei den Essener Verantwortlichen. Nachdem der unbeständige Goalie in der Zweitligasaison 74/75 einem gegnerischen Spieler den Ball an den Kopf warf und dadurch ein Tor verschuldete, wollte der Verein sogar schon einen Psychiater bemühen.

Auch in der Saison 75/76 verursachte der zeitweilige »Schwachpunkt« seiner Mannschaft mehrere Punktverluste, so dass Trainer Hubert

Schieth (»Der Hannes ist einfach zu nervös«) ständig Einzelgespräche mit dem Sorgenkind führte. Trotz dieser Formschwankungen erhielt der Keeper ein sportliches Angebot, das ihm ein Millioneneinkommen versprach. Texanische Geschäftsleute hatten bei einem Meisterschaftsspiel seine weiten Abstöße bewundert und ihm ein hoch dotiertes Angebot für die amerikanische Football-Liga unterbreitet. Doch der Schlussmann hatte bereits familiäre Wurzeln geschlagen und peilte zudem mit seinem Klub die Bundesliga an.

Dieser Traum platzte für den Mannschaftskapitän jedoch spätestens in der Saison 77/78. Schwarz-Weiß Essen, stets im Schatten des Rivalen Rot-Weiß, hatte sich in seinen Aufstiegsbestrebungen finanziell übernommen und die Rückgabe der Zweitliga-Lizenz angekündigt. Wulf wurde von Amateurtorwart Karl-Heinz Ach abgelöst und wechselte noch während der Saison zum US-Profiklub Rochester Lancers. Sieben Monate dauerte dieses Intermezzo, wo der »Teufelskerl« auf prominente Gegenspieler wie Franz Beckenbauer, Carlos Alberto und Giorgio Chinaglia traf. 1978 kehrte er nach Deutschland zurück und wurde, als Nachfolger von Thomas → Zander, für den Zweitligaverein Wormatia Worms aktiv. In der Saison 78/79 verpasste er mit dem Nibelungen-Klub knapp die Aufstiegsspiele und zählte während der nächsten zwei Jahre stets zu den besten Wormser Akteuren. Der mittlerweile knapp 30-jährige Routinier wollte jedoch unbedingt in die Bundesliga und wechselte darum 1980 zum ambitionierten Zweitliga-Aufsteiger KSV Hessen Kassel. Hier sorgte der »ganz besondere Torhüter« in den nächsten Jahren oftmals für Furore.

1981, 83 und 84 schrammte der Publikumsliebling mit seinem Klub dreimal nur um Haaresbreite am Aufstieg vorbei. Mittlerweile hatte der »herausragende Zweitligatorhüter« auch wieder seine Qualitäten als schussstarker Feld-

Hannovers Hans Wulf feierte sein Bundesligadebüt erst mit 36 Jahren.

spieler entdeckt. 1984 drosch er in einem Freundschaftsspiel gegen den Braunschweiger Bezirksligisten VfB Lödingen seinem verdutzten Torwartkollegen ein 80-m-Geschoss ins Netz. Auch in Punktspielen setzte der »hungrige Wulf« öfters zu einem Solo über die Mittellinie an. In der Saison 84/85 war sein Traum von der Bundesliga zum Greifen nahe. Seit Februar 85 hatte Kassel ununterbrochen die Tabelle angeführt, um am letzten Spieltag noch auf den unglücklichen vierten Platz durchgereicht zu werden. Bis 1986 blieb der »eiserne Hans« den Kasselern treu und hatte mittlerweile über 400 Zweitligaspiele absolviert.

Mit dem Bundesliga-Absteiger Hannover 96 peilte der mittlerweile 35-jährige Schlussmann dann in der Saison 86/87 erneut die Bundesliga an. Ungebrochen ehrgeizig und mit ausgezeichneten Reaktionsvermögen sowie stoischer Ruhe ausgestattet, verdrängte er Stammkeeper Ralf → Raps, ehe ihn zum Saisonende eine Verletzung außer Gefecht setzte. Auch nach dem geglückten Aufstieg musste sich der »Oldtimer« dem Rivalen Raps beugen, denn seine Schulterverletzung erforderte eine Operation. Hannover 96 buhlte bereits um die arbeitslosen Schlussleute Ulrich → Stein und Heinz-Josef → Koitka, als Raps wegen Gehirnerschütterung und Schulterprellung ebenfalls nicht zur Verfügung stand. Am 6. Spieltag war es für den wiedergenesenen Wulf dann endlich soweit: Nach vierzehn Profijahren feierte der alte Fuchs mit knapp 36 Jahren gegen den VfL Bochum das Bundesligadebüt. Nach dem 1:0-Sieg und einer guten persönlichen Leistung bestätigte der Hobby-Reiter (»Es lockert ungemein meinen Körper und ist daher ein geeigneter Ausgleich zum harten Training.«) dann gegen Bayer Uerdingen seine ungebrochene Fitness. Nach vier weiteren Begegnungen und 12 Gegentoren landete er jedoch wieder auf der Bank, ehe ihm Trainer Jürgen Wähling zum Saisonende zwei Einsätze schenkte. Anschließend kehrte Wulf nach Kassel zurück, wo er inzwischen zwei Videoverleihgeschäfte besaß und noch einige Jahre für den KSV Hessen Kassel aktiv blieb. Mit insgesamt 440 Einsätzen ist Hans Wulf, der sich in der Saison 89/90 endlich auch als Torschütze verewigte, bis zum heutigen Tag Rekordhalter unter allen Zweitligatorhütern.

Z

Zander, Thomas

Geboren: 10.08.1951 (Deutschland)
BL-Vereine: Hertha BSC Berlin (1970–1976), TSV 1860 München (1979–1981)
BL-Spiele: 161

Der Vater von Thomas Zander kam als Fußballtorwart des SG 93 Dresden nie über die Bezirksklasse hinaus. Nach Kriegsende zog die Familie nach Berlin und der junge Thomas startete als Elfjähriger seine Torwartkarriere bei Alemannia 90. 1967 wechselte er zu Hertha BSC, bestritt 15 Spiele in Berlins Juniorenauswahl und wurde auch in die Jugendnationalmannschaft berufen. In der Saison 68/69 gewann er mit seiner Stadtauswahl den DFB-Jugendländerpokal. Zugleich erreichte der Gymnasiast mit Hertha BSC die Endrunde zur Deutschen A-Jugendmeisterschaft, wo man trotz seiner Paraden bereits im Halbfinale am VfL Bochum scheiterte.

1970 wurde das »große Talent« in den Lizenzspielerkader von Hertha BSC übernommen, wo der 18-Jährige hinter Volkmar → Groß und Michael → Kellner zunächst nur die Nummer 3 war. Weil er sich nicht allein auf die unsichere Laufbahn eines Profifußballers verlassen wollte und das Berufsziel Sportlehrer anstrebte, meldete er sich für die Abiturprüfungen an einem Berliner Abendgymnasium an. Während Zander fleißig für die Reifeprüfung büffelte, ließen sich Kollegen Groß und Kellner für ein paar Tausender auf Spielmanipulationen ein. Am Ende der Saison 70/71 erschütterten die aufgedeckten Bestechungsvorgänge den gesamten Bundesligabetrieb und auch Hertha BSC blieb von den Enthüllungen nicht verschont. Groß und Kellner wurden von dem Verein suspendiert, während der junge Nachwuchsmann am 30. Spieltag der Saison 71/72 in Oberhausen seine Bundesligapremiere feierte. Der 1,83 m große Keeper beeindruckte auf Anhieb und konnte bis zum Saisonende drei Spiele bestreiten.

Für die geschassten Torwartkollegen verpflichtete Hertha BSC jedoch mit dem Braunschweiger Horst → Wolter einen profilierten Ex-Nationaltorhüter. Der prominente Neuzugang, ebenfalls in den Bundesligaskandal verwickelt, zeigte jedoch Nerven, die am 3. Spieltag eklatant zu Tage traten. Trainer Helmut Kronsbein wechselte ab der 57. Minute notgedrungen den unerfahrenen Zander ein und der von den Experten schon als »ewiger Reservist« titulierte Abiturient agierte deutlich besser als sein Vorgänger, blieb aber dennoch zunächst die Nummer 2.

In den nächsten Monaten folgten immer wieder vereinzelte Einsätze für den psychisch und physisch angeschlagenen Wolter, ohne dass sich Kronsbein zu einer Änderung der Torwarthierarchie durchringen konnte. Erst als am 26. Spieltag sich Wolter im Spiel gegen den Wuppertaler SV erneut indisponiert agierte, ließ sich der eingewechselte »Tommy« nicht mehr verdrängen. In den nächsten Wochen blieb Hertha BSC ungeschlagen und Zander lieferte beim 2:2 gegen Borussia Mönchengladbach am 29. Spieltag sein »Meisterstück« ab. Parallel folgte eine Einladung zu einem DFB-Sichtungslehrgang und der väterliche Kronsbein (»Der Junge wird mal ein Großer«) empfahl dem Verein eine Vertragsverlängerung mit dem hoch talentierten Zerberus. Zugleich wollte der Goalie jedoch sein Lehramtsstudium beginnen. Weil diese Pläne bei Hertha BSC auf Unverständnis stießen, drohte Zander mit seinem Wechsel.

Nach zähen Vertragsverhandlungen, die schließlich erfolgreich zum Abschluss kamen, bewies der selbstbewusste Jungprofi mit dem leichten Berliner Dialekt auch während der Saison 73/74 seine Extraklasse. Durch sein Reaktionsvermögen, verbunden mit enormer Sprungkraft in vorbildlicher Flughaltung erwischte der Modellathlet einige »Schokoladentage«. Am 12. Spieltag hielt er beim 0:2 in Frankfurt derart brillant, dass deren Trainer Dietrich Weise (»Der Junge hat eine großartige Reaktion.«) nur staunen konnte. Eine weitere

Glanzpartie folgte im DFB-Pokal gegen Fortuna Düsseldorf, wo der Überflieger zahlreiche Scharfschüsse sowie Kopfbälle aus kürzester Distanz meisterte und seinem Verein damit den Einzug in die nächste Runde sicherte. Dank dieser außergewöhnlichen Vorstellungen folgte kurz darauf die erste und zugleich einzige Einladung zu einem Juniorenländerspiel, bei dem sich Zander im Spiel gegen Frankreich eine Halbzeit mit Dieter → Burdenski abwechselte.

Mit dem neuen Trainer »Sir« Georg Kessler ging es für die Mannschaft in der Saison 74/75 steil bergauf und mit Spielern wie Ludwig Müller, Uwe Kliemann und Erich Beer avancierte man zum Titelanwärter. Der Schlussmann besaß seinen Anteil an dem Höhenflug, blieb jedoch nicht frei von Patzern. Am 27. Spieltag kassierte Zander gegen Werder Bremen das vielleicht haltbarste Tor der Bundesligageschichte. Einen Hoppelball von Bremens Jürgen Röber aus 30 m ließ er durch seine Arme kullern (Zander: »Danach hätte ich mich am liebsten auswechseln lassen.«) und leitete mit diesem »Blackout« eine desaströse 0:4-Klatsche ein. Hertha BSC schloss dennoch die Saison hinter Borussia Mönchengladbach als Vizemeister ab und konnte damit seine erfolgreichste Spielzeit resümieren.

In der Saison 75/76 erkrankte Zander nach dem 3. Spieltag an einer Rippenfellentzündung, die ihn mehrere Wochen ans Bett fesselte und der schon abgeschriebene Wolter meldete sich eindrucksvoll zurück. Erst ab dem 22. Spieltag, als sich der Kontrahent im Spiel gegen den Karlsruher SC eine Fleischwunde zuzog, nutzte der eingewechselte Zander die Chance zu einem längerfristigen Comeback. Der Höhepunkt folgte am 26. Spieltag beim Tabellenführer Borussia Mönchengladbach. Wie ein Irrwisch eliminierte die »menschliche Sprungfeder« im Minutentakt die stürmischen Gladbacher Angriffe und musste erst in der 91. Minute den 1:1-Ausgleich kassieren. Drei Wochen später saß der »Held vom Bökelberg« allerdings wieder auf der Bank und äußerte darüber sein Unverständnis: »Das sieht ja aus, als hätte ich allein Schuld an unseren Niederlagen.« Der Bruch mit Trainer Kessler war nicht mehr zu kitten und weil ihm sein Verein weiterhin das Studium untersagte, vollzog der junge Torwart einen Aufse-

Thomas Zander – einer der elegantesten »Flieger« der Bundesligageschichte.

hen erregenden Radikalkurs. Anstatt seinen Vertrag zu verlängern, wechselte er zum pfälzischen Verbandsligisten Wormatia Worms und begann an der dortigen Pädagogischen Hochschule ein Lehramtsstudium.

Ab der Saison 76/77 hießen die Gegner nicht mehr Bayern München oder Hamburger SV, sondern FC Sobernheim und SV Guntersblum. Zander bereute den ungewöhnlichen Wechsel jedoch zu keinem Zeitpunkt. Mit der finanziellen Unterstützung eines Wormser Maklers sowie einigen Ex-Profis erfolgte im gleichen Jahr die Rückkehr in den bezahlten Fußball. Der für Werner Kern gekommene Trainer Eckhard Krautzun katapultierte den Außenseiter Worms sogar kurzzeitig an die Tabellenspitze der 2. Liga und lobte seinen Schlussmann in der Zweitligasaison 77/78 über alle Maßen: »Der beste Torwart, denn ich je trainiert habe.« Zusammen mit seinem Coach wechselte Zander nach der Winterpause zu 1860 München, wo er auf Anhieb den verdienten Bernhard → Hartmann verdrängte. Mit den beiden Neuzugängen glückte den Sechzigern der direkte Wiederaufstieg und der selbstbewusste Zander meldete im »Aktuellen Sportstudio« freimütig seine Länderspielambitionen an.

Seine Rückkehr nach dreijähriger Bundesliga-Pause gestaltete sich spektakulär. Beim 1. FC Köln zeigte der Mannschaftskapitän am ersten Spieltag hervorragende Reflexe und wehrte zudem zwei Strafstöße von Herbert Zimmermann und Harald Konopka ab. Beim Saisonendspurt entpuppte sich der intelligente Schlussmann (»Der Profifußball ist ein eiskaltes Geschäft, von seiten der Spieler und auch des Vereins.«) als »wahrer Wundertorwart«, der gegen Stuttgart, Kaiserslautern und Eintracht Frankfurt wichtige Punkte gegen den Abstieg festhielt. Zudem konnte er alle sieben Strafstöße der Saison parieren, womit er, neben Rudolf → Kargus, zum Rekordinhaber avancierte. Trotz wiederholter Glanztaten folgte in der nächsten Saison der erneute Abstieg und ein Jahr darauf war Zander durch Münchens Lizenzverlust sogar in der Bayernliga gelandet. Weil er trotz geringer Ablösesumme keinen neuen Verein fand, kehrte er nach kurzer Pause in den Kader zurück, um 1987 auch als Spielertrainer zu fungieren. Ein Jahr später wurde er von Präsident Karl Heckl entlassen. Heute ist Zander (»Wir Torhüter waren damals alle Autodidakten.«) Inhaber einer Versicherungsagentur in München.

Zeljko, Zoran

Geboren: 17.10.1961 (Jugoslawien)
BL-Verein: MSV Duisburg (1993–1994)
BL-Spiele: 6

Bereits im Alter von 17 Jahren stand der in Dubrovnik geborene und im Alter von vier Jahren mit seinen Eltern in die Bundesrepublik übergesiedelte Kroate Zoran Zeljko in der ersten Mannschaft des damaligen Oberligisten KSV Hessen Kassel. Nach einem Intermezzo beim KSV Baunatal kehrte er zu seinem Stammverein zurück, mit dem er als hessischer Oberligameister während der Saison 90/91 einen vergeblichen Anlauf in Richtung 2. Bundesliga unternahm.

Anschließend zwei Jahre im Kader des Oberligisten Borussia Fulda tätig, wechselte der 1,91 m große »Modellathlet« vor der Saison 93/94 als Vertragsamateur zum Bundesligaaufsteiger MSV Duisburg. Hinter Jürgen → Rollmann zweiter Mann, musste der Keeper mit der »Tarzan-Figur« jedoch 29 Spieltage lang warten, ehe er für den meniskusverletzten Stammtorwart im Spiel bei Eintracht Frankfurt ab der 78. Minute einspringen durfte. Bei seiner Bundesligapremiere in den verbleibenden zwölf Spielminuten vor keine ernsthafte Bewährungsprobe mehr gestellt, konnte er mit der Mannschaft beim Schlusspfiff einen 2:1-Sieg feiern. Rollmann fiel für den Rest der Saison aus, während sich sein unerfahrener Vertreter vor dem Heimspiel gegen den 1. FC Kaiserslautern zuversichtlich äußerte: »Ich bin hungrig, ich habe auf diese Chance gelauert.« Der Appetit verging ihm gründlich: Von seinen Vorderleuten vollkommen im Stich gelassen, entpuppte sich bei der 1:7-Pleite praktisch jeder Lauterer Schuss aufs Zeljkos Tor als Treffer. Ein weiterer Patzer am 32. Spieltag, bei der 1:2-Niederlage gegen den Karlsruher SC, konnte auch durch gute Leistungen gegen den SC Freiburg und 1. FC Nürnberg nicht mehr kompensiert werden. Weil ihm der Klub anschließend nur als Vertragsamateur weiterbeschäftigen und Zeljko nicht mehr in der

Verbandsligamannschaft vor 150 Zuschauern spielte wollte, wechselte er zum Regionalligisten Rot-Weiß Essen. Als Nachfolger von Publikumsliebling Frank → Kurth avancierte er zu einem entscheidenden Leistungsträger, dem jedoch die anvisierte Rückkehr in den bezahlten Fußball verwehrt blieb. In der Saison 95/96 an Mainz 05 ausgeliehen und anschließend arbeitslos, wäre er in der Saison 96/97 beinahe noch vom Bundesligisten Fortuna Düsseldorf verpflichtet worden. Nach Engagements bei CSC 03 Kassel, FSC Lohfelden und KSV Baunatal kehrte Zeljko vor der Saison 01/02 zu Hessen Kassel zurück.

Ziegler, Marc

Geboren: 13.06.1976 (Deutschland)
BL-Vereine: VfB Stuttgart (1994–1999), Arminia Bielefeld (1999–2000)
BL-Spiele: 46
Vereinstitel: 1x DFB-Pokal (1997)

In der Bundesliga als junges Talent vorzeitig verheizt, startete der Saarländer Marc Ziegler seine Vereinslaufbahn beim SV Webenheim, um über die Stationen FC Homburg und 1. FC Saarbrücken im Sommer 1993, als vielgepriesenes Torwart-Talent, vom Bundesligisten VfB Stuttgart für den Amateurkader verpflichtet zu werden. 1994 reiste er als Nummer 2 mit der U18 zur Europameisterschaft nach Spanien, kam aber neben Simon → Jentzsch zu keinem Einsatz. Ab der Saison 94/95 beim VfB Stuttgart die Nummer 3 hinter Eike → Immel und Eberhard → Trautner, konnte er die verletzten oder gesperrten Kollegen sporadisch auf der Bank vertreten, um sich als Amateurkeeper auf eine längere Lehrzeit einzurichten.

Nach den Vorbereitungen für die Saison 95/96 bestimmte Stuttgarts neuer Trainer Rolf Fringer den Abiturienten überraschend zur neuen Nummer 1. Während der degradierte Ex-Nationaltorwart Eike Immel zum englischen Premier-Ligisten Manchester City flüchtete, stürzte sich der 19-jährige Ziegler (»Ich dachte, dass ich ins Sommertrainingslager nur so zum Kennen lernen fahre, danach wieder zu den Amateuren zurückgehe.«) völlig unvorbereitet in das Abenteuer Bundesliga. Schon nach wenigen Spieltagen offenbarten sich die eklatanten Mängel des »Shootingstars«, den einige Experten »als zu gutmütig, zu brav für den harten Bundesliga-Alltag« einstuften. Völlig überfordert mit der ihm übertragenen Verantwortung patzte der Youngster in einer schwachen Abwehr laufend und war schnell als »Unsicherheitsfaktor« gebrandmarkt. Der Klub verordnete ihm ein Spezialtraining durch Jean-Marie → Pfaff, der Ziegler zwar anschließend als ein »Super-Talent« bezeichnete, aber ebenfalls auf dessen Unerfahrenheit hinwies. Der Nachhilfeunterricht zeigte keine Wirkung: Bis auf eine herausragende Leistung am 16. Spieltag gegen den Hamburger SV blieb der 1,92 m große Schlaks zunächst entscheidende Schwachpunkt, der eine spielerisch starke Mannschaft etliche Punkte kostete. In der Rückrunde konnte der »Bundesliga-Lehrling« zwar einige Male sein potentielles Talent unter Beweis stellen, doch Gerüchte um Neuverpflichtungen von Torhütern wie Georg → Koch oder Jens → Lehmann sorgten immer wieder für Verunsicherung. Zum Trost erhielt der zu diesem Zeitpunkt jüngste Bundesliga-Keeper noch während dieser Spielzeit Einladungen zu U21-Spielen, während im Verein weiterhin das Wort »Towartproblem« grassierte. Der Klub reagierte nach Saisonende mit der Verpflichtung von Nationaltorwart Andreas → Köpke. Nach dessen unerwarteter Absage kam ebenso kurzfristig der österreichische Nationaltorwart Franz → Wohlfahrt, hinter dem Ziegler ein mehrjähriges Reservistendasein befürchten musste.

Während der nächsten zwei Jahre nur sporadisch durch Wohlfahrts Länderspielverpflichtungen oder Verletzungen in einigen Bundesliga- und Europapokalspielen eingesetzt, schien sein Reservistenschicksal in der Saison 98/99 eine Wendung zu erfahren.

Durch den neuen Trainer Winfried Schäfer frisch motiviert, zeigte der Ersatzkeeper gute Leistungen in den Vorbereitungsspielen, um am 1. Spieltag dennoch wieder nur Bankdrücker zu sein. Aufgrund einer Hüftverletzung der Nummer 1 ergab sich im September 98 eine neue Chance. Mit einer überragenden Leistung beim 3:0-Sieg im Europapokalspiel gegen Feyenoord Rotterdam konnte der 22-jährige Zerberus kurzfristig die Institution Wohlfahrt verdrängen.

Doch schon nach dem 11. Spieltag setzte ihn eine Mandelentzündung außer Gefecht. Wieder nur die Nummer 2 und in Freundschaftsspielen, aufgrund wiederholter Schnitzer, mittlerweile von den eigenen Fans verspottet, resultierte durch Wohlfahrts Platzverweis am 27. Spieltag eine erneute Bewährungsprobe. Kurzzeitig auch vom neuen Trainer Ralf Rangnick zur Nummer 1 erkoren, patzte Ziegler dann gegen Bayern München sowie Hansa Rostock und war damit endgültig »out«.

Vor der Saison 99/00 kam er, trotz laufenden Vertrages, neben Wohlfahrt, Trautner und Neuzugang Achim → Hollerieth nicht einmal mehr auf das offizielle Mannschaftsfoto. Aussortiert flüchtete er nach der Winterpause, auf Leihbasis, zu Arminia Bielefeld, wo er hinter Zdenko → Miletič zunächst ebenfalls zweite Wahl blieb. Durch den Faserriss des Kontrahenten konnte er ab dem 29. Spieltag einige BL-Spiele bestreiten, in denen er jedoch gewohnt wechselhaft agierte.

Nach Bielefelds Abstieg wechselte der bis dato so glücklose Tormann im Sommer 2000 zum türkischen Klub Bursaspor, um nur sechs Monate später vom österreichischen Erstligisten FC Tirol unter Vertrag genommen zu werden. In Vertretung des verletzten Stanislaw → Tschertschessow schwang sich Ziegler in der Saison 01/02 zu einem Goalie der Superlative auf. Während der ersten zehn Saisonspiele kassierte er keinen Gegentreffer und durchbrach mit diesem »Torsperrerekord« von insgesamt 1084 Minuten in Österreich die bestehende Bestmarke von Otto Konrad. Nach gewonnener Meisterschaft mit dem FC Tirol wechselte der mittlerweile zum Klassetorwart gereifte »Positivdenker« – als Nachfolger von Franz → Wohlfahrt – zu Austria Wien.

Zimmermann, Uwe

Geboren: 11.02.1962 (Deutschland)
BL-Vereine: Waldhof Mannheim (1983–1990), VfL Wolfsburg (1997–1998)
BL-Spiele: 244

Einst vom Mannheimer Vorortverein VfR Kronau gekommen, zählte der junge Uwe »Zimbo« Zimmermann beim SV Waldhof Mannheim, spätestens 1980 nach dem Gewinn der deutschen A-Jugendmeisterschaft, zu den ganz großen Torwarttalenten. Als 17-Jähriger vertrat er in der 2. Bundesliga sowie im DFB-Pokal gegen Eintracht Frankfurt mehrfach Stammtorwart Walter → Pradt und erhielt stets glänzende Kritiken.

Ab der Saison 80/81 rückte der 1,86 m große Schnauzbartträger in Waldhofs Profikader auf, um Pradt, nach dessen Feldverweis gegen Kickers Offenbach, im Februar 1982 endgültig als Nummer 1 abzulösen. In der Junioren-Nationalelf mittlerweile eine feste Größe, wurde Zimmermann mit 19 Jahren während der Saison 82/83 unter Trainer Klaus Schlappner zu einem sicheren Rückhalt der jungen »Waldhof-Buben«, mit denen er in der gleichen Spielzeit in die Bundesliga aufstieg.

Bereits im ersten Bundesligajahr präsentierte sich der 21-jährige Maschinenschlosser in bestechender Form und avancierte mit Prachtparaden gegen Borussia Dortmund, Kickers Offenbach und den VfB Stuttgart mehrfach zum »Torwart des Tages«. Weiterhin ein Rückhalt in der U21, erhielt der Zerberus jetzt von DFB-Trainer Erich Ribbeck auch Einladungen für den Olympia-Kader. Nach dieser gelungenen Spielzeit, die der Aufsteiger mit Platz 11 abschloss, erhielt Zimmermann mehrere Angebote von verschiedenen Bundesligisten, blieb jedoch bei Waldhof Mannheim.

Obwohl mit gelegentlichen Schwächen in der Strafraumbeherrschung, zählte er auch in der Saison 84/85 zu den Leistungsträgern der Waldhöfer, mit denen er nur aufgrund der schlechteren Tordifferenz einen UEFA-Cup-Platz verpasste. Neben Eike → Immel, Raimond → Aumann und Ralf → Zumdick zählte der fünffache Juniorennationaltorwart, bezüglich der anstehenden Weltmeisterschaft in Mexiko, bereits zu den potentiellen Kandidaten für die Besetzung des dritten Torhüterpostens.

Obwohl ihm weiterhin lediglich Berufungen für die Olympia-Auswahl vorbehalten waren, blieb die Nationalelf sein erklärtes Ziel. Neben seinen guten Leistungen unterliefen der »Zuverlässigkeit in Person« (Kicker) aber immer wieder Fehler beim Abfangen von hohen Bällen – ein Manko, das er auch in den kommenden Jahren nicht gänzlich ablegen konnte.

Während der Saison 87/88 häuften sich die von Zimmermann verursachten »dummen Tore« und der Verein musste um den Klassenerhalt zittern. Erst in den Relegations-Spielen gegen Darmstadt 98 konnte sich Waldhof Mannheim vor dem drohenden Abstieg retten, wobei der Keeper durch zwei parierte Strafstöße im alles entscheidenden Elfmeterschießen zum gefeierten Helden wurde.

Im Verlauf der folgenden Saison besaß Waldhofs neuer Coach Günter Sebert oftmals Anlass, mit seinem Torhüter zu hadern. Zimmermann, zeitweise vollkommen von der Rolle, leistete sich einen Fehlgriff nach dem anderen und wurde mittlerweile selbst von den eigenen Anhängern verhöhnt. Der langjährige Rückhalt haderte mit seinen folgenschweren Patzern (»Wenn ich wüsste, woran es liegt und wie ich die Schwächen abstellen könnte, würde ich sofort daran arbeiten.«), die mehrfach Punkte kosteten, ehe ihn nach dem 25. Spieltag Bandscheibenprobleme zu einer Zwangpause verurteilten. Als er am vorletzten Spieltag zurückkehrte, war sein Klub mit Stellvertreter Andreas → Clauß von Platz 9 auf 17 gepurzelt. Der Abstieg ließ sich nicht mehr vermeiden und weil er keine Gehaltskürzungen akzeptieren wollte, war »König Zimbo« anschließend arbeitslos. Aus dieser Misere befreite ihn Zweitligist Fortuna Köln, bei dem er bis 1993 aktiv war. Anschließend wechselte er zum VfL Wolfsburg, mit dem der zum Routinier gereifte Goalie 1995 überraschend das DFB-Pokalfinale erreichte. Zwar verlor man das Endspiel mit 0:3 gegen Borussia Mönchengladbach, doch zwei Jahre später konnte der »Modellathlet« mit seinem Klub den Aufstieg in die Bundesliga feiern.

Für die erste Liga hatte der mittlerweile 35-jährige Schlussmann nach siebenjähriger Abwesenheit aber seinen Zenit mittlerweile überschritten. Mehr ein neuralgischer Punkt als stabiler Rückhalt, wurde er von dem neu verpflichteten Trainer Wolfgang Wolf nach dem 27. Spieltag auf die Bank verbannt. Nur durch einen Kreuzbandriss von Stellvertreter Holger → Hiemann gelang ihm vier Wochen später die Rückkehr. Nach geglücktem Klassenerhalt sowie der Verpflichtung von Claus → Reitmaier waren Zimmermanns Dienste bei Wolfsburg nicht mehr gefragt. Wieder folgte eine längere Vertragslosigkeit, ehe der mittlerweile blond gefärbte Schlussmann 1999 beim Regionalligisten Eintracht Braunschweig anheuerte. Zunächst von den Fans verschmäht, die ihn mit Hohngesängen (»Zimbo ist kein Torwart, sondern eine Wurst.«) bedachten, avancierte er bald zu einer unverzichtbaren Korsettstange. Mit seiner abgeklärten Erfahrung sicherte er in brenzligen Situationen durch kluges Herauslaufen seiner Mannschaft in der Saison 01/02 den lang ersehnten Aufstieg in die 2. Bundesliga. Nach diesem gelungenen Abschluss beendete der mittlerweile 40-jährige »Torwartgreis« endgültig seine aktive Karriere.

Zuberbühler, Pascal

Geboren: 08.01.1971 (Schweiz)
BL-Verein: Bayer 04 Leverkusen (2000–2001)
BL-Spiele: 13
A-Länderspiele für die Schweiz: 14

Als Jugendlicher begeisterte sich der Schweizer Pascal Zuberbühler zunächst für die Leichtathletik. Erst im Alter von 15 Jahren begann er in seinem Geburtsort Frauenfeld mit dem Vereinsfußball. Bis 1992 spielte der gelernte Installateur beim SC Frauenfeld, ehe er zu Grashoppers Zürich wechselte. Mit dem Klub wurde der 1,97 m große Torwartriese von 1995–97 dreimal Schweizer Meister und gewann 1994 zudem den Schweizer Pokal. Im Juli 1999 folgte der Wechsel zum FC Basel, ehe sich nach einem Jahr für den »Siegertyp« (Ex-Nationaltrainer Rolf Fringer«) ein Jugendtraum erfüllte.

Weil sich Bayer Leverkusens Trainer Christoph Daum in der Saison 99/00 unzufrieden mit den Leistungen von Adam → Matysek zeigte und hinter der Abwehr einen fußballerisch stärkeren Schlussmann haben wollte, bemühte sich der Verein um Hans-Jörg → Butt vom Hamburger SV. Der umworbene Keeper wurde aber trotz eines Millionenangebotes zunächst nicht freigegeben und stand Leverkusen erst ab der Saison 01/02 zur Verfügung. Eine Übergangslösung musste gefunden werden und die glaubte der Bundesligist in Zuberbühler gefunden zu haben, der – zeitlich für ein Jahr befristet – zur Saison 01/02 nach Leverkusen wechselte. Mit 225 Meisterschaftseinsätzen, 31 Europapokal-

sowie neun Länderspielen gab sich der »komplette Torhüter mit Gardemaß« (Kicker) entsprechend selbstbewusst: »Ich bin kein Platzhalter für Butt. Vielleicht dient mir die Zeit bei Bayer als Sprungbrett für andere Aufgaben.«

Im ersten Spiel der Saison kaum beschäftigt, folgte schon in der nächsten Begegnung für den zwei Meter großen »Zubi« der erste Dämpfer. Bei der 1:4-Niederlage beim VfB Stuttgart war jeder Schuss auf das Leverkusener Tor ein Treffer und auch in den folgenden Spielen zeigte der Hobby-Golfer Leistungen, die »den Beobachtern Tränen in die Augen trieben« (Kicker). Der nächste Tiefpunkt ereignete sich am 8. Spieltag bei Werder Bremen. Zwar konnte Zuberbühler einen Strafstoß abwehren, verschuldete aber Sekunden später den Bremer Anschlusstreffer, um wenige Minuten darauf für sein ungestümes Herauslaufen einen Elfmeter zu verursachen und die Rote Karte zu kassieren.

Zuberbühler wurde gesperrt, sein Mentor Christoph Daum wegen einer Kokain-Affäre entlassen und Konkurrent Matysek stand unter den nachfolgenden Trainern Rudi Völler und Hans-Hubert Vogts bis zum Hinrundenende im Tor. In der Winterpause verkündete Vogts, dass in der Tormannfrage die Karten neu gemischt würden. Bei Torwarttrainer Harald → Schumacher lag die Entscheidung, ob in der Rückrunde Matysek, Frank → Jurič oder doch noch einmal der Schweizer das Tor hüten sollte. Zuberbühler gewann im Trainingslager das interne Duell und seine Rückkehr gestaltete sich zunächst zufrieden stellend.

Nach guten Leistungen gegen Stuttgart und Unterhaching verbockte »Zitterbühler« am 22. Spieltag bei Hansa Rostock nach einem Freistoß den Ausgleich und schickte Bayer damit auf die Verliererstraße. Nach der 1:2-Pleite wetterte Manager Rainer Calmund über den Unglücksraben: »Da muss sich ein Kerl, der zwei Meter lang ist, auch mal Respekt verschaffen, rausgehen und die Leute abräumen. Und nicht hinterher jammern, er sei mit dem Ellbogen behindert worden.« Schon nervlich angeschlagen und beim nächsten Heimspiel gegen Energie Cottbus vom heimischen Publikum mit Pfiffen empfangen, mündeten diese Begleitumstände in ein finales Fiasko. Bei der 1:3-Niederlage hechtete der »große Verlierer« an sämtlichen Bällen vorbei und ließ zudem einen Kopfball von der Strafraumgrenze passieren.

Nach dieser indiskutablen Vorstellung war bei allen Beteiligten der Geduldsfaden gerissen und das Schweizer »Rätsel« (Kicker) wurde von Bayer Leverkusen freigestellt. Noch während der laufenden Saison flüchtete Zuberbühler zum Schweizer A-Ligisten FC Aarau. Nach zwei Spielen für Aarau brach er sich das Bein, um nach seiner anschließenden Rückkehr zum FC Basel beim Saisonstart 01/02 eine 1:8-Schlappe zu erleben. Dennoch schaffte er mit dem Klub in der gleichen Spielzeit die Schweizer Meisterschaft und ist gegenwärtig in der Schweizer Nationalelf hinter Jörg → Stiel die Nummer 2.

Zumdick, Ralf

Geboren: 10.05.1958 (Deutschland)
BL-Verein: VfL Bochum (1981–1995)
BL-Spiele: 282
BL-Tore: 1

Seine Fußballerlaufbahn begann Ralf »Katze« Zumdick in der E-Jugend seines Heimatklubs Preußen Münster, wo er ab der C-Jugend auch in die Westfalen-Auswahl berufen wurde. Nachdem er alle Stationen im Jugendbereich durchlaufen und die Bundeswehr absolviert hatte, rückte der gelernte Bankkaufmann, der schon mit 17 Jahren bei den Profis mittrainierte, in die Amateurmannschaft von Preußen Münster auf, ehe er im Sommer 1979, als Nachfolger von Dietmar → Linders, in den Zweitligakader aufgenommen wurde.

Relativ schnell gelang es ihm dort, Stammtorwart Hans-Jacob Klingen zu verdrängen und sich bereits für höhere Aufgaben zu empfehlen. Für eine fünfstellige Ablösesumme wechselte der Nachwuchskeeper nach dieser Spielzeit, auf Empfehlung von Rolf Schafstall, zum Bundesligisten VfL Bochum. Schon am 5. Spieltag der Saison 81/82 feierte er gegen Eintracht Frankfurt sein Debüt, weil Stammtorwart Reinhard → Mager in der 24. Minute mit einer Gehirnerschütterung vom Platz getragen werden musste. Obwohl Zumdick noch zehn Kilo Übergewicht mit sich herumschleppte, bestand er seine Feuertaufe beim 3:2-Sieg und konnte sich bei einigen brenzligen Situationen auszeichnen. Dem gelungenen Einstand wäre sechs Wochen später beinahe das vorzeitige Ende der Bundesligalaufbahn gefolgt. Weil Mager mit einer Leistenverletzung vor dem 11. Spieltag erneut nicht zur Verfügung stand, musste Ersatzmann Zumdick gegen den VfB Stuttgart erneut ran, um sich dann einen Fauxpas zu leisten, welcher »in der Bundesliga-Geschichte Anspruch auf Einmaligkeit erhebt« (Kicker).

Beim Spielstand von 3:2 für Bochum traf er beim Abschlag aus 30 Meter Entfernung den Kopf des Stuttgarter Didier Six, der den Ball nur noch ins Netz einnicken musste. Trainer Rolf Schafstall tobte vor Wut und forderte die Verpflichtung eines neuen Torhüters, während der Sündenbock nach dem »Eigentor des Jahrzehnts« (»Kicker«) erstmal in der Versenkung verschwand.

Der westfälische Sturkopf (»Solche Sachen muss ein Profi wegstecken können.«) ließ sich jedoch nicht beirren, trainierte weiter fleißig seinen »Babyspeck« ab, um auf die nächste Chance zu warten. Bereits in der Rückrunde, als Mager im Pokalwiederholungsspiel gegen Waldhof Mannheim einen Trümmerbruch im Daumen erlitt, ergab sich die nächste Bewährungsprobe. Körperlich jetzt in Topform, brillierte der katzengewandte Keeper gleich mehrfach und eroberte sich damit einen Stammplatz. Während der Saison 82/83 bestätigte der 1,88 m große Schnauzbartträger die viel versprechenden Vorstellungen des Vorjahres, zählte regelmäßig zu den besten Bochumern und verdiente sich durch seine glänzenden Reflexe den Spitznamen »Katze«.

Durch kontinuierlich gute Leistungen erfolgten dann während der Saison 83/84 Einladungen in die Olympia-Nationalmannschaft und in der gleichen Spielzeit das Debüt gegen Jugoslawien. Der nächste Einsatz, 1984 im Qualifikationsspiel gegen Frankreich, endete mit einer 0:1-Niederlage, womit die Teilnahme an den Olympischen Spielen in Los Angeles sportlich verpasst wurde. Durch den Boykott der Ost-

Ralf »Katze« Zumdick zeigt seine Krallen.

blockländer konnte das Olympia-Team dann schließlich doch in die USA reisen, wobei DFB-Trainer Erich Ribbeck auf eine Nominierung des Bochumers verzichtete und stattdessen Bernd → Franke und Walter → Junghans mitnahm.

In der Saison 84/85 durchlebte der »verlässliche Torwart« eine sportliche Krise, offenbarte oftmals Schwächen bei der Strafraumbeherrschung und warf sich – zeitweise etwas orientierungslos wirkend – die Bälle förmlich selbst ins Tor. Am 30. Spieltag beeindruckte er beim 1:1 gegen Bayern München jedoch wieder mit großartigen Reaktionen und äußerte erneut selbstbewusst Ambitionen in Richtung Nationalmannschaft.

Als er sich vor der Saison 85/86 auf sein großes Ziel vorbereiten wollte, erlitt er jedoch im Training eine Schultereckgelenkverletzung, die ihn monatelang an das Krankenbett fesselte. Anschließend brach bei seinem Verein das Torwart-Chaos aus, bei dem mit Marcus → Croonen, Dirk → Drescher und Wolfgang → Kleff nicht weniger als drei Torhüter verschlissen wurden. Kaum genesen von der schweren Verletzung, zog sich der Pechvogel dann in der Winterpause bei einem Testspiel in Kalkutta mehrere Bänderrisse zu, was ihn bis zum Saisonende pausieren ließ.

Während der Saison 86/87 präsentierte er sich nach kurzen Anlaufschwierigkeiten schnell wieder in Top-Form, um am 8. Spieltag im Auswärtsspiel gegen Werder Bremen mit einer Weltklasseleistung aufzuwarten. Obwohl durch eine Fußverletzung in der Sprungkraft behindert, parierte er gegen Rudi Völler & Co mehrmals Scharfschüsse aus kürzester Distanz und brachte sich damit auch wieder für die Nationalmannschaft ins Gespräch. Nach dem Rausschmiss von Harald → Schumacher aus der Nationalelf saß der »Mann mit den gehobenen Ansprüchen« am 25.03.1987 beim Länderspiel in Israel als Ersatzmann für Eike → Immel erstmals auf der Bank. Sein anberaumtes Debüt sechs Monate später gegen Dänemark wurde jedoch durch einen Muskelfaserriss zunichte gemacht. Für Zumdick kam stattdessen erstmals Bodo → Illgner zum Einsatz. Neben Werner → Vollack weiterhin im Olympia-Kader gesetzt, folgte gegen Israel ein dritter Einsatz für dieses Team, ehe er auch hier allmählich von Andreas → Köpke und Uwe → Kamps verdrängt wurde

In der Saison 87/88 erwies sich der Keeper wiederum als reflexsicherer »Teufelskerl«, der am 34. Spieltag beim 3:0-Sieg gegen den 1. FC Nürnberg seinem Gegenüber Köpke zudem einen Elfmeter ins Netz setzte. Einen weiteren, sportlichen Höhepunkt bildete im Mai 1988 die Teilnahme am DFB-Pokalfinale, bei dem Zumdick, trotz einer starken Leistung, gegen Eintracht Frankfurt mit seiner Mannschaft das Berliner Olympiastadion als Verlierer verlassen musste. Zeitweilig heftig vom französischen Erstligisten Olympique Lyon umworben, wurde er jetzt immer häufiger durch Verletzungen zurückgeworfen. Eine Hüftoperation sowie mangelhafte Form führten während der Saison 89/90 endgültig zum Verlust des langjährigen Stammplatzes. In der darauf folgenden Spielzeit erlebte er als Ersatzmann von Andreas → Wessels alle Bundesligaspiele nur auf der Bank mit. Durch eine Schulterverletzung von Wessels kehrte der »bedächtige, ruhige Mensch« am 8. Spieltag der Saison 91/92 wieder auf seinen Stammposten zurück, um nach einem Platzverweis am 33. Spieltag seinen Platz erneut zu verlieren. Weil Konkurrent Wessels ebenfalls nicht von Formschwächen verschont blieb, schaffte Zumdick in der Saison 92/93 nochmals ein Comeback, ehe er nach dem 26. Spieltag von Trainer Jürgen Gelsdorf endgültig aussortiert wurde. Von der Ersatzbank aus musste er beobachten, wie sein Verein anschließend erstmals aus der Bundesliga abstieg. Auch in der 2. Bundesliga blieb der Publikumsliebling die Nummer 2 hinter Wessels, wurde aber bereits von Gelsdorf zum Co-Trainer ernannt und ließ seine aktive Karriere allmählich ausklingen.

Nach Wiederaufstieg und erneutem Sturz in die Zweitklassigkeit wurde das »Urgestein« im Dezember 1999 vom VfL Bochum zum Cheftrainer befördert, schaffte den Wiederaufstieg, ehe er im Februar 2001 von seinem Ex-Trainer Rolf Schafstall abgelöst wurde. Seitdem betätigte sich der sympathische »Mr. Nice Guy« als Nachwuchstrainer, baute eine eigene Torwart-Schule auf und betreute als Cheftrainer den ghanesischen Verein Kumasi Asante Kotoku.

KLEINES TORHÜTERGLOSSAR

Bananenflanke
Angeschnittener Flankenball, der während der Endphase zu »flattern« beginnt und sich vom Torwart wegdreht. Zu den Spezialisten dieser Technik zählte der Vorstopper Manfred Kaltz vom Hamburger SV, der deshalb zu seiner aktiven Zeit auch »Bananen-Manni« genannt wurde. Die »Blütezeit« der Bananenflanke begann in den achtziger Jahren und bereitete den Torhütern größte Probleme, weil sie sich innerhalb kürzester Zeit entscheiden mussten, ob sie aus dem Tor rauskommen oder drinbleiben.

Bogenlampe
Gefühlvoll gehobener Ball, der sich über den Torhüter hinweg ins Netz senkt.

Bolzen
Fußballerjargon für eine anspruchslose, ungehobelte Spielweise, die durch ständiges unkontrolliertes Ballwegschlagen gekennzeichnet ist.

Fliegenfänger
Fußballerjargon für Torhüter, die nur mit Flugparaden glänzen, aber elementare Grundelemente des Torhüterspiels wie beispielsweise Stellungsspiel und Strafraumbeherrschung nur unzureichend beherrschen.

Glanzparade
Erfolgreicher Abwehrversuch des Torhüters, zumeist in Verbindung mit einer akrobatischen Flugeinlage.

Goalkeeper
Englische Bezeichnung für den Torhüter.

Graupe
Siehe »Kullerbiene«.

Kullerbiene
Fußballerjargon für einen Ball, der dem Torhüter durch Beine und Hände kullert.

Patzer
Fehler eines Torhüters, der oftmals zu einem Gegentor führt. Hierzu zählen beispielsweise das Verpassen eines Flankenballes, eine zu kurze Faustabwehr oder falsches Stellungsspiel.

Rückpass-Regel
Seit der Saison 92/93 für die Bundesliga gültig. Der Rückpass darf vom Torhüter nicht mehr wie zuvor mit der Hand aufgenommen, sondern muss der jeweiligen Situation entsprechend mit Kopf oder Fuß angenommen werden. Hierzu zählt nicht das unabsichtliche Ablenken des Balles mit dem Fuß. Mit der Einführung der Rückpass-Regel sollte das Zeitschinden unterbunden werden. Ein Verstoß wird mit einem indirekten Freistoß bestraft. Diese Regel erfordert von den Torhütern verstärkt fußballerisches Geschick sowie die Fähigkeit, Spielsituationen vorauszuahnen.

Schnitzer
Siehe »Patzer«.

Robinsonade
Im Laufe der Zeit aus der Mode gekommene Bezeichnung für eine spektakuläre und gelungene Glanzparade des Torhüters. Abgeleitet von dem englischen Torhüter John Robinson, der von 1893 bis 1889 bei New Brighton Tower und anschließend beim FC Southampton spielte und zudem 11 Länderspiele bestritt.

Zerberus
Häufig verwendete Bezeichnung für einen Torhüter. Zerberus (Kerberos) ist in der griechischen Mythologie ein dreiköpfiger Höllenhund, der das Tor zur Unterwelt bewacht.

TORHÜTER -STATISTIK – REKORDE
(STAND: ENDE DER HINRUNDE 02/03)

Bundesligatorhüter mit den meisten Bundesliga-Spielen

Eike Immel *534*
Ulrich Stein *512*
Dieter Burdenski *478*
Sepp Maier *473*
Oliver Reck* *471*
Harald Anton Schumacher *464*
Norbert Nigbur *456*
Wolfgang Kleff *433*
Rudolf Kargus *408*
Rüdiger Vollborn *403*
Gerhard Heinze *398*
Richard Golz* *398*
Uwe Kamps* *389*
Oliver Kahn* *386*
Andreas Köpke *346*
Bernd Franke *345*
Bodo Illgner *326*
Jens Lehmann* *321*
Claus Reitmaier* *318*
Gerald Ehrmann *294*
*noch aktiv

Bundesligatorhüter, die ein Tor erzielten

Hans-Jörg Butt *21*
Andreas Köpke *2*
Jens Lehmann *2*
Oliver Reck *1*
Volkmar Groß *1*
Dieter Burdenski *1*
Frank Rost *1*
Ralf Zumdick *1*
Manfred Manglitz *1*
Wolfgang Kneib *1*

Bundesligatorhüter, die am häufigsten einen Elfmeter abwehrten

Rudolf Kargus *23*
Harald Schumacher *18*
Norbert Nigbur *17*
Dieter Burdenski *15*
Andreas Köpke *14*
Claus Reitmaier* *12*
Ronnie Hellström *12*
Richard Golz* *11*
Eike Immel *11*
Wolfgang Kleff *11*
Petar Radenkovič *11*
Uwe Kamps* *10*
Wolfgang Kneib *10*
Dr. Peter Kunter *10*
Ralf Zumdick *10*
*noch aktiv

Torhüter, die ein »Tor des Monats« erzielten

September 1989
Gerald Hillringhaus
(Türk Gücü München)
23. September 1989 im Spiel Bayernliga MTV Ingolstadt – Türk Gücü München in der 89. Min. zum 1:1-Endstand.

Oktober 1989
Stephan Kuhnert
(FSV Mainz 05)
29. Oktober 1989 im Spiel FSV Mainz 05 – Borussia Neunkirchen in der 28. Min. zum 2:0 (Endstand 3:0)

Februar 1996
Jürgen Roth-Lebenstedt
(FSV Salmrohr)
25. Februar im Spiel Regionalliga West/ Südwest RW Oberhausen – FSV Salmrohr in der 92. Minute zum 1:3 (Endstand: 1:3)

Dezember 1997
Jens Lehmann
(Schalke 04)
19. Dezember 1997 im Bundesligaspiel »Borussia Dortmund – Schalke 04« in der 90. Minute zum 2:2-Endstand.

Juli 1998
Gabor Kiràly
(Hertha BSC Berlin)
22. Juli 1989 im Ex-Norm-Cup-Finale Hertha BSC – Karlsruher SC in der 32. Minute zum 1:0 (Endstand 3:1)

(Quelle Sportschau/ Tor des Monats – Archiv)

Deutsche Bundesligatorhüter mit Länderspieleinsätzen

Sepp Maier *(1966–1979) 95*
Harald Schumacher *(1979–1986) 76*
Andreas Köpke *(1990–1998) 59*
Oliver Kahn* *(1995–) 56*
Bodo Illgner *(1987–1994) 54*
Hans Tilkowski *(1957–1967) 39*
Eike Immel *(1980–1988) 19*
Jens Lehmann* *(1998–) 16*
Horst Wolter *(1967– 1970) 13*
Dieter Burdenski *(1977–1984) 12*
Günther Sawitzki *(1956–1963) 10*
Wolfgang Fahrian *(1962–1964) 10*
Bernd Franke *(1973–1982) 7*
Norbert Nigbur *(1974–1980) 6*
Günter Bernard *(1962–1968) 5*
Wolfgang Kleff *(1971–1973) 6*
Raimond Aumann *(1989–1990) 4*
Fritz Ewert *(1959–1964) 4*
Heinz Kwiatkowski *(1954–1957) 4*
Manfred Manglitz *(1965–1970) 4*
Rudi Kargus *(1975–1977) 3*
Hans–Jörg Butt * *(2000–) 2*
Volkmar Groß *(1970) 1*
Helmut Roleder *(1984) 1*
Oliver Reck* *(1996) 1*
Frank Rost* *(2002–) 1*
*noch aktiv

Bundesligatorhüter, die zum deutschen EM-Aufgebot zählten

Sepp Maier *(1972, 1976)*
Wolfgang Kleff *(1972)*
Rudolf Kargus *(1976)*
Harald Schumacher *(1980, 1984)*
Walter Junghans *(1980)*
Eike Immel *(1980, 1988)*
Dieter Burdenski *(1984)*
Helmut Roleder *(1984)*
Bodo Illgner *(1988, 1992)*
Andreas Köpke *(1992, 1996)*
Oliver Kahn *(1996, 2000)*
Oliver Reck *(1996)*
Hans-Jörg Butt *(2000)*
Jens Lehmann *(2000)*

Bundesligatorhüter, die zum deutschen WM-Aufgebot zählten

Sepp Maier *(1966, 1970, 1974, 1978)*
Wolfgang Fahrian *(1962)*
Heinrich Kwiatkowski *(1954, 1958)*
Hans Tilkowski *(1962, 1966)*
Günter Sawitzki *(1962)*
Günter Bernard *(1966)*
Manfred Manglitz *(1970)*
Horst Wolter *(1970)*
Wolfgang Kleff *(1974)*
Norbert Nigbur *(1974)*
Rudolf Kargus *(1978)*
Dieter Burdenski *(1978, 1982)*
Bernd Franke *(1982)*
Eike Immel *(1982, 1986)*
Harald Schumacher *(1982, 1986)*
Ulrich Stein *(1986)*
Bodo Illgner *(1990)*
Andreas Köpke *(1990, 1994, 1998)*
Raimond Aumann *(1990)*
Oliver Kahn* *(1994, 1998, 2002)*
Jens Lehmann* *(1998, 2002)*
Hans-Jörg Butt* *(2002)*
**noch aktiv*

Die Welt-Torhüter des Jahres

In den fünfziger Jahren wurde bei der Wahl zum Fußballer Europas der jeweils höchstplatzierte Torhüter gleichzeitig zu Europas »Torhüter des Jahres« gekürt. Seit 1987 gibt es einen eigenständigen Modus für die Wahl zum weltbesten Torhüter. Als Juroren fungieren auserwählte Vertreter aus den Bereichen Presse,
Radio und Fernsehen. Ausschlaggebend sind die Leistungen eines jeden Keepers innerhalb eines Jahres von Januar bis Dezember.

1956 Lew Jaschin, Sowjetunion; Dynamo Moskau (UdSSR)
1958 Harry Gregg, Nordirland; Manchester United (England)
1960 Lew Jaschin, Sowjetunion, Dynamo Moskau (UdSSR)
1961 Lew Jaschin, Sowjetunion, Dynamo Moskau (UdSSR);
1963 Lew Jaschin, Sowjetunion; Dynamo Moskau (UdSSR)
1964 Lew Jaschin, Sowjetunion; Dynamo Moskau (UdSSR)
1966 Lew Jaschin, Sowjetunion; Dynamo Moskau (UdSSR)
1970 Gordon Banks, England; Stoke City (England)
1972 Gordon Banks, England; Stoke City (England)
1973 Dino Zoff, Italien; Juventus Turin (Italien)
1975 Sepp Maier, Bundesrepublik Deutschland; Bayern München (BRD)
1976 Ivo Viktor, Tschechoslowakei; Dukla Prag (ČSSR)
1978 Ronnie Hellström, Schweden; 1. FC Kaiserslautern (BRD)
1979 Ronnie Hellström, Schweden; 1. FC Kaiserslautern (BRD)
1981 Dino Zoff, Italien; Juventus Turin (Italien)
1982 Rinat Dassajew, Sowjetunion; Spartak Moskau (UdSSR)
1983 Rinat Dassajew, Sowjetunion; Spartak Moskau (UdSSR) Jean-Marie Pfaff, Belgien; Bayern München (BRD)
1984 Harald Schumacher, Bundesrepublik Deutschland; FC Köln (BRD)
1985 Rinat Dassajew, Sowjetunion; Spartak Moskau (UdSSR)
1986 Helmut Ducadam, Rumänien; Steaua Bukarest (Rumänien)
1987 Jean-Marie Pfaff, Belgien; Bayern München (BRD)
1988 Rinat Dassajew, Sowjetunion; Spartak Moskau (UdSSR)
1989 Peter Shilton, England; Derby County (England)
1990 Walter Zenga, Italien; Inter Mailand (Italien)
1991 Bruno Martini, Frankreich; AJ Auxerre (Frankreich)
1992 Peter Schmeichel, Dänemark; Manchester United (England)
1993 Peter Schmeichel, Dänemark; Manchester United (England)
1994 Thomas Ravelli, Schweden; IFK Göteborg (Schweden)
1995 Vitor Baia, Portugal; FC Porto (Portugal)
1996 Andreas Köpke, Deutschland; Olympique Marseille (Frankreich)
1997 Peter Schmeichel, Dänemark; Manchester United (England)
1998 Fabien Barthez, Frankreich; AS Monaco (Frankreich)
1999 Peter Schmeichel, Dänemark; Manchester United (England)
2000 Fabien Barthez, Frankreich; Manchester United (England)
2001 Oliver Kahn, Deutschland; Bayern München (Deutschland)
2002 Oliver Kahn, Deutschland; Bayern München (Deutschland)
2003 Oliver Kahn, Deutschland; Bayern München (Deutschland)

Bundesligatorhüter, die sich seit 1987 bei der Wahl zum »Welttorhüter des Jahres« unter die Top-Ten platzieren konnten:

1987 Harald Schumacher (Schalke 04) Platz 4
1988 Jean-Marie Pfaff (FC Bayern München) Platz 5
Eike Immel (VfB Stuttgart) Platz 6
1990 Bodo Illgner (1. FC Köln) Platz 7
1991 Bodo Illgner (1. FC Köln) Platz 7
1992 Bodo Illgner (1. FC Köln) Platz 5
1993 Bodo Illgner (1. FC Köln) Platz 6
Andreas Köpke (1. FC Nürnberg) Platz 7
1997 Stefan Klos (Borussia Dortmund) Platz 6
Oliver Kahn (FC Bayern München) Platz 8
1998 Oliver Kahn (FC Bayern München) Platz 10
2000 Oliver Kahn (FC Bayern München) Platz 2

2003 Jens Lehmann
(Borussia Dortmund)
Platz 10

Top 15-Torhüter der 2. Bundesliga seit 1974

Eine persönliche Auswahl des Autors von herausragenden Zweitligatorhütern, die seit Bestehen der 2. Bundesliga (ab Saison 74/75) aus unterschiedlichen Gründen nie oder bisher nicht in der 1. Bundesliga gespielt haben.

1. Oliver Adler (Rot-Weiß Oberhausen)
2. Wolfgang Dramsch (FC Schweinfurt 05, VfL Osnabrück, Alemannia Aachen)
3. Peter Eich (SV Waldhof Mannheim, FC Homburg, 1. FC Saarbrücken)
4. Jacek Jarecki (SC Fortuna Köln)
5. Johannes Kau (Alemannia Aachen)
6. Stephan Kuhnert (Wormatia Worms, FSV Mainz 05)
7. Peter Löwer (SpVgg Fürth)
8. Wolfgang Mahr (SpVgg Bayreuth)
9. Klaus Pudelko (FK Pirmasens)
10. Uwe Seiler (VfL Osnabrück)
11. Dimo Wache (FSV Mainz 05)
12. Günter Reichold (SpVgg Greuther Fürth)
13. Karl Hyrnda (VfR Heilbronn)
14. Rolf Gerstenlauer (Stuttgarter Kickers)
15. Manfred Behrendt (Wattenscheid 09, Göttingen 05)

Bundesligatorhüter, die zum »Fußballer des Jahres« gewählt wurden:

1965 Hans Tilkowski
Borussia Dortmund
1975 Sepp Maier
Bayern München
1977 Sepp Maier
Bayern München
1978 Sepp Maier
Bayern München
1984 Harald Schumacher
1. FC Köln
1986 Harald Schumacher
1. FC Köln
1993 Andreas Köpke
1. FC Nürnberg
2000 Oliver Kahn
Bayern München
2001 Oliver Kahn
Bayern München

Bundesligatorhüter mit den meisten Spielminuten in Folge ohne Gegentor:

1. Oliver Kahn
(FC Bayern München)
736 Minuten
(4. Dezember 1998 bis 3. April 1999)
2. Ulrich Stein (Hamburger SV)
671 Minuten
(5. Oktober bis ad7. Dezember 1985)
3. Oliver Reck
(SV Werder Bremen)
641 Minuten
(7. November 1987 bis 5. März 1988)
4. Jens Lehmann
(FC Schalke 04)
555 Minuten
(30. November 1996 bis 15. März 1997)
5. Norbert Nigbur
(FC Schalke 04)
555 Minuten
(3. September bis 22. Oktober 1971)
6. Hans Tilkowski
(Borussia Dortmund)
549 Minuten
(5. März bis 23. April 1966)
7. Stefan Klos
(Borussia Dortmund)
546 Minuten
(8. Oktober bis 19. November 1994)
8. Jean-Marie Pfaff
(FC Bayern München)
535 Minuten
(29. März bis 9. August 1986)
9. Horst Wolter
(Eintracht Braunschweig)
528 Minuten
(26. November 1968 bis 8. Februar 1969)
10. Oliver Reck
(SV Werder Bremen)
518 Minuten
(26. März bis 7. Mai 1988 und 29. Oktober bis 25. November 1988)

LITERATUR- UND QUELLENVERZEICHNIS

Bücher

Bemmann, Bernd: Die Zebras im Galopp. Dasbach Verlag GmbH, Taunusstein 1994
Bender, Tom/Kühne-Hellmessen, Ulrich: Verrückter Europacup. Sport Verlag, Berlin 1999
Bitter, Jürgen: Deutschlands Fußball- Nationalspieler. Das Lexikon. SportVerlag Berlin 1997
Bitter, Jürgen: Deutschlands Fußball-Das Lexikon. Econ Ullstein, München 2000
Borussia Dortmund (Hg.): Die schwarzgelben Triumphe. Pressline Verlag GmbH, Weiden 1989
Debat, Ralf/Colli, Franz-Josef/Spiegel, Thomas: Der MSV Duisburg im Erfolgsjahr 1993/94. Klartext-Verlag, Essen 1994
Glaubitz, Uta: Jobs für Sportfreaks. Campus-Verlag, Frankfurt 2001
Grengel, Ralf: Das deutsche Wembley/60 Jahre Vereinspokal. Creator im Bonifatius Verlag, Paderborn 1994
Grüne, Hardy: Vom Kronprinzen bis

zur Bundesliga. AGON Sportverlag, Kassel 1996
Fritz Hack: Torhüter des Jahrhunderts. Limpert Verlag, Wiesbaden 1979
Homann, Ulrich (Hg.): Bauernköppe, Bergleute und ein Pascha-Die Geschichte der Regionalliga West 1963-1974, Band 1. Klartext-Verlag, Essen 1995
Huba, Karl-Heinz: Die Großen im Tor. Copress-Verlag, München 1969
Jansen, Olaf (Hg.): Helden des 1.FC Köln. Emons Verlag, Köln 2000
Krschak, Otto/Keller, Peter: Wuppertalers SV. Sutton-Verlag, Erfurt 2001
Kropp, Matthias/ Trapp, Andreas: 35 Jahre Bundesliga-Elfmeter 1963-1999. AGON Sportverlag, Kassel 1996
Kropp, Matthias: Deutschlands große Fußballmannschaften-Karlsruher SC. AGON Sportverlag, Kassel 1996
Lobin, Gerd: Mittelstürmer Thomas Bruckner. Franz Schneider Verlag, München 1965
Maier, Sepp Artist der Nation. Wila Verlag, München 1978
Maier, Sepp: Ich bin doch kein Tor,. Hoffmann und Campe, Hamburg 1980
Maier, Sepp/Pfaff, Jean-Marie: Das große Torwart-Buch. Hoffmann und Campe Verlag, Hamburg 1984
Maier, Sepp: Wer mit dem Ball tanzt. Europa Verlag, Hamburg 2000
Matheja, Ulrich: Eintracht Frankfurt-Schlappekicker und Himmelsstürmer. Verlag Die Werkstatt, Göttingen 1998
Meyer, Claudius: Fußballgeschichte eines Traditionsvereins-TSV München von 1860 e.V. Gotteswinter Verlag, München 1997
Mrazek, Karlheinz: Die besten Torhüter der Welt. Copress-Verlag, München 1996
Mrazek, Karlheinz: Die besten deutschen Nationalspieler. Copress-Verlag, München 1997
Mrazek, Karlheinz: Die besten Bundesligaspieler. Copress-Verlag, München 1998
Munzinger-Archiv GmbH, Ravensburg
Niersbach, Wolfgang: Die launische Diva-20 Jahre Fortuna Düsseldorf. Rheinkultur Sport-Marketing GmbH 1995
Nöllenheidt, Achim (Hg.): Fohlensturm am Katzenbusch (Die Geschichte der Regionalliga West 1963-1974, Band 2). Klartext-Verlag, Essen 1995
Pistorius, Harald: Wir sind alle ein Stück Osnabrück. Verein für Leibesübungen Osnabrück von 1899 e.V 1999
Peter Putzing: KSC- Badens blaues Wunder. AGON Sportverlag, Kassel 1998
Pollheim, Axel: Lück wie ich und du-50 Jahre SC Fortuna Köln. KS-Verlag, Leverkusen 1989
Röwekamp, Georg: Der Mythos lebt-Die Geschichte des Schalke 04. Verlag Die Werkstatt, Göttingen 2001
Rohr, Bernd, Simon, Günter: Fußballlexikon. Copress-Verlag, München 1993
Schulze-Marmeling, Dietrich/Steffen, Werner: Und du stehst immer wieder auf. Verlag Die Werkstatt, Göttingen 1998
Schumacher, Toni: Anpfiff. Droemer Knaur, München 1987
Stein, Ulrich: Halbzeit. Verlag Georg Simader, Frankfurt am Main 1993
Valerien, Harry: Fußball 82. Südwest Verlag, München 1982
Weinrich, Matthias: 35 Bundesliga Band 1-3. AGON Sportverlag, Kassel 1998
Weinrich, Matthias: Zweitliga-Almanach. AGON Sportverlag, Kassel 2001
Weskamp, H.J.: So ein Tag-Jahrbuch des 1.FC Köln 1963 - 1997. Edition Steffan, Köln 1997

Presse

Berliner Zeitung,
Bild, Bild am Sonntag,
De Telegraaf,
Express,
Frankfurter Allgemeine Zeitung,
Frankfurter Rundschau,
Hamburger Abendblatt,
Hannover Neue Presse,
Kicker-Sportmagazin,
Kölner-Stadt-Anzeiger,
Kölnische Rundschau,
Märkische Allgemeine Zeitung,
Mannheimer Morgen,
Münchener Merkur,
Neue Ruhr-Zeitung,
Neue Westfälische,
Nürnberger Zeitung,
Passauer Neue Presse,
Pflasterstrand,
Pirmasenser Zeitung,
Rheinische Post,
Saarbrücker Zeitung,
Schweizer Tagblatt,
Spiegel,
Sport-Bild,
Tagesspiegel,
Tagesanzeiger,
TOP-Sport Fussballbundesliga,
Welt, Welt am Sonntag,
Wilhelmshavener Zeitung

Internet

www.berlinonline.de,
www.bochumer-zwerge.de,
www.claus-reitmaier.de,
www.dfb.de, www.f-archiv.de,
www.fussballdaten.de,
www.fussballarchiv.de,
www.fussballprofis.de,
www.gabor-kiraly-fanclub.de,
www.georg-koch.de,
www.gerhard-tremmel.de,
www.glubberer.de,
www.kicker.de,
www.mathias-schober.de,
www.ozfootball.net,
www.philipp-laux.de,
www.reusch.de,
www.richardgolz.de,
www.seitenwahl.de,
www.soccerage.com,
www.sport1.de,
www.sport-komplett.de,
www.stefan-wessels.com,
www.roman-weidenfeller.de,
www.timo-hildebrand.de,
www.torfabrik.de,
www.torwart.de,
www.torwart-akademie.de,
www.transfermarkt.de,
www.tvtotal.prosieben.de,
www.uefa.com,
www.uhlsport.de,
sowie die Internetadressen der aktuellen Bundes, Zweit - und Regionalligavereine

DANK

Folgenden Personen und Institutionen, die mich bei der Arbeit an diesem Buch unterstützt oder mir mit Informationen weitergeholfen haben, gilt mein Dank:

Erhard Ahmann, Manfred Apportin, Silke Berenthal, Marinus Bester (Hamburger SV), Matthias Blüm, Dagmar Dahmen (MSV Duisburg), Dieter Danzberg, Rainer Dinkelacker, Rolf Dittrich (1. FC Köln), Hans Eder (Hertha BSC), Elke Frings (FC Bayern München), Wolfgang Füßler (FC Germania Friedrichsthal), Ronny Gersch (FC Energie Cottbus), Heike Goltz (LR Ahlen), Gerald Grote, Sabine Hagemeier, JoKo (FCHreport Webmaster), Martin Haltermann (1. FC Nürnberg), K. Heiden (FC Hansa Rostock), Gregor Henneka (Stuttgarter Kickers), Robert Hettich (TSV 1860 München), Thilo Höpfel (Reusch International), Thomas Holzer, Peter Klein (FC Eintracht Schwerin), Stefanie Klein, Bardo Kneiser (VfB Stuttgart), Kurt Kränzle (Kurt Kränzle KG), Markus Krapf (FC Augsburg), Frank Kreuzer (SpVgg Greuther Fürth), Petra Kube-Lenz (Union Solingen), Marco Langer (Fortuna Düsseldorf), Rüdiger Lausch (1. FC Saarbrücken), Gerd Lobin, Bettina Maassen, Nicola Pattberg (VfL Wolfsburg), Gerd Pfrommer (Borussia Dortmund), Ralf Pirmann (FC 08 Homburg), Christian Rauchhofer (FK Austria Memphis),Thorsten Reinke (TV-Agenten), Dieter Scheiffele, Peter Seiwert, Dennis Schmidt (Uhlsport), Jan Schneider (Eintracht Frankfurt Fußball AG), Axel Schulz (FC Hansa Rostock), Horst Schuhmacher (FV Biebrich 02), Susanne Schwarz, Martin Schwarzlantner (Austria Wien), Christina Seng (Eintracht Frankfurt Fußball AG), Markus Sieger (SpVgg Unterhaching), Willi Sieprath (Alemannia Aachen), Rolf Svete (TSV Havelse), Herbert Troger (SK Sturm Graz), Michael Wiatrek (TSV Bremen 1860), Leo Wilden (1. FC Köln), Matthias Thoma (Eintracht Frankfurt), Oliver Voigt (FC St. Pauli), Deutsche Sporthochschule Köln, Deutsches Olympiamuseum Köln, Freie Universität Berlin

Die aktuellen und ehemaligen Bundesliga-Torhüter:

Jörg Albracht, Thorsten Albustin, Alexander Bade, Klaus Basikow, Rolf Birkhölzer, Volker Danner, Hans Dotzler, Rainer Dittel, Herbert Eiteljörge, Willi Ertz, Wolfgang Fahrian, Dieter Ferner, Bernd Franke, Gert Girschkowski, Richard Golz, Thomas Graf, Ulrich Granzow, Roland Grüner, Klaus Günther, Dieter Heimen, Gerhard Heinze, Bernd Helmschrot, Simon Henzler, Timo Hildebrand, Gerald Hillringhaus, Martin Holscher, Jörg Hoßbach, Volker Ippig, Horst Kirsch, Wolfgang Kleff, Norbert Kleider, Fritz Kosar, Marco Kostmann, Michael Kraft, Dirk Krüssenberg, Jens Kunath, Karl Loweg, Heribert Macherey, Sepp Maier, René Müller, Helmut Pabst, Hans-Joachim Posinski, Markus Pröll, Helmut Roleder, Wolfgang Scheid, Horst Podlasly, Franz-Josef Pauly, Udo Redman, Jürgen Rollmann, Jürgen Rynio, Wolfgang Scheid, Werner Scholz, Manuel Schoppel, Anton Schumacher, Erhard Schwerin, Dr. Gerhard Strick, Horst-Dieter Strich, Gerhard Teupel, Hans Tilkowski, Christian Vander, Rene van Duijnhoven, Rüdiger Vollborn, Andreas Wessels, Günter Wienhold, Klaus Witt, Jürgen Wittmann, Wilfried Woyke, Thomas Zander, Ralf Zumdick

can you click it? yes you can!
torwart.de
Das Portal für die Nr. 1
reusch
Aktuelle Torwart-News
Forum u. Torwart-Community
Promi-Chats mit Bundesliga-Torhütern
Gewinnspiele
Tipps und Tricks zu Handschuhen und Material
Torwarttraining Online
Große Torwartdatenbank
Torwart-Kolumne
Fussball-Suchmaschine
Torwart.de-Shop
torwart.de
Das Portal für die Nr. 1
Schäfer & Janiszewski GbR
Raingärten 11
D-72401 Haigerloch
Tel (+49) 74 74 - 91 69 82
Fax (+49) 74 74 - 91 69 84
www.smile-werbung.de

BILDNACHWEIS

Bergmann Verlag: S.94, 160, 237, 313; Foto PETA / Carlos Anthonyo: S.80; Goalkeeper Versand: S.13; Hartung, Ferdi: S.61, Heinze Sportartikel GmbH: S.10, 11; Kurt Kränzle KG: S. 8, 9; Müller, Bernd: Titelbild auf dem Umschlag (Oliver Kahn), Pressebilderdienst Horst Müller: S. 7,12, 19, 24, 29, 31, 35, 38, 45, 51, 54, 63, 68, 71, 76, 78, 83, 86, 93, 99, 113, 120, 138, 141, 145, 164, 168, 171, 177, 183, 189, 194, 197, 202, 205, 209, 214, 216, 219, 221, 231, 233, 239, 241, 246, 250, 259, 260, 265, 266, 268, 277, 279, 287, 291, 297, 300, 304, 308, 311, 319, 320, 325, 331, 333, 338, 341, 349, 353, 356, 359, 364, 367, 368, 376, 380, 391, 394, 403, 412, 415, 428, 435, 441, 443, 447, 451, 462, 465, 471; torwart.de: S.14; Uhlsport GmbH: S.14, VfB Stuttgart Marketing GmbH: S.153; Privatarchiv Wolfgang Fahrian/Sepp Maier: S. 4, 89, 90

IMPRESSUM

B. F. Hoffmann
DAS GROSSE LEXIKON
DER BUNDESLIGATORHÜTER
Über 300 Biografien von den
Anfängen bis zur Gegenwart

ISBN 3-89602-526-0

DER VERLAG

Schwarzkopf & Schwarzkopf Verlag GmbH,
Kastanienallee 32, 10435 Berlin
Service-Telefon: 030 – 44 33 63 00
Service-Fax: 030 – 44 33 63 044

INTERNET

www.schwarzkopf-schwarzkopf.de

E-MAIL

info@schwarzkopf-schwarzkopf.de